U0934447

专利复审和无效审查决定汇编丛书

专利复审和无效审查决定汇编

（2009）

外观设计（第四卷）

国家知识产权局专利复审委员会　编

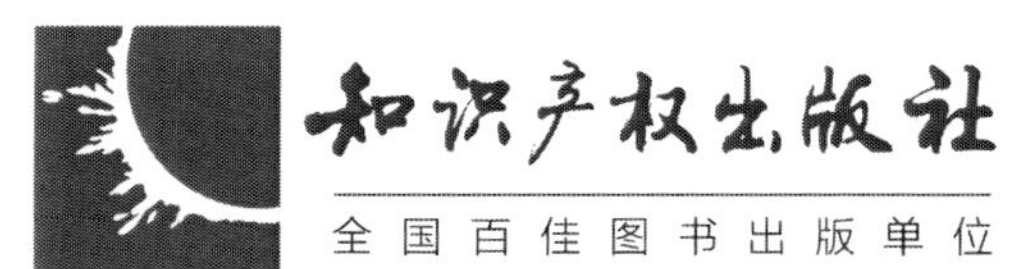

图书在版编目（CIP）数据

专利复审和无效审查决定汇编．2009．外观设计/国家知识产权局专利复审委员会编．—北京：知识产权出版社，2016.6

ISBN 978-7-5130-1595-0

Ⅰ．①专… Ⅱ．①国… Ⅲ．①专利权法—案例—中国 Ⅳ．①D923.425

中国版本图书馆 CIP 数据核字（2012）第 249542 号

内容提要

本书汇集了专利复审委员会 2009 年作出的外观设计专利复审和无效审查决定及相关审查决定和司法判决（根据法律规定需要保密的除外），比较全面地反映了专利复审委员会的审查工作和人民法院专利行政案件审理工作取得的进展，对专利工作者具有一定的借鉴和指导作用，也有利于当事人及广大公众对专利复审委员会的审查工作进行监督。

责任编辑：崔开丽　　**责任出版**：孙婷婷

封面设计：品　序

专利复审和无效审查决定汇编丛书

专利复审和无效审查决定汇编（2009）

外观设计（第四卷）

国家知识产权局专利复审委员会　编

出版发行：	知识产权出版社有限责任公司	**网　　址**：	http：//www.ipph.cn
社　　址：	北京市海淀区西外太平庄 55 号	**邮　　编**：	100081
责编电话：	010-82000860 转 8377	**责编邮箱**：	cui_kaili@sina.com
发行电话：	010-82000860 转 8101/8102	**发行传真**：	010-82000893/82005070/82000270
印　　刷：	北京中献拓方科技发展有限公司	**经　　销**：	各大网上书店、新华书店及相关专业书店
开　　本：	880mm×1230mm　1/16	**印　　张**：	222.5
版　　次：	2016 年 6 月第 1 版	**印　　次**：	2016 年 6 月第 1 次印刷
字　　数：	3696 千字	**定　　价**：	900.00 元（全 4 卷）

ISBN 978-7-5130-1595-0

本书编委会

前　言

随着经济全球化和我国国民经济的飞速发展，专利制度在经济活动中的作用和地位越来越突出，国民的专利意识也在不断增强。目前，我国专利申请总量超过 1170 万件，每年专利复审与无效宣告请求案件已超过 2 万件，2012 年达到 20261 件。作为专利复审和无效宣告请求案件审查的专属机构，专利复审委员会每年都要作出数以千计的审查决定。与之相应，人民法院每年要作出数百篇司法判决。每一篇审查决定和判决书都凝聚着审查员和审判人员的心血和智慧。通过审查员和审判人员结合具体案情的创作型劳动，生硬的法律条文变得鲜活和丰满，形成一笔宝贵的精神财富和公共资源，并不断有专利代理机构、专利代理人以及审查员希望专利复审委员会能够出版专利复审和无效审查决定，作为学习和工作时的重要参考资料。

除根据法律规定需要保密的外，《专利复审和无效审查决定汇编（2009）》汇集了专利复审委员会 2009 年作出的审查决定，包括针对相应审查决定的司法判决，以便读者了解审查决定的法律状态并对照阅读和分析。本汇编按照技术专业领域将分为 8 大册，共 28 分卷：机械（4 卷）、电学（5 卷）、通信（2 卷）、医药（4 卷）、化学（2 卷）、材料（4 卷）、光电（3 卷）、外观设计（4 卷）。因此，本汇编比较全面地反映了专利复审委员会的审查工作和人民法院专利行政案件审理工作取得的进展。

我们相信，本汇编对专利工作者具有一定的借鉴和指导作用，也有利于当事人及广大公众对专利复审委员会的审查工作进行监督。本汇编也将为推动专利复审委员会的发展，促进专利代理业务水平的提高，为《国家知识产权战略纲要》进一步实施尽微薄之力。

本书编委会

2013 年 8 月

目　录

407

电视柜（HB888）

无效宣告请求审查决定（第13742号）

决　　定　　号　第13742号
决　　定　　日　2009年7月29日
发明创造名称　电视柜（HB888）
外观设计分类号　06-04
无效宣告请求人　深圳市安东尼奥家具有限公司
专　利　权　人　王亚清
专　　利　　号　200630065820.5
申　　请　　日　2006年7月17日
授权公告日　2007年4月18日
合议组组长　张雪飞
主　　审　　员　李巍巍
参　　审　　员　雷　婧

法　律　依　据　专利法第23条
决　定　要　点

请求人提交的证据6~8、证据10~12均与证据1不能形成较为完整的证据体系，且仅凭证据1不能证明其内第9页所附图片所显示的床头柜在本专利申请日之前在国内公开销售的事实，合议组对该在先销售事实不予以认定。

一、案由

本无效宣告请求涉及国家知识产权局于2007年4月18日授权公告的200630065820.5号外观设计专利，使用该外观设计的产品名称是“电视柜（HB888）”，其申请日是2006年7月17日，专利权人是王亚清。

针对上述外观设计专利权（下称本专利），深圳市安东尼奥家具有限公司（下称请求人）于2009年2月20日向专利复审委员会提出无效宣告请求，其理由是本专利不符合专利法第22条第2款和第3款的规定，不具有新颖性和创造性，应予宣告无效。请求人同时提交了如下证据附件：

证据1是深圳市龙岗区坪地嘉顺家私厂的《个体工商户营业执照》复印件1页和《嘉顺家私》产品宣传册复印件16页，其上均盖有“深圳市龙岗区坪地嘉顺家私厂”的印章；

证据2是深圳市通天河企业形象设计有限公司和深圳市龙岗区坪地嘉顺家私厂签订的“2006第013号”《合同书》复印件1页；

证据3是盖有“深圳市通天河企业形象设计有限公司财务专用章”的第1000607号《收据》复印件1页；

证据4是深圳市通天河企业形象设计有限公司的企业基本信息网络查询打印页1页；

证据5是清远市清城区新城世纪家具广场的《个体工商户营业执照》复印件1页；

证据6是深圳市龙岗区坪地嘉顺家私厂和清远市清城区新城世纪家具广场签订的《销售合同》复印件1页；

证据7是盖有“深圳市龙岗区坪地嘉顺家私厂”印章的第0001201号、第0001202号和第0001203号《送货单》复印件共2页；

证据8是盖有“深圳市龙岗区坪地嘉顺家私厂财务专用章”的第0200944号和第0200934号《收据》复印件共1页；

证据9是广州市花都区新华东骏家私广场的《个体工商户营业执照》复印件1页；

证据10是深圳市龙岗区坪地嘉顺家私厂和广州市花都区新华东骏家私广场签订的《销售合同》复印件2页；

证据11是盖有“深圳市龙岗区坪地嘉顺家私厂”印章的第0001216号、第0001217号和第0001218号《送货单》复印件共2页；

证据12是盖有“深圳市龙岗区坪地嘉顺家私厂财务专用章”的第0200941号和第0200948号《收据》复印件共1页。

请求人认为，证据1~12能够证明深圳市龙岗区坪地嘉顺家私厂在本专利申请日以前即已生产、宣传与本专利外观设计相近似的产品并将该产品分别销售给清远市清城区新城世纪家具广场和广州市花都区新华东骏家私广场的事实。

专利复审委员会受理了该无效宣告请求，并于2009年3月18日将请求人的无效宣告请求文件转送专利权人。

专利复审委员会成立合议组对本案进行审理，并于2009年4月20日向双方当事人发出合议组告知通知书。

专利复审委员会于2009年5月4日向双方当事人发出口头审理通知书，定于2009年6月17日进行口头审理，并告知请求人提出的无效请求理由不属于针对外观设计专利权的法律条款，并基于其提出的证据和具体意见陈述，向其释明了专利法第23条。

针对请求人提出的无效宣告请求，专利权人于2009年4月26日提交了意见陈述书，认为请求人没有充分证据证明与本专利相同或者相近似的外观设计在先在出版物上公开发表过和在国内公开使用过，应维持本专利有效。其中专利权人质疑证据1中产品宣传册不是公开出版物；质疑证据2、证据3的真实性及其与证据1的关联性；质疑证据6~8、证据10~12的真实性、关联性和所涉及产品的具体内容。

2009年5月8日，专利复审委员会将专利权人提交的意见陈述书转送请求人，告知其可在口头审理中陈述意见。

口头审理如期举行，双方当事人均委托代理人出席。双方对对方出庭人员的身份和资格无异议，对合议组成员均无回避请求。

在口头审理中，请求人将无效请求理由变更为专利法第23条，并声明证据1~12均用于证明在先使用公开的事实；其当庭提交了证据1中产品宣传册、证据2、证据3、证据6~8和证据10~12的原件以及证据1中个体工商户营业执照、证据5和证据9个体工商户营业执照的盖章确认件，并坚持原有观点。

专利权人当庭核实了证据原件及盖章确认件，其质疑证据1~12的真实性和关联性，说明请求人与深圳市龙岗区坪地嘉顺家私厂实为一体，且清远市清城区新城世纪家具广场和广州市花都区新华东骏家私广场均与深圳市龙岗区坪地嘉顺家私厂有业务往来。

在相同和相近似的判断方面，双方当事人均认为请求人指定的图片所示外观设计与本专利相近似。

口头审理结束后，请求人于2009年7月8日提交了意见陈述书，针对证据1中产品宣传册补充提交了盖有“坪地镇图书馆”印章的产品宣传册原件。

在上述审理的基础上，合议组经合议，认为本案事实清楚，依法作出本审查决定。

二、决定的理由

基于请求人提出的无效宣告请求的理由和证据，合议组依据专利法第23条的规定进行审理。

专利法第23条规定：“授予专利权的外观设计，应当同申请日以前在国内外出版物上公开发表过或者国内公开使用过的外观设计不相同和不相近似，并不得与他人在先取得的合法权利相冲突。”

针对请求人于口头审理结束后提交的盖有“坪地镇图书馆”印章的《嘉顺家私》产品宣传册原件，合议组认为：根据专利法实施细则第66条以及审查指南第四部分第三章第4.3.1节的规定，请求人在提出无效宣告请求之日起一个月后补充证据的，专利复审委员会一般不予考虑，例外的情形之一为请求人在口头审理辩论终结前提交用于完善证据法定形式的公证书、原件等证据、并在该期限内结合该证据具体说明相关无效宣告理由，而请求人在口头审理结束后提交的上述证据原件已超出了法定期限且不属于例外的情形，因此本案不予考虑。

请求人提交的证据1是深圳市龙岗区坪地嘉顺家私厂的《个体工商户营业执照》盖章确认件和盖有“深圳市龙岗区坪地嘉顺家私厂”印章的《嘉顺家私》产品宣传册；证据2是深圳市通天河企业形象设计有限公司和深圳市龙岗区坪地嘉顺家私厂签订的“2006第013号”《合同书》；证据3是盖有“深圳市通天河企业形象设计有限公司财务专用章”的第1000607号《收据》；证据4是深圳市通天河企业形象设计有限公司的企业基本信息网络查询打印页；证据5是清远市清城区新城世纪家具广场的《个体工商户营业执照》盖章确认件；证据6是深圳市龙岗区坪地嘉顺家私厂和清远市清城区新城世纪家具广场签订的《销售合同》；证据7是盖有“深圳市龙岗区坪地嘉顺家私厂”印章的第0001201号、第0001202号和第0001203号《送货单》；证据8是盖有“深圳市龙岗区坪地嘉顺家私厂财务专用章”的第0200944号和第0200934号《收据》；证据9是广州市花都区新华东骏家私广场的《个体工商户营业执照》盖章确认件；证据10是深圳市龙岗区坪地嘉顺家私厂和广州市花都区新华东骏家私广场签订的《销售合同》；证据11是盖有“深圳市龙岗区坪地嘉顺家私厂”印章的第0001216号、第0001217号和第0001218号《送货单》；证据12是盖有“深圳市龙岗区坪地嘉顺家私厂财务专用章”的第0200941号和第0200948号《收据》。

针对上述证据，合议组认为：第一，基于证据1和证据5所示营业执照的盖章确认件以及证据4所示来源于深圳市工商行政管理局（物价局）网站下载的企业查询信息，显示出深圳市龙岗区坪地嘉顺家私厂和清远市清城区新城世纪家具广场等两家工商户以及深圳市通天河企业形象设计有限公司的实体均是真实存在的。

第二，证据1中产品宣传册上印制有“深圳市龙岗区嘉顺家私厂”的名称和“深圳市龙岗区坪地坪西第一工业区”的地址，并加盖有“深圳市龙岗区坪地嘉顺家私厂”的印章，显示出该产品宣传册的合法来源；且证据2所示合同书显示出深圳市通天河企业形象设计有限公司（甲方）为深圳市龙岗区坪地嘉顺家私厂（乙方）印制家具画册，交货、付款期限为2006年3月15日，与证据1中产品宣传册记载的“06年3月印制（第一版）摄影、设计深圳通天河”等字样相吻合，其上记载的合同项目、规格和页数等信息也均与证据1中产品宣传册相吻合；同时证据3所示《收据》显示出深圳市通天河企业形象设计有限公司于2006年3月15日收取“深圳嘉顺家私厂”支付的画册款，其上记载的名称、单位、数量、单价和金额等信息也均与证据2所示合同书相吻合；上述证据相互关联、相互印证，佐证了证据 1 中产品宣传册的真实性。

第三，证据 6 所示销售合同显示出“清远市清城区新城世纪家具广场（买方）”（简写为清远世纪家具广场）于 2006 年 3 月 5 日向“深圳市龙岗区坪地嘉顺家私厂（卖方）”订购家具，发货、付款期限为 2006 年 3 月 25 日；证据 7 所示《送货单》显示出“深圳市龙岗区坪地嘉顺家私厂”于 2006 年 3 月 25 日送货至“清远世纪家具广场”，其上记载的货号、名称、规格、数量、单价和金额等信息均与证据 6 所示销售合同相吻合；证据 8 所示《收据》显示出“深圳市龙岗区坪地嘉顺家私厂”分别于 2006 年 3 月 5 日和 2006 年 3 月 25 日收取“清远世纪家具广场”支付的订金和货款，其上记载的两笔款额均与证据 6 所示销售合同记载的相关款项相吻合；上述订货、送货和付款等一系列销售证据相互关联、相互印证，能够证明其内所涉及的相关家具产品在本专利申请日（2006 年 7 月 17 日）以前在国内公开销售使用的事实，但证据 1 中产品宣传册第 9 页记载的“DH-25 组合地柜”的产品货号与证据 6 所示销售合同以及证据 7 所示《送货单》中均记载的深圳市龙岗区坪地嘉顺家私厂生产的“DH-25 大电视柜”的产品货号不一致，合议组认为，在没有其他证据佐证的情况下，证据 1 与证据 6~8 无法形成较为完整的证据体系，因此，证据 6~8 不能证明证据 1 第 9 页所示的“DH-25 大电视柜”在本专利申请日之前在国内公开销售的事实。

第四，证据 10 所示销售合同显示出广州市花都区新华东骏家私广场（买方）于 2006 年 3 月 16 日向深圳市龙岗区坪地嘉顺家私厂（卖方）订购家具，发货、付款期限为 2006 年 4 月 7 日；证据 11 所示《送货单》（№ 0001216、№ 0001217、№ 0001218）显示出深圳市龙岗区坪地嘉顺家私厂于 2006 年 4 月 7 日送货至“花都东骏家私广场”，其上记载的货号、名称、规格、数量、单价和金额等信息均与证据 10 所示销售合同相吻合；证据 12 所示《收据》显示出深圳市龙岗区坪地嘉顺家私厂分别于 2006 年 3 月 16 日和 2006 年 4 月 7 日收取“花都东骏家私广场”支付的订金和货款，虽然其上记载的两笔款额均与证据 10 所示销售合同记载的相关款项相吻合，但№ 0001216 号送货单中的年月有涂改痕迹，且证据 10 所示销售合同以及证据 11 所示《送货单》中记载的深圳市龙岗区坪地嘉顺家私厂生产的产品“DH-25 大电视柜”货号与证据 1 产品宣传册第 9 页中记载深圳市龙岗区坪地嘉顺家私厂“DH-25 组合地柜”的产品货号不一致，合议组认为，在没有其他证据佐证的情况下，证据 1 和证据 10~12 无法形成较为完整的证据体系，不能证明证据 1 第 9 页所示“DH-25 组合地柜”即为 10 证据和证据 11 中所记载的“DH-25 大电视柜”，因此，证据 10~12 也不能证明证据 1 第 9 页所示的“DH-25 大电视柜”在本专利在申请日之前已在国内公开销售的事实。

第五，请求人提交的上述证据没有形成较为完整的证据体系证明证据 1 中产品宣传册第 9 页显示的“DH-25 组合地柜”产品在本专利申请日以前在国内公开销售使用的事实。在证据 6~8、证据10~12均与证据 1 不能形成较为完整的证据体系的情况下，仅凭证据 1 不能证明“DH-25 大电视柜”即为“DH-25 组合地柜”，也不能证明其本专利在申请日前已经公开销售的事实。因此，合议组对证据 1 产品宣传册第 9 页显示的“DH-25 组合地柜”产品在本专利申请日以前在国内公开销售的事实不予以认定。

综上所述，请求人提交的证据均不能支持其无效宣告请求的理由。

请求人针对其提出的无效宣告请求的主张，有责任向专利复审委员会提交充分的证据，如果其提交的证据均不足以支持其无效宣告请求理由，应承担对其不利的法律后果。

三、决定

维持 200630065820.5 号外观设计专利权有效。

当事人对本决定不服的，可以根据专利法第 46 条第 2 款的规定，自收到本决定之日起三个月内向北京市第一中级人民法院起诉。根据该款的规定，一方当事人起诉后，另一方当事人应当作为第三人参加诉讼。

北京市第一中级人民法院
行政判决书

（2009）一中知行初字第2698号

原告深圳市安东尼奥家具有限公司，住所地广东省深圳市龙岗区坪地街道坪西区社区越发工业区6号B栋。

法定代表人刘永源，经理。

委托代理人吴振煌，男，1982年7月5日出生，汉族，深圳市安东尼奥家具有限公司职员，住福建省福清市融城镇校园新村。

被告国家知识产权局专利复审委员会，住所地北京市海淀区北四环西路9号银谷大厦10~12层。

法定代表人张茂于，副主任。

委托代理人沙柏青，国家知识产权局专利复审委员会审查员。

委托代理人杨存吉，国家知识产权局专利复审委员会审查员。

第三人王亚清，女，1962年3月26日出生，汉族，住广东省中山市民众镇浪网居委会。

委托代理人尹文涛，中山市科创专利代理有限公司专利代理人。

委托代理人谢自安，中山市科创专利代理有限公司专利代理人。

原告深圳市安东尼奥家具有限公司（以下简称安东尼奥公司）不服被告国家知识产权局专利复审委员会（以下简称专利复审委员会）作出的第13742号无效宣告请求审查决定（以下简称第13742号决定），于法定期限内向本院提起诉讼。本院于2009年11月9日受理后，依法组成合议庭，并通知王亚清作为第三人参加本案诉讼。本院于2009年12月8日公开开庭审理了本案。原告安东尼奥公司的委托代理人吴振煌，被告专利复审委员会的委托代理人沙柏青、杨存吉，第三人王亚清的委托代理人尹文涛、谢自安到庭参加了诉讼。本案现已审理终结。

第13742号决定系被告专利复审委员会就原告安东尼奥公司针对第三人王亚清所拥有的专利号为200630065820.5、名称为“电视柜（HB888）”的外观设计专利权（以下简称本专利）所提出的无效宣告请求而作出的，专利复审委员会认定的主要理由如下：

第一，基于证据1和证据5所示营业执照的盖章确认件以及证据4所示来源于深圳市工商行政管理局（物价局）网站下载的企业查询信息，显示出深圳市龙岗区坪地嘉顺家私厂（以下简称嘉顺家私厂）和清远市清城区新城世纪家具广场（以下简称新城广场）等两家工商户以及深圳市通天河企业形象设计有限公司（以下简称通天河公司）的实体均真实存在。

第二，证据1中产品宣传册上印制有“深圳市龙岗区嘉顺家私厂”的名称和“深圳市龙岗区坪地坪西第一工业区”的地址，并加盖有“深圳市龙岗区坪地嘉顺家私厂”的印章，显示出该产品宣传册的合法来源；且证据2所示合同书显示出通天河公司（甲方）为嘉顺家私厂（乙方）印制家具画册，交货、付款期限为2006年3月15日，与证据1中产品宣传册记载的“06年3月印制（第一版）摄影、设计深圳通天河”等字样相吻合，其上记载的合同项目、规格和页数等信息也均与证据1中产品宣传册相吻合；同时证据3所示《收据》显示出通天河公司于2006年3月15日收取“深圳嘉顺家私厂”支付的画册款，其上记载的名称、单位、数量、单价和金额等信息也均与证据2所示合同书相吻合；上述证据相互关联、相互印证，佐证了证据1中产品宣传册的真实性。

第三，证据6所示销售合同显示出“新城广场（买方）”于2006年3月5日向“嘉顺家私厂

（卖方）”订购家具，发货、付款期限为2006年3月25日；证据7所示《送货单》显示出“嘉顺家私厂”于2006年3月25日送货至“新城广场”，其上记载的货号、名称、规格、数量、单价和金额等信息均与证据6所示销售合同相吻合；证据8所示《收据》显示出“嘉顺家私厂”分别于2006年3月5日和2006年3月25日收取“新城广场”支付的订金和货款，其上记载的两笔款额均与证据6所示销售合同记载的相关款项相吻合，虽然上述订货、送货和付款等一系列销售证据相互关联、相互印证，能够证明其内所涉及的相关家具产品在本专利申请日（2006年7月17日）以前在国内公开销售使用的事实，但证据1中产品宣传册第9页记载的“DH-25组合地柜”的产品货号与证据6所示销售合同以及证据7所示《送货单》中均记载有嘉顺家私厂生产的“DH-25大电视柜”的产品货号不一致，在没有其他证据佐证的情况下，证据1与证据6~8无法形成较为完整的证据体系，因此，证据6~8不能证明证据1第9页所示的“DH-25组合地柜”在本专利申请日之前在国内公开销售的事实。

第四，证据10所示销售合同显示出“广州市花都区新华东骏家私广场（简称新华广场，买方）”于2006年3月16日向“嘉顺家私厂（卖方）”订购家具，发货、付款期限为2006年4月7日；证据11所示《送货单》（№ 0001216、№ 0001217、№ 0001218）显示出“嘉顺家私厂”于2006年4月7日送货至“新华广场”，其上记载的货号、名称、规格、数量、单价和金额等信息均与证据10所示销售合同相吻合；证据12所示《收据》显示出“嘉顺家私厂”分别于2006年3月16日和2006年4月7日收取“新华广场”支付的订金和货款，虽然其上记载的两笔款额均与证据10所示销售合同记载的相关款项相吻合，但№ 0001216号送货单中的年月有涂改痕迹，且证据10所示销售合同以及证据11所示《送货单》中记载的“嘉顺家私厂”生产的产品“DH-25大电视柜”货号与证据1产品宣传册第9页中记载的嘉顺家私厂“DH-25组合地柜”的产品货号不一致，在没有其他证据佐证的情况下，证据1和证据10~12无法形成完整的证据体系，因此，不能证明证据1第9页所示“DH-25组合地柜”即为证据10和证据11中所记载的“DH-25大电视柜”，因此，证据10~12不能证明证据1第9页所示的“DH-25组合地柜”在本专利在申请日之前已在国内公开销售的事实。

第五，安东尼奥公司提交的上述证据没有形成较为完整的证据体系证明证据1中产品宣传册第9页显示的“DH-25组合地柜”产品在本专利申请日以前在国内公开销售使用的事实。在证据6~8、证据10~12均与证据1不能形成较为完整的证据体系的情况下，仅凭证据1既不能证明“DH-25大电视柜”即为“DH-25组合地柜”，也不能证明其在本专利申请日前已经公开销售的事实。因此，专利复审委员会对证据1产品宣传册第9页显示的“DH-25组合地柜”产品在本专利申请日以前在国内公开销售的事实不予以认定。

综上所述，安东尼奥公司提交的证据均不能支持其无效宣告请求的理由。专利复审委员会作出第13742号决定，维持本专利有效。

原告安东尼奥公司不服第13742号决定，其诉称：（1）原告于2009年2月20日向专利复审委员会提出了6项无效宣告请求，该6项请求针对的均系第三人拥有的家具系列外观设计专利。专利复审委员会作出的第13743、13744、13745号无效宣告请求审查决定已经将专利权人拥有的其他三项家具外观设计专利宣告无效，而第13742号决定却维持了本专利，该决定错误。被告没有考虑到原告另外提出的5项无效宣告请求，没有综合考虑到该系列案件的整体证据体系。本案中，证据1产品宣传画册中第9页的产品货号为“DH-25组合地柜”产品，实际上是一个电视柜，本专利名称也是“电视柜（HB888）”，因此在送货单上将名称“DH-25组合地柜”写为“DH-25大电视柜”符合基本生活习惯。同时，上述销售合同、送货单均是先写型号（DH-25），再依次写出各货物的名称，因此可知该销售合同、送货单销售的“DH-25大电视柜”与其他产品是同一型号序列的产品。“DH-25组合地柜”与其他产品是属于同一本画册的内容，而产品宣传画册中只有第 9 页货号为“DH-25 组合地柜”的产品是电视柜，因此可以认定送货单上的“DH-25 大电视柜”即是画册中的“DH-25 组合地柜”。因此不能否认“DH-25 组合地柜”产品在本专利申请日以前在国内公开销售的事实。专利复审委员会既然已经认定证据 1 产品宣传画册中的产品餐边柜、梳妆台、床等早在第三人申请专利前就已经存在对外公开、销售的事实，而作为同一系列的产品和同一画册的内容，必然是都已经公开。(2) 本案及其他 5 个外观设计专利纠纷案，实际上只涉及一个图案，是一个外观图案应用在 6 个不同的家具中而产生的 6 个专利号。第三人实际上只对家具中的雕花、图案申请专利，而家具的整体外观功能是属于公知知识，并不享有专利权。专利复审委员会已经宣告其他 3 个外观设计专利权无效，即已经宣告第三人对家具中的雕花、图案专利权无效。因此作为将同一雕花、图案应用在另外家具中的电视柜专利也应被宣告无效。综上，第 13742 号决定认定事实错误，在本专利申请之前，已经有与其外观相近似的产品在国内公开销售使用过，本专利不符合《中华人民共和国专利法》（以下简称《专利法》）第二十三条的规定。原告安东尼奥公司请求法院判决撤销第 13742 号决定。

被告专利复审委员会答辩称坚持第 13742 号决定的认定意见，其认为该决定认定事实清楚、适用法律正确、审理程序合法，审查结论正确，原告的起诉理由不能成立。被告请求本院依法驳回原告的请求并判决维持第 13742 号决定。

第三人王亚清述称其同意第 13742 号决定的认定意见，其请求本院判决维持第 13742 号决定。

本院经审理查明：

本专利是专利号为 200630065820. 5、名称为“电视柜（HB888）”的外观设计专利（其附图见本判决书附后)，其申请日为 2006 年 7 月 17 日，授权公告日为 2007 年 4 月 18 日，专利权人为王亚清。

针对本专利，安东尼奥公司于 2009 年 2 月 20 日向专利复审委员会提出无效宣告请求，其理由是本专利不符合《专利法》第二十二条第二款和第三款的规定，不具有新颖性和创造性。安东尼奥公司同时提交了如下证据附件：

证据 1 是嘉顺家私厂的《个体工商户营业执照》复印件 1 页和《嘉顺家私》产品宣传册复印件 16 页，其上均盖有“深圳市龙岗区坪地嘉顺家私厂”的印章；

证据 2 是通天河公司和嘉顺家私厂签订的“2006 第 013 号”《合同书》复印件 1 页；

证据 3 是盖有“深圳市通天河企业形象设计有限公司财务专用章”的第 1000607 号《收据》复印件 1 页；

证据 4 是通天河公司的企业基本信息网络查询打印页 1 页；

证据 5 是新城广场的《个体工商户营业执照》复印件 1 页；

证据 6 是嘉顺家私厂和新城广场签订的《销售合同》复 6 印件 1 页；

证据 7 是盖有“深圳市龙岗区坪地嘉顺家私厂”印章的第 0001201 号、第 0001202 号和第 0001203 号《送货单》复印件共 2 页；

证据 8 是盖有“深圳市龙岗区坪地嘉顺家私厂财务专用章”的第 0200944 号和第 0200934 号《收据》复印件共 1 页；

证据 9 是新华广场的《个体工商户营业执照》复印件 1 页；

证据 10 是嘉顺家私厂和新华广场签订的《销售合同》复印件 2 页；

证据 11 是盖有“深圳市龙岗区坪地嘉顺家私厂”印章的第 0001216 号、第 0001217 号和第 0001218 号《送货单》复印件共 2 页；

证据 12 是盖有“深圳市龙岗区坪地嘉顺家私厂财务专用章”的第 0200941 号和第 0200948 号

《收据》复印件共1页。(上述证据分别简称为证据1~12)

专利复审委员会受理了该无效宣告请求，并告知安东尼奥公司其提出的无效请求理由不属于针对外观设计专利权的法律条款，并基于其提出的证据和具体意见陈述，向其释明了《专利法》第二十三条。

专利复审委员会于2009年6月17日进行了口头审理，安东尼奥公司及王亚清均委托代理人出席了口头审理并发表了相关意见。在口头审理中，安东尼奥公司将无效理由变更为《专利法》第二十三条，并出示了证据1中《嘉顺家私》企业宣传册，证据2、3、证据6~8及证据10~12的原件，同时出示了证据1中企业营业执照、证据5及证据9的盖章确认件。

专利复审委员会经过审查，于2009年7月29日作出第13742号决定。原告不服，向本院提起行政诉讼。

本院另查明，证据1《嘉顺家私》产品宣传册第9页中有其生产产品的相关图片，其中包括名称为“DH-25组合地柜”的产品。证据6为嘉顺家私厂与新城广场于2006年3月5日签订的购销合同，其中包含有名称为“DH-25大电视柜”的产品。证据7中编号为No. 0001201号的送货单中记载有名称为“DH-25大电视柜”的产品。证据10为嘉顺家私厂与新华广场于2006年3月16日签订的《销售合同》。其中包含有名称为“DH-25大电视柜”的产品。证据11中编号为No. 0001217号的送货单中记载有名称为“DH-25大电视柜”的产品。

安东尼奥公司在无效宣告口头审理中表示其向专利复审委员会提交的证据1~12均用以证明与本专利相同或相近似的外观设计在先使用公开（生产、销售)，在本案庭审中原告对此表示无异议。

2009年7月29日，专利复审委员会针对本案第三人王亚清拥有的第200630067164.2号“床(HB888)”、第200630066829.8号“梳妆台(HB888)”、第200630066826.4号“餐边柜(HD888)”外观设计专利分别作出第13743、13744、13745号无效宣告请求审查决定（分别简称第13743、13744、13745号决定)，上述无效宣告请求的请求人均为本案原告安东尼奥公司。上述决定书分别单独认定证据1第3、4连页中的“DH-25床A”产品、证据1第7、8连页中的“DH-25梳妆台、DH-25梳妆镜”产品、证据1第12页“DH-25备餐柜、DH-25备餐镜”产品由嘉顺家私厂在2006年3月公开销售过。

以上事实，有第13742、13743、13744、13745号决定，本专利授权公告文本，安东尼奥公司向专利复审委员会提交的证据1~12，口头审理记录表及庭审笔录在案佐证。

本院认为：

一、关于本案法律适用的问题。

于2008年12月27日修改的《专利法》(以下简称2009年《专利法》）已于2009年10月1日起施行，因此本案审理涉及2001年《专利法》与2009年《专利法》之间的选择适用问题。《中华人民共和国立法法》第八十四条规定，法律、行政法规、地方性法规、自治条例和单行条例、规章不溯及既往，但为了更好地保护公民、法人和其他组织的权利和利益而作的特别规定除外。国家知识产权局据此制定了《施行修改后的专利法的过渡办法》，并于2009年10月1日起施行。对于专利权是否有效的审查，根据该过渡办法，申请日在2009年10月1日前的专利申请以及根据该专利申请授予的专利权适用2001年《专利法》的规定；申请日在2009年10月1日以后（含该日）的专利申请以及根据该专利申请授予的专利权适用2009年《专利法》的规定。本案属于专利确权行政纠纷，本专利的申请日在2009年10月1日前，因此依据《中华人民共和国立法法》第八十四条的上述规定，并参照上述过渡办法的相关规定，本案应适用2001年《专利法》进行审理。

二、关于本案的焦点问题。

本案的争议焦点为安东尼奥公司向专利复审委员会提交的证据1《嘉顺家私》第9页中的“DH-25组合地柜”产品在本专利申请日之前是否公开使用或销售过。

原告主张，其提交的证据1《嘉顺家私》中的产品为配套的系列家具外观设计，专利复审委员会已经认定该系列家具中其他产品在先销售的事实，因此本案中涉及的“DH-25组合地柜”在先公开销售的事实也应予以确认。对此本院认为，首先，原告主张上述产品已经在先公开销售，应当提供证据予以证明。证据1《嘉顺家私》产品宣传册第9页显示的产品名称为“DH-25组合地柜”，而证据6、7、10和11中显示的产品名称均为“DH-25大电视柜”，二者的产品名称并不相同，在原告未提供其他证据予以佐证的情况下，在案证据不能形成完整的证据链证明证据1中的“DH-25组合地柜”就是证据6、7、10和11中的“DH-25大电视柜”。其次，专利复审委员会作出的第13743、13744、13745号决定系分别针对本案第三人所拥有的其他外观设计专利而作出，上述无效宣告审查决定与本案并无法律上的直接关联，且上述无效宣告请求审查决定亦分别仅单独认定证据1中的“DH-25床A”、“DH-25梳妆台、DH-25梳妆镜”及“DH-25备餐柜、DH-25备餐镜”产品存在在先销售的事实，而并未认定证据1中的产品系成系列出售。因此，上述无效宣告请求审查决定不能直接证明证据1中的“DH-25组合地柜”在专利申请日之前公开销售过。原告的前述诉讼主张缺乏事实依据，本院不予支持。

原告另主张本专利所保护的是该设计中包含的雕花及图案，在含有相同雕花及图案的其他外观设计专利已经被宣告无效的情况下，本专利也应予无效。对此本院认为，《中华人民共和国专利法实施细则》第二条第三款规定：“专利法所称外观设计，是指对产品的形状、图案或者其结合以及色彩与形状、图案的结合所作出的富有美感并适于工业应用的新设计。”因此，外观设计专利的保护不能脱离具体的产品。在本专利所涉产品与其他外观设计专利所涉产品不相同亦不相类似的情况下，即便使用相同图案的其他专利已经被宣告无效，亦不能说明本专利不符合《专利法》第二十三条的规定。原告的前述诉讼主张缺乏事实和法律依据，本院不予支持。

原告另主张证据1中的其他产品已经被认定在先公开，因此，证据1中的“DH-25组合地柜”产品也应被认定为在本专利申请日之前已经公开。对此本院认为，原告在无效宣告口头审理中表示其向专利复审委员会提交的证据1~12系用以证明有与本专利相同或相似的外观设计在本专利申请日之前公开生产和销售过，其并未主张将证据1作为本专利已被其申请日之前的出版物所公开的依据。原告的上述理由缺乏事实依据，本院亦不予支持。

综上，第13742号决定认定事实清楚，适用法律正确，程序合法，本院予以维持。原告的诉讼理由不能成立，本院不予支持。据此，依照《中华人民共和国行政诉讼法》第五十四条第（一）项之规定，本院判决如下：

维持被告国家知识产权局专利复审委员会作出的第13742号无效宣告请求审查决定。

案件受理费100元，由原告深圳市安东尼奥家具有限公司负担（已交纳）。

如不服本判决，各方当事人可在本判决书送达之日起15日内向本院提交上诉状及副本，并交纳上诉案件受理费100元，上诉于北京市高级人民法院。

审　判　长　芮松艳
代理审判员　殷　悦
人民陪审员　郝志国

二〇〇九年十二月二十三日

书　记　员　陈文煊

A 局部放大图

B 局部放大图

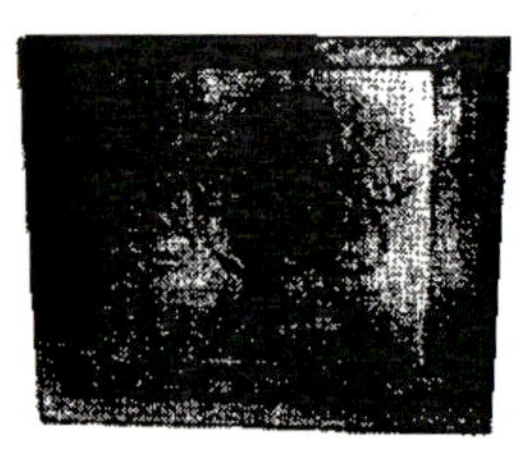

C 局部放大图

D 局部放大图

E 局部放大图

F 局部放大图

G 局部放大图

俯视图

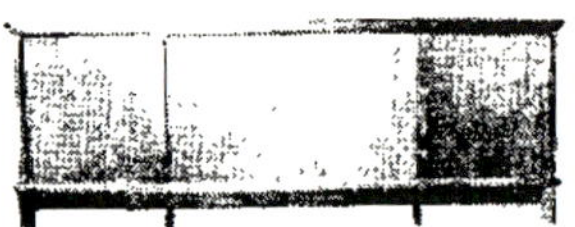

后视图

立体图

右视图

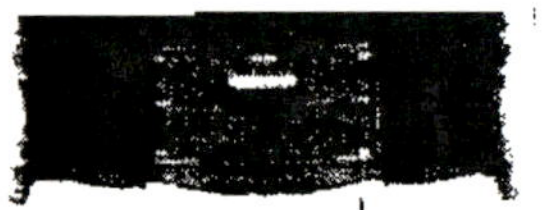

主视图

本专利附图

床（HB888）

无效宣告请求审查决定（第13743号）

决　　定　　号　第13743号
决　　定　　日　2009年7月29日
发明创造名称　床（HB888）
外观设计分类号　06-02
无效宣告请求人　深圳市安东尼奥家具有限公司
专　利　权　人　王亚清
专　　利　　号　200630067164.2
申　　请　　日　2006年7月31日
授 权 公 告 日　2007年6月13日
合 议 组 组 长　张雪飞
主　　审　　员　李巍巍
参　　审　　员　雷　婧
附　　　　　图　2页

法　律　依　据　专利法第23条
决　定　要　点

请求人提交的部分证据已形成了较为完整的证据体系证明与本专利外观设计相近似的产品在先在国内公开销售使用的事实，专利权人虽有质疑，但在无相反证据足以推翻的情况下，合议组对该在先销售事实予以认定。

一、案由

本无效宣告请求涉及国家知识产权局于2007年6月13日授权公告的200630067164.2号外观设计专利，使用该外观设计的产品名称是“床（HB888）”，其申请日是2006年7月31日，专利权人是王亚清。

针对上述外观设计专利权（下称本专利），深圳市安东尼奥家具有限公司（下称请求人）于2009年2月20日向专利复审委员会提出无效宣告请求，其理由是本专利不符合专利法第22条第2款和第3款的规定，不具有新颖性和创造性，应予宣告无效。请求人同时提交了如下证据附件：

证据1是深圳市龙岗区坪地嘉顺家私厂的《个体工商户营业执照》复印件1页和《嘉顺家私》产品宣传册复印件16页，其上均盖有“深圳市龙岗区坪地嘉顺家私厂”的印章；

证据2是深圳市通天河企业形象设计有限公司和深圳市龙岗区坪地嘉顺家私厂签订的“2006第

013号”《合同书》复印件1页；

证据3是盖有“深圳市通天河企业形象设计有限公司财务专用章”的第1000607号《收据》复印件1页；

证据4是深圳市通天河企业形象设计有限公司的企业基本信息网络查询打印页1页；

证据5是清远市清城区新城世纪家具广场的《个体工商户营业执照》复印件1页；

证据6是深圳市龙岗区坪地嘉顺家私厂和清远市清城区新城世纪家具广场签订的《销售合同》复印件1页；

证据7是盖有“深圳市龙岗区坪地嘉顺家私厂”印章的第0001201号、第0001202号和第0001203号《送货单》复印件共2页；

证据8是盖有“深圳市龙岗区坪地嘉顺家私厂财务专用章”的第0200944号和第0200934号《收据》复印件共1页；

证据9是广州市花都区新华东骏家私广场的《个体工商户营业执照》复印件1页；

证据10是深圳市龙岗区坪地嘉顺家私厂和广州市花都区新华东骏家私广场签订的《销售合同》复印件2页；

证据11是盖有“深圳市龙岗区坪地嘉顺家私厂”印章的第0001216号、第0001217号和第0001218号《送货单》复印件共2页；

证据12是盖有“深圳市龙岗区坪地嘉顺家私厂财务专用章”的第0200941号和第0200948号《收据》复印件共1页。

请求人认为，证据1~12能够证明深圳市龙岗区坪地嘉顺家私厂在本专利申请日以前即已生产、宣传与本专利外观设计相近似的产品并将该产品分别销售给清远市清城区新城世纪家具广场和广州市花都区新华东骏家私广场的事实。

专利复审委员会受理了该无效宣告请求，并于2009年4月2日将请求人的无效宣告请求文件转送专利权人。

专利复审委员会成立合议组对本案进行审理，并于2009年4月20日向双方当事人发出合议组告知通知书。

专利复审委员会于2009年5月4日向双方当事人发出口头审理通知书，定于2009年6月17日进行口头审理，并告知请求人提出的无效请求理由不属于针对外观设计专利权的法律条款，并基于其提出的证据和具体意见陈述，向其释明了专利法第23条。

针对请求人提出的无效宣告请求，专利权人于2009年4月26日提交了意见陈述书，认为请求人没有充分证据证明与本专利相同或者相近似的外观设计在先在出版物上公开发表过和在国内公开使用过，应维持本专利有效。其中专利权人质疑证据1中产品宣传册不是公开出版物；质疑证据2、证据3的真实性及其与证据1的关联性；质疑证据6~8、证据10~12的真实性、关联性和所涉及产品的具体内容。

专利复审委员会于2009年5月8日将专利权人提交的意见陈述书转送请求人，告知其可在口头审理中陈述意见。

口头审理如期举行，双方当事人均委托代理人出席。双方对对方出庭人员的身份和资格无异议，对合议组成员均无回避请求。

在口头审理中，请求人将无效请求理由变更为专利法第23条，并声明证据1~12均用于证明在先使用公开的事实；其当庭提交了证据1中产品宣传册、证据2、证据3、证据6~8和证据10~12的原件以及证据1中营业执照、证据5和证据9的盖章确认件，并坚持原有观点。

专利权人当庭核实了证据原件及盖章确认件，其质疑证据1~12的真实性和关联性，说明请求人与深圳市龙岗区坪地嘉顺家私厂实为一体，且清远市清城区新城世纪家具广场和广州市花都区新华东骏家私广场均与深圳市龙岗区坪地嘉顺家私厂有业务往来。

在相同和相近似的判断方面，专利权人认为，请求人指定的图片所示外观设计正面与本专利相近似，但因其侧面被遮挡，故无法判断是否相近似。请求人认为其与本专利相比为相近似外观设计。

口头审理结束后，请求人于2009年7月8日提交了意见陈述书，针对证据1中产品宣传册补充提交了盖有“坪地镇图书馆”印章的产品宣传册原件。在上述审理的基础上，合议组经合议，认为本案事实清楚，依法作出本审查决定。

二、决定的理由

基于请求人提出的无效宣告请求的理由和证据，合议组依据专利法第23条的规定进行审理。

专利法第23条规定：“授予专利权的外观设计，应当同申请日以前在国内外出版物上公开发表过或者国内公开使用过的外观设计不相同和不相近似，并不得与他人在先取得的合法权利相冲突。”

针对请求人于口头审理结束后提交的盖有“坪地镇图书馆”印章的《嘉顺家私》产品宣传册原件，合议组认为：根据专利法实施细则第66条以及审查指南第四部分第三章第4.3.1节的规定，请求人在提出无效宣告请求之日起一个月后补充证据的，专利复审委员会一般不予考虑，例外的情形之一为请求人在口头审理辩论终结前提交用于完善证据法定形式的公证书、原件等证据、并在该期限内结合该证据具体说明相关无效宣告理由，而请求人在口头审理结束后提交的上述证据原件已超出了法定期限且不属于例外的情形，因此本案不予考虑。

请求人提交的证据1是深圳市龙岗区坪地嘉顺家私厂的《个体工商户营业执照》盖章确认件和盖有“深圳市龙岗区坪地嘉顺家私厂”印章的《嘉顺家私》产品宣传册；证据2是深圳市通天河企业形象设计有限公司和深圳市龙岗区坪地嘉顺家私厂签订的“2006第013号”《合同书》；证据3是盖有“深圳市通天河企业形象设计有限公司财务专用章”的第1000607号《收据》；证据4是深圳市通天河企业形象设计有限公司的企业基本信息网络查询打印页；证据5是清远市清城区新城世纪家具广场的《个体工商户营业执照》盖章确认件；证据6是深圳市龙岗区坪地嘉顺家私厂和清远市清城区新城世纪家具广场签订的《销售合同》；证据7是盖有“深圳市龙岗区坪地嘉顺家私厂”印章的第0001201号、第0001202号和第0001203号《送货单》；证据8是盖有“深圳市龙岗区坪地嘉顺家私厂财务专用章”的第0200944号和第0200934号《收据》。

针对上述证据，合议组认为：第一，基于证据1和证据5所示营业执照的盖章确认件以及证据4所示来源于深圳市工商行政管理局（物价局）网站下载的企业查询信息，显示出深圳市龙岗区坪地嘉顺家私厂和清远市清城区新城世纪家具广场等两家工商户以及深圳市通天河企业形象设计有限公司的实体均是真实存在的。

第二，证据1中产品宣传册上印制有“深圳市龙岗区嘉顺家私厂”的名称和“深圳市龙岗区坪地坪西第一工业区”的地址，并加盖有“深圳市龙岗区坪地嘉顺家私厂”的印章，显示出该产品宣传册的合法来源；且证据2所示合同书显示出“深圳市通天河企业形象设计有限公司（甲方）”为“深圳市龙岗区坪地嘉顺家私厂（乙方）”印制家具画册，交货、付款期限为2006年3月15日，与证据1中产品宣传册记载的“06年3月印制（第一版）摄影、设计深圳通天河”等字样相吻合，其上记载的合同项目、规格和页数等信息也均与证据1中产品宣传册相吻合；同时证据3所示《收据》显示出深圳市通天河企业形象设计有限公司于2006年3月15日收取“深圳嘉顺家私厂”支付的画册款，其上记载的名称、单位、数量、单价和金额等信息也均与证据2所示合同书相吻合；上述证据相互关联、相互印证，佐证了证据1中产品宣传册的真实性。

第三，证据 6 所示销售合同显示出“清远市清城区新城世纪家具广场（买方）”（简写为清远世纪家具广场）于 2006 年 3 月 5 日向“深圳市龙岗区坪地嘉顺家私厂（卖方）”订购家具，发货、付款期限为 2006 年 3 月 25 日；证据 7 所示《送货单》显示出深圳市龙岗区坪地嘉顺家私厂于 2006 年 3 月 25 日送货至“清远世纪家具广场”，其上记载的货号、名称、规格、数量、单价和金额等信息均与证据 6 所示销售合同相吻合；证据 8 所示《收据》显示出深圳市龙岗区坪地嘉顺家私厂分别于 2006 年 3 月 5 日和 2006 年 3 月 25 日收取“清远世纪家具广场”支付的订金和货款，其上记载的两笔款额均与证据 6 所示销售合同记载的相关款项相吻合；上述订货、送货和付款等一系列销售证据相互关联、相互印证，能够证明其内所涉及的相关家具产品在本专利申请日（2006 年 7 月 31 日）以前在国内公开销售使用的事实。

第四，证据 1 中产品宣传册第 3、4 连页和证据 6 所示销售合同以及证据 7 所示《送货单》中均记载有深圳市龙岗区坪地嘉顺家私厂生产的“DH−25 床 A”的产品货号及名称，基于通常情况下同一生产厂家的同一时期、同一货号、同一品名的一致性和无重复性，能够认定证据 1 中产品宣传册第 3、4 连页显示的“DH-25 床 A”产品即为证据 6~8 所示在先公开销售使用的“DH-25 床 A”产品。

综上，请求人提交的上述证据已形成了较为完整的证据体系证明证据 1 中产品宣传册第 3、4 连页显示的“DH-25 床 A”产品在本专利申请日以前在国内公开销售使用的事实。虽然专利权人质疑其真实性和关联性，并认为其上所涉及的厂家或与请求人实为一体，或与请求人存在利害关系，但并未提交任何反证，因此，仅凭单纯质疑不足以与请求人提交的证据体系相抗衡，在无相反证据足以推翻的情况下，合议组对上述销售事实予以认定。

在证据 1 中产品宣传册第 3、4 连页中显示出一款“床”的外观设计（下称在先设计）。从图片上观察，在先设计由床头、床尾、床架和支脚组成，床头及床尾正面周边设计有各种装饰形状，顶部均呈拱状面向上隆起；床头正面为网状凹凸装饰设计及倒置钟形图案，在倒置钟形内有图案设计；床尾正面中部近似矩形框内有一倒置钟形设计，其内有图案设计，床尾顶部呈拱状面向上隆起（详见在先设计附图）。

本专利同样是床的外观设计，即主视图、右视图、A 部放大图、后视图、立体图、使用状态参考图 1、使用状态参考图 2，简要说明中记载：（1）本外观设计仰视图、俯视图无设计要点，省略仰视图、俯视图。（2）本外观设计左视图与右视图对称，省略左视图。从各视图观察，本专利整体由床头、床尾、床架和支脚组成，床头及床尾正面周边设计有各种装饰形状，正面中部均有一倒置钟形设计，其内均设计有图案，床头及床尾顶部均呈拱状面向上隆起；床架侧面为矩形，床架侧面和床头后部均平面（详见本专利附图）。

合议组认为：本专利和在先设计均为床的外观设计，用途相同，属于相同类别的产品，具有可比性。

将本专利与在先设计相比较，合议组认为：从整体视觉观察，二者在床头和床尾正面周边设计的各种装饰形状、顶部的拱形隆起、正面倒置钟形设计及其内近似菱形图案设计均基本相同，二者不相同点主要是，在先设计未显示出床架侧面及床头的后部形状，但其在使用状态下通常被床单或床罩遮挡，床头后部在使用状态时因通常为靠墙摆放，故床架侧面和床头后部均属于在使用时不易看到的部位，且本专利该部位均平面，因此其对床的整体视觉效果不具有显著的影响；床头正面网状凹凸装饰设计，虽然在先设计为网状凹凸装饰设计，本专利为平面设计，但该差别是基于本专利简化设计所致，对整体视觉效果不具有显著影响；同时二者局部具体图案设计的差别以及二者其他更为细微的装饰形状和图案上的设计变化相对于二者基本相同的床的整体形状和整体装饰设计而言主，均明显属于局部的细微差别，均对二者的整体视觉效果不具有显著的影响，因此二者应属于相近似的外观设计。

综上所述，在本专利申请日以前已有与其外观设计相近似的产品在国内公开销售使用过，本专利不符合专利法第 23 条的规定。

鉴于已得出上述结论，本决定对请求人提出的其他证据不再予以评述。

三、决定

宣告 200630067164. 2 号外观设计专利权全部无效。

当事人对本决定不服的，可以根据专利法第 46 条第 2 款的规定，自收到本决定之日起三个月内向北京市第一中级人民法院起诉。根据该款的规定，一方当事人起诉后，另一方当事人应当作为第三人参加诉讼。

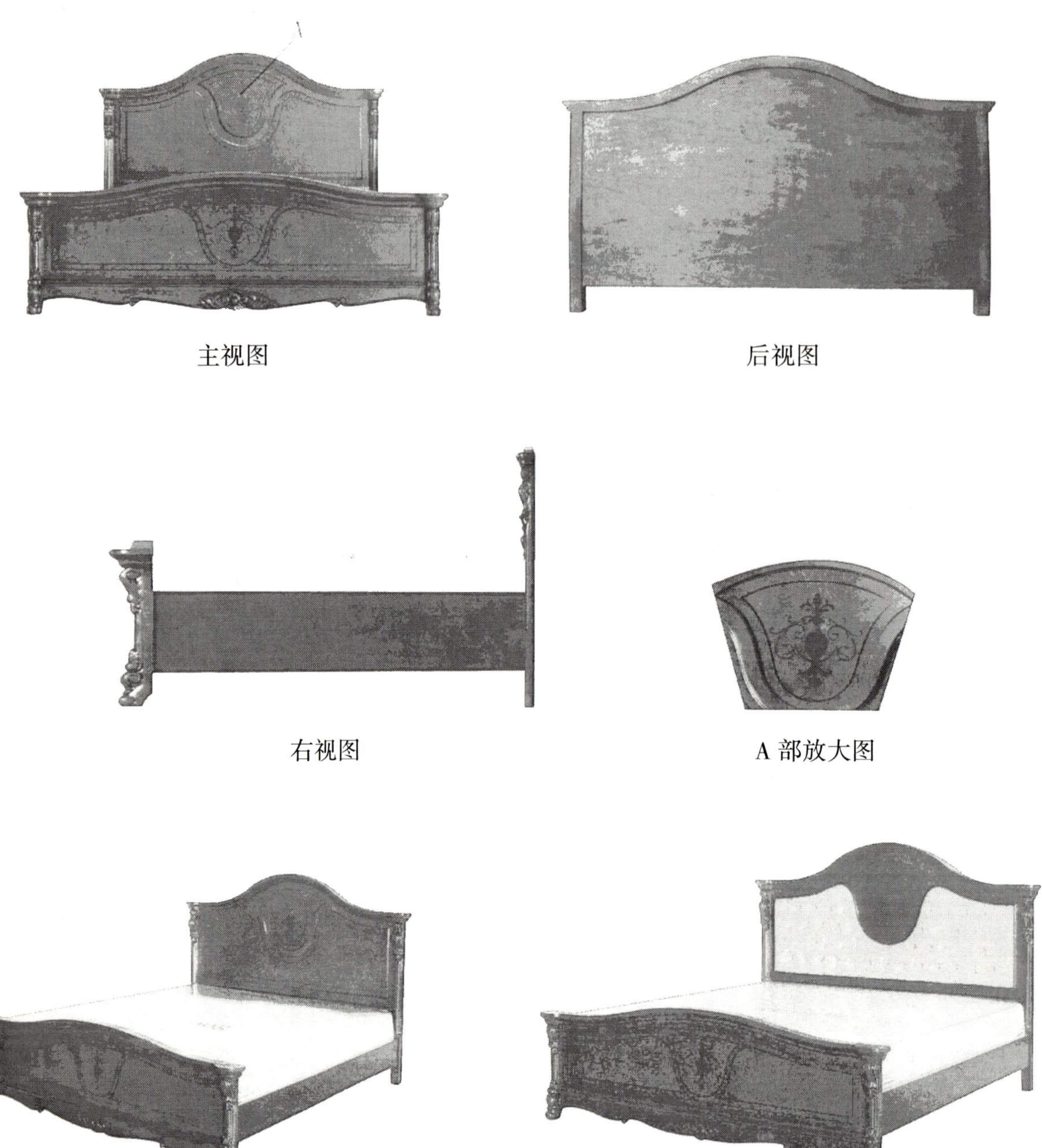

主视图

后视图

右视图

A 部放大图

使用状态参考图 1

使用状态参考图 2

本专利附图

在先设计附图

梳妆台（HB888）

无效宣告请求审查决定（第 13744 号）

决　　定　　号　第 13744 号
决　　定　　日　2009 年 7 月 29 日
发明创造名称　梳妆台（HB888）
外观设计分类号　06-05
无效宣告请求人　深圳市安东尼奥家具有限公司
专　利　权　人　王亚清
专　　利　　号　200630066829.8
申　　请　　日　2006 年 7 月 21 日
授 权 公 告 日　2007 年 6 月 6 日
合 议 组 组 长　张雪飞
主　　审　　员　李巍巍
参　　审　　员　雷　婧
附　　　　　图　2 页

法　律　依　据　专利法第 23 条
决　定　要　点

请求人提交的部分证据已形成了较为完整的证据体系证明与本专利外观设计相近似的产品在先在国内公开销售使用的事实，专利权人虽有质疑，但在无相反证据足以推翻的情况下，合议组对该在先销售事实予以认定。

一、案由

本无效宣告请求涉及国家知识产权局于 2007 年 6 月 6 日授权公告的 200630066829.8 号外观设计专利，使用该外观设计的产品名称是“梳妆台（HB888）”，其申请日是 2006 年 7 月 21 日，专利权人是王亚清。

针对上述外观设计专利权（下称本专利），深圳市安东尼奥家具有限公司（下称请求人）于 2009 年 2 月 20 日向专利复审委员会提出无效宣告请求，其理由是本专利不符合专利法第 22 条第 2 款和第 3 款的规定，不具有新颖性和创造性，应予宣告无效。请求人同时提交了如下证据附件：

证据 1 是深圳市龙岗区坪地嘉顺家私厂的《个体工商户营业执照》复印件 1 页和《嘉顺家私》产品宣传册复印件 16 页，其上均盖有“深圳市龙岗区坪地嘉顺家私厂”的印章；

证据 2 是深圳市通天河企业形象设计有限公司和深圳市龙岗区坪地嘉顺家私厂签订的“2006 第

013 号”《合同书》复印件 1 页；

证据 3 是盖有“深圳市通天河企业形象设计有限公司财务专用章”的第 1000607 号《收据》复印件 1 页；

证据 4 是深圳市通天河企业形象设计有限公司的企业基本信息网络查询打印页 1 页；

证据 5 是清远市清城区新城世纪家具广场的《个体工商户营业执照》复印件 1 页；

证据 6 是深圳市龙岗区坪地嘉顺家私厂和清远市清城区新城世纪家具广场签订的《销售合同》复印件 1 页；

证据 7 是盖有“深圳市龙岗区坪地嘉顺家私厂”印章的第 0001201 号、第 0001202 号和第 0001203 号《送货单》复印件共 2 页；

证据 8 是盖有“深圳市龙岗区坪地嘉顺家私厂财务专用章”的第 0200944 号和第 0200934 号《收据》复印件共 1 页；

证据 9 是广州市花都区新华东骏家私广场的《个体工商户营业执照》复印件 1 页；

证据 10 是深圳市龙岗区坪地嘉顺家私厂和广州市花都区新华东骏家私广场签订的《销售合同》复印件 2 页；

证据 11 是盖有“深圳市龙岗区坪地嘉顺家私厂”印章的第 0001216 号、第 0001217 号和第 0001218 号《送货单》复印件共 2 页；

证据 12 是盖有“深圳市龙岗区坪地嘉顺家私厂财务专用章”的第 0200941 号和第 0200948 号《收据》复印件共 1 页。

请求人认为，证据 1~12 能够证明深圳市龙岗区坪地嘉顺家私厂在本专利申请日以前即已生产、宣传与本专利外观设计相近似的产品并将该产品分别销售给清远市清城区新城世纪家具广场和广州市花都区新华东骏家私广场的事实。

专利复审委员会受理了该无效宣告请求，并于 2009 年 4 月 2 日将请求人的无效宣告请求文件转送专利权人。

专利复审委员会成立合议组对本案进行审理，并于 2009 年 4 月 29 日向双方当事人发出合议组成员通知书。

专利复审委员会于 2009 年 5 月 4 日向双方当事人发出口头审理通知书，定于 2009 年 6 月 17 日进行口头审理，同时告知其提出的无效请求理由不属于针对外观设计专利权的法律条款，并基于其提出的证据和具体意见陈述，向其释明了专利法第 23 条。

针对请求人提出的无效宣告请求，专利权人于 2009 年 4 月 26 日提交了意见陈述书，认为请求人没有充分证据证明与本专利相同或者相近似的外观设计在先在出版物上公开发表过和在国内公开使用过，应维持本专利有效。其中专利权人质疑证据 1 中产品宣传册不是公开出版物；质疑证据 2、证据 3 的真实性及其与证据 1 的关联性；质疑证据 6~8 的真实性、关联性和所涉及产品的具体内容；质疑证据 10~12 的真实性、关联性和所涉及产品的具体内容。

2009 年 5 月 8 日，专利复审委员会将专利权人提交的意见陈述书转送请求人，告知其可在口头审理中陈述意见。

口头审理如期举行，双方当事人均委托代理人出席。双方对对方出庭人员的身份和资格无异议，对合议组成员均无回避请求。

在口头审理中，请求人将无效请求理由变更为专利法第 23 条，并声明证据 1~12 均用于证明在先使用公开的事实；其当庭提交了证据 1 中产品宣传册、证据 2、证据 3、证据 6~8 和证据 10~12 的原件以及证据 1 中营业执照、证据 5 和证据 9 的盖章确认件，并坚持原有观点。

专利权人当庭核实了证据原件及盖章确认件，其质疑证据1～12的真实性和关联性，说明请求人与深圳市龙岗区坪地嘉顺家私厂实为一体，且清远市清城区新城世纪家具广场和广州市花都区新华东骏家私广场均与深圳市龙岗区坪地嘉顺家私厂有业务往来。

在相同和相近似的判断方面，双方当事人均认为请求人指定的图片所示外观设计与本专利相近似。

口头审理结束后，请求人于2009年7月8日提交了意见陈述书，针对证据1中产品宣传册补充提交了盖有“坪地镇图书馆”印章的产品宣传册原件。

在上述审理的基础上，合议组经合议，认为本案事实清楚，依法作出本审查决定。

二、决定的理由

基于请求人提出的无效宣告请求的理由和证据，合议组依据专利法第23条的规定进行审理。

专利法第23条规定：“授予专利权的外观设计，应当同申请日以前在国内外出版物上公开发表过或者国内公开使用过的外观设计不相同和不相近似，并不得与他人在先取得的合法权利相冲突。”

针对请求人于口头审理结束后提交的盖有“坪地镇图书馆”印章的《嘉顺家私》产品宣传册原件，合议组认为：根据专利法实施细则第66条以及审查指南第四部分第三章第4.3.1节的规定，请求人在提出无效宣告请求之日起一个月后补充证据的，专利复审委员会一般不予考虑，例外的情形之一为请求人在口头审理辩论终结前提交用于完善证据法定形式的公证书、原件等证据、并在该期限内结合该证据具体说明相关无效宣告理由，而请求人在口头审理结束后提交的上述证据原件已超出了法定期限且不属于例外的情形，因此本案不予考虑。

请求人提交的证据1是深圳市龙岗区坪地嘉顺家私厂的《个体工商户营业执照》盖章确认件和盖有“深圳市龙岗区坪地嘉顺家私厂”印章的《嘉顺家私》产品宣传册；证据2是深圳市通天河企业形象设计有限公司和深圳市龙岗区坪地嘉顺家私厂签订的“2006第013号”《合同书》；证据3是盖有“深圳市通天河企业形象设计有限公司财务专用章”的第1000607号《收据》；证据4是深圳市通天河企业形象设计有限公司的企业基本信息网络查询打印页；证据5是清远市清城区新城世纪家具广场的《个体工商户营业执照》盖章确认件；证据6是深圳市龙岗区坪地嘉顺家私厂和清远市清城区新城世纪家具广场签订的《销售合同》；证据7是盖有“深圳市龙岗区坪地嘉顺家私厂”印章的第0001201号、第0001202号和第0001203号《送货单》；证据8是盖有“深圳市龙岗区坪地嘉顺家私厂财务专用章”的第0200944号和第0200934号《收据》。

针对上述证据，合议组认为：

第一，基于证据1和证据5所示营业执照的盖章确认件以及证据4所示来源于深圳市工商行政管理局（物价局）网站下载的企业查询信息，显示出深圳市龙岗区坪地嘉顺家私厂和清远市清城区新城世纪家具广场等两家工商户以及深圳市通天河企业形象设计有限公司的实体均是真实存在的。

第二，证据1中产品宣传册上印制有“深圳市龙岗区嘉顺家私厂”的名称和“深圳市龙岗区坪地坪西第一工业区”的地址，并加盖有“深圳市龙岗区坪地嘉顺家私厂”的印章，显示出该产品宣传册的合法来源；且证据2所示合同书显示出“深圳市通天河企业形象设计有限公司（甲方）”为“深圳市龙岗区坪地嘉顺家私厂（乙方）”印制家具画册，交货、付款期限为2006年3月15日，与证据1中产品宣传册记载的“06年3月印制（第一版）摄影、设计深圳通天河”等字样相吻合，其上记载的合同项目、规格和页数等信息也均与证据1中产品宣传册相吻合；同时证据3所示《收据》显示出深圳市通天河企业形象设计有限公司于2006年3月15日收取“深圳嘉顺家私厂”支付的画册款，其上记载的名称、单位、数量、单价和金额等信息也均与证据2所示合同书相吻合；上述证据相互关联、相互印证，佐证了证据1中产品宣传册的真实性。

第三，证据 6 所示销售合同显示出“清远市清城区新城世纪家具广场（买方）”（简写为清远世纪家具广场）于 2006 年 3 月 5 日向“深圳市龙岗区坪地嘉顺家私厂（卖方）”订购家具，发货、付款期限为 2006 年 3 月 25 日；证据 7 所示《送货单》显示出深圳市龙岗区坪地嘉顺家私厂于 2006 年 3 月 25 日送货至“清远世纪家具广场”，其上记载的货号、名称、规格、数量、单价和金额等信息均与证据 6 所示销售合同相吻合；证据 8 所示《收据》显示出深圳市龙岗区坪地嘉顺家私厂分别于 2006 年 3 月 5 日和 2006 年 3 月 25 日收取“清远世纪家具广场”支付的订金和货款，其上记载的两笔款额均与证据 6 所示销售合同记载的相关款项相吻合；上述订货、送货和付款等一系列销售证据相互关联、相互印证，能够证明其内所涉及的相关家具产品在本专利申请日（2006 年 7 月 21 日）以前在国内公开销售使用的事实。

第四，证据 1 中产品宣传册第 7、8 连页和证据 6 所示销售合同以及证据 7 所示《送货单》中均记载有深圳市龙岗区坪地嘉顺家私厂生产的“DH-25 妆台连镜”的产品货号及名称，基于通常情况下同一生产厂家的同一时期、同一货号、同一品名的一致性和无重复性，能够认定证据 1 中产品宣传册第 7、8 连页显示的“DH-25 梳妆台、DH-25 梳妆镜”产品即为证据 6~8 所示在先公开销售使用的“DH-25 妆台连镜”产品。

综上，请求人提交的上述证据已形成了较为完整的证据体系证明证据 1 中产品宣传册第 7、8 连页显示的“DH-25 梳妆台、DH-25 梳妆镜”产品在本专利申请日以前在国内公开销售使用的事实。虽然专利权人质疑其真实性和关联性，并认为其上所涉及的厂家或与请求人实为一体，或与请求人存在利害关系，但并未提交任何反证，因此，仅凭单纯质疑不足以与请求人提交的证据体系相抗衡，在无相反证据足以推翻的情况下，合议组对上述销售事实予以认定。

在证据 1 中产品宣传册第 7、8 连页中显示出一款“带镜梳妆台”的外观设计（下称在先设计）。从图片上观察，在先设计为整体近似“凸”字形连镜梳妆台，由上至下排列有梳妆镜、梳妆台和支脚等部分，梳妆镜周边设计有各种装饰形状，其顶部居中部位呈拱状弧形相向外凸，其内扇形设计内有图案，梳妆台台体正面有各种装饰设计，梳妆台体柜正面中下部为一长矩形框图案，其内有图案设计；梳妆台中部正面为长矩形图案（详见在先设计附图）。

本专利同样是梳妆台连镜的外观设计，其为整体近似“凸”字形连镜梳妆台，由上至下排列有梳妆镜、梳妆台和支脚等部分，梳妆镜周边设计有各种装饰形状，其顶部居中部位呈拱状弧形相向外凸，其内扇形设计内有图案，梳妆台台体正面有各种装饰设计，梳妆台体柜正面中下部为一长矩形框图案，其内有图案设计；梳妆台中部正面为由两个矩形及二者之间的椭圆形组成的图案（详见本专利附图）。

合议组认为：本专利和在先设计均为梳妆台连镜的外观设计，用途相同，属于相同种类的产品，具有可比性。

将本专利与在先设计相比较，其主要的不同点为：在先设计未显示后部设计。合议组认为：从整体视觉观察，梳妆台后部为该类产品使用状态下不会被一般消费者关注的部位，且本专利在相应部位也无设计，因此，不会对该类产品的整体视觉效果产生显著影响；同时二者局部具体图案设计的差别以及二者其他更为细微的装饰形状和图案上的设计变化相对于二者基本相同的整体妆台连镜的形状、区域分割和整体装饰设计而言，均明显属于局部的细微差别，均对二者的整体视觉效果不具有显著的影响，因此二者应属于相近似的外观设计。

综上所述，在本专利申请日以前已有与其外观设计相近似的产品在国内公开销售使用过，本专利不符合专利法第 23 条的规定。

鉴于已得出上述结论，本决定对请求人提出的其他证据不再予以评述。

三、决定

宣告200630066829.8号外观设计专利权全部无效。

当事人对本决定不服的，可以根据专利法第46条第2款的规定，自收到本决定之日起三个月内向北京市第一中级人民法院起诉。根据该款的规定，一方当事人起诉后，另一方当事人应当作为第三人参加诉讼。

右视图　　　　主视图　　　　左视图

后视图　　　　立体图

本专利附图

在先设计附图

410

餐边柜（HD888）

无效宣告请求审查决定（第 13745 号）

决　　定　　号　第 13745 号
决　　定　　日　2009 年 7 月 29 日
发明创造名称　餐边柜（HD888）
外观设计分类号　06-05
无效宣告请求人　深圳市安东尼奥家具有限公司
专　利　权　人　王亚清
专　　利　　号　200630066826.4
申　　请　　日　2006 年 7 月 21 日
授 权 公 告 日　2007 年 5 月 9 日
合 议 组 组 长　张雪飞
主　　审　　员　李巍巍
参　　审　　员　雷　婧
附　　　　　图　2 页

法　律　依　据　专利法第 23 条
决　定　要　点

请求人提交的部分证据已形成了较为完整的证据体系证明与本专利外观设计相近似的产品在先在国内公开销售使用的事实，专利权人虽有质疑，但在无相反证据足以推翻的情况下，合议组对该在先销售事实予以认定。

一、案由

本无效宣告请求涉及国家知识产权局于 2007 年 5 月 9 日授权公告的 200630066826.4 号外观设计专利，使用该外观设计的产品名称是“餐边柜（HD888）”，其申请日是 2006 年 7 月 21 日，专利权人是王亚清。

针对上述外观设计专利权（下称本专利），深圳市安东尼奥家具有限公司（下称请求人）于 2009 年 2 月 20 日向专利复审委员会提出无效宣告请求，其理由是本专利不符合专利法第 22 条第 2 款和第 3 款的规定，不具有新颖性和创造性，应予宣告无效。请求人同时提交了如下证据附件：

证据 1 是深圳市龙岗区坪地嘉顺家私厂的《个体工商户营业执照》复印件 1 页和《嘉顺家私》产品宣传册复印件 16 页，其上均盖有“深圳市龙岗区坪地嘉顺家私厂”的印章；

证据 2 是深圳市通天河企业形象设计有限公司和深圳市龙岗区坪地嘉顺家私厂签订的“2006 第 013 号”《合同书》复印件 1 页；

证据3是盖有“深圳市通天河企业形象设计有限公司财务专用章”的第1000607号《收据》复印件1页；

证据4是深圳市通天河企业形象设计有限公司的企业基本信息网络查询打印页1页；

证据5是清远市清城区新城世纪家具广场的《个体工商户营业执照》复印件1页；

证据6是深圳市龙岗区坪地嘉顺家私厂和清远市清城区新城世纪家具广场签订的《销售合同》复印件1页；

证据7是盖有“深圳市龙岗区坪地嘉顺家私厂”印章的第0001201号、第0001202号和第0001203号《送货单》复印件共2页；

证据8是盖有“深圳市龙岗区坪地嘉顺家私厂财务专用章”的第0200944号和第0200934号《收据》复印件共1页；

证据9是广州市花都区新华东骏家私广场的《个体工商户营业执照》复印件1页；

证据10是深圳市龙岗区坪地嘉顺家私厂和广州市花都区新华东骏家私广场签订的《销售合同》复印件2页；

证据11是盖有“深圳市龙岗区坪地嘉顺家私厂”印章的第0001216号、第0001217号和第0001218号《送货单》复印件共2页；

证据12是盖有“深圳市龙岗区坪地嘉顺家私厂财务专用章”的第0200941号和第0200948号《收据》复印件共1页。

请求人认为，证据1~12能够证明深圳市龙岗区坪地嘉顺家私厂在本专利申请日以前即已生产、宣传与本专利外观设计相近似的产品并将该产品分别销售给清远市清城区新城世纪家具广场和广州市花都区新华东骏家私广场的事实。

专利复审委员会受理了该无效宣告请求，并于2009年4月2日将请求人的无效宣告请求文件转送专利权人。

专利复审委员会依法成立合议组对本案进行审理，并于2009年4月20日向双方当事人发出合议组成员通知书。

专利复审委员会于2009年5月4日向双方当事人发出口头审理通知书，定于2009年6月17日进行口头审理，同时告知其提出的无效请求理由不属于针对外观设计专利权的法律条款，并基于其提出的证据和具体意见陈述，向其释明了专利法第23条。

针对请求人提出的无效宣告请求，专利权人于2009年4月26日提交了意见陈述书，认为请求人没有充分证据证明与本专利相同或者相近似的外观设计在先在出版物上公开发表过和在国内公开使用过，应维持本专利有效。其中专利权人质疑证据1中产品宣传册不是公开出版物；质疑证据2、证据3的真实性及其与证据1的关联性；质疑证据6~8、证据10~12的真实性、关联性和所涉及产品的具体内容。

2009年5月8日，专利复审委员会将专利权人提交的意见陈述书转送请求人，告知其可在口头审理中陈述意见。

口头审理如期举行，双方当事人均委托代理人出席。双方对对方出庭人员的身份和资格无异议，对合议组成员均无回避请求。

在口头审理中，请求人将无效请求理由变更为专利法第23条，并声明证据1~12均用于证明在先使用公开的事实；其当庭提交了证据1中产品宣传册、证据2、证据3、证据6~8和证据10~12的原件以及证据1中营业执照、证据5和证据9的盖章确认件，并坚持原有观点。

专利权人当庭核实了证据原件及盖章确认件，其质疑证据1~12的真实性和关联性，说明请求人与深圳市龙岗区坪地嘉顺家私厂实为一体，且清远市清城区新城世纪家具广场和广州市花都区新华东骏家私广场均与深圳市龙岗区坪地嘉顺家私厂有业务往来。

在相同和相近似的判断方面，请求人认为指定图片所示的外观设计与本专利相近似，专利权人认为，台面形状显示不清楚，无法与本专利进行对比。

口头审理结束后，请求人于 2009 年 7 月 8 日提交了意见陈述书，针对证据 1 中产品宣传册补充提交了盖有“坪地镇图书馆”印章的产品宣传册原件。在上述审理的基础上，合议组经合议，认为本案事实清楚，依法作出本审查决定。

二、决定的理由

基于请求人提出的无效宣告请求的理由和证据，合议组依据专利法第 23 条的规定进行审理。

专利法第 23 条规定：“授予专利权的外观设计，应当同申请日以前在国内外出版物上公开发表过或者国内公开使用过的外观设计不相同和不相近似，并不得与他人在先取得的合法权利相冲突。”

针对请求人于口头审理结束后提交的盖有“坪地镇图书馆”印章的《嘉顺家私》产品宣传册原件，合议组认为：根据专利法实施细则第 66 条以及审查指南第四部分第三章第 4. 3. 1 节的规定，请求人在提出无效宣告请求之日起一个月后补充证据的，专利复审委员会一般不予考虑，例外的情形之一为请求人在口头审理辩论终结前提交用于完善证据法定形式的公证书、原件等证据、并在该期限内结合该证据具体说明相关无效宣告理由，而请求人在口头审理结束后提交的上述证据原件已超出了法定期限且不属于例外的情形，因此本案不予考虑。

请求人提交的证据 1 是深圳市龙岗区坪地嘉顺家私厂的《个体工商户营业执照》盖章确认件和盖有“深圳市龙岗区坪地嘉顺家私厂”印章的《嘉顺家私》产品宣传册；证据 2 是深圳市通天河企业形象设计有限公司和深圳市龙岗区坪地嘉顺家私厂签订的“2006 第 013 号”《合同书》；证据 3 是盖有“深圳市通天河企业形象设计有限公司财务专用章”的第 1000607 号《收据》；证据 4 是深圳市通天河企业形象设计有限公司的企业基本信息网络查询打印页；证据 5 是清远市清城区新城世纪家具广场的《个体工商户营业执照》盖章确认件；证据 6 是深圳市龙岗区坪地嘉顺家私厂和清远市清城区新城世纪家具广场签订的《销售合同》；证据 7 是盖有“深圳市龙岗区坪地嘉顺家私厂”印章的第 0001201 号、第 0001202 号和第 0001203 号《送货单》；证据 8 是盖有“深圳市龙岗区坪地嘉顺家私厂财务专用章”的第 0200944 号和第 0200934 号《收据》。

针对上述证据，合议组认为：

第一，基于证据 1 和证据 5 所示营业执照的盖章确认件以及证据 4 所示来源于深圳市工商行政管理局（物价局）网站下载的企业查询信息，显示出深圳市龙岗区坪地嘉顺家私厂和清远市清城区新城世纪家具广场等两家工商户以及深圳市通天河企业形象设计有限公司的实体均是真实存在的。

第二，证据 1 中产品宣传册上印制有“深圳市龙岗区嘉顺家私厂”的名称和“深圳市龙岗区坪地坪西第一工业区”的地址，并加盖有“深圳市龙岗区坪地嘉顺家私厂”的印章，显示出该产品宣传册的合法来源；且证据 2 所示合同书显示出“深圳市通天河企业形象设计有限公司（甲方）”为“深圳市龙岗区坪地嘉顺家私厂（乙方）”印制家具画册，交货、付款期限为 2006 年 3 月 15 日，与证据 1 中产品宣传册记载的“06 年 3 月印制（第一版）摄影、设计深圳通天河”等字样相吻合，其上记载的合同项目、规格和页数等信息也均与证据 1 中产品宣传册相吻合；同时证据 3 所示《收据》显示出“深圳市通天河企业形象设计有限公司”于 2006 年 3 月 15 日收取“深圳嘉顺家私厂”支付的画册款，其上记载的名称、单位、数量、单价和金额等信息也均与证据 2 所示合同书相吻合；上述证据相互关联、相互印证，佐证了证据 1 中产品宣传册的真实性。

第三，证据 6 所示销售合同显示出“清远市清城区新城世纪家具广场（买方）”（简写为清远世纪家具广场）于 2006 年 3 月 5 日向“深圳市龙岗区坪地嘉顺家私厂（卖方）”订购家具，发货、付款期限为2006年3月25日；证据7所示《送货单》显示出深圳市龙岗区坪地嘉顺家私厂于2006年3月25日送货至“清远世纪家具广场”，其上记载的货号、名称、规格、数量、单价和金额等信息均与证据6所示销售合同相吻合；证据8所示《收据》显示出深圳市龙岗区坪地嘉顺家私厂分别于2006年3月5日和2006年3月25日收取“清远世纪家具广场”支付的订金和货款，其上记载的两笔款额均与证据6所示销售合同记载的相关款项相吻合；上述订货、送货和付款等一系列销售证据相互关联、相互印证，能够证明其内所涉及的相关家具产品在本专利申请日（2006年7月21日）以前在国内公开销售使用的事实。

第四，证据1中产品宣传册第12页和证据6所示销售合同以及证据7所示《送货单》中均记载有深圳市龙岗区坪地嘉顺家私厂生产的“DH-25备餐柜连镜”的产品货号及名称，基于通常情况下同一生产厂家的同一时期、同一货号、同一品名的一致性和无重复性，能够认定证据1中产品宣传册第12页显示的“DH-25备餐柜、DH-25备餐镜”产品即为证据6~8所示在先公开销售使用的“DH-25备餐柜连镜”产品。

综上，请求人提交的上述证据已形成了较为完整的证据体系证明证据1中产品宣传册第12页显示的“DH-25备餐柜、DH-25备餐镜”产品在本专利申请日以前在国内公开销售使用的事实。虽然专利权人质疑其真实性和关联性，并认为其上所涉及的厂家或与请求人实为一体，或与请求人存在利害关系，但并未提交任何反证，因此，仅凭单纯质疑不足以与请求人提交的证据体系相抗衡，在无相反证据足以推翻的情况下，合议组对上述销售事实予以认定。

在证据1中产品宣传册第12页中显示出一款“带镜备餐柜”的外观设计（下称在先设计）。从图片上观察，在先设计为整体近似“凸”字形备餐柜连镜，由上至下排列有备餐镜、备餐柜和支脚等部分，备餐镜及备餐柜正面周边有各种装饰形状设计，备餐柜下部柜体部正面为平行排列的4个长矩形框，两侧长矩形框内有图案设计，备餐柜两侧边及支脚与备餐柜柜面成角度略向外略凸（详见在先设计附图）。

本专利同样是备餐柜连镜的外观设计，其为整体近似“凸”字形备餐柜连镜，由上至下排列有备餐镜、备餐柜和支脚等部分，备餐镜及备餐柜正面周边有各种装饰形状设计，备餐柜下部柜体部正面为平行排列的4个长矩形框，两侧长矩形框内有图案设计，备餐柜两侧边及支脚与备餐柜柜面成角度略向外凸；备餐柜正面中部呈弧形略向外凸（详见本专利附图）。

合议组认为：本专利和在先设计均为备餐柜连镜的外观设计，用途相同，属于相同种类的产品，具有可比性。

将本专利与在先设计相比较，其不同点主要是备餐柜柜体正面中部是否呈弧度略向外凸，在先设计无，本专利有，合议组认为：相对于二者基本相同的备餐柜连镜的形状、区域分割和整体装饰设计而言，该差别在整体设计中的所占比例很小，其变化不足以对整体视觉效果产生显著影响；同时二者局部具体图案设计的差别以及二者其他更为细微的装饰形状和图案上的设计变化均明显属于局部的细微差别，均对二者的整体视觉效果不具有显著的影响，因此二者应属于相近似的外观设计。

综上所述，在本专利申请日以前已有与其外观设计相近似的产品在国内公开销售使用过，本专利不符合专利法第23条的规定。

鉴于已得出上述结论，本决定对请求人提出的其他证据不再予以评述。

三、决定

宣告200630066826.4号外观设计专利权全部无效。

当事人对本决定不服的，可以根据专利法第46条第2款的规定，自收到本决定之日起三个月内向北京市第一中级人民法院起诉。根据该款的规定，一方当事人起诉后，另一方当事人应当作为第三人参加诉讼。

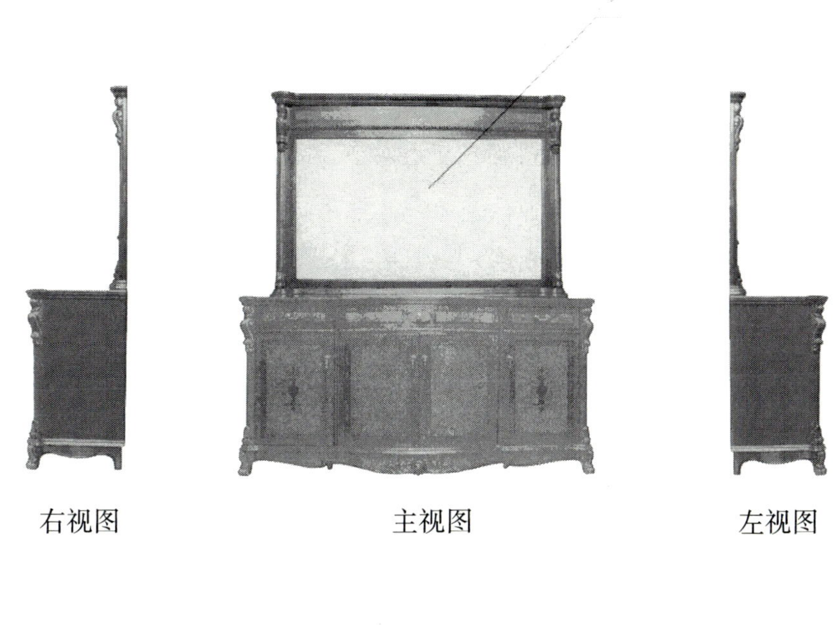

右视图　　　　主视图　　　　左视图

后视图　　　　立体图

本专利附图

在先设计附图

411

塑料包装瓶

无效宣告请求审查决定（第 13755 号）

决 定 号	第 13755 号
决 定 日	2009 年 8 月 3 日
发明创造名称	塑料包装瓶
外观设计分类号	09-01
无效请求人	杭州顶香园食品有限公司
专利权人	杨小才
专 利 号	200630118208. X
申 请 日	2006 年 9 月 26 日
授权公告日	2007 年 8 月 29 日
合议组组长	朱明雅
主 审 员	曹铭书
参 审 员	齐宏涛
附 图	2 页

法律依据 专利法第 9 条，专利法实施细则第 13 条第 1 款

决定要点

本专利为已授权的中国外观设计专利，在先设计为另一已授权的中国外观设计专利，其申请日早于本专利的申请日，公开日晚于本专利申请日，本专利与在先设计相比，在整体视觉效果上具有显著差异，则二者不相同也不相近似，不属于同样的发明创造，故本专利符合专利法第 9 条及专利法实施细则第 13 条第 1 款的规定。

一、案由

本无效宣告请求涉及的是国家知识产权局于 2007 年 8 月 29 日授权公告的、名称为“塑料包装瓶”、专利号为 200630118208. X 的外观设计专利权（下称本专利），其申请日为 2006 年 9 月 26 日，专利权人为杨小才（下称专利权人）。

针对本专利，杭州顶香园食品有限公司（下称请求人）于 2008 年 12 月 30 日向专利复审委员会提出无效宣告请求，同时提交了以下附件：

附件 1：专利号为 200630118208. X 的中国外观设计专利文献，彩色打印件 1 页（即本专利）；

附件 2：专利号为 02306745. 4、授权公告号为 CN3255084、授权公告日为 2002 年 9 月 18 日的中国外观设计专利文献，彩色打印件 1 页。

请求人认为：本专利与附件2为同一类别的产品的外观设计，附件2所公开产品的外观设计与本专利相近似，因此本专利不符合专利法第23条的规定，应予无效。

2009年1月16日，请求人向专利复审委员会提交了意见陈述书及以下附件（编号续上）：

附件3：专利号为200630118208.X的中国外观设计专利文献及其立体图、主视图的放大图，彩色打印件3页（即本专利）；

附件4：专利号为200530156144.8、授权公告号为CN3572583、申请日为2005年12月7日、授权公告日为2006年10月25日的中国外观设计专利文献及其后视图、立体图的放大图，彩色打印件3页。

请求人认为：本专利与附件4所公开的产品的外观设计属于同一类别产品的外观设计，二者设计形状相同，属相同的外观设计，又因附件4外观设计的申请日早于本专利的申请日，公告日在本专利的申请日之后，所以本专利不符合专利法第9条和专利法实施细则第13条的规定。

经形式审查合格，专利复审委员会于2009年1月22日依法受理了上述无效宣告请求，并将请求人提交的无效宣告请求书和意见陈述书及附件1~4的副本转给专利权人，要求其在指定的期限内答复。

2009年4月30日，专利权人提交了意见陈述书，专利权人认为：本专利与证据1既不相同也不相近似，满足专利法的相关规定，请求维持本专利权有效。

2009年6月19日，专利复审委员会向请求人发出转送文件通知书，将专利权人于2009年4月30日提交的意见陈述书转送给请求人。同日，专利复审委员会向双方当事人发出口头审理通知书，定于2009年7月13日对本案进行口头审理。

口头审理如期举行。请求人和专利权人的代理人均出席了口头审理，双方对合议组成员无回避请求，对对方参加口头审理人员身份无异议。

请求人明确其无效宣告的理由为：本专利相对于附件4不符合专利法第9条及专利法实施细则第13条第1款的规定，放弃本专利不符合专利法23条的无效理由，放弃将附件2作为证据使用。

在口头审理过程中，专利权人认为本专利与附件4有以下区别：（1）从俯视图看，本专利瓶口处的圆环宽度较宽，便于与密封膜相粘连，附件4中的瓶口处圆环较窄；（2）本专利瓶口上沿处有向内收缩的凹槽，可以在保证瓶口圆环宽度的同时避免瓶口向外延展过多，从而达到节约空间的效果，附件4中的瓶口处则没有向内收缩的凹槽；（3）本专利整体形状较为矮胖，附件4中的产品整体形状较为瘦高。请求人则认为：附件4的瓶口形状与本专利基本相同，专利权人所说的上述其他差别为细微差别，不影响整体视觉效果。

双方当事人在口头审理过程中充分发表了意见，并表示没有其他意见需要在口头审理后补充。

在上述基础上，合议组经合议，认为本案事实已经清楚，可以依法作出本审查决定。

二、决定的理由

1. 关于证据

附件4为专利号为200530156144.8、授权公告号为CN3572583、申请日为2005年12月7日、授权公告日为2006年10月25日的中国外观设计专利文献，其申请日早于本专利的申请日，其公开日晚于本专利的申请日，合议组经核实，认可其真实性及公开日期，故附件4可作为评述本专利是否符合专利法第9条以及专利法实施细则第13条第1款的证据。

2. 关于专利法第9条和专利法实施细则第13条第1款

专利法第9条规定，两个以上的申请人分别就同样的发明创造申请专利的，专利权授予最先申请的人。

专利法实施细则第 13 条第 1 款规定，同样的发明创造只能被授予一项专利。

本专利要求保护一种塑料包装瓶，从整体上看，本专利瓶体大致呈圆柱状，宽高比例约为 1 : 1，从其俯视图上可以看到，瓶口上沿沿水平方向向外延展，形成一边缘宽度较宽的圆环，从其主视图上可以看到，在瓶口上沿部位有向内收缩的两道凹槽，其中上方的凹槽较浅，下方的凹槽较宽较深（详见本专利附图）。附件 4 公开了一种易拉瓶，从整体上看该瓶体大致呈圆柱状，宽高比例约为 1 : 2，从其后视图上可以看到，瓶口上沿部位有一微向内收的凹槽（详见附件 4 附图）。可见，本专利与附件 4 相比，至少存在以下区别：（1）两者的宽高比例不同；（2）两者瓶口上沿部分的凹槽数量和凹槽的形状不同。

合议组认为，本专利与附件 4 所公开的产品的外观设计为同类产品，其宽高比例的不同导致本专利的产品看上去较为矮胖，附件 4 的产品则看上去较为瘦高；且两者在瓶口上沿的局部设计上也存在差异。对于一般消费者而言，由于二者在整体视觉效果上具有显著的差别，故不会将二者误认或者混同。因此，本专利与附件 4 所公开的外观设计专利不相同也不相近似，两者不属于同样的发明创造，故本专利符合专利法第 9 条和专利法实施细则第 13 条第 1 款的规定。

基于上述理由，合议组作出如下决定。

三、决定

宣告维持 200630118208. X 号外观设计专利权有效。

当事人对本决定不服的，可以根据专利法第 46 条第 2 款的规定，自收到本决定之日起三个月内向北京市第一中级人民法院起诉，根据该款规定，一方当事人起诉后，另一方当事人应当作为第三人参加诉讼。

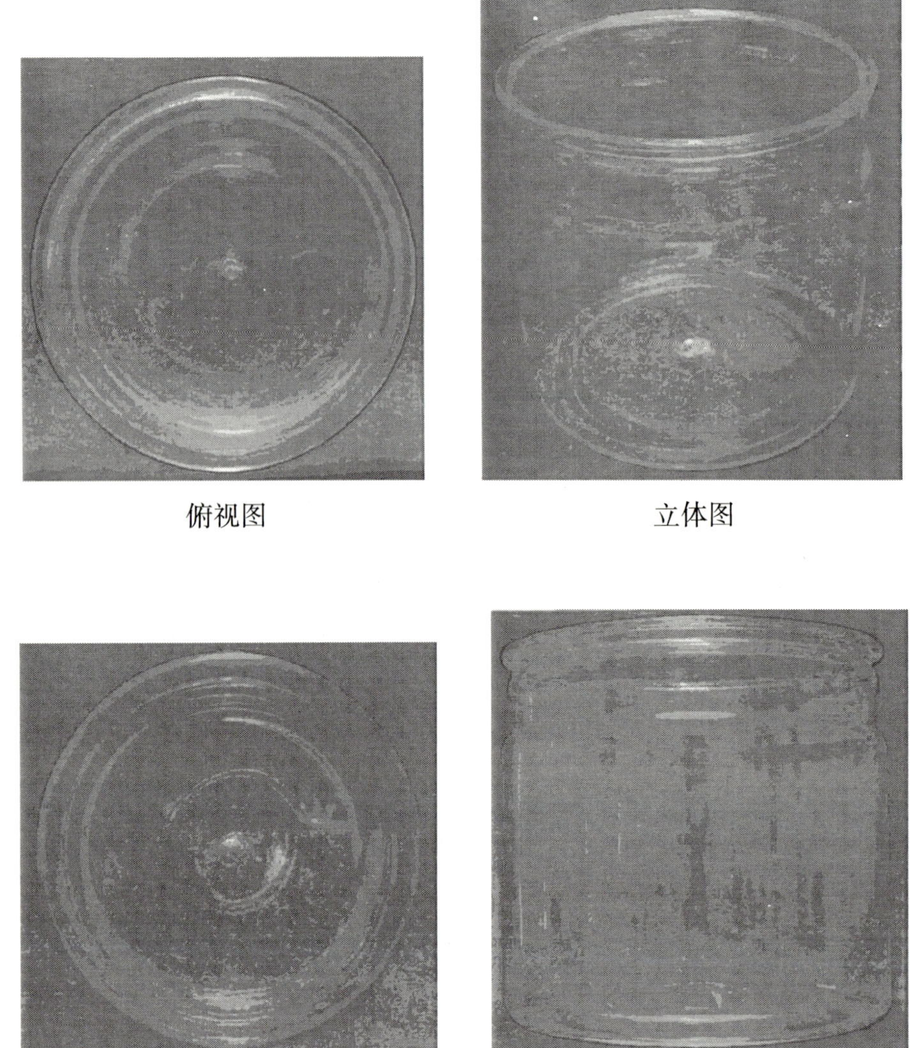

俯视图　　立体图

仰视图　　主视图

本专利附图

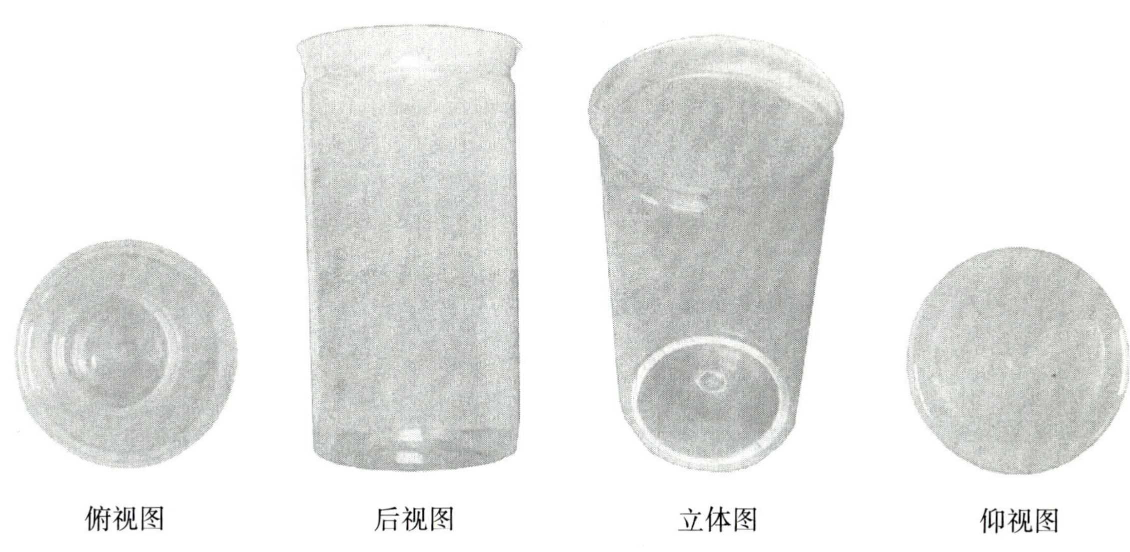

俯视图　　后视图　　立体图　　仰视图

右视图　　主视图　　左视图

附件 4 附图

412

移动式通讯装置

无效宣告请求审查决定（第 13757 号）

决　　定　　号　第 13757 号
决　　定　　日　2009 年 7 月 30 日
发明创造名称　移动式通讯装置
外观设计分类号　14-03
无效宣告请求人　上海罗恩网络信息有限公司
专　利　权　人　苹果公司
专　　利　　号　200730148719.0
申　　请　　日　2007 年 6 月 29 日
授 权 公 告 日　2008 年 6 月 4 日
合 议 组 组 长　吴赤兵
主　　审　　员　程　华
参　　审　　员　吴　佳
附　　　　　图　3 页

法　律　依　据　专利法第 23 条，专利法实施细则第 13 条第 1 款
决　定　要　点

对于便携式移动设备，产品的正面属于这类产品在使用状态下一般消费者最关注的部位，一般消费者会更加关注该产品正面即主视图上设计的变化。本外观设计专利与现有设计在主视图即正面的差别使二者存在明显差异，对整体视觉效果具有显著影响。因此，根据整体观察、综合判断的原则，本外观设计专利与请求人所提交的现有设计所示产品属于不相近似的外观设计。

鉴于请求人所述的导致本外观设计专利不符合专利法实施细则第 13 条第 1 款规定的两篇外观设计专利已被国家知识产权局专利复审委员会作出的生效决定无效，专利法实施细则第 13 条第 1 款所述的重复授权的情形已不存在，故本外观设计专利符合专利法实施细则第 13 条第 1 款的规定。

一、案由

本无效宣告请求涉及申请日为 2007 年 6 月 29 日、公开日为 2008 年 6 月 4 日、名称为“移动式通讯装置”、专利号为 200730148719.0 的外观设计专利，专利权人是苹果公司。

针对上述专利权（下称本专利），上海罗恩网络信息有限公司（下称请求人）于 2008 年 11 月 21 日向国家知识产权局专利复审委员会提出无效宣告请求，其无效理由为本外观设计专利分别相对于附件 1~4 不符合专利法第 23 条的规定，分别相对于附件 5、附件 6 不符合专利法实施细则第 13 条第 1

款的规定。请求人提交了如下附件作为证据：

附件1：（2008）沪闵证经字第3236号公证书复印件6页；

附件2：2004年第12期（总第108期）《新潮电子》封面、出版信息和第60页复印件，出版日期为2004年12月1日；

附件3：总第119期《新潮电子》封面、出版信息页和第45页复印件，出版日期为2005年6月1日出版；

附件4：2006年4月出版总第172期《通信技术》封面、出版信息页和第26页复印件；

附件5：中国外观设计200730148751.9号专利复印件5页，授权公告日为2008年6月4日；

附件6：中国外观设计200730148767.X号专利复印件5页，授权公告日为2008年7月16日。

经形式审查合格，专利复审委员会依法受理了上述无效宣告请求，于2008年12月11日向双方当事人发出无效宣告请求受理通知书，同时将请求人于2008年11月21日提交的无效宣告请求书及其附件清单中所列附件副本转给专利权人，要求在指定期限内答复。

本案合议组于2009年1月15日向双方当事人发出口头审理通知书，定于2009年2月19日对本案进行口头审理。

针对上述无效宣告请求，专利权人于2009年2月1日提交意见陈述书及其附件1~18。附件内容如下：

附件1-1：苹果公司赢得8项iF设计大奖的资料及其中文译文共计3页；

附件1-2：苹果公司赢得4项2008IDEA大奖的资料及其中文译文共计5页；

附件1-3：苹果公司获得设计奖的资料及其中文译文共计2页；

附件1-4：苹果公司获得red dot奖的资料及其中文译文共计3页；

附件1-5：Jonathan Ive因iPhone设计获得MDA奖的资料及其中文译文共计4页；

附件1-6：苹果公司的iPhone获奖的资料及其中文译文共计2页；

附件1-7：iPhone获奖的资料及其中文译文共计4页；

附件1-8：苹果公司的iPhone获奖的资料及其中文译文共计2页；

附件1-9：苹果公司的iPhone获2008D&AD奖的资料及其中文译文共计2页；

附件1-10：苹果公司的iPhone赢得产品设计奖的资料及其中文译文共计2页；

附件1-11：苹果公司iPhone获得2008创造奖的资料及其中文译文共计8页；

附件1-12：iPhone设计师Ive因iPhone获得MDA设计奖的资料及其中文译文共计7页；

附件1-13：苹果公司Jonathan Ive因iPhone设计获得MDA个人成就奖及其中文译文共计4页；

附件1-14：苹果公司获得red dot奖的资料及其中文译文共计8页；

附件1-15："时代"将iPhone命名为"年度发明"的资料及其中文译文共计3页；

附件1-16：iPhone获2008年全球设计奖的资料及其中文译文共计3页；

附件1-17：iPhone获2008年iF产品设计奖的资料及其中文译文共计18页；

附件1-18：关于请求人年检情况的资料复印件共4页。

专利权人认为：（1）请求人没有在该请求人工商登记的地址营业，同时，该请求人工商登记的档案机读材料显示该公司在2006年之后就没有再进行年检，也没有2006年之后的工商年检审计报告，专利权人认为上述无效宣告请求的请求人实际并不存在，该请求不应被受理。（2）附件1为网页，其内容在首次公开之后可以很容易地被改变，只能推定附件1的公开日是请求人对该网页进行公证的时间，即2008年9月26日，在本外观设计专利申请日之后，不属于在先设计，不能用于评价本外观设计专利的专利性。（3）附件1~4所示产品只包括相对较小的屏幕、大的下部输入区域，并且没有边框，均没有公开较大的显示区域、小的下部输入区域和边框这样的组合。本外观设计专利与附件 1~4 所示设计具有完全不同的整体视觉效果，符合专利法第 23 条的规定。（4）本外观设计专利与附件 5、附件 6 的外观设计分类号不同，涉及不同的产品。本外观设计专利的后视图、俯视图、仰视图、左视图示出了一些附加的特征，附件 5、附件 6 所示产品均不包含这些特征；本外观设计专利的后视图和侧视图具有一条水平线，附件 6 所示产品不具有这种水平线。所以，本外观设计专利与附件 5、附件 6 不属于同样的发明创造，符合专利法实施细则第 13 条第 1 款的规定。

因 2009 年 2 月 1 日提交的意见陈述书第 2 页图有误，专利权人又于 2009 年 2 月 3 日提交了无效宣告程序补正书，提交意见陈述书第 2 页的替换页。

口头审理如期举行，双方当事人均委托代理人出席了口头审理。在口头审理中，双方当事人对合议组成员无回避请求，对对方出庭人员身份无异议。合议组当庭将专利权人于 2009 年 2 月 1 日以及 2009 年 2 月 3 日针对本案提交的意见陈述书及其附件转送无效宣告请求人。请求人当庭提交了附件 1~4的原件，以及盖有工商部门的章的营业执照复印件。合议组要求请求人在口头审理之后 7 日内提交营业执照原件或相关的证明材料，供合议组与专利权人核实。专利权人对附件 1~4 的真实性没有异议，对附件 1 的公开日期有异议。请求人明确表示具体的无效理由：本外观设计专利相对于附件 1~4均不符合专利法第 23 条的规定，相对于附件 5 和附件 6 不符合专利法实施细则第 13 条第 1 款的规定。就上述无效理由，双方当事人充分发表了意见。专利权人当庭提交了附件 1-19~1-24，并声明是仅供合议组参考。合议组当庭告知专利权人其有权选择放弃某项或某两项专利权，如要放弃在口头审理结束后 7 日内，提交放弃的书面声明，并在一个月之内到国家知识产权局专利局办理相关手续。如果不放弃合议组根据审查指南第四部分第 7 章第 2 条的规定进行审查。

专利权人于 2009 年 2 月 26 日提交了意见陈述书，关于请求人提出的本外观设计专利相对于附件 5、附件 6 不符合专利法实施细则第 13 条第 1 款的无效理由，坚持认为三个外观设计专利涉及的产品不同，图片中所显示的外观设计之间具有差别，保护范围不同，不允许三项专利共存违背专利法的立法目的。

请求人于 2009 年 2 月 26 日提交了（2009）沪东证经字第 1497 号企业法人营业执照公证书以证明请求人具有企业法人资格。2009 年 3 月 9 日专利权人的代理人郭小军到专利复审委员会亲自核实了上述文件，对其内容无异议，并坚持口头审理中的意见。

二、决定的理由

1. 关于请求人的主体资格问题

专利权人认为：请求人没有在该请求人工商登记的地址营业，同时，该请求人工商登记的档案机读材料显示该公司在 2006 年之后就没有再进行年检，也没有 2006 年之后的工商年检审计报告，上述无效宣告请求的请求人实际并不存在。

合议组认为：专利权人在答复无效宣告请求受理通知书时提交的附件 1~18 仅能表明 2005 年度请求人的工商年检情况，不能证明按照相关的法律规定请求人的营业执照被吊销，其作为企业法人的主体资格不适格。同时，专利权人口头审理当庭提交盖有工商部门印章的营业执照复印件，请求人于 2009 年 2 月 26 日提交了企业法人营业执照公证书以证明请求人具有企业法人资格，专利权人的代理人亲自到专利复审委员会核实上述文件，并对其内容无异议。综上，专利权人提出的关于请求人的主体资格问题，合议组不予支持。

2. 证据认定

附件 1 是（2008）沪闵证字第 3236 号公证书的复印件共 6 页，其中网页的主要内容包括“黑白猜 LG 新颖 DMB MP3 FM35 精美图赏”、“时间：2006-06-29 作者：来源：海龙资讯”以及产品图案

5 张。公证书表明与本公证书相粘连的附件共 4 页均为实时打印所得，与实际情况相符。

网络证据构成专利法意义上的公开的起始时间应为网页的发布时间。通常情况下，网页进入服务器的时间代表了网页的发布时间，而网页上记载的时间又代表了网页进入服务器的时间。因此，除非当事人能够提供证据证明网页经过修改，网页上记载的时间可以作为网络证据构成专利法意义上的公开的起始时间。

附件 1 所示网页内容是由知名非政府组织网站以自己的名义发布的信息，并已通过公证可以确认其来源可靠的情形下，可以认定其真实性，其上记载的时间 2006 年 6 月 29 日即为互联网信息的公开时间。在没有提供证据能够证明上述网页载明的内容被修改过的情况下，专利权人仅以网页内容在首次公开之后可以很容易地被改变为由而推定其公开日是请求人对该网页进行公证的时间的主张，合议组不予支持。附件 1 所示网页的公开日在本外观设计专利申请日之前，可以作为评价本外观设计专利是否符合专利法第 23 条规定的证据使用。

附件 2~4 均为国内的公开出版物，其在专利法意义上的公开日均在本外观设计专利申请日之前，可以作为评价本外观设计专利是否符合专利法第 23 条规定的证据使用。（附件 4 所示总第 172 期通信技术是于 2006 年 4 月出版的，按照审查指南第二部分第三章的规定：出版物的印刷日视为公开日，有其他证据证明其公开日的除外。印刷日只写明年月或者年份的，以所写月份的最后一日或者所写年份的 12 月 31 日为公开日。可以认定附件 4 在专利法意义上的公开日为 2006 年 4 月 30 日。）

附件 5、附件 6 与本外观设计专利均为同一专利权人于同一日提出申请的外观设计专利，可以作为判断本外观设计专利是否符合专利法实施细则第 13 条第 1 款规定的证据使用。

3. 关于专利法第 23 条

专利法第 23 条规定："授予专利权的外观设计，应当同申请日以前在国内外出版物上公开发表过或者国内公开使用过的外观设计不相同和不相近似，并不得与他人在先取得的合法权利相冲突。"

本专利公开了一种名称为"移动式通信装置"的外观设计，有 8 幅视图，包括两幅立体图及六面视图。从主视图观察，整体轮廓类似长方形，四角呈圆弧状，四周有一与设备整体轮廓相适应的边框线，上部中间位置有一小的矩形方框，下部有一条横线以区分显示区域与输入区域，显示区域在正面占据较大比例，输入区域正中间有一圆形图案。从后视图观察，整体轮廓类似长方形，四角呈圆弧状，左上角有一较小的圆形图案。后视图在靠近下部的位置有一条直线将设备的背面分割成上下两部分，与其对应地，右视图和左视图下部靠近背面的位置上有一线段，右视图和左视图靠近显示屏的一侧有一条边框线。从俯视图、仰视图观察，整体轮廓类似跑道形，在俯视图靠近下部边线的位置、仰视图靠近上部边线的位置上均有一条直线。在左视图、俯视图和仰视图上均有一些功能性的附加设计（详见本专利附图）。

（1）附件 1 公开的是 LG 公司生产的一款 DMB MP3 播放器 FM35，该产品可以播放 MP3、WMA、OGG 等传统音频格式文件，还可以收看 DMB 节目和广播等内容，与本外观设计专利所示移动式通信装置均具有数据处理的功能，即附件 1 公开的产品与本外观设计专利的部分用途相同，属于相近类别的产品，可以将二者进行相同和相近似比较。

从附件 1 所示产品（下称在先设计 1）的主视图观察，整体轮廓为四角呈圆弧状的长方形，在中间偏上的位置上设计有长方形的显示区，在显示区域下方设计有圆形的输入部件，在显示区域上方设计有音乐符号。后视图为一个竖置的长方形，左视图和右视图均为竖置的四角圆弧状的长方形。在左视图、俯视图和仰视图上均有一些功能性的附加设计（详见在先设计 1 附图）。

将在先设计 1 与本专利相比较可知，二者的不同点在于：①在先设计 1 所示产品的显示区域相对较小，下部的输入区域相对较大，本外观设计专利具有较大的显示区域以及下部的较小的输入区域，在先设计 1 与本专利显示区域与输入区域之间的比例关系具有明显的差异；②在先设计 1 所示产品没有显示出围绕着上部区域、显示区域以及输入区域的边框线，从本专利主视图观察可知主体正面四周有一与设备整体轮廓相适应的边框线；③在先设计 1 所示产品在显示区域上方设计有音乐符号，本专利在显示区域上方中间位置设计有一小的矩形方框。

对于上述区别均涉及产品的正面，属于这类产品在使用状态下一般消费者最关注的部位，一般消费者会更加关注该产品正面即主视图上设计的变化。本外观设计专利主视图显示具有较大的显示区域以及较小的输入区域，显示区域与输入区域之间的比例差异大，同时在四周设计有一与设备整体轮廓相适应的边框线，二者在显示区域上方的设计也不同。上述区别使二者存在明显差异，对整体视觉效果具有显著影响。因此，根据整体观察、综合判断的原则，本专利与在先设计 1 属于不相近似的外观设计。

（2）附件 2 第 69 页上半部分所示产品为多普达 818 智能手机（下称在先设计 2），与本专利产品属于同类产品，可以将二者进行相同和相近似比较。

从主视图上观察，在先设计 2 所示产品整体轮廓为四角圆弧过渡的长方形，正面设计有长方形的显示区域，在显示区域上方中间位置设计有窄小的竖置条形框，下方设计有具有四角弧形过渡的扁长状的输入区域；显示的后试图的上半部分有一条直线，直线上方设计有圆形的功能部件（详见在先设计 2 附图）。

将在先设计 2 与本专利相比较可知，二者的不同点在于：①本专利具有较大的显示区域以及下部的较小的输入区域，在先设计 2 与本专利显示区域与输入区域之间的比例关系具有明显的差异；②在先设计 2 所示产品没有显示出围绕着上部区域、显示区域以及输入区域的边框线，从本专利主视图观察可知主体正面四周有一与设备整体轮廓相适应的边框线。

对于上述区别均涉及产品的正面，属于这类产品在使用状态下一般消费者最关注的部位，一般消费者会更加关注该产品正面即主视图上设计的变化。本外观设计专利主视图显示具有较大的显示区域以及较小的输入区域，显示区域与输入区域之间的比例差异大，同时在四周设计有一与设备整体轮廓相适应的边框线。上述区别使二者存在明显差异，对整体视觉效果具有显著影响。因此，根据整体观察、综合判断的原则，本专利与在先设计 2 属于不相近似的外观设计。

（3）附件 3 第 45 页左侧所示产品（下称在先设计 3）以及附件 4 第 26 页右下角所示产品（下称在先设计 4）均为多普达 828+智能手机，为同一产品的外观，与本外观设计专利产品属于同类产品，可以将二者进行相同和相近似比较。

在先设计 3 与在先设计 4 仅显示产品的正面。从主视图上观察，在先设计 3 与在先设计 4 所示产品整体轮廓为四角圆弧过渡的长方形，正面设计有长方形的显示区域，在显示区域上方中间位置设计有窄小的横置条形框，下方设计有具有四角弧形过渡的扁长状的输入区域，在输入区域的外圈还设计有与输入区域形状相适应的边框线，在显示区域与输入区域之间设计有象征多普达的图案（详见在先设计 3、在先设计 4 附图）。

将在先设计 3、在先设计 4 所示的同一产品与本专利相比较可知，二者的不同点在于：①本专利具有较大的显示区域以及下部的较小的输入区域，在先设计 3、在先设计 4 所示产品与本专利显示区域与输入区域之间的比例关系具有明显的差异。②在先设计 3、在先设计 4 所示产品没有显示出围绕着上部区域、显示区域以及输入区域的边框线，从本专利主视图观察可知主体正面四周有一与设备整体轮廓相适应的边框线。③本专利主视图在输入区域的外圈没有设计与输入区域形状相适应的边框线，显示区域与输入区域之间也没有图案图形设计。

对于上述区别均涉及产品的正面，属于这类产品在使用状态下一般消费者最关注的部位，一般消费者会更加关注该产品正面即主视图上设计的变化。本外观设计专利主视图显示具有较大的显示区域以及较小的输入区域，显示区域与输入区域之间的比例差异大，同时在四周设计有一与设备整体轮廓相适应的边框线，在显示区域与输入区域之间也没有图案设计。上述区别使二者存在明显差异，对整体视觉效果具有显著影响。因此，根据整体观察、综合判断的原则，本专利与在先设计 3、在先设计 4 所示产品属于不相近似的外观设计。

综上所述，本专利与在先设计 1～4 所示产品属于不相近似的外观设计，符合专利法第 23 条的规定。

4. 关于专利法实施细则第 13 条第 1 款

专利法实施细则第 13 条第 1 款规定：“同样的发明创造只能被授予一项专利权。”

基于国家知识产权局专利复审委员会作出的第 13149 号、第 13150 号无效宣告请求审查生效决定，附件 5 所示第 200730148751. 9 号外观设计专利与附件 6 所示第 200730148767. X 号外观设计专利已被宣告无效，被宣告无效的专利视为其自始即不存在。对于本案来讲，专利法实施细则第 13 条第 1 款所述的重复授权的情形已不存在，故本外观设计专利符合专利法实施细则第 13 条第 1 款的规定。

三、决定

维持 200730148719. 0 号外观设计专利权有效。

当事人如对本决定不服，可依据专利法第 46 条第 2 款的规定，自收到本决定之日起三个月内向北京市第一中级人民法院起诉。根据该款的规定，一方当事人起诉后，另一方当事人应当作为第三人参加诉讼。

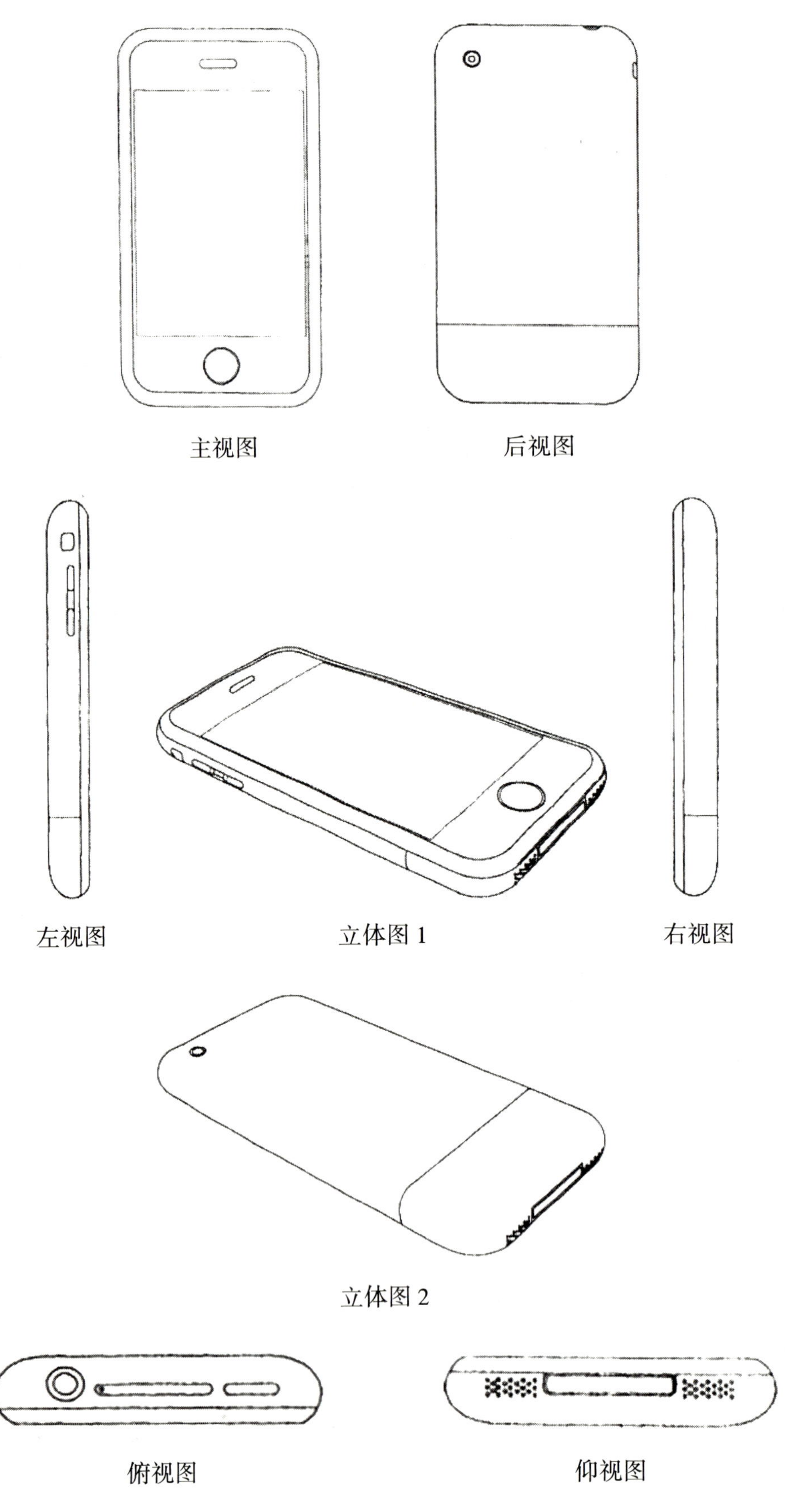

本专利附图

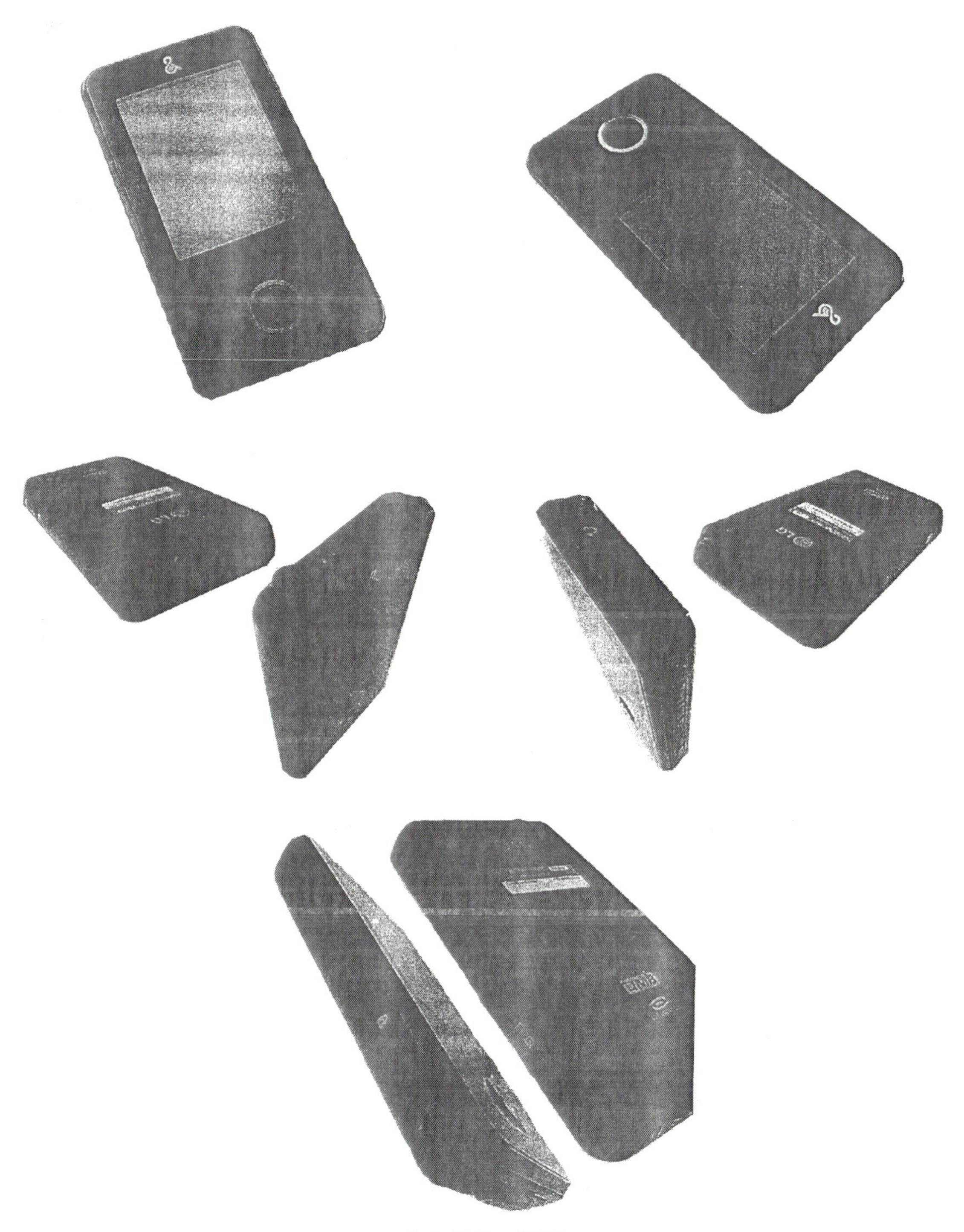

在先设计1附图

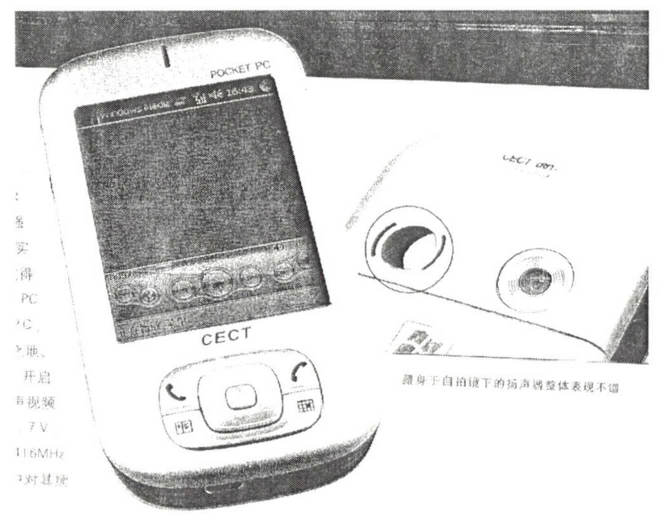

在先设计 2 附图

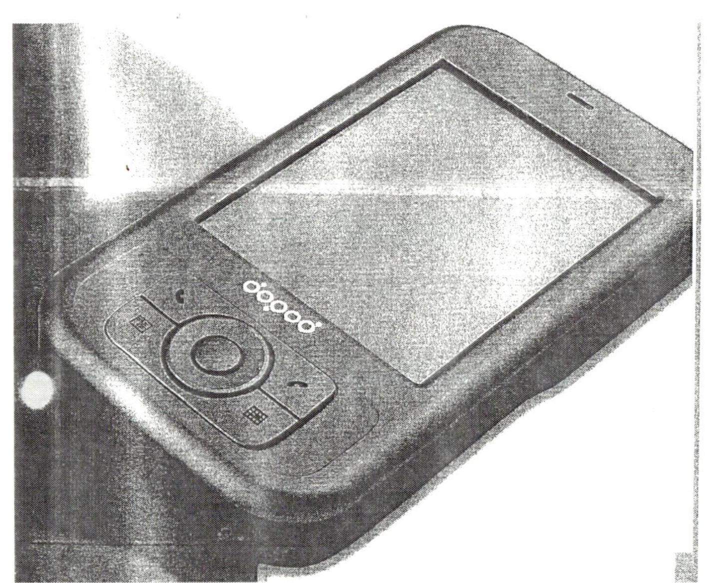

在先设计 3 附图

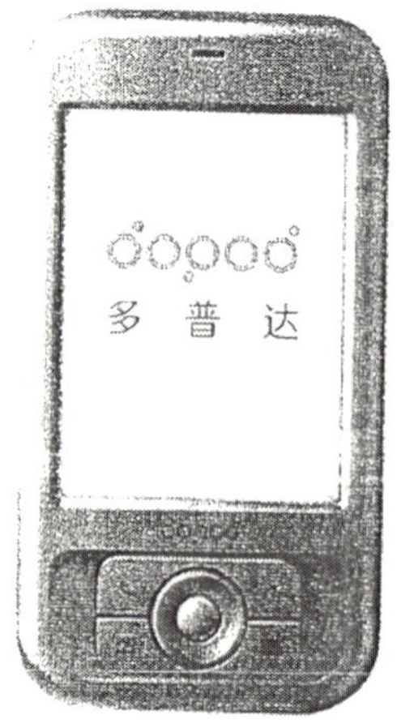

在先设计 4 附图

413

锯架（二）

无效宣告请求审查决定（第13761号）

决　　定　　号　第13761号
决　　定　　日　2009年7月30日
发明创造名称　锯架（二）
外观设计分类号　08-03
无效宣告请求人　卡普曼公司
专　利　权　人　孙国桥
专　　利　　号　200730115504.9
申　　请　　日　2007年4月25日
授 权 公 告 日　2008年4月23日
合 议 组 组 长　吴赤兵
主　　审　　员　王美芳
参　　审　　员　尹春霞
附　　　　　图　2页

法　律　依　据　专利法第23条
决　定　要　点

从整体观察，本专利与其申请日前在中国外观设计专利公报中公开的在先设计具有相近似的形状，使得二者的整体视觉印象相近似，属于相近似的外观设计，本专利权的授予不符合专利法第23条的规定。

一、案由

本无效宣告请求涉及国家知识产权局于2008年4月23日授权公告的200730115504.9号外观设计专利，使用该外观设计的产品名称是“锯架（二）”，其申请日是2007年4月25日，专利权人是孙国桥。

针对上述外观设计专利权（下称本专利），卡普曼公司（下称请求人）于2009年5月5日向专利复审委员会提出无效宣告请求，其理由是本专利不符合专利法第23条的规定。请求人提交了如下附件：

附件1：本专利的电子公开文本打印件共8页；

附件2：200330122545.2号外观设计专利的电子公开文本打印件共9页。

请求人认为：附件2显示的产品与本专利为相同类别的产品，二者的前握柄、锯梁和后握柄的形状、位置关系和比例基本相同，具有完全相同的视觉效果，会造成一般消费者的混淆。并且200330122545.2号外观设计专利的公告日早于本专利申请日，因此本专利的授予不符合专利法第23条的规定，应宣告其无效。

专利复审委员会根据无效宣告请求审查程序的规定受理了该无效宣告请求，并于2009年5月31日将请求人的无效宣告请求文件转送专利权人，通知其在指定期限内陈述意见。专利权人在指定期限内未陈述意见。

专利复审委员会于2009年6月24日向双方当事人发出合议组成员告知通知书，双方当事人在指定期限内均未对合议组成员提出回避请求。

在上述审理的基础上，合议组经合议，认为本案事实清楚，依法作出本审查决定。

二、决定的理由

1. 法律依据

基于请求人提出的无效宣告请求的理由，合议组依据专利法第23条的规定进行审查。

专利法第23条规定："授予专利权的外观设计，应当同申请日以前在国内外出版物上公开发表过或者国内公开使用过的外观设计不相同和不相近似，并不得与他人在先取得的合法权利相冲突。"

2. 证据认定

请求人提交的附件2为200330122545.2号外观设计专利的电子公开文本打印件，使用该外观设计的产品名称是"弓锯"，经合议组核实，该附件所示内容真实。该专利的公告日是2004年12月8日，早于本专利的申请日2007年4月25日，属于在本专利申请日之前公开的外观设计，可以作为评价本专利是否符合专利法第23条规定的证据。

3. 外观设计对比

附件2公开了一款弓锯的外观设计（下称在先设计），本专利是锯架的外观设计，二者的用途相同，属于相同类别的产品，具有可比性，故对本专利与在先设计作如下对比：

本专利的图片包括主视图、后视图、左视图、右视图、俯视图和仰视图。其所示产品可分为手柄、锯梁和锯头，整体呈"︹"形。（1）手柄：整体呈侧立的梯形，带有容手指穿过的竖长椭圆镂空；手柄的外侧上部略向外突起，靠近锯梁一侧的上端和下端均向外突出，上端突出部位与锯梁相连；手柄的上下沿处有对称的装饰凹纹"︺"。（2）锯梁：呈"一"字形，略带弧度。（3）锯头：拐角处带有一个便于手扶的鸭头状部件，锯头下端带有一个安置锯条的调节部件，该部件左右两端均突出于锯头主体，右端的突起状似扁形的"哨子"（详见本专利附图）。

在先设计公开了主视图、后视图、左视图、右视图、俯视图、仰视图和立体图。其公开的产品可分为手柄、锯梁和锯头，整体呈"︹"形。（1）手柄：整体呈侧立的梯形，带有容手指穿过的竖长椭圆镂空；手柄的外侧上部略向外突起，靠近锯梁的一侧的上端和下端均向外突出，上端突出部位与锯梁相连；手柄的上下沿处有对称的装饰凹纹"︺"。（2）锯梁：呈"一"字形，略带弧度。（3）锯头：拐角处带有一个便于手扶的鸭头状部件，锯头下端带有一个安置锯条的调节部件，该部件左右两端均突出于锯头主体，右端的突起状似扁形的"哨子"（详见在先设计附图）。

将本专利与在先设计相比较，二者的整体形状、各组成部分在整体中的比例及手柄、锯梁和锯头的具体形状均极相近似。合议组认为：从整体观察，二者具有相近似的整体视觉效果，属于相近似的外观设计。

综上所述，在本专利申请日以前已有与其相近似的外观设计在出版物上公开发表过，本专利不符合专利法第23条的规定。

三、决定

宣告 200730115504.9 号外观设计专利权全部无效。

当事人对本决定不服的，可以根据专利法第 46 条第 2 款的规定，自收到本决定之日起三个月内向北京市第一中级人民法院起诉。根据该款的规定，一方当事人起诉后，另一方当事人应当作为第三人参加诉讼。

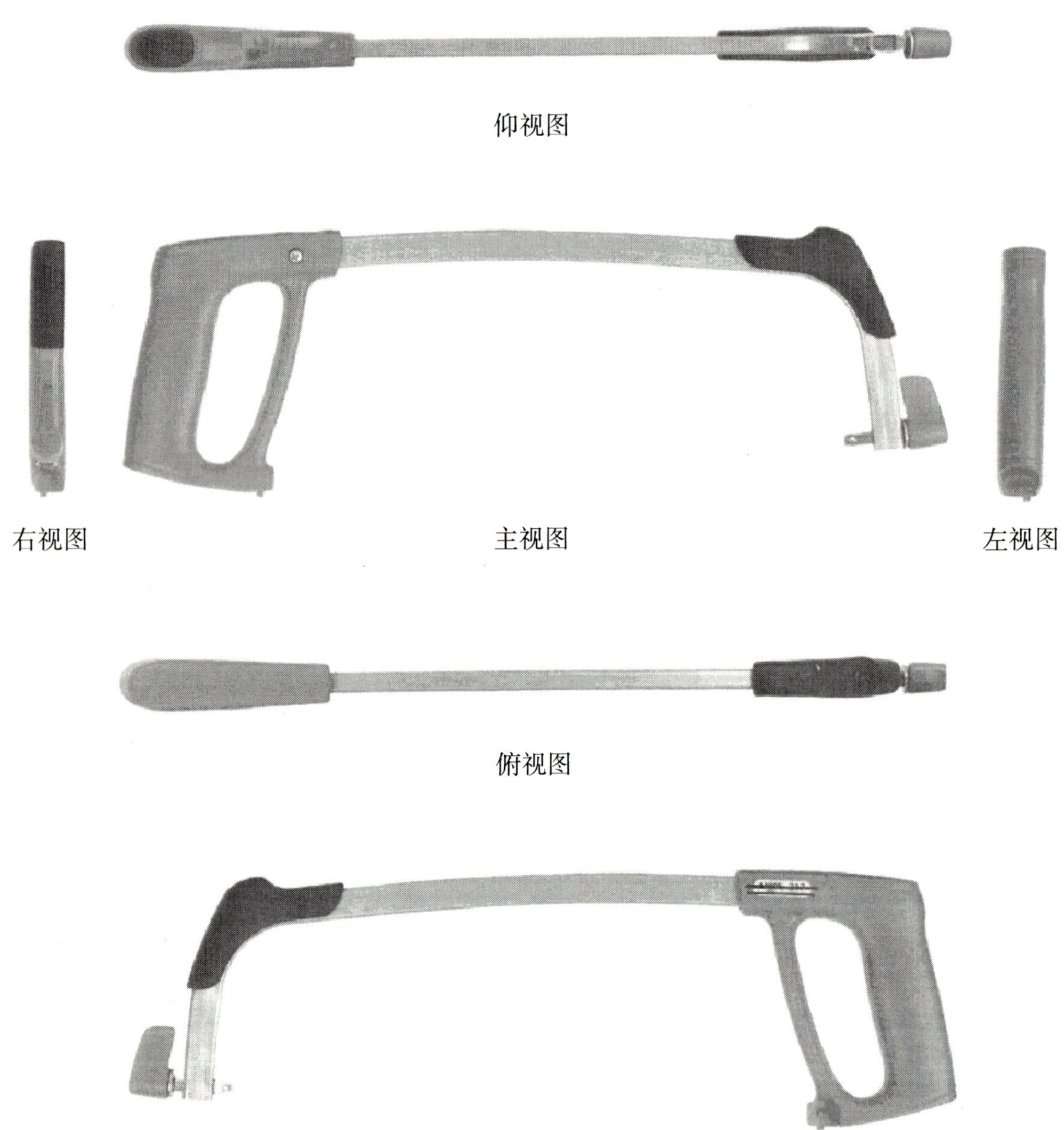

仰视图

右视图 主视图 左视图

俯视图

后视图

本专利附图

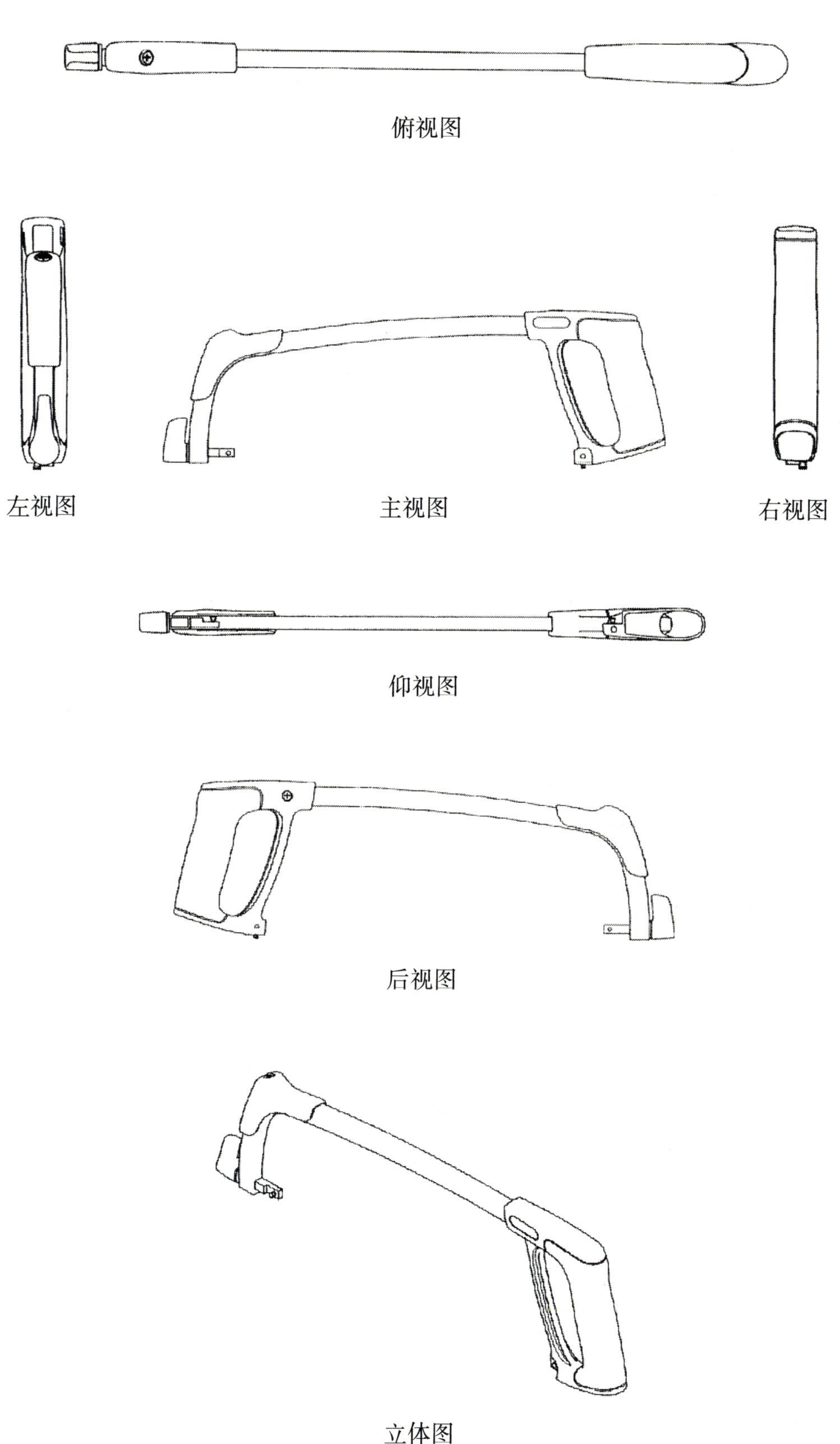

在先设计附图

414

锯架（MX-193）

无效宣告请求审查决定（第13762号）

决　定　号　第13762号
决　定　日　2009年7月30日
发明创造名称　锯架（MX-193）
外观设计分类号　08-03
无效宣告请求人　卡普曼公司
专　利　权　人　孙国桥
专　利　号　200630103535.8
申　请　日　2006年1月17日
授权公告日　2006年11月29日
合议组组长　吴赤兵
主　审　员　王美芳
参　审　员　尹春霞
附　图　2页

法律依据　专利法第23条
决定要点

从整体观察，本专利与其申请日前在中国外观设计专利公报中公开的在先设计具有相近似的形状，使得二者的整体视觉印象相近似，属于相近似的外观设计，本专利权的授予不符合专利法第23条的规定。

一、案由

本无效宣告请求涉及国家知识产权局于2006年11月29日授权公告的200630103535.8号外观设计专利，使用该外观设计的产品名称是"锯架（MX-193）"，其申请日是2006年1月17日，专利权人是孙国桥。

针对上述外观设计专利权（下称本专利），卡普曼公司（下称请求人）于2009年5月5日向专利复审委员会提出无效宣告请求，其理由是本专利不符合专利法第23条的规定。请求人提交了如下附件：

附件1：本专利的电子公开文本打印件共8页；

附件2：02302317.1号外观设计专利的电子公开文本打印件共9页。

请求人认为：附件2显示的产品与本专利为相同类别的产品，二者的前握柄、锯梁和后握柄的形状、位置关系和比例基本相同，具有完全相同的视觉效果，会造成一般消费者的混淆。并且02302317.1号外观设计专利的公告日早于本专利申请日，因此本专利的授予不符合专利法第23条的规定，应宣告其无效。

专利复审委员会根据无效宣告请求审查程序的规定受理了该无效宣告请求，并于2009年5月31日将请求人的无效宣告请求文件转送专利权人，通知其在指定期限内陈述意见。专利权人在指定期限内未陈述意见。

专利复审委员会于2009年6月24日向双方当事人发出合议组成员告知通知书，双方当事人在指定期限内均未对合议组成员提出回避请求。

在上述审理的基础上，合议组经合议，认为本案事实清楚，依法作出本审查决定。

二、决定的理由

1. 法律依据

基于请求人提出的无效宣告请求的理由，合议组依据专利法第23条的规定进行审查。

专利法第23条规定：授予专利权的外观设计，应当同申请日以前在国内外出版物上公开发表过或者国内公开使用过的外观设计不相同和不相近似，并不得与他人在先取得的合法权利相冲突。

2. 证据认定

请求人提交的附件2为02302317.1号外观设计专利的电子公开文本打印件，使用该外观设计的产品名称是“钢锯架”，经合议组核实，该附件所示内容真实。该专利的公告日是2002年11月27日，早于本专利的申请日2006年1月17日，属于在本专利申请日之前公开的外观设计，可以作为评价本专利是否符合专利法第23条规定的证据。

3. 外观设计对比

附件2公开了一款钢锯架的外观设计（下称在先设计），本专利是锯架的外观设计，二者的用途相同，属于相同类别的产品，具有可比性，故对本专利与在先设计作如下对比：

本专利的图片包括主视图、后视图、左视图、右视图、俯视图和仰视图。其所示产品可分为手柄、锯梁和锯头，整体呈“︹”形。（1）手柄：整体呈侧立的梯形，带有容手指穿过的竖长镂空；手柄的手握部位近似“3”形，与其他部分带有明显界限，其外侧下端带有一个与手柄浑然一体但分界明显的部件；除“3”形的手握部位外，手柄的其他部分与锯梁为一体式设计；手柄靠近锯头的一侧下端带有安装锯条的突起支架。（2）锯梁：呈“一”字形，略带弧度。（3）锯头：拐角处带有一个便于手扶的鸭头状部件，下端是安装锯条的端头（详见本专利附图）。

在先设计公开了主视图、左视图、右视图、俯视图、仰视图、立体图1和立体图2。其公开的产品可分为手柄、锯梁和锯头，整体呈“︹”形。（1）手柄：整体呈侧立的梯形，带有容手指穿过的竖长镂空；手柄的手握部位近似“3”形，与其他部分带有明显界限，其外侧下端带有一个与手柄浑然一体但分界明显的部件；除“3”形的手握部位外，手柄的其他部分与锯梁为一体式设计；手柄靠近锯头的一侧下端带有安装锯条的突起支架。（2）锯梁：呈“一”字形，略带弧度。（3）锯头：拐角处带有一个便于手扶的鸭头状部件，下端是安装锯条的端头（详见在先设计附图）。

将本专利与在先设计相比较，二者的整体形状、各组成部分在整体中的比例及手柄、锯梁和锯头的具体形状均极相近似。合议组认为：从整体观察，二者具有相近似的整体视觉效果，属于相近似的外观设计。

综上所述，在本专利申请日以前已有与其相近似的外观设计在出版物上公开发表过，本专利不符合专利法第23条的规定。

三、决定

宣告 200630103535.8 号外观设计专利权全部无效。

当事人对本决定不服的，可以根据专利法第 46 条第 2 款的规定，自收到本决定之日起三个月内向北京市第一中级人民法院起诉。根据该款的规定，一方当事人起诉后，另一方当事人应当作为第三人参加诉讼。

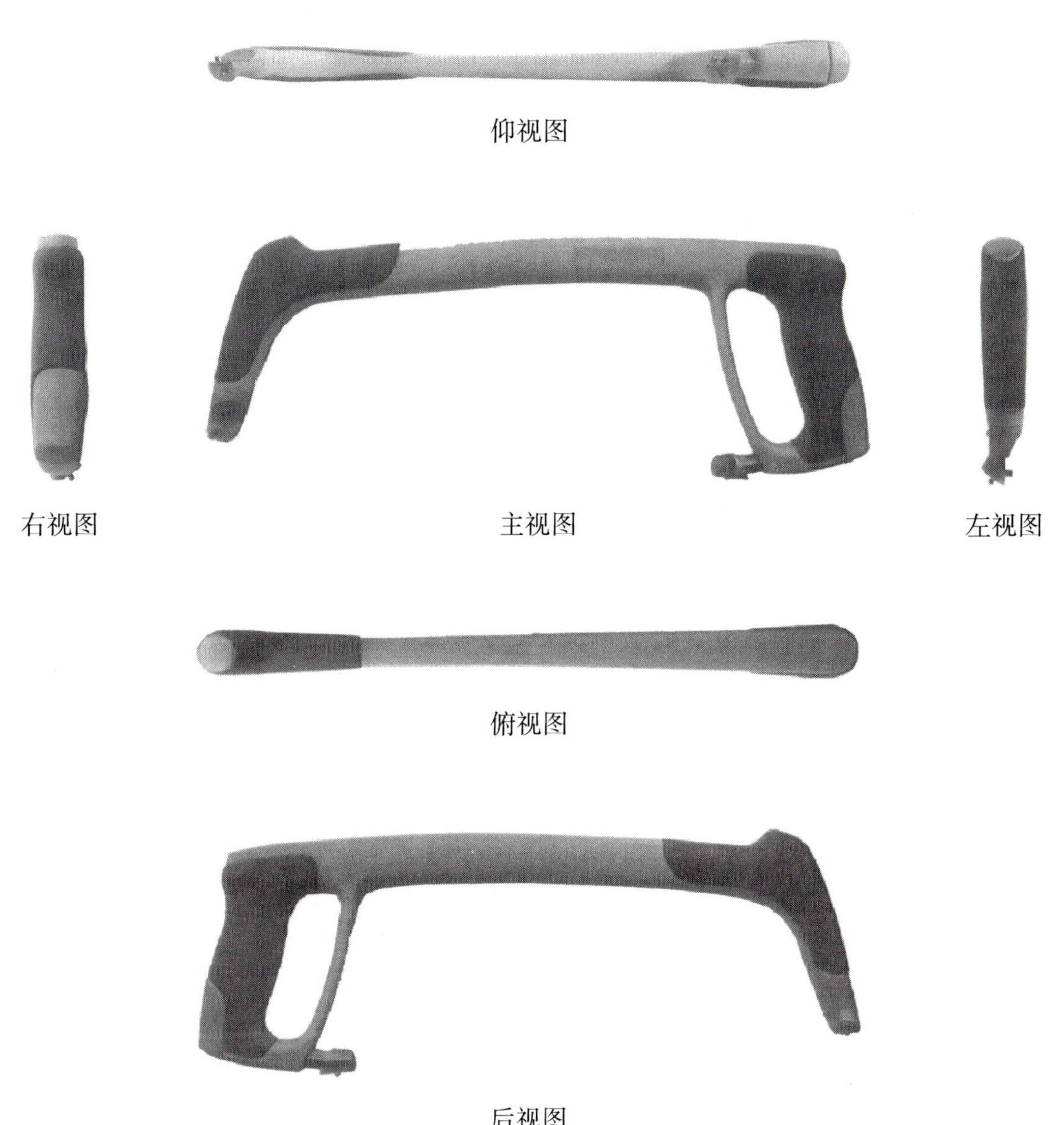
仰视图
右视图 主视图 左视图
俯视图
后视图

本专利附图

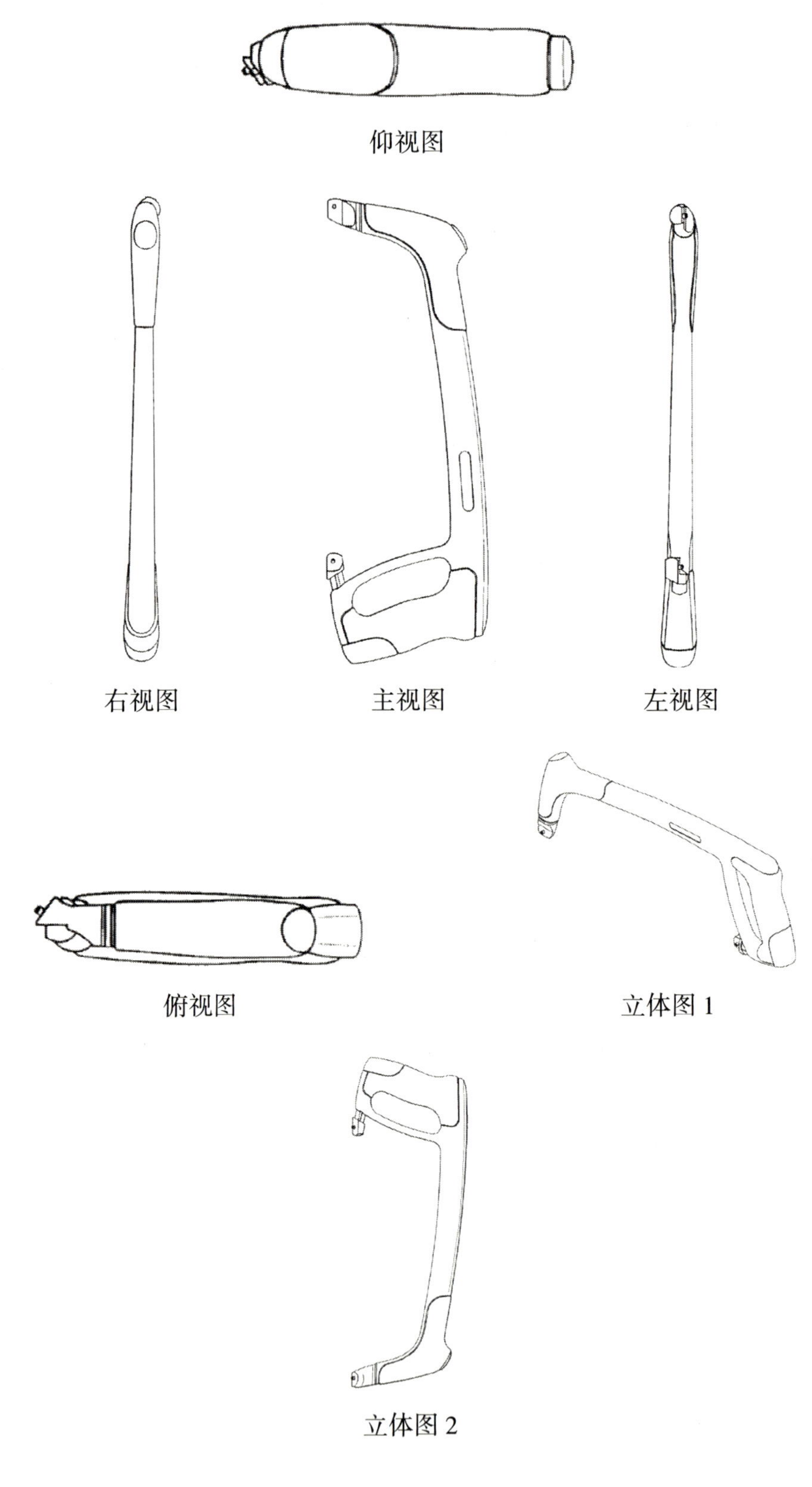

在先设计附图

415

纸尿片（8字形）

无效宣告请求审查决定（第13764号）

决　定　号　第13764号
决　定　日　2009年8月10日
发明创造名称　纸尿片（8字形）
外观设计分类号　24-04
无效宣告请求人　东莞市常兴纸业有限公司
专　利　权　人　东莞市百顺纸品有限公司
专　利　号　200430012651.X
申　请　日　2004年1月6日
授权公告日　2004年8月18日
合议组组长　张雪飞
主　审　员　李巍巍
参　审　员　沙柏青
附　　图　1页

法　律　依　据　专利法第23条
决　定　要　点

请求人在口头审理中提交的用于证明菱形花纹是惯常设计的词典类证据，属于审查指南规定的可考虑情形之一，不视为新证据。

本专利与在先设计均可用于吸收、存纳尿液等类的人体排出物，二者的用途相近，可以将二者进行相同或者相近似比较。

本专利与在先设计存在的不同点均属于公知常识性的设计和局部细微变化等导致的差别，均不足以对二者的整体视觉效果产生显著影响，二者应属于相近似的外观设计。

一、案由

本无效宣告请求涉及2004年8月18日国家知识产权局授权公告的200430012651.X号外观设计专利，其产品名称是“纸尿片（8字形）”，申请日是2004年1月6日，专利权人是东莞市百顺纸品有限公司。

针对上述外观设计专利权（下称本专利），东莞市常兴纸业有限公司（下称请求人）于2009年5月11日向专利复审委员会提出无效宣告请求，其理由是本专利权的授予不符合专利法第23条和专利法实施细则第2条第3款的规定，应予宣告无效。请求人同时提交了如下附件作为证据：

证据 1 是第 85106922 号发明专利说明书复印件，授权公告日是 1993 年 8 月 18 日，共 12 页；

证据 2 是第 94195020.4 号发明专利说明书复印件，授权公告日是 2002 年 5 月 1 日，共 17 页；

证据 3 是第 98811072.5 号发明专利申请公开说明书复印件，公开日是 2001 年 1 月 3 日，共 17 页；

证据 4 是第 99206973.4 号实用新型专利说明书复印件，授权公告日是 2000 年 3 月 8 日，共 6 页；

证据 5 是第 00816051.1 号发明专利申请公开说明书复印件，公开日是 2003 年 1 月 15 日，共 25 页；

证据 6 是第 00812534.0 号发明专利说明书复印件，授权公告日是 2005 年 8 月 3 日，共 22 页；

证据 7 是第 01125496.3 号发明专利说明书复印件，授权公告日是 2004 年 12 月 15 日，共 16 页。

请求人认为，证据 1~4 附图 1，证据 5 附图 9B、附图 14、附图 16、附图 41，证据 6 附图 4 至附图 10，证据 7 附图 1、附图 2、附图 4 中均含有本专利外观设计专利形状的吸收（湿）用品等的图片，且在本专利申请日前已经公开发表过；在判断证据 1~6 与本专利是否相近似时应以主视图（包括后视图）所反映的“8 字形”为判断的准绳，本专利后视图所反映的底部形状细节——粘胶保护纸形状不是该外观设计专利的主要创作部位，属于该类产品使用状态下不会被一般消费者注意的部位，且所述外观设计专利的粘胶保护纸形状是该类产品的惯常设计；证据 7 与本专利在吸收性外周区有无斜线压纹的区别，属于细微差别，在总体上会给消费者留下相近似的外观设计的印象；且这种斜线压纹是尿片等吸收性用品制造业内惯常采用的压纹，是公知公用的压纹技术。

经形式审查合格，专利复审委员会受理了该无效宣告请求，并于 2009 年 5 月 11 日将无效宣告请求书和证据的副本转送给专利权人，限其在指定期限内答复。并告知专利权人如逾期不答复，不影响专利复审委员会的审理。

专利复审委员会依法成立合议组对本案进行审理，并于 2009 年 6 月 11 日向双方当事人发出合议组告知通知书。同日还向双方当事人发出口头审理通知书，定于 2009 年 7 月 22 日进行口头审理。

针对请求人提出的无效宣告请求，专利权人于 2009 年 6 月 12 日提交了意见陈述书，认为证据 1~7不能成为无效本专利的理由，因专利法第 23 条规定：授予专利权的外观设计应当同申请日以前在国内外出版物上公开发表过或者国内公开使用过的外观设计不相同和不相近似。而发明或者实用新型专利的附图是结构图，其结构的变化多与功能相联系，外观设计图仅指表面图，主要表现为对美感的追求；本专利“纸尿片（8 字形）”其中的“8 字形”只是与其他同类产品的一个区分，非请求人所说“8 字形”是本专利的唯一设计要点；本专利更为主要的设计要点为，中部棉体上格形压纹以及“8 字形”腰部的折叠状，且“8 字形”两端的棉体明显高于腰部的棉体；综上，本专利与证据1~7均不相同也不相近似。应当维持本专利有效。

2009 年 6 月 22 日，专利复审委员会将专利权人的意见陈述书转送请求人，告知其可在口头审理中一并答复。

口头审理如期举行，双方当事人均委托代理人参加了口头审理。在口头审理中，请求人明确无效宣告请求理由为本专利不符合专利法第 23 条（在先出版物公开）、专利法实施细则第 2 条第 3 款（因出版物公开，故不属于新设计）的规定，证据 1~7 分别单独使用以证明在先公开的事实；请求人当庭提交了《现代纸生产技术丛书——生活用纸》（2006 年 10 月第一版），（请求人称供合议组参考）说明本专利中部两侧的折叠状设计为功能唯一限定；请求人当庭还提交了《英汉汉英词典》（2002 年 12 月第 1 版）、《新英汉小词典》（2004 年 4 月第 1 版）、《袖珍英汉词典》（2001 年 1 月第 1 版），认为其内对“diaper”英文单词的解释均可证明菱形花纹是惯常设计，在 2004 年之前已公开使用，成为公众可以自由使用的公开设计，从专利审查指南的精神看，不应该把这种菱形花纹作为垄断的权利。

专利权人对证据1~7及请求人提交的上述证据的真实性均无异议，但认为证据1~7均与本专利不相同也不相近似；认为请求人当庭提交的丛书、词典为新证据，单词仅是一种思路，与本专利没有可比性，且菱形设计可千变万化；本专利拉开后，仅是压痕。双方当事人在口头审理中均演示了产品实物。

合议组在口头审理后将请求人当庭提交的《现代纸生产技术丛书——生活用纸》、《英汉汉英词典》、《新英汉小词典》、《袖珍英汉词典》的封面、出版信息页及相关页复印件转送专利权人。专利权人声明以当庭意见为准，不再需要书面答复期限。

在以上审理的基础上，合议组经合议，认为本案事实清楚，依法作出本审查决定。

二、决定的理由

1. 法律依据

基于请求人提出的无效宣告请求的理由和提交的证据，本案合议组首先依据专利法第23条的规定对本案进行审理。

专利法第23条规定："授予专利权的外观设计，应当同申请日以前在国内外出版物上公开发表过或者国内公开使用过的外观设计不相同和不相近似，并不得与他人在先取得的合法权利相冲突。"

2. 证据的认定

请求人提交的证据2是94195020.4号发明专利说明书，发明名称为"用于贴身吸湿制品及类似制品的带孔膜/非织造布复合布"，授权公告号为CN1083709C，授权公告日为2001年5月1日，早于本专利申请日（2004年1月6日），属于专利法意义上的公开出版物，可作为判断本专利是否符合专利法第23条规定的证据。

请求人当庭提交的《袖珍英汉词典》（编号续前，下称证据8），吴健主编、上海交通大学出版社发行、ISBN 7-313-02592-0/H·512、2001年1月第1次印刷，其内第189页记载：diapern. ①菱形花样纺织品；织成的菱形花纹 ②（婴儿）尿布 vt. 换尿布。专利权人对该证据的真实性无异议，但认为其为新证据，合议组认为，虽然该词典是请求人在口头审理中提交的，但该证据是证明菱形花纹是公知常识性设计，属于审查指南规定的可考虑情形之一，证据8的公开日早于本专利申请日（2004年1月6日），属于专利法意义上的公开出版物，因此，合议组对证据8予以采信。

关于菱形花纹为惯常设计，请求人辩称在2004年之前尿布等织物上的菱形花纹已公开使用，即为公众可以自由使用的公知设计，从专利法、审查指南的精神看，不应该把这种菱形花纹作为垄断的权利。合议组认为：通过英汉词典上对于"diaper"一词的解释，可知在尿布等织物领域早已普遍使用菱形花纹并已形成了一个专用名词，因此，合议组对尿布等织物上的菱形花纹为惯常设计的事实予以认定。

证据2是"用于贴身吸湿制品及类似制品的带孔膜/非织造布复合布"的发明专利说明书，从说明书中记载的使用范围可得知其与本专利均可用于吸收、存纳尿液等类的人体排出物，与本专利的用途相近，根据审查指南的规定，判断两种产品类别是否相同或相近，以其用途是否相同或相近为标准，鉴于二者用途相近，故属于相近类别的产品，二者具有可比性。

3. 本专利是否符合专利法第23条的规定

证据2图1公开了一贴身吸湿制品的外观（下称在先设计），从图1中观察，在先设计整体近似"8"字形，两端为弧形过渡，环绕周边护围的腰部略向内缩；在先设计表面排列有若干透气小孔（详见在先设计附图）。

本专利是"纸尿片"的外观设计，从各视图观察，本专利整体近似"8"字形，两端为弧形过渡，环绕周边护围的腰部略向内缩，略呈折皱状；本专利表面为规则排列的菱形花纹设计；后视图可见两矩形粘贴条设计（详见本专利附图）。

将本专利与在先设计相比较，二者不同点主要是：腰部内缩部位的折皱设计不同，本专利有，在先设计无；表面图案不同，本专利为菱形花纹，在先设计为透气孔；背部粘贴条，本专利有，在先设计未显示。合议组认为：本专利背部粘贴条设计为局部的常见矩形几何形状，表面规则排列的菱形花纹为公知常识性设计，因此对二者整体视觉效果不具有显著的影响；本专利腰部折皱形状系其上所附带的具有松紧功能物品所产生的，且该腰部折皱对二者“8”字形的整体形状没有明显的改观，故该不同点对整体视觉效果不足以产生显著影响，从整体视觉观察，虽然二者存在不同点，但是相对于二者基本相同的整体“8”字形、环绕周边的护围、腰部略向内缩、两端均为弧形过渡设计而言，二者存在的不同点均属于公知常识性的设计置换和局部细微变化等导致的差别，均不足以对二者的整体视觉效果产生显著影响，因此二者应属于相近似外观设计。

综上所述，在本专利申请日前已有与其相近似的外观设计在国内出版物上公开发表过，因此本专利不符合专利法第 23 条的规定。

鉴于由上述认定已得出本专利不符合专利法第 23 条的规定，本决定对请求人提交的其他理由和证据不再作出评述。

三、决定

宣告 200430012651. X 号外观设计专利权全部无效。

当事人对本决定不服的，可以根据专利法第 46 条第 2 款的规定，自收到本决定之日起三个月内向北京市第一中级人民法院起诉。根据该款的规定，一方当事人起诉后，另一方当事人应当作为第三人参加诉讼。

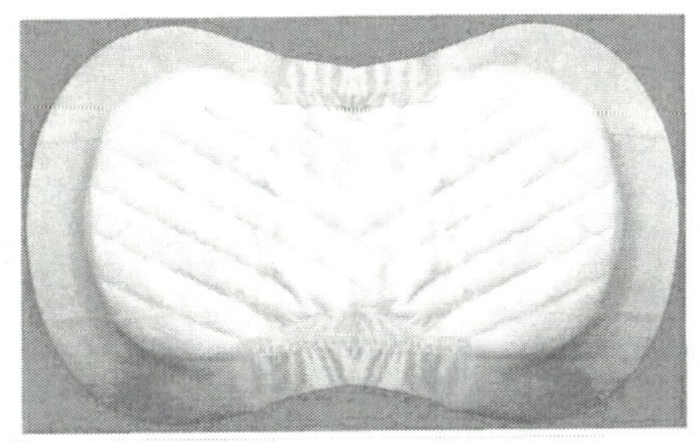

主视图

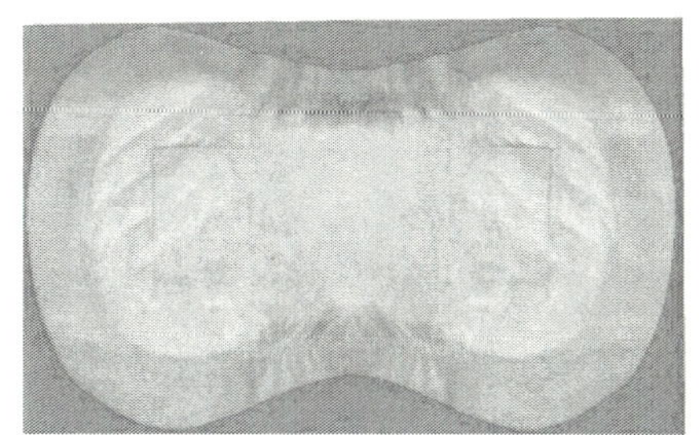

后视图

使用状态参考图

本专利附图

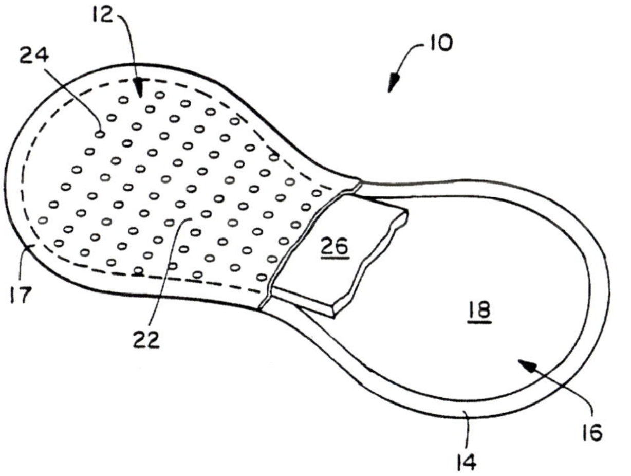

在先设计附图

416

铅笔芯盒（2007B）

无效宣告请求审查决定（第13771号）

决　定　号　第13771号
决　定　日　2009年7月29日
发明创造名称　铅笔芯盒（2007B）
外观设计分类号　19-06
无效宣告请求人　汕头市潮南区司马浦新兴塑料文具厂
专 利 权 人　林汉泉
专　利　号　200730319845.8
申　请　日　2007年11月25日
授权公告日　2008年12月24日
合议组组长　张雪飞
主　审　员　尹春霞
参　审　员　沙柏青
附　　　图　2页

法律依据　专利法第23条，专利法实施细则第2条第3款
决定要点

根据本专利的图片或照片可得出本专利的具体形状，符合审查指南中关于视图提交的规范，可以适于工业应用。

请求人提交的附件其真实性不能认定，或证据间缺乏必然联系，均不能证明本专利不符合专利法实施细则第2条第3款及专利法第23条的规定。

本专利与在先设计的差别均处于一般消费者容易关注的部位，设计差别明显，对整体视觉效果产生显著的影响，本专利与在先设计属于不相同且不相近似的外观设计。

一、案由

本无效宣告请求涉及国家知识产权局于2008年12月24日授权公告的200730319845.8号外观设计专利，使用该外观设计的产品名称是"铅笔芯盒（2007B）"，其申请日是2007年11月25日，专利权人是林汉泉。

针对上述外观设计专利权（下称本专利），汕头市潮南区司马浦新兴塑料文具厂（下称请求人）于2009年3月5日向专利复审委员会提出无效宣告请求，其依据的事实和理由是：本专利不符合专利法第23条及专利法实施细则第2条第3款的规定，应予宣告无效。请求人同时提交了如下附件作

为证据：

附件 1：本专利著录项目及图片复印件，共 2 页；

附件 2：专利侵权纠纷处理请求书、答辩通知书、勘验检查通知书和登记复印件，共 6 页；

附件 3：汕头市创思文具有限公司 2008~2009 产品广告目录册封面、相关页、封底复印件，共 3 页；

附件 4：汕头市创思文具有限公司 2006~2007 产品广告目录册封面、相关页、封底复印件，共 3 页；

附件 5：汕头市创思文具有限公司产品广告目录册封面、相关页、封底复印件，共 3 页；

附件 6：03359354. X 号外观设计专利著录项目及图片复印件，共 2 页。

请求人认为：汕头市创思文具有限公司（下称创思公司）早在 2006 年以前就将本专利产品向社会公开销售。从创思公司的三本产品广告目录册来看，其中一册是供 2008~2009 年两个年度使用（见附件 3），一册是供 2006~2007 两个年度使用（见附件 4），一册没有时间，自然就是供 2006 年以前使用（见附件 5）。其用于本专利的产品分别在广告册的相关页上。因此，本专利在申请日前即在国内外出版物上公开发表过，也在国内公开使用过，本专利不符合专利法第 23 条的规定，应予宣告无效。同时，请求人认为本专利的图片过于粗制滥造，各面视图不能一一对应，不能准确和清晰反映出应有的美感特征，所以本专利不符合专利法实施细则第 2 条第 3 款的规定，也应予宣告无效。此外，本专利与附件 6 所示外观设计相近似，同样不符合专利法第 23 条的规定。

请求人于 2009 年 3 月 23 日补充提交意见陈述书。请求人认为，补充提交的附件可以与附件 3~5 相互印证，说明在先公开使用的事实。请求人同时提交了如下附件作为补充证据（编号续前）：

附件 7：（2009）汕市证经字第 57 号公证书复印件，共 19 页；

附件 8：创思公司 2006 年及之后出品的一个产品实物照片，共 1 页；

附件 9：创思公司最近出品的一个产品实物照片，共 1 页。

专利复审委员会经形式审查合格受理了该无效宣告请求，并于 2009 年 4 月 2 日将无效宣告请求书及其附件的副本转送专利权人，通知其在指定期限内陈述意见。

专利复审委员会依法成立合议组对本案进行审理，并于 2009 年 4 月 22 日向双方当事人发出《无效宣告请求口头审理通知书》，定于 2009 年 6 月 22 日进行口头审理。

口头审理如期举行，双方均委托代理人出席口头审理，双方均对对方出庭人员的资格无异议，对合议组成员也无回避请求。在口头审理中，请求人说明附件 1 证明本专利不符合专利法实施细则第 2 条第 3 款的规定。附件 3~9 证明本专利不符合专利法第 23 条的规定。其中附件 3~5、附件 7~9 作为公开发表及公开使用的证据，附件 6 单独作为公开发表的证据。请求人当庭提交了附件 1、附件3~5、附件 7 的原件和附件 7 中银行票据及发货清单的原件。请求人说明附件 2 中专利权人把本专利产品归为四个特征，中间有金属阀，长条四方形体，盖和壳体都是透明的。而附件 1 所示的本专利产品的图片是模糊的，俯视图和仰视图不对应，不适于工业应用。专利权人认为附件 3 是在本专利申请日之后的出版物，与本案无关。专利权人对附件 4 与附件 5 真实性予以认可，但认为附件 4 应当认定为 2007 年 12 月 31 日出版，附件 5 没有时间印记，请求人也没有提交相关联的佐证证明附件 5 的时间。专利权人对附件 6、附件 7 的真实性无异议，对附件 7 内证人证言和发货清单的真实性有异议，对银行票据的真实性无异议。专利权人对附件 8、附件 9 的来源有异议。对相近似比较，请求人认为本专利与在先设计相同，专利权人认为二者既不相同，也不相近似。

在上述审理的基础上，合议组经合议，认为本案事实清楚，依法作出本审查决定。

二、决定的理由

1. 法律依据

基于请求人提出无效宣告请求所依据的事实和理由，合议组对本专利是否符合专利法第23条及专利法实施细则第2条第3款的规定进行审查。

专利法第23条规定："授予专利权的外观设计，应当同申请日以前在国内外出版物上公开发表过或者国内公开使用过的外观设计不相同和不相近似，并不得与他人在先取得的合法权利相冲突。"

专利法实施细则第2条第3款规定："专利法所称外观设计，是指对产品的形状、图案或者其结合以及色彩与形状、图案的结合所作出的富有美感并适于工业应用的新设计。"

2. 请求人认为本专利产品的图片是模糊的，俯视图和仰视图不对应，不适于工业应用，因此不符合专利法实施细则第2条第3款的规定。对此，合议组认为：本专利包括主视图、右视图、俯视图、仰视图、立体图、使用状态参考图、盒帽立体图、盒体立体图。从正投影视图、盒体立体图及盒帽立体图可得出本专利的具体形状为，小熊状的盒盖与立方体状的盒体。由于本专利是细长物品，且图片为照片，根据近大远小的原则导致俯视图与仰视图不是完全对应，但符合审查指南中关于视图提交规范的规定，可以适于工业应用，因此请求人的主张不能成立，本专利符合专利法实施细则第2条第3款的规定（详见本专利附图）。

3. 请求人提交的附件1是本专利著录项目及图片复印件，作为本案的对比对象。

请求人提交的附件2是专利侵权纠纷处理请求书、答辩通知书、勘验检查通知书和登记复印件。请求人欲以附件2说明根据专利权人对本专利产品特征的描述，从而得出本专利图片模糊，不适于工业应用的结论。合议组认为，当事人对本专利的解释不能影响合议组依据图片或照片所示保护范围的认定。

请求人提交的附件3是汕头市创思文具有限公司2008~2009产品广告目录册封面、相关页、封底复印件，附件4是汕头市创思文具有限公司2006~2007产品广告目录册封面、相关页、封底复印件，附件5是汕头市创思文具有限公司产品广告目录册封面、相关页、封底复印件，请求人当庭提交了上述附件的原件。请求人认为通过附件3、附件4可以推断出附件5的印制日期应当在2006年以前。同时创思公司是以专利权人为法人代表的私营企业，通过附件3~5相关页公开的产品可知，早在2006年以前创思公司就将该专利的产品向社会公开销售。合议组认为，附件3的封面下方印有日期为2008~2009，该年份在本专利申请日之后，不能作为评述本专利是否符合专利法第23条规定的证据；附件4的封面下方印有日期为2006~2007，审查指南第二部分第三章第2.1.3.1节规定，印刷日期只写明年份的，以所写年份的12月31日为公开日，因此附件4应推断为2007年12月31日为其公开日，在本专利申请日（2007年11月25日）之后，不能作为评述本专利是否符合专利法第23条规定的证据；附件5未标注任何日期，不能认定其为在本专利申请日前的公开出版物，不能作为评述本专利是否符合专利法第23条规定的证据。对于请求人认为通过附件3、附件4可以推断出附件5的印制日期应当在2006年以前，合议组认为没有任何证据可证明附件3与附件4可以佐证附件5的公开日期，对其主张不予支持。

请求人提交的附件7是（2009）汕市证经字第57号公证书复印件，内含询问笔录、创思公司的三份宣传册相关页、银行业务回单、创思公司发货单、光盘。请求人当庭提交附件7的原件。专利权人对附件7本身的真实性认可，对银行业务回单的真实性予以认可，对创思公司发货单的真实性不认可。合议组认为，对公证书内的询问笔录，就其性质来说是证人证言，当事人未出庭作证，在没有其他佐证证明的情况下，不能认定其真实性，不能作为定案依据；对银行业务回单，其上既无汇款人姓名，也无产品型号，不能作为本案的定案依据；对创思公司发货单，其为创思公司内部的发货单，证据形式比较随意，专利权人对其真实性也不认可，在没有其他佐证证明的情况下，不足以认定其真实性，不能作为定案依据。综上，附件7不足以支持请求人的主张。

请求人提交的附件8是创思公司2006年及之后出品的一个产品实物照片，附件9是创思公司最近出品的一个产品实物照片。合议组认为，附件8与附件9无任何时间印记，在没有其他证据佐证的情况下，单独的照片不足以支持请求人的主张。

4. 请求人提交的附件6是03359354. X号外观设计专利著录项目及图片复印件，专利权人对其真实性无异议。合议组经核实，该附件所示内容真实，其产品名称是“铅笔芯盒（9382）”，授权公告日是2004年1月28日，早于本专利的申请日2007年11月25日，属于在本专利申请日之前公开的外观设计专利，可以作为评价本专利是否符合专利法第23条的规定的证据，适用于本案。

5. 相同与相近似比较

本专利是铅笔芯盒的外观设计，附件6也是铅笔芯盒的外观设计（下称在先设计），二者具有相同的用途，属于同一类别的产品，具有可比性，故对二者的外观设计作如下对比：

本专利包括主视图、右视图、俯视图、仰视图、立体图、使用状态参考图、盒帽立体图、盒体立体图。简要说明载明：后视图与主视图对称，省略后视图；左视图与主视图对称，省略左视图；本外观设计产品除中间位置的四方形电镀金属环以外，盒体和盒帽均为透明质塑料制作。本专利由盒体、盒帽两部分组成。盒帽上半部为小熊头状，下半部为长方体状；盒体为长方体状，盒体上部与盒帽连接部位设置一段银色区域；除银色区域外，通体透明（详见本专利附图）。

在先设计包括主视图、右视图、俯视图、仰视图、立体图、盒盖与盒体分开立体图。简要说明载明：后视图与主视图对称，省略后视图；左视图与右视图对称，省略左视图；外盒体为透明塑料制作。在先设计由盒体、盒帽两部分组成。盒帽与盒体均为规则的长方体状，外壳为透明材料，内部为放置笔芯的圆柱筒；盒帽与盒体连接部位设置一段实体长方柱（详见在先设计附图）。

将本专利与在先设计相比较，二者的相同点为：均由盒体、盒帽两部分组成，外壳均为透明材料，盒体均为长方体状。二者的主要不同点为：盒帽的设计不同，本专利的盒帽上部为小熊头状，在先设计为长方体状；内部设计不同，本专利内部无设计，在先设计内部为圆柱筒设计；连接部位设计不同，本专利在盒体外部设置一圈电镀金属环，在先设计在盒体内部设置一段实体长方柱。合议组认为：本专利与在先设计的上述差别均处于一般消费者容易关注的部位，设计差别明显，对整体视觉效果产生显著的影响，因此本专利与在先设计属于不相同且不相近似的外观设计。

综上所述，请求人提交的证据不能支持其无效宣告请求的理由，因此不能证明本专利不符合专利法实施细则第2条第3款及专利法第23条的规定。

三、决定

维持200730319845. 8号外观设计专利权有效。

当事人对本决定不服的，可以根据专利法第46条第2款的规定，自收到本决定之日起三个月内向北京市第一中级人民法院起诉。根据该款的规定，一方当事人起诉后，另一方当事人应当作为第三人参加诉讼。

仰视图

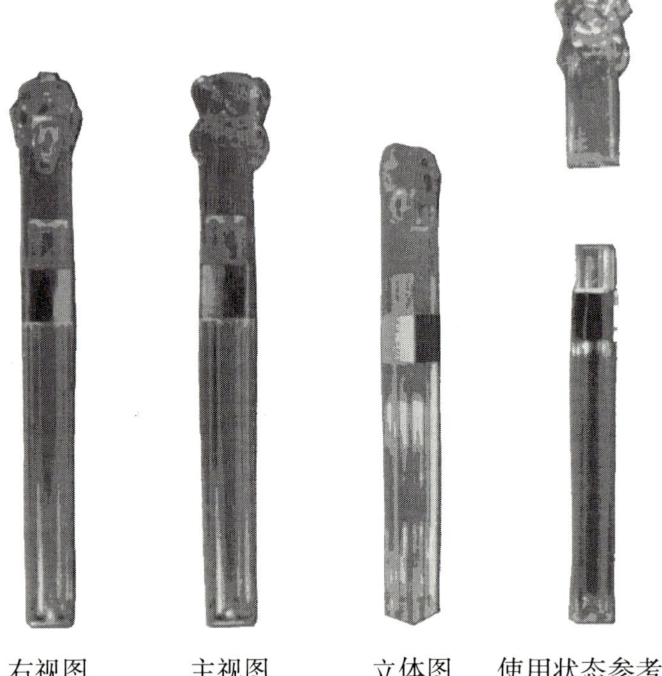

右视图　　主视图　　立体图　　使用状态参考图

俯视图

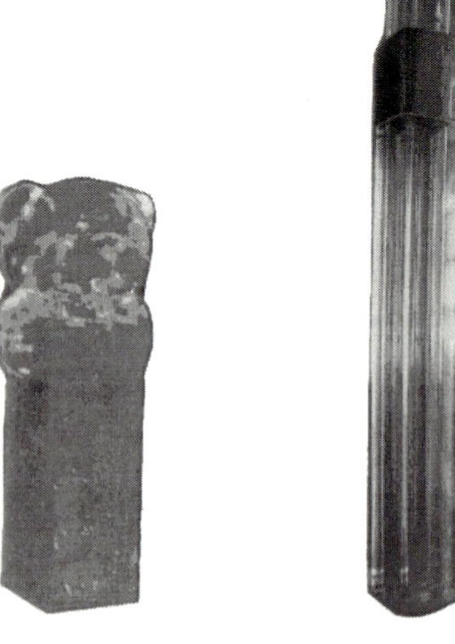

盒帽立体图　　盒体立体图

本专利附图

仰视图

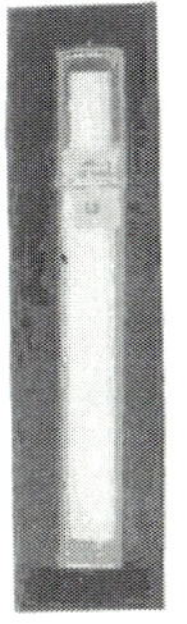

右视图

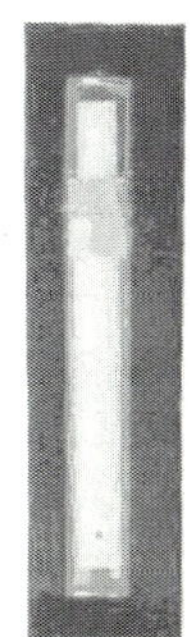

主视图

俯视图

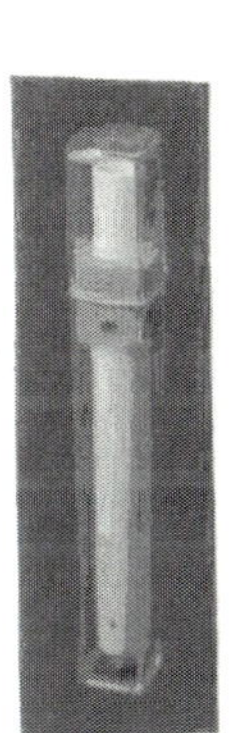

立体图

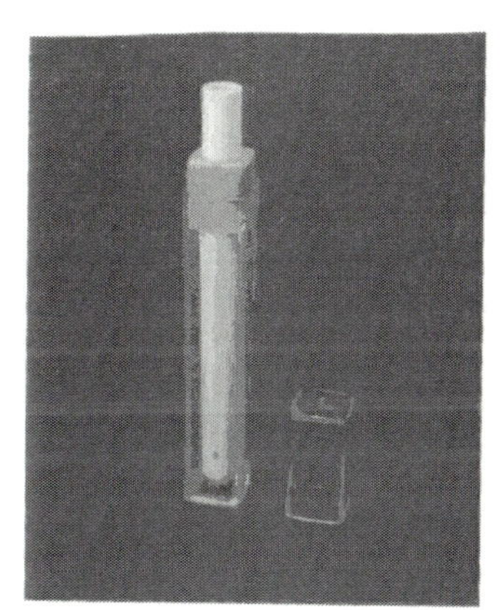

盒盖与盒体分开立体图

在先设计附图

417

搁盘架（A型桌式）

无效宣告请求审查决定（第13773号）

决　定　号　第13773号
决　定　日　2009年8月13日
发明创造名称　搁盘架（A型桌式）
外观设计分类号　07-99
无效宣告请求人　阿诺尔多斯·TH. B. M. 纳雷斯
专　利　权　人　锦江酒店设备器具制造有限公司
专　利　号　200730028557.7
申　请　日　2007年3月19日
授权公告日　2008年1月16日
合议组组长　张　凌
主　审　员　李巍巍
参　审　员　尹春霞
附　　图　1页

法律依据　专利法第23条
决定要点

本专利与在先设计的整体构成及各部分的形状均基本相同，区别仅在于二者在中轴高度方向上排列的杆的数量不同。因二者在中轴上分布的杆数量较多，具体数目上的微小差别不会引起一般消费者视觉上的特别关注，本专利与在先设计相近似。

一、案由

本无效宣告请求涉及国家知识产权局于2008年1月16日授权公告的200730028557.7号外观设计专利，使用外观设计的产品名称是"搁盘架（A型桌式）"，申请日是2007年3月19日，专利权人是锦江酒店设备器具制造有限公司。

针对上述外观设计专利权（下称本专利），阿诺尔多斯·TH. B. M. 纳雷斯（下称请求人）于2008年12月24日向专利复审委员会提出无效宣告请求，其理由是本专利不符合专利法第23条的规定。请求人认为：附件1~4都公开了一种搁盘架，与本专利产品属于相同类别的产品，而且搁盘架的构造和设计也相同，因此，本专利与其申请日以前在国外公开发表的外观设计相同和相近似。请求人提交了如下附件作为证据：

附件1：2000年版LOCKHART重型机械《LOCKHART HEAVY EQUIPMENT》杂志的封面及第62

页的彩色复印件共 2 页；

附件 2：2004 年秋季版国际酒店管理《hotel management international》杂志的封面及第 65 页的彩色复印件共 2 页；

附件 3：2005 年冬季版国际酒店管理《hotel management international》杂志的封面及第 51 页的彩色复印件共 2 页；

附件 4：2006 年春季版国际酒店管理《hotel management international》杂志的封面及第 79 页的彩色复印件共 2 页；

附件 5：本专利外观设计公报彩色复印件共 1 页。

专利复审委员会根据无效宣告请求审查程序的规定受理了该无效宣告请求，并于 2009 年 1 月 20 日将上述无效宣告请求书及其附件的副本转送给专利权人，要求其在收到本通知之日起一个月内对该无效宣告请求陈述意见；期满未答复的，不影响专利复审委员会审理。

专利权人未在指定期限内提交答复意见。

2009 年 3 月 30 日，专利复审委员会向双方当事人发出口头审理通知书，定于 2009 年 6 月 2 日对本案进行口头审理。

口头审理如期举行。请求人委托代理人参加了口头审理，请求人对变更后的合议组成员无回避请求。专利权人在规定的期限内未提交回执，也未参加口头审理，合议组依法进行缺席审理。

在口头审理中，请求人提交了附件 1～4 由英国公证机构出具的公证书原件，该公证书由中国驻英国大使馆进行了认证，该公证认证原件中附有附件 1～4 的杂志原件。同时，请求人还提交了上述公证认证文件的中文译文。请求人在口头审理时确认本专利不符合专利法第 23 条的规定（在先公开发表），认为附件 2 中第 29 页所示的产品图片（右边第 2 幅图片中部的产品）与本专利是相同的。因此，应当宣告本专利全部无效。

2009 年 6 月 5 日，专利复审委员会将请求人在口头审理时所递交的公证认证及中文译文的复印件转送专利权人，并告知如需要核对原件，应在该通知答复期满前到专利复审委员会查看原件，期满未答复的，视为当事人已得知转送文件中所涉及的事实、理由和证据，并且未提出反对意见。

针对 2009 年 6 月 5 日的转送文件通知书专利权人逾期未答复。

在上述审理的基础上，合议组经合议，认为本案事实清楚，依法作出本审查决定。

二、决定的理由

1. 法律依据

基于请求人提出无效宣告请求的理由，合议组依据专利法第 23 条的规定对本案进行审理。

专利法第 23 条规定："授予专利权的外观设计，应当同申请日以前在国内外出版物上公开发表过或者国内公开使用过的外观设计不相同和不相近似，并不得与他人在先取得的合法权利相冲突。"

2. 证据认定

请求人提交的附件 2 是 2004 年秋季版的《hotel management international》（国际酒店管理）杂志的封面及第 65 页的彩色复印件，口头审理当庭请求人提交了附件 2 的公证认证文件及该公证认证文件的中文译文，该公证认证件是由英国公证机构出具的公证书原件，并由中国驻英国大使馆进行了认证，其中包括附件 2 杂志的整本原件，根据审查指南第四部分第三章第 4. 3. 1 节的有关规定，请求人在口头审理时所提交的附件 2 公证认证文件及该公证认证文件的中文译文是用于完善证据法定形式的公证书、原件等证据，不视为新证据，合议组对附件 2 的公证认证文件及该公证认证文件的中文译文的真实性均予以认可。

附件 2 国际酒店管理（hotel management international），出版日期为 2004 秋季版，根据审查指南的有关规定，其出版日期可推定为2004年12月31日，该出版日期早于本专利的申请日（2007年3月19日）。因此，附件2可以作为评价本专利是否符合专利法第23条规定的证据。

3. 相同相近似比较

附件2第2页（即杂志的第65页）右侧中部公开了一款搁盘架的立体图（下称在先设计）。本专利与在先设计使用外观设计的产品均是托盘架，二者属于相同类别的产品，可以进行外观设计相同相近似比较。

本专利包括主视图、右视图、俯视图、仰视图和立体图，简要说明记载："1. 后视图与主视图相同，省略后视图；2. 左视图与右视图相同，省略左视图。"根据图片观察，本专利在中轴上均匀分布有两种长度不同的杆，沿水平方向交叉伸出。中轴的上方有一与其垂直的横杆，下部为"十"字形支架（详见本专利附图）。

在先设计公开的是一幅立体图，根据该立体图可知，在先设计中轴上均匀分布有两种长度不同的杆，沿水平方向交叉伸出（详见在先设计附图）。

比较本专利与在先设计，合议组认为：二者的整体构成及各部分的形状均基本相同，均为由中轴上均匀分布有沿水平方向伸出两种长度不同的杆，中轴的上方有一与其垂直的横杆，下部为"十"字形支架。在二者的整体构成及各部分的形状均基本相同的情况下，一般消费者容易将本专利与在先设计混同或误认。因此，本专利与在先设计应属于相近似的外观设计。

4. 结论

综上所述，本专利与其申请日以前在国外出版物上公开发表过的外观设计相近似，本专利不符合专利法第23条的规定。

鉴于上述已经得出本专利不符合专利法第23条规定的结论，本决定对请求人提交的其他证据不作评述。

三、决定

宣告200730028557.7号外观设计专利权全部无效。

当事人对本决定不服的，可以根据专利法第46条第2款的规定，自收到本决定之日起三个月内向北京市第一中级人民法院起诉。根据该款的规定，一方当事人起诉后，另一方当事人应当作为第三人参加诉讼。

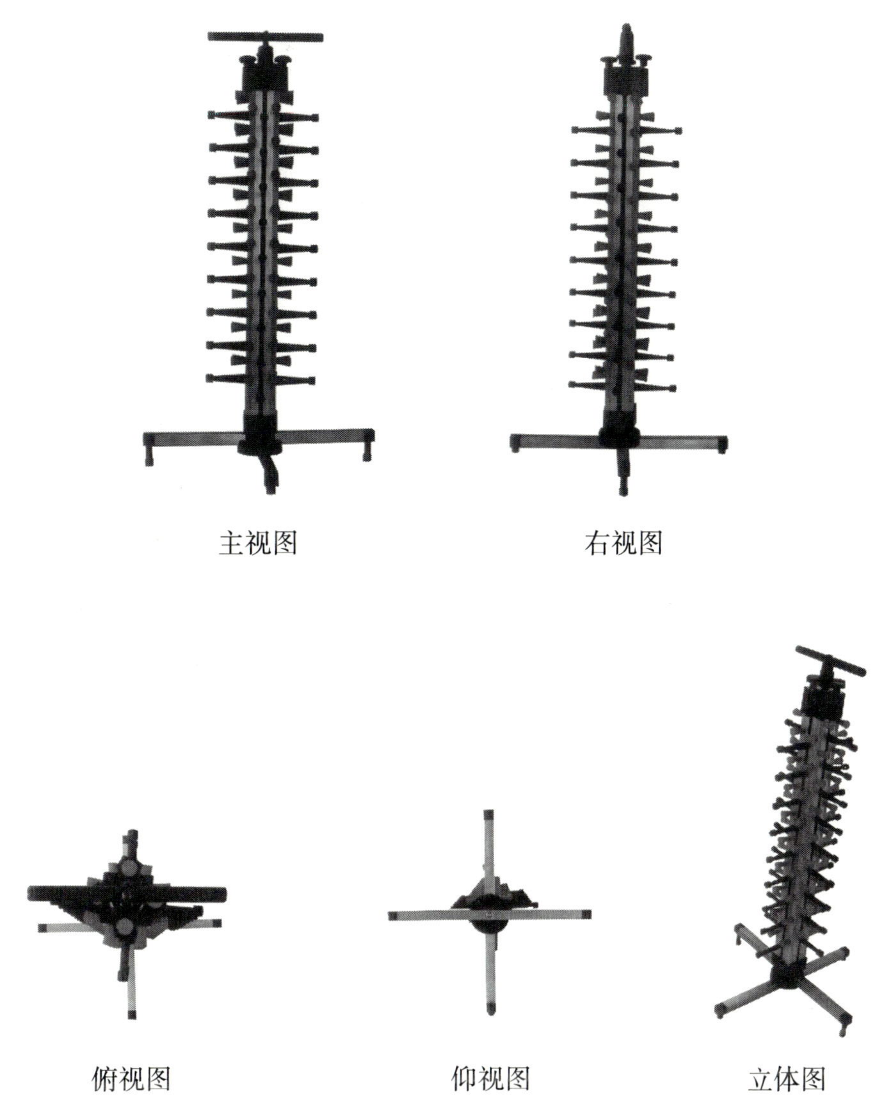

主视图　右视图

俯视图　仰视图　立体图

本专利附图

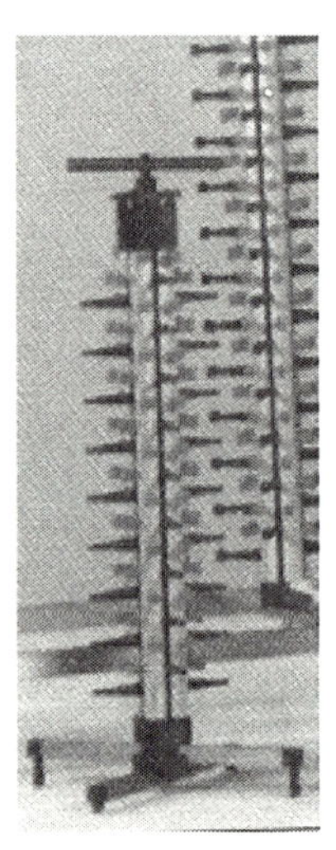

在先设计附图

418

艾灸按摩器

无效宣告请求审查决定（第13778号）

决　　定　　号　第13778号
决　　定　　日　2009年8月12日
发明创造名称　艾灸按摩器
外观设计分类号　28-03
无效宣告请求人　张　剑
专　利　权　人　田新发
专　　利　　号　200730049312.2
申　　请　　日　2007年3月13日
授权公告日　2008年3月19日
合议组组长　吴大章
主　　审　　员　徐清平
参　　审　　员　王美芳
附　　　　　图　2页

法律依据　专利法第23条
决定要点

虽然实用新型专利与外观设计专利的保护客体不同，实用新型专利公报不能作为外观设计的同样发明创造的证据，但可以作为在先公开出版物证据，其公开的产品的设计可以作为在先设计与本专利进行对比。

产品的功能、使用目的、作用、效果不能作为比较外观设计相同和相近似时的考虑因素。

从整体观察，本专利与其申请日前公开的在先设计具有相近似的整体形状，使得二者的整体视觉印象相近似，局部细微差别不足以对整体视觉效果产生显著影响，二者属于相近似的外观设计，本专利权不符合专利法第23条的规定。

一、案由

本无效宣告请求涉及国家知识产权局于2008年3月19日授权公告的200730049312.2号外观设计专利，使用该外观设计的产品名称是“艾灸按摩器”，其申请日是2007年3月13日，专利权人是田新发。

针对上述外观设计专利权（下称本专利），张剑（下称请求人）于2009年3月5日向专利复审委员会提出无效宣告请求，其理由是本专利不符合专利法实施细则第13条和专利法第23条的规定。

请求人提交了如下附件作为证据：

附件1：公告号为CN200970342Y的实用新型专利公报复印件共6页；

附件2：公告号为CN2562748Y的实用新型专利公报复印件共11页；

附件3：公告号为CN2820168Y的实用新型专利公报复印件共8页；

附件4：公告号为CN2621621Y的实用新型专利公报复印件共5页；

附件5：本专利的电子公开文本打印件共1页。

请求人认为：本专利与附件1显示的产品是同类产品，采用了相近似的外观设计，属于同样的发明创造，不符合专利法实施细则第13条的规定；本专利与附件2、附件3、附件4显示的产品是同类产品，采用了相同或者相近似的外观设计，本专利不符合专利法第23条的规定，应宣告本专利全部无效。

专利复审委员会根据无效宣告请求审查程序的规定受理了该无效宣告请求，并于2009年4月2日将请求人的无效宣告请求文件转送专利权人，通知其在指定期限内陈述意见。

2009年5月14日，专利权人提交意见陈述书。专利权人认为：本专利与请求人提供的四个对比文件所保护的内容不同，所以不具有可比性；本专利相对于请求人提供的四个对比文件不但在形状上更加美观，而且其使用目的、作用、效果有很大的差异。所以，本专利符合专利法的相关规定。专利复审委员会于2009年6月4日向双方当事人发出口头审理通知书，定于2009年7月20日对本案进行口头审理。同时，将专利权人提交的意见陈述书转送请求人，通知其在指定期限内陈述意见。

口头审理如期举行，双方均委托代理人参加口头审理。请求人当庭放弃依据专利法实施细则第13条规定提出的无效宣告请求理由，并放弃将附件1和附件3作为证据，仅以附件2和附件4证明本专利不符合专利法第23条的规定。专利权人对附件2和附件4的真实性及公开的事实没有异议。对于本专利与附件2和附件4公开的产品外观设计是否相同和相近似，请求人认为：附件2公开的产品包括带通孔的滚头、圆台形连接部分、筒状手柄和略大于手柄的环形凸起，与本专利相近似；附件4公开的产品和本专利的针灸头均带有多个长形通孔，其顶部圆弧并带有透气孔，针灸头的后端连接手柄，手柄的外表面有直纹，手柄的后部有套管，套管的后端直径大于套管；附件4的权力要求表明护套属于选择安装的部件，对于针灸头的透气孔，权力要求也未限定其位置，只要二者都有孔，就可以认为相近似。因此，附件4显示的产品外观设计与本专利相近似。专利权人认为：附件2公开的产品和本专利在头部凸出部分、直孔、手柄的竖条纹和弹簧等方面均不相同，从整体看，二者的形状不相同；附件4公开的产品与本案没有可比性，二者保护的东西不同；附件4公开产品的顶端没有功能，而本专利有；二者在护套、孔的大小和功能方面也不相同。

在上述审理的基础上，合议组经合议，认为本案事实清楚，依法作出本审查决定。

二、决定的理由

1. 法律依据

基于请求人提出的无效宣告请求的理由，合议组依据专利法第23条的规定进行审查。

专利法第23条规定："授予专利权的外观设计，应当同申请日以前在国内外出版物上公开发表过或者国内公开使用过的外观设计不相同和不相近似，并不得与他人在先取得的合法权利相冲突。"

2. 证据认定

请求人提交的附件4为公告号为CN2621621Y的实用新型专利公报复印件，实用新型的名称是一种温灸治疗器，经合议组核实，该附件所示内容真实。该专利的公告日是2004年6月30日，早于本专利的申请日2007年3月13日，是在本专利申请日之前公开的，可以作为评价本专利是否符合专利法第23条规定的证据。

3. 外观设计对比

附件 4 的说明书附图公开了一种温灸治疗器的设计（下称在先设计），本专利是艾灸按摩器的外观设计。专利权人认为：附件 4 公开的产品与本案没有可比性，二者保护的东西不同。合议组认为：虽然实用新型专利与外观设计专利的保护客体不同，实用新型专利公报不能作为外观设计的同样发明创造的证据，但其在客观上披露了产品的特定的形状，而产品的形状同样属于外观设计的要素，所以其公开了关于产品形状的外观设计；同时，由于本专利产品和使用在先设计的产品的用途相同，属于相同类别的产品，附件 4 公开的产品的形状可以作为在先设计与本专利进行对比。因此，对本专利与在先设计作如下对比：

本专利的图片包括主视图、后视图、左视图、右视图、俯视图、仰视图和立体图。其所示产品由针灸头、手柄和套管组成。针灸头分为三部分——顶部、中部和手柄连接部。顶部近似圆锥形，并带有两个透气孔；针灸头中部靠近顶部一端有一圈凹纹，主体部分带有通孔，上下分离的两个短的纵向通孔和长通孔两两间隔分布，带有通孔的部分比靠近手柄的部分略细，与手柄的连接部分可分为圆柱体和圆台两部分，圆柱体中部带有一圈网纹，圆台的大直径端与圆柱体相接，小直径端与手柄相接。手柄为圆柱形，表面带有竖条纹。套管插入手柄后，其直径大于手柄的尾端抵在手柄处（详见本专利附图）。

在先设计公开了图 1 和图 2 两幅图。其公开的产品由温灸头、温灸头的护套、手柄和套管组成。各部分设计具体如下（详见在先设计附图）：

（1）温灸头和护套：温灸头外带有护套，从护套的缺口处露出针灸头，温灸头分为三部分——顶部、中部和手柄连接部。顶部为球冠形，并带有透气孔；温灸头中部的局部被带有缺口的护套遮挡，露出部分显示其靠近顶部一端有一个网纹装饰条，主体部分带有纵向通孔，通孔分为上下两行，通孔处带有网罩，通孔部分比靠近手柄的部分略细，与手柄的连接部分可分为圆柱体和圆台两部分，圆柱体中部带有一个网纹装饰条，圆台的大直径端与圆柱体相接，小直径端与手柄相接。

（2）手柄：手柄为圆柱形，表面带有竖条纹。

（3）套管：可插入手柄的套管也为圆柱形，其尾端直径则增大，大于手柄直径。

将本专利与在先设计相比较，二者的整体形状、各部分的比例、头部上下两端的横向纹饰、上下分离的短通孔的形状和布局、头部与手柄的连接处形状、手柄上的竖条纹及套管的尾端形状均相似。二者主要不同之处在于：本专利的针灸头没有护套，在先设计的带有护套；本专利的针灸头顶部近似圆锥形，在先设计的是球冠形；本专利的通孔除上下分离的短通孔外，还带有长通孔，而在先设计的只有上下分离的短通孔。合议组认为：虽然在先设计带有护套，但根据附件 4 的权利要求 1 和权利要求 2 可知，该护套可转动并且不是必须安装的部件，而根据附件 4 的图 1 和图 2 以及该产品的一般消费者的常识，可以清楚地得知不带有护套的温灸治疗器的设计，因此，附件 4 已公开不带有护套的温灸治疗器的设计；从整体观察，上述二者的相似之处已形成相近似的整体视觉印象，针灸头顶部和通孔的差异仅属于局部细微差别，对于产品外观设计的整体视觉效果不具有显著影响。因此，二者属于相近似的外观设计。

专利权人认为：二者的功能、使用目的、作用、效果不同。合议组认为：产品的功能、使用目的、作用、效果等不属于外观设计保护的内容，不能作为比较外观设计相同和相近似时的考虑因素。

综上所述，在本专利申请日以前已有与其相近似的外观设计在出版物上公开发表过，本专利不符合专利法第 23 条的规定。

鉴于已经得出本专利不符合专利法第 23 条规定的结论，合议组对请求人提出的其他证据不再予以评述。

三、决定

宣告 200730049312.2 号外观设计专利权全部无效。

当事人对本决定不服的，可以根据专利法第 46 条第 2 款的规定，自收到本决定之日起三个月内向北京市第一中级人民法院起诉。根据该款的规定，一方当事人起诉后，另一方当事人应当作为第三人参加诉讼。

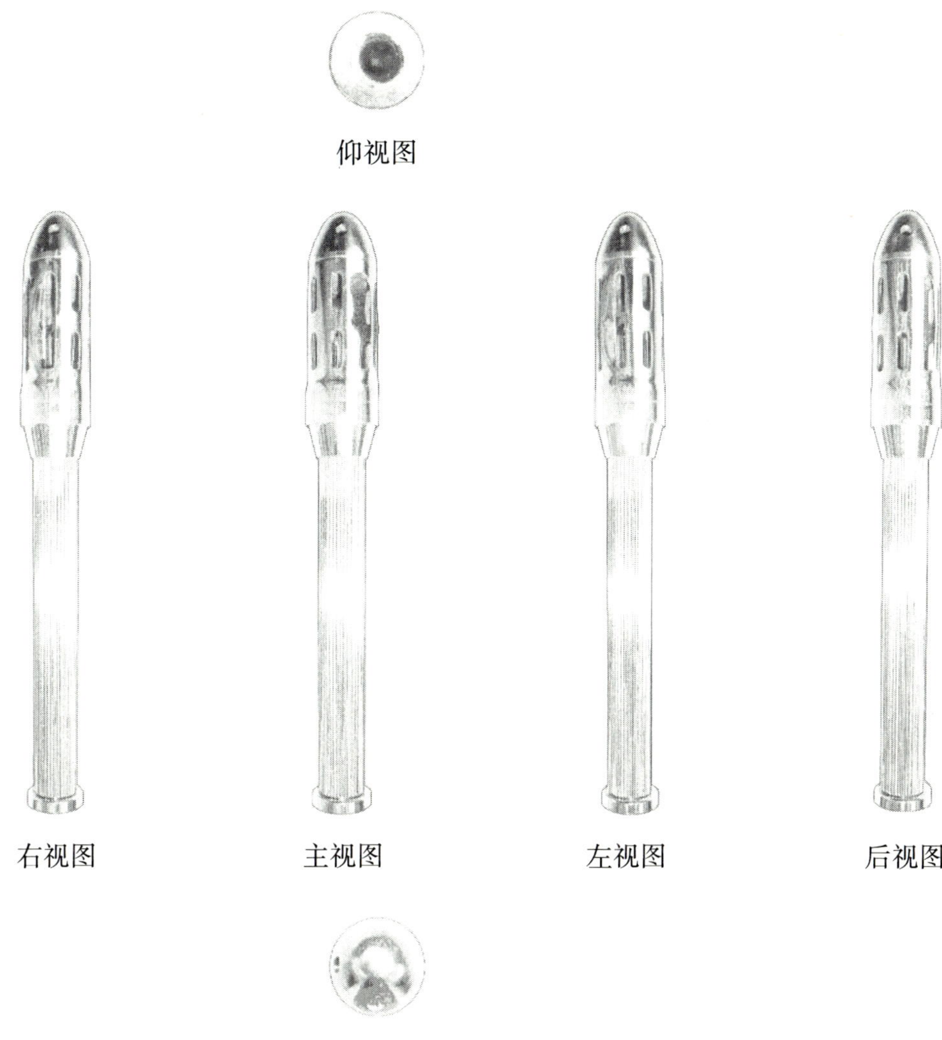

仰视图

右视图　主视图　左视图　后视图

俯视图

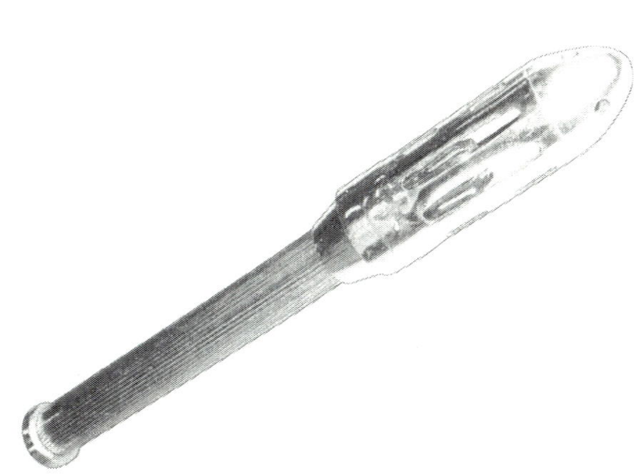

立体图

本专利附图

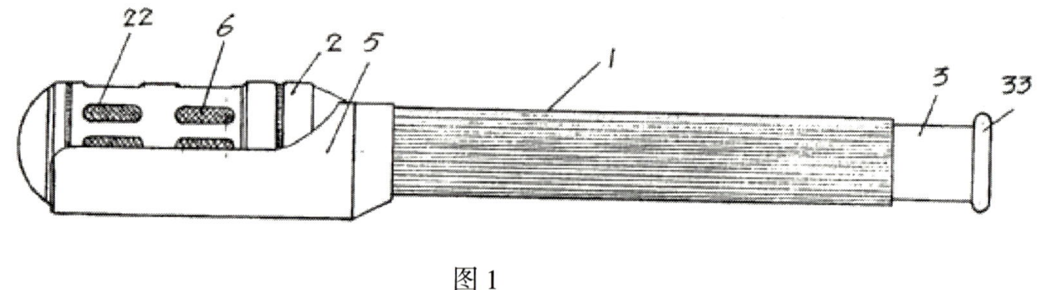

图 1

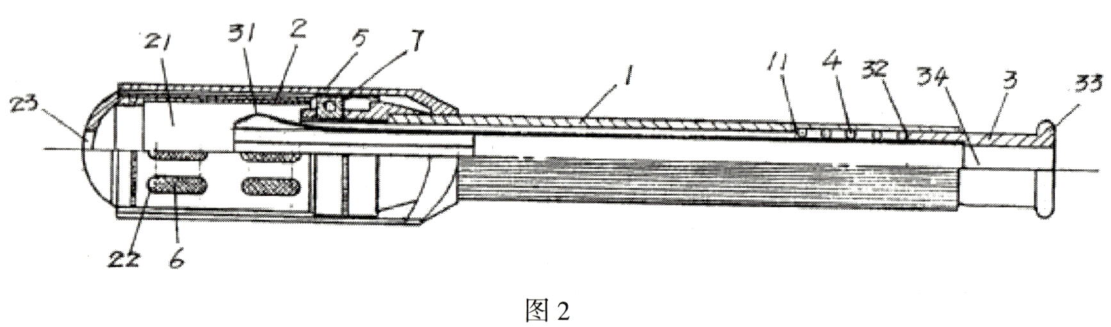

图 2

在先设计附图

419

床头（2）

无效宣告请求审查决定（第13783号）

决　　定　　号　第13783号
决　　定　　日　2009年8月12日
发明创造名称　床头（2）
外观设计分类号　06-06
无效宣告请求人　六安市天奇金属制品有限公司
专　利　权　人　李振东
专　　利　　号　200730108717.9
申　　请　　日　2007年3月14日
授权公告日　2008年1月9日
合议组组长　张雪飞
主　　审　　员　吴大章
参　　审　　员　沙柏青
附　　　　图　2页

法　律　依　据　专利法第23条，专利法实施细则第2条第3款
决　定　要　点

网页上的日期检索字段是手工输入的，合议组据此不能够确定检索的字段和网页图片具有必然和直接的联系，并且这种关系在本专利申请日之前已经建立和保存在源文件之中。

本专利和在先设计的不同点在于床头主体部分的设计，对外观设计的整体视觉效果足以产生显著影响，使一般消费者认为本专利是与在先设计具有显著区别的新设计，本专利与在先设计应属于不相同且不相近似的外观设计。

一、案由

本无效宣告请求涉及国家知识产权局于2008年1月9日授权公告的200730108717.9号外观设计专利，使用该外观设计的产品名称是“床头（2）”，申请日是2007年3月14日，专利权人是李振东。

针对上述外观设计专利权（下称本专利），六安市天奇金属制品有限公司（下称请求人）于2009年5月27日向专利复审委员会提出无效宣告请求，其理由是本专利不符合专利法第23条和专利法实施细则第2条第3款的规定。请求人提交了如下附件作为证据：

附件1：安徽省六安市皋翔公证处出具的（2009）皖六皋公证字第3949号公证书的复印件共25

页，该公证书记载了访问网址为“http：//www. kmhengsen. com/”的网站的过程，该公证书的附件包括访问上述网站的工作记录和上述网站下载的网页；

附件2：封面上有“恒森集团”字样的产品样册的复印件共8页；

附件3：97328913.9号中国外观设计专利电子公开文本的复印件共1页；

附件4：本专利授权公报的复印件1页。

请求人认为：本专利和附件1的网页以及附件2的产品样册公开的床头完全相同；本专利和附件3记载的床头的形状完全相同，不同部分不属于要部，故本专利不符合外观设计专利的授权条件。

专利复审委员会受理了该无效宣告请求，并于2009年5月27日将上述无效宣告请求书及其附件的副本转送给专利权人，要求其在指定期限内陈述意见。

专利权人于2009年6月15日提交了意见陈述书。专利权人认为，附件1未记载网页的公开发表时间，下载时间晚于本专利的申请日。附件2没有记载日期，因此附件1和附件2都不能作为在先客体，不能用于评价本专利。附件3是专利权人在先申请的外观设计专利，与本专利明显不同，不影响本专利的专利性。

2009年6月29日，专利复审委员会本案合议组同时向双方当事人发出口头审理通知书，定于2009年7月22日对本案进行口头审理，随口头审理通知书向请求人转送了专利权人的上述意见陈述书。

之前，2009年6月23日，请求人提交了意见陈述及补充证据，请求人认为，在本专利申请日以前，已有与本专利相同的外观设计在专利权人经销商的网站上公开发表，因此本专利不符合专利法第23条的规定。请求人补充证据如下（编号续前）：

附件5：安徽省六安市皋翔公证处出具的（2009）皖六皋公证字第5072号公证书的复印件共31页，该公证书的内容包括两部分，第一部分记载了访问网址为“http：//www. tlcj. cn/”网站的过程以及上述网站下载的网页；另一部分记载了对上述网站备案时间的查询过程和查询结果。

合议组于2009年7月2日将上述意见陈述书及附件转送专利权人，并且告知其于口头审理时一并答复。

口头审理如期举行。请求人的法定代表人和代理人以及专利权人委托的代理人出席口头审理。在口头审理当中涉及的主要内容如下：

（1）请求人说明专利法第2条第3款的无效宣告理由也是基于原有证据显示的出版物公开的事实。请求人提交了附件1、附件2和附件5的原件，专利权人对原件和复印件的一致性没有提出异议。

（2）双方当事人就附件1、附件2和附件5的公开发表时间进行了辩论。关于附件1，请求人认为该网站是专利权人自己的，网页上记载的“2006~2008”即是公开时间，网页图片的上传日期是2006年，在本专利申请日之前；专利权人认为，图片上传是动态的，故只能认定公证书所附下载网页的形成时间。关于附件2，请求人认为该产品样册是专利权人公司的，该样册的封面没有涉及2006年以后的专利号，就此可以知道该样册的公开日在本专利的申请日之前；专利权人对附件2的真实性提出异议，指出不能确认附件2就是专利权人公司自己印制的；本专利是在2008年授权的，按照请求人的推论，公开日期应该推论到2008年以前。关于附件5，请求人认为该网站是专利权人经销商的，在网页输入2007.1.12时，网页图片记载的床头与本专利相同，对该网站备案时间的查询结果表明，该网站的备案时间是2007年1月11日，故下载的网页的公开时间是2007年1月12日，在本专利申请日前，请求人当庭提交了相关的补充证据，合议组当庭告知已经超出了举证期限；专利权人指出，按照公证书的操作，确实可以找到相关的图片，但是，网站搜索商品的上架时间不受限制，只要输入的日期早于2009年3月30日，都可以找到相关的图片，请求人当庭提交了输入不同时间下载得到的图片共4页（下称反证），并且当庭演示了在网站上进行搜索的过程，但是在输入2009-01-01后，没有得到如反证所示的图片。对于专利权人提交的反证，请求人指出，网站的所有人与专利权人具有利害关系，凭密码完全可以修改相关的内容。

（3）双方当事人就附件1、附件2、附件3及附件5记载的相关的外观设计和本专利是否相同和相近似进行了辩论。

2009年8月1日，请求人提交了针对专利权人在口头审理中提交的反证的书面质证意见。请求人认为：根据优势证据的原则，反证不能推翻请求人的经过公证的网页证据；网站的所有人与专利权人具有利害关系，有关人员完全可以在获得经公证的网页之后修改相关的内容。

在双方当事人意见陈述及口头审理的基础上，合议组经合议，认为本案事实清楚，依法作出本审查决定。

二、决定的理由

1. 法律依据

基于请求人提出无效宣告请求的理由，合议组依据专利法第23条和专利法实施细则第2条第3款的规定进行审理。

专利法第23条规定："授予专利权的外观设计，应当同申请日以前在国内外出版物上公开发表过或者国内公开使用过的外观设计不相同和不相近似，并不得与他人在先取得的合法权利相冲突。"

专利法实施细则第2条第3款规定："专利法所称的外观设计，是指对产品的形状、图案或者其结合所作出的富有美感并适于工业应用的新设计。"

2. 证据和事实认定

（1）关于互联网的网页证据。

请求人提交的附件1是经公证的从网址为"http：//www. kmhengsen. com/"的互联网网站下载的网页。请求人认为网页上记载的"2006～2008"的字样可以证明其公开发表日期在本专利申请日之前。专利权人对此提出异议。合议组认为，互联网中的网页信息具有很强的可编辑性和时效性，对相同网站内的网页可随时进行修改、更新，故所述同一网站内的网页在不同具体时间会呈现不同的内容。上述网页上记载的字样所表示的是时间跨度很大的版权标记，据此不能确定所下载的网页上相关图片的具体发布时间，因此，附件1的网页不足以证明相关产品图片在本专利申请日之前公开发布的事实。

附件5是经公证的下载网页，所述网页分为两个部分，第一部分是记载了南京市建邺区田玲床具厂产品图片的网页，该部分网页源自网址为"http：//www. tlcj. cn/"的网站，公证书记载了访问该网站的过程；另一部分记载了对上述网站备案时间的查询过程和查询的结果。请求人认为，网页上的字样可以证明网页的发布时间在本专利的申请日之前，所述字样是产品图片网页上的"2007-01-12""上架时间"和备案公共信息查询详细信息页上的"审核通过时间""2007-01-11"。专利权人针对附件5支持的事实主张提交了反证，用来证明输入的时间查询字段只要不晚于2009年3月30日，输入任意时间都可以得到附件5所示的产品图片网页，并且当庭演示了反证的取得过程，但在提交的4页反证中，重复获得其中的3页。

合议组认为，上述下载的图片网页上的字样是查询产品的检索字段，"2007-01-12"是查询者手工输入的，"上架时间"是查询者手工选择的，据此不能确认检索字段和所示图片具有必然和直接的联系，并且这种关系在本专利申请日之前已经建立和保存在源文件之中。网站备案时间表上审核通过时间并不等同于网页上具体产品图片的上传公开时间。在无其他证据的支持下，附件5不足以证明网页上显示的相关产品图片确实公开于本专利申请日以前。因此附件5不足以支持相关产品在先公开的主张。

附件 2 和附件 5 的公开时间都不能确定，因此上述附件中的产品图片不能适用专利法第 23 条的规定与本专利进行相近似性对比。

（2）关于其他出版物的证据。

附件 2 是封面上有“恒森集团”字样的产品样册。请求人认为，根据其封面的专利号中没有记载 2006 年以后的专利号可以确认该产品样册公开日在本专利的申请日之前。专利权人不认可其印制了该产品样册。合议组认为，封面上是否记载了 2006 年之后的专利号与其公开时间之间没有直接和必然的联系，据此不足以推定整个宣传册的印刷和公开时间确实在本专利的申请日前，因此请求人的主张不能成立。由于公开时间不能确定，附件 2 中的产品图片不能适用专利法第 23 条的规定与本专利进行相近似性对比。

请求人提交的附件 3 是第 97328913. 9 号中国外观设计专利的电子公开文本，专利权人对其真实性无异议。经合议组核实，该附件所示内容真实。其使用外观设计的产品名称是“床头（5）”，授权公告日是 1998 年 12 月 2 日，早于本专利的申请日，可以作为评价本专利是否符合专利法第 23 条规定的证据。

3. 相同和相近似对比

使用本专利外观设计的产品是床头，附件 3 使用外观设计的产品也是床头，二者用途相同，属于相同类别的产品，可以进行外观设计相同和相近似比较。

本专利包括主视图、俯视图和左视图，简要说明称“主视图中 a 为软装饰面”。如图片所示，本专利整体呈扇面形状。本专利的外缘是独立的外框，外框的两侧为两个柱状的床腿；本专利主体是具有软饰面的平板部分，该部分满布圆点状凹坑和直线构成的图案；外框和主体之间的具有五个圆形，其中的三个位于中部，其余两个位于扇面的两角（详见本专利附图）。

附件 3 公开的外观设计（下称在先设计）包括主视图、俯视图和左视图。如图片所示，在先设计整体呈扇面形状，其外缘是独立的外框，外框的两侧为两个柱状的床腿；在先设计的主体是无图案的平板部分；外框和主体之间的具有五个圆形，其中的三个位于中部，其余两个位于扇面的两角（详见在先设计附图）。

比较本专利与在先设计，二者的相同点是：整体形状相同；都由独立的外框和平板部分组成。二者的主要不同点是：本专利的主体部分满布圆点状凹坑和直线构成的图案，而在先设计无图案。合议组认为：上述不同点在于床头主体部分的设计，对外观设计的整体视觉效果足以产生显著影响，使一般消费者认为本专利是与在先设计具有显著区别的新设计，本专利与在先设计应属于不相同和相近似的外观设计。

4. 结论

综上所述，请求人提交的证据均不能证明本专利与其申请日以前在国内出版物上公开发表过的外观设计相同和相近似，请求人关于本专利不符合专利法第 23 条和专利法实施细则第 2 条第 3 款的无效宣告的理由均不能成立。

三、决定

维持 200730108717. 9 号外观设计专利权有效。

当事人对本决定不服的，可以根据专利法第 46 条第 2 款的规定，自收到本决定之日起三个月内向北京市第一中级人民法院起诉。根据该款的规定，一方当事人起诉后，另一方当事人应当作为第三人参加诉讼。

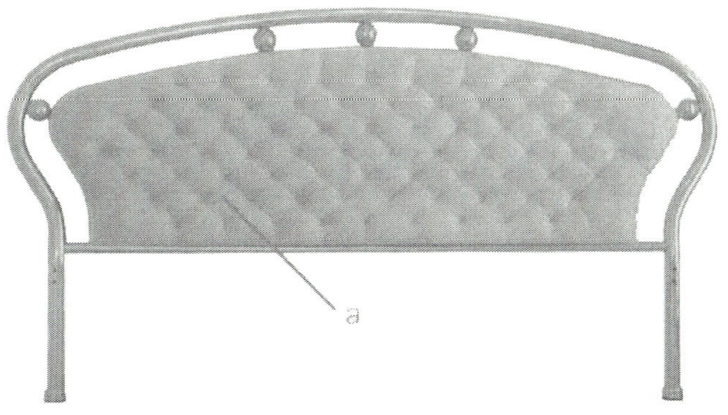

主视图

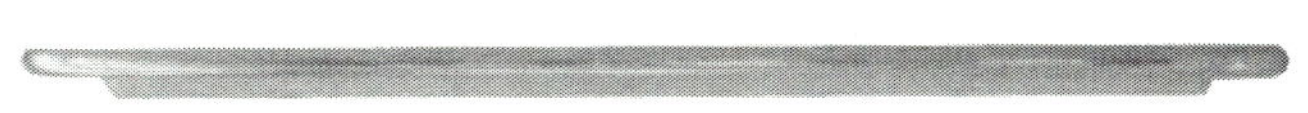

俯视图

左视图

本专利附图

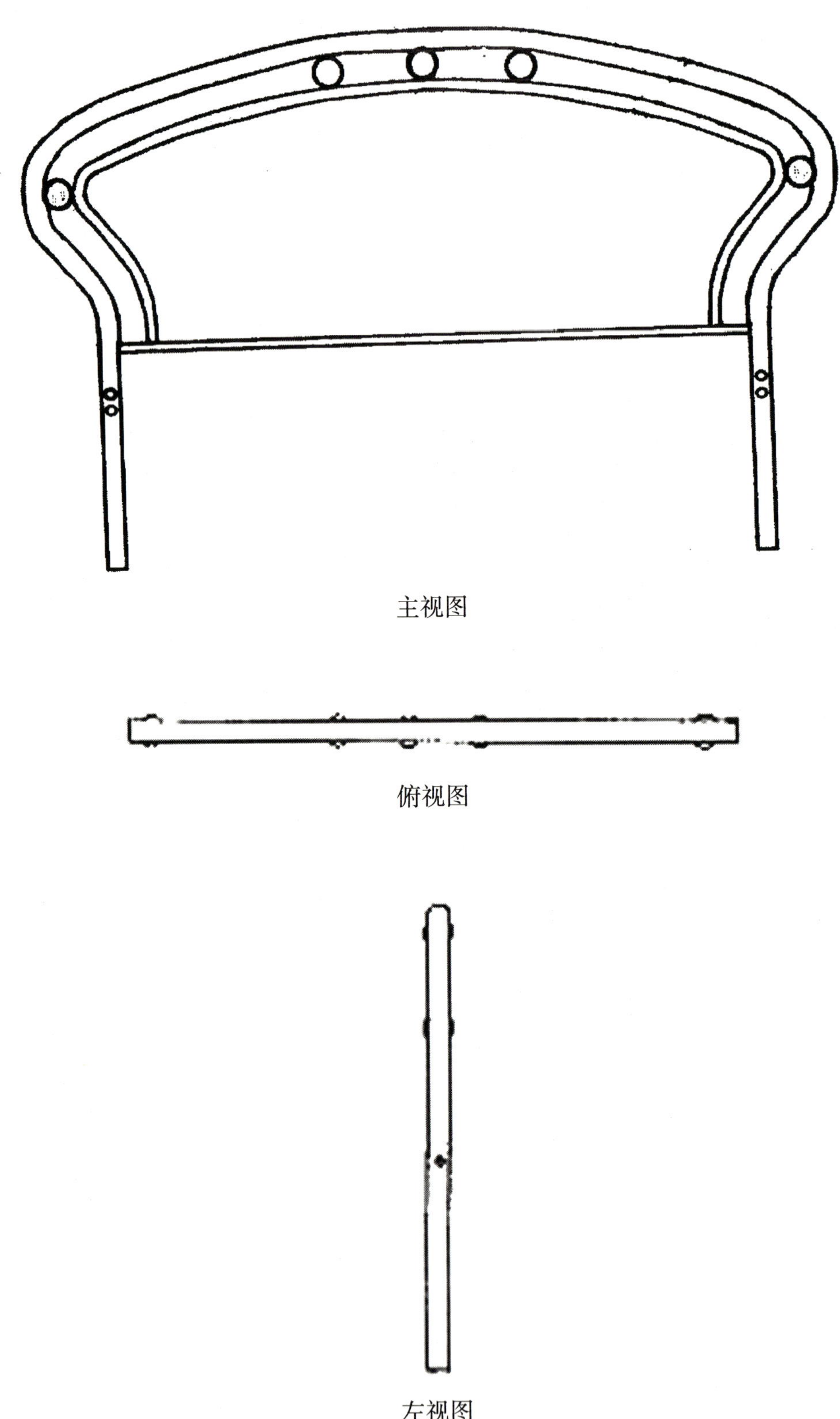

主视图

俯视图

左视图

在先设计附图

420

路灯（白玉兰）

无效宣告请求审查决定（第13785号）

决　　定　　号　第13785号
决　　定　　日　2009年8月17日
发明创造名称　路灯（白玉兰）
外观设计分类号　26-03
无效宣告请求人　陆昌顺
专　利　权　人　宁波燎原工业股份有限公司
专　　利　　号　200330120733.1
申　　请　　日　2003年12月31日
授权公告日　2004年7月28日
合议组组长　李巍巍
主　　审　　员　吴大章
参　　审　　员　尹春霞
附　　　　　图　2页

法　律　依　据　专利法第23条
决　定　要　点

无论一般消费者对使用状态下的路灯进行观察还是从事路灯制造、销售和购买的人员的观察都可以明显察觉本专利和在先设计的差别。本专利和在先设计既不相同也不相近似。

一、案由

本无效宣告请求涉及国家知识产权局于2004年7月28日授权公告的外观设计专利，使用外观设计的产品名称为“路灯（白玉兰）”（下称本专利），其申请号是200330120733.1，申请日是2003年12月31日，原专利权人是宁波燎原灯具股份有限公司，后变更为宁波燎原工业股份有限公司。

针对本专利，陆昌顺（下称请求人）于2009年4月21日向专利复审委员会提出无效宣告请求，其理由是：在本专利申请日前已有与本专利相近似的外观设计在国内公开出版，本专利不符合专利法第23条和第9条的规定，请求宣告本专利无效。请求人提交了如下附件作为证据：

附件1：200330108379.0号中国外观设计专利电子公开文本的打印件1页；

附件2：02340590.2号中国外观设计专利电子公开文本的打印件1页；

附件3：02378189.0号中国外观设计专利电子公开文本的打印件1页；

附件4：本专利的电子公开文本的打印件1页。

请求人认为本专利和上述出版物上记载的外观设计相近似。

经形式审查合格，专利复审委员会受理了此案，并于2009年5月12日将无效宣告请求书及相关材料副本转送给专利权人。专利权人逾期未提交意见陈述书。

2009年6月29日，专利复审委员会向双方当事人发出无效宣告请求口头审理通知书，定于2009年8月10日在专利复审委员会进行口头审理。

口头审理如期举行，双方当事人均委托代理人出席口头审理。请求人当庭声明放弃专利法第9条的无效宣告理由，放弃附件1、附件2作为证据。专利权人对附件3的真实性没有提出异议。双方当事人就本专利和附件3记载的外观设计的相近似性进行了辩论。

在上述审理的基础上，合议组经合议，认为本案事实清楚，依法作出本审查决定。

二、决定的理由

1. 法律依据

基于请求人提出无效宣告请求所依据的理由和证据和口头审理时请求人的声明，合议组对本专利是否符合专利法第23条规定进行审查。

专利法第23条规定，授予专利权的外观设计，应当同申请日以前在国内外出版物上公开发表过或者国内公开使用过的外观设计不相同和不相近似，并不得与他人在先取得的合法权利相冲突。

2. 证据认定

请求人提交的附件3是02378189.0号中国外观设计专利电子公开文本的打印件，专利权人对其的真实性没有异议，合议组采纳该证据。附件3的公开日为2003年7月23日，早于本专利的申请日，属于专利法第23条规定的在先公开发表的出版物，适用本案。

3. 关于相同、相近似的对比

附件3记载了一种路灯的外观设计（下称在先设计），与本专利用途相同，属于相同类别的产品，可以进行相同和相近似比较。

本专利公告包含六幅视图（主视图、左视图、右视图、俯视图、仰视图和立体图），如图所示，本专利的路灯的整体形状近似纺锤形，可以分为前、后两壳体和发光体三个部分，后壳体与前壳体的结合部所在的平面与本专利整体的纵轴斜方向相交，所述结合部呈台阶状；发光体近似椭圆形球冠，位于前部壳体的下方（详见本专利附图）

在先设计由六幅视图（主视图、后视图、右视图、俯视图、仰视图和立体图）表示，如图所示，在先设计整体形状近似半个椭球形，上部的壳体自椭球上部向下具有数道坡状的台阶，下部由凸出的发光体和近似平面的壳体组成。详见在先设计附图。

将本专利与在先设计对比，两者的主要差别在于本专利后部壳体与前部壳体的结合部所在的平面与本专利整体的纵轴斜方向相交，所述结合部呈台阶状；而在先设计不具有这种设计。上述区别体现出本专利与在先设计在组成部分和整体的外轮廓形状上存在明显差别，对整体视觉效果具有显著影响。合议组认为：无论一般消费者对使用状态下的路灯进行观察还是从事路灯制造、销售和购买的人员的观察都可以明显察觉本专利和在先设计的差别。故本专利与在先设计既不相同也不相近似。

综上所述，请求人提交的证据不能证明本专利不符合专利法第23条的规定，其无效宣告的理由不成立。

三、决定

维持 200330120733.1 号外观设计专利权有效。

当事人对本决定不服的，可以根据专利法第 46 条第 2 款的规定，自收到本决定之日起三个月内向北京市第一中级人民法院起诉。根据该款的规定，一方当事人起诉后，另一方当事人应当作为第三人参加诉讼。

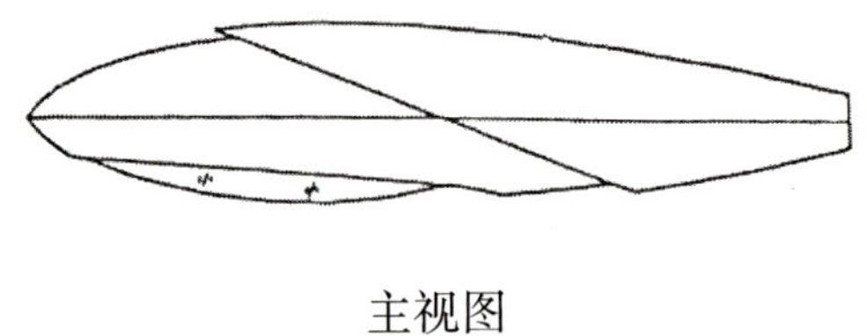

主视图

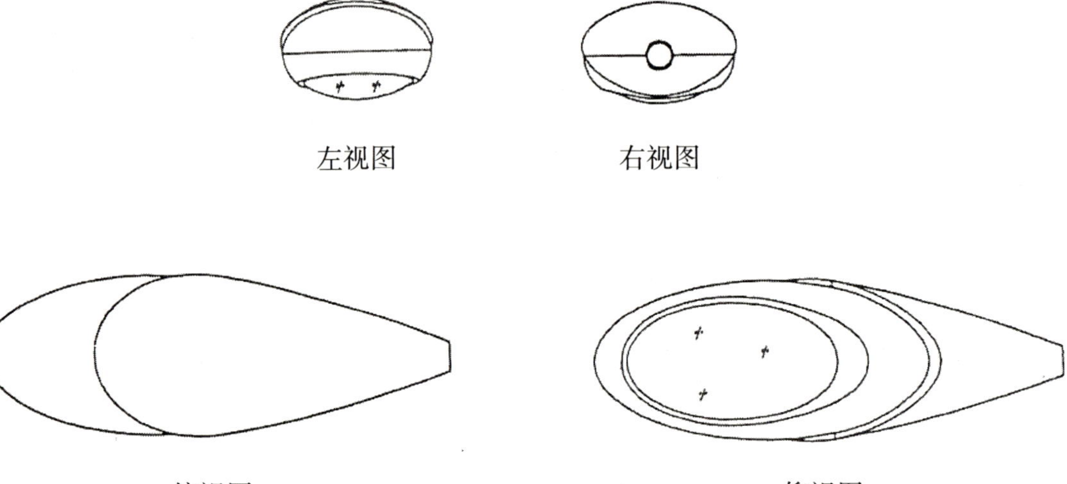

左视图　　右视图

俯视图　　仰视图

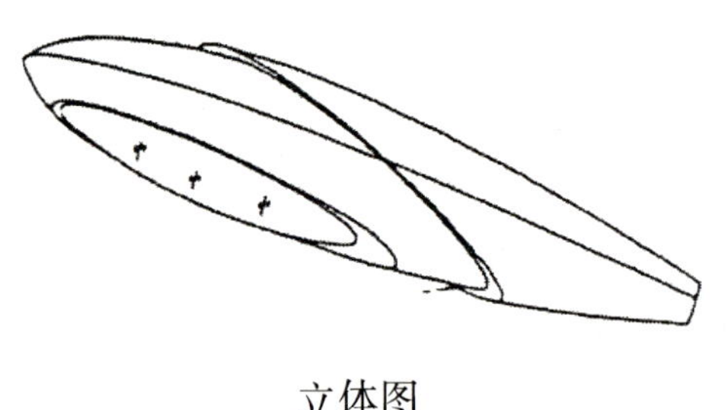

立体图

本专利附图

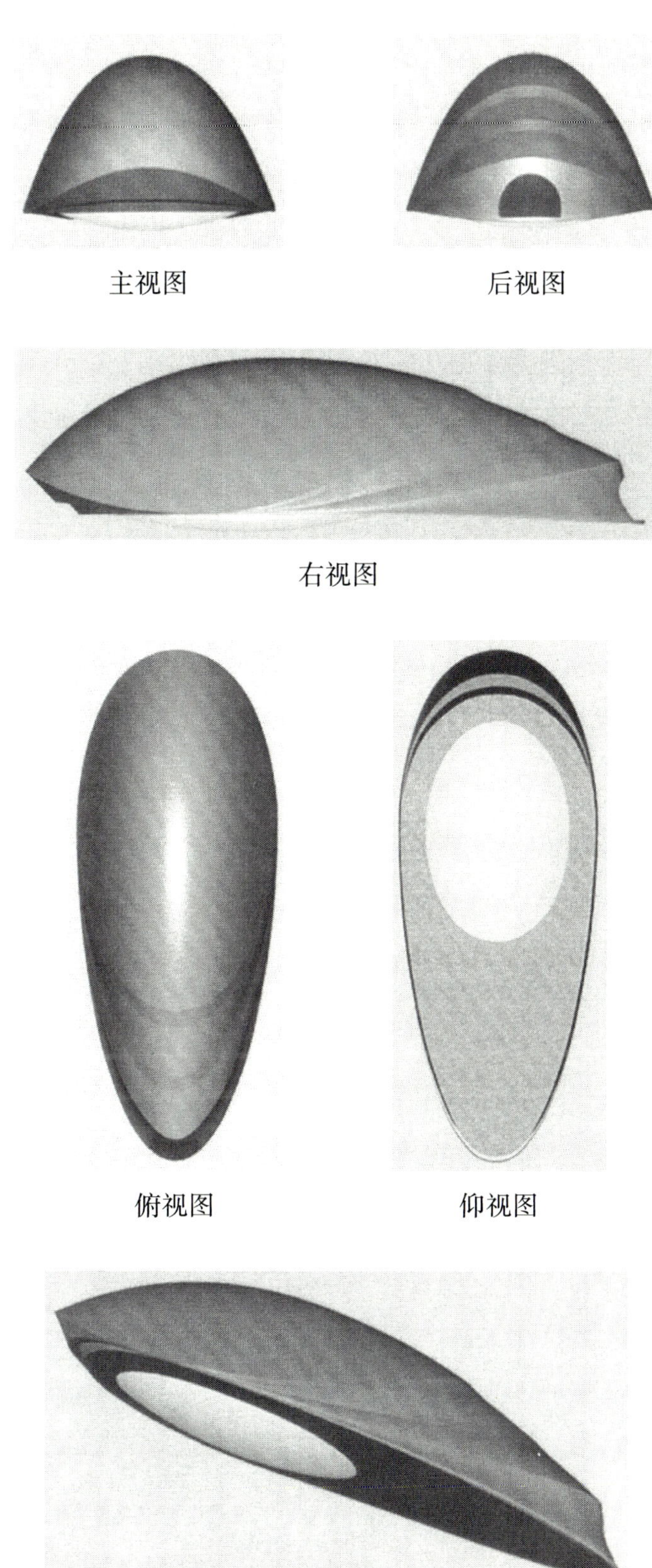

在先设计附图

北京市第一中级人民法院
行政判决书

（2009）一中知行初字第2776号

原告陆昌顺，男，1962年11月13日出生，住江苏省丹阳市界牌镇界东村安乐南山圩埭110号。

委托代理人工亚轩，北京金言诚信知识产权代理有限公司专利代理人。

委托代理人高铭，女，1985年6月4日出生，回族，北京金言诚信知识产权代理有限公司职员，住新疆维吾尔自治区乌鲁木齐市八一路83号楼。

被告国家知识产权局专利复审委员会，住所地北京市海淀区北四环西路9号银谷大厦10~12层。

法定代表人张茂于，副主任。

第三人宁波燎原工业股份有限公司，住所地浙江省余姚市兰江街道肖东工业园区。

法定代表人邵运燕，董事长。

原告陆昌顺诉被告国家知识产权局专利复审委员会、第三人宁波燎原工业股份有限公司专利无效行政纠纷一案，本院于2009年11月18日受理本案后，依法组成合议庭进行审理。在本案审理过程中，原告陆昌顺于2009年12月8日向本院书面申请撤回对被告国家知识产权局专利复审委员会的起诉。

本院认为，原告陆昌顺的撤诉申请系其真实意思表示，未违反有关法律规定，应予准许。依照《中华人民共和国行政诉讼法》第五十一条之规定，裁定如下：

准予原告陆昌顺撤回对被告国家知识产权局专利复审委员会的起诉。

案件受理费100元，减半收取50元，由原告陆昌顺负担（已交纳）。

审　判　长　刘海旗
代理审判员　佟　姝
代理审判员　毛天鹏
二〇〇九年十二月八日
书　记　员　李　茜

421

文具盒（ZG-2521）

无效宣告请求审查决定（第 13787 号）

决　定　号　第 13787 号
决　定　日　2009 年 8 月 19 日
发明创造名称　文具盒（ZG-2521）
外观设计分类号　19-06
无效宣告请求人　杭州爱华文具有限公司
专　利　权　人　梁佛南
专　利　号　200730062600.1
申　请　日　2007 年 8 月 3 日
授权公告日　2008 年 10 月 1 日
合议组组长　张雪飞
主　审　员　李巍巍
参　审　员　雷　婧
附　　图　2 页

法律依据　专利法第 23 条
决定要点

本专利托盘底面与其正面为几个异型凹槽互为凹凸的设计，在二者整体形状、盒盖、盒底、托盘的组成及托盘的异型凹槽排列均基本相同的情况下，在先设计未显示出托盘底面的不同点对整体视觉效果不具有显著的影响；且二者其他更为细微的差别也不足以对二者的整体视觉效果产生显著影响，二者应属于相近似的外观设计。

一、案由

本无效宣告请求涉及 2008 年 10 月 1 日国家知识产权局授权公告的 200730062600.1 号外观设计专利，其产品名称是“文具盒（ZG-2521）”，申请日是 2007 年 8 月 3 日，专利权人是梁佛南。

针对上述外观设计专利权（下称本专利），杭州爱华文具有限公司（下称请求人）于 2009 年 4 月 8 日向专利复审委员会提出无效宣告请求，其理由是本专利权的授予不符合专利法第 23 条的规定，应予宣告其全部无效。请求人同时提交了如下附件作为证据：

证据 1：2004.5《发现资源广告》封面复印件及第 7 页彩色复印件，共 2 页；

证据 2：2006 年《中国办公文具采购大全》封面复印件及第 139 页彩色复印件，共 2 页；

证据 3：2007 年上期（总第 2 期）《中国办公文具采购大全》封面复印件及第 18 页彩色复印件，

共2页；

证据4：《爱华文具》封面复印件及第12页彩色复印件，共2页；

证据5：《爱华文具》产品目录2005封面复印件及第17、18页彩色复印件，共3页；

证据6：《爱华文具》产品目录2006封面复印件及第18页彩色复印件，共2页。

请求人认为，在本专利申请日之前，已有与本专利相同或相近似的外观设计产品在国内出版物上公开发表过，并在国内公开使用过。故本专利不符合专利法第23条的规定。

经审查合格，专利复审委员会受理了该无效宣告请求，并于2009年4月30日将无效宣告请求书和证据的副本转送给专利权人，限其在指定期限内答复。并告知专利权人如逾期不答复，不影响专利复审委员会的审理。

2009年5月6日，专利复审委员会收到请求人提交的补充证据（编号续前）：

证据7：销售给王利明的出库单及爱华文具有限公司广告页复印件共5页；

证据8：销售给虞迁田的送货单及爱华文具有限公司广告页复印件共6页；

证据9：销售给吕聂英的送货单及爱华文具有限公司广告页复印件共3页；

证据10：销售给陈洲的送货单及爱华文具有限公司广告页复印件共3页；

证据11：销售给陈小芳的送货单及爱华文具有限公司广告页复印件共3页；

证据12：销售给胡新伟的出库单及爱华文具有限公司广告页复印件共3页；

证据13：销售给赵建钦的送货单及爱华文具有限公司广告页复印件共6页；

证据14：销售给陈杰的送货单及爱华文具有限公司广告页复印件共6页；

证据15：销售给陈国洪的送货单及爱华文具有限公司广告页复印件共14页；

证据16：销售给吴济潮的送货单复印件共14页；

证据17：销售给朱国良的送货单复印件共3页；

证据18：销售给叶艇的送货单复印件共5页；

证据19：请求人与浙江远大进出口有限公司的购销合同、银行支付凭证、发票复印件共5页；

证据20：陈建明、倪建平的社保关系复印件共5页；

证据21：朱国良的证言、个体工商户营业执照、税务登记证、身份证复印件共4页；

证据22：叶艇的证言、个体工商户营业执照、身份证复印件共3页；

证据23：广州市惠多广告有限公司企业法人营业执照、广州市工商行政管理局提供的广州市惠多广告有限公司企业注册基本资料复印件共2页；

证据24：AH-861、AH-863、AH-865、AH-866产品物证共4件；

证据25：ZG-2520产品物证共1件。

2009年5月25日，专利复审委员会向双方当事人发出口头审理通知书，定于2009年6月29日进行口头审理，并告知双方当事人专利复审委员会于2009年5月6日收到了请求人提交的意见陈述书及其证据7~25，请求人在意见陈述书中未结合证据7~25具体说明无效宣告理由，因此根据审查指南的相关规定，专利复审委员会对上述补充证据不予考虑。

2009年6月24日，专利权人向专利复审委员会提交了意见陈述书，专利权人认为：请求人提交的证据1~6均不能构成专利法意义上的公开出版物，且其内所披露的文具盒也不构成与本专利相同或相近似。应维持本专利有效。

口头审理如期举行，双方当事人委托代理人参加了口头审理，双方对对方参加口头审理人员的身份和资格没有异议，对合议组成员没有回避请求。

合议组当庭告知请求人，对于专利复审委员会于2009年5月6日收到的证据7~25补充证据，因其没有结合证据具体说明无效宣告理由，合议组不予考虑。本案在请求人无效宣告请求时所提交的证据（证据1~6）的基础上进行审理。

在口头审理中，请求人明确无效宣告请求的理由为本专利不符合专利法第23条的规定（在先公开发表，在先公开使用），并提交了证据1~6的整本原件，请求人认为，产品目录、宣传册都属于专利法意义上的公开出版物；本专利与证据1~6中的AH-588产品相近似，与证据4~6中的AH-688产品和证据6中的AH-2688产品相同。合议组当庭将上述证据原件转交专利权人进行核对，专利权人认为原件与复印件一致，但对证据1~6公开性、真实性均有异议，认为证据1没有出版单位、出版号，也没有证据证明其发行时间，不能作为专利法意义上的公开出版物；证据2、证据3的出版地为香港，未履行公理认证手续；证据4~6为请求人自行印制的产品宣传册，不能证明公开性，认为请求人指定其上所刊载的文具盒外观设计均与本专利不相同且不相近似。

2009年7月1日，请求人向专利复审委员会提交了意见陈述书及补充证据（编号续前）：

证据26：2003.7《发现资源广告》封面及免费索阅表等相关页复印件共3页；

证据27：2003.9《发现资源广告》封面及免费索阅表等相关页复印件共3页；

证据28：2003.11《发现资源广告》封面及免费索阅表等相关页复印件共3页。

请求人认为，补充证据26、27、28证明《发现资源广告》是每月一期，且其封面日期即为出版时间，用以说明证据1的出版日期是2004年5月，并结合证据7~25具体说明了无效宣告理由。

在以上审理的基础上，合议组经合议，认为本案事实清楚，依法作出本审查决定。

二、决定的理由

1. 法律依据

基于请求人提出的无效宣告请求的理由和证据，合议组依据专利法第23条的规定进行审理。

专利法第23条规定："授予专利权的外观设计，应当同申请日以前在国内外出版物上公开发表过或者国内公开使用过的外观设计不相同和不相近似，并不得与他人在先取得的合法权利相冲突。"

2. 证据的认定

对于专利复审委员会于2009年5月6日收到请求人提交的补充证据（证据7~25），因其没有结合证据具体说明无效宣告理由，根据审查指南第四部分第三章第4.3.1节的有关规定，本案不予考虑。

针对请求人在口头审理结束后（2009年7月1日）提交的意见陈述书及其补充证据，合议组认为：根据专利法实施细则第66条以及审查指南第四部分第三章第4.3.1节的有关规定，请求人在提出无效宣告请求之日起一个月后补充证据的，专利复审委员会一般不予考虑，例外的情形之一为请求人在口头审理辩论终结前提交用于完善证据法定形式的公证书、原件等证据、并在该期限内结合该证据具体说明相关无效宣告理由。合议组认为：请求人在口头审理结束后提交的上述补充证据已超出了法定期限且不属于审查指南所规定的例外情形，因此，对请求人所提交的证据26~28本案不予考虑。

请求人提交的证据1是2004.5《发现资源广告》封面复印件及第7页彩色复印件，在口头审理时请求人提交了该证据的整体原件，专利权人对证据1的公开性、真实性均有异议，经合议组核实，原件与复印件相符，在该证据封面载有"DM 2004.5、承办单位：北京京发现广告有限公司许可证号：国印广登字（2004）第1056号"等字样，从内容看，其内刊登的是有关文具、办公耗材、展会信息等产品的生产厂家和销售商名称、地址和网址及所涉及的产品图片、型号等内容，由这些内容可以确认证据1是北京京发现广告有限公司经过工商行政管理部门批准，登载产品广告的产品广告宣传册，根据所述信息，其应属用以向不特定公众发行的产品广告宣传性印刷材料，属于专利法所规定的出版物。专利权人虽有质疑，但在未提交相反证据足以推翻的情况下，合议组对证据1的公开性、真实性予以认定，且根据审查指南第二部分第三章第 2.1.3.1 节的规定，推定证据 1 的公开日期应为 2004 年 5 月 31 日，为本专利申请日前（2007 年 8 月 3 日）公开发行的公开出版物，适用本案。

3. 本专利是否符合专利法第 23 条的规定

在证据 1 产品广告宣传册第 7 页中显示出一款型号为 AH-588 的文具盒外观设计（下称在先设计）。从图片上观察，在先设计整体为圆角扁长方形的盒，由盒盖、盒底及放置文具的托盘组成，均为透明，托盘内有几个异型凹槽，槽内分别放置着笔、圆规、橡皮和铅盒等文具（详见在先设计附图）。

本专利同样是文具盒的外观设计，简要说明中记载：本产品外观为透明。整体为圆角扁长方形的盒，由盒盖、盒底及放置文具的托盘组成，托盘内有几个异型凹槽（详见本专利附图）。

合议组认为：本专利和在先设计均为文具盒的外观设计，用途相同，属于相同类别的产品，具有可比性。

将本专利与在先设计相比较，其主要不同点为：在先设计未显示出托盘底面。合议组认为：从整体视觉观察，本专利托盘底面设计与其正面几个异型凹槽互为凹凸，因此，虽然在先设计未显示出托盘底面，但在二者整体形状、盒盖、盒底、托盘的组成及托盘的异型凹槽排列均基本相同的情况下，该不同点对整体视觉效果不具有显著的影响；且二者其他更为细微的差别也不足以对二者的整体视觉效果产生显著影响，二者应属于相近似的外观设计。

综上所述，在本专利申请日前已有与其相近似的外观设计在国内出版物上公开发表过，因此，本专利不符合专利法第 23 条的规定。

鉴于由上述认定已得出本专利不符合专利法第 23 条规定的结论，本决定对请求人提交的其他证据不再予以评述。

三、决定

宣告 200730062600.1 号外观设计专利权全部无效。

当事人对本决定不服的，可以根据专利法第 46 条第 2 款的规定，自收到本决定之日起三个月内向北京市第一中级人民法院起诉。根据该款的规定，一方当事人起诉后，另一方当事人应当作为第三人参加诉讼。

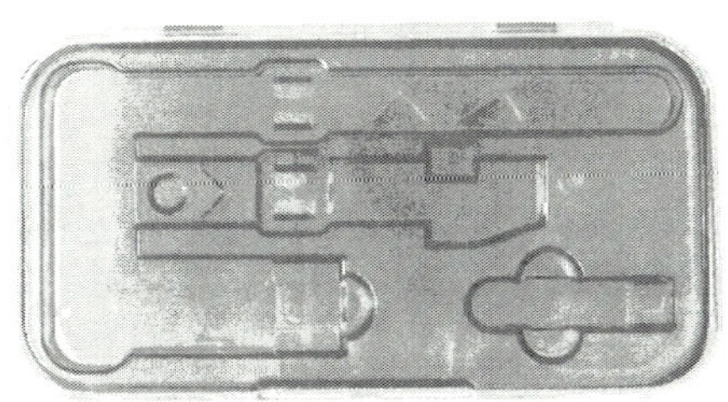
主视图

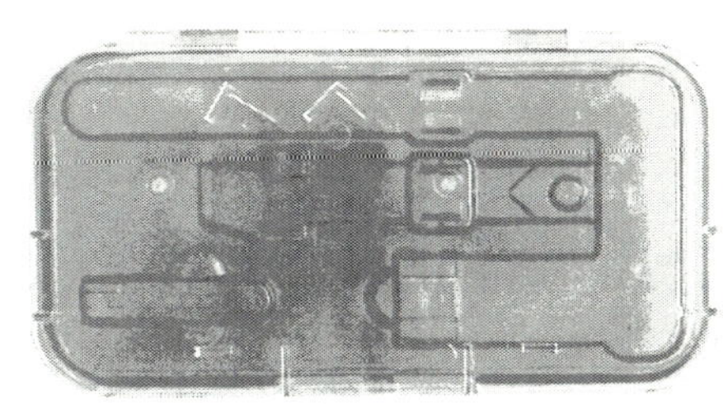
后视图

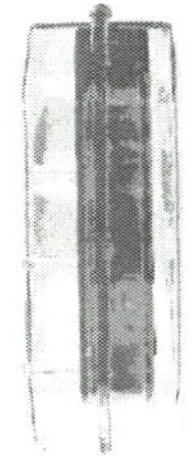
左视图

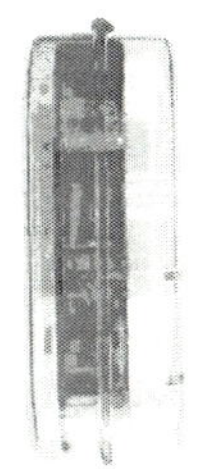
右视图

俯视图

仰视图

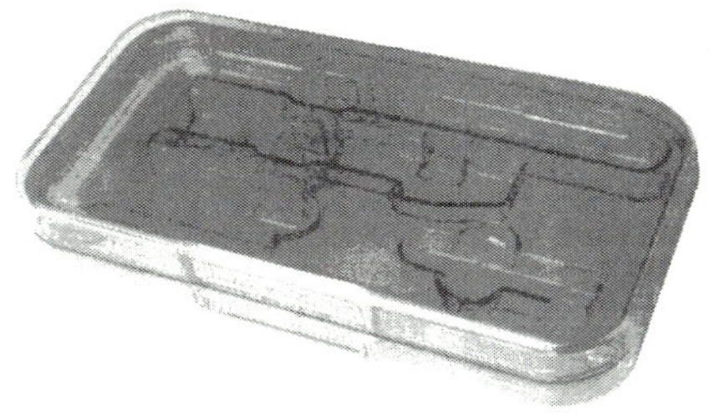
立体图

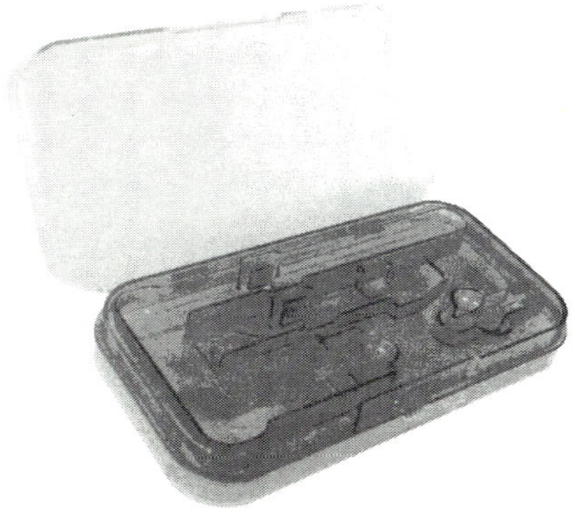
使用状态参考图 1

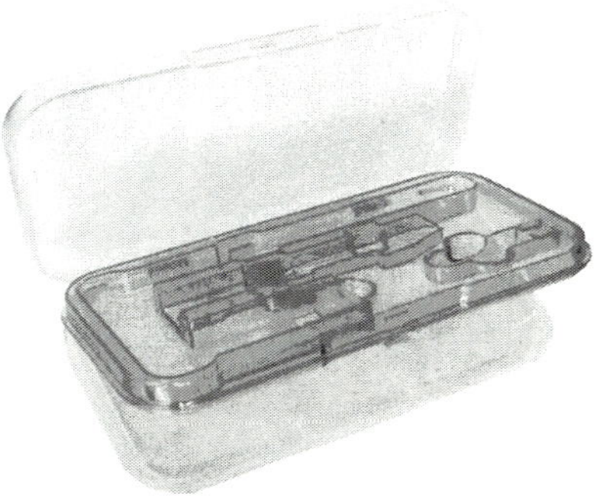
使用状态参考图 2

使用状态参考图 3

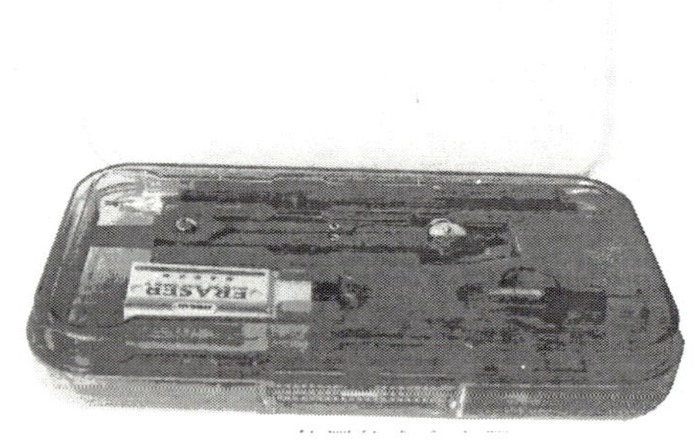

使用状态参考图 4

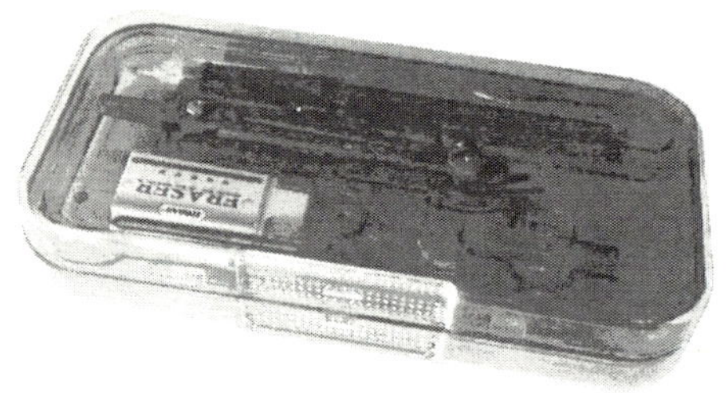

使用状态参考图 5

本专利附图

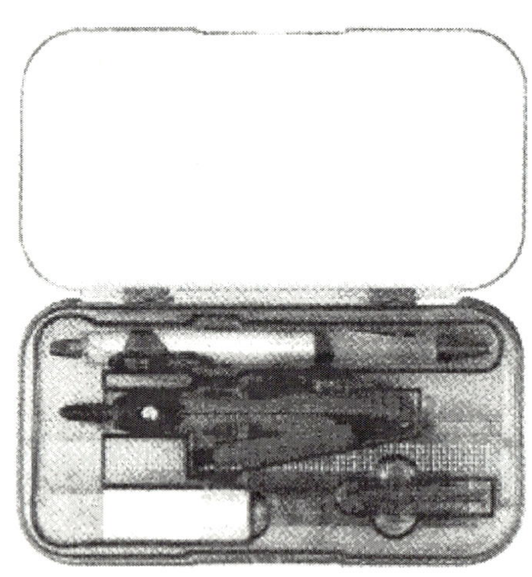

AH-588

在先设计附图

北京市第一中级人民法院
行政判决书

（2010）一中知行初字第219号

原告梁佛南，男，汉族，1974年2月16日出生，东莞市智高文具有限公司董事长，住广东省东莞市石龙镇新街47号。

委托代理人周小妮，广东舜华律师事务所律师。

委托代理人孙丹阳，女，1983年10月18日出生，住北京市海淀区西土城路25号2007级刑事司法学院研究生。

被告国家知识产权局专利复审委员会，住所地北京市海淀区北四环西路9号银谷大厦10~12层。

法定代表人张茂于，副主任。

委托代理人沙柏青，国家知识产权局专利复审委员会审查员。

委托代理人刘新蕾，国家知识产权局专利复审委员会审查员。

第三人杭州爱华文具有限公司，住所地浙江省杭州市萧山区党湾镇镇中村（合兴村）。

法定代表人漏国军，董事长。

委托代理人王卫东，浙江五联律师事务所律师。

原告梁佛南不服被告国家知识产权局专利复审委员会（以下简称专利复审委员会）于2009年8月19日作出的第13787号无效宣告请求审查决定（以下简称第13787号决定），于法定期限内向本院提起诉讼。本院于2010年1月13日受理本案后，依法组成合议庭，并按照法律规定通知杭州爱华文具有限公司（以下简称爱华公司）作为第三人参加诉讼，于2010年3月24日公开开庭审理了本案。原告梁佛南的委托代理人周小妮，被告专利复审委员会的委托代理人沙柏青、刘新蕾，第三人爱华公司的委托代理人王卫东到庭参加了诉讼。本案现已审理终结。

第13787号决定系专利复审委员会就爱华公司针对梁佛南享有的专利号为200730062600.1号、名称为“文具盒（ZG-2521）”的外观设计专利（以下简称本专利）所提出的无效宣告请求作出的。专利复审委员会在该决定中认定：第一，关于证据。爱华公司提交的补充证据7~28，不符合相关规定，专利复审委员会不予考虑。证据1是2004.5《发现资源广告》封面复印件及第7页彩色复印件，爱华公司提交了原件。经核实，证据1属于2000年修改的《中华人民共和国专利法》（以下简称2001年《专利法》）规定的出版物，在梁佛南没有提交相反证据足以推翻的情况下，对其公开性、真实性予以确认。证据1为本专利申请日前公开发行的公开出版物，适用于本案。第二，关于2001年《专利法》第二十三条。在证据1中显示出一款型号为AH-588的文具盒外观设计（以下简称在先设计）。从图片上观察，在先设计整体为圆角扁长方形的盒，由盒盖、盒底及放置文具的托盘组成，均为透明，托盘内有几个异形凹槽，槽内放置着笔、圆规、橡皮和铅盒等文具。本专利同样是文具盒的外观设计，简要说明中记载：本产品外观为透明。本专利整体为圆角扁长方形的盒，由盒盖、盒底及放置文具的托盘组成，均为透明，托盘内有几个异形凹槽。本专利和在先设计均为文具盒的外观设计，用途相同，属于相同类别的产品，具有可比性。将本专利与在先设计相比较，其主要不同点为：在先设计未显示出托盘底面。专利复审委员会认为：从整体上观察，本专利托盘底面设计与其正面几个异形凹槽互为凹凸，因此，虽然在先设计未显示出托盘底面，但在二者整体形状、盒盖、盒底、托盘的组成及托盘的异形凹槽排列均基本相同的情况下，该不同点对整体视觉效果不具有显著的影响；且二者其他更为细微的差别也不足以对二者的整体视觉效果产生显著影响，二者应属于相近似的外观设计。可见，在本专利申请日前已有与其相近似的外观设计在国内的出版物上公开发表过，因此本专利不符合 2001 年《专利法》第二十三条的规定。鉴于上述结论，本决定对爱华公司提交的其他证据不再予以评述。综上，专利复审委员会作出第 13787 号决定，宣告本专利权全部无效。

梁佛南不服该决定，向本院起诉称：第 13787 号决定从证据 1 图片上观察，得出在先设计为透明，从整体视觉观察与本专利相近似的结论没有证据支持。第一，证据 1 图片没有任何文字说明在先设计使用透明材料；并且从图片上观察，其盒盖与盒体均清楚显示为白色。第二，由于本专利使用透明材料，故其内部托盘是外观设计的组成部分，在先设计虽然显示出托盘的异形凹槽排列，但是由于不是使用透明材料，该内部设计在盒盖闭合后是不能观察到的，而且从普通消费者正常的观察视角，作为内部设计的托盘不能作为在先设计的外观组成部分与本专利进行对比。第三，当不考虑在先设计的托盘时，在先设计仅显示出圆角扁长方形的盒，显然与托盘作为主要视觉面的本专利区别显著，二者不属于相近似性的外观设计。综上，原告请求人民法院撤销第 13787 号决定。

被告专利复审委员会除坚持其在第 13787 号决定中的意见外，辩称：本专利简要说明中记载“本产品外观为透明材料”。“透明”不是产品的颜色，是材料本身的一种性质，其不属于外观设计专利所保护的范围，针对本专利而言，其对本专利的整体视觉效果不具有显著的影响。综上，被告认为第 13787 号决定认定事实清楚、适用法律正确、审理程序合法，原告的诉讼理由不能成立，请求人民法院维持该决定。

第三人爱华公司述称：第一，从第三人提供的所有书证、物证都可以看出，第三人的产品也系透明产品，其实采用透明材料包装这是行规，是为了便于消费者看清里面装的物品内容。在原告诉第三人专利侵权案中，原告对第三人的涉嫌侵权产品进行了证据保全，从其保全相关证据也可以看出第三人的产品是透明的。第二，第三人的产品与原告专利相同或相近似，被告宣告原告的专利权无效是正确的。第三，只要外观设计没有发生显著变化，材料是否透明不是判断外观设计是否相近似的考量标准。综上所述，被告作出的第 13787 号决定认定事实清楚，证据确实充分，原告的上诉理由不成立，请求人民法院依法维持第 13787 号决定。

本院经审理查明：

产品名称为“文具盒（ZG-2521）”的外观设计专利（即本专利）由梁佛南于 2007 年 8 月 3 日向国家知识产权局提出申请，于 2008 年 10 月 1 日被授权公告，专利号为 200730062600. 1。本专利授权公告有 12 幅视图，包括主视图、后视图、左视图、右视图、仰视图、俯视图、立体图以及 5 幅使用状态参考图（见附图）。本专利授权公告文本的简要说明中记载：本产品外观为透明材料。

2009 年 4 月 8 日，爱华公司以本专利不符合 2001 年《专利法》第 23 条的规定为由，向专利复审委员会提出无效宣告请求，并提交了 6 份证据。其中，证据 1 为 2004. 5《发现资源广告》封面复印件及第 7 页彩色复印件，该产品广告宣传册第 7 页中显示出一款型号为 AH-588 的文具盒外观设计（见附图）。

专利复审委员会于 2009 年 6 月 29 日对该无效宣告请求进行了口头审理，并于 2009 年 8 月 19 日作出第 13787 号决定。

在本案审理过程中，专利复审委员会提交了证据 1 的原件。梁佛南表示，假设证据 1 是透明的，则其对第 13787 号决定中关于近似性的比较不持异议。

上述事实有本专利授权公告文本、证据 1、第 13787 号决定以及当事人陈述等证据在案佐证。

本院认为：

一、关于本案法律适用的问题

2008 年 12 月 27 日修改的《中华人民共和国专利法》(以下简称 2009 年《专利法》) 已于 2009 年 10 月 1 日起施行，因此本案审理涉及 2001 年《专利法》与 2009 年《专利法》之间的选择适用问题。《中华人民共和国立法法》第八十四条规定，法律、行政法规、地方性法规、自治条例和单行条例、规章不溯及既往，但为了更好地保护公民、法人和其他组织的权利和利益而作的特别规定除外。国家知识产权局据此制定了《施行修改后的专利法的过渡办法》，并于 2009 年 10 月 1 日起施行。对于专利权是否有效的审查，根据该过渡办法，申请日在 2009 年 10 月 1 日前的专利申请以及根据该专利申请授予的专利权适用 2001 年专利法的规定；申请日在 2009 年 10 月 1 日以后（含该日）的专利申请以及根据该专利申请授予的专利权适用 2009 年专利法的规定。本案属于专利确权行政纠纷，本专利的申请日在 2009 年 10 月 1 日前，因此依据《中华人民共和国立法法》第八十四条之规定，并参照上述过渡办法的相关规定，本案应适用 2001 年专利法进行审理。

二、本专利是否违反 2001 年《专利法》第二十三条的规定

根据 2001 年《专利法》第二十三条的规定，授予专利权的外观设计，应当同申请日以前在国内外出版物上公开发表过的外观设计不相同和不相近似。

本专利和在先设计均为文具盒的外观设计，用途相同，属于相同类别的产品，可以进行相似性对比。由于本专利外表由透明材料制成，故通过人的视觉能观察到的其透明部分以内的内容，应视为该产品的外观设计的一部分。本案中，各方当事人争议的焦点仅为，在先设计外表是否亦为透明。首先，经当庭核对证据 1 的原件，本院认为在先设计亦为透明材料制成。其次，即使如原告所述，证据 1 为非透明，从图片上看，亦可以看出该文具盒的整体呈圆角扁长方形，由盒盖、盒底及放置文具的托盘组成，托盘内有几个异形凹槽，可以放置笔、圆规、橡皮和铅盒等文具，即在先设计公开了本专利的外观。而且，在原告亦认可假设证据 1 是透明的则对第 13787 号决定中关于近似性的比较不持异议的情况下，本专利与在先设计的区别仅为透明材料的替换。由于将不透明材料替换为透明材料，或者将透明材料替换为不透明材料，仅属于材料特征的变换，未导致产品外观设计发生明显变化的，在判断外观设计的相同和相似性时，应不予考虑。因此，本专利违反了 2001 年《专利法》第二十三条的规定，被告认定本专利与在先设计属于近似的外观设计并无不妥。

综上，被告作出的第 13787 号决定认定事实清楚，适用法律正确，应予维持。原告梁佛南请求撤销该决定的理由不成立，本院不予支持。依照《中华人民共和国行政诉讼法》第五十四条第（一）项之规定，本院判决如下：

维持被告国家知识产权局专利复审委员会作出的第 13787 号无效宣告请求审查决定。

案件受理费 100 元，由原告梁佛南负担（已交纳）。

如不服本判决，各方当事人可于本判决送达之日起 15 日内，向本院提交上诉状及其副本，并交纳上诉案件受理费 100 元，上诉于北京市高级人民法院。

审 判 长　侯占恒
代理审判员　赵　明
人民陪审员　汪妍瑜
二〇一〇年九月十五日
书 记 员　张　琳

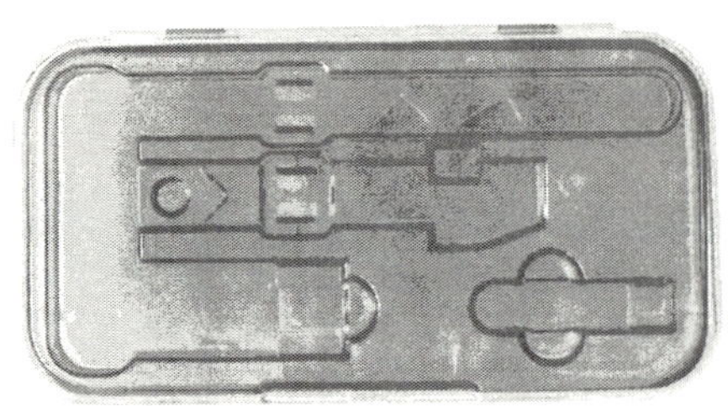

主视图

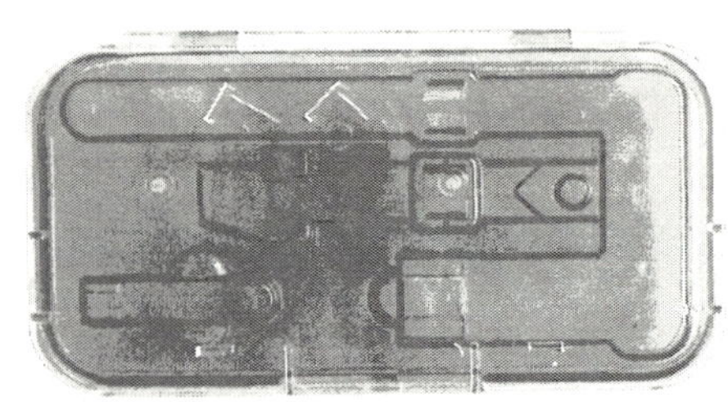

后视图

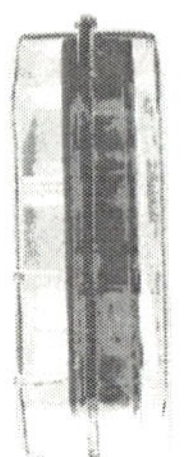

左视图

右视图

俯视图

仰视图

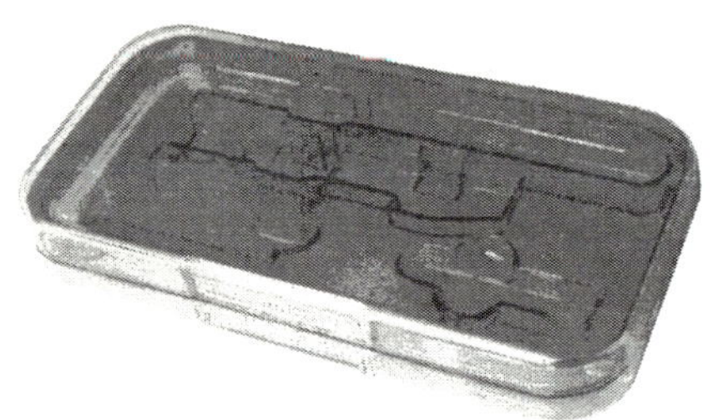

立体图

使用状态参考图 1

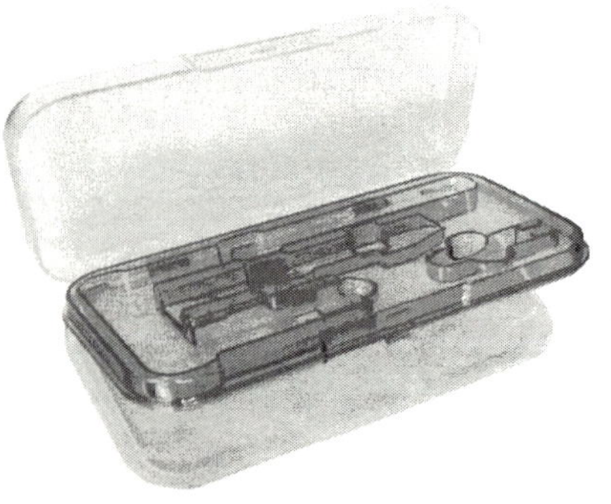

使用状态参考图 2

本专利附图

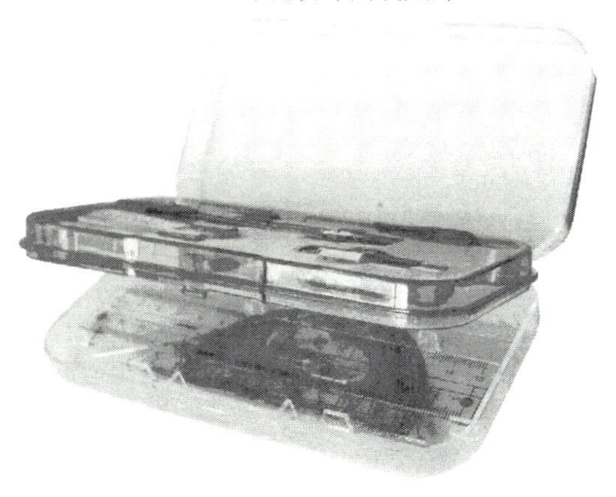

使用状态参考图 3

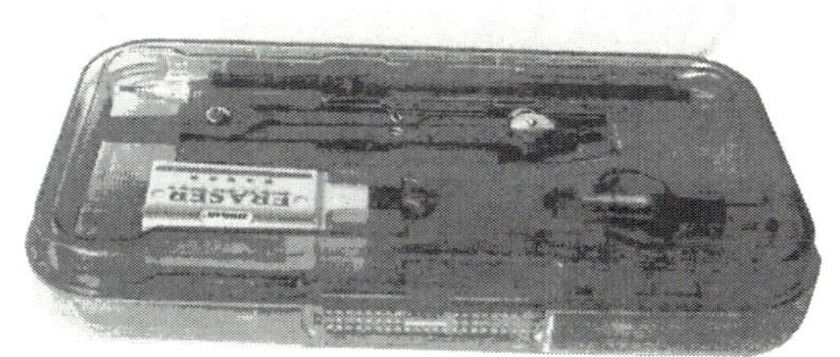

使用状态参考图 4

使用状态参考图 5

本专利附图续

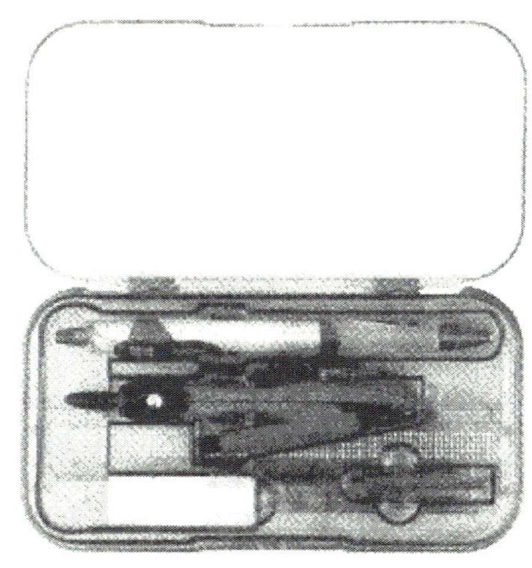

AH-588

在先设计附图

422

茶叶包装袋（四棱锥形）

无效宣告请求审查决定（第13792号）

决　定　号　第13792号
决　定　日　2009年8月20日
发明创造名称　茶叶包装袋（四棱锥形）
外观设计分类号　09-05
无效宣告请求人　蒂芙特公司
专　利　权　人　天台县西南滤布厂
专　利　号　200730103794.5
申　请　日　2007年12月27日
授权公告日　2009年2月25日
合议组组长　李巍巍
主　审　员　吴大章
参　审　员　雷　婧
附　图　1页

法律依据　专利法第23条
决定要点

本专利与在先设计均是茶叶包装袋（四棱锥形），均由主体和拎线两部分构成，整体形状和设计基本相同，两者属于相近似的外观设计。

一、案由

本无效宣告请求涉及国家知识产权局于2009年2月25日授权公告的200730103794.5号外观设计专利，使用该外观设计的产品名称是"茶叶包装袋（四棱锥形）"（下称本专利），其申请日为2007年12月27日，专利权人是天台县西南滤布厂。

针对上述外观设计专利权，蒂芙特公司（下称请求人）于2009年4月17日向专利复审委员会提出了无效宣告请求，其无效宣告请求理由为：本专利与申请日前公开出版或者公开使用过的外观设计相近似，不符合专利法第23条的规定。请求人随该无效宣告请求书提交了以下附件：

附件1：第000241427-0001号欧共体外观设计专利说明书网络下载复制件，共5页；

附件2：附件1的部分中文译文，共3页；

附件3：第000241435-0001号欧共体外观设计专利说明书网络下载复制件共4页；

附件4：附件3的部分中文译文，共3页；

附件 5：第 004078945 号欧共体商标公告网络下载复制件共 10 页；

附件 6：附件 5 的部分中文译文共 4 页；

附件 7：蒂芙特产品宣传册复印件共 12 页；

附件 8：上海市黄浦区第一公证处出具的［（2007）沪黄一证经字第 2486 号］公证书的复印件共 17 页，该公证书记载了访问网址为“www. teaforte. com. cn”的网站的过程和下载的相关网页；

附件 9：上海市黄浦区第一公证处出具的［（2007）沪黄一证经字第 4918 号］公证书的复印件共 4 页；

附件 10：上海市黄浦公证处出具的［（2008）沪黄证经字第 8404 号］公证书的复印件共 21 页；

附件 11：上海市黄浦公证处出具的［（2008）沪黄证经字第 8404 号］公证书第 13 页翻译件的复印件 1 页；

附件 12：本专利电子公开文本的打印件 1 页。

请求人认为，本专利与附件 1、3、5、7、8 公开发表的外观设计均相近似；附件 9~11 可以证明，本专利和申请日之前公开销售的产品的外观设计相近似。

经形式审查合格后，专利复审委员会受理了该无效宣告请求，于 2009 年 5 月 12 日向双方当事人发出无效宣告请求受理通知书，并将上述无效宣告请求书及其附件清单中所列附件副本转送专利权人，要求其在指定期限内答复。专利权人逾期未答复。

专利复审委员会于 2009 年 7 月 8 日向双方当事人发出口头审理通知书，定于 2009 年 8 月 11 日举行口头审理。

口头审理如期举行，请求人委托代理人出席了口头审理，专利权人没有出席口头审理。

请求人提交了附件 1、附件 3 和附件 5 的确认件，所述确认件的每页上都盖有“上海图书馆上海科学技术情报研究所文献资料查找复印证明章”字样的红色印章；提交了附件 7 至附件 11 的原件。请求人就本专利与在先出版物上记载的外观设计和在先使用的外观设计的相同和相近似陈述了意见，认为本专利不符合专利法第 23 条的规定，应宣告无效。

在上述审理的基础上，本案合议组认为事实已清楚，可以依法作出审查决定。

二、决定的理由

1. 法律依据

基于请求人的无效宣告请求理由和证据，合议组依据专利法第 23 条进行审理。

专利法第 23 条规定：授予专利权的外观设计，应当同申请日以前在国内外出版物上公开发表过或者国内公开使用过的外观设计不相同和不相近似，并不得与他人在先取得的合法权利相冲突。

2. 关于证据

附件 1 是第 000241427-0001 号欧共体外观设计专利公报网络下载件，请求人于口头审理当庭提交了确认件。附件 2 是附件 1 的中文翻译件。请求人主张附件 1 作为出版物公开的证据。专利权人未提交任何反证，也没有出席口头审理。

合议组认为：附件 1 是欧洲外观设计专利文献，可在我国由公共渠道获得，其公开日是 2004 年 12 月 28 日，在本专利的申请日之前，属于专利法第 23 条规定的本专利申请日之前的公开出版物。附件 1 记载了一种茶叶包装袋或咖啡包装袋的外观设计（下称在先设计），与本专利属于相同种类的产品，可以与本专利进行相同或者相近似对比。

3. 相同和相近似的判断

本专利由 6 幅视图表示，包括：主视图、后视图、左视图、右视图、俯视图和立体图。如图所示，本专利由主体和拎线构成；拎线在主体顶端，由柔性线和叶片组成；主体呈四棱锥形，其底部为正方形（详见本专利附图）。

在先设计由两幅视图表示，如图所示，在先设计由主体和拎线构成，拎线在主体顶端，由柔性线和叶片组成；主体呈四棱锥形（详见在先设计附图）。

将本专利与在先设计相比较可知，相同点在于：两者均由主体和拎线两部分构成，拎线在主体顶端，主体和拎线的构成比例、主体形状、拎线形状基本相同，两者整体形状和设计基本相同。

合议组认为：两者均是茶叶包装袋（四棱锥形），均由主体和拎线两部分构成，整体形状和设计基本相同，两者属于相近似的外观设计，因此在本专利申请日之前已有与其相近似的外观设计在国外公开出版。

4. 结论

本专利不符合专利法第 23 条的规定。

鉴于本案已得出上述结论，合议组对本案所涉及的其他理由和证据不再予以评述。

三、决定

宣告 200730103794. 5 号外观设计专利权全部无效。

当事人对本决定不服的，可以根据专利法第 46 条第 2 款的规定，自收到本决定之日起三个月内向北京市第一中级人民法院起诉。根据该款的规定，一方当事人起诉后，另一方当事人应当作为第三人参加诉讼。

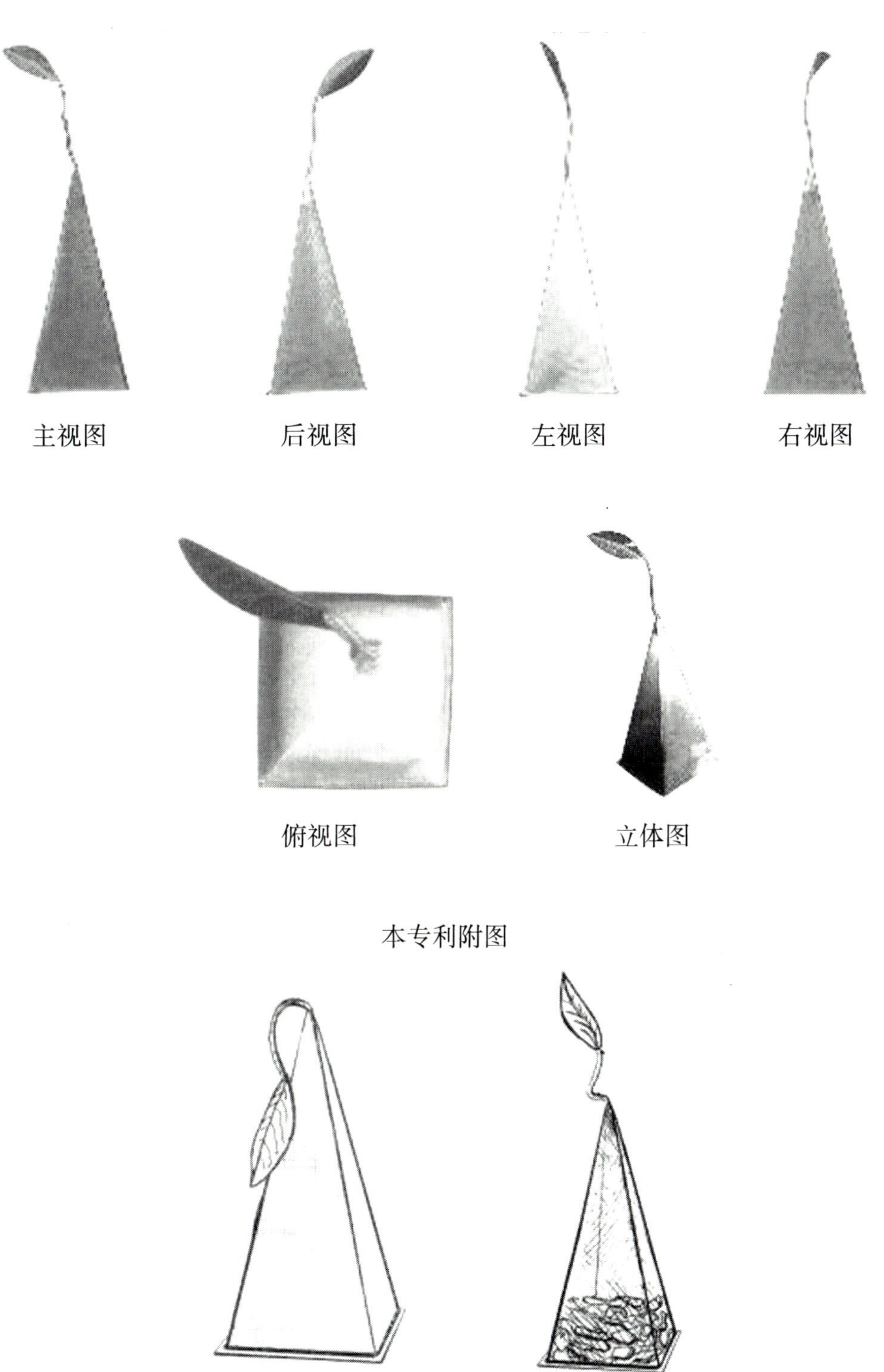

主视图　后视图　左视图　右视图

俯视图　立体图

本专利附图

在先设计附图

423

应急灯（HK-198）

无效宣告请求审查决定（第13795号）

决　　定　　号　第13795号
决　　定　　日　2009年8月3日
发明创造名称　应急灯（HK-198）
外观设计分类号　26-02
无效宣告请求人　宁波市长荣电器有限公司
专　利　权　人　泉州立可电子有限公司
专　　利　　号　200630087964.0
申　　请　　日　2006年6月15日
授权公告日　2007年5月9日
合议组组长　王霞军
主　　审　　员　尹春霞
参　　审　　员　王　红
附　　　　图　2页

法　律　依　据　专利法第23条
决　定　要　点

本专利与在先设计的差别均处于一般消费者容易关注的部位，对整体视觉效果产生显著的影响，因此本专利与在先设计属于不相同且不相近似的外观设计。

一、案由

本无效宣告请求涉及国家知识产权局于2007年5月9日授权公告的200630087964.0号外观设计专利，使用该外观设计的产品名称是“应急灯（HK-198）”，其申请日是2006年6月15日，原专利权人是欧碧玲，2008年6月11日变更为泉州立可电子有限公司。

针对上述外观设计专利权（下称本专利），宁波市长荣电器有限公司（下称请求人）于2009年4月28日向专利复审委员会提出无效宣告请求，其依据的事实和理由是：本专利不符合专利法第23条的规定，本专利应予宣告无效。请求人同时提交了如下附件作为证据：

附件1：200330111550.3号外观设计专利的著录项目及图片复印件，共1页。

请求人认为，附件1与本专利产品类别、用途相同，其授权公告日均早于本专利申请日，可适用于本案。本专利与附件1的整体轮廓形状相同，二者大体均呈长方柱形，正面为透光罩。因此根据专利法第23条的规定，本专利应予宣告无效。

专利复审委员会经形式审查合格受理了该无效宣告请求，并于2009年4月28日将无效宣告请求受理通知书及其附件的副本转送专利权人，通知其在指定期限内陈述意见，并告知专利权人如逾期不答复，不影响专利复审委员会的审理。

专利权人于2009年5月15日针对专利复审委员会于2009年4月28日发出的无效宣告请求受理通知书提交了意见陈述书。专利权人认为：对于“应急灯”类产品的判断主体应当是对“灯”具有常识性了解的人员；本专利与附件1所示外观设计的差别对整体视觉效果具有显著影响，二者属于不相近似的外观设计。因此应维持本专利有效。

专利复审委员会于2009年6月3日向双方当事人发出口头审理通知书，定于2009年7月15日对本案进行口头审理。

口头审理如期举行，双方当事人均委托代理人出庭，均对对方出庭人员的身份和资格无异议，对合议组成员无回避请求。

口头审理中，请求人认为本专利与附件1所示外观设计均为长方矩形，整体轮廓均相似，区别是细小的。专利权人对附件1的真实性无异议，但认为本专利与附件1所示外观设计视觉效果有很大差异，因此二者不相同也不相近似。

在上述审理的基础上，合议组经合议，认为本案事实清楚，依法作出本审查决定。

二、决定的理由

1. 法律依据

基于请求人提出无效宣告请求所依据的事实和理由，合议组对本专利是否符合专利法第23条的规定进行审查。

专利法第23条规定：“授予专利权的外观设计，应当同申请日以前在国内外出版物上公开发表过或者国内公开使用过的外观设计不相同和不相近似，并不得与他人在先取得的合法权利相冲突。”

2. 证据认定

请求人提交的附件1是200330111550.3号外观设计专利的著录项目及图片复印件，授权公告日是2004年5月5日，早于本专利申请日（2006年6月15日），产品名称是“应急灯（HK-118）”，经合议组核实，其内容属实，属于在本专利申请日前公开的出版物，可以作为评价本专利是否符合专利法第23条规定的证据。

3. 外观设计对比

本专利是应急灯的外观设计，附件1公开了应急灯的外观设计（下称在先设计），二者用途相同，属于相同类别的产品，具有可比性。

本专利由透明灯罩、灯体两部分组成。整体呈长方体状；灯罩内上部为梅花状照明设计，下部均匀排布若干灯泡接口；灯体侧面设置开关及充电接口；顶面设置一T形提手（详见本专利附图）。

在先设计由透明灯罩、灯体两部分组成。整体呈长方体状；灯罩设置多排横条纹，内置一应急灯管；灯体侧面设置开关及充电接口；顶面设置一T形提手（详见在先设计附图）。

将本专利与在先设计进行比较，二者的相同点为：应急灯均由透明灯罩、灯体两部分组成，整体均呈长方体状；灯体侧面设置开关及充电接口；顶面设置一T形提手。二者的主要不同之处在于：在先设计的透明灯罩有多排横条，本专利无；本专利灯罩内上部为梅花状照明设计，下部均匀排布若干灯泡接口，在先设计灯罩内置一应急灯管。合议组认为：根据整体观察，综合判断的原则，上述差别均处于一般消费者容易关注的部位，对整体视觉效果产生显著的影响，因此本专利与在先设计属于不相同且不相近似的外观设计。

综上所述，本专利与在先设计不相同且不相近似，请求人提交的证据不能支持其无效宣告请求的理由。

三、决定

维持200630087964.0号外观设计专利权有效。

当事人对本决定不服的，可以根据专利法第46条第2款的规定，自收到本决定之日起三个月内向北京市第一中级人民法院起诉。根据该款的规定，一方当事人起诉后，另一方当事人应当作为第三人参加诉讼。

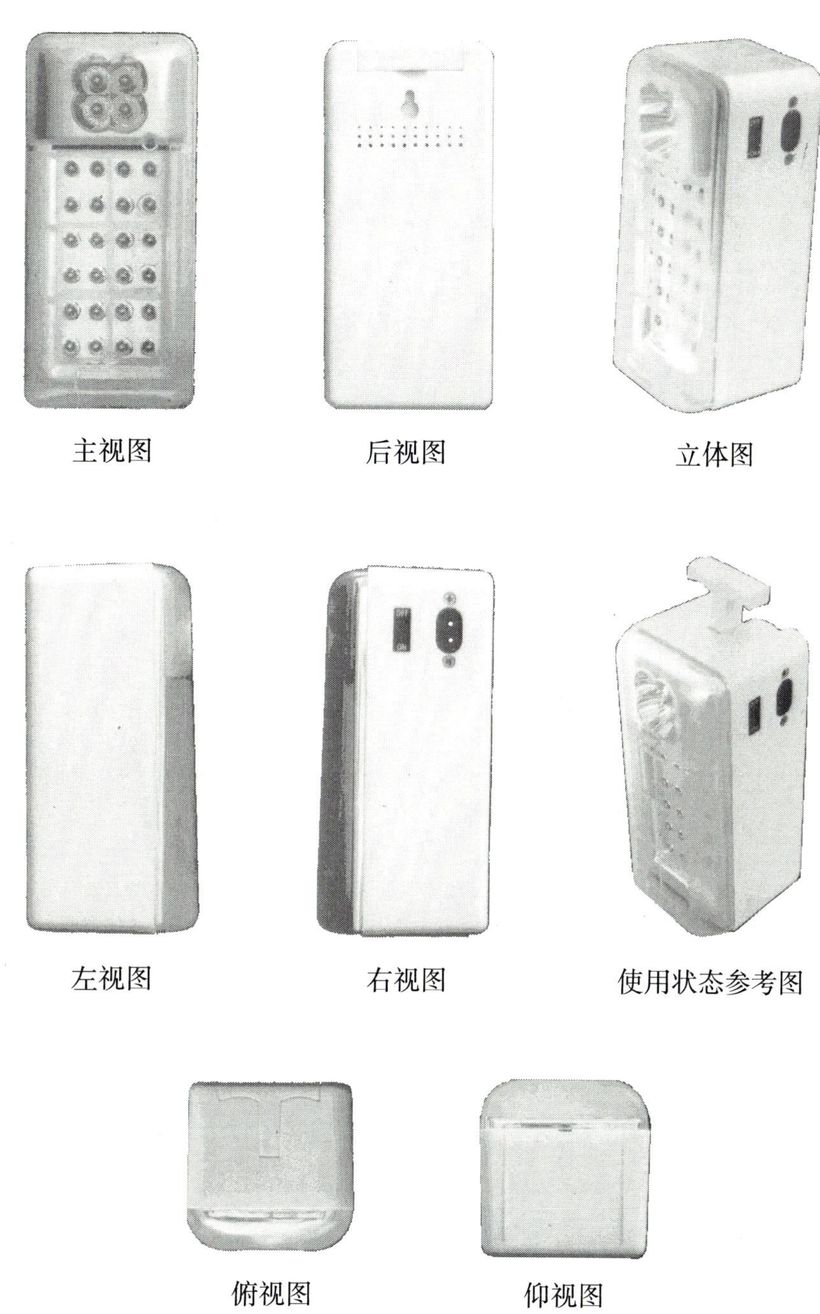

本专利附图

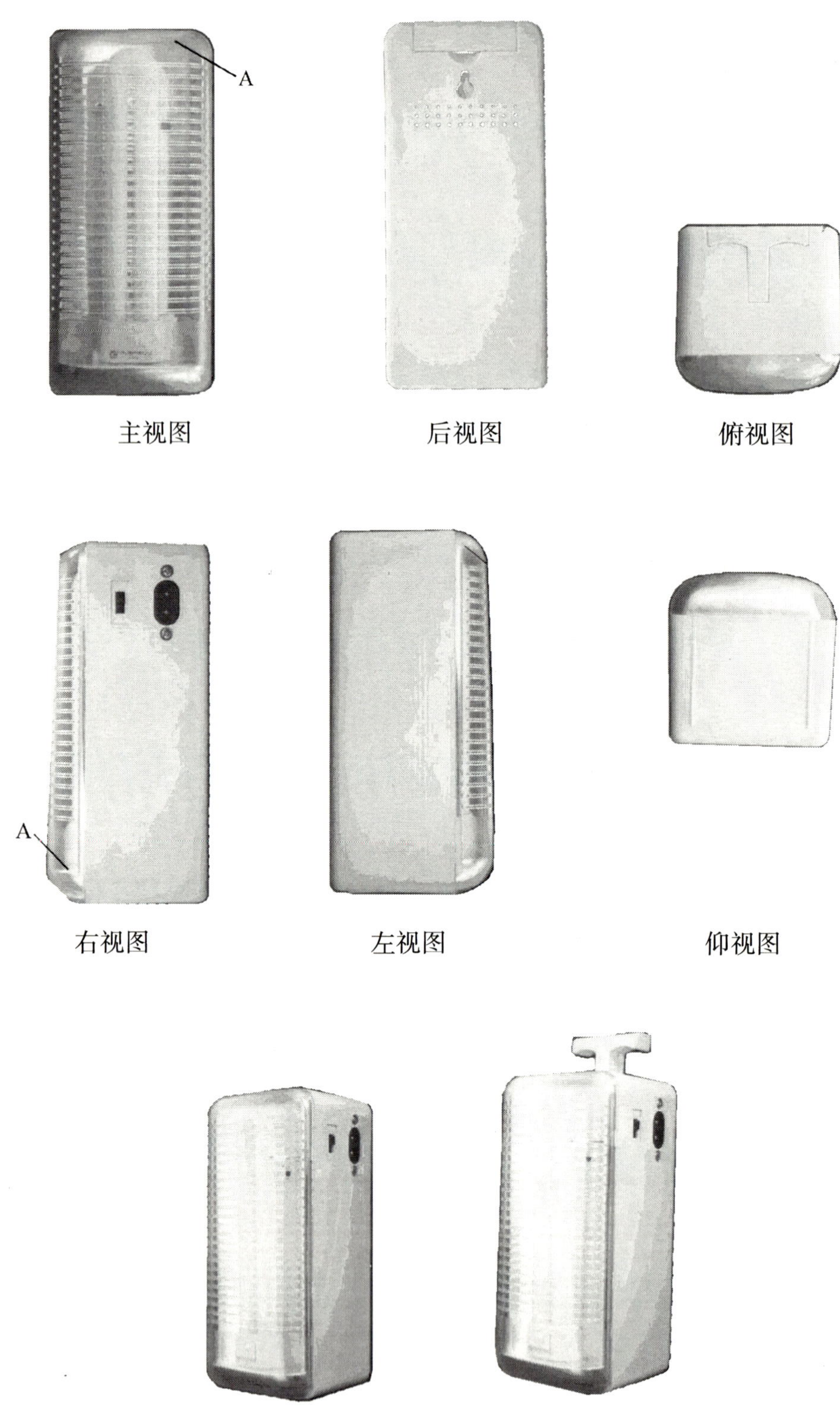

主视图 后视图 俯视图

右视图 左视图 仰视图

立体图 使用状态参考图

在先设计附图

应急灯（KN-3366）

无效宣告请求审查决定（第13796号）

决　　定　　号　第13796号
决　　定　　日　2009年8月3日
发明创造名称　应急灯（KN-3366）
外观设计分类号　26-05
无效宣告请求人　宁波市长荣电器有限公司
专　利　权　人　广东金莱特电器股份有限公司
专　　利　　号　200530067861.3
申　　请　　日　2005年8月26日
授 权 公 告 日　2006年6月7日
合 议 组 组 长　王霞军
主　　审　　员　尹春霞
参　　审　　员　王　红
附　　　　　图　2页

法　律　依　据　专利法第23条
决　定　要　点

本专利与在先设计的差别对于其整体而言为局部细微变化，不足以对整体视觉效果产生显著影响。

一、案由

本无效宣告请求涉及国家知识产权局于2006年6月7日授权公告的200530067861.3号外观设计专利，使用该外观设计的产品名称是“应急灯（KN-3366）”，其申请日是2005年8月26日，原专利权人是江门市金莱特电器灯饰厂有限公司，2008年4月16日变更为广东金莱特电器股份有限公司。

针对上述外观设计专利权（下称本专利），宁波市长荣电器有限公司（下称请求人）于2009年4月28日向专利复审委员会提出无效宣告请求，其依据的事实和理由是：本专利不符合专利法第23条及专利法实施细则第13条第1款的规定，本专利应予宣告无效。请求人同时提交了如下附件作为证据：

附件1：200430074249.4号外观设计专利的著录项目及图片复印件，共2页；

附件2：200430114414.4号外观设计专利的著录项目及图片复印件，共2页；

附件3：03310206.6号外观设计专利的著录项目及图片复印件，共2页；

附件4：200430114378.1号外观设计专利的著录项目及图片复印件，共1页。

请求人认为，附件1~3与本专利类别、用途相同，其授权公告日均早于本专利申请日，可适用于本案。本专利与上述附件的构成部件相同，整体轮廓相近似。附件4的申请日早于本专利的申请日，二者的整体轮廓相近似。因此根据专利法第23条及专利法实施细则第13条第1款的规定，本专利应予宣告无效。

专利复审委员会经形式审查合格受理了该无效宣告请求，并于2009年4月28日将无效宣告请求受理通知书及其附件的副本转送专利权人，通知其在指定期限内陈述意见，并告知专利权人如逾期不答复，不影响专利复审委员会的审理。

专利权人于2009年5月15日针对专利复审委员会于2009年4月28日发出的无效宣告请求受理通知书提交了意见陈述书。专利权人认为：对于“应急灯”类产品的判断主体应当是对“灯”具有常识性了解的人员；本专利与上述附件所示外观设计的差别对整体视觉效果具有显著影响，本专利与上述附件所示外观设计属于不相近似的外观设计。因此应维持本专利有效。

专利复审委员会于2009年6月3日向双方当事人发出口头审理通知书，定于2009年7月15日对本案进行口头审理。

口头审理如期举行，双方当事人均委托代理人出庭，均对对方出庭人员的身份和资格无异议，对合议组成员无回避请求。

口头审理中，请求人认为本专利与附件1~4所示外观设计均为长条形，呈面包状，整体轮廓均相似。专利权人对附件1~4的真实性无异议，但认为本专利与上述附件所示外观设计在底座、控制开关、底面开口处的设计均不相同，因此本专利与上述附件不相同也不相近似。

在上述审理的基础上，合议组经合议，认为本案事实清楚，依法作出本审查决定。

二、决定的理由

1. 法律依据

基于请求人提出无效宣告请求所依据的事实和理由，合议组首先对本专利是否符合专利法第23条的规定进行审查。

专利法第23条规定：“授予专利权的外观设计，应当同申请日以前在国内外出版物上公开发表过或者国内公开使用过的外观设计不相同和不相近似，并不得与他人在先取得的合法权利相冲突。”

2. 证据认定

请求人提交的附件1是200430074249.4号外观设计专利的著录项目及图片复印件，授权公告日是2004年8月31日，早于本专利申请日（2005年8月26日），产品名称是“应急灯（KN-218）”，经合议组核实，其内容属实，属于在本专利申请日前公开的出版物，可以作为评价本专利是否符合专利法第23条规定的证据。

3. 外观设计对比

本专利是应急灯的外观设计，附件1公开了应急灯的外观设计（下称在先设计），二者用途相同，属于相同类别的产品，具有可比性。

本专利由上方灯罩部分、下方底座两部分组成。整体呈长方体状，上表面及左右两侧面略呈弧形；上部为透明灯罩，内置应急灯管；前后两侧面的中下部为波浪线，波浪线呈中间高两边低走向；在波浪线下方偏左处设置有开关及指示灯；底部为四个圆点之角，左侧为近似长方形的开口；后表面设置充电接口（详见本专利附图）。

在先设计由上方灯罩部分、下方底座两部分组成。整体呈长方体状，上表面及左右两侧面略呈弧形；上部为透明灯罩，透明罩上有若干横条，内置应急灯管；前后两侧面的中下部为波浪线，波浪线呈中间高两边低走向；在波浪线下方偏左处设置有开关及指示灯；底部为四个圆点之角，左侧为近似长方形的开口（详见在先设计附图）。

将本专利与在先设计相比较，二者的相同点为：均由上方灯罩部分、下方底座两部分组成；整体均呈长方体状，上表面及左右两侧面略呈弧形。二者的主要不同之处在于：在先设计的透明灯罩有若干横条，本专利无；本专利的开关及指示灯由右至左排布，在先设计开关及指示灯由左至右排布；底面的开口设计略有不同，本专利的底面开口略呈长方形，在先设计的底面开口略呈方形；本专利的后表面设置充电接口，在先设计无。合议组认为：根据整体观察，综合判断的原则，上述差别均处于视觉不易见的部位，对于其整体而言为局部细微变化，不足以对整体视觉效果产生显著影响。而底面属于在使用状态下不易见到的部分，其设计变化的差异也不会对二者的整体外观产生显著影响。由于二者的整体造型、各组成部分在整体中的相对位置及形状基本相同，已形成了相近似的整体视觉印象，极易引起一般消费者视觉上的混淆、误认，因此，二者属于相近似的外观设计。

综上所述，在本专利申请日以前已有与其相近似的外观设计在出版物上公开发表过，本专利的授予不符合专利法第 23 条的规定。

鉴于已经得出本专利不符合专利法第 23 条的规定的结论，合议组对请求人提出的其他无效宣告理由及相关证据不再进行评述。

三、决定

宣告 200530067861.3 号外观设计专利权全部无效。

当事人对本决定不服的，可以根据专利法第 46 条第 2 款的规定，自收到本决定之日起三个月内向北京市第一中级人民法院起诉。根据该款的规定，一方当事人起诉后，另一方当事人应当作为第三人参加诉讼。

俯视图

右视图

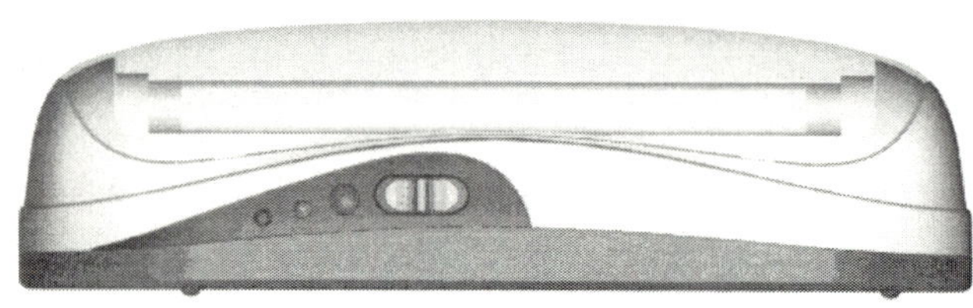

主视图

左视图

仰视图

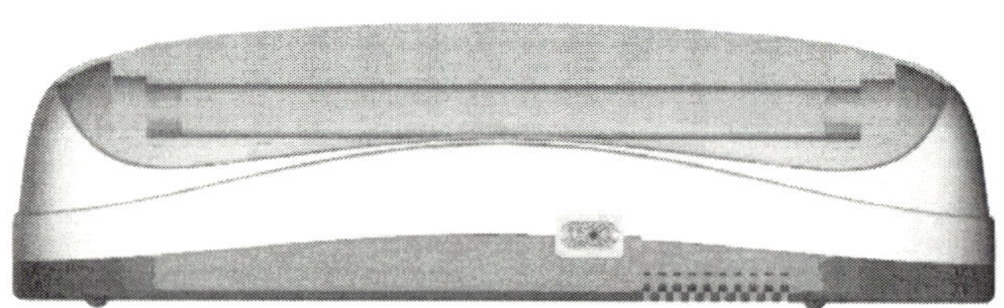

后视图

本专利附图

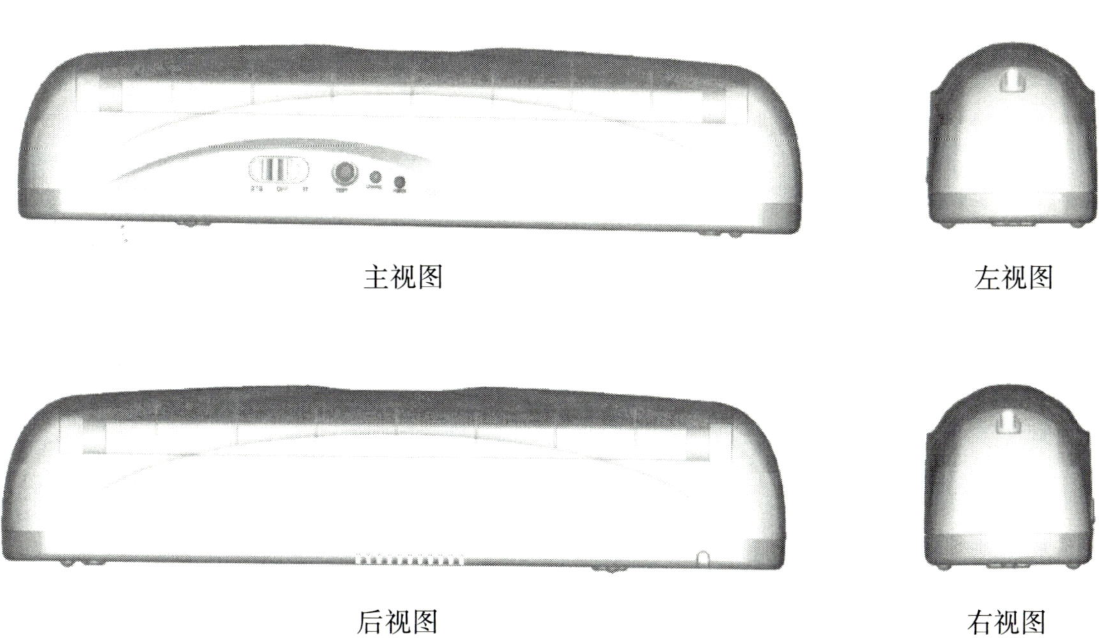

主视图　　左视图

后视图　　右视图

俯视图

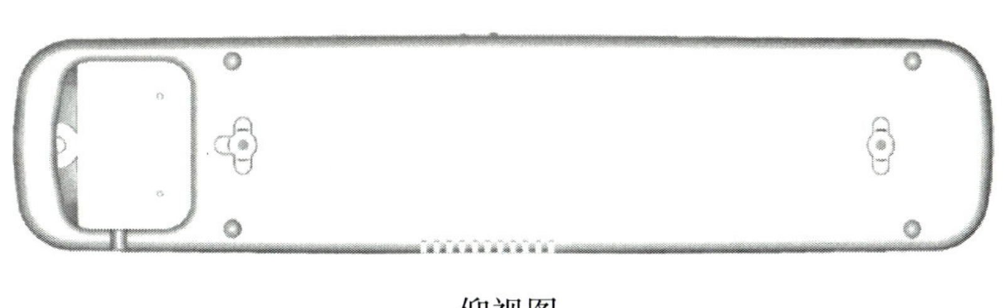

仰视图

在先设计附图

425

充电式节能灯（KN-2006）

无效宣告请求审查决定（第13797号）

决　　定　　号　第13797号
决　　定　　日　2009年8月3日
发明创造名称　充电式节能灯（KN-2006）
外观设计分类号　26-04
无效宣告请求人　宁波市长荣电器有限公司
专　利　权　人　广东金莱特电器股份有限公司
专　　利　　号　200730312740.X
申　　请　　日　2007年9月22日
授权公告日　2008年12月10日
合议组组长　王霞军
主　　审　　员　尹春霞
参　　审　　员　王　红
附　　　　　图　2页

法　律　依　据　专利法第23条
决　定　要　点
本专利与在先设计的差别对于其整体而言为局部细微变化，不足以对整体视觉效果产生显著影响。

一、案由

本无效宣告请求涉及国家知识产权局于2008年12月10日授权公告的200730312740.X号外观设计专利，使用该外观设计的产品名称是"充电式节能灯（KN-2006）"，其申请日是2007年9月22日，原专利权人是江门市金莱特电器灯饰厂有限公司，2008年7月10日变更为广东金莱特电器股份有限公司。

针对上述外观设计专利权（下称本专利），宁波市长荣电器有限公司（下称请求人）于2009年4月28日向专利复审委员会提出无效宣告请求，其依据的事实和理由是：本专利不符合专利法第23条的规定，本专利应予宣告无效。请求人同时提交了如下附件作为证据：

附件1：200630134822.5号外观设计专利的著录项目及图片复印件，共1页。

专利复审委员会经形式审查合格受理了该无效宣告请求，并于2009年4月28日将无效宣告请求受理通知书及其附件的副本转送专利权人，通知其在指定期限内陈述意见，并告知专利权人如逾期不答复，不影响专利复审委员会的审理。

专利权人于2009年5月15日针对专利复审委员会于2009年4月28日发出的无效宣告请求受理通知书提交了意见陈述书。专利权人认为：对于“应急灯”类产品的判断主体应当是对“灯”具有常识性了解的人员；本专利与附件1所示外观设计的差别对整体视觉效果具有显著影响，二者属于不相近似的外观设计。因此应维持本专利有效。

专利复审委员会于2009年6月5日向双方当事人发出口头审理通知书，定于2009年7月15日对本案进行口头审理。

口头审理如期举行，双方当事人均委托代理人出庭，均对对方出庭人员的身份和资格无异议，对合议组成员无回避请求。

口头审理中，请求人认为本专利与附件1所示外观设计的组成部分、整体轮廓均相似，整体视觉效果相同。专利权人对附件1的真实性无异议，但认为本专利与附件1所示外观设计的类别、用途均不同。合议组当庭告知专利权人本专利与附件1所示外观设计的类别相同，均属于26-04类，对此专利权人无异议。

在上述审理的基础上，合议组经合议，认为本案事实清楚，依法作出本审查决定。

二、决定的理由

1. 法律依据

基于请求人提出无效宣告请求所依据的事实和理由，合议组对本专利是否符合专利法第23条的规定进行审查。

专利法第23条规定：授予专利权的外观设计，应当同申请日以前在国内外出版物上公开发表过或者国内公开使用过的外观设计不相同和不相近似，并不得与他人在先取得的合法权利相冲突。

2. 证据认定

请求人提交的附件1是200630134822.5号外观设计专利的著录项目及图片复印件，授权公告日是2007年7月18日，早于本专利申请日（2007年9月22日），产品名称是“荧光灯泡”，经合议组核实，其内容属实，属于在本专利申请日前公开的出版物，可以作为评价本专利是否符合专利法第23条规定的证据。

3. 外观设计对比

本专利是节能灯的外观设计，附件1公开了荧光灯泡的外观设计（下称在先设计），二者均是用于照明，用途相同，属于相同类别的产品，具有可比性。

本专利由上方螺纹灯头、下方灯罩两部分组成。灯罩近似椭圆形，上方与灯头连接处直径略小，下方直径略大；灯罩中下部有一小长方形缺口；椭圆直径最大处至底面为透明，内部可见应急灯泡（详见本专利附图）。

在先设计由上方螺纹灯头、下方灯罩两部分组成。灯罩近似椭圆形，上方与灯头连接处直径略小，下方直径略大；灯罩中上部有一细圆圈（详见在先设计附图）。

将本专利与在先设计相比较，二者的相同点为：灯泡均由上方螺纹灯头、下方灯罩两部分组成；二者灯罩均近似椭圆形，上方与灯头连接处直径略小，下方直径略大。二者的主要不同之处在于：本专利灯罩中下部有一小长方形缺口，在先设计无；本专利椭圆直径最大处至底面为透明，内部可见应急灯泡，在先设计不能看到内部设计。合议组认为：根据整体观察，综合判断的原则，上述差别均处于视觉不易见的部位，对于其整体而言为局部细微变化，不足以对整体视觉效果产生显著影响。由于二者的整体造型、各组成部分在整体中的相对位置及形状基本相同，已形成了相近似的整体视觉印象，极易引起一般消费者视觉上的混淆、误认，因此，二者属于相近似的外观设计。

综上所述，在本专利申请日以前已有与其相近似的外观设计在出版物上公开发表过，本专利的授予不符合专利法第 23 条的规定。

三、决定

宣告 200730312740. X 号外观设计专利权全部无效。

当事人对本决定不服的，可以根据专利法第 46 条第 2 款的规定，自收到本决定之日起三个月内向北京市第一中级人民法院起诉。根据该款的规定，一方当事人起诉后，另一方当事人应当作为第三人参加诉讼。

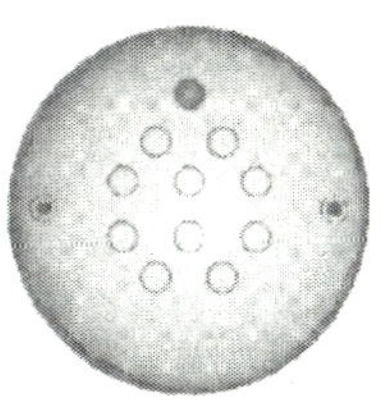

俯视图

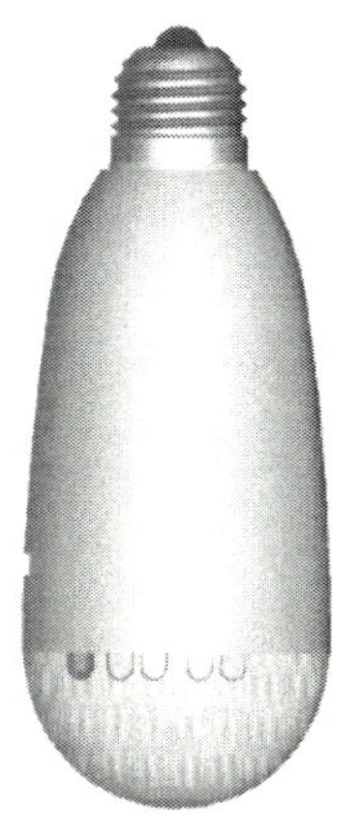

右视图

主视图

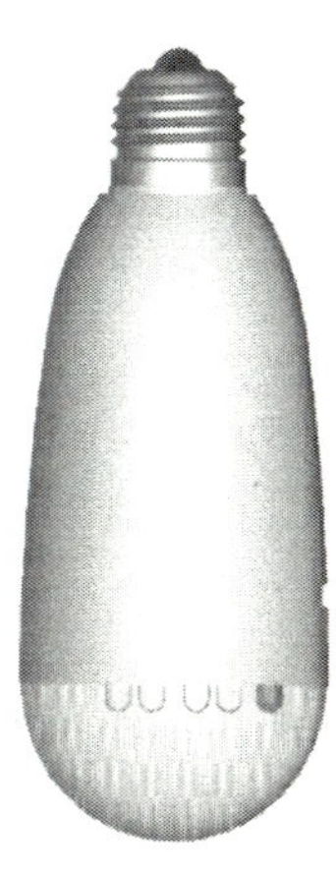

左视图

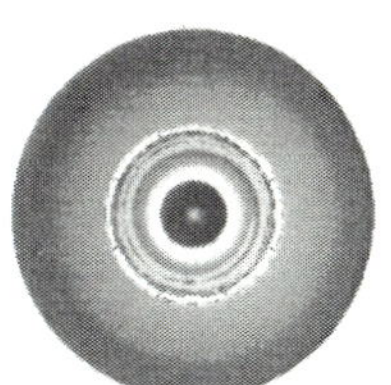

仰视图

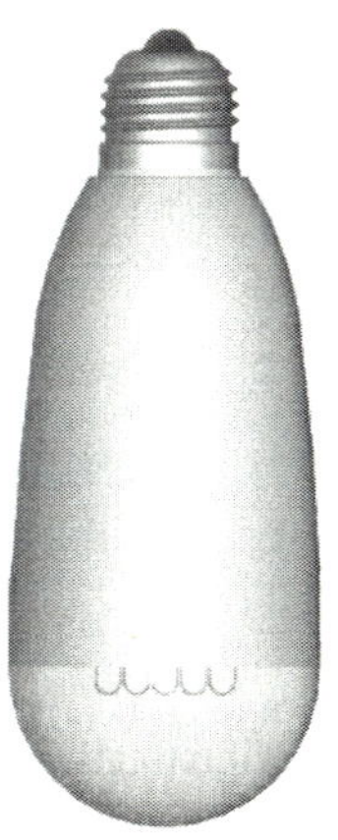

后视图

本专利附图

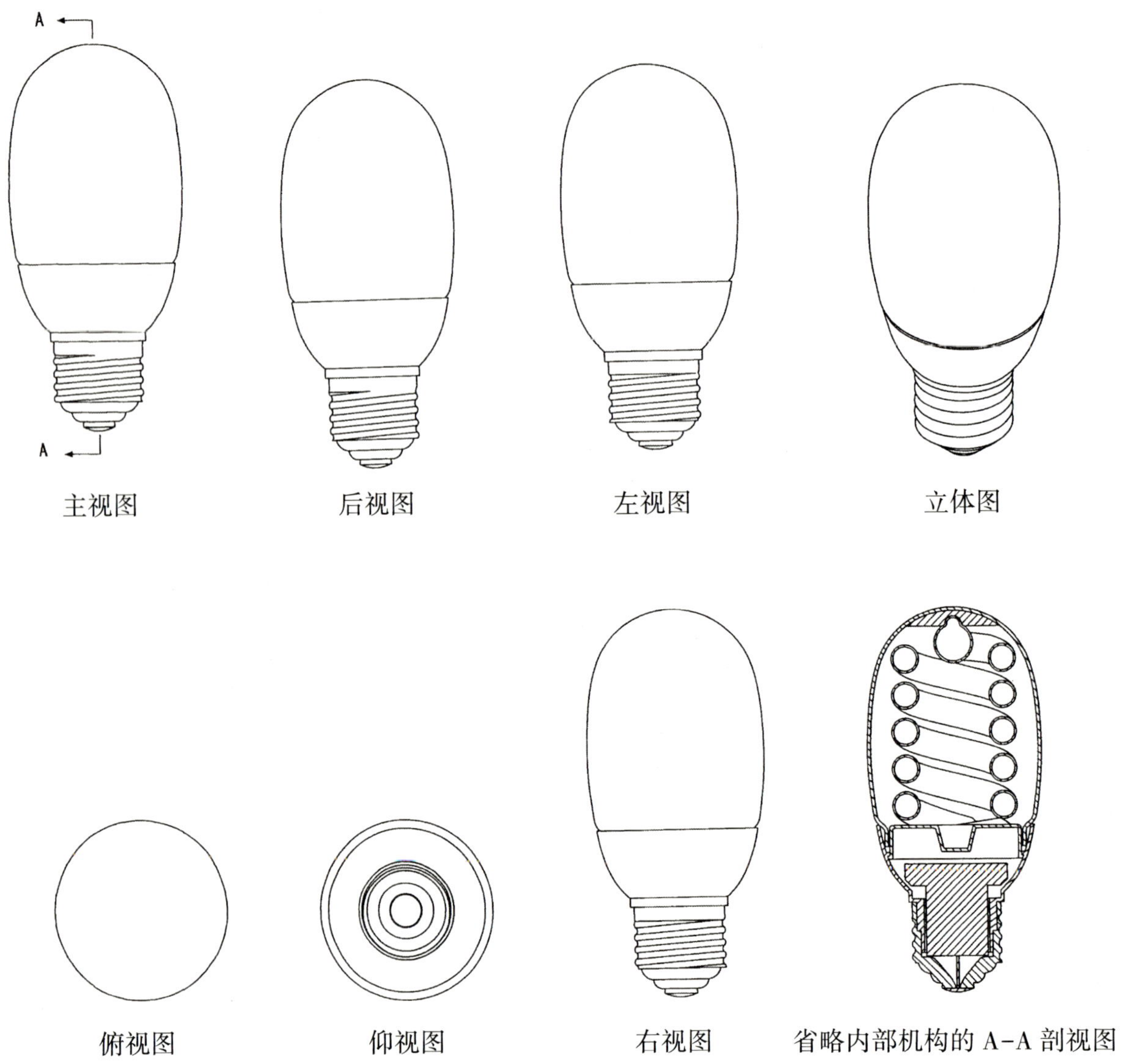

在先设计附图

北京市第一中级人民法院
行政判决书

（2009）一中知行初字第 2467 号

原告广东金莱特电器股份有限公司，住所地广东省江门市蓬江区高沙三街 22 号。

法定代表人田畴，总经理。

委托代理人陈玉秋，男，广东金莱特电器股份有限公司总经理。

委托代理人顾润丰，北京集佳知识产权代理有限公司律师。

被告国家知识产权局专利复审委员会，住所地北京市海淀区北四环西路 9 号银谷大厦 10~12 层。

法定代表人张茂于，副主任。

委托代理人尹春霞，女，国家知识产权局专利复审委员会审查员。

委托代理人刘新蕾，女，国家知识产权局专利复审委员会审查员。

第三人宁波市长荣电器有限公司，住所地浙江省宁海县西店镇尤家村。

法定代表人潘富荣，经理。

委托代理人戴晓翔，男，浙江翔隆专利事务所专利代理人。

原告广东金莱特电器股份有限公司不服被告国家知识产权局专利复审委员会作出的第 13797 号无效宣告请求审查决定（以下简称被诉决定），于 2009 年 10 月 12 日向本院提起行政诉讼。本院受理后，依法组成合议庭，并通知被诉决定的利害关系人宁波市长荣电器有限公司作为本案第三人参加诉讼。2009 年 11 月 25 日，本院依法公开开庭进行了审理，原告的委托代理人顾润丰，被告的委托代理人尹春霞、刘新蕾，第三人的委托代理人戴晓翔到庭参加了诉讼。本案现已审理终结。

2009 年 8 月 24 日，被告针对第三人的申请，对原告的名称为"充电式节能灯（KN-2006）"的外观设计专利权（以下简称本专利）进行审查，认定本专利与第三人提交的在先设计（即：200630134822.5 号外观设计专利的著录项目及图片复印件，共 1 页，以下简称附件 1）相对比，两者的整体造型、各组成部分在整体中的相对位置及形状基本相同，已形成了相近似的整体视觉印象，极易引起一般消费者视觉上的混淆、误认，二者属于相近似的外观设计。依据 2001 年 7 月 1 日修订的《中华人民共和国专利法》（以下简称 2001 年《专利法》）第二十三条的规定，宣告本专利全部无效。

在法定期限内，被告为证明被诉决定合法，向本院提交了以下证据：（1）本专利；（2）被诉决定中的附件 1；（3）口头审理记录表。

原告诉称：被诉决定认定事实有误，适用法律不当。首先，判断主体应是对"灯"具有常识性了解的人员。其次，本专利是节能灯的外观设计。被告在决定当中只写一个区别特征，忽略了缺口内有开关，忽略点是错误的。本专利和对比文件相比，二者虽然都用于照明，但是用途不同。在灯体上是长方形缺口，缺口是节能灯的开关。二者用途不同，本专利是充电后离开电源仍可开启光源，而在先设计是荧光灯泡，离开电源后不可开启光源。综上，有常识性人员在购买上述产品时，不会混淆，被告认定事实和法律有错误，请求法院依法撤销被诉决定。

被告辩称：本专利与在先设计均是用于照咀，用途相同，属于相同类别的产品，可以进行相同及相近似比较。本专利与在先设计的差别均处于视觉不易见的部位，对于其整体而言为局部细微变化。二者整体造型、各组成部分在整体中的相对位置及形状基本相同，已形成了相近似的整体视觉印象，二者属于相近似的外观设计。对于内部设置何种发光源，与外观设计相同和相近似比较没有关系。综上，我委的决定认定事实清楚，适用法律法规正确，审理程序合法，审查结论正确，原告的诉讼理由不能成立，请求法院依法驳回原告的诉讼请求，维持被诉决定。

第三人未提交书面陈述意见，其在开庭审理中口头表示同意被诉决定。

在庭审质证中，原告、第三人对被告的证据无异议。经审查，本院认为被告的证据属于行政程序中的有效证据，能够作为证明本案事实的证据，本院予以采纳。

根据上述有效证据及当事人无争议的陈述，本院认定事实如下：

本专利的申请日为 2007 年 9 月 22 日，其授权公告日为 2008 年 12 月 10 日，专利号为 200730312740. X，原申请人为江门市金莱特电器灯饰厂有限公司，于 2008 年 7 月 10 日变更为广东金莱特电器股份有限公司。

2009 年 4 月 28 日，第三人针对本专利向被告提出无效宣告请求，其依据的事实和理由是：本专利不符合 2001 年《专利法》第二十三条的规定，请求被告宣告无效。同时，其向被告提交了附件 1 作为对比文件。被告经形式审查合格予以受理，并于 2009 年 4 月 28 日将无效宣告请求受理通知书及附件副本转送原告，通知其在指定期限内陈述意见。

2009 年 5 月 15 日，原告向被告提交意见陈述书，内容为：对于“应急灯”类产品的判断主体应当是对“灯”具有常识性了解的人员；本专利与附件 1 所示外观设计的差别对整体视觉效果具有显著影响，二者属于不相近似的外观设计。因此应维持本专利有效。

2009 年 7 月 15 日，被告对本案进行口头审理，双方当事人均委托代理人出庭，均对对方出庭人员的身份和资格无异议，对合议组成员无回避请求。在口头审理中，第三人认为本专利与附件 1 所示外观设计的组成部分、整体轮廓均相似，整体视觉效果相同。原告对附件 1 的真实性无异议，但认为本专利与附件 1 所示外观设计的类别、用途均不同。被告当庭明确本专利与附件 1 所示外观设计的类别相同，均属于 26-04 类。对此原告无异议。据此，被告认定以下内容：

（1）附件 1 真实，属于在本专利申请日前公开的出版物，可以作为评价本专利是否符合 2001 年《专利法》第二十三条规定的证据。

（2）本专利是节能灯的外观设计，附件 1 公开了荧光灯泡的外观设计，二者均是用于照明，用途相同，属于相同类别的产品，具有可比性。本专利由上方螺纹灯头、下方灯罩两部分组成。灯罩近似椭圆形，上方与灯头连接处直径略小，下方直径略大；灯罩中下部有一小长方形缺口；椭圆直径最大处至底面为透明，内部可见应急灯泡。附件 1 由上方螺纹灯头、下方灯罩两部分组成。灯罩近似椭圆形，上方与灯头连接处直径略小，下方直径略大；灯罩中上部有一细圆圈。

将本专利与在先设计相比较，二者的相同点为：灯泡均由上方螺纹灯头、下方灯罩两部分组成；二者灯罩均近似椭圆形，上方与灯头连接处直径略小，下方直径略大。二者的主要不同之处在于：本专利灯罩中下部有一小长方形缺口，在先设计无；本专利椭圆直径最大处至底面为透明，内部可见应急灯泡，在先设计不能看到内部设计。

根据整体观察，综合判断的原则，上述差别均处于视觉不易见的部位，对于其整体而言为局部细微变化，不足以对整体视觉效果产生显著影响。由于二者的整体造型、各组成部分在整体中的相对位置及形状基本相同，已形成了相近似的整体视觉印象，极易引起一般消费者视觉上的混淆、误认。因此，二者属于相近似的外观设计。

据此，被告于 2009 年 8 月 3 日作出被诉决定，并于 2009 年 8 月 24 日向原告和第三人邮寄送达。原告不服，于 2009 年 10 月 12 日向本院起诉。

在开庭审理中，原告、第三人对以下内容没有争议：（1）被告的行政程序；（2）被诉决定“案由”部分记载的内容；(3) 被诉决定认定本专利和附件1公开的内容。

本院认为：根据当事人无争议的陈述，本院对此实行书面审理后，对上述无争议的内容予以确认。在此基础上，本院对被诉决定的合法性进行审查。

虽然，本专利的名称是充电式节能灯，附件1是荧光灯，但两者均为灯泡的外观设计，其类别均属于26-04类，用途相同，原告在行政程序中对此未提出异议。且附件1的公开日早于本专利的申请日。所以，被告认定两者属于相同类别的产品，可以进行相近似比较的结论符合法律规定。原告认为附件1与本专利的用途不同，不能进行对比的主张缺乏法律依据，本院不予支持。

将本专利和在先设计进行对比，两者的整体形状均由上方螺纹灯头、下方灯罩两部分组成，灯罩的形状为近似椭圆形，上方与灯头连接处直径略小，下方直径略大。虽然，附件1只公开了灯头为近似椭圆形的灯泡形状；本专利比附件1又多出了灯罩中下部有一小长方形缺口、椭圆直径最大处至底面为透明部分可见其内部的应急灯泡，但是从整体观察看，本专利与附件1的不同特征属于细微差异。因此，被告认定二者的整体造型、各组成部分在整体中的相对位置及形状基本相同，形成了相近似的整体视觉印象的事实清楚。在此基础上，被告认定二者属于相近似的外观设计的结论正确，本院应予维持。原告认为本专利与附件1不同，两者的整体视觉效果有显著性差异的主张缺乏事实依据，本院不予支持。

综上，被诉决定的主要证据充分，程序合法，适用法律正确，本院应予维持。故，依照2001年《专利法》第二十三条、《中华人民共和国行政诉讼法》第五十四条第（一）项之规定，判决如下：

维持国家知识产权局专利复审委员会于二〇〇九年八月二十四日作出的第13797号专利无效宣告请求审查决定。

案件受理费100元，由原告广东金莱特电器股份有限公司负担（已交纳）。

如不服本判决，当事人可在判决书送达之日起15日内，向本院递交上诉状，并按对方当事人的人数提交副本，同时交纳上诉案件受理费100元，上诉于北京市高级人民法院。

审　判　长　饶亚东
审　判　员　刘景文
代理审判员　江建中
二〇〇九年十二月二十八日
书　记　员　王　丽

426

标贴（3）

无效宣告请求审查决定（第13798号）

决　　定　　号　第13798号
决　　定　　日　2009年8月17日
发明创造名称　标贴（3）
外观设计分类号　19-08
无效宣告请求人　苹果公司
专　利　权　人　何晓江
申　　请　　号　200630018239.8
申　　请　　日　2006年8月18日
授权公告日　2007年9月5日
合议组组长　钟　华
主　　审　　员　尹春霞
参　　审　　员　王美芳

法　律　依　据　专利法第23条
决　定　要　点

请求人提交的法院生效判决已证明与本专利完全一致的图形侵犯了请求人在先取得的合法注册商标的专用权，因此能够认定本专利与请求人在先取得的合法权利相冲突，本专利不符合专利法第23条的规定。

一、案由

本无效宣告请求涉及的是2007年9月5日国家知识产权局授权公告的200630018239.8号外观设计专利权，其名称是“标贴（3）”，申请日是2006年8月18日，专利权人是何晓江。

针对上述外观设计专利权（下称本专利），苹果公司（下称请求人）于2009年4月16日向专利复审委员会提出无效宣告请求，其理由是本专利不符合专利法第23条的规定。同时，请求人提交了如下附件作为证据：

附件1：本专利电子公开文本打印件，共1页；

附件2：商标注册证明、商标公告、商标信息查询结果复印件，共3页；

附件3：（2008）沈中民四初字第77号民事判决书复印件，共17页；

附件4：（2008）沈法执字第657号民事裁定书复印件，共1页。

请求人认为：本专利侵犯了请求人在先拥有的注册商标的专用权，且专利权人已将本专利使用在鼠标、键盘等计算机设备上。根据沈阳市中级人民法院于2008年5月28日作出的（2008）沈中民四初字第77号民事判决书，认定本专利侵犯了请求人第167364号商标权，且该判决已生效。因此请求宣告本专利无效。

经形式审查合格，专利复审委员会依法受理了上述无效宣告请求，并于2009年4月30日将无效宣告请求书及相关文件的副本转送专利权人，通知其在指定的期限内答复。专利权人逾期未答复。

专利复审委员会成立合议组对本案进行审理，并于2009年6月17日向双方当事人发出无效宣告请求口头审理通知书，定于2009年7月22日对本案进行口头审理。

口头审理如期举行，请求人委托代理人出庭，专利权人未参加口头审理，合议组依法进行缺席审理。在口头审理中，请求人当庭提交附件2第1页的原件，附件3及附件4的原件。请求人说明附件2证明请求人合法拥有商标专用权，附件3判决书的第8页第10行法院判定本专利侵犯了请求人的商标专用权，附件4证明附件3的判决书已经生效。

在上述审理的基础上，合议组经合议，认为本案事实清楚，依法作出本审查决定。

二、决定的理由

1. 法律依据

基于请求人提出的无效宣告请求的理由，合议组依据专利法第23条的规定对本案进行审理。

专利法第23条规定：授予专利权的外观设计，应当同申请日以前在国内外出版物上公开发表过或者国内公开使用过的外观设计不相同和不相近似，并不得与他人在先取得的合法权利相冲突。

2. 证据的认定

请求人提交的附件2第1页是由中华人民共和国国家工商行政管理总局商标局出具的商标注册证明复印件。请求人在口头审理中提交了附件2第1页的原件。合议组经核实，其真实性可以认定，其上有商标标识图案，注册号为167364，商标权人为苹果公司即本案请求人，有效期自2002年12月15日至2012年12月14日。

请求人提交的附件3是由沈阳市中级人民法院作出的（2008）沈中民四初字第77号民事判决书复印件，附件4是沈阳市中级人民法院作出的（2008）沈法执字第657号民事裁定书复印件。请求人在口头审理中提交了附件3及附件4的原件。经合议组核实，原件与复印件一致，因此合议组对附件3及附件4的真实性予以认定。

附件4表明附件3已发生法律效力。附件3的第3页第22行载明："被告苹果新概念公司辩称：苹果新概念公司所使用商标的外观设计专利权人是何晓江（本案专利权人），苹果新概念公司使用的商标来源合法，并不存在恶意侵权行为……"；第8页第10行载明："被告苹果新概念公司在原告（本案请求人）商标、'apple'和'苹果'核定使用商品上使用近似的图形及图文组合标识' '……侵犯了原告注册商标专用权"；第10页第18行载明："……判决如下：被告苹果新概念公司于本判决生效之日起立即停止对原告苹果公司所享有的注册号第167364……注册商标专用权的侵害。"

同时，经合议组核实，判决书中所述侵权图形与本专利完全一致。

综上所述，合议组认为：沈阳市中级人民法院的（2008）沈中民四初字第77号生效民事判决书已证明苹果新概念公司使用的" "图形侵害了请求人在先取得的合法注册商标的专用权，而本专利与该侵权图形完全一致，因此合议组能够认定本专利与请求人在先取得的合法权利相冲突，本专利不符合专利法第23条的规定。

三、决定

宣告200630018239.8号外观设计专利权全部无效。

当事人对本决定不服的，可以根据专利法第46条第2款的规定，自收到本决定之日起三个月内向北京市第一中级人民法院起诉。根据该款的规定，一方当事人起诉后，另一方当事人应当作为第三人参加诉讼。

427

应急灯（KN-189T）

无效宣告请求审查决定（第13803号）

决　　定　　号　第13803号
决　　定　　日　2009年8月17日
发明创造名称　应急灯（KN-189T）
外观设计分类号　26-05
无效宣告请求人　宁波市长荣电器有限公司
专　利　权　人　广东金莱特电器股份有限公司
专　　利　　号　200330119451.X
申　　请　　日　2003年12月17日
授 权 公 告 日　2004年11月24日
合 议 组 组 长　王霞军
主　　审　　员　尹春霞
参　　审　　员　王　红
附　　　　　图　3页

法　律　依　据　专利法第23条
决　定　要　点

本专利与在先设计1、在先设计2的差别均处于一般消费者容易关注的部位，对整体视觉效果产生显著的影响，因此本专利与在先设计1、在先设计2属于不相同且不相近似的外观设计。

一、案由

本无效宣告请求涉及国家知识产权局于2004年11月24日授权公告的200330119451.X号外观设计专利，使用该外观设计的产品名称是"应急灯（KN-189T）"，其申请日是2003年12月17日，原专利权人是江门市金莱特电器灯饰厂有限公司，2008年12月17日变更为广东金莱特电器股份有限公司。

针对上述外观设计专利权（下称本专利），宁波市长荣电器有限公司（下称请求人）于2009年4月28日向专利复审委员会提出无效宣告请求，其依据的事实和理由是：本专利不符合专利法第23条的规定，本专利应予宣告无效。请求人同时提交了如下附件作为证据：

附件1：93300441.9号外观设计专利的著录项目及图片复印件，共2页；

附件2：02312162.9号外观设计专利的著录项目及图片复印件，共2页；

附件3：02323148.3号外观设计专利的著录项目及图片复印件，共2页。

请求人认为，附件1与本专利类别、用途相同，其授权公告日均早于本专利申请日，可适用于本案。本专利与上述附件的构成部件相同，大体呈马灯形，彼此的轮廓和相应视图相同和相近似，整体属于相近似的设计方案，应宣告本专利无效。

专利复审委员会经形式审查合格受理了该无效宣告请求，并于2009年4月28日将无效宣告请求受理通知书及其附件的副本转送专利权人，通知其在指定期限内陈述意见，并告知专利权人如逾期不答复，不影响专利复审委员会的审理。

专利权人于2009年5月15日针对专利复审委员会于2009年4月28日发出的无效宣告请求受理通知书提交了意见陈述书。专利权人认为：对于"应急灯"类产品的判断主体应当是对"灯"具有常识性了解的人员；本专利与上述附件所示外观设计的差别对整体视觉效果具有显著影响，二者属于不相近似的外观设计。因此应维持本专利有效。

专利复审委员会于2009年6月3日向双方当事人发出口头审理通知书，定于2009年7月15日对本案进行口头审理。

口头审理如期举行，双方当事人均委托代理人出庭，双方均对对方出庭人员的身份和资格无异议，对合议组成员无回避请求。

口头审理中，请求人认为本专利与附件1~3所示外观设计整体轮廓均相似，区别是细小的。专利权人对附件1~3的真实性无异议，但认为本专利与附件1~3所示外观设计整体视觉效果有很大差异，因此本专利与附件1~3所示外观设计不相同也不相近似。合议组当庭告知请求人，对于附件2专利复审委员会已于2007年6月25日作出本专利与附件2所示外观设计不相同也不相近似的结论，其体现在第10282号生效决定中，因此本次口头审理对附件2与本专利不进行相近似性比较。

在上述审理的基础上，合议组经合议，认为本案事实清楚，依法作出本审查决定。

二、决定的理由

1. 法律依据

基于请求人提出无效宣告请求所依据的事实和理由，合议组对本专利是否符合专利法第23条的规定进行审查。

专利法第23条规定：授予专利权的外观设计，应当同申请日以前在国内外出版物上公开发表过或者国内公开使用过的外观设计不相同和不相近似，并不得与他人在先取得的合法权利相冲突。

2. 证据认定

请求人提交的附件1是93300441.9号外观设计专利的著录项目及图片复印件，授权公告日是1993年10月27日，早于本专利申请日（2003年12月17日），产品名称是"应急灯"，经合议组核实，其内容属实，属于在本专利申请日前公开的出版物，可以作为评价本专利是否符合专利法第23条规定的证据。

请求人提交的附件2是02312162.9号外观设计专利的著录项目及图片复印件。在口头审理中，合议组已经当庭告知请求人，专利复审委员会已于2007年6月25日作出本专利与附件2所示外观设计不相同也不相近似的结论，其体现在第10282号生效决定中，根据"一事不再理"的原则本决定对附件2与本专利不再进行相近似性比较。

请求人提交的附件3是02323148.3号外观设计专利的著录项目及图片复印件，授权公告日是2002年12月4日，早于本专利申请日（2003年12月17日），产品名称是"应急灯（KN-008）"，经合议组核实，其内容属实，属于在本专利申请日前公开的出版物，可以作为评价本专利是否符合专利法第23条规定的证据。

3. 外观设计对比

本专利是应急灯的外观设计，附件1及附件3均公开了应急灯的外观设计（下称在先设计1、在先设计2），二者用途相同，属于相同类别的产品，具有可比性。

本专利由提手、灯盖、灯管筒和底座组成。提手近似长方形，一边略呈弧形，中部略向下凹；灯盖呈扁圆柱状，下表面为一圈近似裙摆状且直径略大于圆柱直径的外凸沿；灯管筒呈长圆柱状，外表面透明，可见内部灯管及两侧支撑架；底座大致呈正立方体状，两侧边略向外凸出呈弧形，底座正面有一呈扁圆柱状的射灯，后面为一呈“M”形的面板（详见本专利附图）。

在先设计1由提手、灯盖、灯管筒和底座组成。提手近似长方形，两侧边和一长边略呈弧形，长边中部向上凸起；灯盖为多个不同直径的扁圆柱状上下叠置；灯管筒呈长圆柱状，外表面透明，透明表面有多排横条纹，可见内部灯管，灯管筒下部设置有控制面板；底座大致呈正立方体状，两侧边略向外凸出呈弧形（详见在先设计1附图）。

在先设计2由提手、灯盖、灯管筒和底座组成。提手近似半圆形，一边略呈弧形，中部向上凸起；灯盖为多个不同直径的扁圆柱状上下叠置；灯管筒呈长圆柱状，外表面透明，透明表面有多排横条纹，可见内部灯管，灯管筒下部设置有控制面板；底座大致呈正立方体状，两侧边略向外凸出呈弧形（详见在先设计2附图）。

将本专利与在先设计1进行比较，二者的相同点为：均由提手、灯盖、灯管筒和底座组成。二者的主要不同之处在于：提手形状不同，本专利提手近似长方形，一边略呈弧形，中部略向下凹，在先设计1提手近似长方形，两侧边和一长边略呈弧形，中部向上凸起；灯盖形状不同，本专利灯盖呈扁圆柱状，下表面为一圈近似裙摆状且直径略大于圆柱直径的外凸沿，在先设计1灯盖为多个不同直径的扁圆柱状上下叠置；灯管筒形状不同，本专利灯管筒的长度比在先设计1灯管筒的长度略短，且内部设计不同，控制面板设置于在先设计1灯管筒的下部；底座形状不同，且本专利底座正面设置有射灯，在先设计1无此设计，本专利控制面板设置于底座，在先设计1的控制面板设置于灯管筒的下部。合议组认为，根据整体观察，综合判断的原则，以上差别均处于视觉容易见到部位，设计明显不同，对一般消费者而言，上述差别对二者的整体视觉效果具有显著的影响，因此二者属于不相同且不相近似的外观设计。

将本专利与在先设计2进行比较，二者的相同点为：均由提手、灯盖、灯管筒和底座组成。二者的主要不同之处在于：提手形状不同，本专利提手近似长方形，一边略呈弧形，中部略向下凹，在先设计2提手近似半圆形，一边略呈弧形，中部向上凸起；灯盖形状不同，本专利灯盖呈扁圆柱状，下表面为一圈近似裙摆状且直径略大于圆柱直径的外凸沿，在先设计2灯盖为多个不同直径的扁圆柱状上下叠置；灯管筒形状不同，本专利灯管筒的长度比在先设计2灯管筒的长度略短，且内部设计不同，控制面板设置于在先设计2灯管筒的下部；底座形状不同，且本专利底座正面设置有射灯，在先设计2无此设计，本专利控制面板设置于底座，在先设计2的控制面板设置于灯管筒的下部。合议组认为，根据整体观察，综合判断的原则，以上差别均处于视觉容易见到部位，设计明显不同，对一般消费者而言，上述差别对二者的整体视觉效果具有显著的影响，因此二者属于不相同且不相近似的外观设计。

综上所述，本专利与在先设计1、在先设计2不相同且不相近似，请求人提交的证据不能支持其无效宣告请求的理由。

三、决定

维持200330119451. X号外观设计专利权有效。

当事人对本决定不服的，可以根据专利法第46条第2款的规定，自收到本决定之日起三个月内向北京市第一中级人民法院起诉。根据该款的规定，一方当事人起诉后，另一方当事人应当作为第三人参加诉讼。

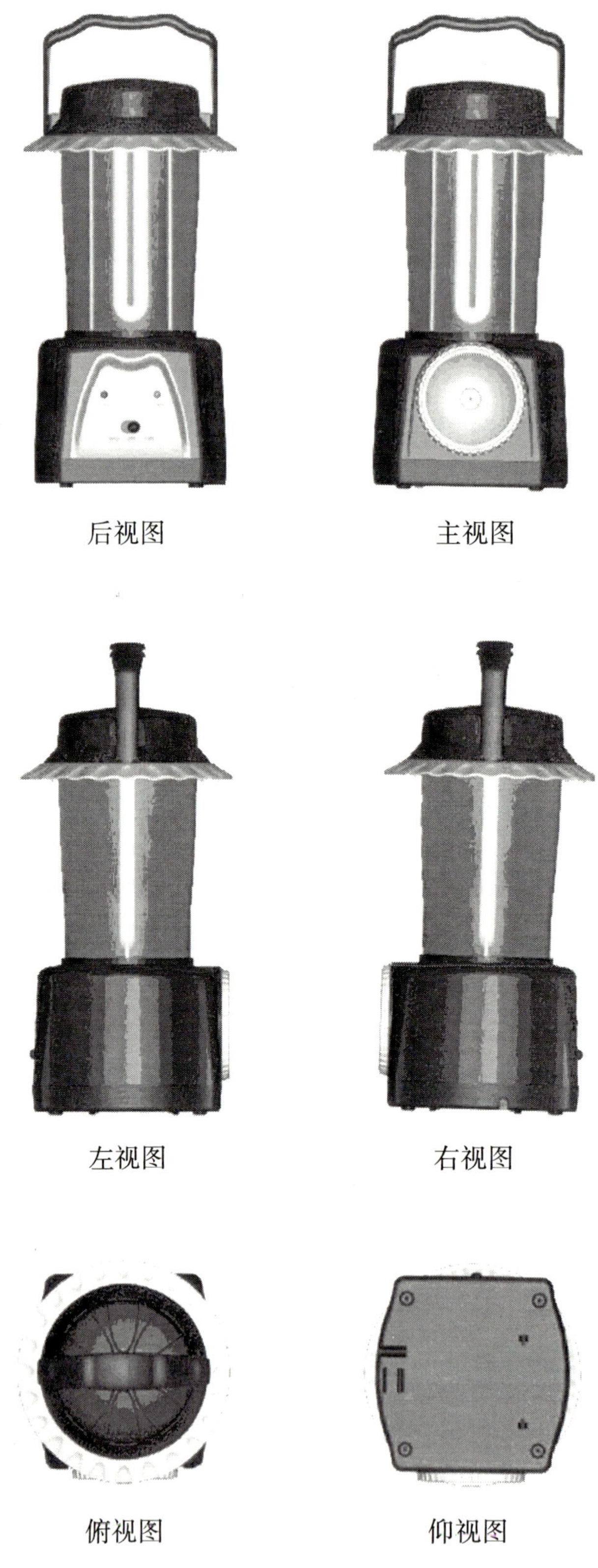

本专利附图

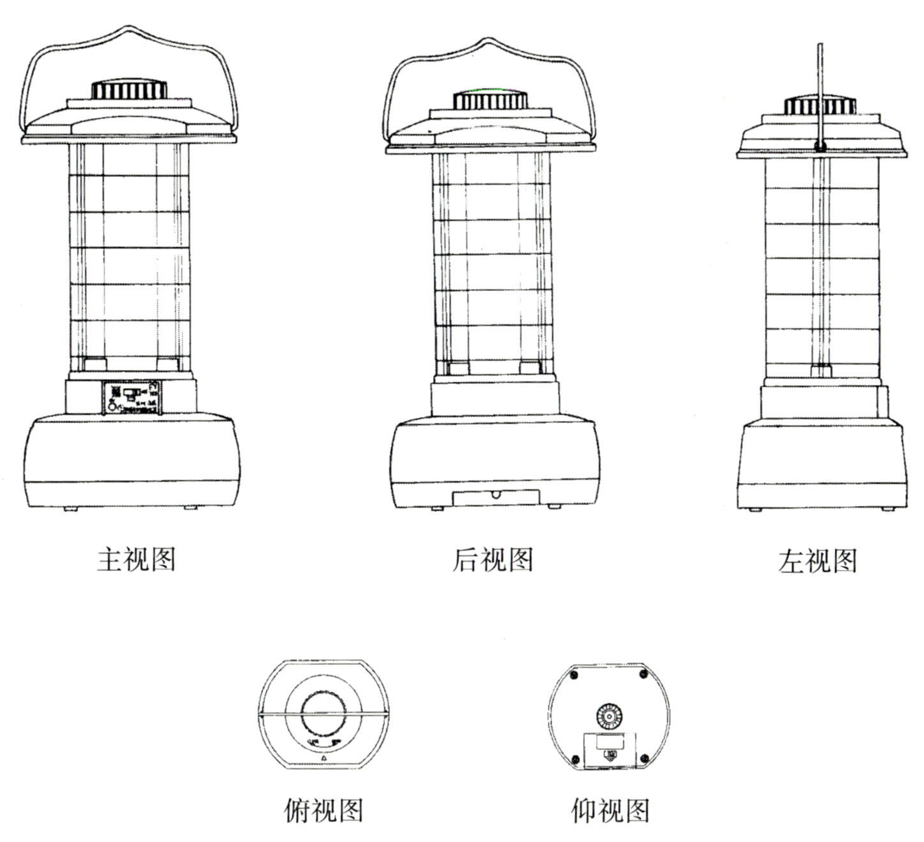

在先设计 1 附图

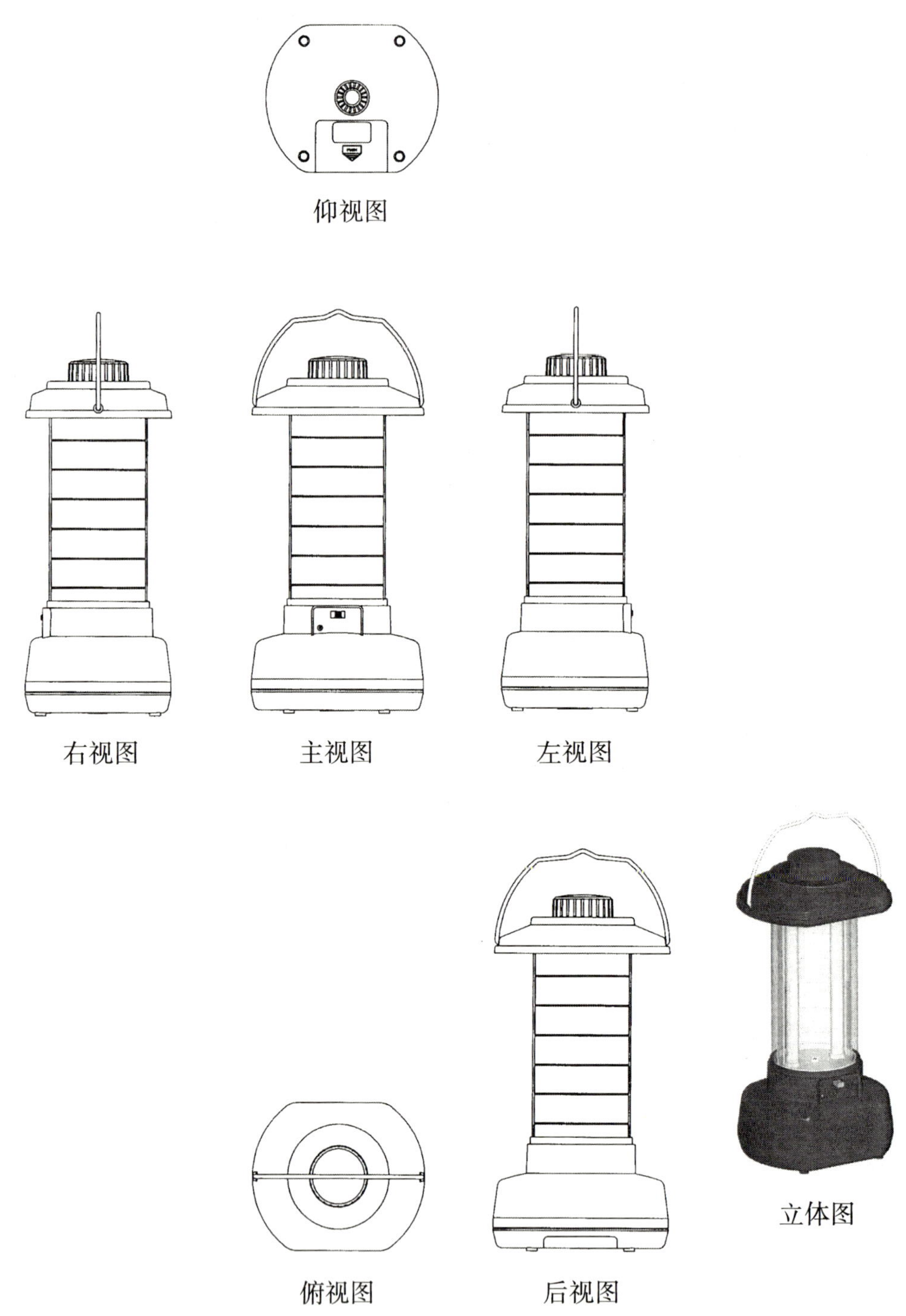

在先设计 2 附图

自 行 车

无效宣告请求审查决定（第 13807 号）

决　　定　　号　第 13807 号
决　　定　　日　2009 年 8 月 21 日
发明创造名称　自行车
外观设计分类号　12-11
请　　求　　人　永祺车业股份有限公司
专 利 权 人　姚建铭
专　　利　　号　200730008381.9
申　　请　　日　2007 年 3 月 21 日
授 权 公 告 日　2008 年 7 月 9 日
合 议 组 组 长　吴大章
主　　审　　员　徐清平
参　　审　　员　李巍巍
附　　　　　图　2 页

法 律 依 据　专利法第 23 条
决 定 要 点

请求人指定的证据所示对比图片均为相对于自行车在同一个方向的正投影视图，对于立体产品，仅凭所述在一个方向上的平面正投影视图，其不能表示出产品的立体形状，因此无法将其与本专利各部分立体形状所形成的整体视觉效果进行对比，不能认定其与本专利相同或相近似。

一、案由

本无效宣告请求涉及的是国家知识产权局于 2008 年 7 月 9 日授权公告的 200730008381.9 号外观设计专利，使用该外观设计的产品名称为“自行车”，申请日是 2007 年 3 月 21 日，专利权人是姚建铭。

针对上述专利权（下称本专利），永祺车业股份有限公司（下称请求人）于 2008 年 12 月 24 日向专利复审委员会提出无效宣告请求，其依据的事实和理由是：请求人提交的证据 1、证据 2 所示专利文献已于本专利申请之前被公开，两份证据所示图 1 内容相同，将其与本专利相比较，所示自行整体外观形状相同，均以三角形为造型，除本专利具有置物架设置外，其设计结构、位置连接关系完全相同，按一般消费者知识水平综合判断，本专利与证据 1、2 所示自行车属于相近似的外观设计；证据 3 所示日本杂志、证据 4 所示台北自行车展官方日报的发行日期均早于本专利申请日，将其公开的自行车外观设计与本专利相比较，不仅整体外观形状相同，均以三角形为造型，而且各部分设计完全相同，各管件结合关系和组成形状相同，前后轮设置相同，坐垫、置物架、握把的形状和位置关系相同，即本专利与证据3、4所示自行车属于相同的外观设计；因此，本专利不符合专利法第23条的规定。请求人同时提交的证据如下：

证据1：日本“特公平-7-17222”号专利公报复印件7页；

证据2：美国4，718，688号专利公报复印件11页；

证据3：日本《CYCLEPRESS快报》2006年4月号原件1本；

证据4：中国台湾第19届台北国际自行车展官方日报原件1本。

经形式审查合格，专利复审委员会受理了该无效宣告请求，并于2009年3月23日将无效宣告请求书及其附件的副本转送给专利权人，通知其在指定期限内陈述意见。

专利权人逾期未作答复。

专利复审委员会成立合议组对本案进行审理，于2009年6月4日向请求人和专利权人发出口头审理通知书，定于2009年6月30日对本案进行口头审理。

口头审理如期举行，仅请求人一方委托代理人参加审理，合议组依法按专利权人缺席审理本案。请求人坚持前述无效宣告请求理由，当庭指定以证据1和证据2中第1图、第2图、第6图所示自行车外观设计作为与本专利对比的在先设计，并认为证据1和证据2所示图片内容相同；请求人认可证据3所示出处版物在日本东京发行，证据4所示出版物在中国台湾出版；请求人将证据所示对比设计与本专利进行了详细对比，认为其构成相同或相近似，并坚持原书面陈述意见。

通过上述审理，合议组经合议，认为本案事实清楚，依法作出本审查决定。

二、决定的理由

1. 无效宣告请求理由和相关法律规定

基于请求人提出无效宣告请求所依据的事实和理由，合议组对本专利是否符合专利法第23条的规定进行审查。

专利法第23条规定：“授予专利权的外观设计，应当同申请日以前在国内外出版物上公开发表过或者国内公开使用过的外观设计不相同和不相近似，并不得与他人在先取得的合法权利相冲突。”

2. 证据认定

请求人提交的证据1是日本“特公平-7-17222”号专利公报复印件，经合议组核实，其内容属实，该专利公报的公告日为1995年3月1日；证据2是美国4718688号专利公报复印件，经合议组核实，其内容属实，该专利公报的公告日为1998年1月12日；证据1、证据2所示专利公报的公告日均早于本专利申请日，属于本专利申请日之前的公开出版物，因此，可适用专利法第23条的规定作为本案证据。

请求人提交的证据3是日本《CYCLEPRESS快报》2006年4月号原件，其出版发行于日本；证据4是中国台湾第19届台北国际自行车展官方日报原件，其出版发行于中国台湾。合议组认为，证据3为域外形成的证据，证据4为中国台湾地区形成的证据，请求人未对所述证据履行相关的公证、认证或证明手续，因此，合议组对证据3、证据4不予采纳。

3. 外观设计是否相同或相近似认定

本专利为自行车的立体形状设计，通过主视图、左视图、右视图、俯视图、后视图等多个面的正投影视图，清楚表示出自行车的车架、握把、坐垫、载物架、车轮等各部分的立体形状（详见本专利附图）。对于请求人指定的证据1、证据2中的第1图、第2图、第6图所示对比图片，其均为相对于自行车在同一个方向的正投影视图（详见证据1附图、证据2附图），仅凭所述在一个方向上的平面正投影视图，其不能表示出产品的立体形状，特别是不能确定与本专利相对应的车架、握把、坐垫、载物架等各部分的立体形状，因此无法将其与本专利各部分立体形状所形成的整体视觉效果进行对比，不能认定其与本专利相同或相近似。

综上所述，请求人提交的证据3、证据4不能被采纳，证据1、证据2图片所示对比设计不能被认定为与本专利相同或相近似，请求人据此证明本专利不符合专利法第23款的规定的无效宣告请求理由不能成立。

三、决定

维持200730008381.9号外观设计专利权有效。

当事人对本决定不服的，可以根据专利法第46条第2款的规定，自收到本决定之日起三个月内向北京市第一中级人民法院起诉。根据该款的规定，一方当事人起诉后，另一方当事人应当作为第三人参加诉讼。

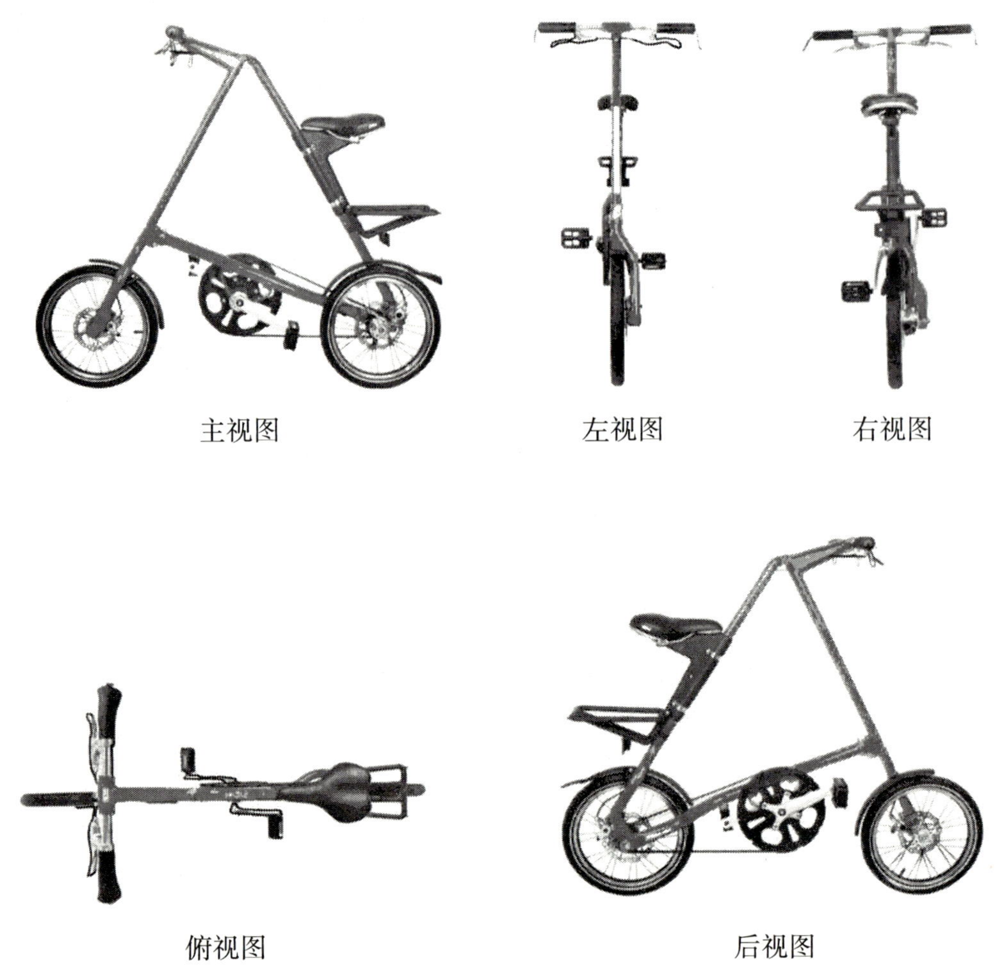

主视图　左视图　右视图

俯视图　后视图

本专利附图

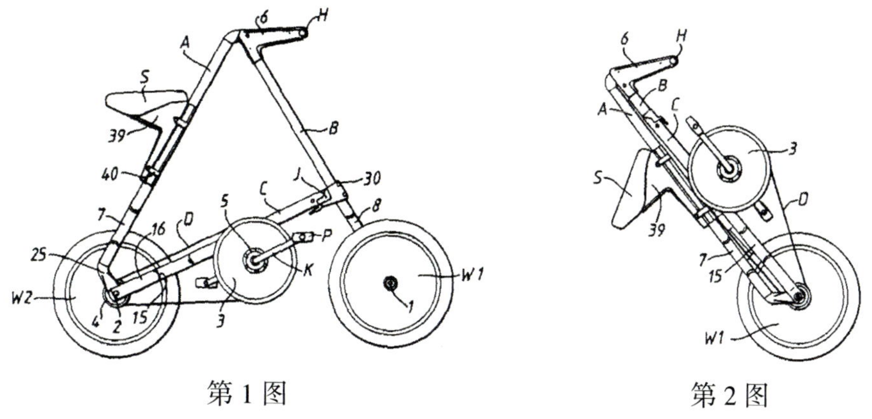

第1图　　　　　　　　　　　　第2图

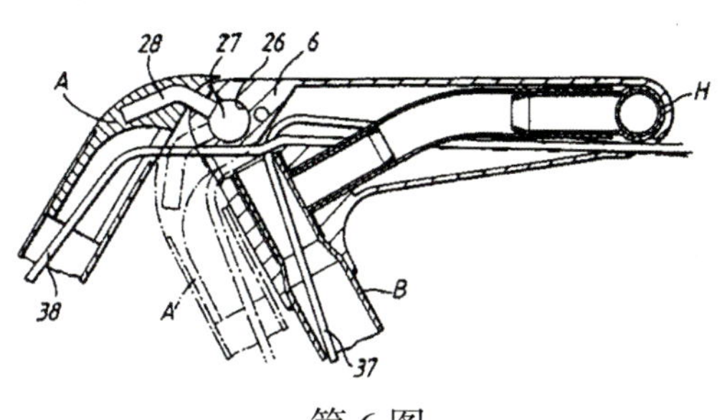

第6图

证据1附图

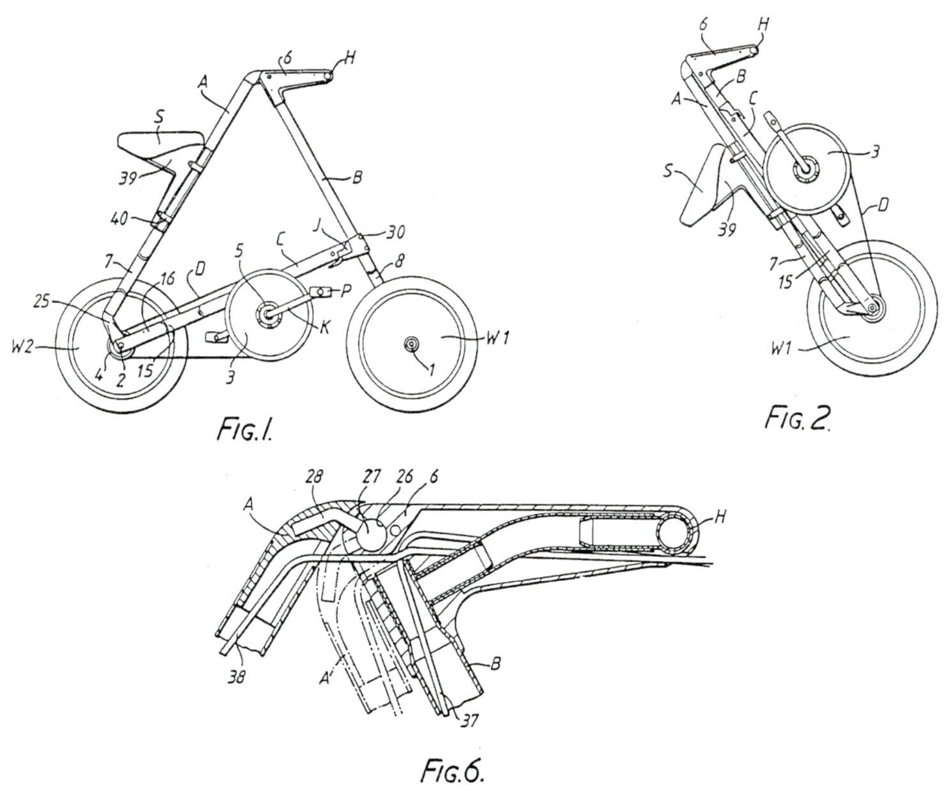

证据2附图

429

转椅脚（五轮）

无效宣告请求审查决定（第 13808 号）

决　定　号　第 13808 号
决　定　日　2009 年 8 月 21 日
发明创造名称　转椅脚（五轮）
外观设计分类号　06-06
无效宣告请求人　杜亚伦
专　利　权　人　毛利强
专　利　号　200730357566.0
申　请　日　2007 年 11 月 26 日
授权公告日　2008 年 12 月 24 日
合议组组长　徐清平
主　审　员　吴大章
参　审　员　雷　婧
附　　图　2 页

法律依据　专利法第 23 条
决定要点

本专利与在先设计的形状相同，二者的差别属于局部细微的设计变化，对产品整体视觉效果不具有显著影响，故二者属于相近似的外观设计。

一、案由

本无效宣告请求涉及的是国家知识产权局于 2008 年 12 月 24 日授权公告的、专利号为 200730357566.0 的外观设计专利，其产品名称为“转椅脚（五轮）”，申请日为 2007 年 11 月 26 日，专利权人为毛利强。

针对上述外观设计专利权（下称本专利），杜亚伦（下称请求人）于 2009 年 6 月 2 日向专利复审委员会提出无效宣告请求，其理由是：本专利与其申请日前在出版物上公开发表过的外观设计相同，故不符合专利法第 23 条的规定。同时，请求人提交了如下附件作为证据：

附件 1：200630009721.5 号中国外观设计专利电子公开文本的打印件 1 页。

请求人认为，附件 1 公开了与本专利相同的一种办公椅椅脚，且公开日早于本专利申请日，因此本专利不符合专利法第 23 条的规定。

经形式审查合格，专利复审委员会依法受理了上述无效宣告请求，并于 2009 年 6 月 17 日将无效宣告请求书及相关文件的副本转送专利权人，通知其在指定的期限内答复。专利权人逾期未答复。

专利复审委员会成立合议组对本案进行审理，并于2009年8月6日向双方当事人发出合议组成员告知通知书，通知其如有回避请求，在指定期限内提交书面请求书。

针对合议组成员告知通知书，双方当事人均逾期未答复，均视为无回避请求。

在上述审理的基础上，合议组认为本案事实清楚，可以依法作出审查决定。

二、决定的理由

1. 法律依据

基于请求人提出无效宣告请求的理由，合议组依据专利法第23条的规定进行审理。

专利法第23条规定："授予专利权的外观设计，应当同申请日以前在国内外出版物上公开发表过或者国内公开使用过的外观设计不相同和不相近似，并不得与他人在先取得的合法权利相冲突。"

2. 证据的认定

附件1是200630009721.5号中国外观设计专利电子公开文本的打印件，其产品名称为"办公椅椅脚（CP-643）"，申请日为2006年3月24日，公开日为2007年1月3日。经合议组核实，该附件内容真实，其公开日在本专利的申请日（2007年11月26日）之前，适用于评述本专利是否符合专利法第23条的规定。

3. 外观设计相同和相近似的比较

附件1中公开的产品与使用本专利的产品均为椅脚，二者具有相同的用途，属于相同类别的产品，故附件1公开的产品外观设计（下称在先设计）可以与本专利进行比较和判断。

本专利的图片包括主视图、后视图、左视图、右视图、俯视图、仰视图和立体图，其所示产品由五个条形支脚构成，支脚相隔的角度相同，各支脚前端部有细长浅槽，端部边缘呈圆弧形，产品中心为圆形通孔（详见本专利附图）。

在先设计的图片包括主视图、后视图、左视图、俯视图、仰视图和立体图，其所示产品由五个条形支脚构成，支脚相隔的角度相同，各支脚前端部有细长浅槽，端部边缘呈圆弧形，产品中心为圆形通孔（详见在先设计附图）。

将本专利与在先设计进行比较，二者的形状相同，仅是产品各支脚前端部的细长浅槽形状和底部各支脚内的结构在底面所呈现出的图案略有不同，合议组认为，上述差别属于局部细微的设计变化，并且位于使用中不易见到的部位，对产品整体视觉效果不具有显著影响，故二者属于相近似的外观设计。

4. 结论

本专利与其申请日以前在国内出版物上公开发表过的外观设计相近似，因此，本专利不符合专利法第23条的规定。

三、决定

宣告200730357566.0号外观设计专利权全部无效。

当事人对本决定不服的，可以根据专利法第46条第2款的规定，自收到本决定之日起三个月内向北京市第一中级人民法院起诉，根据该款规定，一方当事人起诉后，另一方当事人应当作为第三人参加诉讼。

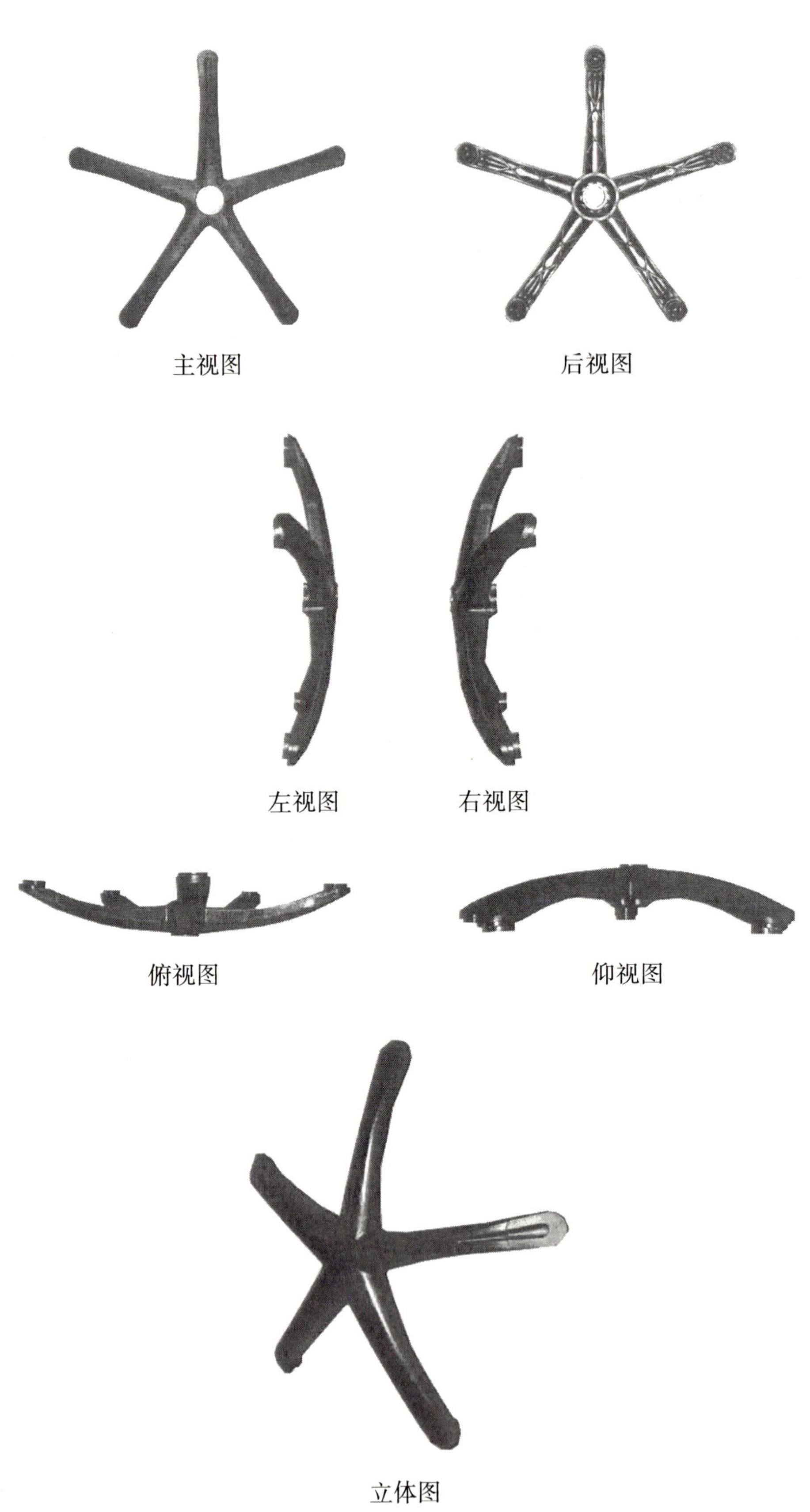

主视图　后视图

左视图　右视图

俯视图　仰视图

立体图

本专利附图

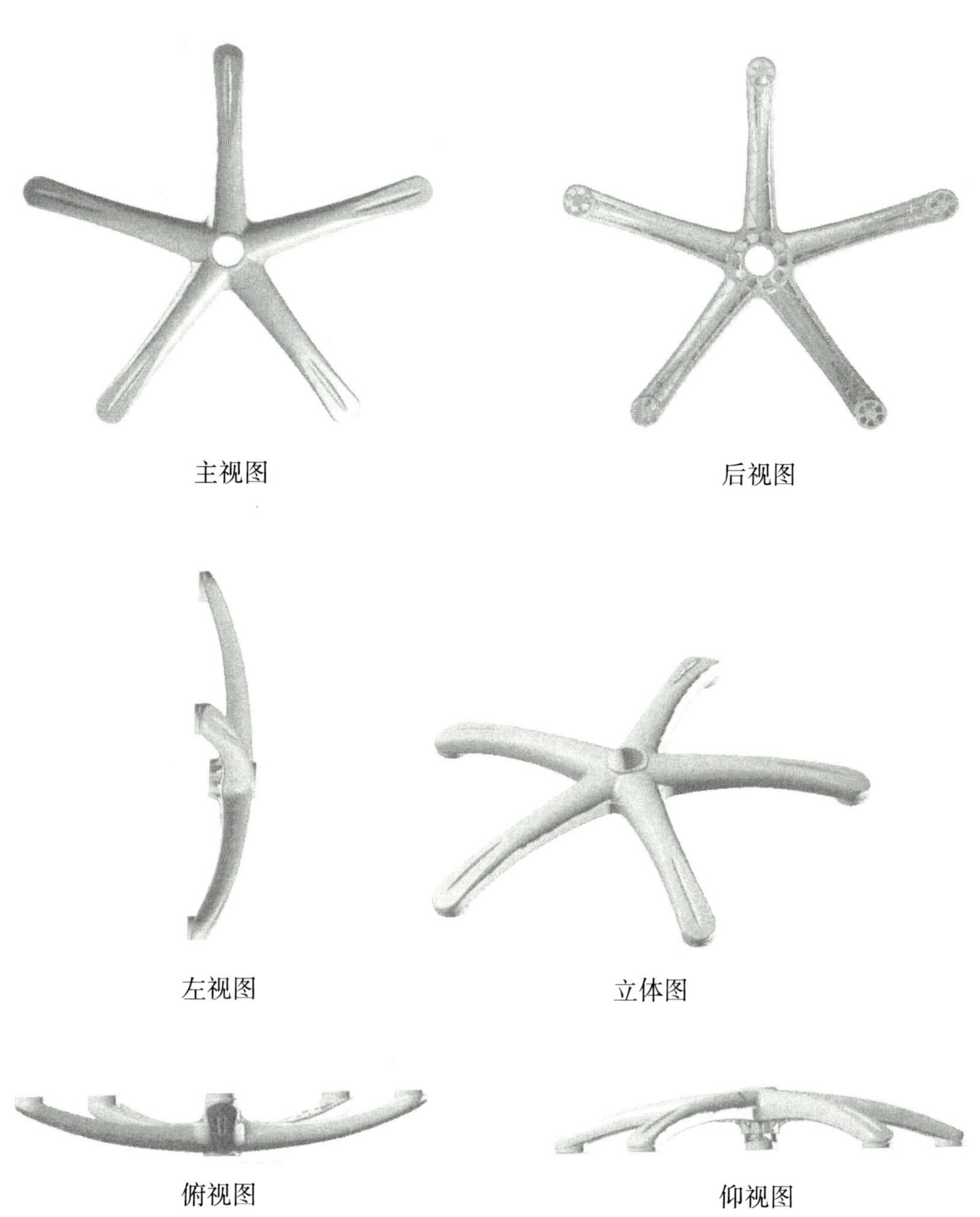

在先设计附图

430

包　装　杯

无效宣告请求审查决定（第13810号）

决　　定　　号　第13810号
决　　定　　日　2009年8月24日
发明创造名称　包装杯
外观设计分类号　09-03
无效宣告请求人　宜昌喜旺食品有限公司
专　利　权　人　蒙牛（武汉）友芝友乳业有限公司
专　　利　　号　200730097286.0
申　　请　　日　2007年7月16日
授权公告日　2008年6月25日
合议组组长　李巍巍
主　　审　　员　张雪飞
参　　审　　员　沙柏青
附　　　　　图　1页

法　律　依　据　专利法第23条
决　定　要　点
本专利与在先设计的差别均属于局部的细微变化所导致的差别，对二者的整体视觉效果均不具有显著的影响，二者应属于相近似的外观设计。

一、案由

本无效宣告请求涉及国家知识产权局于2008年6月25日授权公告的200730097286.0号外观设计专利，使用该外观设计的产品名称是“包装杯”，其申请日是2007年7月16日，专利权人是蒙牛（武汉）友芝友乳业有限公司。

针对上述外观设计专利权（下称本专利），宜昌喜旺食品有限公司（下称请求人）于2009年5月25日向专利复审委员会提出无效宣告请求，其理由是本专利不符合专利法第23条的规定，应予宣告无效，并提交了如下证据附件：

证据1是公开（公告）日为2005年11月2日的200430122821.X号中国外观设计专利的电子公开文本打印件共6页，其公开（公告）号为CN3483951。

请求人认为将本专利与证据1所示在先公开的包装杯的外观设计相比较，二者的杯体形状基本相同，差异均属于局部细微差别，对整体视觉效果不会产生显著的影响，因此二者属于相近似的外观设计。

经形式审查合格，专利复审委员会受理了该无效宣告请求，并于2009年5月25日将请求人的无效宣告请求文件转送专利权人。

专利复审委员会于2009年7月8日向双方当事人发出合议组成员告知通知书。双方当事人逾期均未对合议组成员提出回避请求。

其后，专利复审委员会分别于2009年7月17日和2009年8月12日收到答辩人落款为打印字体的专利权人企业名称的意见陈述，其认为请求人提出的证据1所示外观设计与本专利基本一致的衡量标准模糊，且不能认定证据1所示的包装杯属于杯盖和杯体的组合包装，而请求人的产品与本专利的组合分解形式完全一致，侵犯了本专利，应要求请求人停止侵权并赔偿相应的经济损失，维护专利权人的合法权利。另附有宜昌市知识产权局“（2009）年第20号”《送达通知》及《送达通知回执》共1页。

在上述审理的基础上，合议组经合议，认为本案事实清楚，依法作出本审查决定。

二、决定的理由

基于请求人提出的无效宣告请求的理由和证据，合议组依据专利法第23条的规定进行审理。

专利法第23条规定：“授予专利权的外观设计，应当同申请日以前在国内外出版物上公开发表过或者国内公开使用过的外观设计不相同和不相近似，并不得与他人在先取得的合法权利相冲突。”

请求人提交的证据1是公开（公告）日为2005年11月2日的200430122821.X号中国外观设计专利的电子公开文本打印件，其公开（公告）号为CN3483951；专利权人未对其真实性提出质疑。经合议组核实，其内容真实，确系在本专利申请日（2007年7月16日）以前公开的外观设计专利，适用于专利法第23条。

该200430122821.X号外观设计专利公开了一款包装杯的外形设计（下称在先设计）。从图片上观察，在先设计整体由上部近似圆形的杯盖和下部近似倒圆台形的杯体组合而成（详见在先设计附图）。

本专利同样是包装杯的外观设计，其整体由上部近似圆形的杯盖和下部近似倒圆台形的杯体组合而成，其中杯盖顶部内呈圆形下凹，杯体上端环绕杯体外凸（详见本专利附图）。

合议组认为：本专利和在先设计均为包装杯的外观设计，用途相同，属于相同类别的产品，具有可比性。

将本专利与在先设计相比较，其主要的不同点为：本专利相对于在先设计在杯盖和杯体等处增加了凹凸设计。合议组认为：从整体视觉观察，虽然二者存在不同点，但由于本专利在杯盖和杯体处的凹凸设计均属于浅凹、浅凸的局部设计，均未能导致近似圆形杯盖和近似倒圆台形杯体的整体组合形状产生明显的视觉变化，且二者其他更为细微的差别也明显不会对整体视觉效果产生显著的影响，二者的整体视觉效果相近似，应属于相近似的外观设计。

综上所述，在本专利申请日以前已有与其相近似的外观设计在出版物上公开发表过，本专利不符合专利法第23条的规定。

对于专利复审委员会分别于2009年7月17日和2009年8月12日收到答辩人落款为打印字体的专利权人企业名称的意见陈述，合议组认为：根据专利法实施细则第118条第1款的规定，向国务院专利行政部门提交申请文件或者办理各种手续，应当使用国务院专利行政部门制定的统一格式，由申请人、专利权人、其他利害关系人或者其代表人签字或者盖章；委托专利代理机构的，由专利代理机构盖章。而上述两次意见陈述中均未有专利权人或者其代表人的签字或者盖章，也未有委托的专利代理机构，因此在形式上不符合相关规定。另外，上述两次意见陈述中涉及的相关侵权事项并不属于专利复审委员会无效案件审理的范畴，因此亦不能影响前述相同和相近似性判断的结论。

三、决定

宣告 200730097286. 0 号外观设计专利权全部无效。

当事人对本决定不服的，可以根据专利法第 46 条第 2 款的规定，自收到本决定之日起三个月内向北京市第一中级人民法院起诉。根据该款的规定，一方当事人起诉后，另一方当事人应当作为第三人参加诉讼。

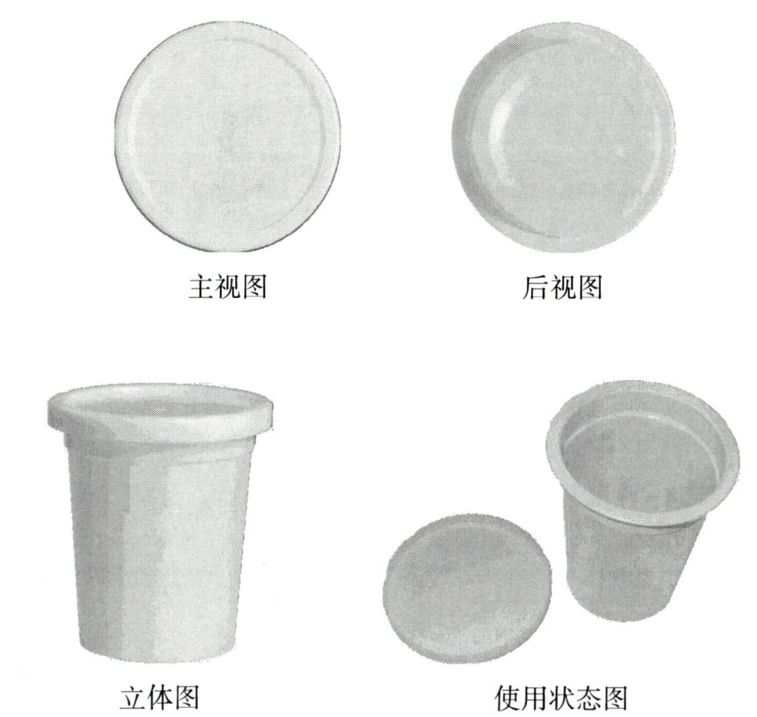

主视图　后视图

立体图　使用状态图

本专利附图

右视图　主视图　左视图　后视图

俯视图

在先设计附图

431

床头（7）

无效宣告请求审查决定（第13816号）

决　　定　　号　第13816号
决　　定　　日　2009年8月24日
发明创造名称　床头（7）
外观设计分类号　06-06
无效宣告请求人　六安市天奇金属制品有限公司
专　利　权　人　李振东
专　　利　　号　200730108722.X
申　　请　　日　2007年3月14日
授权公告日　2008年4月16日
合议组组长　张雪飞
主　　审　　员　吴大章
参　　审　　员　沙柏青
附　　　　　图　2页

法　律　依　据　专利法第23条，专利法实施细则第2条第3款
决　定　要　点

网页上的日期检索字段是手工输入的，合议组据此不能够确定检索的字段和网页图片具有必然和直接的联系，并且这种关系在本专利申请日之前已经建立和保存在源文件之中。

本专利和在先设计的不同点在于床头主体部分的设计，对外观设计的整体视觉效果足以产生显著影响，使一般消费者认为本专利是与在先设计具有显著区别的新设计，本专利与在先设计应属于不相同且不相近似的外观设计。

一、案由

本无效宣告请求涉及国家知识产权局于2008年4月16日授权公告的200730108722.X号外观设计专利，使用该外观设计的产品名称是"床头（7）"，申请日是2007年3月14日，专利权人是李振东。

针对上述外观设计专利权（下称本专利），六安市天奇金属制品有限公司（下称请求人）于2009年5月27日向专利复审委员会提出无效宣告请求，其理由是本专利不符合专利法第23条和专利法实施细则第2条第3款的规定。请求人提交了如下附件作为证据：

附件1：安徽省六安市皋翔公证处出具的（2009）皖六皋公证字第3949号公证书的复印件共25

页，该公证书记载了访问网址为“http：//www. kmhengsen. com/”的网站的过程，该公证书的附件包括访问上述网站的工作记录和上述网站下载的网页；

附件2：封面上有“恒森集团”字样的产品样册的复印件共8页；

附件3：99302533.1号中国外观设计专利电子公开文本的复印件共1页；

附件4：本专利授权公报的复印件1页。

请求人认为：本专利和附件1的网页以及附件2的产品样册公开的床头完全相同；本专利和附件3记载的床头的形状完全相同，不同部分不属于要部，故本专利不符合外观设计专利的授权条件。

专利复审委员会受理了该无效宣告请求，并于2009年5月27日将上述无效宣告请求书及其附件的副本转送给专利权人，要求其在指定期限内陈述意见。

专利权人于2009年6月15日提交了意见陈述书。专利权人认为，附件1未记载网页的公开发表时间，下载时间晚于本专利的申请日，附件2没有记载日期，因此附件1和附件2都不能作为在先客体，不能用于评价本专利。附件3是专利权人在先申请的外观设计专利，与本专利明显不同，不影响本专利的专利性。

2009年6月29日，专利复审委员会本案合议组同时向双方当事人发出口头审理通知书，定于2009年7月22日对本案进行口头审理，随口头审理通知书向请求人转送了专利权人的上述意见陈述书。

之前，2009年6月23日，请求人提交了意见陈述及补充证据，请求人认为，在本专利申请日以前，已有与本专利相同的外观设计在专利权人经销商的网站上公开发表，因此本专利不符合专利法第23条的规定。请求人补充证据如下（编号续前）：

附件5：安徽省六安市皋翔公证处出具的（2009）皖六皋公证字第5072号公证书的复印件共31页，该公证书的内容包括两部分：第一部分记载了访问网址为“http：//www. tlcj. cn/”网站的过程以及上述网站下载的网页；另一部分记载了对上述网站备案时间的查询过程和查询结果。

合议组于2009年7月2日将上述意见陈述书及附件转送专利权人，并且告知其于口头审理时一并答复。

口头审理如期举行。请求人的法定代表人和代理人以及专利权人委托的代理人出席口头审理。在口头审理当中涉及的主要内容如下：

（1）请求人说明其专利法实施细则第2条第3款的无效宣告理由也是基于原有证据显示的出版物公开的事实。请求人提交了附件1、附件2和附件5的原件，专利权人对原件和复印件的一致性没有提出异议。

（2）双方当事人就附件1、附件2和附件5的公开发表时间进行了辩论。关于附件1，请求人认为该网站是专利权人自己的，网页上记载的“2006~2008”即是公开时间，网页图片的上传日期是2006年，在本专利申请日之前；专利权人认为，图片上传是动态的，故只能认定公证书所附下载网页的形成时间。关于附件2，请求人认为该产品样册是专利权人公司的，该样册的封面没有涉及2006年以后的专利号，就此可以知道该样册的公开日在本专利的申请日之前；专利权人对附件2的真实性提出异议，指出不能确认附件2就是专利权人公司自己印制的；本专利是在2008年授权的，按照请求人的推论，公开日期应该推论到2008年以前。关于附件5，请求人认为该网站是专利权人经销商的，在网页输入2007.1.12时，网页图片记载的床头与本专利相同，对该网站备案时间的查询结果表明，该网站的备案时间是2007年1月11日，故下载的网页的公开时间是2007年1月12日，在本专利申请日前，请求人当庭提交了相关的补充证据，合议组当庭告知已经超出了举证期限；专利权人指出，按照公证书的操作，确实可以找到相关的图片，但是，网站搜索商品的上架时间不受限制，只要输入的日期早于2009年3月30日，都可以找到相关的图片，请求人当庭提交了输入不同时间下载得到的图片共4页（下称反证），并且当庭演示了在网站上进行搜索的过程，但是在输入2009-01-01后，没有得到如反证所示的图片。对于专利权人提交的反证，请求人指出，网站的所有人与专利权人具有利害关系，凭密码完全可以修改相关的内容。

（3）双方当事人就附件1、附件2、附件3及附件5记载的相关的外观设计和本专利是否相同和相近似进行了辩论。

2009年8月1日，请求人提交了针对专利权人在口头审理中提交的反证的书面质证意见。请求人认为：根据优势证据的原则，反证不能推翻请求人的经过公证的网页证据；网站的所有人与专利权人具有利害关系，有关人员完全可以在获得经公证的网页之后修改相关的内容。

在双方当事人意见陈述及口头审理的基础上，合议组经合议，认为本案事实清楚，依法作出本审查决定。

二、决定的理由

1. 法律依据

基于请求人提出无效宣告请求的理由，合议组依据专利法第23条和专利法实施细则第2条第3款的规定进行审理。

专利法第23条规定："授予专利权的外观设计，应当同申请日以前在国内外出版物上公开发表过或者国内公开使用过的外观设计不相同和不相近似，并不得与他人在先取得的合法权利相冲突。"

专利法实施细则第2条第3款规定：专利法所称的外观设计，是指对产品的形状、图案或者其结合以及色彩与形状、图案的结合所作出的富有美感并适于工业应用的新设计。

2. 证据和事实认定

（1）关于互联网的网页证据。

请求人提交的附件1是经公证的从网址为"http：//www. kmhengsen. com/"的互联网网站下载的网页。请求人认为网页上记载的"2006~2008"的字样可以证明其公开发表日期在本专利申请日之前。专利权人对此提出异议。合议组认为，互联网中的网页信息具有很强的可编辑性和时效性，对相同网站内的网页可随时进行修改、更新，故所述同一网站内的网页在不同具体时间会呈现不同的内容。上述网页上记载的字样所表示的是时间跨度很大的版权标记，据此不能确定所下载的网页上相关图片的具体发布时间，因此，附件1的网页不足以证明相关产品图片在本专利申请日之前公开发布的事实。

附件5是经公证的下载网页，所述网页分为两个部分：第一部分是记载了南京市建邺区田玲床具厂产品图片的网页，该部分网页源自网址为"http：//www. tlcj. cn/"的网站，公证书记载了访问该网站的过程；另一部分记载了对上述网站备案时间的查询过程和查询的结果。请求人认为，网页上的字样可以证明网页的发布时间在本专利的申请日之前，所述字样是产品图片网页上的"2007-01-12""上架时间"和备案公共信息查询详细信息页上的"审核通过时间""2007-01-11"。专利权人针对附件5支持的事实主张提交了反证，用来证明输入的时间查询字段只要不晚于2009年3月30日，输入任意时间都可以得到附件5所示的产品图片网页，并且当庭演示了反证的取得过程，但在提交的4页反证中，重复获得其中的3页。

合议组认为，上述下载的图片网页上的字样是查询产品的检索字段，"2007-01-12"是查询者手工输入的，"上架时间"是查询者手工选择的，据此不能确认检索字段和所示图片具有必然和直接的联系，并且这种关系在本专利申请日之前已经建立和保存在源文件之中。网站备案时间表上审核通过时间并不等同于网页上具体产品图片的上传公开时间。在无其他证据的支持下，附件5不足以证明网页上显示的相关产品图片确实公开于本专利申请日以前。因此附件5不足以支持相关产品在先公开的主张。

附件 1 和附件 5 的公开时间都不能确定，因此上述附件中的产品图片不能适用专利法第 23 条的规定与本专利进行相近似性对比。

（2）关于其他出版物的证据。

附件 2 是封面上有“恒森集团”字样的产品样册。请求人认为，根据其封面的专利号中没有记载 2006 年以后的专利号可以确认该产品样册公开日在本专利的申请日之前。专利权人不认可其印制了该产品样册。合议组认为，封面上是否记载了 2006 年之后的专利号与其公开时间之间没有直接和必然的联系，据此不足以推定整个宣传册的印刷和公开时间确实在本专利的申请日前，因此请求人的主张不能成立。由于公开时间不能确定，附件 2 中的产品图片不能适用专利法第 23 条的规定与本专利进行相近似性对比。

请求人提交的附件 3 是第 99302533.1 号中国外观设计专利的电子公开文本，专利权人对其真实性无异议。经合议组核实，该附件所示内容真实。其使用外观设计的产品名称是“床头（1）”，授权公告日是 2000 年 4 月 26 日，早于本专利的申请日，可以作为评价本专利是否符合专利法第 23 条规定的证据。

3. 相同和相近似对比

使用本专利外观设计的产品是床头，附件 3 使用外观设计的产品也是床头，二者用途相同，属于相同类别的产品，可以进行外观设计相同和相近似比较。

本专利包括主视图、俯视图和左视图，简要说明称“主视图中 a 为软装饰面”。如图片所示，本专利整体近似“品”字形。本专利的外缘是独立的外框，外框的两侧为两个柱状的床腿；本专利主体是具有软饰面的平板部分，该部分中部具有满布圆点状凹坑和直线构成的形状；外框和主体之间的具有 3 个圆形，分别位于中部和两肩（详见本专利附图）。

附件 3 公开的外观设计（下称在先设计）包括主视图、俯视图和左视图。如图片所示，在先设计整体近似“品”字形，其外缘是独立的外框，外框的两侧为两个柱状的床腿；在先设计的主体是无图案的平板部分；外框和主体之间的具有 3 个圆形，分别位于中部和两肩（详见在先设计附图）。

比较本专利与在先设计，二者的相同点是：整体形状相同；都由独立的外框和平板部分组成。二者的主要不同点是：本专利的主体部分中部具有圆点状凹坑和直线构成的形状，而在先设计的相应部位无此设计。合议组认为：上述不同点在于床头主体部分的设计，对外观设计的整体视觉效果足以产生显著影响，使一般消费者认为本专利是与在先设计具有显著区别的新设计，本专利与在先设计应属于不相同和相近似的外观设计。

4. 结论

综上所述，请求人提交的证据均不能证明本专利与其申请日以前在国内出版物上公开发表过的外观设计相同和相近似，请求人关于本专利不符合专利法第 23 条和专利法实施细则第 2 条第 3 款的无效宣告的理由均不能成立。

三、决定

维持 200730108722.X 号外观设计专利权有效。

当事人对本决定不服的，可以根据专利法第 46 条第 2 款的规定，自收到本决定之日起三个月内向北京市第一中级人民法院起诉。根据该款的规定，一方当事人起诉后，另一方当事人应当作为第三人参加诉讼。

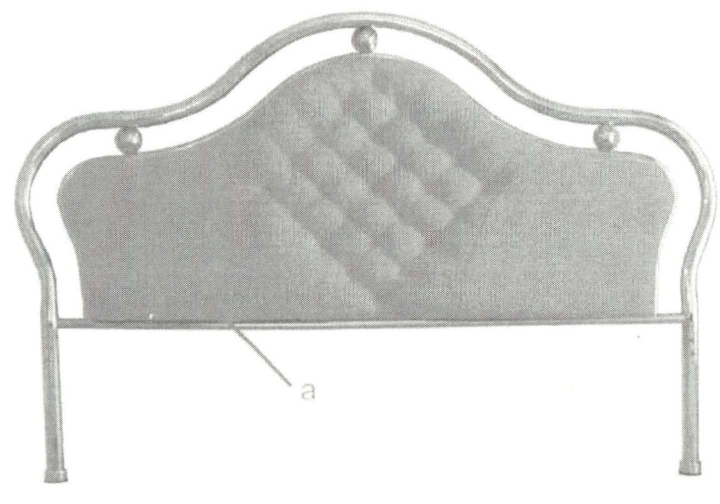

主视图

俯视图

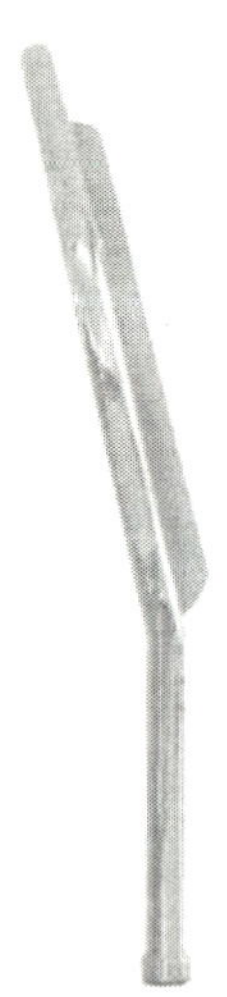

左视图

本专利附图

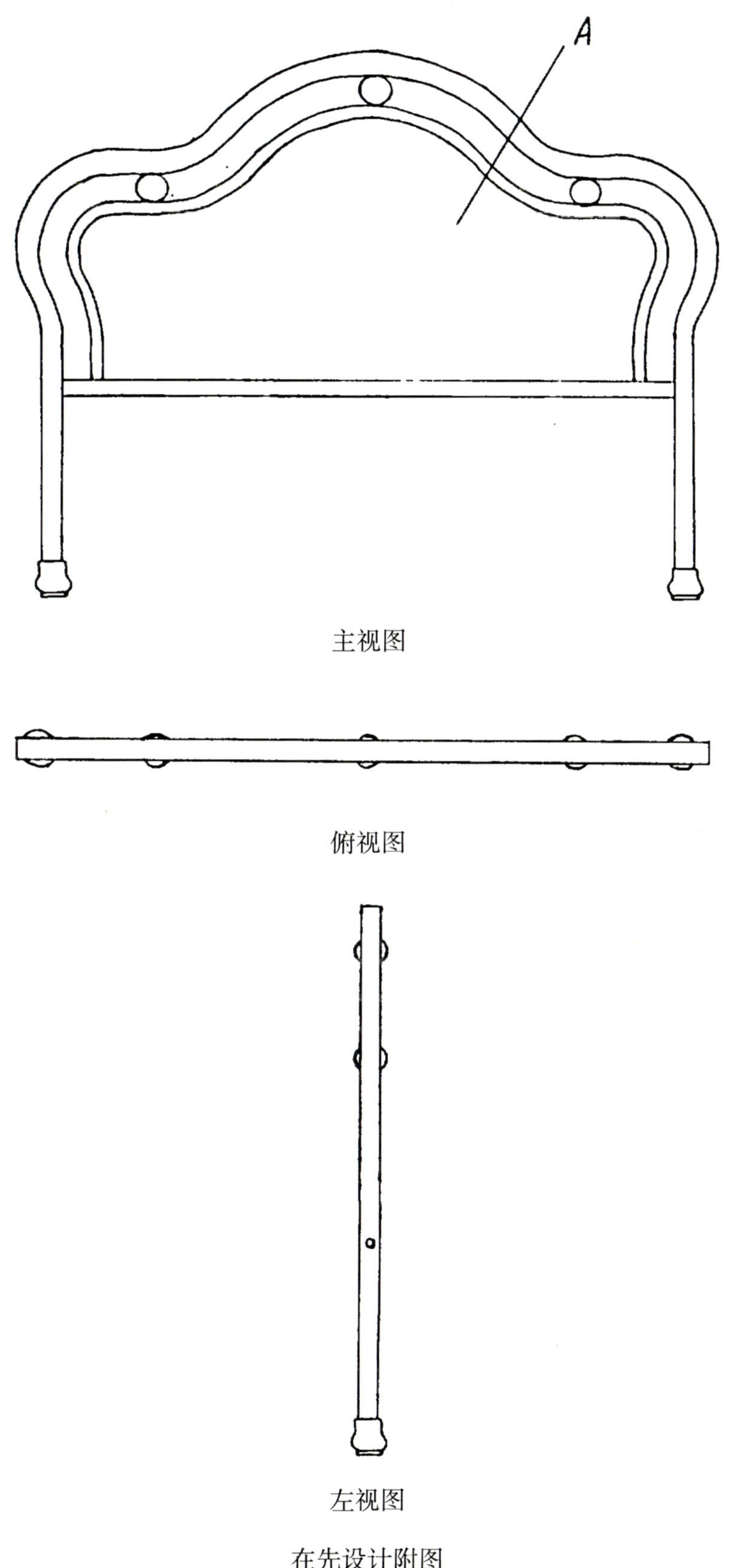

主视图

俯视图

左视图

在先设计附图

432

床头（2）

无效宣告请求审查决定（第13817号）

决　　定　　号　第13817号
决　　定　　日　2009年8月24日
发明创造名称　床头（2）
外观设计分类号　06-06
无效宣告请求人　六安市天奇金属制品有限公司
专　利　权　人　李振东
专　　利　　号　200730109294.2
申　　请　　日　2007年9月20日
授 权 公 告 日　2008年12月24日
合 议 组 组 长　张雪飞
主　　审　　员　吴大章
参　　审　　员　沙柏青
附　　　　　图　2页

法　律　依　据　专利法第23条，专利法实施细则第2条第3款
决　定　要　点

网页上的日期检索字段是手工输入的，合议组据此不能够确定检索的字段和网页图片具有必然和直接的联系，并且这种关系在本专利申请日之前已经建立和保存在源文件之中。

本专利和在先设计的不同点在于床头主体部分的设计，对外观设计的整体视觉效果足以产生显著影响，使一般消费者认为本专利是与在先设计具有显著区别的新设计，本专利与在先设计应属于不相同且不相近似的外观设计。

一、案由

本无效宣告请求涉及国家知识产权局于2008年12月24日授权公告的200730109294.2号外观设计专利，使用该外观设计的产品名称是“床头（2）”，申请日是2007年9月20日，专利权人是李振东。

针对上述外观设计专利权（下称本专利），六安市天奇金属制品有限公司（下称请求人）于2009年5月27日向专利复审委员会提出无效宣告请求，其理由是本专利不符合专利法第23条和专利法实施细则第2条第3款的规定。请求人提交了如下附件作为证据：

附件1：安徽省六安市皋翔公证处出具的（2009）皖六皋公证字第3949号公证书的复印件共25

页，该公证书记载了访问网址为“http：//www. kmhengsen. com/”的网站的过程，该公证书的附件包括访问上述网站的工作记录和上述网站下载的网页；

附件2：封面上有“恒森集团”字样的产品样册的复印件共8页；

附件3：97328913. 9号中国外观设计专利电子公开文本的复印件共1页；

附件4：本专利授权公报的复印件1页。

请求人认为：本专利和附件1的网页以及附件2的产品样册公开的床头形状完全相同，图案仅有细微差别；本专利和附件3记载的床头的形状完全相同，不同部分不属于要部，故本专利不符合外观设计专利的授权条件。

专利复审委员会受理了该无效宣告请求，并于2009年5月27日将上述无效宣告请求书及其附件的副本转送给专利权人，要求其在指定期限内陈述意见。

专利权人于2009年6月15日提交了意见陈述书。专利权人认为，附件1的下载时间晚于本专利的申请日，附件2没有记载日期，因此附件1和附件2都不能作为在先客体，不能用于评价本专利。附件3是专利权人在先申请的外观设计专利，与本专利明显不同，不影响本专利的专利性。

2009年6月29日，专利复审委员会本案合议组同时向双方当事人发出口头审理通知书，定于2009年7月22日对本案进行口头审理，随口头审理通知书向请求人转送了专利权人的上述意见陈述书。

之前，2009年6月23日，请求人提交了意见陈述及补充证据，请求人认为，在本专利申请日以前，已有与本专利相同的外观设计在专利权人经销商的网站上公开发表，因此本专利不符合专利法第23条的规定。请求人补充证据如下（编号续前）：

附件5：安徽省六安市皋翔公证处出具的（2009）皖六皋公证字第5072号公证书的复印件共31页，该公证书的内容包括两部分，第一部分记载了访问网址为“http：//www. tlcj. cn/”网站的过程以及上述网站下载的网页；另一部分记载了对上述网站备案时间的查询过程和查询结果。

合议组于2009年7月2日将上述意见陈述书及附件转送专利权人，并且告知其于口头审理时一并答复。

口头审理如期举行。请求人的法定代表人和代理人以及专利权人委托的代理人出席口头审理。在口头审理当中涉及的主要内容如下：

（1）请求人说明其专利法实施细则第2条第3款的无效宣告理由也是基于原有证据显示的出版物公开的事实。请求人提交了附件1、附件2和附件5的原件，专利权人对原件和复印件的一致性没有提出异议。

（2）双方当事人就附件1、附件2和附件5的公开发表时间进行了辩论。关于附件1，请求人认为该网站是专利权人自己的，网页上记载的“2006－2008”即是公开时间，网页图片的上传日期是2006年，在本专利申请日之前；专利权人认为，图片上传是动态的，故只能认定公证书所附下载网页的形成时间。关于附件2，请求人认为该产品样册是专利权人公司的，该样册的封面没有涉及2006年以后的专利号，就此可以知道该样册的公开日在本专利的申请日之前；专利权人对附件2的真实性提出异议，指出不能确认附件2就是专利权人公司自己印制的；本专利是在2008年授权的，按照请求人的推论，公开日期应该推论到2008年以前。关于附件5，请求人认为该网站是专利权人经销商的，在网页输入2007. 1. 12时，网页图片记载的床头与本专利相同，对该网站备案时间的查询结果表明，该网站的备案时间是2007年1月11日，故下载的网页的公开时间是2007年1月12日，在本专利申请日前，请求人当庭提交了网上聊天记录佐证上述网页的上传时间，合议组当庭告知已经超出了举证期限；专利权人指出，按照公证书的操作，确实可以找到相关的图片，但是，网站搜索商品的上架时间不受限制，只要输入的日期早于2009年3月30日，都可以找到相关的图片，请求人当庭提交了输入不同时间下载得到的图片共4页（下称反证），并且当庭演示了在网站上进行搜索的过程，但是在输入2009-01-01后，没有得到如反证所示的图片。对于专利权人提交的反证，请求人指出，网站的所有人与专利权人具有利害关系，凭密码完全可以修改相关的内容。

（3）双方当事人就附件1、附件2、附件3及附件5记载的相关的外观设计和本专利是否相同和相近似进行了辩论。

2009年8月1日，请求人提交了针对专利权人在口头审理中提交的反证的书面质证意见。请求人认为：根据优势证据的原则，反证不能推翻请求人的经过公证的网页证据；网站的所有人与专利权人具有利害关系，有关人员完全可以在获得经公证的网页之后修改相关的内容。

在双方当事人意见陈述及口头审理的基础上，合议组经合议，认为本案事实清楚，依法作出本审查决定。

二、决定的理由

1. 法律依据

基于请求人提出无效宣告请求的理由，合议组依据专利法第23条和专利法实施细则第2条第3款的规定进行审理。

专利法第23条规定："授予专利权的外观设计，应当同申请日以前在国内外出版物上公开发表过或者国内公开使用过的外观设计不相同和不相近似，并不得与他人在先取得的合法权利相冲突。"

专利法实施细则第2条第3款规定："专利法所称的外观设计，是指对产品的形状、图案或者其结合以及色彩与形状、图案的结合所作出的富有美感并适于工业应用的新设计。"

2. 证据和事实认定

（1）关于互联网的网页证据。

请求人提交的附件1是经公证的从网址为"http：//www. kmhengsen. com/"的互联网网站下载的网页。请求人认为网页上记载的"2006-2008"的字样可以证明其公开发表日期在本专利申请日之前。专利权人对此提出异议。合议组认为，互联网中的网页信息具有很强的可编辑性和时效性，对相同网站内的网页可随时进行修改、更新，故所述同一网站内的网页在不同具体时间会呈现不同的内容。上述网页上记载的字样所表示的是时间跨度很大的版权标记，据此不能确定所下载的网页上相关图片的具体发布时间，因此，附件1的网页不足以证明相关产品图片在本专利申请日之前公开发布的事实。

附件5是经公证的下载网页，所述网页分为两个部分，第一部分是记载了南京市建邺区田玲床具厂产品图片的网页，该部分网页源自网址为"http：//www. tlcj. cn/"的网站，公证书记载了访问该网站的过程；另一部分记载了对上述网站备案时间的查询过程和查询的结果。请求人认为，网页上的字样可以证明网页的发布时间在本专利的申请日之前，所述字样是产品图片网页上的"2007-01-12""上架时间"和备案公共信息查询详细信息页上的"审核通过时间""2007-01-11"。专利权人针对附件5支持的事实主张提交了反证，用来证明输入的时间查询字段只要不晚于2009年3月30日，输入任意时间都可以得到附件5所示的产品图片网页，并且当庭演示了反证的取得过程，在提交的4页反证中，重复获得其中的3页。

合议组认为，上述下载的图片网页上的字样是查询产品的检索字段，"2007-01-12"是查询者手工输入的，"上架时间"是查询者手工选择的，据此不能确认检索字段和所示图片具有必然和直接的联系，并且这种关系在本专利申请日之前已经建立和保存在源文件之中。网站备案时间表上审核通过时间并不等同于网页上具体产品图片的上传公开时间。在无其他证据的支持下，附件5不足以证明网页上显示的相关产品图片确实公开于本专利申请日以前。因此附件5不足以支持相关产品在先公开的主张。

附件 1 和附件 5 的公开时间都不能确定，因此上述附件中的产品图片不能适用专利法第 23 条的规定与本专利进行相近似性对比。

(2) 关于其他出版物的证据。

附件 2 是封面上有“恒森集团”字样的产品样册。请求人认为，根据其封面的专利号中没有记载 2006 年以后的专利号可以确认该产品样册公开日在本专利的申请日之前。专利权人不认可其印制了该产品样册。合议组认为，封面上是否记载了 2006 年之后的专利号与其公开时间之间没有直接和必然的联系，据此不足以推定整个宣传册的印刷和公开时间确实在本专利的申请日前，因此请求人的主张不能成立。由于公开时间不能确定，附件 2 中的产品图片不能适用专利法第 23 条的规定与本专利进行相近似性对比。

请求人提交的附件 3 是第 97328913. 9 号中国外观设计专利的电子公开文本，专利权人对其真实性无异议。经合议组核实，该附件所示内容真实。其使用外观设计的产品名称是“床头（5）”，授权公告日是 1998 年 12 月 2 日，早于本专利的申请日，可以作为评价本专利是否符合专利法第 23 条规定的证据。

3. 相同和相近似对比

使用本专利外观设计的产品是床头，附件 3 使用外观设计的产品也是床头，二者用途相同，属于相同类别的产品，可以进行外观设计相同和相近似比较。

本专利包括主视图、俯视图和左视图。如图片所示，本专利整体呈扇面形状。本专利的外缘是独立的外框，外框的两侧为两个柱状的床腿；本专利主体是具有软饰面的平板部分，该主体的中部是圆点状凹坑和直线构成的图案；外框和主体之间的具有五个圆形，其中的三个位于中部，其余两个位于扇面的两角（详见本专利附图）。

附件 3 公开的外观设计（下称在先设计）包括主视图、俯视图和左视图。如图片所示，在先设计整体呈扇面形状，其外缘是独立的外框，外框的两侧为两个柱状的床腿；在先设计的主体是无图案的平板部分；外框和主体之间的具有五个圆形，其中的三个位于中部，其余两个位于扇面的两角（详见在先设计附图）。

比较本专利与在先设计，二者的相同点是：整体形状相同；都由独立的外框和平板部分组成。二者的主要不同点是：本专利的主体部分中部具有圆点状凹坑和直线构成的区域，而在先设计相应部位无此设计。合议组认为：上述不同点在于床头主体部分的设计，对外观设计的整体视觉效果足以产生显著影响，使一般消费者认为本专利是与在先设计具有显著区别的新设计，本专利与在先设计应属于不相同和相近似的外观设计。

4. 结论

综上所述，请求人提交的证据均不能证明本专利与其申请日以前在国内出版物上公开发表过的外观设计相同和相近似，请求人关于本专利不符合专利法第 23 条和专利法实施细则第 2 条第 3 款的无效宣告的理由均不能成立。

三、决定

维持 200730109294. 2 号外观设计专利权有效。

当事人对本决定不服的，可以根据专利法第 46 条第 2 款的规定，自收到本决定之日起三个月内向北京市第一中级人民法院起诉。根据该款的规定，一方当事人起诉后，另一方当事人应当作为第三人参加诉讼。

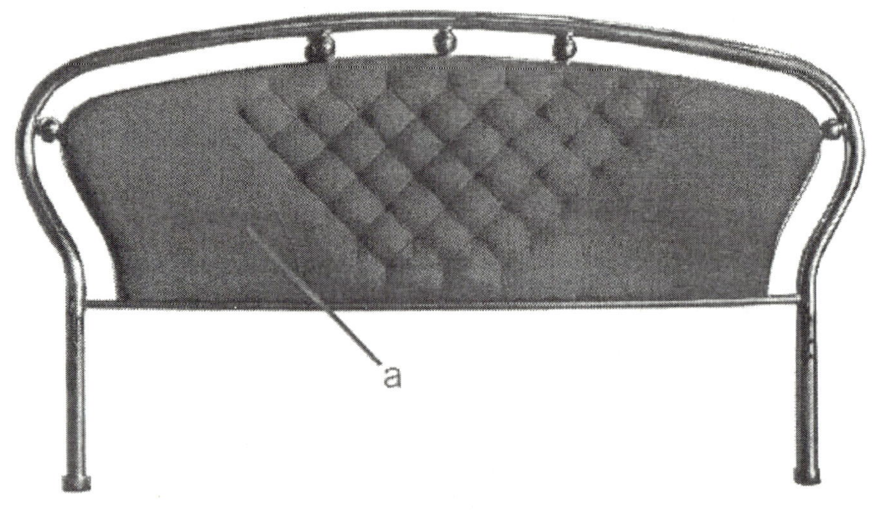

主视图

俯视图

左视图

本专利附图

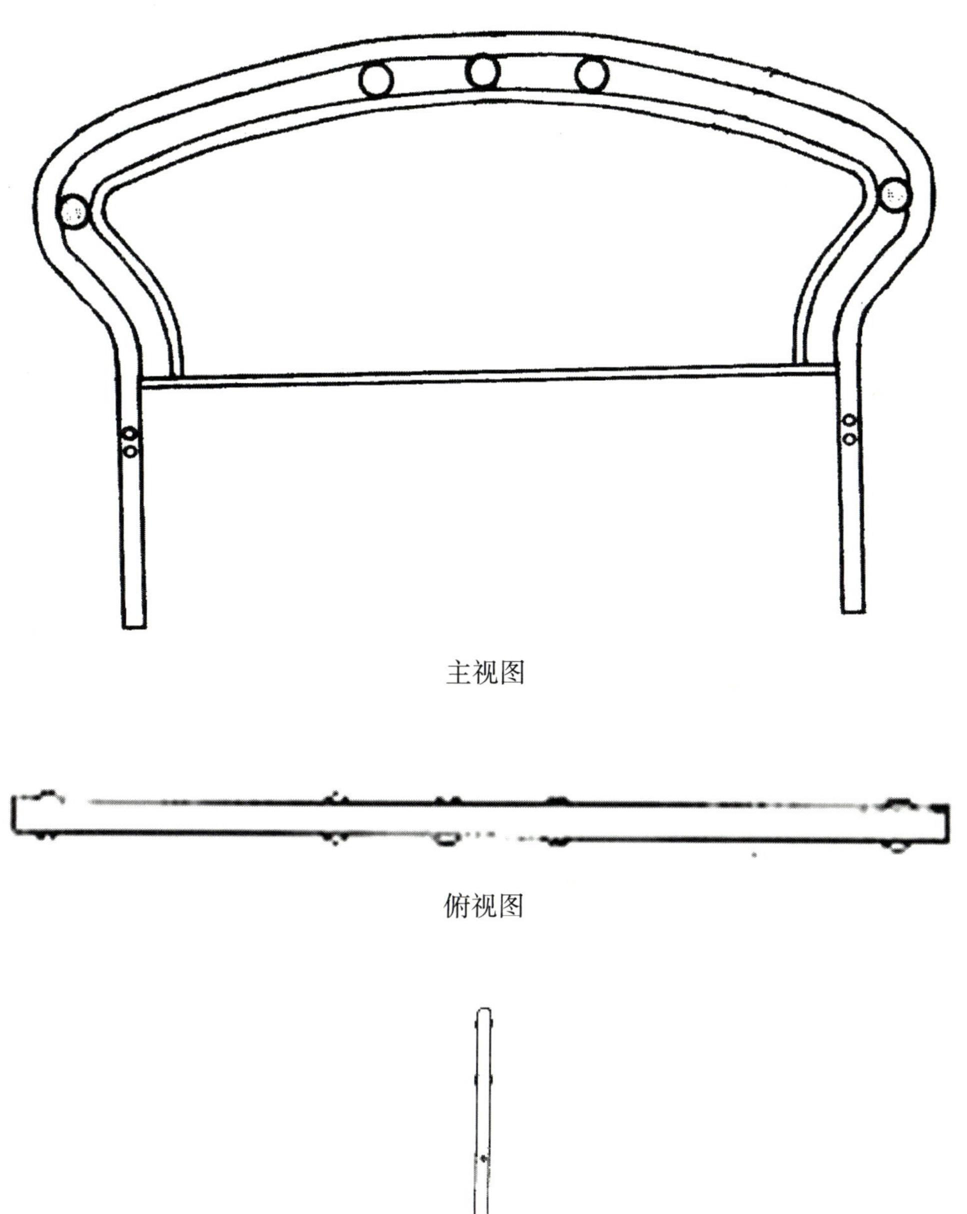

主视图

俯视图

左视图

在先设计附图

433

床头（10）

无效宣告请求审查决定（第 13818 号）

决 定 号 第 13818 号
决 定 日 2009 年 8 月 24 日
发明创造名称 床头（10）
外观设计分类号 06-06
无效宣告请求人 六安市天奇金属制品有限公司
专 利 权 人 李振东
专 利 号 200730108876.9
申 请 日 2007 年 4 月 23 日
授权公告日 2008 年 4 月 16 日
合议组组长 张雪飞
主 审 员 吴大章
参 审 员 沙柏青
附 图 2 页

法 律 依 据 专利法第 23 条，专利法实施细则第 2 条第 3 款
决 定 要 点

互联网中的网页信息具有很强的可编辑性和时效性，对相同网站内的网页可随时进行修改、更新，故所述同一网站内的网页在不同具体时间会呈现不同的内容。根据网页上记载的版权标记不能确定所下载的网页的具体发布时间。

一、案由

本无效宣告请求涉及国家知识产权局于 2008 年 4 月 16 日授权公告的 200730108876.9 号外观设计专利，使用外观设计的产品名称是“床头（10）”，申请日是 2007 年 4 月 23 日，专利权人是李振东。

针对上述外观设计专利权（下称本专利），六安市天奇金属制品有限公司（下称请求人）于 2009 年 5 月 27 日向专利复审委员会提出无效宣告请求，其理由是本专利不符合专利法第 23 条和专利法实施细则第 2 条第 3 款的规定。请求人提交了如下附件作为证据：

附件 1：安徽省六安市皋翔公证处出具的（2009）皖六皋公证字第 3949 号公证书的复印件共 25 页，该公证书记载了访问网址为“http://www.kmhengsen.com/”的网站的过程，该公证书的附件包括上述网站下载的网页；

附件2：封面上有“恒森集团”字样的产品样册的复印件共8页；

附件3：99302533.1号中国外观设计专利电子公开文本的复印件共1页；

附件4：本专利授权公报的复印件1页。

请求人认为：本专利和附件1的网页以及附件2的产品样册公开的床头形状上完全相同，图案及形状与图案的结合相近似；本专利和附件3记载的床头的形状完全相同，不同部分不属于要部，故本专利不符合外观设计专利的授权条件。

专利复审委员会受理了该无效宣告请求，并于2009年5月27日将上述无效宣告请求书及其附件的副本转送给专利权人，要求其在指定期限内陈述意见。

专利权人于2009年6月15日提交了意见陈述书。专利权人认为，附件1的下载时间晚于本专利的申请日，附件2没有记载日期，因此附件1和附件2都不能作为在先客体，不能用于评价本专利。附件3是专利权人在先申请的外观设计专利，与本专利明显不同，不影响本专利的专利性。

2009年6月29日，专利复审委员会本案合议组同时向双方当事人发出口头审理通知书，定于2009年7月22日对本案进行口头审理，随口头审理通知书向请求人转送了专利权人的上述意见陈述书。

之前，2009年6月23日，请求人提交了意见陈述及补充证据，请求人认为，本专利与在先设计的不同部分，即在软包上布满点状凹坑是通用的设计方案，这种简单的将已有设计结合的外观设计与申请日之前公开使用并且公开销售的外观设计相近似。因此本专利不符合专利法第23条的规定。请求人补充证据如下（编号续前）：

附件5：200630097155.8号中国外观设计专利电子公开文本的复印件1页；

附件6：200530054818.3号中国外观设计专利电子公开文本的复印件1页；

附件7：88300727.4号中国外观设计专利电子公开文本的复印件1页。

2009年7月2日，合议组将上述意见陈述书及附件转送专利权人，并且要求其在口头审理时一并答复。

口头审理如期举行。请求人和专利权人均委托代理人出席口头审理。在口头审理当中涉及的主要内容如下：

（1）请求人说明其专利法实施细则第2条第3款的无效宣告理由也是基于原有证据显示的出版物公开的事实。

（2）请求人提交了附件1和附件2的原件，专利权人对原件和复印件的一致性没有提出异议。

（3）双方当事人就附件1和附件2的发表时间进行了辩论。关于附件1，请求人认为该网站是专利权人自己的，网页上记载的“2006-2008”即是公开时间，网页图片的上传日期是2006年，在本专利申请日之前；专利权人认为，图片上传是动态的，故只能认定公证书所附下载网页的形成时间。关于附件2，请求人认为该产品样册是专利权人公司的，该样册的封面没有涉及2006年以后的专利号，就此可以知道该样册的公开日在本专利的申请日之前；专利权人对附件2的真实性提出异议，指出不能确认附件2就是专利权人公司自己印制的；本专利是在2008年授权的，按照请求人的推论，公开日期应该推论到2008年以前。

（4）双方当事人就附件1、附件2和附件3记载的相关的外观设计和本专利是否相同和相近似进行了辩论。请求人认为点状分布是惯常设计。双方当事人坚持各自在之前的书面意见陈述书中的观点。

在双方当事人意见陈述及口头审理的基础上，合议组经合议，认为本案事实清楚，依法作出本审查决定。

二、决定的理由

1. 法律依据

基于请求人提出无效宣告请求的理由，合议组依据专利法第 23 条和专利法实施细则第 2 条第 3 款的规定进行审理。

专利法第 23 条规定："授予专利权的外观设计，应当同申请日以前在国内外出版物上公开发表过或者国内公开使用过的外观设计不相同和不相近似，并不得与他人在先取得的合法权利相冲突。"

专利法实施细则第 2 条第 3 款规定：专利法所称的外观设计是指对产品的形状、图案或者其结合以及色彩与形状、图案的结合所作出的富有美感并适于工业应用的新设计。

2. 证据和事实认定

（1）关于互联网的网页。

请求人提交的附件 1 是经公证的从网址为"http：//www. kmhengsen. com/"的互联网网站下载的网页。请求人认为网页上记载的"2006-2008"的字样可以证明其公开发表日期在本专利申请日之前。专利权人对此提出异议。合议组认为，互联网中的网页信息具有很强的可编辑性和时效性，对相同网站内的网页可随时进行修改、更新，故所述同一网站内的网页在不同具体时间会呈现不同的内容。上述网页上记载的字样所表示的是时间跨度很大的版权标记，据此不能确定所下载的网页的具体发布时间，附件 1 的网页单独不足以证明在其本专利申请日之前公开发布的事实。因此上述附件中的产品图片不能适用专利法第 23 条的规定与本专利进行相近似性对比。

（2）关于出版物。

附件 2 是封面上有"恒森集团"字样的产品样册。请求人认为，根据其封面的专利号中没有记载 2006 年以后的专利号可以确认该产品样册公开日在本专利的申请日之前。专利权人不认可其印制了该产品样册。合议组认为，封面上是否记载了 2006 年之后的专利号与其公开时间之间没有直接和必然的联系，据此不足以推定整个宣传册的印刷和公开时间确实在本专利的申请日前，因此请求人的主张不能成立。由于公开时间不能确定，附件 2 不能适用专利法第 23 条的规定与本专利进行相近似性对比。

请求人提交的附件 3 是第 99302533. 1 号中国外观设计专利的电子公开文本，专利权人对其真实性无异议。经合议组核实，该附件所示内容真实。其使用外观设计的产品名称是"床头（1）"，授权公告日是 2000 年 4 月 26 日，早于本专利的申请日，可以作为评价本专利是否符合专利法第 23 条规定的证据。

3. 相同和相近似对比

使用本专利外观设计的产品是床头，附件 3 使用外观设计的产品也是床头，二者用途相同，属于相同类别的产品，可以进行外观设计相同和相近似比较。

本专利包括主视图、俯视图和左视图，简要说明称"主视图中 a 为软装饰面"。如图片所示，本专利整体近似"品"字形。本专利的外缘是独立的外框，外框的两侧为两个柱状的床腿；本专利主体是具有软饰面的平板部分，该部分满布圆点状凹坑和直线构成的形状；外框和主体之间的具有 3 个圆形，分别位于中部和两肩（详见本专利附图）。

附件 3 公开的外观设计（下称在先设计）包括主视图、俯视图和左视图。如图片所示，在先设计整体近似"品"字形，其外缘是独立的外框，外框的两侧为两个柱状的床腿；在先设计的主体是无图案的平板部分；外框和主体之间的具有 3 个圆形，分别位于中部和两肩（详见在先设计附图）。

比较本专利与在先设计，二者的相同点是：整体形状相同；都由独立的外框和平板部分组成。二者的主要不同点是：本专利的主体部分满布圆点状凹坑和直线构成的形状，而在先设计是无图案的平板。合议组认为：上述不同点在于床头主体部分的设计，对外观设计的整体视觉效果足以产生显著影响，使一般消费者认为本专利是与在先设计具有显著区别的新设计，本专利与在先设计应属于不相同和相近似的外观设计。

请求人主张本专利主体部分满布圆点状凹坑的设计属于惯常设计，并提交了附件5、6和7来支持其主张。对此合议组认为：点状凹坑仅是一种设计构思，软饰面上具体区域分割的设计不同会导致不同的视觉效果，附件5、6和7所示的相应的软饰面的设计亦均与本专利的视觉效果不同，因此，亦不能通过“点状凹坑”一语即证明本专利的具体区域分割设计属于惯常设计。

请求人提交的上述附件均不能证明本专利的主体部分的设计属于惯常设计。合议组对请求人提出的上述主张不予支持。

4. 结论

综上所述，本专利与其申请日以前在国内出版物上公开发表过的外观设计既不相同也不相近似，请求人关于本专利不符合专利法第23条和专利法实施细则第2条第3款的无效宣告的理由均不能成立。

三、决定

维持200730108876.9号外观设计专利权有效。

当事人对本决定不服的，可以根据专利法第46条第2款的规定，自收到本决定之日起三个月内向北京市第一中级人民法院起诉。根据该款的规定，一方当事人起诉后，另一方当事人应当作为第三人参加诉讼。

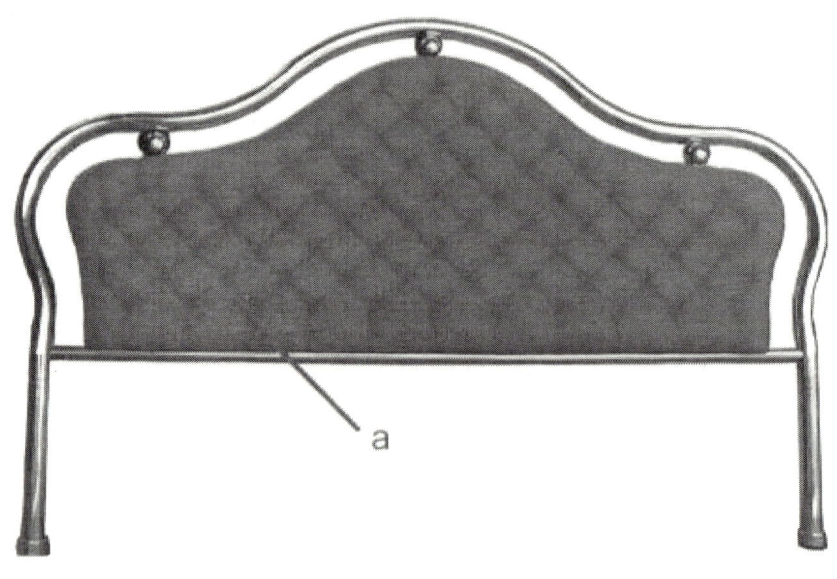

主视图

俯视图

左视图

本专利附图

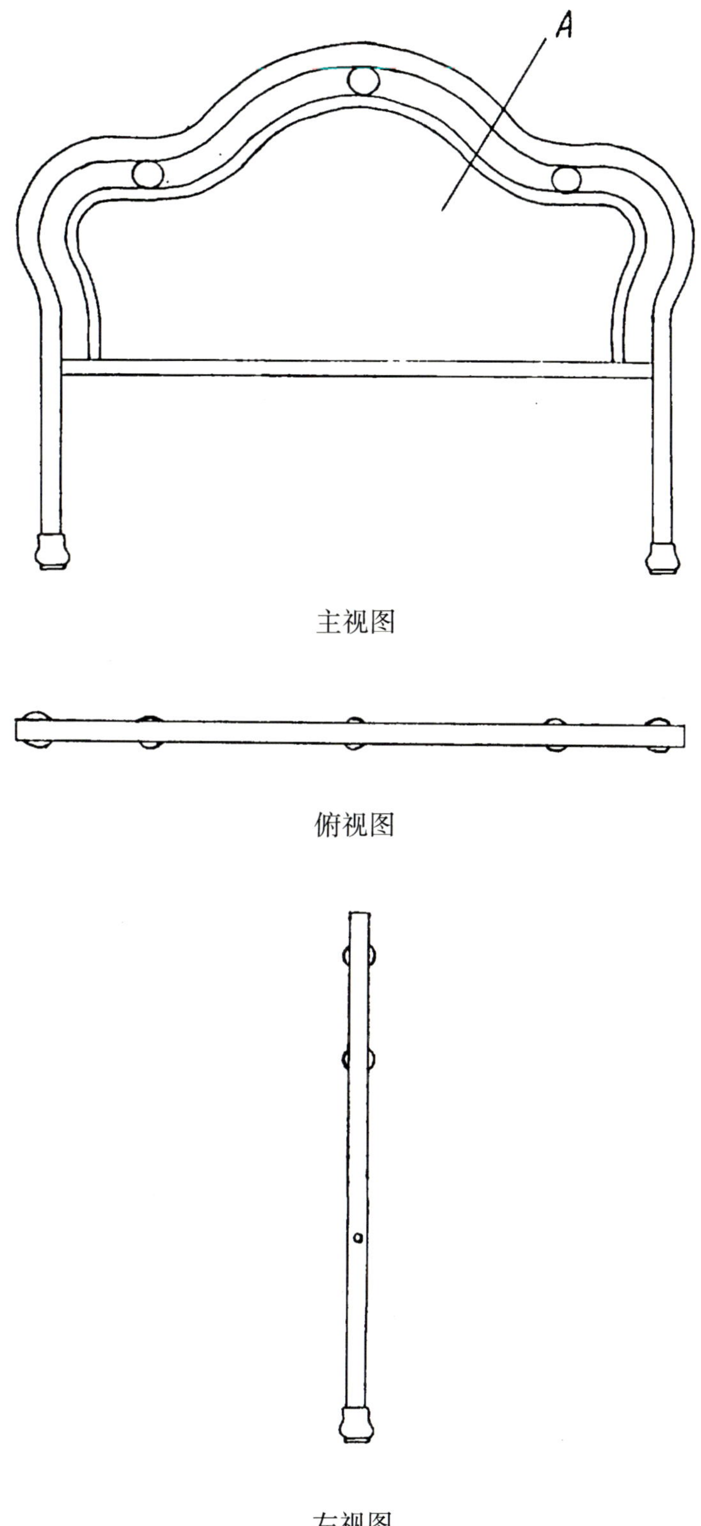

主视图

俯视图

左视图

在先设计附图

434

道路灯具（牵牛花）

无效宣告请求审查决定（第 13820 号）

决　　定　　号　第 13820 号
决　　定　　日　2009 年 8 月 18 日
发明创造名称　道路灯具（牵牛花）
外观设计分类号　26-03
无效宣告请求人　陈炫炫
专　利　权　人　宁波燎原工业股份有限公司
专　　利　　号　200330123857.5
申　　请　　日　2003 年 12 月 5 日
授权公告日　2004 年 7 月 7 日
合议组组长　李　隽
主　　审　　员　王　婧
参　　审　　员　解　静

法　律　依　据　专利法第 23 条
决　定　要　点
在本专利申请日之后公开的外观设计不能依据专利法第 23 条作为现有设计与本专利进行比对。

一、案由

本无效宣告请求涉及国家知识产权局于 2004 年 7 月 7 日授权公告的 200330123857.5 号外观设计专利，使用该外观设计的产品名称为“道路灯具（牵牛花）”，申请日为 2003 年 12 月 5 日，专利权人为宁波燎原工业股份有限公司。

针对上述外观设计专利权（下称本专利），陈炫炫（下称请求人）于 2008 年 12 月 30 日向专利复审委员会提出无效宣告请求，理由是本专利不符合专利法第 23 条的规定。请求人同时提交了如下附件作为证据：

证据 1：专利号为 200730032040.5、申请日为 2007 年 4 月 30 日、公开日为 2008 年 4 月 9 日，名称为“路灯灯头（竹形）”的外观设计专利。

请求人认为，被请求无效的专利涉及一种路灯，其设计整体近似牵牛花形状的路灯灯具，其路灯的前端是牵牛花的花瓣口，后部是牵牛花的尾部呈收紧状。证据 1 中公开了一种路灯，与被请求无效的专利中的产品属于相同产品，其整体也近似牵牛花形状，而且，路灯的构造和设计也相同。因此，被请求无效的专利和证据 1 中公开的专利极易导致一般消费者的误认和混同，不符合专利法第 23 条的规定。

经形式审查合格，专利复审委员会受理了该无效宣告请求，于 2009 年 1 月 22 日向双方当事人发出了无效宣告请求受理通知书，并将请求人的无效宣告请求书及附件副本转送给专利权人，要求其在指定的期限内答复。

2009 年 2 月 9 日，因请求人寄送地址查无此人，寄送请求人的无效宣告请求受理通知书被退回。2009 年 2 月 18 日签发收件人为陈炫炫的无效宣告请求受理通知书公告，公告卷期为："25-13：2009-4-1"。2009 年 4 月 23 日，专利复审委员会收到请求人寄交的关于地址的著录项目变更申请书。

专利复审委员会依法成立合议组审理此案，并于 2009 年 6 月 19 日向双方当事人发出口头审理通知书，定于 2009 年 7 月 13 日在浙江省宁波市海曙区马园路 251 号宁波饭店对本案进行口头审理。

口头审理如期举行，专利权人以及请求人的委托代理人出席了口头审理，并表示对对方出庭人员的身份没有异议，对合议组成员没有回避请求。专利权人认为证据 1 的公开日在本专利申请日之后，不符合专利法第 23 条的规定，不能作为在先设计用于比对。合议组向请求人释明了专利法第 23 条的含义，但请求人认为，无论证据 1 的公开日是否在本专利申请日之前，证据 1 与本专利中所示的灯具在市场上均会导致消费者的误认，因此，本专利仍然不符合专利法第 23 条的规定。

经口头审理与合议，合议组认为本案事实已经清楚，于口头审理当庭宣布维持专利权有效。

二、决定的理由

1. 法律依据

基于请求人提出的无效宣告请求的理由，合议组依据专利法第 23 条的规定对本案进行审理。

专利法第 23 条规定："授予专利权的外观设计，应当同申请日以前在国内外出版物上公开发表过或者国内公开使用过的外观设计不相同和不相近似，并不得与他人在先取得的合法权利相冲突。"

2. 关于证据

请求人针对本案仅提交了一份证据（即证据 1），其公开日为 2008 年 4 月 9 日，而本专利的申请日为 2003 年 12 月 5 日，由此可见，证据 1 的公开日在本专利的申请日之后，因此，证据 1 不属于专利法第 23 条规定的现有设计，不能作为本案的有效证据使用。

鉴于请求人没有提交其他的证据，因此，请求人的无效理由不能成立。

三、决定

维持 200330123857. 5 号外观设计专利权有效。

当事人对本决定不服的，可以根据专利法第 46 条第 2 款的规定，自收到本决定之日起三个月内向北京市第一中级人民法院起诉。根据该款的规定，一方当事人起诉后，另一方当事人应当作为第三人参加诉讼。

435

翻转式二合一车座椅

无效宣告请求审查决定（第 13822 号）

决 定 号 第 13822 号
决 定 日 2009 年 8 月 21 日
发明创造名称 翻转式二合一车座椅
外观设计分类号 06-01
无效宣告请求人 江西鑫隆工贸有限公司
专 利 权 人 深圳市海龙威马电动车有限公司
专 利 号 200730173545.3
申 请 日 2007 年 9 月 7 日
授权公告日 2008 年 9 月 3 日
合议组组长 钟 华
主 审 员 徐清平
参 审 员 雷 婧
附 图 1 页

法律依据 专利法第 23 条
决定要点

本专利与在先设计所示座椅的椅架、座板、坐垫、靠垫、踏板等各组成部分形状相近或基本相同，其位置比例关系基本相同，二者的两种使用状态也均分别相同，由此形成了相近似的整体视觉效果，其属于相近似的外观设计，本专利不符合专利法第 23 条的规定。

一、案由

本无效宣告请求涉及的是国家知识产权局于 2008 年 9 月 3 日授权公告的 200730173545.3 号外观设计专利，使用该外观设计的产品名称为“翻转式二合一车座椅”，申请日是 2007 年 9 月 7 日，专利权人是深圳市海龙威马电动车有限公司。

针对上述专利权（下称本专利），江西鑫隆工贸有限公司（下称请求人）于 2009 年 3 月 23 日向专利复审委员会提出无效宣告请求，其依据的事实和理由是：请求人认为其提交的附件 1 所示美国公开出版物的公开日早于本专利申请日，将其第 36 页下方“2N1 SEAT KITS”（二合一座椅装置）两幅图片所示在先设计与本专利相比较，二者都包括座板梁、下座板、上座板、座椅扶手、踏板、靠背支架、靠背和坐垫，并且所述部件的位置关系完全一样，部件的形状和比例都相同或相近似，二者都具有两种使用状态，当处于相同使用状态时，其整体视觉效果相近似，二者虽有不同之处，但属局部的细微变化，其对整体视觉效果不足以产生显著影响，因此二者属于相近似的外观设计；请求人提交的附件2所示在先公开的美国出版物第25页右上角也公开了一种可折叠的座椅，其与本专利亦属于相近似的外观设计；因此，本专利不符合专利法第23条的规定，应予宣告无效。请求人提交的作为证据的附件如下：

附件1：美国《GOLFCAR ADVISOR》2005年1/2月刊封面及相关内页复印件3页；

附件2：美国《BUGGIES UNLIMITED》2004年秋冬季刊封面及相关内页复印件3页；

附件3：关于附件1、附件2的公证认证书复印件6页；

附件4：附件3的中文译文。

经形式审查合格，专利复审委员会受理了该无效宣告请求，并于2009年3月23日将无效宣告请求书及其附件的副本转送给专利权人，通知其在指定期限内陈述意见。

专利权人逾期未作答复。

专利复审委员会成立合议组对本案进行审理，于2009年5月8日向请求人和专利权人发出口头审理通知书，定于2009年6月17日对本案进行口头审理。

口头审理如期举行，仅请求人一方委托代理人参加了审理，专利权人一方未参加审理，合议组对本案进行了缺席审理。请求人当庭提交了附件1~3的原件，并结合证据就其所主张的事实进行了详细陈述，将本专利与其指定的附件1、附件2中所示对比设计进行了详细分析对比，坚持原书面陈述意见。

通过上述审理，合议组经合议，认为本案事实清楚，依法作出本审查决定。

二、决定的理由

基于请求人提出无效宣告请求所依据的事实和理由，合议组对本专利是否符合专利法第23条的规定进行审查。

专利法第23条规定："授予专利权的外观设计，应当同申请日以前在国内外出版物上公开发表过或者国内公开使用过的外观设计不相同和不相近似，并不得与他人在先取得的合法权利相冲突。"

请求人提交的附件1是美国《GOLFCAR ADVISOR》2005年1/2月刊封面及相关内页复印件，附件3是关于附件1和附件2的公证认证书复印件，附件4为附件3的中文译文，请求人在口头审理中提交了附件1、附件3的原件。其中附件3所示公证、认证书内容为，美国公民迈克怀亚特在公证人员面前签字证明附件1所示2005年1/2月刊高尔夫轿车导购真实可靠，并证明其出版日期、出处和公开性也可被出版者网站上的内容所支持，公证人员对其签名予以公证，美国相关机关对该公证予以逐级认证，中国驻美国大使馆秘书对美国相关机关的印章和官员签字予以认证。

合议组认为，对于上述附件1所示出版物，请求人提交了其整本原件，经合议组核实复印件与原件内容相符，该出版物经有关人员证明和相关公证、认证，据此，合议组对该出版物的真实性予以确认，根据其"2005年1/2月"刊号可以认定已在本专利申请日（2007年9月7日）之前已出版，即属于本专利申请日前的公开出版物，因此，可适用专利法第23条的规定作为本案证据。

附件1第36页刊载有题为"2N1 SEAT KITS"（2合1座椅装置）的两幅图片，由图片内容可见车用座椅外观设计（下称在先设计），其所示座椅与本专利使用外观设计的产品"翻转式二合一车座椅"属相同种类的产品，现将二者外观设计是否相同或相近似作如下对比认定：

本专利由主视图、后视图、左视图、右视图、俯视图和两幅立体图表示，省略仰视图。所示座椅由椅架、座板、坐垫、靠垫、踏板等组成，坐垫近似板状矩形体固定于座板上，座板分为上、下座板，为大小相同的矩形板，下座板固定于椅架的横梁上，上座板通过可转动的铰链与下座板相连，坐垫两侧为类似弓形的椅架，形成扶手，其前端向下延伸与踏板相连，踏板为前沿倒圆角的类似矩形板，踏板后沿还通过两根支架与下座板前侧相连，下座板后侧向上延伸两根靠背支架，靠背近似板状矩形体并固定在靠背支架上。由两幅立体图可见，座椅有两种使用状态，即上座板与下座板叠合状态，以及将上座板翻转至与下座板呈同一平面状态（详见本专利附图）。

在先设计由两幅立体图表示，所示座椅由椅架、座板、坐垫、靠垫、踏板等组成，坐垫近似板状矩形体固定于座板上，座板分为上、下座板，为大小相同的矩形板，下座板固定于椅架的横梁上，上座板通过可转动的铰链与下座板相连，坐垫两侧为类似弓形的椅架，形成扶手，其前端向下延伸与踏板相连，踏板为前沿倒圆角的类似矩形板，下座板后侧向上延伸两根靠背支架，靠背固定在靠背支架上，靠背类似板状矩形体并在顶边有较小凹形设计。由两幅立体图可见，座椅有两种使用状态，即上座板与下座板叠合状态，以及将上座板翻转至与下座板呈同一平面状态（详见在先设计附图）。

将本专利与在先设计相比较，二者所示座椅均由椅架、座板、坐垫、靠垫、踏板等组成，其各部分形状相近或基本相同的；二者不同之处主要在于，在本专利靠背顶边为直边，而在先设计靠背顶边有较小凹形设计，本专利踏板的后沿有两根支架，在先设计无该支架而是直接固定于车体上。合议组认为，本专利与在先设计所示座椅的椅架、座板、坐垫、靠垫、踏板各组成部分形状相近或基本相同，其位置比例关系也基本相同，二者的两种使用状态也均分别相同，由此形成了相近似的整体视觉效果；在先设计在靠背顶边的凹形设计相对于整体靠背及整体座椅形状而言为较小的局部变化，本专利踏板后沿的两根支架在使用状态下不易受一般消费者关注，且也仅为椅架上的较小附属零件，因此二者的前述差异对整体视觉效果不具显著影响，其属于相近似的外观设计。

综上所述，本专利与其申请日前在出版物上公开发表过的座椅外观设计相近似，因此，本专利不符合专利法第 23 条的规定。

鉴于上述已得出本专利不符合专利法第 23 条规定的结论，本决定对请求人提出的其他理由和证据不再作评述。

三、决定

宣告 200730173545.3 号外观设计专利权全部无效。

当事人对本决定不服的，可以根据专利法第 46 条第 2 款的规定，自收到本决定之日起三个月内向北京市第一中级人民法院起诉。根据该款的规定，一方当事人起诉后，另一方当事人应当作为第三人参加诉讼。

主视图

左视图

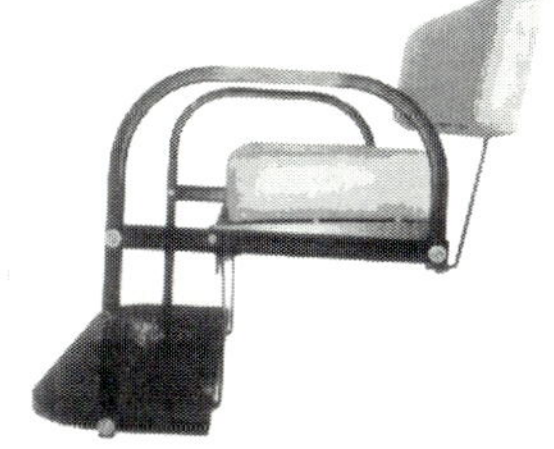
右视图

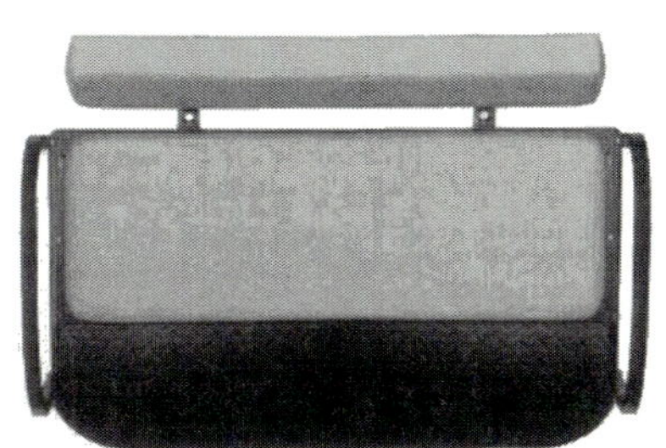
俯视图

后视图

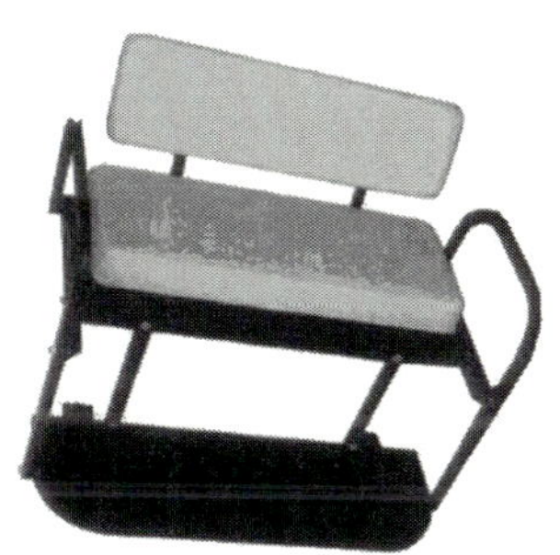
立体图 1

立体图 2

本专利附图

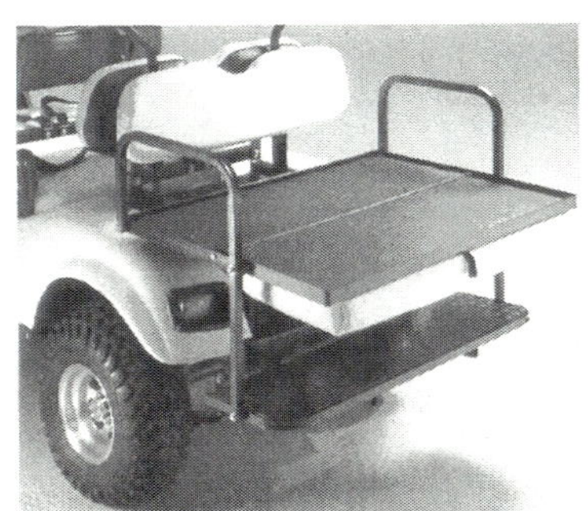

在先设计附图

收费亭（单向亭）

无效宣告请求审查决定（第 13823 号）

决　　定　　号 第 13823 号
决　　定　　日 2009 年 8 月 26 日
发明创造名称 收费亭（单向亭）
外观设计分类号 25-03
无效宣告请求人 徐　鹏
专　利　权　人 谭昌建
专　　利　　号 200830072710.0
申　　请　　日 2008 年 3 月 17 日
授 权 公 告 日 2009 年 4 月 15 日
合 议 组 组 长 王霞军
主　　审　　员 王美芳
参　　审　　员 雷　婧
附　　　　　图 2 页

法　律　依　据 专利法第 23 条
决　定　要　点

本专利与在先设计的形状和图案方面存在显著差异，对一般消费者而言，这些差异对二者的整体视觉效果具有显著的影响，因此二者属于不相同且不相近似的外观设计。

一、案由

本无效宣告请求涉及国家知识产权局于 2009 年 4 月 15 日授权公告的 200830072710.0 号外观设计专利，使用该外观设计的产品名称是“收费亭（单向亭）”，其申请日是 2008 年 3 月 17 日，专利权人是谭昌建。

针对上述外观设计专利权（下称本专利），徐鹏（下称请求人）于 2009 年 4 月 28 日向专利复审委员会提出无效宣告请求，其理由是本专利不符合专利法第 23 条的规定。请求人提交了如下附件：

附件 1：02355804.0 号中国外观设计专利的电子公开文本打印件共 1 页；

附件 2：本专利的电子公开文本打印件共 1 页。

请求人认为：本专利与附件 1 显示的产品用途相同，属于同类产品，可以进行相同和相近似比较。二者在整体上均为单向弧面亭体，亭体前端均为弧面设计，亭体中部均有面积较大的玻璃窗体。二者的主要不同点为亭体两侧面的窗户面积不同、两侧面的对称性不同、侧面的窗户框架布局不同、后端面门的设计不同、亭体的顶面和底面设计不同。但这些不同点是局部的、细微的差别或者使用时不容易看到和看不到部位的设计变化，对整体视觉效果不构成显著影响，二者构成近似设计。

专利复审委员会根据无效宣告请求审查程序的规定受理了该无效宣告请求，并于2009年5月31日将请求人的无效宣告请求文件转送专利权人，通知其在指定期限内陈述意见。

专利复审委员会成立合议组对本案进行审理，并于2009年6月23日向双方当事人发出合议组成员告知通知书和口头审理通知书，定于2009年8月19日对本案进行口头审理。

专利复审委员会于2009年6月30日收到专利权人提交的意见陈述书。专利权人认为：二者的窗户和门设计不同，亭体的弧度不同，主视图、后视图及左、右视图是惯常看到的部位，这些部位的差异对于外观设计的相同或相近似判断构成显著影响，二者既不相同也不相近似。

2009年7月3日，专利复审委员会将专利权人提交的意见陈述书转送请求人，通知其在指定期限内陈述意见。

请求人于2009年7月13日向专利复审委员会提交无效宣告请求口头审理通知书回执，明确表示不能参加口头审理。

口头审理如期举行，仅有专利权人一方委托代理人出庭，请求人未出席口头审理，合议组依法进行缺席审理。合议组当庭告知专利权人合议组成员变更，专利权人对合议组成员无回避请求。专利权人详细分析了本专利和在先设计的不同之处，包括门一侧的檐部形状、门和窗的形状、收费亭前部的弧度及二者的图案等，并坚持认为本专利与在先设计不相同也不相似。

在上述审理的基础上，合议组经合议，认为本案事实清楚，依法作出本审查决定。

二、决定的理由

1. 法律依据

基于请求人提出的无效宣告请求的理由，合议组依据专利法第23条的规定进行审查。

专利法第23条规定："授予专利权的外观设计，应当同申请日以前在国内外出版物上公开发表过或者国内公开使用过的外观设计不相同和不相近似，并不得与他人在先取得的合法权利相冲突。"

2. 证据认定

请求人提交的附件1为02355804.0号中国外观设计专利的电子公开文本打印件，使用该外观设计的产品名称是"收费亭（5）"，经合议组核实，该附件所示内容真实。该专利的公告日是2003年1月29日，早于本专利的申请日2008年3月17日，属于在本专利申请日之前公开的外观设计，附件1可以作为评价本专利是否符合专利法第23条规定的证据。

请求人提交的附件2是本专利的电子公开文本打印件，用于说明本专利情况。

3. 外观设计对比

附件1公开了一款收费亭的外观设计（下称在先设计），本专利是收费亭的外观设计，二者的用途相同，属于相同类别的产品，具有可比性，故对本专利与在先设计作如下对比：

本专利的图片包括主视图、后视图、左视图、右视图和立体图，简要说明记载了"俯视图、仰视图为不常见面，省略俯视图、仰视图。"其所示产品呈带有一个弧形窄立面的长方体形。两个宽立面由上至下依次为檐部、窗户和护围，檐部带有箭头、椭圆等图形组成的图案，檐部后端均有三列透气格栅；透明窗从亭的中部横向延伸至弧形立面边缘，两个立面的透明窗外轮廓呈对称式设计，但窗户的分隔不同，一侧为完整的透明窗，另一侧透明窗则被横向窗框分为上下高度相同的两部分，下面的部分又被纵向窗框分为左右两部分；与窗户平齐的是一个与下部护围相同的不透明板，该板与透明窗间被一个自檐部下沿延伸至亭下沿的纵向框分隔开。弧形窄立面的檐部、窗户和护围与宽立面的高度相同，窗户为完整的正方形透明窗。垂直窄立面整体可分为檐部和门，檐部有六列透气格栅，门的左上角有一个小透明窗（详见本专利附图）。

在先设计公开了主视图、后视图、左视图、右视图、俯视图、仰视图。其公开的产品呈带有一个弧形窄立面的长方体形，由上至下依次为檐部、窗户和护围，檐部略凸出于主体，护围上带有按矩阵排列的点状图案。两个宽立面呈对称式设计，窗户横贯整个亭身，并被纵向窗框分为三块透明窗，靠近垂直窄立面的两个窗户间的纵向窗框向下延伸至收费亭的下沿；弧形窄立面的檐部、窗户和护围与宽立面的高度相同，窗户为完整的正方形透明窗；垂直窄立面整体为“品”字布局，上部为檐部，下部左侧为窗和护围，下部右侧为门，其中檐部、窗和护围的高度与宽立面的相同，长方形透明门自檐部下沿延伸至亭下沿（详见在先设计附图）。

将本专利与在先设计相比较可以看出，二者存在相似之处：收费亭的前端均为弧形，两个宽立面和弧形立面的檐部、窗户和护围的高度比例相似。

二者同时具有以下明显差异：

（1）两个宽立面的透明窗整体形状和分隔不同；

（2）垂直窄立面的整体布局及门的设计不同：本专利的是一扇左上角带有小透明窗的大门；在先设计的是门、窗和护围的“品”字型分离式设计，且整个门为透明的；

（3）檐部不同：本专利的檐部与主体为一体式设计；在先设计的檐部则略凸出于主体；

（4）图案不同：本专利的是箭头、椭圆等图形组成的图案，且在两个宽立面的檐部；在先设计的是按矩阵排列的点状图案，且在护围部。

合议组认为：对一般消费者而言，二者存在的上述形状和图案的明显差异对其整体视觉效果具有显著的影响。因此，二者属于不相同且不相近似的外观设计。

综上所述，本专利与在先设计不相同且不相近似，请求人提交的证据不能支持其无效宣告请求的理由。

三、决定

维持 200830072710.0 号外观设计专利权有效。

当事人对本决定不服的，可以根据专利法第 46 条第 2 款的规定，自收到本决定之日起三个月内向北京市第一中级人民法院起诉。根据该款的规定，一方当事人起诉后，另一方当事人应当作为第三人参加诉讼。

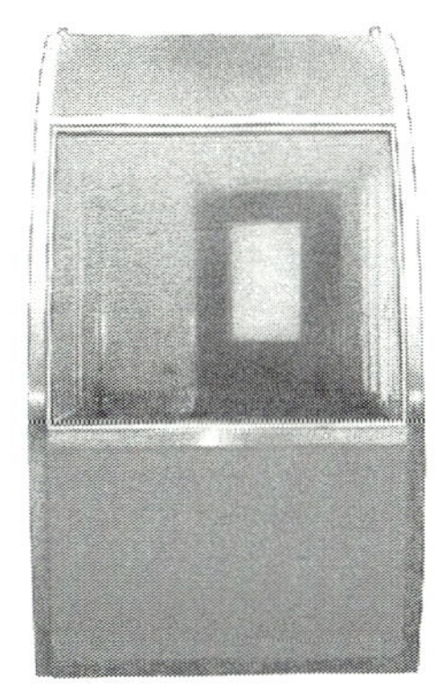

左视图

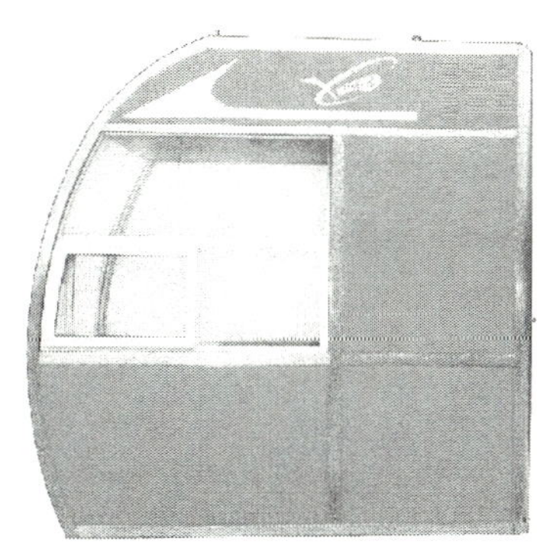

主视图

右视图

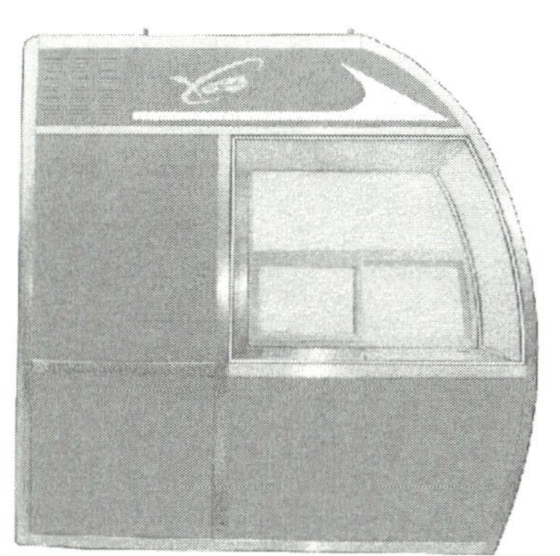

后视图

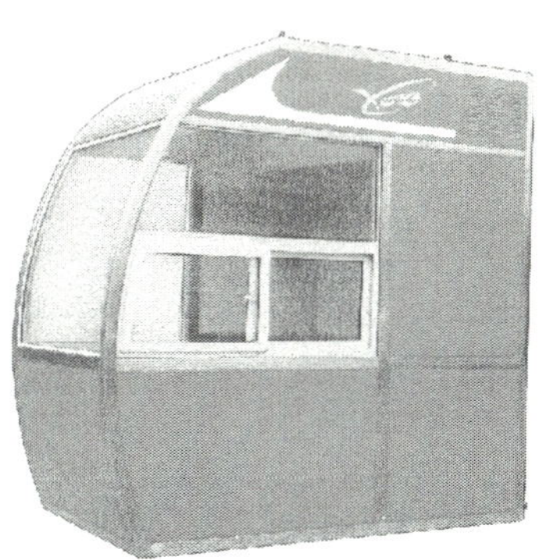

立体图

本专利附图

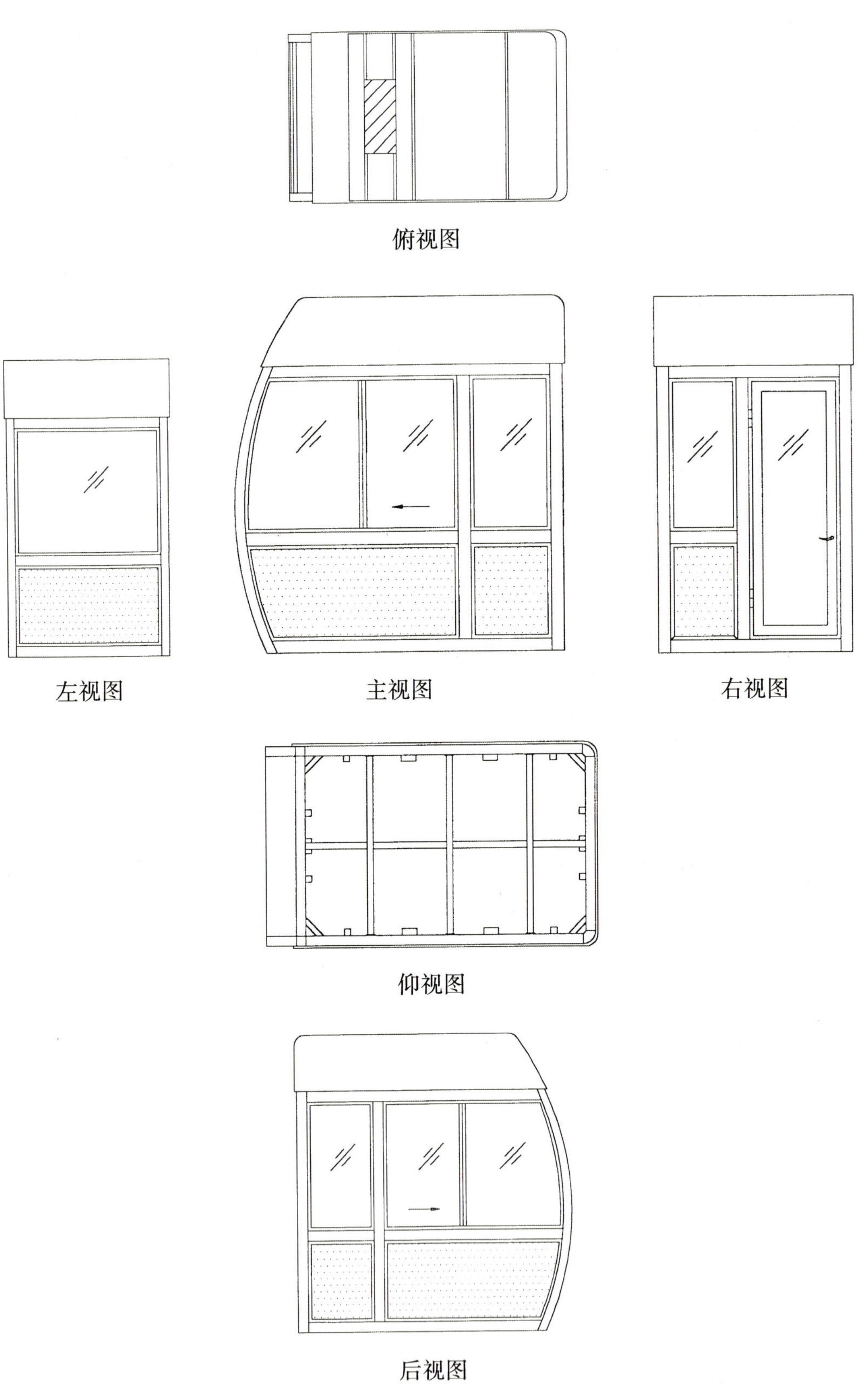

在先设计附图

北京市第一中级人民法院
行政判决书

（2009）一中知行初字第2638号

原告徐鹏，男，1979年3月16日出生，汉族，住四川省成都市温江区柳城西大街8号。

委托代理人刘丽群，女，1982年11月27日出生，成都惠迪专利事务所职员，住四川省成都市成华区二仙桥东三路1号。

被告国家知识产权局专利复审委员会，住所地北京市海淀区北四环西路9号银谷大厦10~12层。

法定代表人张茂于，副主任。

委托代理人王美芳，国家知识产权局专利复审委员会审查员。

委托代理人朱明雅，国家知识产权局专利复审委员会审查员。

第三人谭昌建，男，1957年12月14日出生，汉族，住四川省成都市武侯区武侯祠大街254号12栋2单元103号。

原告徐鹏不服被告国家知识产权局专利复审委员会（以下简称专利复审委员会）于2009年8月26日作出的第13823号无效宣告请求审查决定（以下简称第13823号决定），于2009年10月13日向本院提起行政诉讼。本院于2009年11月3日受理后，依法组成合议庭，并依法通知谭昌建作为第三人参加诉讼，于2009年12月7日公开开庭进行了审理。原告徐鹏的委托代理人刘丽群，被告专利复审委员会的委托代理人王美芳、朱明雅到庭参加了诉讼。第三人谭昌建经本院合法传唤，无正当理由未到庭，本院依法缺席审理。本案现已审理终结。

专利复审委员会在第13823号决定中认定：本无效宣告请求涉及国家知识产权局于2009年4月15日授权公告的200830072710.0号外观设计专利（以下简称本专利），使用该外观设计的产品名称是“收费亭（单向亭）”，其申请日是2008年3月17日，专利权人是谭昌建。

第一，附件1系第02355804.0号名称为“收费亭（5）”的中国外观设计专利的电子公开文本打印件（简称在先设计），经核实其内容真实，公告日为2003年1月29日，早于本专利的申请日2008年3月17日，属于在本专利申请日之前公开的外观设计，可以作为评价本专利是否具有新颖性的证据。

第二，在先设计公开了一款收费亭的外观设计，将本专利与在先设计相比较可以看出，二者存在相似之处：收费亭的前端均为弧形，两个宽立面和弧形立面的檐部、窗户和护围的高度比例相似。二者同时具有以下明显差异：（1）两个宽立面的透明窗整体形状和分隔不同；（2）垂直窄立面的整体布局及门的设计不同：本专利是一扇左上角带有小透明窗的大门；在先设计的是门、窗和护围的“品”字型分离式设计，且整个门为透明的；（3）檐部不同：本专利的檐部与主体为一体式设计；在先设计的檐部则略凸出于主体；（4）图案不同：本专利的是箭头、椭圆等图形组成的图案，且在两个宽立面的檐部；在先设计的是按矩阵排列的点状图案，且在护围部。

专利复审委员会认为：对一般消费者而言，二者存在的上述形状和图案的明显差异对其整体视觉效果具有显著的影响。因此，二者属于不相同且不相近似的外观设计。据此，专利复审委员会决定维持本专利权有效。

原告徐鹏不服第13823号决定，向本院提起行政诉讼称：本专利与在先设计相比较，两者的主要相同点如下：（1）二者都是单向弧面亭体，亭体前端都为弧面设计，后端都为竖直立面；（2）二者的亭体侧面、前弧面中部均有面积较大的玻璃窗体。二者的主要不同点如下：（1）亭体两侧面的窗户面积不同：本专利的亭体侧面的窗户面积小于在先设计的侧面的窗户面积，本专利亭体侧面窗户的面积约占亭体侧面中部的三分之二，在先设计三扇窗户的面积贯穿了亭体侧面中部。（2）亭体两侧面的对称性不同：本专利的亭体两侧面造型不完全对称，区别仅在于主视图所示的亭体侧面窗户是三扇呈“品”字型布局的窗户，而后视图所示的亭体侧面窗户只有一扇；在先设计的亭体两侧面造型完全对称，顶檐、窗户和底部护围的布局、形状、大小均相同。（3）亭体侧面的窗户框架布局不同：本专利主视图所示窗户框架将侧面的窗户分为“品”字型布局；在先设计主、后视图所示亭体侧面的窗户框架将侧面的窗户分为平行的三扇。（4）亭体后端面门的设计不同：本专利亭体后端面分为顶檐和一扇不透明的门两部分，门的左上方有一扇透明窗户；在先设计亭体后端面分为顶檐、窗户、门和底部护围四部分，其中门的设计是透明的，并且有独立的窗户。（5）亭体的顶面、底面设计不同：本专利省略了俯视图和仰视图，在先设计亭体的顶面和底面布有框架结构。从整体观察的视觉角度综合判断，本专利和在先设计均为单向弧面亭体，亭体前端均为弧面设计，亭体中部均有面积较大的玻璃窗体。在上述本专利和在先设计的不同点中，（1）、（2）、（3）均是局部的、细微的差别，对二者的整体视觉效果不构成显著影响。同时（4）、（5）是使用时不容易看到和看不到部位的设计变化，对整体视觉效果不构成显著影响。综上，本专利和在先设计构成近似设计。请求人民法院判令撤销第13823号决定。

被告专利复审委员会辩称：第13823号决定认定事实清楚，适用法律正确，程序合法，请求法院予以维持。

第三人谭昌建未向本院陈述意见。

本院经审理查明：

本专利系产品名称为“收费亭（单向亭）”，专利号为200830072710.0号外观设计专利，申请日是2008年3月17日，2009年4月15日被授权公告，专利权人是谭昌建。

本专利的图片包括主视图、后视图、左视图、右视图和立体图，简要说明记载了“俯视图、仰视图为不常见面，省略俯视图、仰视图。”其所示产品呈带有一个弧形窄立面的长方体形。两个宽立面由上至下依次为檐部、窗户和护围，檐部带有箭头、椭圆等图形组成的图案，檐部后端均有三列透气格栅；透明窗从亭的中部横向延伸至弧形立面边缘，两个立面的透明窗外轮廓呈对称式设计，但窗户的分隔不同，一侧为完整的透明窗，另一侧透明窗则被横向窗框分为上下高度相同的两部分，下面的部分又被纵向窗框分为左右两部分；与窗户平齐的是一个与下部护围相同的不透明板，该板与透明窗间被一个自檐部下沿延伸至亭下沿的纵向框分隔开。弧形窄立面的檐部、窗户和护围与宽立面的高度相同，窗户为完整的正方形透明窗。垂直窄立面整体可分为檐部和门，檐部有六列透气格栅，门的左上角有一个小透明窗（详见本专利附图）。

徐鹏于2009年4月28日向专利复审委员会提出无效宣告请求，其理由是本专利与在先设计构成近似设计。

在先设计公开了主视图、后视图、左视图、右视图、俯视图、仰视图。其公开的产品呈带有一个弧形窄立面的长方体形，由上至下依次为檐部、窗户和护围，檐部略凸出于主体，护围上带有按矩阵排列的点状图案。两个宽立面呈对称式设计，窗户横贯整个亭身，并被纵向窗框分为三块透明窗，靠近垂直窄立面的两个窗户间的纵向窗框向下延伸至收费亭的下沿；弧形窄立面的檐部、窗户和护围与宽立面的高度相同，窗户为完整的正方形透明窗；垂直窄立面整体为“品”字布局，上部为檐部，下部左侧为窗和护围，下部右侧为门，其中檐部、窗和护围的高度与宽立面的相同，长方形透明门自檐部下沿延伸至亭下沿（详见在先设计附图）。

专利复审委员会受理后将无效宣告请求文件转送谭昌建，并于2009年6月30日收到谭昌建提交的意见陈述书。同年8月19日，专利复审委员会举行了口头审理。同年8月26日，专利复审委员会作出了第 13823 号决定。

上述事实，有本专利附图、在先设计附图、第 13823 号决定、口头审理记录表以及庭审笔录等证据在案佐证。

本院认为：授予专利权的外观设计，应当同在先公开的外观设计不相同和不相近似。本专利和在先设计对比，虽然存在相似之处，但同时具有以下差异：（1）两个宽立面的透明窗整体形状和分隔不同；（2）垂直窄立面的整体布局及门的设计不同：本专利的是一扇左上角带有小透明窗的大门；在先设计的是门、窗和护围的“品”字型分离式设计，且整个门为透明的；（3）檐部不同：本专利的檐部与主体为一体式设计；在先设计的檐部则略凸出于主体；（4）图案不同：本专利的是箭头、椭圆等图形组成的图案，且在两个宽立面的檐部；在先设计的是按矩阵排列的点状图案，且在护围部。徐鹏主张上述差异均为细微差异，本院认为，对一般消费者而言，上述差异对其整体视觉效果具有显著的影响，尤其是宽立面的透明窗形状不同、垂直窄立面的整体布局不同以及檐部的不同，均属于明显差异。因此，专利复审委员会关于本专利与在先设计不相同且不相近似的认定，结论正确，本院予以维持。综上，第 13823 号决定认定事实清楚，适用法律正确，程序合法，本院予以维持。据此，本院依照《中华人民共和国行政诉讼法》第五十四条第（一）项、《最高人民法院关于执行〈中华人民共和国行政诉讼法〉若干问题的解释》第四十九条第三款之规定，判决如下：

维持被告国家知识产权局专利复审委员会作出的第 13823 号无效宣告请求审查决定。

案件受理费 100 元，由原告徐鹏负担（已交纳）。

如不服本判决，可在本判决书送达之日起 15 日内，向本院递交上诉状及副本，交纳上诉案件受理费 100 元，上诉于北京市高级人民法院。

审　判　长　彭文毅
代理审判员　蒋利玮
人民陪审员　刘世昌
二〇〇九年十二月十八日
书　记　员　朱　平

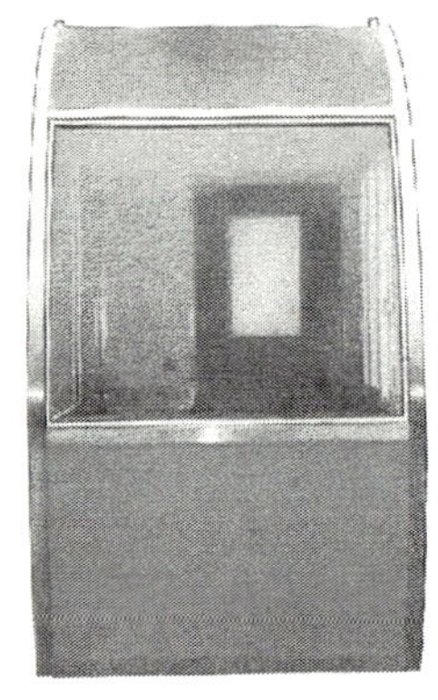

左视图

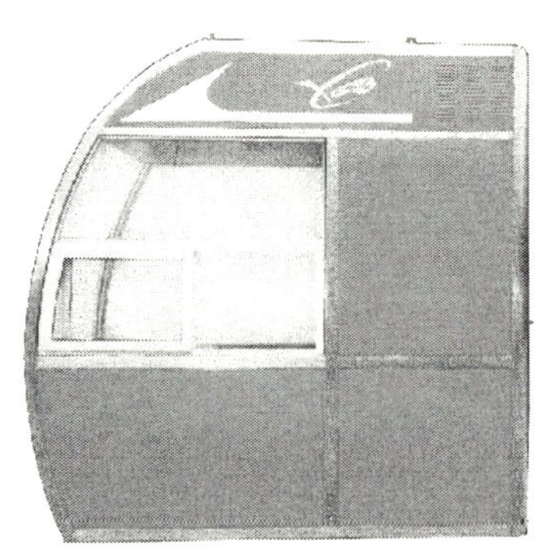

主视图

右视图

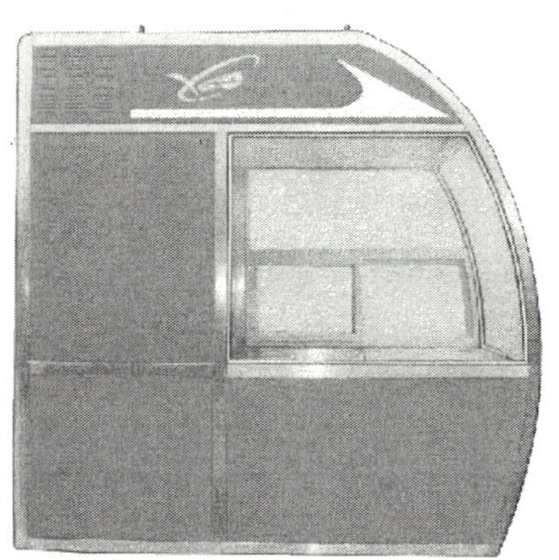

后视图

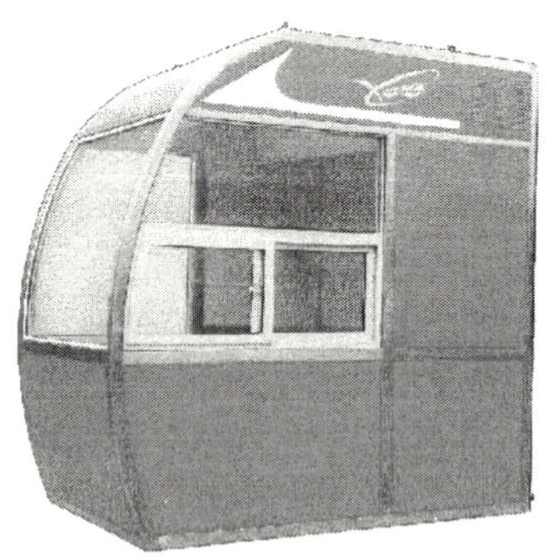

立体图

本专利附图

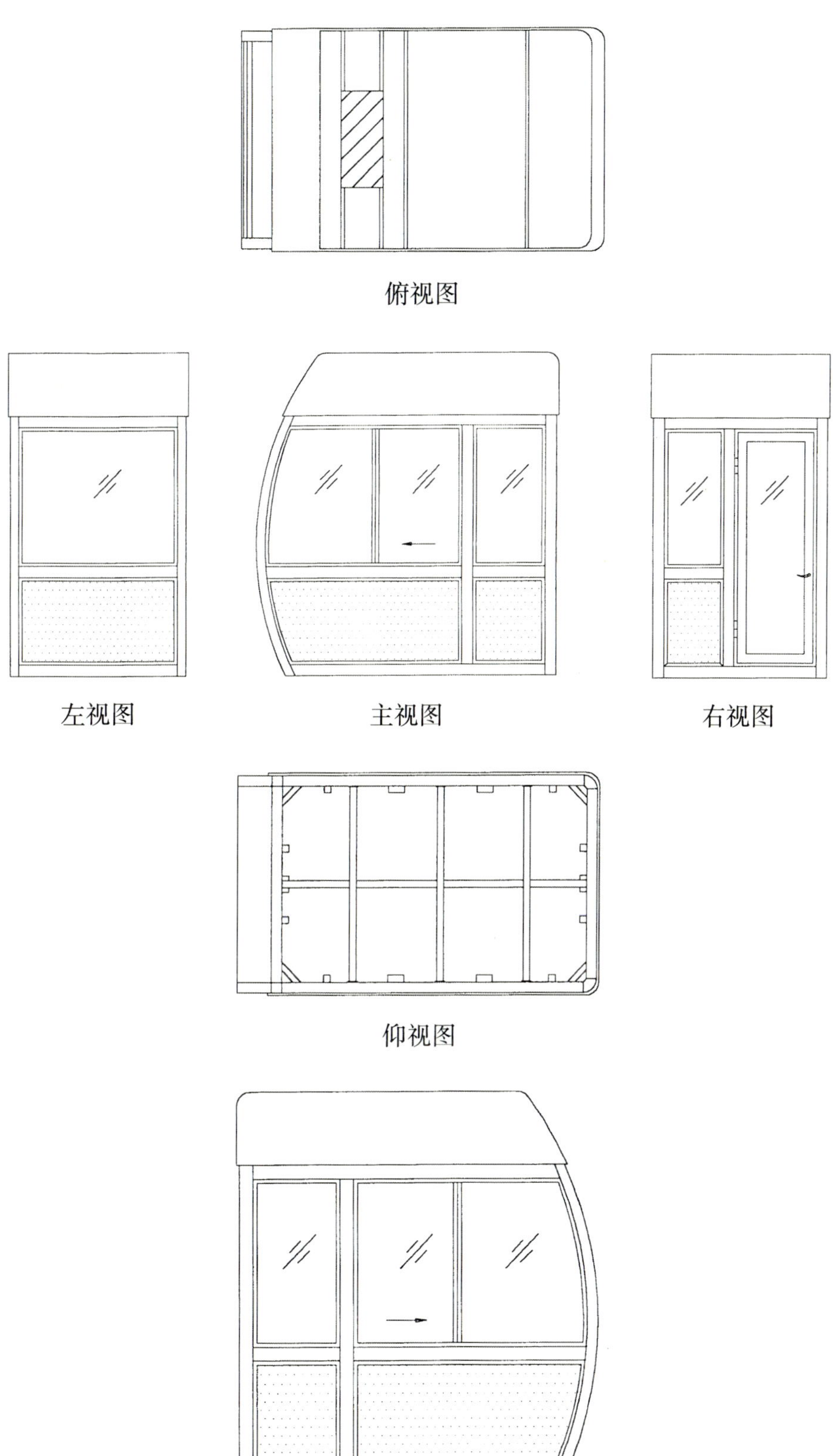

在先设计附图

437

柴油发电机组（静音2）

无效宣告请求审查决定（第13826号）

决　　定　　号　第13826号
决　　定　　日　2009年8月24日
发明创造名称　柴油发电机组（静音2）
外观设计分类号　13-01
无效宣告请求人　无锡开普动力有限公司
专　利　权　人　蔡建平
专　　利　　号　200730045412.8
申　　请　　日　2007年7月26日
授权公告日　2008年7月30日
合议组组长　吴赤兵
主　　审　　员　沙柏青
参　　审　　员　李巍巍
附　　　　　图　2页

法　律　依　据　专利法第23条
决　定　要　点

在二者整体造型、各部分形状及比例等均基本相同的情况下，产品正面的开门、把手形状的区别均属于局部细微的变化，不足以引起一般消费者的注意；其标志图案在产品中所占的比例很小，对整体视觉效果不具有显著的影响，一般消费者容易将二者混同、误认。因此，合议组认定，本专利与在先设计属于相近似的外观设计。

一、案由

本无效宣告请求案涉及国家知识产权局于2008年7月30日授权公告的，名称为“柴油发电机组（静音2）”的外观设计专利，其专利号是200730045412.8，申请日是2007年7月26日，专利权人是蔡建平。

针对上述专利权（下称本专利），无锡开普动力有限公司（下称请求人）于2009年4月3日向国家知识产权局专利复审委员会提出无效宣告请求，认为本专利的授权不符合专利法第23条的规定，并提交了以下证据作为对比文件：

证据1：200430069572.2号外观设计专利电子公开文本打印件和外观设计专利图片彩色打印件，共4页。

请求人认为，证据1与本专利属于相同类别的产品，整体形状均近似于长方体，二者在正面、背面、顶面、左面和右面的相同位置均有极为近似的设计，二者的差别对产品的整体视觉效果不具有显著影响，易导致一般消费者的误认。因此，二者属于相近似的外观设计，本专利不符合专利法第23条的规定。

经形式审查合格，专利复审委员会依法受理了上述无效宣告请求，并于2009年4月23日将无效宣告请求书及相关文件的副本转送给专利权人，通知其在指定的期限内答复。

2009年6月3日，专利权人向专利复审委员会提交了意见陈述书，专利权人认为：（1）请求人所依据的证据是打印件，不是专利法所称的在先公开出版物；（2）在排除了惯常设计和功能布局设计外，两外观设计不相同亦不相近似；（3）外观设计应当具有一定的创作高度，尤其对于机器类产品，法律能给予起保护的应当是特殊的、不同于寻常的设计。综上，请求人所依据的对比文件并非在先公开出版物，无法对比。请求维持本专利有效。

合议组于2009年6月16日向双方当事人发出合议组成员告知通知书，并于同日将专利权人提交的意见陈述书转送给请求人，通知双方在指定的期限内答复。双方当事人均未对合议组成员提出回避请求。

请求人针对转文通知逾期未答复。

在上述审理的基础上，合议组认为本案事实清楚，可以依法作出审查决定。

二、决定的理由

1. 法律依据

基于请求人提出的无效宣告请求的理由和证据，合议组依据专利法第23条的规定对本案进行审理。

专利法第23条规定："授予专利权的外观设计，应当同申请日以前在国内外出版物上公开发表过或者国内公开使用过的外观设计不相同和不相近似，并不得与他人在先取得的合法权利相冲突。"

2. 证据认定

请求人提交的证据1是200430069572.2号外观设计专利电子公开文本打印件和外观设计专利图片彩色打印件，经核实该证据内容与其外观设计专利公报内容一致，其真实性可以确认。该外观设计专利产品名称为"发电机组（KDE6500T）"，其授权公告日为2005年3月23日，早于本专利的申请日（2007年7月26日），可以作为评价本专利是否符合专利法第23条的证据。

3. 外观设计相同和相近似对比

证据1公开了一款发电机组的外观设计（下称在先设计），与本专利的用途相同，属于相同类别的产品，具有可比性，故对二者的外观设计作如下对比：

本专利所示的"发电机组"形状大致呈长方体形，包括主视图、后视图、左视图、右视图、俯视图和立体图，简要说明载明"仰视图无设计要点，省略仰视图"。从整体观察，主视图显示的产品正面右上方有一长方形缺口，里面设有控制机构，左上方为"KDE6700TA"字样的椭圆形标志图案，其左下部有一长方形开门，门上右侧设有把手，把手右侧有散热格栅；从后视图看，中下部有一长方形门，左侧有散热格栅，上部左右各有一小的散热格栅；从俯视图看，产品顶面左侧有一圆形凸起，其左边有一小长方形方块，其右边有一半圆形提手；从左视图看，产品上方有一长把手，中部有一正方形凸起，其下部有散热格栅，在正方形凸起的右上方和正下方有长方形的散热格栅；从右视图看，产品上方有一长把手，把手下方有一长方凹形，凹形下方有长方形的散热孔；产品底面有四个轮子（详见本专利附图）。

在先设计所示的"发电机组"形状大致呈长方体形，包括主视图、后视图、左视图、右视图、俯视图和仰视图。从整体观察，主视图显示的产品右上方有一长方形缺口，里面设有控制机构，其左下部有一长方形开门，门上右侧设有把手，把手右侧有散热格栅；从后视图看，产品中下部有一矩形凸起，左侧有散热格栅，上部左右各有一小的散热格栅；从俯视图看，产品顶面左侧有一圆形凸起，其左边有一小长方形方块，其右边有一半圆形提手；从左视图看，产品上方有一长把手，中部有一正方形凸起，其下部有散热格栅，在正方形凸起的右上方和正下方有散热格栅；从右视图看，产品上方有一长把手，把手下方有一长方凹形，凹形下方有散热格栅；产品底面有四个轮子（详见在先设计附图）。

将本专利与在先设计相比较可知，二者的相同点在于：产品整体均大致呈长方体形，长宽高的比例基本相同；产品的正面、背面、顶面、左面、右面中，各部分的形状、位置基本相同。两者不同之处在于：（1）本专利主视图显示的产品正面的开门为圆角长方形，把手为椭圆跑道形，在先设计的正面的开门为直角长方形，把手为圆形；（2）本专利的正面左上角有一带“KDE6700TA”字样的椭圆形标志，右边有若干个小标贴，左面、右面和顶面各有一个小标贴，在先设计没有。合议组认为，产品正面的开门、把手形状的区别均属于局部细微的变化，不足以引起一般消费者的注意；其标志图案在产品中所占的比例很小，对整体视觉效果不具有显著的影响。在二者整体造型、各部分形状及比例等均基本相同的情况下，对于其整体而言，局部细微的变化不会对整体视觉效果产生显著影响，一般消费者容易将二者混同、误认。因此，合议组认定，本专利与在先设计属于相近似的外观设计。

综上所述，合议组认为，在本专利申请日以前已有与其相近似的外观设计在出版物上公开发表过，所以，本专利权的授予不符合专利法第 23 条的规定。

三、决定

宣告 200730045412.8 号外观设计专利权全部无效。

当事人对本决定不服的，可以根据专利法第 46 条第 2 款的规定，自收到本决定之日起三个月内向北京市第一中级人民法院起诉。根据该款的规定，一方当事人起诉后，另一方当事人应当作为第三人参加诉讼。

主视图

后视图

左视图

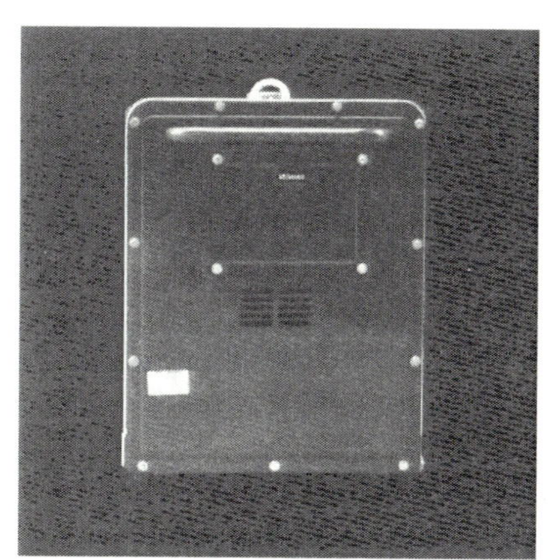
右视图

俯视图

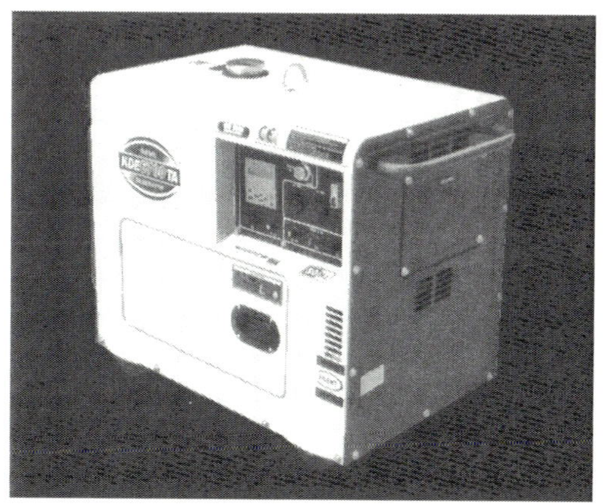

立体图

本专利附图

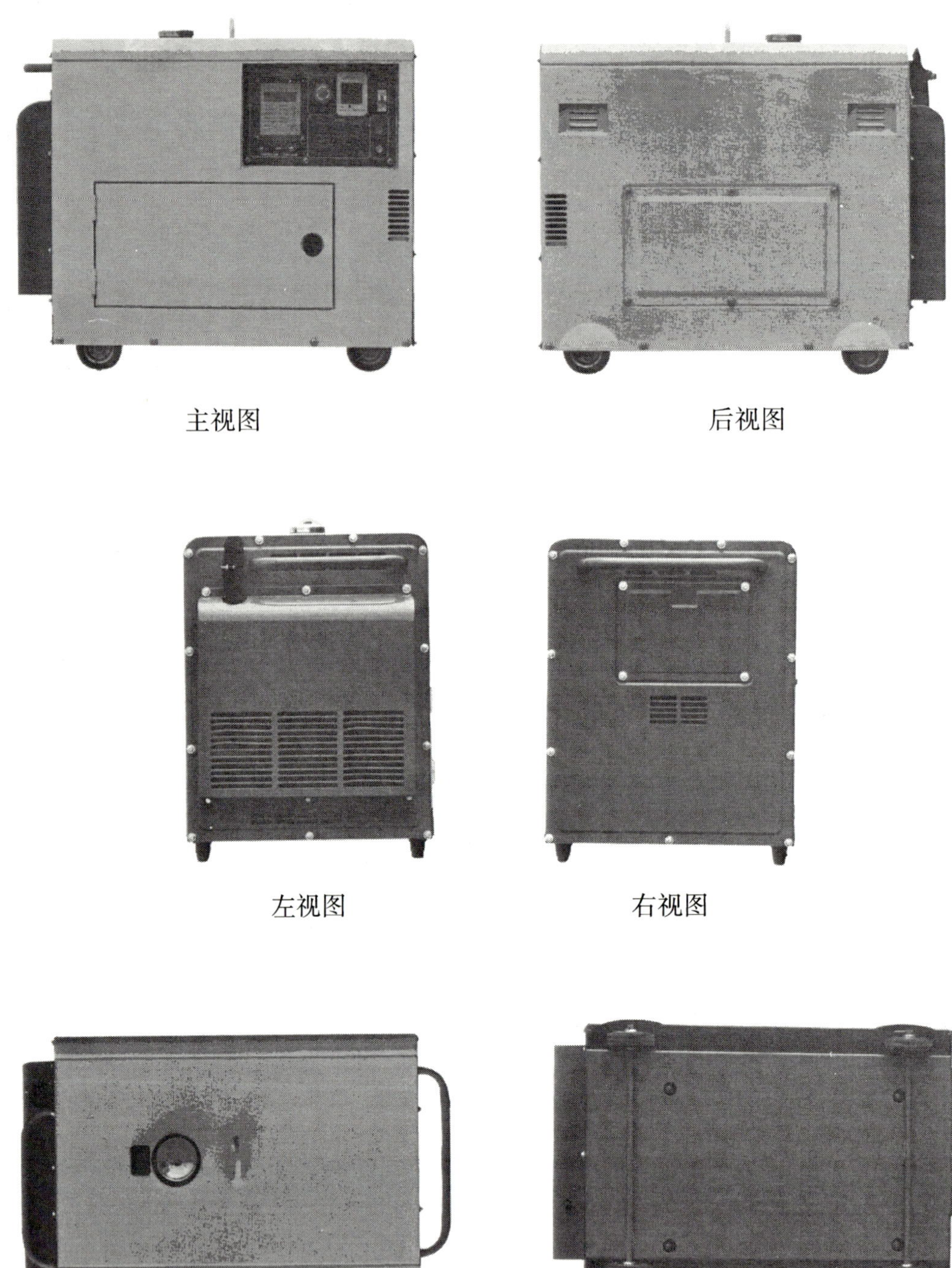

主视图　后视图

左视图　右视图

俯视图　仰视图

在先设计附图

438

停车场出入口控制机（2002P）

无效宣告请求审查决定（第13839号）

决　　定　　号　第13839号
决　　定　　日　2009年8月26日
发明创造名称　停车场出入口控制机（2002P）
外观设计分类号　10-05
无效宣告请求人　中山市微智科技有限公司
专　利　权　人　深圳市捷顺科技实业股份有限公司
申　　请　　号　03337278.0
申　　请　　日　2003年6月5日
授权公告日　2003年12月24日
合议组组长　熊　婷
主　　审　　员　丛　森
参　　审　　员　涂洪文
附　　　　　图　共8页

法　律　依　据　专利法第9条、第23条，专利法实施细则第2条第3款、第13条第1款
决　定　要　点

一般消费者经过对本专利与在先设计的整体观察可以看出，本专利与在先设计在整体形状上存在较大差别，并且上述差别已对二者整体的视觉效果形成显著的影响，因此，本专利与在先设计属于不相同且不相近似的外观设计。

根据本专利的视图，可以确定产品各个部分以及整体的具体形状，从而可以应用于产业上并形成批量生产，因此，本专利符合专利法实施细则第2条第3款的规定。

一、案由

本无效宣告请求涉及中华人民共和国国家知识产权局于2003年12月24日授权公告的03337278.0号外观专利，其名称为“停车场出入口控制机（2002P）”，专利权人是深圳市捷顺科技实业股份有限公司。

针对上述专利权（下称本专利），中山市微智科技有限公司（下称请求人）于2008年8月19日向专利复审委员会提出无效宣告请求（案件编号为6W08286），认为本专利权不符合专利法第9条、第23条，专利法实施细则第2条第3款、第13条第1款。请求人提交如下附件作为证据：

附件1-1：03337278.0号外观设计专利公报（本专利）复印件，公告日为2003年12月24日，

共 2 页；

附件 1-2：98308928.0 号外观设计专利公报复印件，公告日为 1999 年 6 月 30 日，共 2 页；

附件 1-3：03323268.7 号外观设计专利公报复印件，公告日为 2003 年 10 月 29 日，共 2 页；

附件 1-4：JP11-213293A 专利说明书复印件，公开日为 1999 年 8 月 6 日，共 6 页；

附件 1-5：00321003.0 号外观设计专利公报复印件，公告日为 2000 年 12 月 20 日，共 2 页；

附件 1-6：00225375.5 号实用新型专利说明书复印件，授权公告日为 2001 年 8 月 8 日，共 20 页；

附件 1-7：97240761.8 号实用新型专利说明书复印件，授权公告日为 1999 年 2 月 17 日，共 6 页；

附件 1-8：03323269.5 号外观设计专利公报复印件，公告日为 2003 年 10 月 15 日，共 2 页。

请求人认为：（1）本专利视图中所示的停车场出入口控制机俯视图、主视图、左视图、仰视图、后视图所表示的产品的具体形状均不能唯一确定，并且各视图相互矛盾，本领域技术人员根据本专利视图所示不能唯一确定停车场出入口控制机顶部、前部、后部以及左右侧面的具体形状，因此本专利所示的停车场出入口控制机的具体形状不能唯一确定，不适于工业应用，不符合专利法实施细则第 2 条第 3 款。（2）附件 1-2 公开了一种感应式智能卡停车场出入口控制机，其与本专利公开的视图的区别点属于局部细微的变化，对整体视觉效果不足以产生显著影响；附件 1-3 公开的视图与本专利的视图进行对比，二者的区别点属于局部的细微变化，对整体视觉效果不足以产生显著影响；附件 1-4 的图 1 所公开的装置与本专利视图进行对比，二者的区别点属于局部的细微变化，对整体视觉效果不足以产生显著影响；附件 1-5 公开的视图与本专利的视图进行对比，二者的区别点属于局部的细微变化，对整体视觉效果不足以产生显著影响；附件 1-6 的附图 2 公开了一种咪表仪，与本专利是同一产品，二者的区别点属于局部的细微变化，对整体视觉效果不足以产生显著影响，其中的形状与本专利相近似；附件 1-7 的附图 1 公开了一种发卡机，与本专利是同一产品，二者的区别点属于局部的细微变化，对整体视觉效果不足以产生显著影响，其中的形状与本专利相近似。由此可知，本专利不符合专利法第 23 条的规定。此外，某公司生产的 L007 型产品与本专利相近似，因此本专利不符合专利法第 23 条的规定。（3）附件 1-8 所公开的与本专利是同一产品，其与本专利的区别点属于局部的细微变化，对整体视觉效果不足以产生显著影响，其中的形状与本专利相近似，因此本专利不符合专利法第 9 条，不符合专利法实施细则第 13 条第 1 款的规定。基于上述理由，请求人请求宣告本专利无效。

经形式审查合格后，专利复审委员会依法受理了上述请求，于 2008 年 8 月 19 日向双方当事人发出了无效宣告请求受理通知书，并将无效宣告请求书及其附件清单中所列附件的副本转送给专利权人，要求其在指定的期限内答复。

2008 年 9 月 19 日，请求人补充提交了意见陈述以及相关证据，所提交的附件如下：

附件 1-9：99304281.3 号外观设计专利公报复印件，公告日为 2000 年 7 月 12 日，共 1 页；

附件 1-10：02325708.3 号外观设计专利公报复印件，公告日为 2003 年 1 月 15 日，共 1 页；

附件 1-11：《北欧提供的幸福设计》p.75 页邮筒外观设计（复印件），共 10 页；

请求人认为：（1）附件 1-9 公开了一种电话亭，是一种用于户外的可移动的建筑物，本专利也是一种用于户外的可移动建筑物，二者属于用途相近似的产品。附件 1-9 的视图所公开的产品的形状与本专利具有相同、相近似的结构形状；并且附件 1-9 的公开日在本专利申请日之前。（2）附件 1-10 公开了一种电话亭，是一种用于户外的可移动的建筑物，本专利也是一种用于户外的可移动建筑物，二者属于用途相近似的产品，附件 1-10 的视图所公开的产品的形状与本专利具有相同、相近似的结构形状；并且附件 1-10 的公开日在本专利的申请日之前。（3）附件 1-11 是瑞典邮筒的设计，与本专利属于用途相近似，二者形状相似；并且该邮筒在本专利申请日之前就已公开。（4）网站上公开了“停车场收费系统”，该系统在本专利申请日之前已经公开销售和公开发表。综上，本专利不符合专利法第 23 条的规定。

针对上述无效宣告请求，专利权人于 2008 年 9 月 23 日提交了意见陈述书及相关附件，认为：①本专利的名称为：停车场出入口控制机，本专利外观设计的技术特征是“停车场”的英文“park”的第一个字母“P”字的形状。其主视图、左视图、后视图、俯视图、仰视图的设计所表示的产品结构清楚、清晰、唯一，不存在表示不一致的情况。此外，请求人提出的存在线条缺陷的情况均不属实。本专利符合专利法实施细则第 2 条第 3 款的规定。②本专利与附件 1-2、1-3、1-4、1-5 等外观设计专利公开的视图以及附件 1-6、1-7 实用新型专利公开的附图进行对比，有显著区别，具有独立性和新颖性。③本专利与附件 1-8 之间存在巨大差别，因此，请求人认为本专利不符合专利法第 9 条、专利法实施细则第 13 条第 1 款的规定的理由没有事实依据。综上，专利权人请求维持本专利有效。专利权人提交的附件如下：

附件 2-1：企业法人营业执照（副本）（复印件），共 1 页；

附件 2-2：中华人民共和国组织机构代码证（副本）（复印件），共 1 页；

附件 2-3：深圳市工商物价信息中心提供的 2007 年 4 月 29 日深圳市捷顺科技实业股份有限公司的变更事项（复印件），共 1 页；

附件 2-4：外观设计专利证书（复印件），共 1 页；

附件 2-5：国家知识产权局专利检索咨询中心出具的 ZL03337278.0 号外观设计专利公告（复印件），共 1 页；

专利复审委员会依法成立合议组对本案进行审查。

2008 年 10 月 20 日，专利复审委员会向双方当事人发出了口头审理通知书，定于 2008 年 11 月 20 日对本案进行口头审理。并于当日将请求人于 2008 年 9 月 19 日补充提交的意见陈述书及所附附件转送给专利权人，将专利权人于 2008 年 9 月 23 日提交的意见陈述书及所附附件转送给请求人。

口头审理如期举行，请求人委托代理人出席了口头审理，专利权人一方未出席口头审理。请求人对合议组成员没有回避请求，请求人明确其无效理由为：（1）本专利不符合专利法实施细则第 2 条第 3 款；（2）本专利相对于附件 1-3、1-8 不符合专利法第 9 条、专利法实施细则第 13 条第 1 款的规定；（3）本专利相对于附件 1-2、1-5、1-6、1-7、1-9、1-10 不符合专利法第 23 条的规定。请求人当庭明确放弃使用附件 1-4、1-11。此外，由于相应证据未提交，且网站上证据的时间无法确定，请求人明确放弃对应 L007 型产品的无效理由。

2009 年 7 月 14 日，合议组向双方当事人发出合议组成员告知通知书，根据该通知书，由于双方当事人逾期未针对该通知书作出答复，视为双方当事人对变更后的合议组成员无回避请求。

至此，合议组认为本案事实已经调查清楚，现依法作出审查决定。

二、决定的理由

1. 法律依据

基于请求人明确的无效理由，合议组依据专利法第 23 条、第 9 条，专利法实施细则第 13 条第 1 款、第 2 条第 3 款对本案进行审理。

专利法第 23 条规定：“授予专利权的外观设计，应当同申请日以前在国内外出版物上公开发表过或者国内公开使用过的外观设计不相同和不相近似，并不得与他人在先取得的合法权利相冲突。”

专利法第 9 条规定：“两个以上的申请人分别就同样的发明创造申请专利的，专利权授予最先申请的人。”

专利法实施细则第 13 条第 1 款规定：“同样的发明创造只能被授予一项专利。”

专利法实施细则第 2 条第 3 款规定：“专利法所称外观设计，是指对产品的形状、图案或者其结合以及色彩与形状、图案的结合所作出的富有美感并适于工业应用的新设计。”

2. 关于证据

附件1-2、1-5、1-6、1-7、1-9、1-10都是专利文献，其公告日或公开日均早于本专利的申请日，因此可以作为评价本专利是否符合专利法第23条规定的证据。附件1-3、1-8是申请日在本专利的申请日之前的中国专利文献，因此可以作为评价本专利是否符合专利法第9条以及专利法实施细则第13条第1款的证据。

3. 关于专利法实施细则第2条第3款

审查指南第一部分第三章第6.4.2节规定：适于工业应用，是指该外观设计能应用于产业上并形成批量生产。

请求人认为本专利不符合专利法实施细则第2条第3款的理由如下：（1）本专利为停车场出入口控制机，主视图分为上中下部分，上部分的图形中表示了多个大小不一的矩形，而与其对应的左视图中没有与其对应的形状，俯视图左右两侧的两个突出于中间的部分与左视图的表示也不一致，导致左视图与后视图、俯视图所显示的产品结构不同，因此本专利所显示的停车场出入口控制机设计并不是唯一对应的，其他视图中对该部分也没有显示，本领域技术人员根据专利视图所示不能唯一确定同时符合本专利左视图与俯视图、后视图的设计。（2）本专利的左视图中具有月牙的虚线，其中不能清楚地表现虚线的含义，在没有右视图的情况下，也无法确定虚线的具体情况，并且上述虚线所表示的部分无法在主视图中体现出来，在俯视图和仰视图中也没有相应的描述，因此左视图的虚线部分与主视图和俯视图的表示不相应，所表示的部件并不是唯一确定的，本领域技术人员根据本专利视图所示不能唯一确定同时符合本专利俯视图的设计。左视图使用了虚线，导致其表述的形状不清楚，无法清楚地表达外观设计。（3）本专利没有右视图，无法获知其右视图的图形，假定其与左视图对称，其中是否有相应的虚线表示部分仍然不确定，导致表示的产品形状不唯一确定，本领域技术人员根据本专利的视图无法清楚地理解产品的确定形状。（4）本专利的俯视图左右两侧有一个突出的线条，没有相应的线条与其主视图对应，导致产品的产品形状不唯一确定，本领域技术人员根据本专利的视图无法清楚地理解产品的确定形状。（5）本专利为停车场出入口控制机，本专利的俯视图、与后视图、主视图、左视图的比例不一致，各个视图的设计不是唯一确定的。综上，本专利视图中所示的停车场出入口控制机俯视图、主视图、左视图、仰视图、后视图所表示的产品的具体形状均不能唯一确定，并且各视图相互矛盾，本领域技术人员根据本专利视图所示不能唯一确定停车场出入口控制机顶部、前部、后部以及左右侧面的具体形状，因此本专利所示的停车场出入口控制机的具体形状不能唯一确定，不适于工业应用，不符合专利法实施细则第2条第3款。

本专利为一种停车场出入口控制机，本专利包括主视图、左视图、后视图、仰视图、俯视图，简要说明中记载：右视图与左视图相对称，省略右视图。本专利未要求保护色彩。从主视图看，产品分为上中下三部分，各部分的形状都是矩形，产品中上位置的图形中有多个大小不一的矩形，中间部分的宽度大于上部分的宽度，下部分的宽度大于中间部分的宽度。从后视图看，产品分为上中下三个部分，各部分的形状都是矩形，产品中间部分的宽度大于上部分的宽度，下部分的宽度大于中间部分的宽度。从左视图看，产品的整体形状是“停车场”英文单词“park”的第一个字母“P”的形状。从仰视图看，最上方有左右两个向上的矩形突出部分，最下方有一向下的矩形突出部分，靠近最下方的大矩形的宽度比其他部分的宽度要宽，靠近上方部分的图形中有多个大小不一的矩形。从俯视图看，最下方有左右两个向下的矩形突出部分，靠近上方位置，左右对称各有大小两个矩形（详见本专利的附图）。

合议组认为：（1）主视图中上位置中的多个大小不一的矩形与仰视图中靠近上方图形中的多个大小不一的矩形是一一对应的；结合左视图可知，仰视图中最上方的左右两个向上的矩形突出部分以及俯视图中最下方的左右两个向下的矩形突出部分表明产品最外侧呈反“C”状的部分覆盖了产品内侧的部分，上述主视图和仰视图中的多个大小不一的矩形位于产品内部并且被产品最外侧的部分所遮盖，因此在左视图中必然是不可见的，这是可以从本专利附图的彼此间的关系中明确得出的。(2）本专利仰视图中靠近最下方的大矩形向左右方向的突出部分，俯视图中靠近上方位置的左右对称的大小两组矩形，与主视图、后视图中下部宽度大于中部宽度，中部宽度大于上部宽度的比例关系相对应。(3）本专利左视图中没有虚线，因此，请求人提出的因为左视图中存在虚线导致无法清楚表达外观设计的理由不成立。(4）本专利中明确了右视图与左视图相对称，因此，在已经给出左视图的情况下，本专利的右视图的图形是可以确定得出的。(5）从本专利的各视图可以看出，本专利各视图的长宽比例，投影关系基本上一一对应，不存在比例严重不一致的问题，根据本专利的视图，可以确定产品各个部分以及整体的具体形状，从而可以应用于产业上并形成批量生产。

综上可知，本专利符合专利法实施细则第2条第3款的规定。

4. 关于专利法第23条

本专利为一种停车场出入口控制机，本专利包括主视图、左视图、后视图、仰视图、俯视图，简要说明中记载：右视图与左视图相对称，省略右视图。本专利未要求保护色彩。从本专利主视图和后视图方向看，整机的正面、背面轮廓大致为矩形。从本专利左视图方向看，整机的底座部分的形状为弧顶弧度较小的弧形；整机的立柱部分的形状为细长矩形杆状（即竖向长度远大于横向宽度）；整机的头部的外轮廓（除立柱部分）为弧度较大的反向“C”形，本专利左视图方向的轮廓明显呈字母“P”的形状（详见本专利的附图）。

附件1-2公开了一种感应式智能卡停车场出入口控制机，包括主视图、仰视图、俯视图、左视图、右视图以及后视图。从附件1-2的主视图和后视图方向看，产品整机的正面、背面轮廓大致为矩形。从附件1-2的左视图、右视图方向看，产品侧面下部轮廓大致为“‖”形，其中凹陷防线有两直线边构成，下面的直线边较长而上面的直线边较短为向上支撑状，而产品侧面上部轮廓为不规则五边形，各边均为直线边（详见附件1-2的附图）。将本专利与附件1-2所示外观进行比较，可以看出二者最主要的差别是：产品侧面轮廓的形状明显不同，本专利产品头部的外轮廓（除立柱部分）为弧度较大的反向“C”形，整机侧面轮廓明显呈字母“P”的形状，而附件1-2中产品的侧面整体轮廓为不规则多边形状，而不是字母“P”的形状。合议组认为，本专利与附件1-2的上述差别已对二者整体的视觉效果形成显著的影响，对于一般消费者而言，不会将二者误认、混同。因此，本专利与附件1-2应属不相同且不相近似的外观设计。

附件1-5公开了一种集中式路边停车收费表，包括主视图、仰视图、俯视图、左视图、右视图、后视图和使用状态图。从附件1-5的主视图和后视图方向看，产品整机的正面、背面轮廓大致为矩形，产品底部有“┌┐”形护栏。从附件1-5的左视图、右视图以及使用状态图中可见，产品侧面轮廓的下部为矩形，中上部的弧边弧度较小，弧边中间略微突出并逐渐沿上、方向向直边方向收窄，产品顶部支出一尖弧形罩体，产品底部护栏侧面外形为“┌”状（详见附件1-5的附图）。将本专利与附件1-5所示外观进行比较，可以看出二者最主要的差别是：产品侧面轮廓的形状明显不同，本专利产品头部的外轮廓（除立柱部分）为弧度较大的反向“C”形，产品整机侧面轮廓明显呈字母“P”的形状，而附件1-5中产品中上部弧形突出部分相比于下部的矩形部分而言仅是略微突出，弧形的弧度较小。合议组认为，本专利与附件1-5的上述差别已对二者整体的视觉效果形成显著的影响，对于一般消费者而言，不会将二者误认、混同。因此，本专利与附件1-5应属不相同且不相近似的外观设计。

附件1-6公开了一种集中式泊车咪表仪，其中图2为外观示意图。从图2中可以看出，产品中下部大致为长方体形状，产品底部为台型底座，产品上部是截面为五边形的柱体，产品上部相对于下部的突出部分的顶面和侧面均为平面，而不是弧面，因此其轮廓的上边和侧边应为直线形而非弧形(详见附件 1-6 的附图)。将本专利与附件 1-6 所示外观进行比较，可以看出二者最主要的差别是：产品侧面轮廓的形状明显不同，本专利产品头部的外轮廓（除立柱部分）为弧度较大的反向“C”形，产品整机侧面轮廓明显呈字母“P”的形状，而附件 1-6 中产品轮廓的各边均为直线边。合议组认为，本专利与附件 1-6 的上述差别已对二者整体的视觉效果形成显著的影响，对于一般消费者而言，不会将二者误认、混同。因此，本专利与附件 1-6 应属不相同且不相近似的外观设计。

附件 1-7 公开了一种用于停车场收费管理系统的发卡机，其中图 1 为立体图。从图 1 中可以看出，产品底部为方台底座，其侧面轮廓为矩形，产品上部分侧面轮廓包括上斜边、竖立边、弧形边以及底边，其中弧形边连接上斜边和底边，弧形边中间向外突出并沿上、下方向向竖立边方向收窄，弧形边的弧度较小（详见附件 1-7 的附图）。将本专利与附件 1-7 所示外观进行比较，可以看出二者最主要的差别是：产品侧面轮廓的形状明显不同，本专利产品头部的外轮廓（除立柱部分）为弧度较大的反向“C”形，产品整机侧面轮廓明显呈字母“P”的形状，而附件 1-7 中产品中上部弧形边的弧度较小。合议组认为，本专利与附件 1-7 的上述差别已对二者整体的视觉效果形成显著的影响，对于一般消费者而言，不会将二者误认、混同。因此，本专利与附件 1-7 应属不相同且不相近似的外观设计。

附件 1-9 公开了一种电话亭，包括主视图、俯视图、左视图、右视图和后视图。从附件 1-9 的主视图、后视图中可以看出，产品的正面、背面轮廓由上下两部分组成，上下两部分均为矩形，上部分矩形的宽度大于下部分矩形的宽度。从附件 1-9 左视图和右视图方向看，产品侧面轮廓由上下两部分组成，上部分轮廓大致呈“〗”状，其中上、下两边均为倾斜状，上边长度大于下边长度，弧形边连接上、下两边且弧度较小（详见附件 1-9 的附图）。将本专利与附件 1-9 所示外观进行比较，首先，本专利与附件 1-9 中的产品属于不同类别的产品；其次，二者最主要的差别是：产品侧面轮廓的形状明显不同，本专利产品头部的外轮廓（除立柱部分）为弧度较大的反向“C”形，产品整机侧面轮廓明显呈字母“P”的形状，而附件 1-9 中产品中上部侧面轮廓大致呈“〗”状。合议组认为，本专利与附件 1-9 的上述差别已对二者整体的视觉效果形成显著的影响，对于一般消费者而言，不会将二者误认、混同。因此，本专利与附件 1-9 应属不相同且不相近似的外观设计。

附件 1-10 公开了一种电话亭，包括主视图、后视图、俯视图、左视图、右视图和使用状态图。从附件 1-9 的主视图和后视图方向看，产品整机的正面、背面轮廓大致为矩形。从附件 1-10 的左视图、右视图及使用状态图中可以看出，电话亭的主体框架为一体式设计，其竖立部分大致为矩形轮廓，主体框架顶部为向斜上方向支出的罩，主体框架底部有尖状支出部分，罩的下方处设置有隔板，隔板的最外边大致为直线形，罩向外支出的长度相对于其下方的隔板具有明显的支出部分（详见附件 1-10 的附图）。将本专利与附件 1-10 所示外观进行比较，首先，本专利与附件 1-10 中的产品属于不同类别的产品。其次，二者最主要的差别是：产品侧面轮廓的形状明显不同，本专利产品头部的外轮廓（除立柱部分）为弧度较大的反向“C”形，产品整机侧面轮廓明显呈字母“P”的形状，而附件 1-10 中隔板最外边大致为直线形，并且罩向外支出的长度相对于其下方的隔板具有明显的支出部分。合议组认为，本专利与附件 1-10 的上述差别已对二者整体的视觉效果形成显著的影响，对于一般消费者而言，不会将二者误认、混同。因此，本专利与附件 1-10 应属不相同且不相近似的外观设计。

综上可知，本专利相对于附件 1-2、1-5、1-6、1-7、1-9、1-10 符合专利法第 23 条的规定。

5. 关于专利法第 9 条、专利法实施细则第 13 条第 1 款

附件 1-3 公开了一种票箱，包括主视图、后视图、左视图、右视图、俯视图和仰视图。从附件 1-3的主视图、后视图的方向看，产品正面、背面轮廓分为两部分，下部为矩形，上部由两竖立直

边，底边以及顶部的弧形边构成。从附件 1-3 的左视图、右视图方向看，产品的侧面轮廓基本上是有竖直方向的直线和水平方向的直线构成，侧面轮廓整体上大致呈矩形（详见附件 1-3 的附图）。将本专利与附件 1-3 所示外观进行比较，可以看出二者最主要的差别是：产品侧面轮廓的形状明显不同，本专利产品头部的外轮廓（除立柱部分）为弧度较大的反向“C”形，整机侧面轮廓明显呈字母“P”的形状，而附件 1-3 中产品侧面轮廓整体上大致呈矩形。合议组认为，本专利与附件 1-3 的上述差别已对二者整体的视觉效果形成显著的影响，对于一般消费者而言，不会将二者误认、混同。因此，本专利与附件 1-3 应属不相同且不相近似的外观设计。

附件 1-8 公开了一种票箱（停车场收费系统），包括俯视图、后视图、仰视图、右视图、主视图和左视图。从附件 1-8 的主视图和后视图方向看，整机的正面、背面轮廓为矩形。从附件 1-8 的左视图、右视图方向看，可知附件 1-8 中产品侧面的占视图中较大部分的轮廓大致为矩形，产品的突出部分的轮廓由上面横边和弧形边构成，弧形边上半部分为直线形，下半部分为弧度较小的弧线，沿下方向向内收于产品比较靠下的部分（详见附件 1-8 的附图）。将本专利与附件 1-8 所示外观进行比较，可以看出二者最主要的差别是：产品侧面轮廓的形状明显不同，本专利产品头部的外轮廓（除立柱部分）为弧度较大的反向“C”形，整机侧面轮廓明显呈字母“P”的形状，而附件 1-8 中产品侧面轮廓的弧形边上半部分为直线形，下半部分为弧度较小的弧线，沿下方向向内收于产品比较靠下的部分。合议组认为，本专利与附件 1-8 的上述差别已对二者整体的视觉效果形成显著的影响，对于一般消费者而言，不会将二者误认、混同。因此，本专利与附件 1-8 应属不相同且不相近似的外观设计。

综上可知，附件 1-3、附件 1-8 不能证明本专利不符合专利法第 9 条、专利法实施细则第 13 条第 1 款的规定。

综上所述，请求人提出的无效理由均不成立，合议组依法作出如下决定。

三、决定

维持 03337278.0 号外观设计专利的专利权有效。

当事人对本决定不服的，可以根据专利法第 46 条第 2 款的规定，自收到本决定之日起三个月内向北京市第一中级人民法院起诉。根据该款的规定，一方当事人起诉后，另一方当事人应当作为第三人参加诉讼。

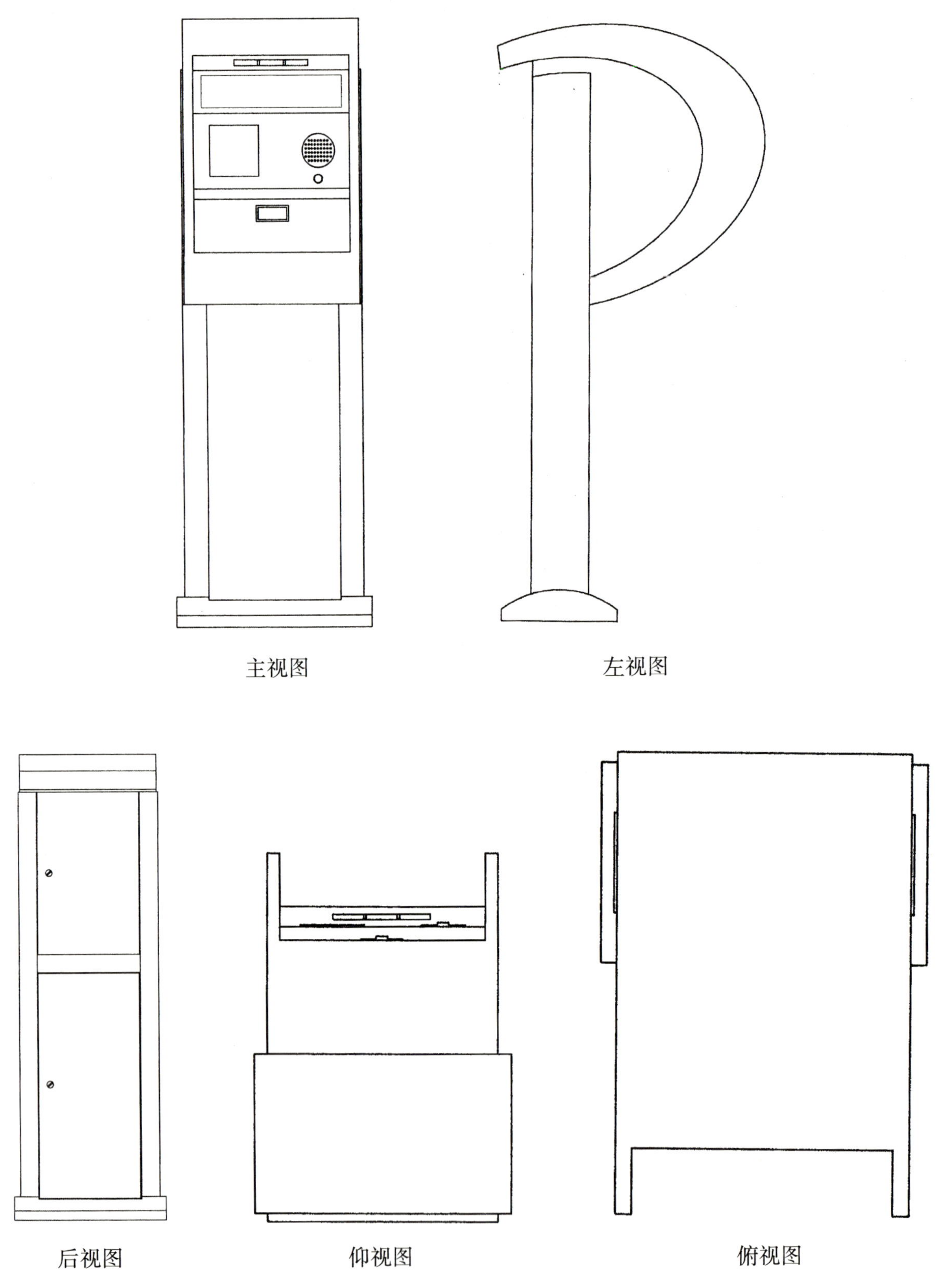

主视图　左视图

后视图　仰视图　俯视图

本专利附图

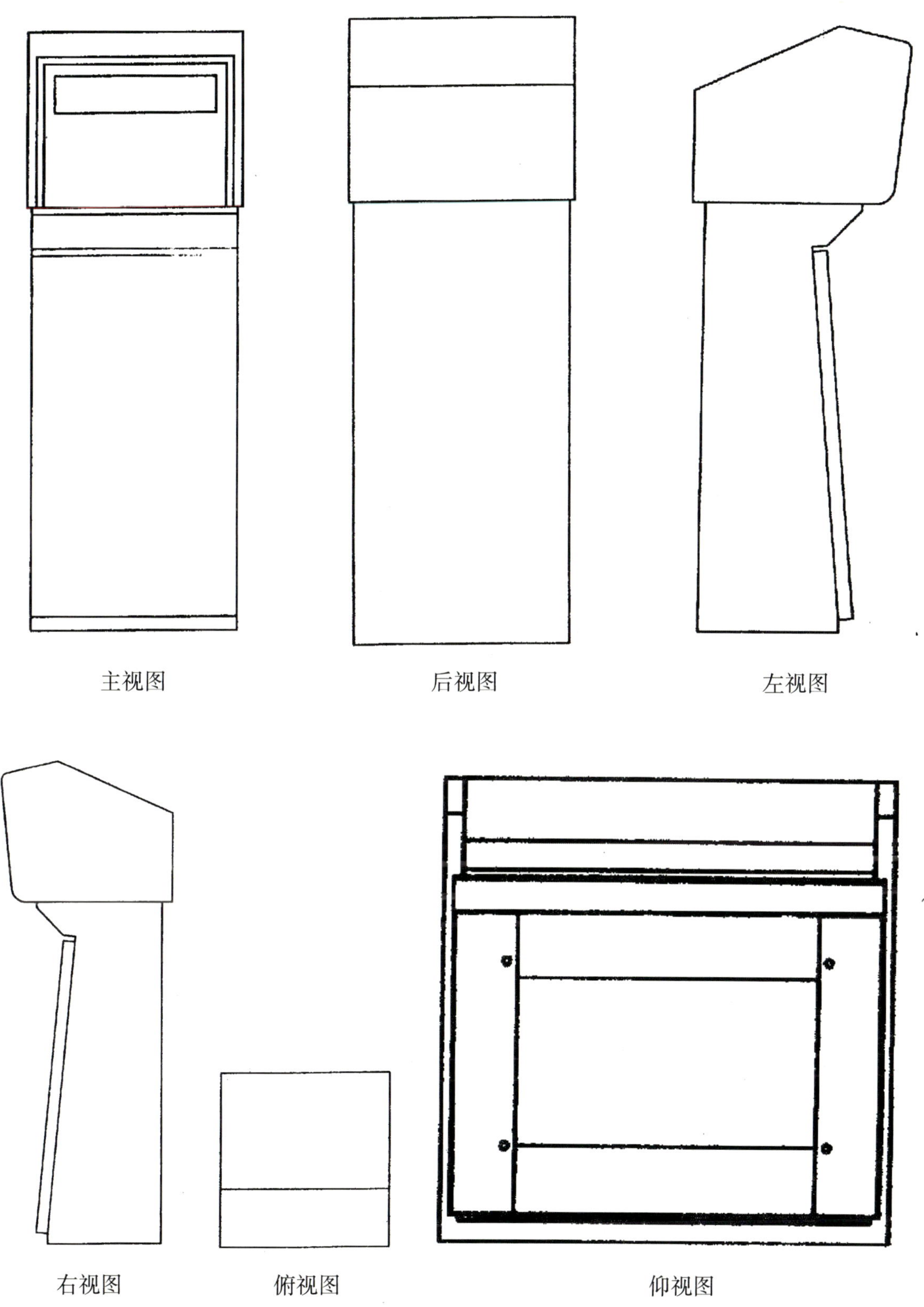

附件 1-2 附图

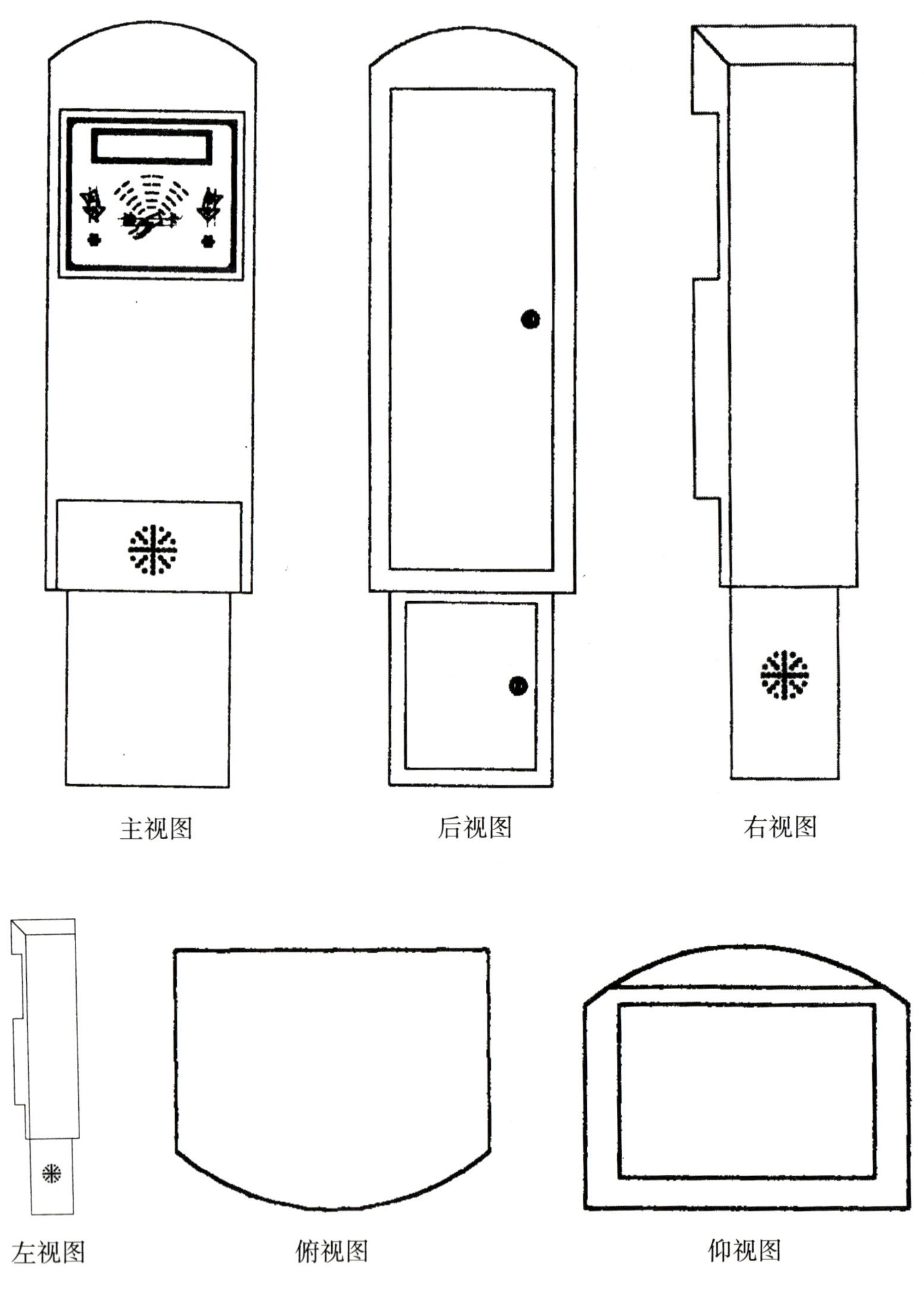

附件 1-3 附图

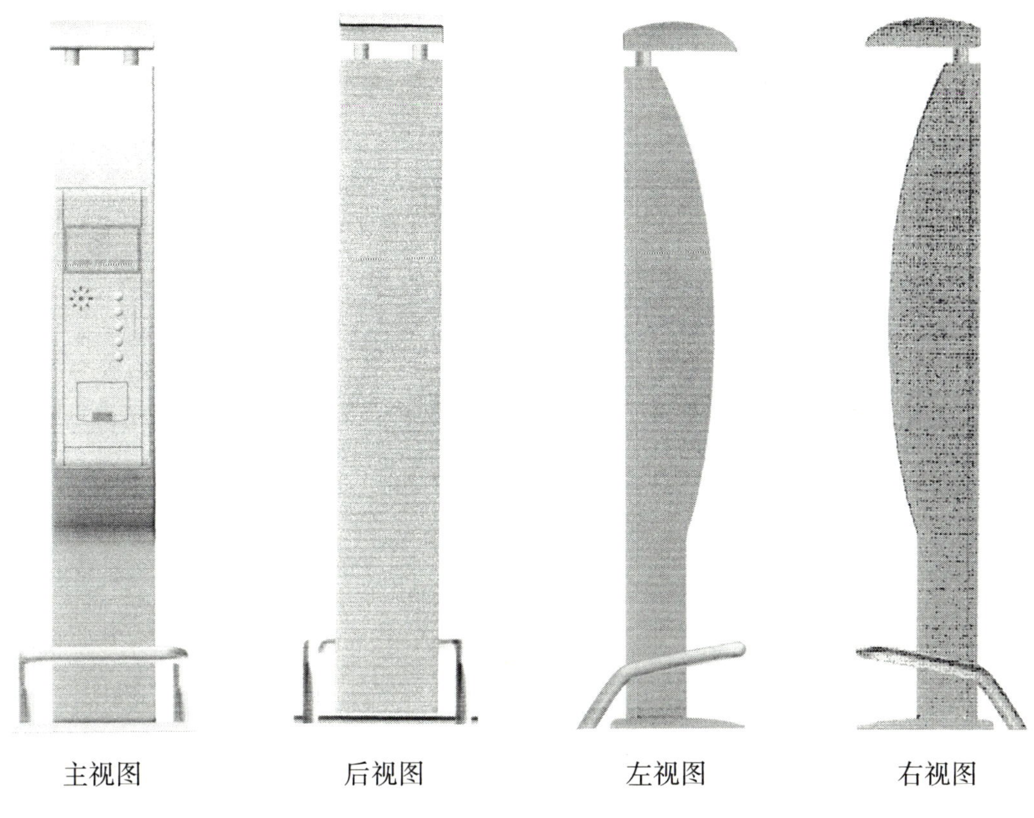

主视图　　后视图　　左视图　　右视图

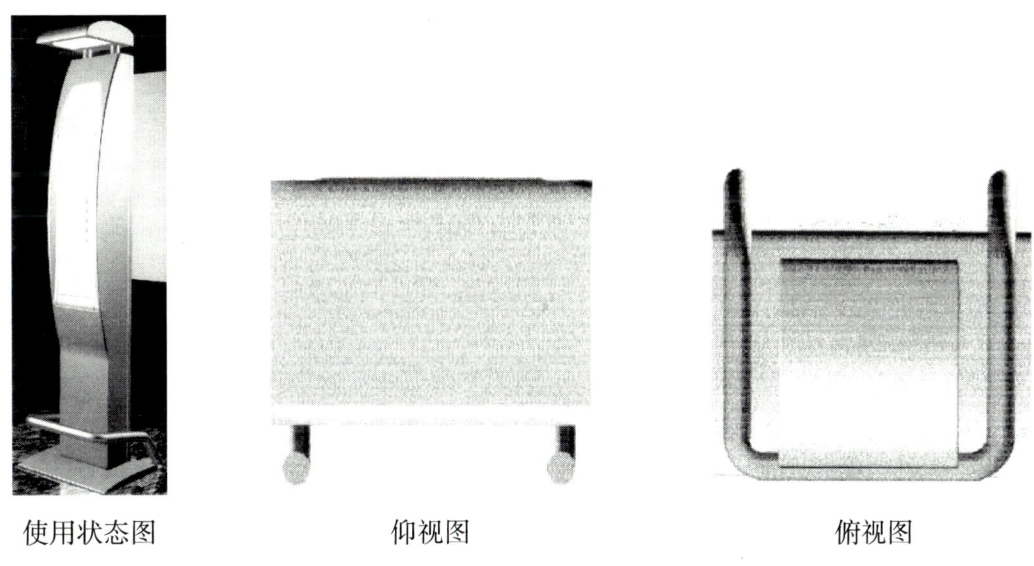

使用状态图　　仰视图　　俯视图

附件 1-5 附图

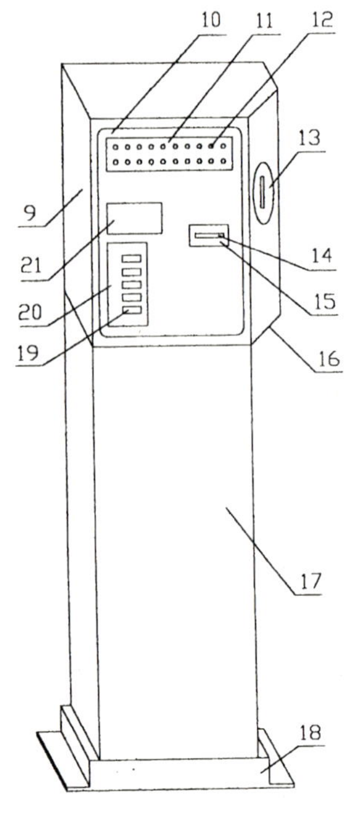

图 2

附件 1-6 附图

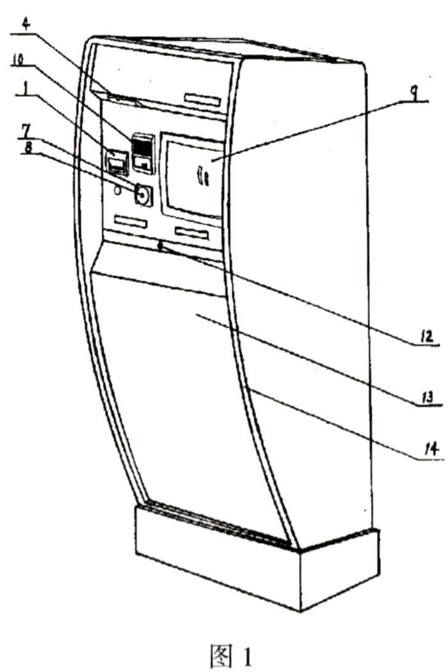

图 1

附件 1-7 附图

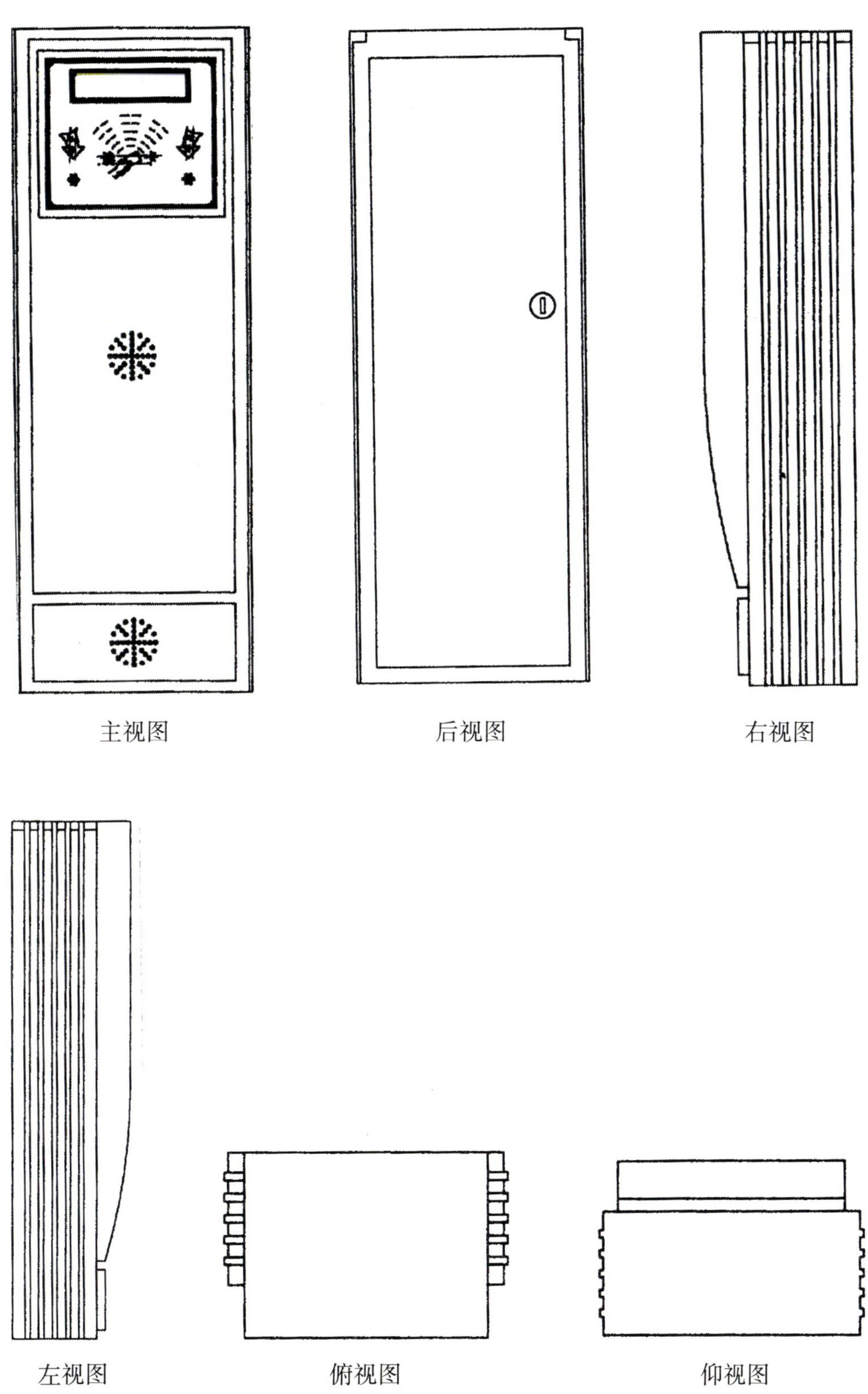

附件 1-8 附图

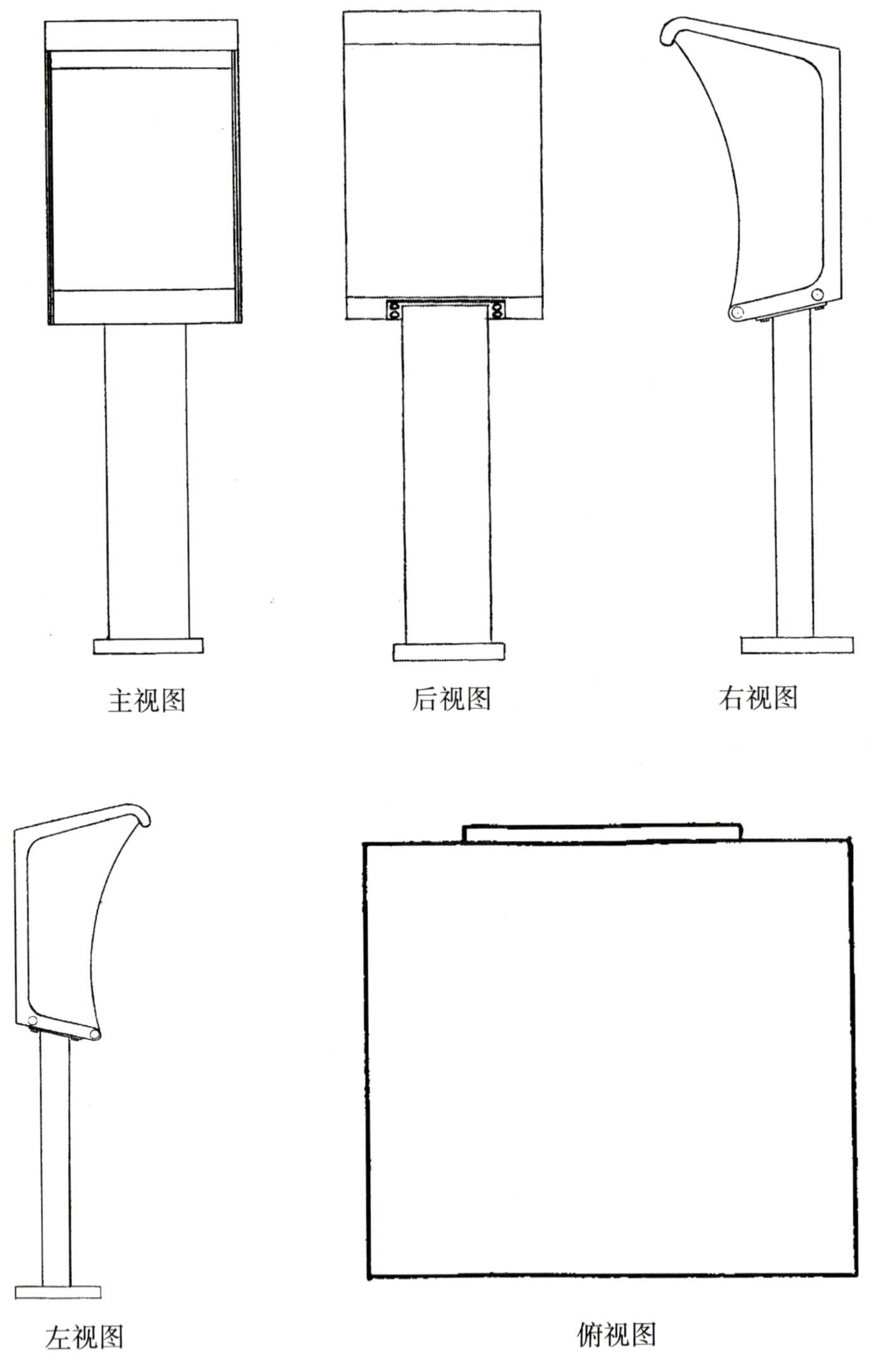

附件 1-9 附图

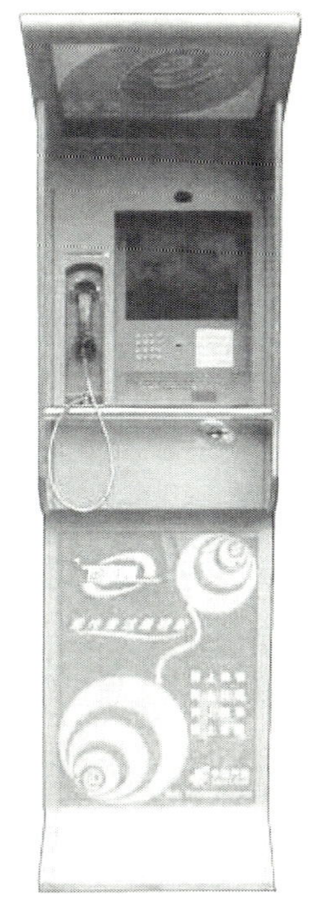

主视图

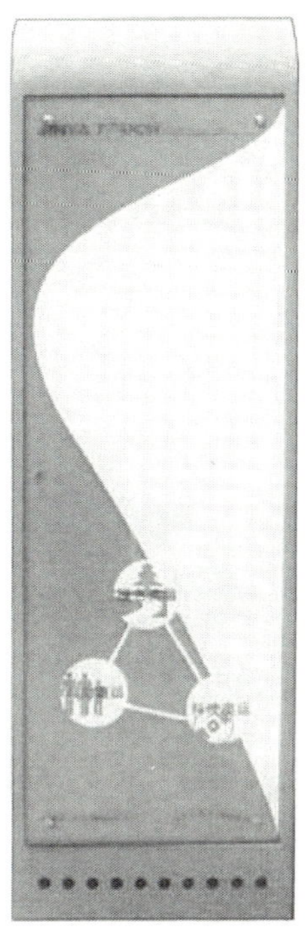

后视图

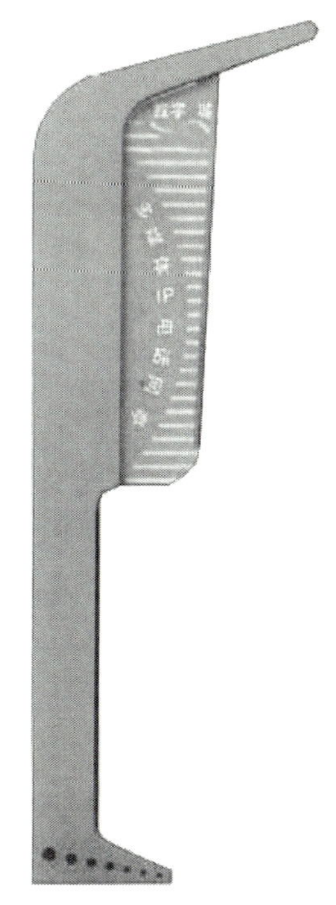

左视图

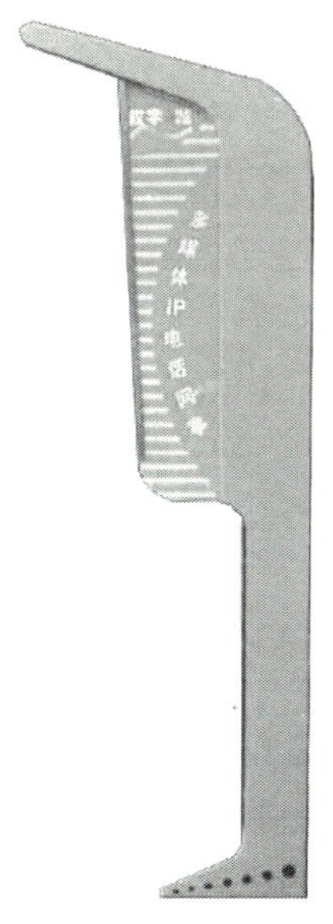

右视图

使用状态图

俯视图

附件 1-10 附图

停车场出入口控制机（2002P）

无效宣告请求审查决定（第13840号）

决　　定　　号 第13840号
决　　定　　日 2009年8月26日
发明创造名称 停车场出入口控制机（2002P）
外观设计分类号 10-05
无效宣告请求人 深圳市来吉智能科技有限公司
专　利　权　人 深圳市捷顺科技实业股份有限公司
申　　请　　号 03337278.0
申　　请　　日 2003年6月5日
授 权 公 告 日 2003年12月24日
合 议 组 组 长 熊　婷
主　　审　　员 丛　森
参　　审　　员 涂洪文
附　　　　　图 共3页

法　律　依　据 专利法第23条
决　定　要　点

本专利与在先设计之间存在的差别，已对外观设计的整体视觉效果形成显著的影响，因此，本专利与在先设计应属不相同且不相近似的外观设计。

一、案由

本无效宣告请求涉及中华人民共和国国家知识产权局于2003年12月24日授权公告的03337278.0号外观专利，其名称为“停车场出入口控制机（2002P）”，专利权人是深圳市捷顺科技实业股份有限公司。

针对上述专利权（下称本专利），深圳市来吉智能科技有限公司（下称请求人）于2008年9月5日向专利复审委员会提出无效宣告请求（案件编号为6W08340），认为本专利不符合专利法第23条。请求人提交如下附件作为证据：

附件1-1（下称对比文件1）：美国专利说明书US00D423181S，授权公告日为2004年4月18日，共3页；

附件1-2（下称对比文件2）：日本外观设计专利说明书D1085417，授权公告日为2000年9月18日，共5页；

请求人认为：①对比文件 1 公开了一种 ATM 机环绕物，对比文件 1 公开的产品与本专利涉及的产品同样设置于公共场合，面对同样的消费群体，同样实现刷卡记账的功能，与本专利是相近似类别的产品。对比文件 1 的 FIG2 与本专利的主视图相比，同样具有矩形轮廓，虽然 FIG2 的矩形下边没有封口，但是对比文件 1 的说明书中说明了其高度不限定，可根据使用的需要决定。对比文件 1 的 FIG3 与本专利的左视图相比，同样具有英文字母 P 的外形。对比文件 1 中的 ATM 机与本专利中的卡箱同样是为了满足实用功能，虽然对比文件 1 中没有出现 ATM 机的控制面板而本专利的主视图中有卡箱控制面板，两者的差别对于产品外观设计的整体效果不具有显著的影响。所以，对比文件 1 公开的产品与本专利的产品具有相近似的形状，属于相近似的外观设计。②对比文件 2 公开了一种停车场用细算机的形状，与本专利是相同类别的产品。对比文件 2 的正面图与本专利的主视图相比，同样具有矩形轮廓，同样在控制功能面板的左、上和右方具有矩形边框，与本专利相同。对比文件 2 的左视图和右视图对称，形状如一个英文字母 P。结合主视图和对称于右视图的左视图，可以看到对比文件 2 公开的产品与本专利的产品相比，同样在控制功能面板的左、上和右方具有突出的边缘，对比文件 2 的断面图清楚地表达了这一点，并且这个突出的边缘与产品的立柱结合，从左侧或者右侧看，其轮廓如一个英文字母 P。对本专利的产品和对比文件 2 公开的产品进行整体观察，可知，二者的形状相近似，所以是相近似的外观设计。综上，本专利与对比文件 1 属于相近似的产品类别，具有相近似的产品形状，是相近似的外观设计。本专利与对比文件 2 属于相同类别的产品，具有相近似的产品形状，也是相近似的外观设计。因此，本专利不符合专利法第 23 条的规定。请求专利复审委员会依法宣告本专利无效。

经形式审查合格后，专利复审委员会依法受理了上述请求，于 2008 年 9 月 5 日向双方当事人发出了无效宣告请求受理通知书，并将无效宣告请求书及其附件清单中所列附件的副本转送给专利权人，要求其在指定的期限内答复。

针对上述无效宣告请求，专利权人于 2008 年 9 月 28 日提交了意见陈述书及相关附件，认为：(1) 请求人提供的两份证据（对比文件 1 和对比文件 2），均没有以书面方式提供中文译文，请求人未在举证期限内提交中文译文，应视该外文证据为未提交，不能作为本案的证据使用。(2) 对比文件 1 中所附图形存在大量阴影线、虚线，不能清楚表现其含义，无法确定虚线的具体情况，不能清楚表达该外观设计是唯一确定的。(3) 本专利的名称为：停车场出入口控制机，本专利外观设计的技术特征是“停车场”的英文“park”的首个字母“P”字的形状。而对比文件 1 中公开的是一种 ATM 机，在产品种类、用途、外观设计上两者之间都存在显著差别，尤其是本专利的主视图与对比文件 1 的 FIG2、本专利的左视图与对比文件 1 的 FIG3 存在根本区别，因此具有显著的新颖性特征。(4) 本专利授权公告设计图形与对比文件 2 进行对比，二者主视图、后视图、左视图、仰视图、俯视图的图形设计之间都存在较大区别，因此本专利具有显著的新颖性特征。综上，本专利符合专利法第 23 条的规定。

专利权人提交的附件如下：

附件 2-1：企业法人营业执照（副本）（复印件），共 1 页；

附件 2-2：中华人民共和国组织机构代码证（副本）（复印件），共 1 页；

附件 2-3：深圳市工商物价信息中心提供的 2007 年 4 月 29 日深圳市捷顺科技实业股份有限公司的变更事项（复印件），共 1 页；

附件 2-4：外观设计专利证书（复印件），共 1 页；

附件 2-5：国家知识产权局专利检索咨询中心出具的 ZL03337278.0 号外观设计专利公告（复印件），共 1 页；

专利复审委员会依法成立合议组对本案进行审查。

2008年10月20日，专利复审委员会向双方当事人发出了口头审理通知书，定于2008年11月20日对本案进行口头审理。并于当日将专利权人于2008年9月28日提交的意见陈述书及所附附件转送给请求人。

口头审理如期举行，请求人委托代理人出席了口头审理，专利权人一方未出席口头审理。请求人对合议组成员没有回避请求，请求人明确其无效理由为本专利与对比文件1、2相比不符合专利法第23条的规定。

2009年6月22日，合议组向双方当事人发出合议组成员告知通知书，根据该通知书，由于双方当事人逾期未针对该通知书作出答复，视为双方当事人对变更后的合议组成员无回避请求。

至此，合议组认为本案事实已经调查清楚，现依法作出审查决定。

二、决定的理由

1. 关于专利法第23条

专利法第23条规定："授予专利权的外观设计，应当同申请日以前在国内外出版物上公开发表过或者国内公开使用过的外观设计不相同和不相近似，并不得与他人在先取得的合法权利相冲突。"

2. 关于证据

对比文件1、2都是外国专利文献，请求人在无效宣告请求书中明确了对比文件1、2的名称中文译文，即对比文件1公开了一种ATM机环绕物，对比文件2公开了一种停车场用细算机，因此，在未发现影响对比文件1、2真实性以及相关译文准确性的瑕疵的情况下，合议组对对比文件1、2的真实性以及相关译文的准确性予以认可。并且因为对比文件1、2的公开日均早于本专利的申请日，因此可以将对比文件1的图FIG1、FIG2、FIG3和对比文件2的正面图、背面图、左侧图、右侧图、平面图、底面图和断面图作为在先设计评价本专利是否符合专利法第23条的规定。

3. 外观设计相同或相近似的对比

本专利为一种停车场出入口控制机，本专利包括主视图、左视图、后视图、仰视图、俯视图，简要说明中记载：右视图与左视图相对称，省略右视图。本专利未要求保护色彩。从本专利主视图和后视图方向看，整机的正面、背面轮廓大致为矩形。从本专利左视图方向看，整机的底座部分的形状为弧顶弧度较小的弧形；整机的立柱部分的形状为细长矩形杆状（即竖向长度远大于横向宽度）；整机的头部的外轮廓（除立柱部分）为弧度较大的反向"C"形，本专利左视图方向的轮廓明显呈字母"P"的形状（详见本专利的附图）。

对比文件1公开了一种ATM机环绕物，从对比文件1的图FIG2中可见，该环绕物最下方虚线以上部分的轮廓为矩形。从对比文件1的图FIG1、FIG3中可见，该环绕物最上方的部分的轮廓大致为梯形，上面横边、右面竖边以及下面斜边基本上都是直线形（详见对比文件1的附图）。将本专利与对比文件1所示外观进行比较，可以看出二者最主要的差别是：产品侧面轮廓的形状明显不同，本专利产品头部的外轮廓（除立柱部分）为弧度较大的反向"C"形，整机侧面轮廓明显呈字母"P"的形状，而对比文件1中产品的上面部分的侧面轮廓大致为梯形。合议组认为，本专利与对比文件1的上述差别已对二者整体的视觉效果形成显著的影响，对于一般消费者而言，不会将二者误认、混同。因此，本专利与对比文件1应属不相同且不相近似的外观设计。

对比文件2公开了一种停车场用细算机，包括正面图、背面图、左侧图、右侧图、平面图、底面图和断面图。从对比文件2的正面图和背面图方向看，整机的正面、背面轮廓为矩形。从对比文件2的左侧图、右侧图方向看，可知对比文件2中产品的侧面的整体轮廓大致为矩形，产品上半部分有略微突出的部分，突出部分的轮廓大致为梯形，即上面横边、左/右侧竖边以及下面斜边基本上都是直线形（详见对比文件2的附图）。将本专利与对比文件2所示外观进行比较，可以看出二者最主要的差别是：产品侧面轮廓的形状明显不同，本专利产品头部的外轮廓（除立柱部分）为弧度较大的反向“C”形，整机侧面轮廓明显呈字母“P”的形状，而对比文件 2 中产品的侧面整体轮廓大致为矩形，产品上半部分略微突出部分的侧面轮廓大致为梯形，使得对比文件 2 中产品的侧面整体轮廓无法呈现出字母“P”的形状。合议组认为，本专利与对比文件 2 的上述差别已对二者整体的视觉效果形成显著的影响，对于一般消费者而言，不会将二者误认、混同。因此，本专利与对比文件 2 应属不相同且不相近似的外观设计。

综上所述，请求人提交的上述证据均不能证明本专利与在先公开发表的外观设计相同或相近似，因此，请求人提出的本专利不符合专利法第 23 条规定的无效宣告请求理由不成立。

三、决定

维持 03337278. 0 号外观设计专利权有效。

当事人对本决定不服的，可以根据专利法第 46 条第 2 款的规定，自收到本决定之日起三个月内向北京市中级人民法院起诉。根据该款的规定，一方当事人起诉后，另一方当事人应当作为第三人参加诉讼。

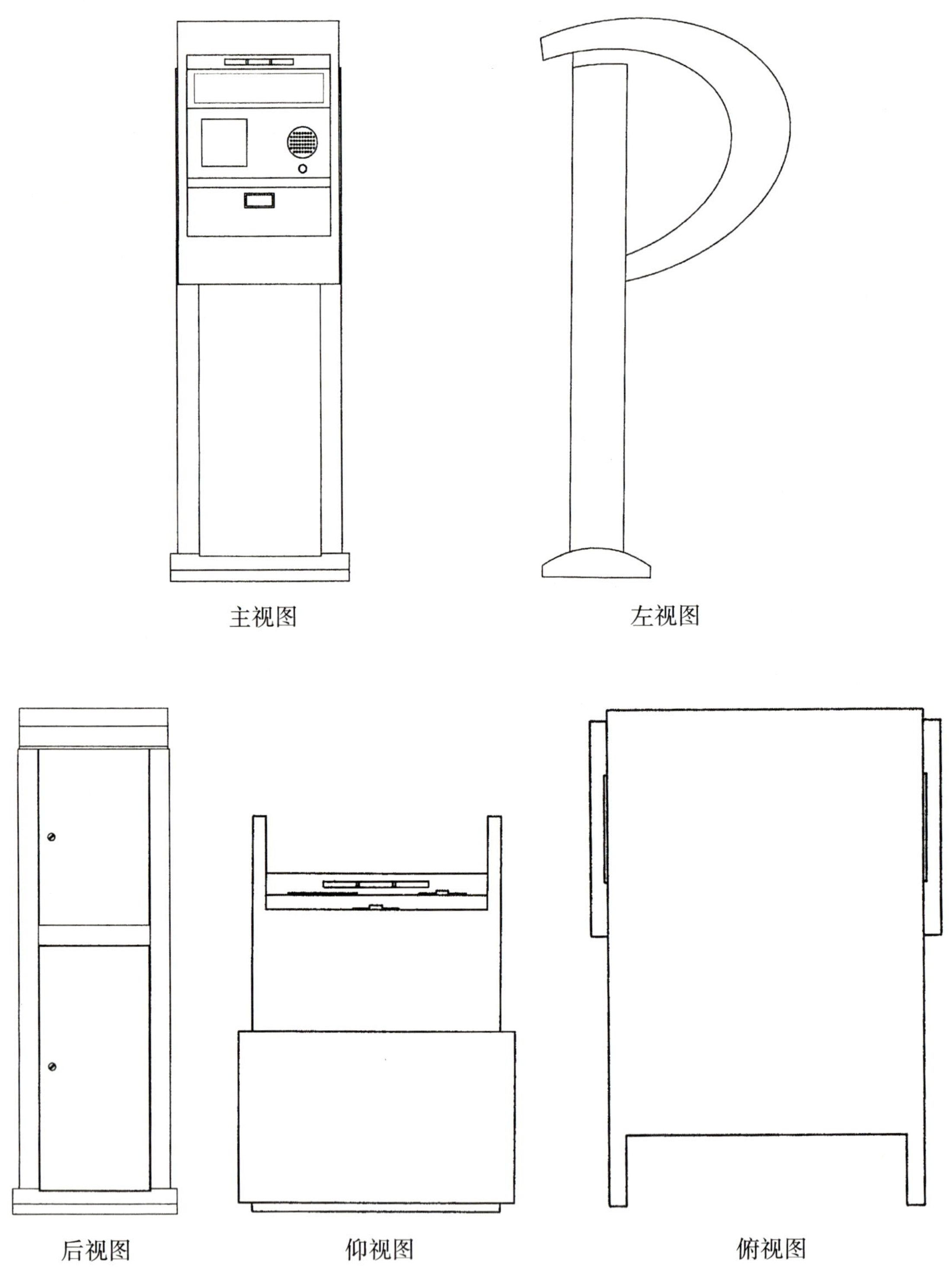

本专利附图

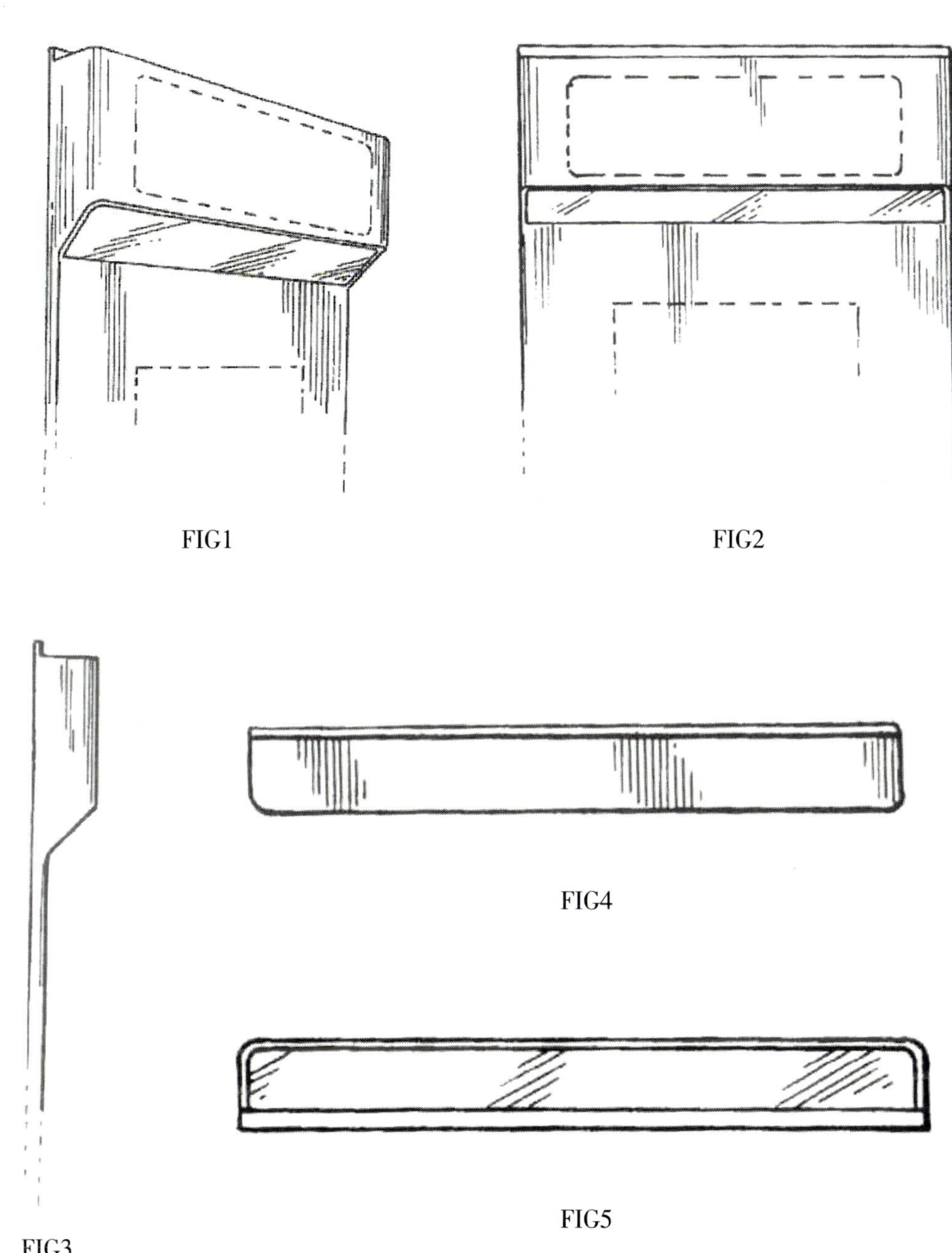

对比文件 1 附图

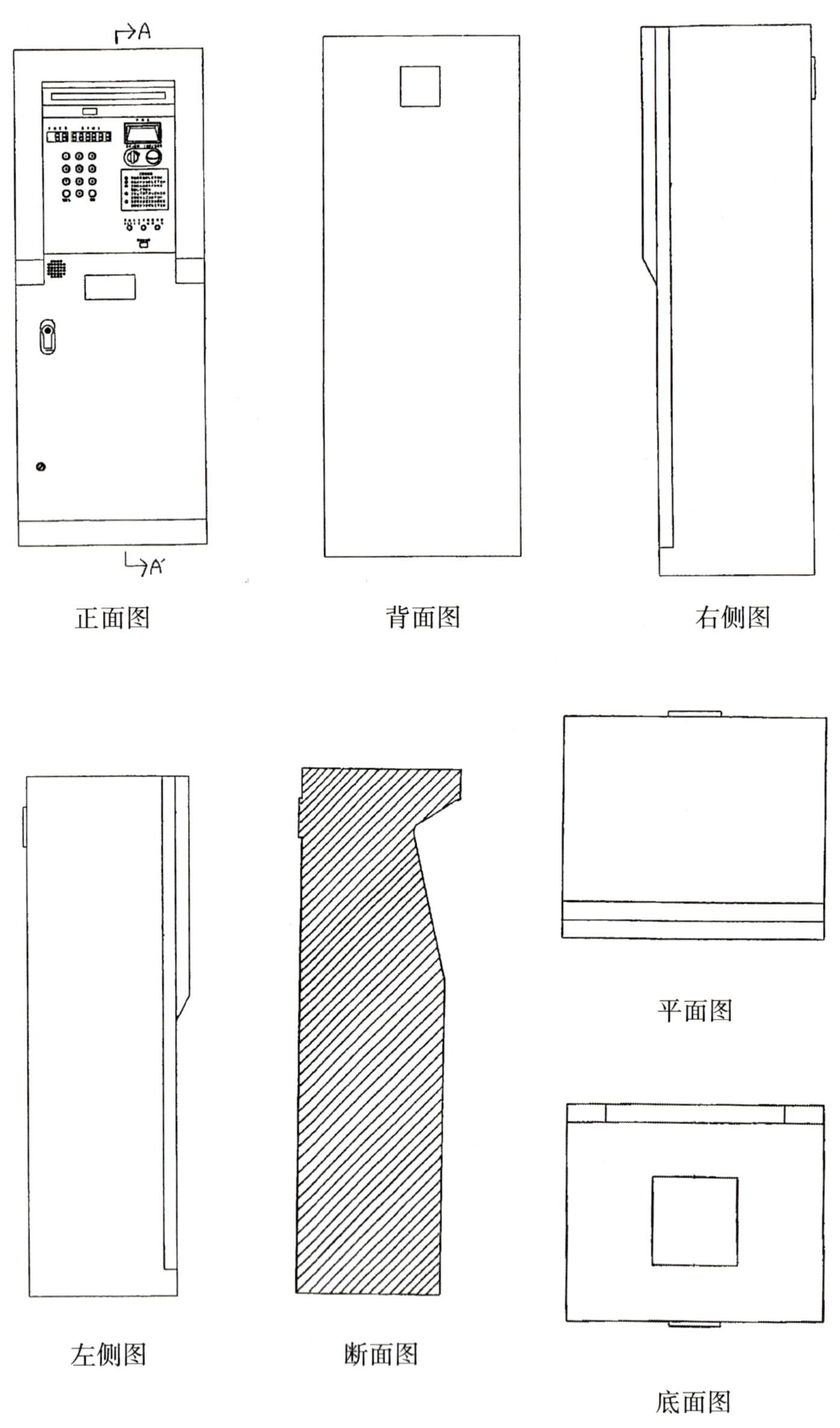

对比文件 2 附图

440

提　款　箱

无效宣告请求审查决定（第13842号）

决　　定　　号　第13842号
决　　定　　日　2009年7月30日
发明创造名称　提款箱
外观设计分类号　03-01
无效宣告请求人　平阳县三信金融机具有限公司
专　利　权　人　李上多
专　　利　　号　200730123273.6
申　　请　　日　2007年7月24日
授权公告日　2008年8月13日
合议组组长　吴赤兵
主　　审　　员　沙柏青
参　　审　　员　尹春霞
附　　　　　图　2页

法　律　依　据　专利法第23条
决　定　要　点

在二者整体造型、各部分形状及比例等均基本相同的情况下，对于其整体而言，局部细微的差别不会对整体视觉效果产生显著影响，一般消费者容易将二者混同、误认。因此，合议组认定，本专利与在先设计属于相近似的外观设计。

一、案由

本无效宣告请求案涉及国家知识产权局于2008年8月13日授权公告的，名称为“提款箱”的外观设计专利（下称本专利），其专利号是200730123273.6，申请日是2007年7月24日，专利权人是李上多（下称专利权人）。

针对上述专利权，平阳县三信金融机具有限公司（下称请求人）于2009年4月10日向国家知识产权局专利复审委员会提出无效宣告请求，认为本专利的授权不符合专利法第23条和专利法实施细则第2条第3款的规定，并提交了以下证据作为对比文件：

证据1：ZL200630119610.X号外观设计专利著录项目及图片复印件，共2页；

证据2：深圳市发现广告有限公司发布的“发现资源”-“金融设备”广告宣传册封面和相关页复印件第1页，共2页。

请求人认为，证据1的公告日在本专利申请日（2007年7月24日）之前，二者均是提款箱的外观设计，都是长方体形状，箱体比例几乎看不出区别，各六面视图均具有相似的凹凸相间的条形图案，四角都分布有形状相似的凹坑和凸起，除本专利的金属扣由于处理效果不好而不清楚外，二者要部的设计相似度极高，一般消费者很容易将二者混同；证据2的出版时间为2006年10月12日，早于本专利的申请日，证据2第1页中箭头指明的提款箱与本专利的主视图和左视图极为相似，除了本专利顶面多了中间的矩形凹陷外，其他均与证据2所示提款箱的顶面相同，一般消费者很容易将二者混同。因此，本专利与证据1、证据2均属于相近似的外观设计，本专利不符合专利法第23条和专利法实施细则第2条第3款的规定。

经形式审查合格，专利复审委员会依法受理了上述无效宣告请求，并于2009年4月10日将无效宣告请求书及相关文件的副本转送给专利权人，通知其在指定的期限内答复。

请求人于2009年5月7日提交意见陈述书和补充证据（编号续前）：

证据3据称是2006年1月6日深圳市发现广告有限公司出具给平阳县三信金融机具有限公司的广告费缴款发票复印件，共1页；

证据4据称是2006年5月25日深圳市发现广告有限公司出具给平阳县三信金融机具有限公司的广告费缴款发票复印件，共1页；

证据5据称是2007年9月10日深圳市发现广告有限公司出具给平阳县三信金融机具有限公司的广告费缴款发票复印件，共1页。

专利复审委员会于2009年6月15日向双方当事人发出无效宣告请求口头审理通知书，定于2009年7月16日进行口头审理。同日向专利权人发出转送文件通知书，将请求人补充提交的意见陈述书及相关文件的副本转送给专利权人，通知其在指定的期限内答复。

口头审理如期举行，请求人委托代理人出席了口头审理，专利权人未出席口头审理。在口头审理过程中，请求人放弃专利法实施细则第2条第3款的理由及相关证据，提交附件2原件，并就外观设计的相同和相近似性进行了意见陈述。

在上述审理的基础上，合议组认为本案事实清楚，可以依法作出审查决定。

二、决定的理由

1. 法律依据

基于请求人提出的无效宣告请求的理由和证据，合议组依据专利法第23条的规定对本案进行审理。

专利法第23条规定："授予专利权的外观设计，应当同申请日以前在国内外出版物上公开发表过或者国内公开使用过的外观设计不相同和不相近似，并不得与他人在先取得的合法权利相冲突。"

2. 证据认定

请求人提交的证据1是ZL200630119610.X号外观设计专利著录项目及图片复印件，经核实该证据内容与其外观设计专利公报内容一致，其真实性可以确认。该外观设计专利产品名称为"提款箱"，其授权公告日为2007年7月18日，早于本专利的申请日（2007年7月24日），属于本专利申请日之前公开的外观设计，可以作为评价本专利是否符合专利法第23条规定的证据。

3. 外观设计相同和相近似对比

证据1公开了一种提款箱的外观设计（下称在先设计），与本专利的用途相同，属于相同类别的产品，具有可比性，故对二者的外观设计作如下对比：

本专利所示的提款箱形状大致呈长方体形，包括主视图、后视图、左视图、俯视图、仰视图和立体图，简要说明载明"本外观设计的右视图与左视图对称，省略右视图"。主视图中箱体表面有等距的条形凹凸，开口处左右两侧各有一近似长方形的搭扣；后视图中箱体表面有等距的条形凹凸，中部左右两侧各有一细长方形凸起；俯视图中间有一近似长方形凹框，四角均有近似正方形凹陷；仰视图四角均有近似钻石形凸起；左视图中部有长方形凹坑，凹坑中间有一提手（详见本专利附图）。

在先设计所示的提款箱形状大致呈长方体形，包括主视图、后视图、左视图、俯视图和仰视图，简要说明载明“右视图与左视图对称，省略右视图”。主视图中箱体表面有等距的条形凹凸，开口处左右两侧各有一近似长方形的搭扣；后视图中箱体表面有等距的条形凹凸；俯视图中间有一椭圆形图案，四角均有近似正方形凸起；仰视图四角均有近似正方形凸起；左视图中部有长方形凹坑，凹坑中间有一提手（详见在先设计附图）。

将本专利与在先设计相比较可知，二者的相同点在于：（1）产品整体均为近似长方体形，长宽高的比例基本相同；（2）主视图中箱体表面有等距的条形凹凸，开口处左右两侧各有一近似长方形的搭扣；（3）后视图中箱体表面有等距的条形凹凸；（4）俯视图四角均有近似正方形凹凸；（5）仰视图四角均有凹凸；（6）左视图中部有长方形凹坑，凹坑中间有一提手。两者不同之处在于：（1）本专利箱体表面的凹凸条纹宽窄基本相同，在先设计箱体表面的凹纹窄于凸纹；（2）本专利的后视图中部左右两侧各有一细长方形凸起，在先设计没有；（3）本专利俯视图中间有一近似长方形的凹槽，在先设计俯视图中间有一椭圆形凸起；（4）本专利与在先设计左视图的提手形状略有不同；（5）仰视图四角凹凸形状略有不同。合议组认为：（1）虽然二者箱体表面的凹凸条纹宽窄有所差别，但是该差别对产品的整体视觉效果没有产生显著的影响；（2）二者在后视图中部有无细长方形凸起的差别以及左视图的提手形状的差别属于局部细微的变化，不足以引起一般消费者的注意；（3）对于二者俯视图中图案的差别，合议组认为，本专利中近似长方形的凹槽下凹程度很浅，在先设计的椭圆形图案显示的也不明显，均没有对产品的整体视觉效果产生显著的影响；（4）仰视图四角形状的差别在施以一般注意力时，不易察觉。在二者整体造型、各部分形状及比例等均基本相同的情况下，对于其整体而言，上述不同属于细微的变化，不会对整体视觉效果产生显著影响，一般消费者容易将二者混同、误认。因此，合议组认定，本专利与在先设计属于相近似的外观设计。

综上所述，合议组认为，在本专利申请日以前已有与其相近似的外观设计在出版物上公开发表过，所以，本专利权的授予不符合专利法第 23 条的规定。

鉴于已经得出本专利不符合专利法第 23 条规定的结论，本决定对请求人提出的其他理由和证据不再进行评述。

三、决定

宣告 200730123273.6 号外观设计专利权全部无效。

当事人对本决定不服的，可以根据专利法第 46 条第 2 款的规定，自收到本决定之日起三个月内向北京市第一中级人民法院起诉。根据该款的规定，一方当事人起诉后，另一方当事人应当作为第三人参加诉讼。

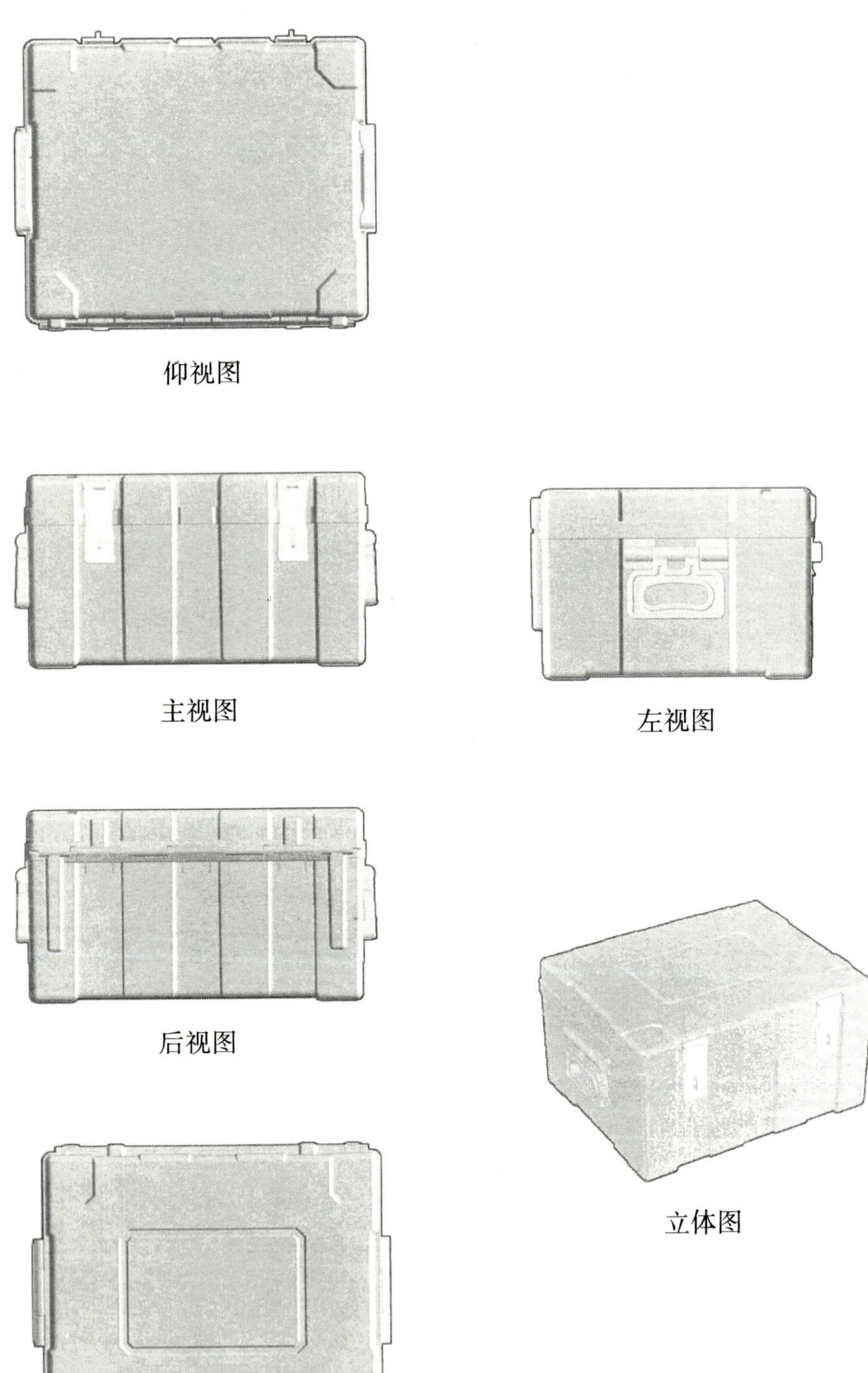

本专利附图

仰视图

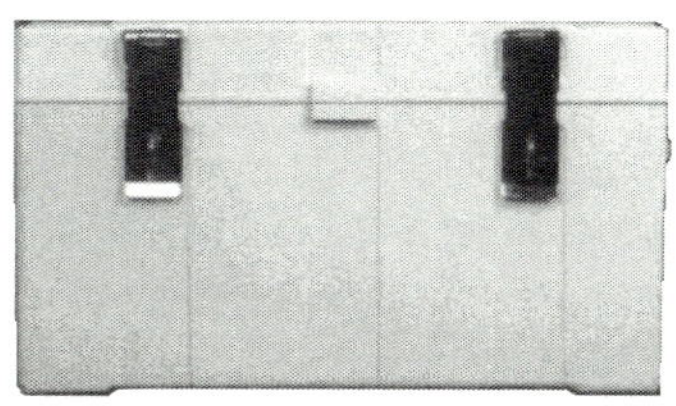

主视图

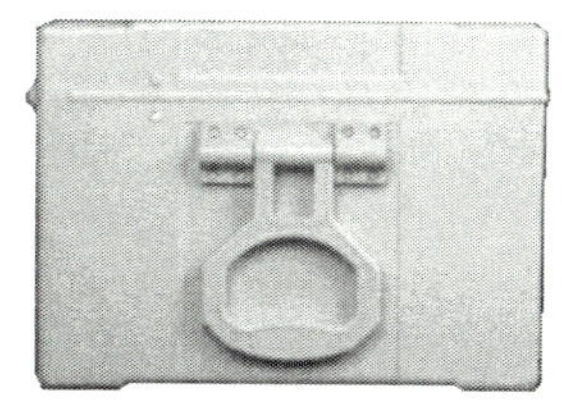

左视图

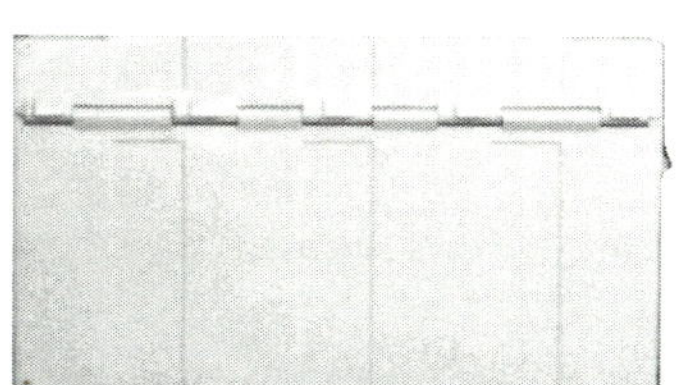

后视图

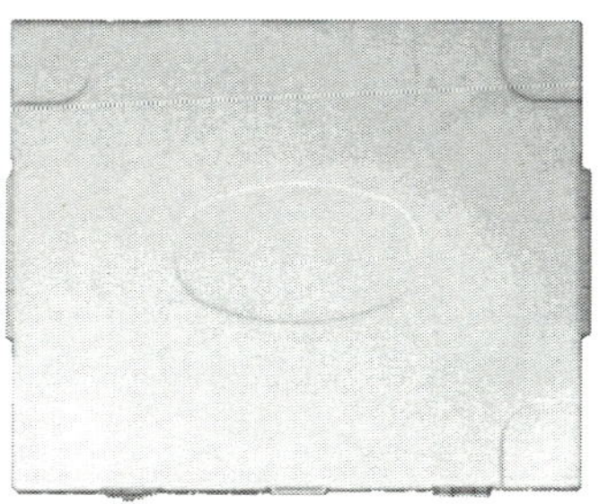

俯视图

在先设计附图

441

压缩机过载保护器

无效宣告请求审查决定（第13852号）

决　　定　　号　第13852号
决　　定　　日　2009年9月8日
发明创造名称　压缩机过载保护器
外观设计分类号　13-03
无效宣告请求人　石　岭
专　利　权　人　万宝冷机集团广州电器有限公司
专　　利　　号　200730315583.8
申　　请　　日　2007年10月24日
授 权 公 告 日　2008年9月3日
合 议 组 组 长　王霞军
主　　审　　员　王　红
参　　审　　员　张　凌
附　　　　　图　2页

法　律　依　据　专利法第23条
决　定　要　点

本专利与在先设计的差异足以导致二者整体外观的差异，特别是接线片的位置和结构的不同对整体视觉效果产生了显著影响，因此，请求人以此证明在本专利申请日前已有与之相近似的外观设计在国内公开发表，本专利因而不符合专利法第23条的规定的理由不能成立。

一、案由

本无效宣告请求涉及的是国家知识产权局于2008年9月3日授权公告的200730315583.8号外观设计专利，使用该外观设计的产品名称为"压缩机过载保护器"，申请日是2007年10月24日，专利权人是万宝冷机集团广州电器有限公司。

针对上述专利权（下称本专利），石岭（下称请求人）于2008年9月18日向专利复审委员会提出无效宣告请求，其依据的事实和理由是：在本专利的申请日前，已有与其相同和相近似的外观设计在出版物上公开发表过，因此，本专利不符合专利法第23条的规定。请求人同时提交了如下附件作为证据：

附件1：00333944.0号外观设计专利公告文本复印件1页；

附件2：本专利公告文本复印件1页。

请求人认为，本专利与附件1所示的外观设计相比，两者整体结构基本相同，本专利不符合专利法第23条的有关规定。

专利复审委员会经形式审查合格后受理了该无效宣告请求，并于2008年11月14日将请求人提出无效宣告请求时提交的文件转送专利权人，要求其在指定期限内答复。

专利权人于2008年12月19日提交了意见陈述书，认为请求人提交的附件1不能作为评价本专利的在先设计。附件1中的各视图之间投影关系不对应，附件1所示的外观设计与本专利不相同也不相近似，因此本专利符合专利法的有关规定。

专利复审委员会于2009年1月16日向双方当事人发出合议组成员告知通知书，告知其逾期未答复，视为无回避请求。

专利复审委员会于2009年7月7日将专利权人提交的意见陈述书转送请求人，要求其在指定期限内答复。

请求人逾期未答复。

在上述审理的基础上，合议组经合议，认为本案事实清楚，依法作出本审查决定。

二、决定的理由

1. 法律依据

基于请求人提出的无效宣告请求的理由，合议组依据专利法第23条的规定对本案进行审理。

专利法第23条规定："授予专利权的外观设计，应当同申请日以前在国内外出版物上公开发表过或者国内公开使用过的外观设计不相同和不相近似，并不得与他人在先取得的合法权利相冲突。"

2. 证据认定

请求人提交的附件1是00333944.0号外观设计专利的公告文本复印件。合议组经核实，其与外观设计专利公报内容一致，可以确认其真实性。其产品名称为"压缩机热保护器"，申请日为2000年8月11日，可以确定其真实性。其授权公告日是2001年4月11日，早于本专利的申请日（2007年10月24日），属于专利法第23条所规定的公开出版物，适用于本案。

专利权人认为：附件1不能作为评价本专利是否符合专利法第23条的在先设计，因为附件1中各视图之间存在大量不对应之处，其不能够构成一个唯一确定且完整的外观设计，使消费者无法得知外观设计产品的具体形状。对此，合议组认为：该证据视图虽存在部分投影关系不对应之处，但是均为局部细微瑕疵，综合各个视图公开的信息可以确定其整体的设计。这种视图绘制准确程度上的错误尚不足以导致无法确定产品的整体形状，故对本专利权人的上述主张不予支持。

3. 相同和相近似判断

附件1所示为压缩机热保护器的外观设计（下称在先设计），其与本专利均为压缩机保护器，用途相同，属于相同类别的产品，可以进行外观设计相同和相近似比较。

本专利公开了主视图、后视图、左视图、右试图、俯视图、仰视图和立体图。本专利由壳体、定位脚、插销和接线片组成。其中从主视图中可以看出，壳体的两侧成形有沉孔，中部为平台。壳体的上部安装有接线片，接线片上开有圆孔；从后视图上可以看出，壳体的中部设有卡槽，插销位于卡槽中，插销连接有连接片，连接片成弯曲状延伸至壳体左侧；从右视图和左视图中可以看出，定位脚从壳体上向一侧延伸；从仰视图和俯视图中可以看出，有两个梯形定位脚，定位脚的两侧内侧具有弧形定位槽，中部安装插销，壳体是由两个部分构成（详见本专利附图）。

在先设计公开了主视图、后视图、俯视图、仰视图、左视图和右视图。在先设计由壳体、定位脚、弹簧片和接线片组成。底壳表面布有若干台阶状平台。从仰视图中可以看出，壳体的两侧有沉孔，中部为平台。壳体的上部安装有接线片，接线片上开有圆孔；从俯视图中可以看出，壳体的中部设有卡槽，插销位于卡槽中，插销连接有连接片，连接片成弯曲状延伸至壳体左侧；从右视图上可以看出，插销的连接片在壳体的左侧先向上延伸，然后向下延伸，从壳体的左侧面插入壳体中；从主视图和后视图中可以看出，有两个梯形定位脚，定位脚的两端内侧具有弧形定位槽，中部安装插销，壳体是由两个部分构成。底壳后端向上折起形成两个梯形定位脚，定位脚与底壳连接使产品整体上呈近似“U”形，两个定位脚的顶部边角处，相对形成圆弧形槽口，“U”形底部中间位置即底壳表面设有一弹簧片，底壳右侧端的静触点座为一竖起的插片（详见在先设计附图）。

将本专利与在先设计相比，两者的主要相同点在于：产品的主体均为底壳部分，底壳后端均向上折起形成两个梯形的定位脚，底壳表面均设有若干台阶，底壳前端均伸出一连接片；底壳与定位脚的连接均使整体形成近似“U”形结构；定位脚的形状基本相同，均为内侧相对位置带有圆弧形槽口的梯形结构。两者的区别主要在于：（1）本专利的接线片与在先设计中的接线片的位置和结构不同。本专利的接线片从壳体的中部伸出，接线片具有一个向两侧延伸的底部，底部成弯折状，右侧底部向上延伸形成一个短的插片。在先设计接线片位于壳体右侧，并且仅是单片结构。（2）两者壳体的台阶状平台形状各不相同。（3）壳体的中部平台结构不同，本专利的中部平台为三段结构，中部为正方形，上下部分为条形结构，而在先设计壳体的中部为整体平面。

合议组认为，本专利与附件1所公开的在先设计的上述差异足以导致二者整体外观的差异，即二者的上述差异能够给一般消费者留下显著不同的视觉效果。特别是接线片由于位于产品前端的视觉瞩目面，且其明显突出于底壳，接线片伸出位置的明显不同能够给一般消费者留下显著不同的视觉效果，接线片的不同对两者整体外观设计具有显著影响。因此，请求人以此证明本专利在申请日前已有相近似的外观设计在国内公开发表而不符合专利法第23条的规定的主张不能成立。

4. 结论

本专利与请求人提交的在申请日前在先公开发表的外观设计不相同也不相近似，因此请求人据此提出本专利不符合专利法第23条规定的无效宣告理由不能成立。

三、决定

维持200730315583.8号外观设计专利权有效。

当事人对本决定不服的，可以根据专利法第46条第2款的规定，自收到本决定之日起三个月内向北京市第一中级人民法院起诉。根据该款的规定，一方当事人起诉后，另一方当事人应当作为第三人参加诉讼。

主视图

后视图

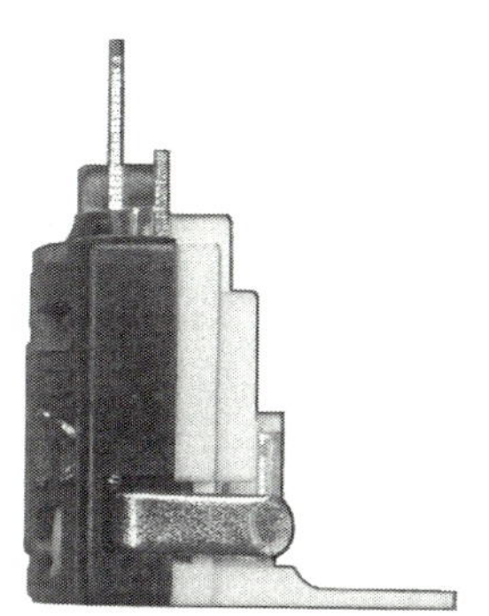

左视图

右视图

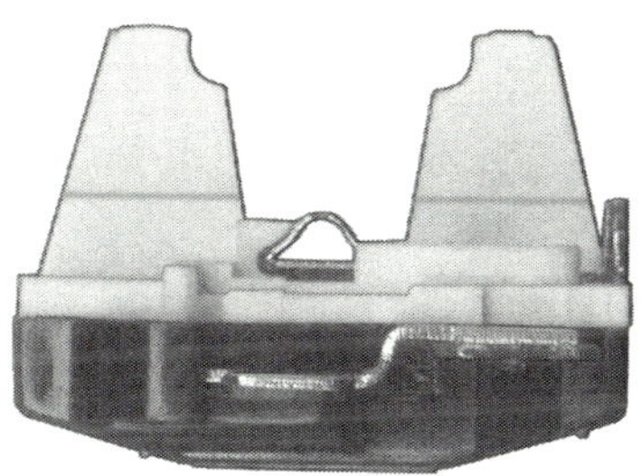

俯视图

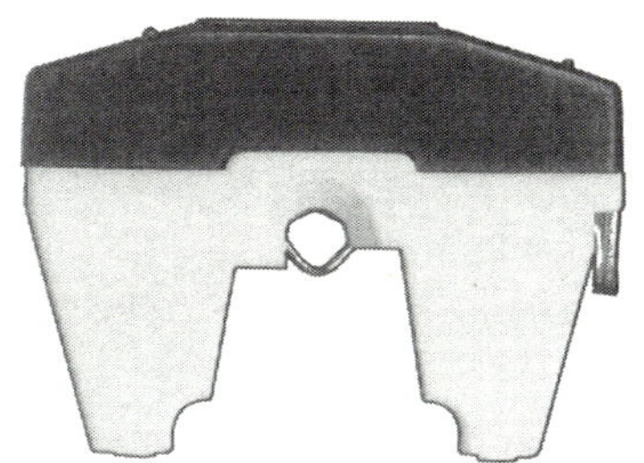

仰视图

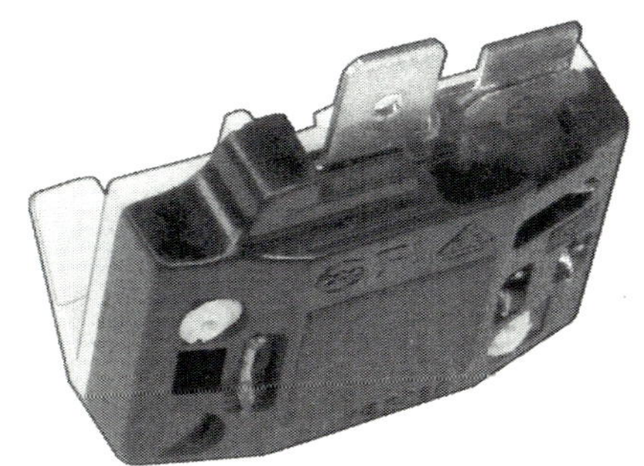

立体图

本专利附图

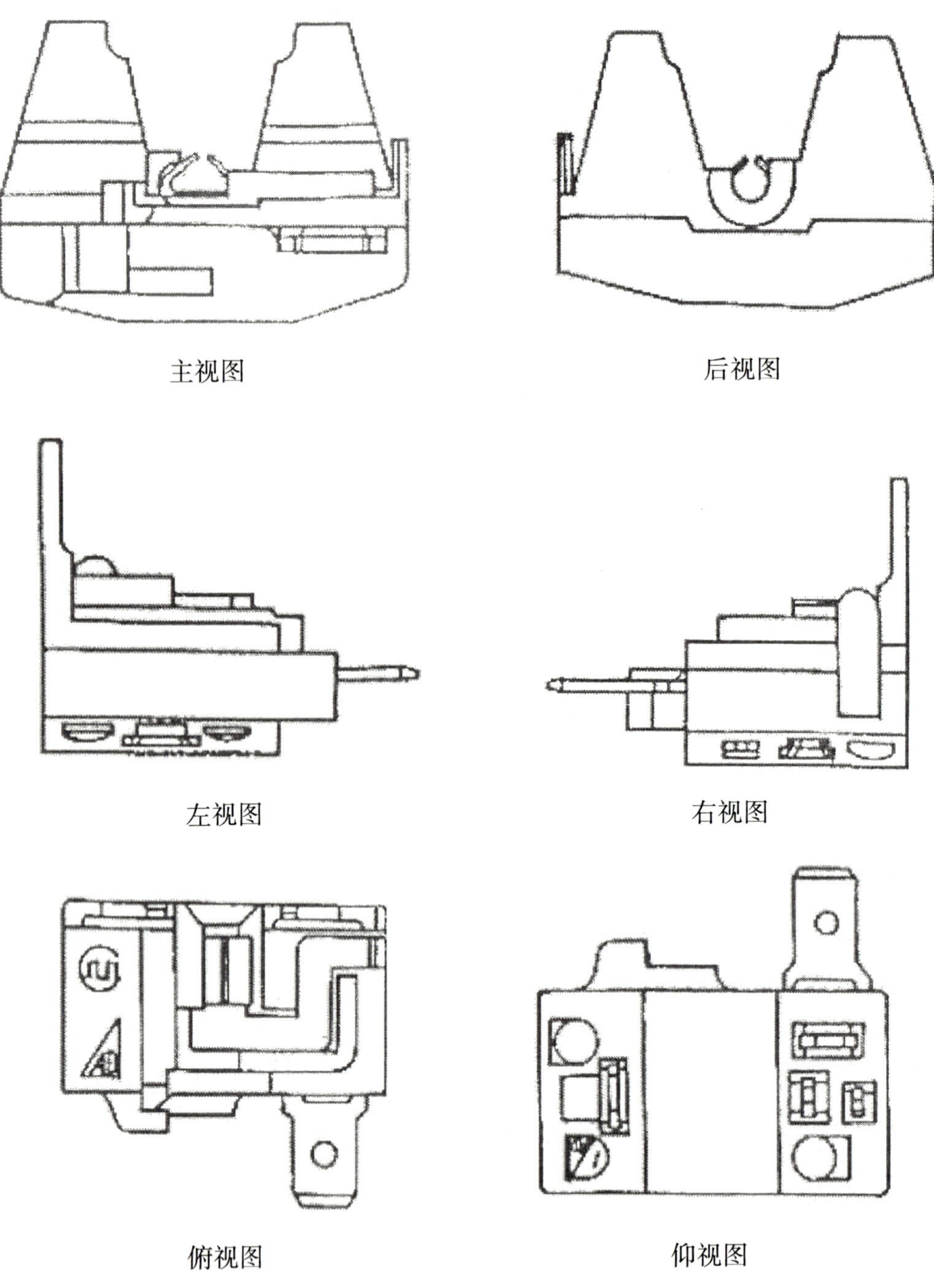

在先设计附图

442

分体式足浴盆（ZF-TY）

无效宣告请求审查决定（第13854号）

决　定　号　第13854号
决　定　日　2009年8月25日
发明创造名称　分体式足浴盆（ZF-TY）
外观设计分类号　23-02
无效宣告请求人　深圳市康福斯保健用品有限公司
专　利　权　人　深圳市兆福源科技有限公司
专　利　号　200530005242.1
申　请　日　2005年3月22日
授权公告日　2006年1月4日
合议组组长　张　凌
主　审　员　王霞军
参　审　员　尹春霞
附　图　3页

法律依据　专利法第23条
决定要点

对于组装关系唯一的组件产品，以组合状态下的整体外观设计为对象来判断本专利与在先设计是否相同或相近似。

本专利与在先设计的整体形状已给一般消费者留下了相近似的整体视觉印象，二者在药室及支撑脚上的区别属于局部细微的变化，不足以对整体外观设计产生显著的影响。因此，本专利与在先设计属于相近似的外观设计。

一、案由

本无效宣告请求案涉及的是国家知识产权局于2006年1月4日授权公告的，名称为“分体式足浴盆（ZF-TY）”的外观设计专利（下称本专利），其申请号是200530005242.1，申请日是2005年3月22日，原专利权人是尹虹艳，2008年11月5日专利权人变更为深圳市兆福源科技有限公司。

针对本专利权，深圳市康福斯保健用品有限公司（下称请求人）于2009年3月6日向专利复审委员会提出无效宣告请求，其理由是：本专利与申请日前在出版物上公开发表和公开使用过的产品外观设计相近似，本专利不符合专利法第23条规定。同时，本专利也不符合专利法实施细则第13条第1款关于同样的发明创造只能授予一项专利的规定。请求人提交了如下附件作为证据：

附件1：03358828.7号外观设计专利电子公告打印件1页；

附件2：200530005243.6号外观设计专利电子公告打印件2页；

附件3："足福·家庭足浴专家"产品介绍复印件3页；

附件4："金秋时节迎上市"足福盆产品宣传材料复印件2页；

附件5："家庭足浴专家·足福盆"产品招商介绍复印件2页；

附件6："礼尚足福"活动介绍复印件2页；

附件7："熏蒸套"产品介绍复印件2页；

附件8：足福分体式足浴盆（药浴王KZ-YZ）使用说明书复印件3页；

附件9：NO.000776、NO.000777号《印刷合同》及《收款收据》复印件4页；

附件10：（2005）深证字第25868号公证书复印件3页；

附件11：（2005）佳郊证民字第598号公证书复印件3页；

附件12：（2005）深证字第25867号公证书复印件5页；

附件13：深圳市元升轻工实业有限公司出具的证明复印件1页；

附件14：深圳市康福斯保健用品有限公司与深圳元升轻工实业有限公司签订的《协议书》及图纸复印件5页；

附件15：深圳市元升轻工实业有限公司模具送货单复印件1页；

附件16：NO.0018122号收款收据及费用报销单复印件1页；

附件17：NO.0017034号收款收据及费用报销单复印件1页；

附件18：NO.0017036号收款收据及深圳发展银行支票存根复印件1页；

附件19：NO.0017169号收款收据及费用报销单复印件1页；

附件20：NO.0017170号收款收据及费用报销单复印件1页；

附件21：NO.0017171号收款收据及费用报销单复印件1页；

附件22：NO.0017173号收款收据及费用报销单复印件1页；

附件23：NO.0015390、NO.0015045号收款收据及费用报销单复印件1页；

附件24：（2008）深证字第91083号公证书复印件5页；

附件25：NO.00965797号深圳增值税专用发票复印件1页；

附件26：NO.00965804号深圳增值税专用发票复印件1页；

附件27：足福分体式足浴盆（熏蒸王KZ-XZ）使用说明书复印件4页。

请求人用列表的形式将本专利与附件2各视图进行详细比较后认为：二者整体形状相近似，本专利不符合专利法实施细则第13条第1款"属于同样的发明创造，只能授予一项专利"的规定。同样，请求人将本专利与附件1在先专利产品进行了相同或相近似的比较，认为二者整体形状相近似，只是在支脚、药室盖方面存在细微的变化；请求人提交附件3~8证明宣传材料上公开的足浴盆与本专利相近似，附件9和附件10证明了附件3~8产品宣传材料的印刷时间，附件13~23证明请求人在2003年就相关产品进行开模，附件11、附件12及附件25和附件26证明在2003~2004年就相关产品进行了销售。以上证据表明本专利不符合专利法第23条的规定。

经形式审查合格，专利复审委员会受理了本无效宣告请求，并于2009年4月23日将无效宣告请求书及相关材料副本转送给专利权人。

专利复审委员会于2009年5月4日向双方当事人发出口头审理通知书，定于2009年6月8日进行口头审理。

口头审理如期举行，双方当事人均委托代理人参加了口头审理。庭审中，请求人提交了附件3~

27的证据原件，声明放弃附件13，专利权人核实了证据，认可附件1、附件2专利文献的真实性，对附件3~10真实性不予认可，承认附件11~27的真实性，不承认附件25~27与本专利有关联性。双方当事人就本专利与在先产品是否相同或相近似进行对比，并各自坚持本方观点。

在上述审理的基础上，合议组认为本案事实清楚，可以依法作出审查决定。

二、决定的理由

1. 法律依据

基于请求人提出的无效宣告请求的理由，合议组依据专利法第23条和专利法实施细则第13条第1款的规定对本案进行审理。

专利法第23条规定："授予专利权的外观设计，应当同申请日以前在国内外出版物上公开发表过或者国内公开使用过的外观设计不相同和不相近似，并不得与他人在先取得的合法权利相冲突。"

专利法实施细则第13条第1款规定："同样的发明创造只能被授予一项专利。"

2. 证据认定

请求人提交的附件1是国家知识产权局于2004年3月31日授权公告的、申请号是03358828.7、产品名称为"足浴器"的外观设计专利电子公告打印件，专利权人对其真实性无异议。经合议组核实，内容属实。该专利的公开日期早于本专利的申请日（2005年3月22日），可作为评价本专利是否符合专利法第23条的证据。

3. 相同和相近似的比较

本专利与附件1公开的产品（下称在先设计）均为足浴盆，二者用途相同，属于相同种类的产品，可进行相同或相近似比较。本专利公开了足浴盆组合状态下各面视图以及各组件分体状态图，根据审查指南的有关规定，对于组装关系唯一的组件产品，以组合状态下的整体外观设计为对象来判断本专利与在先设计是否相同或相近似，合议组将以本专利组合状态下的整体形状与在先设计进行相同或相近似的比较。

本专利足浴盆由盆体和盆座两部分组成，盆体近似椭圆形，盆体后端中部向内凸起，呈倒"3"字形，盆的前端中部有一圆形开关和呈倒"3"字形的盖，盆底均匀排列着按摩粒，中间为隔离板，将盆内分为大致呈两个脚掌状，隔离板的末端表面呈球状；盆座前高后低。两侧为倾斜状，盆边外翻，盆底四角各有一圆形支脚（详见本专利附图）。

在先设计足浴盆由盆体和盆座两部分组成，盆体近似椭圆形，盆体后端中部向内凸起，呈倒"3"字形，盆的前端中部有一圆形开关和呈倒"3"字形的盖，盆底均匀排列着按摩粒，中间为隔离板，将盆内分为大致呈脚掌状，隔离板的中部为椭圆形药室盖；盆座前高后低。两侧为倾斜状，盆边外翻（详见在先设计附图）。

将本专利与在先设计相比较，二者整体形状相近似，其主要不同之处仅在于盆体内隔离板的形状，本专利隔离板的末端呈球状，而在先设计隔离板中间设计为椭圆形药室盖；其次二者差别为本专利盆底有四个支撑脚，而在先设计没有。合议组认为：二者足浴盆均为分体式，盆体和盆座的整体形状极为近似，二者近似整体形状已给一般消费者留下了相近似的整体视觉印象，虽然一般消费者在购买足浴盆时会注意到在先设计盆体内设计有药室，而本专利没有药室，但从二者整体形状上看，其差别属于局部细微的，对整体视觉效果不具有显著影响，而盆座下部支撑的区别更属于细微变化，因此，本专利与在先设计属于相近似的外观设计。

综上所述，在本专利申请日以前已有与其相近似的外观设计在出版物上公开发表过，本专利不符合专利法第23条的规定。

在已经得出上述审查结论的基础上，本审查决定对请求人提交的其他证据和理由不再进行评述。

三、决定

宣告200530005242.1号外观设计专利权全部无效。

当事人对本决定不服的，可以根据专利法第46条第2款的规定，自收到本决定之日起三个月内向北京市第一中级人民法院起诉。根据该款的规定，一方当事人起诉后，另一方当事人应当作为第三人参加诉讼。

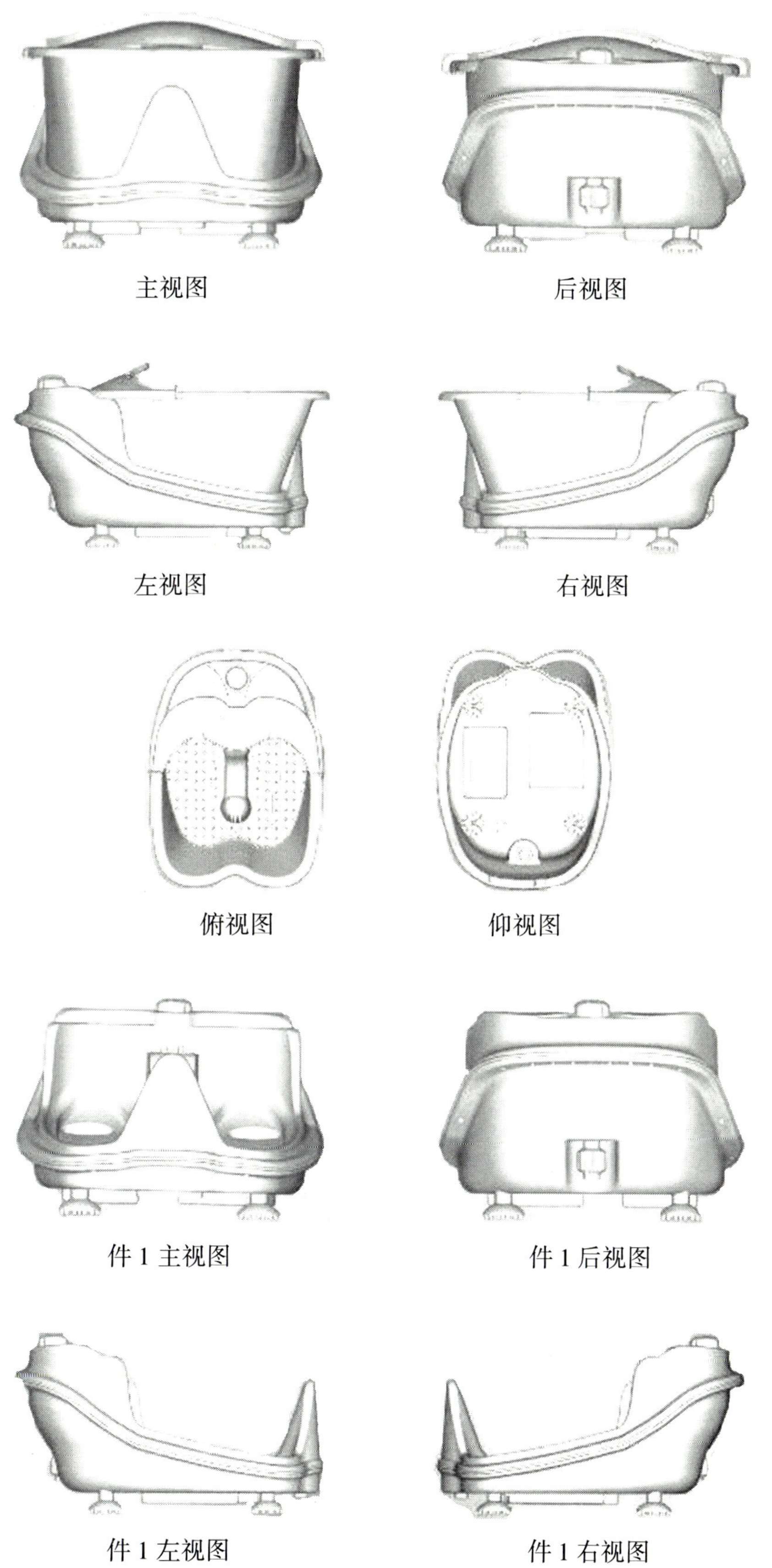

主视图　后视图

左视图　右视图

俯视图　仰视图

件 1 主视图　件 1 后视图

件 1 左视图　件 1 右视图

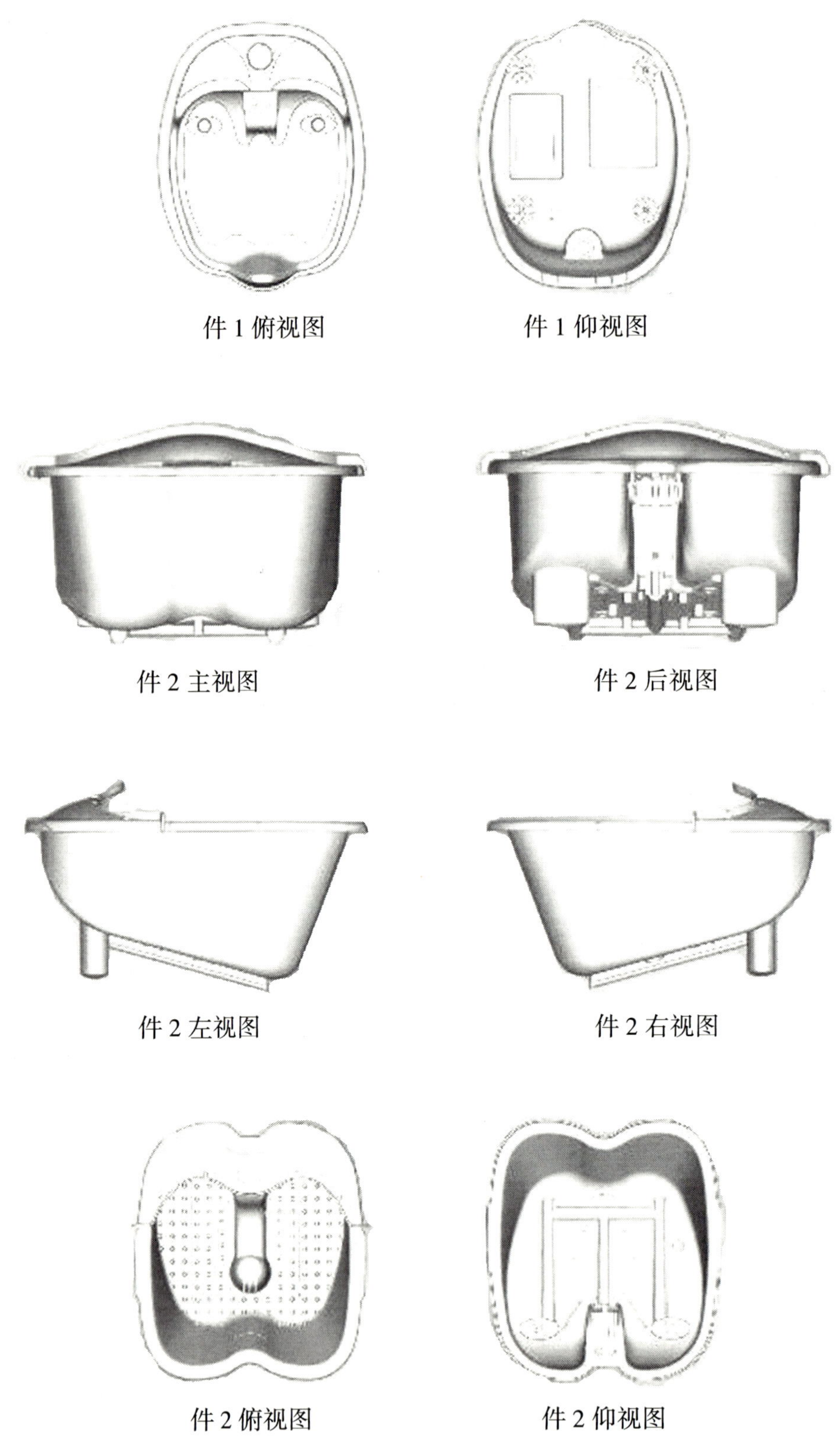
件 1 俯视图　件 1 仰视图

件 2 主视图　件 2 后视图

件 2 左视图　件 2 右视图

件 2 俯视图　件 2 仰视图

本专利附图

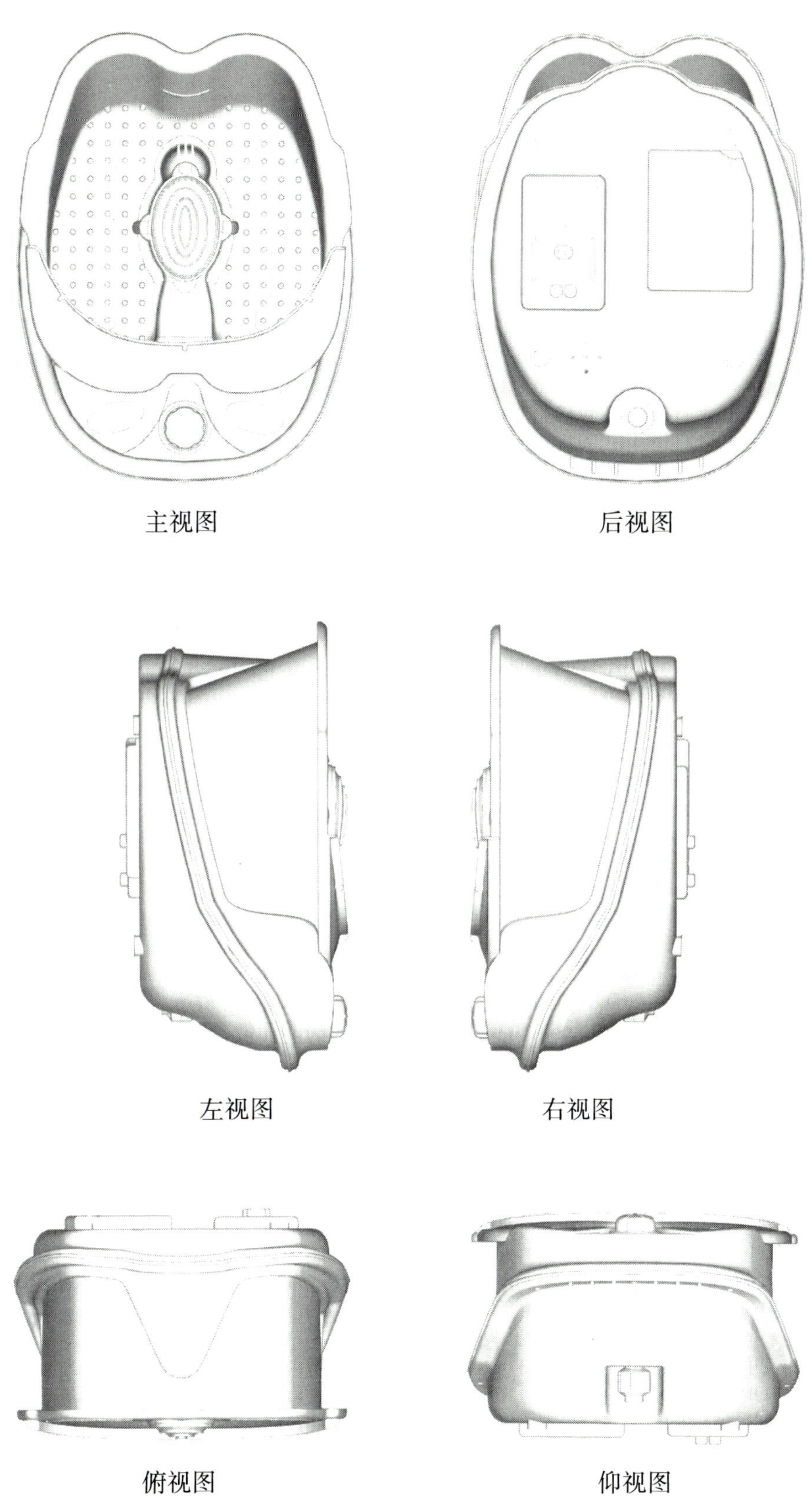

在先设计附图

443

分体式足浴盆（ZF-YZ）

无效宣告请求审查决定（第13855号）

决　定　号　第13855号
决　定　日　2009年8月26日
发明创造名称　分体式足浴盆（ZF-YZ）
外观设计分类号　23-02
无效宣告请求人　深圳市康福斯保健用品有限公司
专　利　权　人　深圳市兆福源科技有限公司
专　利　号　200530005243.6
申　请　日　2005年3月22日
授权公告日　2006年1月4日
合议组组长　张　凌
主　审　员　王霞军
参　审　员　尹春霞
附　　　图　4页

法律依据　专利法第23条
决定要点

对于组装关系唯一的组件产品，以组合状态下的整体外观设计为对象来判断本专利与在先设计是否相同或相近似。

本专利与在先设计的整体形状已给一般消费者留下了相近似的整体视觉印象，二者在药室的形状及支撑脚上的区别属于局部细微的变化，不足以对整体外观设计产生显著的影响。因此，本专利与在先设计属于相近似的外观设计。

一、案由

本无效宣告请求案涉及的是国家知识产权局于2006年1月4日授权公告的，名称为“分体式足浴盆（ZF-YZ）”的外观设计专利（下称本专利），其申请号是200530005243.6，申请日是2005年3月22日，原专利权人是尹虹艳，2008年11月12日专利权人变更为深圳市兆福源科技有限公司。

针对本专利权，深圳市康福斯保健用品有限公司（下称请求人）于2009年3月6日向专利复审委员会提出无效宣告请求，其理由是：本专利与申请日前在出版物上公开发表和公开使用过的产品外观设计相近似，本专利不符合专利法第23条的规定。同时，本专利也不符合专利法实施细则第13条第 1 款关于同样的发明创造只能授予一项专利的规定。请求人提交了如下附件作为证据：

附件 1：03358828.7 号外观设计专利电子公告打印件 1 页；

附件 2：200530005242.1 号外观设计专利电子公告打印件 2 页；

附件 3："足福·家庭足浴专家"产品介绍复印件 3 页；

附件 4："金秋时节迎上市"足福盆产品宣传材料复印件 2 页；

附件 5："家庭足浴专家·足福盆"产品招商介绍复印件 2 页；

附件 6："礼尚足福"活动介绍复印件 2 页；

附件 7：足福分体式足浴盆（药浴王 KZ-YZ）使用说明书复印件 3 页；

附件 8：NO.000776、NO.000777 号《印刷合同》及《收款收据》复印件 4 页；

附件 9：（2005）深证字第 25868 号公证书复印件 3 页；

附件 10：（2005）佳郊证民字第 598 号公证书复印件 3 页；

附件 11：（2005）深证字第 25867 号公证书复印件 5 页；

附件 12：深圳市元升轻工实业有限公司出具的证明复印件 1 页；

附件 13：深圳市康福斯保健用品有限公司与深圳元升轻工实业有限公司签订的《协议书》及图纸复印件 5 页；

附件 14：深圳市元升轻工实业有限公司模具送货单复印件 1 页；

附件 15：NO.0018122 号收款收据及费用报销单复印件 1 页；

附件 16：NO.0017034 号收款收据及费用报销单复印件 1 页；

附件 17：NO.0017036 号收款收据及深圳发展银行支票存根复印件 1 页；

附件 18：NO.0017169 号收款收据及费用报销单复印件 1 页；

附件 19：NO.0017170 号收款收据及费用报销单复印件 1 页；

附件 20：NO.0017171 号收款收据及费用报销单复印件 1 页；

附件 21：NO.0017173 号收款收据及费用报销单复印件 1 页；

附件 22：NO.0015390、NO.0015045 号收款收据及费用报销单复印件 1 页；

附件 23：广东省深圳市（2008）深证字第 91083 号公证书复印件 5 页；

附件 24：NO.00965804 号深圳增值税专用发票复印件 1 页。

请求人用列表的形式将本专利与附件 2 各视图进行详细比较后认为：二者整体形状相近似，本专利不符合专利法实施细则第 13 条第 1 款"属于同样的发明创造，只能授予一项专利"的规定。同样，请求人将本专利与附件 1 在先专利产品进行了相同或相近似的比较，认为二者整体形状相近似，只是在支脚、药室盖方面存在细微的变化；请求人提交附件 3~7 证明宣传材料上公开的足浴盆与本专利相近似，附件 8 和附件 9 证明了附件 3~7 产品宣传材料的印刷时间，附件 10、附件 11 及附件 24 证明在 2003~2004 年就相关产品进行了销售，附件 12~22 证明请求人在 2003 年就相关产品进行开模，以上证据表明本专利不符合专利法第 23 条的规定。

经形式审查合格，专利复审委员会受理了本无效宣告请求，并于 2009 年 4 月 23 日将无效宣告请求书及相关材料副本转送给专利权人。

专利复审委员会于 2009 年 5 月 4 日向双方当事人发出口头审理通知书，定于 2009 年 6 月 8 日进行口头审理。

口头审理如期举行，双方当事人均委托代理人参加了口头审理。庭审中，请求人提交了附件 3~24 的证据原件，声明放弃附件 12，附件 23 广东省高院民事判决书仅供合议组参考。专利权人核实了证据，认可附件 1、附件 2 专利文献的真实性，对附件 3~10 的真实性不予认可，承认附件 11~24 的真实性。双方当事人就本专利与在先产品是否相同或相近似进行对比，并各自坚持本方观点。

在上述审理的基础上，合议组认为本案事实清楚，可以依法作出审查决定。

二、决定的理由

1. 法律依据

基于请求人提出的无效宣告请求的理由，合议组依据专利法第 23 条和专利法实施细则第 13 条第 1 款的规定对本案进行审理。

专利法第 23 条规定：“授予专利权的外观设计，应当同申请日以前在国内外出版物上公开发表过或者国内公开使用过的外观设计不相同和不相近似，并不得与他人在先取得的合法权利相冲突。”

专利法实施细则第 13 条第 1 款规定：“同样的发明创造只能被授予一项专利。”

2. 证据认定

请求人提交的附件 1 是国家知识产权局于 2004 年 3 月 31 日授权公告的、申请号是 03358828.7、产品名称为“足浴器”的外观设计专利电子公告打印件，专利权人对其真实性无异议。经合议组核实，内容属实。该专利的公开日期早于本专利的申请日（2005 年 3 月 22 日），可作为评价本专利是否符合专利法第 23 条的证据。

3. 相同和相近似的比较

本专利与附件 1 公开的产品（下称在先设计）均为足浴盆，二者用途相同，属于相同种类的产品，可进行相同或相近似比较。本专利公开了足浴盆组合状态下各面视图以及各组件分体状态图，根据审查指南的有关规定，对于组装关系唯一的组件产品，以组合状态下的整体外观设计为对象来判断本专利与在先设计是否相同或相近似，合议组将以本专利组合状态下的整体形状与在先设计进行相同或相近似的比较。

本专利足浴盆由盆体和盆座两部分组成，盆体近似椭圆形，盆体后端中部向内凸起，呈倒“3”字形，盆的前端中部有一圆形开关和呈倒“3”字形的盖，盆底均匀排列着按摩粒，中间为隔离板，将盆内分为大致呈两个脚掌状，隔离板的中部为圆形表面呈颗粒状的药室盖，药室下端为球形；盆座前高后低。两侧为倾斜状，盆边外翻，盆底四角各有一圆形支脚（详见本专利附图）。

在先设计足浴盆由盆体和盆座两部分组成，盆体近似椭圆形，盆体后端中部向内凸起，呈倒“3”字形，盆的前端中部有一圆形开关和呈倒“3”字形的盖，盆底均匀排列着按摩粒，中间为隔离板，将盆内分为大致呈脚掌状，隔离板的中部为椭圆形药室盖；盆座前高后低。两侧为倾斜状，盆边外翻（详见在先设计附图）。

将本专利与在先设计相比较，二者整体形状相近似，其主要不同之处仅在于盆体内隔离板的形状，本专利隔离板中部为圆形表面呈颗粒状的药室盖，药盒下端为圆球形，而在先设计隔离板中间设计为椭圆形药室盖；其次二者差别为本专利盆底有四个支撑脚，而在先设计没有。合议组认为：二者足浴盆均为分体式，盆体和盆座的整体形状极为近似，二者近似整体形状已给一般消费者留下了相近似的整体视觉印象，虽然一般消费者在购买足浴盆时会注意到药室形状的差别，但从二者整体形状上看，其差别属于局部细微的，对整体视觉效果不具有显著影响，而盆座下部支撑的区别更属于细微变化，因此，本专利与在先设计属于相近似的外观设计。

综上所述，在本专利申请日以前已有与其相近似的外观设计在出版物上公开发表过，本专利不符合专利法第 23 条的规定。

在已经得出上述审查结论的基础上，本审查决定对请求人提交的其他证据和理由不再进行评述。

三、决定

宣告 200530005243.6 号外观设计专利权全部无效。

当事人对本决定不服的，可以根据专利法第 46 条第 2 款的规定，自收到本决定之日起三个月内向北京市第一中级人民法院起诉。根据该款的规定，一方当事人起诉后，另一方当事人应当作为第三人参加诉讼。

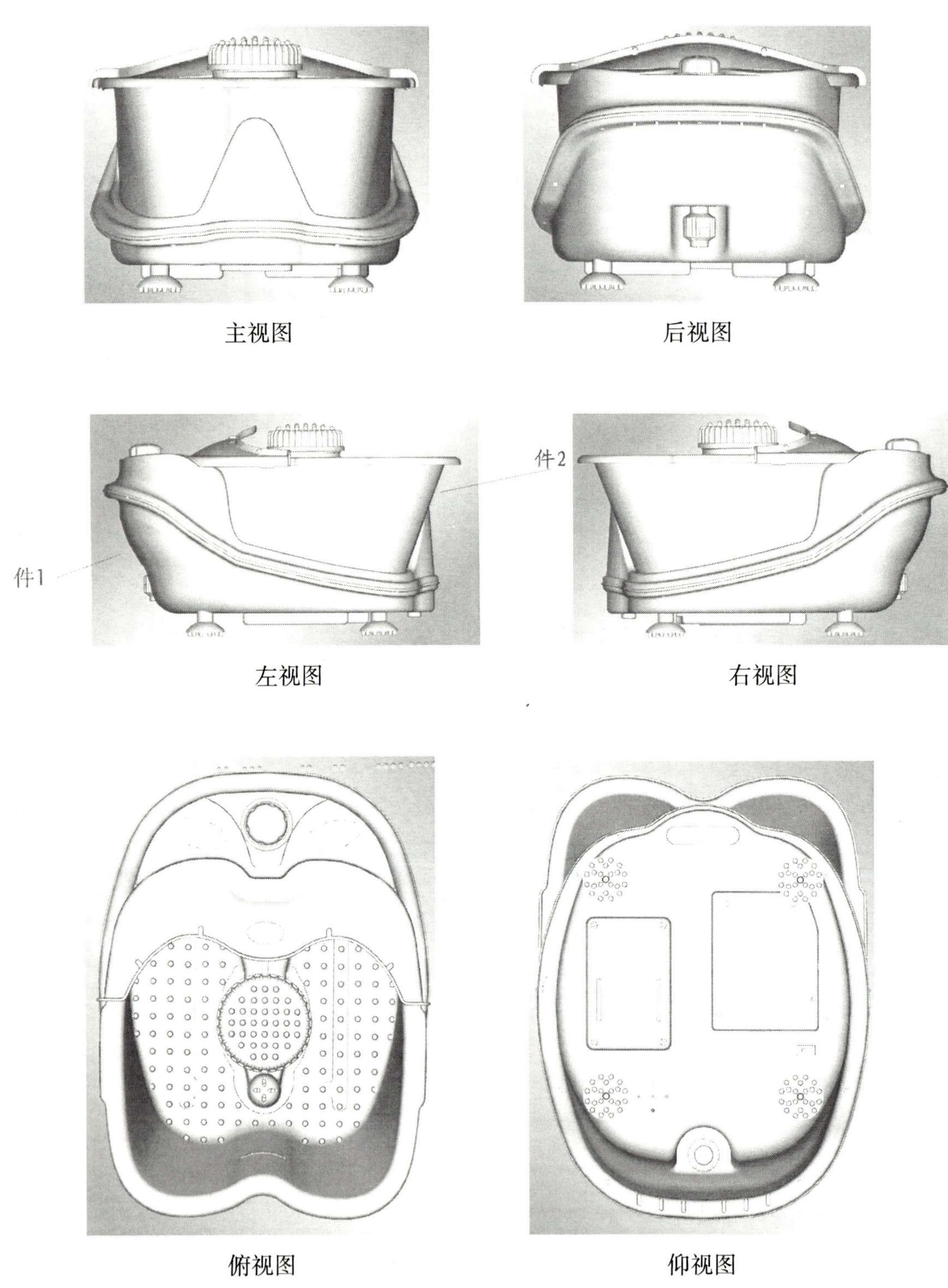

主视图 后视图

左视图 右视图

俯视图 仰视图

本专利附图

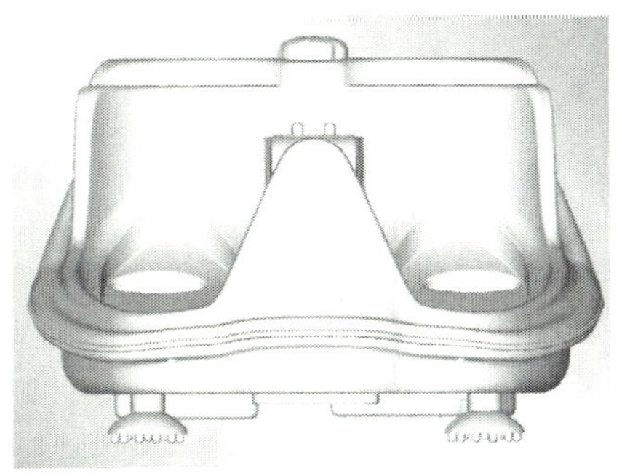

件 1 主视图

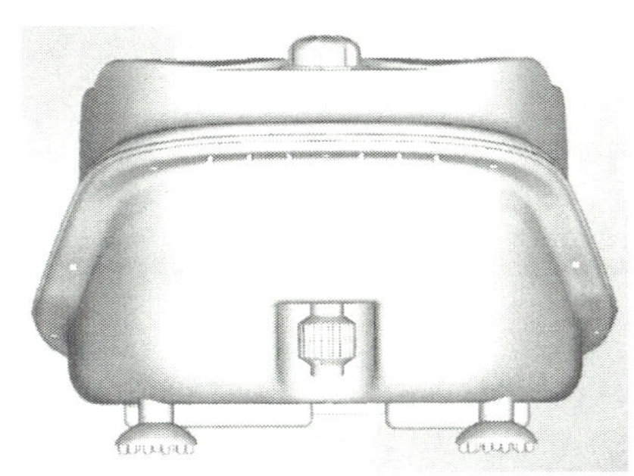

件 1 后视图

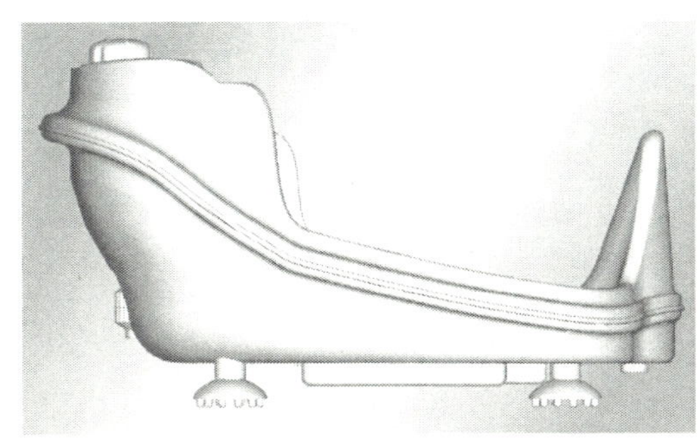

件 1 左视图

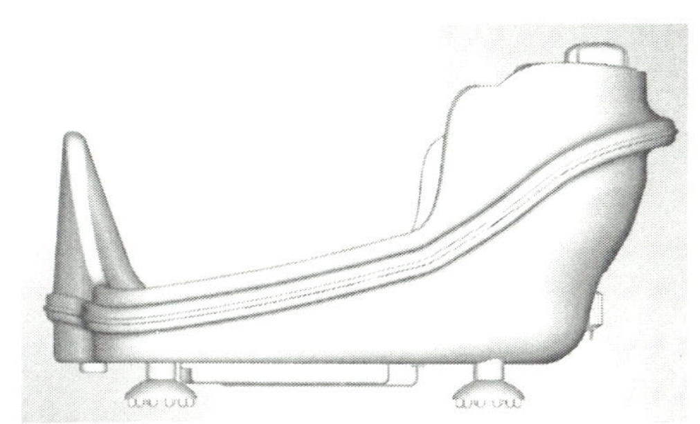

件 1 右视图

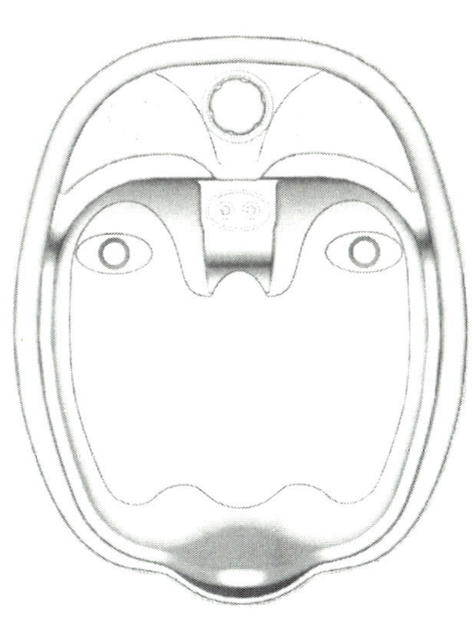

件 1 俯视图

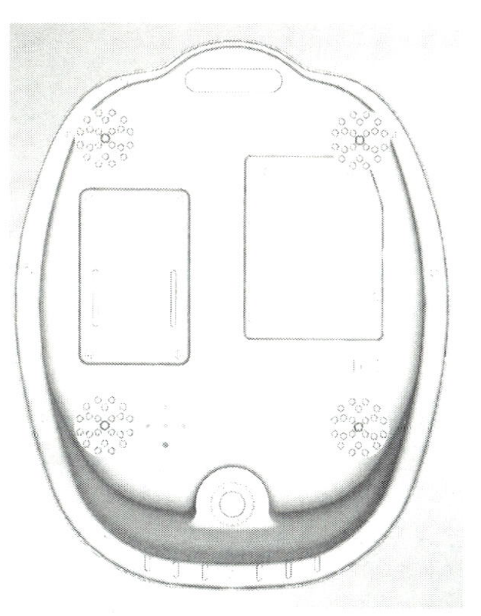

件 1 仰视图

本专利附图（续）

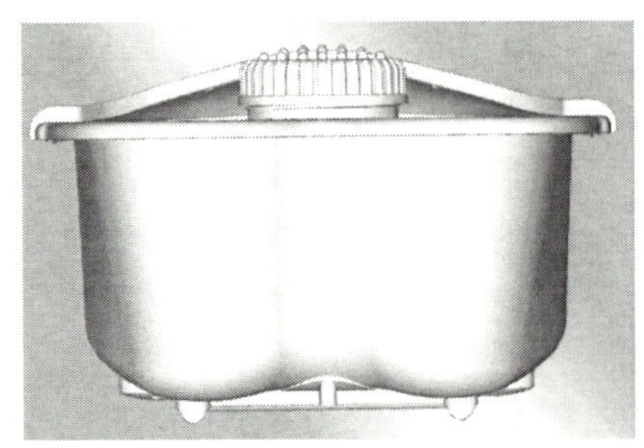

件 2 主视图

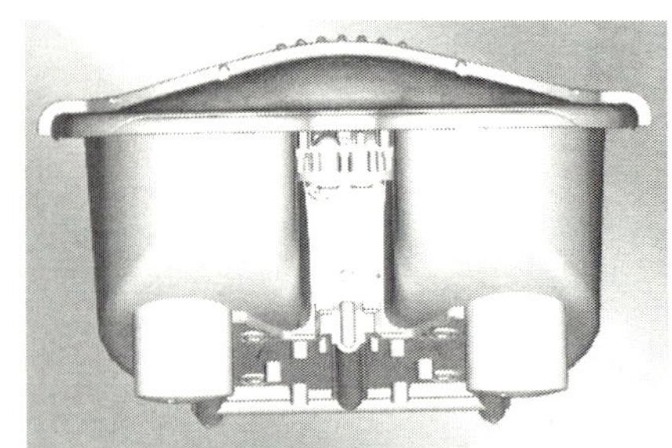

件 2 后视图

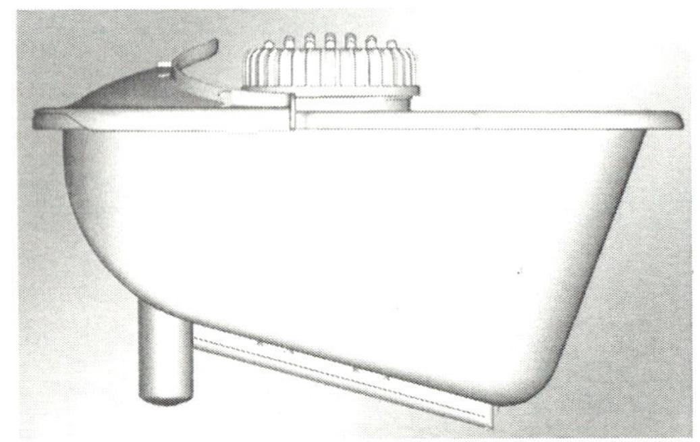

件 2 左视图

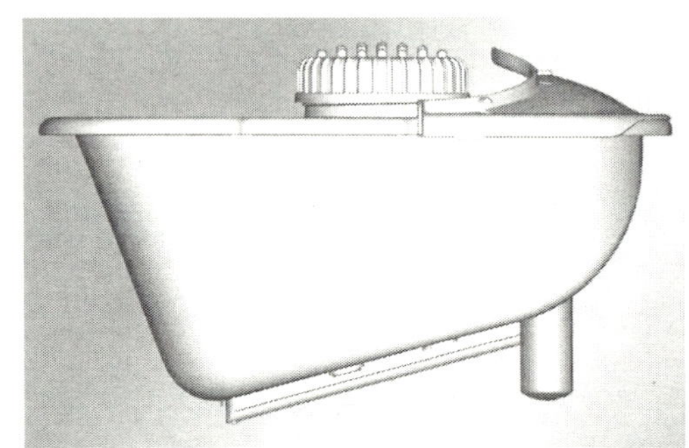

件 2 右视图

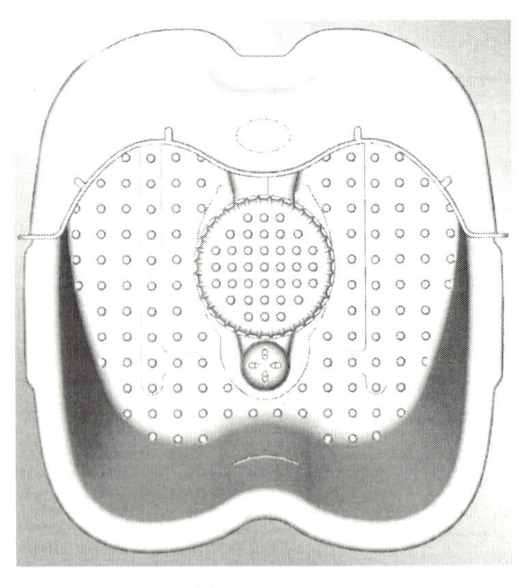

件 2 俯视图

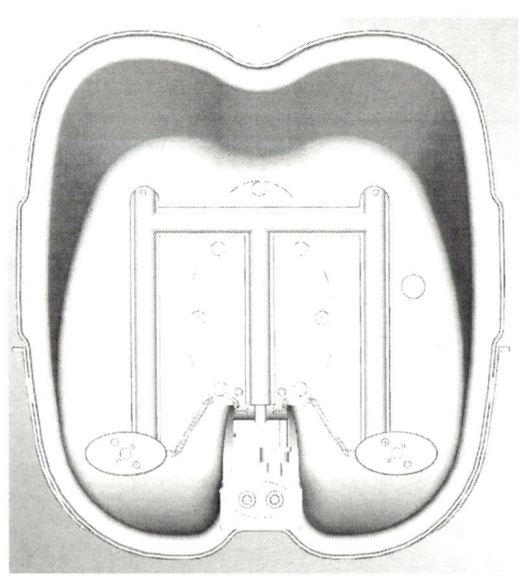

件 2 仰视图

本专利附图（续）

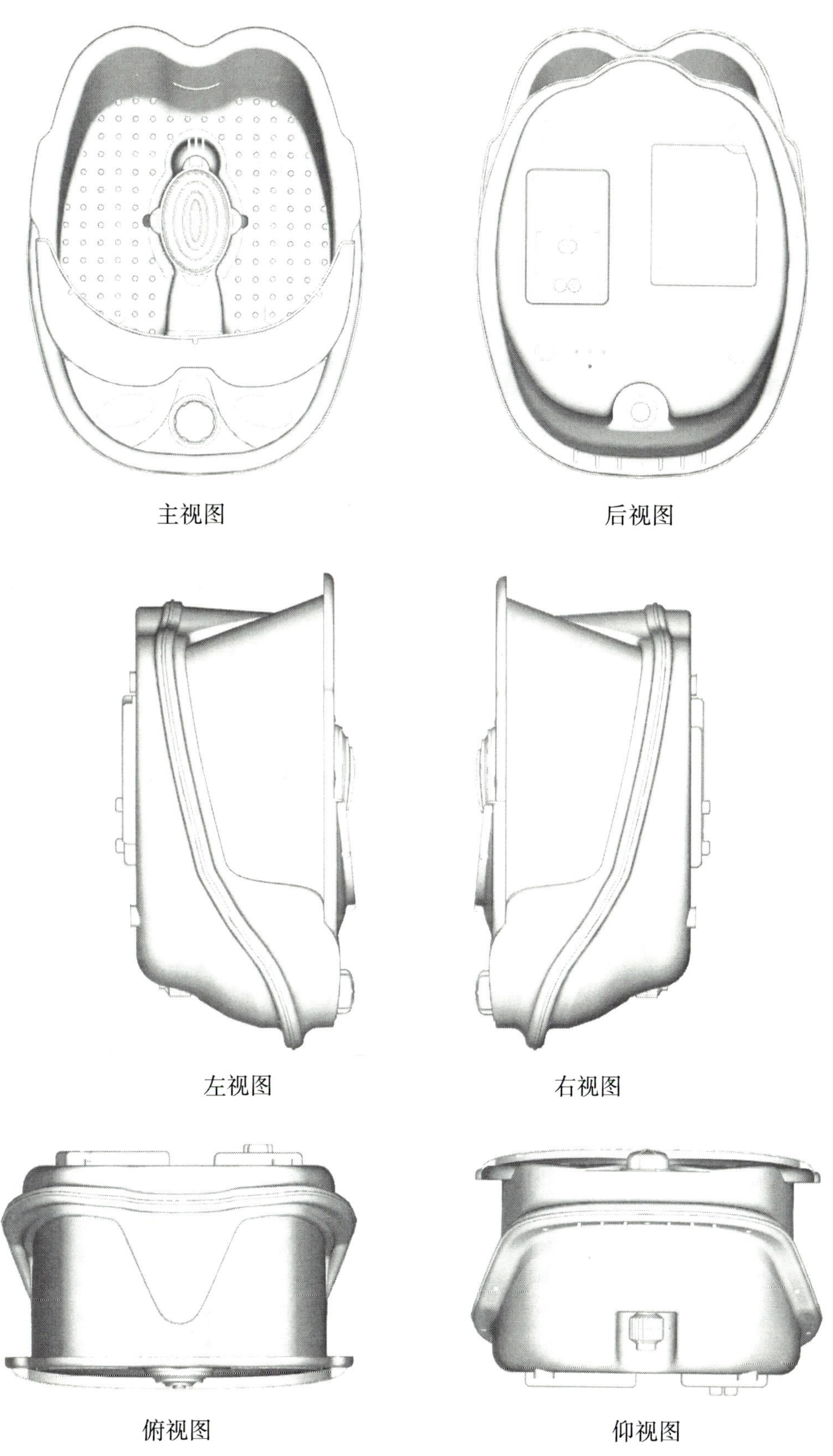

在先设计附图

444

摄像头外壳（Q仔）

无效宣告请求审查决定（第13856号）

决　　定　　号　第13856号
决　　定　　日　2009年8月5日
发明创造名称　摄像头外壳（Q仔）
外观设计分类号　16-03
无效宣告请求人　腾讯科技（深圳）有限公司
专　利　权　人　张思诺
专　　利　　号　200430043777.3
申　　请　　日　2004年6月25日
授　权　公　告　日　2005年1月5日
合　议　组　组　长　钟　华
主　　审　　员　王霞军
参　　审　　员　王　红
附　　　　　图　2页

法　律　依　据　专利法第9条
决　定　要　点

同样的发明创造对于外观设计而言是指两项外观设计相同或者相近似，在本专利申请日前已有他人申请了相近似的外观设计专利并被授予专利权，因此，本专利不符合专利法第9条的规定。

一、案由

本无效宣告请求涉及的是国家知识产权局于2005年1月5日授权公告的、名称为"摄像头外壳（Q仔）"的外观设计专利（下称本专利），其申请号是200430043777.3，申请日是2004年6月25日，专利权人是张思诺。

针对本专利权，腾讯科技（深圳）有限公司（下称请求人）于2008年10月9日向专利复审委员会提出无效宣告请求，其主要理由是：在本专利申请日前已有与本专利形状相近似的产品向国家知识产局申请外观设计专利，因此本专利不符合专利法第9条和专利法实施细则第13条第1款的规定。与此同时，请求人提交了如下附件作为证据：

附件1：200430038649.X号外观设计专利图片和著录项目复印件7页。

请求人认为，本专利与在先申请专利的产品都是摄像头，其功能和用途完全相同，从各视图观察二者QQ企鹅的椭圆形头、较胖的身体、围巾、翅膀、摄像头构成的主体形状相同，差别仅在于支撑座的不同，但二者的差别对于产品外观设计的整体视觉效果没有影响，请求宣告本专利无效。

经形式审查合格，专利复审委员会受理了该无效宣告请求，并于 2008 年 11 月 14 日将无效请求书及相关材料副本转送给专利权人。

专利复审委员会于 2009 年 5 月 4 日向双方当事人发出合议组成员告知通知书，因专利权人地址不详，信件被退回。专利复审委员会于 2009 年 6 月 24 日以公告告知的形式送达给专利权人《合议组成员告知通知书》。在规定的期限内双方当事人均未提出合议组成员回避请求。

至此，合议组经合议，认为本案事实清楚，可以依法作出审查决定。

二、决定的理由

1. 法律依据

基于请求人提出的无效宣告请求理由，合议组对本专利是否符合专利法第 9 条和专利法实施细则第 13 条第 1 款的规定进行审查。

专利法第 9 条规定："两个以上的申请人分别就同样的发明创造申请专利的，专利权授予最先申请的人。"

2. 证据认定

请求人提交的附件 1 是 200430038649. X 号外观设计专利著录项目和图片复印件，其申请日是 2004 年 4 月 16 日，授权公告日是 2005 年 1 月 5 日，产品名称为"摄像头（QQ 企鹅型）"，专利权人是腾讯科技（深圳）有限公司，经合议组核实，该著录项目内容和图片与该专利公报公开的内容相符，其真实性可以确认，其属于他人在本专利申请日之前申请、之后授权公告的外观设计专利（下称在先设计），因此，可作为评价本专利是否符合专利法第 9 条的证据使用。

3. 外观设计相同和相近似的对比

本专利公开了产品六面视图和立体图，如图所示，本专利摄像头设计为卡通企鹅造型。整个身体近似长椭圆形状，一条长围巾围成环状将企鹅身体分为头部和腹部，头部包括圆形的眼睛和长椭圆形状的嘴，整个腹部设计成弧形面，腹部中间位置设计为圆形摄像头，翅膀在腹部的两侧，身体的下部有一小支撑座连接企鹅的脚（详见本专利附图）。

在先设计公开了产品四面视图、立体图和闭合状态参考图，简要说明载明省略后视图和仰视图。如图所示，在先设计摄像头设计为卡通企鹅造型，整个身体近似长椭圆形状，一条长围巾围成环状将企鹅身体分为头部和腹部，头部圆形的眼睛一睁一闭，嘴设计为椭圆形，整个腹部设计为弧形面，摄像头安装在腹部中间位置，翅膀在腹部的两侧，企鹅的脚部设计为两个相交在一起的球面支撑着身体（详见在先设计附图）。

将本专利与在先设计进行比较，二者摄像头均为卡通企鹅造型，身体各主要部位形状设计近似，二者主要不同点仅在于：本专利企鹅的两个眼睛为全睁的，而在先设计企鹅的眼睛为一睁一闭；本专利企鹅的身体与脚之间有一支撑座，而在先设计企鹅脚部直接与身体连接。合议组认为，二者近似的整体形状，已给一般消费者留下了相近似的整体视觉印象，其区别点仅在于企鹅眼睛的睁开或闭合变化，属于面目表情上的差异，对整体视觉效果不具有显著影响，身体与脚支撑座的变化属于局部细微的差别，尚不足以对整体外观设计产生显著的影响。因此，本专利与在先设计属于相近似的外观设计。

4. 结论

审查指南第四部分第七章第 1 节规定，同样的发明创造对于外观设计而言是指外观设计相同或者相近似。综上所述，在本专利申请日前已有他人申请了相近似的外观设计专利并被授予专利权，故本专利与在先设计属于同样的发明创造，本专利不符合专利法第 9 条的规定。

在已经得出上述审查结论的基础上，本审查决定对请求人提出的其他理由不再进行评述。

三、决定

宣告 200430043777.3 号外观设计专利权全部无效。

当事人对本决定不服的，可以根据专利法第 46 条第 2 款的规定，自收到本决定之日起三个月内向北京市第一中级人民法院起诉。根据该款的规定，一方当事人起诉后，另一方当事人应当作为第三人参加诉讼。

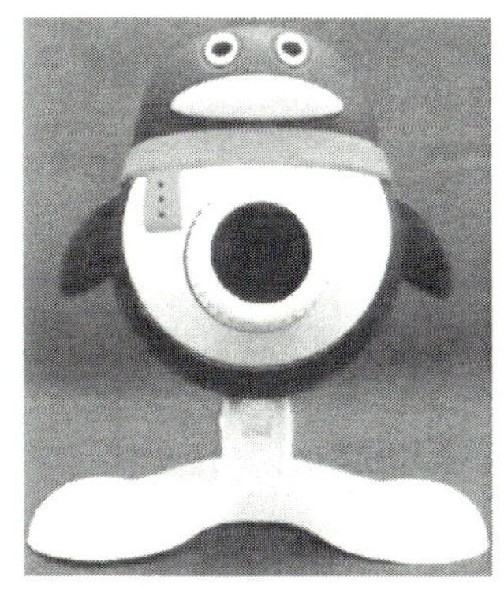

主视图

后视图

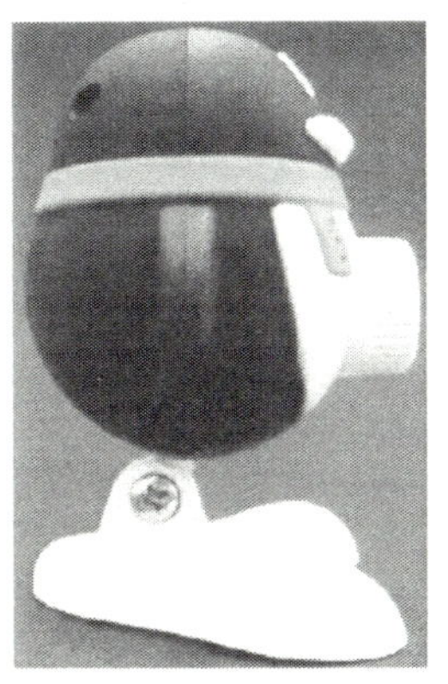

左视图

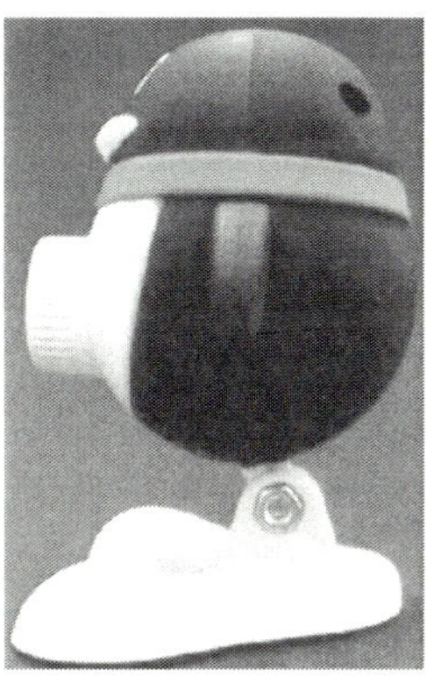

右视图

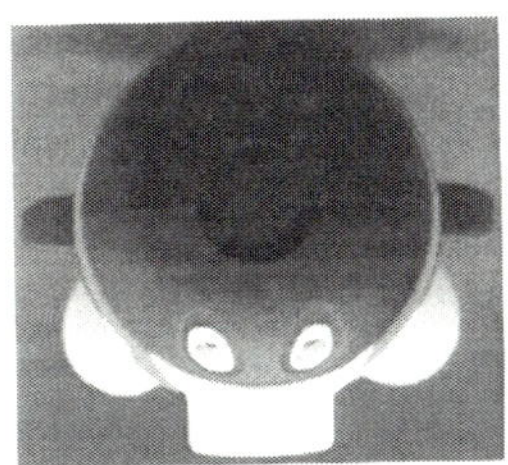

俯视图

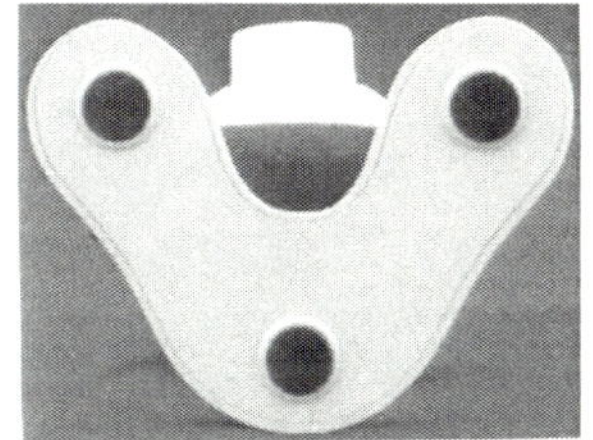

仰视图

立体图

本专利附图

主视图

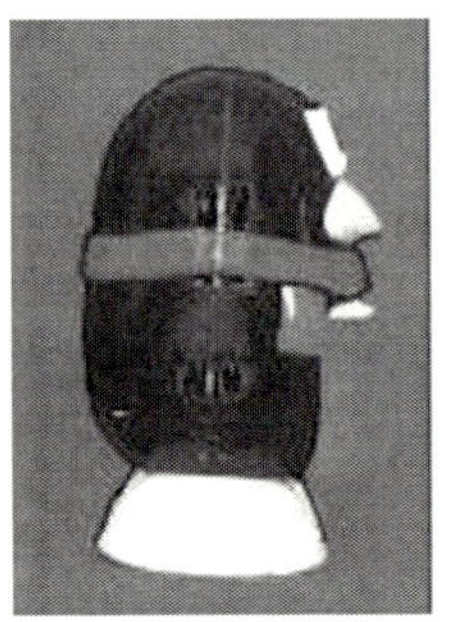

左视图

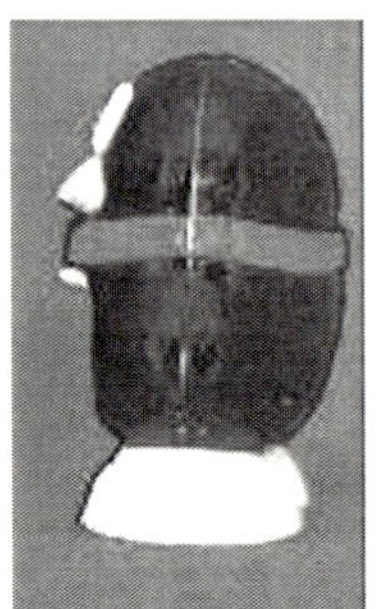

右视图

俯视图

立体图

闭合状态参考图

在先设计附图

445

鼠标外壳（M121）

无效宣告请求审查决定（第 13857 号）

决　定　号　第 13857 号
决　定　日　2009 年 9 月 7 日
发明创造名称　鼠标外壳（M121）
外观设计分类号　14-02
无效宣告请求人　杜川华
专　利　权　人　郑伟琳
专　利　号　200630016305.8
申　请　日　2006 年 4 月 20 日
授权公告日　2007 年 2 月 21 日
合议组组长　吴大章
主　审　员　钟　华
参　审　员　雷　婧
附　　图　2 页

法　律　依　据　专利法第 9 条
决　定　要　点

同样的发明创造，对于外观设计而言，是指外观设计相同或者相近似，在本专利申请日前已经申请过与本专利相近似的外观设计，因此本专利不符合专利法第 9 条的规定。

一、案由

本无效宣告请求涉及国家知识产权局于 2007 年 2 月 21 日授权公告的、名称为“鼠标外壳（M121）”的 200630016305.8 号外观设计专利（下称本专利），其申请日为 2006 年 4 月 20 日，专利权人为郑伟琳。

针对本专利，杜川华（下称请求人）于 2009 年 5 月 8 日向专利复审委员会提出无效宣告请求，其理由是在本专利申请日前已经公开发表过与本专利相近似的外观设计，因此本专利不符合专利法第 23 条和专利法第 9 条的规定。请求人同时提交如下附件作为证据：

附件 1：200530063287.4 号中国外观设计电子公开文本打印件 1 页；

附件 2：200630015679.8 号中国外观设计电子公开文本打印件 1 页；

附件 3：03321411.5 号中国外观设计电子公开文本打印件 1 页；

附件 4：03337876.2 号中国外观设计电子公开文本打印件 1 页。

请求人认为：附件 1 中与本专利的唯一区别在于两侧的白色线条的粗细略有差别，该细微差别对于鼠标产品的整体视觉效果不具有显著的影响，因此附件 1 的外观设计与本专利近似；附件 2 与本专利区别仅在于本专利中间包括一小块白色圆点，该细微差别对于鼠标产品的整体视觉效果不具有显著的影响，因此附件 2 的外观设计与本专利相近似；附件 3 和附件 4 与本专利的区别仅在于两侧的线条和中间的白点，消费者不将两者直接逐一对比难以看出此细微差别，因此上述外观设计均与本专利近似。

2009 年 5 月 26 日，请求人提交了广东省深圳市中级人民法院传票和应诉通知书复印件。

经形式审查合格，专利复审委员会依法受理了上述无效宣告请求，并于 2009 年 5 月 31 日将无效宣告请求书及相关文件的副本转给专利权人，要求其在指定的期限内答复。

2009 年 6 月 26 日，专利权人提交了意见陈述书，认为本专利分别与附件 1 ~ 4 分别与本专利对比，其宏观形状均明显不同，附件 1 ~ 3 的各视图与本专利的对应视图相比也均有明显不同，附件 4 省略了显示鼠标的前端接线部和尾部的左、右视图，故不再对比各对应视图。

专利复审委员会于 2009 年 6 月 30 日向双方当事人发出口头审理通知书，定于 2009 年 8 月 20 日举行口头审理。同日，将专利权人的意见陈述书转送给请求人。

口头审理如期举行，双方当事人均出席了本次口头审理。专利权人对附件 1 ~ 4 的真实性均无异议。请求人明确附件 1、附件 3、附件 4 用以证明本专利不符合专利法第 23 条的规定，附件 2 用以证明本专利不符合专利法第 9 条的规定。专利权人认为本专利申请日早于附件 1 的公开日，不能适用专利法第 23 条的规定，合议组当庭告知请求人附件 1 只能适用专利法第 9 条的规定。在此基础上，双方当事人进行了充分的意见陈述和辩论。

至此，合议组认为本案事实已经调查清楚，可以作出如下审查决定。

二、决定的理由

1. 法律依据

专利法第 9 规定：“两个以上的申请人分别就同样的发明创造申请专利的，专利权授予最先申请的人。”

审查指南第四部分第七章第 1 节规定：“专利法第 9 条所述的‘同样的发明创造’，对于外观设计而言，是指外观设计相同或者相近似。”

2. 证据的认定

附件 2 为 200630015679. 8 号中国外观设计电子公开文本，专利权人对其真实性没有异议，附件 2 可以作为本案的定案依据。附件 2 的申请日为 2006 年 3 月 27 日，授权公告日为 2007 年 2 月 28 日，专利权人为廖世斌，其申请日早于本专利申请日 2006 年 4 月 20 日，因此附件 2 上记载的外观设计属于在本专利申请日前申请的外观设计专利（下称在先设计），可以适用专利法第 9 条的规定。

3. 本专利是否符合专利法第 9 条的规定

本专利为鼠标外壳的外观设计，在先设计为鼠标的外观设计，两者所属产品的种类相同，因此可以进行外观设计近似性比较。

本专利授权图片包括主视图、右视图、俯视图、仰视图和立体图，简要说明中记载：“1. 本设计产品中的后视图无设计要点，省略后视图；2. 本设计产品左右对称，省略右视图。”本专利所示鼠标外壳底面水平，正面近似凸椭圆形，其上部由凸起弧线将其分割为略凹陷的左按键、椭圆形、右按键三部分，椭圆形凹陷中部设置有突出的滚轮，其中部位置处有一椭圆形，鼠标外壳的侧面中部有近似卧倒“7”字形弧形分割条将其由上至下分割为三部分（详见本专利附图）。

在先设计公开了主视图、左视图、俯视图、仰视图和立体图，其所示鼠标底面水平，正面近似凸椭圆形，其上部由凸起弧线将其分割为略凹陷的左按键、椭圆形、右按键三部分，椭圆形凹陷中部设置有突出的滚轮，鼠标外壳的侧面有靠近上方的弧形分割条将其由上至下分割为两部分（详见在先设计附图）。

将本专利与在先设计对比，两者的底面均水平，正面近似凸椭圆形，其上部由凸起弧线将其分割为略凹陷的左按键、椭圆形、右按键三部分，椭圆形凹陷中部设置有突出的滚轮，侧面均有横向设置的弧形分割线。两者的不同之处在于：本专利正面的中部位置处有一椭圆形，在先设计则无；两者侧面分割线的形状和设置位置略有不同。对此，合议组认为：正面中部椭圆形的图案较小，侧面弧形分割线的形状和位置不容易为一般消费者注意，上述区别均不足以对产品的整体视觉效果产生显著的影响。因此，在本专利与在先设计整体形状近似及各主要部分形状近似的情况下，应认定本专利与在先设计构成相近似的外观设计，本专利不符合专利法第 9 条的规定。

鉴于上述评述已经得出本专利不符合专利授权条件的结论，合议组对请求人提出的其他证据不再予以评述。

三、决定

宣告 200630016305. 8 号外观设计专利权全部无效。

根据专利法第 46 条第 2 款的规定，当事人对本决定不服的，自收到本决定之日起三个月内向北京市第一中级人民法院起诉，根据该款规定，一方当事人起诉后，另一方当事人应当作为第三人参加诉讼。

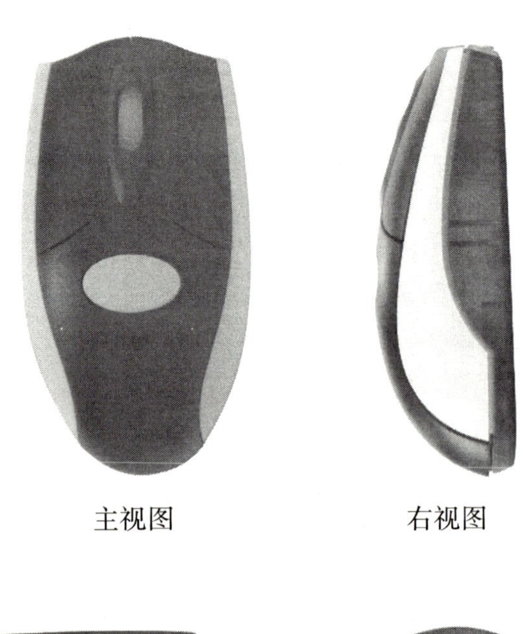

主视图　　　　右视图

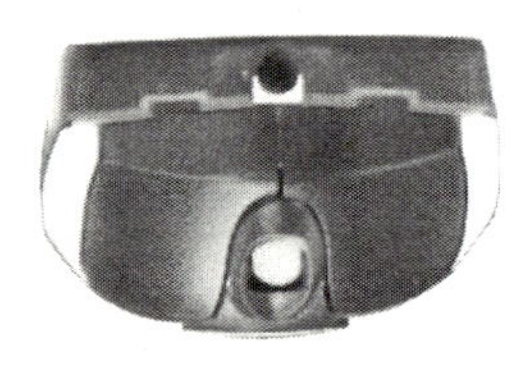

俯视图

仰视图

立体图

本专利附图

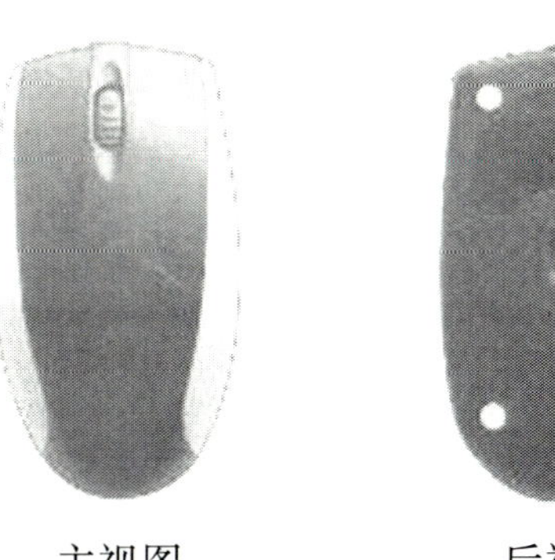

主视图

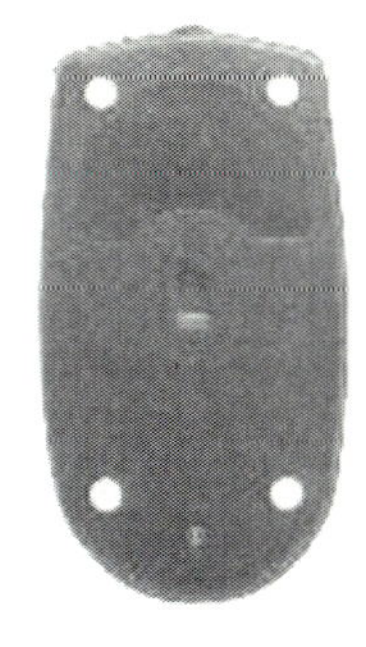

后视图

左视图

俯视图

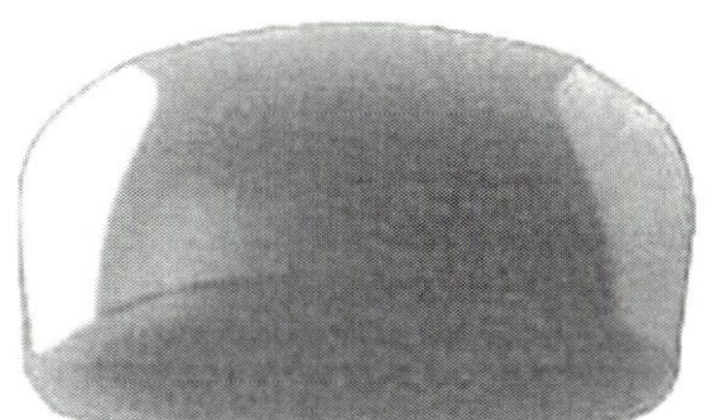

仰视图

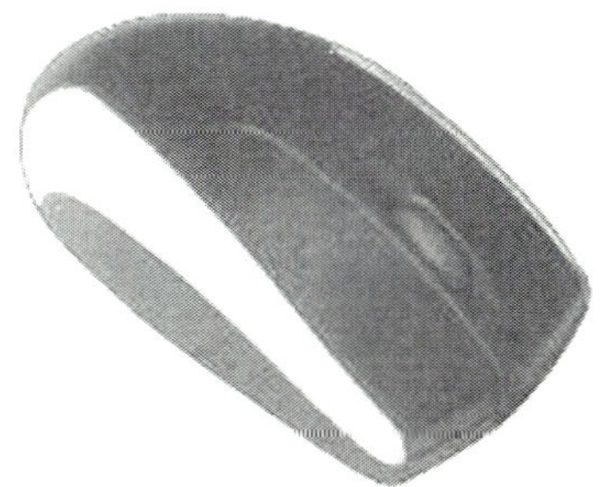

立体图

在先设计附图

鼠标外壳（油鼠）

无效宣告请求审查决定（第13858号）

决　定　号　第13858号
决　定　日　2009年9月7日
发明创造名称　鼠标外壳（油鼠）
外观设计分类号　14-02
无效宣告请求人　杜川华
专　利　权　人　郑伟琳
专　利　号　200530068970.7
申　请　日　2005年9月9日
授权公告日　2006年4月12日
合议组组长　吴大章
主　审　员　钟　华
参　审　员　雷　婧
附　　　图　1页

法律依据　专利法第23条
决定要点

在本专利申请日前公开的实用新型专利说明书附图中已经公开了与本专利相近似的外观设计，则本专利不符合专利法第23条的规定。

一、案由

本无效宣告请求涉及国家知识产权局于2006年4月12日授权公告的、名称为“鼠标外壳（油鼠）”的200530068970.7号外观设计专利（下称本专利），其申请日为2005年9月9日，专利权人为郑伟琳。

针对本专利，杜川华（下称请求人）于2009年5月8日向专利复审委员会提出无效宣告请求，其理由是在本专利申请日前已经公开发表过与本专利相近似的外观设计，因此本专利不符合专利法第23条和专利法第9条的规定。请求人同时提交如下附件作为证据：

附件1：02361256.8号外观设计电子公开文本；

附件2：02328021.2号外观设计电子公开文本；

附件3：03261755.0号实用新型专利说明书。

请求人认为：附件1中揭露了“图中2所指部分为藏于液体内的浮动物”，与本专利“本设计产品下部透明外壳内盛装溶液，并设有可浮动的小狗塑像”一致，两者唯一的区别在于液体内浮动物不同，该细微差别对于鼠标产品的整体视觉效果不具有显著的影响，因此附件1的外观设计与本专利近似；附件2和附件3同时揭露了本专利后部装饰部分的外观；附件3图5所示外观设计和附图1的唯一区别在于液体内的浮动物不同，但这属于局部的细微区别，因此附件3的外观设计与本专利近似。

2009年5月26日，请求人提交了广东省深圳市中级人民法院传票和应诉通知书复印件。

经形式审查合格，专利复审委员会依法受理了上述无效宣告请求，并于2009年5月31日将无效宣告请求书及相关文件的副本转给专利权人，要求其在指定的期限内答复。专利权人逾期未答复。

专利复审委员会于2009年6月30日向双方当事人发出口头审理通知书，定于2009年8月20日举行口头审理。

口头审理如期举行，请求人出席了本次口头审理，专利权人缺席口头审理。请求人明确附件1~3均用以证明本专利不符合专利法第23条的规定，认为附件1所示外观设计与本专利相似，附件2与附件3所示外观设计均与本专利相同。

至此，合议组认为本案事实已经调查清楚，可以作出如下审查决定。

二、决定的理由

1. 法律依据

专利法第23条规定：“授予专利权的外观设计，应当同申请日以前在国内外出版物上公开发表过或者国内公开使用过的外观设计不相同和不相近似，并不得与他人在先取得的合法权利相冲突。”

2. 证据的认定

附件3为03261755.0号实用新型专利说明书，经合议组核实，其内容真实，可以作为本案的定案依据。附件3的公开日为2004年8月18日，早于本专利申请日，因此附件3的说明书附图5所示鼠标的外观设计属于在本专利申请日前公开的外观设计（下称在先设计）。

3. 本专利是否符合专利法第23条的规定

本专利为鼠标外壳的外观设计，在先设计也为鼠标的外观设计，两者所属产品的种类相同，因此可以进行外观设计近似性比较。

本专利授权图片包括主视图、左视图、俯视图、仰视图、后视图和立体图，简要说明中记载“1. 本设计产品下部透明外壳内盛装溶液，并设有可浮动的小狗塑像；2. 本设计产品左右对称，省略右视图。”本专利所示鼠标底面水平，正面为上小下大、上薄下厚的凸椭圆形，由一条弯曲凹陷弧线和一条水平线将其分为上中下三部分，上部居中设置有滚轮和竖向分界线，下部透明，内有斑点小狗（详见本专利附图）。

在先设计公开了立体图，其所示鼠标底面水平，正面为上小下大的凸椭圆形，由一条弯曲凹陷弧线和一条水平线将其分为上中下三部分，上部居中设置有滚轮和竖向分界线，下部透明，内有小鱼（详见在先设计附图）。

将本专利与在先设计对比，两者的底面均水平，正面均由一条弯曲凹陷弧线和一条水平线将其分为上中下三部分，且各部分形状近似，两者的上部居中均设置有滚轮和竖向分界线，下部均透明。两者的不同之处在于：本专利上薄下厚，而在先设计上下厚度差别不大；本专利下部透明体内的浮动物为斑点小狗，在先设计则是小鱼。对此，合议组认为：鼠标厚度的差别主要体现于侧面，透明体内浮动物的不同体现于鼠标透明体内，位置不固定且体积较小，因此均不容易引起一般消费者的注意，不足以对产品的整体视觉效果产生显著的影响，因此在本专利与在先设计整体形状近似及各主要部分形状近似的情况下，应认定本专利与在先设计构成相近似的外观设计，本专利不符合专利法第23条的规定。

鉴于上述评述已经得出本专利不符合专利授权条件的结论，合议组对请求人提出的其他证据不再予以评述。

三、决定

宣告200530068970.7号外观设计专利权全部无效。

根据专利法第46条第2款的规定，当事人对本决定不服的，自收到本决定之日起三个月内向北京市第一中级人民法院起诉，根据该款规定，一方当事人起诉后，另一方当事人应当作为第三人参加诉讼。

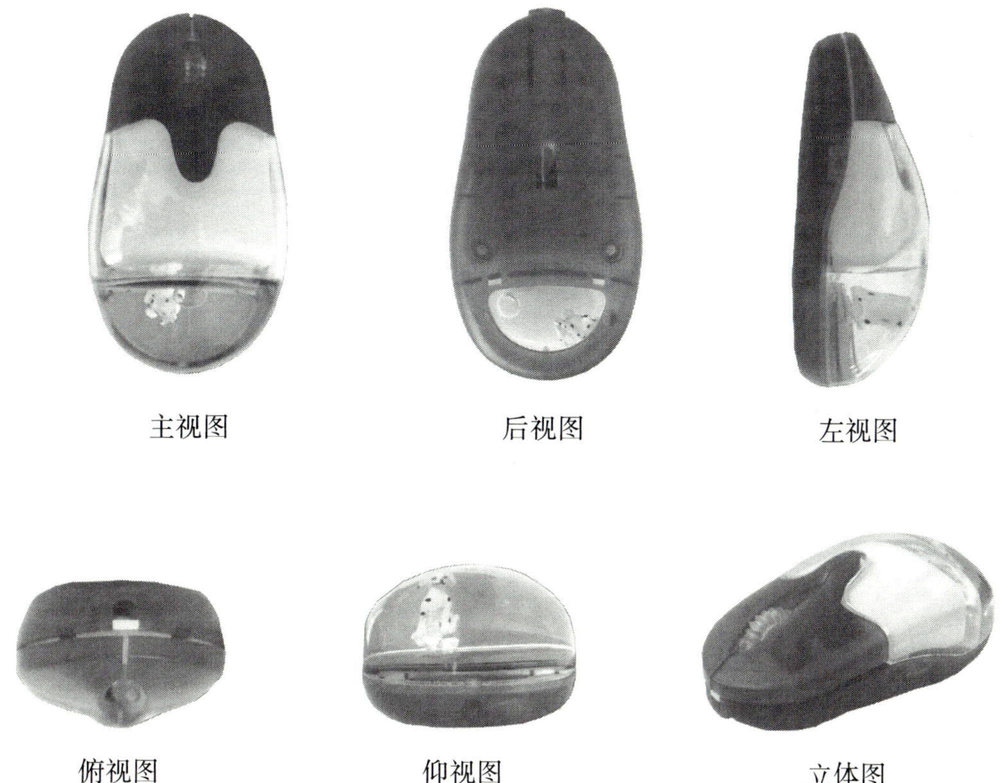

本专利附图

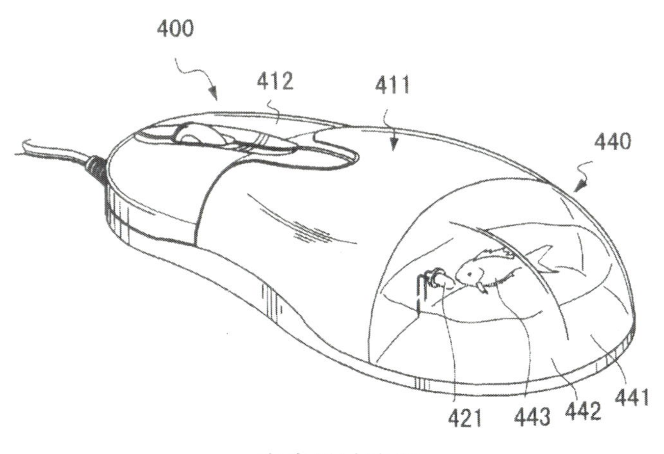

在先设计附图

447

鼠标外壳（M112）

无效宣告请求审查决定（第13859号）

决　　定　　号　第13859号
决　　定　　日　2009年9月7日
发明创造名称　鼠标外壳（M112）
外观设计分类号　14-02
无效宣告请求人　杜川华
专　利　权　人　郑伟琳
专　　利　　号　200530068973.0
申　　请　　日　2005年9月9日
授　权　公　告　日　2006年6月28日
合　议　组　组　长　吴大章
主　　审　　员　钟　华
参　　审　　员　雷　婧
附　　　　图　2页

法　律　依　据　专利法第9条、第23条，专利法实施细则第64条、第66条
决　定　要　点

实用新型专利的保护范围以其权利要求书为准，由于其权利要求限定的产品的形状不能唯一确定，因此无法与本专利进行外观设计相同和相近似性比较，不能认定其与本专利属于同样的发明创造，无法证明本专利不符合专利法第九条的规定。

一、案由

本无效宣告请求涉及国家知识产权局于2006年6月28日授权公告的、名称为“鼠标外壳（M112）”的200530068973.0号外观设计专利（下称本专利），其申请日为2005年9月9日，专利权人为郑伟琳。

针对本专利，杜川华（下称请求人）于2009年5月8日向专利复审委员会提出无效宣告请求，其理由是在本专利申请日前已经公开发表过与本专利相近似的外观设计，因此本专利不符合专利法第23条和专利法第9条的规定。请求人同时提交如下附件作为证据：

附件1：200530075973.3号中国外观设计电子公开文本打印件1页；

附件2：200520057376.2号中国实用新型专利说明书打印件7页；

附件3：02326787.9号中国外观设计电子公开文本打印件1页。

请求人认为：附件1、附件2的附图1与本专利相比，其唯一的区别在于多了一个微小接口，该细微差别对于鼠标产品的整体视觉效果不具有显著的影响，因此上述两外观设计与本专利近似；附件3与本专利相比，两者鼠标滑轮处的黑色面积略有区别，但这属于局部的细微区别，因此附件3的外观设计与本专利近似。

2009年5月26日，请求人提交了广东省深圳市中级人民法院传票和应诉通知书复印件。

经形式审查合格，专利复审委员会依法受理了上述无效宣告请求，并于2009年5月31日将无效宣告请求书及相关文件的副本转给专利权人，要求其在指定的期限内答复。

2009年7月7日，专利权人提交了意见陈述书，认为附件1与本专利宏观形状不同；附件2的公开日是2006年9月13日，在本专利申请日之后，因此不具有否定本专利的证明力；附件3的整体鼠标形状为不对称型，左右、上下均不对称，从左视图看明显是左凹右凸呈外弧形，滚轮所处面与底座的厚度均为不同斜面和厚度，因此与本专利不具有相似性。

专利复审委员会于2009年6月30日向双方当事人发出口头审理通知书，定于2009年8月20日举行口头审理。

2009年7月14日，专利复审委员会将专利权人的上述意见陈述书转送给请求人。

口头审理如期举行，双方当事人均出席了本次口头审理。专利权人指出附件1的申请日和公开日均迟于本专利，不具有证明力，请求人声明放弃附件1作为本案证据；专利权人指出附件2的公开日迟于本专利申请日，不具有证明力，请求人主张根据专利法第29条的规定，附件2所记载的专利应具备优先权，可以证明公开使用，合议组当庭告知请求人在提起无效宣告之日起一个月后提出的理由不予考虑，而且专利法第29条不是提起无效宣告请求的法定理由；专利权人认可附件3的真实性，其公开日在本专利申请日前，但其形状与本专利明显不相同和不相近似。在此基础上，双方当事人进行了充分的陈述和辩论。

至此，合议组认为本案事实已经调查清楚，可以作出如下审查决定。

二、决定的理由

1. 法律依据

专利法第9条规定："两个以上的申请人分别就同样的发明创造申请专利的，专利权授予最先申请的人。"

专利法第23条规定："授予专利权的外观设计，应当同申请日以前在国内外出版物上公开发表过或者国内公开使用过的外观设计不相同和不相近似，并不得与他人在先取得的合法权利相冲突。"

专利法实施细则第64条第2款规定，前款所述无效宣告请求的理由，是指被授予专利的发明创造不符合专利法第22条，第23条，第26条第3款、第4款，第33条或者专利法实施细则第2条、第13条第1款、第20条第1款、第21条第2款的规定，或者属于专利法第5条、第25条的规定，或者依照专利法第9条不能取得专利权。

专利法实施细则第66条规定："在专利复审委员会受理无效宣告请求后，请求人可以在提出无效宣告请求之日起1个月内增加理由或者补充证据。逾期增加理由或者补充证据的，专利复审委员会可以不予考虑。"

2. 关于请求人增加的理由

请求人在口头审理时提出专利法第29条作为无效宣告理由，一方面上述理由增加超过了专利法实施细则第66条所述的法定期限，另一方面上述条款并非专利法实施细则第64条所述无效宣告请求的理由，不是审理专利是否应予宣告无效的法律依据，因此合议组对上述理由不予考虑。

3. 证据的认定

请求人已经放弃附件 1 作为本案的证据，合议组对其不再予以评述。

附件 2 为 200520057376.2 号中国实用新型专利说明书，附件 3 为 02326787.9 号中国外观设计电子公开文本，专利权人对其真实性没有异议，附件 2、附件 3 可以作为本案的定案依据。

4. 本专利是否符合专利法第 9 条的规定

附件 2 的申请日为 2005 年 4 月 26 日，早于本专利申请日 2005 年 9 月 9 日，附件 2 是实用新型专利，实用新型专利的保护范围以其权利要求书为准，因此只能依据该实用新型权利要求书限定的内容来判断其与本专利是否属于同样的发明创造。经合议组核实，该实用新型权利要求 1~6 限定的产品的形状均不能唯一确定，因此无法与本专利进行外观设计相同相近似性比较，不能认定该实用新型专利与本专利属于同样的发明创造，不能证明本专利不符合专利法第 9 条的规定。

5. 本专利是否符合专利法第 23 条的规定

附件 2 的授权公告日为 2006 年 9 月 13 日，晚于本专利申请日 2005 年 9 月 9 日，因此附件 2 不属于在本专利申请日前公开的国内外出版物，其上记载的文字和图片均不属于在本专利申请日前公开的外观设计，不能证明本专利不符合专利法第 23 条的规定。

附件 3 的公开日为 2003 年 1 月 1 日，早于本专利申请日，故其上记载的鼠标的外观设计属于在本专利申请日前公开的外观设计（下称在先设计），可用以评价本专利是否符合专利法第 23 条的规定。

本专利是鼠标外壳的外观设计，在先设计为鼠标的外观设计，两者所属种类相同，因此可以进行相同相近似性比较。

本专利授权图片包括主视图、后视图、左视图、仰视图、俯视图和立体图，简要说明记载“本设计产品中的左视图和右视图对称，省略右视图”，本专利所示鼠标外壳中间厚至上下两端渐薄、底面水平，正面为圆弧形，有一条水平方向的半圆形分割线将鼠标外壳的正面分割成面积相近的上下两部分，其上半部居中为中间设置凸出滚轮的倒置保龄球的木瓶座形的区域，左右按键处略凹，鼠标外壳的下半部表面圆滑。鼠标外壳的左右侧面对称，各侧面周边设置有弧形分割线（详见本专利附图）。

在先设计公开了主视图、后视图、左视图、右视图、仰视图、俯视图和立体图，在先设计所示鼠标中间厚至上下两端渐薄、底面水平，正面近似圆弧形，有一条水平方向的弧形分割线将鼠标外壳的正面分割程面积相近的上下两部分，其上半部居中为中央设置凸出滚轮的椭圆形区域，左按键明显凹陷，右按键略凹，鼠标的下半部表面圆滑。鼠标的侧面左凹右凸呈外弧形，各侧面周边设置有弧形分割线（详见在先设计附图）。

将本专利与在先设计相比，两者的共同点在于：鼠标外壳的中间厚至上下两端渐薄、底面水平，正面为圆弧形，有一条水平方向的大弧线分割线将鼠标外壳的正面分割程面积相近的上下两部分，其上半部居中设置凸出滚轮，鼠标外壳的下半部表面圆滑，两者各侧面周边均设置有弧形分割线。两者的不同之处在于：本专利左右侧面对称，而在先设计的侧面为左凹右凸呈外弧形；本专利的滚轮位于倒置保龄球的木瓶座形的区域内，而在先设计的滚轮位于椭圆形区域内；本专利左右按键处略凹，而在先设计左按键明显凹陷，右按键略凹；两者各侧面弧形状分割线的形状不同。合议组认为：本专利与在先设计的上述区别，尤其是本专利为左右侧面、左右按键均略凹的对称形和在先设计左凹右凸呈外弧形、左按键明显凹陷，右按键略凹的不对称形明显不同，两者滚轮所处的保龄球区域与椭圆区域也区别明显，对于一般消费者来说，上述区别对两者的整体视觉效果具有显著的影响，因此两者不相同且不相近似。附件 3 也不能证明本专利不符合专利法第 23 条的规定。

综上所述，请求人提交的证据不能证明其主张，其无效宣告请求不成立。

三、决定

维持 200530068973.0 号外观设计专利权有效。

根据专利法第 46 条第 2 款的规定，当事人对本决定不服的，自收到本决定之日起三个月内向北京市第一中级人民法院起诉，根据该款规定，一方当事人起诉后，另一方当事人应当作为第三人参加诉讼。

立体图

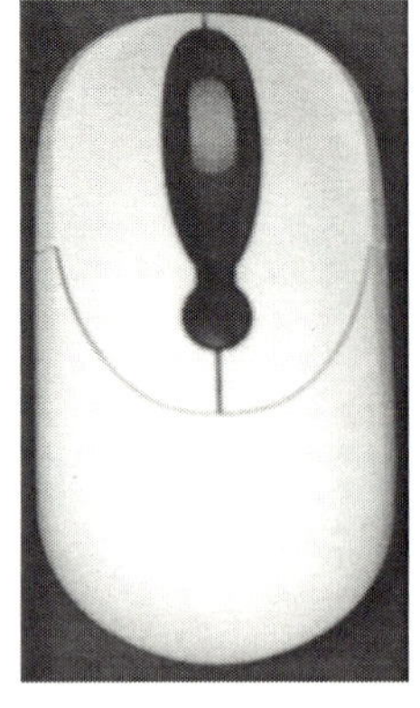

主视图

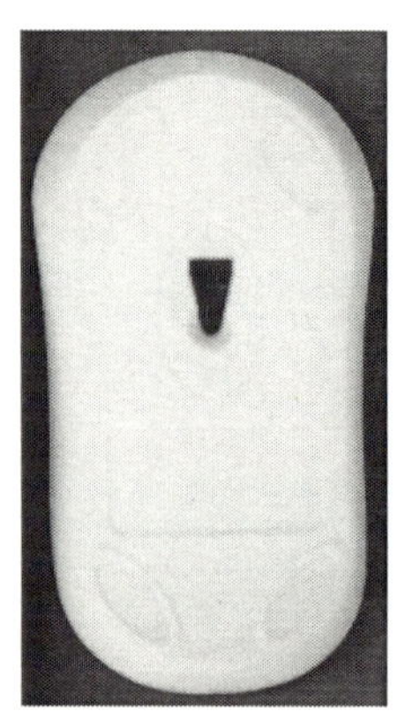

后视图

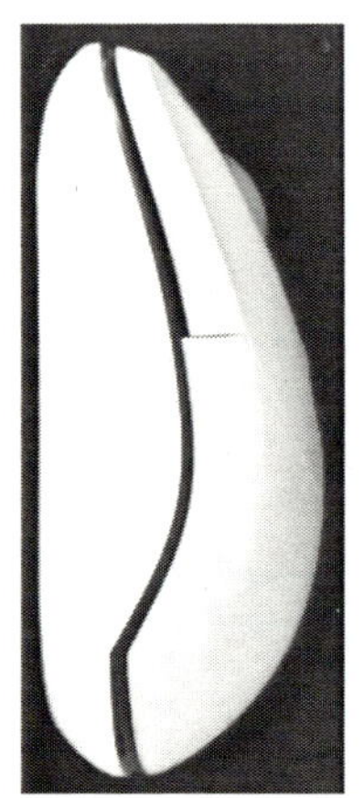

左视图

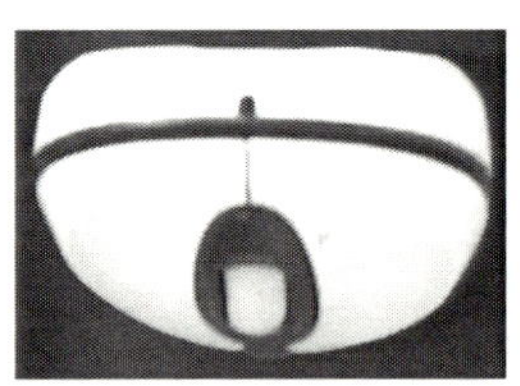

俯视图

仰视图

立体图

本专利附图

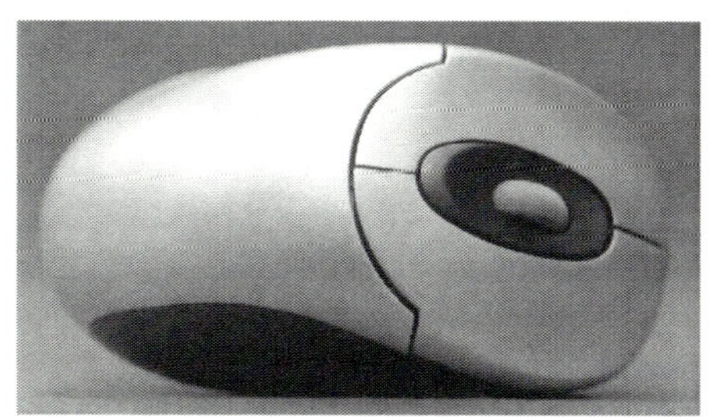

主视图

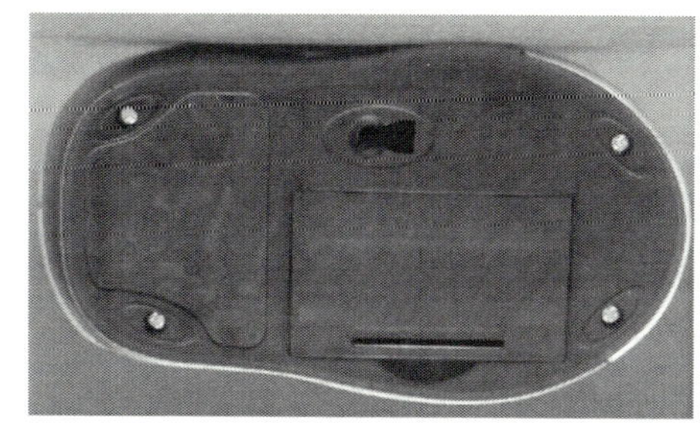

后视图

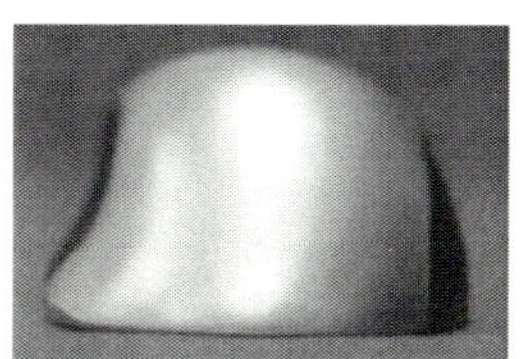

左视图

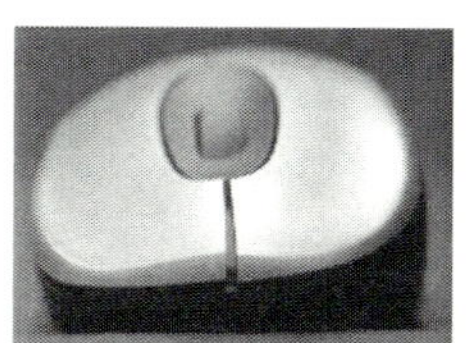

右视图

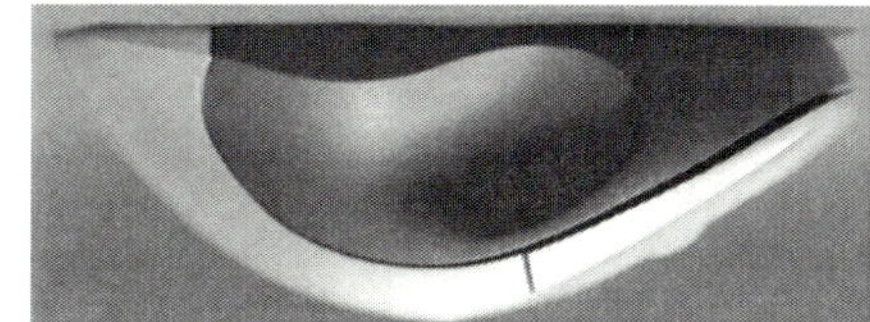

俯视图

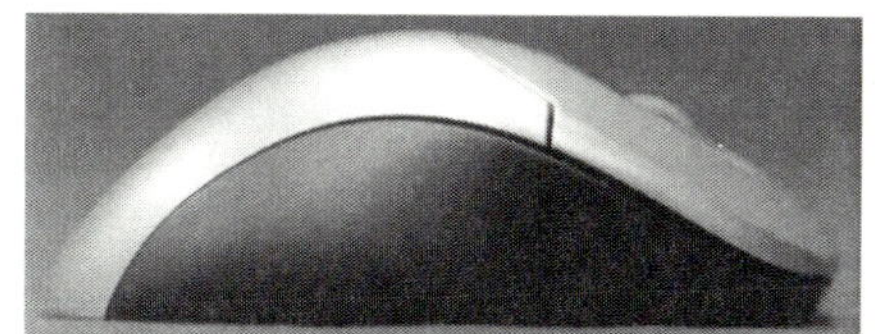

仰视图

立体图

在先设计附图

448

鼠标外壳（M104）

无效宣告请求审查决定（第13860号）

决　　定　　号　第13860号
决　　定　　日　2009年9月7日
发明创造名称　鼠标外壳（M104）
外观设计分类号　14-02
无效宣告请求人　杜川华
专　利　权　人　郑伟琳
专　　利　　号　200530068980.0
申　　请　　日　2005年9月9日
授权公告日　2006年4月12日
合议组组长　吴大章
主　　审　　员　钟　华
参　　审　　员　雷　婧

法　律　依　据　专利法第9条、第23条，专利法实施细则第64条、第66条
决　定　要　点

实用新型专利的保护范围以其权利要求为准，由于其权利要求限定的产品的形状不能唯一确定，因此无法与本专利进行外观设计相同相近似性比较，不能认定其与本专利属于同样的发明创造，无法证明本专利不符合专利法第9条的规定。

一、案由

本无效宣告请求涉及国家知识产权局于2006年4月12日授权公告的、名称为“鼠标外壳（M104）”的200530068980.0号外观设计专利（下称本专利），其申请日为2005年9月9日，专利权人为郑伟琳。

针对本专利，杜川华（下称请求人）于2009年5月8日向专利复审委员会提出无效宣告请求，其理由是在本专利申请日前已经公开发表过与本专利相近似的外观设计，因此本专利不符合专利法第23条和专利法第9条的规定。请求人同时提交如下附件作为证据：

附件1：200520056341.7号中国外观设计电子公开文本。

请求人认为：附件1的图1与图2和本专利基本一致，仅仅是不能揭露其仰视图，而鼠标在使用状态时，最不常见的就是鼠标的底部，底部无论在使用或者销售时都不会受到一般消费者的注意，因此两者相同至少是相似的。

2009年5月26日，请求人提交了广东省深圳市中级人民法院传票和应诉通知书复印件。

经形式审查合格，专利复审委员会依法受理了上述无效宣告请求，并于2009年5月31日将无效宣告请求书及相关文件的副本转给专利权人，要求其在指定的期限内答复。

2009年7月7日，专利权人提交了意见陈述书，认为附件1的公开日是2006年6月14日，而本专利申请日是2005年9月9日，附件1在本专利申请外观专利后9个多月才出现在专利公告上，因此不能证明本专利不符合专利法第23条的规定。

专利复审委员会于2009年6月30日向双方当事人发出口头审理通知书，定于2009年8月20日举行口头审理。

口头审理如期举行，双方当事人均出席了本次口头审理。请求人明确附件1证明本专利不符合专利法第9条和专利法第23条的规定，当庭提出增加专利法第29条及第31条为无效宣告理由，合议组当庭告知请求人上述理由不属于在提起无效宣告请求之日起1个月内增加的理由，且上述条款不是提起无效宣告请求的法定依据，因此合议组对上述理由不予考虑。专利权人对附件1的真实性没有异议。在此基础上，双方当事人进行了充分的意见陈述和辩论。

至此，合议组认为本案事实已经调查清楚，可以作出如下审查决定。

二、决定的理由

1. 法律依据

专利法第9条规定："两个以上的申请人分别就同样的发明创造申请专利的，专利权授予最先申请的人。"

专利法第23条规定："授予专利权的外观设计，应当同申请日以前在国内外出版物上公开发表过或者国内公开使用过的外观设计不相同和不相近似，并不得与他人在先取得的合法权利相冲突。"

专利法实施细则第64条第2款规定："前款所述无效宣告请求的理由，是指被授予专利的发明创造不符合专利法第22条、第23条、第26条第3款、第4款，第33条或者专利法实施细则第2条、第13条第1款、第20条第1款、第21条第2款的规定，或者属于专利法第5条、第25条的规定，或者依照专利法第9条不能取得专利权。"

专利法实施细则第66条规定："在专利复审委员会受理无效宣告请求后，请求人可以在提出无效宣告请求之日起1个月内增加理由或者补充证据。逾期增加理由或者补充证据的，专利复审委员会可以不予考虑。"

2. 关于请求人增加的理由

请求人在口头审理时提出专利法第29条和专利法第31条为无效宣告理由，一方面上述理由增加超过了专利法实施细则第66条所述增加理由的法定期限，另一方面上述条款并非专利法实施细则第64条所述无效宣告请求的理由，不是审理专利是否应予宣告无效的法律依据，因此合议组对上述理由不予考虑。

3. 证据的认定

附件1为实用新型专利说明书，专利权人对其真实性没有异议，故附件1可以作为本案的定案依据。

4. 本专利是否符合专利法第23条的规定

附件1的授权公告日2006年6月14日，晚于本专利申请日2005年9月9日，因此附件1不属于在本专利申请日前公开的国内外出版物，其上记载的文字和图片均不属于在本专利申请日前公开的外观设计，不能证明本专利不符合专利法第23条的规定。

5. 本专利是否符合专利法第 9 条的规定

附件 1 的申请日为 2005 年 4 月 1 日，早于本专利申请日 2005 年 9 月 9 日，附件 1 是实用新型专利，实用新型专利的保护范围以其权利要求书为准，因此只能依据该实用新型权利要求书限定的内容来判断其与本专利是否属于同样的发明创造。经合议组核实，该实用新型权利要求 1~6 限定的产品的形状均不能唯一确定，因此无法与本专利进行外观设计相同相近似性比较，不能认定该实用新型专利与本专利属于同样的发明创造，不能证明本专利不符合专利法第 9 条的规定。

综上所述，请求人提交的证据不能证明其主张，其无效宣告请求不成立。

三、决定

维持 200530068980.0 号外观设计专利权有效。

根据专利法第 46 条第 2 款的规定，当事人对本决定不服的，自收到本决定之日起三个月内向北京市第一中级人民法院起诉，根据该款规定，一方当事人起诉后，另一方当事人应当作为第三人参加诉讼。

449

送纬剑壳体（1）

无效宣告请求审查决定（第13865号）

决　　定　　号　第13865号
决　　定　　日　2009年9月7日
发明创造名称　送纬剑壳体（1）
外观设计分类号　15-06
无效宣告请求人　无锡明盛纺织机械有限公司
专　利　权　人　虞放河
专　　利　　号　200730030033.1
申　　请　　日　2007年4月11日
授 权 公 告 日　2008年6月25日
合 议 组 组 长　张　凌
主　　审　　员　雷　婧
参　　审　　员　沙柏青
附　　　　　图　2页

法　律　依　据　专利法第23条
决　定　要　点

本专利与在先设计之间的差别属于局部细微的设计变化，对其外观设计的整体视觉效果不具有显著影响，二者属于相近似的外观设计。

一、案由

本无效宣告请求涉及的是国家知识产权局于2008年6月25日授权公告的、专利号为200730030033.1的外观设计专利，其产品名称为“送纬剑壳体（1）”，申请日为2007年4月11日，专利权人为虞放河。

针对上述外观设计专利权（下称本专利），无锡明盛纺织机械有限公司（下称请求人）于2008年11月21日向专利复审委员会提出无效宣告请求，其理由是：在本专利申请日以前已有与其相同或相近似的外观设计在国内出版物上公开发表过并公开使用过，因此本专利不符合专利法第23条的规定。同时，请求人提交了如下附件作为证据：

附件1：专利号为00218643.8的中国实用新型专利说明书复印件，共7页；

附件2：明盛纺织机械厂所产GA74型剑杆头剑壳的实物照片、使用说明书及相应印刷发票的复印件，共4页；

附件3：无锡市第四纺织机械有限公司出具的证明复印件，共1页；

附件4：常州市佳洲纺织厂出具的证明、营业执照、购销合同及发票的复印件，共4页；

附件5：江阴市宝艺纺织有限公司出具的证明、营业执照、购销合同及发票的复印件，共4页；

附件6：江阴市东支织造有限公司出具的证明、营业执照、购销合同及发票的复印件，共4页；

附件7：江苏省纺织机械器材工业协会出具的使用公开证明复印件，共1页；

附件8：上海天复实业有限公司出具的证明及销售发票的复印件，共4页；

附件9：上海天秋纺机配件有限公司的采购协议及发票的复印件，共2页。

请求人认为，本专利与在其申请日以前公开发表过的附件1中实用新型专利说明书附图所示的送纬剑的外形轮廓相近似，二者之间的差别不属于一般消费者关注的部位，不会对产品的整体视觉效果产生显著影响。从附件2中说明书的内容可知，从2006年3月28日起，请求人不再销售印有“无锡市第四纺织机械有限公司”字样的GA74型剑杆头，而改以“无锡明盛纺织机械有限公司”和“张达明”字样销售，可见，在上述日期前请求人已生产和销售了印有“无锡市第四纺织机械有限公司”字样的剑杆头产品；附件2中照片所示的产品为请求人在上述日期前后生产和销售的两种剑杆头壳体，二者仅在产品上所印的字样不同，其外观设计和结构均一致，而其与本专利之间的区别仅在于本专利的布板尖部一侧更长，但这一区别属于局部细微变化，且在使用和销售时该部位所在面并不面向消费者，故不会对产品外观的整体视觉效果产生显著影响；结合上述说明书及实物照片的内容可证明，本专利与其申请日前请求人生产和销售的产品的外观设计相近似。附件3~6中，由使用过无锡市第四纺织机械有限公司销售的织机的企业出具的书面证明均可证明，自本专利申请日以前其所使用的送纬剑杆头的整体外部形状保持多年未作变化，与无锡明盛纺织机械有限公司目前所生产剑杆头相同，故在国内形成了事实上的销售和使用。附件7~9为相关工业协会或生产企业出具的书面证明及相关发票和合同，其可证明本专利申请日以前已有企业生产和销售了GA74型剑杆头，构成了事实上的公开。综上所述，本专利不符合专利法第23条的规定。

经形式审查合格，专利复审委员会依法受理了上述无效宣告请求，并于2008年12月22日将无效宣告请求书及相关文件的副本转送专利权人，通知其在指定的期限内答复。

专利复审委员会成立合议组对本案进行审理，并于2009年1月16日向双方当事人发出口头审理通知书，定于2009年2月26日进行口头审理。

针对请求人提交的无效宣告请求书及相关附件，专利权人逾期未答复。

口头审理如期举行，双方当事人均委托代理人出庭，双方对对方出庭人员的身份及资格均无异议，对合议组成员亦无回避请求。口头审理中，关于出版物公开的理由，请求人坚持其原有观点，专利权人对附件1的真实性及在先公开性均无异议，但认为其公开的外观设计与本专利不相同也不相近似。关于使用公开的理由，请求人当庭提交了附件2的产品实物及说明书原件、附件3~6中证明的原件及加盖企业公章的发票复印件、附件7与附件8中证明的原件以及附件9中采购协议的原件，明确以上述证明中所述的日期作为公开日期、以附件2中的图片作为在先设计与本专利进行对比，并坚持其原有其他观点；专利权人对附件2的产品实物及说明书原件的真实性无异议，对附件3~9的真实性均有异议，认为附件3~8中证明的原件与复印件一致，附件9中采购协议的原件与复印件一致，但上述附件中的合同、发票等均为复印件，附件7中无证明的日期，附件9的采购协议中只有需方的公章，且上述证明应当经过质证或者公证才能作为证据使用，故难以确认上述证据的真实性；对于相同相近似性，专利权人认为本专利与附件2中所示的外观设计不相同也不相近似。

2009年3月5日，专利权人向专利局提交了放弃专利权的声明，内容为“根据专利法第44条第1款第（2）项规定，声明放弃上述专利权”。专利局于2009年6月17日向其发出手续合格通知书，准予其放弃，并在第25卷28号专利公报上予以公告。合议组经合议认为，由于专利权人在上述放弃专利权的声明中并未声明“自申请日起放弃该专利权”，故无法根据审查指南第四部分第三章第7节的规定终止针对本专利的无效宣告程序。

在上述审理的基础上，合议组认为本案事实清楚，可以依法作出审查决定。

二、决定的理由

1. 法律依据

基于请求人提出无效宣告请求的理由，合议组依据专利法第23条的规定进行审理。

专利法第23条规定：“授予专利权的外观设计，应当同申请日以前在国内外出版物上公开发表过或者国内公开使用过的外观设计不相同和不相近似，并不得与他人在先取得的合法权利相冲突。”

2. 证据的认定

请求人提交的附件1是专利号为00218643.8的中国实用新型专利说明书复印件，其实用新型名称为“新型送纬箭”，申请日为2000年8月1日，授权公告日为2001年8月8日，专利权人对该附件的真实性及在先公开性均无异议。经合议组核实，附件1的内容与公报一致，可以确认其真实性，该附件的公开日在本专利的申请日（2007年4月11日）以前，可以用于评述本专利是否符合专利法第23条的规定。

3. 外观设计相同和相近似的对比

附件1的说明书附图公开了一种新型送纬箭（下称在先设计），其与本专利（即送纬剑壳体）用途相同，属于相同类别的产品，可以对二者进行相同和相近似的比较。

本专利整体呈细长状，一端为尖形箭头状固定座，该固定座上有两个长方形孔；位于中部的经纱导纱外壳侧面为近似梯形的孔；位于产品下侧的纬纱夹纱器安装部位有一长方形孔（详见本专利附图）。

在先设计整体呈细长状，一端为尖形箭头状固定座，其上安装的布板呈反向箭头状指向另一端，布板两端各有一固定螺钉；位于中部的经纱导纱外壳顶面有两个较小的椭圆形孔，侧面有一梯形孔；产品底部装有长条形导轨及纬纱夹纱器（详见在先设计附图）。

将本专利与在先设计相比较，二者整体均呈细长状，一端的固定座均呈尖形箭头状，位于中部的经纱导纱外壳侧面均有一近似梯形的孔或梯形孔。二者的主要不同点在于：在先设计中部安装有布板，而本专利中未安装布板，但其安装部位有两个长方形孔；经纱导纱外壳上的孔不同，在先设计的顶面有两椭圆形孔，而本专利无此设计；在先设计安装有纬纱夹纱器，而本专利未安装该部件，但其安装部位有一长方形孔。针对上述的相同点与不同点，合议组认为，本专利为不带布板等相关配件的送纬剑壳体，而在先设计为完整的送纬剑产品，其上安装的相关配件不会对产品壳体本身的外观设计产生影响；本专利与在先设计在经纱导纱外壳顶面孔以及被安装配件遮挡的部位上存在的差别属于局部细微的设计变化，在产品整体外观形状基本相同的情形下，上述的差别对其外观设计的整体视觉效果不具有显著影响，因此，本专利与在先设计属于相近似的外观设计。

4. 结论

在本专利申请日以前已有与其相近似的外观设计在出版物上公开发表过，本专利不符合专利法第23条的规定。

鉴于已得出上述结论，本决定不再对请求人的其他无效宣告请求理由及相关证据进行评述。

三、决定

宣告200730030033.1号外观设计专利权全部无效。

当事人对本决定不服的，可以根据专利法第46条第2款的规定，自收到本决定之日起三个月内向北京市第一中级人民法院起诉，根据该款规定，一方当事人起诉后，另一方当事人应当作为第三人参加诉讼。

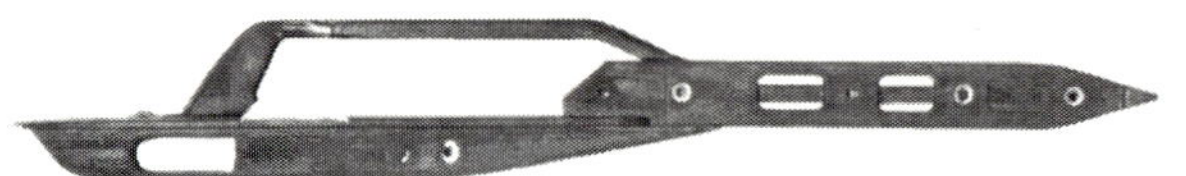

主视图

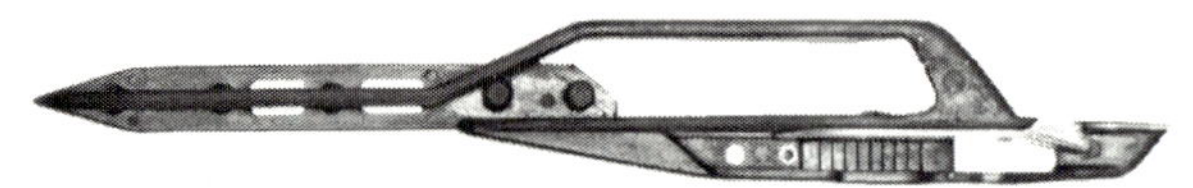

后视图

左视图

右视图

俯视图

仰视图

本专利附图

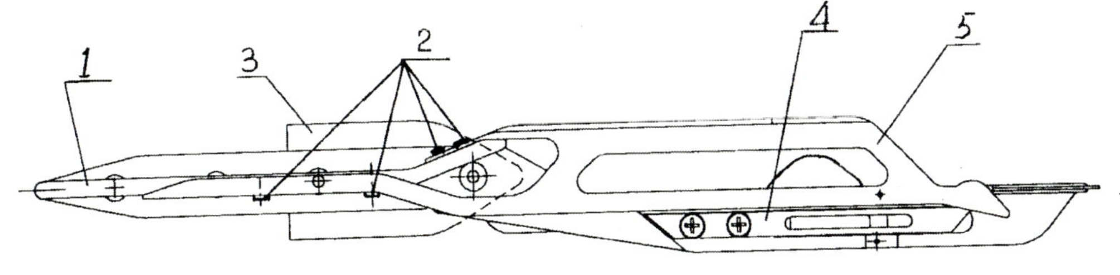

图1

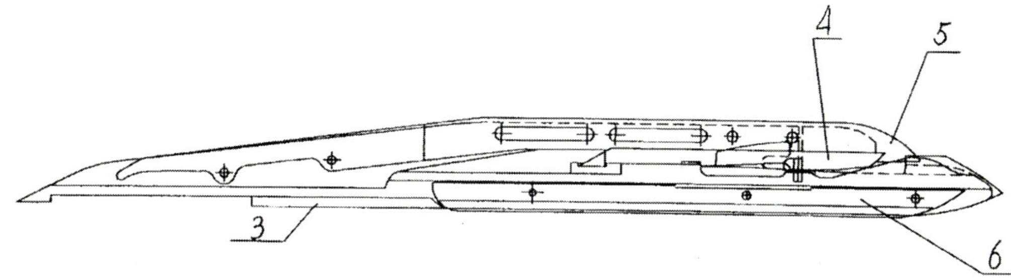

图2

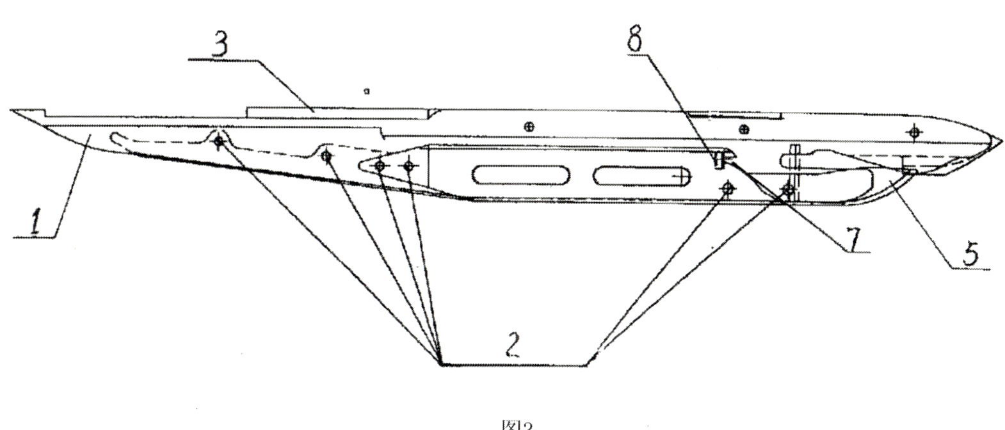

图3

在先设计附图

马桶盖（水滴 HY-H005）

无效宣告请求审查决定（第 13869 号）

决　　定　　号　第 13869 号
决　　定　　日　2009 年 8 月 31 日
发明创造名称　马桶盖（水滴 HY-H005）
外观设计分类号　23-02
无效宣告请求人　台州汇都洁具有限公司
专　利　权　人　许从金
专　　利　　号　200730079844.0
申　　请　　日　2007 年 8 月 8 日
授 权 公 告 日　2008 年 8 月 27 日
合 议 组 组 长　吴大章
主　　审　　员　王美芳
参　　审　　员　尹春霞

法　律　依　据　专利法第 23 条，专利法实施细则第 2 条第 3 款
决　定　要　点

请求人提交的证据不足以证明与本专利相同或者相近似的外观设计在本专利申请日前已公开的事实，请求人据此提出无效宣告请求的理由不成立。

请求人在提出无效宣告请求时未具体说明本专利不符合专利法实施细则第 2 条第 3 款规定的理由，在提出无效宣告请求之日起 1 个月内也未补充具体说明，专利复审委员会不予考虑。

一、案由

本无效宣告请求涉及国家知识产权局于 2008 年 8 月 27 日授权公告的 200730079844.0 号外观设计专利，使用该外观设计的产品名称是“马桶盖（水滴 HY-H005）”，其申请日是 2007 年 8 月 8 日，专利权人是许从金。

针对上述外观设计专利权（下称本专利），台州汇都洁具有限公司（下称请求人）于 2009 年 4 月 30 日向专利复审委员会提出无效宣告请求，其理由是本专利不符合专利法第 23 条及专利法实施细则第 2 条第 3 款的规定。请求人提交了如下附件：

附件 1：某网站图片打印件共 2 页；

附件 2：一款包装箱的照片共 1 页；

附件 3：本专利的外观设计专利证书和外观设计专利公报复印件共 4 页；

附件 4：浙江省台州市中级人民法院应诉通知书复印件共 1 页；

附件 5：请求人的营业基本信息打印件共 1 页；

附件 6：请求人的组织机构代码证副本复印件共 1 页。

请求人认为：在申请日前，某网站已有与本专利相同的图片（见附件 1）出现，请求人是根据网站上的图片和订货人提供的订单和图片要求，于 2008 年 6 月 27 日与订货人签订合同，生产了本专利产品，该产品使用的包装箱如附件 2 所示。由于本专利与对比文件显示的外观设计形状同为椭圆形，图案与色彩相同，且网站上公布的图片时间早于本专利的申请日，本专利的授予不符合专利法第 23 条及专利法实施细则第 2 条第 3 款的规定，应宣告本专利无效。请求人明确以附件 1 和附件 2 作为证据。

专利复审委员会根据无效宣告请求审查程序的规定受理了该无效宣告请求，并于 2009 年 5 月 31 日将请求人的无效宣告请求文件转送专利权人，通知其在指定期限内陈述意见。

专利复审委员会于 2009 年 6 月 23 日向双方当事人发出合议组成员告知通知书和口头审理通知书，定于 2009 年 8 月 18 日对本案进行口头审理。

2009 年 5 月 25 日，请求人补充提交了无效请求的理由，并以如下附件作为证据（编号续前）：

附件 7：标有“台州嘉华洁具有限公司”的广告页复印件共 1 页；

附件 8：台州嘉华洁具有限公司的设立登记申请书和公司变更登记申请书复印件共 8 页；

附件 9：形式发票复印件共 1 页；

附件 10：扬州索普家庭用品有限公司的收购合同复印件共 1 页；

附件 11：某网站图片打印件共 1 页；

附件 12：海运提单复印件共 1 页；

附件 13：请求人与扬州索普家庭用品有限公司的中国农业银行结算单复印件共 1 页；

附件 14：请求人与台州市路桥区螺洋标牌塑料厂的包装定购合同复印件及图片共 2 页；

附件 15：请求人与台州市路桥区螺洋标牌塑料厂的台州市商业银行电汇凭证复印件共 1 页。

请求人认为：台州嘉华洁具有限公司于 2005 年 10 月 26 日前已许诺销售、生产和销售本专利产品；2007 年 8 月 3 日，请求人与扬州索普家庭用品有限公司签订收购合同，生产与本专利主视图显示的外观设计一致的产品；2007 年 7 月 2 日，请求人与台州市路桥区螺洋标牌塑料厂签订的包装定购合同及附件显示的外观设计与本专利一致。因此，本专利的授予不符合专利法第 23 条的规定，应宣告本专利无效。

2009 年 6 月 23 日，专利权人提交意见陈述书，对请求人于 2009 年 4 月 30 日提出的无效宣告理由和证据进行答复。专利权人认为：（1）本专利符合专利法第 23 条的规定：附件 1 不具有真实性、证据来源无法确认，且水滴图案的平面设计无法影响本专利的有效性；请求人表明附件 2 显示包装盒是 2008 年 6 月 27 日开始实施，晚于本专利申请日。（2）本专利符合专利法实施细则第 2 条第 3 款的规定：请求人未提出本专利不符合该款规定的任何证据材料，也未作出任何评价，因此，本专利符合该款规定。

2009 年 7 月 16 日，专利复审委员会将请求人于 2009 年 5 月 25 日补充提交的无效宣告请求文件转送专利权人，通知其在指定期限内陈述意见。

2009 年 7 月 27 日，专利复审委员会将专利权人于 2009 年 6 月 23 日提交的意见陈述书转送请求人，通知其在指定期限内陈述意见。邮件被退回，专利复审委员采用公示送达的方式，定于 2009 年 9 月 23 日在外观设计专利公报上公告转送文件通知书。

口头审理如期举行，双方均委托代理人出席口头审理。合议组当庭将专利权人于 2009 年 6 月 23

日提交的意见陈述书转送请求人，并当庭告知专利权人合议组成员有变更，双方对变更后的合议组成员未提出回避请求。请求人坚持原无效宣告理由，并提交附件 2 和附件 14 的原件，请求人请求将 2009 年 4 月 30 日提交的专利权无效宣告请求书中所述以附件 2 证明于 2008 年 6 月 27 日与订货人签订合同、生产了本专利产品，改为与附件 14 结合证明于 2007 年 7 月 2 日签订合同。专利权人认为请求人并未结合证据具体说明本专利不符合专利法实施细则第 2 条第 3 款的理由，因此对此不发表质证意见；对附件 1、附件 7、附件 9、附件 10、附件 11、附件 12、附件 13 和附件 14 真实性有异议，且附件 13 和附件 10 没有关联；对附件 8 和附件 15 的真实性没有异议，但认为附件 15 与附件 14 没有关联。双方对各附件中显示的设计与本专利进行了比较，请求人坚持认为本专利与对比设计相同或相近似，专利权人认为附件中的图只显示了产品的一面，无法与本专利比较，附件中的水滴图案与本专利的不相同。双方均表示对对方提交的文件不再进行书面答复，以口头审理意见为准。

在上述审理的基础上，合议组经合议，认为本案事实清楚，依法作出本审查决定。

二、决定的理由

1. 法律依据

基于请求人提出的无效宣告请求的理由，合议组依据专利法实施细则第 2 条第 3 款和专利法第 23 条的规定进行审查。

专利法实施细则第 2 条第 3 款规定："专利法所称外观设计，是指对产品的形状、图案或者其结合以及色彩与形状、图案的结合所作出的富有美感并适于工业应用的新设计。根据该规定，仅以其产品所属领域内司空见惯的几何形状构成的外观设计不属于专利法所称外观设计。"

专利法第 23 条规定："授予专利权的外观设计，应当同申请日以前在国内外出版物上公开发表过或者国内公开使用过的外观设计不相同和不相近似，并不得与他人在先取得的合法权利相冲突。"

2. 关于专利法实施细则第 2 条第 3 款

请求人认为本专利不符合专利法实施细则第 2 条第 3 款的规定，但在 2009 年 4 月 30 日和 2009 年 5 月 25 日提交的专利权无效宣告请求书中均未具体说明理由，合议组对本专利是否符合专利法实施细则第 2 条第 3 款的规定不予考虑。

3. 涉及专利法第 23 条的证据和事实认定

附件 1 为某网站图片打印件。合议组认为：该网页图片上并无公开时间，也没有证据证明该网站图片发表时间早于本专利申请日，对该证据不予采纳。

附件 2 为一款包装箱的照片，附件 14 为请求人与台州市路桥区螺洋标牌塑料厂的包装定购合同复印件及图片，附件 15 为请求人汇款给台州市路桥区螺洋标牌塑料厂的台州市商业银行电汇凭证复印件。请求人试图用附件 2、附件 14 和附件 15 证明其与台州市路桥区螺洋标牌塑料厂签订过附件 2 和附件 14 的图片显示的包装箱，并且其支付了货款，合同得到履行。请求人提交了附件 2 和附件 14 的原件，专利权人对附件 2 和附件 14 的真实性提出异议，认可附件 15 的真实性。合议组认为：附件 2、附件 14 和附件 15 之间不存在必然联系，即请求人未能证明附件 14 涉及的包装箱外观设计即为附件 2 所示外观设计，也未能证明附件 15 显示的款项即为支付附件 14 包装订货合同中约定的费用，附件 14 包装订货合同约定的生产包装箱的事实没有证据支持。附件 14 的包装订货合同及图片（即附件二）也不存在必然联系，附件 14 的图片与附件 14 包装订货合同中所述"附件（2）"名称不同，且无其他证据表明附件 14 中的图片即为附件 14 包装订货合同约定的"附件（2）"。因此，上述证据不足以证明请求人与台州市路桥区螺洋标牌塑料厂在 2007 年 7 月 2 日签订包装定购合同并在本专利申请日前生产涉及附件 2 或者附件 14 的图片所示包装箱，因此，附件 2 和附件 14 的图片显示的设计不能被认定为在先设计，不能同本专利进行对比。

附件7为标有“台州嘉华洁具有限公司”的广告页复印件；附件8为台州嘉华洁具有限公司的设立登记申请书和公司变更登记申请书复印件。请求人试图用附件8中企业名称变更的时间点证明附件7广告页显示的产品在本专利申请日前生产和销售。请求人在口头审理时未提交附件7的原件，专利权人对其真实性提出异议。合议组认为：附件7的真实性无法确认，对附件7不予采纳；由于附件7不予采纳，附件8不能用于证明附件7广告页显示的产品在本专利申请日前已生产和销售。

附件9为形式发票复印件，附件10为扬州索普家庭用品有限公司的收购合同复印件，附件11为某网站图片打印件，附件13为请求人与扬州索普家庭用品有限公司的中国农业银行结算单复印件。请求人试图用附件9、附件10、附件11和附件13证明其与扬州索普家庭用品有限公司签订收购合同，合同中约定的标的之一为附件11所示水滴马桶盖，并交货出口。附件9为外文证据，请求人未提交译文，该证据视为未提交。请求人未提交附件10和附件13的原件，专利权人对其真实性提出异议，合议组亦无法确定其真实性，因此，对附件10和附件13不予采纳。请求人在口头审理时称附件11显示的网页图片在本专利申请日前已经公开发表。合议组认为：该网页图片上并无公开时间，也无其他证据证明其公开日在本专利申请日之前，附件11不能支持请求人主张的事实，因此，对附件11不予采纳。

附件12是海运提单复印件，为外文证据，请求人未提交译文，该证据视为未提交。

综上，请求人提交的所有证据均不能支持其提出的无效宣告请求理由。

三、决定

维持200730079844.0号外观设计专利权有效。

当事人对本决定不服的，可以根据专利法第46条第2款的规定，自收到本决定之日起三个月内向北京市第一中级人民法院起诉。根据该款的规定，一方当事人起诉后，另一方当事人应当作为第三人参加诉讼。

451

绒布（涤纶、氨纶5）

无效宣告请求审查决定（第13871号）

决　定　号　第13871号
决　定　日　2009年9月8日
发明创造名称　绒布（涤纶、氨纶5）
外观设计分类号　05-05
无效宣告请求人　张智远
专　利　权　人　常熟市亿盛织造有限公司
专　利　号　200830026057.4
申　请　日　2008年4月3日
授权公告日　2009年5月6日
合议组组长　张　凌
主　审　员　吴大章
参　审　员　王　红
附　图　1页

法律依据　专利法第23条
决定要点
本专利和在先设计的图案基本相同，二者均采用单一色彩，其色彩上的差别对视觉效果不具有显著影响，两者属于相近似的外观设计。

一、案由

本决定涉及国家知识产权局于2009年5月6日授权公告的，名称为"绒布（涤纶、氨纶5）"的外观设计专利（下称本专利），其申请号是200830026057.4，申请日是2008年4月3日，专利权人是常熟市亿盛织造有限公司。

针对本专利，张智远（下称请求人）于2009年5月12日向专利复审委员会提出无效宣告请求，其理由是：在本专利申请日前有与本专利相近似的外观设计在国内公开出版，本专利不符合专利法第23条、第9条和专利法实施细则第13条第1款的规定，请求宣告本专利无效。请求人提交了如下附件作为证据：

附件1是200530112964.7号中国外观设计专利电子公告文本的打印件1页；

附件2是200530111015.7号中国外观设计专利电子公告文本的打印件1页。

专利权人认为本专利和上述两篇在先公开的出版物上记载的外观设计相近似。

经形式审查合格，专利复审委员会受理了此案，并于 2009 年 6 月 1 日将无效宣告请求书及相关材料副本转送给专利权人，同时依法成立合议组负责审理本案。

2009 年 6 月 11 日，请求人再次提交了意见陈述书和补充证据。所述补充证据如下（编号续前）：

附件 3 是 200630194844.0 号中国外观设计专利电子公告文本的打印件 1 页；

附件 4 是 200630108512.6 号中国外观设计专利电子公告文本的打印件 1 页；

附件 5 是 200630115357.0 号中国外观设计专利电子公告文本的打印件 1 页；

附件 6 是 200630309812.0 号中国外观设计专利电子公告文本的打印件 1 页。

请求人认为本专利和上述附件中记载的外观设计相近似，上述附件的公开日都在本专利的申请日之前。本专利不符合专利法第 23 条和专利法实施细则第 13 条第 1 款的规定。合议组于 2009 年 6 月 23 日将上述意见陈述书和补充证据转送专利权人，要求其在收到文件起 1 个月之内答复。

2009 年 7 月 1 日，专利权人提交了针对无效宣告请求书的意见陈述书。专利权人认为本专利和附件 1、2 记载的外观设计不相同也不相近似，本专利的凹凸条块的间隔与附件 1、2 记载的宽条体与窄条纹的密度存在差异，不能造成普通消费者混淆，因此，本专利和附件 1、2 记载的外观设计均不构成相同或者相近似。

针对请求人补充提交的意见陈述和证据，专利权人逾期未答复。

专利复审委员会于 2009 年 7 月 2 日向双方当事人发出合议组成员告知通知书，于 2009 年 7 月 13 日将专利权人 2009 年 7 月 1 日的意见陈述书转送请求人，请求人逾期未答复。

在上述审理的基础上，合议组经合议，认为本案事实清楚，依法作出本审查决定。

二、决定的理由

1. 法律依据

基于请求人提出无效宣告请求所依据的理由和证据，合议组首先依照专利法第 23 条的规定进行审查。

专利法第 23 条规定，授予专利权的外观设计，应当同申请日以前在国内外出版物上公开发表过或者国内公开使用过的外观设计不相同和不相近似，并不得与他人在先取得的合法权利相冲突。

2. 证据认定

请求人提交的附件 5 是 200630115357.0 号中国外观设计专利电子公开文本的下载打印件，经合议组核实，该附件的内容与专利公报一致，对其予以采纳。附件 5 的公开日为 2007 年 5 月 30 日，早于本专利的申请日（2008 年 4 月 3 日），属于专利法第 23 条规定的本专利申请日之前的公开出版物。

3. 关于相同、相近似的对比

附件 5 记载了一种面料的外观设计（下称在先设计），与本专利属于相同类别的产品，可以进行相同、相近似性对比。

本专利公告仅有一幅主视图，简要说明记载本外观设计产品为四方连续无限定外边的平面产品。从视图可知，本专利的图案由平行的宽窄直条纹构成（详见本专利附图）。

在先设计仅由一幅主视图表示，简要说明记载：本外观设计产品为四方连续无限定外边的平面产品。从视图可知，在先设计的图案由平行的宽窄直条纹构成（详见在先设计附图）。

将本专利与在先设计相比较可知，两者的图案均由平行的宽窄直条纹构成，两者条纹的宽度略有差别。合议组认为：两者的图案基本相同，本专利要求保护色彩，但本专利与在先设计均采用单一色彩，这种差别对视觉效果不具有显著影响，两者属于相近似的外观设计。故本专利不符合专利法第 23 条的规定。

鉴于本案已得出上述结论，合议组对请求人提出其他无效宣告理由和提交的其他证据不再予以评述。

三、决定

宣告 200830026057.4 号外观设计专利权全部无效。

当事人对本决定不服的，可以根据专利法第 46 条第 2 款的规定，自收到本决定之日起三个月内向北京市第一中级人民法院起诉。根据该款的规定，一方当事人起诉后，另一方当事人应当作为第三人参加诉讼。

本专利附图

在先设计附图

452

多变位上车担架（MLF999-C1D）

无效宣告请求审查决定（第13876号）

决　　定　　号 第13876号
决　　定　　日 2009年8月28日
发明创造名称 多变位上车担架（MLF999-C1D）
外观设计分类号 12-12
无效宣告请求人 江苏日新医疗设备有限公司
专　利　权　人 张家港市腾达机械制造有限公司
专　　利　　号 200730037288.0
申　　请　　日 2007年6月6日
授 权 公 告 日 2008年5月21日
合 议 组 组 长 李巍巍
主　　审　　员 张雪飞
参　　审　　员 沙柏青
附　　　　　图 3页

法　律　依　据 专利法第23条
决　定　要　点

请求人提出的在先设计均与本专利存在明显的视觉差别，在不能证明所述差别属于应弱化考虑的情况下，应认定其对整体外观设计具有显著的影响。

一、案由

本无效宣告请求涉及国家知识产权局于2008年5月21日授权公告的200730037288.0号外观设计专利，使用该外观设计的产品名称是“多变位上车担架（MLF999-C1D）”，其申请日是2007年6月6日，专利权人是张家港市腾达机械制造有限公司。

针对上述外观设计专利权（下称本专利），江苏日新医疗设备有限公司（下称请求人）于2009年4月13日向专利复审委员会提出无效宣告请求，其理由是本专利不符合专利法第23条的规定，应宣告本专利无效。请求人同时提交了如下证据附件：

证据1是授权公告日为2006年3月15日的01821168.2号中国发明专利的说明书复印件28页，其授权公告号为CN 1245147C；

证据2是公开日为2004年5月26日的01821168.2号中国发明专利申请的公开说明书复印件32页，其公开号为CN 1499951A；

证据 3 是公开（公告）日为 2006 年 7 月 12 日的 200530123984.4 号中国外观设计专利的电子公开文本打印件 9 页，其公开（公告）号为 CN 3543329；

证据 4 是公开（公告）日为 2006 年 8 月 30 日的 200530123982.5 号中国外观设计专利的电子公开文本打印件 8 页，其公开（公告）号为 CN 3556592；

证据 5 是公开（公告）日为 2006 年 8 月 30 日的 200530123983.X 号中国外观设计专利的电子公开文本打印件 15 页，其公开（公告）号为 CN 3556593；

证据 6 是公告日为 1989 年 8 月 30 日的 88216820.7 号中国实用新型专利申请的说明书复印件 14 页，其公告号为 CN 2043497U。

请求人通过对证据中各视图的分析、对比，认为证据 1~6 所示在先公开的外观设计均与本专利相同或者相近似，其中证据 1 和证据 2 是同一发明专利的审定公告文本和申请公开文本，证据 3~5 结合使用，证据 6 单独使用。

经形式审查合格，专利复审委员会受理了该无效宣告请求，并于 2009 年 5 月 26 日将请求人的无效宣告请求文件转送专利权人。

专利复审委员会于 2009 年 6 月 22 日向双方当事人发出口头审理通知书，定于 2009 年 8 月 10 日进行口头审理。

针对请求人提出的无效宣告请求，专利权人于 2009 年 7 月 8 日提交了意见陈述书，说明本专利所示担架由上部担架和推送装置组成，其认为请求人提出的在先设计或与本专利无法进行全面对比，或与本专利存在明显区别，均与本专利不相同且不相近似，因此应驳回请求人的无效宣告请求。专利权人同时提交了本专利的电子公开文本打印件及相关照片以进行具体的对比、分析。

专利复审委员会于 2009 年 7 月 17 日将专利权人提交的上述意见陈述及附件转送请求人，并告知其可在口头审理中当庭答复。

口头审理如期举行，请求人委托代理人出席，专利权人由法定代表人和委托代理人出席；双方对对方出庭人员的身份和资格无异议，对合议组成员均无回避请求。

在口头审理中，请求人坚持其原有观点；专利权人认可证据 1~6 的真实性，对于相同和相近似的判断仍坚持原有观点，并当庭演示本专利产品实物以辅助对比。

在上述审理的基础上，合议组经合议，认为本案事实清楚，依法作出本审查决定。

二、决定的理由

基于请求人提出的无效宣告请求的理由和证据，合议组依据专利法第 23 条的规定进行审理。

专利法第 23 条规定："授予专利权的外观设计，应当同申请日以前在国内外出版物上公开发表过或者国内公开使用过的外观设计不相同和不相近似，并不得与他人在先取得的合法权利相冲突。"

请求人提交的证据 1 是授权公告日为 2006 年 3 月 15 日的 01821168.2 号中国发明专利的说明书复印件；证据 2 是公开日为 2004 年 5 月 26 日的 01821168.2 号中国发明专利申请的公开说明书复印件；证据 3 是公开（公告）日为 2006 年 7 月 12 日的 200530123984.4 号中国外观设计专利的电子公开文本打印件；证据 4 是公开（公告）日为 2006 年 8 月 30 日的 200530123982.5 号中国外观设计专利的电子公开文本打印件；证据 5 是公开（公告）日为 2006 年 8 月 30 日的 200530123983.X 号中国外观设计专利的电子公开文本打印件；证据 6 是公告日为 1989 年 8 月 30 日的 88216820.7 号中国实用新型专利申请的说明书复印件。专利权人认可上述证据的真实性。

针对上述证据，合议组认为：双方当事人对上述证据的真实性均无异议，且经过合议组核实，上述证据内容真实，均属于在本专利申请日以前公开的中国专利或者专利申请，均适用于专利法第 23 条的规定，适用于本案。

针对相同和相近似的判断，合议组认为：由于本专利所示上车担架是将上部的担架部分和下部的推送装置部分两个构件组装在一起使用，因此根据审查指南第四部分第五章5.2节的规定，可以将请求人提出的证据中与本专利构件数量相对应的明显具有组装关系的构件结合起来作为一项在先设计与本专利进行对比。

前述证据1和证据2中的图1~6（以图1和图4为主）公开了一款可搭载200号担架帐布的100号担架的外观设计（下称在先设计1），图7~12（以图7为主）公开了一款300号担架的外观设计（下称在先设计2）；证据3和证据4分别公开了可组装使用的一款担架推车和一款担架的外观设计（下总称在先设计3）；证据3和证据5分别公开了可组装使用的一款担架推车和一款担架的外观设计（下总称在先设计4）；证据6中的图1、图4和图5公开了一款包含担架部分和推车部分的担架车的外观设计（下称在先设计5）。

合议组认为：上述在先设计和本专利均为用于担架的外观设计，用途相同，均与本专利属于相同类别的产品，具有可比性。

从图片上观察，在先设计1担架部分的侧边上部有近似“╒╕”形的扶手，侧边下部等距排列滚轮；推送装置部分主要由近似圆角矩形的上部外围框架、纵向方梁横向圆管的上部构架、近似“Y”形的下部支撑架和脚轮、侧轮等部分组成（详见在先设计1附图）。

在先设计2仅为担架的推送装置部分，主要由近似圆角矩形的上部外围框架、纵向方梁横向圆管的上部构架、近似“Y”形的下部支撑架和脚轮、侧轮等部分组成（详见在先设计2附图）。

在先设计3的担架部分主要由近似长八边形的框架、凸起的矩形背板、近似“╒╕”形的扶手和侧轮等部分组成；推送装置部分主要由近似长八边形的上部外围框架、纵向方梁横向圆管的上部构架、近似“Y”形的下部支撑架和脚轮、侧轮等部分组成。（详见在先设计3附图）

在先设计4的担架部分主要由近似长八边形的框架、可变形的组合背板、近似“╒╕”形的扶手和侧轮、滚轮等部分组成；推送装置部分主要由近似长八边形的上部外围框架、纵向方梁横向圆管的上部构架、近似“Y”形的下部支撑架和脚轮、侧轮等部分组成（详见在先设计4附图）。

在先设计5的担架部分主要由近似圆角矩形的框架、可变形的组合背板、近似“╒╕”形的扶手和侧轮、滚轮等部分组成；推送装置部分主要由上部构架、近似“Y”形的下部支撑架和脚轮、侧轮等部分组成（详见在先设计5附图）。

本专利的担架部分主要由近似圆角矩形的框架、组合背板、近似“╒╕”形的扶手和滚轮等部分组成；推送装置部分主要由近似圆角矩形的上部外围框架、上部构架、近似“Y”形的下部支撑架和脚轮、侧轮等部分组成（详见本专利附图）。

将本专利与在先设计1相比较，合议组认为：从整体视觉观察，虽然二者的基本构架形状有近似之处，但是在先设计1未体现出本专利担架部分中视觉瞩目的组合背板的相关设计，该差别对二者的整体外观设计具有显著的影响，因此二者应属于不相同且不相近似的外观设计。

将本专利与在先设计2相比较，合议组认为：从整体视觉观察，虽然二者所示担架的推送装置部分的基本构架形状有近似之处，但是在先设计2未体现出本专利视觉瞩目的担架部分的相关设计，该差别对二者的整体外观设计具有显著的影响，因此二者应属于不相同且不相近似的外观设计。

将本专利与在先设计3相比较，合议组认为：从整体视觉观察，虽然二者的基本构架形状有近似之处，但是二者上部的背板设计明显不同，其差别对二者的整体外观设计具有显著的影响，因此二者应属于不相同且不相近似的外观设计。

将本专利与在先设计4相比较，合议组认为：从整体视觉观察，虽然二者的基本构架形状有近似之处，但是二者上部的背板设计明显不同，其差别对二者的整体外观设计具有显著的影响，因此二者应属于不相同且不相近似的外观设计。

将本专利与在先设计 5 相比较，合议组认为：从整体视觉观察，虽然二者的基本构架形状有近似之处，但是二者上部的背板设计明显不同，其差别对二者的整体外观设计具有显著的影响，因此二者应属于不相同且不相近似的外观设计。

综上所述，请求人提出的证据均不能支持其无效宣告理由，其无效宣告理由不成立。

三、决定

维持 200730037288.0 号外观设计专利权有效。

当事人对本决定不服的，可以根据专利法第 46 条第 2 款的规定，自收到本决定之日起三个月内向北京市第一中级人民法院起诉。根据该款的规定，一方当事人起诉后，另一方当事人应当作为第三人参加诉讼。

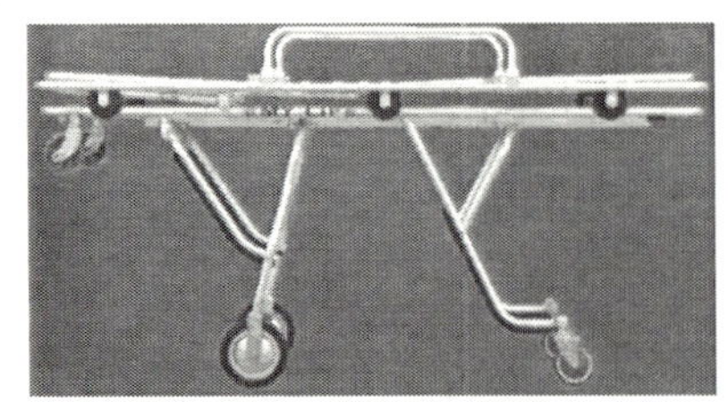
主视图

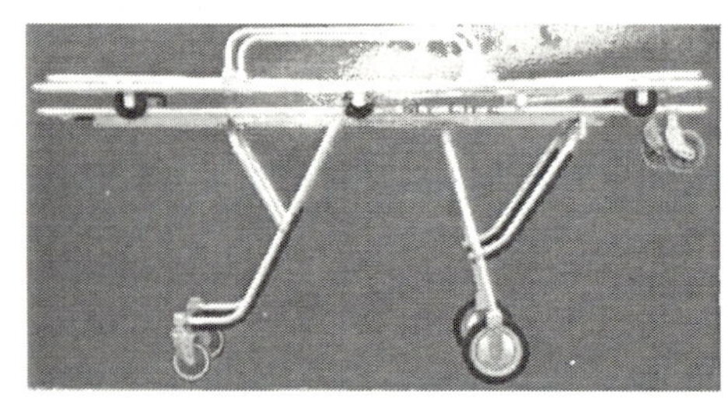
后视图

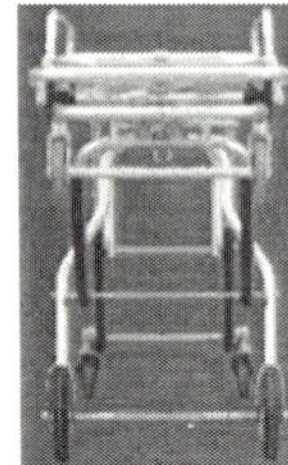
左视图

右视图

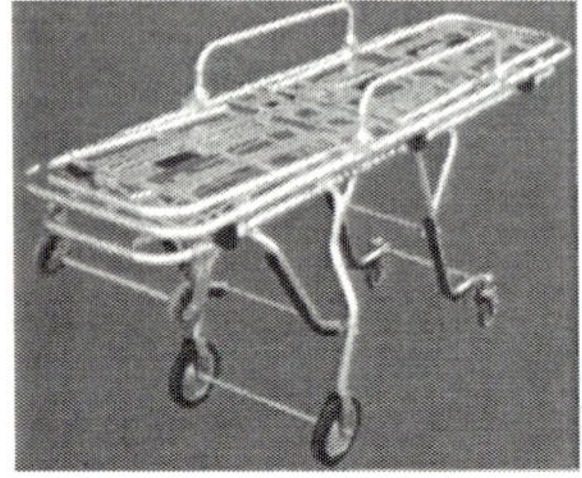
立体图

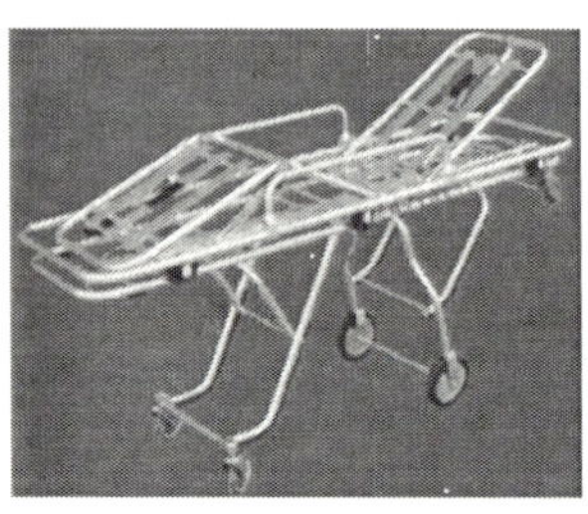
使用状态参考图 3

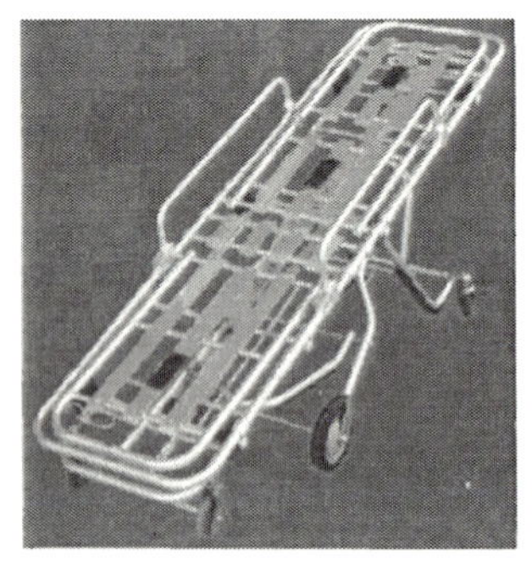
使用状态参考图 1

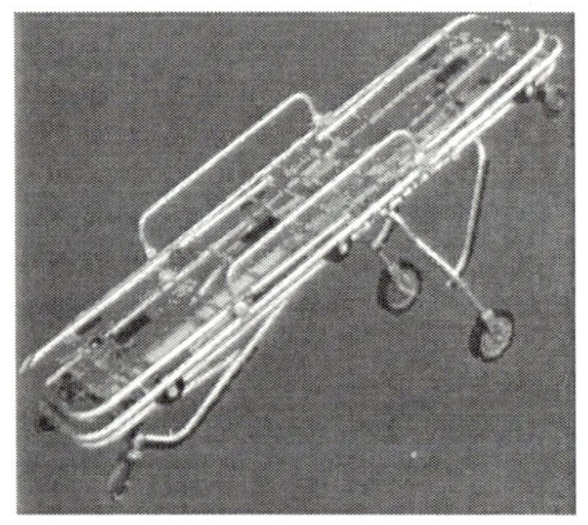
使用状态参考图 2

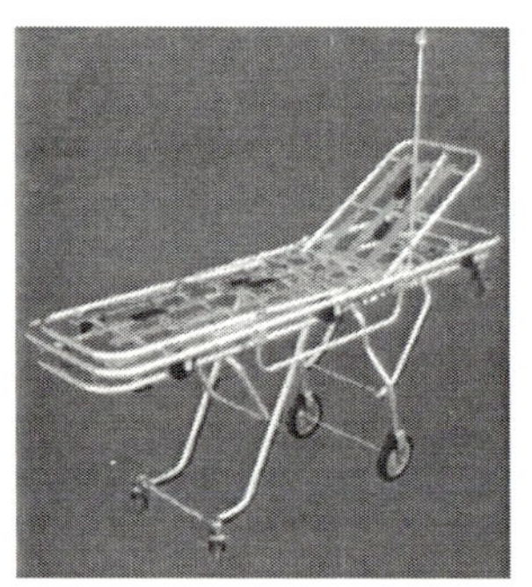
使用状态参考图 4

本专利附图

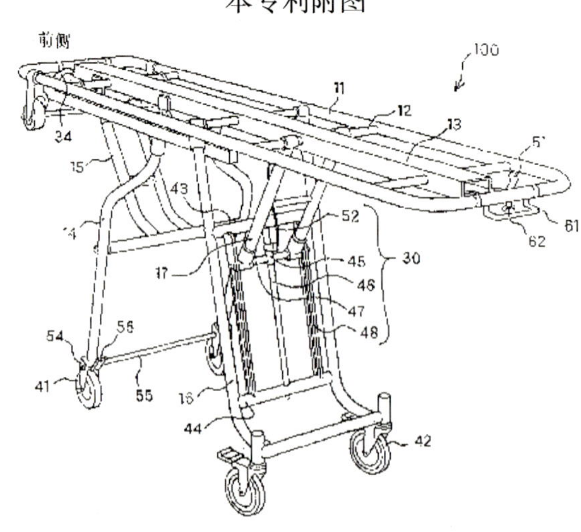

图 1

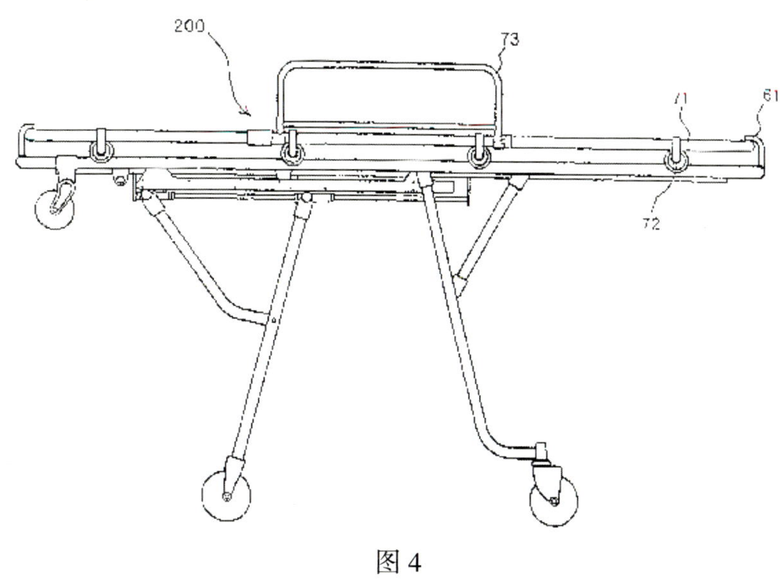

图 4

在先设计 1 附图（节略）

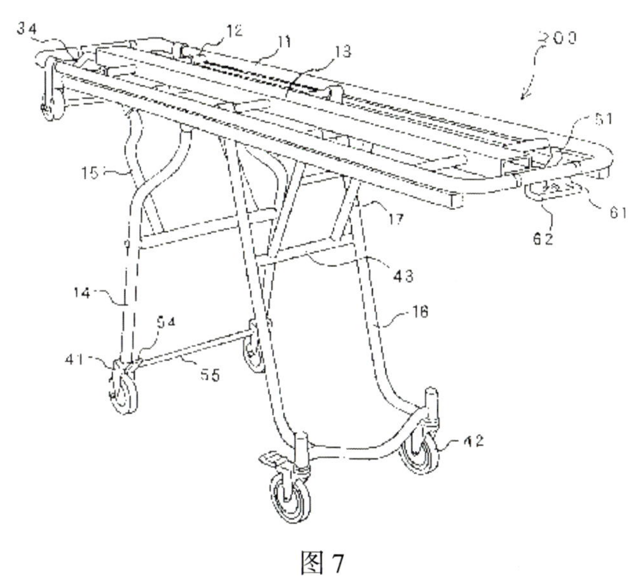

图 7

在先设计 2 附图（节略）

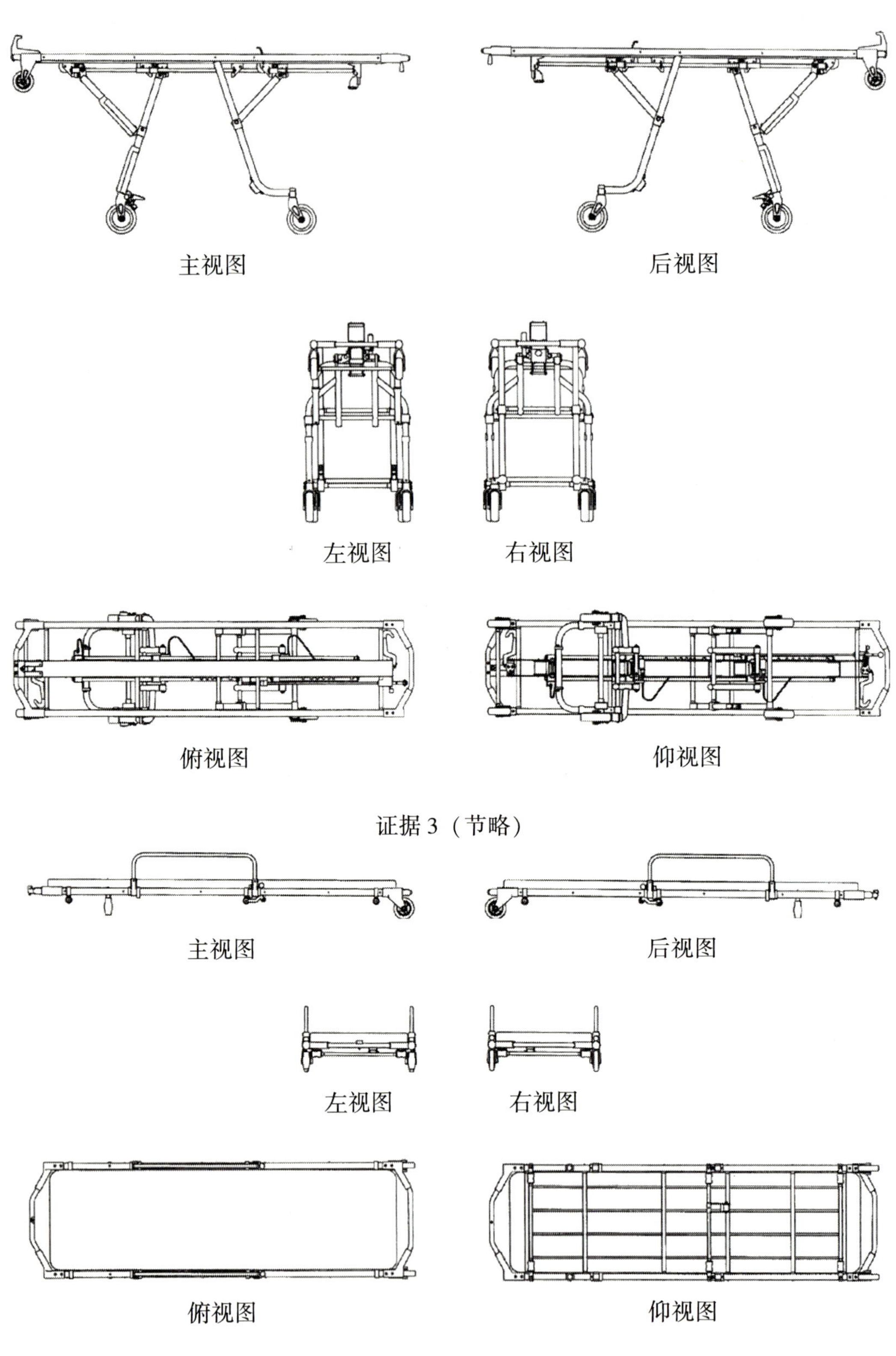

证据 4（节略）

在先设计 3 附图

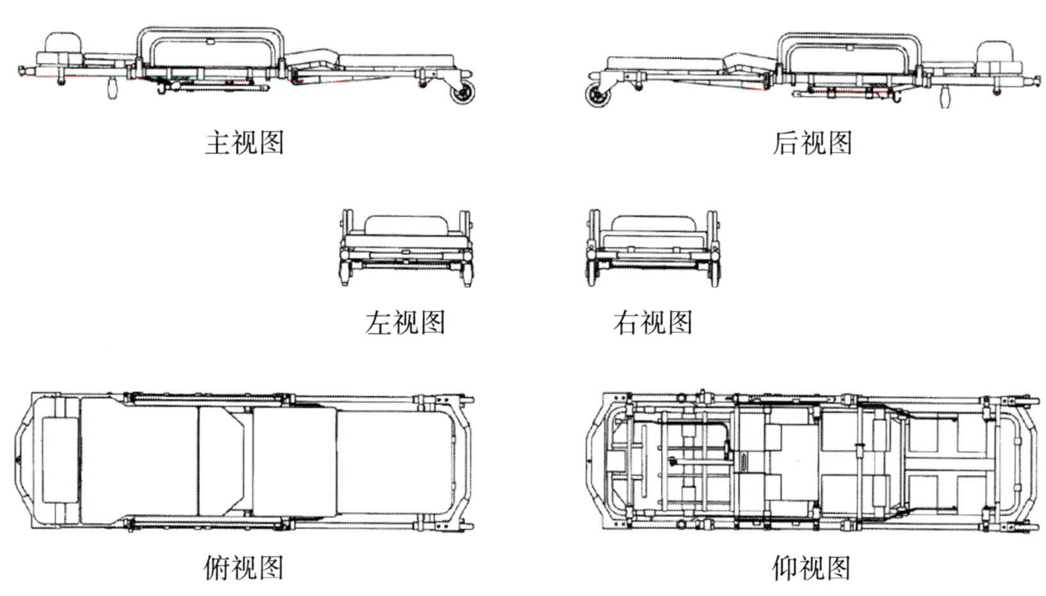

主视图　　后视图

左视图　　右视图

俯视图　　仰视图

证据 5（节略）

在先设计 4 附图（其中证据 3 附图见在先设计 3 附图）

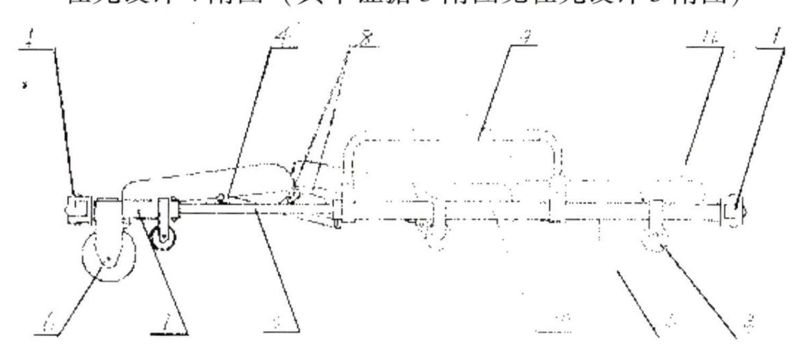

图 1

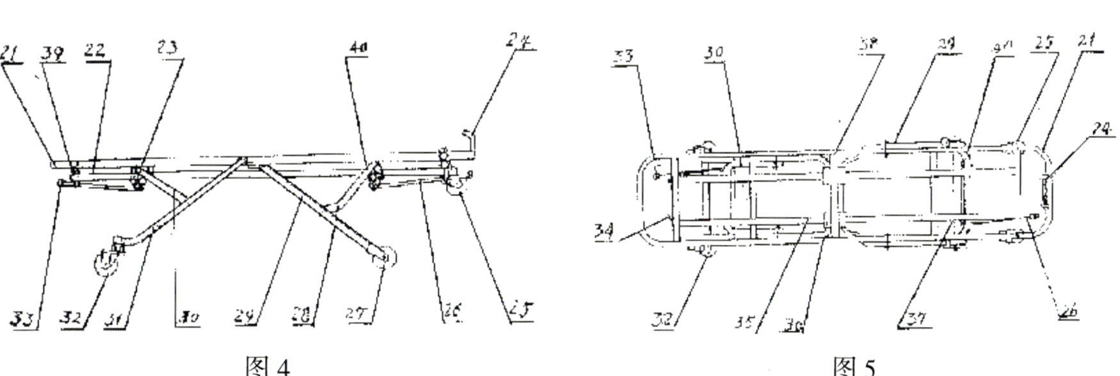

图 4　　图 5

在先设计 5 附图

北京市第一中级人民法院
行政判决书

（2009）一中知行初字第 2469 号

原告江苏日新医疗设备有限公司，住所地江苏省张家港市锦丰镇杨锦公路。

法定代表人周建平，董事长。

委托代理人程化铭，南京知识律师事务所律师。

被告国家知识产权局专利复审委员会，住所地北京市海淀区北四环西路 9 号银谷大厦 10~12 层。

法定代表人张茂于，副主任。

委托代理人张雪飞，男，国家知识产权局专利复审委员会申诉处审查员。

委托代理人王婧，女，国家知识产权局专利复审委员会申诉处审查员。

第三人张家港市腾达机械制造有限公司，住所地江苏省张家港市常阴沙农场三工区。

法定代表人黄建明，董事长。

原告江苏日新医疗设备有限公司不服被告国家知识产权局专利复审委员会作出的第 13876 号无效宣告请求审查决定（以下简称被诉决定），于 2009 年 10 月 14 日向本院提起行政诉讼。本院受理后，依法组成合议庭，并通知被诉决定的利害关系人张家港市腾达机械制造有限公司作为本案第三人参加诉讼。2009 年 12 月 7 日，本院依法公开开庭进行了审理。原告的委托代理人程化铭，被告的委托代理人王婧到庭参加了诉讼。第三人经本院合法传唤，其明确表示不参加本案庭审，本院对其实行缺席审理。现本案已审理终结。

2009 年 9 月 14 日，被告根据原告的申请，对第三人的名称为“多变位上车担架（MLF999－C1D）”（以下简称本专利）进行审查，认定：虽然本专利与在先设计有近似之处，但是在先设计未体现出本专利担架部分中视觉瞩目的组合背板的相关设计，该差别对二者的整体外观设计具有显著的影响，因此二者应属于不相同且不相近似的外观设计。依据 2001 年 7 月 1 日修订的《中华人民共和国专利法》（以下简称 2001 年《专利法》）第二十三条的规定，维持本专利有效。

在法定期限内，被告为证明被诉决定合法，向本院提交了以下证据：（1）口头审理记录表；（2）本专利；（3）原告在行政程序中提交的在先设计。

原告诉称：

第一，申请外观设计专利应当就每件外观设计产品所要求保护的内容提交有关视图（图片或照片），清楚地显示请求保护的对象。涉及外观设计图片或者照片的，应当符合《中华人民共和国专利法实施细则》（以下简称《专利法实施细则》）第二十七条第三款、《审查指南》第一部分第三章第 4.2 节、第四部分第五章 5.5.2 节的规定。本专利没有俯视图和仰视图，其保护范围是由主视图、后视图、左视图、右视图四个视图外观设计所限定，立体参考图不能用于限定外观设计保护范围。本专利利用四面视图限定保护范围比用六面视图限定的保护范围要大得多。

第二，将在先设计与本专利比对，五组在先设计分别均与本专利在主视图、后视图、左视图、右视图四个视图上相同或相近似，应当宣告其无效。被告认定在先设计与本专利属于不相同且不相近似的外观设计的理由错误。首先，在本专利的授权文本四个视图中，没有显示所谓背板设计，因此不存在由此而带来的视觉差异。其次，担架背板不是仅仅只有框架，还要在上面加装平板垫子。事实上，担架正面的组合背板是不易观察面，而不是什么“视觉瞩目”。因此，被告宣称的“视觉瞩目”背板设计，消费者是不易观察到的，只有加以特别观察才能看到的结论错误。另外，所谓“背板设计”仅仅是构成担架框架的功能结构，没有形状或图案的美学设计，不构成 2001 年《专利法》所规定的“对产品的形状、图案或其结合……所作出的富有美感……的新设计”。而且，该背板所采用的功能性结构，是最为普通、最为常见的担架背板。

综上，在先设计与本专利相同或相近似，被告适用法律错误，认定事实错误，请求法院判决撤销被诉决定。

被告辩称：被诉决定的事实清楚，对相同和相近似性判断的认定结论正确。首先，关于本专利保护范围的认定，其组合背板设计在立体图中清晰可见，而立体图并非参考图，我委根据本专利的立体图认定组合背板设计并无不当。其次，对于上车担架一类的产品而言，出于实际应用的需要，其设计点一般更多地体现在组成构架的形状设计而非额外的装饰性设计上，作为担架组成构架的主体部分，组合背板设计所体现的安全性、稳定性和多种可变形态的便利性正是此类产品的购买者所关注的部分，同样也是使用者切身感受到的部分，在相同和相近似性的判断中应予关注。因此，原告的诉讼理由不能成立，请求法院驳回原告的诉讼请求，维持被诉决定。

第三人未提交书面陈述意见。

在庭审质证中，原告对被告的证据无异议。经审查，本院认为被告的证据属于行政程序中的有效证据，能够作为证明本案事实的证据，本院予以采纳。

根据上述有效证据及当事人无争议的陈述，本院认定事实如下：

本专利的申请日为 2007 年 6 月 6 日，授权公告日为 2008 年 5 月 21 日，专利号为 200730037288.0，专利权人为本案第三人。

2009 年 4 月 13 日，原告向被告申请宣告本专利无效，其理由是本专利不符合 2001 年《专利法》第二十三条的规定。同时提交了证据 1~6 作为在先设计：

证据 1 是授权公告日为 2006 年 3 月 15 日的 01821168.2 号中国发明专利的说明书复印件 28 页，其授权公告号为 CN1245147C；

证据 2 是公开日为 2004 年 5 月 26 日的 01821168.2 号中国发明专利申请的公开说明书复印件 32 页，其公开号为 CN1499951A；

证据 3 是公开（公告）日为 2006 年 7 月 12 日的 200530123984.4 号中国外观设计专利的电子公开文本打印件 9 页，其公开（公告）号为 CN 3543329；

证据 4 是公开（公告）日为 2006 年 8 月 30 日的 200530123982.5 号中国外观设计专利的电子公开文本打印件 8 页，其公开（公告）号为 CN 3556592；

证据 5 是公开（公告）日为 2006 年 8 月 30 日的 200530123983.X 号中国外观设计专利的电子公开文本打印件 15 页，其公开（公告）号为 CN 3556593；

证据 6 是公告日为 1989 年 8 月 30 日的 88216820.7 号中国实用新型专利申请的说明书复印件 14 页，其公告号为 CN 2043497U。

其理由如下：证据 1~6 所示在先公开的外观设计均与本专利相同或者相近似，其中证据 1、2 是同一发明专利的审定公告文本和申请公开文本，证据 3~5 结合使用，证据 6 单独使用。经形式审查合格，被告予以受理，并于 2009 年 5 月 26 日将上述请求书及证据副本转送第三人。

2009 年 7 月 8 日，第三人向被告提交了意见陈述书，理由如下：说明本专利所示担架由上部担架和推送装置组成，其认为原告提出的在先设计或与本专利无法进行全面对比，或与本专利存在明显区别，均与本专利不相同且不相近似。其请求被告驳回原告的无效宣告请求。同时，第三人向被告提交了本专利的电子公开文本打印件及相关照片以进行具体的对比、分析。被告将第三人的意见陈述书和附件副本向原告转送。

2009年8月10日，被告进行口头审理，双方均参加了口头审理，并对对方出庭人员的身份和资格无异议，对被告合议组成员均无回避请求。在口头审理中，原告坚持其原有观点。第三人认可证据1~6的真实性，对于相同和相近似的判断仍坚持原有观点，并当庭演示本专利产品实物以辅助对比。

在上述审理的基础上，被告认定了以下内容：

（1）关于证据。证据1是授权公告日为2006年3月15日的01821168.2号中国发明专利的说明书复印件；证据2是公开日为2004年5月26日的01821168.2号中国发明专利申请的公开说明书复印件；证据3是公开（公告）日为2006年7月12日的200530123984.4号中国外观设计专利的电子公开文本打印件；证据4是公开（公告）日为2006年8月30日的200530123982.5号中国外观设计专利的电子公开文本打印件；证据5是公开（公告）日为2006年8月30日的200530123983.X号中国外观设计专利的电子公开文本打印件；证据6是公告日为1989年8月30日的88216820.7号中国实用新型专利申请的说明书复印件。第三人认可上述证据的真实性。被告经核实，认为上述证据内容真实，均属于在本专利申请日以前公开的中国专利或者专利申请，均适用于2001年《专利法》第二十三条的规定，适用于本案。

（2）针对相同和相近似的判断。由于本专利所示上车担架是将上部的担架部分和下部的推送装置部分两个构件组装在一起使用，因此根据《审查指南》第四部分第五章第5.2节的规定，可以将原告证据中与本专利构件数量相对应的明显具有组装关系的构件结合起来作为一项在先设计与本专利进行对比。

前述证据1和证据2中的图1~6（以图1和图4为主）公开了一款可搭载200号担架帐布的100号担架的外观设计（以下简称在先设计1），图7~12（以图7为主）公开了一款300号担架的外观设计（以下简称在先设计2）；证据3和证据4分别公开了可组装使用的一款担架推车和一款担架的外观设计（以下简称在先设计3）；证据3和证据5分别公开了可组装使用的一款担架推车和一款担架的外观设计（以下简称在先设计4）；证据6中的图1、图4和图5公开了一款包含担架部分和推车部分的担架车的外观设计（以下简称在先设计5）。

上述在先设计和本专利均为用于担架的外观设计，用途相同，均与本专利属于相同类别的产品，具有可比性。从图片上观察，在先设计1担架部分的侧边上部有近似“╒╕”形的扶手，侧边下部等距排练滚轮；推送装置部分主要由近似圆角矩形的上部外围框架、纵向方梁横向圆管的上部构架、近似“У”形的下部支撑架和脚轮、侧轮等部分组成（详见在先设计1附图）。

在先设计2仅为担架的推送装置部分，主要由近似圆角矩形的上部外围框架、纵向方梁横向圆管的上部构架、近似“У”形的下部支撑架和脚轮、侧轮等部分组成（详见在先设计2附图）。

在先设计3的担架部分主要由近似长八边形的框架、凸起的矩形背板、近似“╒╕”形的扶手和侧轮等部分组成；推送装置部分主要由近似长八边形的上部外围框架、纵向方梁横向圆管的上部构架、近似“У”形的下部支撑架和脚轮、侧轮等部分组成（详见在先设计3附图）。

在先设计4的担架部分主要由近似长八边形的框架、可变形的组合背板、近似“╒╕”形的扶手和侧轮、滚轮等部分组成；推送装置部分主要由近似长八边形的上部外围框架、纵向方梁横向圆管的上部构架、近似“У”形的下部支撑架和脚轮、侧轮等部分组成（详见在先设计4附图）。

在先设计5的担架部分主要由近似圆角矩形的框架、可变形的组合背板、近似“╒╕”形的扶手和侧轮、滚轮等部分组成；推送装置部分主要由上部构架、近似“У”形的下部支撑架和脚轮、侧轮等部分组成（详见在先设计5附图）。

本专利的担架部分主要由近似圆角矩形的框架、组合背板、近似“╒╕”形的扶手和滚轮等部分组成；推送装置部分主要由近似圆角矩形的上部外围框架、上部构架、近似“y”形的下部支撑架和脚轮、侧轮等部分组成（详见本专利附图）。

将本专利与在先设计1相比较，虽然二者的基本构架形状有近似之处，但是在先设计1未体现出本专利担架部分中视觉瞩目的组合背板的相关设计，该差别对二者的整体外观设计具有显著的影响，因此二者应属于不相同且不相近似的外观设计。

将本专利与在先设计2相比较，虽然二者所示担架的推送装置部分的基本构架形状有近似之处，但是在先设计2未体现出本专利视觉瞩目的担架部分的相关设计，该差别对二者的整体外观设计具有显著的影响，因此二者应属于不相同且不相近似的外观设计。

将本专利与在先设计3相比较，虽然二者的基本构架形状有近似之处，但是二者上部的背板设计明显不同，其差别对二者的整体外观设计具有显著的影响，因此二者应属于不相同且不相近似的外观设计。

将本专利与在先设计4相比较，虽然二者的基本构架形状有近似之处，但是二者上部的背板设计明显不同，其差别对二者的整体外观设计具有显著的影响，因此二者应属于不相同且不相近似的外观设计。

将本专利与在先设计5相比较，虽然二者的基本构架形状有近似之处，但是二者上部的背板设计明显不同，其差别对二者的整体外观设计具有显著的影响，因此二者应属于不相同且不相近似的外观设计。

综上所述，被告认定原告提出的证据均不能支持其无效宣告理由，其无效宣告理由不成立。

据此，被告于2009年8月28日作出被诉决定，并于同年9月14日向原告和第三人邮寄送达。原告不服，于同年10月14日向本院起诉。

在开庭审理中，原告、第三人对以下内容没有争议：(1) 被告的行政程序；(2) 被诉决定“案由”部分记载的内容；(3) 被诉决定认定本专利和在先设计属于相同类别的产品，具有可比性；(4) 被诉决定认定在先设计公开的内容以及与本专利进行对比的内容。

本院认为：根据当事人无争议的陈述，本院对此实行书面审理后，对上述无争议的内容予以确认。在此基础上，本院对被诉决定的合法性进行审查。

参照审查指南第一部分第三章第4.2节的规定，外观设计专利权的保护范围以表示在图片或者照片中的该外观设计专利产品为准。申请人应当就每件外观设计产品所要求保护的内容提交有关视图（图片或照片），清楚地显示请求保护的对象。对于立体外观设计产品而言，产品设计要点涉及六个面的，应当提交六面正投影视图；产品仅涉及一个面或几个面的，应当至少提交所涉及面的正投影视图和立体图”。

根据本专利授权公告，从其主视图、后视图、右视图、左视图和立体图中能够认定本专利由担架部分和推送装置部分组成。在担架部分主要由近似圆角矩形的框架、组合背板、近似“╔╗”形的扶手和滚轮等部分组成；在推送装置部分主要由近似圆角矩形的上部外围框架、上部构架、近似“y”形的下部支撑架和脚轮、侧轮等部分组成。

在确定被比设计时，应当以外观设计专利授权文本中的图片或照片表示的外观设计为准。虽然，本专利缺少俯视图，但是从本专利的立体视图上可以看到本专利时担架上有“组合背板”的设计，对此原告并未提出反对性意见，所以，被告认定本专利的担架上有“背板”未违反《专利法实施细则》第二十七条以及《审查指南》第一部分第三章第4.2节、第四部分第五章第5.5.2节的规定。原告认为立体图不能作为认定专利外观设计内容以及担架的背板在出厂时消费者看不到背板设计的诉讼理由均缺乏法律依据，本院不予支持。

在此基础上，鉴于原告对被告对本专利和在先设计进行对比的内容没有争议，本院经审查，对被告认定本专利与在先设计 1~5 属于不相同且不相近似的外观设计的结论予以支持。

综上，被诉决定的主要证据充分，程序合法，适用法律正确，本院应予维持。故，依照 2001 年《专利法》第二十三条、《中华人民共和国行政诉讼法》第五十四条第（一）项之规定，判决如下：

维持国家知识产权局专利复审委员会于二〇〇九年九月十四日作出的第 13876 号专利无效宣告请求审查决定。

案件受理费 100 元，由原告江苏曰新医疗设备有限公司负担（已交纳）。

如不服本判决，当事人可在判决书送达之日起 15 日内，向本院递交上诉状，并按对方当事人的人数提交副本，同时交纳上诉案件受理费 100 元，上诉于北京市高级人民法院。

审 判 长　饶亚东
审 判 员　刘景文
代理审判员　江建中
二〇〇九年十二月十七日
书 记 员　王 丽

453

圆规（ZG-2522）

无效宣告请求审查决定（第13877号）

决　　定　　号　第13877号
决　　定　　日　2009年8月28日
发明创造名称　圆规（ZG-2522）
外观设计分类号　19-06
无效宣告请求人　杭州爱华文具有限公司
专　利　权　人　梁佛南
专　　利　　号　200730062612.4
申　　请　　日　2007年8月3日
授 权 公 告 日　2008年8月27日
合 议 组 组 长　李巍巍
主　　审　　员　张雪飞
参　　审　　员　雷　婧
附　　　　　图　3页

法　律　依　据　专利法第23条，专利法实施细则第13条第1款
决　定　要　点

请求人提交的部分证据或因未在规定期限内提交，或因未在规定期限内结合证据具体说明无效宣告理由，均应不予考虑；且请求人提出的在先公开的外观设计均与本专利差别明显，对整体视觉效果具有显著的影响，因此均与本专利不相同且不相近似。

一、案由

本无效宣告请求涉及国家知识产权局于2008年8月27日授权公告的200730062612.4号外观设计专利，使用该外观设计的产品名称是“圆规（ZG-2522）”，其申请日是2007年8月3日，专利权人是梁佛南。

（一）第一次无效宣告请求

针对上述外观设计专利权（下称本专利），杭州爱华文具有限公司（下称请求人）于2009年4月8日向专利复审委员会提出无效宣告请求，其理由是本专利不符合专利法第23条和专利法实施细则第13条第1款的规定，应宣告本专利无效。请求人同时提交了如下证据附件：

证据（一）1是《发现资源·深圳发现广告·文化用品》2006年10月期的封面和第124页复印件共2页；

证据（一）2是《发现资源·深圳发现广告·文化用品》2006年11月期的封面和第38页复印件共2页；

证据（一）3是请求人2006年《产品目录》的封面、第9页和第10页复印件共3页；

证据（一）4是请求人2007年《产品目录》的封面、封二、第4页和第5页；

证据（一）5是公告日为1992年7月29日的91302893.2号外观设计专利的电子公开文本打印件1页，其申请日为1991年10月23日，申请（专利权）人为陈锡庭，公告号为CN 3014594；

证据（一）6是公告日为1997年9月17日的96305397.3号外观设计专利的电子公开文本打印件1页，其申请日为1996年9月17日，优先权日为1996年4月18日，申请（专利权）人为精细及绘图物品制造公司，公告号为CN 3064182；

证据（一）7是公告日为1997年11月19日的96325624.6号外观设计专利的电子公开文本打印件1页，其申请日为1996年12月3日，申请（专利权）人为晋江雅特玩具有限公司，公告号为CN 3068540；

证据（一）8是公告日为2003年9月24日的03326705.7号外观设计专利的电子公开文本打印件1页，其申请日为2003年1月22日，申请（专利权）人为娄甫君，公告号为CN 3324577。

请求人认为，本专利与证据（一）1至证据（一）4所示在先在出版物上公开发表过和在国内公开使用过的多项圆规产品的外观设计相同或者相近似，不符合专利法第23条的规定；且本专利与证据（一）5至证据（一）8所示在先申请并在先授权公告的外观设计专利相同或者相近似，不符合专利法第23条和专利法实施细则第13条第1款的规定。

经形式审查合格，专利复审委员会受理了该无效宣告请求，并于2009年4月30日将请求人的无效宣告请求文件转送专利权人。专利权人在指定期限内未作出答复。

其后，专利复审委员会于2009年5月6日收到请求人补充提交的如下证据附件（编号续前）：

证据（一）9是《送货单》和吴济潮出具的图片证明复印件共5页；

证据（一）10是《送货单》和陈国洪等出具的图片证明复印件共13页；

证据（一）11是《送货单》和陈杰等出具的图片证明复印件共3页；

证据（一）12是《送货单》和赵建钦等出具的图片证明复印件共3页；

证据（一）13是《送货单》和胡伟新出具的图片证明复印件共3页；

证据（一）14是《送货单》和朱桂铨出具的图片证明复印件共4页；

证据（一）15是《送货单》和龚春尧等出具的图片证明复印件共5页；

证据（一）16是《送货单》复印件3页；

证据（一）17是《送货单》复印件4页；

证据（一）18是《销售合同书》及其翻译材料复印件共5页和南京顽石贸易有限公司出具的证明1页以及《外汇会计凭证（结售汇、套汇）》《销售授权许可》《企业法人营业执照》等材料复印件共5页；

证据（一）19是倪建平和陈建明（陈建民）的社保材料复印件共5页；

证据（一）20是朱国良出具的《证人证言》1页及其身份证明复印件3页；

证据（一）21是叶艇出具的《证人证言》1页及其身份证明复印件2页；

证据（一）22是证据（一）5所示91302893.2号外观设计专利的公报复印件1页；

证据（一）23是证据（一）6所示96305397.3号外观设计专利的公报复印件1页；

证据（一）24是证据（一）7所示96325624.6号外观设计专利的公报复印件1页；

证据（一）25是证据（一）8所示03326705.7号外观设计专利的公报复印件1页；

证据（一）26 是产品实物 4 件；

证据（一）27 是产品实物 1 件。

请求人仅说明上述销售证明、票据、证人证言及物证等均用于支持专利法第 23 条的理由，但在举证期限内未提交具体意见陈述。

专利复审委员会于 2009 年 5 月 19 日向双方当事人发出口头审理通知书，定于 2009 年 6 月 29 日进行口头审理，并将请求人补充提交的上述书面证据转送专利权人，同时告知双方当事人，针对请求人补充提交的证据（一）9 至证据（一）21 以及证据（一）26 和证据（一）27，由于请求人在举证期限内未结合证据具体说明无效请求理由，根据《审查指南》第四部分第三章 4.3.1 节（1）的规定，本案不予考虑。

口头审理如期举行，双方当事人均委托代理人出席。双方对对方出庭人员的身份和资格无异议，对合议组成员均无回避请求。

在口头审理中，请求人坚持原有主张，其当庭提交了证据（一）1 至证据（一）4 所示刊物和《产品目录》的完整原件，并针对证据（一）1 和证据（一）2 所示刊物补充其内附的《免费索阅表》和展览会广告等材料作为证据，以佐证相应刊物的出版时间。合议组核实相关页面后，告知其当庭补充提出的证据超出了专利法实施细则第 66 条规定的举证期限，本案不予考虑。

专利权人当庭核实证据（一）1 和证据（一）2 所示刊物的原件及其内附的版权信息页，以及证据（一）3 和证据（一）4 所示《产品目录》的原件。其认可证据（一）5 至证据（一）8 所示外观设计专利文本的真实性，质疑证据（一）1 至证据（一）4 所示刊物和《产品目录》的真实性和公开时间。

在相同和相近似的判断方面，请求人坚持原有观点；专利权人认为证据（一）1 和证据（一）2 以及证据（一）5 至证据（一）8 中所示的相关外观设计均与本专利不相同且不相近似，证据（一）3 和证据（一）4 中所示的相关外观设计与本专利相近似。

口头审理结束后，专利复审委员会收到专利权人于 2009 年 6 月 24 日提交的意见陈述书，内容与其口头审理意见相同。

（二）第二次无效宣告请求

针对本专利，请求人于 2009 年 5 月 28 日再次向专利复审委员会提出无效宣告请求，其理由是本专利不符合专利法第 23 条和专利法实施细则第 13 条第 1 款的规定，应宣告本专利无效。请求人同时提交了如下证据附件：

证据（二）1 基本同证据（一）1，另附其版权信息页复印件 1 页；

证据（二）2 基本同证据（一）2，另附其版权信息页复印件 1 页；

证据（二）3 同证据（一）3；

证据（二）4 是证据（一）4 所示《产品目录》的封面和第 5 页复印件共 2 页；

证据（二）5 同证据（一）22；

证据（二）6 同证据（一）23；

证据（二）7 同证据（一）24；

证据（二）8 同证据（一）25；

证据（二）9 同证据（一）9；

证据（二）10 同证据（一）10；

证据（二）11 同证据（一）11；

证据（二）12 同证据（一）12；

证据（二）13 同证据（一）13；
证据（二）14 同证据（一）14；
证据（二）15 同证据（一）15；
证据（二）16 基本同证据（一）16，另附《送货单》复印件 1 页；
证据（二）17 同证据（一）17；
证据（二）18 同证据（一）18；
证据（二）19 基本同证据（一）19，较之缺少陈建民的社保材料复印件 1 页；
证据（二）20 同证据（一）20；
证据（二）21 同证据（一）21；
证据（二）22 是盖有“深圳市企业信用信息中心咨询证明专用章”的《深圳市发现广告有限公司的信用信息》复印件 2 页；
证据（二）23 是产品实物 4 件；
证据（二）24 是产品实物 1 件。

请求人认为，本专利与证据（二）1 至证据（二）4 所示在先在出版物上公开发表过和在国内公开使用过的多项圆规产品的外观设计相同或者相近似，不符合专利法第 23 条的规定；且本专利与证据（二）5 至证据（二）8 所示在先申请并在先授权公告的外观设计专利相同或者相近似，不符合专利法第 23 条和专利法实施细则第 13 条第 1 款的规定；同时请求人仅说明证据（二）9 至证据（二）21 证明在本专利申请日以前请求人已生产、销售与本专利外观设计相同和相近似的产品的事实，证据（二）23 和证据（二）24 用以形象对比，但未提交具体意见陈述。另外，请求人提请证据（二）20 和证据（二）21 所示《证人证言》的出证人出庭作证。

经形式审查合格，专利复审委员会受理了该无效宣告请求，并于 2009 年 6 月 22 日将请求人的无效宣告请求文件转送专利权人。专利权人逾期未作出答复。

其后，请求人于 2009 年 7 月 1 日提交了意见陈述书，针对证据（二）9 至证据（二）24 补充了具体说明，同时补充提交了如下证据附件（编号续前）：

证据（二）25 是《发现资源广告 · 文化用品》2003 年 7 月期的封面和免费索阅表复印件共 3 页；

证据（二）26 是《发现资源广告 · 文化用品》2003 年 9 月期的封面和免费索阅表复印件共 3 页；

证据（二）27 是《发现资源广告 · 文化用品》2003 年 11 月期的封面和免费索阅表复印件共 3 页。

请求人认为，证据（二）25 至证据（二）27 证明《发现资源广告》每月一期，且封面日期即为出版时间，从而佐证证据（二）1 和证据（二）2 所示刊物的出版时间。

专利复审委员会于 2009 年 7 月 8 日向双方当事人发出合议组成员告知通知书。双方当事人逾期均未对合议组成员提出回避请求。

在针对上述两次无效宣告请求进行审理的基础上，合议组经合议，认为案件事实清楚，依法作出本审查决定。

二、决定的理由

基于请求人提出的无效宣告请求的理由和证据，合议组依据专利法第 23 条和专利法实施细则第 13 条第 1 款的规定进行审理。

专利法第 23 条规定：“授予专利权的外观设计，应当同申请日以前在国内外出版物上公开发表过

或者国内公开使用过的外观设计不相同和不相近似，并不得与他人在先取得的合法权利相冲突。”

专利法实施细则第13条第1款规定：“同样的发明创造只能被授予一项专利。”

针对请求人在第一次无效程序中补充提交的证据（一）9至证据（一）21以及证据（一）26和证据（一）27，合议组认为：根据《审查指南》第四部分第三章4.3.1节（1）的规定，请求人在提出无效宣告请求之日起一个月内补充证据的，应当在该期限内结合该证据具体说明相关的无效宣告理由，否则，专利复审委员会不予考虑。而请求人仅笼统说明上述销售证明、票据、证人证言及物证等均用于支持专利法第23条的理由，并未在举证期限内结合上述证据具体说明无效宣告理由，因此应不予考虑。

请求人在第一次无效程序的口头审理中针对证据（一）1和证据（一）2所示刊物欲补充提交其内附的《免费索阅表》和展览会广告等材料作为证据，以佐证相应刊物的出版时间。

对此，合议组认为：根据专利法实施细则第66条的规定，在专利复审委员会受理无效宣告请求后，请求人可以在提出无效宣告请求之日起一个月内增加理由或者补充证据，逾期增加理由或者补充证据的，专利复审委员会可以不予考虑。而请求人欲补充提交的上述证据超出了规定的举证期限，且不属于《审查指南》第四部分第三章第4.3.1节规定的例外情形，因此应不予考虑。

请求人在第一次无效程序中提交的证据（一）1是《发现资源·深圳发现广告·文化用品》2006年10月期的封面和第124页复印件；证据（一）2是《发现资源·深圳发现广告·文化用品》2006年11月期的封面和第38页复印件；并在口头审理中提交了相关的带有版权信息页的完整原件。专利权人质疑上述证据的真实性和公开时间。

针对上述证据，合议组认为：证据（一）1和证据（一）2所示刊物均有完整原件，且其封面上除记载了刊名和相应的2006年10月和2006年11月的日期外，还均明确记载“发布单位：深圳市发现广告有限公司”“登记证号：深工商固印广登字［2005］第08002号”等信息，应属于经登记的对公众发布广告信息的媒体平台刊物，专利权人虽有质疑，但在无相反证据足以推翻的情况下，合议组对证据（一）1和证据（一）2所示刊物的真实性予以认定，且上述刊物的发布日期均在本专利申请日以前，属于专利法第23条所规定的公开出版物，可作为出版物公开的证据适用于本案，但是由于缺少有效的使用公开的证据支持，合议组对请求人依据上述证据提出的使用公开的主张不予支持。

请求人在第一次无效程序中提交的证据（一）3是请求人2006年《产品目录》的封面、第9页和第10页复印件；证据（一）4是请求人2007年《产品目录》的封面、封二、第4页和第5页；并在口头审理中提交了相关的完整原件。专利权人质疑上述证据的真实性和公开时间。

针对上述证据，合议组认为：上述《产品目录》均属于请求人自身的企业宣传样本，形成的随意性较大，且未经其他形式的任何确认，因此在专利权人提出合理质疑的情况下，均不足以作为认定事实的依据。

请求人在第一次无效程序中提交的证据（一）5和证据（一）22是公告日为1992年7月29日的91302893.2号外观设计专利的公开文本，其申请日为1991年10月23日，申请（专利权）人为陈锡庭，公告号为CN 3014594；证据（一）6和证据（一）23是公告日为1997年9月17日的96305397.3号外观设计专利的公开文本，其申请日为1996年9月17日，优先权日为1996年4月18日，申请（专利权）人为精细及绘图物品制造公司，公告号为CN 3064182；证据（一）7和证据（一）24是公告日为1997年11月19日的96325624.6号外观设计专利的公开文本，其申请日为1996年12月3日，申请（专利权）人为晋江雅特玩具有限公司，公告号为CN 3068540；证据（一）8和证据（一）25是公告日为2003年9月24日的03326705.7号外观设计专利的公开文本，其申请日为2003年1月22日，申请（专利权）人为娄甫君，公告号为CN 3324577。专利权人认可上述证据的真实性。

针对上述证据，合议组认为：双方当事人对上述证据的真实性均无异议，且经过合议组核实，上述证据内容真实，均属于在本专利申请日以前公开的外观设计专利，均适用于专利法第 23 条的规定，同时上述证据均属于申请在先且其专利权人与本专利不同的外观设计专利，亦属于专利法实施细则第 13 条第 1 款及《审查指南》第四部分第七章 3.2 节规定的情形，因此均适用于本案。

前述证据（一）1 所示刊物第 124 页公开了一款“A05”型圆规（下称在先设计 1）、一款“A09”型圆规（下称在先设计 2）和一款“A13”型圆规（下称在先设计 3）的图片，前述证据（一）2 所示刊物第 38 页公开了一款圆规（下称在先设计 4）的图片，前述证据（一）5 至证据（一）8 所示专利显示出四款圆规的外观设计（下称在先设计 5 至在先设计 8）。

合议组认为，上述在先设计与本专利均为圆规的外观设计，用途相同，均与本专利属于相同类别的产品，具有可比性。

从图片上观察，在先设计 1 的整体形状由近似高圆台形的竖纹指柄、近似椭圆形的铰接部、近似直线形的定心脚、近似弯折形的旋转脚及夹持调节部和定心针等部分组成（详见在先设计 1 附图）。

在先设计 2 的整体形状由近似高圆台形的竖纹指柄、近似瓜子形的铰接部、近似直线形的定心脚、近似弯折形的旋转脚及夹持调节部和定心针调节部等部分组成（详见在先设计 2 附图）。

在先设计 3 的整体形状由近似梭形的横纹指柄、近似椭圆形的铰接部、近似曲线形的定心脚、近似曲线形的旋转脚、夹持调节部和定心针等部分组成（详见在先设计 3 附图）。

在先设计 4 的整体形状由近似高圆台形的指柄、近似椭圆形的铰接部、近似直线形的定心脚、近似弯折形的旋转脚及夹持调节部、定心针调节部和夹笔等部分组成（详见在先设计 4 附图）。

在先设计 5 的整体形状由近似圆柱形的指柄、近似五边形的铰接部、近似直线形下折的定心脚、近似弯折形的旋转脚及夹持调节部和定心针等部分组成；另显示出使用状态下的夹笔设计（详见在先设计 5 附图）。

在先设计 6 的整体形状由近似梭形的横纹指柄、近似椭圆形的铰接部、近似曲线形的定心脚、近似曲线形的旋转脚、夹持调节部和定心针等部分组成（详见在先设计 6 附图）。

在先设计 7 的整体形状由近似圆柱形的竖纹指柄、近似方形的铰接部、近似直线形的定心脚、近似弯折形的旋转脚及夹持调节部和定心针及其调节部等部分组成；另请求保护色彩（详见在先设计 7 附图）。

在先设计 8 的整体形状由近似螺钉形的指柄、近似梯形的铰接部、近似直线形的定心脚、近似弯折形的旋转脚及夹持调节部和定心针等部分组成；另显示出使用状态下的夹笔设计（详见在先设计 8 附图）。

本专利的整体形状由近似圆柱形的横纹指柄、近似铲形的铰接部、近似曲线形的定心脚、近似弯折形的旋转脚及夹持调节部、定心针和夹笔等部分组成；未请求保护色彩（详见本专利附图）。

将本专利分别与在先设计 1 至在先设计 8 相比较，合议组认为：从图片所示外观设计的整体视觉观察，虽然本专利分别与上述在先设计均包含有指柄、铰接部、定心脚、旋转脚和夹持调节部等圆规类产品应具有的组成部分，但是由于本专利与上述在先设计在指柄、铰接部、定心脚和旋转脚等主要组成部分的具体形状设计上均明显不同，差别足以对整体外观设计具有显著的影响，因此本专利均应与上述在先设计属于不相同且不相近似的外观设计。根据《审查指南》第四部分第七章 1 节的规定，“同样的发明创造”对于外观设计而言，是指外观设计相同或者相近似，因此本专利和在先设计 5 至在先设计 8 亦均不属于同样的发明创造。

综上所述，请求人提出的第一次无效宣告请求的理由均不能成立。

针对请求人在第二次无效程序中于2009年5月28日提交的证据（二）9至证据（二）24，合议组认为：根据专利法实施细则第64条第1款的规定，请求宣告专利权无效或者部分无效的，应当向专利复审委员会提交专利权无效宣告请求书和必要的证据一式两份，无效宣告请求书应当结合提交的所有证据，具体说明无效宣告请求的理由，并指明每项理由所依据的证据。同时根据《审查指南》第四部分第三章4.1节的规定，请求人在提出无效宣告请求时没有具体说明的无效宣告理由以及没有用于具体说明相关无效宣告理由的证据，且在提出无效宣告请求之日起一个月内也未补充具体说明的，专利复审委员会不予考虑。而请求人在提出第二次无效宣告请求时仅笼统说明证据（二）9至证据（二）21证明在本专利申请日以前请求人已生产、销售与本专利外观设计相同和相近似的产品的事实，证据（二）23和证据（二）24用以形象对比，并未在举证期限内结合上述证据具体说明相关的无效宣告理由，且其于2009年7月1日补充提交的具体说明又超出了规定的期限，因此应不予考虑。同时亦对请求人提出的上述证据中的相关证人出庭作证的主张不予支持。

请求人在第二次无效程序中于2009年7月1日补充提交证据（二）25至证据（二）27，以佐证证据（二）1和证据（二）2所示刊物的出版时间。

对此，合议组认为：根据专利法实施细则第66条的规定，在专利复审委员会受理无效宣告请求后，请求人可以在提出无效宣告请求之日起一个月内增加理由或者补充证据，逾期增加理由或者补充证据的，专利复审委员会可以不予考虑。而请求人补充提交的上述证据超出了规定的举证期限，且不属于《审查指南》第四部分第三章4.3.1节规定的例外情形，因此应不予考虑。

针对请求人在第二次无效程序中提交的证据（二）1至证据（二）8，合议组认为：由于上述证据欲证明的无效宣告理由和证据的具体使用情形均与第一次无效程序中涉及的证据（一）1至证据（一）4和证据（一）22至证据（一）25分别对应一致，因此基于前述认定，不再赘述。

综上所述，请求人提出的第二次无效宣告请求的理由亦均不能成立。

三、决定

维持200730062612.4号外观设计专利权有效。

当事人对本决定不服的，可以根据专利法第46条第2款的规定，自收到本决定之日起三个月内向北京市第一中级人民法院起诉。根据该款的规定，一方当事人起诉后，另一方当事人应当作为第三人参加诉讼。

仰视图

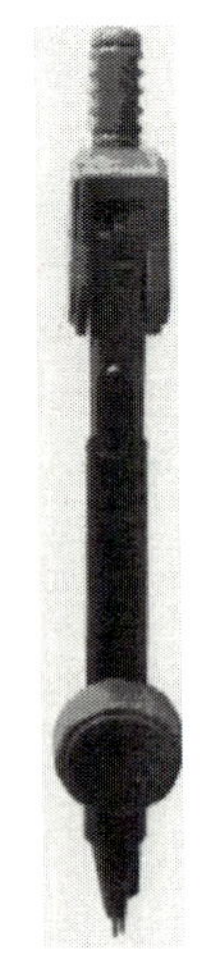

右视图

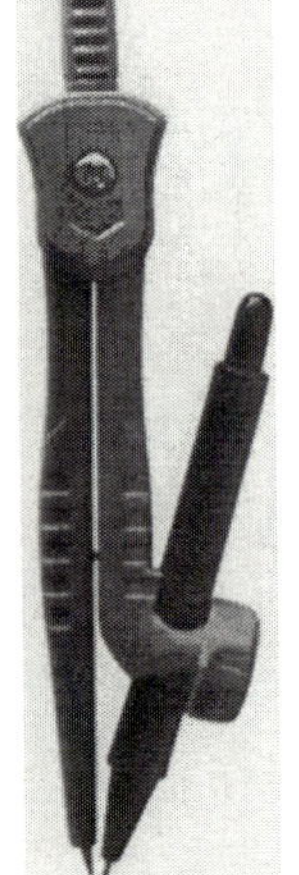

主视图

左视图

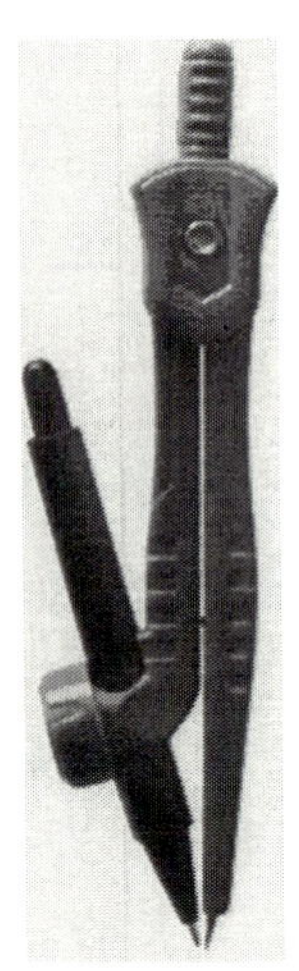

后视图

俯视图

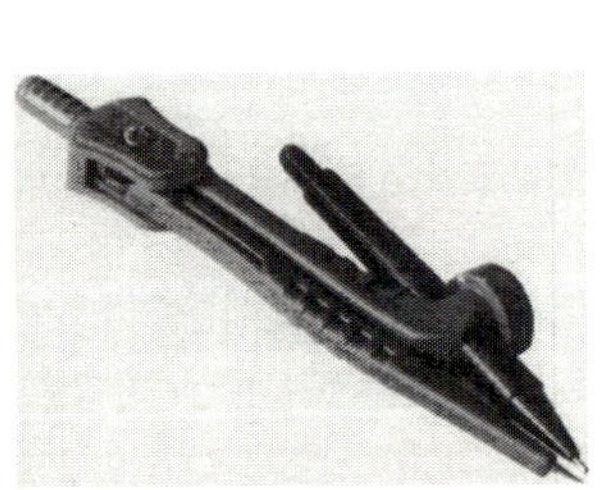

立体图

使用状态参考图

本专利附图

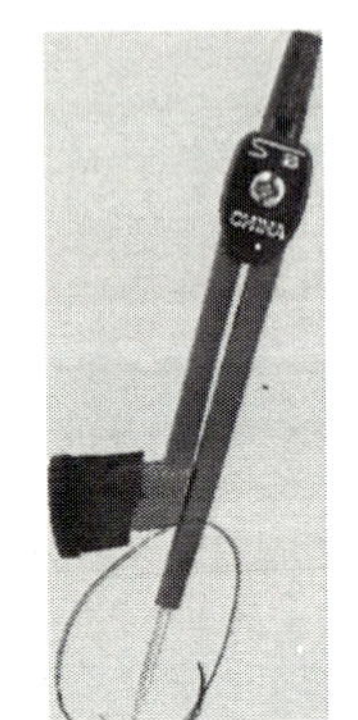

在先设计 1 附图

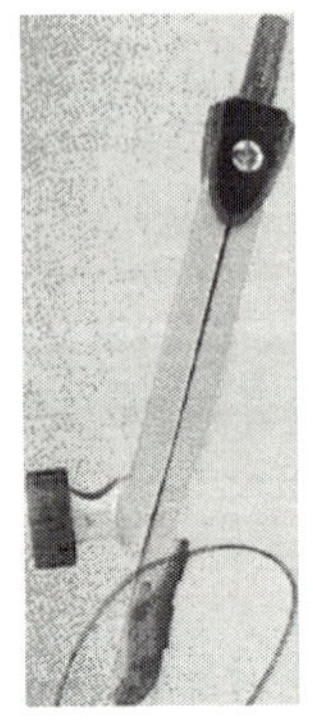

在先设计 2 附图

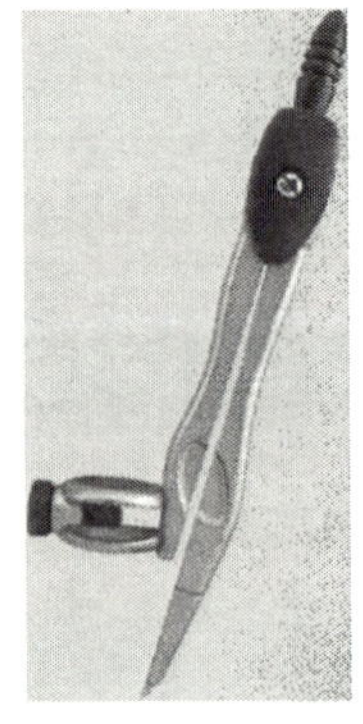

在先设计 3 附图

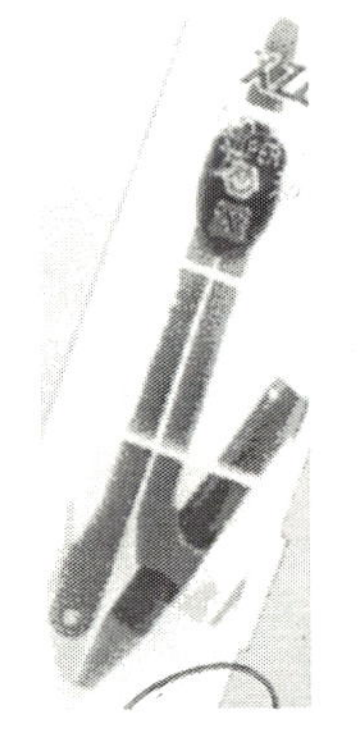

在先设计 4 附图

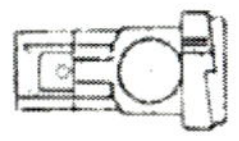

仰视图

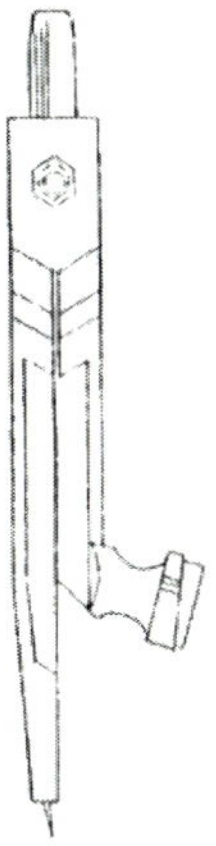

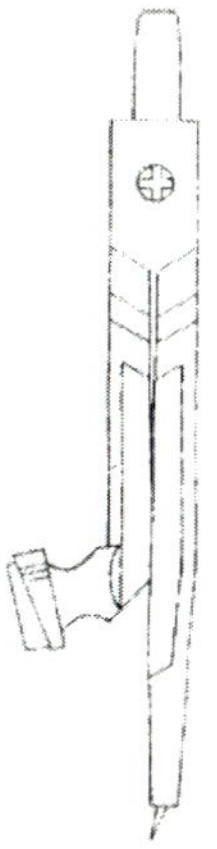

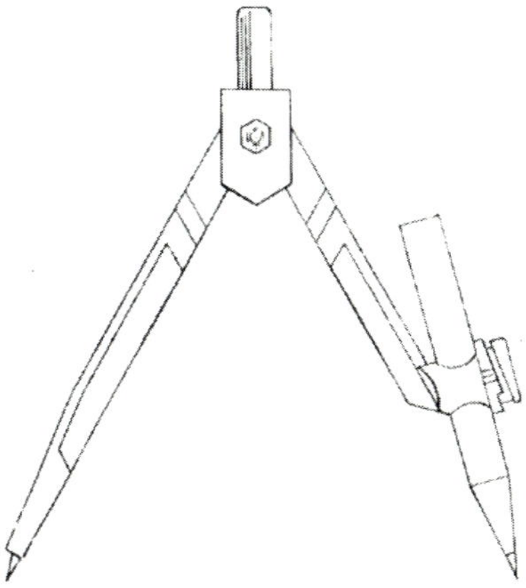

右视图　主视图　左视图　后视图　使用状态参考图

俯视图

在先设计 5 附图

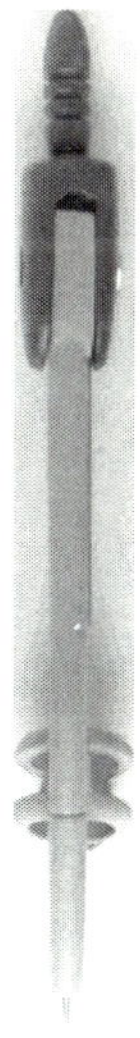

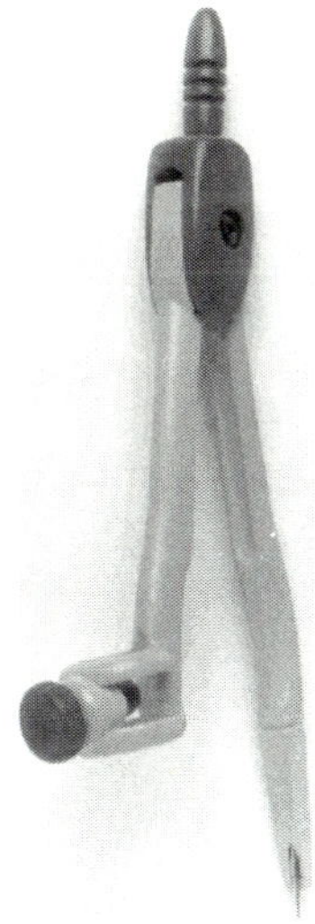

右视图　主视图　左视图　后视图　立体图

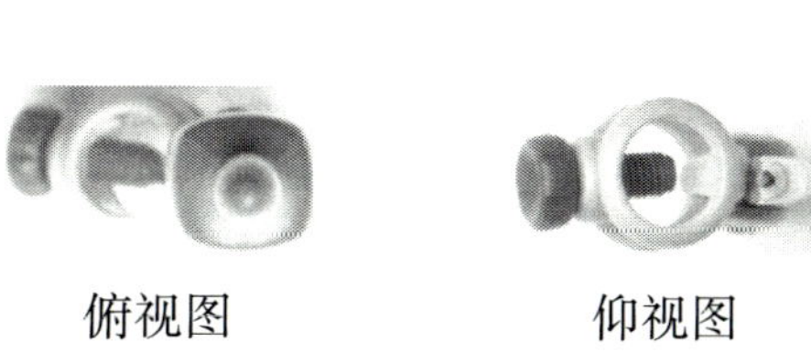

俯视图　仰视图

在先设计 6 附图

仰视图

右视图

主视图

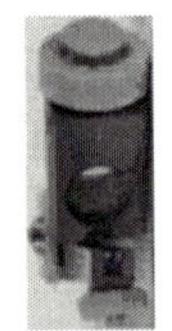

左视图

后视图

俯视图

在先设计 7 附图

仰视图

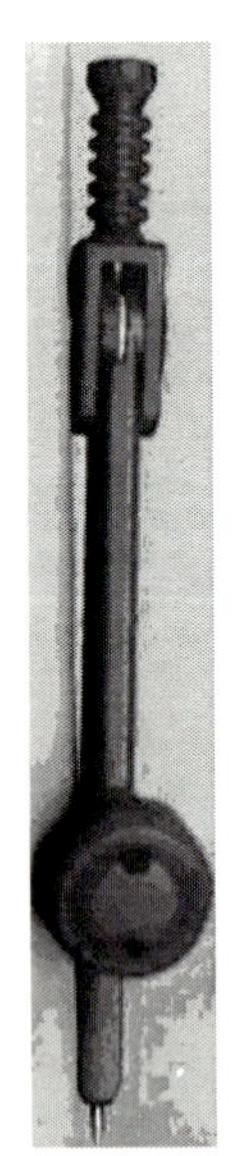

右视图

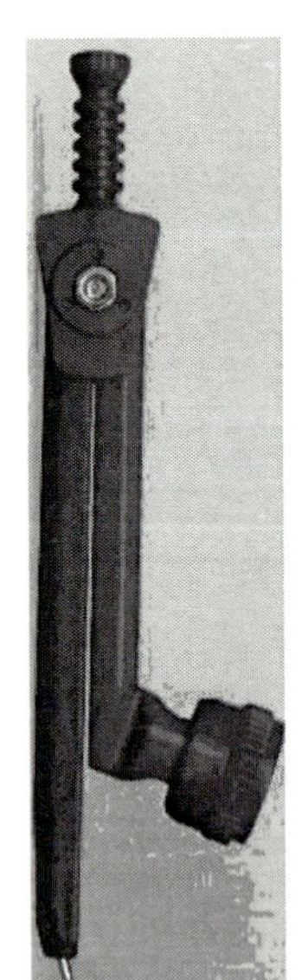

主视图

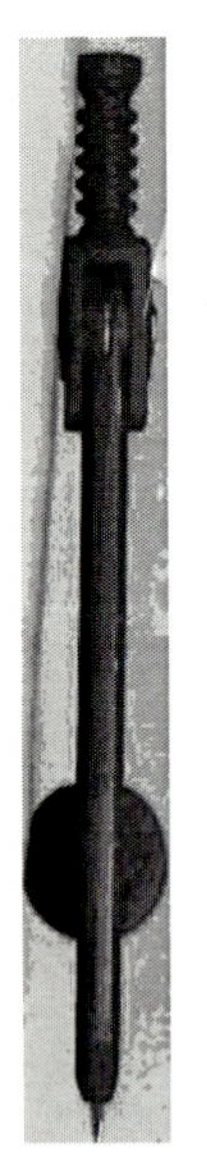

左视图

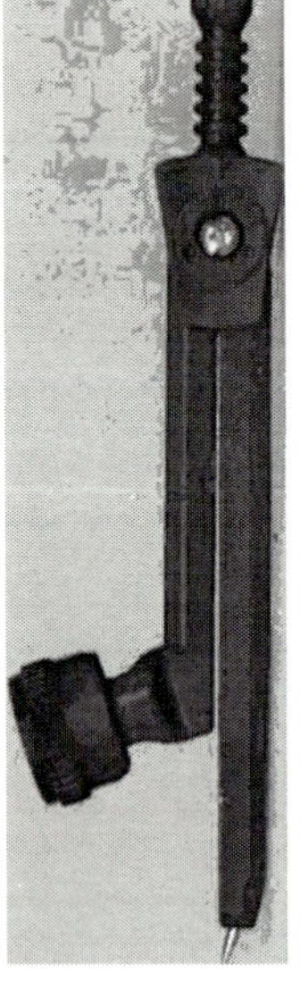

后视图

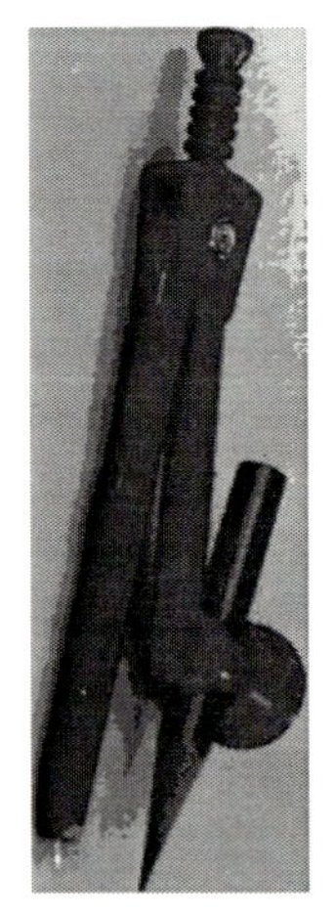

使用状态参考图

俯视图

在先设计 8 附图

454

儿童汽车安全座椅（FB-205）

无效宣告请求审查决定（第13881号）

决　　定　　号　第13881号
决　　定　　日　2009年9月8日
发明创造名称　儿童汽车安全座椅（FB-205）
外观设计分类号　06-01
无效宣告请求人　常州市童佳儿童座椅有限公司
专　利　权　人　镇江佳峰儿童用品有限公司
专　　利　　号　200530087889.3
申　　请　　日　2005年8月11日
授 权 公 告 日　2006年6月7日
合 议 组 组 长　钟　华
主　　审　　员　王霞军
参　　审　　员　沙柏青
附　　　　　图　2页

法 律 依 据　专利法第23条
决 定 要 点

本专利与在先设计座椅虽然均由头枕、靠背、坐垫、扶手四部分组成，但每个部位的形状均存在显著差别，二者的差别对于产品外观设计的整体视觉有显著的影响，属于不相同且不相近似的外观设计。

一、案由

本无效宣告请求涉及的是国家知识产权局于2006年6月7日授权公告的、名称为“儿童汽车安全座椅（FB-205）”的外观设计专利（下称本专利），其申请号是200530087889.3，申请日是2005年8月11日，专利权人是镇江佳峰儿童用品有限公司。

针对本专利权，常州市童佳儿童座椅有限公司（下称请求人）于2009年4月30日向专利复审委员会提出无效宣告请求，其主要理由是：在本专利申请日以前，已有与本专利相似的外观设计产品在出版物上公开，本专利不符合专利法第23条的规定。与此同时，请求人提交了如下附件作为证据：

附件1：本专利电子公开文本打印件1页；

附件2：02237352.7号实用新型专利说明书复印件8页。

请求人指出附件2实用新型专利说明书附图中的图1和图4为幼儿座椅的立体图，两个立体图显示了该座椅的主、左、右及俯视图的形状。图 1 和图 4 显示出的儿童座椅与本专利产品座椅的头枕、靠背、扶手相近似，虽然附件 2 没有公开产品的后视图和仰视图，但从其他视图中可以推断出其形状也与本专利形状相近似，因此，二者整体形状相近似，请求宣告本专利无效。

经形式审查合格，专利复审委员会受理了此案，并于 2009 年 4 月 30 日将无效宣告请求书及相关材料副本转送给专利权人。

2009 年 6 月 1 日，专利复审委员会向双方当事人发出口头审理通知书，定于 2009 年 7 月 7 日进行口头审理。

2009 年 6 月 16 日，专利权人针对请求人的无效宣告请求书进行了意见陈述，专利权人指出：请求人提交附件 2 中附图仅能显示座椅的右前侧立体图，无法完整地反映该座椅不同方向的整体视觉效果，因此不能作为否定本专利专利性的依据。图 1 和图 4 所能显示的部分与本专利视图的相关部分相比也有着极大的差别，虽然两者大致都包含靠背、底座和扶手等部分，但两者的这些组成部分无论其轮廓形状，还是其轮廓内的孔洞和凹凸部分的设置，以及这种设置在各视图上所产生线条图均有着巨大的差异，其所呈现的整体视觉效果完全不同，属于完全不相似的设计。

口头审理如期举行，双方当事人均委托代理人参加了口头审理。合议组将专利权人的意见陈述书转给请求人。专利权人对请求人提交的附件 2 的真实性没有异议，庭审中，双方当事人将本专利与附件 2 附图中的图 1 和图 4 进行了详细对比，各方当事人均坚持原有观点。

在上述审理的基础上，合议组认为本案事实已经清楚，可以依法作出审查决定。

二、决定的理由

1. 法律依据

基于请求人提出的无效宣告请求理由，合议组对本专利是否符合专利法第 23 条的规定进行审查。

专利法第 23 条规定："授予专利权的外观设计，应当同申请日以前在国内外出版物上公开发表过或者国内公开使用过的外观设计不相同和不相近似，并不得与他人在先取得的合法权利相冲突。"

2. 证据认定

请求人提交的附件 2 是国家知识产权局于 2003 年 4 月 30 日授权公告的、申请号是 02237352.7、产品名称为"幼儿座椅的调整乘座角度装置"的实用新型专利说明书复印件，专利权人对其真实性无异议。经合议组核实，内容属实。该专利的公开日期早于本专利的申请日（2005 年 8 月 11 日），可作为评价本专利是否符合专利法第 23 条的证据。

3. 外观设计的比较

附件 2 附图中的图 1 和图 4 为幼儿座椅的两幅立体图（下称在先设计），立体图公开了座椅的主要形状，只是未显示出座椅的背面和底面。合议组认为，在先设计已基本公开了座椅的整体形状，虽然立体图未公开座椅的背面和底面，但背面和底面的变化不足以对产品的整体视觉效果产生显著的影响，不影响对二者产品进行整体观察、综合判断。本专利与在先设计均为儿童座椅，二者用途相同，属于相同种类的产品，可进行相近似比较。

本专利儿童座椅由头枕、靠背、坐垫和扶手四部分组成，头枕形状近似长方形，上边呈弧线，两侧轮廓为椭圆形并向前弯折，弯折处中间为镂空设计，头枕的中间有两个固定条；靠背为方形，两侧向前弯折，中部各有一个近似半圆形的镂空孔，靠背的中间上部分布着四个长方形插孔；近似方形坐垫上两侧及中间部位各有一长方形插孔，坐垫两侧上端为扶手，扶手前低后高，中间有一近似椭圆形镂空的造型设计（详见本专利附图）。

在先设计儿童座椅由头枕、靠背、坐垫和扶手四部分组成，头枕近似长方形状，两侧呈椭圆形向前弯折；近似方形的靠背两侧呈弧形向前弯折，弯折的前端有一凹字形槽并有一个长方形插孔，靠背的中间位置设有一个长方形的插孔；近似方形坐垫，坐垫两侧上端为扶手，扶手与靠背之间有长方形悬臂连接，扶手外侧各有凸字的插孔，扶手中间有一近似椭圆形镂空的造型，其下方有长方形插孔（详见在先设计附图）。

将本专利与在先设计进行比较，二者儿童座椅均由头枕、靠背、坐垫和扶手四部分组成，靠背及坐垫的外轮廓形状近似，二者的主要不同点在于：本专利头枕两侧均设计有镂空的孔和固定条，而在先设计没有，本专利靠背两侧及中部设计有多个半圆形镂空孔和长方形插孔，而在先设计的插孔主要设计在靠背两侧弯折位置；靠背两侧的弯折形状也不相同，本专利坐垫上有多个插孔，而在先设计没有；本专利扶手前高后低，中间有镂空造型，而在先设计扶手上有插孔，有座椅调节装置。合议组认为，本专利与在先设计座椅虽然均由四部分组成，但每个部位的形状均有差别，本专利的头枕、背靠及坐垫上均设计有许多插孔，而在先设计插孔主要设计在扶手和靠背上，二者外轮廓形状有显著差别。上述差别对于产品外观设计的整体视觉有显著的影响，属于不相同且不相近似的外观设计。

综上所述，请求人提交的证据不能证明在本专利申请日前已有与本专利相近似的产品在国内公开发表，据此证明本专利不符合专利法第 23 条的规定的理由不能成立。

三、决定

维持 200530087889. 3 号外观设计专利权有效。

当事人对本决定不服的，可以根据中国专利法第 46 条第 2 款的规定，自收到本决定之日起三个月内向北京市第一中级人民法院起诉。根据该款的规定，一方当事人起诉后，另一方当事人应当作为第三人参加诉讼。

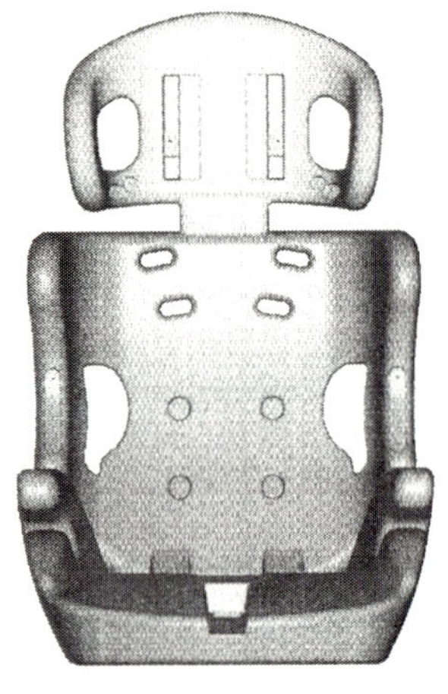
主视图

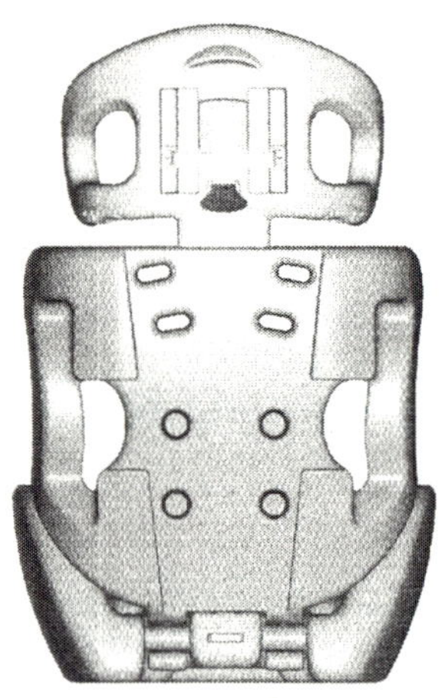
后视图

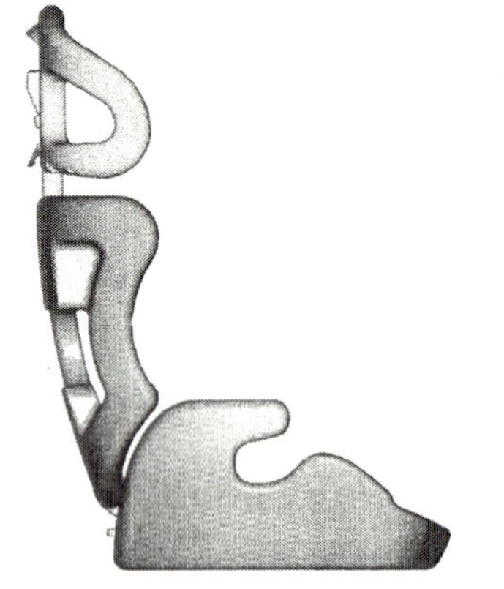
左视图

俯视图

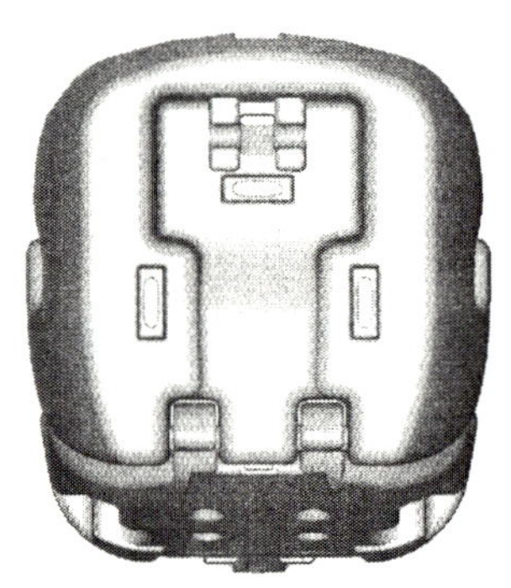
仰视图

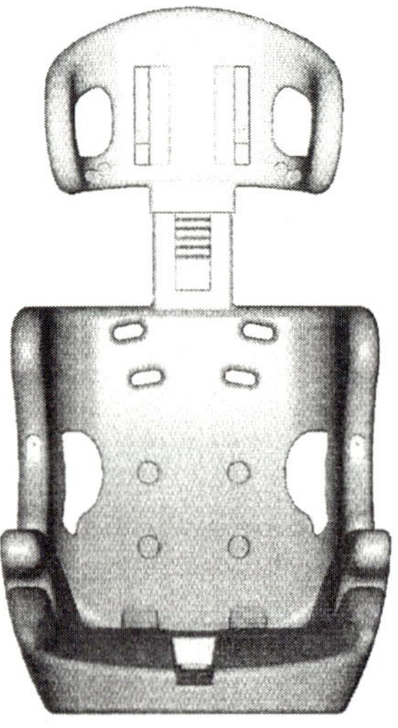
使用状态参考图

本专利附图

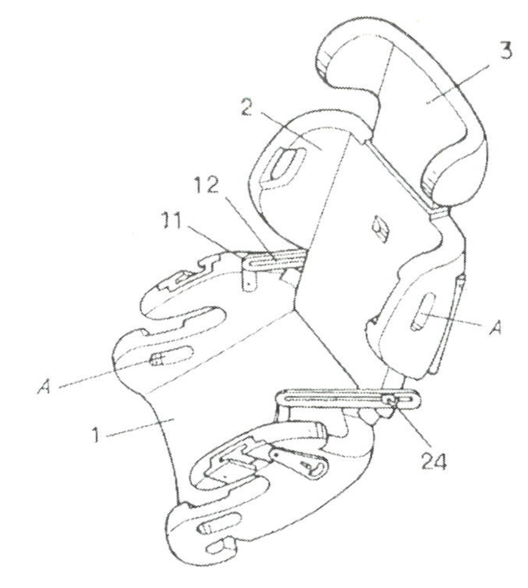

图 1

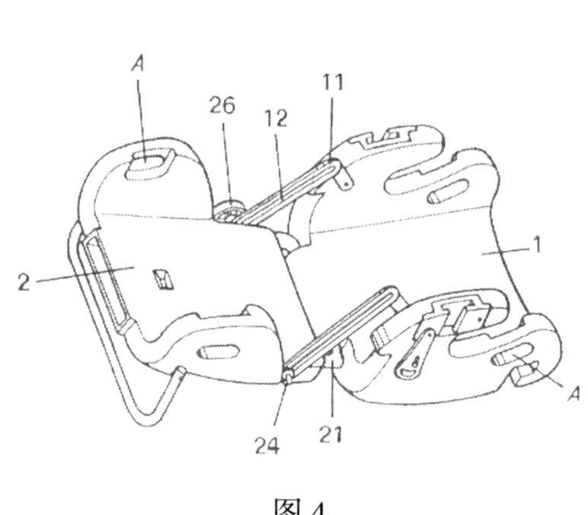

图 4

在先设计附图

455

儿童汽车安全座椅（836型）

无效宣告请求审查决定（第13882号）

决　　定　　号　第13882号
决　　定　　日　2009年9月10日
发明创造名称　儿童汽车安全座椅（836型）
外观设计分类号　06-01
无效宣告请求人　常州市童佳儿童座椅有限公司
专　利　权　人　镇江佳峰儿童用品有限公司
专　　利　　号　03316629.3
申　　请　　日　2003年5月22日
授 权 公 告 日　2003年11月12日
合 议 组 组 长　钟　华
主　　审　　员　王霞军
参　　审　　员　沙柏青
附　　　　　图　2页

法　律　依　据　专利法第23条
决　定　要　点

本专利与在先设计公开部分座椅的形状有显著差别，二者的差别对于产品外观设计的整体视觉有显著的影响，而在先设计座椅未公开的部分，不能以推断的方式与本专利进行相同或相近似的比较。本专利与在先设计属于不相同且不相近似的外观设计。

一、案由

本无效宣告请求涉及的是国家知识产权局于2003年11月12日授权公告的、名称为“儿童汽车安全座椅（836型）”的外观设计专利（下称本专利），其申请号是03316629.3，申请日是2003年5月22日，专利权人是镇江佳峰儿童用品有限公司。

针对本专利权，常州市童佳儿童座椅有限公司（下称请求人）于2009年4月30日向专利复审委员会提出无效宣告请求，其主要理由是：在本专利申请日以前，已有与本专利相似的外观设计产品在出版物上公开，本专利不符合专利法第23条的规定。与此同时，请求人提交了如下附件作为证据：

附件1：本专利电子公开文本打印件1页；

附件2：德国DE4328625号专利文献复印件9页。

请求人指出附件2德国专利申请附图中的图1至图4显示了该座椅的立体图和后、左视图，图中公开了座椅的靠背，扶手以及下方与靠背连接的底座，公开的部分与本专利相对应的部分形状相似，未公开的部分，无论是本领域普通技术人员还是普通消费者均可推断出与本专利相似。因此，二者整体形状相近似，请求宣告本专利无效。

经形式审查合格，专利复审委员会受理了此案，并于2009年4月30日将无效宣告请求书及相关材料副本转送给专利权人。

2009年6月1日，专利复审委员会向双方当事人发出口头审理通知书，定于2009年7月7日进行口头审理。

2009年5月27日，请求人补充提交了附件2摘要的译文。

2009年6月16日，专利权人针对请求人的无效宣告请求书进行了意见陈述，专利权人指出：请求人提交的附件2中附图仅能显示座椅的左视图和右后侧立体图，没有完整地反映该座椅的外观，不能作为否定本专利专利性的依据。图1~4所能显示的部分与本专利视图的相关部分相比也有着极大的差别，虽然两者大致都包含靠背和扶手等部分，但两者的这些组成部分的轮廓形状均有着巨大的差异，其所呈现的整体视觉效果完全不同，属于完全不相似的设计。

口头审理如期举行，双方当事人均委托代理人参加了口头审理。合议组将专利权人的意见陈述书和请求人补充提交附件2的中文译文转送给对方当事人。专利权人对请求人提交的附件2的真实性及公开日期均没有异议，庭审中，双方当事人将本专利与附件2的图1~4进行了详细对比，各方当事人均坚持原有观点。

在上述审理的基础上，合议组认为本案事实已经清楚，可以依法作出审查决定。

二、决定的理由

1. 法律依据

基于请求人提出的无效宣告请求理由，合议组对本专利是否符合专利法第23条的规定进行审查。

专利法第23条规定："授予专利权的外观设计，应当同申请日以前在国内外出版物上公开发表过或者国内公开使用过的外观设计不相同和不相近似，并不得与他人在先取得的合法权利相冲突。"

2. 证据认定

请求人提交的附件2是公开号为DE4328625A1德国专利文献复印件（下称在先设计），其授权公开日为1995年3月2日，专利权人对其真实性无异议。经合议组核实，内容属实。该专利的公开日期早于本专利的申请日（2003年5月22日），可作为评价本专利是否符合专利法第23条的证据。

3. 外观设计的比较

本专利与在先设计均为儿童座椅，二者用途相同，属于相同种类的产品，可进行相近似比较。

本专利儿童座椅由靠背、坐垫和扶手三部分组成，靠背为长方形，两侧向前弯折，弯折部分的轮廓线呈弧形，靠背的中上位置有两排长方形插孔，插孔下方各有一个近似椭圆形的镂空孔，近似方形坐垫上两侧及中间部位各有一长方形插孔，坐垫两侧上端为扶手，扶手的后部为弧形，中间有一近似椭圆形镂空的造型设计（详见本专利附图）。

在先设计只公开靠背的后视图，扶手以及扶手与靠背之间连接部位的形状。靠背的后部上半部向内凹陷，凹陷部分上端有横向、两侧为倾斜的插孔，靠背两侧向前弯折，弯折处各有一呈不规则形状的镂空孔，扶手近似梯形，扶手与靠背之间有连接板，连接板中间为圆形孔（详见在先设计附图）。

将本专利与在先设计所公开的部分进行比较，二者靠背后的插孔排列顺序及镂空孔的形状均不相同，扶手的形状设计也不相同，在先设计扶手与靠背之间有一连接板，而本专利没有。在先设计所公开的座椅的形状与本专利的外观形状有显著差别，而在先设计未公开的部分，不能以推断的方式与本专利进行相同或相近似的比较。合议组认为，在先设计公开部分的座椅形状与本专利外观设计整体形状差别明显，二者的差别对于产品的整体视觉有显著的影响，属于不相同且不相近似的外观设计。

综上所述，请求人提交的证据不能证明在本专利申请日前已有与本专利相近似的产品在国内外出版物上公开发表，据此证明本专利不符合专利法第 23 条的规定的理由不能成立。

三、决定

维持 03316629.3 号外观设计专利权有效。

当事人对本决定不服的，可以根据专利法第 46 条第 2 款的规定，自收到本决定之日起三个月内向北京市第一中级人民法院起诉。根据该款的规定，一方当事人起诉后，另一方当事人应当作为第三人参加诉讼。

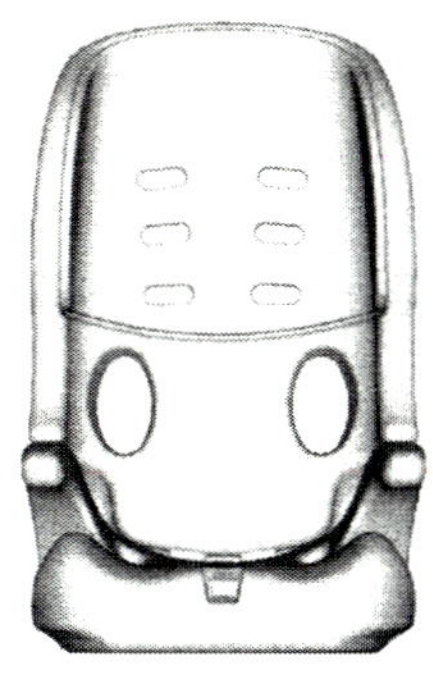

主视图

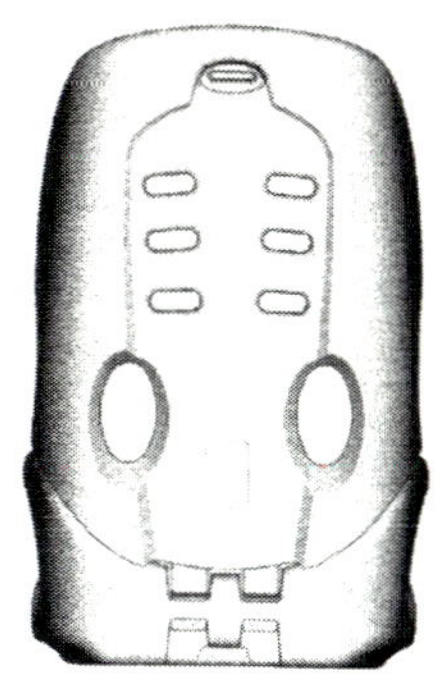

后视图

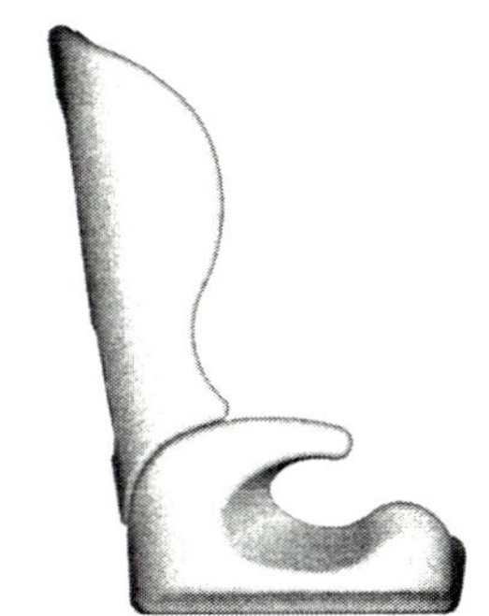

左视图

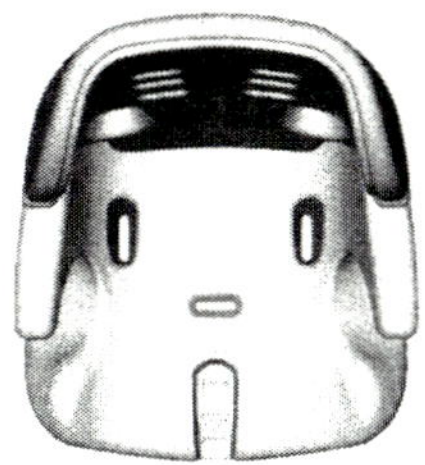

俯视图

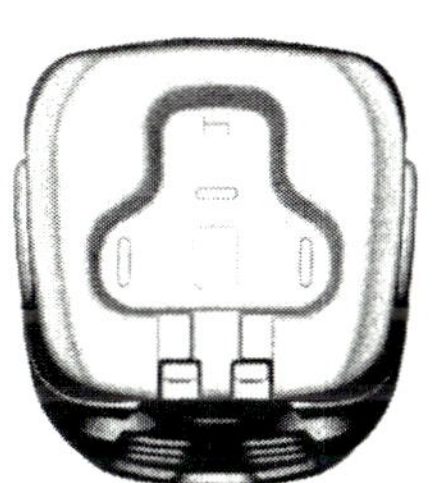

仰视图

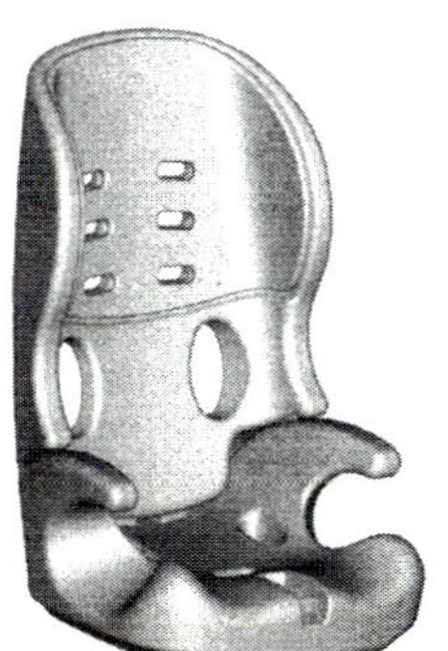

立体图

本专利附图

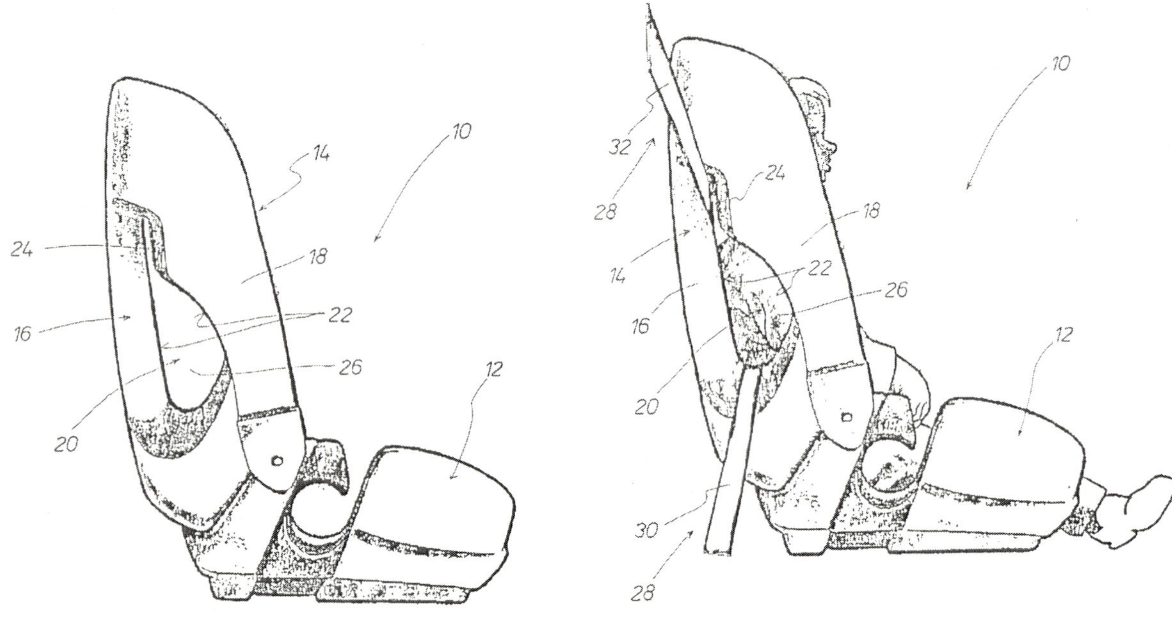

FIG. 1

FIG. 2

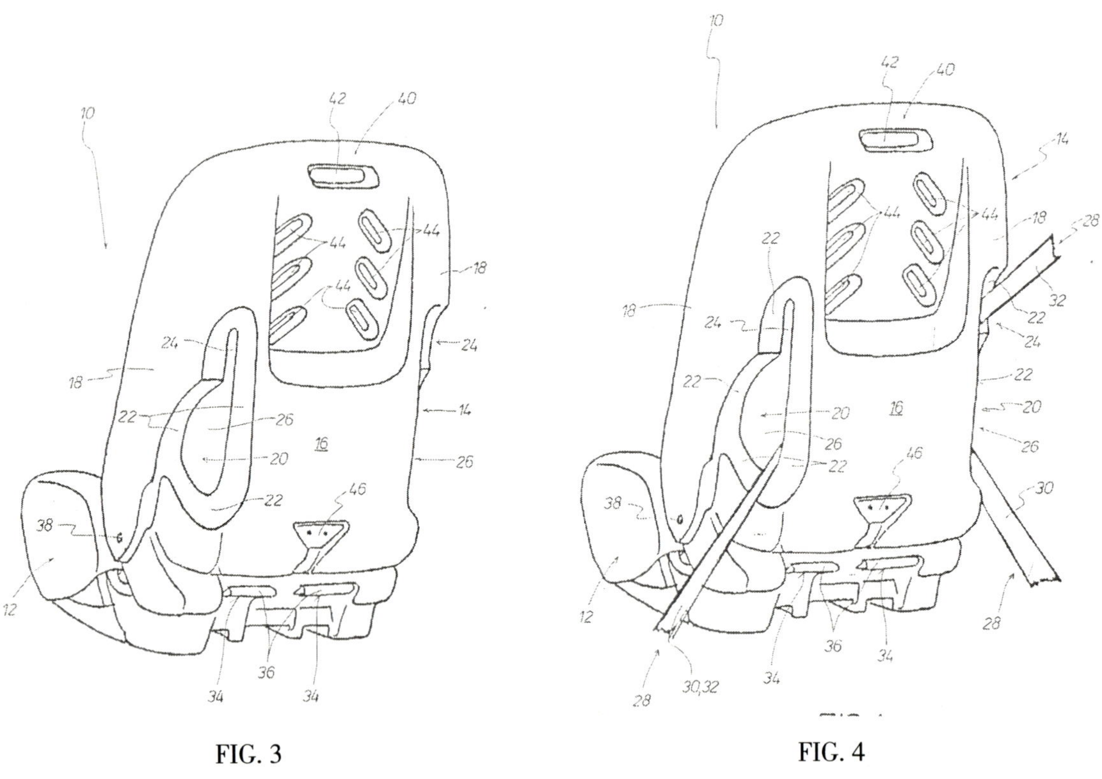

FIG. 3

FIG. 4

在先设计附图

456

儿童汽车安全座椅（FB-200）

无效宣告请求审查决定（第13883号）

决　　定　　号　第13883号
决　　定　　日　2009年9月10日
发明创造名称　儿童汽车安全座椅（FB-200）
外观设计分类号　06-01
无效宣告请求人　常州市童佳儿童座椅有限公司
专　利　权　人　镇江佳峰儿童用品有限公司
专　　利　　号　200530080014.0
申　　请　　日　2005年1月15日
授权公告日　2005年9月14日
合议组组长　钟　华
主　　审　　员　王霞军
参　　审　　员　沙柏青
附　　　　　图　2页

法　律　依　据　专利法第23条
决　定　要　点

本专利与在先设计座椅虽然均由头枕、靠背、坐垫、扶手四部分组成，但每个部位的形状均存在显著差别，二者的差别对于产品外观设计的整体视觉有显著的影响，属于不相同且不相近似的外观设计。

一、案由

本无效宣告请求涉及的是国家知识产权局于2005年9月14日授权公告的、名称为“儿童汽车安全座椅（FB-200）”的外观设计专利（下称本专利），其申请号是200530080014.0，申请日是2005年1月15日，专利权人是镇江佳峰儿童用品有限公司。

针对本专利权，常州市童佳儿童座椅有限公司（下称请求人）于2009年4月30日向专利复审委员会提出无效宣告请求，其主要理由是：在本专利申请日以前，已有与本专利相似的外观设计产品在出版物上公开，本专利不符合专利法第23条的规定。与此同时，请求人提交了如下附件作为证据：

附件1：本专利电子公开文本打印件1页；

附件2：02237352.7号实用新型专利说明书复印件8页。

请求人指出附件2实用新型专利说明书附图中的图1和图4为幼儿座椅的立体图，两个立体图显示了该座椅的主、左、右及俯视图的形状。图1和图4显示出的儿童座椅与本专利产品座椅的头枕、靠背、扶手相近似，虽然附件2附图没有公开产品的后视图和仰视图，但从其他视图中可以推断出其形状也与本专利形状相近似，因此，二者整体形状相近似，请求宣告本专利无效。

经形式审查合格，专利复审委员会受理了此案，并于2009年4月30日将无效宣告请求书及相关材料副本转送给专利权人。

2009年6月1日，专利复审委员会向双方当事人发出口头审理通知书，定于2009年7月7日进行口头审理。

2009年6月16日，专利权人针对请求人的无效宣告请求书进行了意见陈述，专利权人指出：请求人提交附件2中附图仅能显示座椅的右前侧立体图，无法完整地反映该座椅不同方向的整体视觉效果，因此不能作为否定本专利专利性的依据。图1和图4所能显示的部分与本专利视图的相关部分相比也有着极大的差别，虽然两者大致都包含靠背、底座和扶手等部分，但两者的这些组成部分无论其轮廓形状，还是其轮廓内的孔洞和凹凸部分的设置，以及这种设置在各视图上所产生线条图均有着巨大的差异，其所呈现的整体视觉效果完全不同，属于完全不相似的设计。

口头审理如期举行，双方当事人均委托代理人参加了口头审理。合议组将专利权人的意见陈述书转给请求人。专利权人对请求人提交的附件2的真实性没有异议，庭审中，双方当事人将本专利与附件2的图1和图4进行了详细对比，各方当事人均坚持原有观点。

在上述审理的基础上，合议组认为本案事实已经清楚，可以依法作出审查决定。

二、决定的理由

1. 法律依据

基于请求人提出的无效宣告请求理由，合议组对本专利是否符合专利法第23条的规定进行审查。

专利法第23条规定："授予专利权的外观设计，应当同申请日以前在国内外出版物上公开发表过或者国内公开使用过的外观设计不相同和不相近似，并不得与他人在先取得的合法权利相冲突。"

2. 证据认定

请求人提交的附件2是国家知识产权局于2003年4月30日授权公告的、申请号是02237352.7、产品名称为"幼儿座椅的调整乘座角度装置"的实用新型专利说明书复印件，专利权人对其真实性无异议。经合议组核实，内容属实。该专利的公开日期早于本专利的申请日（2005年1月15日），可作为评价本专利是否符合专利法第23条的证据。

3. 外观设计的比较

附件2附图中的图1和图4为幼儿座椅的两幅立体图（下称在先设计），立体图公开了座椅的主要形状，只是未显示出座椅的背面和底面。合议组认为，在先设计已基本公开了座椅的整体形状，虽然立体图未公开座椅的背面和底面，但背面和底面的变化也不足以对产品的整体视觉效果产生显著的影响，不影响对二者产品进行整体观察、综合判断。本专利与在先设计均为儿童座椅，二者用途相同，属于相同种类的产品，可进行相近似比较。

本专利儿童座椅由头枕、靠背、坐垫和扶手四部分组成，头枕形状近似长方形，上边呈弧线，两侧轮廓为椭圆形并向前弯折，头枕的背面呈椭圆形凹进；靠背为方形，两侧向前弯折，中部各有一个近似半圆形的镂空孔，靠背的中间上部分布着四个长方形插孔；近似方形坐垫上两侧及中间部位各有一长方形插孔，坐垫两侧上端为扶手，扶手的后部为弧形，中间有一近似椭圆形镂空的造型设计（详见本专利附图）。

在先设计儿童座椅由头枕、靠背、坐垫和扶手四部分组成，头枕近似长方形状，两侧呈椭圆形向前弯折；近似方形的靠背两侧呈弧形向前弯折，弯折的前端有一凹字形槽并有一个长方形插孔，靠背的中间位置设有一个长方形的插孔；近似方形坐垫，坐垫两侧上端为扶手，扶手与靠背之间有长方形悬臂连接，扶手外侧各有凸字形的插孔，扶手中间有一近似椭圆形镂空的造型，其下方有长方形插孔（详见在先设计附图）。

将本专利与在先设计进行比较，二者儿童座椅均由头枕、靠背、坐垫和扶手四部分组成，靠背及坐垫的外轮廓形状近似，二者的主要不同点在于：本专利靠背两侧及中部设计有多个半圆形镂空孔和长方形插孔，而在先设计的插孔主要设计在靠背两侧弯折位置；靠背两侧的弯折形状也不相同，本专利坐垫上有多个插孔，而在先设计没有；本专利扶手后部为弧线形，中间有镂空造型，而在先设计扶手上有插孔，有座椅调节装置；合议组认为，本专利与在先设计座椅虽然均由四部分组成，但每个部位的形状均有差别，本专利的背靠及坐垫上均设计有许多插孔，而在先设计插孔主要设计在扶手和靠背上，二者外轮廓形状有显著差别。上述差别对于产品外观设计的整体视觉有显著的影响，属于不相同且不相近似的外观设计。

综上所述，请求人提交的证据不能证明在本专利申请日前已有与本专利相近似的产品在国内公开发表，据此证明本专利不符合专利法第 23 条的规定的理由不能成立。

三、决定

维持 200530080014.0 号外观设计专利权有效。

当事人对本决定不服的，可以根据专利法第 46 条第 2 款的规定，自收到本决定之日起三个月内向北京市第一中级人民法院起诉。根据该款的规定，一方当事人起诉后，另一方当事人应当作为第三人参加诉讼。

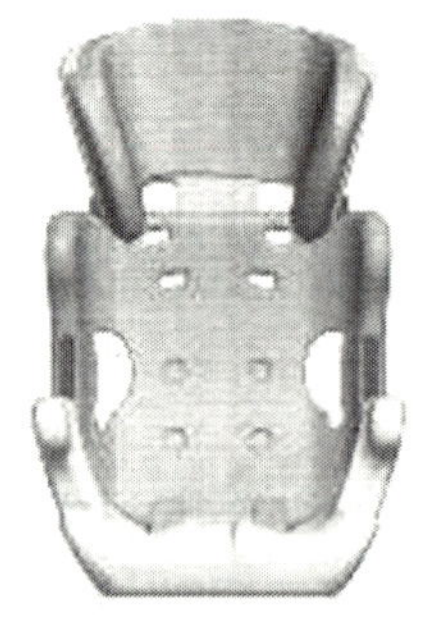

主视图

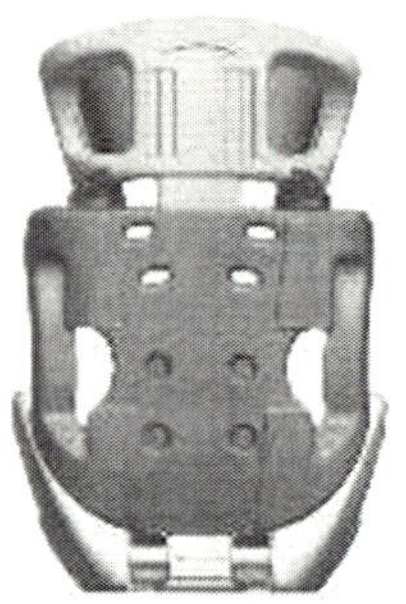

后视图

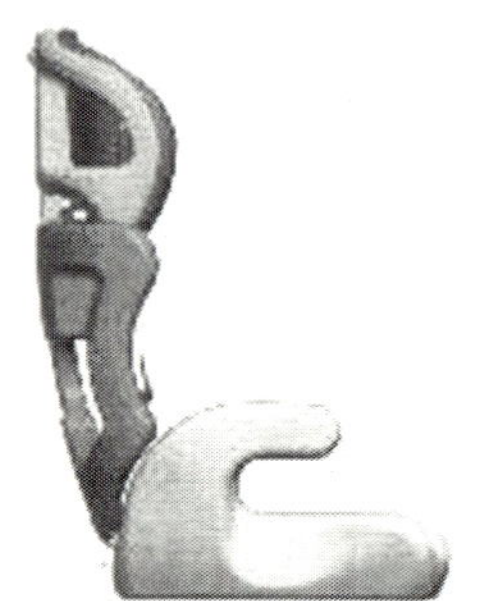

左视图

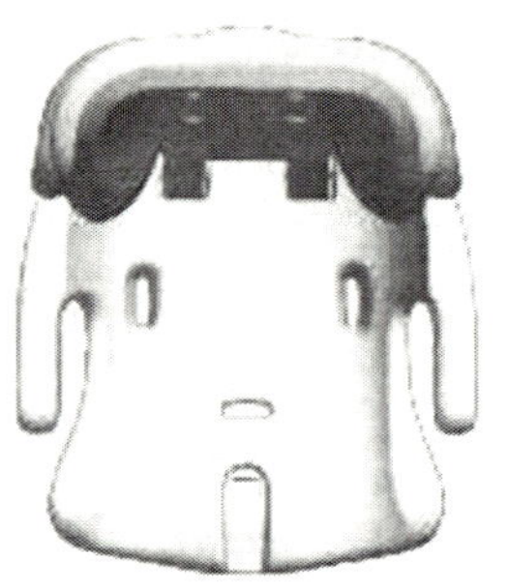

俯视图

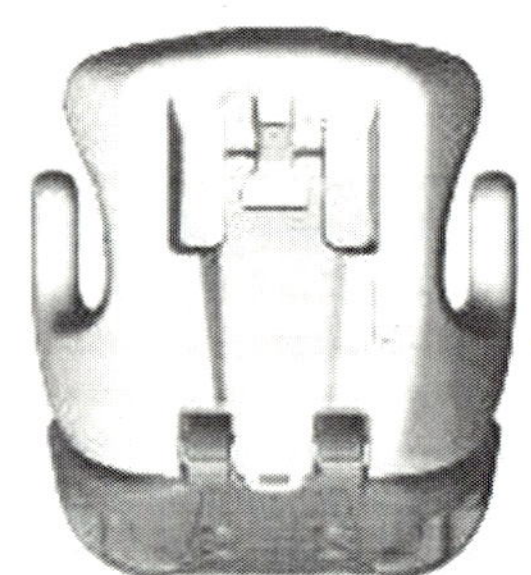

仰视图

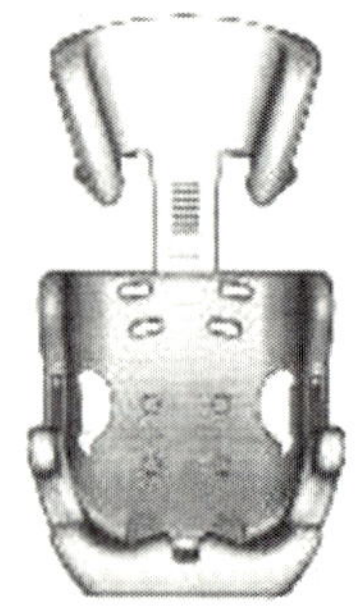

打开状态主视图

本专利附图

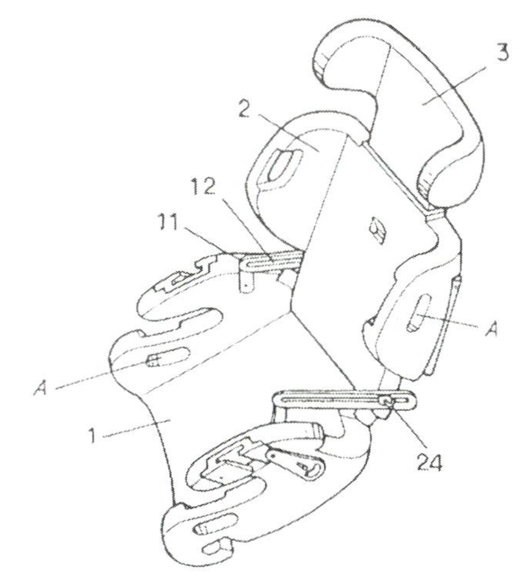

图 1

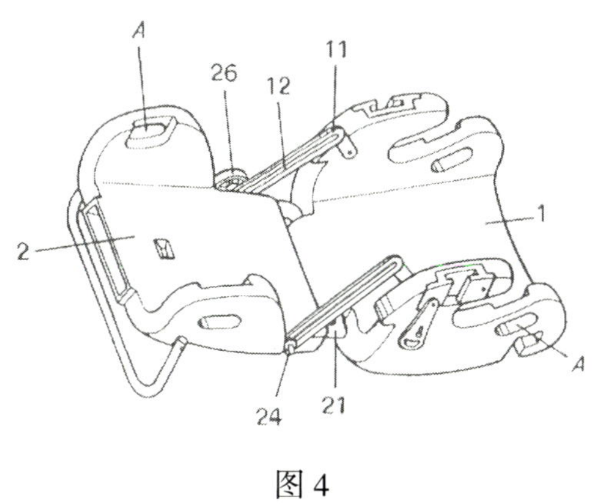

图 4

在先设计附图

457

鼠标（M020）

无效宣告请求审查决定（第13886号）

决　　定　　号　第13886号
决　　定　　日　2009年9月10日
发明创造名称　鼠标（M020）
外观设计分类号　14-02
无效宣告请求人　深圳华之美塑胶模具有限公司
专　利　权　人　郑伟琳
专　　利　　号　200530068988.7
申　　请　　日　2005年9月9日
授权公告日　2006年10月4日
合议组组长　钟　华
主　　审　　员　吴大章
参　　审　　员　沙柏青
附　　　　图　2页

法律依据　专利法第23条
决定要点

本专利和在先设计在使用状态下的易见到部分的整体形状基本相同，各部分的设计也基本相同。本专利后视图所示的设计在使用状态下不易见到，对整体视觉效果不具有显著影响。

一、案由

本无效宣告请求涉及国家知识产权局于2006年10月4日授权公告的200530068988.7号外观设计专利（下称本专利），使用本专利的产品名称为“鼠标（M020）”其申请日为2005年9月9日，专利权人为郑伟琳。

针对本专利，深圳华之美塑胶模具有限公司（下称请求人）于2009年5月8日向专利复审委员会提出无效宣告请求，其理由是本专利不符合专利法第23条和第9条的规定。请求人同时提交如下附件作为证据：

附件2：03337876.2号中国外观设计电子公开文本打印件1页；

附件3：03321411.5号中国外观设计电子公开文本打印件1页；

附件4：鼠标图片的复印件1页，该页上有“M-909光电鼠标规格：117×63×36”的字样；

附件5：页面右上角具有“顺鑫”字样的印刷品的复印件1页。

请求人认为：附件2、3记载的外观设计和本专利相同或相近似，因此本专利不符合专利法第9条的规定；同时，本专利已经被附件5公开。

经形式审查合格，专利复审委员会依法受理了上述无效宣告请求，并于2009年5月31日将无效宣告请求书及相关文件的副本转给专利权人，要求其在指定的期限内答复。专利权人逾期未答复。

专利复审委员会于2009年7月10日向双方当事人发出口头审理通知书，定于2009年8月19日举行口头审理。

口头审理如期举行，请求人出席本次口头审理，专利权人未出席口头审理。请求人指出，附件2和附件3适用专利法第23条的规定，附件4是网上主页的图片，用来证明产品实物的外观，附件5为德国网络公司的公开出版物。

至此，合议组认为本案事实已经调查清楚，可以作出如下审查决定。

二、决定的理由

1. 法律依据

基于请求人提出的无效宣告理由和提交的证据，合议组首先依照专利法第23条的规定对本案进行审查。

专利法第23条规定：“授予专利权的外观设计，应当同申请日以前在国内外出版物上公开发表过或者国内公开使用过的外观设计不相同和不相近似，并不得与他人在先取得的合法权利相冲突。”

2. 证据的认定

附件3是03321411.5号中国外观设计电子公开文本打印件，经合议组核实，其公开日为2003年11月12日，早于本专利申请日（2005年9月9日），故其上记载的鼠标的外观设计属于在本专利申请日前公开的外观设计（下称在先设计），可用以评价本专利是否符合专利法第23条的规定。

本专利是鼠标的外观设计，在先设计为鼠标的外观设计，两者所属种类相同，因此可以进行相同相近似性比较。

本专利授权图片包括主视图、后视图、左视图、仰视图、俯视图和立体图，简要说明记载“右视图和左视图对称，省略右视图”，如图所示，本专利鼠标整体形状近似两侧对称切除后的椭球冠，接近中部的一条曲线将本专利鼠标分为前后两个部分，前部平滑；前部居中具有一纺锤形的区域，该区域的中部为滚轮，该区域的前部有一条分割直线；前部两侧的端部稍向前凸出并向上突起；在水平方向上有一条线条将本专利鼠标分割成上下两个部分。本专利鼠标的左右侧面对称（详见本专利附图）。

在先设计由5幅视图表示，分别为主视图、左视图、右视图、仰视图和立体图，如图所示，在先设计鼠标整体形状近似两侧对称切除后的椭球冠，接近中部的一条弧线将本专利鼠标分为前后两个部分，前部平滑；前部居中具有纺锤形的区域，该区域的中部为滚轮，该区域的前部有一条分割直线；前部两侧的端部稍向前凸出并向上突起；在水平方向上有一条线条将本专利鼠标分割成上下两个部分。本专利鼠标的左右侧面对称（详见在先设计附图）。

将本专利与在先设计相比，两者在使用状态下的易见到部分的整体形状基本相同，各部分的设计也基本相同。本专利后视图所示的设计在使用状态下不易见到，对视觉效果不具有显著影响。故合议组认为：本专利和在先设计相近似，本专利不符合专利法第23条的规定。

鉴于本案已得出上述结论，合议组对请求人提出的其他无效宣告请求的理由和提交的其他证据不再予以评述。

三、决定

宣告 200530068988.7 号外观设计专利权全部无效。

根据专利法第 46 条第 2 款的规定，当事人对本决定不服的，自收到本决定之日起三个月内向北京市第一中级人民法院起诉，根据该款规定，一方当事人起诉后，另一方当事人应当作为第三人参加诉讼。

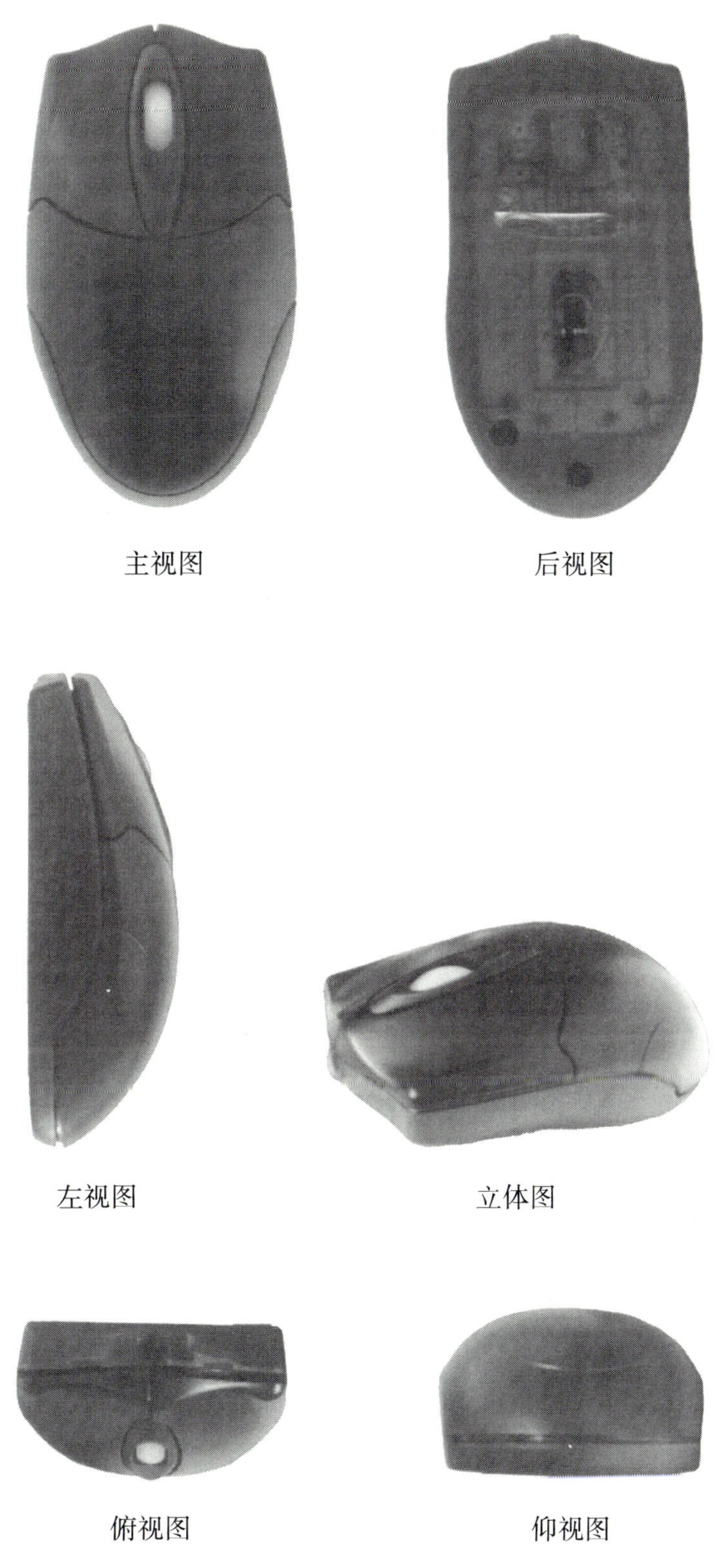

主视图　后视图

左视图　立体图

俯视图　仰视图

本专利附图

主视图

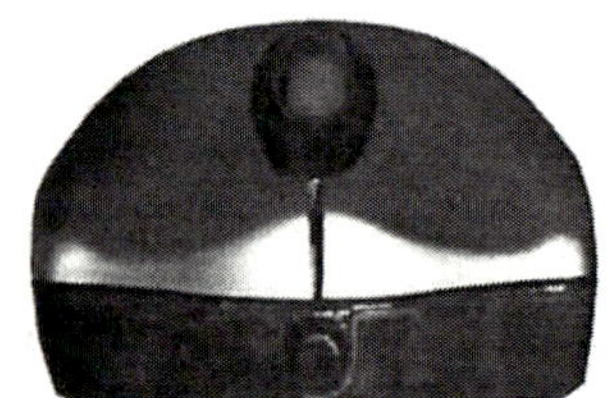
左视图

右视图

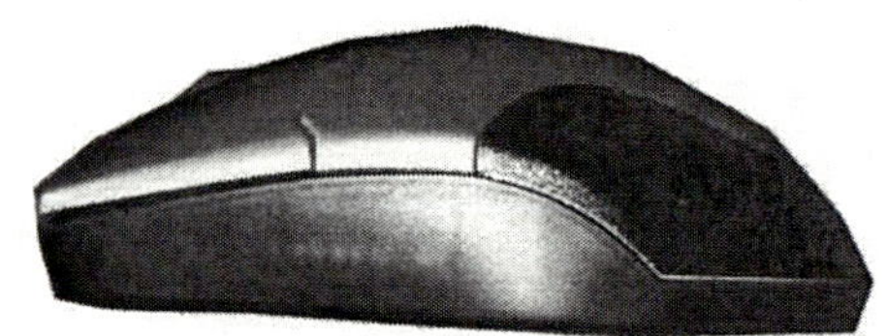
仰视图

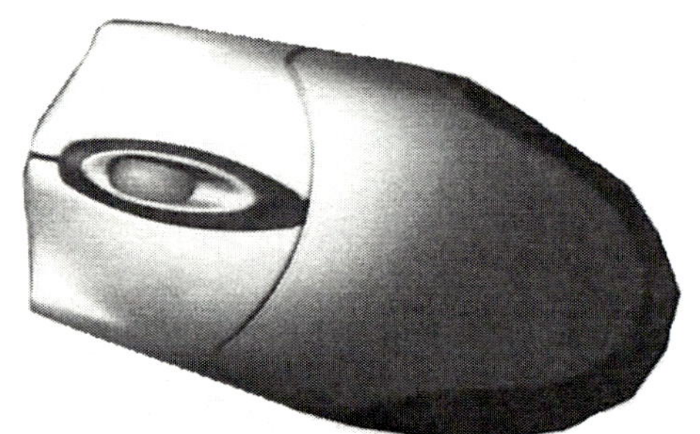
立体图

在先设计附图

458

鼠标外壳（M119）

无效宣告请求审查决定（第13887号）

决　　定　　号　第13887号
决　　定　　日　2009年9月11日
发明创造名称　鼠标外壳（M119）
外观设计分类号　14-02
无效宣告请求人　深圳华之美塑胶模具有限公司
专　利　权　人　郑伟琳
专　　利　　号　200630016313.2
申　　请　　日　2006年4月20日
授　权　公　告　日　2007年2月7日
合　议　组　组　长　钟　华
主　　审　　员　吴大章
参　　审　　员　沙柏青
附　　　　图　2页

法　律　依　据　专利法第9条
决　定　要　点

本专利和对比设计在使用状态下的易见到部分的整体形状基本相同，各部分的设计也基本相同；不同点在于对比设计的后部有一近似长方形的线框，本专利无此设计，合议组认为，该不同点属于局部的细微差别，不足以对产品的整体视觉效果产生显著的影响；对比设计仰视图所示的设计在使用状态下不易见到，对视觉效果亦不具有显著影响。故合议组认为本专利与在先设计构成相近似的外观设计，两者属于同样的发明创造。

一、案由

本无效宣告请求涉及国家知识产权局于2007年2月7日授权公告的200630016313.2号外观设计专利（下称本专利），使用本专利的产品名称为“鼠标外壳（M119）”，其申请日为2006年4月20日，专利权人为郑伟琳。

针对本专利，深圳华之美塑胶模具有限公司（下称请求人）于2009年5月8日向专利复审委员会提出无效宣告请求，其理由是本专利不符合专利法第23条和专利法第9条的规定。请求人同时提交如下附件作为证据：

附件1：200530068973.0号中国外观设计电子公开文本打印件1页；

附件 2：200530075973.3 号中国外观设计电子公开文本打印件 1 页；

附件 3：200520057376.2 号中国实用新型专利说明书的复印件 7 页；

附件 4：02326787.9 号中国外观设计电子公开文本打印件 1 页。

请求人认为：本专利和上述出版物上记载的外观设计相同或相近似，因此本专利不符合专利法第 23 条的规定。

经形式审查合格，专利复审委员会依法受理了上述无效宣告请求，并于 2009 年 5 月 31 日将无效宣告请求书及相关文件的副本转给专利权人，要求其在指定的期限内答复。

2009 年 7 月 7 日，专利权人提交了意见陈述书，认为附件 1 是专利权人自己申请的专利，在申请本专利时，附件 1 记载的专利尚未授权；附件 2 的产品与本专利不相近似，而且附件 2 的授权公告日晚于本专利的申请日，因此不具有证明力；附件 3 是实用新型专利，附图所显示的形状与本专利不具有相似性，而且附件 3 的授权公告日晚于本专利的申请日；附件 4 记载的鼠标左右、上下均不对称，从左视图看明显是左凹右凸呈外弧形，滚轮所处面与底座的厚度均为不同斜面和厚度，因此与本专利不具有相似性。

专利复审委员会于 2009 年 7 月 10 日向双方当事人发出口头审理通知书，定于 2009 年 8 月 19 日举行口头审理，随口头审理通知书向请求人转送了专利权人的上述意见陈述书。

口头审理如期举行，双方当事人均出席了本次口头审理。专利权人对请求人提交的所有附件的真实性均没有异议，但是指出：附件 1 不能支持专利法第 9 条的无效宣告请求理由；附件 2 记载的外观设计与本专利的设计风格没有相同之处，与本专利不相近似；附件 3 记载的实用新型与本专利不具有可比性；附件 4 记载的外观设计与本专利不相近似；本专利应予维持。请求人指出，附件 2、3 适用专利法第 9 条的无效宣告请求理由，附件 4 适用专利法第 23 条的无效宣告理由。双方当事人充分地陈述了各自的意见。

至此，合议组认为本案事实已经调查清楚，可以作出如下审查决定。

二、决定的理由

1. 法律依据

基于请求人提出的无效宣告理由和提交的证据，合议组首先依照专利法第 9 条的规定对本案进行审查。

专利法第 9 条规定："两个以上的申请人分别就同样的发明创造申请专利的，专利权授予最先申请的人。"

审查指南第四部分第七章第 1 节规定："专利法第 9 条……所述的'同样的发明创造'……对于外观设计而言，是指外观设计相同或者相近似，所述相同或者相近似的判断适用本部分第五章的规定。"

2. 证据的认定

请求人提交的附件 2 是 200530075973.3 号中国外观设计电子公开文本打印件 1 页，经合议组核实，附件 2 内容与该外观设计专利公报原件一致。附件 2 记载的申请日是 2005 年 11 月 14 日，授权公告日是 2006 年 11 月 1 日，使用外观设计的产品名称为"无线鼠标"（下称对比设计），专利权人是覃后成。附件 2 记载的专利权人与本专利的专利权人不相同，专利申请日早于本专利申请日（2006 年 4 月 20 日），公开日晚于本专利申请日，属于本专利的在先申请，可以作为支持依据专利法第 9 条提出无效宣告请求的证据。

3. 相同相近似比较

本专利和对比设计都是关于鼠标的外观设计，两者所属种类相同，因此可以进行相同相近似性比较。

本专利授权图片包括主视图、右视图、仰视图、俯视图和立体图，简要说明记载“1. 后视图无设计要点，省略后视图。2. 左视图和右视图对称，省略左视图”。如图所示，本专利鼠标外壳整体形状近似两侧对称切除后的椭球冠，接近中部的一条曲线将本专利鼠标外壳分为前后两个部分；前部居中具有一条分割直线，一倒置保龄球的木瓶座形的区域坐落于所述分割直线上，该区域的中部为滚轮；左右按键处略凹；在水平方向上有一条环绕线条将本专利鼠标外壳分割成上下两个部分。本专利鼠标外壳的左右两侧对称（详见本专利附图）。

对比设计由 7 幅视图表示，即主视图、后视图、左视图、右视图、仰视图、俯视图和立体图。如图所示，对比设计鼠标整体形状近似两侧对称切除后的椭球冠，接近中部的一条曲线将对比设计鼠标分为前后两个部分；前部居中具有一条分割直线，一倒置保龄球的木瓶座形的区域坐落于所述分割直线上，该区域的中部为滚轮；左右按键处略凹；在水平方向上有一条环绕线条将对比设计分割成上下两个部分；对比设计的后部有一近似长方形的线框，该线框的下方与环绕线条共线。对比设计鼠标的左右两侧对称（详见对比设计附图）。

将本专利与对比设计相比，两者在使用状态下的易见到部分的整体形状基本相同，各部分的设计也基本相同；不同点在于对比设计的后部有一近似长方形的线框，本专利无此设计，合议组认为，该不同点属于局部的细微差别，不足以对产品的整体视觉效果产生显著的影响；对比设计仰视图所示的设计在使用状态下不易见到，对视觉效果亦不具有显著影响。故合议组认为：本专利与对比设计构成相近似的外观设计，两者属于同样的发明创造，本专利不符合专利法第 9 条的规定。

鉴于本案已得出上述结论，合议组对请求人提出的其他无效宣告请求的理由和提交的其他证据不再予以评述。

三、决定

宣告 200630016313. 2 号外观设计专利权全部无效。

根据专利法第 46 条第 2 款的规定，当事人对本决定不服的，自收到本决定之日起三个月内向北京市第一中级人民法院起诉，根据该款规定，一方当事人起诉后，另一方当事人应当作为第三人参加诉讼。

仰视图

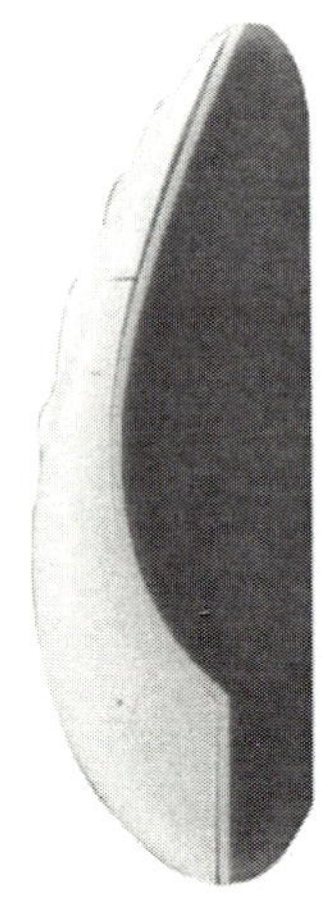

右视图

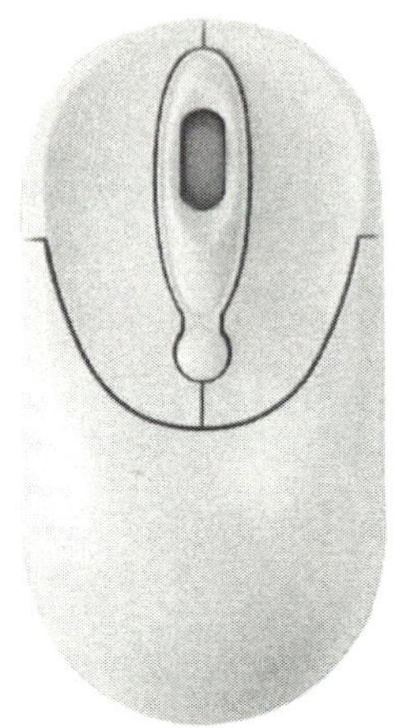

主视图

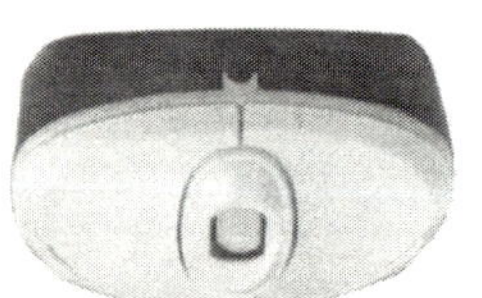

俯视图

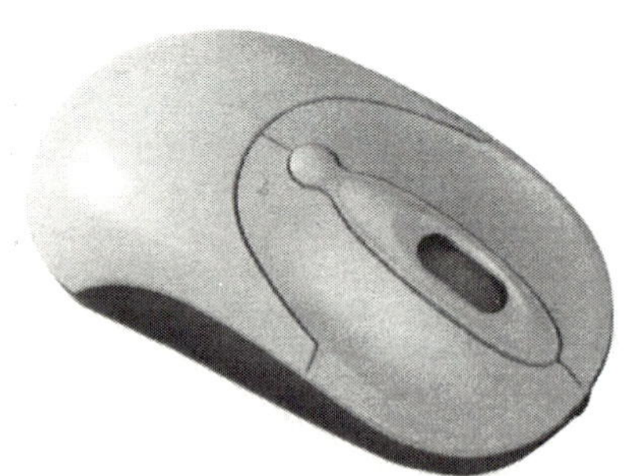

立体图

本专利附图

仰视图

右视图

主视图

左视图

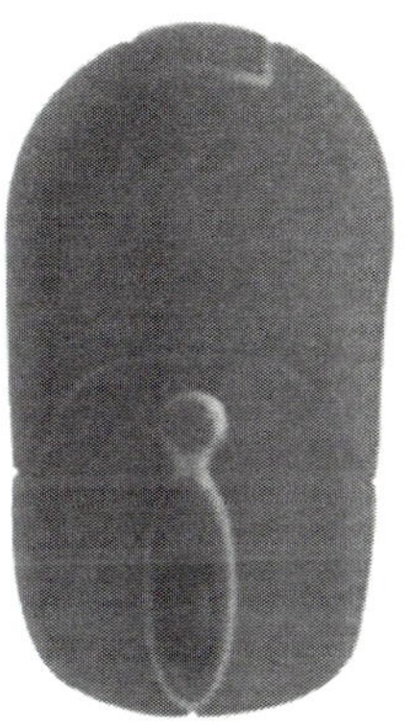

俯视图

后视图

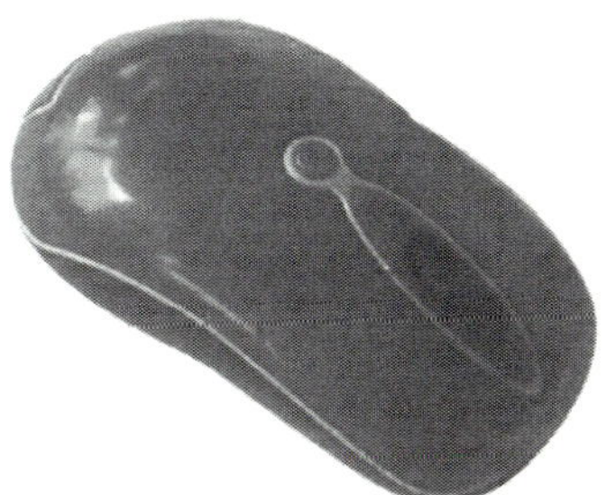

立体图

对比设计附图

459

冲水箱（A111）

无效宣告请求审查决定（第13888号）

决　　定　　号　第13888号
决　　定　　日　2009年9月7日
发明创造名称　冲水箱（A111）
外观设计分类号　23-02
无效宣告请求人　中山市思捷塑胶电器有限公司
专　利　权　人　周裕佳，胡永明
专　　利　　号　200430045748.0
申　　请　　日　2004年7月28日
授 权 公 告 日　2005年3月16日
合 议 组 组 长　吴赤兵
主　　审　　员　沙柏青
参　　审　　员　李巍巍
附　　　　　图　2页

法　律　依　据　专利法第23条
决　定　要　点

在本专利与在先设计的整体造型、各部分形状及比例等均基本相同的情况下，其局部细微的差别不会对产品的整体视觉效果产生显著的影响，一般消费者容易将二者混同、误认。因此，合议组认定，本专利与在先设计属于相近似的外观设计。

一、案由

本无效宣告请求案涉及国家知识产权局于2005年3月16日授权公告的，名称为“冲水箱（A111）”的外观设计专利（下称本专利），其专利号是200430045748.0，申请日是2004年7月28日，专利权人是周裕佳、胡永明。

针对上述专利权，中山市思捷塑胶电器有限公司（下称请求人）于2009年4月2日向国家知识产权局专利复审委员会提出无效宣告请求，认为本专利的授权不符合专利法第23条的规定，并提交了以下证据作为对比文件：

证据1：ZL02365896.7号外观设计专利公报复印件，共2页；

证据2：ZL03360444.4号外观设计专利公报复印件，共2页。

请求人认为，证据1的公告日在本专利申请日（2004年7月28日）之前，二者均属于冲水箱的外观设计，均包括箱盖和箱体两部分，并且二者的箱体部分形状完全相同，箱盖部分的正面及两侧面形状也完全相同，箱体和盖结合后，主视图、左视图、右视图完全相同，唯一不同的是二者水箱盖顶部按键的部位、形状不同，按键外的图案有一定差别，但就冲水箱类产品而言，上述轻微变化属于惯常设计，且没有配合引人注目的色彩变化。证据 2 的公告日在本专利的申请日之前，二者均属于冲水箱的外观设计，均包括箱盖和箱体，且二者的高度比例均为 1∶4 左右，均为扁的上部略粗的近方形结构，在箱体和箱盖的中间 3/5 部分、左右两方向均有呈自上而下自外向内缩窄的弧形，该弧形均为向箱前方突起，二者俯视图中心位置左右均对称分布有两个按键，在按键上方，均有占俯视图中部约一半面积的弧面。对于冲水箱类产品而言，背面及底面为非常见面。因此，证据 1、证据 2 与本专利属于相近似的外观设计，本专利不符合专利法第 23 条的规定，应被宣告无效。

经形式审查合格，专利复审委员会依法受理了上述无效宣告请求，并于 2009 年 4 月 2 日将无效宣告请求书及相关文件的副本转送给专利权人，通知其在指定的期限内答复。

专利复审委员会于 2009 年 6 月 16 日向双方当事人发出合议组成员告知通知书，向请求人发出无效宣告请求审查通知书。

2009 年 7 月 10 日，请求人补充提交意见陈述书，认为：本案专利左边两条弧线之间及右边两边弧线之间渐向前的弧面突起、按键下方的弧面带来的视觉影响不大。

专利复审委员会于 2009 年 7 月 16 日向专利权人发出转送文件通知书，将请求人补充提交的意见陈述书及相关文件的副本转送给专利权人，通知其在指定的期限内答复。专利权人逾期未答复。

在上述审理的基础上，合议组认为本案事实清楚，可以依法作出审查决定。

二、决定的理由

1. 法律依据

基于请求人提出的无效宣告请求的理由和证据，合议组依据专利法第 23 条的规定对本案进行审理。

专利法第 23 条规定："授予专利权的外观设计，应当同申请日以前在国内外出版物上公开发表过或者国内公开使用过的外观设计不相同和不相近似，并不得与他人在先取得的合法权利相冲突。"

2. 证据认定

请求人提交的证据 2 是 ZL03360444. 4 号外观设计专利公报复印件，经核实该证据内容与其外观设计专利公报内容一致，其真实性可以确认。该外观设计专利产品名称为："冲水箱"，其授权公告日为 2004 年 3 月 10 日，早于本专利的申请日（2004 年 7 月 28 日），可以作为评价本专利是否符合专利法第 23 条的证据。

3. 外观设计相同和相近似对比

证据 2 公开了一种冲水箱的外观设计（下称在先设计），与本专利的用途相同，属于相同类别的产品，具有可比性，故对二者的外观设计作如下对比：

本专利显示了冲水箱的主视图、后视图、左视图、右视图、俯视图、仰视图和立体图。该冲水箱大致呈上部略粗的扁方形，包括箱盖和箱体两部分，箱盖与箱体的比例约为 1∶4。冲水箱正面自左右两侧约 1/4 处起呈向前凸起的弧面，该弧面呈自上而下自外向内缩窄。冲水箱顶面中心位置有一个椭圆形，该椭圆形的两侧分别有一大一小两个相对的弧形，椭圆形中间有两个按键。仰视图中间有一圆形，左侧有一小圆形（详见本专利附图）。

在先设计所示的冲水箱大致呈上部略粗的扁方形，包括箱盖和箱体两部分，箱盖与箱体的比例约为 1∶4。冲水箱正面自左右两侧约 1/4 处起呈向前凸起的弧面。冲水箱顶面中心位置有两个按键，按键外有一轻微内凹的弧形。仰视图中间有一圆形，左侧有一小圆形（详见在先设计附图）。

将本专利与在先设计相比较可知，二者的相同点在于：（1）产品整体均为上部略粗的扁方形；（2）均包括箱盖和箱体两部分，箱盖与箱体的比例均约为 1∶4；（3）冲水箱正面均有自左右两侧约 1/4 处起呈向前凸起的弧面；（4）顶面中心位置均有两个按键，按键外一侧均有一弧形；（5）仰视图中间有一圆形，左侧有一小圆形。二者不同之处在于：（1）本专利正面凸起的弧面自上而下自外向内缩窄，在先设计的不明显；（2）本专利顶面中心位置有一个椭圆形，该椭圆形的两侧分别有一大一小两个相对的略凸起的弧形，在先设计只有一轻微内凹的弧形；（3）本专利后视图中上部有一窄横条结构，在先设计没有。合议组认为：（1）虽然本专利正面的弧面自上而下自外向内缩窄，但与在先设计相对比，其内缩的程度对产品的整体视觉效果没有产生显著的影响；（2）二者顶面按键部位的差别相对于冲水箱整体而言，属于局部细微的变化，不足以引起一般消费者的注意；（3）对于冲水箱类产品，其背面和底面在使用时属于不易被一般消费者注意的部位，因此，背面有无窄横条结构的差别不会对整体视觉效果产生显著影响。在二者整体造型、各部分形状及比例等均基本相同的情况下，其局部细微的差别不会对产品整体的视觉效果产生显著影响，一般消费者容易将二者混同、误认。因此，合议组认定，本专利与在先设计属于相近似的外观设计。

综上所述，合议组认为，在本专利申请日以前已有与其相近似的外观设计在出版物上公开发表过，所以，本专利权的授予不符合专利法第 23 条的规定。

鉴于已经得出本专利不符合专利法第 23 条规定的结论，合议组对请求人提出的其他证据不再进行评述。

三、决定

宣告 200430045748.0 号外观设计专利权全部无效。

当事人对本决定不服的，可以根据专利法第 46 条第 2 款的规定，自收到本决定之日起三个月内向北京市第一中级人民法院起诉。根据该款的规定，一方当事人起诉后，另一方当事人应当作为第三人参加诉讼。

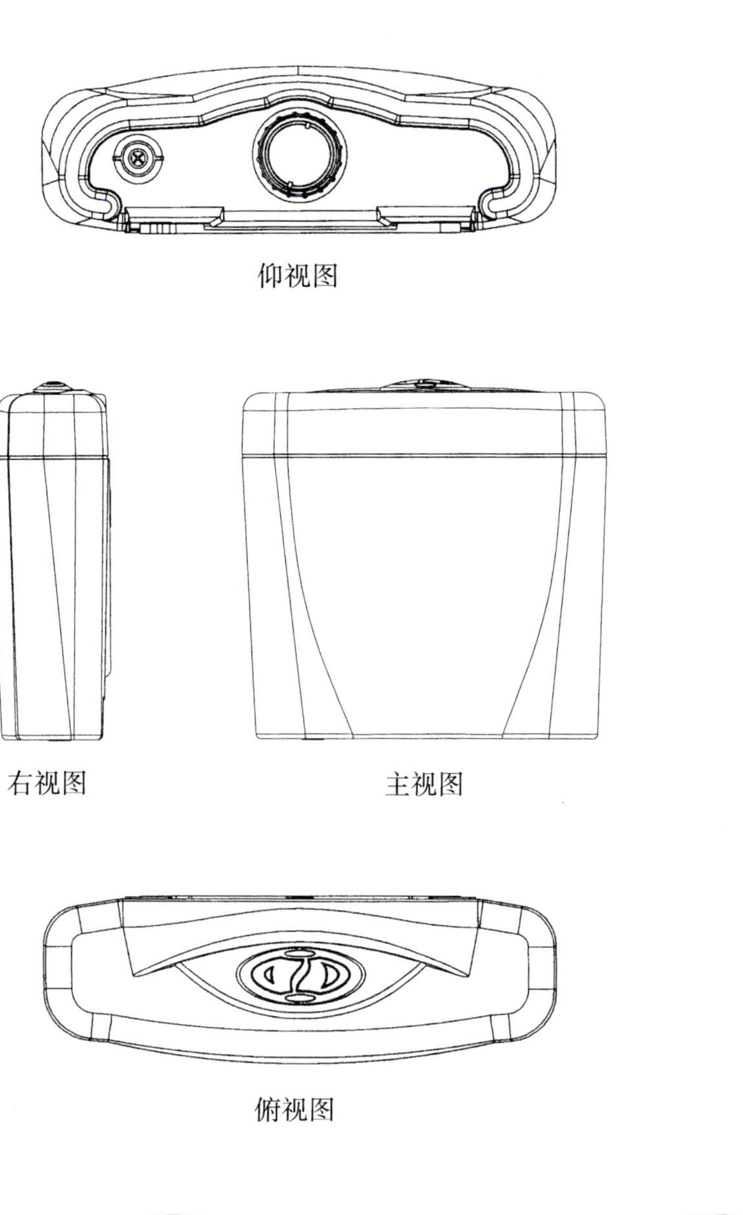

仰视图

右视图　　主视图

俯视图

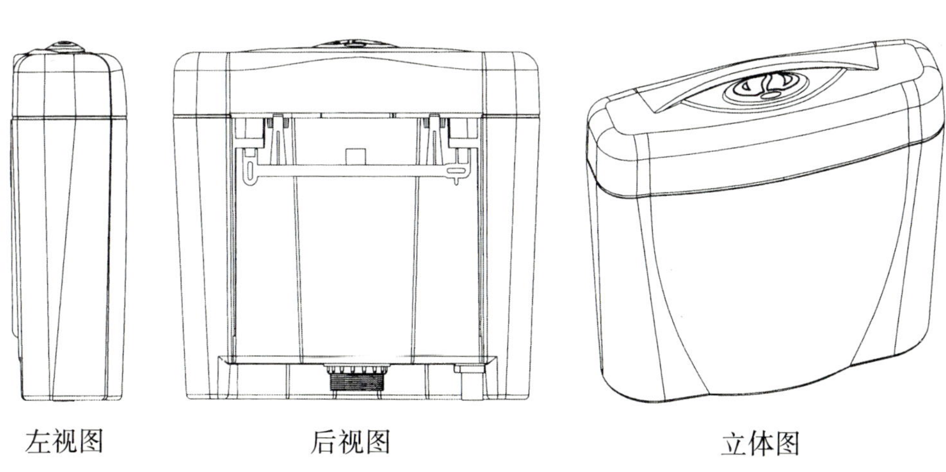

左视图　　后视图　　立体图

本专利附图

仰视图

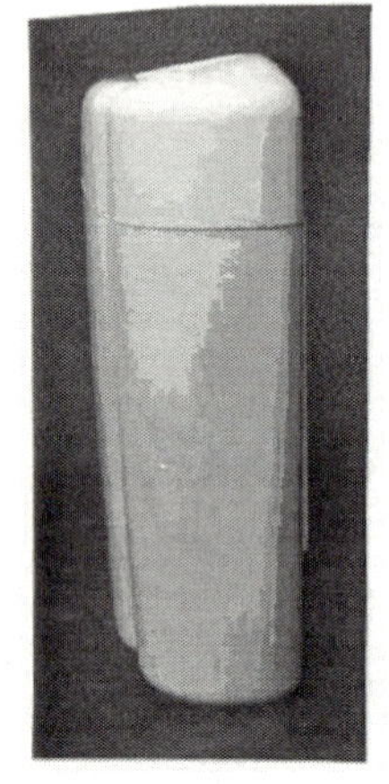

右视图

主视图

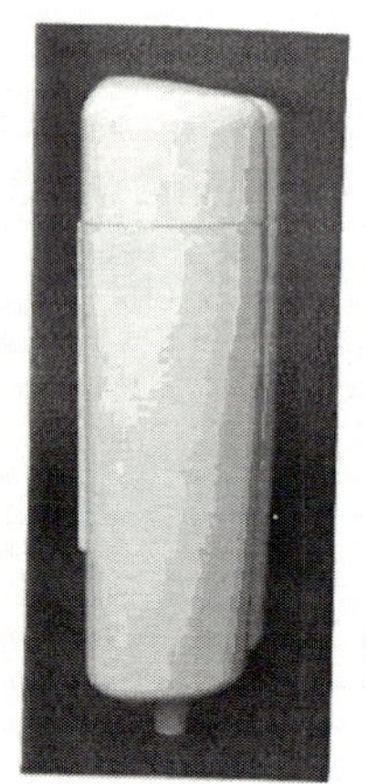

左视图

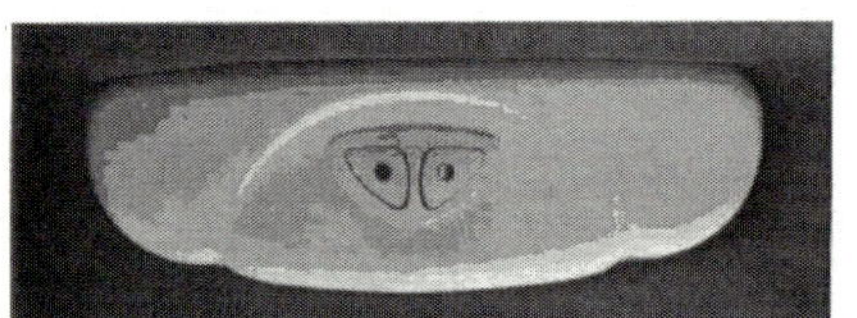

俯视图

后视图

立体图

在先设计附图

460

铝合金门窗型材（3）

无效宣告请求审查决定（第13890号）

决　定　号　第13890号
决　定　日　2009年9月11日
发明创造名称　铝合金门窗型材（3）
外观设计分类号　25-01
无效宣告请求人　李贵川
专　利　权　人　山东金象铝业有限公司
专　利　号　200630134399.9
申　请　日　2006年6月19日
授权公告日　2007年8月8日
合议组组长　吴大章
主　审　员　雷　婧
参　审　员　王美芳
附　　图　1页

法律依据　专利法第9条
决定要点

本专利与在先设计的截面形状在结构、轮廓上均相近似，二者仅在局部形状和局部位置上的图案有差异，但这些差异对外观设计的整体视觉效果不具有显著的影响，因此，本专利与在先设计属于相近似的外观设计。

一、案由

本无效宣告请求涉及的是国家知识产权局于2007年8月8日授权公告的、专利号为200630134399.9的外观设计专利，其产品名称为“铝合金门窗型材（3）”，申请日为2006年6月19日，专利权人为山东金象铝业有限公司。

针对上述外观设计专利权（下称本专利），李贵川（下称请求人）于2009年7月1日向专利复审委员会提出无效宣告请求，其理由是：本专利与申请日前另一申请人在先申请的外观设计属于相同的发明创造，不符合专利法第9条的规定。同时，请求人提交了如下附件作为证据：

附件1：200530077858.X号外观设计专利网络电子公开文本的打印件，共1页。

请求人认为，本专利与附件1所示的外观设计仅在上下两平板体处存在区别，但该区别不影响两者相近似的观察效果，就整体而言，附件1所示外观设计与本专利属于相近似的外观设计。

经形式审查合格，专利复审委员会依法受理了上述无效宣告请求，并于 2009 年 7 月 1 日将无效宣告请求书及相关文件的副本转送专利权人，通知其在指定的期限内答复。

专利权人在指定期限内未答复。

专利复审委员会成立合议组对本案进行审理，并于 2009 年 8 月 3 日向双方当事人发出合议组成员告知通知书，通知其如有回避请求，在指定期限内提交书面请求书。

双方当事人在指定期限内均未答复，均视为无回避请求。

在上述审理的基础上，合议组认为本案事实清楚，可以依法作出审查决定。

二、决定的理由

1. 法律依据

基于请求人提出无效宣告请求的理由，合议组依据专利法第 9 条的规定进行审理。

专利法第 9 条规定："两个以上的申请人分别就同样的发明创造申请专利的，专利权授予最先申请的人。"

2. 证据的认定

附件 1 是 200530077858. X 号外观设计专利网络电子公开文本的打印件，其产品名称为"型材（D8642A-14）"，申请日为 2005 年 8 月 16 日，公开日为 2006 年 10 月 18 日，专利权人为梁国胜。经合议组核实，该附件所示内容真实，其申请日在本专利的申请日（2006 年 6 月 19 日）之前，属于他人在先申请在后公开的外观设计专利，适用于评述本专利是否符合专利法第 9 条的规定。

3. 外观设计相同相近似的比较和判断

附件 1 中所示的产品与使用本专利的产品均为型材，二者具有相同的用途，属于相同类别的产品，故附件 1 所示的产品外观设计（下称在先设计）可以与本专利进行比较和判断。

本专利的图片包括型材的六面正投影视图，其所示型材截面主要由两长方形框和其上的凸起结构组成；两长方形框内同一侧的长边上各有一虎口形凸起，相对侧的短边角各有一个三角形凸起；两长方形框外同一侧长边转角处各有一个直角形凸起，另一侧的长边上各有一顶端为圆形的长条形凸起，较窄的长方形框的长边转角处有一顶端为圆弧状的长条形凸起，较宽的长方形框的长边转角处有一顶端为圆弧状的较长的长条形凸起，该长条形结构上有一近似"凹"字形的凸起；两长方形框外相对侧的短边上各有一个三角形的凹进；所示型材的两侧面在三角形凹进的两侧各有多条线条形图案（详见本专利附图）。

在先设计的图片包括型材的主视图、左视图、右视图、俯视图和仰视图，简要说明中记载"后视图与主视图对称，省略后视图。"其所示型材截面主要由两长方形框和其上的凸起结构组成；两长方形框内同一侧的长边上各有一虎口形凸起；两长方形框外同一侧长边转角处各有一个直角形凸起，另一侧的长边上各有一顶端为圆形的长条形凸起，较窄的长方形框的长边转角处有一顶端为圆弧状的长条形凸起，较宽的长方形框的长边转角处有一顶端为圆弧状的较长的长条形凸起，该长条形结构上有一近似"凹"字形的凸起（详见在先设计附图）。

将本专利与在先设计进行比较，二者的截面形状均由两长方形框和其上的凸起结构组成，且凸起结构的形状及位置均相近似。二者的不同点主要在于，型材截面的长方形框的长宽比例不相同，本专利的两长方形框相对在先设计而言稍显狭窄；型材两侧面的形状和图案稍有差异，本专利两侧面各有一个三角形凹进，且该凹进的两侧均有多条线条形图案，而在先设计的两侧面无任何凹进或图案。合议组认为，本专利与在先设计的截面形状在结构、轮廓上均相近似，二者仅在局部形状和局部位置上的图案有差异，但这些差异对外观设计的整体视觉效果不具有显著的影响，因此，本专利与在先设计属于相近似的外观设计。

4. 结论

对于外观设计而言，同样的发明创造是指两项外观设计相同或者相近似。在本专利的申请日之前已有他人申请过与其相近似的外观设计专利，因而，本专利不符合专利法第 9 条的规定。

三、决定

宣告 200630134399. 9 号外观设计专利权全部无效。

当事人对本决定不服的，可以根据专利法第 46 条第 2 款的规定，自收到本决定之日起三个月内向北京市第一中级人民法院起诉，根据该款规定，一方当事人起诉后，另一方当事人应当作为第三人参加诉讼。

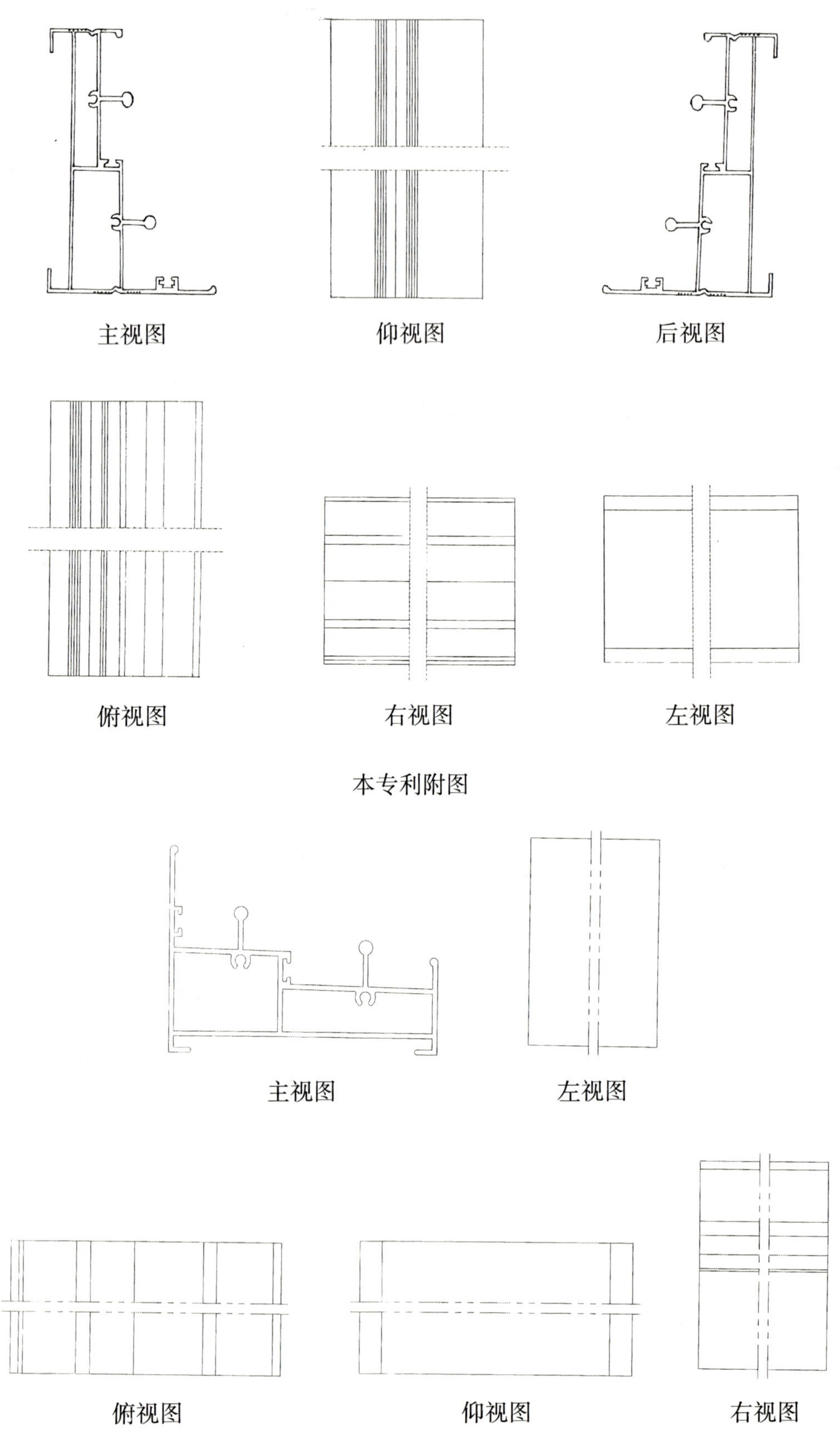
主视图
仰视图
后视图
俯视图
右视图
左视图
本专利附图
主视图
左视图
俯视图
仰视图
右视图
在先设计附图

461

铝合金门窗型材（9）

无效宣告请求审查决定（第13891号）

决　　定　　号　第13891号
决　　定　　日　2009年9月11日
发明创造名称　铝合金门窗型材（9）
外观设计分类号　25-01
无效宣告请求人　李贵川
专　利　权　人　山东金象铝业有限公司
专　　利　　号　200630134393.1
申　　请　　日　2006年6月19日
授 权 公 告 日　2008年1月30日
合 议 组 组 长　吴大章
主　　审　　员　雷　婧
参　　审　　员　王美芳
附　　　　　图　1页

法 律 依 据　专利法第9条
决 定 要 点

本专利与在先设计的截面形状在结构、轮廓上均相近似，二者仅在局部形状上有差异，但这些差异对外观设计的整体视觉效果不具有显著的影响，因此，本专利与在先设计属于相近似的外观设计。

一、案由

本无效宣告请求涉及的是国家知识产权局于2008年1月30日授权公告的、专利号为200630134393.1的外观设计专利，其产品名称为“铝合金门窗型材（9）”，申请日为2006年6月19日，专利权人为山东金象铝业有限公司。

针对上述外观设计专利权（下称本专利），李贵川（下称请求人）于2009年7月1日向专利复审委员会提出无效宣告请求，其理由是：本专利与申请日前另一申请人在先申请的外观设计属于相同的发明创造，不符合专利法第9条的规定。同时，请求人提交了如下附件作为证据：

附件1：200530078451.9号外观设计专利网络电子公开文本的打印件，共1页。

请求人认为，本专利与附件1所示的外观设计仅在左右两竖直板体处存在区别，但该区别不影响两者相近似的观察效果，就整体而言，附件1所示外观设计与本专利属于相近似的外观设计。

经形式审查合格，专利复审委员会依法受理了上述无效宣告请求，并于2009年7月1日将无效宣告请求书及相关文件的副本转送专利权人，通知其在指定的期限内答复。

专利权人在指定期限内未答复。

专利复审委员会成立合议组对本案进行审理，并于 2009 年 8 月 3 日向双方当事人发出合议组成员告知通知书，通知其如有回避请求，在指定期限内提交书面请求书。

双方当事人在指定期限内均未答复，均视为无回避请求。

在上述审理的基础上，合议组认为本案事实清楚，可以依法作出审查决定。

二、决定的理由

1. 法律依据

基于请求人提出无效宣告请求的理由，合议组依据专利法第 9 条的规定进行审理。

专利法第 9 条规定："两个以上的申请人分别就同样的发明创造申请专利的，专利权授予最先申请的人。"

2. 证据的认定

附件 1 是 200530078451. 9 号外观设计专利网络电子公开文本的打印件，其产品名称为"型材（LD-7806-4）"，申请日为 2005 年 8 月 19 日，公开日为 2006 年 6 月 28 日，专利权人为陈冠英。经合议组核实，该附件所示内容真实，其申请日在本专利的申请日（2006 年 6 月 19 日）之前，属于他人在先申请在后公开的外观设计专利，适用于评述本专利是否符合专利法第 9 条的规定。

3. 外观设计相同相近似的比较和判断

附件 1 中所示的产品与使用本专利的产品均为型材，二者具有相同的用途，属于相同类别的产品，故附件 1 所示的产品外观设计（下称在先设计）可以与本专利进行比较和判断。

本专利的图片包括型材的主视图、左视图、俯视图和仰视图，简要说明中记载"后视图与主视图相同，省略后视图；右视图与左视图相同，省略右视图"。其所示型材截面主要由一个四角均呈圆弧形的长方形框及其上的凹凸结构组成，整体呈轴对称状；长方形框一侧短边的两转角外侧各有一个直角形凸起，该凸起与长方形框的连接处呈弧形，在该连接处的两端各有几个小三角形凹进，上述凹进在型材侧面形成多条线条形凹槽，另一侧短边中间有一近似"凸"字形的凹进（详见本专利附图）。

在先设计的图片包括型材的主视图、左视图、右视图、俯视图和仰视图，简要说明中记载"后视图与主视图相同，故省略后视图"。其所示型材截面主要由一个长方形框及其上的凹凸结构组成，整体呈轴对称状；长方形框一侧短边的两转角外侧各有一个直角形凸起，该凸起的中间及其与长方形框的连接处各有一小圆弧形凹进，并在其侧面上显示为条状凹槽，另一侧短边的两转角均呈圆弧形，其中间有一近似"凸"字形的凹进（详见在先设计附图）。

将本专利与在先设计进行比较，二者的截面形状均由一个长方形框及其上的凹凸结构组成，且整体均呈轴对称状，其凹凸结构的形状及位置均相近似。二者的不同点主要在于，型材截面长方形框的长宽比例不相同，本专利的长方形框相对在先设计而言稍显狭窄；型材两侧面的形状稍有差异，本专利两侧面各有多条线条形凹槽，而在先设计仅在直角形凸起上有条状凹槽。合议组认为，本专利与在先设计的截面形状在结构、轮廓上均相近似，二者仅在局部形状上有差异，但这些差异对外观设计的整体视觉效果不具有显著的影响，因此，本专利与在先设计属于相近似的外观设计。

4. 结论

对于外观设计而言，同样的发明创造是指两项外观设计相同或者相近似。在本专利的申请日之前已有他人申请过与其相近似的外观设计专利，因而，本专利不符合专利法第 9 条的规定。

三、决定

宣告 200630134393.1 号外观设计专利权全部无效。

当事人对本决定不服的，可以根据专利法第 46 条第 2 款的规定，自收到本决定之日起三个月内向北京市第一中级人民法院起诉，根据该款规定，一方当事人起诉后，另一方当事人应当作为第三人参加诉讼。

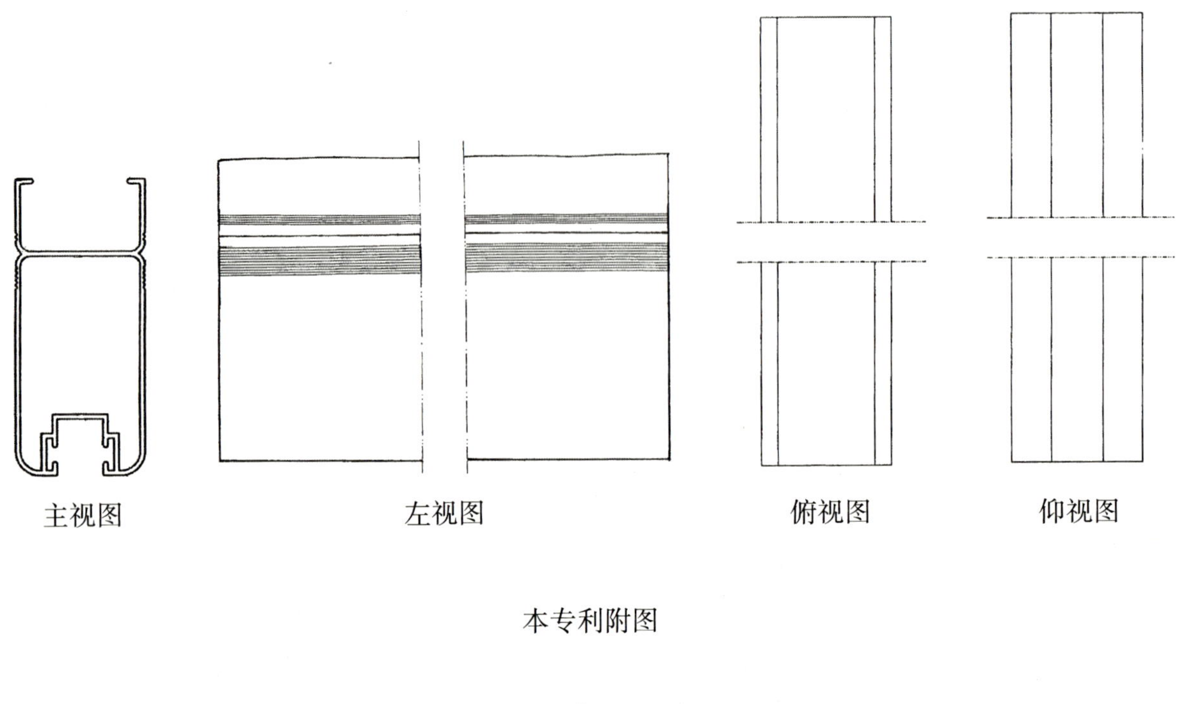

本专利附图

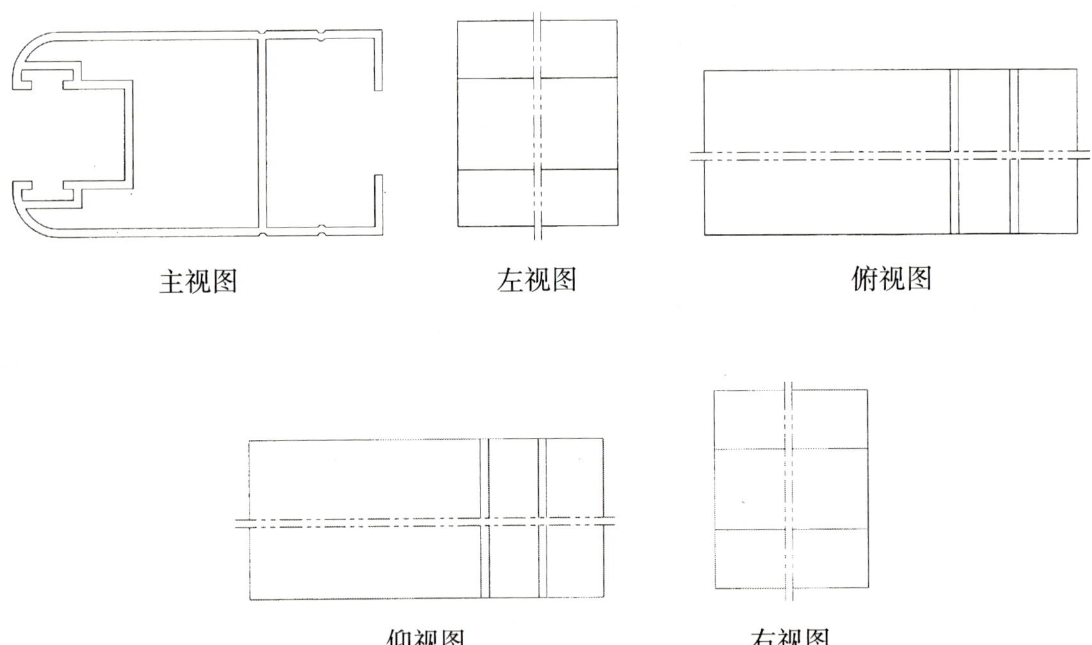

在先设计

462

铝合金门窗型材（11）

无效宣告请求审查决定（第13892号）

决　　定　　号 第13892号
决　　定　　日 2009年9月11日
发明创造名称 铝合金门窗型材（11）
外观设计分类号 25-01
无效宣告请求人 李贵川
专　利　权　人 山东金象铝业有限公司
专　　利　　号 200630134391.2
申　　请　　日 2006年6月19日
授 权 公 告 日 2007年7月18日
合 议 组 组 长 吴大章
主　　审　　员 雷　婧
参　　审　　员 王美芳
附　　　　　图 1页

法　律　依　据 专利法第23条
决　定　要　点

本专利与在先设计的局部形状差异和局部位置上的图案差异属于细微的设计变化，对外观设计的整体视觉效果不具有显著的影响，因此，本专利与在先设计属于相近似的外观设计。

一、案由

本无效宣告请求涉及的是国家知识产权局于2007年7月18日授权公告的、专利号为200630134391.2的外观设计专利，其产品名称为“铝合金门窗型材（11）”，申请日为2006年6月19日，专利权人为山东金象铝业有限公司。

针对上述外观设计专利权（下称本专利），李贵川（下称请求人）于2009年7月1日向专利复审委员会提出无效宣告请求，其理由是：本专利与申请日前公开出版物上所发表过的外观设计相近似，不符合专利法第23条的规定。同时，请求人提交了如下附件作为证据：

附件1：03306536.5号外观设计专利电子公开文本的打印件，共1页。

请求人认为，本专利与附件1所示的外观设计仅在上下两水平板体处存在区别，但该区别不影响两者相近似的观察效果，就整体而言，附件1所示外观设计与本专利属于相近似的外观设计。

经形式审查合格，专利复审委员会依法受理了上述无效宣告请求，并于2009年7月1日将无效宣告请求书及相关文件的副本转送专利权人，通知其在指定的期限内答复。

专利权人在指定期限内未答复。

专利复审委员会成立合议组对本案进行审理，并于2009年8月3日向双方当事人发出合议组成员告知通知书，通知其如有回避请求，在指定期限内提交书面请求书。

双方当事人在指定期限内均未答复，均视为无回避请求。

在上述审理的基础上，合议组认为本案事实清楚，可以依法作出审查决定。

二、决定的理由

1. 法律依据

基于请求人提出无效宣告请求的理由，合议组依据专利法第23条的规定进行审理。

专利法第23条规定：“授予专利权的外观设计，应当同申请日以前在国内外出版物上公开发表过或者国内公开使用过的外观设计不相同和不相近似，并不得与他人在先取得的合法权利相冲突。”

2. 证据的认定

附件1是03306536.5号外观设计专利电子公开文本的打印件，其产品名称为“型材（12）”，申请日为2003年4月3日，公开日为2003年10月1日。经合议组核实，该附件所示的内容真实，其公开日在本专利的申请日（2006年6月19日）之前，适用于评述本专利是否符合专利法第23条的规定。

3. 外观设计相同相近似的比较和判断

附件1中所示的产品与使用本专利的产品均为型材，二者具有相同的用途，属于相同类别的产品，故附件1所示的产品外观设计（下称在先设计）可以与本专利进行比较和判断。

本专利的图片包括型材的主视图、后视图、左视图、右视图和俯视图，简要说明中记载“仰视图与俯视图相同，省略仰视图。本外观设计产品为型材，其长度视需要而定”。其所示型材截面的整体形状近似“工”字形；其上下端的左侧均呈直角形，两端中间有三角形凹进，该凹进在上下侧面呈条形凹槽状，凹槽的两侧各有多条线条形图案；截面中间右侧有勾形和近似“凹”字形的凸起(详见本专利附图)。

在先设计的图片包括型材的六面正投影视图，其公开的型材截面的整体形状近似倒置“工”字形，其左右端的下侧均呈直角形，截面中间上侧有勾形和近似“凹”字形的凸起（详见在先设计附图)。

将本专利与在先设计进行比较，二者整体形状相近似，仅在两侧面的形状和图案上稍有差异，本专利两端中间有三角形凹进，该凹进在上下侧面呈条形凹槽状，凹槽的两侧各有多条线条形图案，而在先设计无上述设计。合议组认为，本专利与在先设计的上述局部形状差异和局部位置上的图案差异属于细微的设计变化，对外观设计的整体视觉效果不具有显著的影响，因此，本专利与在先设计属于相近似的外观设计。

4. 结论

在本专利申请日以前，已有与其相近似的外观设计在国内出版物上公开发表过，因而，本专利不符合专利法第23条的规定。

三、决定

宣告200630134391.2号外观设计专利权全部无效。

当事人对本决定不服的，可以根据专利法第46条第2款的规定，自收到本决定之日起三个月内向北京市第一中级人民法院起诉，根据该款规定，一方当事人起诉后，另一方当事人应当作为第三人参加诉讼。

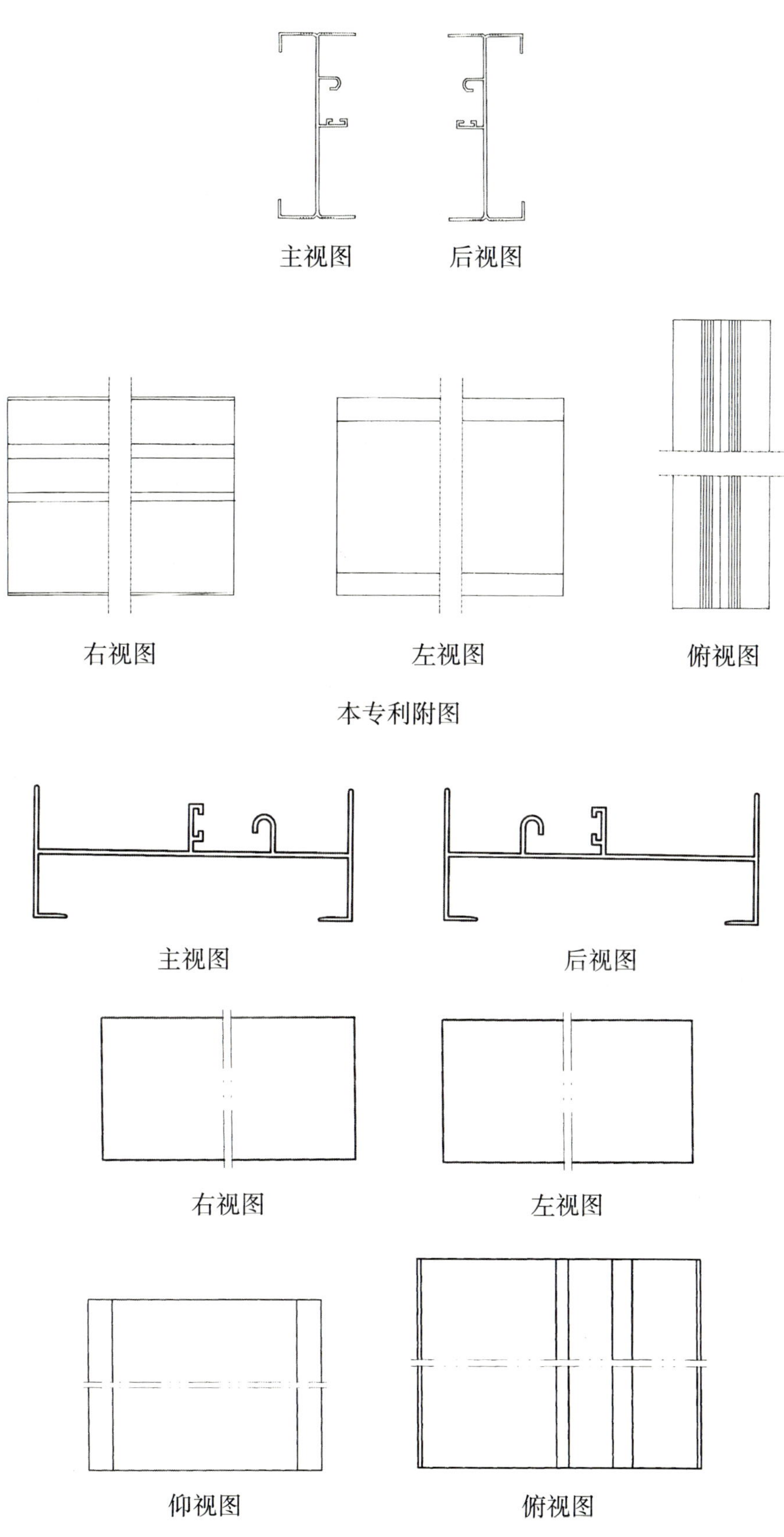
主视图
后视图
右视图
左视图
俯视图
本专利附图
主视图
后视图
右视图
左视图
仰视图
俯视图
在先设计附图

463

绒布（涤纶、氨纶14）

无效宣告请求审查决定（第13901号）

决　　定　　号　第13901号
决　　定　　日　2009年9月14日
发明创造名称　绒布（涤纶、氨纶14）
外观设计分类号　05-05
无效宣告请求人　张智远
专　利　权　人　常熟市亿盛织造有限公司
专　　利　　号　200830026044.7
申　　请　　日　2008年4月3日
授 权 公 告 日　2009年4月15日
合 议 组 组 长　张　凌
主　　审　　员　吴大章
参　　审　　员　王　红
附　　　　　图　1页

法　律　依　据　专利法第23条
决　定　要　点

本专利和在先设计的图案基本相同，二者均采用单一色彩，其色彩上的差别对视觉效果不具有显著影响，两者属于相近似的外观设计。

一、案由

本决定涉及国家知识产权局于2009年4月15日授权公告的，名称为“绒布（涤纶、氨纶14）”的外观设计专利（下称本专利），其申请号是200830026044.7，申请日是2008年4月3日，专利权人是常熟市亿盛织造有限公司。

针对本专利，张智远（下称请求人）于2009年5月12日向专利复审委员会提出无效宣告请求，其理由是：在本专利申请日前有与本专利相近似的外观设计在国内公开出版，本专利不符合专利法第23条、第9条和专利法实施细则第13条第1款的规定，请求宣告本专利无效。请求人提交了如下附件作为证据：

附件1是200630115357.0号中国外观设计专利电子公告文本的打印件1页；

附件2是200830026057.4号中国外观设计专利电子公告文本的打印件1页。

请求人认为，本专利和上述附件1的在先公开的出版物上记载的外观设计相近似，依照专利法第

9条、第23条，专利法实施细则第13条应宣告无效，附件2是专利权人在先提交的相近似的外观设计专利申请，依照专利法实施细则第13条第1款的规定，专利权人应该在两项专利中选择保留其一。

经形式审查合格，专利复审委员会受理了此案，并于2009年6月1日将无效宣告请求书及相关材料副本转送给专利权人，同时依法成立合议组负责审理本案。

2009年7月1日，专利权人提交了针对无效宣告请求书的意见陈述书。专利权人认为本专利和附件1记载的外观设计的压纹线条密度不同，宽条块和窄条块的比例不同，不能造成普通消费者混淆，因此，本专利和附件1记载的外观设计不构成相同或者相近似。附件2记载的外观设计和本专利的差别更为明显，不会使一般消费者误认。本专利和附件1、2记载的外观设计均存在显著区别，无效宣告请求应该予以驳回。

专利复审委员会于2009年7月2日向双方当事人发出合议组成员告知通知书，于2009年7月13日将专利权人2009年7月1日的意见陈述书转送请求人，请求人逾期未答复。

在上述审理的基础上，合议组经合议，认为本案事实清楚，依法作出本审查决定。

二、决定的理由

1. 法律依据

基于请求人提出无效宣告请求所依据的理由和证据，合议组首先依照专利法第23条的规定进行审查。

专利法第23条规定："授予专利权的外观设计，应当同申请日以前在国内外出版物上公开发表过或者国内公开使用过的外观设计不相同和不相近似，并不得与他人在先取得的合法权利相冲突。"

2. 证据认定

请求人提交的附件1是200630115357.0号中国外观设计专利电子公开文本的下载打印件，经合议组核实，该附件的内容与该外观设计专利公报一致，对其予以采纳。附件1的公开日为2007年5月30日，早于本专利的申请日（2008年4月3日），其名称为："面料（海岛灯芯绒-1）"属于专利法第23条规定的在本专利申请日之前公开的出版物。

3. 关于相同、相近似的对比

附件1记载了一种面料的外观设计（下称在先设计），与本专利属于相同种类的产品，可以进行相同、相近似性对比。

本专利公告仅有一幅主视图，简要说明记载本外观设计产品为四方连续无限定外边的平面产品。从视图可知，本专利的图案由平行的宽窄直条纹构成（详见本专利附图）。

在先设计仅由一幅主视图表示，简要说明记载：本外观设计产品为四方连续无限定外边的平面产品。从视图可知，在先设计的图案由平行的宽窄直条纹构成（详见在先设计附图）。

专利权人认为，在先设计的压纹线条的密集程度远远小于本专利的压纹线条密度，在先设计的宽条和窄条的宽度比例和本专利的相应的宽条和窄条的宽度比例不同，在先设计的宽条只是略宽于窄条，而本专利的相应的宽条则是窄条的2.5倍以上。

合议组认为，从附件1可知，在先设计的宽条的宽度明显大于窄条的宽度，专利权人关于在先设计的宽条只是略宽于窄条的主张缺乏事实依据。将本专利与在先设计相比较可知，两者的图案均由平行的宽窄直条纹构成，两者条纹的宽度略有差别。合议组认为：两者的图案基本相同，本专利要求保护色彩，但本专利与在先设计均采用单一色彩，这种差别对视觉效果不具有显著影响，两者属于相近似的外观设计。故本专利不符合专利法第23条的规定。

鉴于本案已得出上述结论，合议组对请求人提出其他无效宣告理由和提交的其他证据不再予以评述。

三、决定

宣告 200830026044.7 号外观设计专利权全部无效。

当事人对本决定不服的，可以根据专利法第 46 条第 2 款的规定，自收到本决定之日起三个月内向北京市第一中级人民法院起诉。根据该款的规定，一方当事人起诉后，另一方当事人应当作为第三人参加诉讼。

本专利附图

在先设计附图

464

磁砖（JF-02）

无效宣告请求审查决定（第13902号）

决　　定　　号 第13902号
决　　定　　日 2009年9月15日
发明创造名称 磁砖（JF-02）
国 际 分 类 号 25-01
无效宣告请求人 南安市官桥金盛建材厂
专　利　权　人 苏平城
专　　利　　号 200630143786.9
申　　请　　日 2006年9月22日
授 权 公 告 日 2007年8月1日
合 议 组 组 长 陈迎春
主　　审　　员 陈　晔
参　　审　　员 孙茂宇

法 律 依 据 专利法第23条
决 定 要 点

请求人提交的证据均不能证明在本专利的申请日前已有与之相同或相近似的外观设计在国内外出版物上公开发表过或者在国内公开使用过，故无效请求人以本专利不符合专利法第23条规定为无效宣告请求的理由不成立。

一、案由

本无效宣告请求涉及的是国家知识产权局于2007年8月1日授权公告的专利号为200630143786.9的外观设计专利，其名称是"磁砖（JF-02）"，申请日是2006年9月22日，专利权人是苏平城。

针对上述外观设计专利权（下称本专利），南安市官桥金盛建材厂（下称请求人）于2009年1月12日以本专利在申请日前已经公开制造、使用、销售，故不符合专利法第22条第2款的规定为理由向专利复审委员会提出无效宣告请求。同时提供了下列附件作为证据：

附件1：定作人为南安市官桥金盛建材厂，承揽人为南安市宏彬精密模具有限公司的《加工承揽合同》，共1页；

附件2：编号分别为0007354、0009101、0009509和0007035号南安市官桥金盛建材厂出库凭证的复印件，共2页；

附件3：三本销售凭证的封面照片、编号分别为0005820、0018972的2份销售凭证以及编号不详、客户为吴春福、日期为2006年5月16日的1份销售凭证的照片的复印件，共2页；

附件4：惠万家陶瓷有限公司和金朝阳陶瓷公司的产品画册的复印件，共19页；

附件5：（2009）泉民初字第10号福建省泉州市中级人民法院传票的复印件，共3页。

依据上述附件，请求人的具体理由是：（1）附件1“异形腰线”砖模具加工承揽合同证明了在涉案专利申请日前请求人已准备生产制造本专利的产品；（2）附件2优等腰线砖的出库凭证证明了请求人在本专利申请日前已销售过本专利的产品；（3）附件3证明了请求人在本专利申请日前已销售本专利的产品，品名编号为B9256 10＊33、B689 10＊33两种；（4）附件4证明在2005年市场上已经有本专利的产品的画册宣传，为公众所知晓。综上，上述证据证明了请求人在本专利申请日前就已公开制造、使用、销售过本专利的产品，已为公众所知，因此，本专利不具有新颖性，不符合《专利法》第22条第2款的规定，应予无效。

经形式审查合格，专利复审委员会受理了此案，于2009年1月13日向请求人和专利权人发出无效宣告请求受理通知书，同时将《专利权无效宣告请求书》及其附件清单中所列附件副本转送给专利权人，要求其在指定的期限内答复。

专利权人于2009年2月21日提交了意见陈述书，专利权人认为：本专利为外观设计专利，专利法第22条第2款是关于发明和实用新型的新颖性的规定，并未涉及外观设计专利，因此本专利没有不符合专利法第22条第2款的规定，请求人的无效理由不成立。

本案合议组于2009年3月4日将专利权人的意见陈述书副本转送给请求人，要求其在指定的期限内答复。

请求人于2009年3月17日提交了意见陈述书，同时提交了如下附件：

附件6：《专利权无效宣告请求书》第一页；

附件7：《专利权无效宣告请求理由书》，共2页。

请求人认为：其在提出无效宣告请求时引用法律依据有误，但通过其申请时提交的无效宣告请求理由的正文部分，可以看出请求人本意就是要证明本专利不符合专利法第23条的规定，因此，请求将无效宣告请求的理由变更为专利法第23条，所依据的证据及结合证据具体说明无效宣告请求的理由同前述。

本案合议组于2009年3月31日向双方当事人发出口头审理通知书，定于2009年5月12日举行口头审理。同时将请求人的上述意见陈述书转送给专利权人，要求其在规定的期限内答复。

口头审理如期举行，请求人委托公民代理林祥翔出庭参加，专利权人委托泉州市文华专利代理有限公司的专利代理人陈雪莹出庭参加。

在口头审理中，请求人明确将其无效宣告请求的理由由本专利不符合专利法第22条第2款的规定变更为本专利不符合专利法第23条的规定。

专利权人认为：请求人对无效理由进行变更不符合审查指南的规定，应不予采纳。合议组当庭告知双方当事人：请求人对本专利提出的无效请求，从其无效具体理由、证据可以看出，其事实应对应于专利法第23条，故允许请求人对无效理由进行变更。

此后，双方当事人就附件1~3能否证明本专利在申请之前已经公开使用和销售，附件4能否作为在先设计，并与本专利构成相近似外观设计进行了辩论：

（1）关于附件1：专利权人认可其形式上的真实性，但认为其没有公信力，应不予采纳，而请求人认为，附件1证明了在申请日前，请求人已经生产了本专利产品。

（2）关于附件2、3：专利权人认可其真实性，但认为其没有任何图片，无法用来评价本专利。而请求人认为，在磁砖行业，附件2、3所列磁砖就是本专利的磁砖，专利权人要求请求人说明销售凭证上哪款磁砖与本专利相近似，请求人表示不太清楚。

（3）关于附件4：请求人认为，附件4是一份产品宣传画册，其在本专利申请日前公开，其中的HQA45350、JQA45447、JQA45447H2号磁砖与本专利相近似，具体地，上述磁砖与本专利主视图比较，都是矩形的，且都有两个凹槽，对磁砖来说，只有主视图对外观有决定作用，所以二者相近似。而专利权人认为其没有出版号和出版时间，不应属于公开出版物，且按照审查指南的规定，其公开日为2006年12月31日，在本专利申请日之后，不能作为在先设计，此外，请求人所述的上述三款磁砖只有一面视图，无法与本专利进行比较。

合议组于2009年5月15日收到专利权人的意见陈述书，该意见陈述书的内容是针对请求人于2009年3月31日提交的意见陈述书，其内容与专利权人在口头审理时陈述的意见基本相同。

至此，合议组认为本案事实已经清楚，可以依法作出审查决定。

二、决定的理由

1. 关于请求人变更无效宣告请求理由

请求人在提出无效宣告请求之日起一个月后提出变更无效理由，将无效宣告请求理由由原来的本专利不符合专利法第22条变更为专利法第23条。

根据审查指南第四部分第三章第4.2节的规定："请求人在提出无效宣告请求之日起一个月后增加无效宣告理由的，专利复审委员会一般不予考虑，但下列情形除外：（ii）对明显与提交的证据不相对应的无效宣告理由进行变更的。"

合议组认为，本专利为外观设计专利，由于专利法第22条适用的客体是发明和实用新型专利，与外观设计专利明显不适用，而修改后的无效理由"本专利不符合专利法第23条的规定"与其无效宣告客体相适应。因此，请求人对无效宣告请求理由的变更符合审查指南的规定，合议组予以接受，并依据专利法第23条进行审理。

2. 关于证据

在无效程序中，请求人共提交了七份附件，其中，请求人明确表示以附件1~4作为本专利不符合专利法第23条规定的证据。

专利权人认可附件1~4的真实性，但认为附件1是一份加工承揽合同，没有公信力，应不予采纳，附件2、3中没有任何图片，无法用来评价本专利，附件4没有出版号和出版时间，不属于公开出版物。

经审查，合议组认为，附件1为合同原件，附件2为产品出库凭证，附件3为产品销售凭证，且专利权人认可附件1~3的真实性，因此，附件1~3可以作为本案证据使用。附件4包括两份产品宣传画册，一份是惠万家陶瓷的产品宣传画册，封面标有2006字样，另一份是金太阳陶瓷的产品宣传画册，封面标有2005~2006字样。根据审查指南的规定："出版物的印刷日视为公开日，有其他证据证明其公开日的除外。印刷日只写明年月或者年份的，以所写月份的最后一日或者所写年份的12月31日为公开日。"由于附件4中的两份产品画册上没有标明印刷日或者发行日，只有"2006"或者"2005~2006"字样，因此，附件4中两份产品画册的公开日均认定为2006年12月31日，在本专利申请日之后，不能作为本案的证据使用。

3. 关于本专利是否符合专利法第23条的规定

请求人认为，附件1~3能够证明在申请日前请求人已准备生产制造与本专利相同或相近似产品，其中附件1用于证明与本专利相同或相近似产品在申请日前已经生产制造，附件2、3用于证明与本专利相同或相近似产品在申请日前已经公开销售。因此，本专利不符合专利法第23条的规定。

经审查，附件1是一份加工承揽合同，定作人为本案请求人，承揽人为南安市宏彬模具有限公司。合同上记载了定作人委托承揽人加工“异形腰线砖模具”，加工内容为：下模芯，规格 250×330，尺寸 25×251×331；下模芯，规格 300×450，尺寸 30×310×462，在其备注栏中有一幅平面样图。

合议组认为：首先，该合同一方是请求人，与本案有利害关系；其次，备注栏中只有一幅平面图且不清晰，无法判断所表示的是模芯形状和结构，还是表示用该模芯加工出来的磁砖的形状和结构，无法与本专利外观设计图相比对；最后，通常在签定加工承揽合同时，还应当附有详尽的技术要求、材料要求、设计图纸等等技术附件，以及合同所涉及的付款凭证或发票等来佐证该事实。因此，仅凭该加工承揽合同，不足以证明与本专利相同或相近似产品在申请日前公开制造的事实，合议组对请求人的意见不予支持。

附件 2 也是请求人南安市官桥金盛建材厂的四份出库凭证，所有出库凭证名称规格一栏中记载有“铭磁磁砖”或“25×33 磁砖”或“迁顺磁砖”等，摘要一栏包括“优等腰线黄”“优等腰线白”“优等腰线砖”等，没有任何反映所述磁砖结构形状的内容，无法与本外观设计专利进行任何比对。因此，附件 2 也无法证明与本专利相同或相近似产品在申请日前已公开销售的事实。

附件 3 包括三本销售凭证的封面及三份销售凭证存根联，其封面有手写的“吴春福”或“春福”和日期等字样，三份销售凭证不是税务发票，其上客户均为“吴春福”，品名编号包括“B9256 10×33”、“B691 10×33”、“B689 10×33”、“A680 25×33”、“B8559 10×33”、“BE9225 10×33”和“A8559 25×33”等，无法反映所记载的品名编号为何种产品，其结构形状如何。因此，附件 3 也无法证明与本专利相同或相近似产品在本专利申请日前公开销售这一事实，合议组对请求人的主张不予支持。

从附件 1~3 中所显示的内容也可以看出，三者之间不存在任何关联性，因此，附件 1~3 也不能形成一个完整的证据链来证明与本专利相同或相近似的产品在其申请日前公开制造、使用或销售的事实。

综上所述，请求人提交的证据均不能证明在本专利的申请日前已有与之相同或相近似的外观设计在国内外出版物上公开发表过或者在国内公开使用过。因此，本专利符合专利法第 23 条的规定。

三、决定

维持 200630143786.9 号外观设计专利权有效。

当事人对本决定不服的，可以根据专利法第 46 条第 2 款的规定，自收到本决定之日起三个月内向北京市第一中级人民法院起诉。根据该款的规定，一方当事人起诉后，另一方当事人应当作为第三人参加诉讼。

465

绒布（涤纶、氨纶18）

无效宣告请求审查决定（第13904号）

决　定　号　第13904号
决　定　日　2009年9月14日
发明创造名称　绒布（涤纶、氨纶18）
外观设计分类号　05-05
无效宣告请求人　张智远
专　利　权　人　常熟市亿盛织造有限公司
专　利　号　200830026040.9
申　请　日　2008年4月3日
授权公告日　2009年4月15日
合议组组长　张　凌
主　审　员　吴大章
参　审　员　王　红
附　图　1页

法律依据　专利法第9条
决定要点

本专利与对比设计相比较，两者图案的排列相同，仅仅是组成图案的基本元素圆形和椭圆形和由其环绕形成的凹下在宽度上略有差别，从整体上观察，上述宽度的差别对视觉效果不具有显著影响。尽管本专利要求保护色彩，但单一色彩的外观设计仅仅作色彩的改变，本专利和对比设计仍属于相近似的外观设计。

一、案由

本决定涉及国家知识产权局于2009年4月15日授权公告的，名称为“绒布（涤纶、氨纶18）”的外观设计专利（下称本专利），其申请号是200830026040.9，申请日是2008年4月3日，专利权人是常熟市亿盛织造有限公司。

针对本专利，张智远（下称请求人）于2009年5月12日向专利复审委员会提出无效宣告请求，其理由是：本专利和他人在先申请的外观设计相近似，本专利不符合专利法第9条和专利法实施细则第13条第1款的规定，再者，本专利和上述他人在先取得的权利相冲突，因此不符合专利法第23条的规定，请求宣告本专利无效。请求人提交的证据是200730120762.6号中国外观设计专利电子公告文本的1页打印件（附件1）。

经形式审查合格，专利复审委员会受理了此案，并于2009年6月1日将无效宣告请求书及相关材料副本转送给专利权人，同时依法成立合议组负责审理本案。

2009年7月1日，专利权人提交了针对无效宣告请求书的意见陈述书。专利权人认为本专利和附件1记载的外观设计不相同也不相近似，无效宣告请求应予驳回。

专利复审委员会于2009年7月2日向双方当事人发出合议组成员告知通知书，于2009年7月13日将专利权人2009年7月1日的意见陈述书转送请求人，请求人逾期未答复。

在上述审理的基础上，合议组经合议，认为本案事实清楚，依法作出本审查决定。

二、决定的理由

1. 法律依据

基于请求人提出的无效宣告理由和提交的证据，合议组首先依照专利法第9条的规定对本案进行审查。

专利法第9条规定："两个以上的申请人分别就同样的发明创造申请专利的，专利权授予最先申请的人。"

审查指南第四部分第七章第1节规定：专利法第9条……所述的"同样的发明创造"……对于外观设计而言，是指外观设计相同或者相近似，所述相同或者相近似的判断适用本部分第五章的规定。

2. 证据的认定

请求人提交的附件1是200730120762.6号中国外观设计电子公开文本打印件，经合议组核实，附件1内容与该外观设计专利公报原件一致。附件1记载的申请日是2007年6月20日，授权公告日是2008年6月4日，使用外观设计的产品名称为"面料（19）"（下称对比设计），专利权人是蔡玉堂。附件1属于他人在先申请，在后公开的外观设计，可以作为评价本专利是否符合专利法第9条的证据。

3. 关于相同、相近似的对比

本专利是关于绒布的外观设计，对比设计是关于面料的外观设计，两者种类相同，因此可以进行相同、相近似性比较。

本专利公告仅有一幅主视图，简要说明记载本外观设计产品为"1. 平面设计，故省略后视图；2. 请求保护的外观设计包含有色彩；3. 本产品为单元图案四方连续无限定外边的平面产品"。从视图可知，本专利的图案由凸起的近似椭圆形的小块和由所述椭圆形小块围绕形成的凹下菱形规则排列构成（详见本专利附图）。

对比设计由四幅视图表示，包括主视图、后视图、立体图和局部放大图，简要说明记载：本外观设计为单元图案四方连续无限定边界的平面产品。从视图可知，对比设计的图案由由凸起的近似圆形的小块和由所述圆形围绕形成的凹下矩形规则排列构成（详见对比设计附图）。

请求人和专利权人都认为本专利和在先设计由堆簇状图案构成，每四个堆簇状小图案中间包围一个凹下。专利权人认为本专利和对比设计主要有以下不同点：本专利的堆簇密集而对比设计的堆簇稀疏，本专利的堆簇趋于蘑菇形状而对比设计的堆簇趋于矩形；色彩不同。

合议组认为，本专利与对比设计相比较，两者图案的排列相同，仅仅是组成图案的基本元素圆形和椭圆形和由其环绕形成的凹下在宽度上略有差别，从整体上观察，上述宽度的差别对视觉效果不具有显著影响。因此合议组对专利权人的两者图案不相同而且不相近似主张不予支持。尽管本专利要求保护色彩，但单一色彩的外观设计仅仅作色彩的改变，本专利和对比设计仍属于相近似的外观设计。合议组认为：本专利和对比设计构成相近似的外观设计，属于同样的发明创造，故本专利不符合专利法第9条的规定。

三、决定

宣告 200830026040.9 号外观设计专利权全部无效。

当事人对本决定不服的，可以根据专利法第 46 条第 2 款的规定，自收到本决定之日起三个月内向北京市第一中级人民法院起诉。根据该款的规定，一方当事人起诉后，另一方当事人应当作为第三人参加诉讼。

本专利附图

主视图

对比设计附图（节略）

466

绒布（涤纶、氨纶12）

无效宣告请求审查决定（第13905号）

决　定　号　第13905号
决　定　日　2009年9月14日
发明创造名称　绒布（涤纶、氨纶12）
外观设计分类号　05-05
无效宣告请求人　张智远
专　利　权　人　常熟市亿盛织造有限公司
专　利　号　200830026050.2
申　请　日　2008年4月3日
授权公告日　2009年4月15日
合议组组长　张　凌
主　审　员　吴大章
参　审　员　王　红
附　图　1页

法律依据　专利法第9条
决定要点

本专利和对比设计的图案基本相同，两者的图案均由4种深浅不同的矩形构成，只是矩形的明暗略有差别。尽管本专利要求保护色彩，但单一色彩的外观设计仅仅作色彩的改变，两者仍属于相近似的外观设计，属于同样的发明创造。

一、案由

本决定涉及国家知识产权局于2009年4月15日授权公告的、名称为“绒布（涤纶、氨纶12）”的外观设计专利（下称本专利），其申请号是200830026050.2，申请日是2008年4月3日，专利权人是常熟市亿盛织造有限公司。

针对本专利，张智远（下称请求人）于2009年5月12日向专利复审委员会提出无效宣告请求，其理由是：本专利和他人在先申请的外观设计相近似，本专利不符合专利法第9条和专利法实施细则第13条第1款的规定，再者，本专利和上述他人在先取得的权利相冲突，故也不符合专利法第23条的规定，请求宣告本专利无效。请求人提交的证据是200730120765.X号中国外观设计专利电子公告文本的1页打印件（附件1）。

经形式审查合格，专利复审委员会受理了此案，并于2009年6月1日将无效宣告请求书及相关材料副本转送给专利权人。

2009年7月1日，专利权人提交了针对无效宣告请求书的意见陈述书。专利权人认为本专利和附件1记载的外观设计不相同也不相近似，附件1记载的外观设计的图案呈菱形排列，而本专利的图案呈矩形状分布，附件1的图案为每四个深色的突起菱形图案围绕一个浅色菱形图案，而本专利的图案由每四朵突起的绒簇围绕一个黑蓝间隔的矩形图案，无效宣告请求应予驳回。

专利复审委员会于2009年7月2日向双方当事人发出合议组成员告知通知书，于2009年7月13日将专利权人2009年7月1日的意见陈述书转送请求人，请求人逾期未答复。

在上述审理的基础上，合议组经合议，认为本案事实清楚，依法作出本审查决定。

二、决定的理由

1. 法律依据

基于请求人提出的无效宣告理由和提交的证据，合议组首先依照专利法第9条的规定对本案进行审查。

专利法第9条规定："两个以上的申请人分别就同样的发明创造申请专利的，专利权授予最先申请的人。"

审查指南第四部分第七章第1节规定：专利法第9条……所述的"同样的发明创造"……对于外观设计而言，是指外观设计相同或者相近似，所述相同或者相近似的判断适用本部分第五章的规定。

2. 证据的认定

请求人提交的附件1是200730120765.X号中国外观设计电子公开文本打印件，经合议组核实，附件1内容与该外观设计专利公报原件一致。附件1记载的专利权人是蔡俊仁，申请日是2007年6月20日，授权公告日是2008年7月2日，使用外观设计的产品名称为"面料（22）"（下称对比设计），属于他人在先申请、在后公开的外观设计，可以作为评价本专利是否符合专利法第9条规定的证据。

3. 关于相同、相近似的对比

本专利是关于绒布的外观设计，对比设计是关于面料的外观设计，两者相同种类，因此可以进行相同、相近似性比较。

本专利公告仅有一幅主视图，简要说明记载本外观设计产品为"1. 平面设计，故省略后视图；2. 请求保护的外观设计包含有色彩；3. 本产品为单元图案四方连续无限定外边的平面产品"。从视图可知，本专利的图案由4种色彩深浅不同的矩形构成，其中一种矩形由深色条纹组成，第二种由深色的小点组成，第三种由浅色的条纹组成，第四种由色彩深浅不一的条纹组成（详见本专利附图）。

对比设计由四幅视图表示，包括主视图、后视图、立体图和局部放大图，简要说明记载：本外观设计为单元图案四方连续无限定边界的平面产品。从视图可知，对比设计的图案由4种深浅不同的矩形构成，其中一种矩形由深色条纹组成，第二种由深色和浅色相间的小点组成，第三种由浅色的条纹组成，第四种由色彩深浅不一条纹组成（详见对比设计附图）。

将本专利与对比设计相比较可知，两者的图案均由4种深浅不同的矩形构成，只是矩形的明暗略有差别。尽管本专利要求保护色彩，但单一色彩的外观设计仅仅作色彩的改变，两者仍属于相近似的外观设计，属于同样的发明创造，故本专利不符合专利法第9条的规定。

专利权人在意见陈述书中认为对比设计呈菱形排列。合议组认为专利权人的主张无事实依据，附件1的图片明确显示对比设计的图案由矩形规则排列构成，故对其主张不予支持。

三、决定

宣告 200830026050.2 号外观设计专利权全部无效。

当事人对本决定不服的，可以根据专利法第 46 条第 2 款的规定，自收到本决定之日起三个月内向北京市第一中级人民法院起诉。根据该款的规定，一方当事人起诉后，另一方当事人应当作为第三人参加诉讼。

主视图

本专利附图

主视图

局部立体放大图

对比设计附图（节略）

467

散　热　器

无效宣告请求审查决定（第 13908 号）

决　　定　　号　第 13908 号
决　　定　　日　2009 年 9 月 14 日
发明创造名称　散热器
外观设计分类号　23-03
无效宣告请求人　天津隆吉散热器有限公司
专　利　权　人　涂雄铅
专　　利　　号　200730119747. X
申　　请　　日　2007 年 6 月 10 日
授权公告日　2008 年 4 月 16 日
合议组组长　李巍巍
主　　审　　员　张雪飞
参　　审　　员　沙柏青
附　　　　图　2 页

法　律　依　据　专利法第 23 条
决　定　要　点
使用时不容易看到部位产生的差别和局部细微变化导致的差别等均对整体视觉效果不具有显著的影响。

一、案由

本无效宣告请求涉及国家知识产权局于 2008 年 4 月 16 日授权公告的 200730119747. X 号外观设计专利，使用该外观设计的产品名称是“散热器”，其申请日是 2007 年 6 月 10 日，专利权人是涂雄铅。

针对上述外观设计专利权（下称本专利），天津隆吉散热器有限公司（下称请求人）于 2009 年 6 月 16 日向专利复审委员会提出无效宣告请求，其理由是本专利不符合专利法第 23 条的规定，并提交了如下证据附件：

证据 1 是“飞黄散热器”广告页复印件 1 页；

证据 2 是《全国采暖散热器网》广告页复印件 1 页；

证据 3 是公开（公告）日为 2004 年 8 月 11 日的 200330123996. 8 号中国外观设计专利的公开信息复印件 1 页，其公开（公告）号为 CN 3385612。请求人认为本专利与证据 1～3 中所示在先公开发表的相关外观设计相同或者相近似，应予宣告无效。

经形式审查合格，专利复审委员会受理了该无效宣告请求，并于2009年6月16日将请求人的无效宣告请求文件转送专利权人。专利权人逾期未提交书面答复意见。

专利复审委员会于2009年7月16日向双方当事人发出口头审理通知书，定于2009年8月25日进行口头审理。

口头审理如期举行，请求人由法定代表人及委托代理人出席，专利权人委托代理人出席。双方对对方出庭人员的身份和资格无异议，对合议组成员均无回避请求。

在口头审理中，请求人声明放弃证据1和证据2作为本案的证据，针对证据3仍坚持原有主张，并当庭出示了刊载证据3所示专利信息的书籍原件（《中国采暖散热器行业专利汇编》）。

专利权人认可证据3的真实性，但认为其上所示的外观设计与本专利不相同且不相近似，本专利符合专利法第23条的规定。

在上述审理的基础上，合议组经合议，认为本案事实清楚，依法作出本审查决定。

二、决定的理由

基于请求人提出的无效宣告理由和证据，合议组依据专利法第23条的规定进行审理。

专利法第23条规定："授予专利权的外观设计，应当同申请日以前在国内外出版物上公开发表过或者国内公开使用过的外观设计不相同和不相近似，并不得与他人在先取得的合法权利相冲突。"

请求人提交的证据3是公开（公告）日为2004年8月11日的200330123996.8号中国外观设计专利的公开信息；专利权人认可其真实性。经合议组核实，其内容真实，确系在本专利申请日以前公开的中国外观设计专利，可适用专利法第23条评价本专利，可适用于本案。

该200330123996.8号中国外观设计专利公开了一款散热器的外观设计（下称在先设计）。从图片上观察，在先设计的正面为密布竖条纹的波浪形，背面呈"目"字形排列管材。详见在先设计附图。

本专利同样是散热器的外观设计，其正面为密布竖条纹的波浪形，背面因非常见面而省略，上、下两侧为带有通孔的封边（详见本专利附图）。

合议组认为：本专利和在先设计均为散热器的外观设计，用途相同，属于相同类别的产品，具有可比性。

将本专利与在先设计相比较，其主要的不同点为：二者的背面设计无法对比，且侧面的具体设计不同。合议组认为：从整体视觉观察，二者的正面设计基本一致，对于此类呈片状造型的产品而言，已足以导致二者产生基本相同的整体视觉效果；虽然二者存在不同点，但由于背面属于此类产品在使用时不容易看到的部位，上、下两侧相对于整体外观设计而言仅属于视觉不瞩目的细微局部，因此二者的差别均对整体视觉效果不具有显著的影响，二者应属于相近似的外观设计。

综上所述，在本专利申请日以前已有与其相近似的外观设计在出版物上公开发表过，本专利不符合专利法第23条的规定。

三、决定

宣告200730119747.X号外观设计专利权全部无效。

当事人对本决定不服的，可以根据专利法第46条第2款的规定，自收到本决定之日起三个月内向北京市第一中级人民法院起诉。根据该款的规定，一方当事人起诉后，另一方当事人应当作为第三人参加诉讼。

仰视图

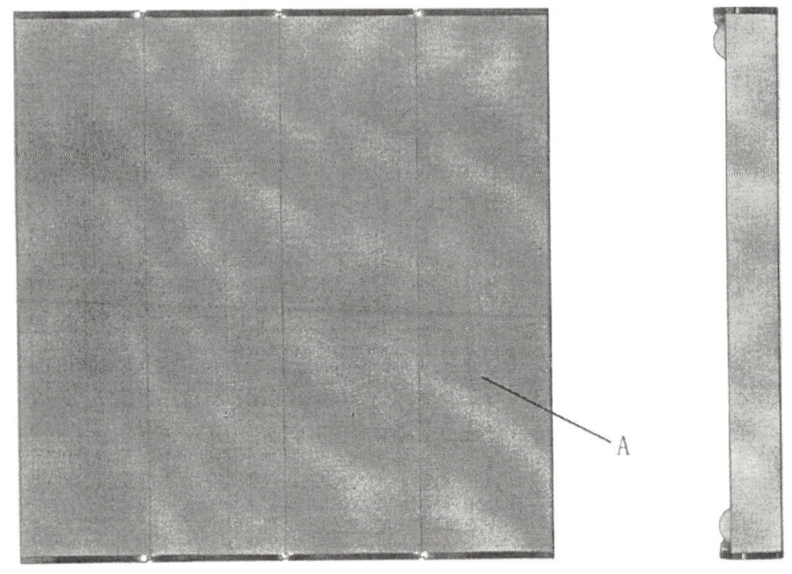

主视图　　左视图

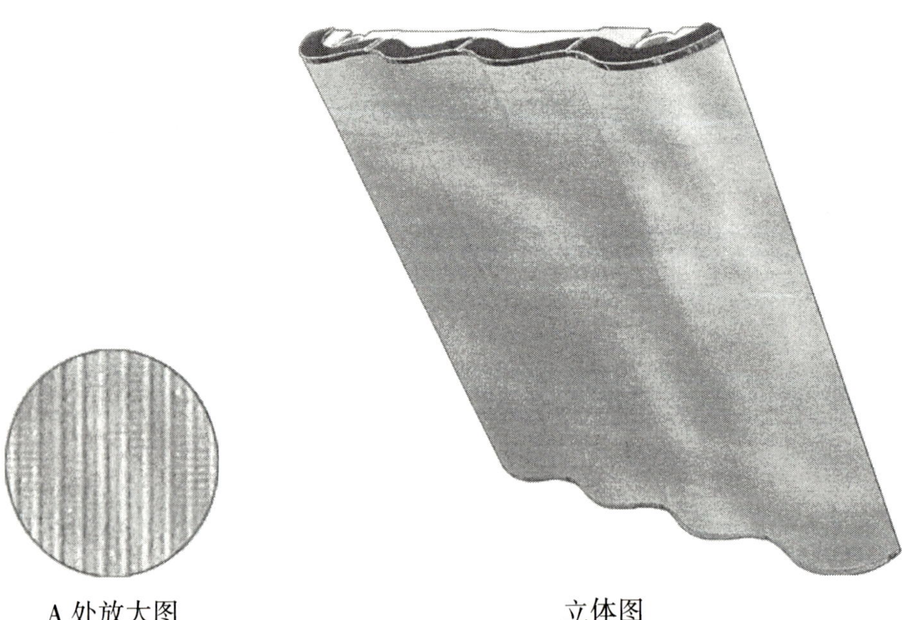

A 处放大图　　立体图

本专利附图

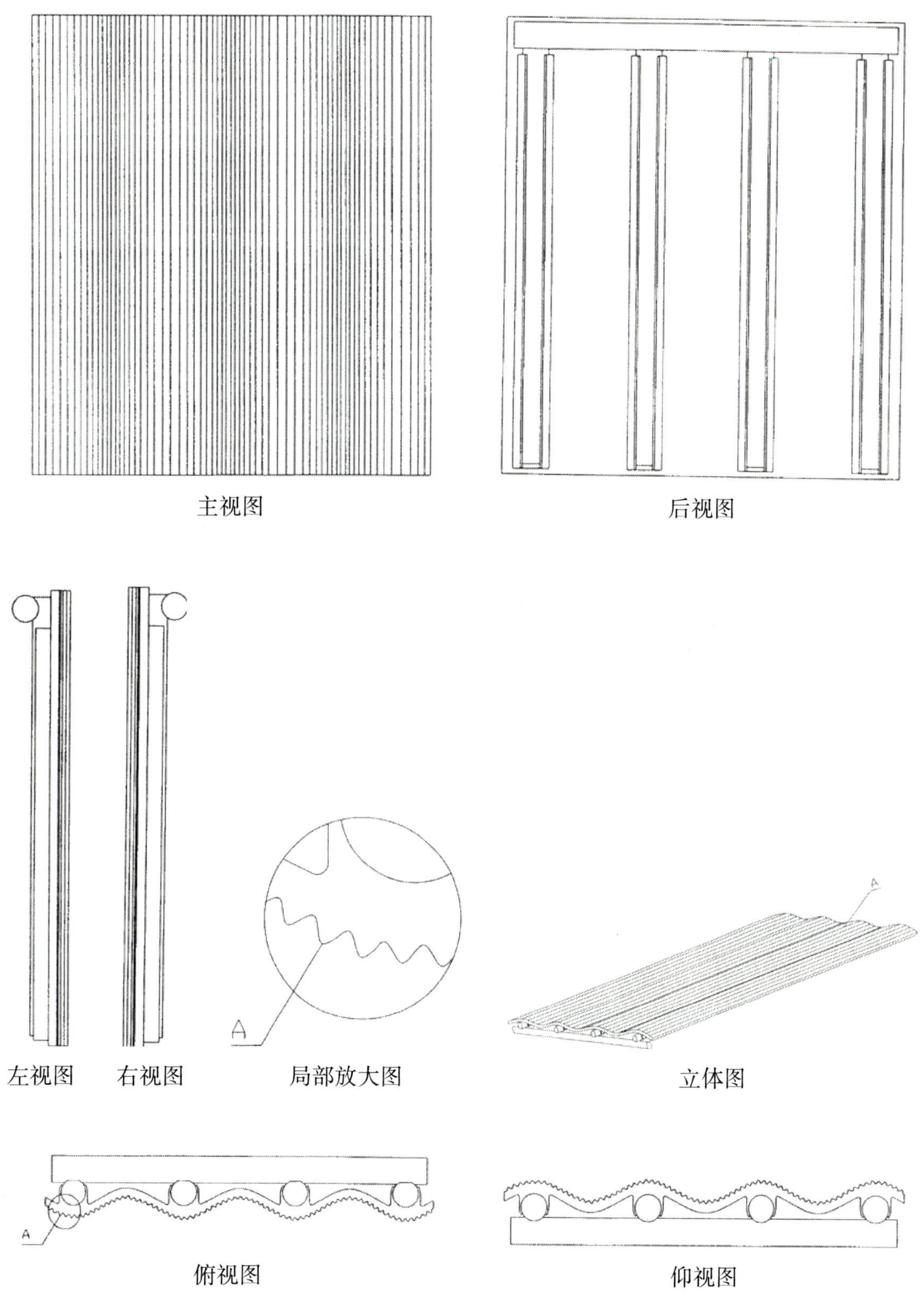

在先设计附图

468

逻辑编程开关（SR14）

无效宣告请求审查决定（第13912号）

决　定　号　第13912号
决　定　日　2009年9月15日
发明创造名称　逻辑编程开关（SR14）
外观设计分类号　13-03
无效宣告请求人　慈溪市鑫隆电子有限公司
专　利　权　人　张迪军
专　利　号　200630128900.0
申　请　日　2006年8月4日
授权公告日　2007年6月6日
合议组组长　吴大章
主　审　员　张雪飞
参　审　员　沙柏青
附　图　2页

法律依据　专利法第23条
决定要点
基于相对在先设计的局部所作的简化设计和细微变化设计等导致的差别均对整体外观设计不具有显著的影响。

一、案由

本无效宣告请求涉及国家知识产权局于2007年6月6日授权公告的200630128900.0号外观设计专利，使用该外观设计的产品名称是"逻辑编程开关（SR14）"，其申请日是2006年8月4日，专利权人是张迪军。

针对上述外观设计专利权（下称本专利），慈溪市鑫隆电子有限公司（下称请求人）于2009年5月31日向专利复审委员会提出无效宣告请求，其理由是本专利不符合专利法第23条的规定，并提交了如下证据附件：

证据1是2003年10月期《电子元件》刊物的封面和内页复印件共2页；

证据2是2003年4月期《大中华电子》刊物的封面复印件1页。

请求人认为本专利与证据1和证据2中所示在先公开发表的相关外观设计相同或者相近似，应予宣告无效。

经形式审查合格，专利复审委员会受理了该无效宣告请求，并于2009年5月31日将请求人的无效宣告请求文件转送专利权人，通知其在指定期限内答复。

其后，请求人于2009年6月24日提交了意见陈述书，除提交了证据1和证据2的彩色复印件外，还补充提交了如下证据附件（编号续前）：

证据3是2003年10月期《电子元件》刊物第12页彩色复印件1页；

证据4是2003年10月期《电子元件》刊物第13页彩色复印件1页；

证据5是2003年10月期《电子元件》刊物第8页彩色复印件1页；

证据6是日本ALPS公司《2006开关/编码器》产品样本的封面和第171页彩色复印件共2页；

证据7是公告日为2000年10月25日的00302321.4号中国外观设计专利的公开文本复印件1页，其公告号为CN 3164572；

证据8是公告日为2004年5月26日的03363371.1号中国外观设计专利的公开文本复印件1页，其公告号为CN 3369985；

证据9是请求人和佛山市顺德区北滘镇盈科电子有限公司签订的《采购合同》复印件2页，以及盖有请求人印章的第01111739号《宁波增值税专用发票》记账联复印件1页。

请求人认为，本专利与证据1~8所示在先在出版物上公开发表的相关外观设计均构成相同或者相近似，且证据9能够证明与本专利相同或者相近似的产品在其申请日以前公开使用的事实，因此本专利不符合专利法第23条的规定，应予宣告无效。

针对请求人于无效宣告请求之日提出的理由和证据，专利权人于2009年6月29日提交了意见陈述书，其质疑证据1和证据2的真实性，并认为请求人未结合证据2具体说明无效宣告理由，应不予考虑，且证据1和证据2中所示的外观设计均与本专利不相同且不相近似，因此应维持本专利有效。

专利复审委员会于2009年7月8日向双方当事人发出口头审理通知书，定于2009年9月2日进行口头审理，同时将请求人补充提交的意见陈述及证据和专利权人提交的意见陈述分别转送对方当事人。

口头审理如期举行，双方当事人均委托代理人出席。双方对对方出庭人员的身份和资格无异议，对合议组成员均无回避请求。

在口头审理中，请求人坚持原有主张，其当庭提交了证据1~6的完整原件，并针对证据1补充一个图片参与对比。

专利权人核实相关证据原件后，认可证据1~5、证据7和证据8的真实性，质疑证据6的来源、真实性和出版时间，并认为请求人未能提交证据9的原件，证据9没有质证价值。在相同和相近似的判断方面，专利权人认为请求人当庭补充的图片超出了举证期限，应不予考虑，且请求人提出的证据中所示的其他相关外观设计均与本专利不相同且不相近似。专利权人当庭演示了与证据1相关的产品实物。

在上述审理的基础上，合议组经合议，认为本案事实清楚，依法作出本审查决定。

二、决定的理由

基于请求人提出的无效宣告理由和证据，合议组依据专利法第23条的规定进行审理。

专利法第23条规定："授予专利权的外观设计，应当同申请日以前在国内外出版物上公开发表过或者国内公开使用过的外观设计不相同和不相近似，并不得与他人在先取得的合法权利相冲突。"

请求人提交的证据7是公告日为2000年10月25日的00302321.4号中国外观设计专利的公开文本复印件；专利权人认可其真实性。经合议组核实，其内容真实，确系在本专利申请日以前公开的中国外观设计专利，适用于专利法第23条的规定，适用于本案。

该00302321.4号中国外观设计专利公开了一款旋转式开关的外观设计（下称在先设计）。从图片上观察，在先设计的上部基本形状为上细下粗的近似阶梯状圆柱体，细柱上部一侧剖切，粗柱一侧有矩形凹槽；下部基本形状为近似扁方柱体，两对侧各有两只卡脚，另两对侧分别有三只引脚和两只引脚（详见在先设计附图）。

本专利是开关的外观设计，其上部基本形状为上细下粗的近似阶梯状圆柱体，细柱上部一侧剖切；下部基本形状为近似扁方柱体，两对侧各有两只卡脚，另两对侧中一侧有五只引脚，一侧无引脚（详见本专利附图）。

合议组认为：本专利和在先设计均为开关的外观设计，用途相同，属于相同类别的产品，具有可比性。

将本专利与在先设计相比较，其主要的不同点为：在先设计上部的粗柱多了矩形凹槽设计，且二者下部的引脚位置不同。合议组认为：从整体视觉观察，虽然二者存在不同点，但由于本专利较在先设计简化的凹槽设计相对于整体形状而言仅属于局部的细微变化，且二者引脚位置的差别属于由连接功能所限定的局部位置变化，均对二者的整体外观设计不具有显著的影响，同时二者其他更为细微的差别也明显不足以对整体视觉效果产生显著的影响，本专利和在先设计主要形状构成的具体设计及其结合方式均是相同或者相近似的，因此二者应属于相近似的外观设计。

综上所述，在本专利申请日以前已有与其相近似的外观设计在出版物上公开发表过，本专利不符合专利法第23条的规定。

鉴于已得出上述结论，本决定对请求人提出的其他理由和证据不再予以评述。

三、决定

宣告200630128900.0号外观设计专利权全部无效。

当事人对本决定不服的，可以根据专利法第46条第2款的规定，自收到本决定之日起三个月内向北京市第一中级人民法院起诉。根据该款的规定，一方当事人起诉后，另一方当事人应当作为第三人参加诉讼。

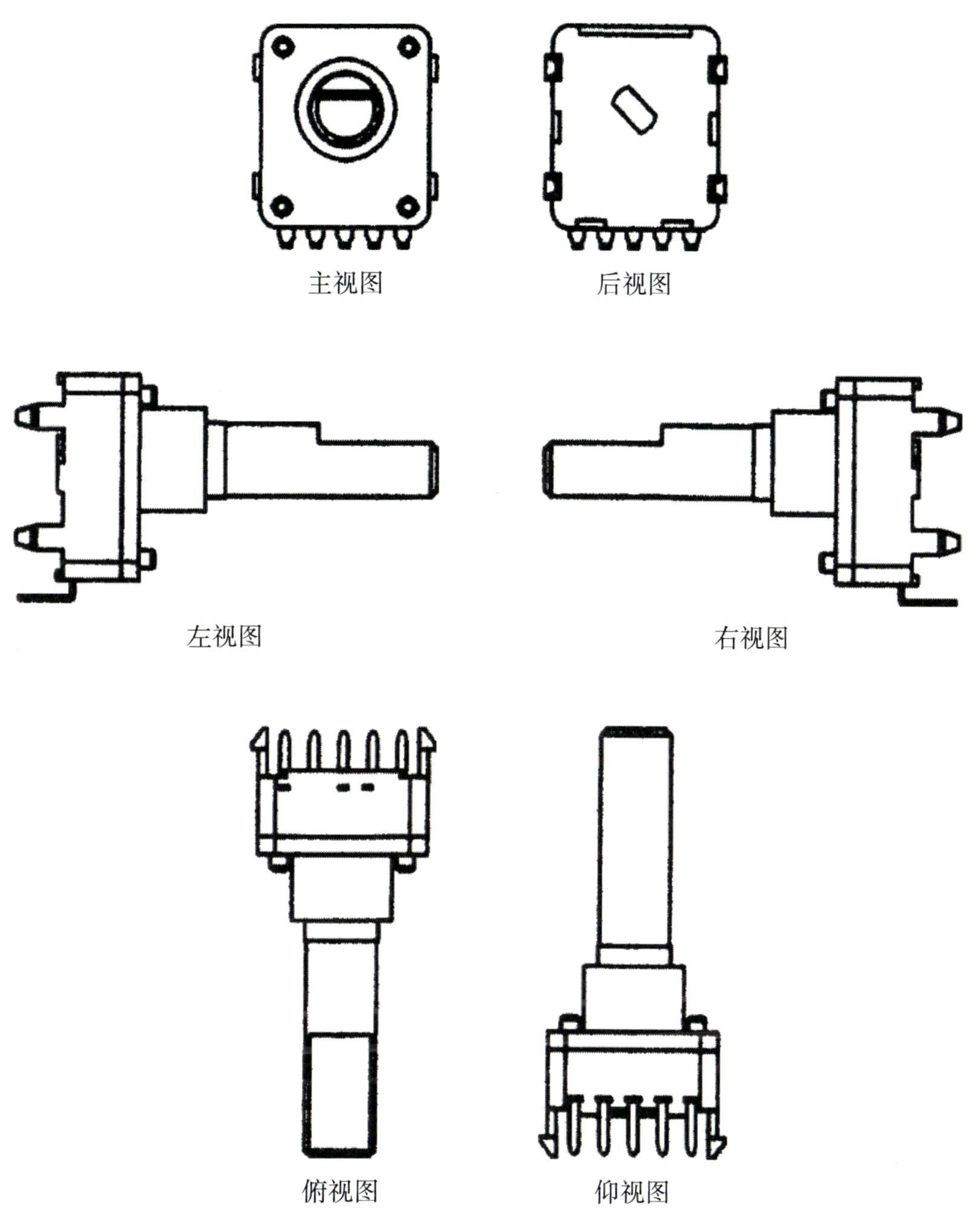

本专利附图

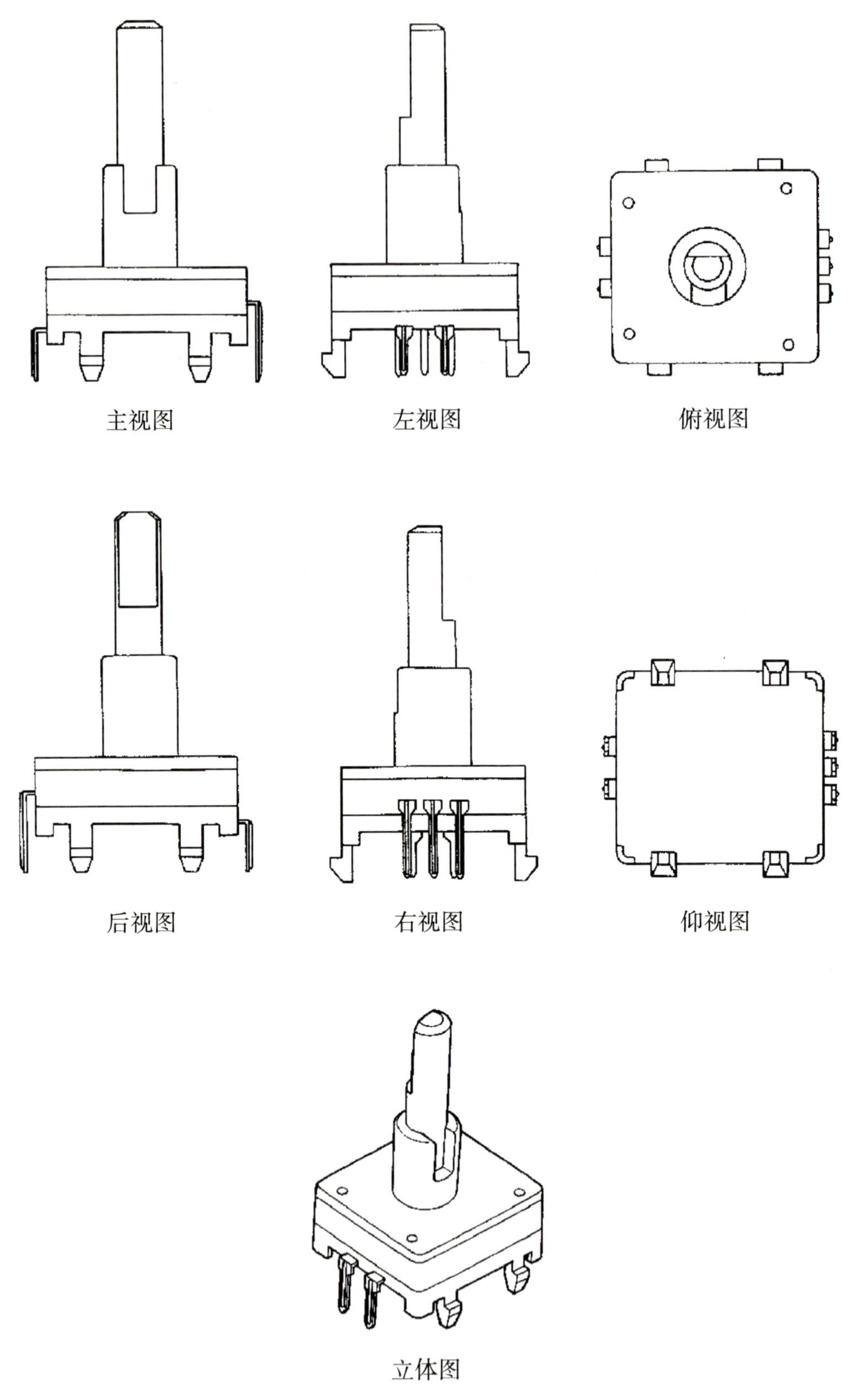

在先设计附图

469

标贴（化清剂）

无效宣告请求审查决定（第 13914 号）

决 定 号 第 13914 号
决 定 日 2009 年 9 月 15 日
发明创造名称 标贴（化清剂）
外观设计分类号 19-08
无效宣告请求人 增城市正茂精细化工厂
专 利 权 人 朱旭初
专 利 号 200530152599.2
申 请 日 2005 年 11 月 22 日
授权公告日 2006 年 9 月 13 日
合议组组长 张雪飞
主 审 员 李巍巍
参 审 员 沙柏青
附 图 1 页

法 律 依 据 专利法第 23 条
决 定 要 点

在本专利申请日前已有与其相近似的外观设计在出版物上公开发表过，因此，本专利不符合专利法第 23 条的规定。

一、案由

本无效宣告请求涉及 2006 年 9 月 13 日国家知识产权局授权公告的 200530152599.2 号外观设计专利，使用该外观设计的产品名称是“标贴（化清剂）”，其申请日是 2005 年 11 月 22 日，专利权人是朱旭初。

针对上述外观设计专利权（下称本专利），增城市正茂精细化工厂（下称请求人）于 2009 年 4 月 16 日向专利复审委员会提出无效宣告请求，请求人认为，在本专利申请日前已经公开发表过与本专利相近似的外观设计，因此本专利不符合专利法第 23 条的规定，同时，请求人提交了如下附件作为证据：

证据 1 是本专利公报复印件，共 1 页；

证据 2 是 95306868.4 号外观设计专利公报复印件，共 1 页；

证据 3 是本专利产品使用状态的照片。

经形式审查合格，专利复审委员会受理了该无效宣告请求，并于2009年5月12日将无效宣告请求书和证据的副本转送给专利权人，要求其在指定期限内答复。并告知专利权人如逾期不答复，不影响专利复审委员会的审理。

专利权人逾期未答复。

2009年6月11日，专利复审委员会向双方当事人发出合议组成员告知通知书，指出如对本案合议组人员有回避请求的，应于收到本通知之日起7天内提交书面请求书，逾期未答复，视为无回避请求。

双方当事人逾期均未对合议组成员提出回避的请求。

在以上审理的基础上，合议组经合议，认为本案事实清楚，依法作出本审查决定。

二、决定的理由

1. 法律依据

基于请求人提出的无效宣告请求的理由和提交的证据，本案合议组依据专利法第23条的规定对本案进行审理。

专利法第23条规定："授予专利权的外观设计，应当同申请日以前在国内外出版物上公开发表过或者国内公开使用过的外观设计不相同和不相近似，并不得与他人在先取得的合法权利相冲突。"

2. 证据的认定

请求人提交的证据2是95306868.4号外观设计专利公报复印件，授权公告号为CN3046158D，授权公告日为1996年7月10日，经合议组核实，该复印件所示内容属实，确系在本专利申请日以前公开的外观设计专利，适用于专利法第23条的规定，可用以评述本专利是否符合专利法第23条的规定。

3. 本专利是否符合专利法第23条的规定

证据2公开了一款包装罐罐贴的外观设计（下称在先设计），从图片观察，在先设计的整体形状为矩形，左侧从上至下分别为"biao bang"、"CARB"、椭圆形与半圆形叠加的图案和"CLEANER"的字母加图案的排列设计，右侧为被覆盖的外文字母及矩形框设计（详见在先设计附图）。

本专利为一款标贴的外观设计，简要说明中记载：本产品为薄层状，省略其他视图。从图片观察，本专利的整体形状为矩形，左侧从上至下分别为由"7"和"cwn"组成的艺术字形图案、被覆盖的字母和椭圆形与半圆形叠加的图案的字母加图案的排列设计，右侧为被覆盖的外文字母及矩形框设计（详见本专利附图）。

在先设计与本专利均为标贴的外观设计，二者属于相同类别的产品，具有可比性。

将本专利与在先设计相比较，其主要不同点为：二者左侧上方的图案和右侧下方的矩形框设计有所不同。合议组认为：从整体视觉观察，虽然二者存在上述不同点，但相对于二者字母、图案排列基本相同的整体布局设计，其不同点均属于局部的细微变化导致的差别，均不足以对二者的整体外观设计产生显著的视觉影响，因此二者应属于相近似的外观设计。

综上所述，在本专利申请日前已有与其相近似的外观设计在出版物上公开发表过，因此本专利不符合专利法第23条的规定。

三、决定

宣告200530152599.2号外观设计专利权全部无效。

当事人对本决定不服的，可以根据专利法第46条第2款的规定，自收到本决定之日起三个月内向北京市第一中级人民法院起诉。根据该款的规定，一方当事人起诉后，另一方当事人应当作为第三人参加诉讼。

主视图

本专利附图

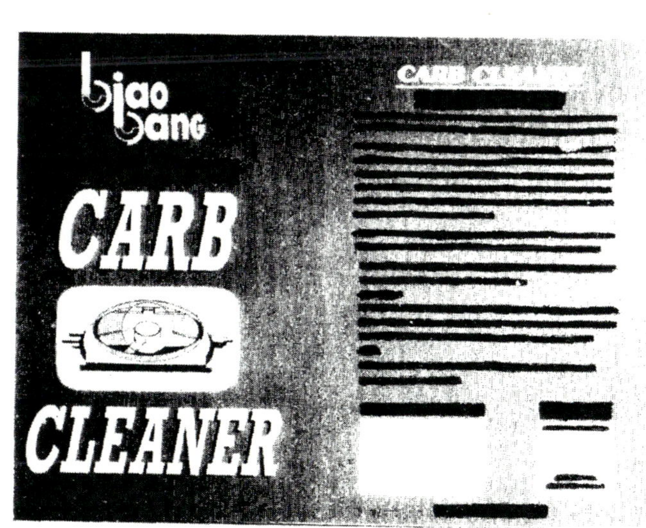

主视图

使用状态参考图

在先设计附图

470

积木（节节高）

无效宣告请求审查决定（第13916号）

决　　定　　号　第13916号
决　　定　　日　2009年9月14日
发明创造名称　积木（节节高）
外观设计分类号　21-01
无效宣告请求人　晋江市永和镇福鑫塑胶加工厂
专　利　权　人　李爱民
专　　利　　号　200530083606.8
申　　请　　日　2005年5月13日
授权公告日　2006年1月18日
合议组组长　陈迎春
主　　审　　员　孙茂宇
参　　审　　员　陈　晔
附　　　　　图　3页

法律依据　专利法第23条
决定要点

如果一件组件玩具类外观设计专利与一件在先设计产品相比，两者的插接设计原理和各组件设计风格相近似，该外观设计专利与在先设计产品相比仅存在少数不相近似的组件，并且对于一般消费者而言，这些组件未带来显著的整体视觉效果，则该外观设计专利与在先设计产品相近似。

一、案由

本无效宣告请求涉及国家知识产权局于2006年1月18日授权公告的200530083606.8号、名称为“积木（节节高）”的外观设计专利，其专利权人是李爱民，申请日是2005年5月13日。本专利要求保护11个单独的积木构件，并未要求保护色彩。

针对上述外观设计专利权（下称本专利），晋江市永和镇福鑫塑胶加工厂（下称请求人）于2009年1月6日以本专利不符合专利法第23条的规定为由向专利复审委员会提出无效宣告请求，同时请求人提交了下述附件：

附件1：（2009）泉民初字第55号福建省泉州市中级人民法院《应诉通知书》的复印件，共1页；

附件2：晋江市永和镇福鑫塑胶加工厂营业执照以及中华人民共和国组织结构代码证副本的复印

件，共 2 页；

附件 3：97316790.4 号中国外观设计专利，授权公告日为 1998 年 12 月 9 日；

附件 4：89108869.5 号中国发明专利申请公开说明书，公开日为 1990 年 7 月 18 日；

附件 5：94311912.X 号中国外观设计专利，授权公告日为 1996 年 2 月 7 日；

附件 6：95300165.2 号中国外观设计专利，授权公告日为 1996 年 1 月 3 日；

附件 7：200430069846.8 号中国外观设计专利，授权公告日为 2005 年 4 月 20 日；

附件 8：97307141.9 号中国外观设计专利，授权公告日为 1998 年 3 月 11 日；

附件 9：浙江省永嘉县教玩具行业协会编印的《幼儿教玩具目录》的封面页、6-35 页、6-53 页、6-85 页、6-90 页、6-131 页、6-155 页、6-192 页、6-290 页、名称为"60578 哆来咪拼搭玩具"内容页、名称为"06579 童旺拼搭积木"内容页、左上图名称为"61265 特大多功能日用插塑"内容页的复印件，共 11 页；

附件 10-1：中国制造出版社和《玩具世界》杂志社共同出版发行的《玩具世界》2004 年专刊等 3 份杂志的复印件，共 8 页；

附件 10-2：200430058010.8 号中国外观设计专利，授权公告日为 2005 年 2 月 9 日；

附件 10-3：95314173.X 号中国外观设计专利，授权公告日为 1996 年 2 月 21 日；

附件 10-4：94313302.5 号中国外观设计专利，授权公告日为 1996 年 1 月 3 日。

请求人认为：（1）根据附件 3~9 结合对比，可以清楚地表明本专利中的件 2~11 已在申请日之前被国内在先专利和国内、外公开发表的刊物所公开披露，已为公众所知；（2）根据附件3-9，尤其是与附件 10 结合对比，可以清楚地表明本专利是积木玩具行业的惯常设计，属于本领域的公知常识。

经形式审查合格，专利复审委员会受理了上述无效宣告请求，于 2009 年 1 月 6 日向请求人和专利权人发出无效宣告请求受理通知书，同时将《专利权无效宣告请求书》及其附件清单中所列附件副本转给专利权人，要求其在一个月内对该无效宣告请求陈述意见。

专利权人于 2009 年 2 月 18 日提交了意见陈述书，专利权人认为：（1）附件 9 不是公开出版物，在没有其他证据证明附件 9 在本专利申请日之前在国内公开发表过的情况下，对其证明目的不予认可，对涉及附件 9 的比对不予答辩。（2）通过将本专利的件 1~5 和件 8 与附件 3-8、附件 10-2、10-3和 10-4 比对可知，本专利的件 1~5 和件 8 与在先设计既不相同，也不相近似。将本专利的件 11 与附件 8 进行比对，通过整体观察、综合判断可以得出，两者并不完全相同，两外观设计相近似。（3）附件 10-1 中的第一份杂志没有公开本专利的 11 个组件中的任何一个，第二份和第三份杂志不是公开出版物，不能构成专利法第 23 条所述的公开发表，对这两份杂志的证明力不予认可。综上所述，无效请求人提供的证据中，除附件 8 与本专利的件 11 相近似外，附件 9 和附件 10 的第二和第三份杂志不属于公开出版物，不能证明相关外观设计在本专利申请日之前已公开发表，其他各项在先设计与本专利不相同也不相近似。因此除件 11 外，本专利的各组件符合专利法第 23 条的规定。

针对上述无效宣告请求，专利复审委员会依法成立合议组对本案进行审理。本案合议组于 2009 年 2 月 26 日将专利权人提交的上述意见陈述书转给请求人，并于 2009 年 3 月 27 日向请求人和专利权人发出口头审理通知书，告知双方当事人合议组定于 2009 年 5 月 12 日对本案进行口头审理。

请求人于 2009 年 3 月 30 日提交了意见陈述书，并提交了以下附件（延用上面的编号）：

附件 11：（2009）泉证民字第 863 号、864 号、865 号、866 号《公证书》的复印件，共 35 页；

附件 12：由晋江市永和镇福鑫塑胶加工厂作出的剪贴图片说明复印件，共 18 页；

附件 13：专利复审委员会第 1116 号复审请求审查决定，共 3 页。

请求人认为：（1）附件 11 可以证明附件 9 的《幼儿教玩具目录》是公开出版物；（2）坚持认为

本专利的件 2~11 已被附件 3-9 的在先设计所公开；（3）专利权人认为附件 10-1 的第一份杂志没有公开本专利的任何一个组件的主张不能成立，请求人提交该杂志，是为了证明这些设计与本专利在设计原理上是相同的、在外观设计上是相近似的；（4）附件 10-1 的第二和第三份杂志有出版社、出版年份等内容，是十分典型的公开出版物；（5）附件 12 用于证明本专利与在先专利或在先设计相同和相近似；（6）附件 13 的复审请求审查决定是积木类案件的在先判例，该判例中的专利及用作比较的在先设计均与本专利相同或相近似。

本案合议组于 2009 年 4 月 1 日将请求人提交的上述意见陈述书及其附件清单所列附件副本转给专利权人。

口头审理如期举行，请求人法定代表人许清煌以及委托公民代理人谢志宏、卢晶出庭参加，专利权人委托泉州市文华专利代理有限公司的专利代理人陈雪莹出庭参加。

在口头审理中，合议组当庭告知双方当事人：根据审查指南的规定，组件产品外观设计的相同和相近似判断，应当遵循单独对比原则，不能将两项或者两项以上在先设计相结合与被比设计进行对比，也不能将多项在先设计与被比设计中对应的每一构件的外观设计分别进行对比，但多项在先设计明显具有组装关系的除外。本专利为组件产品，应当遵循单独对比原则，不能将两份以上的在先设计组合与被比设计进行对比。

请求人表示：仅使用附件 9 第 6-85 页的第 60278 号大风车梦幻积木作为在先设计与本专利进行比较，证明本专利不符合专利法第 23 条的规定，放弃证明本专利不符合专利法第 23 条规定的其他证据。请求人当庭出示了附件 9、附件 11 的原件。

专利权人对附件 9 的真实性有异议，并且认为附件 9 没有出版刊号也没有发行单位和发行时间，其不属于公开出版物。对附件 11 的《公证书》所证明事实的真实性有异议。

合议组当庭告知请求人：请求人须在口头审理后提交结合附件 9 的第 60278 号在先设计（大风车梦幻积木）与本专利详细对比的意见陈述以及附件 9 的原件。如在指定期限内未提交，视为请求人未结合证据具体说明其无效理由。

请求人于 2009 年 5 月 18 日提交了意见陈述书和附件 9 的原件，并随意见陈述书提交了 6 幅比对彩图，比对彩图均出自附件 9 的《幼儿教玩具目录》，分别是第 6-85 页的 60278 大风车梦幻积木、第 6-161 页的 60587 仙童高尔乐积木、第 6-131 页的舒美特积木王、第 6-192 页的 20709 佳家乐、第 6-288 页的 61167 联想拼搭积木和第 6-290 页的别墅乐园拼搭。请求人在意见陈述书中的主要意见如下：（1）根据附件 11 的《公证书》，附件 9 的《幼儿教玩具目录》在 2004 年公开发表，最早发行于中国澄海国际玩具礼品博览会，多年来该《幼儿教玩具目录》在玩具业内广为流传，特别是在中国玩具信息中心网、希望书店、机械工业企业名录、彩虹图书等网站上均有公开发售，售价在 600 元左右，其是典型的、规范的公开出版物，且发行时间早于本专利的申请日。（2）将附件 9 的《幼儿教玩具目录》第 6-85 页的大风车梦幻积木与本专利比对可知，该大风车梦幻积木在拼装状态下的玩具图片中的用于比对的构件与本专利的 11 个构件均相同或相近似。另外，即使本专利的少数构件与在先设计不相同或不相近似，也应宣告本专利无效。

本案合议组于 2009 年 5 月 18 日发出转送文件通知书，随该通知书将请求人提交的上述意见陈述书及其所附 6 幅比对彩图的复印件转给专利权人。

合议组于 2009 年 5 月 17 日收到专利权人的意见陈述书，该意见陈述书的内容是针对请求人于 2009 年 3 月 30 日提交的意见陈述书，其内容与专利权人在口头审理时陈述的意见基本相同。

专利权人于 2009 年 6 月 4 日提交了意见陈述书，其内容针对请求人于 2009 年 5 月 18 日提交的意见陈述书。专利权人的主要意见如下：（1）请求人提交的各在先专利中，没有任何一件在先专利已公开本专利的全部构件；（2）附件9的《幼儿教玩具目录》不是公开出版物，其不能作为本专利的对比设计；（3）附件9的《幼儿教玩具目录》中的各设计均是组装状态的积木，而且只有一个视图，无法看出各构件的结构，不能与本专利的各构件进行对比，因此，即使以附件9的《幼儿教玩具目录》中的设计来对比，本专利仍符合专利法第23条的规定。

至此，合议组认为本案事实已经清楚，现依法作出如下审查决定。

二、决定的理由

1. 关于证据

请求人先后共提交了16份证据，包括附件1~9、附件10-1至10-4以及附件11~13，在口头审理时，请求人明确表示仅使用附件9第6-85页的第60278号大风车梦幻积木作为在先设计与本专利进行比较，评述本专利不符合专利法第23条规定。

附件11是中华人民共和国福建省泉州市公证处出具的（2009）泉证民字第863号、864号、865号、866号《公证书》的复印件。请求人于口头审理当庭提交了附件11的原件，专利权人未对该公证书本身的真实性表示异议，经合议组核实，附件11的复印件与原件相符，其真实性可以确认，可以作为本案证据使用。

附件11包括4份公证书，这4份公证书所要公证的内容是中华人民共和国福建省泉州市公证处的公证员许小君与公证员助理蔡捷清根据晋江市永和镇福鑫塑胶加工厂的投资人许清煌的请求，分别访问了"中国玩具信息中心网"、"希望书店网站"、"彩虹图书网"和"机械工业企业名录网"，并将访问结果进行打印的保全证据行为。4份公证书均粘连有对访问结果进行打印的附件。

（2009）泉证民字第863号《公证书》所粘连的第2份附件的第1页包括如下内容"本册《幼儿教玩具目录》除教学仪器之外，其余均列入内。本目录从1995年至现在的2005年，共编印11期，已在国内外教玩具营销工作中起到工具书的重要作用，也是本产业在各地市场中展示产品形象和业务窗口，备受业内人士的关注与赞许"。

通过（2009）泉证民字第864号、865号、866号《公证书》所粘连的附件可见，《幼儿教玩具目录》（2004共五册）在"希望书店网站"、"彩虹图书网"和"机械工业企业名录网"上均有出售。

专利权人认为：附件11的《公证书》所证明事实不具有真实性。

经审查，合议组认为：附件11的《公证书》可以证明《幼儿教玩具目录》在"中国玩具信息中心网"、"希望书店网站"、"彩虹图书网"和"机械工业企业名录网"这些网站上均有销售的事实，可相互印证《幼儿教玩具目录》的销售事实，在专利权人为提供相应证据支持其主张的情况下，合议组对专利权人的意见不予支持。

附件9为《幼儿教玩具目录》相关页复印件，请求人在口头审理当庭出示了附件9的原件，并于2009年5月18日随意见陈述书提交了附件9的原件。

专利权人认为：附件9不具有真实性，并且附件9没有出版刊号也没有发行单位和发行时间，其不属于公开出版物。

经审查，合议组认为：首先，附件9封面页上部印有"NO：4"、中部印有"2004"、"幼儿教玩具目录"，下部印有"浙江省永嘉县教玩具行业协会编印"字样，其应为玩具类产品目录。该《幼儿教玩具目录》的原件包括封面页，正文（共337页）和封底页，翻开封面页，该封二中部印有该《幼儿教玩具目录》中5册的主题，下部印有"No：4册桌面玩具6.1-337"字样，可以表明本册为《幼儿教玩具目录》中的第4册，即属于该玩具目录系列之一，同时该页下部还印有"汇编：浙江省永嘉县教玩具行业协会"、"设计：温州市立邦广告有限公司"、"印刷：深圳市国际彩印有限公司"，即印刷了该玩具目录的汇编、设计、印刷单位名称。该玩具目录共包括337页正文，正文部分无缺页、脱页，其中印有各种玩具产品的彩图，印制精美。因此，该玩具目录从整体内容上看没有影响其真实性的瑕疵。其次，附件 11 的第 863 号《公证书》所粘连的第 2 份附件的第 1 页包括如下内容“本册《幼儿教玩具目录》除教学仪器之外，其余均列入内。本目录从 1995~2005 年，共编印 11 期，已在国内外教玩具营销工作中起到工具书的重要作用，也是本产业在各地市场中展示产品形象和业务窗口，备受业内人士的关注与赞许”，由此可知，《幼儿教玩具目录》自 1995 年起即开始编印，其属于多年连续发行的玩具目录，并且在业内广为流传。第 864 号、865 号、866 号《公证书》可以证明，2004 年版的《幼儿教玩具目录》在“中国玩具信息中心网”、“希望书店网站”、“彩虹图书网”和“机械工业企业名录网”这些通过互联网销售书籍的网站上均可购买到。综上所述，合议组对附件 9 的真实性予以认可，其可以作为本案的证据使用。虽然专利权人认为附件 9 不具有真实性，但未提供任何证据来证明其观点，因此合议组对专利权人的意见不予支持。

附件 9 为玩具类产品目录，属于专利法意义上的公开出版物（参见审查指南第二部分第三章第 2.1.3.1 节的规定），其封面中部印有“2004”字样，故其公开日应视为 2004 年 12 月 31 日，早于本专利的申请日，可以构成本专利的现有技术。对于专利权人提出的附件 9 没有出版刊号、发行单位和发行时间，其不属于公开出版物的意见，合议组认为：根据审查指南的相关规定，出版刊号、发行单位和发行时间并不是构成公开出版物的必要条件，故合议组对专利权人的意见不予支持。

2. 关于专利法第 23 条

专利法第 23 条规定：“授予专利权的外观设计，应当同申请日以前在国内外出版物上公开发表过或者国内公开使用过的外观设计不相同或不相近似，并不得与他人在先取得的合法权利相冲突。”

在外观设计相同和相近似比较中，对于组件产品外观设计的相同和相近似判断，应当遵循单独对比原则，不能将两项或者两项以上在先设计相结合与被比设计进行对比，也不能将多项在先设计与被比设计中对应的每一构件的外观设计分别进行对比，但多项在先设计明显具有组装关系的除外。另外，对于组装关系不唯一的组件产品，例如插接组件玩具产品，在购买和插接这类产品的过程中，一般消费者会对单个构件的外观留下印象，所以，应当以插接组件的所有单个构件的外观为对象，而不是以插接后的整体的外观为对象来判断相同或者相近似。

就本案而言，本专利要求保护一种积木（节节高），其包括件 1~11 共 11 件相对独立的玩具构件（参见本决定本专利附图中件 1~11 立体图），每个构件均有六面视图和立体图，除件 11 外，其他 10 个构件的上部均有以一定间隔、一定高度和一定横截面积规律排布的多个圆柱体，下部均有供圆柱体插接的空间。故本专利的件 1~10 可以以多种形式自由插接，虽然本专利的 4 幅组合状态参考图中给出了使用件 1~11 插接的一种组合状态，但本专利仍属于组装关系不唯一的插接组件产品。因此，在对本专利进行相同和相近似判断时，首先应遵循单独对比原则，其次应当以插接组件的所有单个构件的外观为对象与在先设计进行对比。

合议组认为：在先设计与本专利均用于玩具积木，二者用途相同，属于相同类别的产品，具有可比性。下面，将对本专利的积木的 11 个组件与附件 9 第 6-85 页的 60278 大风车梦幻积木图片（下称对比文件 1，参见本决定对比文件 1 附图）中的组件的相同和相近似判断分别进行评述，对比文件 1 中组件的编号参见本决定附图中的编号。

（1）关于件 1。

本专利件 1 包括主视图、后视图、左视图、右视图、俯视图、仰视图和立体图，未要求保护色彩，从整体上看，件 1 为一窗形组件，其具有一长方形主体，该主体的上部具有 4 个等高、等横截面并且等间隔布置的一排圆柱体，该主体上具有一矩形刻痕，该矩形刻痕内部上方有 4 个横向扁平矩形镂空，下方有 2 个矩形镂空，且每个矩形内具有一“×”形图案，该矩形刻痕左部具有 2 个上下布置的合叶状图案。

对比文件 1 件（1）为组装后的门形组件，其具有一长方形主体，该主体的上半部分具有 4 个纵向长方形的镂空。

本专利件 1 与对比文件 1 件（1）的主要区别在于：从整体设计风格来说，本专利件 1 为窗形组件，而对比文件 1 件（1）为门形组件；本专利的 4 个长方形镂空为横向长方形，且为扁平状的，而对比文件 1 件（1）的 4 个长方形镂空为纵向长方形；另外，本专利件 1 的矩形刻痕的下方有 2 个矩形镂空，且每个矩形内具有一“×”形图案，而对比文件 1 件（1）不具有该设计。综上所述，本专利件 1 与对比文件 1 件（1）的整体设计风格明显不同，并且镂空的数量、形状和布置位置均不同，一般消费者不容易将两者混淆误认，故本专利件 1 与对比文件 1 件（1）属于不相同也不相近似的外观设计。

（2）关于件 2。

本专利件 2 包括主视图、后视图、左视图、右视图、俯视图、仰视图和立体图，未要求保护色彩，从整体上看，件 2 具有一长方形主体，该主体的上部具有 4 个等高、等横截面并且等间隔布置的一排空心圆柱体，该主体上具有一矩形刻痕，该矩形刻痕内具有一矩形凹槽，凹槽中心具有一突出的圆点和两个围绕该圆点的表针，该矩形刻痕左部具有 2 个上下布置的合叶状图案。

对比文件 1 件（2）具有一长方形的主体，该主体上具有一圆形表盘，表盘上具有时间刻度，表盘中间具有两个表针，表针指向 10 点 15 分。

本专利件 2 与对比文件 1 件（2）的主要区别在于：对比文件 1 只公开了件（2）的正面视图，而本专利件 2 要求保护 6 面视图和立体图；对比文件 1 件（2）没有本专利件 2 主体上方的 4 个圆柱体；对比文件 1 件（2）不具有本专利件 2 的刻痕；对比文件 1 件（2）和本专利件 2 的表针指向的时间不同，本专利件 2 没有对比文件 1 件（2）的圆形表盘及表盘上的时间刻度。对于本专利的一般消费者而言，本专利件 2 的主视图在使用过程中是容易看到的部位，通常对于整体视觉效果更具有显著影响，而本专利件 2 的其他几面的视图在使用时均会被遮挡，故这些面在产品使用状态下不会被一般消费者关注，且这些面的设计也不会对产品的整体视觉效果产生显著影响。另外，本专利件 2 主体上方的 4 个圆柱体主要起到和其他组件稳固插接的作用，对于此类插接件而言，其必然具有插接部位，本专利件 2 主体上方的 4 个圆柱体在插接后也会被遮挡，故 4 个圆柱体也不会对整体视觉效果具有显著影响。本专利件 2 和对比文件 1 件（2）中部均具有两个表针，两者均已具备了钟表图案的最基本因素，尽管两者之间存在诸如刻痕、表盘、表针指向方面的细微区别，但这些细微区别并没有对本专利件 2 与对比文件 1 件（2）的整体视觉效果产生显著影响。因此，本专利件 2 与对比文件 1 件（2）相近似。

（3）关于件 3。

本专利件 3 包括主视图、后视图、左视图、右视图、俯视图、仰视图和立体图，未要求保护色彩，从整体上看，件 3 为小车状组件，其具有一长方体主体，该长方体主体的上方具有 2 排、每排 6 个等高、等横截面并且等间隔布置的圆柱体，该长方体主体的一端具有一垂直上翘的挂钩，另一端具有一挂环，该挂环内孔由两个相交圆组成，该长方体主体前后两侧均有 2 个相对的圆形轮子。

对比文件 1 件（3）也为小车状组件，其具有一主体，但无法辨认该组件主体的形状，该主体一侧具有前后 2 个半嵌在主体中的圆形轮子，该主体的一端具有一略微上翘的挂钩。

本专利件 3 与对比文件 1 件（3）的主要区别在于：小车状组件的主体形状不同，轮子的安装方式不同，小车挂钩的上翘角度不同，且从对比文件 1 无法看出件（3）具有什么形状的挂环。一般消费者不容易将两者混淆误认，故本专利件 3 与对比文件 1 件（3）属于不相同也不相近似的外观设计。

（4）关于件 4、件 5、件 8、件 9 和件 10。

本专利件 4 包括主视图、后视图、左视图、右视图、俯视图、仰视图和立体图，未要求保护色彩，从整体上看，件 4 具有一长方体主体，该长方体主体的上方具有 2 排、每排 6 个等高、等横截面并且等间隔布置的圆柱体。

对比文件 1 件（4）具有一长方体主体，该主体上方没有被其他组件遮住的部分具有 2 排，每排 4 个等高、等横截面并且等间隔布置的圆柱体。

本专利件 4 与对比文件 1 件（4）的主要区别在于：对比文件 1 只公开了件（4）的 3 个面的视图，而本专利件 4 要求保护 6 面视图和立体图；从对比文件 1 只能看出件（4）长方体主体上的 8 个圆柱体，而本专利的长方体主体上具有 12 个圆柱体。对于本专利的一般消费者而言，本专利件 2 的长方体主体在使用过程中是容易看到的部位，通常对于整体视觉效果更具有显著影响，而本专利件 2 的底面和长方体主体上的圆柱体在使用时均会被遮挡，故这些部位在产品使用状态下不会被一般消费者关注，且这些部位的设计便会也不会对产品的整体视觉效果产生显著影响。本专利件 4 和对比文件 1 件（4）主体均为长方体。因此，本专利件 4 与对比文件 1 件（4）相近似。

本专利件 5 包括主视图、后视图、左视图、右视图、俯视图、仰视图和立体图，未要求保护色彩，从整体上看，件 5 具有一长方体主体，该长方体主体的上方具有 2 排、每排 4 个等高、等横截面并且等间隔布置的圆柱体。

对比文件 1 件（5）具有一长方体主体，从对比文件 1 可以看出，件（5）的长方形主体上具有 2 排，等高、等横截面并且等间隔布置的圆柱体，其中一排可看出有 4 个圆柱体，另一排由于被其他组件遮挡，只能看到其中的 3 个圆柱体。

本专利件 5 与对比文件 1 件（5）的主要区别在于：对比文件 1 只公开了件（5）的 2 个面的视图，而本专利件 5 要求保护 6 面视图和立体图；从对比文件 1 只能看出件（5）长方体主体上的 7 个圆柱体，而本专利的长方体主体上具有 8 个圆柱体。但由于两者具有相同的长方体主体，基于与上述关于件 4 的比对相同的理由，本专利件 5 与对比文件 1 件（5）相近似。

本专利件 8 包括主视图、后视图、左视图、右视图、俯视图、仰视图和立体图，未要求保护色彩，从整体上看，件 8 具有一上面为正方形的长方体主体，该长方体主体的上方具有 2 排、每排 2 个等高、等横截面并且等间隔布置的圆柱体。

对比文件 1 件（8）具有一上面为正方形的长方体主体，从对比文件 1 可以看出，件（5）的长方形主体上具有 2 排，每排 2 个等高、等横截面并且等间隔布置的圆柱体。

本专利件 8 与对比文件 1 件（8）的主要区别在于：对比文件 1 只公开了件（8）的 2 个面的视图，而本专利件 8 要求保护 6 面视图和立体图。但由于两者具有相同的长方体主体，基于与上述关于件 4 的比对相同的理由，本专利件 8 与对比文件 1 件（8）相近似。

本专利件 9 包括主视图、后视图、左视图、右视图、俯视图、仰视图和立体图，未要求保护色彩，从整体上看，件 9 具有一侧面横截面为梯形的主体，该主体的上方具有 2 个等高、等横截面并且等间隔布置的圆柱体。

对比文件 1 件（9）具有一侧面横截面为梯形的主体，该主体的上方具有 2 个等高、等横截面并且等间隔布置的圆柱体。

本专利件 9 与对比文件 1 件（9）的主要区别在于：对比文件 1 只公开了件（9）的 3 个面的视图，而本专利件 9 要求保护 6 面视图和立体图。但由于两者具有相同的横截面为梯形的主体，基于与上述关于件 4 的比对相同的理由，本专利件 9 与对比文件 1 件（9）相近似。

本专利件 10 包括主视图、后视图、左视图、右视图、俯视图、仰视图和立体图，未要求保护色彩，从整体上看，件 10 具有一侧面横截面的一个角为圆弧过渡的长方体的主体，该主体的上方具有 2 个等高、等横截面并且等间隔布置的圆柱体。

对比文件 1 件（10）具有一侧面横截面的一个角为圆弧过渡的长方形的主体，该主体的上方具有 2 个等高、等横截面并且等间隔布置的圆柱体。

本专利件 10 与对比文件 1 件（10）的主要区别在于：对比文件 1 只公开了件（10）的 3 个面的视图，而本专利件 10 要求保护 6 面视图和立体图。但由于两者具有相同的一侧面横截面的一个角为圆弧过渡的长方形的主体，基于与上述关于件 4 的比对相同的理由，本专利件 10 与对比文件 1 件（10）相近似。

（5）关于件 7。

本专利件 7 包括主视图、后视图、左视图、右视图、俯视图、仰视图和立体图，未要求保护色彩，从整体上看，件 7 为小车状组件，其具有一上面为正方形的长方体主体，该长方体主体的上方具有 2 排、每排 2 个等高、等横截面并且等间隔布置的圆柱体，该长方体主体两侧有 2 个相对的圆形轮子。

对比文件 1 件（7）为小车状组件，其具有一上面为正方形的长方体主体，该长方体主体两侧有 2 个相对的圆形轮子。

本专利件 7 与对比文件 1 件（7）的主要区别在于：对比文件 1 只公开了件（10）的 3 个面的视图，而本专利件 10 要求保护 6 面视图和立体图；本专利件 7 的主体上方具有 4 个圆柱体，而对比文件 1 件（7）的上方被其他组件遮挡住。对于本专利的一般消费者而言，本专利件 2 的上面为正方形的长方体主体和两侧的轮子在使用过程中是容易看到的部位，通常对于整体视觉效果更具有显著影响，而本专利件 7 的底面和长方体主体上的圆柱体在使用时均会被遮挡，故这些部位在产品使用状态下不会被一般消费者关注，且这些部位的设计便会也不会对产品的整体视觉效果产生显著影响。本专利件 7 和对比文件 1 件（7）均为小车状组件，其主体均为上面为正方形的长方体，并且主体两侧均有轮子。因此，本专利件 7 与对比文件 1 件（7）相近似。

（6）关于件 11。

本专利件 11 包括主视图、后视图、左视图、右视图、俯视图、仰视图和立体图，未要求保护色彩，从整体上看，本专利件 11 为一风车状组件，其具有 4 片倒梯形扇叶，每片扇叶上有多个小正方形镂空，该扇叶的后面具有一截头圆锥形插接部位。

对比文件 1 件（11）为一风车状组件，其具有 4 片倒梯形扇叶，每片扇叶上有多个小正方形镂空。

本专利件 11 与对比文件 1 件（11）的主要区别在于：对比文件 1 只公开了件（11）的正面视图，而本专利件 10 要求保护 6 面视图和立体图；对比文件 1 件（11）没有显示出后面的插接部位。对于本专利的一般消费者而言，本专利件 11 的 4 片扇叶在使用过程中是容易看到的部位，通常对于整体视觉效果更具有显著影响，而本专利件 11 后面的插接部位在使用时均会被遮挡，故该部位在产品使用状态下不会被一般消费者关注，且该部位的设计便会也不会对产品的整体视觉效果产生显著影响。本专利件 11 和对比文件 1 件（11）均为风车状组件，其具有 4 片倒梯形扇叶，并且每片扇叶上有多个小正方形镂空。因此，本专利件 7 与对比文件 1 件（7）相近似。

通过以上将本专利的 11 个组件与对比文件 1 中公开的组件进行比对可知，本专利的件 1 和件 3 这两个组件与对比文件 1 的件（1）和件（3）这两个组件不相同且不相近似；而本专利的件 2、件 4~11这 9 个组件与对比文件 1 的件（2）、件（4）~（9）这 9 个组件相近似。

本专利是由多个组件组成的外观设计产品，对于此类外观设计产品与对比文件的相同和相近似性判断，通常从以下方面进行考虑。

首先，从设计原理方面考虑，对于插接类组件玩具产品而言，通常同一种产品遵循同一插接原理，但不同种类产品的插接原理不尽相同，例如：有些产品在各组件上设置凹槽，插接时将各组件的凹槽互相插配来形成组合状态（参见《幼儿教玩具目录》60273 吉祥仿真插塑）；有些产品在各组件上设置一个或多个通孔，插接时将两个或两个以上组件的通孔对齐，并使用一楔形部件将各组件固定（参见《幼儿教玩具目录》60266 童宝建筑积木）。这种插接原理的不同通常会导致产品的单个组件以及插接后的组合形态的大不相同。就本案而言，本专利与对比文件 1 的组件主体均为正方块、长短不同的长方块，插接部分均是在其主体上方设置多个圆柱体，并在下方设置凹槽，在插接时，通过将一组件上方的多个圆柱体与另一组件下方的凹槽插配来进行组合，故本专利与对比文件 1 在插接设计原理上是相同或相近似的。

其次，从设计风格方面考虑，对于采用相同插接原理的组件玩具产品而言，其设计风格通常可分为两类，一类是采用主体形状基本相同的组件，例如主体形状只是各种长方体的组件（参见《幼儿教玩具目录》60187“小神童”万能拼插积木），此种设计风格的产品的特点是插接方式相对比较单一，插接后的造型相对比较生硬；另一类是采用主体形状相对多样化的组件，例如本专利和对比文件 1 的产品，此种设计风格的产品的特点是插接方式相对多样化，插接后的造型相对比较灵动和逼真。就本案而言，本专利与对比文件 1 的产品的设计风格均属于上述两类中的后者，即采用主体形状相对多样化的组件，另外，本专利与对比文件 1 的大部分组件的基本设计元素相同，例如：本专利与对比文件 1 均具有门窗状组件（例如，本专利的件 1 和件 6，对比文件 1 的件（1）和件（6））、钟表状组件（例如，本专利的件 2，对比文件 1 的件（2））、小车状组件（例如，本专利的件 3 和件 7，对比文件 1 的件（3）和件（7））、长方体状组件（例如，本专利的件 4、件 5 和件 8，对比文件 1 的件（4）、件（5）和件（8））、侧面横截面为梯形的组件（例如，本专利的件 9，对比文件 1 的件（9））、侧面横截面的一个角为圆弧过渡的长方形组件（例如，本专利的件 10，对比文件 1 的件（10））以及风车状组件（例如，本专利的件 11，对比文件 1 的件（11）），两者设计风格和设计元素的相同或相近似导致其各组件的主体设计形状必然相同或相近似。

最后，从公开组件的数量比例方面考虑，对于组件玩具产品而言，其通常具有多种主体形状各不相同的组件，当一件组件玩具产品与对比文件比对后仅有少数组件没有被公开时，判断两者是否构成相同或相近似设计的重点在于，那些没有被对比文件公开的少数组件对于相近似性判断是否具有显著影响，换句话说，那些没有被对比文件公开的少数组件的创新是否会给该产品带来显著的整体视觉效果。如果带来了显著的视觉效果，则该产品与对比文件不相近似；如果未带来显著的整体视觉效果，则该产品与对比文件相近似。就本案而言，虽然本专利件 1 与对比文件 1 件（1）不相同和不相近似，但两者均是门窗状组件；虽然本专利件 3 与对比文件 1 件（3）不相同和不相近似，但两者均是小车状组件，故以上两个组件的不相近似并未给本专利的产品带来显著的整体视觉效果。另外，除以上两个组件外，本专利的其他 9 个组件与对比文件 1 的相应组件均是相近似的。

综上所述，本专利与对比文件 1 的产品的设计原理和设计风格相近似，并且对于一般消费者而言，本专利与对比文件 1 相比少数不相近似的组件未带来显著的整体视觉效果，因此，本专利与其申请日之前在国内外出版物上公开发表过的外观设计相近似，本专利不符合专利法第 23 条的规定。

三、决定

宣告 200530083606.8 号外观设计专利权无效。

当事人对本决定不服的，可以根据专利法第 46 条第 2 款的规定，在收到本决定之日起三个月内向北京市第一中级人民法院起诉。根据该款规定，一方当事人起诉后，另一方当事人应当作为第三人参加诉讼。

本专利件 1 立体图

本专利件 2 立体图

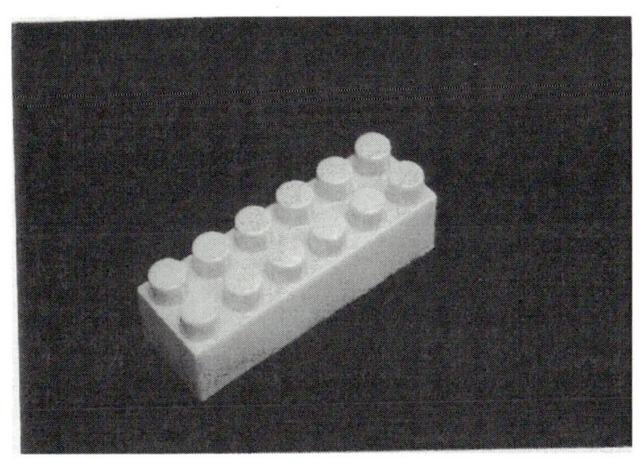
本专利件 3 立体图

本专利件 4 立体图

本专利件 5 立体图

本专利件 6 立体图

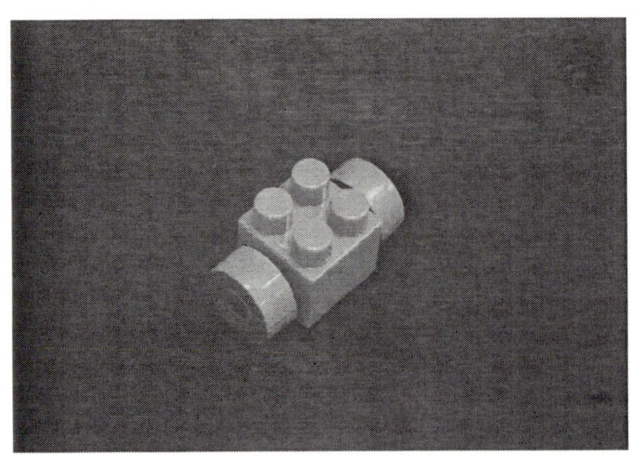

本专利件 7 立体图

本专利件 8 立体图

本专利件 9 立体图

本专利件 10 立体图

本专利件 11 立体图

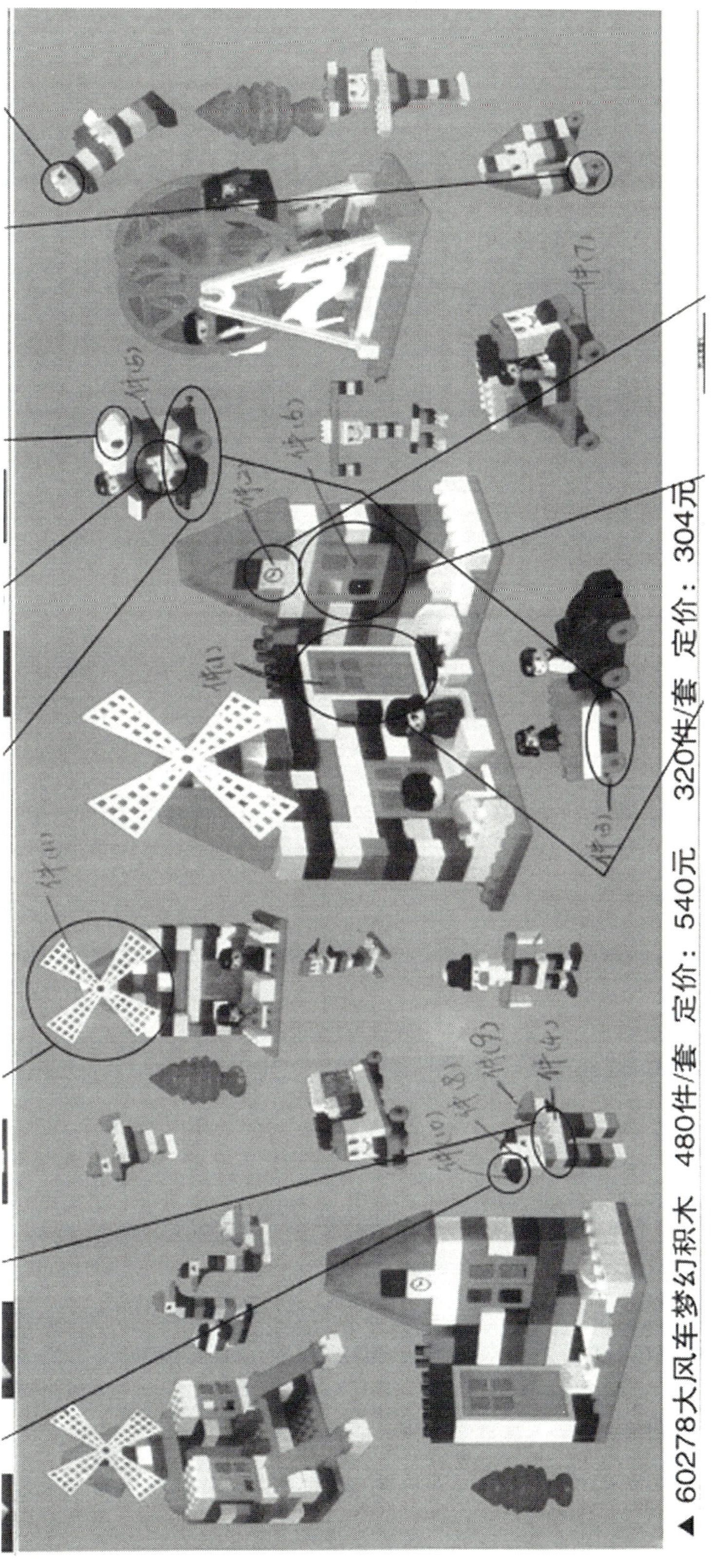

对比文件 1

471

面　　料

无效宣告请求审查决定（第 13920 号）

决　定　号　第 13920 号
决　定　日　2009 年 9 月 14 日
发明创造名称　面料
外观设计分类号　05-05
无效宣告请求人　路易威登马利蒂
专　利　权　人　王　军
专　利　号　200430014165.1
申　请　日　2004 年 2 月 9 日
授权公告日　2004 年 11 月 3 日
合议组组长　钱亦俊
主　审　员　张雪飞
参　审　员　李巍巍

法　律　依　据　专利法第 23 条
决　定　要　点
请求人提交的证据能够证明人民法院已作出终审判决，认定本专利与他人在先取得的合法权利相冲突，因此本专利不符合专利法第 23 条的规定。

一、案由

本无效宣告请求涉及国家知识产权局于 2004 年 11 月 3 日授权公告的 200430014165.1 号外观设计专利，使用该外观设计的产品名称是“面料”，其申请日是 2004 年 2 月 9 日，专利权人是王军。

针对上述外观设计专利权（下称本专利），路易威登马利蒂（下称请求人）于 2009 年 6 月 18 日向专利复审委员会提出无效宣告请求，其理由是本专利不符合专利法第 23 条的规定，并提交了如下证据附件：

证据 1 是本专利的电子公开文本打印件 3 页；

证据 2 是北京市高级人民法院作出的《民事判决书》［（2009）高民终字第 1544 号］复印件 10 页。

请求人认为，证据 2 所示判决书已认定本专利与请求人的在先注册商标专用权相冲突，因此应宣告本专利全部无效。

经形式审查合格，专利复审委员会受理了该无效宣告请求，并于 2009 年 7 月 3 日将请求人的无效宣告请求文件转送专利权人。

专利权人逾期未作出答复。

专利复审委员会于2009年7月17日向双方当事人发出合议组成员告知通知书；同时告知请求人应在指定期限内提交证据2所示判决书的完整原件，并告知专利权人应在指定期限内至专利复审委员会核实相关证据的原件。

请求人于2009年7月23日向专利复审委员会提交了证据2所示判决书的原件。专利权人逾期未至专利复审委员会进行核实。双方当事人逾期均未对合议组成员提出回避请求。

在上述审理的基础上，合议组经合议，认为本案事实清楚，依法作出本审查决定。

二、决定的理由

基于请求人提出的无效宣告理由和证据，合议组依据专利法第23条的规定进行审理。

专利法第23条规定："授予专利权的外观设计，应当同申请日以前在国内外出版物上公开发表过或者国内公开使用过的外观设计不相同和不相近似，并不得与他人在先取得的合法权利相冲突。"

请求人提交的证据2是北京市高级人民法院作出的《民事判决书》［（2009）高民终字第1544号］；专利权人未对其真实性提出质疑。

针对证据2，合议组认为：请求人提交了证据2所示判决书的完整原件，在无相反证据足以推翻的情况下，其真实性应予认定。在该终审判决中，人民法院已认定本专利与请求人在先取得的第241081号、第241029号、第1106237号、第1106302号、第1120556号、第1112498号、第241012号和第241014号注册商标专用权相冲突，因此本专利与请求人在先取得的合法权利相冲突，不符合专利法第23条的规定。基于上述判决，作出如下决定。

三、决定

宣告200430014165.1号外观设计专利权全部无效。

当事人对本决定不服的，可以根据专利法第46条第2款的规定，自收到本决定之日起三个月内向北京市第一中级人民法院起诉。根据该款的规定，一方当事人起诉后，另一方当事人应当作为第三人参加诉讼。

472

服饰口袋

无效宣告请求审查决定（第13921号）

决　　定　　号　第13921号
决　　定　　日　2009年9月14日
发明创造名称　服饰口袋
外观设计分类号　02-07
无效宣告请求人　路易威登马利蒂
专　利　权　人　王　军
专　　利　　号　03335725.0
申　　请　　日　2003年7月14日
授 权 公 告 日　2004年3月17日
合 议 组 组 长　钱亦俊
主　　审　　员　张雪飞
参　　审　　员　李巍巍

法　律　依　据　专利法第23条
决　定　要　点

请求人提交的证据能够证明人民法院已作出终审判决，认定本专利与他人在先取得的合法权利相冲突，因此本专利不符合专利法第23条的规定。

一、案由

本无效宣告请求涉及国家知识产权局于2004年3月17日授权公告的03335725.0号外观设计专利，使用该外观设计的产品名称是“服饰口袋”，其申请日是2003年7月14日，专利权人是王军。

针对上述外观设计专利权（下称本专利），路易威登马利蒂（下称请求人）于2009年6月18日向专利复审委员会提出无效宣告请求，其理由是本专利不符合专利法第23条的规定，并提交了如下证据附件：

证据1是本专利的电子公开文本打印件3页；

证据2是北京市高级人民法院作出的《民事判决书》［（2009）高民终字第1546号］复印件10页。

请求人认为，证据2所示判决书已认定本专利与请求人的在先注册商标专用权相冲突，因此应宣告本专利全部无效。

经形式审查合格，专利复审委员会受理了该无效宣告请求，并于2009年7月3日将请求人的无效宣告请求文件转送专利权人。

专利权人逾期未作出答复。

专利复审委员会于2009年7月17日向双方当事人发出合议组成员告知通知书；同时告知请求人应在指定期限内提交证据2所示判决书的完整原件，并告知专利权人应在指定期限内至专利复审委员会核实相关证据的原件。

请求人于2009年7月23日向专利复审委员会提交了证据2所示判决书的原件。专利权人逾期未至专利复审委员会进行核实。双方当事人逾期均未对合议组成员提出回避请求。

在上述审理的基础上，合议组经合议，认为本案事实清楚，依法作出本审查决定。

二、决定的理由

基于请求人提出的无效宣告理由和证据，合议组依据专利法第23条的规定进行审理。

专利法第23条规定："授予专利权的外观设计，应当同申请日以前在国内外出版物上公开发表过或者国内公开使用过的外观设计不相同和不相近似，并不得与他人在先取得的合法权利相冲突。"

请求人提交的证据2是北京市高级人民法院作出的《民事判决书》[（2009）高民终字第1546号]；专利权人未对其真实性提出质疑。

针对证据2，合议组认为：请求人提交了证据2所示判决书的完整原件，在无相反证据足以推翻的情况下，其真实性应予认定。在该终审判决中，人民法院已认定本专利与请求人在先取得的第G447981号、第241014号、第241029号、第1120556号和第1112498号注册商标专用权相冲突，因此本专利与请求人在先取得的合法权利相冲突，不符合专利法第23条的规定。基于上述判决，作出如下决定。

三、决定

宣告03335725.0号外观设计专利权全部无效。

当事人对本决定不服的，可以根据专利法第46条第2款的规定，自收到本决定之日起三个月内向北京市第一中级人民法院起诉。根据该款的规定，一方当事人起诉后，另一方当事人应当作为第三人参加诉讼。

473

吊　　牌

无效宣告请求审查决定（第 13922 号）

决　　定　　号　第 13922 号
决　　定　　日　2009 年 9 月 14 日
发明创造名称　吊牌
外观设计分类号　19-08
无效宣告请求人　路易威登马利蒂
专　利　权　人　王　军
专　　利　　号　03335726.9
申　　请　　日　2003 年 7 月 14 日
授 权 公 告 日　2003 年 12 月 31 日
合 议 组 组 长　钱亦俊
主　　审　　员　张雪飞
参　　审　　员　李巍巍

法　律　依　据　专利法第 23 条
决　定　要　点

请求人提交的证据能够证明人民法院已作出终审判决，认定本专利与他人在先取得的合法权利相冲突，因此本专利不符合专利法第 23 条的规定。

一、案由

本无效宣告请求涉及国家知识产权局于 2003 年 12 月 31 日授权公告的 03335726.9 号外观设计专利，使用该外观设计的产品名称是“吊牌”，其申请日是 2003 年 7 月 14 日，专利权人是王军。

针对上述外观设计专利权（下称本专利），路易威登马利蒂（下称请求人）于 2009 年 6 月 18 日向专利复审委员会提出无效宣告请求，其理由是本专利不符合专利法第 23 条的规定，并提交了如下证据附件：

证据 1 是本专利的电子公开文本打印件 4 页；

证据 2 是北京市高级人民法院作出的《民事判决书》［（2009）高民终字第 1545 号］复印件 10 页。

请求人认为，证据 2 所示判决书已认定本专利与请求人的在先注册商标专用权相冲突，因此应宣告本专利全部无效。

经形式审查合格，专利复审委员会受理了该无效宣告请求，并于 2009 年 7 月 3 日将请求人的无效宣告请求文件转送专利权人。

专利权人逾期未作出答复。

专利复审委员会于2009年7月17日向双方当事人发出合议组成员告知通知书；同时告知请求人应在指定期限内提交证据2所示判决书的完整原件，并告知专利权人应在指定期限内至专利复审委员会核实相关证据的原件。

请求人于2009年7月23日向专利复审委员会提交了证据2所示判决书的原件。专利权人逾期未至专利复审委员会进行核实。双方当事人逾期均未对合议组成员提出回避请求。

在上述审理的基础上，合议组经合议，认为本案事实清楚，依法作出本审查决定。

二、决定的理由

基于请求人提出的无效宣告理由和证据，合议组依据专利法第23条的规定进行审理。

专利法第23条规定："授予专利权的外观设计，应当同申请日以前在国内外出版物上公开发表过或者国内公开使用过的外观设计不相同和不相近似，并不得与他人在先取得的合法权利相冲突。"

请求人提交的证据2是北京市高级人民法院作出的《民事判决书》[（2009）高民终字第1545号]；专利权人对其真实性未提出质疑。

针对证据2，合议组认为：请求人提交了证据2所示判决书的完整原件，在无相反证据足以推翻的情况下，其真实性应予认定。在该终审判决中，人民法院已认定本专利与请求人在先取得的第241081号、第241029号、第1106237号、第1106302号、第1120556号、第1112498号、第241012号和第241014号注册商标专用权相冲突，因此本专利与请求人在先取得的合法权利相冲突，不符合专利法第23条的规定。基于上述判决，作出如下决定。

三、决定

宣告03335726.9号外观设计专利权全部无效。

当事人对本决定不服的，可以根据专利法第46条第2款的规定，自收到本决定之日起三个月内向北京市第一中级人民法院起诉。根据该款的规定，一方当事人起诉后，另一方当事人应当作为第三人参加诉讼。

474

装饰面板（树脂发花 C 型）

无效宣告请求审查决定（第 13936 号）

决　　定　　号　第 13936 号
决　　定　　日　2009 年 9 月 15 日
发明创造名称　装饰面板（树脂发花 C 型）
外观设计分类号　25-01
无效宣告请求人　王顺平
专　利　权　人　廖笑玲
专　　利　　号　200730064726.2
申　　请　　日　2007 年 8 月 16 日
授 权 公 告 日　2008 年 3 月 26 日
合 议 组 组 长　钱亦俊
主　　审　　员　张雪飞
参　　审　　员　李巍巍

法　律　依　据　专利法第 23 条
决　定　要　点

以专利复审委员会已在先审理过的理由和证据再次提出无效宣告请求的，专利复审委员会不予受理和审理。

对于域外证据，在既无公证认证材料、又无其他证据佐证真实性、且对方当事人提出质疑的情况下，其真实性不能被认定。

一、案由

本无效宣告请求涉及国家知识产权局于 2008 年 3 月 26 日授权公告的 200730064726.2 号外观设计专利，使用该外观设计的产品名称是“装饰面板（树脂发花 C 型）”，其申请日是 2007 年 8 月 16 日，专利权人是廖笑玲。

针对上述外观设计专利权（下称本专利），王顺平（下称请求人）于 2009 年 5 月 3 日向专利复审委员会提出无效宣告请求，其理由是本专利不符合专利法第 23 条的规定，应宣告本专利全部无效。请求人同时提交了本专利的图片打印件和如下证据附件：

证据 1 是公开日为 2006 年 7 月 28 日的 10-0605090 号韩国专利文献复印件 8 页；

证据 2 是公开日为 2007 年 12 月 19 日的 200680001628.7 号中国发明专利申请的公布说明书复印件 12 页，其公开号为 CN 101090927A；

证据3是盖有“深圳市欧得宝翻译有限公司”印章的营业执照、韩国期刊及相应部分中译文的确认件的复印件共9页，其中包含2007年5月期的韩国《GaGu Guide》期刊。

请求人称证据1和证据2是同族专利，并认为其内图2所示的外观设计与本专利相近似，同时本专利与证据3中2007年5月期的韩国《GaGu Guide》期刊内所示的相关外观设计构成相近似。

经形式审查合格，专利复审委员会受理了该无效宣告请求，并于2009年6月1日将请求人的无效宣告请求文件转送专利权人。

专利复审委员会于2009年7月1日向双方当事人发出口头审理通知书，定于2009年8月19日进行口头审理；并告知双方当事人，请求人提出的部分理由和证据已被专利复审委员会审理过（第12357号无效宣告请求审查决定），根据审查指南第四部分第三章2.1节“一事不再理原则”的规定，本案对相关理由和证据不予审理；同时将第12357号无效宣告请求审查决定的副本一并送交请求人。

专利复审委员会于2009年7月14日收到专利权人针对请求人的无效宣告请求提交的意见陈述书，专利权人提交了第12357号无效宣告请求审查决定复印件和“（2008）粤高法民三终字第425号”《民事判决书》复印件共15页，并称上述决定和判决对于本专利已阐述清楚，请求人也清楚。

专利复审委员会于2009年7月17日将专利权人的上述意见陈述及附件转送请求人，限期答复。

口头审理如期举行，双方当事人均委托代理人出席；双方对对方出庭人员的身份和资格无异议，对合议组成员均无回避请求。

在口头审理中，请求人坚持原有观点，其当庭提交了证据3的确认件及中译文的原件和2007年5月期韩国《GaGu Guide》期刊的整本原件（部分书页已散），并说明该期刊通过出国的朋友获得；专利权人质疑证据3的真实性和相应期刊的出版时间，并认为其中所示的相关外观设计与本专利不相同且不相近似。

口头审理结束后，请求人在前述指定的转文期限内未提交书面的补充意见。

在上述审理的基础上，合议组经合议，认为本案事实清楚，依法作出本审查决定。

二、决定的理由

基于请求人提出的无效宣告请求的理由和证据，合议组依据专利法第23条的规定进行审理。

专利法第23条规定：“授予专利权的外观设计，应当同申请日以前在国内外出版物上公开发表过或者国内公开使用过的外观设计不相同和不相近似，并不得与他人在先取得的合法权利相冲突。”

请求人提交的证据1是公开日为2006年7月28日的10-0605090号韩国专利文献复印件；证据2是公开日为2007年12月19日的200680001628.7号中国发明专利申请的公布说明书复印件；请求人认为上述证据中图2所示的外观设计与本专利相近似，本专利不符合专利法第23条的规定。

针对上述无效宣告请求的理由和证据，合议组认为：由于专利复审委员会已在先对上述理由和证据进行了审理，并作出上述证据中所示的相关外观设计与本专利不相同且不相近似、本专利符合专利法第23条规定的认定（第12357号无效宣告请求审查决定），根据审查指南第四部分第三章2.1节的规定，对已作出审查决定的无效宣告案件涉及的专利权，以同样的理由和证据再次提出无效宣告请求的，不予受理和审理，因此本案对上述理由和证据不再予以审理。

请求人提交的证据3是盖有“深圳市欧得宝翻译有限公司”印章的营业执照、韩国期刊及相应部分中译文的确认件，其中包含2007年5月期的韩国《GaGu Guide》期刊；请求人认为该2007年5月期的韩国《GaGu Guide》期刊内所示的相关外观设计与本专利构成相近似。

针对证据3，合议组认为：由于其内涉及的2007年5月期的韩国《GaGu Guide》期刊属于域外证据，请求人既未履行相应的公证认证手续，又无其他证据佐证其真实性，因此在专利权人提出合理质疑的情况下，根据审查指南第四部分第八章2.2.2节的规定，其真实性不能被认定。

综上所述，请求人提出的证据不足以支持其无效宣告理由，其无效宣告理由不成立。

三、决定

维持 200730064726.2 号外观设计专利权有效。

当事人对本决定不服的，可以根据专利法第 46 条第 2 款的规定，自收到本决定之日起三个月内向北京市第一中级人民法院起诉。根据该款的规定，一方当事人起诉后，另一方当事人应当作为第三人参加诉讼。

475

搅　拌　器

无效宣告请求审查决定（第13939号）

决　　定　　号　第13939号
决　　定　　日　2009年9月21日
发明创造名称　搅拌器
外观设计分类号　07-04
无效宣告请求人　上虞市明生电器制造有限公司
专　利　权　人　SEB公司
专　　利　　号　200630137209.9
申　　请　　日　2006年8月21日
优　先　权　日　2006年4月14日
授　权　公　告　日　2007年5月30日
合　议　组　组　长　张雪飞
主　　审　　员　尹春霞
参　　审　　员　李巍巍
附　　　　图　2页

法　律　依　据　专利法第23条
决　定　要　点

本专利与在先设计的差别对于其整体而言为局部细微变化，不足以对整体视觉效果产生显著影响，二者属于相近似的外观设计。

一、案由

本无效宣告请求涉及国家知识产权局于2007年5月30日授权公告的200630137209.9号外观设计专利，使用该外观设计的产品名称是“搅拌器”，其申请日是2006年8月21日，优先权日是2006年4月14日，专利权人是SEB公司。

针对上述外观设计专利权（下称本专利），上虞市明生电器制造有限公司（下称请求人）于2009年5月13日向专利复审委员会提出无效宣告请求，其依据的事实和理由是：本专利不符合专利法第23条的规定，本专利应予宣告无效。请求人同时提交了如下附件作为证据：

附件1：02329242.3号外观设计专利电子公告文本打印件和照片，共2页；

附件2：本专利电子公告文本打印件，共1页。

请求人认为，本专利与附件1均是搅拌器的外观设计。二者的整体形状均是呈四棱台状的底座支撑一个锥筒状的杯。其区别在于：本专利四棱台底座前侧设有按钮，附件1相应部位无按钮；本专利的提手呈半把式，附件1的提手形状不同；本专利的杯身上有竖直装饰纹，附件1的杯身无装饰条纹。但以上区别仅是局部变化，对整体视觉效果无显著影响，二者应属于相近似的外观设计。因此本专利不符合专利法第23条的规定，应予宣告无效。

专利复审委员会经形式审查合格受理了该无效宣告请求，并于2009年5月31日将无效宣告请求受理通知书及其附件的副本转送专利权人，通知其在指定期限内陈述意见，并告知专利权人如逾期不答复，不影响专利复审委员会的审理。

专利复审委员会于2009年6月22日向双方当事人发出口头审理通知书，定于2009年8月20日对本案进行口头审理。

专利权人于2009年7月13日针对专利复审委员会于2009年5月31日发出的无效宣告请求受理通知书提交了意见陈述书。专利权人认为：

本专利与附件1所示外观设计均由盖子、杯体、把手及基座四部分组成。但本专利整体设计风格纤细精巧，线条过渡柔美，而附件1所示外观设计其整体设计风格方正，线条过渡硬朗。且各构成部件的形状也完全不同。因此，不会引起一般消费者的混淆，二者属于不相同也不相近似的外观设计，应维持本专利有效。

专利复审委员会于2009年7月24日将专利权人的意见陈述转送请求人，要求其在收到所述文件之日起一个月内陈述意见。

口头审理如期举行，双方当事人均委托代理人出庭，双方均对对方出庭人员的身份和资格无异议，对合议组成员无回避请求。口头审理中，双方在书面意见陈述的基础上，对本专利与附件1所示的外观设计进行了详细比较。请求人认为二者是相近似的外观设计，区别点均是细微的变化，不足以引起显著的视觉效果。专利权人对附件1的真实性无异议，但认为二者外观设计既不相同也不相近似。对于专利复审委员会于2009年7月24日向请求人发出的转送文件通知书，请求人明确表示不再需要书面答复期。

在上述审理的基础上，合议组经合议，认为本案事实清楚，依法作出本审查决定。

二、决定的理由

1. 法律依据

基于请求人提出无效宣告请求所依据的事实和理由，合议组对本专利是否符合专利法第23条的规定进行审查。

专利法第23条规定："授予专利权的外观设计，应当同申请日以前在国内外出版物上公开发表过或者国内公开使用过的外观设计不相同和不相近似，并不得与他人在先取得的合法权利相冲突。"

2. 证据认定

请求人提交的附件1是02329242.3号外观设计专利电子公告文本打印件，授权公告日是2003年5月14日，早于本专利申请日（2006年8月21日）及优先权日（2006年4月14日），产品名称是"家用搅拌机（BL242）"，经合议组核实，其内容属实，属于在本专利申请日及优先权日前公开的出版物，可以作为评价本专利是否符合专利法第23条规定的证据。

3. 外观设计对比

本专利是搅拌机的外观设计，附件1也公开了搅拌机的外观设计（下称在先设计），二者用途相同，属于相同类别的产品，具有可比性。

本专利由上部杯体及下部底座两部分组成。杯体大致呈圆柱状，且下部略向内收，杯体上有若干条纹柱，杯体侧面为开口杯把，上部与杯盖相连，杯盖与杯体连接处有一小开口，杯盖正中为一圆形提手；底座大致呈正方柱形（四周略呈圆角），且从上方向上延伸出一方柱台与杯体相连，底座正面正中为一方形控制钮，底部四面略向内凹，左右两侧面各向外对称凸出一边缘台，且从上至下向内收（详见本专利附图）。

在先设计由上部杯体及下部底座两部分组成。杯体大致呈圆柱状，且下部略向内收，杯体侧面为封闭杯把，上部与杯体相连，杯盖正中为一圆形提手；底座大致呈正方柱形，且从上方向上延伸出一方柱台与杯体相连，控制钮设置在一侧面，左右两侧面各向外对称凸出一边缘台，且从上至下向内收（详见在先设计附图）。

将本专利与在先设计相比较，二者的相同点为：均由上部杯体及下部底座两部分组成；两部分形状大致相同，杯体大致呈圆柱状，下部略向内收，底座大致呈正方形，上部向上延伸出一方柱台与杯体相连。二者的主要不同之处在于：本专利的杯把呈开口状且与杯盖相连，在先设计的杯把呈封闭状且与杯体相连；本专利的杯体上有若干条纹柱，在先设计杯体光滑；本专利控制钮设置在正面正中，在先设计设置在一侧面底部；本专利底部四面略向内凹，在先设计底部四面平直。合议组认为：二者的杯把与杯体相连或是与杯盖相连属于局部位置的细微变化，且二者杯把均设置在与正面呈45°角的位置上，而杯体是否有条纹柱及控制钮的设置处相对于整体外观形状而言也为局部细微变化，根据整体观察，综合判断的原则，上述差别均不足以对整体视觉效果产生显著影响。而底面属于在使用状态下不易见到的部分，其设计变化的差异也不会对二者的整体外观产生显著影响。由于二者的整体造型、各组成部分在整体中的相对位置及形状基本相同，已形成了相近似的整体视觉印象，因此，二者属于相近似的外观设计。

综上所述，在本专利申请日以前已有与其相近似的外观设计在出版物上公开发表过，本专利不符合专利法第23条的规定。

三、决定

宣告200630137209.9号外观设计专利权全部无效。

当事人对本决定不服的，可以根据专利法第46条第2款的规定，自收到本决定之日起三个月内向北京市第一中级人民法院起诉。根据该款的规定，一方当事人起诉后，另一方当事人应当作为第三人参加诉讼。

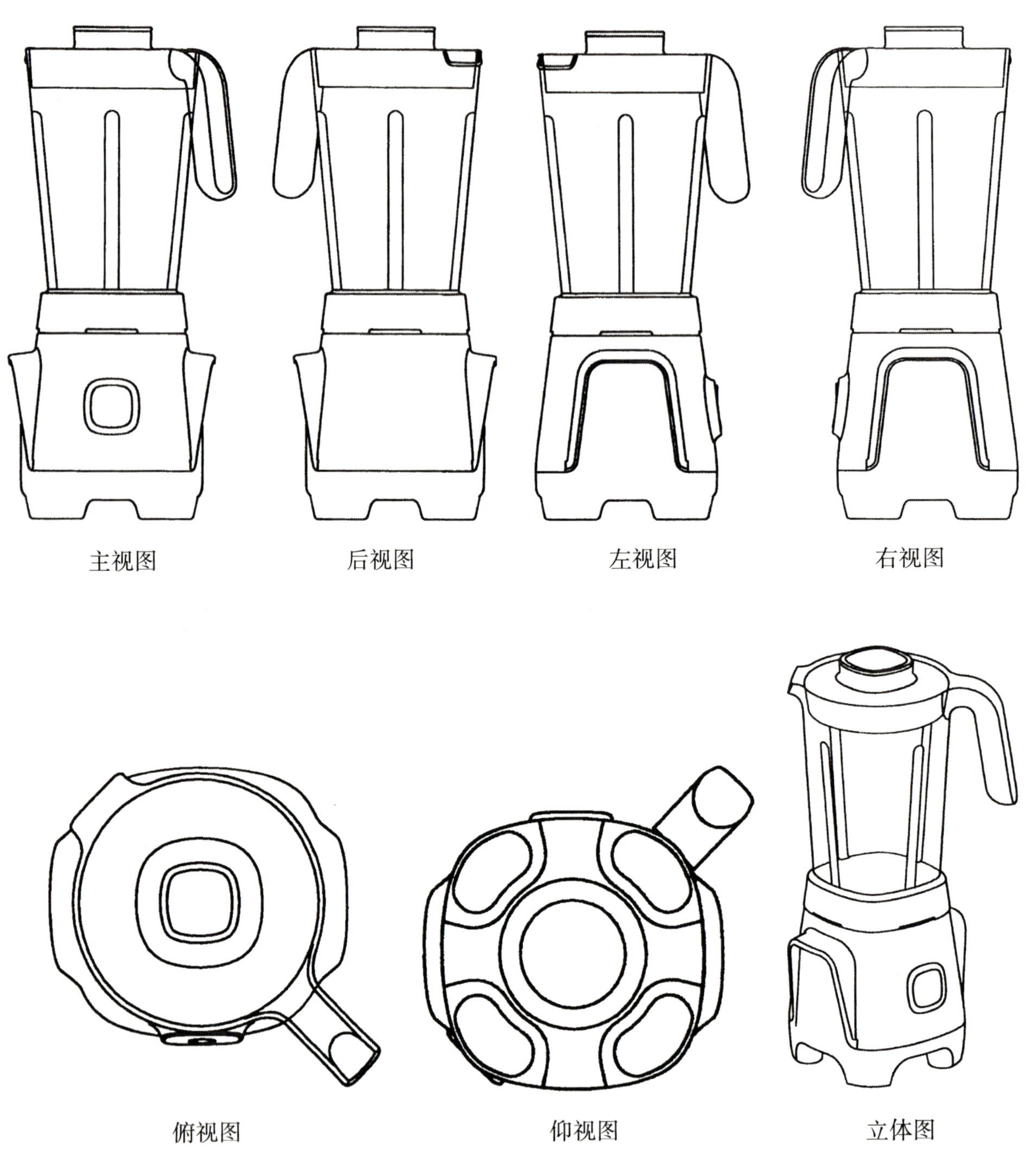

本专利附图

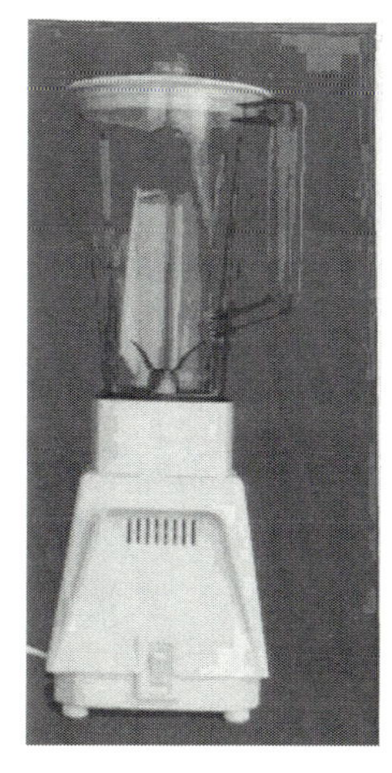

主视图

后视图

左视图

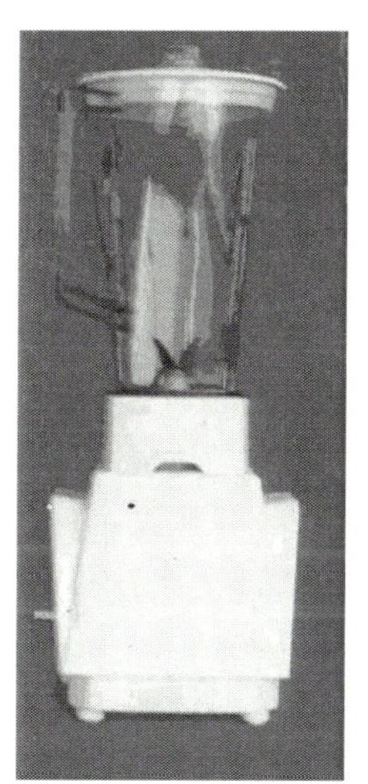

右视图

使用状态参考图

在先设计附图

北京市第一中级人民法院
行政判决书

（2010）一中知行初字第320号

原告SEB公司（SEB S. A.），住所地法兰西共和国埃库利。

法定代表人铁理-德罗诺瓦-德-拉-图尔-达尔泰慈（DELAUNOY DE LA TOUR D' ARTAISE Thierry），董事长兼总经理。

委托代理人陈晓玲，北京市万慧达律师事务所律师。

委托代理人杨颖，女，1970年11月19日出生，北京市万慧达知识产权代理有限公司职员，住中华人民共和国辽宁省沈阳市于洪区鸭绿江西街15栋533号。

被告中华人民共和国国家知识产权局专利复审委员会，住所地中华人民共和国北京市海淀区北四环西路9号银谷大厦10~12层。

法定代表人张茂于，副主任。

委托代理人张雪飞，中华人民共和国国家知识产权局专利复审委员审查员。

委托代理人瞿晓峰，中华人民共和国国家知识产权局专利复审委员审查员。

第三人上虞市明生电器制造有限公司，住所地中华人民共和国浙江省上虞市曹娥街道人民中路777号。

法定代表人谢行飞，执行董事。

委托代理人王兵，杭州天正专利事务所有限公司专利代理人。

原告SEB公司不服被告中华人民共和国国家知识产权局专利复审委员会（以下简称专利复审委员会）于2009年9月21日作出的第13939号无效宣告请求审查决定（以下简称第13939号决定），于法定期限内向本院提起行政诉讼。本院于2010年1月20日受理后，依法组成合议庭，并通知上虞市明生电器制造有限公司（以下简称明生公司）作为本案第三人参加诉讼，于2010年3月17日对本案公开开庭进行了审理。原告SEB公司的委托代理人陈晓玲、杨颖，被告专利复审委员会的委托代理人张雪飞、瞿晓峰，第三人明生公司的委托代理人王兵到庭参加了诉讼。本案现已审理终结。

第13939号决定系专利复审委员会针对明生公司就SEB公司拥有的名称为“搅拌器”的200630137209.9号外观设计专利（以下简称本专利）提出的无效宣告请求作出的。

专利复审委员会在该决定中认为：

本专利是搅拌机的外观设计，在先设计也公开了搅拌机的外观设计，二者用途相同，属于相同类别的产品，具有可比性。

将本专利与在先设计相比较，二者的相同点为：均由上部杯体及下部底座两部分组成；两部分形状大致相同，杯体大致呈圆柱状，下部略向内收，底座大致呈正方形，上部向上延伸出一方柱台与杯体相连。二者的主要不同之处在于：本专利的杯把呈开口状且与杯盖相连，在先设计的杯把呈封闭状且与杯体相连；本专利的杯体上有若干条纹柱，在先设计杯体光滑；本专利控制钮设置在正面正中，在先设计设置在一侧面底部；本专利底部四面略向内凹，在先设计底部四面平直。专利复审委员会认为：二者的杯把与杯体相连或是与杯盖相连属于局部位置的细微变化，且二者杯把均设置在与正面呈45°角的位置上，而杯体是否有条纹柱及控制钮的设置相对于整体外观形状而言也为局部细微变化，根据整体观察，综合判断的原则，上述差别均不足以对整体视觉效果产生显著影响。而底面属于在使用状态下不易见到的部分，其设计变化的差异也不会对二者的整体外观产生显著影响。由于二者的整体造型、各组成部分在整体中的相对位置及形状基本相同，已形成了相近似的整体视觉印象，因此，二者属于相近似的外观设计。

综上所述，在本专利申请日以前已有与其相近似的外观设计在出版物上公开发表过，本专利不符合《中华人民共和国专利法》（以下简称《专利法》）第二十三条的规定。专利复审委员会宣告200630137209.9号外观设计专利权全部无效。

SEB公司不服第13939号决定，在法定期限内向本院提起行政诉讼，其诉称：

（1）被告专利复审委员会认定事实不清。

除了第13939号决定认定的4个不同之处，原告SEB公司认为本专利与在先设计还存在以下主要区别：①本专利的底座的正面设置有大的方形控制钮，其占到底座正面的1/9面积，而在先设计在底座正面没有任何设计；②本专利的底座上方的方柱台与其圆滑过渡，而在先设计的底座上方的方柱台小于底座的宽度，呈现出台阶状；③本专利的底座两侧与底部为一体设计，其两侧的凸台向下倾斜，该凸台下的内表面平滑，而在先设计的底座两侧与底部为台阶状的设计，其两侧凸台向上倾斜，该凸台下的内表面设有多个条状的散热孔。

虽然本专利与在先设计在整体布局、位置相同，但是，显然从上述列举的本专利与在先设计存在的区别可以得知，本专利对搅拌器从杯盖、杯体、把手、方柱台、底座及按钮均作出了有别于在先设计的新设计，特别是以下的差别给整体外观视觉效果带来了显著影响，包括：杯把形状、杯体上的条纹柱、底座正面的大方形控制钮、底部的平滑、内凹设计、柱台的高度。开放式杯把与封闭式杯把是两种完全不同的设计，本专利的圆形半把手使得杯体的下半部留出开阔空间，这一点会给一般消费者深刻而强烈的印象；由于搅拌器的杯体采用透明设计，在占整体一半体积的杯体上设置明显的条纹柱，无论在使用或摆放状态，都具有很强的视觉冲击力；本专利底座下具有突出的控制钮、粗壮圆润的四个支脚，整体呈现了敦厚圆润、方正匀称、线条简洁流畅的外形；本专利方柱台的高度改变了搅拌器的整体纵向视觉效果，改变了在先设计窄腰细长的整体造型，更为突出了本专利整体的敦厚效果。总之，本专利在局部所作出的改变均不是孤立的，而是呈现了统一的设计风格，包括底座、杯把和杯底，使得本专利的搅拌器呈现出整体敦厚圆润、轮廓方正匀称、比例协调、线条简洁流畅的设计特点。从而可以得出，本专利和在先设计在杯体、杯把及底座等诸多部位形状存在前述众多明显且实质性的区别，给整体上带来了显著的差异，因此不可能被一般消费者所误认和混淆。

（2）本专利与在先设计不构成相近似。

本专利与在先设计相比是完全不同的两种设计，二者在杯把、杯体及底座上多个区别特征组合后相对在先设计发生了明显改变，呈现出与在先设计不同的设计风格，足以在整体上产生显著的视觉差异，从而构成了本专利与对比文件相比整体判断上不相近似的区别特征。但专利复审委员会不顾这些显著区别的存在而作出错误的判断。因此，二者外观设计所存在的上述显著差异，无论从局部细节对比，还是从整体观察都不相近似，不会造成混淆。

（3）本专利是搅拌机的外观设计。

近十几年来，受消费习惯和功能的限制，家用食品的搅拌机几乎均设计成杯体在上底座在下的连接结构和整体形状，并且杯体大致呈圆柱形，而底座无非就是方形、圆形或楔形中的一种。在上述整体形状大致确定的情况下，本行业的设计人员的设计空间就极为有限，仅能通过对产品各部件所作的改动（包括杯把手形状、底座、按钮、杯体的粗细、杯体与底座的比例等），形成不同的产品设计风格和视觉效果。因此，在外观设计近似性比较的时候，应当考虑特定领域的“一般消费者”对产品的知识背景和识别能力，他们可以非常容易地识别出新产品对形状所作出的改变，特别是该产品在常见的基本形状上所作出的对整体形状具有显著视觉影响的新设计。而第13939号决定所认定的本专利与在先设计相近似处恰恰均为此类搅拌机中常见的基本形状。综上，原告SEB公司认为第13939号决定认定事实不清，适用法律错误，请求人民法院撤销第13939号决定。

专利复审委员会辩称：第13939号决定认定事实清楚，适用法律法规正确，审理程序合法，原告SEB公司的诉讼理由不能成立，请求人民法院维持第13939号决定。

明生公司未提交书面意见陈述，其在本案庭审过程中述称：原告SEB公司的起诉理由均不能成立，13939号决定认定事实清楚，适用法律正确，请求人民法院维持第13939号决定。

本院经审理查明：

原告SEB公司于2006年8月21日就名称为“搅拌器”的外观设计专利（即本专利）向中华人民共和国国家知识产权局专利局提出申请，并于2007年5月30日被授权公告，专利号为200630137209.9，专利权人为SEB公司。

本专利由上部杯体及下部底座两部分组成。杯体大致呈圆柱状，且下部略向内收，杯体上有若干条纹柱，杯体侧面为开口杯把，上部与杯盖相连，杯盖与杯体连接处有一小开口，杯盖正中为一圆形提手；底座大致呈正方柱形（四周略呈圆角），且从柱体上方向上延伸出一方柱台与杯体相连，底座正面正中为一方形控制钮，底部四面略向内凹，左右两侧面各向外对称凸出一边缘台，且从上至下向内收（详见本专利附图）。

针对上述专利权，明生公司于2009年5月13日向专利复审委员会提出了宣告本专利权无效的请求，并提交了一份在先设计证据：02329242.3号外观设计专利电子公告文本打印件和照片，共2页。在先设计由上部杯体及下部底座两部分组成。杯体大致呈圆柱状，且下部略向内收，杯体侧面为封闭杯把，上部与杯体相连，杯盖正中为一圆形提手；底座大致呈正方柱形，且从上方向上延伸出一方柱台与杯体相连，控制钮设置在一侧面，左右两侧面各向外对称凸出一边缘台，且从上至下向内收（详见在先设计附图）。

在口头审理中，明生公司明确其无效宣告请求的理由是本专利不符合《专利法》第二十三条的规定。

庭审过程中，原告SEB公司认为控制按钮设置的位置应当为产品的正面，并且认为第13939号决定对本专利与在先设计的描述存在如下错误：（1）本专利的底座四周呈圆角；（2）在先设计的控制按钮设置在正面下部，前后两侧面各向外对称凸出一边缘台。被告专利复审委员会认为上述问题是由于视角的不同造成的。原告SEB公司认可第13939号决定有关本专利与在先设计相同点的描述，但对于不同点的描述，原告SEB公司认为在先设计的控制按钮设置在正面下部，而不是“设置在一侧面底部”。对于本专利与在先设计之间的区别点，原告SEB公司认为还存在起诉状中所列出的几点区别。

本案中，原告SEB公司提交了一些证明“搅拌器”产品惯常设计方面的证据材料，被告专利复审委员会质证认为这些证据材料并不能证明“搅拌器”产品的惯常设计。

上述事实有第13939号决定、本专利、在先设计、口头审理记录表以及当事人陈述等证据在案佐证。

本院认为：

综合各方当事人的诉辩主张，本案主要涉及的焦点问题为本专利与在先设计是否构成相同或者相近似的外观设计。

《专利法》第二十三条规定，授予专利权的外观设计，应当同申请日以前在国内外出版物上公开发表过或者国内公开使用过的外观设计不相同和不相近似，并不得与他人在先取得的合法权利相冲突。根据《专利审查指南》的规定，外观设计应当采用整体观察、综合判断的方式进行相同或者相近似判断。

本案中，本专利与在先设计存在的主要区别点包括杯把与杯盖的设计、方柱台与底座的圆滑过渡设计、底座两侧与底座的连接设计、杯体上的条纹柱设计、底座正面的大方形控制钮设计、底部的平滑、内凹设计、柱台的高度等。但从整体观察、综合判断的角度出发，本专利与在先设计均由大致呈圆柱体的杯体与大致呈正方体的底座组成，底座与杯体之间有方柱台。对于上述区别点，本院认为，对于控制按钮位置的描述取决于观察角度，即控制按钮究竟是处于正面或是侧面是由一般消费者所处的观察角度决定的，而其他区别点则属于细微差别，对于整体视觉效果不具有显著影响。因此，本专利与在先设计属于相近似的外观设计，原告 SEB 公司的起诉理由缺乏事实和法律依据，本院不予支持。

综上，第 13939 号决定证据充分，适用法律正确，程序合法，应予维持。原告 SEB 公司的诉讼理由不能成立，其诉讼请求本院不予支持。依照《中华人民共和国行政诉讼法》第五十四条第（一）项之规定，本院判决如下：

维持被告中华人民共和国国家知识产权局专利复审委员会作出的第 13939 号无效宣告请求审查决定。

案件受理费人民币 100 元，由原告 SEB 公司负担（已交纳）。

如不服本判决，原告 SEB 公司可在本判决书送达之日起 30 日内，被告中华人民共和国国家知识产权局专利复审委员会和第三人上虞市明生电器制造有限公司可在本判决书送达之日起 15 日内向本院提交上诉状，并按对方当事人人数提交副本，交纳上诉案件受理费人民币 100 元，上诉于中华人民共和国北京市高级人民法院。

审 判 长　侯占恒
代理审判员　王　晫
代理审判员　赵　明
二〇一〇年三月二十三日
书 记 员　许　波

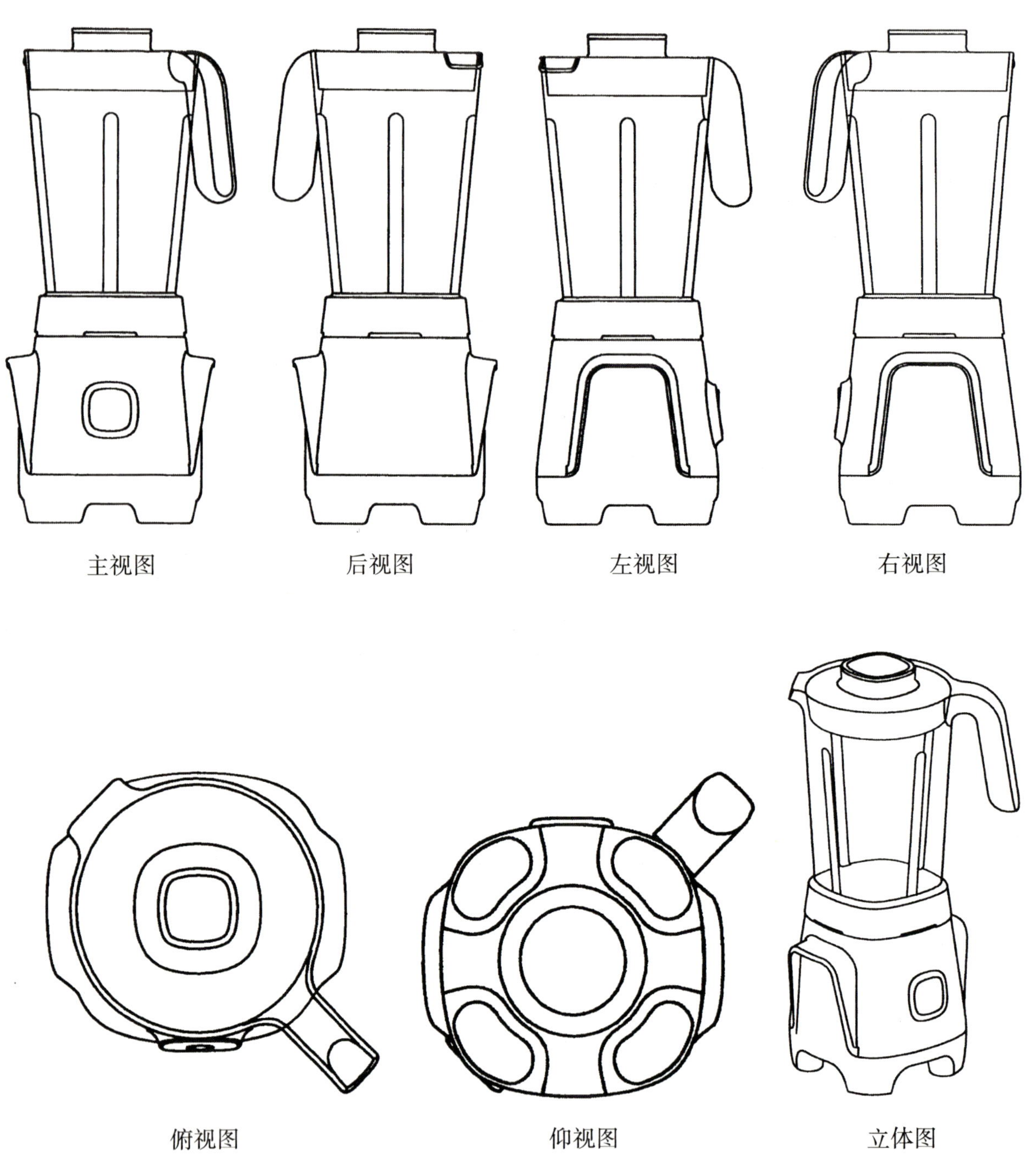

本专利附图

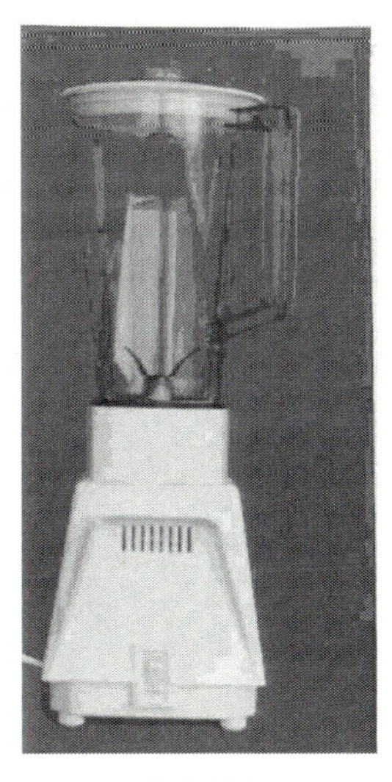

主视图

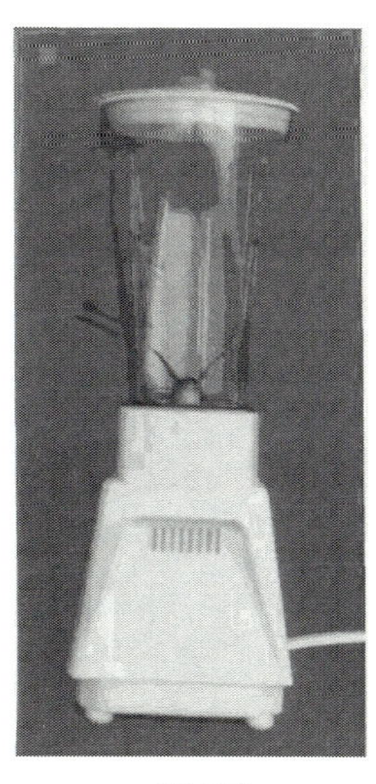

后视图

左视图

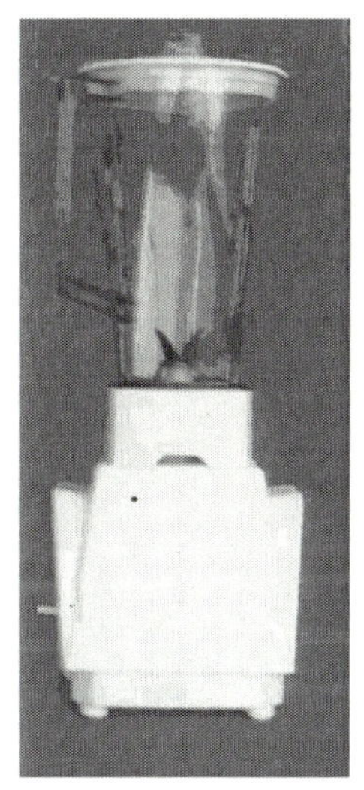

右视图

使用状态参考图

在先设计附图

476

搅　拌　机

无效宣告请求审查决定（第13940号）

决　　定　　号　第13940号
决　　定　　日　2009年9月21日
发明创造名称　搅拌机
外观设计分类号　31-00
无效宣告请求人　上虞市明生电器制造有限公司
专　利　权　人　SEB股份有限公司
专　　利　　号　200530005566.5
申　　请　　日　2005年3月23日
优　先　权　日　2004年10月8日
授 权 公 告 日　2005年11月30日
合 议 组 组 长　张雪飞
主　　审　　员　尹春霞
参　　审　　员　李巍巍
附　　　　　图　2页

法　律　依　据　专利法第23条
决　定　要　点
本专利与在先设计的差别对于其整体而言为局部细微变化，不足以对整体视觉效果产生显著影响，二者属于相近似的外观设计。

一、案由

本无效宣告请求涉及国家知识产权局于2005年11月30日授权公告的200530005566.5号外观设计专利，使用该外观设计的产品名称是“搅拌机”，其申请日是2005年3月23日，优先权日是2004年10月8日，专利权人是SEB股份有限公司。

针对上述外观设计专利权（下称本专利），上虞市明生电器制造有限公司（下称请求人）于2009年5月13日向专利复审委员会提出无效宣告请求，其依据的事实和理由是：本专利不符合专利法第23条的规定，本专利应予宣告无效。请求人同时提交了如下附件作为证据：

附件1：02329241.5号外观设计专利电子公告文本打印件和照片，共3页；

附件2：本专利电子公告文本打印件，共1页。

请求人认为，本专利与附件1均是搅拌机的外观设计。二者的整体形状均呈长筒靴状，杯身大致呈圆柱状，底座形似一鞋子。其二者的区别属于局部细微的变化，未对二者的整体视觉效果产生显著影响，二者应属于相近似的外观设计。因此本专利不符合专利法第 23 条的规定，应予宣告无效。

专利复审委员会经形式审查合格受理了该无效宣告请求，并于 2009 年 5 月 31 日将无效宣告请求受理通知书及其附件的副本转送专利权人，通知其在指定期限内陈述意见，并告知专利权人如逾期不答复，不影响专利复审委员会的审理。

专利复审委员会于 2009 年 6 月 22 日向双方当事人发出口头审理通知书，定于 2009 年 8 月 20 日对本案进行口头审理。

专利权人于 2009 年 7 月 13 日针对专利复审委员会于 2009 年 5 月 31 日发出的无效宣告请求受理通知书提交了意见陈述书。专利权人认为：本专利与附件 1 所示外观设计均由盖子、杯体、把手及基座四部分组成。但本专利的整体造型大致为“L”状，整体设计风格纤细精巧，线条过渡柔美，而附件 1 所示外观设计整体造型呈倒“T”状，其整体设计风格方正，线条过渡硬朗。且各构成部件的形状也完全不同。因此，不会引起一般消费者的混淆，二者属于不相同也不相近似的外观设计，应维持本专利有效。

专利复审委员会于 2009 年 7 月 24 日将专利权人的意见陈述转送请求人，要求其在收到所述文件之日起 1 个月内陈述意见。

口头审理如期举行，双方当事人均委托代理人出庭，双方均对对方出庭人员的身份和资格无异议，对合议组成员无回避请求。口头审理中，双方在书面意见陈述的基础上，对本专利与附件 1 所示的外观设计进行了详细比较。请求人认为二者是相近似的外观设计，区别点均是细微的变化，不足以引起显著的视觉效果。专利权人对附件 1 的真实性无异议，但认为二者外观设计既不相同也不相近似。对于专利复审委员会于 2009 年 7 月 24 日向请求人发出的转送文件通知书，请求人明确表示不再需要书面答复期。

在上述审理的基础上，合议组经合议，认为本案事实清楚，依法作出本审查决定。

二、决定的理由

1. 法律依据

基于请求人提出无效宣告请求所依据的事实和理由，合议组对本专利是否符合专利法第 23 条的规定进行审查。

专利法第 23 条规定：“授予专利权的外观设计，应当同申请日以前在国内外出版物上公开发表过或者国内公开使用过的外观设计不相同和不相近似，并不得与他人在先取得的合法权利相冲突。”

2. 证据认定

请求人提交的附件 1 是 02329241.5 号外观设计专利电子公告文本打印件，授权公告日是 2003 年 1 月 15 日，早于本专利申请日（2005 年 3 月 23 日）及优先权日（2004 年 10 月 8 日），产品名称是“家用搅拌机（BL-T1P）”，经合议组核实，其内容属实，属于在本专利申请日及优先权日前公开的出版物，可以作为评价本专利是否符合专利法第 23 条规定的证据。

3. 外观设计对比

本专利是搅拌机的外观设计，附件 1 也公开了搅拌机的外观设计（下称在先设计），二者用途相同，属于相同类别的产品，具有可比性。

本专利由上部杯体及下部底座两部分组成。杯体大致呈圆柱状，且下部略向内收，杯体上有若干条纹柱，杯体侧面为封闭杯把，上部与杯盖相连，杯盖与杯体连接处有一小开口，杯盖正中为一圆形提手；底座大致呈楔形，从左视图观察，从左侧面向右侧面向下倾斜，且从左侧面中部向上延伸出一圆柱台与杯体相连，正面正中为一圆形控制钮，底部四面略向内凹（详见本专利附图）。

在先设计由上部杯体及下部底座两部分组成。杯体大致呈圆柱状，且下部略向内收，杯体侧面为封闭杯把，上部与杯体相连，杯盖正中为一方形提手；底座大致呈楔形，从左视图观察，从左侧面向右侧面向下倾斜，且从左侧面中部向上延伸出一圆柱台与杯体相连，正面偏右处为一圆形控制钮（详见在先设计附图）。

将本专利与在先设计相比较，二者的相同点为：均由上部杯体及下部底座两部分组成；两部分形状大致相同，杯体大致呈圆柱状，下部略向内收，底座大致呈楔形，一侧面向上延伸出一圆柱台与杯体相连。二者的主要不同之处在于：本专利的杯把与杯盖相连，在先设计的杯把与杯体相连；本专利的杯盖提手为圆形，在先设计为方形；本专利的杯体上有若干条纹柱，在先设计杯体光滑；本专利控制钮设置在正面正中，在先设计设置在正面偏右处；本专利底部四面略向内凹，在先设计底部四面平直。合议组认为：二者杯把的形状大致相同，与杯体相连或是与杯盖相连属于局部位置的细微变化，而杯体是否有条纹柱及控制钮的设置处相对于整体外观形状而言也为局部细微变化，根据整体观察，综合判断的原则，上述差别均不足以对整体视觉效果产生显著影响。而底面属于在使用状态下不易见到的部分，其设计变化的差异也不会对二者的整体外观产生显著影响。由于二者的整体造型、各组成部分在整体中的相对位置及形状基本相同，已形成了相近似的整体视觉印象，因此二者属于相近似的外观设计。

综上所述，在本专利申请日以前已有与其相近似的外观设计在出版物上公开发表过，本专利不符合专利法第 23 条的规定。

三、决定

宣告 200530005566. 5 号外观设计专利权全部无效。

当事人对本决定不服的，可以根据专利法第 46 条第 2 款的规定，自收到本决定之日起三个月内向北京市第一中级人民法院起诉。根据该款的规定，一方当事人起诉后，另一方当事人应当作为第三人参加诉讼。

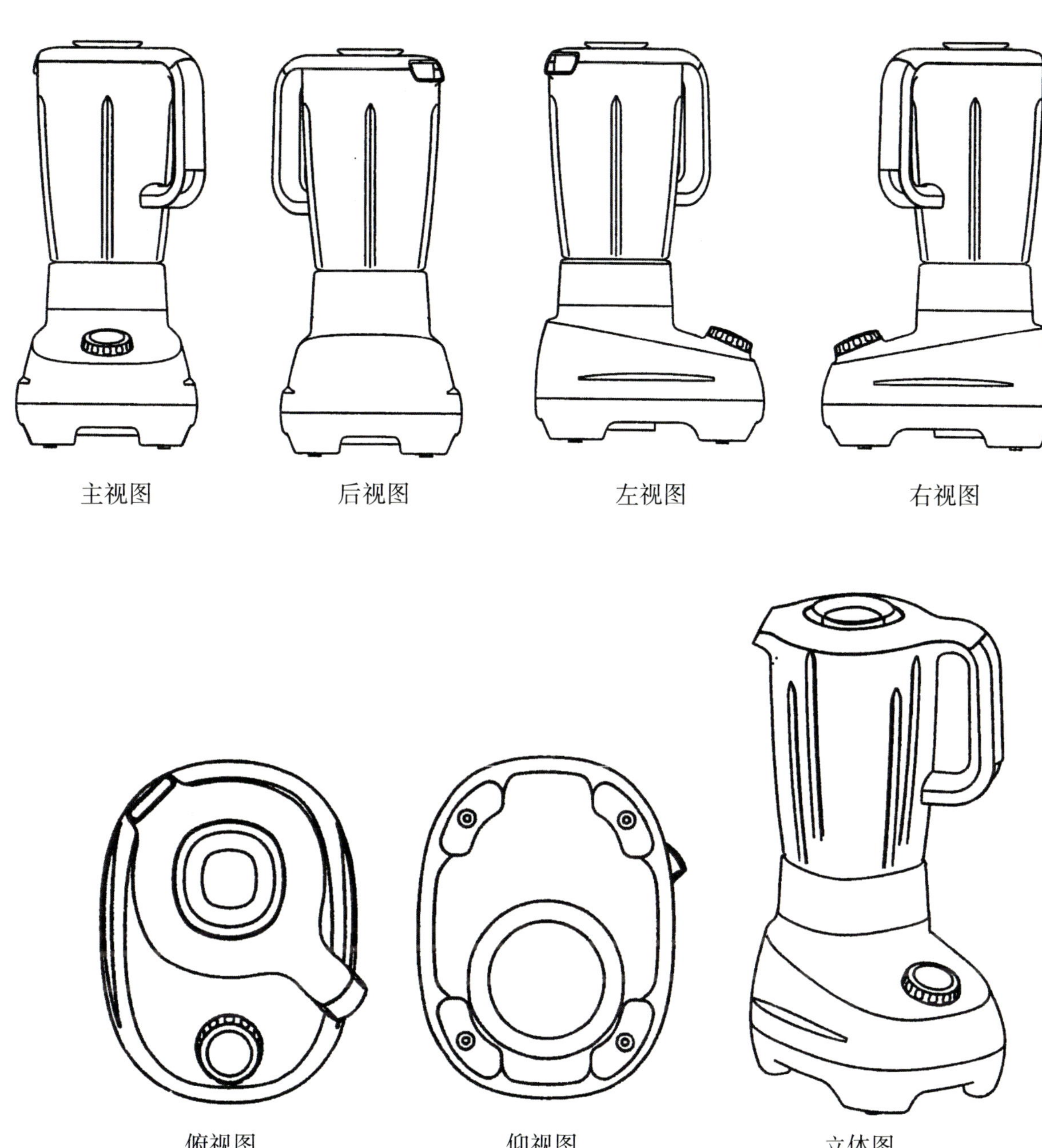

本专利附图

主视图

左视图

后视图

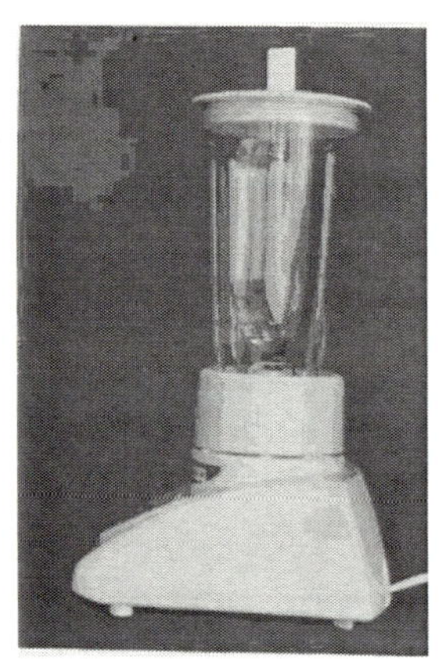

右视图

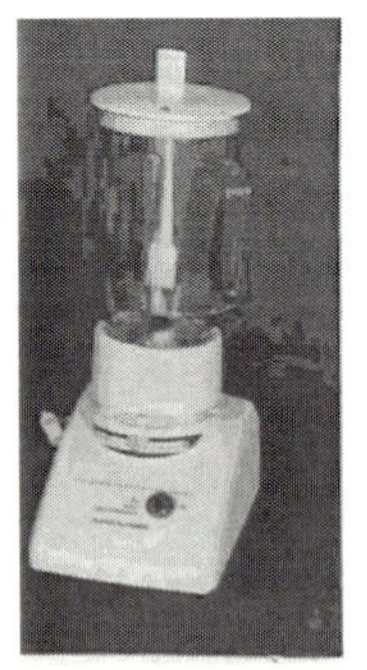

立体图

使用状态参考图

在先设计附图

北京市第一中级人民法院
行政判决书

（2010）一中知行初字第321号

原告SEB公司（SEB S. A.），住所地法兰西共和国埃库利。

法定代表人铁理-德罗诺瓦-德-拉-图尔-达尔泰慈（DELAUNOY DE LA TOUR D' ARTAISE Thierry），董事长兼总经理。

委托代理人陈晓玲，北京市万慧达律师事务所律师。

委托代理人杨颖，女，1970年11月19日出生，北京市万慧达知识产权代理有限公司职员，住中华人民共和国辽宁省沈阳市于洪区鸭绿江西街15栋533号。

被告中华人民共和国国家知识产权局专利复审委员会，住所地中华人民共和国北京市海淀区北四环西路9号银谷大厦10~12层。

法定代表人张茂于，副主任。

委托代理人张雪飞，中华人民共和国国家知识产权局专利复审委员审查员。

委托代理人瞿晓峰，中华人民共和国国家知识产权局专利复审委员审查员。

第三人上虞市明生电器制造有限公司，住所地中华人民共和国浙江省上虞市曹娥街道人民中路777号。

法定代表人谢行飞，执行董事。

委托代理人王兵，杭州天正专利事务所有限公司专利代理人。

原告SEB公司不服被告中华人民共和国国家知识产权局专利复审委员会（以下简称专利复审委员会）于2009年9月21日作出的第13940号无效宣告请求审查决定（以下简称第13940号决定），于法定期限内向本院提起行政诉讼。本院于2010年1月20日受理后，依法组成合议庭，并通知上虞市明生电器制造有限公司（以下简称明生公司）作为本案第三人参加诉讼，于2010年3月17日对本案公开开庭进行了审理。原告SEB公司的委托代理人陈晓玲、杨颖，被告专利复审委员会的委托代理人张雪飞、瞿晓峰，第三人明生公司的委托代理人王兵到庭参加了诉讼。本案现已审理终结。

第13940号决定系专利复审委员会针对明生公司就SEB公司拥有的名称为“搅拌器”的200530005566.5号外观设计专利（以下简称本专利）提出的无效宣告请求作出的。

专利复审委员会在该决定中认为：

本专利是搅拌机的外观设计，在先设计也公开了搅拌机的外观设计，二者用途相同，属于相同类别的产品，具有可比性。

将本专利与在先设计相比较，二者的相同点为：均由上部杯体及下部底座两部分组成；两部分形状大致相同，杯体大致呈圆柱状，下部略向内收，底座大致呈楔形，一侧面向上延伸出一圆柱台与杯体相连。二者的主要不同之处在于：本专利的杯把与杯盖相连，在先设计的杯把与杯体相连；本专利的杯盖提手为圆形，在先设计为方形；本专利的杯体上有若干条纹柱，在先设计杯体光滑；本专利控制钮设置在正面正中，在先设计设置在正面偏右处；本专利底部四面略向内凹，在先设计底部四面平直。专利复审委员会认为：二者杯把的形状大致相同，与杯体相连或是与杯盖相连属于局部位置的细微变化，而杯体是否有条纹柱及控制钮的设置相对于整体外观形状而言也为局部细微变化，根据整体观察、综合判断的原则，上述差别均不足以对整体视觉效果产生显著影响。而底面属于在使用状态下不易见到的部分，其设计变化的差异也不会对二者的整体外观产生显著影响。由于二者的整体造型，各组成部分在整体中的相对位置及形状基本相同，已形成了相近似的整体视觉印象，因此二者属于相近似的外观设计。

综上所述，在本专利申请日以前已有与其相近似的外观设计在出版物上公开发表过，本专利不符合《中华人民共和国专利法》（简称《专利法》）第二十三条的规定。专利复审委员会宣告200530005566.5号外观设计专利权全部无效。

SEB公司不服第13940号决定，在法定期限内向本院提起行政诉讼，其诉称：

第一，被告专利复审委员会认定事实不清。

除了第13940号决定认定的5个不同之处，原告SEB公司认为本专利与在先设计还存在以下主要区别：（1）本专利的杯把与杯盖相连，呈宽扁平状，其宽度基本上与连接座的高度相同，并于底部分叉，而在先设计的杯把与杯体相连，呈扁平状，其宽度远小于连接座的高度；（2）本专利的底座的正面凸设有一个大的旋钮，两侧向上渐缩，并对称设有月牙形凸台；而在先设计的底座的正面设有凸起的半椭圆形区，偏右处设有一个小的按钮，两侧平直；（3）从左视图观察，本专利从左侧面向右侧面向下倾斜的坡度小，左侧面与右侧面的高度比为5∶3；而在先设计从左侧面向右侧面向下倾斜的本专利的底座的坡度较大，左侧面与右侧面的高度比为5∶1；（4）本专利的杯盖提手（塞子）和连接座均呈带有圆角的方形，其直径约为杯盖的直径的一半；而在先设计的杯盖提手为杯盖上一体设置的方形扁片，连接座呈圆形；（5）本专利的杯体加连接座与底座的高度比为2∶1；而在先设计的杯体加连接座与底座的高度比为2.5∶1；（6）本专利的杯体上设有出水口，而在先设计没有；（7）本专利没有搅拌棒的设计，而在先设计的杯体内可见长条状的搅拌棒。

虽然本专利与在先设计在整体布局、位置相同，但是，显然从上述列举的本专利与在先设计存在的区别可以得知，本专利对搅拌器从杯盖、杯体、把手、连接座、底座及按钮均作出了有别于在先设计的新设计，特别是以下的差别给整体外观视觉效果带来了显著影响，包括：杯体上的条纹柱、底座及旋钮、杯体加连接座与底座的高度比。由于搅拌器的杯体采用透明设计，在占整体一半体积的杯体上设置如此明显的条纹柱，无论在使用或是摆放状态，都具有很强的视觉冲击力；本专利底座呈现了敦厚、方正、匀称的外形，尤其是底座两侧的月牙形凸台、正面中心的大旋钮更为加深了这种厚重效果，给整体造型也同样带来了与在先设计显著的不同的视觉效果。本专利底座两侧的高度变化，以及杯体加连接座与底座的高度比，同样体现了上述的设计风格，并显著地给整体外形带来了显著变化。

总之，本专利在局部所作出的改变均不是孤立的，而是呈现了统一的设计风格，包括楔形底座、方形杯盖提手和方形连接座，宽厚的杯体、杯把手和底座，使得本专利的搅拌器呈现出整体敦厚、轮廓周正、比例协调、线条流畅的设计特点。从而可以得出，本专利和在先设计在杯体、杯把、杯盖及底座等诸多部位形状存在前述众多明显且实质性的区别，给整体上带来了显著的差异，因此不可能被一般消费者所误认和混淆。

第二，本专利与在先设计不构成相近似。

本专利与在先设计相比是完全不同的两种设计，二者在杯把、杯体及底座上多个区别特征组合后相对在先设计发生了明显改变，呈现出与在先设计不同的设计风格，足以在整体上产生显著的视觉差异，从而构成了本专利与对比文件相比整体判断上不相近似的区别特征。但专利复审委员会不顾这些显著的区别而作出了错误的判断。

因此，二者外观设计所存在的上述显著差异，无论从局部细节对比，还是从整体观察都不相近似，不会造成混淆。

第三，本专利是搅拌机的外观设计。

近十几年来，受消费习惯和功能的限制，家用食品的搅拌机几乎均设计成杯体在上底座在下的连接结构和整体形状，并且杯体大致呈圆柱形，而底座无非就是方形、圆形或楔形中的一种。在上述整体形状大致确定的情况下，本行业的设计人员的设计空间就极为有限，仅能通过对产品各部件所作的改动（包括杯把手形状、杯盖形状、底座、按钮、杯体的粗细、杯体与底座的比例等），形成不同的产品设计风格和视觉效果。在外观设计近似性比较的时候，应当考虑特定领域的“一般消费者”对产品的知识背景和识别能力，他们可以非常容易地识别出新产品对形状所作出的改变，特别是该产品在常见的基本形状上所作出的对整体形状具有显著视觉影响的新设计。而第 13940 号决定所认定的本专利与在先设计相近似处恰恰均为此类搅拌机中常见的基本形状。综上，原告 SEB 公司认为第 13940 号决定认定事实不清，适用法律错误，请求人民法院撤销第 13940 号决定。

专利复审委员会辩称：第 13940 号决定认定事实清楚，适用法律法规正确，审理程序合法，原告 SEB 公司的诉讼理由不能成立，请求人民法院维持第 13940 号决定。

明生公司未提交书面意见陈述，其在本案庭审过程中述称：原告 SEB 公司的起诉理由均不能成立，13940 号决定认定事实清楚，适用法律正确，请求人民法院维持第 13940 号决定。

本院经审理查明：

名称为“搅拌机”的外观设计专利（即本专利）于 2005 年 3 月 23 日向中华人民共和国国家知识产权局专利局提出申请，于 2005 年 11 月 30 日被授权公告，优先权日是 2004 年 10 月 8 日，专利号为 200530005566. 5，专利权人为 SEB 公司。

本专利由上部杯体及下部底座两部分组成。杯体大致呈圆柱状，且下部略向内收，杯体上有若干条纹柱，杯体侧面为封闭杯把，上部与杯盖相连，杯盖与杯体连接处有一小开口，杯盖正中为一圆形提手；底座大致呈楔形，从左视图观察，从左侧面向右侧面向下倾斜，且从左侧面中部向上延伸出一圆柱台与杯体相连，正面正中为一圆形控制钮，底部四面略向内凹（详见本专利附图）。

针对上述专利权，明生公司于 2009 年 5 月 13 日向专利复审委员会提出了宣告本专利权无效的请求，并提交了一份在先设计证据：02329241. 5 号外观设计专利电子公告文本打印件和照片，共 3 页。在先设计由上部杯体及下部底座两部分组成。杯体大致呈圆柱状，且下部略向内收，杯体侧面为封闭杯把，上部与杯体相连，杯盖正中为一方形提手；底座大致呈楔形，从左视图观察，从左侧面向右侧面向下倾斜，且从左侧面中部向上延伸出一圆柱台与杯体相连，正面偏右处为一圆形控制钮（详见在先设计附图）。

在口头审理中，明生公司明确其无效宣告请求的理由是本专利不符合《专利法》第二十三条的规定。

庭审过程中，原告 SEB 公司对于第 13940 号决定有关本专利与在先设计的描述以及相同点的记载没有异议，但认为第 13940 号决定遗漏了一些本专利与在先设计的区别点。

本案中，原告 SEB 公司提交了一些证明“搅拌机”产品惯常设计方面的证据材料，被告专利复审委员会质证认为这些证据材料并不能证明“搅拌机”产品的惯常设计。

上述事实有第 13940 号决定、本专利、在先设计、口头审理记录表及当事人陈述等证据在案佐证。

本院认为：

综合各方当事人的诉辩主张，本案主要涉及的焦点问题为本专利与在先设计是否构成相同或者相近似的外观设计。

《专利法》第二十三条规定，授予专利权的外观设计，应当同申请日以前在国内外出版物上公开发表过或者国内公开使用过的外观设计不相同和不相近似，并不得与他人在先取得的合法权利相冲突。根据《专利审查指南》的规定，对于外观设计应当采用整体观察、综合判断的方式进行相同或者相近似判断。

本案中，本专利与在先设计存在如下主要区别点：（1）本专利的杯把与杯盖相连，在先设计的杯把与杯体相连；（2）本专利的杯盖上有一圆形的提手设计，在先设计的杯盖上突出一段短棒；（3）本专利控制钮设置在正面正中，且体积较大，在先设计的控制按钮设置在正面偏右处，且体积较小；（4）本专利底座向下倾斜的坡度较小，有比较厚实的感觉，在先设计的底座向下倾斜的坡度较大，有比较平滑的感觉；（5）本专利底部四面略向内凹，在先设计底部四面平直；（6）本专利的杯盖边缘有一开口，在先设计没有该设计。对此本院认为，本专利与在先设计虽然均由大致呈圆柱体的杯体与大致呈楔形的底座组成，但本专利与在先设计在杯盖的设计、杯体与杯盖的连接位置、控制按钮的位置和体积、底部的设计以及杯盖边缘开口的设计等方面均差异明显，这些区别点对于一般消费者而言在整体视觉上具有显著影响。因此，本专利与在先设计不构成相近似的外观设计，第13940号决定认定有误，原告SEB公司的起诉理由具有事实和法律依据，本院予以支持。

综上，被告专利复审委员会作出的第13940号决定认定事实和适用法律均存在错误，原告SEB公司请求撤销该决定的理由成立，本院予以支持。依照《中华人民共和国行政诉讼法》第五十四条第（二）项第1目、第2目之规定，本院判决如下：

一、撤销中华人民共和国被告国家知识产权局专利复审委员会作出的第13940号无效宣告请求审查决定；

二、被告中华人民共和国国家知识产权局专利复审委员会重新就专利号为200530005566.5号、名称为“搅拌机”的外观设计专利作出无效宣告请求审查决定。

案件受理费人民币100元，由被告中华人民共和国国家知识产权局专利复审委员会负担（于本判决生效后7日内交纳）。

如不服本判决，原告SEB公司可在本判决书送达之日起30日内，被告中华人民共和国国家知识产权局专利复审委员会和第三人上虞市明生电器制造有限公司可在本判决书送达之日起15日内向本院提交上诉状，并按对方当事人人数提交副本，交纳上诉案件受理费人民币100元，上诉于中华人民共和国北京市高级人民法院。

审　判　长　侯占恒
代理审判员　王　晫
代理审判员　赵　明
二○一○年三月二十三日
书　记　员　许　波

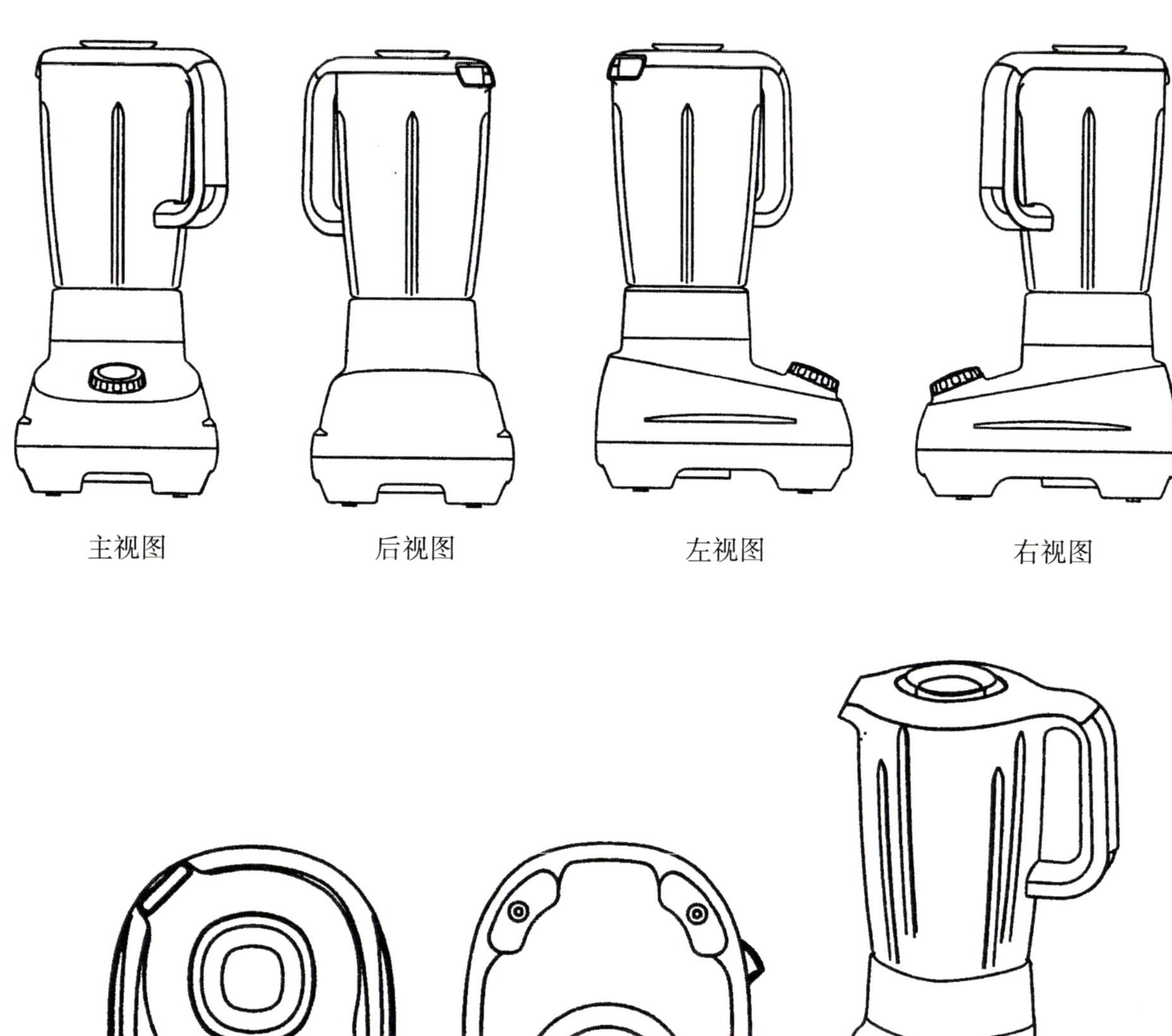

主视图　　后视图　　左视图　　右视图

俯视图　　仰视图　　立体图

本专利附图

主视图

左视图

后视图

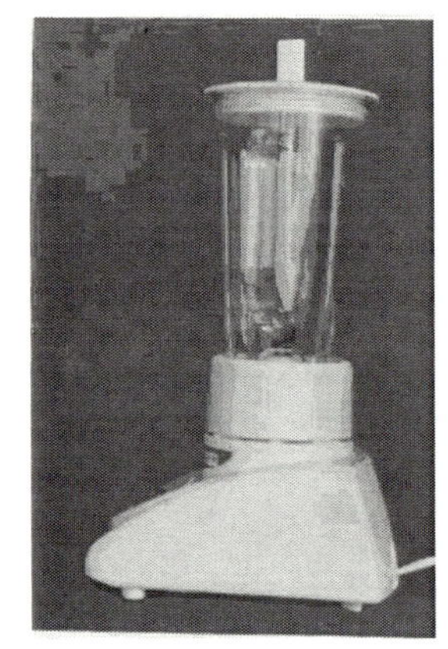
右视图

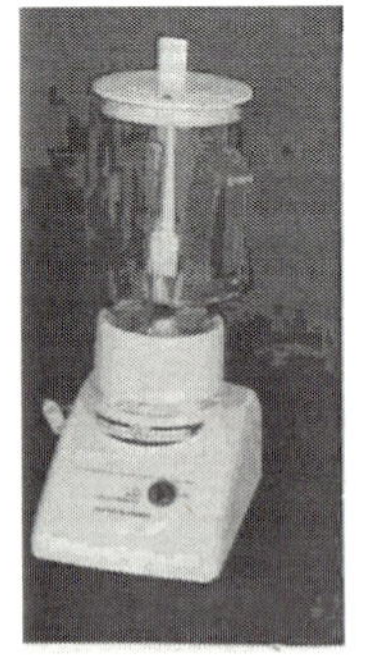
立体图

使用状态参考图

在先设计附图

477

炼钢中间包定位上水口

无效宣告请求审查决定（第13964号）

决　　定　　号　第13964号
决　　定　　日　2009年9月15日
发明创造名称　炼钢中间包定位上水口
国 际 分 类 号　15-99
无效宣告请求人　济南麦哈勃冶金技术开发有限公司
专 利 权 人　济南新峨眉实业有限公司
专　　利　　号　01335089.7
申　　请　　日　2001年8月21日
授 权 公 告 日　2002年3月6日
合 议 组 组 长　杜微科
主　　审　　员　瞿晓峰
参　　审　　员　刘　妍
附　　　　　图　3页

法 律 依 据　专利法第23条
决 定 要 点

若请求人提供的证据不能证明有相同或相近似的外观设计在本专利申请日前已被公开使用的事实，则其关于本专利不符合专利法第23条的主张不能成立。

实用新型专利附图并未公开在先设计的各面视图，并且即使结合说明书中的具体说明，亦无法唯一地确定在先设计的完整外观设计，故不足以证明本专利与在先外观设计相同相近似。

一、案由

本无效宣告请求涉及国家知识产权局于2002年3月6日授权公告，名称为“炼钢中间包定位上水口”的01335089.7号外观设计专利（下称本专利），其申请日为2001年8月21日，专利权人为济南新峨眉实业有限公司。

针对本专利，济南麦哈勃冶金技术开发有限公司（下称请求人）于2008年4月28日向专利复审委员会提出无效宣告请求，理由是本专利不符合专利法第23条的规定。请求人提交了以下证据：

证据1-1-1：蒙阴福林耐火材料制品有限公司与莱芜钢铁股份有限公司（原料部）签订的原燃炉料购销合同（合同编号：01-F-07275）复印件1页，莱芜钢铁股份有限公司原料部记账凭证（2001年8月13日，转字203号第01页）复印件1页，编号为00652730和00652731的山东增值税专用发票复印件各 1 页，编号为 0000717、0000718 及 0000719 的莱芜钢铁厂材料入库单复印件 3 页，共 7 页；

证据 1-1-2：编号为 00762427、00762440、00762414、00762412、00762439、00793467 的山东增值税专用发票复印件，共 6 页；

证据 1-1-3：莱芜钢铁股份有限公司炼钢厂出具的证明，内容为“我厂自 1999 年至今在连铸中间包定径水口快换装置之中使用的上水口和加长滑块其形状和专利 01335089.7 及 01335090.0 中表示的一样”，复印件共 1 页；

证据 1-2-1：青岛钰也发展股份有限公司合同会签单 1 页，工矿产品购销合同 1 页，记账凭证 1 页，材料入库单 2 页，产品发出单 28 页，编号为 QR15-1-03 的产品合格证书 4 页，编号为 02566416-02566420、01360785-01360787 的山东增值税专用发票共 8 页，均为复印件，共 45 页；

证据 2-1-1：01335089.7 号外观设计专利公报及专利证书的复印件，共 3 页（即本专利）；

证据 2-1-2：01335090.0 号外观设计专利公报及专利证书的复印件，共 3 页；

证据 2-1-3：专利号为 00248548.6 的中国实用新型专利说明书的打印件，共 6 页；

证据 2-2-1：盖有“济南麦哈勃冶金技术开发有限公司”印章的炼钢中间包定径水口快换上水口、下水口实物照片 10 张，复印件，共 6 页；

证据 2-3-1：青岛钰也发展股份有限公司合同会签单（合同编号 0106293E）1 页，济南新峨嵋实业有限公司与青岛钰也股份有限公司签订的工矿产品购销合同 1 页，编号为 0000410 的收据 1 页，编号为 0098756 的青岛钰也发展股份有限公司材料入库单 1 页，编号为 02566412 和 02566411 的山东增值税专用发票 2 页，均为复印件，共 6 页；

证据 3：鲁知司鉴中［2007］专鉴字第 109 号司法鉴定书中的“司法鉴定书”部分，复印件，共 13 页。

请求人认为：（1）莱芜钢铁厂于 1995 年设计了在炼钢生产中能够实现连铸的设备，专利号为 952335336，在该技术的基础上，定径水口快换装置出现了多种改进的技术方案，济南新峨眉实业有限公司申请的 00248548.6 号实用新型专利就是其中之一。ZL01335089.7 号外观设计的滑块是炼钢中间包工件之一，专用于炼钢生产中连铸时定径水口的快换装置中，是易损件，使用 6 小时即需更换，证据 1 系列可以证明本专利在申请日之前已经是炼钢行业中普遍使用的产品。（2）公告日为 2001 年 7 月 11 日的 ZL00248548.6 号实用新型专利对本专利的上水口有明确记载，该实用新型专利中序号 5 是上水口，炼钢领域的普通消费者从该实用新型专利的图 1 和图 2 中所表示的上水口 5 的形状可以看出，该上水口 5 与本专利的外观设计是完全相同。综上，本专利在申请日之前已经在国内被公开公告过，而且与国内已经使用过的产品的外观形状相同或相近似，因此本专利不符合专利法第 23 条的规定。

经形式审查合格后，专利复审委员会受理了上述请求，于 2008 年 4 月 28 日向双方当事人发出无效宣告请求受理通知书，同时将无效宣告请求书及其附件清单中所列附件副本转送给专利权人，要求其在指定的期限内答复。

请求人于 2008 年 5 月 27 日提交了意见陈述，并补充提交了证据。增加的证据如下：

证据 1-1-4：莱芜钢铁股份有限公司出具的《关于我公司所采购使用的 ZKD90 型中间包快换定径水口装置配套的上水口、滑块的说明》，复印件，共 1 页；

证据 1-1-5：ZKD90 型中间包快换定径水口装置图纸，复印件，共 1 页；

证据 1-1-6：声称为与 ZKD90 型中间包快换定径水口配套的上水口砖图纸，复印件共 1 页；

证据 1-1-7：声称为与 ZKD90 型中间包快换定径水口配套的下水口组装图，复印件共 1 页；

证据 1-1-8：中间包上水口实物照片 4 张，共 1 页；

证据 1-1-9：中间包下水口（滑块）实物照片 9 张，共 3 页；

证据 1-1-10：莱芜钢铁股份有限公司炼钢厂出具的《关于中包快换装置配套的上、下水口的说明》，复印件，共 1 页；

证据 1-1-11：山东省莱芜市中信公证处出具的（2008）莱中信证民字第 1607 号公证书（以下简称第 1607 号公证书），复印件共 5 页；

证据 1-2-2：青岛钰也发展股份有限公司质量管理部出具的《证明》，以及 2 份《工矿产品购销合同》，复印件共 4 页；

证据 1-2-3：中间包上水口、滑块实物照片 9 张，共 3 页；

证据 1-2-4：青岛钰也发展股份有限公司质量管理部出具的《图纸说明》及声称为 ZKD90-II 型中间包快换定径水口装置的图纸，复印件共 2 页；

证据 1-2-5：青岛钰也发展股份有限公司质量管理部出具的《图纸说明》及声称为上水口、滑块的图纸，复印件共 3 页；

证据 1-2-6：青岛钰也发展股份有限公司质量管理部出具的《图纸说明》及滑块组装图，复印件，共 2 页；

证据 1-2-7：青岛钰也发展股份有限公司质量管理部出具的《图纸说明》及声称为上水口和滑块的图纸三份，复印件共 4 页；

证据 1-2-8：济南新峨嵋实业有限公司与青岛钰也股份有限公司签订的工矿产品购销合同 1 页、编号为 0000410 号的收据 1 页，编号为 0098756 的青岛钰也发展股份有限公司材料入库单 1 页，编号为 02566412 和 02566411 的山东增值税专用发票 2 页，均为复印件，共 5 页；

证据 1-2-9：山东省青岛市市中心公证处出具的（2008）青市中证民字第 003146 号公证书（以下简称第 003146 号公证书），复印件共 12 页；

证据 2-1-4：中国黑色冶金行业标准盛钢桶用滑动铸口砖（YB/T5049-93），复印件共 41 页；

证据 2-1-5：中国黑色冶金行业标准锆质定径水口砖（YB4075-91），复印件共 5 页；

证据 2-1-6：中国黑色冶金行业标准连铸用铝碳质耐火制品（YB/T007-91），复印件共 9 页；

证据 1-1-1：蒙阴福林耐火材料制品有限公司与莱芜钢铁股份有限公司（原料部）签订的原燃炉料购销合同（合同编号：01-F-07275）复印件 1 页，莱芜钢铁股份有限公司原料部记账凭证（2001 年 8 月 13 日，转字 203 号第 01 页）复印件 1 页，编号为 00652730 和 00652731 的山东增值税专用发票复印件 2 页，编号为 0000717、0000718 及 0000719 的莱芜钢铁厂材料入库单复印件 3 页，共 7 页。

请求人认为：第一，证据 1 系列足以证明本专利在申请日之前已被公开生产、销售过，其中：（1）①证据 1-1-1 和证据 1-1-2 证明莱芜钢铁股份有限公司于 2001 年 7 月 19 日购买过中间包上水口；②证据 1-1-3 证明莱芜钢铁股份有限公司从一般消费者角度认定自 1999 年起所使用的工件的外观与本专利一致；③证据 1-1-4 证明莱芜钢铁股份有限公司客观说明证据 1-1-1 中所购买的中间包上水口、滑块应用于 ZKD90 型中间包快换定径水口装置，明确截至目前所购买的中间包上水口、滑块与证据 1-1-1 中所采购的中间包上水口、滑块系同一种类工件，外观形状未改变；④通过与证据 1-1-5的图纸及证据 1-1-8 的照片相对比，可以看出莱芜钢铁股份有限公司 2001 年 7 月 19 日采购的上水口与本专利外观相近似；⑤证据 1-1-5 和证据 1-1-6 与本专利对比，可以证明与本专利外观相近似的产品在 1999 年就已公开生产、销售、使用；⑥证据 1-1-10 从产品使用者角度明确与本专利外观设计相近似的产品在 1999 年就已公开使用。（2）①证据 1-2-1 证明青岛钰也发展股份有限公司于 2001 年 6 月 1 日就购买过中间包上水口，应用于 ZKD90 型中间包快换定径水口装置，明确截至目前所购买的中间包上水口与 2001 年 6 月 1 日所采购的系同一种类工件，外观形状未改变；②通过证据 1-2-3 的照片与本专利相对比可以清晰看出青岛钰也发展股份有限公司于 2001 年 6 月 1 日采购的上水口与本专利外观相同；③证据 1-2-4 可以证明青岛钰也公司自 2001 年 5 月所采购的中间包上水口与本专利外观设计相同或者相近似；④证据 1-2-5 结合证据 1-2-4 与本专利进行对比，可以证明青岛钰也发展股份有限公司自 2000 年 6 月获得的 ZKD90 型中间包快换定径水口装置的中间包上水口与本专利外观相同或相近似；⑤证据 1-2-7 证明钰也公司自 1999 年获得的 ZKD90 型中间包快换定径水口装置的中间包上水口图纸与本专利外观设计相同或相近似；⑥证据 1-2-8 证明青岛钰也公司 2001 年 5 月采购过 ZKD90 型中间包快换定径水口装置。

第二，ZL00248548.6 号实用新型专利说明书附图中序号 5 是上水口，结合证据 2-1-4、证据 2-1-5、证据 2-1-6 以及《公差与配合》的相关规定和标准，炼钢行业的一般消费者都可以清晰地看出第 00248548.6 号实用新型专利图 1 和图 2 中所表示的上水口 5 的形状为下方为近似椭圆形截面的底座，底座长轴方向的边缘平行，上方为近似圆台，近似圆台最下方直径与近似椭圆形截面的底座的短轴长度相仿，整个上水口内部贯通，上水口上部通孔半径较大，下部通孔的半径略小，与本专利外观设计相同或相近似。第 00248548.6 号实用新型专利的公告日是 2001 年 7 月 11 日，早于本专利申请日；该实用新型专利在实际应用中即 ZKD90 型中间包快换定径水口装置，该专利产品在本专利申请日之前已经被广泛推广使用，其配套的中间包上水口、滑块也随之推广使用，由此，本专利应被宣告无效。

第一，证据 3 是从冶金行业技术领域的常识出发，以该领域的一般消费者的角度，对 00248548.6 号实用新型专利中的上水口 5 进行还原，与本专利进行对比，得出该上水口 5 与本专利是技术领域相同、使用目的相同、结构和形状相近似的产品，证明本专利不具备新颖性的基本要求。

综上所述，本专利在申请日之前已经在国内被公开公告过，而且与国内公开使用过的产品的外观形状相同或者相近似，不符合专利法第 23 条的规定。

专利复审委员会于 2008 年 7 月 24 日将请求人于 2008 年 5 月 27 日提交的意见陈述和补充证据副本转送给专利权人，并同时向双方当事人发出了口头审理通知书，定于 2008 年 9 月 18 日对本案进行口头审理。

口头审理如期举行，双方当事人均参加了口头审理，并对对方出席口头审理人员的身份和资格无异议，对变更后的合议组成员没有回避请求。请求人明确无效宣告请求理由为专利法第 23 条。请求人当庭放弃了证据 1-1-2、证据 1-1-3、证据 2-2-1、证据 1-2-1 的第 1 页（即青岛钰也发展股份有限公司合同会签单），以及证据 2-3-1。请求人当庭提交了：（1）证据 1-1-1 中编号为 01-F-07275 购销合同原件，（2）证据 1-2-9 即第 003146 号公证书原件，该公证书的附件 6 中包括：①证据 1-2-2 原件，②证据 1-2-4、1-2-5、1-2-6、1-2-7 中的《图纸说明》的原件，以及盖有“青岛钰也发展股份有限公司质量管理部”印鉴的上述证据中的图纸的复印件，③盖有“青岛钰也发展股份有限公司质量管理部”骑缝章的证据 1-2-8、证据 1-2-1 的复印件；（3）证据 1-1-11 即第 1607 号公证书原件，该公证书的附件中包括有：①盖有“莱芜钢铁股份有限公司财务处会计科业务专用章”印鉴的证据 1-1-1 中的记账凭证、发票、入库单的复印件 6 页，以及盖有“莱芜钢铁股份有限公司”印鉴的证据 1-1-1 中的《购销合同》复印件，②证据 1-1-4 的原件，③盖有“莱芜钢铁股份有限公司炼钢厂”印鉴的证据 1-1-5、1-1-6、1-1-7 的复印件；（4）鲁知司鉴中［2007］专鉴字第 109 号司法鉴定书全文原件。专利权人当庭提交了专利复审委员会第 9777 号无效决定、（2007）一中行初字第 948 号行政判决书、（2008）高行终字第 20 号行政判决书。

口头审理之后，合议组于2008年10月14日收到请求人提交的意见陈述，于2009年10月21日收到专利权人的意见陈述。合议组于2008年11月20日将上述两份意见陈述分别转送给专利权人和请求人，并指出双方当事人可就上述文件在一个月内进行书面意见陈述。

至此，合议组认为本案事实清楚，现依法作出审查决定。

二、决定的理由

1. 证据认定

（1）请求人于口头审理中明确放弃了证据1-1-2、证据1-1-3、证据2-2-1、证据2-3-1以及证据1-2-1的第1页（即青岛钰也发展股份有限公司合同会签单），对于上述证据，合议组不再评述。

（2）请求人提交了证据1-1-1以及1-1-1′中编号为01-F-07275的购销合同原件，没有提交其中的记账凭证（2001年8月13日，转字203号第01页）、编号为00652730和00652731的山东增值税专用发票、编号为0000717、0000718及0000719的莱芜钢铁厂材料入库单的原件；请求人认为证据1-1-11即（2008）莱中信证民字第1607号公证书可以佐证上述证据的真实性。请求人主张上述证据可以证明莱芜钢铁股份有限公司于2001年7月19日购买过中间包滑块。

专利权人对证据1-1-11公证书原件的形式没有异议，但认为：①上述记账凭证、发票以及材料入库单没有原件，因此对其真实性不予认可，②证据1-1-1以及证据1-1-1′中的合同、发票、入库单中的产品名称各不相同且不能对应，单价也不一致，不能证明销售事实，也就不能证明公开了本专利。

请求人认为，由于厂家签署一次合同分几次进货、分几次入账，并且发票上记载的是去税价，故单价有细微差别，总价款一致；对于产品名称，莱芜钢铁股份有限公司购买了普通和加长两种滑块，加长滑块与中包加长滑块是对应的；证据1-1-1′所有页右上角的签章都与公证书中的原件签章相对应。

合议组查明，第1607公证书附件中附有：莱芜钢铁股份有限公司原料部记账凭证（2001年8月13日，转字203号第01页）、编号为00652730和00652731的山东增值税专用发票、编号为0000717、0000718及0000719的莱芜钢铁厂材料入库单的复印件，上述复印件上盖有“莱芜钢铁股份有限公司财务处会计科业务专用章”的印鉴，并有“经核对与原件相符经办：王兵08.5.23”字样的签字；但是，该公证书仅证明“……莱芜钢铁厂材料入库单复印件三份……上‘莱芜钢铁股份有限公司财务处会计科业务专用章’印鉴属实；山东增值税专用发票复印件二份……上‘莱芜钢铁股份有限公司财务处会计科业务专用章’印鉴属实；……记账凭证……上……印鉴属实”；由此可见，在公证过程中，公证员并未对公证书所附的上述记账凭证、发票、入库单复印件与原件一致进行公证，也没有对该签字人的身份进行查明与核实。

因此，尽管上述单据中加盖有印鉴，但该签章的单位以及签字人并未参加口头审理并接受质证；同时，上述复印件均模糊不清，字迹等内容无法准确辨认，且未公开任何设计内容。在请求人未提交原件加以核实、质证的前提下，上述单据的真实性无法确认，合议组对上述证据不予采信。

（3）请求人提供的证据1-1-11（第1607号公证书）中附有：①证据1-1-4、证据1-1-10的原件，②盖有“莱芜钢铁股份有限公司炼钢厂”印鉴的证据1-1-5、证据1-1-6、证据1-1-7的复印件。

专利权人对上述复印件的真实性不予认可，并认为证据1-1-4、证据1-1-10为证人证，对其的真实性均不予认可。

合议组认为，尽管请求人提交了盖有“莱芜钢铁股份有限公司炼钢厂”印鉴的证据1-1-4以及证据 1-1-10 的原件，但是，上述两份《说明》上均无该单位负责人或经手人的签字，该单位也未派证人参加口头审理并接受质证，仅凭该印鉴无法证明上述两份证人证言的真实性。第 1607 号公证书也仅证明两份《说明》上的印鉴属实，不能证明所述证言的内容真实，因此，对于证据 1-1-4、证据 1-1-10，合议组不予采信。

对于第 1607 号公证书所附的证据 1-1-5、证据 1-1-6、证据 1-1-7 复印件，尽管上述图纸上盖有“莱芜钢铁股份有限公司炼钢厂”的印鉴，但是，该公证书仅能证明上述图纸上的印鉴属实，并未对该复印件与原件一致进行公证。所述图纸上并无经手人签字，并且该签章的单位并未派员参加口头审理接受质证；此外，上述复印件存在不同程度的模糊，内容无法准确辨认，因此，上述图纸的真实性无法确认，合议组对这三份证据不予采信。

（4）请求人提供的证据 1-1-9 是 9 张实物照片，请求人提交该证据时标明该 9 张照片中的实物为“中间包下水口”；请求人在针对本专利的无效宣告请求程序中并未主张将该证据所表明的实物与本专利进行对比，并且所述照片的形成和来源不明，因此，对于这份证据，合议组不予采信。

（5）请求人未提交证据 1-2-1 中的记账凭证、材料入库单、产品发出单、产品合格证书、发票的原件。请求人提交的证据 1-2-9 为第 003146 号公证书，该公证书附件中包括上述单据的原件。合议组查明，第 001346 号公证书正文第 3 页记载“因王希明（音）向公证员提交的其他纸质文字及图纸资料较多，故由本处另行予以签封交王义松保管，但亦作为本公证书的附件”，该公证书附件 6 为“文字及图纸资料一宗”；合议组于口头审理当庭将该公证书中的附件 6 拆封，该附件 6 的资料中包括盖有上述证据 1-2-1 中的记账凭证、材料入库单、产品发出单、产品合格证书、发票的复印件共 44 页，在该复印件加盖有字样为“青岛钰也发展股份有限公司质量管理部”的骑缝章。

专利权人对上述复印件的真实性不予认可。

根据第 001346 号公证书的内容可知，公证员并未对公证书所附的上述记账凭证、材料入库单、产品发出单、产品合格证书、发票复印件与原件一致进行公证，因此，尽管上述单据中加盖有印鉴，但该签章的单位并未参加口头审理并接受质证；同时，上述复印件均模糊不清，字迹等内容无法准确辨认，且未公开任何设计内容。上述单据的真实性无法确认，合议组对证据 1-2-1 中的上述单据不予采信。

（6）请求人提交的证据 1-2-9 即第 001346 号公证书中的附件 6 中有证据 1-2-2 中的《证明》原件，以及该《证明》所附的两份购销合同的原件。

合议组认为，尽管请求人提交了盖有印鉴字样为“青岛钰也发展股份有限公司质量管理部”的《证明》原件，但是，出具上述《说明》的“青岛钰也发展股份有限公司质量管理部”本身并不具有民事主体资格，上述书面《说明》上均无该单位或部门的负责人签字，该单位也未派证人参加口头审理并接受质证，仅凭该印鉴无法证明上述证人证言的真实性，因此，对于证据 1-2-2 中的《证明》，合议组不予采信。

（7）请求人提交的证据 1-2-2 中包括两份《购销合同》，请求人提交的证据 1-2-9 附件 6 中包括了上述两份合同的原件，其中之一是济南新峨眉实业有限公司与青岛钰也发展股份有限公司于 2008 年 1 月 3 日签订的编号为“2008010160014”工矿产品购销合同。对于该份合同，由于其签订日期晚于本专利的申请日，请求人就合同所主张的销售事实与本专利是否符合专利法第 23 条的规定并无关联。因此，对于证据 1-2-2 中的该合同，合议组不予采信。

（8）请求人提交的证据 1-2-9 即第 001346 号公证书中的附件 6 中有证据 1-2-4、证据 1-2-5、证据 1-2-6、证据 1-2-7 中《图纸说明》的原件，和加盖有“青岛钰也发展股份有限公司质量管理部”印鉴的这四份证据中的图纸的复印件。专利权人对上述证据中图纸复印件的真实性不予认可，对上述《图纸说明》的真实性亦不予认可。

合议组认为，第 001346 号公证书并未对其所附之附件 6 中的文件资料的复印件与原件一致予以公证；尽管上述证据中的图纸复印件上加盖有印鉴，但所述图纸并无经手人签字，该签章的单位并未派员参加口头审理并接受质证；此外，部分图纸的复印件模糊不清、内容无法清楚准确辨认，在请求人不提交原件以供核实、质证的前提下，上述图纸内容的真实性无法确认，合议组不予采信。其次，尽管请求人提交了盖有"青岛钰也发展股份有限公司质量管理部"印鉴的证据 1-2-4、证据 1-2-5、证据 1-2-6、证据 1-2-7 中《图纸说明》的原件，但是，出具上述《说明》的"青岛钰也发展股份有限公司质量管理部"本身并不具有民事主体资格，并且上述《图纸说明》上均无经手人签字，该单位也未派证人参加口头审理接受质证，仅凭该印鉴无法证明上述《说明》的真实性，因此，对于上述证据 1-2-4、证据 1-2-5、证据 1-2-6、证据 1-2-7 中的《图纸说明》不予采信。

（9）请求人提交的证据 1-2-8 包括供需方分别为济南新峨眉实业有限公司与青岛钰也股份有限公司的工矿产品购销合同、编号为 0000410 号的收据、编号为 0098756 的材料入库单、编号为 02566412 和 02566411 的山东增值税专用发票，请求人认为第 001346 号公证书中包括了该份证据的原件。专利权人认为该份公证书中所附的为复印件，对上述证据的真实性不予认可。

合议组查明，提交的证据 1-2-9 即第 001346 号公证书中的附件 6 中包括加盖有印鉴字样为"青岛钰也发展股份有限公司质量管理部"骑缝章的上述合同、收据、入库单以及发票的复印件。合议组认为，如前所述，第 001346 号公证书并未对其所附之附件 6 中的文件资料的复印件与原件一致予以公证；尽管上述证据中的复印件上加盖有印鉴，但是，出具上述《说明》的"青岛钰也发展股份有限公司质量管理部"本身并不具有民事主体资格，上述书面《说明》上均无该单位或部门的负责人签字，该单位也未派证人参加口头审理并接受质证，仅凭该印鉴无法证明上述书证的真实性，上述复印件的真实性无法确认，因此，合议组对证据 1-2-8 不予采信。

（10）请求人提交了证据 3 的原件，主张该证据可以说明本专利不符合专利法第 23 条的规定。

证据 3 系山东知识产权司法鉴定中心出具的《司法鉴定书》，该鉴定书在委托人提供的资料的基础上得出有关结论。合议组认为，首先，鉴定人并未参加口头审理并就其鉴定过程、鉴定方式以及如何得出鉴定结论接受询问并由当事人质证，该鉴定书也未详细记载鉴定人的身份、职业、学历、技术背景等内容，而上述内容对于该鉴定书中所进行的技术分析并得出的结论具有直接影响；其次，作为鉴定结论的证据，其内容应当仅涉及案件事实，法律条文的具体适用不应属于鉴定范围。合议组查明，上述鉴定书的鉴定结论为涉案专利与现有技术公开的产品是否相同相近似，即实质上是根据专利法第 23 条的规定在相关事实的基础上进行合法性判断，已超出鉴定机构的职责范围；合议组对此不予采信。鉴定结论中还有部分内容涉及对实用新型说明书附图中有关部件外观设计的确认，对此合议组将在后文具体评述。

（11）请求人提交的证据 2-1-3 为第 00248548.6 号实用新型专利说明书，公告日为 2001 年 7 月 11 日，早于本专利的申请日。专利权人认可其真实性。合议组经核实对其真实性予以认可。

专利权人认为，对于此份证据与本专利的相同相近似问题，在专利复审委员会第 9776 号无效决定、（2007）一中行初字第 947 号行政判决书、（2008）高行终字第 26 号行政判决书中已有认定。

合议组查明，在上述生效决定和判决中，均认定由于在先设计第 00248548.6 号中国实用新型专利的视图未反映产品的各面视图，即使考虑文字说明，从在先设计所公开的信息中也不能唯一确定其外部形状，因此，不能认定本专利与在先设计相同或相近似。根据审查指南第四部分第三章第 2.1 节关于"一事不再理"原则的规定，单独使用证据 2-1-3 评价本专利是否符合专利法第 23 条的规定，不属于本案的审理范围。请求人主张的将证据 2-1-4、证据 2-1-5、证据 2-1-6 与第 00248548.6 号实用新型专利图 1 和图 2 相结合评价本专利不符合专利法第 23 条的规定，应予审查。

（12）请求人提交了证据 1-1-1 以及证据 1-1-1′中编号为 01-F-07275 的购销合同原件；请求人提供的证据 1-1-8 中包括了 4 张实物照片、证据 1-2-3 中包括 9 张实物照片；请求人提交了证据 1-2-2 中的《工矿产品购销合同》的原件；在专利权人未提交反证予以反驳的情况下，上述证据可以作为本案证据使用。

（13）请求人提交的证据 2-1-4、证据 2-1-5、证据 2-1-6 为三份国家标准文件，合议组经核实后对其真实性予以认可，可以作为本案证据使用。

（14）请求人在 2008 年 5 月 27 日提交的意见陈述中提及名称为“公差与配合”的资料，合议组查明，请求人并未提交该份资料作为证据使用。因此，该资料不属于本案审理范围。

2. 关于专利法第 23 条

（1）关于使用公开。

①请求人提供了证据 1-1-1 以及证据 1-1-1′中编号为 01-F-07275 的购销合同原件，该合同的供方和需方分别为蒙阴福林耐火材料制品有限公司和莱芜钢铁股份有限公司，其上载明的合同签订日期为 2001 年 7 月 19 日，在该合同的“产品名称栏”中记载有“中包上水口”等名称。请求人主张，该合同可以证明在本专利申请日之前已有相同或相近似的产品在国内公开销售。

合议组认为，首先，该购销合同中并无载明任何设计内容，仅有“中包上水口”的名称；其次，2001 年 7 月 19 日仅是该合同的签订日期，并非销售行为发生时间，合议组从该合同本身无法确定是否发生过销售行为以及合同实际履行情况，亦无法查明该合同项下上水口的外观设计形状，因此，该证据不能支持请求人关于 2001 年 7 月 19 日已经公开了与本专利相同相近似的外观设计的主张。

②请求人提供的证据 1-1-8 中包括了 4 张实物照片，请求人主张该照片与证据 1-1-4 结合，可以表明与本专利相同或相近似的产品已经在国内公开使用。

合议组认为，证据 1-1-8 中的产品本身并不能表明该产品的制造、公开时间在本专利申请日之前，证据 1-1-11 即 1607 号公证书的内容仅表明该照片形成于 2008 年 5 月 22 日；请求人亦承认，证据 1-1-8 的照片所表明的实物系现在正在使用的上水口，因此，在证据 1-1-4 不能被采信的情况下，没有证据可以佐证证据 1-1-8 中的上水口及其形状、外观已经在本专利申请日之前被公开，所以，对请求人的该主张合议组不予支持。

③请求人提供的证据 1-2-3 中包括 9 张实物照片，请求人主张该照片系经过青岛钰也公司准许提供，该照片结合证据 1-2-2，可以表明与本专利相同或相近似的产品已在 2001 年就在国内公开使用。

合议组认为，该照片中的产品本身并不能表明该产品的制造、公开时间在本专利申请日之前，并且证据 1-2-2 中钰也公司出具的证据的真实性无法确认，故对请求人的这一主张不予支持。

④请求人提交的证据 1-2-2 中包括青岛钰也发展股份有限公司与济南新峨眉实业有限公司签订的《工矿产品购销合同》，请求人提交了该购销合同的原件。该合同上载明的签订时间为 2001 年 6 月 1 日，在该合同的“产品名称栏”中记载有“中间罐上水口砖”的名称。请求人主张，该合同可以证明在本专利申请日之前已有相同或相近似的产品在国内公开销售。

合议组认为，首先，该购销合同中并无载明任何设计内容，仅有“中间罐上水口砖”的名称；此外，尽管该合同形式上是手签原件，但其内容上在第十一栏却载明违约责任“按经济合同法办理”；并且，该合同上载明的 2001 年 6 月 1 日仅是该合同的签订日期，并非产品销售行为发生时间。综合上述因素，合议组从该合同本身无法确定是否发生过销售行为以及合同实际履行情况，亦无法查明该合同项下上水口的外观设计形状。因此，该证据不能支持请求人关于 2001 年 6 月 1 日已经公开了与本专利相同相近似的外观设计的主张。

综上，请求人提交的用于证明与本专利相同相近似的产品在本专利申请日之前已经公开使用的证据，均不能支持其主张，请求人的有关无效理由不能成立。

（2）关于证据2-1-3与证据2-1-4、证据2-1-5、证据2-1-6结合是否与本专利相同或相近似。

请求人提交的证据2-1-3为第00248548.6号实用新型专利说明书，其公告日为2001年7月11日，早于本专利的申请日。请求人主张，该实用新型专利说明书附图1中序号5即为上水口，结合所属领域的公知常识（请求人提交了证据2-1-4、证据2-1-5、证据2-1-6三份行业标准以佐证），所属领域技术人员可以确定该实用新型专利说明书附图1中的上水口的大体形状。

合议组认为，首先，就证据2-1-3而言，其公开的内容在专利复审委员会第9776号决定以及（2007）一中行初字第947号判决、（2008）高行终字第26号判决均有所认定，上述生效的决定或判决均已认定由于附图1仅为剖视图，一般消费者无法从上述内容中确定某一产品的包括各组成部分形状、比例以及位置分布关系等等具体的外观形状。其次，对于外观设计专利相同相近似的判断而言，应该以单独对比的方式进行比较；上述三份行业标准也均未完整公开某一具体滑块的外观形状，并且其中证据2-1-4、2-1-6系推荐性标准；就三份标准的内容而言，仅记载了其所针对的具体产品的技术要求，由于上述标准的内容与证据2-1-3公开的技术信息并不指向同一的技术内容，无法也不能直接构成对该实用新型专利的限定；所以，即使参考上述标准的内容，一般消费者也无法确定，该证据2-1-3附图1中序号为5的部件，其各部分部件的具体形状及比例关系等，不能确其具体的外观形状。再次，就专利文件与行业标准的关系而言，实用新型专利文件公开的是权利人对现有技术改进后获得的新的技术方案，行业标准所关注的是实际生产过程中具体产品的品质、规范等，行业标准的内容并不能构成对专利文件的限定，不能作为确定说明书附图中有关部件外观设计的依据。最后，就外观设计专利相同相近似判断而言，在确定在先设计公开的信息时，也应从一般消费者的角度确定在先设计图片所公开的内容，不允许将现有设计或现有技术中的内容组合或结合后再与被比设计进行比对。

因此，对于请求人的上述主张合议组不予支持。

综上，基于现有证据，不能证明本专利不符合专利法第23条的规定。

三、决定

维持01335089.7号外观设计专利有效。

当事人对本决定不服的，可以根据专利法第46条第2款的规定，自收到本决定之日起三个月内向北京市第一中级人民法院起诉。根据该款的规定，一方当事人起诉后，另一方当事人应当作为第三人参加诉讼。

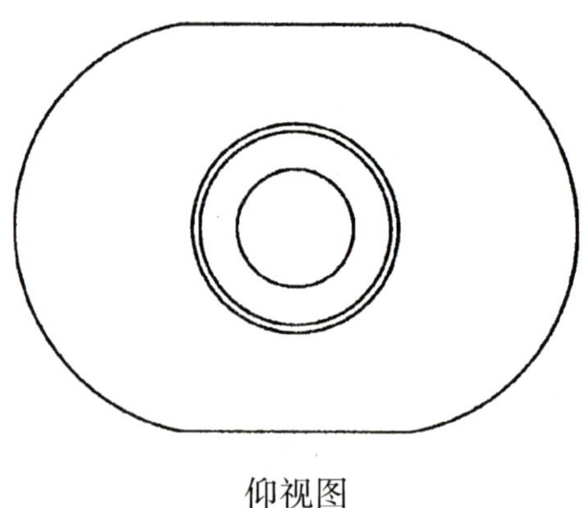

仰视图

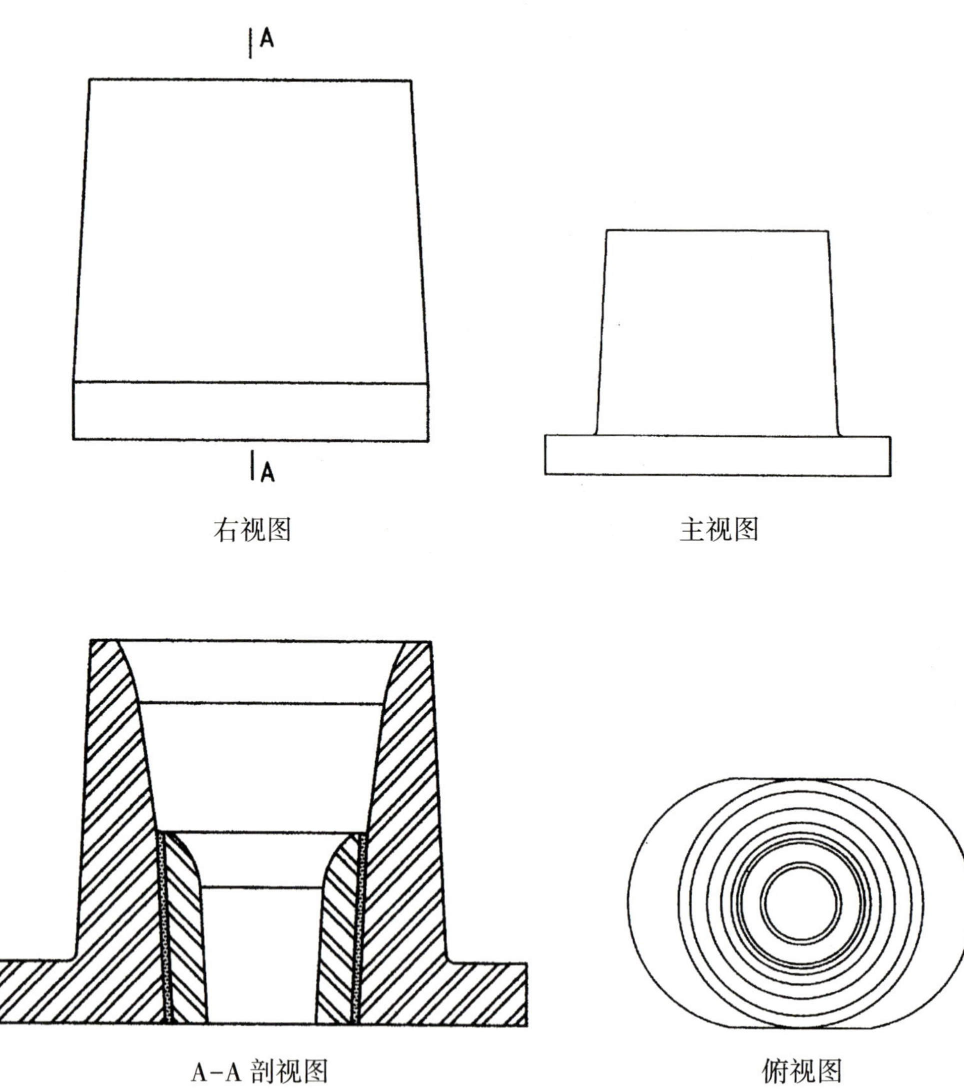

右视图

主视图

A-A 剖视图

俯视图

本专利附图

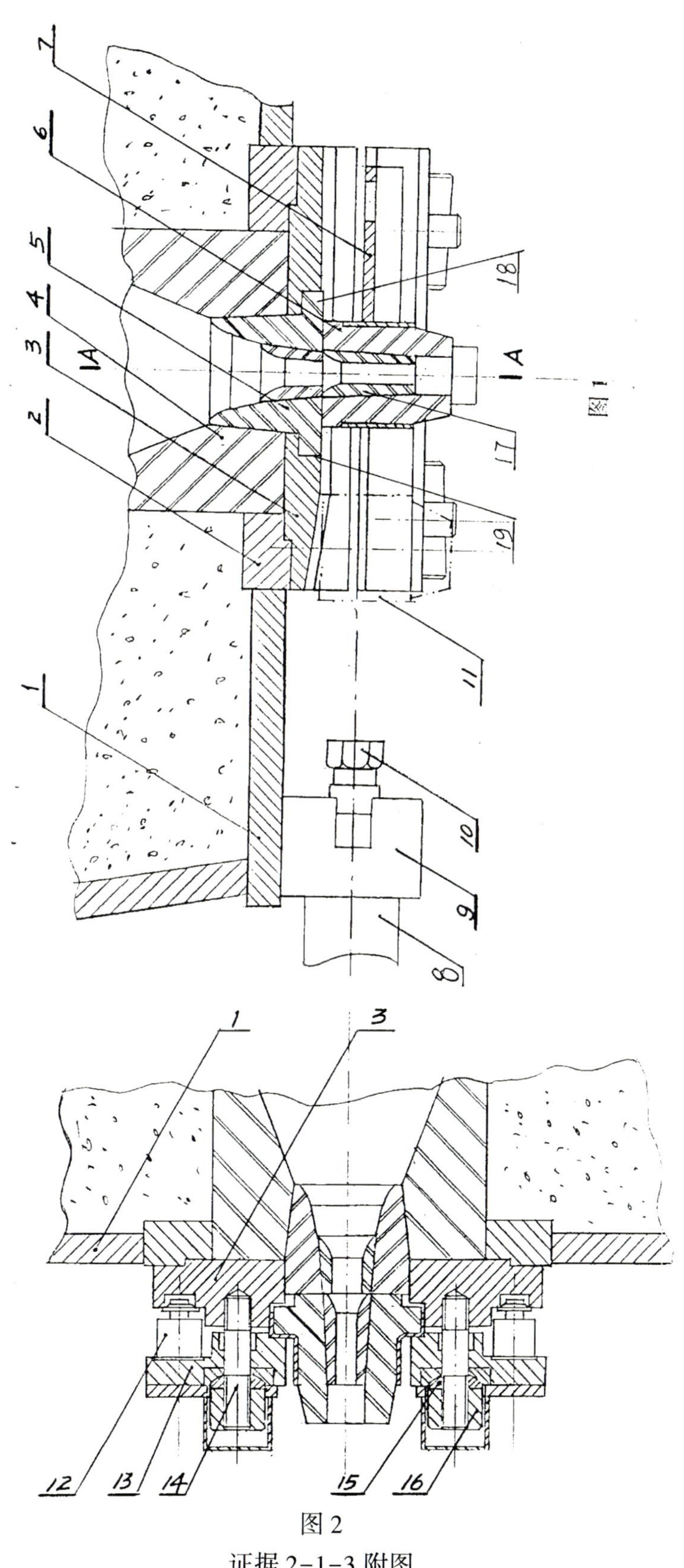

图2

证据2-1-3附图

478

雨鞋（020）

无效宣告请求审查决定（第13966号）

决　定　号　第13966号
决　定　日　2009年9月22日
发明创造名称　雨鞋（020）
外观设计分类号　02-04
无效宣告请求人　福州登富鞋业有限公司
专　利　权　人　黄荫奇
专　利　号　200630073467.5
申　请　日　2006年9月15日
授权公告日　2007年7月18日
合议组组长　吴赤兵
主　审　员　王美芳
参　审　员　王　红
附　图　2页

法律依据　专利法第23条
决定要点

从整体观察，本专利与其申请日前在中国外观设计专利公报中公开的在先设计具有相似的整体形状和图案，使得二者的整体视觉印象相近似，局部细微差别不足以对整体视觉效果产生显著影响，二者属于相近似的外观设计。

一、案由

本无效宣告请求涉及国家知识产权局于2007年7月18日授权公告的200630073467.5号外观设计专利，使用该外观设计的产品名称是“雨鞋（020）”，其申请日是2006年9月15日，专利权人是黄荫奇。

针对上述外观设计专利权（下称本专利），福州登富鞋业有限公司（下称请求人）于2009年6月19日向专利复审委员会提出无效宣告请求，其理由是本专利不符合专利法第23条的规定。请求人提交了如下附件：

附件1：01339424.X号外观设计专利的著录项目及图片打印件共1页；

附件2：02324850.5号外观设计专利的著录项目及图片打印件共1页；

附件3：专利局对本专利的外观设计专利检索报告复印件共9页；

附件4：本专利的电子公告文本打印件共1页。

请求人认为：专利号为01339424. X和02324850. 5的外观设计与本专利均为雨鞋的外观设计，属于用途相同、类别相同的产品。其形状相似，虽然各外观设计之间在纹理以及细节上存在细微差别，但经整体观察和综合判断，应属于相近似的外观设计。本专利权的授予不符合专利法第23条的规定，应宣告本专利无效。

专利复审委员会根据无效宣告请求审查程序的规定受理了该无效宣告请求，并于2009年7月14日将请求人的无效宣告请求文件转送专利权人，通知其在指定期限内陈述意见。专利权人在指定期限内未陈述意见。

专利复审委员会于2009年7月29日向双方当事人发出合议组成员告知通知书，双方当事人在指定期限内均未对合议组成员提出回避请求。

在上述审理的基础上，合议组经合议，认为本案事实清楚，依法作出本审查决定。

二、决定的理由

1. 法律依据

基于请求人提出的无效宣告请求的理由，合议组依据专利法第23条的规定进行审查。

专利法第23条规定："授予专利权的外观设计，应当同申请日以前在国内外出版物上公开发表过或者国内公开使用过的外观设计不相同和不相近似，并不得与他人在先取得的合法权利相冲突。"

2. 证据认定

请求人提交的附件1为01339424. X号外观设计专利的著录项目及图片打印件，使用该外观设计的产品名称是"雨鞋（316型）"，经合议组核实，该附件所示内容真实。该专利的公告日是2002年8月21日，早于本专利的申请日2006年9月15日，属于在本专利申请日之前公开的外观设计，可以作为评价本专利是否符合专利法第23条规定的证据。

3. 外观设计对比

附件1公开了一款雨鞋的外观设计（下称在先设计），本专利是雨鞋的外观设计，二者用途相同，具有可比性，故对本专利与在先设计作如下对比：

本专利的图片包括雨鞋的主视图、后视图、左视图、右视图、俯视图、仰视图和立体图，简要说明记载了"A处为本外观设计的设计要点"。其所示产品可分为靴筒、鞋面和鞋底三部分。靴筒上沿有一圈条形纹饰，该纹饰上下边缘图案稀疏、中部图案密实；靴筒两侧靠近条形纹饰处各有三条凸起的装饰横纹，三条横纹由上至下逐渐变短。靴筒和鞋面有明显分界线，该分界线勾勒出鞋面的鞋舌和由鞋舌底部逐渐向后上方延伸的鞋面边缘。鞋面靠近鞋底处有一条与鞋底上沿平行的装饰线，鞋后跟处有一个圆弧的包跟装饰线。鞋底带有里外两圈波浪式纹饰，里圈纹饰的外缘与鞋底整体形状平行，纹饰在里圈密集、外圈粗大，前掌和后掌的纹饰方向相反，鞋底前、后端各有两条触角样斜纹，后端还带有一条纵向宽纹（详见本专利附图）。

附件1公开了在先设计的主视图、后视图、左视图、右视图、俯视图、仰视图和立体图，简要说明记载了"俯视图中A部分为鞋内腔部分"。其公开的产品可分为靴筒、鞋面和鞋底三部分。靴筒上沿有一圈条形纹饰，该纹饰上下边缘图案稀疏、中部图案密实；靴筒两侧靠近条形纹饰处各有三条凸起的装饰横纹，三条横纹由上至下逐渐变短。靴筒和鞋面有明显分界线，该分界线勾勒出鞋面的鞋舌和由鞋舌底部逐渐向后上方延伸的鞋面边缘。鞋面靠近鞋底处有一条与鞋底上沿平行的装饰线，鞋后跟处有一个圆弧的包跟装饰线。鞋底带有里外两圈波浪式纹饰，里圈纹饰的外缘与鞋底整体形状平行，纹饰在里圈密集、外圈粗大，前掌和后掌的纹饰方向相反，鞋底前、后端各有两条触角样斜纹，后端还带有一条纵向宽纹（详见在先设计附图）。

将本专利与在先设计相比较，二者的整体形状以及靴筒、鞋面和鞋底的装饰纹均极为相似。二者的不同之处主要是：本专利的靴筒比在先设计的略显宽大。合议组认为：从整体观察，上述相似之处已使二者形成相近似的整体视觉印象，不同之处仅属于局部细微差别，对于产品外观设计的整体视觉效果不具有显著影响。因此，二者属于相近似的外观设计。

综上所述，在本专利申请日以前已有与其相近似的外观设计在出版物上公开发表过，本专利不符合专利法第23条的规定。

鉴于已经得出本专利不符合专利法第23条规定的结论，合议组对请求人提出的其他证据不再予以评述。

三、决定

宣告200630073467.5号外观设计专利权全部无效。

当事人对本决定不服的，可以根据专利法第46条第2款的规定，自收到本决定之日起三个月内向北京市第一中级人民法院起诉。根据该款的规定，一方当事人起诉后，另一方当事人应当作为第三人参加诉讼。

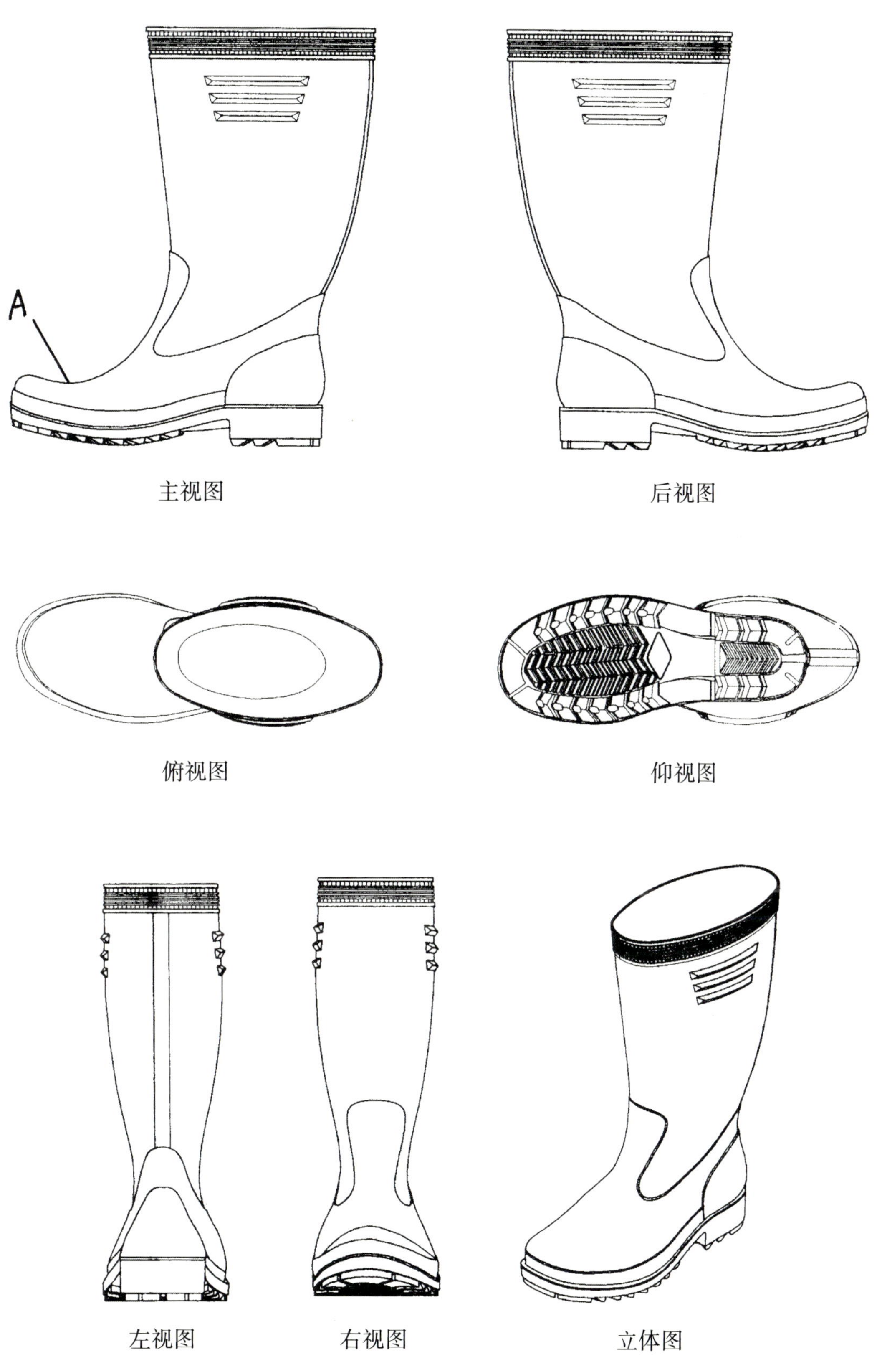

本专利附图

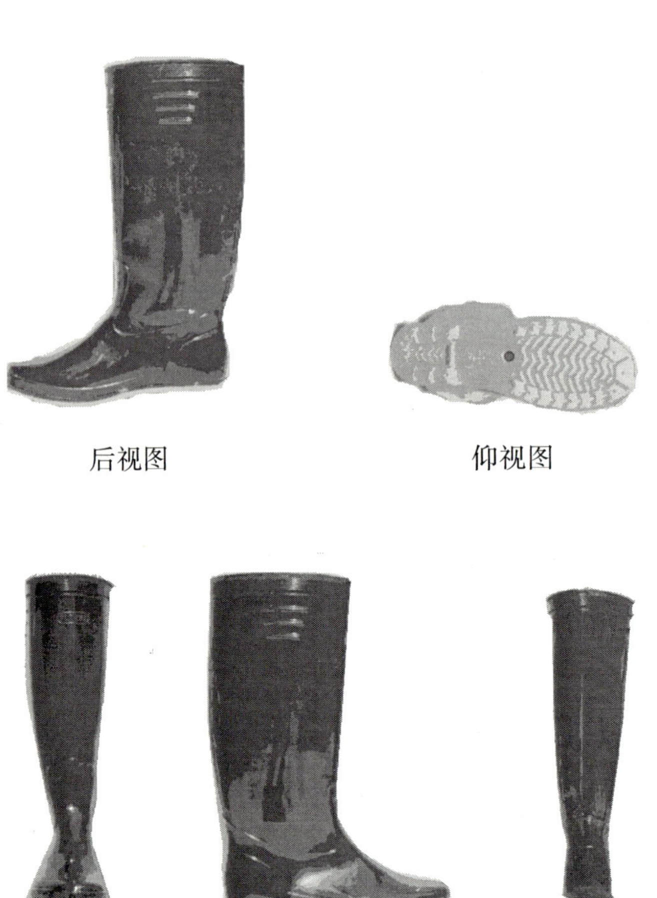

后视图　　仰视图

右视图　　主视图　　左视图

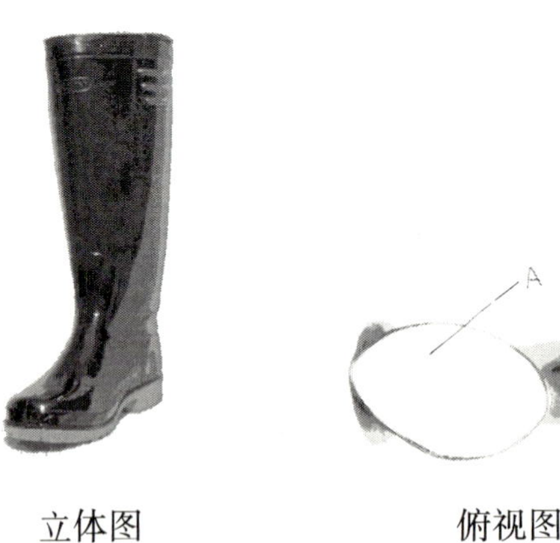

立体图　　俯视图

在先设计附图

多功能安全警示灯

无效宣告请求审查决定（第13967号）

决　　定　　号　第13967号
决　　定　　日　2009年9月22日
发明创造名称　多功能安全警示灯
外观设计分类号　10-06
无效宣告请求人　潘连畅
专　利　权　人　虞聪伦
专　　利　　号　200830060502.9
申　　请　　日　2008年3月5日
授 权 公 告 日　2009年5月13日
合 议 组 组 长　吴赤兵
主　　审　　员　王美芳
参　　审　　员　王　红
附　　　　　图　2页

法　律　依　据　专利法第9条
决　定　要　点

从整体观察，本专利与他人申请在先公开在后的在先设计的形状极为相近似，使得二者的整体视觉印象相近似，局部细微差别不足以对整体视觉效果产生显著影响，二者属于相近似的外观设计。

一、案由

本无效宣告请求涉及国家知识产权局于2009年5月13日授权公告的200830060502.9号外观设计专利，使用该外观设计的产品名称是“多功能安全警示灯”，其申请日是2008年3月5日，专利权人是虞聪伦。

针对上述外观设计专利权（下称本专利），潘连畅（下称请求人）于2009年6月17日向专利复审委员会提出无效宣告请求，其理由是本专利不符合专利法第9条的规定。请求人认为：本专利与200730075353.9号外观设计专利的视图完全一样，属于相同的外观设计专利，由于两个专利的申请人不同，200730075353.9号外观设计专利的申请日早于本专利的，因此，本专利的授予违反了专利法第9条的规定，应宣告本专利无效。请求人同时提交如下附件作为证据：200730075353.9号中国外观设计专利的电子公开文本打印件共1页。

专利复审委员会根据无效宣告请求审查程序的规定受理了该无效宣告请求，并于2009年7月14

日将请求人的无效宣告请求文件转送专利权人，通知其在指定期限内陈述意见。专利权人在指定期限内未陈述意见。

专利复审委员会于 2009 年 7 月 23 日向双方当事人发出合议组成员告知通知书，双方当事人在指定期限内均未对合议组成员提出回避请求。

在上述审理的基础上，合议组经合议，认为本案事实清楚，依法作出本审查决定。

二、决定的理由

1. 法律依据

基于请求人提出的无效宣告请求的理由，合议组依据专利法第 9 条的规定进行审查。

专利法第 9 条规定："两个以上的申请人分别就同样的发明创造申请专利的，专利权授予最先申请的人。"

2. 证据认定

请求人提交的附件为 200730075353.9 号中国外观设计专利的电子公开文本打印件，其所示专利的申请日是 2007 年 5 月 7 日，公告日是 2008 年 5 月 7 日，专利权人是潘连畅，使用外观设计的产品名称是警示灯。经合议组核实其内容属实，为他人申请在先公开在后的外观设计，可以作为评价本专利是否符合专利法第 9 条的证据。

3. 外观设计对比

附件 1 公开了一款警示灯的外观设计（下称在先设计），与本专利产品"警示灯"的用途相同，属于相同类别的产品，具有可比性，故对本专利与在先设计作如下对比：

本专利的图片包括警示灯的主视图、后视图、左视图、右视图、俯视图和仰视图。其所示产品由芯部的透明灯体和包裹在外的灯壳组成，整体呈圆饼形。从主视图和后视图看，灯壳中部呈圆形，四周带有均匀分布的如章鱼触角般的弯曲凸起，两侧的"章鱼触角"相交于灯体的圆周外围，圆饼形的灯体从"章鱼触角"缝隙处露出。主视图中圆形灯壳中部有一个圆形凹面，凹面两侧各有一个小的圆形部件。后视图中圆形灯壳中部有一个大的部件，其两侧各有一个小的圆形部件（详见本专利附图）。

附件 1 公开了在先设计的主视图、后视图、左视图、右视图、俯视图、仰视图和立体图。其公开的产品由芯部的透明灯体和包裹在外的灯壳组成。从主视图和后视图看，灯壳中部呈圆形，四周带有均匀分布的如章鱼触角般的弯曲凸起，两侧的"章鱼触角"相交于灯体的圆周外围，呈圆饼形的灯体从"章鱼触角"缝隙处露出。主视图中圆形灯壳中部有一个圆形凹面，凹面上有数行小字，凹面两侧各有一个小的圆形部件。后视图中圆形灯壳中部有一个大的部件，其两侧各有一个小的圆形部件（详见在先设计附图）。

将本专利与在先设计相比较，两警示灯的整体形状均为圆饼形，灯壳四周的如章鱼触角般的镂空式设计、"章鱼触角"的具体形状、圆形灯壳上的凹面及大小圆形结构设计均极为相似。主要不同之处在于：在先设计的圆形灯壳凹面上带有数行小字，而本专利的没有。合议组认为：从整体观察，上述相似之处已使得二者形成相近似的整体视觉印象，不同之处仅属于局部细微差别，对于产品外观设计的整体视觉效果不具有显著影响。因此，二者属于相近似的外观设计。

同样的发明创造对于外观设计而言是指外观设计相同或者相近似。综上所述，在本专利申请日以前已有他人就同样的外观设计申请了专利，并在之后被授予专利权，因此本专利权的授予不符合专利法第 9 条的规定。

三、决定

宣布200830060502.9号外观设计专利权全部无效。

当事人对本决定不服的，可以根据专利法第46条第2款的规定，自收到本决定之日起三个月内向北京市第一中级人民法院起诉。根据该款的规定，一方当事人起诉后，另一方当事人应当作为第三人参加诉讼。

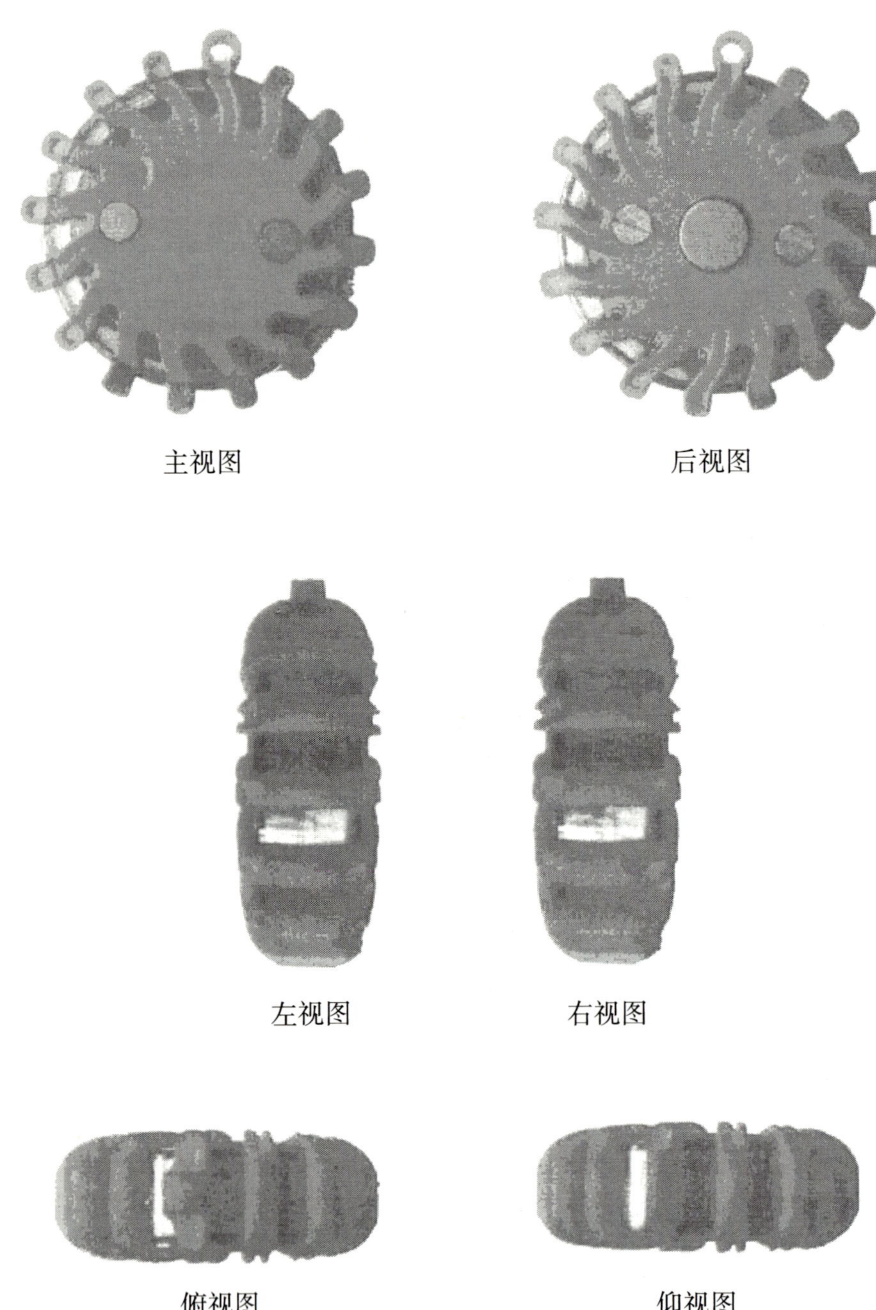

本专利附图

主视图

后视图

俯视图

仰视图

右视图

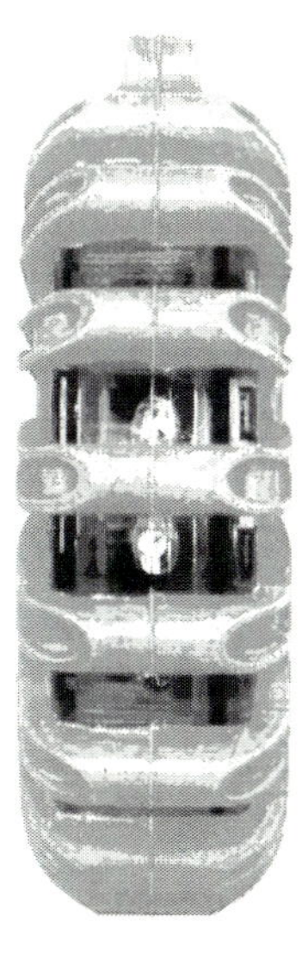
左视图

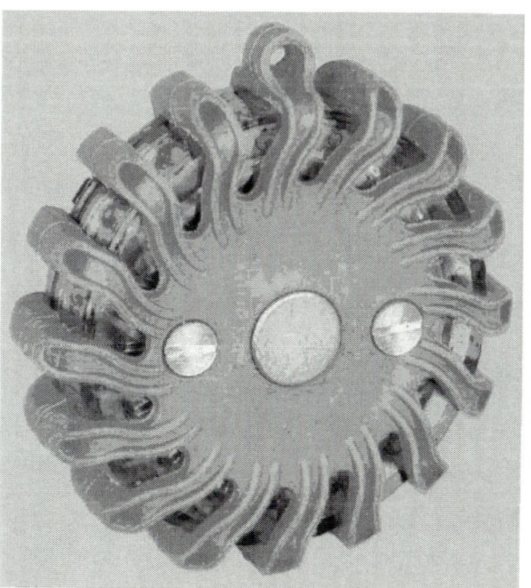
立体图

在先设计附图

涡轮式吸尘器

无效宣告请求审查决定（第13969号）

决　　定　　号　第13969号
决　　定　　日　2009年9月22日
发明创造名称　涡轮式吸尘器
外观设计分类号　15-05
无效宣告请求人　北京电星舒利电器有限公司
专　利　权　人　陈玉强
专　　利　　号　200830058522.2
申　　请　　日　2008年1月9日
授 权 公 告 日　2009年4月29日
合 议 组 组 长　王霞军
主　　审　　员　吴大章
参　　审　　员　雷　婧
附　　　　　图　1页

法　律　依　据　专利法第23条
决　定　要　点

将本专利和在先设计相比较，二者的整体形状基本相同，各个组成部分的形状基本相同，二者的整体视觉印象相同，差异仅属于局部细微差别，对于产品外观设计的整体视觉效果不具有显著影响。因此，二者属于相近似的外观设计。

一、案由

本无效宣告请求涉及国家知识产权局于2009年4月29日授权公告的200830058522.2号外观设计专利，使用该外观设计的产品名称是“涡轮式吸尘器”，其申请日是2008年1月9日，原专利权人是孙大亮，后变更为陈玉强。

针对上述外观设计专利权（下称本专利），北京电星舒利电器有限公司（下称请求人）于2009年5月25日向专利复审委员会提出无效宣告请求，其理由是本专利不符合专利法第23条的规定。请求人提交了如下附件作为证据：

附件1：《上海清洁》杂志第2007年8月第4期（总第15期）封面、目录页和第35页的复印件共3页；

附件2：《中国清洁》杂志第2期（2004年3/4月）封面、出版信息页和第43页的复印件共

3页；

请求人认为：附件1和附件2是本专利申请日之前的公开出版物，本专利与附件1、2相关页刊载的产品的外观设计相近似。本专利不符合专利法第23条的规定，应宣告本专利全部无效。

专利复审委员会根据无效宣告请求审查程序的规定受理了该无效宣告请求，并于2009年6月17日将请求人的无效宣告请求文件转送专利权人，通知其在指定期限内陈述意见。

2009年6月24日，请求人再次提交了意见陈述书和补充证据。请求人认为，在本专利申请日之前，已经有相同的外观设计在国内公开销售，补充证据如下（编号续前）：

附件3：苏州藤堂精密机械有限公司的购销合同的复印件1页；

附件4：№03651360号江苏省增值税专用发票的复印件1页；

附件5：2008010708267852号中国国家强制性产品认证证书复印件1页和国家强制性产品认证（CCC）试验报告的复印件共6页。

专利复审委员会于2009年7月6日将本次意见陈述书和补充证据转送专利权人，要求其在指定的期限内答复。专利权人逾期未答复。

2009年7月23日，专利复审委员会收到专利权人针对无效宣告请求书提交的意见陈述书。专利权人认为：本专利完全符合外观设计的构成要件，具备创造性、新颖性和实用性。该意见陈述书中对本专利的性能改进做了较为详细的陈述。

专利复审委员会于2009年8月17日向双方当事人发出口头审理通知书，定于2009年9月17日对本案进行口头审理。同时，将上述专利权人提交的意见陈述书转送请求人，通知其在口头审理中陈述意见。

口头审理如期举行，请求人出席了口头审理。专利权人没有出席口头审理。请求人当庭声明放弃本专利在申请日之前公开销售的事实主张，并放弃了用来证明该事实主张的证据，即附件3、附件4和附件5，仅以附件1和附件2证明本专利和申请日之前在公开出版物上发表的在先设计相同的事实主张。请求人当庭提交了附件1和附件2的原件，并就本专利和附件1附件2记载的相关图片相同相近似性陈述了意见，请求宣告本专利无效。

在上述审理的基础上，合议组经合议，认为本案事实清楚，依法作出本审查决定。

二、决定的理由

1. 法律依据

基于请求人提出的无效宣告请求的理由，合议组依据专利法第23条的规定进行审查。

专利法第23条规定："授予专利权的外观设计，应当同申请日以前在国内外出版物上公开发表过或者国内公开使用过的外观设计不相同和不相近似，并不得与他人在先取得的合法权利相冲突。"

2. 证据认定

请求人提交的附件1是2007年8月第4期（总第15期）《上海清洁》期刊杂志，该杂志由上海蓝鹰文化传播有限公司、上海清洗保洁网主办，《上海清洁》杂志社出版。专利权人在意见陈述书中没有针对附件1的真实性发表意见，亦未出席口头审理。合议组认为，附件1可以作为定案的依据，其出版日期在本专利的申请日之前，属于在本专利申请日之前公开的出版物。附件1的第35页刊载了一款型号为GS-1032的工业吸尘机的图片，该图片所示吸尘机（下称在先设计）与本专利用途相同，属于同类产品。

3. 相同相近似比较

本专利授权公告的图片包括主视图、后视图、左视图、右视图、俯视图和仰视图。如图所示，本专利吸尘器可以分成三部分——近似圆台形的上部、近似圆柱形的中部和具有轮子的接近圆形的底座，上部和中部之间是环状的突缘；所述上部的顶端有一凹槽形的把手，前部隆起并有一凹陷的近似矩形的区域，该区域中部有一正方形的设计；所述上部和中部之间的环状突缘侧部有一近似矩形的设计；所述中部一侧具有一圆柱形的凸出部分，后部有一具有两个通孔的突缘；所述底座具有突出的端部，轮子安装在端部下方（详见本专利附图）。

在先设计吸尘机可以分成三部分——近似圆台形的上部、近似圆柱形的中部和具有轮子的接近圆形的底座，上部和中部之间是环状的突缘；所述上部的顶端有一凹槽形的把手，前部隆起并有一凹陷的近似矩形的区域，该区域中部有一正方形的设计；所述上部和中部之间的环状突缘的侧部有一近似矩形的设计；所述中部一侧具有一圆柱形的凸出部分，后部有一突出的部分；所述底座具有突出的端部，轮子安装在端部下方（详见在先设计附图）。

将本专利和在先设计相比较，二者的整体形状基本相同，各个组成部分的形状基本相同。合议组认为，二者的整体视觉印象相同，属于相近似的外观设计。

专利权人在意见陈述书中使用大量篇幅强调了其对在先设计的各项功能的改进。合议组认为：专利权人所述的改进没有给产品的外形带来视觉效果变化，不能作为比较外观设计相同和相近似时的考虑因素。

综上所述，在本专利申请日以前已有与其相近似的外观设计在出版物上公开发表过，本专利不符合专利法第 23 条的规定。

鉴于已经得出本专利不符合专利法第 23 条规定的结论，合议组对请求人提出的其他证据不再予以评述。

三、决定

宣告 200830058522. 2 号外观设计专利权全部无效。

当事人对本决定不服的，可以根据专利法第 46 条第 2 款的规定，自收到本决定之日起三个月内向北京市第一中级人民法院起诉。根据该款的规定，一方当事人起诉后，另一方当事人应当作为第三人参加诉讼。

主视图

后视图

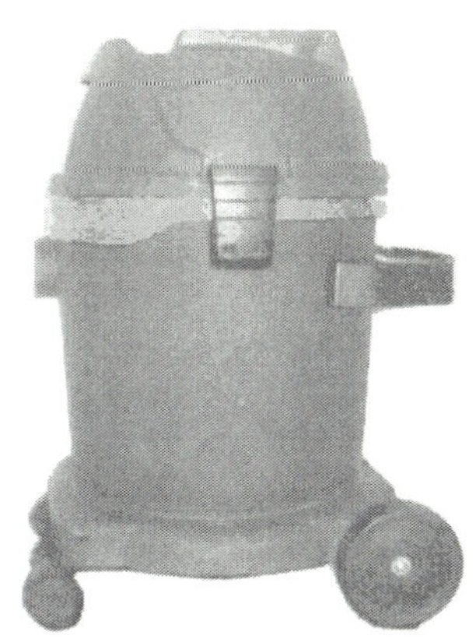

右视图

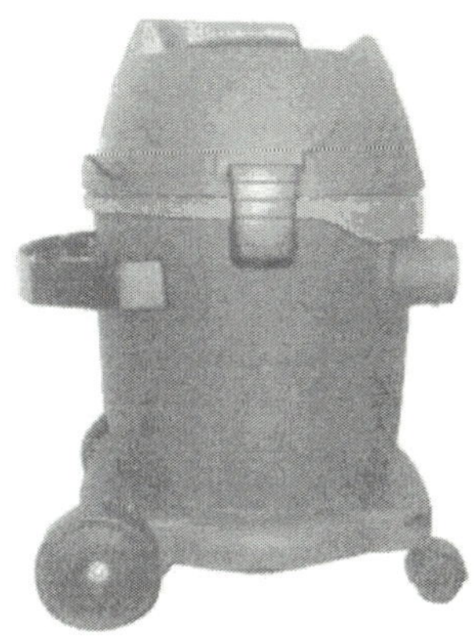

左视图

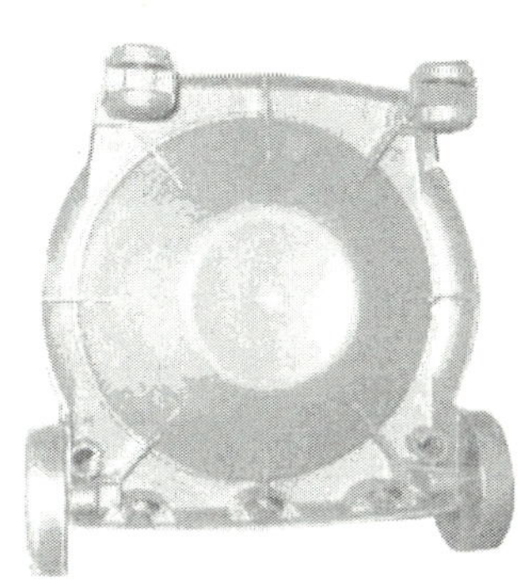

仰视图

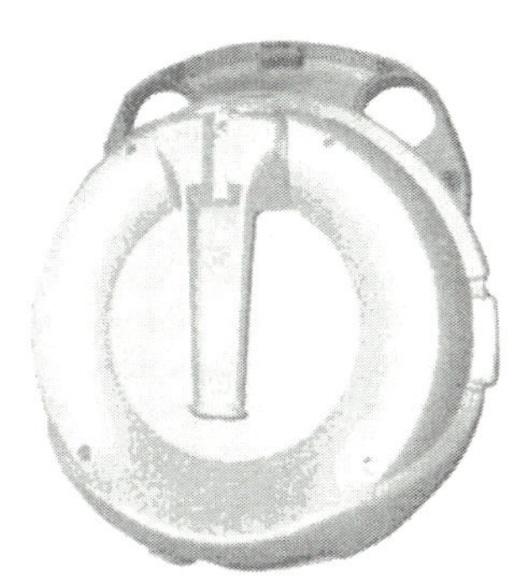

俯视图

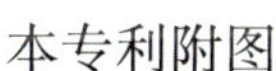

本专利附图

GS-1032

在先设计附图

481

爱西卡座（IC）

无效宣告请求审查决定（第13977号）

决　　定　　号　第13977号
决　　定　　日　2009年9月22日
发明创造名称　爱西卡座（IC）
外观设计分类号　14-02
无效宣告请求人　珠海市中艾电子有限公司
专　利　权　人　岑金达
专　　利　　号　00341337.3
申　　请　　日　2000年11月22日
授权公告日　2001年7月4日
合议组组长　王霞军
主　　审　　员　钟　华
参　　审　　员　李巍巍

法　律　依　据　专利法第23条，专利法实施细则第2条第3款、第4条第2款、第65条第2款

决　定　要　点

本专利中限定的带状电缆是其常态形状即固定的扁平带状，带状电缆具有一定的柔性可以弯曲，只能说明本专利产品在使用状态下形状可以发生一定的变化，不能证明本专利形状不固定因而不能给予外观设计专利保护。

专利法实施细则第2条第3款是对可获得专利保护的外观设计的一般性定义，其所述“新设计”应基于一般消费者的常识来进行判断，不能将若干在本专利申请日前公开的外观设计组合后与本专利作近似性对比进而判定本专利不属于“新设计”。

一、案由

本无效宣告请求涉及国家知识产权局于2001年7月4日授权公告的名称为“爱西卡座（IC）”的00341337.3号外观设计专利（下称本专利），其申请日为2000年11月22日，专利权人为岑金达。

针对本专利，珠海市中艾电子有限公司（下称请求人）于2009年4月14日向专利复审委员会提出无效宣告请求，其理由是本专利属于形状和结构不确定的物品，不能成为外观设计专利保护的对象，本专利是由其产品所属领域内司空见惯的几何形状或结构构成的外观设计，不属于专利法实施细则第2条第3款所定义的新设计，在本专利申请日前已经在国内市场上公开销售和使用过，因此本专

利不符合专利法第23条的规定。请求人同时提交如下附件作为证据：

附件1：中华人民共和国电子行业标准ST/T 11166-1998《集成电路卡（IC卡）插座总规范》复印件14页；

附件2：中华人民共和国国家标准GB14316-93《间距1.27mm绝缘刺破型端接式聚氯乙烯绝缘带状电缆》复印件16页；

附件3：英国标准BS EN60603-13：1998/IEC60603-13：1995复印件47页；

附件4：公开号为CN1151562A的发明专利申请公开说明书复印件3页；

附件5：公开号为CN1208485A的发明专利申请公开说明书复印件9页；

附件6：公开号为CN1221158A的发明专利申请公开说明书复印件3页；

附件7：公开号为CN2268275Y的实用新型专利说明书复印件1页；

附件8：公开号为CN2368085Y的实用新型专利说明书复印件1页；

附件9：《计算机世界》1995年第3期目录及广告页复印件共2页；

附件10：《计算机世界》1995年第4期目录及广告页复印件共3页；

附件11：《微型计算机》1999年第4期目录及广告页复印件共2页；

附件12：《微型计算机》1999年第5期目录、广告页及第60、100~102页的复印件共6页；

附件13：《微型计算机》1999年第6期目录、第106-108页的复印件共5页；

附件14：《微型计算机》1999年第8期目录、广告页的复印件共2页；

附件15：《微型计算机》1999年第9期目录、广告页的复印件共2页；

附件16：《微型计算机》1999年第10期目录、广告页、第4~7页的复印件共6页；

附件17：《微型计算机》1999年第12期目录、第8、12页的复印件共3页；

附件18：深圳市泰瑞捷电子有限公司出具的证明及发票的复印件共3页；

附件19：IDC电缆、接头和连接器（英文的原理说明书）的复印件共4页；

附件20：声明口头审理时提交在申请日前销售的软盘驱动器实物；

附件21：声明口头审里时提交在申请日前销售的盒式录音磁带实物；

附件22：《金系列工程》1999年12月目录及广告页的复印件共4页。

经形式审查合格，专利复审委员会依法受理了上述无效宣告请求，并于2009年5月12日将无效宣告请求书及相关文件的副本转给专利权人，要求其在指定的期限内答复。

2009年6月22日，专利权人提交了意见陈述书，认为：柔性产品在使用过程中都可以弯曲，不影响本身的形状的确定性，因此可以申请外观设计专利；本专利产品由卡座、扁平排线、插头组成，其中卡座呈长方形，扁平排线连接于卡座的长边的中部，插头连接于扁平排线的端部，整体设计均衡稳重、简洁美观，具有美感；附件18在已经生效的在先决定中审查过。

专利复审委员会于2009年6月30日向双方当事人发出口头审理通知书，定于2009年8月11日举行口头审理。同日，专利复审委员会将专利权提交的上述意见陈述书转送给请求人，要求其在指定期限内答复。

2009年7月8日，专利权人提交了意见陈述书，认为：请求人直到2003年、2004年还在购买专利权人的专利卡座，根本不可能在2000年就向深圳泰瑞捷公司提供专利卡座。专利权人同时提交了如下反证：

反证1：2003年11月29日的提货单复印件1页；

反证2：2003年8月15日邮政快递单据复印件1页；

反证3：2003年8月25日的提货单复印件1页；

反证4：2004年2月9日的提货单复印件1页。

2009年7月10日，专利复审委员会向双方当事人发出口头审理通知书，将口头审理延期至2009年8月18日举行。

2009年7月14日，专利复审委员会将专利权人的上述意见陈述书及反证转送给请求人，要求其在指定期限内答复。

口头审理如期举行，双方当事人均委托了代理人参加本次口头审理。在口头审理中，请求人明确放弃附件12的第2页作为本案的证据，当庭提交了附件1、附件18、附件22的原件、附件12（除第2页）、附件13加盖国家图书馆公章的确认件，未提交附件2、附件4~11、附件14~17的原件，未提交附件3、附件19的中文译文。请求人明确附件18用以证明本专利在申请日前在国内公开销售和使用过，上述其他附件均用以证明本专利不符合专利法实施细则第2条第3款的规定，其中附件1第3页图1证明本专利引出线的位置是司空见惯的，附件2证明扁平的带状电缆是根据国家标准制造的，附件4~17、附件19~22均用以证明本专利的卡座的3：2长方形设计在本行业中司空见惯的。请求还当庭提交了附件20所述实物1件，附件21所述实物9件，并声明上述实物仅供合议组参考，不作为证据使用。专利权人对附件1、附件4~8、附件22的真实性没有异议，对附件2的真实性有异议，认为附件3、附件19是域外证据，请求人在一个月内未提交附件3的中文译文，应视为未提交。专利权人认为附件1、附件7、附件18在上一次无效宣告请求中已经审查过。请求人陈述附件18增加了自然人的签名，专利权人认为附件18增加自然人的签字后也不能证明在先公开使用，且附件18的证人未到庭作证。专利权人当庭提交反证1~4的原件，请求人对反证1~4的真实性没有异议，认为其与本专利没有关联性。在此基础上，双方当事人进行了充分的意见陈述和辩论。

至此，合议组认为本案事实已经调查清楚，可以作出如下审查决定。

二、决定的理由

1. 法律依据

专利法第23条规定：“授予专利权的外观设计，应当同申请日以前在国内外出版物上公开发表过或者国内公开使用过的外观设计不相同和不相近似，并不得与他人在先取得的合法权利相冲突。”

专利法实施细则第2条第3款规定：“专利法所称的外观设计，是指对产品的形状、图案或者其结合以及色彩与形状、图案的结合所作出的富有美感并适于工业应用的新设计。”

专利法实施细则第4条第2款规定：“依照专利法和本细则提交的各种证件和证明文件是外文的，国务院专利行政部门认为必要时，可以要求当事人在指定期限内附送中文译文；期满未附送的，视为未提交该证件和证明文件。”

专利法实施细则第65条第2款规定：“在专利复审委员会就无效宣告请求作出决定之后，又以同样的理由和证据请求无效宣告的，专利复审委员会不予受理。”

审查指南第四部分第八章第2.2.1节规定：“当事人提交外文证据的，应当提交中文译文，未在举证期限内提交中文译文的，该外文证据视为未提交。”

审查指南第一部分第三章第6.4.2节规定：“专利法实施细则第2条第3款是对可获得专利保护的外观设计的一般性定义，而不是判断外观设计是否相同或者相近似的具体审查标准。因此，在初步审查中，对于要求保护的外观设计是否满足‘新设计’的一般性要求，审查员通常仅需根据申请文件的内容及一般消费者的常识进行判断。”

审查指南第一部分第6.4.3节规定：“以下属于不符合专利法实施细则第2条第3款规定而不给予外观设计专利保护的客体……（2）因其包含有气体、液体及粉末状等无固定形状的物质而导致其形状、图案、色彩不固定的产品……（9）仅以其产品所属领域内司空见惯的几何形状和图案构成的外观设计……”

2. 证据的认定

经合议组核实，附件1、附件7与专利复审委员会针对本专利作出的第11471号生效决定（下称的11471号决定）已经审查过的附件6、附件7完全一致，且请求人主张的理由也完全相同，根据一事不再理原则，合议组对上述附件不再予以审理。

附件18包括深圳市泰瑞捷电子有限公司的书面证明及附图2页、NO.00686655号广东增值税专用发票一页，经合议组核实，上述书面证明与第11471号决定已经审查过的附件5的区别仅在于本案附件18的书面证明上多了一个自然人的签名。对此，合议组认为：上述签名的自然人未出席口头审理，无法接受当事人的质询和合议组的询问，故附件18的书面证明不能单独作为本案的定案依据。同时，经合议组核实，附件18的附图、发票与第11471号决定中已经审查过的附件4中的NO.00686655号广东增值税专用发票完全一致，且请求人主张的理由也完全相同，根据一事不再理原则，合议组对此不再予以审理。

请求人未提交附件2、附件9~11、附件14~17的原件，专利权人对上述证据的真实性有异议，上述附件不能作为本案的定案依据。

附件3、附件19为域外证据，请求人未提交上述附件的中文译文，故附件3、附件19视为未提交。

请求人当庭声明放弃附件12的第2页作为本案证据，当庭提交了附件20所述实物1件，附件21所述实物9件，并声明上述实物仅供合议组参考，不作为证据使用，故合议组对附件12第2页、附件20、附件21不再予以评述。

专利权人对附件4~6、附件8、附件22的真实性没有异议，上述附件可以作为本案的定案依据。请求人提交了附件12（除第2页）、附件13加盖国家图书馆公章的确认件，在专利权人没有相反证据推翻上述附件的真实性的情况下，上述附件可以作为本案的定案依据。

专利权人当庭提交反证1~4的原件，请求人对反证1~4的真实性没有异议，反证1~4可以作为本案的定案依据。

综上所述，合议组将在附件4~6、附件8、附件12（除第2页）、附件13、附件22的基础上作进一步评述。

3. 本专利是否符合专利法实施细则第2条第3款的规定

（1）本专利是否具有固定形状。

请求人主张本专利中包括柔性带状电缆，其使用目的和效果正是为了向任意方向弯曲、折叠或扭曲，没有一个或几个标准或惯常的使用状态，因此本专利形状不确定，不能成为外观设计专利保护的对象。对此，合议组认为：审查指南第6.4.3节第（2）种情形仅指因其包含有气体、液体及粉末状等无固定形状的物质而导致产品形状不固定的产品，本专利并未包含气体、液体及粉末状等无固定形状的物质，其所保护的是由特定形状的带状电缆、电缆接头和长方体卡座依特定形式连接成的IC卡座的固定形状。带状电缆虽然具有一定的柔性，可以弯曲，这只能说明本专利产品的使用状态可以发生一定的变化，但本专利中限定的带状电缆是其常态形状即扁平带状，而不是其他扭曲的形状，因此其形状是固定的，不属于审查指南规定产品形状不固定不给予外观设计专利保护的情形，属于外观设计专利的保护客体。

（2）本专利是否新设计。

附件4、附件5、附件6为发明专利申请公开说明书，其公开日分为1997年6月11日、1999年2月17日、1999年6月30日，附件8为实用新型专利说明书，其公开日为2000年3月8日，附件12

(除第 2 页)、附件 13 分别为 1999 年第 5 期和第 6 期《微型计算机》期刊内页，附件 22 为《金系列工程》1999 年 12 月的目录及广告页，上述附件的公开日均在本专利申请日 2000 年 11 月 22 日之前，故均属于在本专利申请日前的公开出版物。

请求人主张以附件 8、附件 12、附件 13、附件 22 来证明本专利所示带状电缆和电缆接头是本行业司空见惯的几何形状和结构。经合议组核实，上述附件中，仅附件 8 公开了用于 IC 卡座的带状电缆和电缆接头的具体外观设计，因此不足以证明本专利所示带状电缆和电缆接头是本行业司空见惯的几何形状和结构。

请求人主张以附件 4~6、附件 12、附件 13、附件 22 来证明本专利所示卡座的 3：2 的长方形为本行业司空见惯的形状。经合议组核实，附件 12、附件 13 并未来公开任何 IC 卡座的具体外观设计，附件 4~6 虽然公开了长宽比例大致为 3：2 的读卡器，但是由于附件 4~6 均为在本专利申请日前两三年公开的发明专利文献，仅凭该三份专利文献不足以证明本专利所示卡座的 3：2 的长方形为本行业司空见惯的形状。

合议组认为：一方面，请求人提交的证据不足以证明本专利所示的带状电缆、电缆接头和长方体卡座是仅以其产品所属领域内司空见惯的几何形状构成的外观设计；另一方面，本专利保护的是由带状电缆、电缆接头和长方体卡座依特定形式连接成的 IC 卡座的整体外观设计，即不仅限定了各部件的特定形状，也限定了各部件间的特定连接关系，同时本专利的长方体卡座上还有若干凹凸部。根据审查指南第一部分第三章第 6.4.2 节规定，专利法实施细则第 2 条第 3 款是对可获得专利保护的外观设计的一般性定义，而不是判断外观设计是否相同或者相近似的具体审查标准。专利法实施细则第 2 条第 3 款所述“新设计”应基于一般消费者的常识来进行判断，不能将若干在本专利申请日前公开的外观设计组合后与本专利作近似性对比进而得出本专利不属于“新设计”。因此，请求人关于本专利是由产品所属领域内司空见惯的几何形状或结构构成、不是新设计的主张不成立。

综上所述，请求人关于本专利不符合专利法实施细则第 2 条第 3 款的主张均不成立。

4. 关于专利法第 23 条的规定

由于附件 18 中的书面证明不能作为本案的定案依据，附件 18 中的附图、发票合议组根据一事不再理原则不予审理，因此请求人关于本专利不符合专利法第 23 条的主张不成立，合议组对专利权人针对附件 18 提交的反证 1~4 也不再予以评述。

三、决定

根据专利法第 23 条和专利法第 46 条第 1 款的规定，维持 00341337.3 号外观设计专利权有效。

根据专利法第 46 条第 2 款的规定，当事人对本决定不服的，自收到本决定之日起三个月内向北京市第一中级人民法院起诉，根据该款规定，一方当事人起诉后，另一方当事人应当作为第三人参加诉讼。

电极打磨刀夹具（2）

无效宣告请求审查决定（第13984号）

决　定　号　第13984号
决　定　日　2009年9月27日
发明创造名称　电极打磨刀夹具（2）
外观设计分类号　15-09
无效宣告请求人　广州市谷川机电有限公司
专　利　权　人　广州市极动焊接机械有限公司
专　利　号　200430041996.8
申　请　日　2004年6月8日
授权公告日　2004年12月1日
合议组组长　李巍巍
主　审　员　吴大章
参　审　员　雷　婧
附　　图　3页

法律依据　专利法第23条
决定要点

记载发明专利实施例的附图披露了产品的特定形状，而产品的形状属于外观设计的要素，所以其公开了关于产品形状的外观设计。

记载发明专利实施例的附图清楚地显示在先设计的全部外形设计，本专利的所有相应部分都在所述附图中得到了显示。

一、案由

本无效宣告请求涉及国家知识产权局于2004年12月1日授权公告的200430041996.8号外观设计专利，使用该外观设计的产品名称是“电极打磨刀夹具（2）”，其申请日是2004年6月8日，专利权人是广州市极动焊接机械有限公司。

针对上述外观设计专利权（下称本专利），广州市谷川机电有限公司（下称请求人）于2009年5月15日向专利复审委员会提出无效宣告请求，其理由是本专利不符合专利法第23条的规定。请求人提交了如下附件作为证据：

附件1：本专利电子公开文本的打印件1页；

附件2：日本公开特许公报［特开2003-334666号］的网络下载打印件10页；

附件3：附件2中相关内容的中文译文的复印件6页；

附件4：记载了附件2日本公开特许公报检索方法的网站网页打印件2页；

附件5：产品广告彩页1页，该页正面有“高速修磨机”的字样，背面左下角有“广州市极动焊接机械有限公司”的字样。

请求人认为：上述证据证明：附件2日本专利公报的公开日在本专利申请日之前，本专利与附件2所记载的外观设计完全相同。附件2日本专利的专利权人的法定代表人和本专利的专利权人的法定代表人相同，发明人（本专利是设计人）相同。本专利应该宣告无效。

专利复审委员会受理了该无效宣告请求，并于2009年6月17日将请求人的无效宣告请求文件转送专利权人，通知其在指定期限内陈述意见。

2009年7月28日，专利复审委员会收到请求人补充提交的如下附件（编号续前）：

附件6：广东省广州市南方公证处出具的公证书［（2009）南公证内字第21915号］的原件共49页，该公证书记载了通过国家知识产权局网站查询下载“特开2003-334666（P2003-334666A）”号日本公开特许公报的全部过程，其附件是所述日本特许公开公报的打印件；

附件7：日本公开特许公报［特开2003-334666（P2003-334666A）号］有关内容的中文译文原件共13页，译文页面上盖有“广东省广州公证处翻译专用章”的红色印章。

专利复审委员会于2009年8月4日将上述补充附件转送专利权人，要求其在指定期限内陈述意见。

2009年8月3日，专利权人提交了意见陈述书。专利权人认为：附件2所公开的是技术方案，而并非外观设计，因此在本专利申请日之前国内外出版物上没有公开发表过与本专利相同或相近似的外观设计；附件2没有清楚地显示本专利的全部设计特征。所以，本专利符合专利法的相关规定。

专利复审委员会于2009年8月12日向双方当事人发出口头审理通知书，定于2009年9月10日对本案进行口头审理。同时，将专利权人2009年8月3日提交的意见陈述书转送请求人，通知其在口头审理中陈述意见或在指定期限内陈述意见。

口头审理如期举行，请求人出席了口头审理，专利权人未出席口头审理。请求人坚持无效宣告请求书中的意见，并说明附件5的广告彩页是为了进一步证明附件2所记载的日本专利的形状，请求宣告本专利无效。

在上述审理的基础上，合议组经合议，认为本案事实清楚，依法作出本审查决定。

二、决定的理由

1. 法律依据

基于请求人提出的无效宣告请求的理由，合议组依据专利法第23条的规定进行审查。

专利法第23条规定：“授予专利权的外观设计，应当同申请日以前在国内外出版物上公开发表过或者国内公开使用过的外观设计不相同和不相近似，并不得与他人在先取得的合法权利相冲突。”

2. 证据认定

请求人提交的附件2是日本公开特许公报［特开2003-334666（P2003-334666A）号］的复印件，并且提交了该附件相关内容的中文译文（附件3）。请求人此后对附件2以及中文译文做了公证（附件6、附件7）。依照审查指南第四部分第三章第4.3.1节的规定，附件6、7属于对附件2、3法定形式的完善，仍然予以考虑。经合议组核实，附件2所示内容真实。附件2记载的发明名称是“电极帽修磨刀盒刀片结构”，其公开日是2003年11月25日，早于本专利的申请日2004年6月8日，属于本专利申请日之前的公开出版物，可以作为评价本专利是否符合专利法第23条规定的证据。

3. 外观设计对比

附件 2 的说明书附图公开了一种电极帽修磨刀盒刀片结构的设计，本专利是电极打磨刀夹具的外观设计。专利权人认为：附件 2 公开的是技术方案，而并非外观设计。合议组认为：附件 2 中关于实施例的附图披露了产品的特定形状，而产品的形状属于外观设计的要素，所以附件 2 公开了关于产品形状的外观设计（下称在先设计）；同时，由于使用本专利的产品和在先设计所涉及的产品的用途相同，二者属于相同类别的产品，附件 2 公开的在先设计与本专利可以进行对比。

本专利的授权图片包括主视图、后视图、左视图、右视图、俯视图和仰视图。如图所示：本专利的外部整体轮廓近似失去四分之一部分的椭圆柱，所述椭圆柱长轴方向的两端上下各有两个凸出的外缘，其中一个上部的外缘有一近似半圆形的缺口，本专利的中间部分为上下相对的球冠形空缺区域，一侧侧壁上有空槽和螺钉孔（详见本专利附图）。

在先设计实施例由 15 幅视图表示。如图所示：在先设计的外部整体轮廓近似失去 1/4 部分的椭圆柱，所述椭圆柱长轴方向的两端上下各有两个凸出的外缘，其中一个上部的外缘有一近似半圆形的缺口，在先设计的中间部分为上下相对的球冠形空缺区域，一侧侧壁上有空槽和螺钉孔（详见在先设计附图）。

合议组认为，在先设计和本专利的整体形状基本相同，各个部分的设计也基本相同，两者属于相近似的外观设计。

专利权人认为：本专利的全部外形设计在附件 2 中没有得到相应的披露。对此，合议组认为，附件 2 中的附图清楚地显示出在先设计的全部外形设计，本专利的所有相应部分都在附件 2 中得到了显示，专利权人的上述主张没有事实根据。

综上所述，在本专利申请日以前已有与其相近似的外观设计在出版物上公开发表过，本专利不符合专利法第 23 条的规定。

鉴于已经得出本专利不符合专利法第 23 条规定的结论，合议组对请求人提出的其他证据不再予以评述。

三、决定

宣告 200430041996. 8 号外观设计专利权全部无效。

当事人对本决定不服的，可以根据专利法第 46 条第 2 款的规定，自收到本决定之日起三个月内向北京市第一中级人民法院起诉。根据该款的规定，一方当事人起诉后，另一方当事人应当作为第三人参加诉讼。

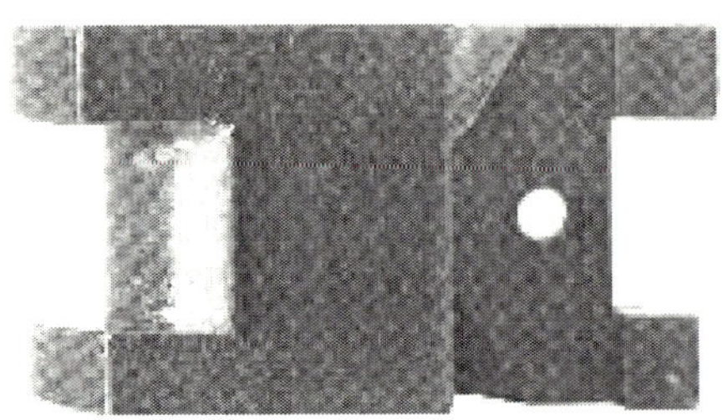
主视图

后视图

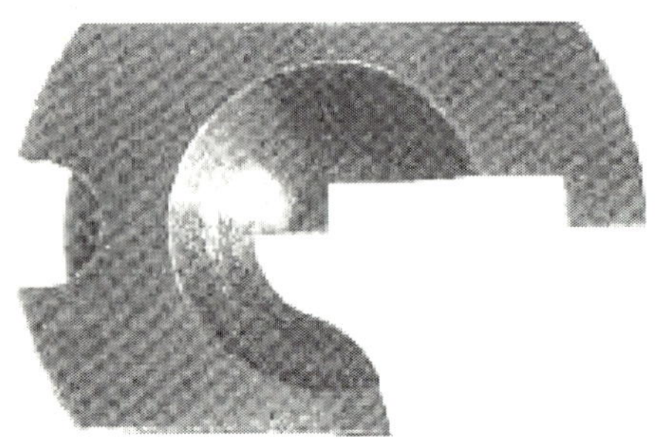
俯视图

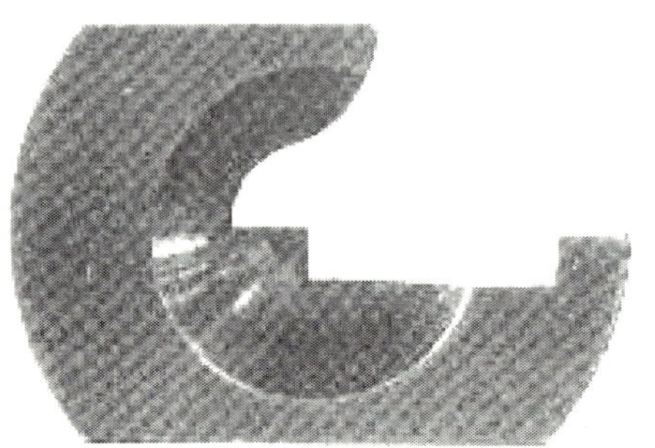
仰视图

左视图

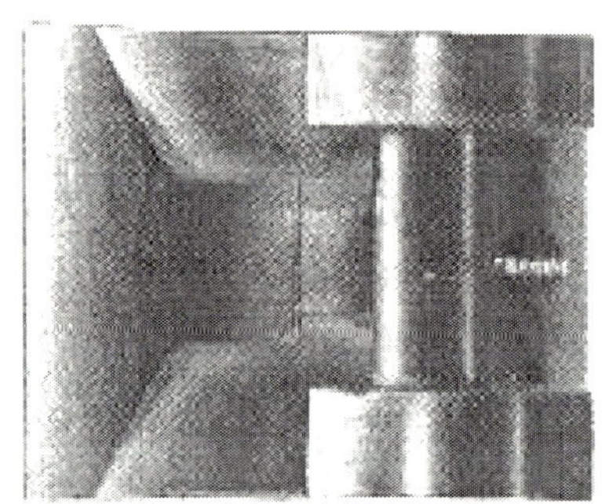
右视图

本专利附图

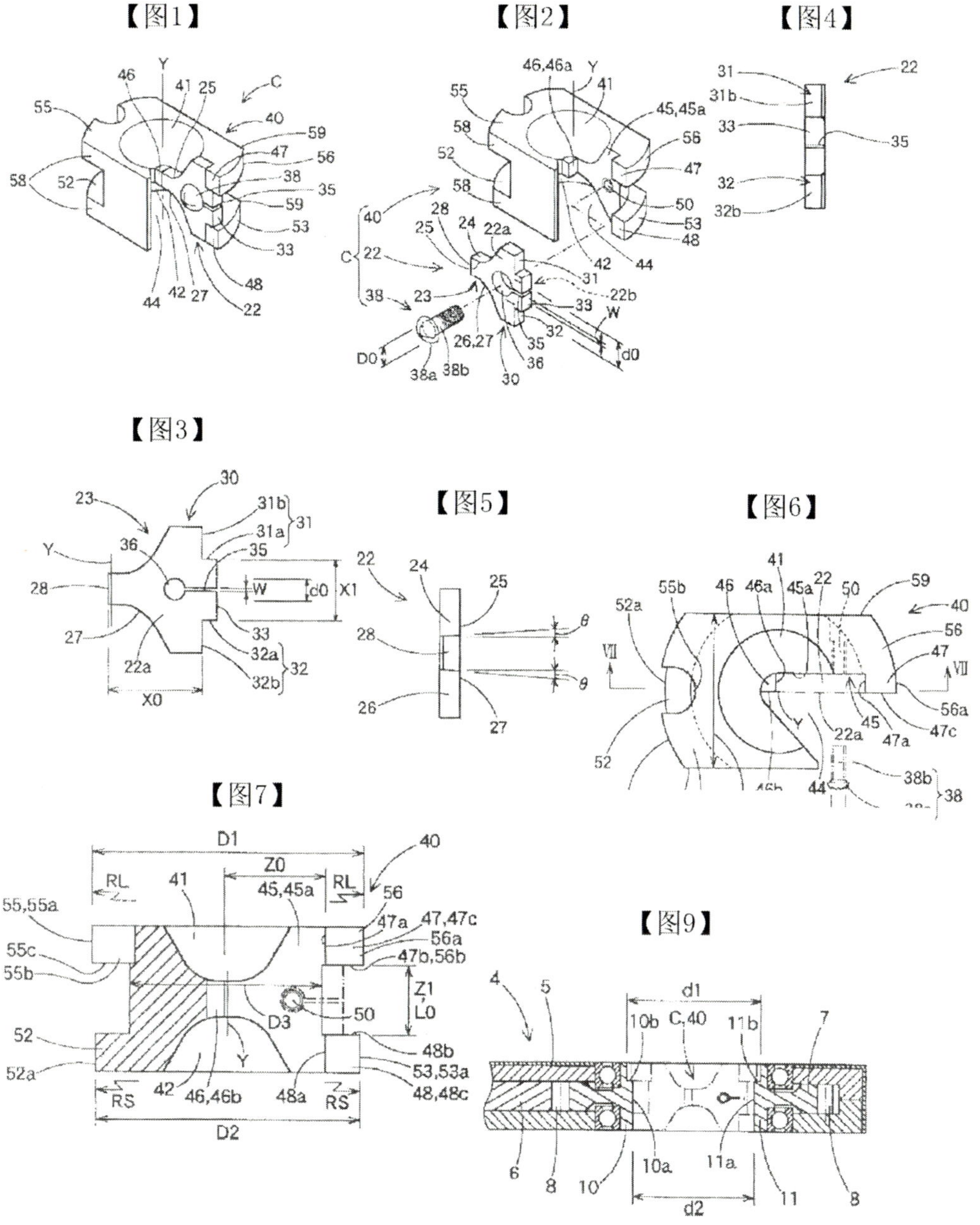

【图12】

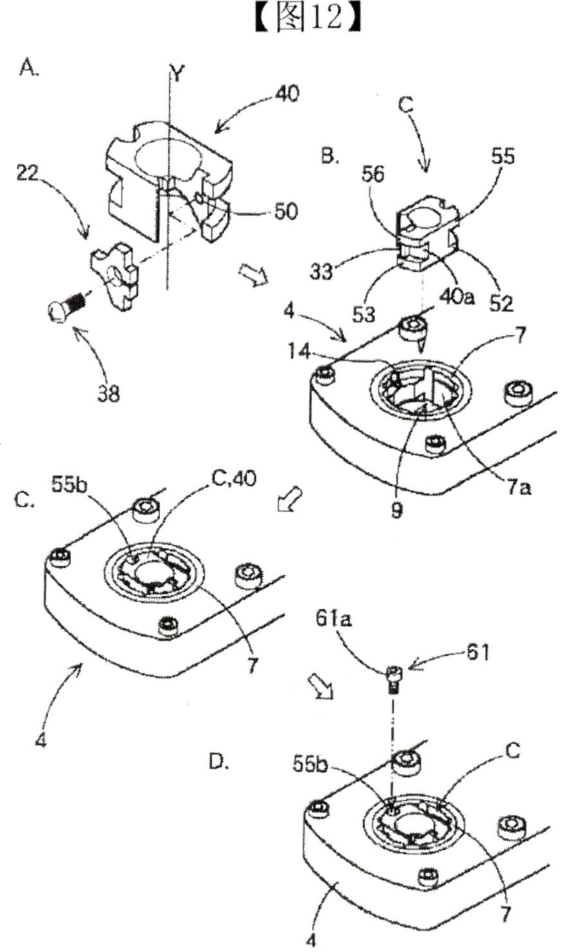

在先设计附图（节略）

483

包装盒（RUBBER SOLUTION）

无效宣告请求审查决定（第13986号）

决　　定　　号　第13986号
决　　定　　日　2009年9月23日
发明创造名称　包装盒（RUBBER SOLUTION）
外观设计分类号　09-03
无效宣告请求人　吕　盛
专　利　权　人　宁海县鼎程车业有限公司
专　　利　　号　200530106768.9
申　　请　　日　2005年5月7日
授权公告日　2006年5月31日
合议组组长　吴大章
主　　审　　员　雷　婧
参　　审　　员　沙柏青
附　　　　　图　1页

法　律　依　据　专利法第23条
决　定　要　点

未履行相关的证明手续且无其他证据证明其真实性或者证明其是在中国大陆的公共渠道获得的域外证据，不能作为定案依据；本专利与在先设计的图案及其在所在面的排布位置均基本相同，本专利的形状“扁长方体形”在包装盒领域属于惯常设计，且其盒盖折起后所形成的状态与在先设计相同，因此，二者属于相近似的外观设计。

一、案由

本无效宣告请求涉及的是国家知识产权局于2006年5月31日授权公告的、专利号为200530106768.9的外观设计专利，其产品名称为“包装盒（RUBBER SOLUTION）”，申请日为2005年5月7日，专利权人为宁海县鼎程车业有限公司。

针对上述外观设计专利权（下称本专利），吕盛（下称请求人）于2009年5月21日向专利复审委员会提出无效宣告请求，其理由是：本专利与其申请日前在出版物上公开发表过的外观设计相近似，故不符合专利法第23条的规定。同时，请求人提交了如下附件作为证据：

附件1：“（2009）厦思证内字第449号”公证书原件，共5页；

附件2：“（2009）厦思证内字第450号”公证书原件，共6页。

请求人认为，附件1公证书中的《中国制品采购指南》和附件2公证书中的《中国出口商品交易会会刊》的公开日均早于本专利的申请日，二者公开的补胎胶包装盒（掀起盒盖状态）均与本专利为相同的外观设计，因此本专利不符合专利法第23条的规定。

经形式审查合格，专利复审委员会依法受理了上述无效宣告请求，并于2009年6月15日将无效宣告请求书及相关文件的副本转送专利权人，通知其在指定的期限内答复。

专利复审委员会成立合议组对本案进行审理，并于2009年7月13日向双方当事人发出口头审理通知书，定于2009年8月17日进行口头审理。

2009年7月30日，专利权人向专利复审委员会提交了意见陈述书，认为附件1中的公证书未证明《中国制品采购指南》的内页与其原件相符，附件2中的公证书未显示出版日期，而且，二者公开的产品外观设计与本专利也不构成相同，因此本专利符合专利法的规定。

口头审理如期举行，双方当事人均委托代理人出席口头审理，双方对对方出庭人员的身份及资格均无异议，对合议组成员亦无回避请求。口头审理中，请求人当庭提交了附件1和附件2中所述刊物的整本原件并演示产品实物，其表示附件1中的刊物来源于厦门台资企业，附件2中的刊物来源于广交会，认为上述附件中公开的是同一个产品的使用状态图片，与本专利属于相同的外观设计。专利权人对附件1和附件2中公证书形式及内容的真实性均无异议，但认为附件1为台湾企业的宣传手册，没有证据证明其在中国内地公开出版过，附件2的公开时间不确定；对于相同相近似性，其认为附件1和附件2中的刊物与本专利不相同且不相近似，其仅公开了产品的一部分且其文字设计与本专利不相同。合议组将专利权人于2009年7月30日向专利复审委员会提交的意见陈述书当庭转送请求人，请求人明确表示不需要答复期限。

在上述审理的基础上，合议组认为本案事实清楚，可以依法作出审查决定。

二、决定的理由

1. 法律依据

基于请求人提出无效宣告请求的理由，合议组依据专利法第23条的规定进行审理。

专利法第23条规定："授予专利权的外观设计，应当同申请日以前在国内外出版物上公开发表过或者国内公开使用过的外观设计不相同和不相近似，并不得与他人在先取得的合法权利相冲突。"

2. 证据的认定

附件1是"（2009）厦思证内字第449号"公证书原件，其内容包括《中国制品采购指南》2002下半年版的封面和内页复印件共2页，以及上述复印件与原件相符的公证证明。在口头审理时，请求人提交了上述刊物的整本原件。专利权人对该公证书及其内容的真实性均无异议，但认为所述的《中国制品采购指南》为台湾的企业宣传手册，是在台湾地区形成的证据；请求人认为该刊物为境内形成的证据，可以通过其封面的发行地点买到。合议组经合议，认为该刊物封面显示其出版者"文笔集团"的地址为"100台北市中正区水源路179号"，可见，该刊物的出版发行地为中国台湾，属于在中国台湾地区形成的证据，请求人未履行相关的证明手续，且无其他证据证明其真实性或者证明其是在中国大陆的公共渠道获得的，因此，该证据不能作为定案依据。此外，请求人认为在刊物封面印刷的发行地点可以买到该刊物，合议组认为，无其他证据证明该刊物封面印刷的地点为其出版发行地点，或者通过上述地点能够获得该刊物，仅依据刊物封面印刷的地点不足以支持请求人的上述主张。

附件2是"（2009）厦思证内字第450号"公证书原件，其内容包括97TH/2005/SPRING《中国出口商品交易会会刊》的封面、第147页和第237页的复印件共3页，以及上述复印件与原件相符的公证证明。在口头审理时，请求人提交了上述刊物的整本原件。专利权人对该公证书及所述刊物的真实性均无异议，但对该刊物的公开日期有异议；请求人认为，该刊物的第 237 页显示“展览时间：2005 年 4 月 15~20 日”，其出版日期应早于展会或者与展会为同一日。合议组认为，根据对展会的常识性了解，展会的会刊通常是与展会配合使用的刊物，其公开日期通常早于展会的展览时间或与其相同，因此，无相反证据证明的情况下，附件 2 中所述刊物的公开时间应与其展会的时间相一致，即在本专利申请日（2005 年 5 月 7 日）之前。综上所述，附件 2 可以作为评价本专利是否符合专利法第 23 条规定的证据。

3. 本专利是否符合专利法第 23 条的规定

附件 2 公开的外观设计产品为包装盒，其与使用本专利的产品具有相同的用途，属于相同类别的产品，故可以将附件 2 公开的外观设计（下称在先设计）与本专利进行对比。

本专利的图片包括产品的六面正投影视图、立体图和使用状态参考图，其所示产品整体呈扁长方体形；产品正面左侧为一边缘呈格状的圆形图案，该图案中间有一个含字母“D”的菱形，正面右下方为两排文字；产品各侧面中部为格状图案，在左右两侧的格状图案中间有文字；产品背面有一长方形边框（详见本专利附图）。

在先设计的图片为有内装物的产品正面立体图，其公开产品的盒体呈扁长方体形，盒体一侧面有格状图案，与其对应的另一侧面连接有一左侧为凸起圆形的长方形立面，该圆形边缘呈格状、中间有一个含字母“D”的菱形，其右侧有两排文字（详见在先设计附图）。

将本专利与在先设计相比较，二者的盒体均呈扁长方体形，盒体的同一侧面均有格状图案，产品中均有边缘呈格状、中间为含字母“D”的菱形的圆形图案，该图案右侧均有两排文字。二者的主要不同点在于产品的形状和局部侧面的图案：本专利整体呈扁长方体形，四个侧面均有格状图案；在先设计仅在盒体部位呈扁长方体形，而盒体一侧有凸起的立面，图案方面仅在盒体一侧面显示有格状图案，其他侧面均未公开。合议组认为，虽然本专利与在先设计的形状存在差异，但本专利的形状“扁长方体形”在包装盒领域属于惯常设计，故其余设计的变化通常对整体视觉效果更具有显著的影响，一般消费者对其外观设计的视觉瞩目点应在于包装盒的图案；本专利与在先设计在局部侧面图案上的差异属于局部细微的差异，对外观设计的整体视觉效果不具有显著影响。此外，从本专利的使用状态参考图来看，其圆形图案部分可打开翻起，而从主视图和立体图中表达的包装盒来看，其主视图所示的面为包装盒的盒盖，盒盖中间有折线印，可见，该盒盖可打开并沿中折线折起。根据一般消费者对包装盒类产品的认知常识，将本专利的盒盖沿中折线折起的状态可以形成与在先设计相同的状态。综上所述，本专利与在先设计的图案及其在所在面的排布位置均基本相同，本专利的形状“扁长方体形”在包装盒领域属于惯常设计，且本专利盒盖折起后所形成的状态与在先设计相同，因此，二者属于相近似的外观设计。

综上所述，在本专利申请日以前已有与其相近似的外观设计在国内出版物上公开发表过，故本专利不符合专利法第 23 条的规定。

三、决定

宣告 200530106768.9 号外观设计专利权全部无效。

当事人对本决定不服的，可以根据专利法第 46 条第 2 款的规定，自收到本决定之日起三个月内向北京市第一中级人民法院起诉，根据该款规定，一方当事人起诉后，另一方当事人应当作为第三人参加诉讼。

仰视图

后视图

右视图

主视图

左视图

俯视图

立体图

使用状态参考图

本专利附图

在先设计附图

遥控器（URCT42C）

无效宣告请求审查决定（第13988号）

决　　定　　号　第13988号
决　　定　　日　2009年9月28日
发明创造名称　遥控器（URCT42C）
外观设计分类号　14-03
无效宣告请求人　深圳市瑞摩特科技发展有限公司
专　利　权　人　朱龙军
专　　利　　号　200630050495.5
申　　请　　日　2006年1月9日
授权公告日　2007年1月24日
合议组组长　钟　华
主　　审　　员　王美芳
参　　审　　员　尹春霞
附　　　　　图　1页

法　律　依　据　专利法第23条
决　定　要　点

本专利与在先设计的整体形状、按键面板的形状、按键的形状和排列均存在显著差异，对一般消费者而言，上述差异对整体视觉效果具有显著的影响，二者属于不相同且不相近似的外观设计。

一、案由

本无效宣告请求涉及国家知识产权局于2007年1月24日授权公告的200630050495.5号外观设计专利，使用该外观设计的产品名称是"遥控器（URCT42C）"，其申请日是2006年1月9日，专利权人是朱龙军。

针对上述外观设计专利权（下称本专利），深圳市瑞摩特科技发展有限公司（下称请求人）于2009年5月22日向专利复审委员会提出无效宣告请求，其理由是本专利不符合专利法第23条的规定。请求人提交了如下附件：

附件1：2004第12期《家用电器》第42页复印件，共1页；

附件2：2003第10期《家用电器》第40页复印件，共1页；

附件3：2003第11期《家用电器》第33页复印件，共1页。

请求人认为：本专利与上述附件显示的产品外观设计，在以利于手握的长方形和有利于大拇指按按键的设计方面根本没有区别，其图案和形状的结合并非超出公众所知的设计。

专利复审委员会根据无效宣告请求审查程序的规定受理了该无效宣告请求，并于 2009 年 7 月 9 日将请求人的无效宣告请求文件转送专利权人，通知其在指定期限内陈述意见。

专利复审委员会成立合议组对本案进行审理，并于 2009 年 7 月 23 日向双方当事人发出口头审理通知书，定于 2009 年 9 月 15 日对本案进行口头审理。

专利复审委员会于 2009 年 8 月 18 日收到专利权人提交的意见陈述书。专利权人认为：三个附件中的遥控器与本专利的按键形状和排列不同；附件 1 显示的产品整体形状与本专利的不同；三个附件均只显示遥控器的三个面或一个面，没有给出其他面的设计特征。上述这些显著差异，对于设计的整体效果有显著影响，本专利与各附件显示的设计既不相同也不相近似，符合专利法第 23 条的规定。

2009 年 8 月 27 日，专利复审委员会将专利权人提交的意见陈述书转送请求人，通知其在指定期限内陈述意见。请求人在指定期限内未提交书面意见陈述。

口头审理如期举行，双方均委托代理人出席口头审理。合议组当庭告知专利权人合议组成员有变更，双方对变更后的合议组成员未提出回避请求。请求人坚持原无效宣告理由，声明放弃附件 2 和附件 3 作为证据，并提交附件 1 的原件。专利权人对附件 1 的关联性、合法性和真实性没有异议。双方对附件 1 显示的外观设计与本专利是否相近似充分发表意见。专利权人坚持二者不相近似，意见与之前提交的书面意见相同。请求人认为：二者的相同点包括外壳都是长方形的、主控面板有外凸的按键、中间位置都明显地设置了四个三角形按键、按键约占主控面板的 4/5；二者主要在按键形状、数量、排布位置、摆放比例及遥控器腰部设计方面存在差异，但这些属于局部细微差别，对遥控器的整体视觉效果不会产生显著影响，二者相近似。

在上述审理的基础上，合议组经合议，认为本案事实清楚，依法作出本审查决定。

二、决定的理由

1. 法律依据

基于请求人提出的无效宣告请求的理由，合议组依据专利法第 23 条的规定进行审查。

专利法第 23 条规定："授予专利权的外观设计，应当同申请日以前在国内外出版物上公开发表过或者国内公开使用过的外观设计不相同和不相近似，并不得与他人在先取得的合法权利相冲突。"

2. 证据认定

请求人提交的附件 1 为 2004 第 12 期《家用电器》第 42 页复印件，其中显示了一款飞利浦 DVD 遥控器的外观设计。经核实，该复印件与原件一致。专利权人对附件 1 的关联性、合法性和真实性没有异议。2004 第 12 期《家用电器》的出版日期明显早于本专利的申请日 2006 年 1 月 9 日，附件 1 可以作为评价本专利是否符合专利法第 23 条规定的证据。

3. 外观设计对比

附件 1 公开了一款遥控器的外观设计（下称在先设计），本专利也是遥控器的外观设计，二者的用途相同，具有可比性，故对本专利与在先设计作如下对比：

本专利的图片包括主视图、后视图、左视图、右视图、俯视图、仰视图和立体图。其所示产品整体呈长方体形，四角呈直角形；从正面看，上端平直、下端圆弧，两侧呈直线形；从侧面看，遥控器上端和下端均自前向后倾斜；背面由两侧向中间圆弧隆起，中上部有一个椭圆形凹面。按键面板中上部平直，上沿呈直线形并带有一个沙漏形凹陷，按键面板下部有一个弧形凸起面，该凸起面的上下边缘均呈两端向上翘起的弧线形。按键可按形状及排布分为五组，沙漏形凹陷两侧各有一个长方形按键，向下有按点阵分布的三列四行圆形按键，面板中央有一个圆形大按键、围绕其分布的四个近似三角形的大按键和四个圆形小按键，其下方有三列按键，中间一列为三个椭圆形按键，两侧则为两对直边相临的半椭圆按键，最下方一组按键为按点阵分布的三行四列椭圆形按键（详见本专利附图）。

附件 1 公开了在先设计的一个立体图。其所示产品整体呈长方体形，各边角均呈圆弧形，遥控器中上部的两个侧边向内收；按键面板整体平直；按键可按形状及排布分为三组，上部为按点阵分布的四列五行近似椭圆形的按键，按键面板中央有一个椭圆形小按键、围绕其分布的四个近似三角形的大按键和四个圆形小按键，下部为按点阵分布的三行四列近似椭圆形的按键（详见在先设计附图）。

将本专利与在先设计相比较可以看出，二者具有以下明显差异：

（1）整体形状不同：本专利产品的四角呈直角形；从正面看，上端平直、下端圆弧，两侧呈直线形；从侧面看，遥控器上端和下端均自前向后倾斜；背面由两侧向中间圆弧隆起，中上部有一个椭圆形凹面。在先设计各边角均呈圆弧形，并且产品中上部的侧边向内收。

（2）按键面板形状不同：本专利按键面板的中上部平直，下部凸起，凸起面的上下边缘均呈两端向上翘起的弧线形；上端中央带有一个沙漏形凹陷。在先设计的按键面板整体平直。

（3）按键的形状和排列不同：本专利的按键有大圆形、小圆形、椭圆形、半椭圆形、三角形和长方形，且排列较为丰富。在先设计的按键仅有三角形和椭圆形，且排列较为简单。

对于请求人所述相似之处——按键均外凸、外壳均为长方形、按键面板中间位置均有四个三角形按键、按键在主控面板上所占比例相当，合议组认为：按键的外凸式设计为该产品所属领域的惯常设计，其他设计的变化对二者的整体视觉效果更具显著影响；二者的外壳均是在长方形的基础上进行的设计，但（1）和（2）所述设计差异使得二者的整体形状已具有明显差异；虽然二者按键面板中间位置均有四个三角形按键，且按键在主控面板上所占比例相当，但如（3）所述，其作按键的形状及按键整体排列均有明显差异，局部按键的设计及按键所占比例对整体视觉效果不具有显著影响。对一般消费者而言，二者存在的上述明显差别对其整体视觉效果具有显著的影响，二者属于不相同且不相近似的外观设计。

综上所述，本专利与在先设计不相同且不相近似，请求人提交的证据不能支持其无效宣告请求的理由。

三、决定

维持 200630050495.5 号外观设计专利权有效。

当事人对本决定不服的，可以根据专利法第 46 条第 2 款的规定，自收到本决定之日起三个月内向北京市第一中级人民法院起诉。根据该款的规定，一方当事人起诉后，另一方当事人应当作为第三人参加诉讼。

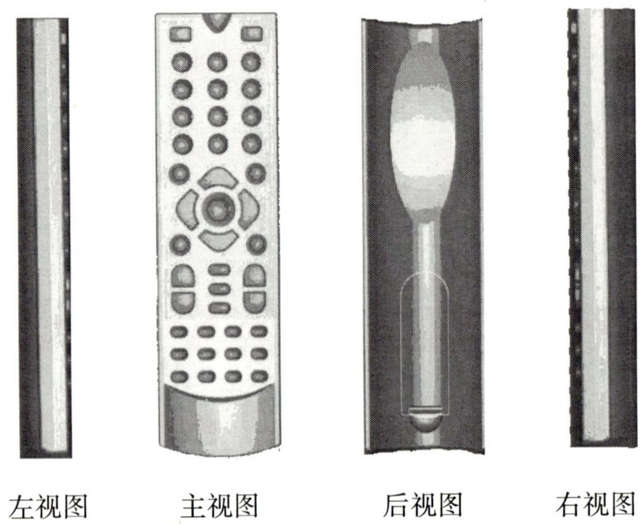

左视图　主视图　后视图　右视图

俯视图　仰视图

立体图

本专利附图

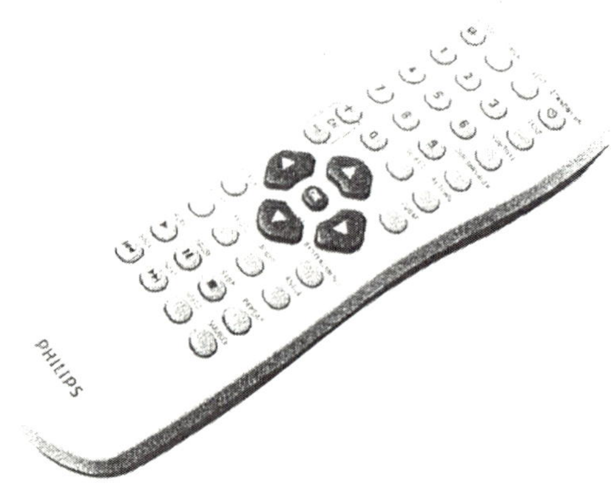

在先设计附图

485

流量传感器的均速管

无效宣告请求审查决定（第 13990 号）

决　　定　　号　第 13990 号
决　　定　　日　2009 年 10 月 10 日
发明创造名称　流量传感器的均速管
外观设计分类号　10-04
无效宣告请求人　美国威尔思有限公司
专　利　权　人　北京巍迩缔思科技发展有限公司
专　　利　　号　200530025527.1
申　　请　　日　2005 年 5 月 16 日
授 权 公 告 日　2006 年 2 月 22 日
合 议 组 组 长　王霞军
主　　审　　员　吴大章
参　　审　　员　尹春霞
附　　　　　图　2 页

法　律　依　据　专利法第 23 条
决　定　要　点

尽管在先设计的图片没有公开产品两端端面的形状，但该产品两端的端面是使用中不易见到的部位，对外观设计的整体视觉效果不具有显著影响。

在本专利申请日以前已有与其相近似的外观设计在出版物上公开发表过，本专利不符合专利法第 23 条的规定。

一、案由

本无效宣告请求涉及国家知识产权局于 2006 年 2 月 22 日授权公告的 200530025527.1 号外观设计专利，使用该外观设计的产品名称是“流量传感器的均速管”，申请日是 2005 年 5 月 16 日，原专利权人是熊辉，2008 年 5 月 21 日变更为北京巍迩缔思科技发展有限公司。

针对上述外观设计专利权（下称本专利），美国威尔思有限公司（下称请求人）于 2009 年 6 月 15 日向专利复审委员会提出无效宣告请求，其理由是本专利不符合专利法第 23 条的规定。请求人提交了如下附件作为证据：

附件 1：本专利电子公开文本的打印件，共 3 页；

附件 2：《石油化工自动化》杂志 2002 年第 2 期的封面、目录页和后插第 4 页的复印件，共 3 页；

附件3:《化工自动化及仪表》杂志2002年第5期的封面、目录页和前插第29页的复印件，共3页；

附件4:《第六届全国热工自动化学术年会论文集》的封面、前言、目录页和第250~255页的复印件，共7页；

附件5：封面上有“Verabar”字样的产品样册的复印件，共3页。

请求人认为：附件2~5是本专利申请日之前公开发表的出版物，本专利和上述附件中披露的产品的外观设计相近似，故本专利不符合专利法第23条的规定。

专利复审委员会受理了该无效宣告请求，并于2009年6月22日将上述无效宣告请求书及其附件的副本转送给专利权人，要求其在指定期限内陈述意见。专利权人逾期未答复。

2009年8月17日，专利复审委员会本案合议组同时向双方当事人发出口头审理通知书，定于2009年9月22日对本案进行口头审理。

口头审理如期举行。双方当事人均出席口头审理。在口头审理当中涉及的主要内容如下：

(1) 请求人提交了附件2~5的原件，专利权人对原件和复印件的一致性没有提出异议，对上述附件的真实性没有提出异议。

(2) 双方当事人均认可本专利涉及的该类测量管件的一端是封闭的。

(3) 合议组当庭告知双方当事人，因请求人在规定的期限内没有提交附件5的中文译文，该附件视为未提交。

(4) 双方当事人就附件2、附件3和附件4记载的相关的外观设计和本专利是否相同相近似进行了辩论。

在上述审理的基础上，合议组经合议，认为本案事实清楚，依法作出本审查决定。

二、决定的理由

1. 法律依据

基于请求人提出无效宣告请求的理由，合议组依据专利法第23条和专利法实施细则第2条第3款的规定进行审理。

专利法第23条规定:“授予专利权的外观设计，应当同申请日以前在国内外出版物上公开发表过或者国内公开使用过的外观设计不相同和不相近似，并不得与他人在先取得的合法权利相冲突。”

2. 证据认定

请求人提交的附件2是《石油化工自动化》杂志2002年第2期的封面、目录页和后插第4页的复印件。口头审理时，请求人提交了该杂志的整本原件。专利权人对该证据的真实性没有提出异议。该杂志由全国化工自控设计技术中心站、中国石化集团公司自控设计技术中心站主办，由《石油化工自动化》编辑部编辑出版，其出版日期是2002年4月20日，在本专利的申请日(2005年5月16日)之前，属于本专利申请日之前的公开出版物，可以作为评价本专利是否符合专利法第23条规定的证据。该杂志的“后插”第4页刊载了一款威力巴差压流量计的图片，该图片所示流量计的探头(下称在先设计)与本专利用途相同，属于同类产品。

3. 相同和相近似对比

本专利授权的视图包括主视图、俯视图、仰视图、左视图和右视图，简要说明称“后视图与主视图中对称，省略后视图。细长物品，省略中间一段长度”。如图所示，本专利为一长条体，上面规则地排列有小的圆形设计，右视图显示管头为封闭状，管头外轮廓显示近似子弹头形状，左视图显示管头的外轮廓与右视图相同，管内中间位置上端设计近似有梯形孔，下端为圆形。详见本专利附图。

上述附件2刊载的图片公开了在先设计使用状态的图片和截面图。如图片所示，在先设计为一长条体，上面规则地排列有小的圆形设计，截面周边呈近似弹头形状，管内中间位置近似子弹头的形状和近似梯形的形状（详见在先设计附图）。

比较本专利与在先设计，二者的相同点是：整体形状相同，都是外轮廓呈弹头形状的长条体，上面规则地排列有小的圆形设计。二者主要不同点是：本专利示出了两端面的形状，记载在先设计的图片没有披露其两端端面的形状。本专利管内孔的形状中间位置上端设计近似有梯形孔，下端为圆形，而在先设计截面中间位置近似子弹头的形状和近似梯形的设计。合议组认为，该产品两端的端面及截面形状是使用状态下不易见到的部位，对外观设计的整体视觉效果不具有显著影响，二者的其他设计基本相同，因此本专利与在先设计应属于相近似的外观设计。

综上所述，在本专利申请日以前已有与其相近似的外观设计在出版物上公开发表过，本专利不符合专利法第 23 条的规定。

鉴于已经得出本专利不符合专利法第 23 条规定的结论，合议组对请求人提出的其他证据不再予以评述。

三、决定

宣告 200530025527. 1 号外观设计专利权全部无效。

当事人对本决定不服的，可以根据专利法第 46 条第 2 款的规定，自收到本决定之日起三个月内向北京市第一中级人民法院起诉。根据该款的规定，一方当事人起诉后，另一方当事人应当作为第三人参加诉讼。

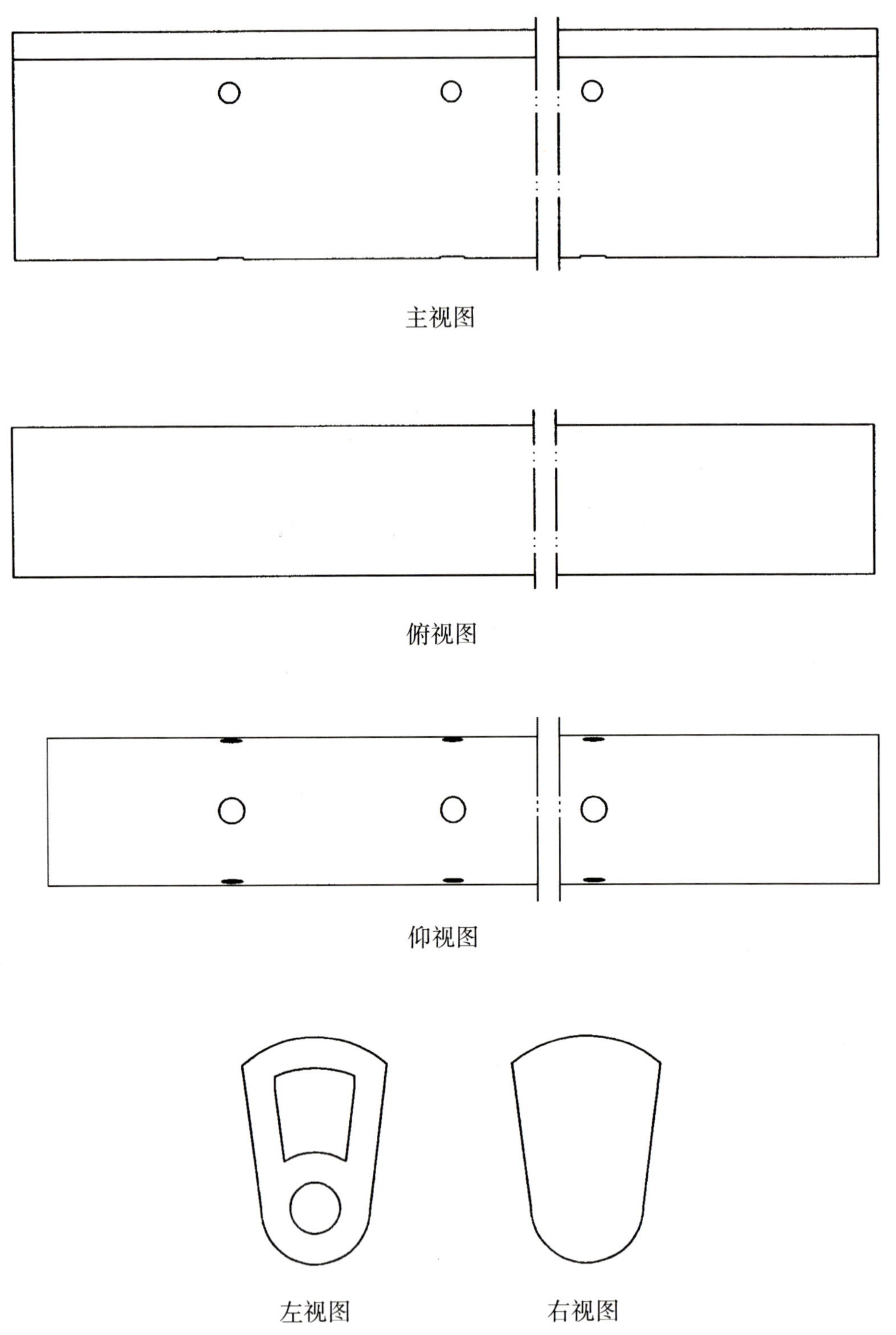
主视图

俯视图

仰视图

左视图

右视图

本专利附图

威力巴取压及防堵示意图
高压区
低压区
杂质聚集区
前部表面粗糙
流体分离点
• 取压孔避开了漩涡发生区、使信号稳定、无脉动
• 取压孔远离杂质聚集区、实现本质防堵

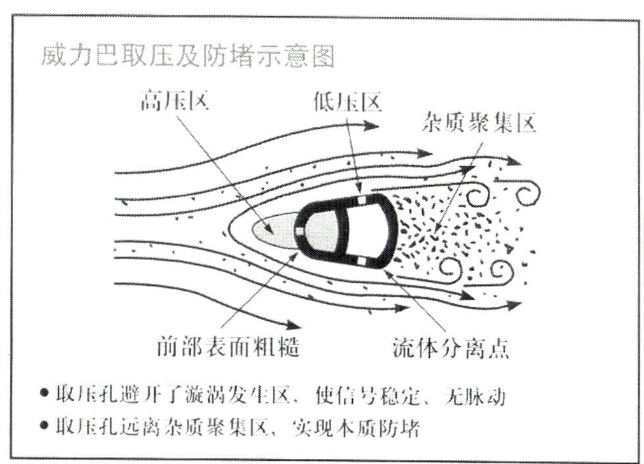

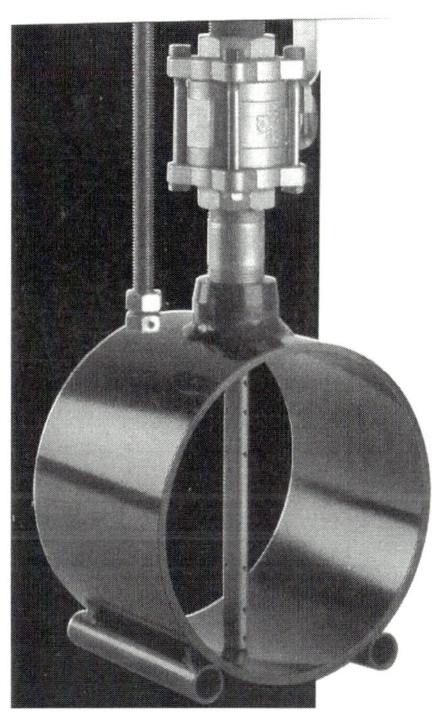

在先设计附图

486

拼图组件

无效宣告请求审查决定（第 13994 号）

决　　定　　号　第 13994 号
决　　定　　日　2009 年 10 月 13 日
发明创造名称　拼图组件
外观设计分类号　21-01
无效宣告请求人　坦格尔公司
专　利　权　人　许加宜
专　　利　　号　02322070.8
申　　请　　日　2002 年 2 月 4 日
授 权 公 告 日　2002 年 8 月 7 日
合 议 组 组 长　张雪飞
主　　审　　员　李巍巍
参　　审　　员　沙柏青
附　　　　　图　2 页

法　律　依　据　专利法第 23 条
决　定　要　点

本专利和在先设计的区别点仅在于局部的细微变化，其对二者的整体视觉效果不足以产生显著影响，因此二者应属于相近似的外观设计，本专利不符合专利法第 23 条的规定。

一、案由

本无效宣告请求涉及的是国家知识产权局于 2002 年 8 月 7 日授权公告的 02322070.8 号外观设计专利，使用该外观设计的产品名称是“拼图组件”，其申请日是 2002 年 2 月 4 日，专利权人是许加宜。

针对上述外观设计专利权（下称本专利），坦格尔公司（下称请求人）于 2009 年 4 月 30 日向专利复审委员会提出无效宣告请求，其理由是本专利不符合专利法第 23 条的规定，并提交了如下证据附件：

授权公告日为 2000 年 11 月 29 日的 00203308.9 号实用新型专利的说明书复印件 8 页，其授权公告号为 CN 2407809Y。

请求人认为，在上述在先公开发表的专利文献中，图 4 所示的外观设计与本专利基本相同，同时本专利的生产、销售等环节也会与他人在先取得的合法权利相冲突，因此应宣告本专利无效。

经形式审查合格，专利复审委员会受理了该无效宣告请求，并于2009年5月31日将请求人的无效宣告请求文件转送专利权人，通知其在指定期限内答复。

专利权人逾期未作出答复。

专利复审委员会于2009年7月13日向双方当事人发出合议组成员告知通知书。双方当事人逾期均未对合议组成员提出回避请求。

在上述审理的基础上，合议组经合议，认为本案事实清楚，依法作出本审查决定。

二、决定的理由

基于请求人提出的无效宣告请求的理由和证据，合议组依据专利法第23条的规定进行审理。

专利法第23条规定："授予专利权的外观设计，应当同申请日以前在国内外出版物上公开发表过或者国内公开使用过的外观设计不相同和不相近似，并不得与他人在先取得的合法权利相冲突。"

请求人提交的证据是授权公告日为2000年11月29日的00203308.9号中国实用新型专利的说明书复印件；专利权人未对其真实性提出质疑。经合议组核实，其内容真实，确系在本专利申请日以前公开的中国实用新型专利文献，可作为适用于专利法第23条所规定的证据。

在该00203308.9号中国实用新型专利文献的图4中公开了一款玩具插件的外观设计（下称在先设计）。从图片上观察，在先设计的基本形状为弯曲的圆柱形，其一端凸出近似圆柱形的插头，另一端呈近似圆柱形凹进（详见在先设计附图）。

本专利同样是玩具插件的外观设计，其基本形状为弯曲的圆柱形，一端凸出近似圆柱形的插头，另一端呈近似圆柱形凹进（详见本专利附图）。

合议组认为：本专利和在先设计均为玩具插件的外观设计，用途相同，属于相同类别的产品，具有可比性。

将本专利与在先设计相比较，其不同点为：二者在两端部的具体设计上存在不同之处。合议组认为：从整体视觉观察，虽然二者存在不同点，但均明显属于局部的细微差别，对二者的整体视觉效果均不足以产生显著影响，因此二者应属于相近似的外观设计。

综上所述，在本专利申请日以前已有与其相近似的外观设计在出版物上公开发表过，本专利不符合专利法第23条的规定。

鉴于已得出上述结论，本决定对请求人提出的其他理由不再予以评述。

三、决定

宣告02322070.8号外观设计专利权全部无效。

当事人对本决定不服的，可以根据专利法第46条第2款的规定，自收到本决定之日起三个月内向北京市第一中级人民法院起诉。根据该款的规定，一方当事人起诉后，另一方当事人应当作为第三人参加诉讼。

俯视图

右视图

主视图

左视图

仰视图

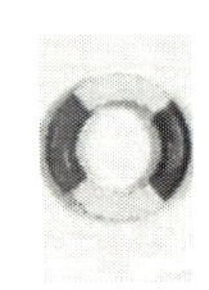

使用状态参考图 1

使用状态参考图 2

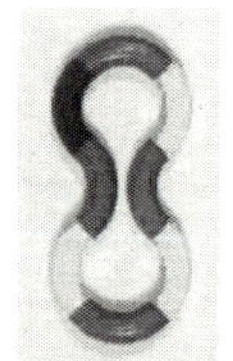

使用状态参考图 3

使用状态参考图 4

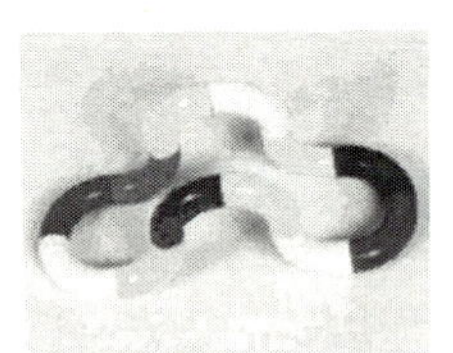

使用状态参考图 5

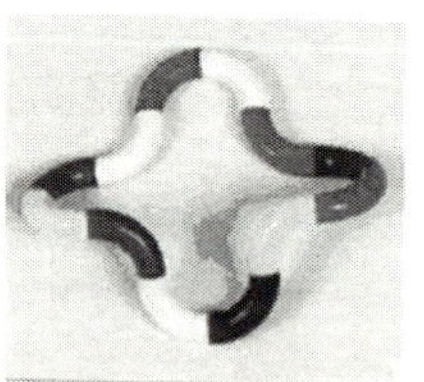

使用状态参考图 6

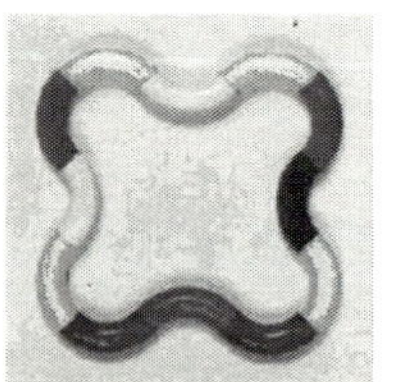

使用状态参考图 7

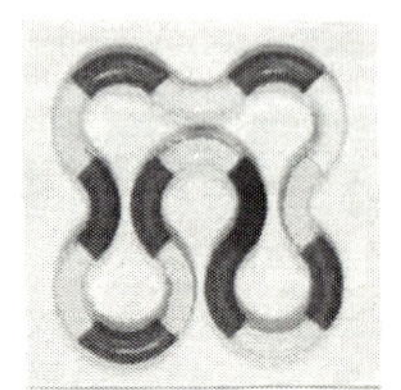

使用状态参考图 8

使用状态参考图 9

使用状态参考图 10

本专利附图

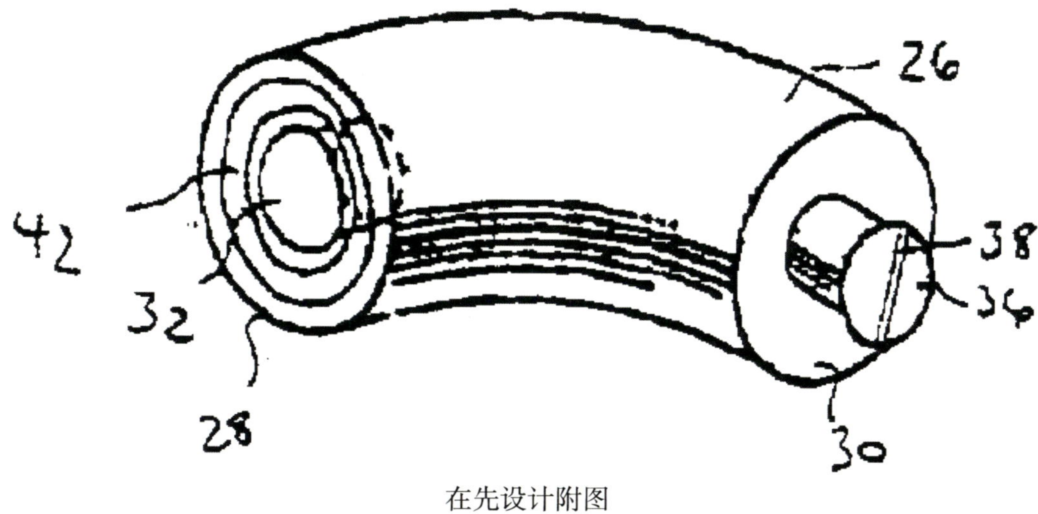

在先设计附图

487

瓷砖（17）

无效宣告请求审查决定（第 14006 号）

决　　定　　号 第 14006 号
决　　定　　日 2009 年 10 月 16 日
发明创造名称 瓷砖（17）
外观设计分类号 25-01
无效宣告请求人 陈丽珍
专　利　权　人 苏国川
专　　利　　号 200730138060.0
申　　请　　日 2007 年 1 月 10 日
授 权 公 告 日 2008 年 1 月 16 日
合 议 组 组 长 张　凌
主　　审　　员 尹春霞
参　　审　　员 王　红
附　　　　　图 2 页

法　律　依　据 专利法第 23 条
决　定　要　点

本专利与在先设计的差别对于其整体而言为局部细微变化，不足以对整体视觉效果产生显著影响，二者属于相近似的外观设计。

一、案由

本无效宣告请求涉及国家知识产权局于 2008 年 1 月 16 日授权公告的 200730138060.0 号外观设计专利，使用该外观设计的产品名称是“瓷砖（17）”，其申请日是 2007 年 1 月 10 日，专利权人是苏国川。

针对上述外观设计专利权（下称本专利），陈丽珍（下称请求人）于 2009 年 6 月 30 日向专利复审委员会提出无效宣告请求，其依据的事实和理由是：本专利不符合专利法第 23 条及专利法实施细则第 13 条第 1 款的规定，本专利应予宣告无效。请求人同时提交了如下附件作为证据：

附件 1：00332192.4 号外观设计专利公报复印件，共 1 页；

附件 2：01320478.5 号外观设计专利公报复印件，共 1 页；

附件 3：01320603.6 号外观设计专利公报复印件，共 1 页；

附件 4：01320606.0 号外观设计专利公报复印件，共 1 页；

附件5：本专利电子公告文本打印件，共1页。

请求人认为，本专利与附件1~4所示外观设计的形状完全相同，其区别仅在于断裂纹图案的微小差别，根据整体观察、综合判断的原则，本专利与附件1~4所示外观设计经单独对比后属于同样的外观设计。因此本专利不符合专利法第23条及专利法实施细则第13条第1款的规定，应予宣告无效。

专利复审委员会经形式审查合格受理了该无效宣告请求，并于2009年7月24日将无效宣告请求受理通知书及其附件的副本转送专利权人，通知其在指定期限内陈述意见，并告知专利权人如逾期不答复，不影响专利复审委员会的审理。

专利复审委员会于2009年7月29日向双方当事人发出口头审理通知书，定于2009年9月15日对本案进行口头审理。

请求人于2009年8月18日提交口头审理回执，明确说明其不能参加口头审理。

2009年9月15日，由于双方当事人均未出席口头审理，口头审理未能举行。

专利复审委员会于2009年9月7日收到专利权人提交的意见陈述书。专利权人将本专利与附件1~4所示外观设计分别进行了相同相近似对比，并结合本专利与附件1的使用状态图进一步说明本专利与附件1所示外观设计不相近似。专利权人认为：本专利与附件1~4所示外观设计均不相同也不相近似，应维持本专利有效。

在上述审理的基础上，合议组经合议，认为本案事实清楚，依法作出本审查决定。

二、决定的理由

1. 法律依据

基于请求人提出无效宣告请求所依据的事实和理由，合议组对本专利是否符合专利法第23条的规定进行审查。

专利法第23条规定："授予专利权的外观设计，应当同申请日以前在国内外出版物上公开发表过或者国内公开使用过的外观设计不相同和不相近似，并不得与他人在先取得的合法权利相冲突。"

2. 证据认定

请求人提交的附件1是00332192.4号外观设计专利公报复印件，授权公告日是2001年2月28日，早于本专利申请日（2007年1月10日），产品名称是"外墙砖（华建01）"，经合议组核实，其内容属实，属于在本专利申请日前公开的出版物，可以作为评价本专利是否符合专利法第23条规定的证据。

3. 外观设计对比

本专利是瓷砖的外观设计，附件1公开了外墙砖的外观设计（下称在先设计），二者用途相同，属于相同类别的产品，具有可比性。

本专利整体形状为长方形薄片状，瓷砖正面中部从左至右大致为不规则凸起花纹，表面分布零散细点，后面为若干横条纹（详见本专利附图）。

在先设计整体形状为长方形薄片状，瓷砖正面中部从左至右大致为不规则凸起花纹，后面为若干横条纹（详见在先设计附图）。

将本专利与在先设计相比较，二者的整体形状均为长方形薄片状，瓷砖正面中部均从左至右大致为不规则凸起花纹。二者的主要不同之处在于：正面凸起的花纹形状略有不同，后面的条纹间隔距离不同，同时本专利表面分布有零散的细点，在先设计无。合议组认为：本专利与在先设计正面均为仿石头的断裂纹状不规则形状，其差异给一般消费者不会留下明显不相同或不相近似的视觉印象。尽管本专利在这种不规则断裂面上还有零散分布的细点，一般消费者施以一般注意力仍易将本专利与在先设计混同。根据整体观察，综合判断的原则，其差异不足以对整体视觉效果产生显著影响。而后面属于在使用状态下不易见到的部分，其外观设计的差异也不会对二者的整体视觉效果产生显著影响。由于二者的整体造型已形成了相近似的视觉印象，因此二者属于相近似的外观设计。对于专利权人认为本专利与在先设计在实际使用中区别更为明显的主张，合议组认为：判断外观设计相同或相近似时，应以本专利与在先设计公开的图片或照片作为对比的对象，同时由于二者单块的相似性，即使在使用状态下，一般消费者施以一般注意力仍易将二者混同。因此，合议组对专利权人的主张不予支持。

综上所述，在本专利申请日以前已有与其相近似的外观设计在出版物上公开发表过，本专利不符合专利法第 23 条的规定。

鉴于已经得出二者相近似的结论，合议组对请求人提出的其他理由及证据不再进行评述。

三、决定

宣告 200730138060.0 号外观设计专利权全部无效。

当事人对本决定不服的，可以根据专利法第 46 条第 2 款的规定，自收到本决定之日起三个月内向北京市第一中级人民法院起诉。根据该款的规定，一方当事人起诉后，另一方当事人应当作为第三人参加诉讼。

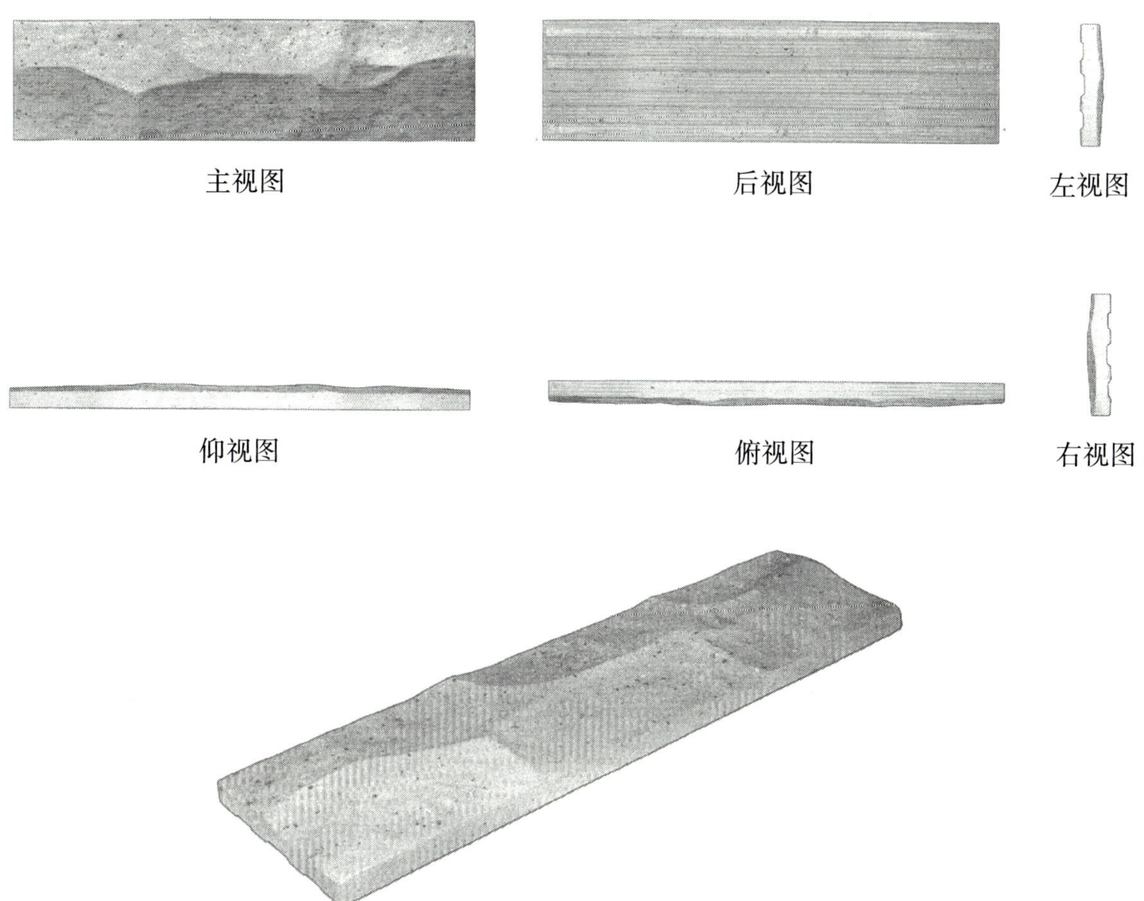

立体图

本专利附图

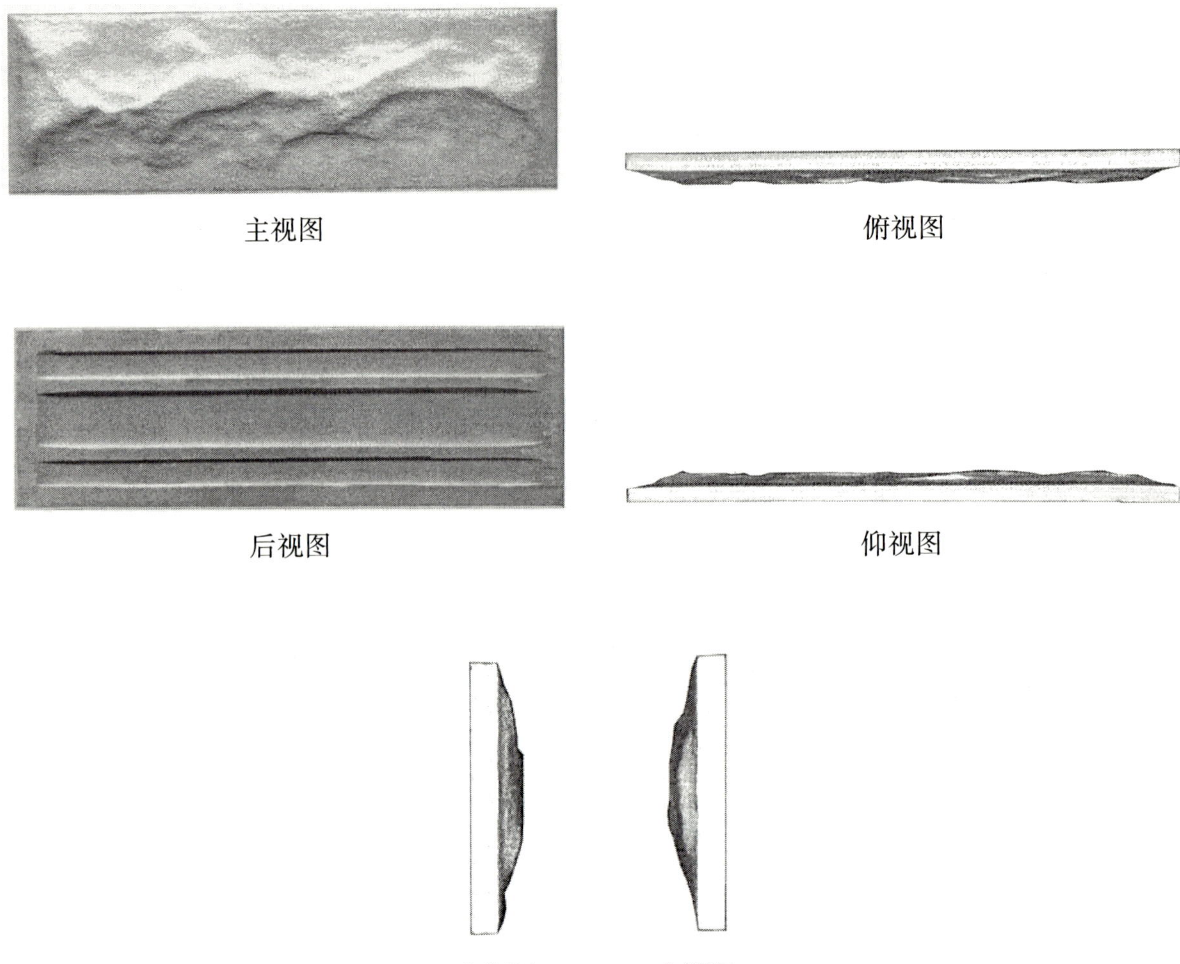

在先设计附图

汽车方向盘锁

无效宣告请求审查决定（第14007号）

决　定　号　第14007号
决　定　日　2009年10月13日
发明创造名称　汽车方向盘锁
外观设计分类号　08-07
无效宣告请求人　广东新环球汽车用品有限公司
专　利　权　人　罗宗宜
专　利　号　200430080768.1
申　请　日　2004年9月7日
授权公告日　2005年4月27日
合议组组长　张雪飞
主　审　员　尹春霞
参　审　员　李巍巍
附　图　2页

法律依据　专利法第23条
决定要点

请求人提交的发票的真实性不足以被认定，不足以作为本案的定案依据；

专利权人并未在规定期限内举证证明《九洲快讯广告》杂志是不真实的，同时由于网站内容变更的随意性，口头审理之日在网站未查询到该杂志不能证明2004年该杂志不存在，专利权人的主张不能成立；

本专利与在先设计的差别为局部细微差别，不足以对整体视觉效果产生显著影响，而在使用状态下视觉不易见的部位亦不会对整体视觉效果产生显著的影响，二者应属于相近似的外观设计。

一、案由

本无效宣告请求涉及国家知识产权局于2005年4月27日授权公告的200430080768.1号外观设计专利，使用该外观设计的产品名称是“汽车方向盘锁”，其申请日是2004年9月7日，原专利权人是罗启文，后变更为罗宗宜。

针对上述外观设计专利权（下称本专利），广东新环球汽车用品有限公司（下称请求人）于2009年5月8日向专利复审委员会提出无效宣告请求，其理由是本专利与在其申请日以前在国内公开使用和在国内出版物上公开发表的外观设计相近似，因此本专利不符合专利法第23条的规定，应予宣告无效。请求人同时提交了如下附件作为证据：

附件1：请求人出具的广东省商品销售统一发票复印件（发票号为19227528）、销售发票所涉产品实物封装状态拍摄照片复印件及实物照片、广州市工商行政管理局出具的企业注册基本资料复印件、佛山市工商信息服务中心出具的个体户机读档案登记资料复印件，共9页；

附件2：2003年5月出版的《九洲快讯广告》杂志封面页及相关页复印件，共4页；

附件3：2004年3月出版的《九洲快讯广告》杂志封面页及相关页复印件，共4页；

附件4：2004年6月出版的《九洲快讯广告》杂志封面页及相关页复印件，共4页。

请求人认为，附件1提供了银狼930锁的产品销售发票，银狼930锁的实物照片及购销方工商注册信息，足以证明与本专利外观设计相近似的产品在本专利申请日前已公开使用；附件2~4足以证明与本专利相近似的外观设计在本专利申请日前已公开发表。因此本专利不符合专利法第23条的规定，应予宣告无效。

专利复审委员会经形式审查合格受理了该无效宣告请求，并于2009年5月8日将无效宣告请求书及其附件的副本转送专利权人，通知其在指定期限内陈述意见。

请求人于2009年6月5日补充提交意见陈述书。请求人在意见陈述书中将本专利与附件2及附件4所公开的外观设计进行了详细比较，认为，本专利与附件2及附件4所示的外观设计相近似，应宣告本专利无效。请求人同时提交如下附件作为补充证据：

附件2-1：附件2中所示产品实物照片，共5页；

附件4-1：附件4中所示产品实物照片，共6页；

附件4-2：附件4中所示产品实物封装照片，共2页；

附件5：附件2-1、附件4-1、附件4-2产品实物购买发票复印件，共1页。

专利复审委员会成立合议组对本案进行审理，并于2009年6月19日向双方当事人发出《无效宣告请求口头审理通知书》，定于2009年8月11日对本案进行口头审理。同时随口头审理通知书将请求人于2009年6月5日补充提交的意见陈述书及附件转送专利权人，通知其在口头审理当庭陈述意见或在收到所述文件之日起一个月内陈述意见。

口头审理如期举行，双方的代理人及专利权人出席口头审理，均对对方出庭人员的资格无异议，对合议组成员也无回避请求。在口头审理中，请求人说明附件2~4分别单独使用，证明公开发表；附件1单独使用，证明公开使用；附件2、附件2-1、附件5结合，证明公开使用；附件4、附件4-1、附件4-2结合使用，证明公开使用；附件4、附件5结合使用，证明公开使用。请求人当庭提交了上述附件的原件，同时演示了附件1、附件2及附件4的实物，并当庭提交补充证据1份（即124886号公证书）。合议组当庭告知请求人补充证据已超出了举证期限，不属于审查指南第四部分第三章第4.3.1节规定的例外情形，合议组不予考虑。专利权人对上述附件的真实性均有异议，并当庭进入网站演示说明附件1发票不是真实的，附件2~4广告杂志不存在。对于相近似判断，请求人认为，本专利与附件1~4所示外观设计相近似，专利权人认为，本专利与附件1~4所示外观设计不相同也不相近似。

专利复审委员会于2009年8月24日向双方当事人发出合议组成员告知通知书，双方当事人在指定期限内均未对合议组成员提出回避请求。

在上述审理的基础上，合议组经合议，认为本案事实清楚，依法作出本审查决定。

二、决定的理由

1. 法律依据

基于请求人提出无效宣告请求所依据的事实和理由，合议组对本专利是否符合专利法第23条的规定进行审查。

专利法第23条规定："授予专利权的外观设计，应当同申请日以前在国内外出版物上公开发表过或者国内公开使用过的外观设计不相同和不相近似，并不得与他人在先取得的合法权利相冲突。"

2. 证据认定

请求人提交的附件3是2004年3月出版的《九洲快讯广告》杂志封面页及相关页复印件，并在口头审理中提交了该杂志的原件。经核实，《九洲快讯广告》杂志的原件完整，所提交的复印件与原件中的相应页一致。该杂志封面记载有：承办单位为九州传媒广告有限公司；目录页记载有：全国版汽车电子改装分册、粤临广审字（2002）第34号。合议组对附件3的真实性及公开性予以认定。根据其封面记载的"2004年3月"，得知其公开时间为2004年3月，早于本专利申请日（2004年9月7日），因此附件3属于专利法第23条所规定的公开出版物，适用于本案。专利权人对附件3的真实性不予认可，并当庭进入九州广告有限公司的网站查询该杂志，查询结果未显示出有该杂志。对此，合议组认为，专利权人并未在规定期限内举证证明该杂志是不真实的，同时由于该类网站内容变更的随意性，口头审理当日在网站未查询到该杂志不能证明2004年该杂志不存在，因此，合议组对专利权人的主张不予支持。

3. 外观设计对比

本专利是汽车方向盘锁的设计，附件3相关页左下角公开了一款汽车防盗锁（CH960E）的设计（下称在先设计），本专利与在先设计的用途相同，属于相同类别的产品，具有可比性。

本专利公开了主视图、后视图、左视图、右视图、俯视图、仰视图、立体图。整体大致呈字母"T"形，由上端的锁头部分及支撑杆两部分组成，锁头部分分为扣合部及锁扣部。扣合部由两个呈弧形的扣合体上下扣合而成，内部中空呈孔状，下部扣合体的中部向内凹可见上部扣合体内部，扣合体外部有若干平行凹凸纹；锁扣部大致呈实心正立方体状，下端有一缺口，上端向上延伸与扣合体连为一体，一侧面凸出一近似长方体凸台，可插入钥匙；支撑杆由一段扁长方体及一段略带弯度的扁长方体上下连接而成（详见本专利附图）。

在先设计公开了汽车防盗锁的立体图。虽然只公开了一幅视图，但根据审查指南第四部分第五章第5.5.1节的规定，依据一般消费者的认知能力，根据在先设计图片或者照片已经公开的内容即可推定出产品其他部分或者其他变化状态的外观设计的，则该其他部分或者其他变化状态的外观设计也被视为已经公开。根据其公开的立体图可知，在先设计整体大致呈字母"T"形，由上端的锁头部分及支撑杆两部分组成，锁头部分分为扣合部及锁扣部。扣合部由两个呈弧形的扣合体上下扣合而成；锁扣部大致呈实心正立方体状，上端向上延伸与扣合体连为一体，一侧面设置钥匙孔；支撑杆由一段扁长方体及一段略带弯度的扁长方体上下连接而成（详见在先设计附图）。

将本专利与在先设计相比较，二者的相同点为：结构基本相同，均由上端的锁头部分及支撑杆两部分组成，锁头部分分为扣合部及锁扣部，整体大致呈字母"T"形，各部分的相对位置、形状及在整体中所占比例大小均相似。二者的主要不同点为：本专利扣合体外部有若干平行凹凸纹，在先设计扣合体表面光滑；本专利下部扣合体的中部向内凹可见上部扣合体内部，在先设计未表现出此设计；本专利一侧面凸出一近似长方体凸台，可插入钥匙，在先设计在一侧面设置钥匙孔。合议组认为：根据整体观察，综合判断的原则，在二者整体构成、各部分形状及比例等均基本相同的情况下，对于其整体而言，表面是否有凹凸纹、钥匙孔是否设置在凸台上均为局部细微变化，不足以对整体视觉效果产生显著影响，而下部扣合体是否内凹属于在使用状态下为不易见到的部分，其差异亦不会对二者的整体外观产生显著影响，因此二者应属于相近似的外观设计。

综上所述，在本专利申请日以前已有与其相近似的外观设计在出版物上公开发表过，本专利的授予不符合专利法第23条的规定。

鉴于已经得出本专利不符合专利法第23条的规定的结论，合议组对请求人提出的其他证据不再进行评述。

三、决定

宣告200430080768.1号外观设计专利权全部无效。

当事人对本决定不服的，可以根据专利法第46条第2款的规定，自收到本决定之日起三个月内向北京市第一中级人民法院起诉。根据该款的规定，一方当事人起诉后，另一方当事人应当作为第三人参加诉讼。

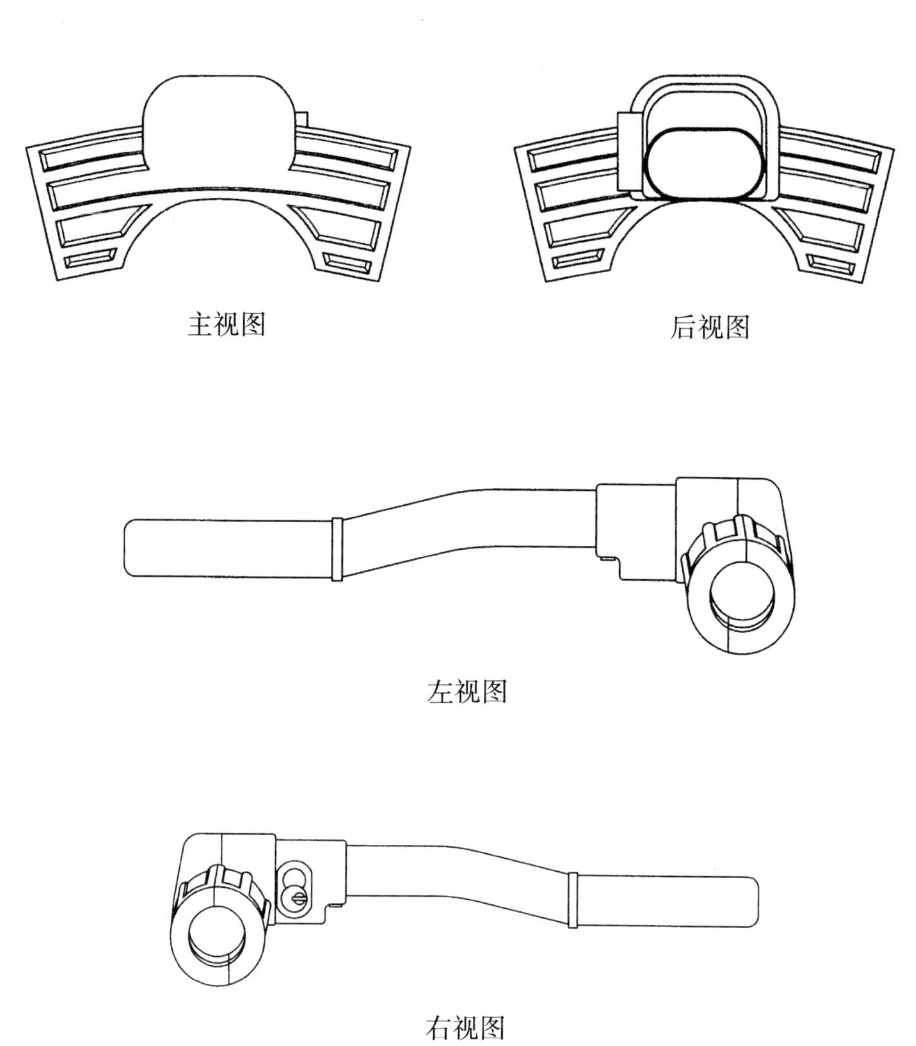

主视图

后视图

左视图

右视图

俯视图

仰视图

本专利附图

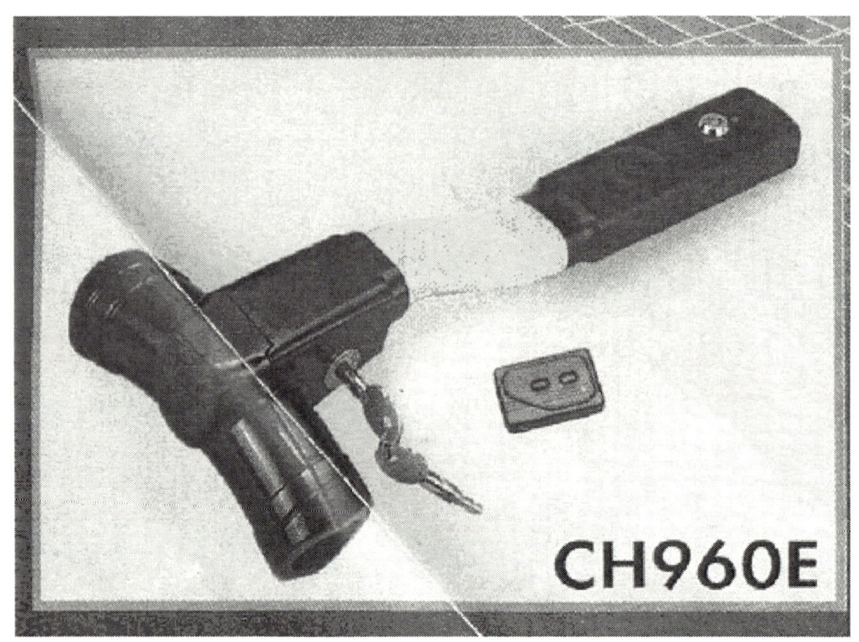

在先设计附图

489

电源模块（华美）

无效宣告请求审查决定（第14010号）

决　　定　　号　第14010号
决　　定　　日　2009年10月13日
发明创造名称　电源模块（华美）
外观设计分类号　13-02
无效宣告请求人　高永利
专　利　权　人　冯长华
专　　利　　号　200730106701.4
申　　请　　日　2007年1月30日
授 权 公 告 日　2007年12月12日
合 议 组 组 长　钟　华
主　　审　　员　王美芳
参　　审　　员　雷　婧
附　　　　　图　1页

法　律　依　据　专利法第23条
决　定　要　点

本专利与在先设计的整体形状、壳体的透明设计和正面的文字排列极为相似，并且二者属于同一企业的同一型号的电源模块的设计，专利权人承认同一型号的产品“应该是一种样子”，因此可以认定二者属于相近似的外观设计。

一、案由

本无效宣告请求涉及国家知识产权局于2007年12月12日授权公告的200730106701.4号外观设计专利，使用该外观设计的产品名称是“电源模块（华美）”，其申请日是2007年1月30日，专利权人是冯长华。

针对上述外观设计专利权（下称本专利），高永利（下称请求人）于2009年6月25日向专利复审委员会提出无效宣告请求，其理由是本专利不符合专利法第23条的规定。请求人提交了如下附件：

附件1：2005年第11期《家用维修》复印件，共3页；

附件2：2006年第3期《家用维修》复印件，共3页；

附件3：2006年第7期《家用维修》复印件，共2页；

附件4：关于华美牌电源模块的产品加工委托书复印件，共1页；

附件5：合作终止协议复印件，共1页；

附件6：电源模块的照片，共3页；

附件7：专利权人向法院起诉专利侵权所提交的证据清单和两份证据复印件共3页。

请求人认为：本专利的申请日远远滞后于请求人与专利权人对该电源模块产品的生产销售时间，已构成在国内公开使用的事实；并且，本外观设计专利的主要特点也都在申请日之前的公开出版物上予以披露，因此本专利的授予违反了专利法第23条的规定。

专利复审委员会根据无效宣告请求审查程序的规定受理了该无效宣告请求，并于2009年6月25日将请求人的无效宣告请求书及其附件转送专利权人，通知其在指定期限内陈述意见。

2009年7月14日，请求人补充提交了如下附件作为证据（编号续前）：

附件8：河北省柏乡县公证处出具的（2009）柏证民字第26号公证书复印件，共14页；

附件9：客户名称为“永利”的发货单复印件，共2页；

附件10：客户名称为“威”的发货单复印件，共1页。

请求人认为：附件8和附件10表明，某电视专修部在本专利申请日前已经在请求人的经销处购得电源模块并用于日常维修中，所用电源模块的外观特征与本专利的完全相同；附件9表明请求人和专利权人的生产销售合作关系在申请日前客观存在。

专利复审委员会成立合议组对本案进行审理，于2009年7月23日向双方当事人发出口头审理通知书，定于2009年9月15日对本案进行口头审理。并于2009年7月24日将请求人补充提交的无效宣告请求文件转送专利权人，通知其在指定期限内陈述意见。专利权人在指定期限内未对请求人补充提交的无效宣告请求文件进行书面答复。

2009年7月28日，专利权人提交意见陈述书，对请求人于2009年6月25日提出的无效宣告理由和证据进行答复。专利权人认为：本专利保护的是产品的六个面，只有将其每个面与附件1、2、3显示产品一一对比才能进行判断，而附件1、2、3所展示的均为产品的一个外表面，与本专利产品没有可比性，并且不能仅因产品名称相同就认定产品的外观形状相同；附件4、5与附件6没有关联，仅凭附件4、5无法认定所指示产品的形状和图案色彩，并对附件6的真实性和附件7的关联性提出异议。

2009年8月3日，专利复审委员会将专利权人提交的意见陈述书转送请求人，通知其在指定期限内陈述意见。请求人在指定期限内未提交书面意见。

2009年9月7日，专利权人提交意见陈述书，对请求人于2009年7月14日补充提交的意见陈述书和附件进行答复。专利权人对附件8、9、10的真实性均有异议。

口头审理如期举行，双方均委托代理人出席口头审理。请求人坚持原无效宣告理由，并当庭提交了附件1~5和附件8~10的原件、附件6的产品实物。请求人以附件4、5、6、7、9结合证明请求人与专利权人在本专利申请日前合作过并委托生产电源模块，专利权人存在销售事实；以附件1、2、3、8、10结合证明与本专利相同的外观设计产品在申请日前已经公开使用的事实，并由证人出庭作证；分别以附件1、2、3单独证明本专利在申请日前公开发表了。专利权人对附件4、6、8、9、10的真实性以及附件5、7的关联性均有异议，并认为附件4、5和6之间、附件2和附件8之间没有联系，因此附件4、5、6、7、9不能证明请求人与专利权人在本专利申请日前合作过并委托生产电源模块，附件1、2、3、8、10也不能证明与本专利相同的外观设计产品在申请日前已经公开使用的事实。虽然专利权人对附件1、2、3的真实性没有异议，认为是公开发表的行为，但坚持认为其显示的产品外观与本专利不可比。

在上述审理的基础上，合议组经合议，认为本案事实清楚，依法作出本审查决定。

二、决定的理由

1. 法律依据

基于请求人提出的无效宣告请求的理由，合议组依据专利法第 23 条的规定进行审查。

专利法第 23 条规定："授予专利权的外观设计，应当同申请日以前在国内外出版物上公开发表过或者国内公开使用过的外观设计不相同和不相近似，并不得与他人在先取得的合法权利相冲突。"

2. 证据认定

请求人提交的附件 2 为 2006 年第 3 期《家用维修》复印件，请求人于口头审理时当庭提交其整本原件，经核实，该复印件与原件一致，专利权人对该附件的真实性无异议。根据封面记载的"2006. 3"字样及目录页记载的"出版日期每月 5 日"可得知其出版日期为 2006 年 3 月 5 日，早于本专利的申请日 2007 年 1 月 30 日，附件 2 可以作为评价本专利是否符合专利法第 23 条规定的证据。

3. 外观设计对比

附件 2 的封底公开了一款电源模块的外观设计（下称在先设计），本专利也是电源模块的外观设计，二者的用途相同，具有可比性，故对本专利与在先设计作如下对比：

本专利的图片包括主视图、后视图、左视图、右视图、俯视图、仰视图和立体图。其所示产品整体呈长方体形，外壳透明；产品正面印有数行文字；产品的两个侧面有数个横向开槽的长方形通气孔；产品下端有带圆孔的安装片，且有三条线从壳体内伸出；产品背面印有电路图（详见本专利附图）。

附件 2 公开了在先设计的一个立体图，主要显示了产品的正面和下端，右侧面较为模糊。其所示产品整体呈长方体形，外壳透明；产品正面印有数行文字；产品的右侧面有数个规则的阴影，透过正面透明壳体，可以看到左侧面也有数个规则的阴影；产品下端有带圆孔的安装片，且有三条线从壳体内伸出（详见在先设计附图）。

专利权人认为：附件 2 只清楚地显示了在先设计的两个面，而本专利的图片则显示了产品的六个面。本专利保护的是产品的六个面，只有将每个面与附件 2 显示产品一一对比才能进行判断，附件 2 显示的产品外观与本专利不可比。合议组认为：虽然附件 2 未完整表示在先设计的六个面，但从其立体图可以判断得出其整体形状、壳体的透明设计和正面的文字排列，在先设计的侧面在图中虽较模糊，但从规则的阴影可以判断应带有通气孔。因此，可以将本专利与在先设计进行近似性比较。

将本专利与在先设计相比较，二者的整体形状、壳体的透明设计以及正面的文字排列极为相似，并且侧面也都带有通气孔。不同之处主要在于：产品下端带有圆孔的安装片位置略有差异，在先设计的顶面和背面设计未公开，但合议组认为：安装片位置的差异仅属于局部细微差别，对于产品外观设计的整体视觉效果不具有显著影响；本专利顶面无特别设计，背面图案只是电路图，该图的作用是说明产品的技术原理，在本专利与在先设计整体形状及正面、侧面设计均相近似的情况下，本专利顶部和背面的设计不足以对产品的整体视觉效果产生显著的影响，因此应认定二者属于相近似的外观设计。

此外，专利权人在口头审理时承认附件 2 中的企业是专利权人经营的企业，承认同一型号的产品"应该是一种样子"。本专利和在先设计的正面均标注有"华美并联通电源模块 29" -2"等字样，因此可以认定二者属于同一企业的同一型号的电源模块，佐证了本专利与在先设计属于相近似的外观设计。

综上所述，在本专利申请日以前已有与其相近似的外观设计在出版物上公开发表过，本专利不符合专利法第 23 条的规定。

鉴于已经得出本专利不符合专利法第 23 条规定的结论，合议组对请求人提出的其他理由和证据不再予以评述。

三、决定

宣告 200730106701.4 号外观设计专利权全部无效。

当事人对本决定不服的，可以根据专利法第 46 条第 2 款的规定，自收到本决定之日起三个月内向北京市第一中级人民法院起诉。根据该款的规定，一方当事人起诉后，另一方当事人应当作为第三人参加诉讼。

仰视图

立体图

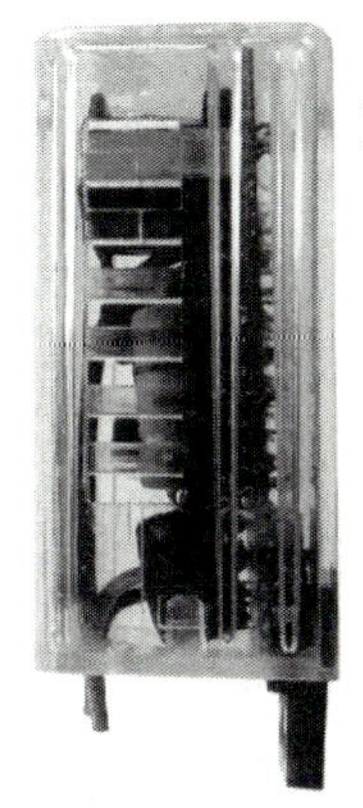

右视图

主视图

左视图

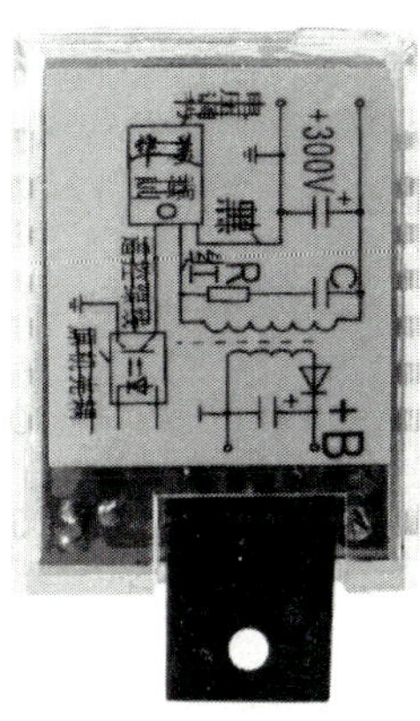

后视图

俯视图

本专利附图

在先设计附图

电源模块（并联通）

无效宣告请求审查决定（第14011号）

决　定　号 第14011号
决　定　日 2009年10月13日
发明创造名称 电源模块（并联通）
外观设计分类号 13-02
无效宣告请求人 高永利
专　利　权　人 冯长华
专　利　号 200730106699.0
申　请　日 2007年1月30日
授权公告日 2008年3月5日
合议组组长 钟　华
主　审　员 王美芳
参　审　员 雷　婧
附　图 1页

法律依据 专利法第23条
决定要点
本专利与在先设计的整体形状、壳体的透明设计和正面的文字排列极为相似，并且二者属于同一企业的同一型号的电源模块的设计，专利权人承认同一型号的产品“应该是一种样子”，因此可以认定二者属于相近似的外观设计。

一、案由

本无效宣告请求涉及国家知识产权局于2008年3月5日授权公告的200730106699.0号外观设计专利，使用该外观设计的产品名称是“电源模块（并联通）”，其申请日是2007年1月30日，专利权人是冯长华。

针对上述外观设计专利权（下称本专利），高永利（下称请求人）于2009年6月25日向专利复审委员会提出无效宣告请求，其理由是本专利不符合专利法第23条的规定。请求人提交了如下附件：

附件1：2005年第11期《家用维修》复印件，共3页；

附件2：2006年第3期《家用维修》复印件，共3页；

附件3：2006年第7期《家用维修》复印件，共2页；

附件4：关于华美牌电源模块的产品加工委托书复印件，共1页；

附件5：合作终止协议复印件，共1页；

附件6：电源模块的照片，共2页；

附件7：专利权人向法院起诉专利侵权所提交的证据清单和两份证据复印件，共3页。

请求人认为：本专利的申请日远远滞后于请求人与专利权人对该电源模块产品的生产销售时间，已构成在国内公开使用的事实；并且，本外观设计专利的主要特点也都在申请日之前的公开出版物上予以披露，因此本专利的授予违反了专利法第23条的规定。

专利复审委员会根据无效宣告请求审查程序的规定受理了该无效宣告请求，并于2009年6月25日将请求人的无效宣告请求书及其附件转送专利权人，通知其在指定期限内陈述意见。

2009年7月14日，请求人补充提交了如下附件作为证据（编号续前）：

附件8：河北省柏乡县公证处出具的（2009）柏证民字第26号公证书复印件，共14页；

附件9：客户名称为“永利”的发货单复印件，共2页；

附件10：客户名称为“威”的发货单复印件，共1页。

请求人认为：附件8和附件10表明，某电视专修部在本专利申请日前已经在请求人的经销处购得电源模块并用于日常维修中，所用电源模块的外观特征与本专利的完全相同；附件9表明请求人和专利权人的生产销售合作关系在申请日前客观存在。

专利复审委员会成立合议组对本案进行审理，于2009年7月23日向双方当事人发出口头审理通知书，定于2009年9月15日对本案进行口头审理。并于2009年7月24日将请求人补充提交的无效宣告请求文件转送专利权人，通知其在指定期限内陈述意见。专利权人在指定期限内未对请求人补充提交的无效宣告请求文件进行书面答复。

2009年7月28日，专利权人提交意见陈述书，对请求人于2009年6月25日提出的无效宣告理由和证据进行答复。专利权人认为：本专利保护的是产品的六个面，只有将其每个面与附件1、2、3显示产品一一对比才能进行判断，而附件1、2、3所展示的均为产品的一个外表面，与本专利产品没有可比性，并且不能仅因产品名称相同就认定产品的外观形状相同；附件4、5与附件6没有关联，仅凭附件4、5无法认定所指示产品的形状和图案色彩，并对附件6的真实性和附件7的关联性提出异议。

2009年8月3日，专利复审委员会将专利权人提交的意见陈述书转送请求人，通知其在指定期限内陈述意见。请求人在指定期限内未提交书面意见。

2009年9月7日，专利权人提交意见陈述书，对请求人于2009年7月14日补充提交的意见陈述书和附件进行答复。专利权人对附件8、9、10的真实性均有异议。

口头审理如期举行，双方均委托代理人出席口头审理。请求人坚持原无效宣告理由，并当庭提交了附件1~5和附件8~10的原件、附件6的产品实物。请求人以附件4、5、6、7、9结合证明请求人与专利权人在本专利申请日前合作过并委托生产电源模块，专利权人存在销售事实；以附件1、2、3、8、10结合证明与本专利相同的外观设计产品在申请日前已经公开使用的事实，并由证人出庭作证；分别以附件1、2、3单独证明本专利在申请日前公开发表了。专利权人对附件4、6、8、9、10的真实性以及附件5、7的关联性均有异议，并认为附件4、5和6之间、附件2和附件8之间没有联系，因此附件4、5、6、7、9不能证明请求人与专利权人在本专利申请日前合作过并委托生产电源模块，附件1、2、3、8、10也不能证明与本专利相同的外观设计产品在申请日前已经公开使用的事实。虽然专利权人对附件1、2、3的真实性没有异议，认为是公开发表的行为，但坚持认为其显示的产品外观与本专利不可比。

在上述审理的基础上，合议组经合议，认为本案事实清楚，依法作出本审查决定。

二、决定的理由

1. 法律依据

基于请求人提出的无效宣告请求的理由，合议组依据专利法第 23 条的规定进行审查。

专利法第 23 条规定："授予专利权的外观设计，应当同申请日以前在国内外出版物上公开发表过或者国内公开使用过的外观设计不相同和不相近似，并不得与他人在先取得的合法权利相冲突。"

2. 证据认定

请求人提交的附件 2 为 2006 年第 3 期《家用维修》复印件，请求人于口头审理时当庭提交其整本原件，经核实，该复印件与原件一致，专利权人对该附件的真实性无异议。根据封面记载的"2006. 3"字样及目录页记载的"出版日期每月 5 日"可得知其出版日期为 2006 年 3 月 5 日，早于本专利的申请日 2007 年 1 月 30 日，附件 2 可以作为评价本专利是否符合专利法第 23 条规定的证据。

3. 外观设计对比

附件 2 的封底公开了一款电源模块的外观设计（下称在先设计），本专利也是电源模块的外观设计，二者的用途相同，具有可比性，故对本专利与在先设计作如下对比：

本专利的图片包括主视图、后视图、左视图、右视图、俯视图、仰视图和立体图。其所示产品整体呈长方体形，外壳透明；产品正面印有数行文字；产品的两个侧面有数个横向开槽的长方形通气孔；产品下端有带圆孔的安装片，且有三条线从壳体内伸出；产品背面印有电路图（详见本专利附图）。

附件 2 公开了在先设计的一个立体图，主要显示了产品的正面和下端，右侧面较为模糊。其所示产品整体呈长方体形，外壳透明；产品正面印有数行文字；产品的右侧面有数个规则的阴影，透过正面透明壳体，可以看到左侧面也有数个规则的阴影；产品下端有带圆孔的安装片，且有三条线从壳体内伸出（详见在先设计附图）。

专利权人认为：附件 2 只清楚地显示了在先设计的两个面，而本专利的图片则显示了产品的六个面。本专利保护的是产品的六个面，只有将每个面与附件 2 显示产品一一对比才能进行判断，附件 2 显示的产品外观与本专利不可比。合议组认为：虽然附件 2 未完整表示在先设计的六个面，但从其立体图可以判断得出其整体形状、壳体的透明设计和正面的文字排列，在先设计的侧面在图中虽较模糊，但从规则的阴影可以判断应带有通气孔。因此，可以将本专利与在先设计进行近似性比较。

将本专利与在先设计相比较，二者的整体形状、壳体的透明设计以及正面的文字排列极为相似，并且侧面也都带有通气孔。不同之处主要在于：产品下端带有圆孔的安装片位置略有差异，在先设计的顶面和背面设计未公开，但合议组认为：安装片位置的差异仅属于局部细微差别，对于产品外观设计的整体视觉效果不具有显著影响；本专利顶面无特别设计，背面图案只是电路图，该图的作用是说明产品的技术原理，在本专利与在先设计整体形状及正面、侧面设计均相近似的情况下，本专利顶部和背面的设计不足以对产品的整体视觉效果产生显著的影响，因此应认定二者属于相近似的外观设计。

此外，专利权人在口头审理时承认附件 2 中的企业是专利权人经营的企业，承认同一型号的产品"应该是一种样子"。本专利和在先设计的正面均标注有"华美并联通电源模块 29" -2"等字样，因此可以认定二者属于同一企业的同一型号的电源模块，佐证了本专利与在先设计属于相近似的外观设计。

综上所述，在本专利申请日以前已有与其相近似的外观设计在出版物上公开发表过，本专利不符合专利法第 23 条的规定。

鉴于已经得出本专利不符合专利法第 23 条规定的结论，合议组对请求人提出的其他理由和证据不再予以评述。

三、决定

宣告 200730106699.0 号外观设计专利权全部无效。

当事人对本决定不服的，可以根据专利法第 46 条第 2 款的规定，自收到本决定之日起三个月内向北京市第一中级人民法院起诉。根据该款的规定，一方当事人起诉后，另一方当事人应当作为第三人参加诉讼。

仰视图

立体图

右视图

主视图

左视图

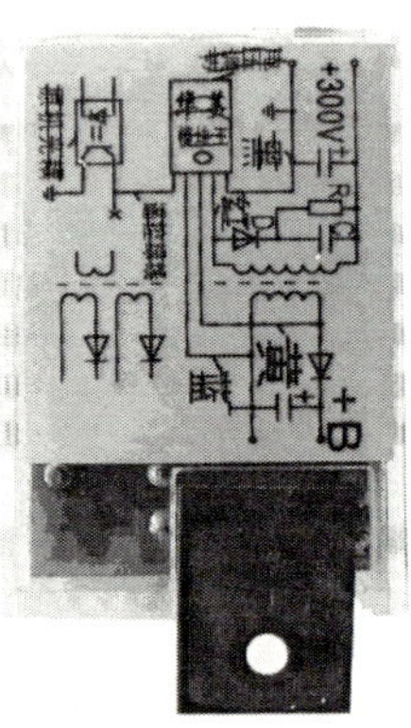

后视图

俯视图

本专利附图

在先设计附图

491

拉　手

无效宣告请求审查决定（第14015号）

决　定　号 第14015号
决　定　日 2009年6月19日
发明创造名称 拉手
外观设计分类号 08-06
无效宣告请求人 曾光伟
专　利　权　人 庞德志
专　利　号 200630098804.6
申　请　日 2006年11月8日
授权公告日 2008年2月6日
合议组组长 熊　婷
主　审　员 卞喜双
参　审　员 涂洪文
附　　　图 2页

法律依据 专利法第23条，专利法实施细则第2条第3款
决定要点

公证书所公证的调查访问过程及记录能够证明与本专利相似的产品在本专利申请日之前已经使用公开。

一、案由

本无效宣告请求涉及中华人民共和国国家知识产权局于2008年2月6日授权公告的名称为"拉手"的200630098804.6号外观设计专利（下称本专利），其申请日为2006年11月8日，专利权人为庞德志。

针对本专利，曾光伟（下称请求人）于2008年12月9日向专利复审委员会提出无效宣告请求并提交了如下附件作为证据：

证据1：由中华人民共和国广西壮族自治区陆川县公证处出具的（2008）桂陆证经字第117号公证书原件，其中包括公证书正文3页，同时还包括如下附件：对于证人黄尼杏的询问笔录3页、工作记录1页、证人黄尼杏的身份证复印件、国有土地使用证复印件、建设工程规划许可证复印件、私人住宅建设工程规划审批单复印件各1份、关于门"拉手"的照片2张；

证据2：证人钟莲提供的证人证言1页，在该页上附有2张关于"拉手"的照片扫描件，同时还

包括如下附件：证人钟莲的身份证复印件、集体土地建设用地使用证复印件、户口本复印件各1份；

证据3：证人桂平市桂南五金工艺品厂提供的证人证言1页，在该页上附有3张关于“拉手”的配件的照片扫描件；

证据4：证人桂平市中沙镇乡镇企业站出具的证人证言1页，在该页上附有5张证人桂平市中沙镇乡镇企业站在证人证言中所述的桂南五金工艺品厂在展销会上展览“拉手”的照片扫描件；

证据5：证人薛远树提供的其上标有“2003.6.25”字样的“拉手”中部件“铜拉手”的设计图纸8页；

证据6：证人薛远健提供的证人证言1页，在该页上附有3张包括“拉手”中部件“铜拉手”及大门拉手包装盒的照片扫描件，同时还包括薛远健的身份证复印件1份；

证据7：证人韦水娟提供的证人证言1页，在该页上粘贴有两张包括“拉手”中各部件“铜拉手”、“门闩”、“扣”的照片，同时还包括韦水娟的身份证复印件1份、韦水娟的个体工商户营业执照复印件1份、广西壮族自治区木材经营（加工）许可证复印件1份、购货单位为韦水娟的玉林市广发锁城出仓单复印件6份；

证据8：证人玉林市开关厂电镀分厂提供的证人证言1页，在该页上粘贴有1张包括“拉手”中部件“门闩”、“扣”的照片；

证据9：证人玉林市玉林区仁东华进电镀厂提供的证人证言1页，在该页上粘贴有1张包括“拉手”中部件“门闩”、“扣”的照片；

证据10：中国实用新型专利说明书CN2470488Y扉页及附图第1页复印件，共2页；

证据11：中国实用新型专利说明书CN2489048Y中扉页及附图第1页复印件，共2页；

证据12：中国实用新型专利说明书CN2094591U中扉页及附图第1、2页复印件，共3页；

证据13：中国实用新型专利说明书CN2186781Y中扉页及附图第1、2页复印件，共3页；

证据14：中国实用新型专利说明书CN2296391Y中扉页及附图第1、2页复印件，共3页；

证据15：中国实用新型专利说明书CN2199292Y中扉页复印件，共1页；

证据16：中国实用新型专利说明书CN2206820Y中扉页及附图第1页复印件，共2页；

证据17：中国实用新型专利说明书CN2213810Y中扉页及附图第1页复印件，共2页；

证据18：中国实用新型专利说明书CN2254934Y中扉页及附图第1、3、4、5、6页复印件，共6页；

证据19：中国实用新型专利说明书CN2242962Y中扉页复印件，共1页；

证据20：中国实用新型专利说明书CN2342063Y中扉页及附图第1页复印件，共2页；

证据21：中国实用新型专利说明书CN2358173Y中扉页及附图第1页复印件，共2页；

证据22：证人可丽卡创新广告装饰店的陈柏森提供的证人证言4页，在该4页上分别附有“拉手”中部件“铜拉手”正面“字”及麦穗的图样手稿复印件；“拉手”中部件“铜拉手”照片扫描件；“拉手”中部件“铜拉手”及“好运来高档铜大门拉手”包装盒照片扫描件；“好运来高档铜大门拉手”包装盒照片扫描件，同时还附有陈柏森的身份证复印件、陈柏森的个体工商户营业执照复印件。

请求人提出的无效理由是：（1）本专利不符合专利法实施细则第2条第3款的规定，因为本专利并不是一个产品，它是一个由多个产品零件空间罗织得到的方案，其本质为一个带拉手的门锁的多个零件，缺少门板，这些零件无法组织成形，一个没有确定形状的外观设计方案不符合有关外观设计专利的定义，此外，如果加了门板，便得不到本专利图片那样的外观形状。（2）本专利违反了专利法第23条的规定，因为证据10~21客观表明，本专利的技术方案在我国20世纪90年代初便已经开始为公众所知，该方案是一种由金属件配合暗锁对以往农村大门中的木质门栓进行改造的产物，证据12、13、15附图所表现的空间位置图已经与本专利图片相近似，申请人2006年才申请本专利明显违反了专利法第23条的规定；这种门锁在中国广大农村应用非常广大，在所调查的广西很多地方，对于双扇门的大门，无论是家居用还是商铺用，大多数均采用这种结构，其调查结果显示，开始大量使用该种门锁的年限约在1994年左右，证据1~9、证据22说明，在本专利的申请日之前已经有相同或相近似的门锁/拉手或门锁/拉手的配件公开使用、公开销售。根据上述证据，证据1、2、12、13、15，证据3结合证据4，证据5结合证据6、7均可直接证明本专利违反了专利法第23条的规定，其他证据可以间接表明本专利违反了专利法第23条的规定。

经形式审查合格后，专利复审委员会受理了上述无效宣告请求，于2008年12月9日向双方当事人发出无效宣告请求受理通知书，并将请求人提交的无效宣告请求书及其附件副本转送给专利权人，要求专利权人在指定的期限内陈述意见。

专利权人在无效宣告请求受理通知书指定的答复期限内，于2009年1月8日提交了意见陈述书，同时提交了庞德志身份证复印件1页、200630098804.6外观设计专利证书复印件3页、电脑咨询单复印件1页。专利权人认为：本专利符合专利法第23条的规定，对证据1~9、22的真实性及所要证明的事实有异议，上述证据不应被采信；同时证据10~21表明，所有实用新型专利中都是“门锁”或“多功能防盗锁”并非专利权人“拉手”的外观设计，且证据10~21中实用新型的外观与“拉手”的外观设计也是完全不相同、不近似的。因此，证据10~21并不能证明本专利为公知技术方案，“拉手”的外观设计并非公众所知。

请求人于2009年1月8日提交了意见陈述书，并随该意见陈述书补充了证据23：中华人民共和国广西壮族自治区陆川县公证处出具的（2009）桂陆证经字第1号公证书原件，其中包括公证书正文4页，调查访问记录复印件30页，光盘1张，请求人补充证据23用于进一步证明，与本专利的外观设计相同、相近似的产品在申请日之前已经在我国公开使用。因此，本专利不符合专利法第23条的规定。

专利复审委员会依法成立合议组，对本无效宣告请求案进行审理。

本案合议组于2009年3月11日向双方当事人发出口头审理通知书，告知双方当事人本案定于2009年4月29日进行口头审理，并将专利权人的陈述意见随口头审理通知书转送给请求人，将请求人于2009年1月8日提交的意见陈述书及其附件副本转送给专利权人。

口头审理如期举行，双方当事人均出席了此次口头审理，在口头审理过程中：

第一，双方当事人对合议组成员的变更无异议，对合议组成员以及书记员没有回避请求，对对方出庭人员身份无异议。

第二，请求人明确其无效的理由、范围、证据以及证据的使用情况为：本专利不符合专利法实施细则第2条第3款的规定，依据证据1~23，本专利不符合专利法第23条的规定。

其中关于专利法第2条第3款：请求人认为本专利是很多个产品凑合在一起的产品，即是一个由特殊手段连接在一起、没有固定形状的产品，该产品在销售环节中在公众选购的时候并没有构成这个产品，其中每个部件并没有连接在一起，同时缺少门板和螺栓并不能形成一个完整的产品；专利权人当庭进行实物演示，证明本外观设计是一个完整的整体，缺少任何一个部件是不能运用的，至于请求人所说的“门板和螺栓”的问题，正如汽车的外观设计一样，其不会展示出“螺钉”，而仅仅展示汽车的外部形状、结构，但是对于任意一个汽车而言，螺钉是可以预见得到的。

其中关于专利法第23条：（1）关于证据1~22，请求人认为证据1~9、22直接或间接地证明了在本专利的申请日之前，有相同或相近似的“门锁”/“拉手”或者“门锁”/“拉手”的配件在国内公开使用；证据10~21证明在本专利的申请日之前有相近似的“门锁”/“拉手”的外观设计被公开，同时关于“门锁”/“拉手”的技术方案已经被公开；专利权人对于证据1~9、22的真实性及所要证明的事实持有疑义，同时认为证据1~22并没有公开与本专利相同或相近似的外观设计。（2）关于证据23，合议组当庭打开封条并演示证据23中包含的光盘。专利权人对证据23的公证程序持有疑义，并认为证据23的内容与客观事实不符，具体理由与专利权人当庭提交的书面答复意见相同，同时专利权人认为证据23中所展示的各个“门锁”/“拉手”与本外观设计不相同、不相近似，具体而言：最直观的就是带字把手处不相近似，其余的金属部分有一些相似；关于专利权人的上述意见，请求人陈述如下：关于证据23中光盘记录的时间问题，因为当时请求人与公证员、公证人员、拍摄工作人员所进行的整个调查访问时间比较长，其中涉及走路的时间、遇到不配合的人家继续寻找下一户人家的时间，等等，而光盘中只是收录了所有配合调查的人家的调查访问时间的总和；关于光盘中没有声音的问题：没有声音是语音问题，原始录像带在公证处封存；关于承租人林梅的笔录的问题，请求人认为其在证据23中提交30份调查记录并不希望所有的调查记录都是有效的，只是想提交一份真实的调查访问记录，即将一个真实的公证过程提交给合议组及专利权人；同时公证法没有明确规定公证程序一定要有两个公证员进行；最后，请求人还指出证据23中所展示的很多门锁/拉手和本外观设计都相近似。

第三，专利权人当庭提交了针对请求人的意见陈述书及证据23的书面答复意见，专利权人认为证据23的取证程序违法、内容不真实、与客观事实不符，不应采信，具体而言：（1）申请公证的主体不合法，申请人曾光伟与答复人庞德志存在民事诉讼争议，所涉案件已由广西南宁市中级人民法院受理，依据《公证法》第31条第4项的规定，广西壮族自治区陆川县公证处不应受理曾光伟申请的公证事项，更不应为双方存在争议的事项出具公证书。（2）公证程序违反法律规定，①在公证书记载的对30名证人进行询问时，只是进行格式化的记录，没有任何证据表明公证人员已经告知被询问人享有的权利、承担的义务及其法律责任；②在对所有被调查人进行调查时，陆川县公证处只有一名公证人员进行，另一名“李志桥”只是一名工作人员，并不具备公证员资格，因此不符合《公证程序规则》第28条的规定。（3）公证书所公证的事项与被申请人所享有的“拉手”、“铜拉手”的外观设计专利没有任何关联性，从调查访问记录中所记载的内容可见，内容中所访问的对象为门锁的安装和使用情况，并不是本案被申请宣告无效的“拉手”、“铜拉手”。（4）公证书的内容不真实：①公证书调查访问书面记录中记载的时间为2009年1月4日下午15：30至2009年1月4日下午18：15；2009年1月5日下午15：37至2009年1月5日下午17：45，这个时间记录说明整个调查访问过程用时为4小时53分，但请求人提供的拍摄过程的光盘记录的时间为31分46秒，整个调查访问过程中有4小时21分14秒没有任何记录，这4小时21分14秒足以说明，记录拍摄过程的光碟是经过剪辑处理的，是不完全的，请求人所提交的光碟是经过技术处理的，是不真实的，不能作为认定事实的依据；②本案光盘记录作为公证机构见证公证事项的全过程，应如实全面的客观记录所有图像、现场当事人谈话内容、声音等，但请求人提供所谓公证过程的光碟，整个调查过程是一个没有声音且经过剪辑的短片，不能真实的再现现场的客观事实，在短片中亦只有申请人和记录人，对于公证人员是否在场无法证实；③对公证书记载的被调查人的身份及房屋的权属有异议，公证书记载的内容对《公证程序规则》第29条规定应当记载“被询问人的基本情况、告知内容、询问谈话内容等”的内容均没有任何记载，亦没有向被调查人要求出示相关身份证明、房屋的产权证明等；④从调查访问记录表明，其中所记载的内容存在明显的矛盾，对于承租人而言，对于租赁物的购置是不可能清楚的，而其中林梅等承租人的访问中，询问门锁是从哪里买的，记录都是“陆川”。

至此，合议组认为本案的事实已经调查清楚，现依法作出如下决定。

二、决定的理由

1. 关于审查文本

由于专利权人未对本专利进行修改，因此本决定所针对的文本是本专利的授权公告文本。

2. 关于证据 23

证据 23 为中华人民共和国广西壮族自治区陆川县公证处出具的（2009）桂陆证经字第 1 号公证书，专利权人认为证据 23 的取证程序违法、内容不真实，与客观事实不符，不应采信，具体理由参见专利权人当庭提交的书面答复意见第（1）~(4）点。

对此合议组的意见如下：

（1）虽然公证申请人曾光伟与专利权人庞德志存在民事诉讼争议，所涉案件已由广西南宁市中级人民法院受理，但是申请人曾光伟所申请的公证事宜也不属于《公证法》第 31 条第 4 项规定的“当事人之间对申请公证的事项有争议的”情形，因为《公证法》第 31 条第 4 项所述的“当事人之间对申请公证的事项有争议的”的情形是指当事人对申请公证的事项的权属、意思表示等方面存在分歧，也即申请公证的事项自身处于一种不确定的状态，例如在申请财产赠与公证时，如果财产为共有财产，而共有人对赠与意见不一致的，等等，属于对所申请公证的事项有争议，就证据 23 而言，公证申请人曾光伟申请对陆川县温泉镇安装有大门关拉手门锁的用户进行调查访问，而该些装有大门关拉手门锁的用户及其安装的大门关拉手门锁是客观存在的、确定的，公证申请人曾光伟与专利权人庞德志对于该些用户及大门关拉手门锁的客观存在性并不存在争议，其二者之间所存在的争议仅仅在于本专利涉及的拉手/门锁的外观设计是否在申请日之前有相同或相近似的外观设计产品公开使用、公开销售，也即本专利的专利权是否有效，或者说曾光伟是否有侵权行为发生，综上所述，公证申请人曾光伟申请的公证事项是合法的，广西壮族自治区陆川县公证处受理曾光伟申请的公证事项并出具公证书也是合法的。

（2）关于公证程序，①在整个公正过程中，公证人员的工作方式主要是记录门锁的使用情况，而非调查访问本身，关于门锁的使用情况已经以书面的形式记录于调查访问记录中，未告知被询问人享有的权利、承担的义务及其法律责任的瑕疵并不足以影响公证程序的合法性，同时，《公证法》第 36 条规定，经公证的民事法律行为、有法律意义的事实和文书，应当作为认定事实的根据，但有相反证据足以推翻该项公证的除外，虽然没有任何证据表明公证人员已经告知被询问人享有的权利、承担的义务及其法律责任，但专利权人亦未提出相反证据推翻该项公证，上述瑕疵不足以影响公证事实的真实性；②至于公证员的人数，《公证程序规则》第 28 条规定：“公证机构派员外出核实的，应当有二人进行，但核实、收集书证的除外，特殊情况下只有一人外出核实的，应当有一名见证人在场。”由此可见，《公证程序规则》从公信力或者说保证公证程序的正义的角度出发，要求公证程序中有两名以上的人员在场，但并没有规定公证程序必须有二名公证员在场，而证据 23 的公证过程中，已经有公证员梁家勇和公证人员李志新在场，完全符合上述规定，基于上述两点，证据 23 的公证程序是合法的。

（3）专利权人认为公证书所公证的事项与其所享有的“拉手”、“铜拉手”的外观设计专利没有任何关联性，从调查访问记录中所记载的内容可见，所访问的对象为门锁的安装和使用情况，并不是本案被申请宣告无效的“拉手”、“铜拉手”；对此合议组认为，“拉手”、“铜拉手”、“门锁”只是对于本专利、证据 23 中产品的称谓不同而已，并且该些称谓的不同也并不影响外观设计的相同、相近似的判断，因此专利权人的该点理由并不充分。

（4）关于公证书内容的真实性：①关于光盘记录的时间问题，因为公证申请人曾光伟申请对陆川县温泉镇安装有大门关拉手门锁的用户进行调查访问，并且由公证书第 1 页的记载可知：“调查访问采用漫步街上，无固定对象、随意地对装有大门关拉手门锁、有门牌号码，同时愿意接受调查访问并同意在格式化、符号式记录上签名和同意拍摄的用户进行访问的方法进行”，同时《公证法》第36条有关公证的效力的规定：“经公证的民事法律行为、有法律意义的事实和文书，应当作为认定事实的依据，但有相反证据足以推翻该项公证的除外”，那么依据《公证法》第36条可以确认公证书上记载的调查访问方式是真实的，既然如此，那么整个调查访问过程必然是首先找到一个装有大门关拉手门锁的用户，然后敲门并向用户说明来意，如果该用户不愿意接受调查访问，则继续寻找下一用户，直到找到一家装有大门关拉手门锁并愿意接受调查访问的用户，也就是说整个公证过程中，很大一部分时间是要花费在路上及寻找愿意接受调查访问的用户的过程中，同时从光盘记录的内容也可以看出，其仅仅记录了在30家装有大门关拉手门锁的用户家中调查访问的过程，那么显然该光盘的记录时间少于整个公证过程的时间也是合情合理的，因此，在无其他反证的情况下，不能单从光盘的记录时间短于整个公证过程的时间就得出光盘被剪辑处理过，内容是不完全、不真实的结论，专利权人的理由是不充分的。②关于光盘的声音问题，由光盘记录的内容可知，其记录了对陆川县温泉镇安装有大门关拉手门锁的30家用户的调查访问画面，同时证据23中还附有针对该30家用户的调查访问记录，也就是说，整个调查访问过程中与要证明的事实相关的谈话内容已经以文字的形式记录了下来，至于背景声以及其他一些与证据23所要证明的事实无关的声音的有无并不影响证据23的证明力，所以该光盘中的画面辅以调查访问记录足以能够再现针对该30家用户的调查访问过程，因此光盘中缺乏声音并不足以否定针对该30家用户调查访问过程的完整性、真实性；至于专利权人所强调的，在光盘所记录的短片中只能看见申请人和记录人，公证人员是否在场无法证实，对于该点，合议组认为在公证书正文中已经提到公证员梁家勇、公证人员李志新及申请人曾光伟、记录员周雪冰、拍摄人员苏剑斌调查访问了自称是陈显清等人，同时在公证书上盖有梁家勇的印章，并且在证据23所附的调查访问记录复印件上有梁家勇、李志新的签名，这些足以证明，在整个调查访问过程中，公证员梁家勇及公证人员李志新一直在场。③证据23的公证过程中，公证人员并非采用询问方式向相关人员了解、核实有关情况，而只是在场监督申请人相关人员的具体询问过程，不属于《公证程序规则》第29条所规定的情形，因此被调查人未出示相关身份证明及房屋的产权证明并不影响公证书的合法性。④由公证书第1页记载的内容可知，证据23的公证过程，是采用漫步街头、无固定对象、随意地对装有大门关拉手门锁、有门牌号码、同时愿意接受调查访问并同意在格式化、符号式记录上签字和同意拍摄的用户进行访问的方式进行的，那么显然该30名调查访问对象是随机选取、非事先安排的，并且由光盘记录的画面可以看出，该30名访问对象表情神态各异，有的人正在吃饭、有的人正在带孩子、有的人正在和客户打交道、有的人表现出对该调查访问事项的不屑，也有人表现出新奇、有的人表情豁达、有的人表情庄重，这足以说明，该些调查访问对象预先并不知情，而是在突然告知调查访问事项后的真实反映，这也从一个侧面说明该些调查访问对象并非事先安排的，是随机选取的，同时由光盘记录的画面可知，该30名用户所从事的行业各不相同，有的经营诊所、有的经营投注站、有的经营小商品零售店，等等，这也说明该些用户是随机选取而非事先安排并且是相互独立的；另外，由光盘中涉及的大门关拉手门锁的录像也可以看出，该些门锁大部分已经发黑生锈，表现出非常破旧，并且绝大多数都没有任何更换过的痕迹，这进一步印证了上述用户所称的门锁的使用时间。综上，合议组认可证据23内容的真实性，即合议组对该30名用户所填写的调查访问记录内容的真实性予以认可。

其中针对房主家人的调查访问记录，合议组认为，此门锁均为房屋大门的门锁，按照生活常识，通常该门锁的安装时间是与大门的安装，或者进一步说是与房子建成、入住等时间联系在一起的，因此房主家人能够确切知晓门锁的安装时间及门锁的来源是合情合理的，正如很多调查访问记录所记录的一样，对于一个十几元钱或者几十元钱的门锁，很多房主家人虽然不能够提供确切的购买年、月、日，但是其能够大致记得是在哪一年购买的。另外，由光盘中涉及的13位房屋主人的大门关拉手门锁的录像也可以看出，该些式样不尽相同但相似的门锁大部分已经发黑生锈，非常破旧，并且绝大多数都没有任何更换过的痕迹。基于上述考虑，合议组对于证据23中涉及13位房屋主人的调查访问中所展示的在申请日之前有样式不尽相同但均相似的门锁已经公开使用的事实的真实性予以采信。虽然没有购买发票能够确切证明该些锁的具体购买时间，但合议组认为，对于这样十几元或者几十元的小物件，又是在陆川县或陆川县温泉镇这样的县城或者镇上购买的，而且根据生活经验可知，该些物件一般均在五金商店而非大型的百货商场出售，那么出于用户不愿意为这么十几元、几十元的东西索要发票、在县城或镇上并没有索要发票的习惯、五金商店对于发票的管理并不正规、人们不会将一个十几元、几十元的发票保留这么多年等种种原因，要求被调查访问者出具购买门锁的发票确实存在困难，是不现实的。

基于上述四点，合议组认为证据23的公证书的取证程序合法，调查访问记录的内容真实，合议组予以采信。同时合议组认可13位房主家人的调查访问记录中所称的门锁的购买和安装时间。

3. 关于专利法第23条

专利法第23条规定："授予专利权的外观设计，应当同申请日以前在国内外出版物上公开发表过或者国内公开使用过的外观设计不相同和不相近似，并不得与他人在先取得的合法权利相冲突。"

根据以上对证据23的认定，证据23中涉及13家房主家人的调查访问中均出现了形状类似的门锁的场景，合议组现任选广西陆川县友爱南街左43号的门锁，由调查访问记录可知，此门锁是于1997年5月19日购买和安装的，属于申请日以前在国内公开使用过的外观设计，因此可以作为在先设计与本专利进行相似性对比。

本专利包括6幅视图，即主视图、后视图、左视图、右视图、俯视图、仰视图。由上述视图可知，本专利拉手整体形状设计近似长条体，由"铜拉手"、"门闩"、"扣"三部分组成。"铜拉手"从正面看为圆形体，并有"贵"字、双喜字、麦穗图案，从后面看还包括一个圆形的齿轮，套在"铜拉手"的杆上，该齿轮与"门闩"中下部的锯齿形状相啮合；其中"门闩"为长条形，在"门闩"的中下部具有锯齿形状，与"铜拉手"上的"齿轮"相啮合，在"门闩"的中上部具有3个缺口，或者说具有两个插栓；"扣"的数量为3个，且为拱形。并且"铜拉手"、"门闩"、"扣"的位置关系为："铜拉手"位于"门闩"的下方，其上齿轮与"门闩"中下部的锯齿形状相啮合；"门闩"穿过三个"扣"，其中两个"扣"位于"铜拉手"的左侧，另一个"扣"位于"铜拉手"的右侧（参见本专利附图）。

在先设计包括门锁的正视图和后视图，因为该门锁处于使用状态中，也就是说，已经安装于双扇门的大门上，正视图仅仅能够看到"铜拉手"的正面，而后视图能够清楚的看到"门锁"的组成及各个部件的形状及位置关系。由视图可知，证据23中涉及广西陆川县友爱南街左43号的门锁整体形状为近似长条体，由"铜拉手"、"门闩"、"扣"三部分组成。"铜拉手"从正面看为圆形体，并有"福"字，从后面看还包括一个圆形的齿轮，套在"铜拉手"的杆上，该齿轮与"门闩"中上部的锯齿形状相啮合；其中"门闩"为长条形，在"门闩"的中上部具有锯齿形状，与"铜拉手"上的"齿轮"相啮合，在"门闩"的中下部具有3个缺口，或者说具有两个插栓；"扣"的数量为3个，且为拱形。并且"铜拉手"、"门闩"、"扣"的位置关系为："铜拉手"位于"门闩"的上方，其上齿轮与"门闩"中上部的锯齿形状相啮合；"门闩"穿过3个"扣"，其中两个"扣"位于"铜拉手"的左侧，另一个"扣"位于"铜拉手"的右侧（参见在先设计附图）。

将两者相比较，其相同点是：拉手/门锁的整体设计的形状相同，即"拉手"包括"铜拉手"、

“门闩”、“扣”，并且“铜拉手”与“门闩”相互啮合、“门闩”穿过“扣”，三个“扣”分列“铜拉手”的两侧；其不同点在于：①本专利“拉手”的“门闩”锯齿形状位于中下部、3个缺口或者称之为两个插拴位于中上部，相应的“铜拉手”位于“门闩”的下部；而在先设计中门锁的“门闩”锯齿形状位于中上部、3个缺口或者称之为两个插拴位于中下部，相应的“铜拉手”位于“门闩”的上部；②本专利拉手的“铜拉手”正面具有“贵”字、双喜字、麦穗图案，而在先设计中门锁的“铜拉手”的正面具有“福”字。对于上述区别，合议组认为本专利与在先设计的拉手/门锁的各部件的形状、组合方式及整体结构是相同的，其不同点①是安装方向不同造成的，不同点②尽管是不同文字和图案，但均为吉祥用语，属于局部的细微差别，以上不同点对于产品外观设计的整体视觉效果不具有显著的影响，也就是说上述两点差异并不足以使消费者在购买该拉手/门锁时，明显区分出两者为不同的产品。因此，本专利与在先设计相近似的，本专利不符合专利法第23条的规定。

基于本外观设计与证据23中公开的在先设计相近似的结论，对其他证据及相应无效理由不予评述。

在此基础上，本案合议组依法作出如下决定。

三、决定

宣告200630098804.6号外观设计专利权无效。

当事人对本决定不服的，可以根据专利法第46条第2款的规定，自收到本决定之日起三个月内向北京第一中级人民法院起诉。根据该款的规定，一方当事人起诉后，另一方当事人应当作为第三人参加诉讼。

主视图

后视图

仰视图

俯视图

本专利附图

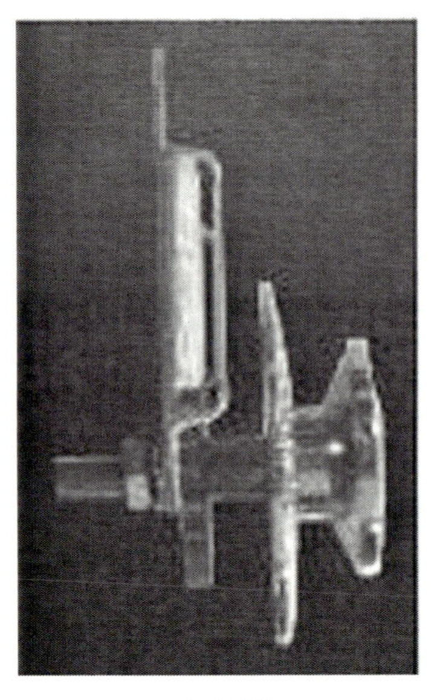

左视图

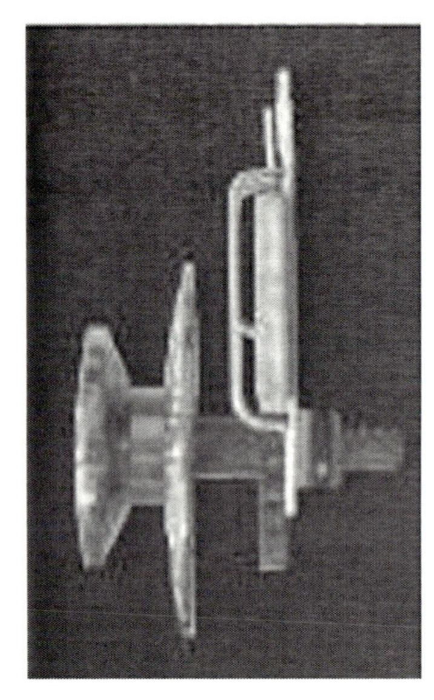

右视图

正视图

后视图

在先设计附图

492

铜　拉　手

无效宣告请求审查决定（第 14016 号）

决　　定　　号　第 14016 号
决　　定　　日　2009 年 6 月 19 日
发明创造名称　铜拉手
外观设计分类号　08-06
无效宣告请求人　曾光伟
专　利　权　人　庞德志
专　　利　　号　200730001044.7
申　　请　　日　2007 年 1 月 12 日
授 权 公 告 日　2008 年 7 月 16 日
合 议 组 组 长　熊　婷
主　　审　　员　卞喜双
参　　审　　员　涂洪文
附　　　　　图　3 页

法　律　依　据　专利法第 23 条，专利法实施细则第 2 条第 3 款
决　定　要　点
公证书所公证的调查访问过程及记录能够证明与本专利相似的产品在本专利申请日之前已经使用公开。

一、案由

本无效宣告请求涉及中华人民共和国国家知识产权局于 2008 年 7 月 16 日授权公告的名称为“铜拉手”的 200730001044.7 号外观设计专利（下称本专利），其申请日为 2007 年 1 月 12 日，专利权人为庞德志。

针对本专利，曾光伟（下称请求人）于 2008 年 12 月 9 日向专利复审委员会提出无效宣告请求并提交了如下附件作为证据：

证据 1：由中华人民共和国广西壮族自治区陆川县公证处出具的（2008）桂陆证经字第 116 号公证书原件，其中包括公证书正文 3 页，同时还包括如下附件：证人陈文元的询问笔录 3 页、工作记录 1 页、证人陈文元的身份证复印件、国有土地使用证复印件、建设工程规划许可证复印件、建筑工程施工许可证复印件各 1 份、关于门“拉手”的照片 2 张；

证据 2：证人吴郁先提供的证人证言 1 页，在该页上附有 2 张关于“拉手”的照片扫描件，同时

还包括如下附件：证人吴郁先的身份证复印件、李少基的身份证复印件、建筑工程规划许可证复印件、私人住宅建设工程规划审批单复印件各1份；

证据3：证人庞远勤提供的证人证言1页，在该页上附有2张关于“拉手”的照片；

证据4：证人桂平市桂南五金工艺品厂提供的证人证言1页，在该页上附有3张关于“拉手”的配件的照片扫描件；

证据5：证人桂平市中沙镇乡镇企业站出具的证人证言1页，在该页上附有5张证人桂平市中沙镇乡镇企业站在证人证言中所述的桂南五金工艺品厂在展销会上展览“拉手”的照片扫描件；

证据6：证人薛远树提供的其上标有“2003. 6. 25”字样的“铜拉手”中部件“拉手”的设计图纸8页；

证据7：证人韦水娟提供的证人证言1页，在该页上粘贴有两张包括“拉手”中各部件“铜拉手”、“门闩”、“扣”的照片，同时还包括韦水娟的身份证复印件1份、韦水娟的个体工商户营业执照复印件1份、广西壮族自治区木材经营（加工）许可证复印件1份、购货单位为韦水娟的玉林市广发锁城出仓单复印件6份；

证据8：证人玉林市开关厂电镀分厂提供的证人证言1页，在该页上粘贴有1张包括“拉手”中部件“门闩”、“扣”的照片；

证据9：证人玉林市玉林区仁东华进电镀厂提供的证人证言1页，在该页上粘贴有1张包括“拉手”中部件“门闩”、“扣”的照片；

证据10：中国实用新型专利说明书CN2470488Y扉页及附图第1页复印件，共2页；

证据11：中国实用新型专利说明书CN2489048Y中扉页及附图第1页复印件，共2页；

证据12：中国实用新型专利说明书CN2094591U中扉页及附图第1、2页复印件，共3页；

证据13：中国实用新型专利说明书CN2186781Y中扉页及附图第1、2页复印件，共3页；

证据14：中国实用新型专利说明书CN2296391Y中扉页及附图第1、2页复印件，共3页；

证据15：中国实用新型专利说明书CN2199292Y中扉页复印件，共1页；

证据16：中国实用新型专利说明书CN2206820Y中扉页及附图第1页复印件，共2页；

证据17：中国实用新型专利说明书CN2213810Y中扉页及附图第1页复印件，共2页；

证据18：中国实用新型专利说明书CN2254934Y中扉页及附图第1、3、4、5、6页复印件，共6页；

证据19：中国实用新型专利说明书CN2242962Y中扉页复印件，共1页；

证据20：中国实用新型专利说明书CN2342063Y中扉页及附图第1页复印件，共2页；

证据21：中国实用新型专利说明书CN2358173Y中扉页及附图第1页复印件，共2页；

请求人提出的无效理由是：（1）本专利不符合专利法实施细则第2条第3款的规定，因为本专利并不是一个产品，它是一个由多个产品零件空间罗织得到的方案，其本质为一个带拉手的门锁的多个零件，缺少门板，这些零件无法组织成形，一个没有确定形状的外观设计方案不符合有关外观设计专利的定义，此外，如果加了门板，便得不到本专利图片那样的外观形状；（2）本专利违反了专利法第23条的规定，因为：证据10~21客观表明，本专利的技术方案在我国20世纪90年代初便已经开始为公众所知，该方案是一种由金属件配合暗锁对以往农村大门中的木质门栓进行改造的产物，证据12、13、15附图所表现的空间位置图已经与本专利图片相近似，申请人2006年才申请本专利明显违反了专利法第23条之规定；这种门锁方案在中国广大农村应用非常广大，在所调查的广西很多地方，对于双扇门的大门，无论是居家用还是商铺用，大多数均采用这种结构，其调查结果显示，开始大量使用该种门锁的年限约在1994年左右，证据1~9说明，在本专利的申请日之前已经有相同或相近似的门锁/拉手公开使用、公开销售。根据上述证据，证据1、2、12、13、15，证据3结合证据4，证据5结合证据6、7均可直接证明本专利违反了专利法第23条的规定，其他证据可以间接表明本专利违反了专利法第23条的规定。

经形式审查合格后，专利复审委员会受理了上述无效宣告请求，于2008年12月9日向无效宣告请求人发出了受理通知书，2008年12月22日向专利权人发出无效宣告请求受理通知书，并将请求人提交的无效宣告请求书及其附件副本转送给专利权人，要求专利权人在指定的期限内陈述意见。

请求人于2009年1月8日提交了意见陈述书，随该意见陈述书补充证据22：中华人民共和国广西壮族自治区陆川县公证处出具的（2009）桂陆证经字第1号公证书，其中包括公证书正文4页，调查访问记录复印件30页，光盘一张，请求人补充证据22用于进一步证明，与本专利的外观设计相同、相近似的产品在申请日之前已经在我国公开使用。因此，本专利不符合专利法第23条的规定。

专利权人在无效宣告请求受理通知书指定的答复期限内，于2009年1月23日提交了意见陈述书，同时随意见陈述书提交了庞德志身份证复印件1页、200730001044.7外观设计专利证书复印件3页、电脑咨询单复印件1页。在意见陈述书中，专利权人认为本专利符合专利法第23条的规定，专利权人认为证据1~9的真实性及所要证明的事实有异议，上述证据不应被采信；同时证据10~21表明，所有实用新型专利中都是“门锁”或“多功能防盗锁”并非专利权人“铜拉手”的外观设计，且证据10~21中实用新型的外观与“铜拉手”的外观设计也是完全不相同、不近似的。因此，证据10~21并不能证明本专利为公知技术方案，“铜拉手”的外观设计并非公众所知。

专利复审委员会依法成立合议组，对本无效宣告请求案进行审理。

本案合议组于2009年3月11日向双方当事人发出口头审理通知书，告知双方当事人本案定于2009年4月29日进行口头审理，并将专利权人的陈述意见随口头审理通知书转送给请求人，将请求人提交的意见陈述书及其附件副本转送给专利权人。

口头审理如期举行，双方当事人均出席了此次口头审理，在口头审理过程中：

第一，双方当事人对合议组成员的变更无异议，对合议组成员以及书记员没有回避请求，对对方出庭人员身份无异议。

第二，请求人明确其无效的理由、范围、证据以及证据的使用情况为：本专利不符合专利法实施细则第2条第3款的规定，根据证据1~22，本专利不符合专利法第23条的规定。

其中关于专利法第2条第3款：请求人认为本专利是很多个产品凑合在一起的产品，即是一个由特殊手段连接在一起、没有固定的形状的产品，该产品在销售环节中在公众选购的时候并没有构成这个产品，其中每个部件并没有连接在一起，同时缺少门板和螺栓并不能形成一个完整的产品；专利权人当庭进行实物演示，证明本外观设计是一个完整的整体，缺少任何一个部件是不能运用的，至于请求人所说的“门板和螺栓”的问题，正如汽车的外观设计一样，其不会展示出“螺钉”，而仅仅展示汽车的外部形状、结构，但是对于任意一个汽车而言，螺钉是可以预见得到的。

其中关于专利法第23条：（1）关于证据1~21，请求人认为证据1~9直接或间接地证明了在本专利的申请日之前，有相同或相近似的“门锁”/“拉手”或者“门锁”/“拉手”的配件在国内公开使用；证据10~21证明在本专利的申请日之前有相近似的“门锁”/“拉手”的外观设计被公开，同时关于“门锁”/“拉手”的技术方案已经被公开；专利权人对于证据1~9的真实性及所要证明的事实持有疑义，同时认为证据1~21并没有公开与本专利相同或相近似的外观设计；（2）关于证据22，合议组当庭打开封条并演示证据22中包含的光盘。专利权人对证据22的公证程序持有疑义，并认为证据22的内容与客观事实不符，具体理由与专利权人当庭提交的上述书面答复意见相同，同时专利权人认为证据22中所展示的各个“门锁”/“拉手”与本外观设计不相同、不相近似，具体而言：最直观的就是带字把手处不相近似，其余的金属部分有一些相似；关于专利权人的上述意见，请求人陈述如下：关于证据22中光盘记录的时间问题，因为当时请求人与公证员、公证人员、拍摄工作人员所进行的整个调查时间比较长，其中涉及走路的时间、遇到不配合的人家继续寻找下一户人家的时间，等等，而光盘中只是收录了所有配合调查的人家的调查访问时间的总和；关于光盘中没有声音的问题：没有声音是语音问题，原始录像带在公证处封存；关于承租人林梅的笔录的问题：请求人认为其在证据22中提交30份调查记录并不希望所有的调查记录都是有效的，只是想提交一份真实的调查访问记录，即将一个真实的公证过程提交给合议组及专利权人；同时公证法没有明确规定公证程序一定要有两个公证员进行；最后，请求人还指出证据22中所展示的很多门锁/铜拉手和本外观设计都相近似。

第三，专利权人提交了针对请求人的意见陈述书及证据22的书面答复意见，专利权人认为证据22的取证程序违法、内容不真实、与客观事实不符，不应采信，具体而言：（1）申请公证的主体不合法，申请人曾光伟与答复人庞德志存在民事诉讼争议，所涉案件已由广西南宁市中级人民法院受理，依据《公证法》第31条第4项的规定，广西壮族自治区陆川县公证处不应受理曾光伟申请的公证事项，更不应为双方存在争议的事项出具公证书。（2）公证程序违反法律规定，①在公证书记载的对30名证人进行询问时，只是进行格式化的记录，没有任何证据表明公证人员已经告知被询问人享有的权利、承担的义务及其法律责任；②在对所有被调查人进行调查时，陆川县公证处只有一名公证人员进行，另一名“李志桥”只是一名工作人员，并不具备公证员资格，因此不符合《公证程序规则》第28条的规定。（3）公证书所公证的事项与被申请人所享有的“拉手”、“铜拉手”的外观设计专利没有任何关联性，从调查访问记录中所记载的内容可见，内容中所访问的对象为门锁的安装和使用情况，并不是本案被申请宣告无效的“拉手”、“铜拉手”。（4）公证书的内容不真实：①公证书调查访问书面记录中记载的时间为2009年1月4日下午15：30至2009年1月4日下午18：15；2009年1月5日下午15：37至2009年1月5日下午17：45，即整个调查访问过程用时为4小时53分，但请求人提供的拍摄过程的光盘记录的时间为31分46秒，那么整个调查访问过程中有4小时21分14秒没有任何记录，这4小时21分14秒足以说明，记录调查访问过程的光盘是经过剪辑处理的，是不完全的，请求人所提交的光碟是经过技术处理的，是不真实的，不能作为认定事实的依据；②本案光盘记录作为公证机构见证公正事项的全过程，应如实全面的客观记录所有图像、现场当事人谈话内容、声音等，但请求人提供所谓公证过程的光碟，整个调查过程是一个没有声音且经过剪辑的短片，不能真实的再现现场的客观事实，在短片中亦只有申请人和记录人，对于公证人员是否在场无法证实；③对公证书记载的被调查人的身份及房屋的权属有异议，公证书记载的内容对《公证程序规则》第29条规定应当记载“被询问人的基本情况、告知内容、询问谈话内容等”的内容均没有任何记载，亦没有向被调查人要求出示相关身份证明、房屋的产权证明等；④从调查访问记录表明，其中所记载的内容存在明显的矛盾，对于承租人而言，对于租赁物的购置是不可能清楚的，而其中林梅等承租人的访问中，询问门锁是从哪里买的，记录都是“陆川”。

至此，合议组认为本案的事实已经调查清楚，现依法作出如下决定。

二、决定的理由

1. 关于审查文本

由于专利权人未对本专利进行修改，因此本决定所针对的文本是本专利的授权公告文本。

2. 关于证据22

证据22为中华人民共和国广西壮族自治区陆川县公证处出具的（2009）桂陆证经字第1号公证书，专利权人认为证据22的取证程序违法、内容不真实、与客观事实不符，不应采信，具体理由参见专利权人当庭提交的书面答复意见第（1）~（4）点。

对此合议组的意见如下：

（1）虽然公证申请人曾光伟与专利权人庞德志存在民事诉讼争议，所涉案件已由广西南宁市中级人民法院受理，但是申请人曾光伟所申请的公证事宜也不属于《公证法》第31条第4项规定的“当事人之间对申请公证的事项有争议的”情形，因为《公证法》第31条第4项所述的“当事人之间对申请公证的事项有争议的”的情形是指当事人对申请公证的事项的权属、意思表示等方面存在分歧，也即申请公证的事项自身处于一种不确定的状态，例如在申请财产赠与公证时，如果财产为共有财产，而共有人对赠与意见不一致的，等等，属于对所申请公证的事项有争议，就证据22而言，公证申请人曾光伟申请对陆川县温泉镇安装有大门关拉手门锁的用户进行调查访问，而该些装有大门关拉手门锁的用户及其安装的大门关拉手门锁是客观存在的、确定的，公证申请人曾光伟与专利权人庞德志对于该些用户及大门关拉手门锁的客观存在性并不存在争议，其二者之间所存在的争议仅仅在于本专利涉及的拉手/门锁的外观设计是否在申请日之前有相同或相近似的外观设计产品公开使用、公开销售，也即本专利的专利权是否有效，或者说曾光伟是否有侵权行为发生，综上所述，公证申请人曾光伟申请的公证事项是合法的，广西壮族自治区陆川县公证处受理曾光伟申请的公证事项并出具公证书也是合法的；

（2）关于公证程序，①在整个公正过程中，公证人员的工作方式主要是记录门锁的使用情况，而非调查访问本身，关于门锁的使用情况已经以书面的形式记录于调查访问记录中，未告知被询问人享有的权利、承担的义务及其法律责任的瑕疵并不足以影响公证程序的合法性，同时，《公证法》第36条规定，经公证的民事法律行为、有法律意义的事实和文书，应当作为认定事实的根据，但有相反证据足以推翻该项公证的除外，虽然没有任何证据表明公证人员已经告知被询问人享有的权利、承担的义务及其法律责任，但专利权人亦未提出相反证据推翻该项公证，上述瑕疵不足以影响公证事实的真实性；②至于公证员的人数，《公证程序规则》第28条规定：“公证机构派员外出核实的，应当有二人进行，但核实、收集书证的除外，特殊情况下只有一人外出核实的，应当有一名见证人在场。”由此可见，《公证程序规则》从公信力或者说保证公证程序的正义的角度出发，要求公证程序中有两名以上的人员在场，但并没有规定公证程序必须有两名公证员在场，而证据22的公证过程中，已经有公证员梁家勇和公证人员李志新在场，完全符合上述规定，基于上述两点，证据22的公证程序是合法的；

（3）专利权人认为公证书所公证的事项与其所享有的“拉手”、“铜拉手”的外观设计专利没有任何关联性，从调查访问记录中所记载的内容可见，所访问的对象为门锁的安装和使用情况，并不是本案被申请宣告无效的“拉手”、“铜拉手”；对此合议组认为，“拉手”、“铜拉手”、“门锁”只是对于本专利、证据22中产品的称谓不同而已，并且该些称谓的不同也并不影响外观设计的相同、相近似的判断，因此专利权人的该点理由并不充分；

（4）关于公证书内容的真实性：①关于光盘记录的时间问题，因为公证申请人曾光伟申请对陆川县温泉镇安装有大门关拉手门锁的用户进行调查访问，并且由公证书第1页的记载可知：“调查访问采用漫步街上，无固定对象、随意地对装有大门关拉手门锁、有门牌号码，同时愿意接受调查访问并同意在格式化、符号式记录上签名和同意拍摄的用户进行访问的方法进行”，同时《公证法》第36条有关公证的效力的规定：“经公证的民事法律行为、有法律意义的事实和文书，应当作为认定事实的依据，但有相反证据足以推翻该项公证的除外”，那么依据《公证法》第36条可以确认公证书上记载的调查访问方式是真实的，既然如此，那么整个调查访问过程必然是首先找到一个装有大门关拉手门锁的用户，然后敲门并向用户说明来意，如果该用户不愿意接受调查访问，则继续寻找下一用户，直到找到一家装有大门关拉手门锁并愿意接受调查访问的用户，也就是说整个公证过程中，很大一部分时间是要花费在路上及寻找愿意接受调查访问的用户的过程中，同时从光盘记录的内容也可以看出，其仅仅记录了在30家装有大门关拉手门锁的用户家中调查访问的过程，那么显然该光盘的记录时间少于整个公证过程的时间也是合情合理的，因此，在无其他反证的情况下，不能单从光盘的记录时间短于整个公证过程的时间就得出光盘被剪辑处理过，内容是不完全、不真实的结论，专利权人的理由是不充分的。②关于光盘的声音问题，由光盘记录的内容可知，其记录了对陆川县温泉镇安装有大门关拉手门锁的30家用户的调查访问画面，同时证据22中还附有针对该30家用户的调查访问记录，也就是说，整个调查访问过程中与要证明的事实相关的谈话内容已经以文字的形式记录了下来，至于背景声以及其他一些与证据22所要证明的事实无关的声音的有无并不影响证据22的证明力，所以该光盘中的画面辅以调查访问记录足以能够再现针对该30家用户的调查访问过程，因此光盘中缺乏声音并不足以否定针对该30家用户调查访问过程的完整性、真实性；至于专利权人所强调的，在光盘所记录的短片中只能看见申请人和记录人，公证人员是否在场无法证实，对于该点，合议组认为在公证书正文中已经提到公证员梁家勇、公证人员李志新及申请人曾光伟、记录员周雪冰、拍摄人员苏剑斌调查访问了自称是陈显清等人，同时在公证书上盖有梁家勇的印章，并且在证据22所附的调查访问记录复印件上有梁家勇、李志新的签名，这些足以证明，在整个调查访问过程中，公证员梁家勇及公证人员李志新一直在场。③证据22的公证过程中，公证人员并非采用询问方式向相关人员了解、核实有关情况，而只是在场监督申请人相关人员的具体询问过程，不属于《公证程序规则》第29条所规定的情形，因此被调查人未出示相关身份证明及房屋的产权证明并不影响公证书的合法性。④由公证书第一页记载的内容可知，证据22的公证过程，是采用漫步街头、无固定对象、随意地对装有大门关拉手门锁、有门牌号码、同时愿意接受调查访问并同意在格式化、符号式记录上签字和同意拍摄的用户进行访问的方式进行的，那么显然该30名调查访问对象是随机选取、非事先安排的，并且由光盘记录的画面可以看出，该30名访问对象表情神态各异，有的人正在吃饭、有的人正在带孩子、有的人正在和客户打交道、有的人表现出对该调查访问事项的不屑，也有人表现出新奇、有的人表情豁达、有的人表情庄重，这足以说明，该些调查访问对象预先并不知情，而是在突然告知调查访问事项后的真实反映，这也从一个侧面说明该些调查访问对象并非事先安排的，是随机选取的，同时由光盘记录的画面可知，该30名用户所从事的行业各不相同，有的经营诊所、有的经营投注站、有的经营小商品零售店，等等，这也说明该些用户是随机选取而非事先安排并其是相互独立的；另外，由光盘中涉及的大门关拉手的录像也可以看出，这些门锁大部分已经发黑生锈，表现出非常破旧，并且绝大多数没有任何更换过的痕迹，这进一步印证了上述用户所称的门锁的使用时间。综上，合议组能够认可证据22内容的真实性，即合议组对该30名用户所填写的调查访问记录内容的真实性予以认可。

其中针对房主家人的调查访问记录，合议组认为，房主家人能够确切知晓门锁的安装时间及门锁的来源是合情合理的，正如很多调查访问记录所记录的一样，对于一个十几元钱或者几十元钱的门锁，很多房主家人虽然不能够提供确切的购买年、月、日，但是其能够大致记得是在哪一年购买的，因为这个门锁的安装使用很多时候是与大门的安装，或者进一步说是与房子建成、入住等时间联系在一起的，对于调查访问中所涉及的门锁的使用时间，由光盘中涉及的13位房屋主人的大门关拉手门锁的录像也可以看出，该些式样不尽相同的门锁大部分已经发黑生锈，非常破旧，并且没有任何更换过的痕迹。基于上述考虑，合议组对于证据22中涉及13位房屋主人的调查访问中所展示的在申请日之前有样式不尽相同但均相似的门锁已经公开使用的事实的真实性予以采信。虽然没有购买发票能够确切证明该些锁的具体购买时间，但合议组认为，对于这样十几元或者几十元的小物件，又是在陆川县或陆川县温泉镇这样的县城或者镇上购买的，而且根据生活经验可知，该些物件一般均在五金商店而非大型的百货商场出售，那么出于用户不愿意为这么十几元、几十元的东西索要发票、在县城或镇上并没有索要发票的习惯、五金商店对于发票的管理并不正规、人们不会将一个十几元、几十元的发票保留这么多年等种种原因，要求被调查访问者出具购买门锁的发票确实存在困难，是不现实的。

基于上述四点，合议组认为证据22的公证书的取证程序合法，涉及13位房屋主人的调查访问内容真实，合议组予以采信。

3. 关于专利法第23条

专利法第23条规定："授予专利权的外观设计，应当同申请日以前在国内外出版物上公开发表过或者国内公开使用过的外观设计不相同和不相近似，并不得与他人在先取得的合法权利相冲突。"

根据以上对证据22的认定，证据22中涉及13家房主家人的调查访问中均出现了形状类似的门锁的场景，合议组现任选广西陆川县友爱南街左43号的门锁，由调查访问记录可知，此门锁是于1997年5月19日购买和安装的，属于申请日以前在国内公开使用过的外观设计，因此可以作为在先设计与本专利进行相似性对比。

本专利包括6幅视图，即主视图、后视图、左视图、右视图、俯视图、仰视图。由视图可知，本专利拉手整体形状设计近似长条体，由"铜拉手"、"门闩"、"扣"三部分组成。"铜拉手"从正面看为圆形体，并有"福"字，从后面看还包括一个圆形的齿轮，套在"铜拉手"的杆上，该齿轮与"门闩"中上部的锯齿形状相啮合；其中"门闩"为长条形，在"门闩"的中上部具有锯齿形状，与"铜拉手"上的"齿轮"相啮合，在"门闩"的中下部具有3个缺口，或者说具有两个插栓；"扣"的数量为3个，且为拱形。并且"铜拉手"、"门闩"、"扣"的位置关系为："铜拉手"位于"门闩"的上方，其上齿轮与"门闩"中上部的锯齿形状相啮合；"门闩"穿过3个"扣"，其中两个"扣"位于"铜拉手"的左侧，另一个"扣"位于"铜拉手"的右侧（参见本专利附图）。

在先设计包括正视图和后视图，因为该门锁处于使用状态中，也就是说，已经安装于双扇门的大门上，正视图仅仅能够看到"铜拉手"的正面，而后视图能够清楚的看到"门锁"的组成及各个部件的形状及位置关系。由视图可知，在先设计的门锁整体形状为近似长方体，由"铜拉手"、"门闩"、"扣"三部分组成。"铜拉手"从正面看为圆形体，并有"福"字，从后面看还包括一个圆形的齿轮，套在"铜拉手"的杆上，该齿轮与"门闩"中上部的锯齿形状相啮合；其中"门闩"为长条形，在"门闩"的中上部具有锯齿形状，与"铜拉手"上的"齿轮"相啮合，在"门闩"的中下部具有3个缺口，或者说具有两个插栓；"扣"的数量为3个，且为拱形。并且"铜拉手"、"门闩"、"扣"的位置关系为："铜拉手"位于"门闩"的上方，其上齿轮与"门闩"中上部的锯齿形状相啮合；"门闩"穿过3个"扣"，其中两个"扣"位于"铜拉手"的左侧，另一个"扣"位于"铜拉手"的右侧（参见在先设计附图）。

合议组将本专利与在先设计进行比较，认为，两者的相同点是：拉手/门锁的整体设计的形状相同，即均为"拉手"包括"铜拉手"、"门闩"、"扣"，并且"铜拉手"与"门闩"相互啮合、"门闩"穿过"扣"，3个"扣"分列"铜拉手"的两侧。两者的不同点在于：本专利"铜拉手"的主体部分为球体，而在先设计的门锁的"铜拉手"的主体为扁平形状。

对于上述区别，合议组认为本专利与在先设计的整体设计风格是相同的，其区别点仅仅是"铜拉手"的主体部分，对于该点区别，对于普通消费者而言，从门锁/拉手的正面、后面是难于发现的，只有从侧面及手握"铜拉手"时才能注意到该点区别，这说明对于整个由"铜拉手"、"门闩"、"扣"构成的拉手/门锁而言，该区别仅仅属于局部的细微差别，尚不足以构成两产品形状的明显改变，以上不同点对于产品外观设计的整体视觉效果不具有显著的影响，也就是说上述差异并不足以使消费者在购买该拉手/门锁时，明显区分出两者为不同的产品。因此，本专利与在先设计是相近似的，本专利权的授予不符合专利法第 23 条的规定。

在此基础上，本案合议组依法作出如下决定。

基于本外观设计与证据 22 中公开的在先设计相近似的结论，对其他证据及相应无效理由不予评述。

三、决定

宣告 200730001044.7 号外观设计专利权无效。

当事人对本决定不服的，可以根据专利法第 46 条第 2 款的规定，自收到本决定之日起三个月内向北京第一中级人民法院起诉。根据该款的规定，一方当事人起诉后，另一方当事人应当作为第三人参加诉讼。

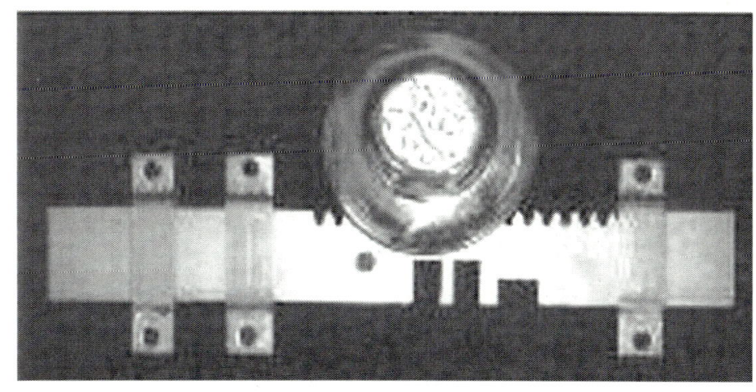

主视图

后视图

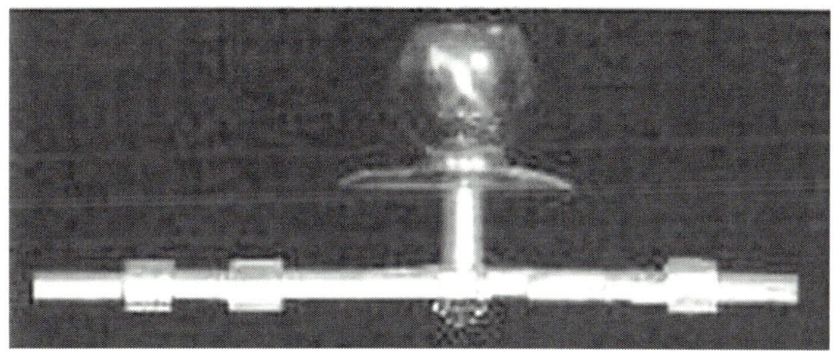

仰视图

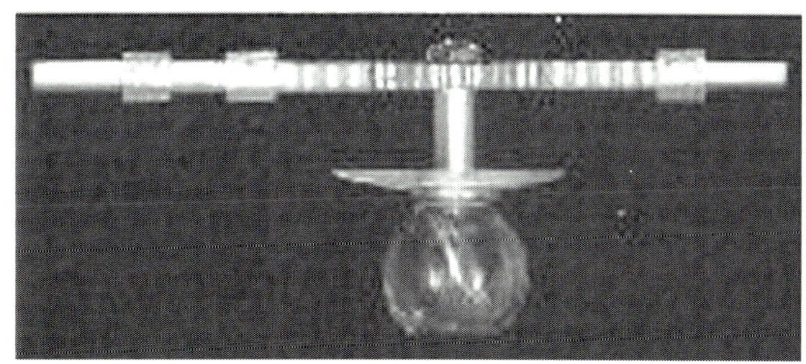

俯视图

本专利附图

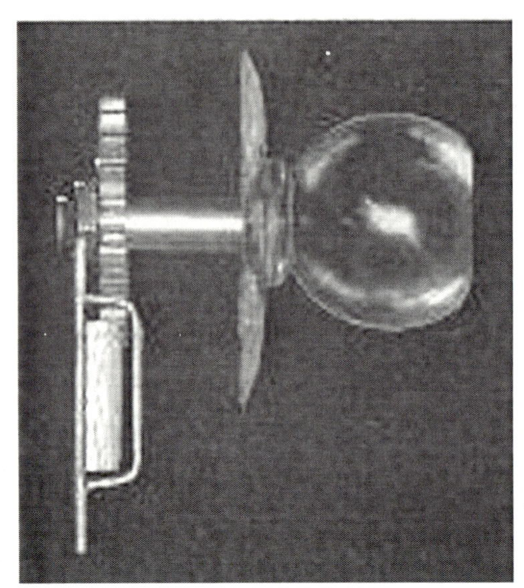

左视图

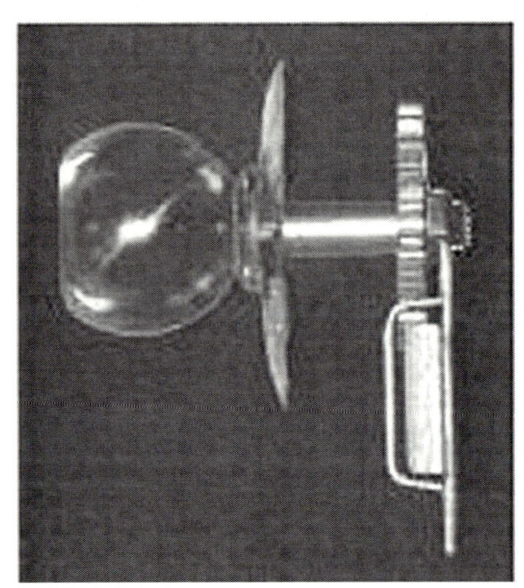

右视图

本专利附图（续）

正视图

后视图

在先设计附图

493

果盒（金色·透明盖）

无效宣告请求审查决定（第14028号）

决　定　号　第14028号
决　定　日　2009年10月16日
发明创造名称　果盒（金色·透明盖）
外观设计分类号　07-01
无效宣告请求人　张宝明
专　利　权　人　杨　旸
专　利　号　200730340867.2
申　请　日　2007年10月26日
授权公告日　2008年11月26日
合议组组长　吴赤兵
主　审　员　沙柏青
参　审　员　王　红
附　　　图　2页

法律依据　专利法实施细则第13条第1款
决定要点

虽然本专利的盒盖顶面采用的是透明材料，在先设计的盒盖顶面采用的是不透明的材料，但是盒盖上的不透明图案和手柄占据了盒盖的大部分面积，盒盖顶面图案的差别属于局部细微的变化，根据整体观察、综合判断的原则，透明与不透明的差别对于产品的整体视觉效果不具有显著的影响。因此，本专利与在先设计属于相近似的外观设计。

一、案由

本无效宣告请求案涉及国家知识产权局于2008年11月26日授权公告的，名称为“果盒（金色·透明盖）”的外观设计专利（下称本专利），其专利号是200730340867.2，申请日是2007年10月26日，专利权人是杨旸。

针对上述专利权，张宝明（下称请求人）于2009年4月27日向国家知识产权局专利复审委员会提出无效宣告请求，认为本专利的授权不符合专利法实施细则第13条第1款的规定，并提交了以下附件：

附件1：CN300873160号外观设计专利电子公开文本打印件，共2页。

请求人认为，附件1与本专利是同一申请人在同一日提出的外观设计专利申请，与本专利均属于同类产品，外观设计仅存在微小的差别，因此，本专利与附件1属于相近似的外观设计，本专利不符合专利法实施细则第13条第1款的规定。

经形式审查合格，专利复审委员会依法受理了上述无效宣告请求，并于2009年4月27日将无效宣告请求书及相关文件的副本转送给专利权人，通知其在指定的期限内答复。

专利权人于2009年5月23日提交意见陈述书，认为附件1与本专利的形状、图案相近似，但本专利的透明盖是设计要部，一般消费者容易加以区别，因此本专利符合专利法实施细则第13条第1款的规定。

2009年7月8日，专利复审委员会向双方当事人发出合议组成员告知通知书，并于同日将专利权人2009年5月23日提交的意见陈述转送给请求人。在规定的期限内，双方当事人均未对合议组成员提出回避的请求，请求人未对专利权人2009年5月23日提交的意见陈述书进行答复。

2009年8月26日，专利复审委员会向专利权人发出无效宣告请求审查通知书，告知：本案合议组在双方当事人意见陈述的基础上，经合议认为，本专利与附件1确属同样的发明创造，不符合专利法实施细则第13条第1款的规定，根据审查指南第四部分第七章第2节的规定，专利权人可以通过放弃一项专利权的方式来维持另一项专利权有效。如果申请人欲通过放弃另一项专利权的方式来维持本专利有效的，应当向专利复审委员会提交自申请日起放弃另一项专利权的书面声明；如果专利权人欲放弃被请求宣告无效的专利，应当向专利复审委员会提交自申请日起放弃该项专利权的书面声明。具体意见在收到本通知之日起壹个月内以书面的形式进行答复，期满未答复的，专利复审委员会将作出宣告本专利权全部无效的决定。专利权人逾期未答复。

在上述审理的基础上，合议组认为本案事实清楚，可以依法作出审查决定。

二、决定的理由

1. 法律依据

基于请求人提出的无效宣告请求的理由和证据，合议组依据专利法实施细则第13条第1款的规定对本案进行审理。

专利法实施细则第13条第1款规定："同样的发明创造只能被授予一项专利。"

2. 证据认定

请求人提交的附件1是公告号为CN300873160的外观设计专利电子公开文本打印件，其申请号是200730340863.4，该外观设计专利产品名称为"果盒（金色）"，专利权人是杨旸，与本案专利权人相同，经合议组核实，该电子公开文本打印件所示内容属实，确系与本专利申请日和专利权人均相同的外观设计专利。因此，该附件1可适用专利法实施细则第13条第1款的规定作为本案证据。

3. 外观设计相同和相近似对比

对于外观设计专利而言，同样的发明创造是指两项外观设计相同或者相近似。

附件1为"果盒"的外观设计（下称在先设计），与本专利属于同一类别的产品，可进行如下相同和相近似性的比较。

本专利为圆台形体，顶面中心有一蝶形手柄，侧面等距设置有四个椭圆形锁扣，圆台体底部有圆形座台，盒盖顶面有一圈密布的花、叶形状的图案（详见本专利附图）。

在先设计为圆台形体，顶面中心有一蝶形手柄，侧面等距设置有四个椭圆形锁扣，圆台体底部有圆形座台，盒盖顶面有一圈密布的花、叶形状的图案（详见在先设计附图）。

将本专利与在先设计相比较，二者的整体形状和图案大体相同，二者的不同点在于：（1）二者的盒盖顶面图案有细微的差别；（2）本专利的盒盖顶面除手柄和花叶图案以外的部分是透明的，在先设计的盒盖顶面是不透明的。合议组认为：虽然本专利的盒盖顶面采用的是透明材料，在先设计的盒盖顶面采用的是不透明的材料，但是盒盖上的不透明图案和手柄占据了盒盖的大部分面积，盒盖顶面图案的差别属于局部细微的变化，根据整体观察、综合判断的原则，透明与不透明的差别对于产品的整体视觉效果不具有显著的影响。因此，本专利与在先设计属于相近似的外观设计。

综上所述，本专利与专利权人同日申请的另一项外观设计专利相近似，即二者属于同样的发明创造，因此，本专利不符合专利法实施细则第 13 条第 1 款的规定。

三、决定

宣告 200730340867.2 号外观设计专利权全部无效。

当事人对本决定不服的，可以根据专利法第 46 条第 2 款的规定，自收到本决定之日起三个月内向北京市第一中级人民法院起诉。根据该款的规定，一方当事人起诉后，另一方当事人应当作为第三人参加诉讼。

主视图

左视图

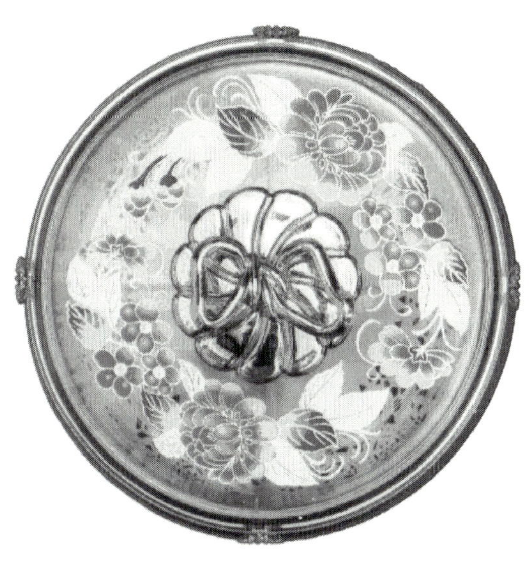
俯视图

右视图

后视图

立体图

本专利附图

主视图

左视图

俯视图

右视图

后视图

立体图

在先设计附图

494

鼠　　标

无效宣告请求审查决定（第 14057 号）

决　　定　　号　第 14057 号
决　　定　　日　2009 年 10 月 23 日
发明创造名称　鼠标
外观设计分类号　14-02
无效宣告请求人　深圳市建源达塑胶模具有限公司
专　利　权　人　周景安
专　　利　　号　200730172430.2
申　　请　　日　2007 年 8 月 21 日
授 权 公 告 日　2008 年 8 月 27 日
合 议 组 组 长　吴大章
主　　审　　员　张雪飞
参　　审　　员　沙柏青

法　律　依　据　专利法第 23 条
决　定　要　点

请求人提交的企业内部的设计图纸的本身真实性及其上所涉及产品的公开性均不能被认定，同时其他涉及公开的证据均与图纸所示产品不具有直接联系，因此均不能支持其无效宣告请求的理由。

一、案由

本无效宣告请求涉及国家知识产权局于 2008 年 8 月 27 日授权公告的 200730172430.2 号外观设计专利，使用该外观设计的产品名称是“鼠标”，其申请日是 2007 年 8 月 21 日，专利权人是周景安。

针对上述外观设计专利权（下称本专利），深圳市建源达塑胶模具有限公司（下称请求人）于 2009 年 6 月 1 日向专利复审委员会提出无效宣告请求，其理由是本专利不符合专利法第 23 条和专利法实施细则第 66 条第 2 款的规定，应宣告本专利全部无效。请求人同时提交了本专利的公报复印件和如下证据附件：

证据 1：盖有“深圳市宝安区西乡建生塑胶制品模具厂”印章的图纸复印件，8 页；

证据 2：深圳市宝安区西乡建生塑胶制品模具厂和阿里巴巴（中国）网络技术有限公司签订的《阿里巴巴中国网站服务订单》复印件，1 页；

证据 3：复函复印件 1 页和深圳市英之健科技有限公司的《订购合同》复印件，1 页；

证据 4：深圳市瑞风模具厂的《订购单》复印件，2 页；

证据5：深圳朗开科技有限公司的《采购合同》复印件，1页；

证据6：汇力电子塑胶有限公司的信函复印件，1页；

证据7：华志宝德福科技（深圳）有限公司的《采购单》复印件，6页；

证据8：建生塑胶制品模具厂的《样板需求单》复印件，3页；

证据9：中嘉电器厂的《外发加工单》复印件，1页；

证据10：10张深圳市祥升塑胶有限公司的《送货单》复印件和4张深圳市宝安区西乡建生塑胶制品模具厂的《送货单》复印件，共8页。

请求人认为，证据1能够证明早在2005年深圳市宝安区西乡建生塑胶制品模具厂就已开始研发与本专利极为相近似的JS-003型鼠标，证据2能够证明该款产品于2006年在阿里巴巴网站上发布广告，证据3~10能够证明该款产品在本专利申请日以前的生产、面市情况，因此本专利不具有新颖性，不符合授权条件。

经形式审查合格，专利复审委员会受理了该无效宣告请求，并于2009年6月2日将请求人的无效宣告请求文件转送专利权人。

专利权人逾期未作出答复。

专利复审委员会于2009年7月9日向双方当事人发出口头审理通知书，定于2009年9月9日进行口头审理。

口头审理如期举行，仅有专利权人一方委托代理人出庭，专利权人对合议组成员无回避请求。在口头审理中，专利权人质疑请求人所提出证据的真实性、合法性和关联性。

口头审理同日，合议组获知请求人的收件人因未按时领取信件而退信，因此其未收到口头审理通知书，从而导致未能出庭。

合议组经合议，于2009年9月14日向双方当事人再次发出口头审理通知书，定于2009年10月19日进行第二次口头审理；同时告知请求人其提出的专利法实施细则第66条第2款的法律条款不存在，并将专利权人的第一次口头审理意见转送请求人。

请求人于2009年9月22日提交了口头审理通知书回执，表明将参加第二次口头审理，同时请求人的代表人刘建安说明，其作为原深圳市宝安区西乡建生塑胶制品模具厂的负责人，能够证明所提交的证据均为真实。

第二次口头审理如期举行，双方当事人均委托代理人出庭。双方均对对方出庭人员的身份和资格无异议，对合议组成员均无回避请求。

在口头审理中，请求人声明其无效宣告请求的理由为本专利不符合专利法第23条的规定，其当庭提交了证据1所示图纸的确认件、证据2所示《阿里巴巴中国网站服务订单》的传真件、证据3中《订购合同》的传真件、证据4所示《订购单》的传真件、证据6所示信函的原件、证据7所示《采购单》的部分传真件、证据8所示《样板需求单》的部分原件、证据9所示《外发加工单》的原件和证据10所示《送货单》的原件，并坚持原有观点，同时说明深圳市宝安区西乡建生塑胶制品模具厂即为请求人的前身，现已注销，证据2~10所涉及的产品均为证据1图纸所示产品，只是型号的名称有所变化。

专利权人核实相关证据的原件、确认件及传真件后，质疑证据1的真实性和合法性，质疑证据2~10的真实性、合法性和关联性。

在上述审理的基础上，合议组经合议，认为本案事实清楚，依法作出本审查决定。

二、决定的理由

基于请求人提出的无效宣告请求的理由和证据，合议组依据专利法第23条的规定进行审理。

专利法第 23 条规定："授予专利权的外观设计，应当同申请日以前在国内外出版物上公开发表过或者国内公开使用过的外观设计不相同和不相近似，并不得与他人在先取得的合法权利相冲突。"

请求人提交的证据 1 是盖有"深圳市宝安区西乡建生塑胶制品模具厂"印章的图纸；证据 2 是深圳市宝安区西乡建生塑胶制品模具厂和阿里巴巴（中国）网络技术有限公司签订的《阿里巴巴中国网站服务订单》；证据 3 是复函复印件 1 页和深圳市英之健科技有限公司的《订购合同》；证据 4 是深圳市瑞风模具厂的《订购单》；证据 5 是深圳朗开科技有限公司的《采购合同》；证据 6 是汇力电子塑胶有限公司的信函；证据 7 是华志宝德福科技（深圳）有限公司的《采购单》；证据 8 是建生塑胶制品模具厂的《样板需求单》；证据 9 是中嘉电器厂的《外发加工单》；证据 10 是深圳市祥升塑胶有限公司和深圳市宝安区西乡建生塑胶制品模具厂的《送货单》；请求人认为上述证据能够证明证据 1 所示的与本专利相近似的 JS-003 型鼠标在先公开的事实。

针对上述证据，合议组认为：首先，由于证据 2 中未显示具体的产品名称及型号，证据 3 中显示的是"60312"样板和"2489C#"前壳、后壳等信息，证据 4 显示的是面壳、底壳、"RF-3050"底座和"RF-808"发射器等信息，证据 5 显示的是透明迷你鼠外壳等信息，证据 6 显示的是宝马鼠等信息，证据 7 显示的是"B101A"侧按键和外壳等信息，证据 8 显示的是 6001 鼠标样板、6003 无线宝马样板和"KH-1289"样板等信息，证据 9 显示的是"SB-176"底壳、"SP-60"后壳和"CA-001"上壳、下壳、反光罩等信息，证据 10 显示的是"Y-2009"面壳、底壳、电池门等信息，因此上述证据均与证据 1 显示的"JS-003"明显不同。虽然请求人说明证据 2~10 所涉及的产品均为证据 1 图纸所示产品，只是型号的名称有所变化，但是没有任何证据证明其主张，因此证据 2~10 均与证据 1 没有直接联系，且上述证据本身均未显示任何产品的具体外观设计图片，因此请求人提交的证据 2~10 均与本案不具有关联性。

其次，虽然证据 1 显示"JS-003"型鼠标在 2005 年设计，但是由于其本身为单纯的企业内部的设计图纸，在无其他证据的有力支持下，不足以认定其真实性，更不足以仅凭设计图纸就认定其上所示产品已在先公开的事实，因此证据 1 亦不能证明相关产品在先公开的事实。

另外，请求人的代表人刘建安说明，其作为原深圳市宝安区西乡建生塑胶制品模具厂的负责人，能够证明所提交的证据均为真实。合议组认为：在无其他证据的有力支持下，仅凭当事人的自述，不足为证。

综上所述，请求人提出的证据均不足以支持其无效宣告请求的理由，其无效宣告请求的理由不成立。

三、决定

维持 200730172430.2 号外观设计专利权有效。

当事人对本决定不服的，可以根据专利法第 46 条第 2 款的规定，自收到本决定之日起三个月内向北京市第一中级人民法院起诉。根据该款的规定，一方当事人起诉后，另一方当事人应当作为第三人参加诉讼。

495

栅栏（3）

无效宣告请求审查决定（第14059号）

决　定　号　第14059号
决　定　日　2009年10月23日
发明创造名称　栅栏（3）
外观设计分类号　25-02
无效宣告请求人　泰州正向建材有限公司
专　利　权　人　谢　奇
专　利　号　02354114.8
申　请　日　2002年7月19日
授权公告日　2003年5月28日
合议组组长　张雪飞
主　审　员　雷　婧
参　审　员　沙柏青
附　　图　1页
法　律　依　据　专利法第23条
决　定　要　点

本专利与在先设计在产品两侧和中部的形状均有明显的差别，这些差别对外观设计的整体视觉效果具有显著的影响，因此，二者不相同且不相近似。

一、案由

本无效宣告请求涉及的是国家知识产权局于2003年5月28日授权公告的、专利号为02354114.8的外观设计专利，其产品名称为“栅栏（3）”，申请日为2002年7月19日，专利权人为谢奇。

针对上述外观设计专利权（下称本专利），泰州正向建材有限公司（下称请求人）于2008年11月29日向专利复审委员会提出无效宣告请求，其理由是：本专利与在其申请日前公开的外观设计相同或相近似，不符合专利法第23条的规定。同时，请求人提交了如下附件作为证据：

附件1：李小龙主演的《精武门》电影翻刻光盘1张；

附件2：木床靠背的照片4张，共2页。

请求人认为，附件1中影片资料的第45分30秒和第1小时38分处均出现了手扶楼梯的扶手柱和栅栏杆，其造型与本专利相同或相近似，且该影片是已故的武学大师李小龙在生前所拍摄，其时间早于本专利的申请日，故与本专利相同或相近似的外观设计在其申请日以前已公开；附件2中照片所示的木床靠背上栅栏杆的造型也与本专利相同或相近似。

经形式审查合格，专利复审委员会依法受理了上述无效宣告请求，并于2009年5月12日将无效宣告请求书及相关文件的副本转送专利权人，通知其在指定的期限内答复。

2009年6月7日，专利权人向专利复审委员会提交了意见陈述书，称其未收到请求人提交的音像资料，暂无法进行质证。

专利复审委员会成立合议组对本案进行审理，并于2009年7月13日向双方当事人发出合议组成员告知通知书和口头审理通知书，定于2009年10月20日进行口头审理，同时将请求人提交的证据转送专利权人，并告知其在指定期限内答复，音像资料待口头审理中演示。

2009年7月28日，请求人向专利复审委员会提交了口头审理回执，说明其不能参加口头审理。

口头审理如期举行，仅有专利权人及其委托的代理人出席口头审理，其对合议组成员无回避请求。口头审理中，专利权人认可附件1所示光盘中《精武门》影片的真实性，并当庭提交了一张其核实该附件使用的"《永恒巨星李小龙》完整版1DISC"的光盘一张及影片截图的打印件一页。专利权人确认附件1中影片在请求人所述的时间点确有相关的楼梯扶手的图片，但其不能确认该影片的拍摄时间在本专利申请日前及其主演为李小龙本人。对于相同和相近似比较，专利权人认为本专利与附件1中影片和附件2照片中所示产品的类别及其外观设计均不相同且不相近似。

在上述审理的基础上，合议组认为本案事实清楚，可以依法作出审查决定。

二、决定的理由

1. 法律依据

基于请求人提出无效宣告请求的理由，合议组依据专利法第23条的规定进行审理。

专利法第23条规定："授予专利权的外观设计，应当同申请日以前在国内外出版物上公开发表过或者国内公开使用过的外观设计不相同和不相近似，并不得与他人在先取得的合法权利相冲突。"

2. 证据及事实的认定

附件1为李小龙主演的《精武门》电影光盘一张，请求人主张在该影片的第45分30秒和第1小时38分处出现与本专利相同或相近似的手扶楼梯的扶手柱和栅栏杆。专利权人对其真实性无异议，但对该影片的拍摄时间及其主演有异议。对此，合议组认为，该影片的第3分第38秒显示"李小龙领衔主演"，且专利权人当庭提交的光盘"《永恒巨星李小龙》完整版1DISC"也明确了该影片的主演为李小龙。经核实，李小龙于1973年7月20日去世，故附件1中影片拍摄的时间应早于本专利的申请日（2002年7月19日）。在无相反证据支持的情况下，专利权人的质疑不能成立。因此，合议组认为，在本专利申请日前拍摄的影片中使用过的产品已在先公开，故附件1可以作为评述本专利是否符合专利法第23条规定的证据。

附件2为木床靠背的照片4张，所述照片中未显示时间，请求人主张其中的产品已在本专利申请日前公开使用。合议组认为，附件2中产品的公开时间不明确，故其不足以作为评述本专利是否符合专利法第23条规定的证据。

3. 外观设计相同和相近似的比较

附件1的影片《精武门》中使用过的楼梯扶手栏杆（下称在先设计）与本专利均属于预制或预装建筑部件中的栅栏类产品，本专利为栅栏，在先设计除具有栅栏的用途外还具有扶手的常规用途，故二者属于相近类别的产品，可以对二者进行相同和相近似的比较。

本专利的图片包括主视图、左视图和俯视图，简要说明载明："1. 后视图与主视图相同，省略后视图。2. 右视图与左视图相同，省略右视图。3. 该产品为不定长产品。"其所示产品由两侧为罗马柱式立柱，中间为多个弧形小立柱，小立柱凸出于其上侧的横向栏杆（详见本专利附图）。在先设计的两侧为顶端呈椭圆球形、上下部分连接处呈立方体形的立柱，中间有多个小立柱，小立柱的顶端与横向的栏杆相交（详见在先设计附图）。

将本专利与在先设计进行比较，二者均由两侧的立柱、中间的多个小立柱和横向的栏杆构成，二者的主要不同点在于：产品两侧的立柱形状不同，本专利呈罗马柱形，而在先设计顶端呈椭圆球形、上下部分连接处呈立方体形；本专利中间的小立柱凸出于横向的栏杆，而在先设计的小立柱均在栏杆之下。合议组认为，本专利与在先设计之间的上述差别明显，对外观设计的整体视觉效果具有显著的影响，因此，二者不相同且不相近似。

综上所述，请求人提交的证据均不能支持其无效宣告请求的理由。

三、决定

维持 02354114.8 号外观设计专利权有效。

当事人对本决定不服的，可以根据专利法第 46 条第 2 款的规定，自收到本决定之日起三个月内向北京市第一中级人民法院起诉，根据该款规定，一方当事人起诉后，另一方当事人应当作为第三人参加诉讼。

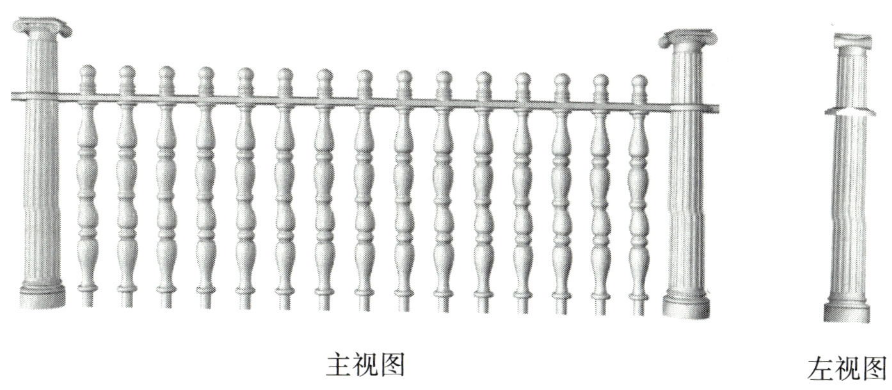

主视图　　左视图

俯视图

本专利附图

第 45 分 30 秒截图

第 1 小时 38 分截图

在先设计附图

496

太阳伞座

无效宣告请求审查决定（第14060号）

决　　定　　号 第14060号
决　　定　　日 2009年10月26日
发明创造名称 太阳伞座
国 际 分 类 号 03-03
无效宣告请求人 邹可嘉
专　利　权　人 邝注财
专　　利　　号 03364506.X
申　　请　　日 2003年9月19日
授 权 公 告 日 2004年7月28日
合 议 组 组 长 张　凌
主　　审　　员 吴大章
参　　审　　员 雷　婧
附　　　　　图 3页

法　律　依　据 专利法第23条
决　定　要　点

本专利和在先设计都呈现为扁平状的圆形底座，二者的区别不会对整体视觉产生显著的影响，所以二者是相近似的。

一、案由

本无效宣告请求案涉及国家知识产权局2004年7月28日授权公告的03364506.X号外观设计专利，使用外观设计的产品名称为“太阳伞座”，其申请日为2003年9月19日，专利权人为邝注财。

针对上述专利权，邹可嘉（下称请求人）于2009年6月5日向专利复审委员会提出了无效宣告请求，其理由是本专利不符合专利法第23条的规定。请求人提交了下列附件作为证据：

附件1：01309060.7号中国外观设计专利公报的复印件，1页；

附件2：96323774.8号中国外观设计专利电子公开文本的复印件，2页；

附件3：01316277.2号中国外观设计专利电子公开文本的复印件，4页；

附件4：01331429.7号中国外观设计专利公报的复印件，1页；

附件5：01354566.3号中国外观设计专利公报的复印件，1页；

附件6：02357300.7号中国外观设计专利公报的复印件，1页。

请求人认为：附件 1~6 的公告日均在本专利的申请日之前，均公开了底座，是人们在日常生活中常见的伞座、底架底座、家具底座、电扇底座、灯具底座等与本专利形状极为近似的底座。因此，相对于附件 1~6，本专利在申请日前已公开且公开使用，不符合专利法第 23 条的规定。

经形式审查合格，专利复审委员会于 2009 年 6 月 22 日受理了上述无效宣告请求，并将无效宣告请求书及其附件副本转送给了专利权人，要求其在指定期限内答复。

专利权人于 2009 年 8 月 6 日提交了意见陈述书，认为附件 1~6 中的产品与本专利产品不属于相同或相近的类型，而且其公开的外观设计与本专利相比也是不相同且不相近似的。专利权人还指出，附件 2 的吊伞的底座与本专利有显著差别，与本专利不相同也不相近似，专利复审委员会在之前作出的 11946 号无效宣告请求审查决定（下称在先决定）中，已经认定与附件 2 的吊伞底座结构相同的在先设计与本专利不相同也不相近似，故本专利应予维持。专利权人提交了上述无效宣告请求审查决定的复印件。

合议组于 2009 年 8 月 17 日向双方当事人发出口头审理通知书，定于 2009 年 9 月 28 日举行口头审理，于 2009 年 8 月 26 日将专利权人的上述意见陈述书转送请求人，要求其在口头审理时一并答复。

口头审理如期举行，双方当事人均出席口头审理。专利权人对请求人提交的附件 1 真实性提出异议，认为附件 2 的图片不清楚，认为附件 3 作为网页证据需要进行公证认证。请求人认为本专利相对于附件 1~6 不符合专利法第 23 条的规定。双方当事人就本专利和附件记载的外观设计的相同和相近似性进行了辩论。

在上述审查的基础上，合议组认为本案事实已经清楚，可以依法作出审查决定。

二、决定的理由

1. 法律依据

基于请求人提出的无效宣告请求的理由，合议组依据专利法第 23 条的规定进行审查。

专利法第 23 条规定："授予专利权的外观设计，应当同申请日以前在国内外出版物上公开发表过或者国内公开使用过的外观设计不相同和不相近似，并不得与他人在先取得的合法权利相冲突。"

2. 证据认定

请求人提交的附件 3 是 01316277. 2 号中国外观设计专利电子公开文本的复印件。经合议组核实，该附件与专利公报的内容一致，所述外观设计专利的授权公告日是 2001 年 11 月 28 日，早于本专利的申请日（2003 年 9 月 19 日），属于在本专利申请日之前的公开出版物。附件 3 公开了包括底座的落地灯，本专利的产品为太阳伞座，附件 3 中的底座和本专利底座的用途均为支撑物，保障安装在其上的产品主体部分的稳定性。因此附件 3 公开的底座与本专利的产品类别相近，附件 3 可以作为评述本专利是否符合专利法第 23 条规定的证据。

3. 相同和相近似比较

本专利公开的太阳伞座包括主视图、俯视图、仰视图、A-A 剖视图以及立体图，其包括呈圆柱形的基础部分和球台形的上部，其上部中央有一安装立竿的圆孔（详见本专利附图）。

从附件 3 的图片可知，落地灯的底座（下称在先设计）包括圆柱形的基础部分和球台形的上部，其上部中心是安装立竿的位置（详见在先设计附图）。

将本专利与在先设计进行比较可以看出：两者都具有呈圆柱形的基础部分和呈球台形的上部，上部中央是安装立竿的位置。两者主要区别在于：本专利的顶部近似平面，而在先设计的顶部近似曲面。合议组对上述不同点进一步分析后认为，由于本专利和在先设计的高度都远远小于其直径的长度，两者都呈现为扁平状的圆形物体，本专利与在先设计的上述区别，不会对整体视觉产生显著的影响。所以二者是相近似的。本专利不符合专利法第 23 条规定。

鉴于上述已经得出本专利不符合专利法第 23 条的结论，合议组对请求人提交的其他证据不再予以评述。

三、决定

宣告 03364506. X 号外观设计专利权全部无效。

当事人对本决定不服的，可以依据专利法第 46 条第 2 款的规定，自收到本决定之日起三个月内向北京市第一中级人民法院起诉。根据该款的规定，一方当事人起诉后，另一方当事人应当作为第三人参加诉讼。

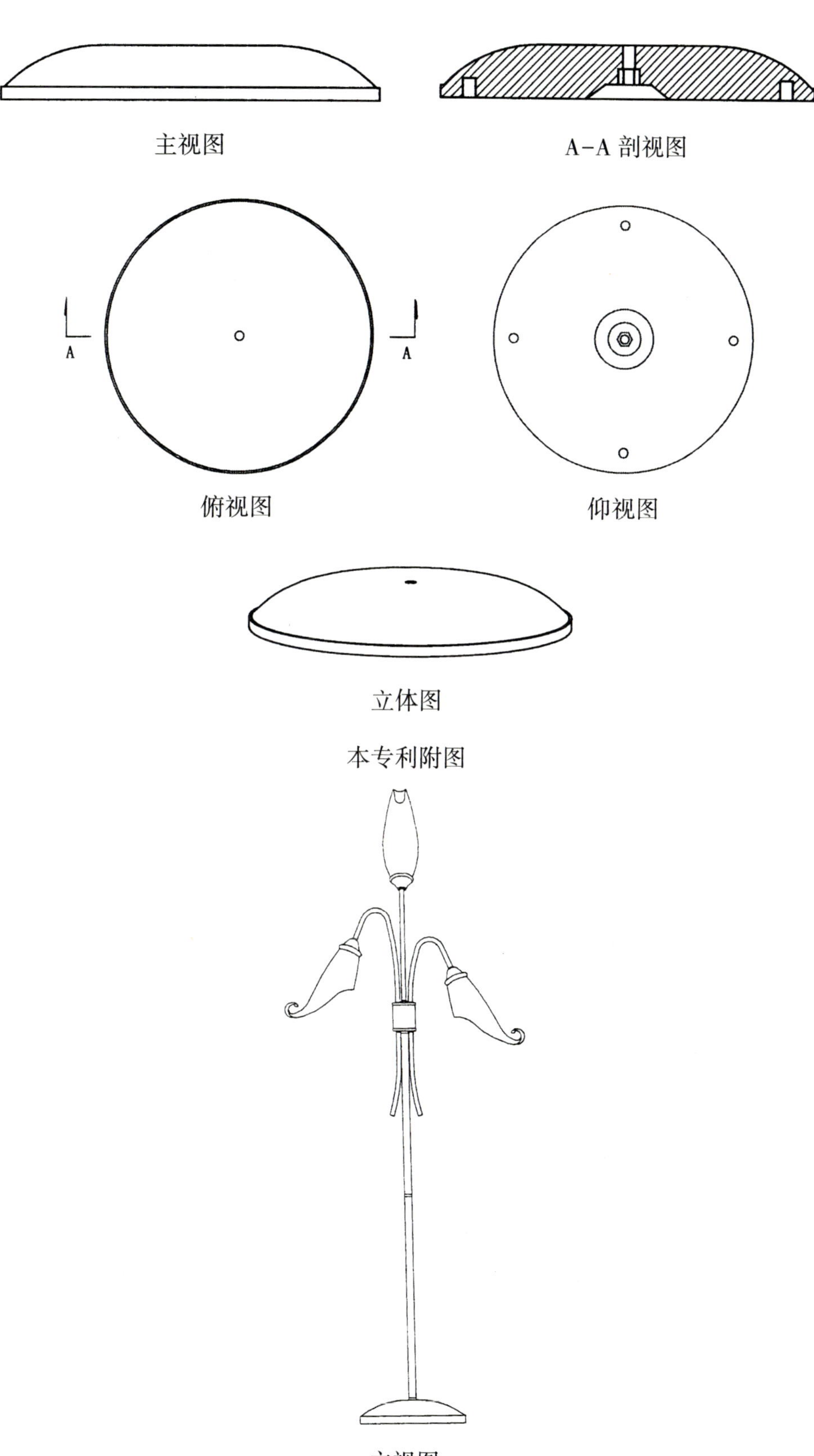

主视图

A-A 剖视图

俯视图

仰视图

立体图

本专利附图

主视图

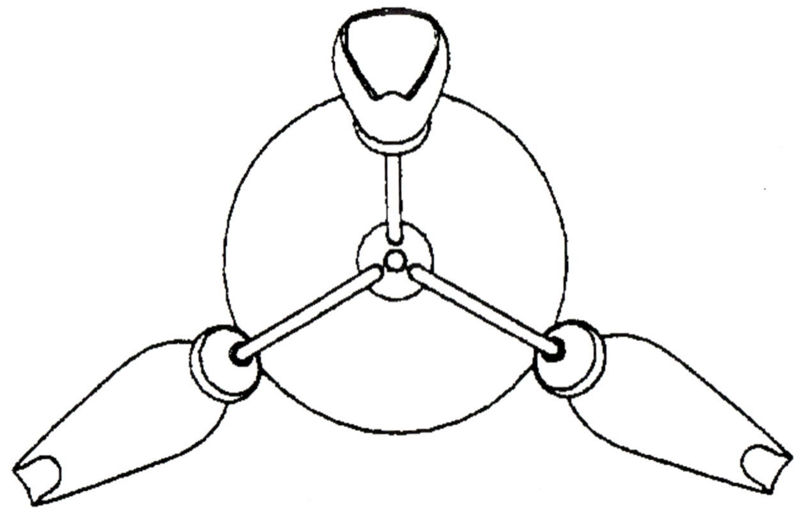

俯视图

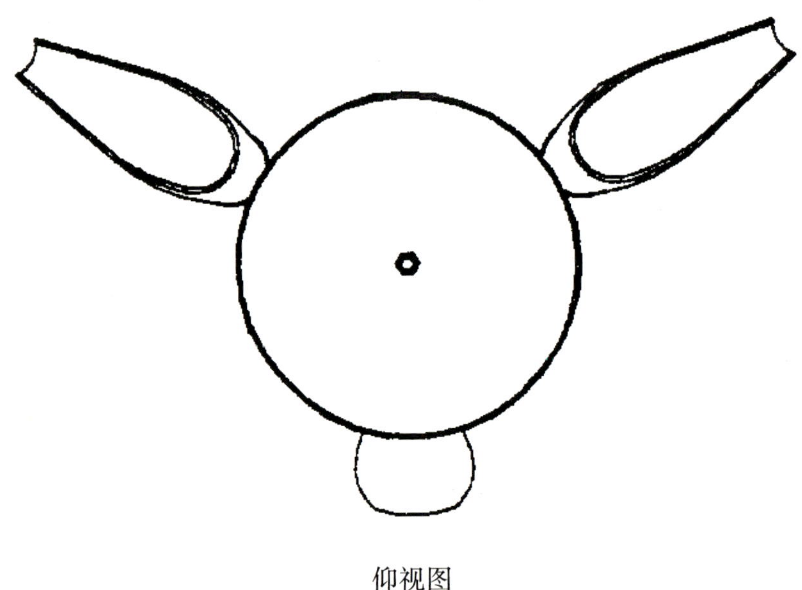

仰视图

在先设计附图（附件3附图节略）

497

沙发（8160）

无效宣告请求审查决定（第14062号）

决　定　号 第14062号
决　定　日 2009年10月27日
发明创造名称 沙发（8160）
外观设计分类号 06-01
无效宣告请求人 浙江顾家工艺沙发制造有限公司
专　利　权　人 敏华荣家具（深圳）有限公司
专　利　号 200730170513.8
申　请　日 2007年6月18日
授权公告日 2008年6月11日
合议组组长 吴大章
主　审　员 尹春霞
参　审　员 王美芳
附　图 3页

法律依据 专利法第23条
决定要点

请求人提交的证据已经构成了完整的证明体系，可以证明与本专利相近似的沙发在本专利申请日前公开销售的事实，本专利不符合专利法第23条的规定。

一、案由

本无效宣告请求涉及国家知识产权局于2008年6月11日授权公告的200730170513.8号外观设计专利，使用该外观设计的产品名称是"沙发（8160）"，其申请日是2007年6月18日，专利权人是敏华荣家具（深圳）有限公司。

针对上述外观设计专利权（下称本专利），浙江顾家工艺沙发制造有限公司（下称请求人）于2009年5月28日向专利复审委员会提出无效宣告请求，其依据的事实和理由是：本专利与在其申请日前公开销售和展出的外观设计相近似，本专利不符合专利法第23条的规定，应予宣告无效。请求人同时提交了如下附件作为证据：

附件1：加盖"浙江顾家工艺沙发制造有限公司"公章的企业法人营业执照复印件，共1页；

附件2：第13001号无效宣告请求审查决定书复印件，共6页；

附件3：加盖"浙江顾家工艺家具销售有限公司"公章的第01615421号浙江增值税普通发票复

印件，共 1 页；

附件 4：200730124769.5 号外观设计专利证书复印件，共 4 页；

附件 5：（2009）浙杭钱证民字第 3877 号公证书原件，1 份；

附件 6：加盖“杭州顾家工艺家具销售有限公司”公章的第 01615507 号浙江增值税普通发票复印件，共 1 页；

附件 7：加盖“杭州顾家工艺家具销售有限公司”公章的进账单复印件，共 1 页；

附件 8：杭州市工商行政管理局余杭分局出具的杭州福来登电器制造有限公司的基本情况复印件，共 1 页；

附件 9：杭州市工商行政管理局上城分局出具的杭州顾家工艺家具销售有限公司的基本情况复印件，共 1 页；

附件 10：浙江顾家工艺家具销售有限公司的增值税应税货物或劳务销售清单及浙江增值税普通发票复印件，共 34 页；

附件 11：顾家工艺产品技术规范及沙发 870 编号说明，共 6 页；

附件 12：国际家具（东莞）展览会组委会出具的证明复印件，共 1 页。

请求人认为：（1）第 13001 无效宣告请求审查决定已经认定沙发（870）与本专利相近似，而在本专利申请日前沙发（870）就已经公开销售；（2）早在 2007 年 3 月 17~21 日，在第 17 届国际名家具（东莞）展览会上就展示过沙发（870）。因此本专利不符合专利法第 23 条的规定，应宣告无效。

专利复审委员会经形式审查合格受理了该无效宣告请求，并于 2009 年 7 月 24 日将无效宣告请求书及其附件的副本转送专利权人，通知其在指定期限内陈述意见。

专利复审委员会依法成立合议组对本案进行审理，并于 2009 年 7 月 29 日向双方当事人发出《无效宣告请求口头审理通知书》，定于 2009 年 9 月 22 日进行口头审理。

口头审理如期举行，双方均委托代理人出席口头审理，双方均对对方出庭人员的资格无异议，对合议组成员也无回避请求。在口头审理中，请求人说明以附件 3~5 结合证明在 2007 年 5 月 29 日，杭州顾家工艺家具销售公司将沙发（870）销售给了雷磊；以附件 6、附件 7 结合说明在 2007 年 6 月 4 日，杭州福来登公司将沙发（870）销售给了某电器公司；附件 12 证明在 2007 年 3 月 17 日至 21 日，沙发（870）在国际家具（东莞）展览会已经公开展示；附件 8~11 用以证明所涉及单位真实存在和企业对于产品名称编号的规则。请求人当庭提交了附件 3、附件 4、附件 6~12 的原件。专利权人对上述附件的原件与复印件的一致性表示认可。但对附件 3、附件 6、附件 10、附件 11、附件 12 的真实性有异议，对附件 4、附件 7、附件 8、附件 9 的真实性无异议，对附件 5 公证书本身的真实性无异议，但对其公证的内容有异议。双方当事人就争议的事实充分发表了观点。

专利权人于 2009 年 9 月 28 日提交意见陈述书及相关反证。专利权人认为请求人提交的附件 5 不具有我国民事诉讼上公证证据的法律效力，不能作为本案的无效证据；附件 12 不具备证据的必要条件，是虚假证据；附件 11 是内部资料，附件 10 为请求人自己制作，具有极大的随意性，不能作为本案的无效证据。

在上述审理的基础上，合议组经合议，认为本案事实清楚，依法作出本审查决定。

二、决定的理由

1. 法律依据

基于请求人提出无效宣告请求所依据的事实和理由，合议组对本专利是否符合专利法第 23 条的规定进行审查。

专利法第 23 条规定：“授予专利权的外观设计，应当同申请日以前在国内外出版物上公开发表过

或者国内公开使用过的外观设计不相同和不相近似，并不得与他人在先取得的合法权利相冲突。”

2. 证据认定

请求人提交的附件3是加盖“浙江顾家工艺家具销售有限公司”公章的第01615421号浙江增值税普通发票（第一联）复印件，附件4是200730124769.5号外观设计专利证书复印件，附件5是（2009）浙杭钱证民字第3877号公证书原件。请求人当庭提交了附件3、附件4的原件，请求人欲以以上附件证明沙发（870）在本专利申请日前即已销售给雷磊。专利权人对附件3的真实性不予认可，认为附件3是与请求人有利害关系的一方提供的，且其上载明的产品名称与本案所涉及的沙发（870）没有关系，与本案没有关联性；对附件5本身的真实性予以认可，但对其内容的真实性有异议，认为公证书是2009年5月20日作出的，而发票的出具日期是2007年5月29日，公证员没有经历两年前的购买过程，不能证明两年前的事实，因此公证书只是形式上真实，而内容不真实。合议组认为，请求人在口头审理当庭提交了附件3增值税发票（第一联）的原件，从其上载明的信息可知，2007年5月29日杭州顾家工艺家具销售有限公司将型号为870的沙发销售给雷磊。虽然专利权人对附件3的真实性有异议，认为附件3是与请求人有利害关系的一方提供的，但专利权人并未在规定期限内举证证明附件3是不真实的。且从附件3发票本身来看，其真实性可以认定，可以证明上述销售事实。请求人提交的附件5是（2009）浙杭钱证民字第3877号公证书原件，其包括公证过程的公证书1份、第01615421号浙江增值税普通发票复印件1张、沙发照片15张、商品质量保证单照片1张、第01615421号浙江增值税普通发票（第二联）照片1张、浙江顾家工艺沙发制造有限公司客户评价表复印件1张。经合议组核实，其中由雷磊保存的第01615421号浙江增值税普通发票（第二联）与附件3浙江增值税普通发票（第一联）完全一致。根据销售惯例，销售方留存发票的第一联，销售方提供给购货方发票的第二联，因此也可以证明2007年5月29日杭州顾家工艺家具销售有限公司将型号为870的沙发销售给雷磊的事实。专利权人认为照片中显示沙发腿膜保存完好，而若是使用了两年的沙发，不会是保存如此完好，因此认为图片有造假迹象。合议组认为，没有证据表明消费者在使用沙发时一定需要将沙发腿膜去除，为保存沙发踢脚部位的清洁，使用两年的沙发腿膜完全可以保存完好，因此合议组认为，专利权人提出的疑点不足以否定上述销售事实。至于附件3中的沙发870是否为附件4的沙发（870），合议组认为，根据行业惯例，企业在为产品命名时，一般一种产品只对应一个型号。同时在公证书所附沙发照片中，显示了与附件4完全相同的沙发产品，可以证明附件3的沙发870就是附件4的沙发（870）。虽然专利权人认为附件3中产品名称为沙发870的沙发与附件4没有关系，但在请求人已提供上述证据证明的情况下，专利权人并未举出反证证明其主张，因此合议组对专利权人的主张不予支持。

3. 相近似比较

本专利是沙发的外观设计，附件5的照片中也公开了三款沙发的外观设计，其中有一款是三座沙发（下称在先设计）。本专利与在先设计用途相同，可以进行相同相近似比较。

本专利包括主视图、右视图、俯视图、立体图以及使用状态参考图1-3。简要说明载明：（1）右视图与左视图对称，省略右视图；（2）后视图、仰视图为非常见部件，省略后视图和仰视图。该沙发包括底座、坐垫、扶手、靠背以及支腿等部件。其中，平置的底座上放置有坐垫，底座和坐垫均由三部分组成，位于两侧的两部分比中间的部分稍宽，坐垫的上表面的前端较后端略高，两侧底座的前面印有文字及图案；底座及坐垫的两头均有一竖立的挡板，该挡板前面呈近似弧状，其边角呈圆润自然过渡，挡板上方各有一宽度大于挡板厚度的扶手，扶手在整体上略高于坐垫的上表面，挡板外侧面上部靠近前方的位置有一圆形按钮；底座和挡板的后端有一略向后倾斜的靠背，靠背的整体高度约为挡板高度的两倍，该靠背具有与坐垫三部分对应的分别位于靠背上半部分的上方和下方的腰部靠背和头部靠枕，沙发各个组件的边角和整体均为圆润自然过渡（详见本专利附图）。

在先设计示出了除底面外各个方向的视图。该沙发包括底座、坐垫、扶手、靠背以及支腿等部件。其中，平置的底座上放置有坐垫，底座和坐垫均由三部分组成，位于两侧的两部分比中间的部分稍宽，坐垫的上表面的前端较后端略高；底座及坐垫的两头均有一竖立的挡板，该挡板前面呈近似弧状，其边角呈圆润自然过渡，挡板上方各有一宽度大于挡板厚度的扶手，扶手在整体上略高于坐垫的上表面，挡板外侧面上部靠近前方的位置有一圆形按钮；底座和挡板的后端有一略向后倾斜的靠背，靠背的整体高度约为挡板高度的两倍，该靠背具有与坐垫三部分对应的分别位于靠背上半部分的上方和下方的腰部靠背和头部靠枕，沙发各个组件的边角和整体均为圆润自然过渡（详见在先设计附图）。

将本专利与在先设计相比较，二者的整体形状基本相同，区别仅在于沙发侧面的调节按钮形状，本专利为圆形，在先设计为近似椭圆形。合议组认为，此处的差异处在视觉不易见的部位，且在整体中所占比例较小，二者的差别不会对整体视觉效果造成显著影响。此外本专利两侧底座的前面印有文字及图案，在先设计无。合议组认为，本专利的文字及图案已做了删除处理，且对整体形状而言属于细微变化，不会对整体视觉效果造成显著影响。因此，本专利与在先设计属于相近似的外观设计。

综上所述，附件3~5已经构成了完整的证明体系，可以证明与本专利相近似的沙发产品在本专利申请日前已经公开销售使用，因此本专利不符合专利法第23条的规定。

由于专利权人2009年9月28日提交的意见陈述书及反证已经超出指定的答复期限，因此合议组对专利权人提交的该意见陈述书及反证不予考虑。

鉴于已经得出本专利不符合专利法第23条的规定的结论，合议组对请求人提出的其他理由和证据不再进行评述。

三、决定

宣告200730170513.8号外观设计专利权无效。

当事人对本决定不服的，可以根据专利法第46条第2款的规定，自收到本决定之日起三个月内向北京市第一中级人民法院起诉。根据该款的规定，一方当事人起诉后，另一方当事人应当作为第三人参加诉讼。

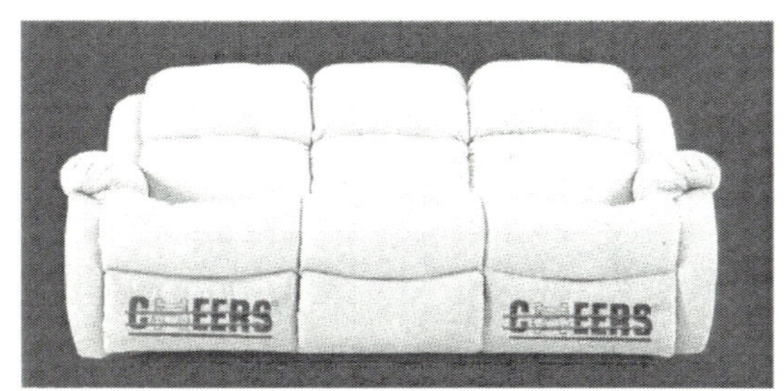

主视图

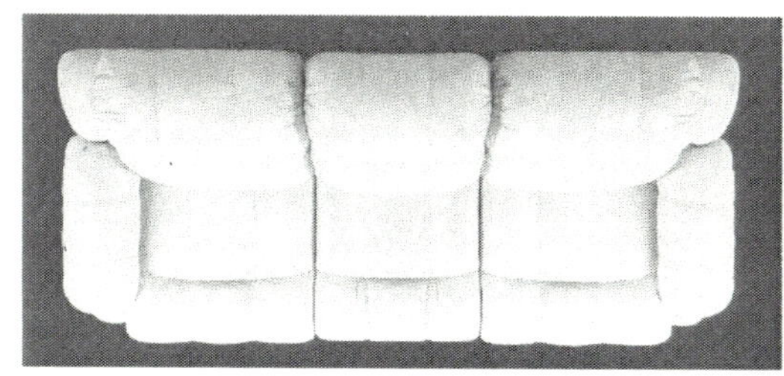

俯视图

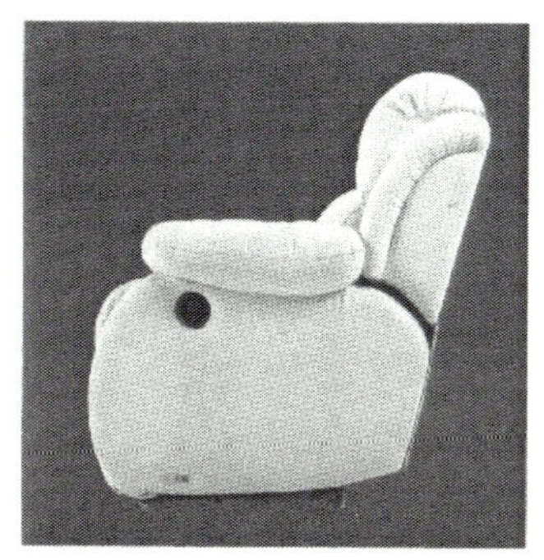

主视图

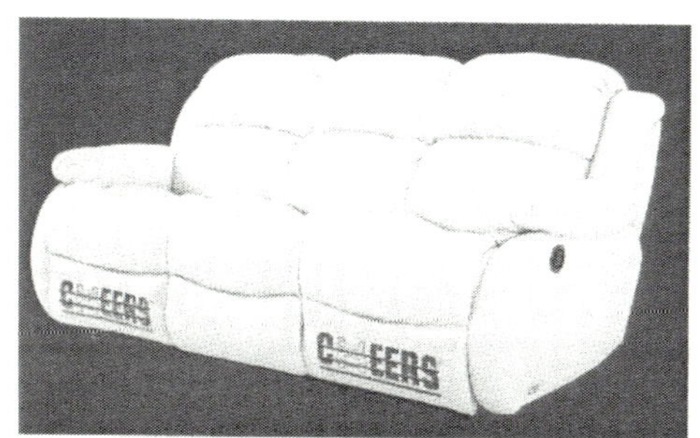

俯视图

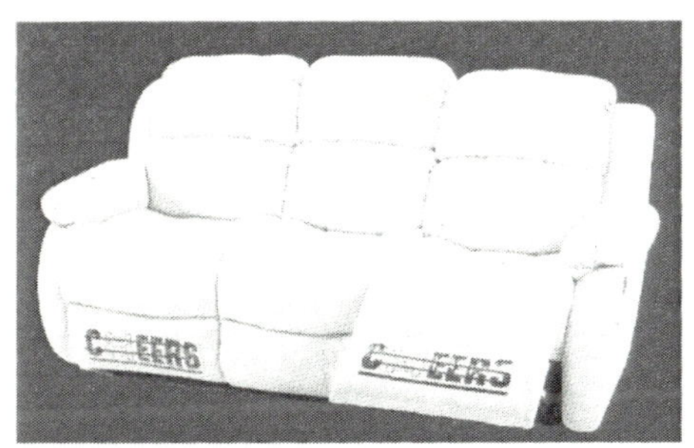

主视图

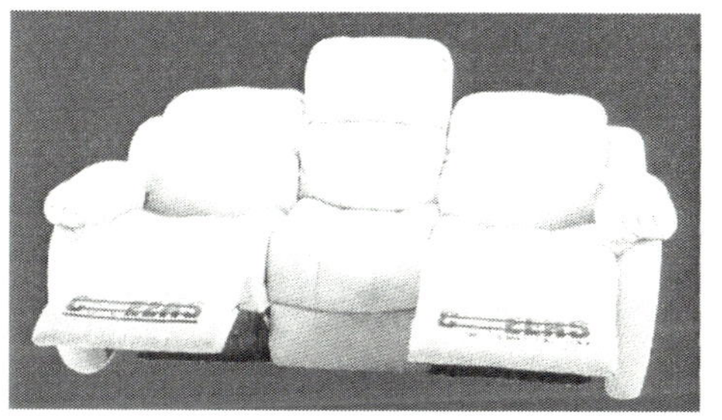

俯视图

主视图

本专利附图

在先设计附图

弥　雾　机

无效宣告请求审查决定（第14063号）

决　　定　　号　第14063号
决　　定　　日　2009年10月27日
发明创造名称　弥雾机
外观设计分类号　08-05
无效宣告请求人　高同来
专　利　权　人　韩金亮
专　　利　　号　200630093059.6
申　　请　　日　2006年6月22日
授 权 公 告 日　2007年6月13日
合 议 组 组 长　徐清平
主　　审　　员　吴大章
参　　审　　员　雷　婧
附　　　　　图　4页
法　律　依　据　专利法第23条、专利法实施细则第2条第3款
决　定　要　点

本专利所采用的设计不影响本专利产品的制造、销售和使用，其适于工业应用。

本专利与在先设计区别对整体视觉效果具有显著影响，所以本专利与在先设计是不相近似的。

一、案由

本无效宣告请求涉及国家知识产权局2007年6月13日授权公告日200630093059.6号外观设计专利，使用该外观设计的产品名称为“弥雾机”，其申请日为2006年6月22日，专利权人为韩金亮。

针对上述专利权，高同来（下称请求人）于2009年6月3日向专利复审委员会提出了无效宣告请求，其理由是本专利不符合专利法第23条和专利法实施细则第2条第3款的规定。请求人提交了下列附件：

附件1：00344887.8号中国外观设计专利电子公开文本的彩色打印件1页；

附件2：本专利电子公开文本的打印件。

请求人认为：附件1与本专利相近似，且本专利无法在工业上应用，因此，本专利不符合专利法第23条和专利法实施细则第2条第3款的规定。

经形式审查合格，专利复审委员会于2009年6月17日受理了上述无效宣告请求，并将无效宣告请求书及其附件副本转送给了专利权人，要求其在指定期限内答复。

请求人于2009年7月1日再次提交了意见陈述书，并提交了补充证据附件3~7。请求人认为本专利相对附件3~4不具有新颖性，不符合专利法第23条的规定，相对于附件5~7不符合外观设计的定义，本专利仅显示了产品的一部分，不能通过工业生产得以实施，不符合专利法实施细则第2条第3款的规定。

请求人提交的补充附件如下：

附件3：01317174.7号中国外观设计专利电子公开文本的打印件1页；

附件4：01317173.9号中国外观设计专利电子公开文本的打印件1页；

附件5：200620086178.3号中国实用新型专利说明书的复印件5页；

附件6：第1页左上角具有“弥雾机烟雾机-中国农资网”字样的网页复印件3页；

附件7：山东省潍坊市中级人民法院作出的（2009）潍知初字第11号民事判决书的复印件共8页。

专利复审委员会于2009年7月8日将上述意见陈述书和补充附件转送专利权人，要求其在指定的期限内答复。

专利权人于2009年8月18日提交了意见陈述书。专利权人认为，本专利和附件1~4记载的外观设计既不相同也不相近似，并且可以进行工业生产。专利权人要求在口头审理时进一步进行说明。

合议组于2009年9月7日向双方当事人发出口头审理通知书，定于2009年10月13日举行口头审理。

口头审理如期举行，双方当事人均出席口头审理。口头审理中涉及的事项如下：

（1）请求人声明放弃附件6。

（2）请求人明确无效宣告的理由为：①相对于附件1、3、4，本专利不符合专利法第23条的规定。②用附件5、附件7证明本专利不能构成完整的产品，不符合专利法实施细则第2条第3款的规定。请求人认为，本专利仅仅显示了弥雾机的一个部件，没有公开完整的弥雾机，不适于工业应用。

（3）专利权人对请求人提交的所有证据（不包括附件6）的真实性都没有异议。

（4）双方当事人就本专利和附件1、3、4记载的外观设计是否相同或相近似进行了辩论，请求人认可附件1与附件4记载的外观设计是相同的。双方当事人就本专利是否符合专利法实施细则第2条第3款进行了辩论。

在上述审理的基础上，合议组认为本案事实已经清楚，可以依法作出审查决定。

二、决定的理由

1. 法律依据

基于请求人提出无效宣告请求的理由，合议组依据专利法第23条和专利法实施细则第2条第3款的规定进行审理。

专利法第23条规定：“授予专利权的外观设计，应当同申请日以前在国内外出版物上公开发表过或者国内公开使用过的外观设计不相同和不相近似，并不得与他人在先取得的合法权利相冲突。”

专利法实施细则第2条第3款规定：“专利法所称的外观设计是指对产品的形状、图案或者其结合以及色彩与形状、图案的结合所作出的富有美感并适于工业应用的新设计。”

2. 证据认定

附件1记载了一种弥雾机（A）的外观设计专利，其申请号为00344887.8，授权公告日是2001年7月11日；附件3记载了一种弥雾机（2）的外观设计专利，其申请号为01317174.7，授权公告日是2001年10月3日；附件4记载了一种弥雾机（1）的外观设计专利，其申请号为01317173.9，授权公告日是2001年9月19日。经合议组核实，附件1、3、4内容属实，所示专利的授权公告日均早于本专利的申请日，上述附件属于本专利申请日之前的公开出版物。附件5是本专利专利权人的一项实用新型专利，该专利涉及的产品与本专利相同，是一种脉冲弥雾机，其授权公告日是2007年7月4日，在本专利的申请日之后；附件7是山东省潍坊市中级人民法院作出的（2009）潍知初字第11号民事判决书，专利权人对上述两份证据的关联性和真实性没有提出异议。因此，附件1、3、4可以作为评价本专利是否符合专利法第23条的证据，附件5、7可以作为评价本专利是否符合专利法实施细则第2条第3款的证据。

3. 关于无效宣告理由

（1）关于专利法实施细则第2条第3款

请求人认为，本专利仅仅显示了弥雾机的一个部件，没有公开完整的弥雾机，不适于工业应用。请求人用附件5和附件7证明弥雾机具有药液箱，而本专利的视图中没有显示所述药液箱。请求人认为，由于上述缺陷，本专利不应该称作迷雾机，而是迷雾机的一个部件。合议组认为，附件5、7可以证明弥雾机在使用中必须有药液箱，但本专利的药液箱没有和弥雾机的主体部分成一体化设计，药液箱的形状不确定，与弥雾机的位置也不确定，是在使用时的一个附件，此种设计并不影响本专利产品的制造、销售和使用，其适于工业应用。因此，合议组认为，附件5、7不能证明本专利不符合专利法实施细则第2条第3款的规定，请求人的该无效宣告理由不能成立。

（2）关于专利法第23条

请求人认为本专利和附件1、3、4记载的外观设计相近似。上述附件均记载了关于弥雾机的外观设计，和本专利涉及的产品类别相同，可以进行相同相近似比较。

本专利授权公告的附图包括主视图、后视图、左视图、右视图、俯视图和仰视图。如图所示，本专利包括脉冲发动机、“L”形的机架、具有圆柱形的散热罩的机身主体、圆柱形的喷管、圆角长方体形状的供油箱和圆柱形的充气装置，整体形状呈直径不同的阶梯柱状设计，其机身固定在“L”形机架长底边一侧，供油箱固定在“L”机架无底边的一侧，充气装置固定在机架上方（详见本专利附图）。

①本专利与附件1所记载的外观设计（下称在先设计1）相比较。

在先设计1由7幅视图表示，如图所示，在先设计1包括脉冲发动机、近似梯形的机架、圆柱形的机身、圆柱形的喷管、长方形的药液箱、长方体形状的供油箱和圆柱形的充气装置，圆柱形的机身固定在梯形机架一侧，药液箱和供油箱固定在机架的另一侧，充气装置固定在机架上方（详见在先设计1附图）。

将本专利与在先设计1进行比较可以看出相同点为：两者都具有呈圆柱形的喷管和圆柱形的充气装置。两者主要区别在于：本专利整体形状呈直径不同的阶梯柱状设计，而在先设计1没有设计成此种形式；本专利的机架呈“L”形状，先设计1的机架呈近似梯形。合议组认为，本专利主体所采用的阶梯柱状的设计形成了与先设计1具有明显差别的视觉感受，非一体化的药液箱设计使得本专利显得更为简洁，本专利与在先设计1的上述区别对整体视觉效果具有显著影响，所以本专利与在先设计1是不相近似的。

②本专利与附件3所记载的外观设计（下称在先设计2）相比较。

在先设计2由7幅视图表示，如图所示，在先设计2包括脉冲发动机、近似“⊥”形的机架、圆柱形的机身、圆柱形的喷管、长方形的药液箱、长方体形状的供油箱和圆柱形的充气装置，圆柱形的机身固定在“⊥”形机架一侧，药液箱和供油箱固定在机架的另一侧，充气装置固定在机架上方（详见在先设计2附图）。

将本专利与在先设计2进行比较可以看出相同点为：两者都具有呈圆柱形的喷管和圆柱形的充气

装置。两者主要区别在于：本专利整体形状呈直径不同的阶梯柱状设计，而在先设计 1 没有设计成此种形式；本专利的机架呈“L”形，先设计 2 的机架呈“⊥”形。合议组认为，本专利主体所采用的阶梯柱状的设计形成了与先设计 2 具有明显差别的视觉感受，非一体化的药液箱设计使得本专利显得更为简洁，本专利与在先设计 2 的上述区别对整体视觉效果具有显著影响，所以本专利与在先设计 2 是不相近似的。

③本专利与附件 4 所记载的外观设计（下称在先设计 3）相比较。

双方当事人都认为附件 4 记载的外观设计与附件 1 记载的相同。经合议组比较，上述附件记载的外观设计确属相同。由于合议组已经得出了附件 1 记载的外观设计与本专利不相近似的结论，故不再将本专利与附件 4 记载的在先设计 3 进行详细比较，直接得出不相近似的结论。

综上所述，本专利与在附件 1、3、4 记载的外观设计是不相近似的，请求人据其证明本专利不符合专利法第 23 条规定的主张不能成立。

4. 结论

请求人提交的证据不能证明本专利不符合专利法实施细则第 2 条第 3 款的规定，也不能证明本专利不符合专利法第 23 条的规定。请求人的无效宣告理由均不能成立。

三、决定

维持 200630093059. 6 号外观设计专利权有效。

当事人对本决定不服的，可以依据专利法第 46 条第 2 款的规定，自收到本决定之日起三个月内向北京市第一中级人民法院起诉。根据该款的规定，一方当事人起诉后，另一方当事人应当作为第三人参加诉讼。

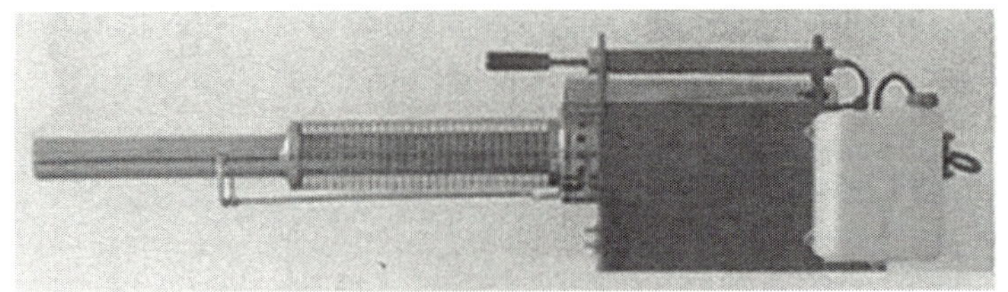

主视图

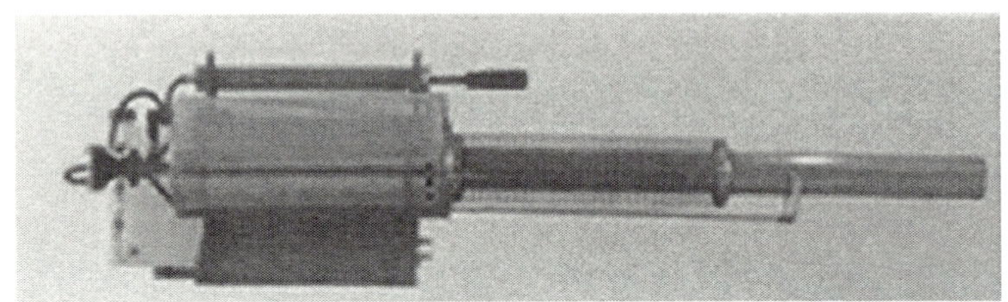

后视图

左视图

右视图

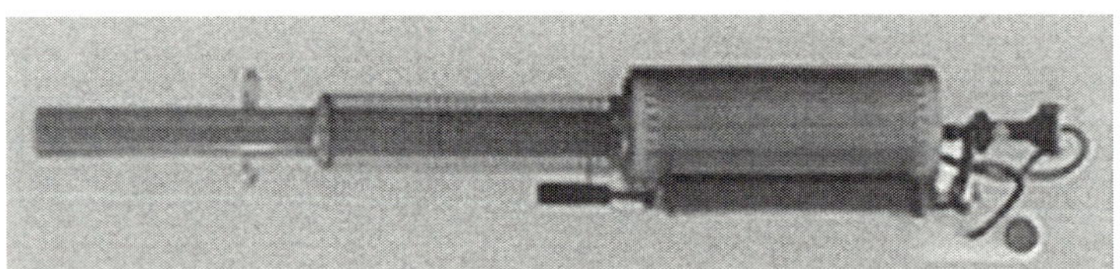

俯视图

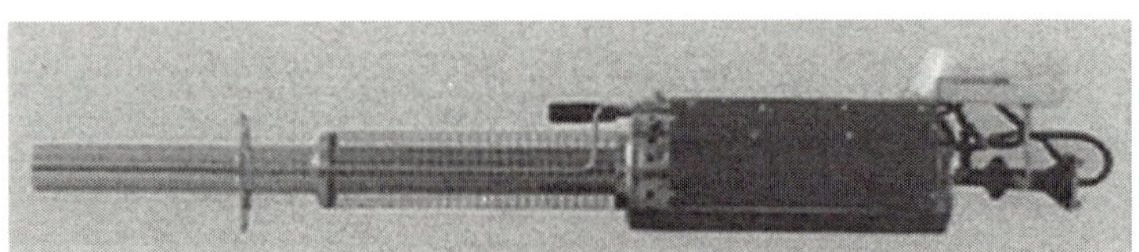

仰视图

本专利附图

主视图

后视图

左视图

右视图

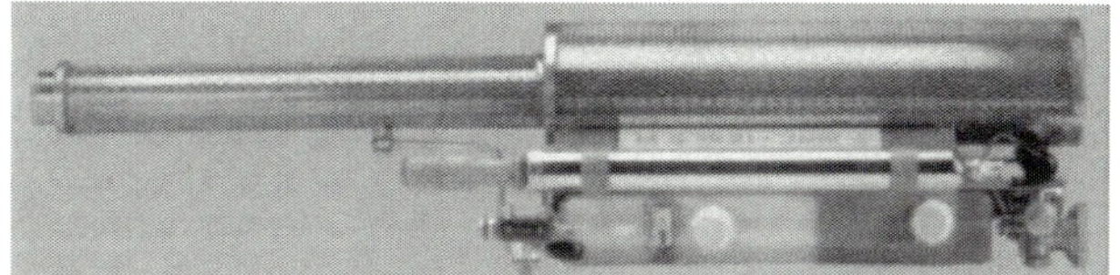

俯视图

仰视图

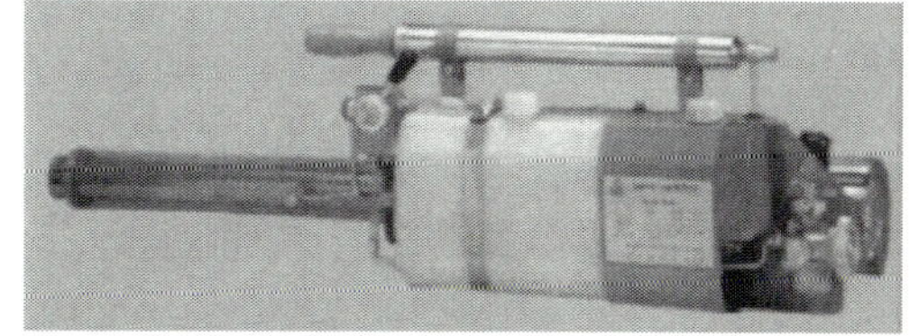

使用状态图

在先设计 1 附图

主视图

后视图

左视图

右视图

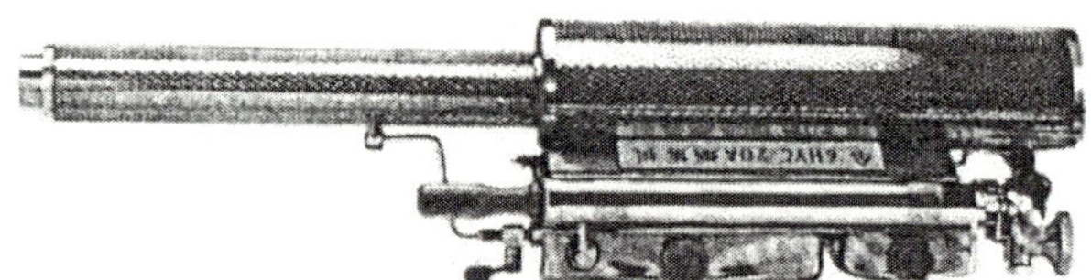

俯视图

仰视图

使用状态图

在先设计 2 附图

主视图

后视图

左视图

右视图

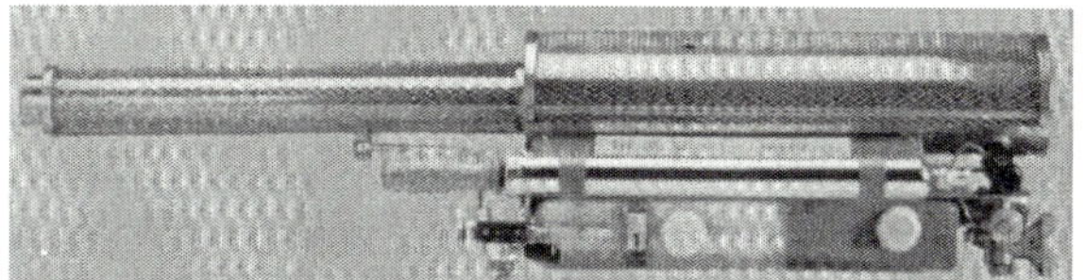

俯视图

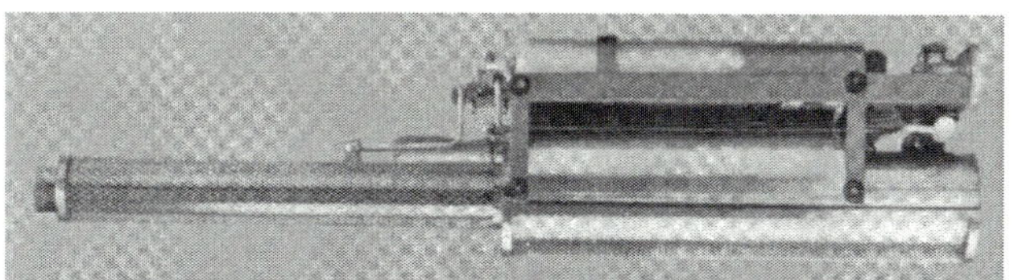

仰视图

立体图

在先设计 3 附图

499

塑胶切粒机

无效宣告请求审查决定（第14070号）

决　　定　　号　第14070号
决　　定　　日　2009年10月29日
发明创造名称　塑胶切粒机
国 际 分 类 号　15-09
无效宣告请求人　东莞市瑞塞克塑胶机械有限公司
专　利　权　人　张简春福
专　　利　　号　200530129910.1
申　　请　　日　2005年9月23日
授 权 公 告 日　2006年5月31日
合 议 组 组 长　钟　华
主　　审　　员　贾彦飞
参　　审　　员　涂洪文
附　　　　　图　共3页

法　律　依　据　专利法第23条
决　定　要　点

如果专利权人作为产品的销售者不能证明其所销售的产品并非请求人所举证的产品，则其应当承担由于举证不能而导致的不利后果。由于有证据能够证明在本专利的申请日之前已经有相似的外观设计的产品在国内公开使用和销售，因此本专利不符合专利法第23条的规定。

一、案由

本无效宣告请求涉及中华人民共和国国家知识产权局于2006年5月31日授权公告的200530129910.1号外观设计专利（下称本专利）的专利权，名称为“塑胶切粒机”，申请日为2005年9月23日，专利权人是张简春福。

针对上述专利权，东莞市赛瑞克塑胶机械有限公司（下称请求人）于2009年7月23日向国家知识产权局专利复审委员会提出了宣告本专利权无效的请求，同时，请求人提交了如下附件作为证据：

附件1（本专利）：声称为被请求专利ZL200530129910.1的授权公告外观设计图片或照片复印件2页；

附件2：（2009）东常证内字第3846号公证书原件；

附件3：（2009）东常证内字第3845号公证书原件；

附件4：（2009）东常证内字第3847号公证书原件；

附件5：（2009）东常证内字第3882号公证书原件；

附件6：（2009）东常证内字第3910号公证书原件；

附件7：2005年《塑胶商情》第1期（总第458期）1本。

其主要无效理由是：本专利与附件2、4中公开的塑胶切粒机相同，其整体外观也完全相同，本专利已经被附件2和附件4中的塑胶切粒机公开；附件5证明东莞仲佑塑胶有限公司有一台附件2的塑胶切粒机，出厂日期为2001年5月30日；附件6证明东莞市五洲行塑胶色料助剂有限公司有一台附件4的塑胶切粒机，购买日期为2004年7月；附件3是附件2中的塑胶切粒机的生产厂商台湾方春机械有限公司的网站上部分网页的内容，其中第6页图片所示的机器为附件2中的塑胶切粒机，该图片的上传时间为2004年11月23日，由以上证据可以得出，在本专利申请日之前，已经有完全相同的外观设计产品在中国销售和使用，因此本专利不符合专利法第23条的规定；附件7是2005年《塑胶商情》第1期（总第458期），在封底右上角的PEH-单螺杆塑胶造粒机的立体图与本专利外观设计完全按相同，因此本专利不符合专利法第23条的规定。

对于上述无效宣告请求，专利复审委员会经形式审查合格，于2009年7月24日受理，同时将无效宣告请求书及其附件清单中所列附件的副本转寄给专利权人。

请求人于2009年8月21日补充提交了无效宣告请求的理由，并提交了如下附件作为证据（编号续前）：

附件8：声称为杨晓林从专利权人张简春福处于本专利申请日前购买该产品的订购单；

附件9：声称为深圳市旭光塑料有限公司（代表人杨晓玲）于2005年7月21日购买REC-90造粒机的收款收据；

附件10：声称为张简春福于2005年7月2日出售的（CUT-10）切粒机的铭牌照片；

附件11：声称为深圳市旭光塑料有限公司从方春塑胶造粒机械有限公司购买的（CUT-10）切粒机的外观图片。

其补充的无效理由是：附件8～11均能证明张简春福于申请日之前已经公开了本专利的塑胶切粒机。

合议组于2009年9月1日发出转送文件通知书，将请求人补充提交的意见陈述书及其所附附件转送给专利权人。

合议组于2009年9月7日向双方当事人发出口头审理通知书，定于2009年10月20日对本案举行口头审理。

口头审理如期举行，双方当事人均出席口头审理并各自陈述了意见。在口头审理中，双方当事人对合议组成员及书记员没有回避请求。请求人明确其无效宣告理由和证据是：使用附件1～7以及附件8～11证明本专利在申请日前被公开使用和销售。请求人认为附件2和附件5结合、附件3、附件4和附件6结合、附件7、附件8～10结合分别能够证明在本专利在申请日之前已经被公开使用和销售。专利权人对附件1的真实性、合法性和关联性均没有异议，对附件2～7本身的真实性没有异议，对附件8、9的真实性没有异议，对附件10～11的真实性存在异议；专利权人认为从附件2中第3个照片中的铭牌中可以看出该设备产自中国台湾地区，而请求人没有提供相应的手续证明其进入中国内地地区的时间，专利权人对附件5的证人证言的真实性不予认可，认为请求人没有提供相应证据来证明附件5中的证人所在的公司在2001年之前就存在；专利权人认为附件3中网址链接处的内容不能确定其就是公开日期，并且认为该网页是在申请日之后修改过的；专利权人对附件6的证人证言的真实性不予认可，认为请求人没有提供相应证据来证明附件6中的证人所在的公司在2006年之前就存在，也没有提交收据、质量保证书等证明；专利权人认为附件 7 中并没有日期证明其公开日早于本专利的申请日；专利权人认为无法确定附件 10~11 中的产品就是附件 8~9 中销售给深圳市旭光材料有限公司的产品。请求人认为附件 2 与本专利完全相同，附件 3 与本专利的的主视图和左视图相近似，附件 4 与本专利完全相同，附件 7 与本专利相近似，附件 11 与本专利相近似。专利权人认为附件 2 与本专利相似，附件 3 与本专利不相同也不相近似，附件 4 与本专利相近似，附件 7 与本专利不相同也不相近似，附件 11 与本专利相近似。

至此，合议组认为本案事实已经清楚，现依法作出审查决定。

二、决定的理由

关于专利法第 23 条：

专利法第 23 条规定："授予专利权的外观设计，应当同申请日以前在国内外出版物上公开发表过或者国内公开使用过的外观设计不相同和不相近似，并不得与他人在先取得的合法权利相冲突。"

请求人认为：附件 8~11 结合能够证明销售事实，即方春机械（深圳）有限公司曾经出售过一套型号为 REC-90 的造粒机给深圳市旭光塑料有限公司，其中在双方签订的订购单中可以明显看出，REC-90 造粒机中包括型号为 CUT-10 的切粒机一台，该切粒机就是附件 10~11 照片中所示的切粒机，并且订购单的买方签字人杨晓林在附件 11 中证明附件 11 所拍摄的是该公司正在使用的型号为 CUT-10 的切粒机，该切粒机是 2005 年 7 月 2 日从方春塑料造粒机械有限公司购买的，由于附件 11 中的照片与本专利相同，因此能够证明在本专利申请日之前已经有相同的外观设计在国内公开使用和销售，因此本专利不符合专利法第 23 条的规定。

专利权人对附件 8、9 的真实性予以认可，对附件 10~11 的真实性存在异议，专利权人认为无法确定附件 10~11 中的产品就是附件 8~9 中销售给深圳市旭光材料有限公司的产品，专利权人认为附件 11 与本专利相近似。

合议组认为：附件 8 中作为卖方方春塑胶造粒机械有限公司的代表签字即为张简春福，而附件 9 是开具给深圳市旭光塑料有限公司的收款收据，其上盖有方春机械（深圳）有限公司的财务专用章，该收款收据的经手人为张简春福，虽然专利权人的代理人当庭并未承认附件 8~9 中签字的张简春福是专利权人，但是通过专利权人提交的授权委托书可以看出，其签字是相似的，并且专利权人也未举出附件 8~9 中的张简春福并非专利权人的反证，因此可以认定附件 8~9 中签字的张简春福为本专利的专利权人；附件 8 的订购单中，买方代表为杨晓林，附件 9 中客户名称是深圳市旭光塑料有限公司，附件 11 中盖有深圳市旭光塑料有限公司的红章以及杨晓林证明附件 11 中的图片上拍摄的产品就是其于 2005 年 7 月 2 日从方春塑胶造粒机械有限公司购得的 CUT-10 型造粒机，因此，附件 8、9、11 能够共同印证一个 CUT-10 型切粒机的销售事实，即能够确定附件 11 中的 CUT-10 切粒机是附件 8~9 中深圳市旭光塑料有限公司购买的 REC-90 造粒机中的 CUT-10 切粒机，即附件 11 中的图片显示了附件 8 中方春塑胶造粒机械有限公司销售的 CUT-10 型造粒机的外观，虽然专利权人对附件 10~11 的真实性不予认可，但是其作为附件 8~9 中产品的销售者，没有举证证明其所销售的产品并非附件 10~11 照片中的产品，也没有举证说明 CUT-10 切粒机具有不同外观，因此其异议不成立。专利权人认可附件 10~11 中的照片与本专利相近似，经合议组核实专利权人的上述认可与本专利及在先设计图片没有矛盾，故对该认可事实予以确认，由于附件 8 中的订购单签订日期 2005 年 7 月 2 日和附件 9 中的收据开具日期 2005 年 7 月 21 日均早于本专利的申请日 2005 年 9 月 23 日，因此合议组认为附件 8~11 能够证明在本专利的申请日之前已经有相近似的产品在国内公开销售的事实，因此本专利不符合专利法第 23 条的规定。

由于合议组依据附件 8~10 得出了本专利不符合专利法第 23 条的结论，因此对于无效宣告请求人的其他理由和证据不予评述。

基于上述事实和理由，合议组作出如下无效宣告决定。

三、决定

宣告 200530129910.1 号外观设计专利权全部无效。

当事人对本决定不服的，可以根据专利法第 46 条第 2 款的规定，自收到本决定之日起三个月内向北京市第一中级人民法院起诉。根据该款的规定，一方当事人起诉后，另一方当事人应当作为第三人参加诉讼。

主视图

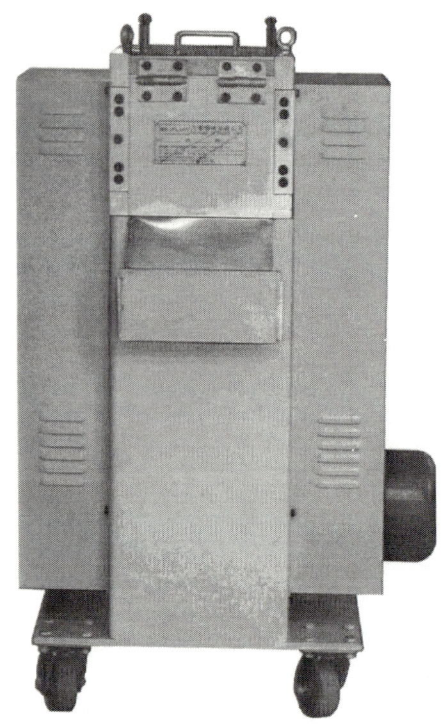
后视图

左视图

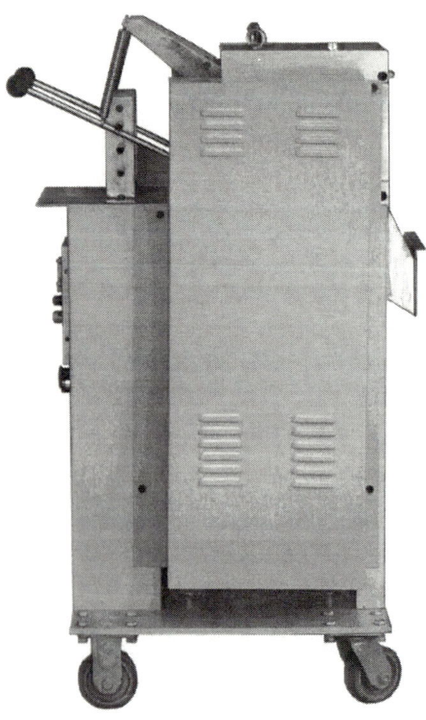
右视图

本专利附图

俯视图

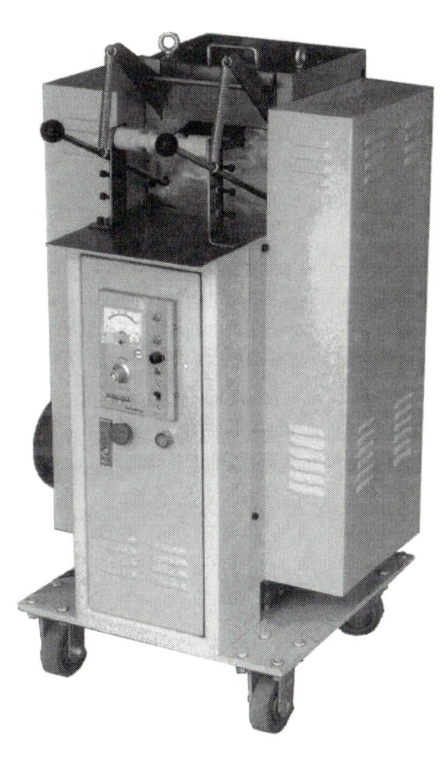

立体图

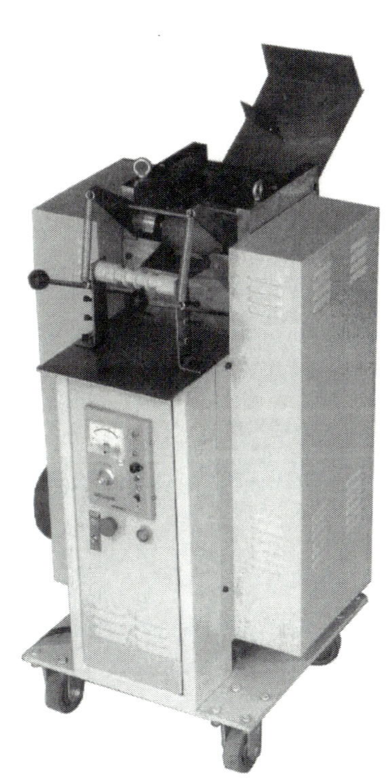

使用状态图

本专利附图（续）

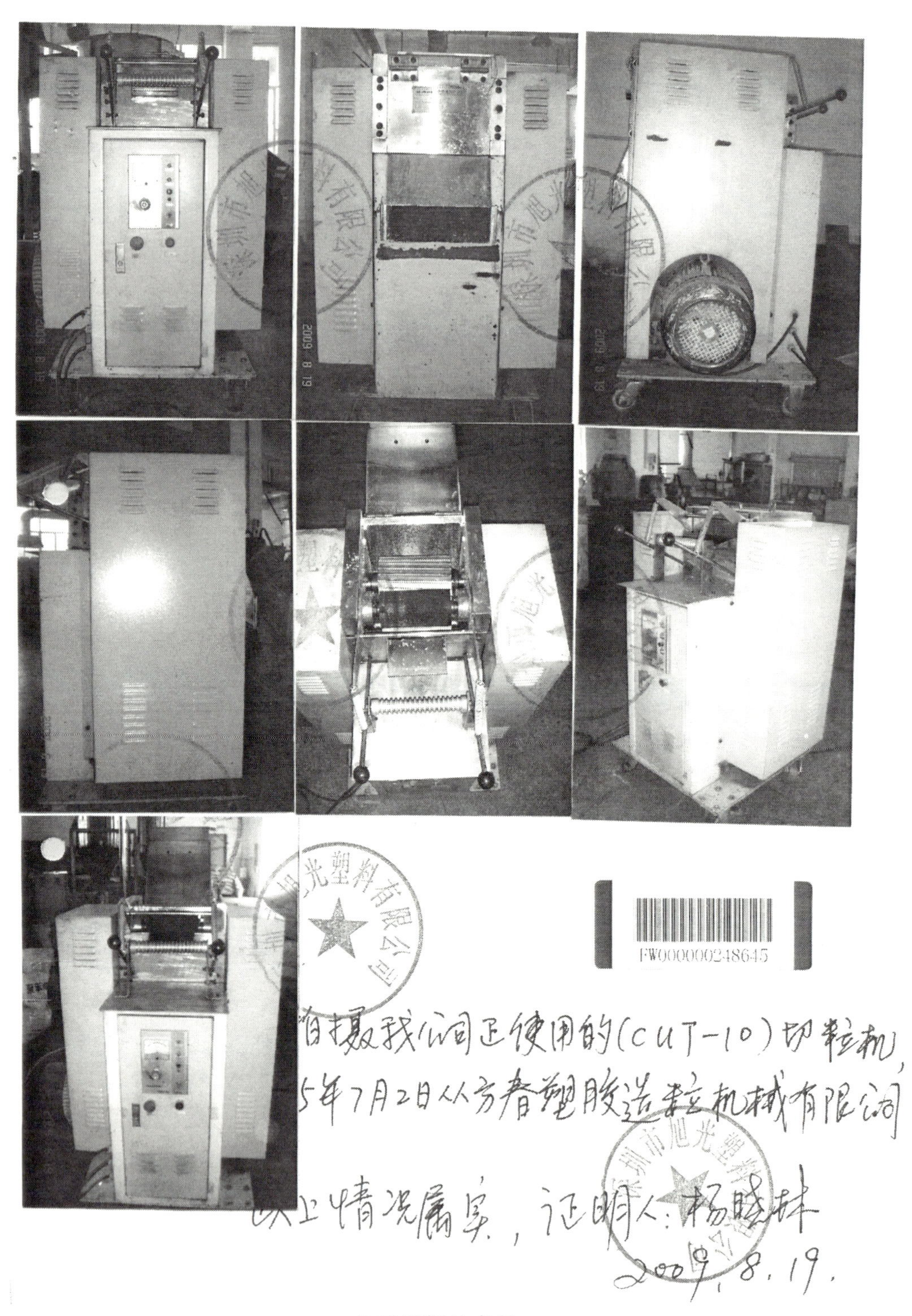

公开销售的产品

500

中性笔（303）

无效宣告请求审查决定（第14073号）

决　定　号　第14073号
决　定　日　2009年11月2日
发明创造名称　中性笔（303）
外观设计分类号　19-06
无效宣告请求人　汕头市百通文具有限公司
专　利　权　人　上海乐美文具有限公司
专　利　号　200430071989.2
申　请　日　2004年8月25日
授权公告日　2005年5月25日
合议组组长　王霞军
主　审　员　尹春霞
参　审　员　沙柏青
附　　图　3页

法律依据　专利法第23条
决定要点
本专利与在先设计的差别对于其整体而言为局部细微变化，不足以对整体视觉效果产生显著影响。

一、案由

本无效宣告请求涉及国家知识产权局于2005年5月25日授权公告的200430071989.2号外观设计专利，使用该外观设计的产品名称是“中性笔（303）”，其申请日是2004年8月25日，专利权人是上海乐美文具有限公司。

针对上述外观设计专利权（下称本专利），汕头市百通文具有限公司（下称请求人）于2009年6月30日向专利复审委员会提出无效宣告请求，其依据的事实和理由是：本专利不符合专利法第23条的规定，应予宣告无效。请求人同时提交了如下附件作为证据：

附件1：03341083.6号外观设计专利著录项目及图片复印件，共2页；

附件2：本专利著录项目及图片复印件，共2页。

请求人认为，附件1与本专利的分类号相同，二者笔套都是圆柱体，是笔类产品的常规设计，二者的笔夹都是由顶部和夹子组成，类似于鲨鱼头部，二者的顶部和夹子造型相同，因此本专利与附件

1 所示外观设计相近似，请求宣告其无效。

专利复审委员会经形式审查合格受理了该无效宣告请求，并于 2009 年 7 月 29 日将无效宣告请求受理通知书及其附件的副本转送专利权人，通知其在指定期限内陈述意见，并告知专利权人如逾期不答复，不影响专利复审委员会的审理。

专利复审委员会于 2009 年 8 月 26 日向双方当事人发出合议组成员告知通知书，双方当事人在规定期限内均未对合议组成员提出回避请求。

专利复审委员会于 2009 年 9 月 4 日收到专利权人针对专利复审委员会于 2009 年 7 月 29 日发出的无效宣告请求受理通知书提交的意见陈述书。专利权人认为：本专利与附件 1 所示外观设计，除了在笔杆、笔帽的形状以及笔夹在笔帽的安装位置外，在其他方面存在诸多区别，如笔帽所占笔的总体比例不同、笔帽与笔杆的连接处不同、笔杆的末端设计不同、笔夹的形状及图案不同。因此，二者有较大的区别，这些区别在整体上会对视觉效果产生显著影响，应维持本专利有效。

在双方当事人意见陈述的基础上，合议组经合议，认为本案事实清楚，依法作出本审查决定。

二、决定的理由

1. 法律依据

基于请求人提出无效宣告请求所依据的事实和理由，合议组首先对本专利是否符合专利法第 23 条的规定进行审查。

专利法第 23 条规定："授予专利权的外观设计，应当同申请日以前在国内外出版物上公开发表过或者国内公开使用过的外观设计不相同和不相近似，并不得与他人在先取得的合法权利相冲突。"

2. 证据认定

请求人提交的附件 1 是 03341083.6 号外观设计专利的著录项目及图片复印件，其授权公告日是 2004 年 4 月 7 日，早于本专利申请日（2004 年 8 月 25 日），产品名称是"圆珠笔"，经合议组核实，其内容属实，属于在本专利申请日前公开的出版物，可以作为评价本专利是否符合专利法第 23 条规定的证据。

3. 外观设计对比

本专利是笔的外观设计，附件 1 公开了笔的外观设计（下称在先设计），二者用途相同，属于相同类别的产品，具有可比性。

本专利由上部笔帽与下部笔杆两部分组成。笔杆呈圆柱状，靠近笔帽处设置一圈装饰线；笔帽由笔套及笔夹组成，笔套呈圆柱状，笔夹呈类似长条的薄片状，略带弧度，上端与笔套套接，并向下呈斜坡状，斜坡上有一楔形凸起（详见本专利附图）。

在先设计由上部笔帽与下部笔杆两部分组成。笔杆呈圆柱状，笔杆下端设置两圈装饰线；笔帽由笔套及笔夹组成，笔套呈圆柱状，笔夹呈类似长条的薄片状，略带弧度，上端与笔套套接，并向下呈斜坡状，斜坡上有一楔形凸起（详见在先设计附图）。

将本专利与在先设计相比较，二者的相同点为：均由圆柱状的笔杆和笔帽组成、笔帽均由圆柱状的笔套和笔夹组成、笔夹上端向下呈斜坡状，斜坡上有一楔形凸起。二者的主要不同之处在于：在先设计的笔杆下端设置两圈装饰线，本专利无此设计；本专利的笔杆靠近笔帽处设置一圈装饰线，在先设计无此设计；笔夹的形状略有不同，本专利笔夹下端较尖，在先设计的笔夹下端过渡圆滑；此外，在笔夹处的装饰线有细微不同。合议组认为：根据整体观察，综合判断的原则，上述差别对于其整体而言为局部细微变化，不足以对整体视觉效果产生显著影响。由于二者的整体造型、各组成部分在整体中的相对位置及形状基本相同，已形成了相近似的整体视觉印象，极易引起一般消费者视觉上的混淆、误认，因此，二者属于相近似的外观设计。此外，专利权人认为本专利与在先设计存在诸多区别，二者应属于不相同且不相近似的外观设计。对此合议组认为，专利权人指出的区别对于其整体而言均为局部细微变化，不足以对整体视觉效果产生显著影响，合议组对专利权人的主张不予支持。

综上所述，在本专利申请日以前已有与其相近似的外观设计在出版物上公开发表过，本专利不符合专利法第 23 条的规定。

三、决定

宣告 200430071989.2 号外观设计专利权全部无效。

当事人对本决定不服的，可以根据专利法第 46 条第 2 款的规定，自收到本决定之日起三个月内向北京市第一中级人民法院起诉。根据该款的规定，一方当事人起诉后，另一方当事人应当作为第三人参加诉讼。

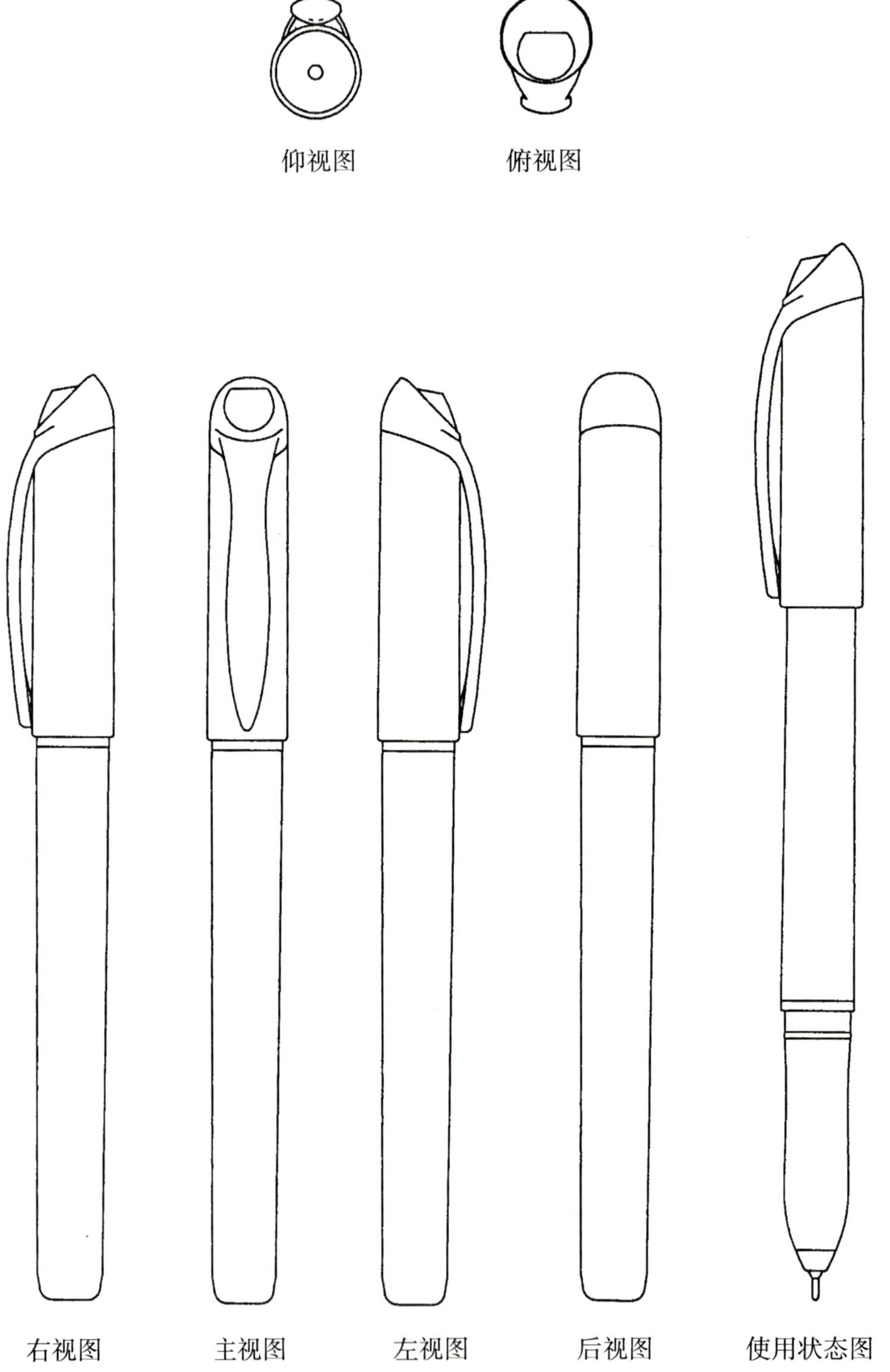

本专利附图

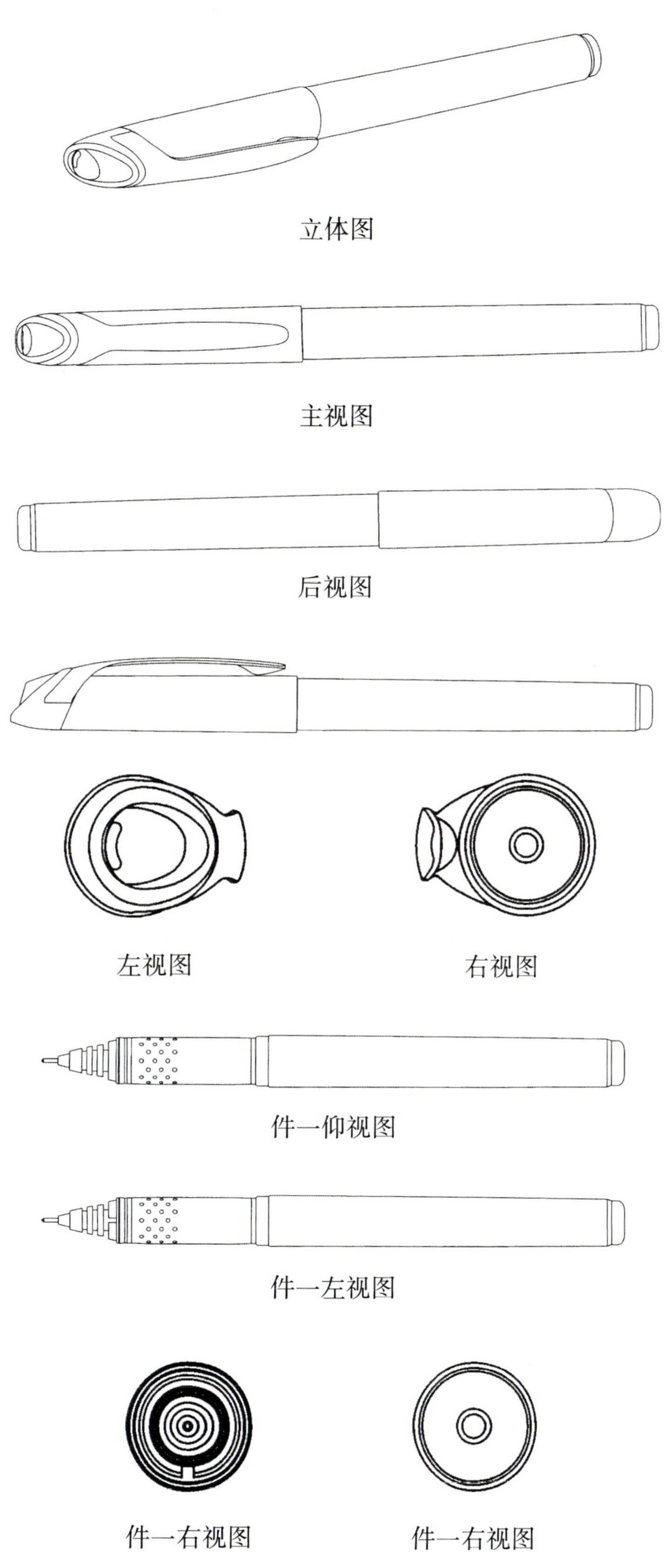

在先设计附图

件二主视图

件二后视图

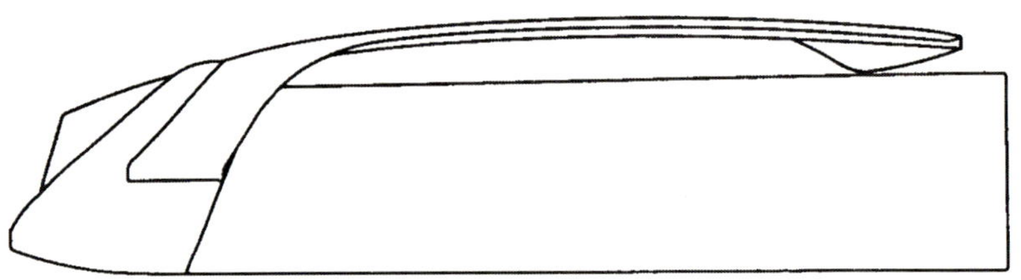

件二仰视图

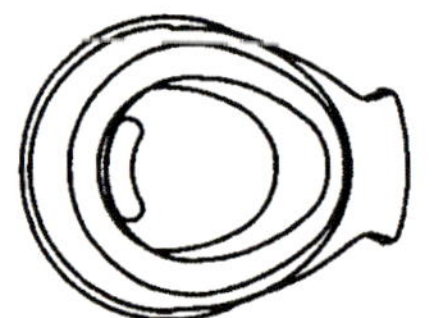

件二左视图

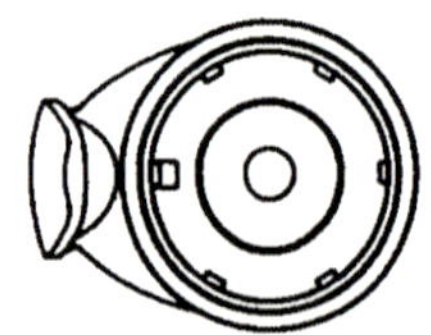

件二右视图

在先设计附图（续）

501

早餐流动车

无效宣告请求审查决定（第14077号）

决　　定　　号　第14077号
决　　定　　日　2009年10月29日
发明创造名称　早餐流动车
外观设计分类号　12-02
无效宣告请求人　泰安市普天工贸有限公司
专　利　权　人　王静冬
专　　利　　号　03313076.0
申　　请　　日　2003年4月21日
授权公告日　2004年1月28日
合议组组长　张雪飞
主　　审　　员　吴大章
参　　审　　员　王　红
附　　　　图　7页

法　律　依　据　专利法第23条
决　定　要　点

本专利与在先设计存在的差异对产品的整体视觉效果具有显著的影响，足以使一般消费者认为本专利是与在先设计明显不相同且不相近似的新设计。

一、案由

本无效宣告请求涉及国家知识产权局于2004年1月28日授权公告的03313076.0号外观设计专利，使用该外观设计的产品名称是“早餐流动车”，其申请日是2003年4月21日，专利权人是王静冬。

针对上述外观设计专利权（下称本专利），泰安市普天工贸有限公司（下称请求人）于2009年6月12日向专利复审委员会提出无效宣告请求，其理由是本专利不符合专利法第23条的规定。请求人提交了如下附件作为证据：

附件1：01307255.2号中国外观设计专利电子公开文本的打印件1页；

附件2：USD447846S号美国外观设计专利公报及相关的中文译文的复印件共5页；

附件3：本专利电子公开文本的打印件1页。

请求人认为：附件1和附件2是本专利申请日之前的公开出版物，本专利与附件1、2记载的产品的外观设计相近似。本专利不符合专利法第 23 条的规定，应宣告本专利全部无效。

专利复审委员会受理了该无效宣告请求，并于 2009 年 6 月 12 日将请求人的无效宣告请求文件转送专利权人，通知其在指定期限内陈述意见。

2009 年 7 月 10 日，专利权人提交了意见陈述书，认为本专利和上述附件 1、附件 2 记载的外观设计既不相同也不相近似。本专利应该予以维持。

之前，2009 年 7 月 9 日，请求人再次提交了意见陈述书和补充证据。除了主张本专利和公开出版物上发表的外观设计相近似之外，请求人还主张，在本专利申请日之前，泰安市双龙工贸有限公司已经在国内公开销售相近似的外观设计的产品，补充证据如下（编号续前）：

附件 4：AU146449S 号澳大利亚外观设计电子公开文本的打印件 2 页；

附件 5：两张收款收据的复印件，号码分别为：№0005636 号、№0005640 号；

附件 6：玻璃钢餐车 1-1 型的图纸 2 页。

专利复审委员会于 2009 年 7 月 16 日分别将请求人 2009 年 7 月 9 日的意见陈述书和补充证据转送专利权人，将专利权人 2009 年 7 月 10 日的意见陈述书转送请求人，均要求双方当事人在指定的期限内答复。双方当事人均逾期未答复。

专利复审委员会于 2009 年 8 月 17 日向双方当事人发出口头审理通知书，定于 2009 年 9 月 24 日对本案进行口头审理。

口头审理如期举行，双方当事人均出席口头审理。请求人当庭声明放弃附件 5 和附件 6。专利权人对证据的真实性和中文译文的准确性没有异议。双方当事人就本专利和附件 1、附件 2 和附件 4 记载的外观设计的相同和相近似性陈述了意见。请求人坚持认为本专利和在先公开的出版物上记载的外观设计相近似。专利权人认为本专利和在先公开的出版物上记载的外观设计存在显著差别。

请求人接受了专利权人当庭提交的意见陈述书，该意见陈述是针对请求人于 2009 年 7 月 9 日提交的意见陈述书和补充证据作出的。合议组要求请求人庭后在指定的期限内作出答复。请求人逾期未答复。

在上述审理的基础上，合议组经合议，认为本案事实清楚，依法作出本审查决定。

二、决定的理由

1. 法律依据

基于请求人提出的无效宣告请求的理由，合议组依据专利法第 23 条的规定进行审查。

专利法第 23 条规定："授予专利权的外观设计，应当同申请日以前在国内外出版物上公开发表过或者国内公开使用过的外观设计不相同和不相近似，并不得与他人在先取得的合法权利相冲突。"

2. 证据认定

请求人提交的附件 1 是 01307255.2 号中国外观设计专利电子公开文本的打印件。专利权人对该附件的真实性没有异议。经合议组核实，该附件与国家知识产权局网站的发表文本一致。01307255.2 号中国外观设计专利的公开日是 2001 年 12 月 19 日，在本专利的申请日之前。附件 1 属于本专利申请日之前的公开出版物，记载了一种"餐饮车"的外观设计（下称在先设计 1）。

请求人提交的附件 2 是 USD447846S 号美国外观设计专利公报及相关的中文译文的复印件。专利权人对该附件的真实性和中文译文的准确性没有异议。经合议组核实，该复印件与美国专利商标局网站的公告文本一致。USD447846S 号美国外观设计专利的授权公告日是 2001 年 9 月 11 日，在本专利的申请日之前。附件 2 属于本专利申请日之前的公开出版物，记载了一种"饮料车"的外观设计（下称在先设计 2）。

请求人提交的附件 4 是 AU146449S 号澳大利亚外观设计电子公开文本的打印件，在页面著录项目的相应部位标注了中文译文。专利权人对该附件的真实性和中文译文的准确性没有异议。经合议组核实，该复印件与澳大利亚政府网站的公告文本一致。AU146449S 号澳大利亚外观设计的公告日（注册日）是 2002 年 1 月 10 日，在本专利的申请日之前。附件 4 属于本专利申请日之前的公开出版物，记载了一种“服务车”的外观设计（下称在先设计 3）。

上述 3 个附件记载的产品均与本专利的用途相同，均与本专利属于同类产品，均可以同本专利进行相同相近似比较。

3. 相同相近似比较

本专利授权公告的图片包括主视图、后视图、左视图、右视图、俯视图、立体图和使用状态图。如图所示，本专利早餐流动车的整体形状近似圆角三角柱，其柱面部分有一跨越顶部的透明区域，该区域的一侧可以呈张开状态，两个端面都具有与外延周边等间距的圆角三角形，其中一个端面的中部具有长方形的设计，所述长方形内具有两个由平行的横线构成的区域，另一端面上半部分具有具有圆角三角形设计，本专利的下面具有 4 个弧形的支撑物（详见本专利附图）。

在先设计 1 的餐饮车由 9 幅视图表示，公开了该餐饮车外观设计的两种状态。在收拢状态时，在先设计 1 整体呈柱体形状，该柱体的上部呈梯形，其余部分呈长方体形状，其下部的两端没有封闭。在开启状态下，在先设计 1 的整体形状近似售货亭，长度方向上的两侧面上半部各延所述梯形的下底的两端点张开至水平状态，两侧面向外侧打开呈具有侧挡板的台面（详见在先设计 1 附图）。

在先设计 2 的饮料车由 10 幅视图表示，如图所示，在先设计 1 的整体形状近似拱门形柱体，柱面上部的可以以顶部长度方向上的中心线为轴呈翼状打开，柱面中部可以呈台面状打开。在先设计 1 的下面具有 4 个圆形的支撑物（详见在先设计 2 附图）。

在先设计 3 的服务车由 7 幅视图表示，如图所示，在先设计 3 整体呈柱体形状，该柱体的上部呈梯形，其余部分呈长方体形状，柱面上部的可以呈翼状打开，柱面一侧的中部和两个端面可以呈台面状打开。在先设计 1 的下面具有 4 个支撑物（详见在先设计 2 附图）。

将本专利和在先设计 1 相比较，在打开状态下和收拢状态下，二者都具有差别。在收拢状态下，本专利整体形状近似圆角三角柱，在先设计 1 的上部为近似梯形的柱体，下部近似立方柱体；在打开状态下，本专利的整体形状近似圆角三角柱，仅一侧透明的柱面可以打开，在先设计 1 的整体形状近似售货亭，长度方向上的两侧面上半部各延所述梯形的下底的两端点张开至水平状态，两侧面向外侧打开呈具有侧挡板的台面。本专利的两个端面设计有平面的图案，在先设计 1 无相应的设计。合议组认为，二者的整体视觉印象存在明显区别，二者不相同而且不相近似。

将本专利和在先设计 2 相比较，在打开状态下和收拢状态下，二者都具有差别。在收拢状态下，本专利整体形状近似圆角三角柱，在先设计 2 的整体形状近似拱门柱；在打开状态下，本专利的整体形状近似圆角三角柱，仅一侧透明的柱面可以打开，在先设计 2 柱面上部的可以以顶部长度方向上的中心线为轴呈翼状打开，柱面中部可以呈台面状打开。本专利的两个端面设计有平面的图案，在先设计 2 无相应的设计。合议组认为，二者的整体视觉印象存在明显区别，二者不相同而且不相近似。

将本专利和在先设计 3 相比较，在打开状态下和收拢状态下，二者都具有差别。在收拢状态下，本专利整体形状近似圆角三角柱，在先设计 3 的上部为近似梯形的柱体，下部近似立方柱体；在打开状态下，本专利的整体形状近似圆角三角柱，仅一侧透明的柱面可以打开，在先设计 3 的整体形状近似售货亭，长度方向上的两侧面上半部各延所述梯形的下底的两端点张开至水平状态，柱面一侧的中部和两个端面向外侧打开呈台面状。本专利的两个端面设计有平面的图案，在先设计 3 无相应的设计。合议组认为，二者的整体视觉印象存在明显区别，二者不相同而且不相近似。

综上所述，本专利和请求人提交的上述附件中记载的外观设计都既不相同也不相近似。请求人提交的证据不能证明本专利不符合专利法第 23 条的规定。

三、决定

维持 03313076.0 号外观设计专利权有效。

当事人对本决定不服的，可以根据专利法第 46 条第 2 款的规定，自收到本决定之日起三个月内向北京市第一中级人民法院起诉。根据该款的规定，一方当事人起诉后，另一方当事人应当作为第三人参加诉讼。

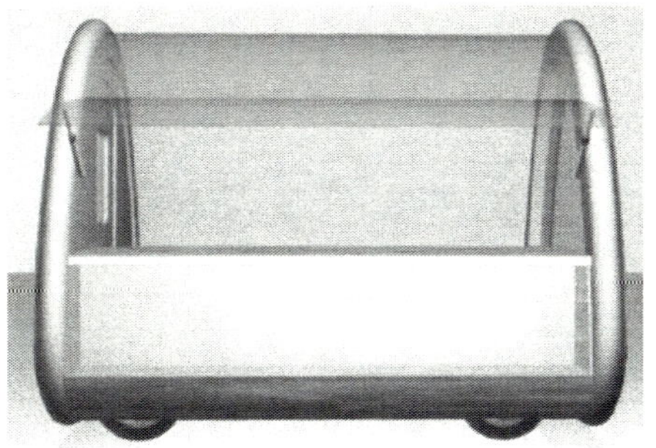

主视图

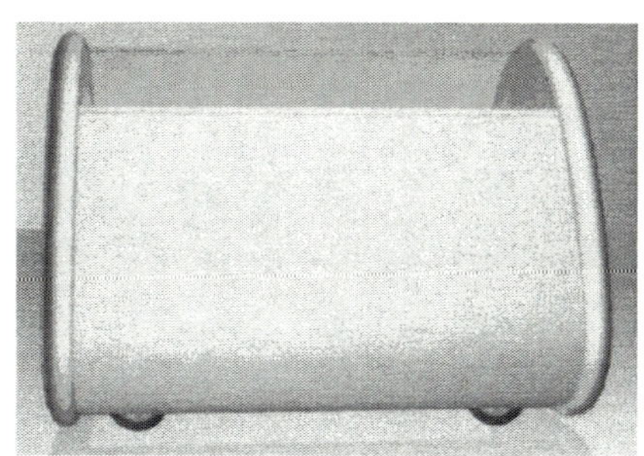

后视图

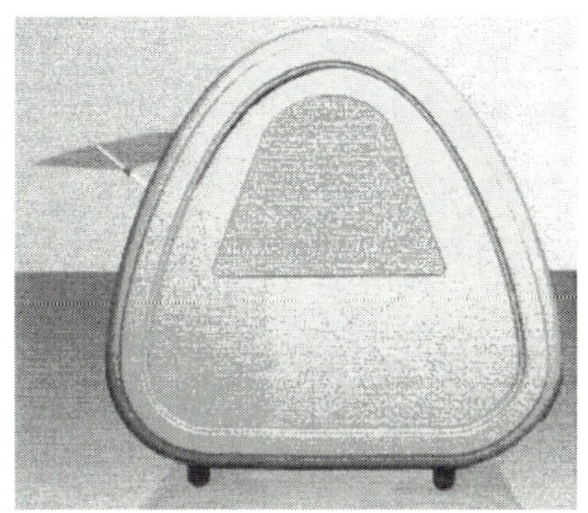

右视图

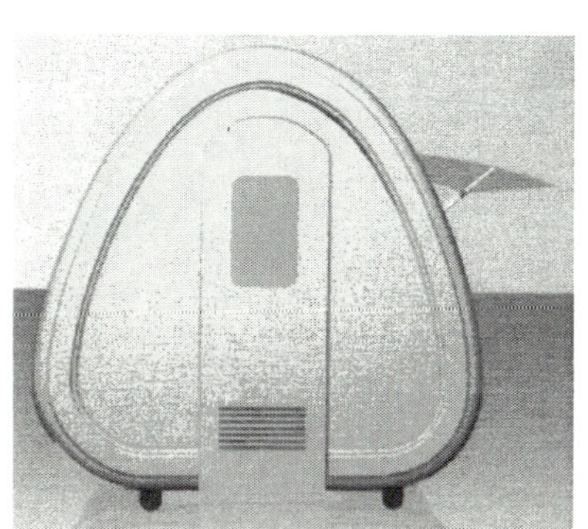

左视图

俯视图

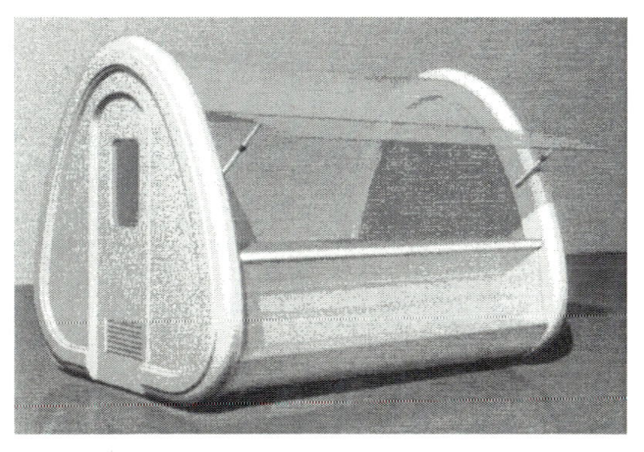

立体图

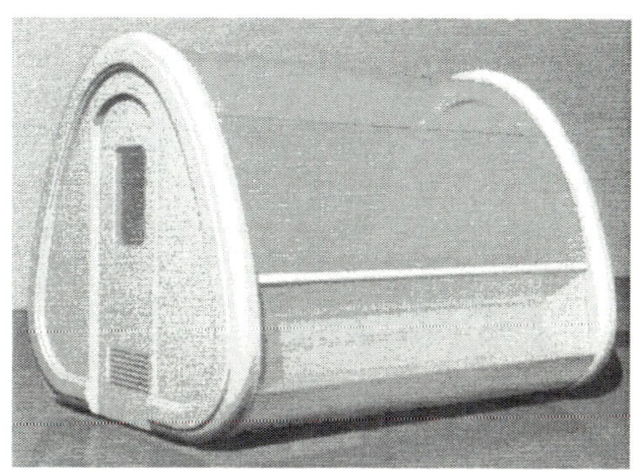

使用状态图

本专利附图

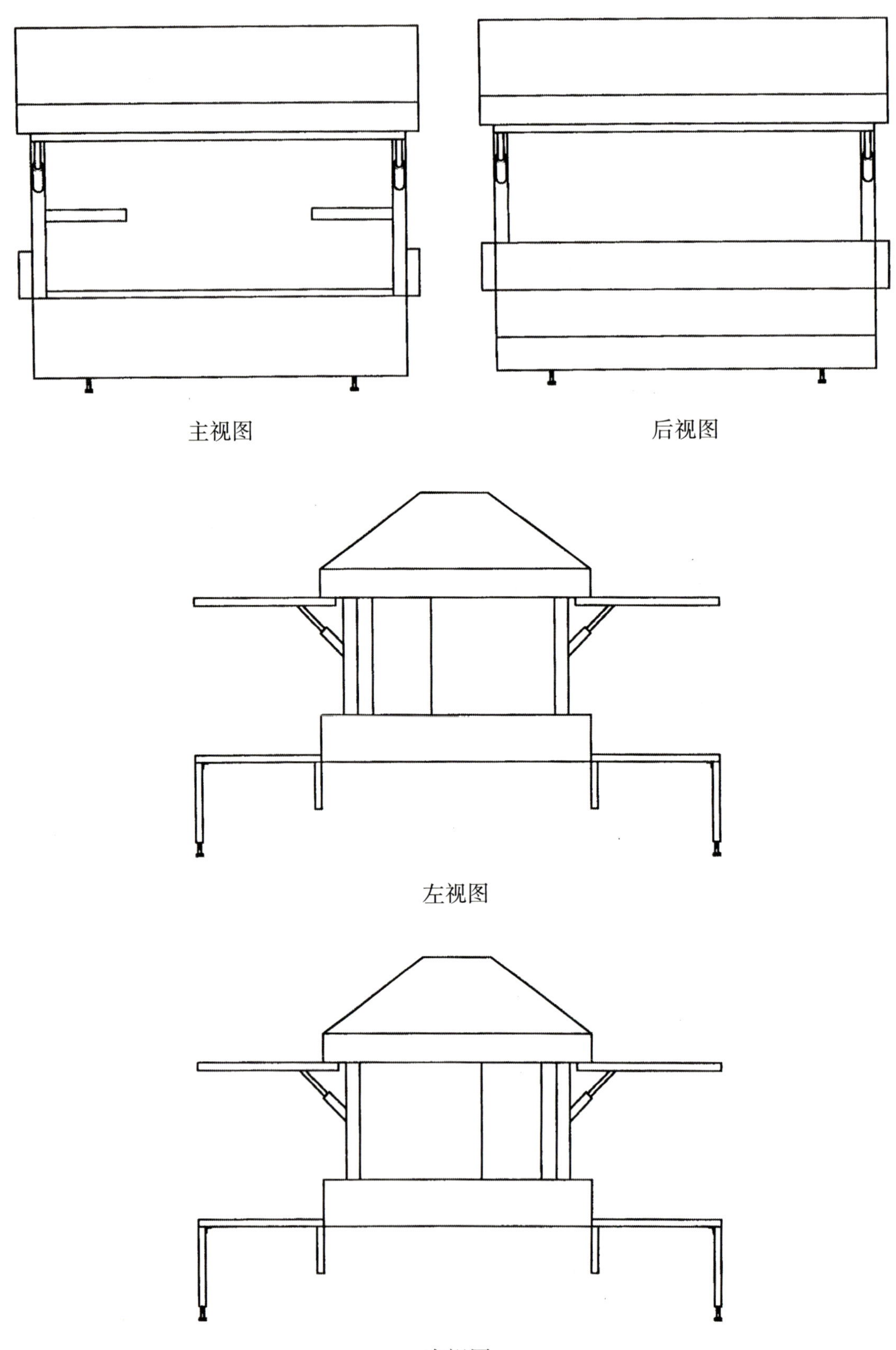

在先设计 1 附图

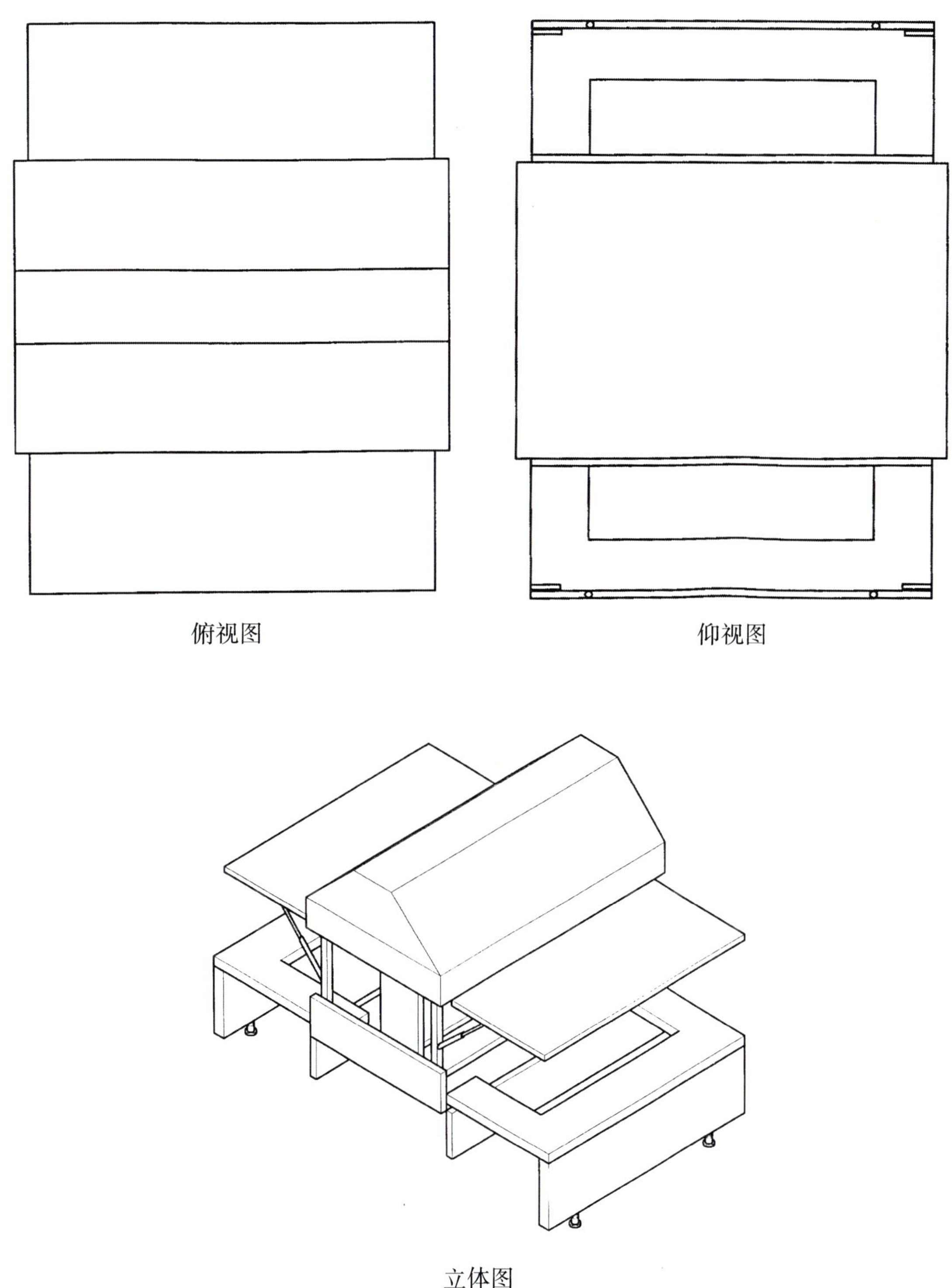

俯视图　　仰视图

立体图

在先设计 1 附图（续）

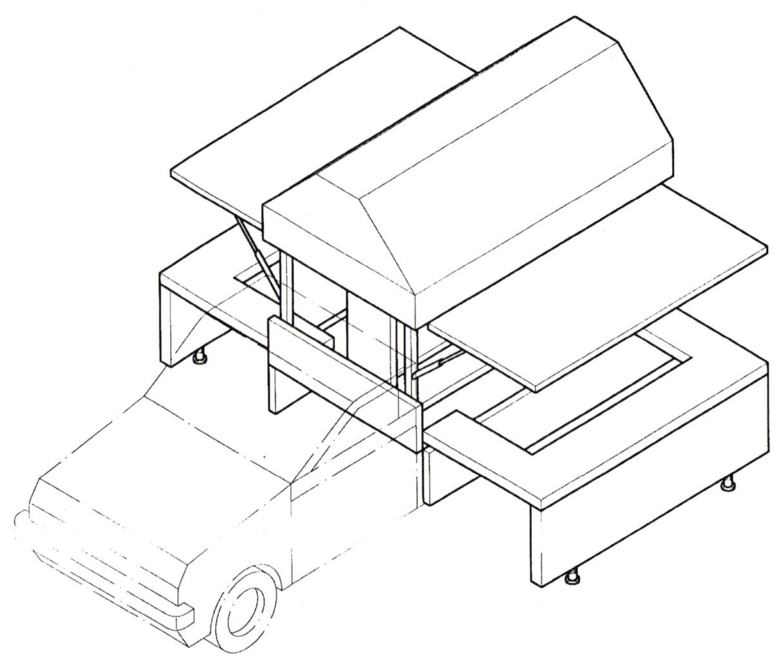

使用状态参考图 1

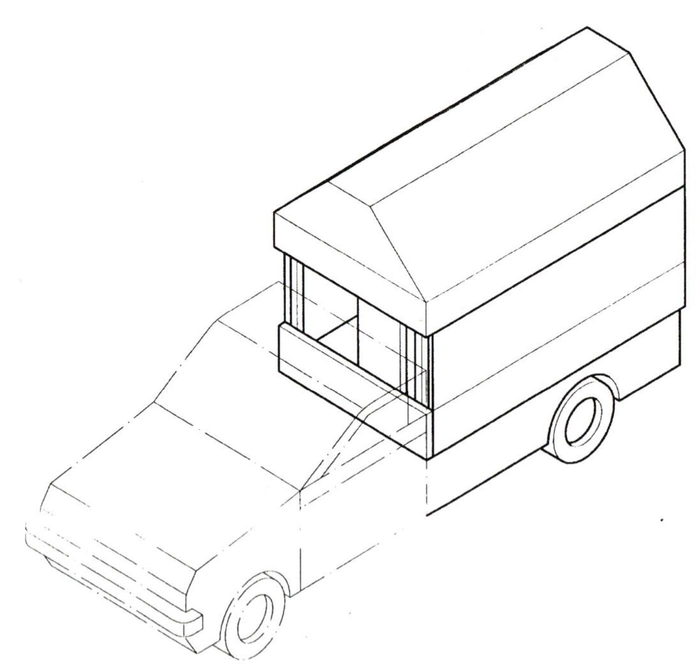

使用状态参考图 1

在先设计 1 附图（续）

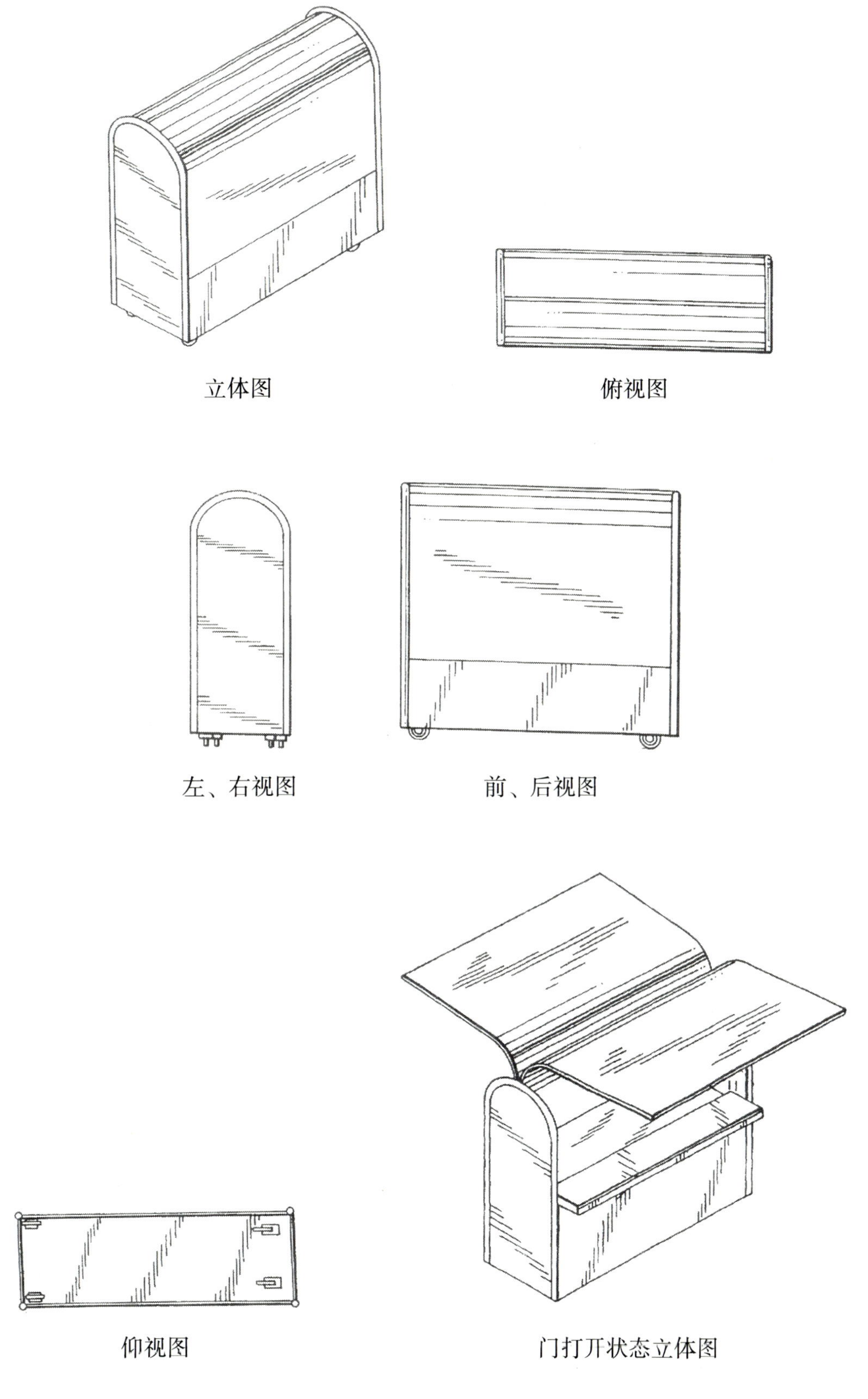

立体图　俯视图

左、右视图　前、后视图

仰视图　门打开状态立体图

在先设计 2 附图

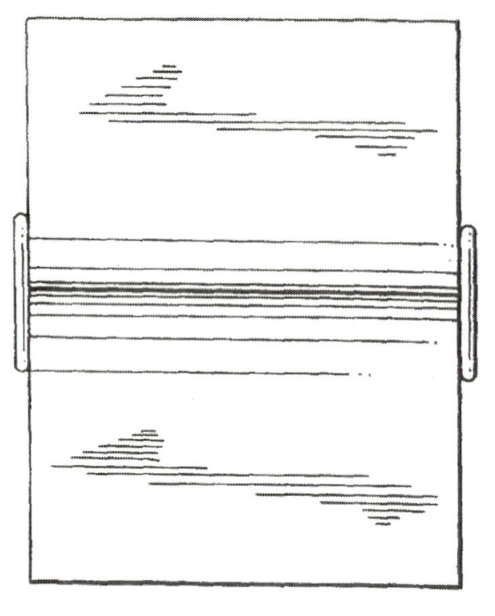

门打开状态俯视图

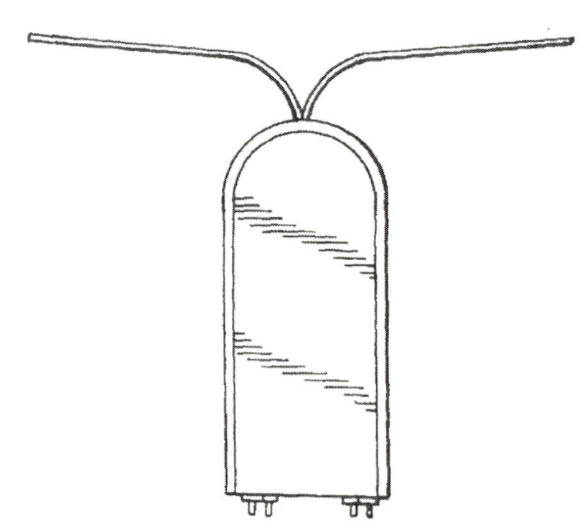

门打开状态左、右视图

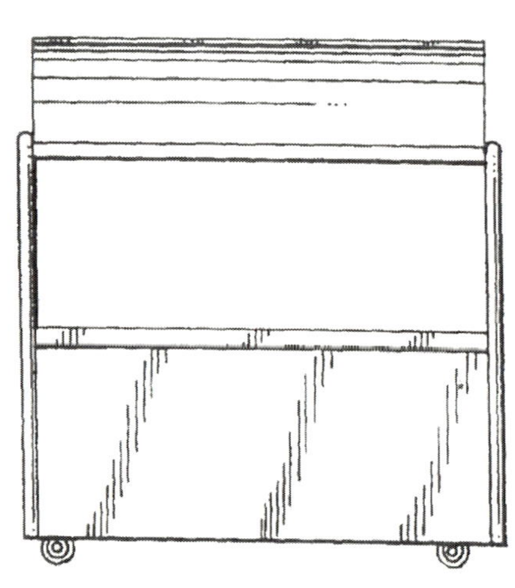

门打开状态前、后视图

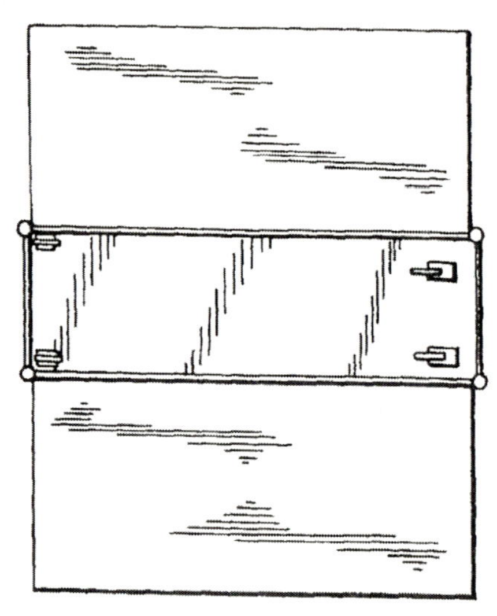

门打开状态仰视图

在先设计 2 附图（续）

在先设计 3 附图

挂车（7CYQ-1）

无效宣告请求审查决定（第14096号）

决　定　号 第14096号
决　定　日 2009年11月3日
发明创造名称 挂车（7CYQ-1）
外观设计分类号 12-10
无效宣告请求人 成都川龙机械制造有限公司
专　利　权　人 汪　武、吴克俊
专　利　号 200730301262.2
申　请　日 2007年8月20日
授权公告日 2008年8月20日
合议组组长 吴大章
主　审　员 雷　婧
参　审　员 王　红
附　　图 1页

法律依据 专利法第23条
决定要点

本专利与在先设计之间存在的差异属于局部细微的设计变化，对于产品整体的视觉效果不足以产生显著的影响，二者属于相近似的外观设计。

一、案由

本无效宣告请求涉及的是国家知识产权局于2008年8月20日授权公告的、专利号为200730301262.2的外观设计专利，其产品名称为"挂车（7CYQ-1）"，申请日为2007年8月20日，专利权人为汪武、吴克俊。

针对上述外观设计专利权（下称本专利），成都川龙机械制造有限公司（下称请求人）于2009年7月7日向专利复审委员会提出无效宣告请求，其理由是：本专利与在其申请日前公开发表过的外观设计相同或相近似，不符合专利法第23条的规定。同时，请求人提交了如下附件作为证据：

附件1：2006年6月出版的《四川农机》的封面、目录页及相关广告页的复印件，共4页；

附件2：2006年10月出版的《四川农机》的封面、目录页及相关广告页的复印件，共4页；

附件3：98212990.4号实用新型专利说明书的复印件，共7页。

请求人认为，附件1、附件2在2006年6月和10月均公开了与本专利相同的外观设计，附件3

于1999年5月19日公开了与本专利相近似的外观设计，因此，本专利不符合专利法第23条的规定。

经形式审查合格，专利复审委员会依法受理了上述无效宣告请求，并于2009年7月24日将无效宣告请求书及相关文件的副本转送专利权人，通知其在指定的期限内答复。

专利复审委员会成立合议组对本案进行审理，并于2009年9月1日向双方当事人发出口头审理通知书，定于2009年10月14日进行口头审理。

2009年9月7日，专利复审委员会收到专利权人提交的意见陈述书。专利权人认为附件1~3公开的外观设计与本专利均既不相同也不相近似，本专利符合专利法第23条的规定。

口头审理如期举行，双方均委托代理人出席口头审理。口头审理中，请求人提交了附件1和附件2的原件，专利权人对附件1~3的真实性均未提出异议。双方对附件1~3公开的外观设计与本专利进行了详细对比，均坚持各自原有意见。合议组将2009年9月7日收到的专利权人的意见陈述书当庭转送请求人，请求人明确表示不作书面意见答复。

在上述审理的基础上，合议组认为本案事实清楚，可以依法作出审查决定。

二、决定的理由

1. 法律依据

基于请求人提出无效宣告请求的理由，合议组依据专利法第23条的规定进行审理。

专利法第23条规定："授予专利权的外观设计，应当同申请日以前在国内外出版物上公开发表过或者国内公开使用过的外观设计不相同和不相近似，并不得与他人在先取得的合法权利相冲突。"

2. 证据的认定

附件1为2006年6月出版的《四川农机》的封面、目录页及相关广告页的复印件，请求人在口头审理时提交了该附件的原件，专利权人对其真实性无异议。经核实，复印件与原件一致，根据其目录页的记载，该杂志为2006年6月出版，早于本专利的申请日（2007年8月20日），因此，附件1可以作为评述本专利是否符合专利法第23条规定的证据。

3. 本专利是否符合专利法第23条的规定

附件1中公开了一种轮式拖拉机的外观设计，其中包括一挂车的外观设计（下称在先设计），使用本专利的产品也为挂车，与在先设计的用途相同，属于相同类别的产品，因而可以对二者进行相同和相近似的比较。

本专利的图片包括主视图、左视图、右视图和仰视图，简要说明记载：省略俯视图。其所示产品主要由长方体形车厢和两个车轮组成，车厢前端上方有一长方形框状挡板，车厢两侧均有长条形支撑杆，且挡板两侧的边杆和车厢前后两侧的支撑杆上均有斜条纹图案（详见本专利附图）。

在先设计公开的图片为立体图，其所示产品主要由长方体形车厢和两个车轮组成，车厢前端上方有一长方形框状挡板，车厢一侧有长条形支撑杆，且挡板两侧的边杆和车厢前后的支撑杆上均有斜条纹图案（详见在先设计附图）。

将本专利与在先设计进行比较，二者均主要由长方体形车厢和两个车轮组成，且车厢前端上方有一长方形框状挡板，车厢侧面均有长条形支撑杆，且挡板两侧的边杆和车厢前后的支撑杆上均有斜条纹图案。二者的主要不同点在于：车厢前端上方挡板稍有不同，本专利中间为两根条形杆，下部的长方形板所占面积较小，而在先设计中间为三根条形杆，下部的长方形板所占面积较大；车厢前部的支撑杆稍有不同，本专利呈倾斜状，而在先设计呈垂直状。对于上述的比较，合议组认为，针对产品的整体而言，本专利与在先设计在车厢前端上方挡板及其车厢前部的支撑杆存在的不同属于局部细微的设计变化，对整体视觉效果不足以产生显著的影响，此外，在先设计未公开车厢的另一侧、车厢前端的连接装置以及车厢的底面，对此合议组认为，由于车厢类产品通常呈左右对称的设计，本专利即是左右对称的设计，故从其公开的一侧即可得知另一侧的设计状况；车厢前端的连接装置属于产品的局部设计，车厢底部在使用时不易见到，故即使二者在上述部位存在差异对产品外观设计的整体视觉效果亦不具有显著影响。因此，本专利与在先设计属于相近似的外观设计。

综上所述，本专利在申请日以前已有与其相近似的外观设计在国内出版物上公开发表过，故本专利不符合专利法第 23 条的规定。

鉴于已得出上述结论，本决定对请求人提交的其他证据不再予以评述。

三、决定

宣告 200730301262.2 号外观设计专利权全部无效。

当事人对本决定不服的，可以根据专利法第 46 条第 2 款的规定，自收到本决定之日起三个月内向北京市第一中级人民法院起诉，根据该款规定，一方当事人起诉后，另一方当事人应当作为第三人参加诉讼。

主视图

左视图

后视图

右视图

仰视图

本专利附图

在先设计附图

503

仪表（EM600）

无效宣告请求审查决定（第14097号）

决　　定　　号　第14097号
决　　定　　日　2009年11月3日
发明创造名称　仪表（EM600）
外观设计分类号　10-05
无效宣告请求人　天津双源继电器技术有限公司
专　利　权　人　北京易艾斯德科技有限公司
专　　利　　号　200530021687.9
申　　请　　日　2005年3月14日
授 权 公 告 日　2005年10月5日
合 议 组 组 长　钟　华
主　　审　　员　雷　婧
参　　审　　员　徐清平
附　　　　　图　2页

法　律　依　据　专利法第23条
决　定　要　点

没有相反证据足以推翻的情况下，仅凭专利权人的质疑不能否定公证书的真实性；口头审理终结前提交的用于完善证据法定形式的证据，不属于专利复审委员会应不予考虑的补充证据；使用说明书的编写目的在于提供给产品使用者使用，通常情况下其编写完成后即配合说明对象使用而发行，故而其公开日期通常与其所说明的对象的公开销售时间一致。

本专利相比在先设计存在的差异主要集中在产品的背面及两侧，而对于所涉及的此类仪表产品而言，上述部位均属于使用时看不到的部位，且其间存在的设计差异主要是基于功能上的需求所作出，因而对外观设计的整体视觉效果不具有显著影响。

一、案由

本无效宣告请求涉及的是国家知识产权局于2005年10月5日授权公告的、专利号为200530021687.9的外观设计专利，其产品名称为“仪表（EM600）”，申请日为2005年3月14日，专利权人为北京易艾斯德科技有限公司。

针对上述外观设计专利权（下称本专利），天津双源继电器技术有限公司（下称请求人）于2009年3月12日向专利复审委员会提出无效宣告请求，其理由是：本专利与在其申请日前公开过的外观设计相同或相近似，不符合专利法第23条的规定。同时，请求人提交了如下附件作为证据：

附件1：《电气时代》2004年第10期目录页、第94页、第95页和第97页的复印件，共5页；

附件2：《电工技术杂志》2004年第12期第10页的复印件，共1页；

附件3：标题为《ABB配电智能化元件（IPD）在纺织行业的应用》的文章网页打印件，共4页；

附件4：《智能建筑电气技术》第5卷第3期目录页、第28~32页及第60~64页的复印件，共11页；

附件5：ABB公司技术手册《智能电量仪表EM》的复印件，共14页；

附件6：北京清华紫光测控有限公司的《SM-1000系列监控计量装置使用说明书》复印件，共22页；

附件7：北京爱博精电科技有限公司的《智能配电系统设计产品选型手册》封面、目录页、第2、18、87页和封底复印件，共7页；

附件8：《继电器》第32卷第10期目录页和广告页的复印件，共2页；

附件9：国家标准《安装式指示和记录电测量仪表的尺寸》的复印件，共12页；

附件10：北京易艾斯德科技有限公司手册《电力监控仪表、变配电监控系统》的复印件及其公司相关网页的打印件，共22页；

附件11：天津市玖和印刷制作有限公司出具的证明及其所附的天津市双源继电器技术有限公司宣传页的复印件，共2页

附件12：天津市玖和印刷制作有限公司出具的发票的复印件，共1页；

附件13：天津市天开高压电力成套技术有限公司、天津市来源电力技术工程有限公司出具的证明及天津市双源继电器技术有限公司宣传页的复印件，共3页；

附件14：天河电气设备（天津）有限公司的发票、进账单以及销货清单的复印件，共4页；

附件15：宁波天安（集团）股份有限公司的发票及销售清单复印件，共2页。

请求人认为，附件1~5表明ABB公司已在2005年以前将包括EM系列智能电量仪表的ESD3000智能化变配电站监控系统推向中国市场，比较附件5和附件10可知，专利权人的EM600仪表（即本专利）与EM系列智能电量仪表为同一电力仪表，二者的外观设计完全相同；附件6表明北京紫光测控有限公司的SM-1000系列监控装置与本专利相近似，且已在本专利申请日前通过销售或使用等方式公开；附件7和附件8表明，北京爱博精电科技有限公司的Acuvim系列电力仪表与本专利相近似，且已在本专利申请日前通过销售或使用等方式公开；附件11~14说明，天津市双源继电器技术有限公司的DJ系列电力仪表与本专利相近似，且该公司在2002~2003年期间曾印刷和散发过带有该产品的宣传页，并在此期间向其他公司销售过该产品。此外，请求人认为上述仪表的设计均依照国家标准，采用面板式安装，其侧面和背面的形状完全由功能决定，不具有美感，不能作为外观设计相同或相近似判断的对象。

经形式审查合格，专利复审委员会依法受理了上述无效宣告请求，并于2009年4月2日将无效宣告请求书及相关文件的副本转送专利权人，通知其在指定的期限内答复。

专利复审委员会于2009年4月10日收到请求人补充提交的意见陈述书以及如下附件（编号续前）：

附件16：（2009）津南开证经字第90号公证书（《SM-1000系列监控计量装置使用说明书》的证据保全）的复印件，共34页；

附件17：（2009）津南开证经字第91号公证书（《EM智能电量仪表》的证据保全）的复印件，

共25页；

附件18：（2009）津南开证经字第94号公证书（标题为《ABB配电智能化元件（IPD）在纺织行业的应用》的文章的网页证据保全）的复印件，共17页；

附件19：（2009）津南开证经字第92号公证书（北京易艾斯德科技有限公司网站相关网页的证据保全）的复印件，共19页；

附件20：（2009）津南开证经字第93号公证书（沧州金河塑业有限公司网站相关网页的证据保全）的复印件，共9页；

附件21：EM600仪表及指针式仪表的使用状态照片，共4张；

附件22：声称是天津市玖和印刷制作有限公司于2002年为天津市双源继电器技术有限公司印刷产品宣传页时制作的文件光盘，共1张；

附件23：清华紫光公司SM-1000系列监控计量装置的六面视图及立体图的复印件，共2页；

附件24：北京爱博精电科技有限公司Acuvim系列电力仪表的六面视图及立体图、产品合格证、产品安装指南的复印件，共5页；

附件25：北京易艾斯德科技有限公司EM600产品的六面视图及立体图的复印件，共2页。

请求人认为，附件16、附件18、附件19分别可证明附件6、附件3、附件10的来源真实可靠；附件17中的技术手册为附件5的简化版本，同样可说明EM智能电量仪表的外观与本专利完全相同；附件20中沧州金河塑业有限公司的网页公开了ABB公司智能电量仪表EM-M的外壳的图片，其与本专利具有相同的外观设计；附件21中关于EM600仪表的使用状态照片来源于天津顶津食品有限公司，其中的EM600仪表和传统指针式仪表均依照附件9所示的国家标准规定的尺寸制造，二者在使用状态时均只可观察到产品正面；附件22可进一步说明附件11、附件12的真实性；附件23、附件24中的视图均是根据产品实物所拍摄，实物将在口头审理时提交，附件24所示的产品实物来自天津轻轨系统，其合格证说明该产品的检验日期为2003年11月4日。上述附件中，附件16、附件23和附件25可与附件6结合使用，附件24和附件25可与附件7、附件8结合使用。

2009年4月13日，请求人向专利复审委员会再次补充提交了意见陈述书，认为专利复审委员会可以通过发放调查问卷的方式对ABB公司和北京紫光测控有限公司是否销售过与本专利相同或相近似的产品进行调查，同时提交了两份调查问卷供参考。

2009年5月14日，专利复审委员会收到专利权人提交的意见陈述书及如下附件：

反证1：第11485号无效宣告请求审查决定复印件，共10页；

反证2：（2008）一中行初字第1050号行政判决书复印件，共12页；

反证3：（2009）高行终字第7号行政判决书复印件，共14页。

专利权人认为，附件1、附件2和附件9与本专利无关；附件3、附件4的公开日期均晚于本专利申请日且其中均无对比图片，无法证明附件5的公开时间早于本专利，附件6中所附图片的公开时间不能确定且该图片所示外观设计与本专利不构成相同或相近似，附件7的发行日期为2008年且与本专利不相同或不相近似，附件10中无印刷时间故无法证明其印刷时间早于本专利申请日，附件11中的证明与请求人有利害关系、其所附宣传页不具有真实性，且宣传页的图片与本专利不相同或不相近似，附件12中发票的开具时间和名称与证明中所述的时间和宣传页中的名称均不符，附件14、附件15中的内容与本专利各视图的对比无关，因而上述附件均无法作为本专利在先公开的证据；附件8、附件13在第11485号无效宣告请求审查决定中提交过，本案中不应再次作为证据使用，同时就本案中应采用的外观设计相同和相近似判断主体、客体和方法进行了陈述。

2009年5月18日，专利复审委员会收到专利权人再次提交的意见陈述书，专利权人对附件1~5

的证明力提出质疑，同时提交了如下附件（编号续前）：

反证4：ESD3000变电站监控系统技术资料的复印件，共43页；

反证5：专利权人公司网站EM系列产品网页截图的打印件，共1页。

专利复审委员会成立合议组对本案进行审理，并于2009年5月20日向双方当事人发出口头审理通知书，定于2009年7月7日进行口头审理，同时，将双方当事人提交的上述意见陈述书及所附附件分别转送对方。

口头审理如期举行，双方当事人均委托代理人出席口头审理，双方对对方出庭人员的身份及资格均无异议，对合议组成员亦无回避请求。口头审理中，请求人当庭提交了包含附件1内容的《〈电气时代〉合订本》光盘一张，附件4、附件7、附件9~12、附件16~19的原件，附件23的公证书、附件24和附件25所示产品的实物；声明放弃附件6、附件10、附件13第2页（即天津市来源电力技术工程有限公司出具的证明）、附件14、附件15和附件20作为证据使用；明确以附件1~4与附件17结合证明在先公开发表的理由，以附件1~5与附件17结合，以附件7、附件8与附件24结合，以附件11、附件12与附件22结合，以附件11~13结合，以附件16与附件23结合分别证明在先公开使用的理由。专利权人对附件1~3、附件5、附件13、附件16和附件18、附件21的真实性、关联性、合法性均有异议，对附件11、附件17、附件22~25的真实性均有异议，对附件4、附件7~9、附件12、附件19的真实性均无异议，认为附件23与其公证书不符且公证书的提交已超出举证期限，明确其提交的反证1~3用以证明本案所涉的部分证据已在本专利的其他无效宣告请求中审理过，反证4、反证5用以证明请求人以附件1~5主张的事实不能成立。请求人对专利权人提交的反证1~3的真实性均无异议，对反证4的真实性、关联性、合法性有异议，对反证5的真实性有异议。对于在先公开发表的事实，请求人以附件1的出版日期（2004年10月）作为公开发表的时间，以附件17中所示的EM系列产品图片作为对比图片；对于在先公开使用的事实，按照前述证据结合形式的顺序，请求人依次以附件1的出版日期（2004年10月）作为公开使用的时间、以附件17中所示的EM系列产品图片作为对比图片，以附件8的出版日期（2004年5月16日）和附件24的实物所附产品保修卡上所示的合格证检验日期（2003年11月4日）作为公开使用的时间、以附件8中相关图片和附件24作为对比图片，以附件12的开票日期作为公开使用的时间、以附件11的宣传页中相关图片作为对比图片，以附件12的开票日期作为公开使用的时间、以附件13的宣传页中相关图片作为对比图片，以附件16中“编写说明”的日期（2004年6月4日）作为公开使用的时间、以附件23作为对比图片。针对附件13中天津市天开高压电力成套技术有限公司出具的证明，请求人的证人出庭接受质证。针对请求人当庭提交的附件23的公证书，合议组将其当庭转送专利权人，并应其要求给予7天的答复期限。对于请求人认为专利复审委员会可以对ABB公司和北京紫光测控有限公司进行的调查，合议组当庭告知请求人，其所述不属于合议组应当依职权调取证据的范围。

针对请求人当庭提交的附件23的公证书，专利权人于2009年7月8日向专利复审委员会提交了意见陈述书，对附件23的公证书的三性提出质疑。

在上述审理的基础上，合议组认为本案事实清楚，可以依法作出审查决定。

二、决定的理由

1. 法律依据

基于请求人提出无效宣告请求的理由，合议组依据专利法第23条的规定进行审理。

专利法第23条规定：“授予专利权的外观设计，应当同申请日以前在国内外出版物上公开发表过或者国内公开使用过的外观设计不相同和不相近似，并不得与他人在先取得的合法权利相冲突。”

2. 证据及事实的认定

附件16是（2009）津南开证经字第90号公证书（《SM-1000系列监控计量装置使用说明书》的证据保全）的复印件，请求人在口头审理时提交了该附件的原件。公证书内容为公证人员对有关人员通过网络下载并打印《SM-1000系列监控计量装置使用说明书》的全过程的公证。专利权人认可其复印件与原件的一致性，但对其真实性、合法性和关联性均有异议，认为公证书首页显示的网址信息与实际网址信息不符。合议组认为，该附件是由天津市南开公证处出具的有效公证文书，且请求人提交了该附件的原件，经核实，其复印件与原件相符，故该附件的真实性应予以认可。对于专利权人提出的异议，合议组认为，没有相反证据足以推翻的情况下，仅凭专利权人的质疑不能否定有效公证文书的真实性；对于专利权人主张的公证书首页显示的网址信息（co. 163. com）与实际网址信息（www. co188. com）不符，合议组认为，根据公证书记录的网页打开过程，公证人员输入网址后打开的网页中记载有"启用新域名 www. co188. com"的信息，网站在更换域名时一般会同时使用原域名和新域名以便不了解网站更换域名的使用者使用，同时还会通过在网页上发布信息告知其使用者网站将更换域名，综上所述，仅凭附件16的公证书首页记载的网址信息与网页中记载的网址信息不一致，不能否定该公证书的真实性。此外，专利权人还认为《SM-1000系列监控计量装置使用说明书》中的封面、封底和"编写说明"没有独立页码，封面中的名称与目录页中名称不一致，不能证明是一本文件。对此，合议组认为，根据生活常识可知，书的封面和封底均无页码标记，且"编写说明"不属于书的正文内容故通常情况下也无页码标记；该说明书封面与目录页中的名称表达虽稍有差别，但其内容相同，均为SM-1000系列监控装置的使用说明书，其来源于信誉度较高的网易公司的网站，且是通过公证人员的公证所取得，故无相反证据证明不能否定该使用说明书的真实性。综上所述，合议组认为，附件16可以作为本案的定案依据。

附件23是清华紫光公司SM-1000系列监控计量装置的六面视图及立体图的复印件，请求人在口头审理时提交了该附件的公证书，专利权人对其真实性有异议，同时认为公证书各视图与附件23不同，附件23中没有公证书首页，故该公证书只能作为新证据而其提交已超出举证期限，不应予以接受。经合议组核实，公证书中照片所示与附件23中视图所示的产品相同，合议组认为，公证书内容为公证人员对有关人员对右侧标有"清华紫光型号：SM1000B序列号：SM2005-0115"等内容的产品进行拍照所作出的保全证据的公证，其属于用于完善证据法定形式的证据，不属于合议组应不予考虑的补充证据。专利权人对公证书的真实性提出质疑，合议组认为，没有相反证据足以推翻该证明的情况下，附件23可以作为本案的定案依据。

请求人以附件16与附件23结合证明在先公开使用的理由，其主张附件16的公开日为2006年6月4日（附件16中《SM-1000系列监控计量装置使用说明书》"编写说明"的日期），早于本专利的申请日，其中的清华紫光SM-1000系列的产品均使用同样的外壳，图片可见《SM-1000系列监控计量装置使用说明书》第3页左上角，附件23所示也为该系列的产品，且产品的型号具有唯一性，故可以附件23所示图片作为对比图片，证明与本专利相近似的外观设计于本专利申请日以前已在国内公开使用过；专利权人认为附件16中所示的产品与附件23所示的产品在主视图和仰视图存在不符，不能证明二者完全一致，也不能证明其公开日为附件16"编写说明"显示的日期。

合议组认为，首先，关于附件16中《SM-1000系列监控计量装置使用说明书》的公开日期及"SM-1000系列监控计量装置"的公开销售时间：由于使用说明书的编写目的在于提供给产品使用者使用，通常情况下其编写完成后即随产品公开，故其编写日期与公开日期应相距不远，上述使用说明书中"编写说明"的日期为2004年6月4日，相比本专利的申请日（2005年3月14日）早9个多月，因此，该使用说明书的公开日期应早于本专利的申请日。同时，从附件16中《SM-1000系列监控计量装置使用说明书》的名称上可知，其是配合“SM-1000系列监控计量装置”的使用所编写，故而其公开日期通常与其所说明的对象（即“SM-1000系列监控计量装置”）的公开销售时间一致。因此，可以推定“SM-1000系列监控计量装置”的公开销售时间在本专利的申请日以前。其次，关于附件16与附件23中产品的对应性：由附件16中的《SM-1000系列监控计量装置使用说明书》的内容可知，该使用说明书由“北京清华紫光测控有限公司”编写发行，其中所述的SM-1000系列监控计量装置即为该公司研发的产品。在上述使用说明书第3页左上角图片中的产品（详见附件16附图）正面印有“清华紫光”、“SM-1000 Series”字样，与附件23中产品正面所印字样相同，二者的形状和图案也相同，而附件16图片中产品屏幕上的数字为通电状态下显示的内容，不影响对二者对应性的判断；附件16中所示的产品底部与附件23第1页（含安装卡的产品视图）中仰视图的所示内容也基本对应。根据附件16中《SM-1000系列监控计量装置使用说明书》的第2页对SM-1000系列产品的概述，该系列产品主要包括SM-1000A、SM-1000B和SM-1000C三种型号，从附件23中图片观察到，其所示产品除了正面与附件16中所示产品正面相对应以外，产品右侧还贴有型号“SM1000B”（即附件16中所述产品系列的型号之一）以及“北京清华紫光测控有限公司”等信息。综上，附件16中所述的产品与附件23所示的产品均为“北京清华紫光测控有限公司”所生产，二者的产品系列型号一致，且二者公开的产品图片也相印证，故附件23中所示的产品应属于附件16中所述的SM-1000系列的SM-1000B型监控计量装置。综上所述，附件16与附件23结合能够证明附件23中“北京清华紫光测控有限公司”生产的“SM-1000B”型监控计量装置在本专利申请日以前已公开使用。

3. 本专利是否符合专利法第23条的规定

附件23中第1页所示的“SM-1000B”型产品（下称在先设计）为监控装置仪表，与本专利所示仪表具有相同用途，属于相同类别的产品，可以对二者进行相同和相近似的比较。

本专利整体呈立方体形，其正面呈正方形，中部的显示屏亦为正方形，屏幕右上方有一小排文字，下方中偏右侧为四个圆形按钮，各按钮上方各有一个字母；其背面有四排连接端口，其中中间两排短于上下两排，上下两排向里凹进；其左右侧面中部均有卡槽，且其上有透明的安装卡（详见本专利附图）。

在先设计整体呈立方体形，其正面呈正方形，中部的显示屏亦为正方形，屏幕左上方和左下方各有一小排文字，下方中偏右侧为四个圆形按钮，各按钮上方各有几个字母；其背面有三排连接端口；其顶面和底面中部均有多条散热格栅，散热格栅两侧各有一卡槽；其左右侧面均有卡槽，且其上有透明的安装卡（详见在先设计附图）。

将本专利与在先设计相比较，二者整体均呈立方体形，正面均呈正方形且其中部的显示屏亦为正方形，在屏幕下方中偏右侧均有四个圆形按钮，各按钮上方均有字母，背面均有连接端口，两侧均有卡槽及安装卡。二者的主要不同点在于：正面的文字和按钮稍有差别，本专利的文字在右上方，按钮较大且其上印有符号，而在先设计的文字在左上方和左下方，按钮较小且其上无符号；背面的连接端口不同，本专利为四排且中间两排较短，上下两排向里凹进，而在先设计为三排；左右两侧的卡槽及安装卡不同，本专利的卡槽在中间且安装卡为一个，而在先设计的卡槽在两侧及顶面和底面且安装卡分为两个；顶面和底面的散热格栅不同，本专利顶面和底面均无散热格栅，而在先设计均有散热格栅。经过对二者的上述比较，合议组认为，本专利相比在先设计存在的差异主要集中在产品的背面及两侧，而对于本专利和在先设计所涉及的此类仪表产品而言，上述部位均属于使用时看不到的部位，而且其间存在的设计差异主要是基于功能上的需求所作出，因而对外观设计的整体视觉效果不具有显著影响。本专利与在先设计整体均呈立方体形，使用时面向消费者的产品正面主要仅在按钮大小和文

字位置上存在细微差异，这些差异均为局部的细微变化，不足以对外观设
影响，因此，二者应属于相近似的外观设计。

本专利在申请日以前已有与其相近似的外观设计在国内公开使用过，因而不符合专利法第 23 条的规定。

鉴于已得出本专利不符合专利法第 23 条规定的结论，本决定对请求人提交的其他证据及理由不再予以评述；对于专利权人提交的反证，由于其与前述附件 16、附件 23 证明的事实无关，故本决定不再评述。

三、决定

宣告 200530021687.9 号外观设计专利权全部无效。

当事人对本决定不服的，可以根据专利法第 46 条第 2 款的规定，自收到本决定之日起三个月内向北京市第一中级人民法院起诉，根据该款规定，一方当事人起诉后，另一方当事人应当作为第三人参加诉讼。

主视图

后视图

俯视图

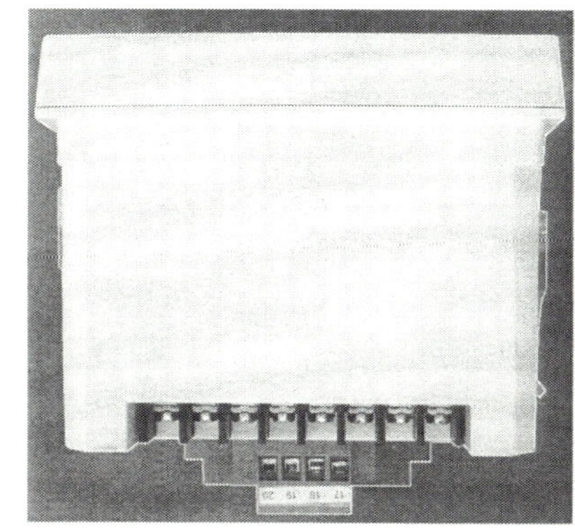

仰视图

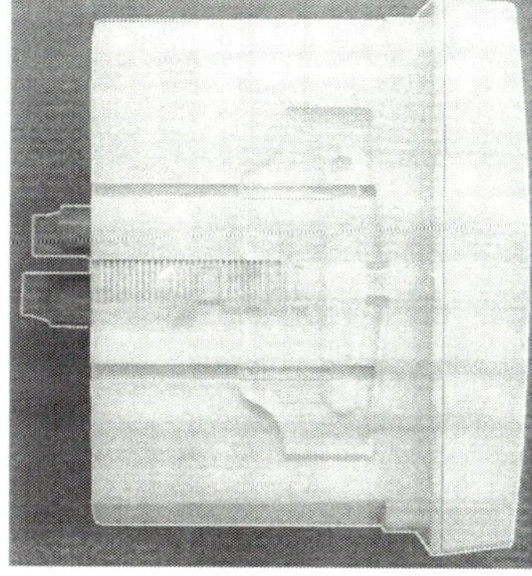

左视图

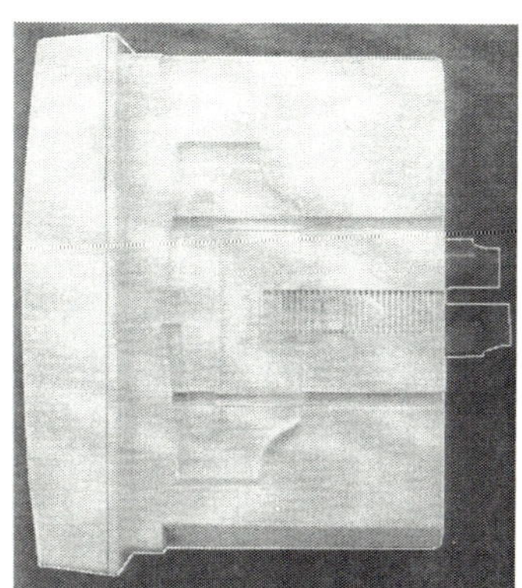

右视图

本专利附图

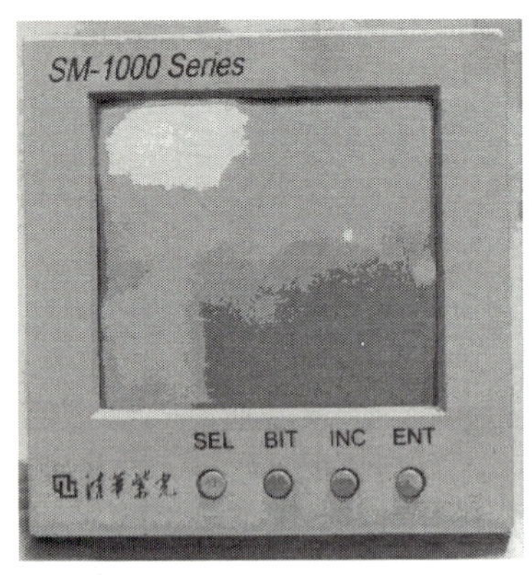

主视图

后视图

俯视图

仰视图

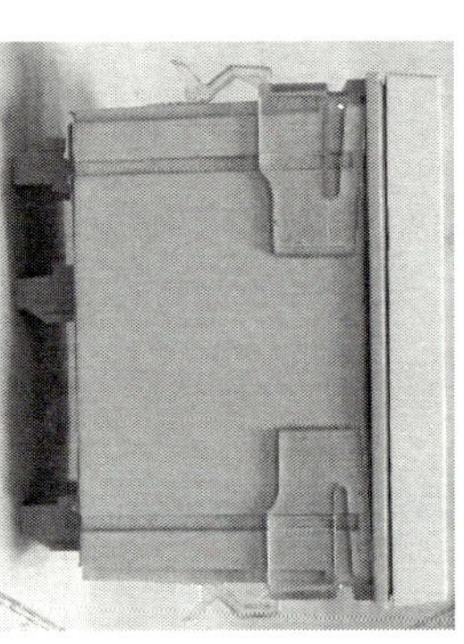

左视图

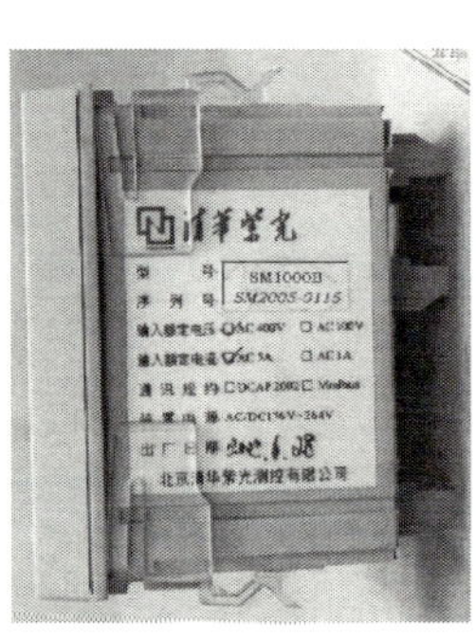

右视图

立体图

在先设计附图

附件 16 附图

504

卫生棺装饰板（L2720）

无效宣告请求审查决定（第14098号）

决　　定　　号　第14098号
决　　定　　日　2009年11月5日
发明创造名称　卫生棺装饰板（L2720）
外观设计分类号　99-00
无效宣告请求人　江苏友信高分子材料有限公司
专　利　权　人　薛惕忠
专　　利　　号　200430101544.4
申　　请　　日　2004年10月27日
授权公告日　2005年8月17日
合议组组长　王霞军
主　　审　　员　尹春霞
参　　审　　员　沙柏青
附　　　　　图　1页

法　律　依　据　专利法第23条
决　定　要　点

本专利与在先设计的差别为局部细微差别，不足以对整体视觉效果产生显著影响，二者应属于相近似的外观设计。

一、案由

本无效宣告请求涉及国家知识产权局于2005年8月17日授权公告的200430101544.4号外观设计专利，使用该外观设计的产品名称是"卫生棺装饰板（L2720）"，其申请日是2004年10月27日，专利权人是薛惕忠。

针对上述外观设计专利权（下称本专利），江苏友信高分子材料有限公司（下称请求人）于2009年7月14日向专利复审委员会提出无效宣告请求，其理由是：本专利与其申请日前在出版物上公开发表过的外观设计相近似，故不符合专利法第23条的规定。同时，请求人提交了如下附件作为证据：

附件1：US4312104号美国外观设计专利著录项目、图片复印件及著录项目翻译件，共2页；

附件2：US4457054号美国外观设计专利著录项目、图片复印件及著录项目翻译件，共2页；

附件3：本专利著录项目及图片复印件，共5页。

请求人认为，附件1及附件2均公开了一种卫生棺，其侧面把手部分包含装饰板。本专利与上述卫生棺装饰板的区别仅在于中部的线条形状，而线条形状不能构成区别特征。

请求人于2009年8月11日补充提交意见陈述书。请求人认为，本专利与附件1所示外观设计属于同类产品，其整体设计相近似，二者的设计差别是细微变化，二者应属于相近似的外观设计。请求人同时提交如下附件作为补充证据（编号续前）：

附件4：带标记的本专利主视图，共1页；

附件5：放大的带标记的附件1的首页摘要附图，共1页。

经形式审查合格，专利复审委员会依法受理了上述无效宣告请求，并于2009年8月31日将无效宣告请求书及相关文件的副本转送专利权人，通知其在指定的期限内答复。

专利复审委员会依法成立合议组对本案进行审理，并于2009年9月14日向双方当事人发出《合议组成员告知通知书》，双方当事人在指定期限内均未对合议组成员提出回避请求。

专利权人于2009年10月13日提交意见陈述书。专利权人认为，本专利的外观设计显得美观、大方，并富有美感，与对比文件所表现的产品外观在结构、形状上存在明显差异，其整体视觉效果给人的感觉完全不同，二者既不相同，也不相近似。

在双方当事人意见陈述的基础上，合议组经合议，认为本案事实清楚，依法作出本审查决定。

二、决定的理由

1. 法律依据

基于请求人提出无效宣告请求所依据的事实和理由，合议组对本专利是否符合专利法第23条的规定进行审查。

专利法第23条规定："授予专利权的外观设计，应当同申请日以前在国内外出版物上公开发表过或者国内公开使用过的外观设计不相同和不相近似，并不得与他人在先取得的合法权利相冲突。"

2. 证据认定

请求人提交的附件1是US4312104号美国外观设计专利著录项目、图片复印件及著录项目翻译件，其产品名称是"卫生棺架"，申请日为1980年5月14日，公开日为1982年1月26日。经合议组核实其内容属实，属于在本专利申请日前公开的出版物，可以作为评价本专利是否符合专利法第23条的证据。

3. 相同和相近似比较

附件1中卫生棺架的侧面公开了一款卫生棺装饰板的外观设计，与本专利用途相同，属于相同类别的产品，故附件1公开的卫生棺装饰板的外观设计（下称在先设计）可以与本专利进行相同或相近似比较。

本专利的图片包括卫生棺装饰板的主视图、左视图、俯视图、仰视图，简要说明载明：本外观设计是一种贴在卫生棺表面的装饰件，后视图不常见，左视图与右视图对称，省略后视图与右视图。其所示卫生棺装饰板整体呈近似的扁长方形状，四边略呈弧形；内部由弧线分为三个近似长方形的区域；两侧区域中心处各有一安装孔（详见本专利附图）。

在先设计公开了卫生棺装饰板的正面视图。虽然未示出其他面的视图，但从其视图所示的使用状态及一般消费者的认知能力，可以推定出该卫生棺装饰板为扁平状。其整体呈近似的扁长方形状，上下边略呈弧形；内部由两直线分为三个近似长方形的区域；两侧区域中心处各有一安装孔（详见在先设计附图）。

将本专利与在先设计相比较，二者的整体形状均为近似的扁长方形状，内部被分为三个近似长方形的区域，两侧区域中心处各有一安装孔。二者的主要不同点为：本专利的长方形四边均略呈弧形，在先设计的左右两端为直线；本专利由弧形将内部分为三个区域，在先设计由直线将内部分为三个区域。合议组认为，对于其整体而言，此两处为局部细微变化，不会对整体视觉效果产生显著影响，因此二者应属于相近似的外观设计。此外，专利权人认为本专利与在先设计在结构、形状和视觉效果上存在着明显差异，二者应属于不相同且不相近似的外观设计。对此合议组认为，专利权人指出的区别对于其整体而言均为局部细微变化，不足以对整体视觉效果产生显著影响，合议组对专利权人的主张不予支持。

综上所述，在本专利申请日以前已有与其相近似的外观设计在出版物上公开发表过，本专利不符合专利法第 23 条的规定。

三、决定

宣告 200430101544.4 号外观设计专利权全部无效。

当事人对本决定不服的，可以根据专利法第 46 条第 2 款的规定，自收到本决定之日起三个月内向北京市第一中级人民法院起诉，根据该款规定，一方当事人起诉后，另一方当事人应当作为第三人参加诉讼。

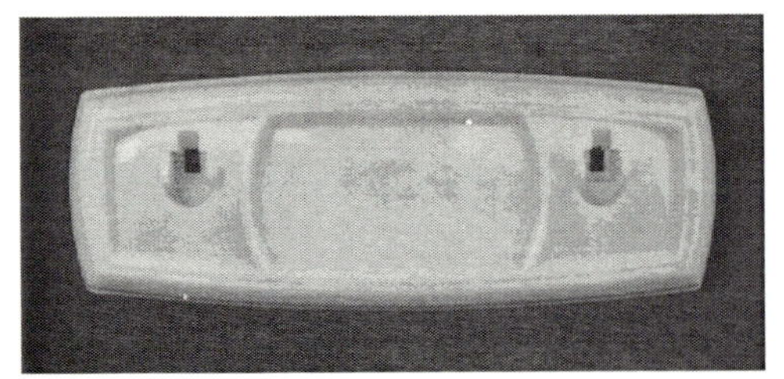

主视图

俯视图

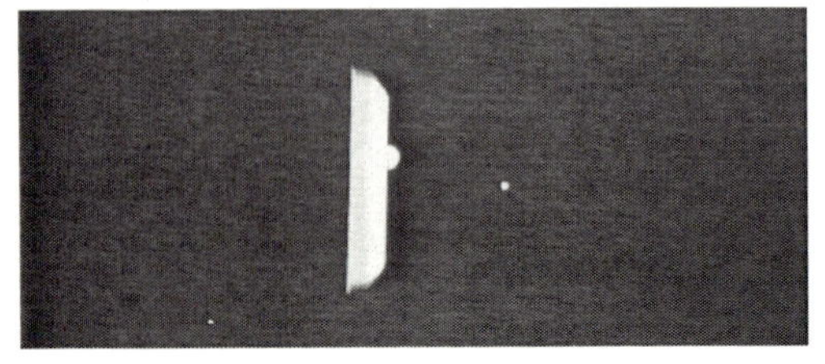

左视图

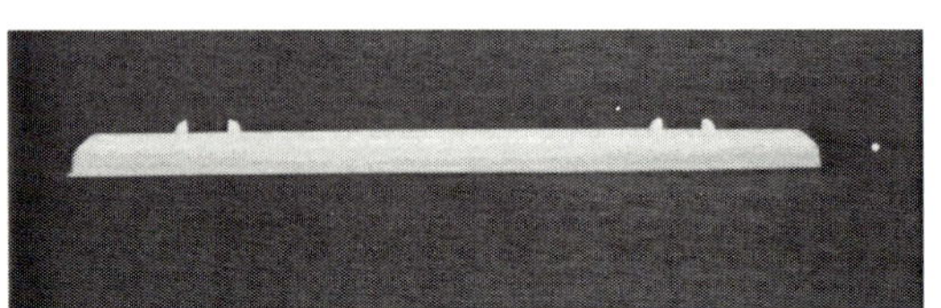

仰视图

本专利附图

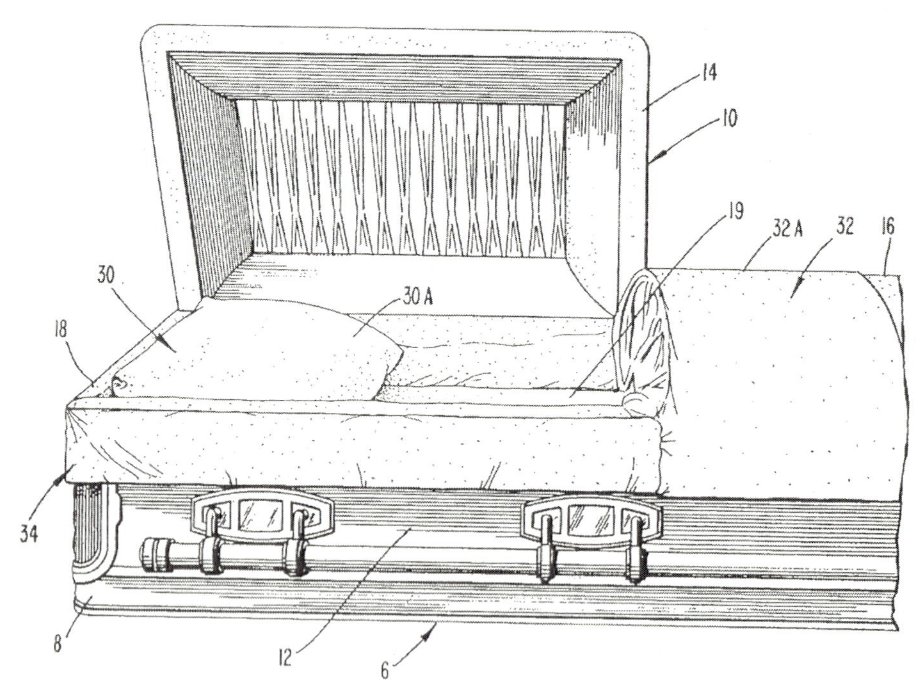

在先设计附图

505

路灯灯具（春竹型 MXDT-50）

无效宣告请求审查决定（第 14100 号）

决　定　号 第 14100 号
决　定　日 2009 年 11 月 5 日
发明创造名称 路灯灯具（春竹型 MXDT-50）
外观设计分类号 26-03
无效宣告请求人 高娇阳
专　利　权　人 冯建国
专　利　号 200530152547.5
申　请　日 2005 年 11 月 14 日
授权公告日 2006 年 10 月 4 日
合议组组长 盛　昭
主　审　员 朱家群
参　审　员 李巍巍
附　图 2 页

法律依据 专利法第 23 条
决定要点

路灯的一般消费者应该为其购买者，即相关路政人员，而不是路上的行人。本专利符合专利法第 23 条。

一、案由

本无效宣告请求涉及国家知识产权局于 2006 年 10 月 4 日授权公告的 200530152547.5 号外观设计专利，使用该外观设计的产品名称是“路灯灯具（春竹型 MXDT-50）”，其申请日是 2005 年 11 月 14 日，专利权人是冯建国。

针对上述外观设计专利权（下称本专利），高娇阳（下称请求人）于 2009 年 1 月 15 日向专利复审委员会提出无效宣告请求，其理由是本专利不符合专利法第 23 条的规定。请求人认为本专利与在先申请的外观设计相近似，并提交了如下证据：

证据 1：国家知识产权局网站上下载的 200330120733.1 号外观设计专利的著录项目信息及图片复印件 1 页，其授权公告号为 CN3382327。

请求人主要的无效宣告理由是：外部轮廓相同，微小的不同处并不能使两份外观设计有显著的区别，针对路灯的一般消费者路上行人而言，第一眼看到两盏路灯时很容易误认为是一样的路灯，故该外观设计专利不符合专利法第23条的规定，应该依法宣告该外观设计专利无效。

经形式审查合格，专利复审委员会于2009年3月23日依法受理了该无效宣告请求，并将请求人的无效宣告请求书及相关文件的副本转送专利权人，要求其在规定的期限内答复。

专利权人于2009年4月9日提交了意见陈述书。专利权人认为：（1）主视图中春竹型灯具的中部有两个层次分明的角形图案，左前端头部明显高出一块，根部是三节竹根状，收口向右，由粗变细，而白玉兰灯具主体是两个层次叠加在一起中间呈一个左上右下的一个层次分面，右边尾部细小。（2）俯视图中春竹型灯具左表明两个层次，呈一枚椭圆鸭蛋状，左前端有明显的一个小椭圆状似鸭蛋，右边呈一支三节竹根状，而白玉兰灯左边两侧为弯月形状，右侧部分则似一滴横过来的水珠。（3）仰视图中春竹型灯具左边呈椭圆形中间上下向右平直延伸到右边，上下两侧均有三角状包在椭圆形两边，右侧为三节竹根状，白玉兰灯具整个左边为一个大椭圆形，中部到右边渐小，似一个三角形。（4）右视图中春竹型灯具从中心到外部呈现一圈圈状，由里向外扩展，且整体为绿色，而白玉兰灯具是一个扁的蛋状中间有一个圆形。（5）左视图中春竹型灯具上半部是一个大半圆形，下部是一个平面，而白玉兰型灯具是一个扁圆形。（6）春竹型路灯和白玉兰路灯是完全不同的，且作为路灯，一般的安装高度是8~10米，给人的第一视觉是主视图和仰视图，而春竹型路灯和白玉兰路灯在各个视图上完全没有雷同之感，给消费者和专业安装维护人员不会造成视觉上的混淆，请求专利复审委员会驳回该无效请求。

2009年4月20日，专利复审委员会向双方当事人发出口头审理通知书，定于2009年5月26日在专利复审委员会进行口头审理，随同转送的还有专利权人于2009年4月9日提交的意见陈述。

口头审理于2009年5月26日如期举行，专利权人和请求人均委托代理人参加了口头审理，双方对对方参加口头审理人员的身份和资格均没有异议，对合议组成员没有回避请求。请求人认为本专利与对比文件相比较，二者构成相近似，但有细部差别，路灯的一般消费者为路上行人；专利权人认为本专利与对比文件有整体和多处细部不同，路灯的一般消费者更进一步应该是路灯购买者。

在以上审理的基础上，合议组经合议，认为本案事实清楚，依法作出本审查决定。

二、决定的理由

1. 法律依据

基于请求人提出的无效宣告请求的理由，合议组依据专利法第23条的规定对本案进行审理。

专利法第23条规定：授予专利权的外观设计，应当同申请日以前在国内外出版物上公开发表过或者国内公开使用过的外观设计不相同或不相近似，并不得与他人在先取得的合法权利相冲突。

2. 证据认定

请求人提交的证据1是专利号为200330120733.1号外观设计专利电子公开文本打印件。其申请日是2003年12月31日，授权公告日是2004年7月28日，授权公告号是CN 3382327，名称是“路灯（白玉兰）”（下称在先设计）。经合议组核实，该证据记载的内容与授权公告文本中记载的一致，该证据内容真实，确系在本专利申请日（2005年11月14日）以前发表的外观设计专利，属于专利法第23条所规定的公开出版物，适用于本案。

合议组认为：本专利和在先设计均涉及路灯的外观设计，用途相同，属于相同类别的产品，具有可比性。

3. 相同相近似的比较

本专利包括主视图、左视图、右视图、俯视图和仰视图，从这些视图中可以看出本专利由三大部分组成：尾部、灯罩和灯泡罩。观察所有视图可以看出：

（1）尾部有五处竹节状环形圈，由粗及细向尾部收缩，且前端与后端之间有少许弧度弯曲。

（2）灯罩的上部呈流线型圆柱体，其后端与灯尾部的前端一样大小、紧密相接；其上端有由中间向后端延伸的两道棱纹，该棱纹呈半椭圆形，外圈棱纹顶点于灯罩与尾部结合处汇集一点；后端的两个侧面有两个卡扣状小矩形框；下端呈平切面，有两个灯泡罩从该切面中凸出。

（3）两个灯泡罩呈前后放置，前面的灯泡罩明显大于后面的灯泡罩，且前灯泡罩呈椭圆形，后灯泡罩呈倒角方形，两灯泡罩上面略有纹路（详见本专利附图）。

在先设计包括六幅视图：即主视图、左视图、右视图、俯视图、仰视图和立体图。从这些视图中可以看出在先设计由两大部分组成：灯罩和灯泡罩。观察所有视图可以看出：

（1）灯罩的上部由两部分组成，且接合处有明显棱角凸起，这样就形成了由中后部向前端中部的一道棱纹，该棱纹呈半椭圆形。

（2）灯泡罩呈椭圆形放置在灯罩的下部平切面内（详见在先设计附图）。

将本专利与在先设计相比较，本专利可分为三部分：尾部、灯罩和灯泡罩；在先设计可分为两部分：灯罩和灯泡罩（尾部与灯罩成一体）。二者的整体形状不相似、布局不相同。主要区别在于：本专利有竹节状尾部设计，在先设计无明显的尾部设计；灯罩上部的棱纹，本专利为两道向尾部延伸，在先设计为一道向前端延伸；本专利有两个灯泡罩且分开明显，在先设计只有一个灯泡罩。

合议组认为：尽管路灯的尾部、灯罩上部的棱纹以及灯泡罩的数量在安装以后，路上的行人并不能很好地进行观察、区分，但合议组认为路灯的一般消费者应该为路灯购买者或维护人员，即相关路政人员，他们在购买或维护路灯时能够区分本专利与在先设计的不同，不会引起混淆，在他们看来，上述的本专利与在先设计的几处区别对整体视觉效果具有显著的影响。因此，二者不属于相近似的外观设计。

综上所述，本专利与在先设计不相同也不相近似，本专利符合专利法第23条的规定。

三、决定

维持200530152547.5号外观设计专利有效。

当事人对本决定不服的，可以根据专利法第46条第2款的规定，自收到本决定之日起三个月内向北京市第一中级人民法院起诉。根据该款的规定，一方当事人起诉后，另一方当事人应当作为第三人参加诉讼。

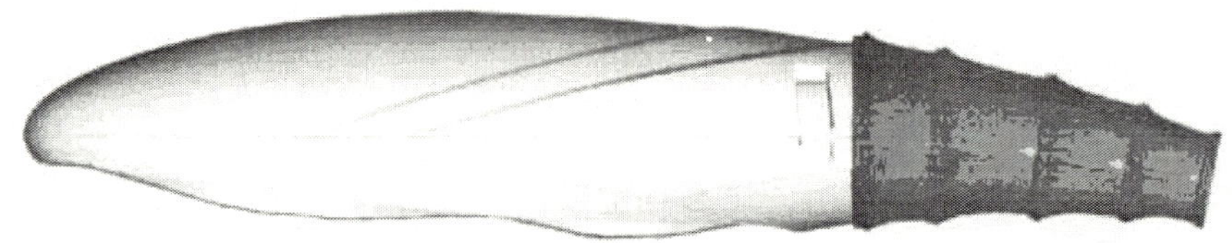

主视图

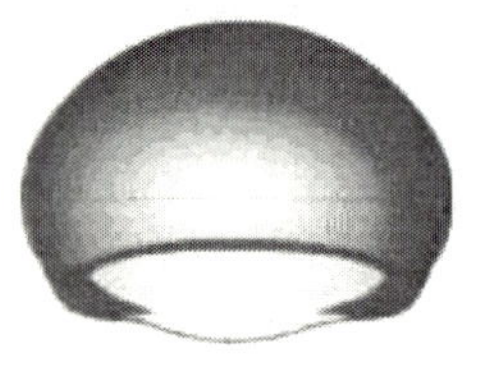

左视图

右视图

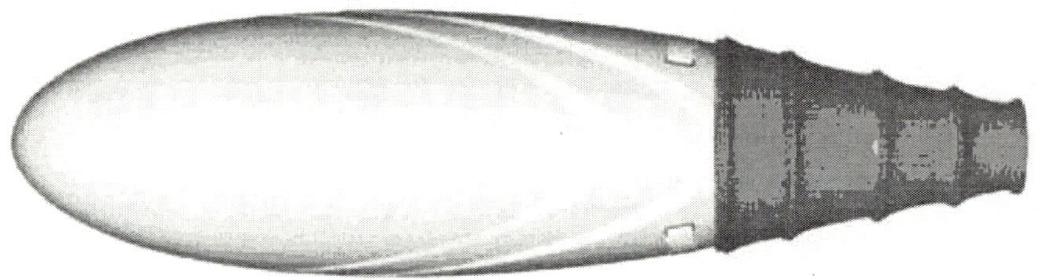

俯视图

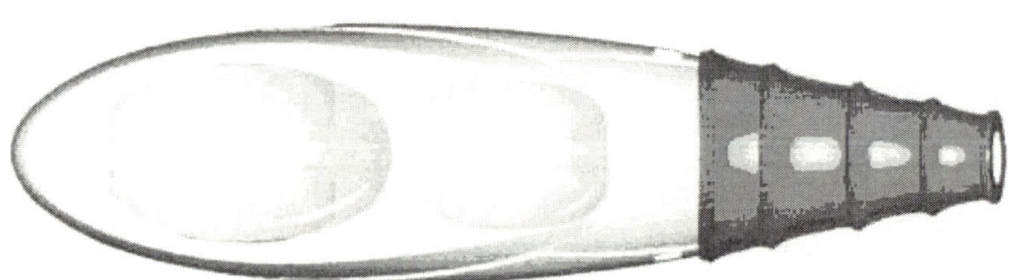

仰视图

本专利附图

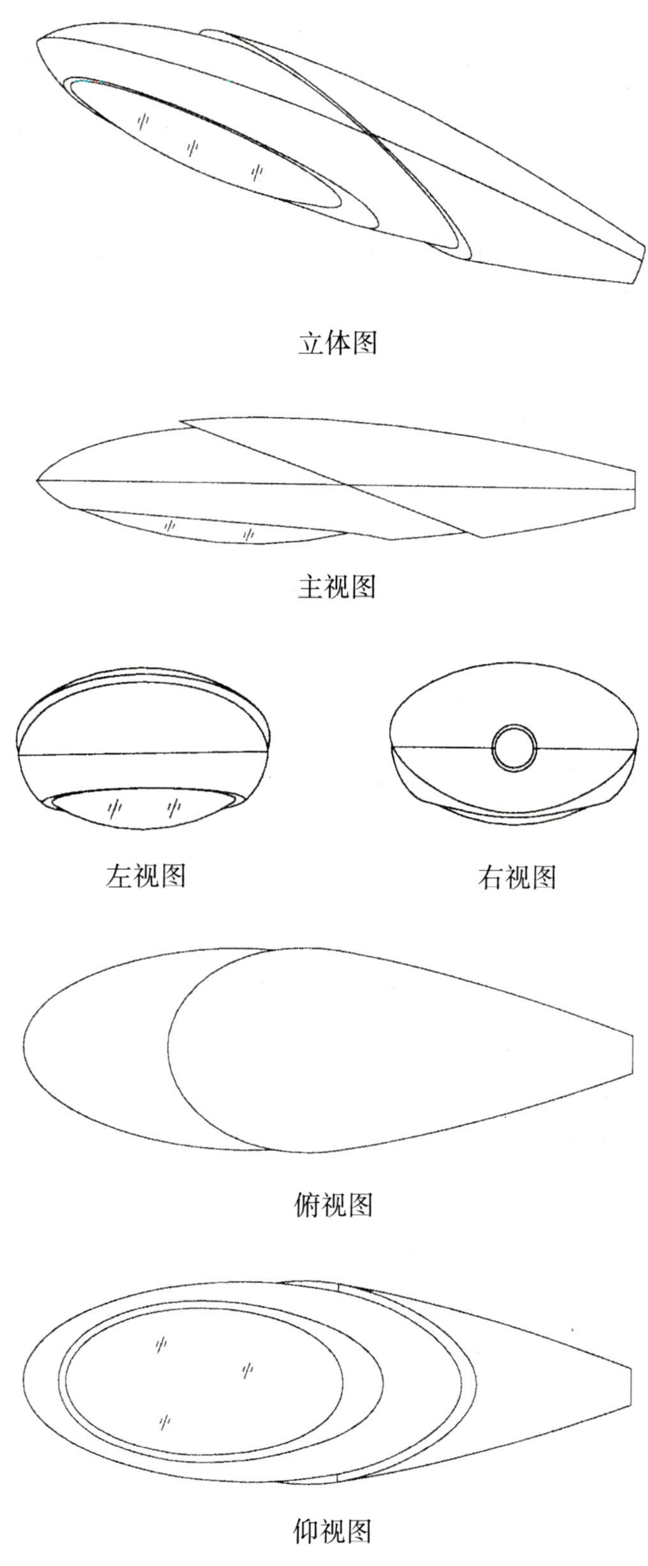

在先设计附图

506

浴巾架（20）

无效宣告请求审查决定（第14104号）

决　　定　　号　第14104号
决　　定　　日　2009年10月27日
发明创造名称　浴巾架（20）
外观设计分类号　23-02
无效宣告请求人　九牧集团有限公司
专　利　权　人　俞　光
专　　利　　号　200530106572.X
申　　请　　日　2005年5月8日
授权公告日　2006年7月26日
合议组组长　张雪飞
主　　审　　员　沙柏青
参　　审　　员　李巍巍
附　　　　图　1页

法　律　依　据　专利法第23条
决　定　要　点

本专利与在先设计的差别属于局部细微的变化，没有对产品的整体视觉效果产生显著的影响，在二者整体造型、各部分形状和比例等均基本相同的情况下，一般消费者容易将二者混同、误认。因此，合议组认定，本专利与在先设计属于相近似的外观设计。

一、案由

本无效宣告请求案涉及国家知识产权局于2006年7月26日授权公告的，名称为“浴巾架（20）”的外观设计专利（下称本专利），其专利号是200530106572.X，申请日是2005年5月8日，专利权人是俞光。

针对上述专利权，九牧集团有限公司（下称请求人）于2009年7月8日向国家知识产权局专利复审委员会提出无效宣告请求，认为本专利不符合专利法第23条的规定，并提交了以下附件作为对比文件：

附件1：CN3334451号外观设计专利电子公开文本打印件，共1页；

附件2：CN3334446号外观设计专利电子公开文本打印件，共1页；

附件3：CN3267849号外观设计专利电子公开文本打印件，共1页；

附件4：韩国外观设计注册号3003633550000电子公开文本打印件，共2页；

附件5：韩国外观设计注册号3003136700000电子公开文本打印件，共2页。

请求人认为，附件1~5的公告日均在本专利申请日（2005年5月8日）之前，其公开的外观设计与本专利均属于同类产品，外观设计仅存在微小的差别，因此，本专利与附件1~5均属于相近似的外观设计，本专利不符合专利法第23条的规定。

经形式审查合格，专利复审委员会依法受理了上述无效宣告请求，并于2009年7月8日将无效宣告请求书及相关文件的副本转送给专利权人，通知其在指定的期限内答复。

专利权人于2009年8月11日提交意见陈述书，不认可附件4和附件5，并认为请求人提供的附件所示外观设计均与本专利不相同且不相近似。

专利复审委员会于2009年9月14日向双方当事人发出合议组成员告知通知书，双方当事人均未对合议组成员提出回避请求。

在上述审理的基础上，合议组认为本案事实清楚，可以依法作出审查决定。

二、决定的理由

1. 法律依据

基于请求人提出的无效宣告请求的理由和证据，合议组依据专利法第23条的规定对本案进行审理。

专利法第23条规定："授予专利权的外观设计，应当同申请日以前在国内外出版物上公开发表过或者国内公开使用过的外观设计不相同和不相近似，并不得与他人在先取得的合法权利相冲突。"

2. 证据认定

请求人提交的附件3是CN3267849号外观设计专利电子公开文本打印件，经核实，该证据的真实性可以确认。该外观设计专利产品名称为"毛巾架（7）"，其授权公告日为2002年12月11日，早于本专利的申请日（2005年5月8日），属于本专利申请日之前公开的外观设计，可以作为评价本专利是否符合专利法第23条规定的证据。

3. 外观设计相同和相近似对比

附件3公开了一种毛巾架的外观设计（下称在先设计），与本专利的用途相同，属于相同类别的产品，具有可比性，故对二者的外观设计作如下对比：

本专利所示的是双层浴巾架，简要说明中记载：本产品背面不常见，省略后视图；本产品底面不常见，省略仰视图；本产品左右对称，省略右视图。从各视图观察本专利，上层外框是一个水平方向的方形"U"形框，在"U"形框内连接有三根横杆，"U"形框两侧各与一个带凸台的正方形支承座连接，在第一根横杆的下方连接有一个垂直方向的"U"形框（详见本专利附图）。

在先设计所示的也是双层毛巾架，上层外框是由两根平行的纵向杆和一根横杆组成的近似"U"形的方框，在"U"形框内连接有三根横杆，"U"形框两侧各与一个带凸台的正方形支承座连接，在横杆的下方连接有一个垂直方向的"U"形框（详见在先设计附图）。

将本专利与在先设计相比较可知，两者的相同之处在于：产品整体的形状、各组成部分的形状和比例均基本相同。二者的不同之处在于：本专利的上层外框为"U"形方框，在先设计的上层外框是由两根平行的纵向杆和一根横杆组成的近似"U"形的方框。合议组认为：上述差别属于局部细微的变化，没有对产品的整体视觉效果产生显著的影响，在二者整体造型、各部分形状和比例等均基本相同的情况下，一般消费者容易将二者混同、误认。因此，合议组认定，本专利与在先设计属于相近似的外观设计。

综上所述，合议组认为，在本专利申请日以前已有与其相近似的外观设计在出版物上公开发表过，所以，本专利不符合专利法第23条的规定。

鉴于已经得出本专利不符合专利法第23条规定的结论，本决定对请求人提出的其他证据不再进行评述。

三、决定

宣告200530106572.X号外观设计专利权全部无效。

当事人对本决定不服的，可以根据专利法第46条第2款的规定，自收到本决定之日起三个月内向北京市第一中级人民法院起诉。根据该款的规定，一方当事人起诉后，另一方当事人应当作为第三人参加诉讼。

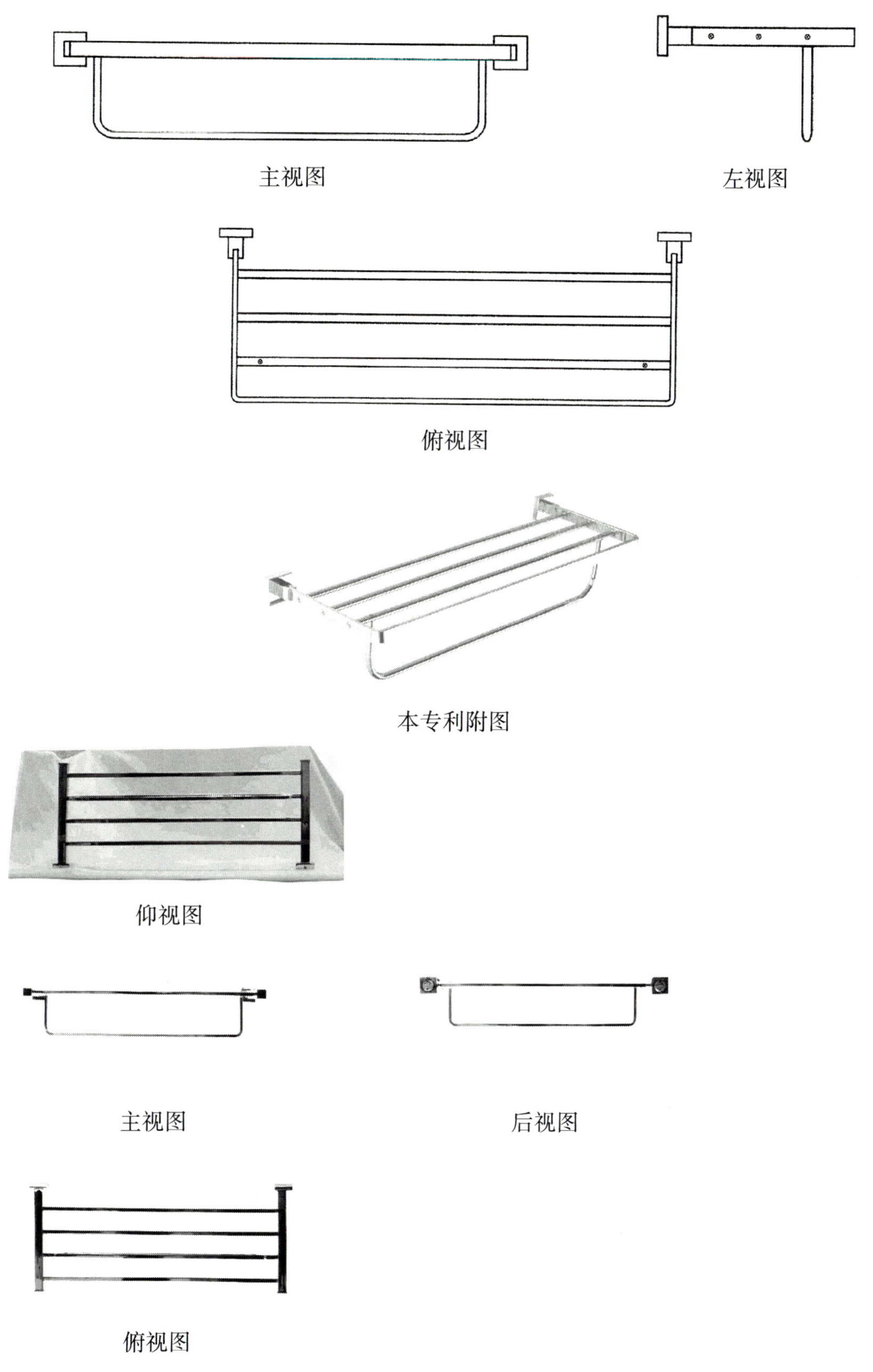

主视图

左视图

俯视图

本专利附图

仰视图

主视图

后视图

俯视图

在先设计附图

507

链条锁锁头（3）

无效宣告请求审查决定（第14105号）

决　　定　　号　第14105号
决　　定　　日　2009年10月30日
发明创造名称　链条锁锁头（3）
外观设计分类号　08-07
无效宣告请求人　杨起鑫
专　利　权　人　黄大喜
专　　利　　号　200630113173.0
申　　请　　日　2006年7月18日
授 权 公 告 日　2007年6月20日
合 议 组 组 长　吴大章
主　　审　　员　沙柏青
参　　审　　员　尹春霞
附　　　　　图　1页

法　律　依　据　专利法第23条
决　定　要　点

标志图案在产品外观设计中所占的视觉比例较小，其区别属于局部细微的变化，对整体视觉效果不具有显著的影响。在二者整体造型、各部分形状及比例等均基本相同的情况下，对于其整体而言，局部细微的变化不会对整体视觉效果产生显著影响，一般消费者容易将二者混同、误认。

一、案由

本无效宣告请求案涉及国家知识产权局于2007年6月20日授权公告的，名称为“链条锁锁头（3）”的外观设计专利，其专利号是200630113173.0，申请日是2006年7月18日，专利权人是黄大喜。

针对上述专利权（下称本专利），杨起鑫（下称请求人）于2009年1月20日向国家知识产权局专利复审委员会提出无效宣告请求，认为本专利不符合专利法第23条的规定，并提交了以下附件作为对比文件：

附件1：《华夏黄页·工商消费万事通》——金华版的相关页复印件，共3页；

附件2：《2002浦江·首届中国挂锁博览会会刊》相关页以及盖有“浙江省浦江县人民政府办公室”和“浙江省挂锁行业协会”印章的证明文件复印件，共4页；

附件3：浦江县质量技术监督检测中心证明及浦江县平安恒信锁厂产品质量检查合格证复印件，共2页；

附件4：浙江浦江郑宅永强锁厂广告宣传册相关页复印件，共3页；

附件5：浙江浦江飞龙锁业有限公司广告宣传册相关页复印件，共3页；

附件6：浙江浦江武士锁业有限公司广告宣传册相关页复印件，共3页；

附件7：长春老顾锁具广告宣传册相关页复印件，共2页；

附件8：腾达锁具广告宣传册相关页复印件，共2页；

附件9：浙江浦江白马神环制锁厂广告宣传册相关页复印件，共3页；

附件10：亚环锁业有限公司广告宣传册相关页及销售证明复印件，共4页；

附件11：浦江神环锁业有限公司广告宣传册相关页复印件，共3页；

附件12：12家企业出具的销售证明及会议纪要复印件，共15页。

请求人认为，在浙江浦江，多家企业早在1995年就开始制造、销售与本专利外观设计相同或相近似的链条锁锁头。附件1~12证明了本专利与其申请日以前在国内外出版物上公开发表过或在国内公开使用过的外观设计相同或者相近似，因此本专利不符合专利法第23条的规定。同时该外观设计也侵犯了相关著作权人的合法在先权利。

请求人于2009年2月14日补充提交了以下附件（编号续前）：

附件13：浦江县产品质量监督检验所出具的检验报告浙浦质检字2000第102号复印件，共3页；

附件14：盖有浦江县质量技术监督检验中心印章的证明复印件，共2页；

附件15：专利申请人申请日以前已经制造、销售、使用的链条锁锁头实物一个。（因金华市中级人民法院开庭时需要使用，所以请求人申请在口头审理当庭提交。）

经形式审查合格，专利复审委员会依法受理了上述无效宣告请求，并于2009年3月16日将无效宣告请求书及相关文件的副本转送给专利权人，通知其在指定的期限内答复。双方逾期均未答复。

专利复审委员会于2009年8月17日向双方当事人发出无效宣告请求口头审理通知书，定于2009年9月24日进行口头审理。由于工作安排，专利复审委员会于2009年9月8日再次向双方当事人发出无效宣告请求口头审理通知书，将口头审理时间变更为2009年10月22日。

口头审理于2009年10月22日如期举行，请求人委托代理人出席了口头审理，专利权人未到庭。请求人当庭提交附件1~8、附件10~14的原件，指出用于对比的图片并签字确认。请求人当庭拆封附件15的原件，并请证人出庭说明其在2001年已经购买并批发销售附件15所示锁头的事实。请求人认为：（1）附件3、附件13、附件14是一组证据，证明在本专利申请日以前已有与其相近似的外观设计公开销售；（2）附件1、附件2分别证明在本专利申请日以前已有与其相近似的外观设计公开发表、公开销售；（3）附件4~11是一组证据，证明在本专利申请日以前已有与其相近似的外观设计公开发表；附件15证明在本专利申请日以前已有与其相近似的外观设计公开销售。对于相近似性比较，请求人认为：锁的外观是一样的，虽然标志放上去之后，视觉效果会有所不同，但仍与本专利相同或相近似。

在上述审理的基础上，合议组认为本案事实清楚，可以依法作出审查决定。

二、决定的理由

1. 法律依据

基于请求人提出的无效宣告请求的理由和证据，合议组依据专利法第23条的规定对本案进行审理。

专利法第23条规定：“授予专利权的外观设计，应当同申请日以前在国内外出版物上公开发表过

或者国内公开使用过的外观设计不相同和不相近似，并不得与他人在先取得的合法权利相冲突。”

2. 证据认定

请求人提交的附件 2 是《2002 浦江·首届中国挂锁博览会会刊》相关页复印件以及盖有“浙江省浦江县人民政府办公室”和“浙江省挂锁行业协会”印章的证明文件复印件，请求人在口头审理时当庭提交了上述证据的原件。经合议组核实，复印件的内容与其原件一致。在《2002 浦江·首届中国挂锁博览会会刊》的封面页载有“2002 浦江·首届中国挂锁博览会会刊首届中国挂锁博览会组委会”等字样，在其第 39 页载有“浙江省浦江郑宅永强锁厂”等文字以及若干锁头的图片，请求人当庭指出用于对比的图片并签字确认。请求人提交的盖有“浙江省浦江县人民政府办公室”和“浙江省挂锁行业协会”印章的证明文件中记载“浙江浦江于 2002 年 10 月 28 ~ 30 日在浦江县专业园区承办了 2002 浦江—首届中国挂锁博览会”。合议组经合议，认为附件 2 可以证明浙江浦江于 2002 年承办了浦江首届中国挂锁博览会，该博览会的会刊公开日期应当也在 2002 年，在本专利的申请日（2006 年 7 月 18 日）之前，因此附件 2 可以作为评价本专利是否符合专利法第 23 条的证据。

3. 外观设计相同和相近似对比

附件 2 公开了一种链条锁锁头的外观设计（下称在先设计），与本专利的用途相同，属于相同类别的产品，具有可比性，故对二者的外观设计作如下对比：

本专利所示的链条锁锁头形状大致呈长方体形，锁体中间靠左有一长方形缺口，缺口的中上部有一横向圆柱形杆，锁体中间靠右有一圆形标志图案，锁体的左侧面有一“U”形金属杆（详见本专利附图）。

在先设计所示的链条锁锁头形状大致呈长方体形，锁体中间靠左有一长方形缺口，缺口的中上部有一横向圆柱形杆，锁体中间靠右有一圆形标志图案，锁体的左侧面有一“U”形金属杆（详见在先设计附图）。

将本专利与在先设计相比较可知，二者的不同之处仅在于锁体表面的标志图案不同。合议组认为，标志图案在产品外观设计中所占的视觉比例较小，其区别属于局部细微的变化，对整体视觉效果不具有显著的影响。在二者整体造型、各部分形状及比例等均基本相同的情况下，对于其整体而言，局部细微的变化不会对整体视觉效果产生显著的影响，一般消费者容易将二者混同、误认。因此，合议组认定，本专利与在先设计属于相近似的外观设计。

综上所述，合议组认为，在本专利申请日以前已有与其相近似的外观设计在出版物上公开发表过，所以，本专利不符合专利法第 23 条的规定。

鉴于已经得出本专利不符合专利法第 23 条规定的结论，合议组对请求人提出的其他理由和证据不再进行评述。

三、决定

宣告 200630113173.0 号外观设计专利权全部无效。

当事人对本决定不服的，可以根据专利法第 46 条第 2 款的规定，自收到本决定之日起三个月内向北京市第一中级人民法院起诉。根据该款的规定，一方当事人起诉后，另一方当事人应当作为第三人参加诉讼。

仰视图

右视图

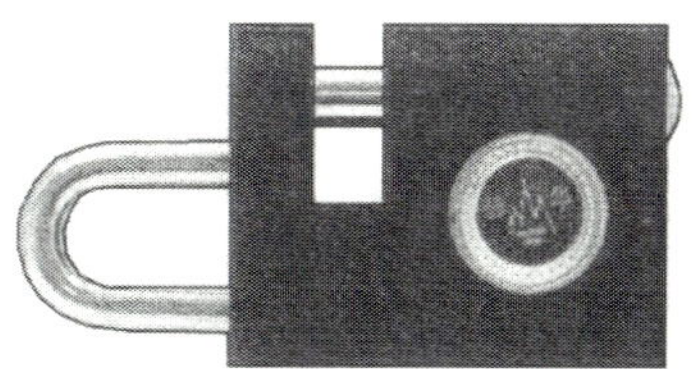

主视图

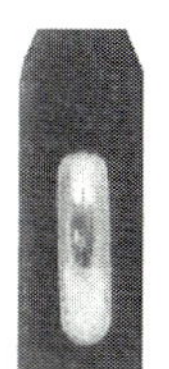

左视图

俯视图

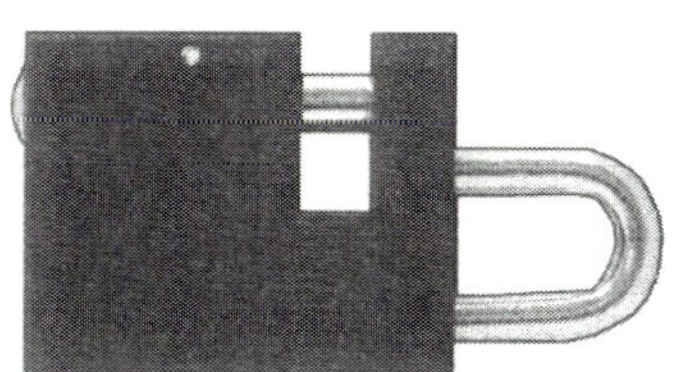

后视图

使用状态参考图

本专利附图

在先设计附图

508

挂件（鸭子）

无效宣告请求审查决定（第14107号）

决　　定　　号　第14107号
决　　定　　日　2009年11月5日
发明创造名称　挂件（鸭子）
国际分类号　11-02
无效宣告请求人　温州铁人轻工电子有限公司
专　利　权　人　刘王新
专　　利　　号　200730117817.8
申　　请　　日　2007年5月24日
授权公告日　2008年3月26日
合议组组长　盛　昭
主　　审　　员　陈　晔
参　　审　　员　李巍巍
附　　　　图　2页

法　律　依　据　专利法第9条
决　定　要　点

同样的发明创造对于外观设计而言是指两项外观设计相同或者相近似，在本专利申请日前已有他人申请了相近似的外观设计专利，并在后被授予专利权，因此，本专利不符合专利法第9条的规定。

一、案由

本无效宣告请求涉及的是国家知识产权局于2008年3月26日授权公告的专利号为200730117817.8的外观设计专利，其名称是“挂件（鸭子）”，申请日是2007年5月24日，专利权人是刘王新。

针对上述外观设计专利权（下称本专利），温州铁人轻工电子有限公司（下称请求人）于2009年1月18日以本专利在申请日前已经有他人申请过同样的外观设计专利，故不符合专利法第9条和专利法实施细则第13条第1款的规定为理由向专利复审委员会提出无效宣告请求。同时提交了下列附件作为证据：

附件1：CN300853604号中国外观设计专利复印件，申请日为2007年6月19日，授权公告日为2008年11月26日，美国优先权日为2007年1月12日，申请人为凯克兰德设计有限公司，共1页。

依据上述附件，请求人的具体理由是：请求人提交的附件1中的主光灯（鸭型）的专利权人于

2007 年 1 月 12 日在美国提出专利申请，并于 2007 年 6 月 19 日向中国提出了该项外观专利申请并要求了优先权，由于该专利产品在鸭嘴中间设有 LED 灯，故其类别归为 26-02 手电、手提灯类，该产品在具有照明功能的同时还兼具装饰品用途；而本专利的国际分类号为 11-02 小装饰品类，其整体形状几乎与附件 1 中的主光灯（鸭型）完全相同，且从其右视图看，其鸭嘴中也设有 LED 灯，在鸭身一侧翅膀上明显设有按钮，虽然其在第 11-02 类上，但本专利产品也兼具照明和装饰的功能，因此请求人认为本专利产品与附件 1 中的产品部分用途相同，属于相近类别的产品，二者属于相近似的外观设计，因此，本专利不符合专利法第 9 条和实施细则第 13 条第 1 款的规定，应予宣告无效。

经形式审查合格，专利复审委员会受理了此案，于 2009 年 3 月 23 日向请求人和专利权人发出无效宣告请求受理通知书，同时将《专利权无效宣告请求书》及其附件清单中所列附件副本转送给专利权人，要求其在一个月内对该无效宣告请求陈述意见。

专利权人于 2009 年 4 月 30 日提交了意见陈述书，专利权人认为：本专利与在先专利分类号不同，且从附件 1 的授权公告图中看不到作为挂件装饰品的可用于穿绳子的圆环等标记，在先专利产品名称是主光灯（鸭型），本专利的产品名称是挂件（鸭子），前者是照明灯，后者是装饰品，用途和功能不同，因此，二者属于不同的产品，不具有可比性。此外，二者的外形也不相同，主要区别包括：（1）在先专利两只眼睛的位置明显侧于嘴部上方，而本专利的眼睛位于嘴部周边；（2）在线专利嘴部的造型呈正圆形，而本专利的嘴部是由两个半圆形呈 V 状所组成；（3）在先专利的底部为平底设计，而本专利的底部居中位置设有螺丝孔；（4）在先专利的头部和身体连接紧凑，而本专利的头部和身体外侧由两小段弧线连接而成；（5）本专利尾部靠近底部的地方设有圆环用于穿绳子或链子，而在先专利没有。由于两者的设计题材同为标准的小鸭，一些基本的外形轮廓相同或近似是正常的，而本专利对鸭子的眼睛位置、形状和身体各部位做了独特的设计，即在整体上产生不同的设计效果。此外，专利权人无法了解在先专利的外国优先权。综上所述，在先专利与本专利属于不同的产品，用途和功能都不同，二者不相近似，请求专利复审委员会依法维持该专利权有效。

本案合议组于 2009 年 4 月 20 日向双方当事人发出口头审理通知书，定于 2009 年 6 月 3 日举行口头审理。

口头审理如期举行，请求人委托公民代理傅敏华出庭参加，专利权人委托杭州杭诚专利事务所有限公司的专利代理人尉伟敏出庭参加，其权限为特别授权。

在口头审理中，双方当事人对对方出庭人员的身份和资格无异议，对合议组成员无回避请求。请求人明确其无效宣告请求的理由为本专利不符合专利法第 9 条和专利法实施细则第 13 条第 1 款的规定。合议组当庭将专利权人于 2009 年 4 月 30 日提交了意见陈述书转送给请求人，要求其在口头审理结束后 7 个工作日内进行书面答复。

双方当事人就本专利与附件 1 中的外观设计是否相近似进行了辩论。请求人认为：二者虽然名称不同、分类号不同，但是属于相同的外观设计，本专利的鸭嘴中有一个 LED 灯，与附件 1 的专利是相近似的且用途一样；专利权人认为：二者分类号不同，仅凭本专利嘴巴上的圆圈，就说明二者用途相同是不正确的，附件 1 的专利其名称说明其是一种灯，且其申请文件中没有“挂件”的图片及文字，没有挂部结构，说明其应是一个大的摆放件，二者没有可比性，且二者之间有差异，详见专利权人所提交的意见陈述书。合议组当庭询问了专利权人如下问题：（1）鸭子嘴巴里的圆形是什么？专利权人说可能是一个珠子或者是 LED 灯，不能确定；（2）鸭子一边翅膀上有一个凸起，其作用是什么？专利权人说应该是控制键，可能是控制 LED 灯也可能是控制嘴巴里的圆形珠子；（3）从仰视图看到一个类似螺丝的长条状是什么？专利权人说是放硬币、电池之类的地方。

合议组于 2009 年 6 月 10 日收到请求人的意见陈述书，该意见陈述书的内容是针对专利权人于

2009 年 4 月 30 日提交的意见陈述书，请求人认为：评判外观设计产品是否相同或相近似不能仅凭外观设计的分类号；仅凭附件 1 的专利没有圆环等标记就说明其不是挂件，这是不正确的，挂件也可以通过金属圈螺纹旋接在产品上；从本专利的图片中可以清楚的看到鸭嘴中间是 LED 灯，翅膀上有控制 LED 灯的按钮，因此，本专利与附件 1 的专利都有照明功能，二者属于相近似类别的产品；二者的外形几乎完全相同，二者相近似，应予宣告无效。

至此，合议组认为本案事实已经清楚，可以依法作出审查决定。

二、决定的理由

1. 法律依据

基于请求人提出的无效宣告请求理由，合议组对本专利是否符合专利法第 9 条和专利法实施细则第 13 条第 1 款的规定进行审查。

专利法第 9 条规定："两个以上的申请人分别就同样的发明创造申请专利的，专利权授予最先申请的人。"

专利法实施细则第 13 条第 1 款规定："同样的发明创造只能被授予一项专利。"

2. 关于证据

请求人提交的附件 1 是 CN300853604 号中国外观设计专利著录项目和图片复印件，其申请日为 2007 年 6 月 19 日，授权公告日为 2008 年 11 月 26 日，美国优先权日为 2007 年 1 月 12 日，产品名称为"主光灯（鸭型）"，专利权人为凯克兰德设计有限公司。经合议组核实，该著录项目内容和图片以及美国优先权日与该专利公报公开的内容相符，其真实性可以确认，其美国优先权日早于本专利申请日（2007 年 5 月 24 日），属于他人在本专利申请日之前申请、之后授权公告的外观设计专利（下称在先设计），因此，可作为评价本专利是否符合专利法第 9 条的证据使用。

本专利的分类号为 11-02 小装饰品类，而在先设计的分类号为 26-02 手电、手提灯类，目前市场上所销售的很多小装饰品都兼具照明和装饰挂件的功能，而挂件不仅可以通过穿绳子或链子来进行悬挂，也可以通过金属螺纹旋钮旋接在产品上，因此，在先设计在照明的功能上也可以兼具装饰品的功能，二者的用途部分相同，可以进行如下相同和相近似的比较。

3. 相同和相近似的比较

本专利所示的挂件（鸭子）是一个鸭型产品，头部是一个圆球，圆球的前部是由两个横截面为近直角三角形的扁平凸起组成的 V 状鸭嘴，鸭嘴的中间有一个圆形小凸起，头部的两侧靠近鸭嘴的地方各有一个小圆点；身体是一个近似椭圆的球体，其中椭球体后部的上侧为一个尖角的凸起，后部的中侧有一个圆环，身体的两侧中部各有一个椭圆形的翅膀凸起，其中一侧翅膀的中部有一个圆形的凸起，身体的底部呈椭圆形，其两边各有一个圆点，靠近一侧圆点的地方有四个呈正方形分布的小圆点，身体底部的中间有一个长条状的孔；头部和身体外侧由两段弧线连接（详见本专利附图）。

在先专利所示的主光灯（鸭型）是一个鸭型产品，头部是一个圆球，圆球的前部是由两个横截面为近直角三角形的扁平凸起组成的 V 状鸭嘴，鸭嘴的中间有一个圆形小凸起，头部的两侧靠近鸭嘴的地方各有一个小圆点；身体是一个近似椭圆的球体，其中椭球体后部的上侧为一个尖角的凸起，身体的两侧中部各有一个椭圆形的翅膀凸起，其中一侧翅膀的中部有一个圆形的凸起，身体的底部呈椭圆形；头部和身体外侧由两段弧线连接（详见在先设计附图）。

根据整体观察综合判断的原则，从整体视觉观察，本专利与在先设计的不同点主要是：本专利身体后部的中侧有一个圆环，在先设计没有；本专利身体底部的两边各有一个圆点，靠近一侧圆点的地方有四个呈正方形分布的小圆点，身体底部的中间有一个长条状的孔，而在先设计没有。合议组认为，二者近似的整体形状，已给一般消费者留下了相近似的整体视觉印象，上述的细部区别均不足以对整体视觉产生显著影响，故二者属于相近似的外观设计。

4. 结论

审查指南第四部分第七章第 1 节规定：“同样的发明创造对于外观设计而言是指外观设计相同或者相近似。”综上所述本专利与在先设计相近似，属于同样的发明创造，本专利不符合专利法第 9 条的规定。

在已经得出上述审查结论的基础上，本审查决定对请求人提交的其他理由不再进行评述。

三、决定

宣告 200730117817. 8 号外观设计专利权全部无效。

当事人对本决定不服的，可以根据专利法第 46 条第 2 款的规定，自收到本决定之日起三个月内向北京市第一中级人民法院起诉。根据该款的规定，一方当事人起诉后，另一方当事人应当作为第三人参加诉讼。

仰视图

后视图

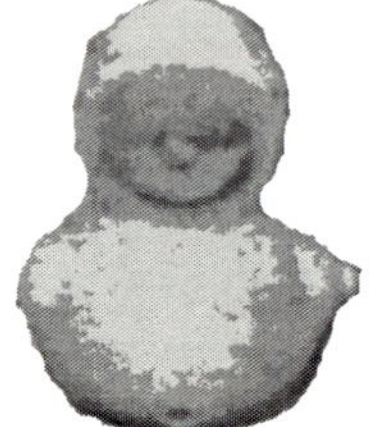

右视图

主视图

左视图

俯视图

本专利附图

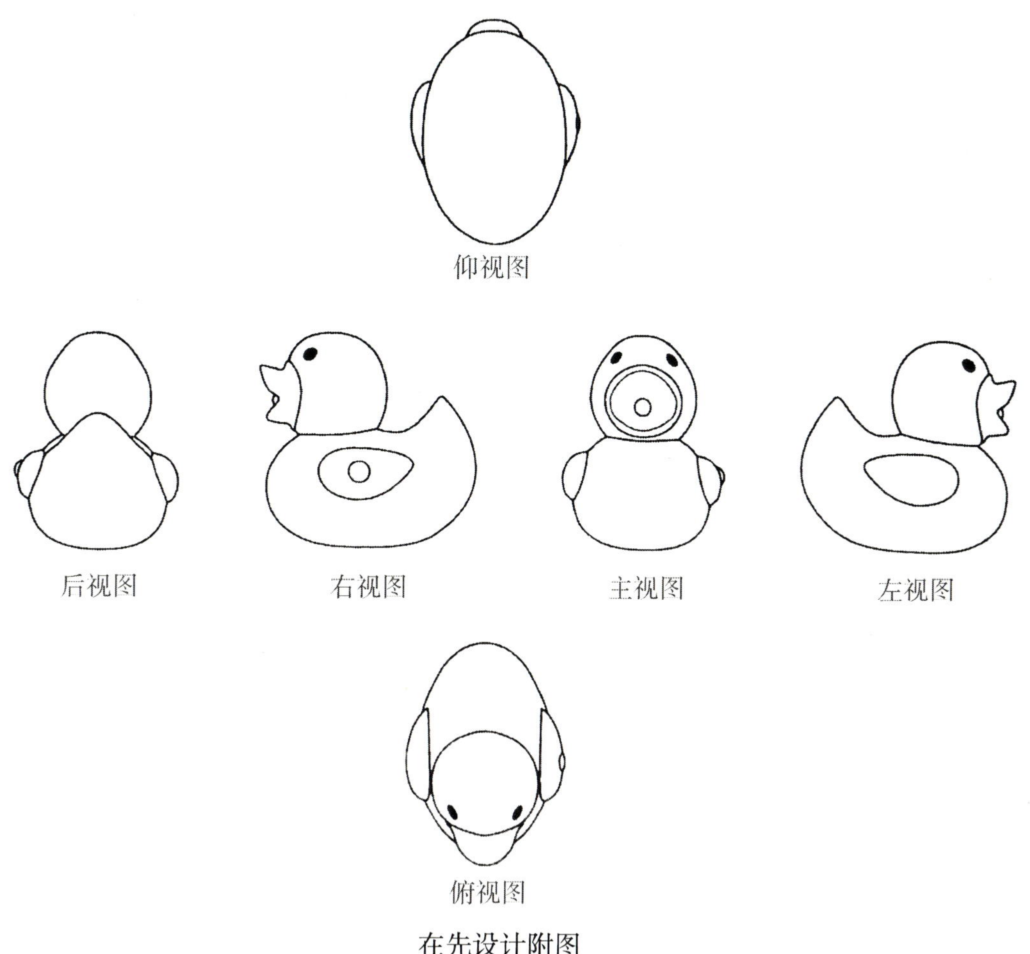

在先设计附图

509

耳　环

无效宣告请求审查决定（第 14108 号）

决　　定　　号　第 14108 号
决　　定　　日　2009 年 11 月 2 日
发明创造名称　耳环
国 际 分 类 号　11-01
无效宣告请求人　朱关兴
专　利　权　人　钱苏春
专　　利　　号　200730157634.9
申　　请　　日　2007 年 8 月 1 日
授 权 公 告 日　2008 年 6 月 4 日
合 议 组 组 长　王霞军
主　　审　　员　哈雅坤
参　　审　　员　涂洪文

法　律　依　据　专利法第 9 条、第 23 条
决　定　要　点

请求人所提供的证据不能证明有同样的发明创造在本专利申请日以前申请并在之后被授予专利，也不能证明在本专利申请日以前，已有与本专利相同或相近似的外观设计在国内外出版物上公开发表过、在国内公开使用过。据此证明本专利不符合专利法第 9 条、第 23 条规定的无效理由不能成立。请求人对其提出的请求宣告专利权无效的主张有责任提供充分的证据，如果其提供的证据不充分，请求人应承担其主张不成立的法律后果。

一、案由

本无效宣告请求涉及申请日为 2007 年 8 月 1 日、授权公告日为 2008 年 6 月 4 日、名称为“耳环”的 200730157634.9 号外观设计专利（下称本专利），专利权人为钱苏春。

针对本专利，朱关兴（下称请求人）于 2009 年 7 月 20 日向专利复审委员会提出了无效宣告请求，请求宣告本专利无效，其理由是：本专利不符合专利法第 9 条、第 23 条以及专利法实施细则第 13 条第 1 款的规定，同时提交了如下证据：

附件 1：200630120148.5 号、名称为耳环（6）的中国专利文献复印件，授权公告日为 2007 年 5 月 30 日，共 1 页；

附件 2：200630019567.X 号、名称为耳环夹（法国夹）的中国专利文献复印件，授权公告日为

2007 年 4 月 18 日，共 1 页；

附件 3：200730120945.8 号、名称为耳环（ZYC00013-0010010#）的中国专利文献复印件，申请日为 2007 年 6 月 22 日，授权公告日为 2008 年 6 月 11 日，申请人为虞江波，共 1 页；

附件 4：销售单据复印件，共 7 张。

请求人认为：（1）本专利由挂钩和珠子两部分组成，其挂钩部分的设计已分别被附件 1 和附件 2 公开，本专利是对已有设计或惯常设计的显而易见的组合，这种简单叠加的组合设计不会产生独特的视觉效果；附件 4 表明在 2006 年与本专利类似的耳环饰品就已被生产和销售，因此本专利分别相对于附件 1、附件 2、附件 4 不符合专利法第 23 条的规定。（2）本专利与附件 3 相比，挂钩部分相同，都由长形钩子和短弧形扣子组成，附件 3 中的装饰件是心形设计，本专利中的装饰件是圆形设计，两者对比可以看出，本专利的圆形珠子属更为简单的设计，为普通消费者所熟知，不具有独特的视觉效果，因此本专利与附件 3 相比是相近似的外观设计，本专利相对于附件 3 不符合专利法第 9 条以及专利法实施细则第 13 条第 1 款的规定。

经形式审查合格，专利复审委员会于 2009 年 7 月 20 日受理了上述无效宣告请求并将无效宣告请求书及附件清单中所列附件副本转给了专利权人，同时成立合议组对本案进行审理。

专利复审委员会本案合议组于 2009 年 9 月 7 日向双方当事人发出了口头审理通知书，定于 2009 年 10 月 15 日举行口头审理。

口头审理如期举行，请求人单方出席了本次口头审理。在口头审理过程中，请求人对合议组成员无回避请求；请求人当庭提交了附件 4 的原件，并且当庭放弃了本专利不符合专利法实施细则第 13 条第 1 款的无效理由。请求人明确其无效理由为：本专利分别相对于附件 1、附件 2、附件 4 不符合专利法第 23 条的规定；本专利相对于附件 3 不符合专利法第 9 条的规定。请求人所提供的附件 4 的证人出庭作证，接受了合议组和请求人的询问。请求人在口头审理中陈述，附件 1、附件 2 用于证明在本专利申请日以前已有与本专利相近似的外观设计公开发表过，附件 3 用于证明在本专利申请以前他人已就同样的外观设计申请了专利，附件 4 用于证明在本专利申请日以前公开销售过与本专利的外观相同或相近似的产品。

二、决定的理由

1. 证据认定

（1）用于证明“在本专利申请日以前公开销售过与本专利的外观相同或相近似的产品”的附件 4

附件 4 是外籍公民 MAFUTA MBUMBA（中文名为夏利）（即，附件 4 的证人）分别于 2006 年 8 月 9 日至 2007 年 7 月 5 日间从龚美银处购买包括珍珠耳环在内的诸多饰品的摊位销售单据，共 7 张。请求人当庭提交了附件 4 的原件，经核实，所述 7 张销售单据上所显示的要货单位一栏上均手写有“E25432”的字样，据请求人所称，E25432 代表其摊位，其中有 2 张销售单据上的日期一栏手写有“2006 年 8 月 9 日”的字样，另有 2 张销售单据上的日期一栏手写有“2006 年 8 月 10 日”的字样，其余 3 张销售单据上的日期一栏手写有“2007 年 7 月 5 日”的字样。此外，在所述 7 张销售单据的产品明细栏中手写有多种饰品的具体购买数量、单价及金额的相关字样，这些字样当中包含有“大珍珠 3800×0.85=3230”、“珍珠带夹 5000 对×0.85=4250”、“7000 对珍珠 7000×08.5=5950”、“夹珍珠 8865×08.5=7535”等字样。附件 4 的证人经合议组询问，其证实附件 4 的销售单据均与其本人有关，所述销售单据上涉及的多个不同人名的签字均为其本人所签或代签，并且其上手写的销售日期及销售珍珠耳环的事实均属实。

对于请求人以附件 4 结合其证人所陈述的证言来证明在本专利申请日以前公开销售过与本专利相同外观的产品的事实的主张，合议组认为：附件 4 的证人是与本案的请求人曾经发生过购销关系的利害关系人，其证言的效力较低；其次，即使附件 4 的证人的证言能够证明附件 4 的销售单据的真实性，其所证明的事实与本案之间也未形成完整证据链，因为无论是附件 4 的销售单据上所罗列的产品明细还是附件 4 的证人所陈述的事实均无法明确地显示出其公开销售的耳环产品的具体外观形状，也就无法直接认定在本专利申请日以前是否公开销售过与本专利的外观相同或相近似的产品。

（2）用于证明“本专利不符合专利法第 9 条”的附件 3。

附件 3 是 200730120945.8 号、名称为耳环（ZYC00013-0010010#）的中国专利文献的复印件，其申请日为 2007 年 6 月 22 日，授权公告日为 2008 年 6 月 11 日，申请人为虞美江波，属于他人在本专利申请日以前申请、之后授权的外观设计专利，适用专利法第 9 条。

（3）用于证明“在本专利申请日以前已有与本专利相近似的外观设计公开发表过”的附件 1、附件 2。

附件 1 是 200630120148.5 号、名称为耳环（6）的中国专利文献复印件，授权公告日为 2007 年 5 月 30 日；附件 2 是 200630019567.X 号、名称为耳环夹（法国夹）的中国专利文献复印件，授权公告日为 2007 年 4 月 18 日。由于附件 1 和附件 2 的公开发表日期均在本专利申请以前，因此均可作为评价本专利是否符合专利法第 23 条的规定的在先设计。

2. 关于专利法第 23 条

专利法第 23 条规定：“授予专利权的外观设计，应当同申请日以前在国内外出版物上公开发表过或者国内公开使用过的外观设计不相同和不相近似，并不得与他人在先取得的合法权利相冲突。”

（1）本专利与附件 1 相同、相近似的比较。

本专利为一种耳环，由挂钩和圆形珠子两部分组成，挂钩由钩子和扣子组合成不规则椭圆形，圆形珠子固定在钩子一侧（参见本专利的主视图）；附件 1 名称是一种耳环，仅为一个挂钩构成，挂钩由钩子和扣子组合成不规则椭圆形（参见附件 1 的主视图）。本专利与附件 1 相比，二者挂钩的形状基本相同，不同之处在于本专利的挂钩上面带有一个珠子，而附件 1 仅为挂钩。一般消费者经过对本专利与附件 1 的整体观察可以明显看出二者存在的显著差别，且一般消费者在购买此类耳环时容易看到的部位是其上的装饰物，因而装饰物对于此类耳环的整体视觉效果会产生显著的影响。因此，本专利与附件 1 的外观设计既不相同也不相近似，本专利相对于附件 1 符合专利法第 23 条的规定。

（2）本专利与附件 2 相同、相近似的比较。

本专利为一种耳环，由挂钩和珠子两部分组成，挂钩由钩子和扣子组合成不规则椭圆形，圆形珠子固定在钩子一侧（参见本专利的主视图）；附件 2 名称是一种耳环夹，仅为一个挂钩构成，挂钩由钩子和扣子组合成不规则椭圆形（参见附件 2 的主视图）。本专利与附件 2 相比，二者挂钩的形状基本相同，不同之处在于本专利的挂钩上面带有一个珠子，而附件 2 仅为挂钩。一般消费者经过对本专利与附件 2 的整体观察可以明显看出二者存在的显著差别，且一般消费者在购买此类耳环时容易看到的部位是其上的装饰物，因而装饰物对于此类耳环的整体视觉效果会产生显著的影响。因此，本专利与附件 2 的外观设计既不相同也不相近似，本专利相对于附件 2 符合专利法第 23 条的规定。

3. 关于专利法第 9 条

专利法第 9 条规定：“两个以上的申请人分别就同样的发明创造申请专利的，专利权授予最先申请的人。”

本专利与附件 3 相同、相近似的比较。

本专利为一种耳环，由挂钩和珠子两部分组成，附件 3 也为一种耳环，由挂钩和心形装饰物两部分组成。本专利与附件 3 相比，二者耳环挂钩的形状基本相同，都由长形钩子和短弧形扣子组成，不同之处在于附件 3 耳环的装饰物为心形，本专利耳环的装饰物为球形。一般在消费者购买耳环时，更加关注耳环装饰物的形状，本专利与附件3的耳环在其装饰物的视觉效果上存在明显差异。因此，本专利与附件3属于既不相同也不相近似的外观设计。同样的发明创造对于外观设计而言是指两项外观设计相同或者相近似，因此本案中不存在两个以上的申请人分别就同样的发明创造申请专利的情形，本专利相对于附件3符合专利法第9条的规定。

综上所述，请求人所提供的证据不能证明有同样的发明创造在本专利申请日以前申请并在之后被授予专利，也不能证明在本专利申请日以前，已有与本专利相同或相近似的外观设计在国内外出版物上公开发表过、在国内公开使用过。其据此证明本专利不符合专利法第9条、第23条的规定不能成立。请求人对其提出的请求宣告专利权无效的主张有责任提供充分的证据，如果其提供的证据不充分，请求人应承担其主张不成立的法律后果。

三、决定

维持200730157634.9号外观设计专利权有效。

当事人对本决定不服的，可以根据专利法第46条第2款的规定，自收到本决定之日起三个月内向北京市第一中级人民法院起诉。根据该款的规定，一方当事人起诉后，另一分当事人应当作为第三人参加诉讼。

510

香（梅花）

无效宣告请求审查决定（第14109号）

决　定　号　第14109号
决　定　日　2009年11月9日
发明创造名称　香（梅花）
国际分类号　99-00
无效宣告请求人　覃德琼
专　利　权　人　郑德富
专　利　号　200530026856.8
申　请　日　2005年1月17日
授权公告日　2005年9月7日
合议组组长　朱明雅
主　审　员　王　婧
参　审　员　解　静
附　图　1页

法律依据　专利法第23条
决定要点

外观设计应当采用整体观察、综合判断的原则进行相同或者相近似判断。如果被比设计中对应于在先设计中不具有的部位在整个外观设计中所占比例较小，且属于该类产品使用状态下不会被一般消费者关注的部位，则该部件的有无对于二者外观设计的整体视觉效果不具有显著的影响。

一、案由

本无效宣告请求案涉及国家知识产权局于2005年9月7日授权公告的名称为“香（梅花）”的200530026856.8号外观设计专利（下称本专利），申请日为2005年1月17日，专利权人为郑德富。

针对本专利，覃德琼（下称请求人）于2009年5月20日向专利复审委员会提出无效宣告请求，其所依据的事实和理由是：本专利在其申请日前已有与其相近似的外观设计记载在公开出版文献中，因此，本专利不符合专利法第23条的规定。为支持其主张，请求人提交了如下附件作为证据：

附件1：名称为“香”的03332846.3号外观设计专利授权公告文本（复印件，共1页）；

附件2：本专利授权公告文本（复印件，共1页）。

请求人认为：附件1与本专利都是“香”，作为祭拜之用，属于同一分类的产品的外观设计；该产品属于一般消费品，消费群体为一般公众，该产品的主要设计要点在于外观形状中的“香的燃烧部位”的形状；从整体观察，结合设计要点，对一般消费者而言，附件1中的香与本专利的外观设计相比，足以引起视觉混淆，构成相同相近似。综上，本专利不符合专利法第23条的规定，请求宣告该专利权无效。

经形式审查合格，专利复审委员会于2009年7月9日向请求人和专利权人发出无效宣告请求受理通知书，同日将无效宣告请求书及其所附证据副本转送专利权人。

专利复审委员会依法成立合议组对该案进行审理。合议组于2009年8月18日向请求人和专利权人发出口头审理通知书，定于2009年10月13日进行口头审理。

口头审理如期进行，请求人出席了口头审理，并对合议组成员无回避请求，专利权人未到庭亦未提交口头审理回执，合议组依据专利法实施细则第69条第3款的规定对本案进行了缺席审理。在口头审理过程中，请求人明确其无效宣告请求的理由和范围是本专利相对于附件1不符合专利法第23条的规定。请求人认为：附件1右视图中部的圆形图案为插入香脚用的孔，被比专利的仰视图也必然有该图案；从产品功用上看，香的主体是香身，香脚部分是次要部分，其直径较香身小许多，且与传统产品相比没有任何显著变化，因此，香的整体视觉效果来自香身而非香脚；从设计要点上考虑，被比设计的要点在于截面为花瓣状的香身，这与本附件1是完全一致的。

在上述审查的基础上，合议组认为事实已经清楚，可以作出审查决定。

二、决定的理由

1. 证据的认定

请求人提交的附件1是03332846.3号外观设计专利授权公告复印件，经合议组核实，该复印件与原件相符，因此，合议组对其真实性予以认可。附件1的授权公告日是2003年9月17日，早于本专利的申请日（2005年1月17日），且附件1中所公开的香与本专利属于相同种类的产品，故附件1可以作为在先设计评价本外观设计专利的相同或相近似性。

2. 关于专利法第23条

专利法第23条规定：“授予专利权的外观设计，应当同申请日以前在国内外出版物上公开发表过或者国内公开使用过的外观设计不相同和不相近似，并不得与他人在先取得的合法权利相冲突。”

外观设计应当采用整体观察、综合判断的原则进行相同或者相近似判断。如果被比设计中对应于在先设计中不具有的部件在整个外观设计中所占比例较小，也没有任何设计要素，且属于该类产品使用状态下不会被一般消费者关注的部位，则该部件的有无对于二者外观设计的整体视觉效果不具有显著的影响。

本专利所示香（梅花）的外观设计包括主视图和俯视图。从主视图看，该香由上部香身和下部香脚两个部分组成，该两个部分均呈圆柱状，其中，上部香身周围有凸出的竖条纹，下部香脚的长度约占香身长度的三分之一，其直径明显小于上部香身。从俯视图看，香身通体截面圆周上有13个较小的圆弧，呈花瓣状（详见本专利附图）。

在先设计所示的香的外观设计包括主视图和右视图。从主视图中可以看到，其仅包括整体呈圆柱状的香身部分，香身周围有凸出的竖条纹。从右视图看，香身通体截面圆周上有12个较小的圆弧，呈花瓣状，且该右视图中心有一个小圆孔（详见在先设计附图）。

由上述描述可知，两者相同点在于：香身部分整体形状基本相同，香身圆柱周围均有竖条纹图案，通体截面均呈花瓣状。不同点在于：（1）在先设计只涉及香身部分，而本专利除了上部香身外，下部还有香脚；（2）在先设计香身右面中心有小圆孔；（3）香身部分通体截面周围的圆弧数目不同，在先设计有12个圆弧，而本专利有13个圆弧。

对于上述区别，合议组认为：（1）虽然在先设计中所示的香只有香身部分，没有香脚部分，但由于香脚部分在整个香中所占比例较小，且香在使用时，香脚部分通常不受一般消费者关注，因此，在先设计不具备香脚部分不会对该类产品外观的整体视觉效果产生显著影响。（2）对于香身顶面（或底面）是否存在小圆孔的区别，合议组认为，就香产品而言，一般消费者最为关注的，且能从整体上带来显著视觉效果的应是主视图中的香身部分的设计，香身顶面（或底面）通常不受一般消费者的关注，且由于其在整个香产品中所占比例本身已经很小，而该小圆孔又是香身的顶面（或底面）上所占比例不大的一个部位，因此，该小圆孔的有无对香的整体视觉效果也不会产生显著的影响。（3）本专利与在先设计中香身部分通体截面圆弧数目的细小差别属于局部的细微变化，亦不足以对该产品的整体视觉效果产生显著影响。综上，本专利与在先设计属于相近似的外观设计。

由于本专利没有请求保护色彩，故本决定对色彩不作评述。

综上所述，在本专利申请日前已有与本专利相近似的外观设计在出版物上公开发表过，因此，本专利不符合专利法第 23 条的规定。

三、决定

宣告 200530026856. 8 号外观设计专利权无效。

当事人对本决定不服的，可以根据专利法第 46 条第 2 款的规定，自收到本决定之日起三个月内向北京市第一中级人民法院起诉。根据该条款的规定，一方当事人起诉后，另一方当事人应当作为第三人参加诉讼。

俯视图放大图

俯视图 P1

主视图

本专利附图

右视图

主视图

在先设计附图

鞋底（060）

无效宣告请求审查决定（第14114号）

决　　定　　号　第14114号
决　　定　　日　2009年11月10日
发明创造名称　鞋底（060）
外观设计分类号　02-04
无效宣告请求人　伊科斯克有限公司
专　利　权　人　郑国宏
专　　利　　号　200630142364.X
申　　请　　日　2006年8月24日
授权公告日　2007年6月6日
合议组组长　张雪飞
主　　审　　员　沙柏青
参　　审　　员　李巍巍
附　　　　　图　2页

法　律　依　据　专利法第9条
决　定　要　点

在本专利与在先设计的整体造型、各部分形状及比例等均基本相同的情况下，使用时不常见面的局部细微差别不会对产品的整体视觉效果产生显著的影响，一般消费者容易将二者混同、误认。因此，合议组认定，本专利与在先设计属于相近似的外观设计，即二者属于同样的发明创造。

一、案由

本无效宣告请求案涉及国家知识产权局于2007年6月6日授权公告的，名称为“鞋底（060）”的外观设计专利（下称本专利），其专利号是200630142364.X，申请日是2006年8月24日，专利权人是郑国宏。

针对上述专利权，伊科斯克有限公司（下称请求人）于2009年4月30日向国家知识产权局专利复审委员会提出无效宣告请求，认为本专利不符合专利法第9条和专利法实施细则第2条第3款的规定，并提交了以下附件作为对比文件：

附件1：ZL200530032388.5号外观设计专利电子公开文本打印件，共8页。

请求人认为：（1）附件1与本专利的申请人不同，附件1的申请日（2005年12月22日）在本专利申请日（2006年8月24日）之前，授权公告日（2007年8月8日）在本专利的申请日之后，属于在本专利申请日以前申请并且在该申请日之后公告的外观设计专利，能够作为在先设计用于外观设计相同或相近似的判断。附件 1 与本专利均属于鞋底的外观设计，用途相同。附件 1 显示的是左脚鞋底，本专利显示的是右脚鞋底，二者的外缘均有多根鳍，趾顶端均有一尖形鳍，跟顶端均有一菱形鳍，左右两侧均各分布有多根鳍，其中接近于趾端的多根鳍和接近于跟端的多根鳍分别向中部延伸，中间的多根鳍均呈拱形且中间分布有一根竖向鳍。因此，附件 1 与本专利应当被视为完全相同，属于同样的发明创造，本专利不符合专利法第 9 条的规定，应被宣告无效。（2）本专利的左右视图投影关系不明确，左右视图比例与其他视图明显不一致，俯视图和仰视图的对应关系明显不一致，导致外观设计图片或照片不能完整准确的表示其产品，要求保护的对象不确定，因此，本专利不适于工业应用，不符合专利法实施细则第 2 条第 3 款的规定，应被宣告无效。

经形式审查合格，专利复审委员会于 2009 年 6 月 17 日依法受理了上述无效宣告请求，并将无效宣告请求书及相关文件的副本转送给专利权人，通知其在指定的期限内答复。专利权人逾期未作出答复。

专利复审委员会于 2009 年 7 月 13 日向双方当事人发出合议组成员告知通知书，由于合议组成员变更，专利复审委员会于 2009 年 10 月 15 日再次向双方当事人发出合议组成员告知通知书。双方当事人在指定期限内均未对合议组成员提出回避请求。

在上述审理的基础上，合议组认为本案事实清楚，可以依法作出审查决定。

二、决定的理由

1. 法律依据

基于请求人提出的无效宣告请求的理由和证据，合议组依据专利法实施细则第 2 条第 3 款和专利法第 9 条的规定对本案进行审理。

专利法实施细则第 2 条第 3 款规定，专利法所称外观设计，是指对产品的形状、图案或者其结合以及色彩与形状、图案的结合所作出的富有美感并适于工业应用的新设计。

专利法第 9 条规定，两个以上的申请人分别就同样的发明创造申请专利的，专利权授予最先申请的人。

2. 关于专利法实施细则第 2 条第 3 款

请求人认为本专利的视图投影关系不明确，比例不一致，导致要求保护的对象不确定，因此本专利不适于工业应用，不符合专利法实施细则第 2 条第 3 款的规定。合议组认为，本专利申请提交的是照片视图，在拍摄过程中，因为拍摄角度的原因会产生一定的视觉偏差。对于本专利的视图而言，请求人指出的视觉偏差是极微小的，不影响本专利通过工业方法得以实施，也不会影响公众获悉本专利的保护范围。因此，合议组对于请求人提出的该项无效宣告请求理由不予支持。

3. 关于专利法第 9 条

（1）证据认定。

请求人提交的附件 1 是 ZL200530032388.5 号外观设计专利电子公开文本打印件，经核实该证据内容与其外观设计专利公报内容一致，其真实性可以确认。该外观设计专利产品名称为“鞋底”，其申请日为 2005 年 12 月 22 日，在本专利申请日（2006 年 8 月 24 日）之前，授权公告日为 2007 年 8 月 8 日，在本专利的申请日之后，申请人为伊科斯克有限公司，属于在本专利申请日以前由他人申请并且在该申请日之后授权公告的外观设计专利，因此，附件 1 可以作为评价本专利是否符合专利法第 9 条的证据。

（2）外观设计相同和相近似对比。

附件 1 授权的是一种鞋底的外观设计（下称在先设计），与本专利的用途相同，属于相同类别的产品，具有可比性，故对二者的外观设计作如下对比：

本专利显示的是右脚鞋底，外缘有多根鳍，趾顶端有一尖形鳍，跟顶端有一菱形鳍，左右两侧各分布有多根鳍，其中接近于趾端的多根鳍和接近于跟端的多根鳍分别向中部延伸，中间的多根鳍呈拱形且中间分布有一根竖向鳍（详见本专利附图）。

在先设计显示的是左脚鞋底，外缘有多根鳍，趾顶端有一尖形鳍，跟顶端有一菱形鳍，左右两侧各分布有多根鳍，其中接近于趾端的多根鳍和接近于跟端的多根鳍分别向中部延伸，中间的多根鳍呈拱形且中间分布有一根竖向鳍（详见在先设计附图）。

将本专利与在先设计相比较可知，二者的相同点主要在于：（1）产品外缘均有多根鳍；（2）趾顶端均有一尖形鳍，跟顶端均有一菱形鳍；（3）产品左右两侧均各分布有多根鳍，其中接近于趾端的多根鳍和接近于跟端的多根鳍分别向中部延伸；（4）中间的多根鳍均呈拱形且中间分布有一根竖向鳍。二者主要不同之处主要在于：（1）本专利显示的是右脚鞋底，在先设计显示的是左脚鞋底；（2）本专利底面未显示出图案，在先设计底面中间有一小圆形图案。合议组认为：对于鞋底类产品而言，左脚鞋底与右脚鞋底通常是对称的；鞋底底面有无圆形图案的差别相对于整体而言，属于局部细微的变化，并且在使用时底面属于不易被一般消费者注意的部位，不会对整体视觉效果产生显著影响。在二者整体造型、各部分形状及比例等均基本相同的情况下，上述差别不会对产品整体的视觉效果产生显著影响，一般消费者容易将二者混同、误认。因此，合议组认定，本专利与在先设计属于相近似的外观设计。根据审查指南第四部分第七章第 1 节的规定，“同样的发明创造”对于外观设计而言，是指外观设计相同或者相近似，因此二者属于同样的发明创造。

综上所述，合议组认为，在本专利申请日以前已有他人就同样的发明创造申请专利并后被授予外观设计专利权，所以，本专利不符合专利法第 9 条的规定。

三、决定

宣告 200630142364. X 号外观设计专利权全部无效。

当事人对本决定不服的，可以根据专利法第 46 条第 2 款的规定，自收到本决定之日起三个月内向北京市第一中级人民法院起诉。根据该款的规定，一方当事人起诉后，另一方当事人应当作为第三人参加诉讼。

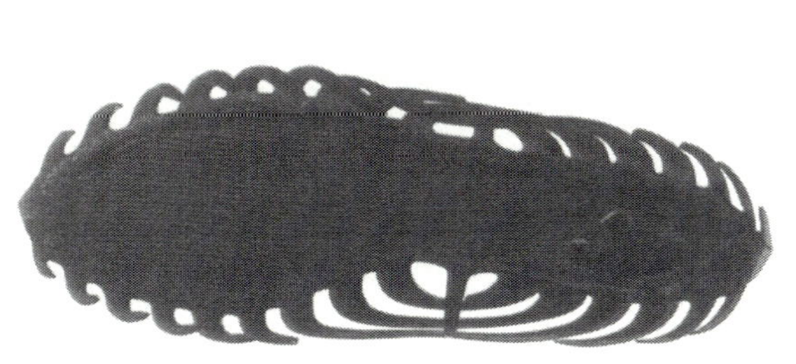
主视图

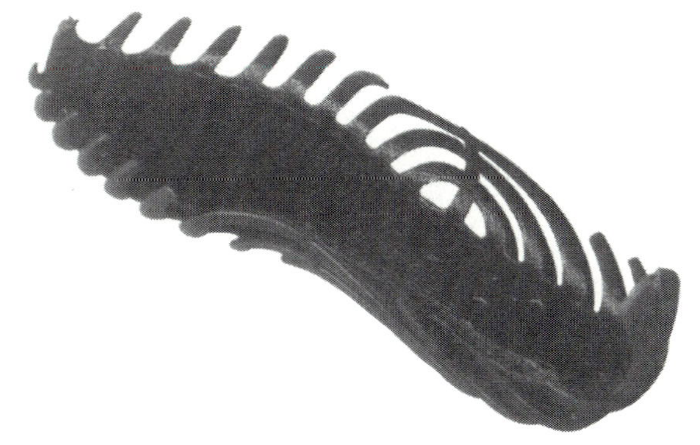
立体图

仰视图

俯视图

左视图

右视图

使用状态参考图

本专利附图

立体图 3

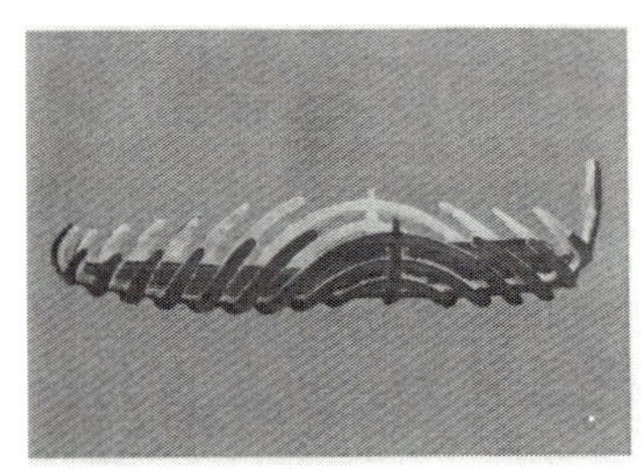
后视图

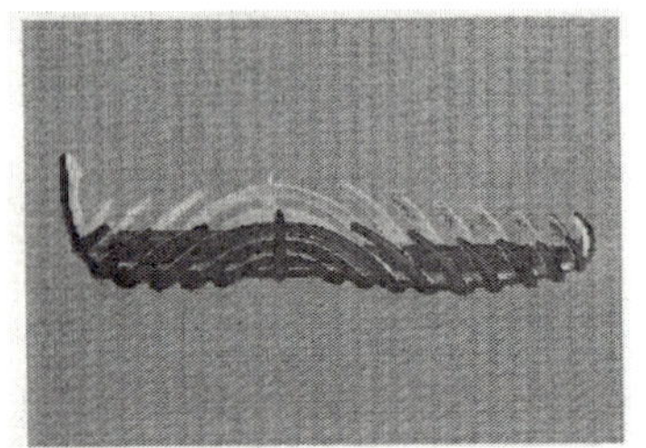
主视图

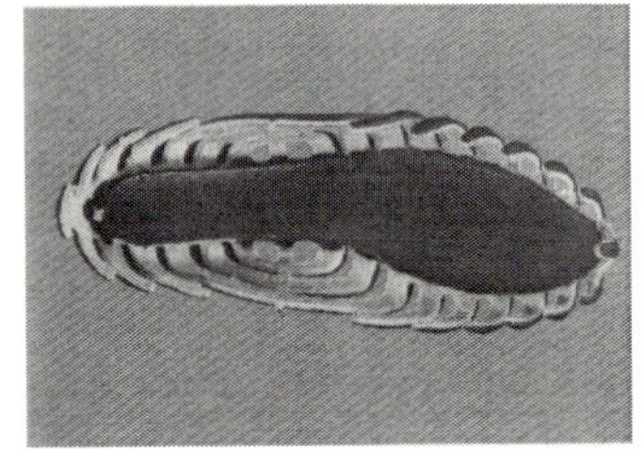
俯视图

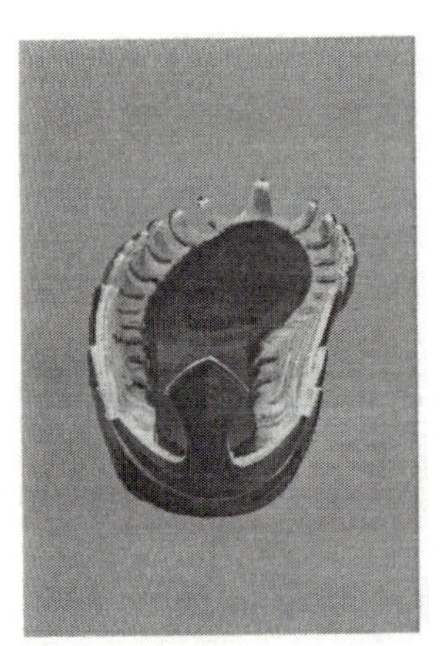
立体图 1

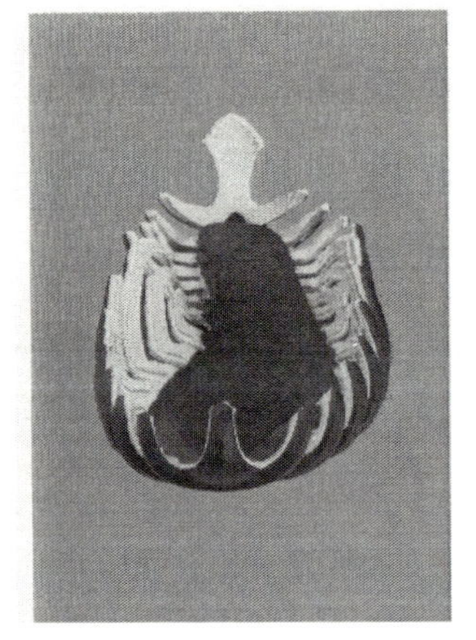
立体图 2

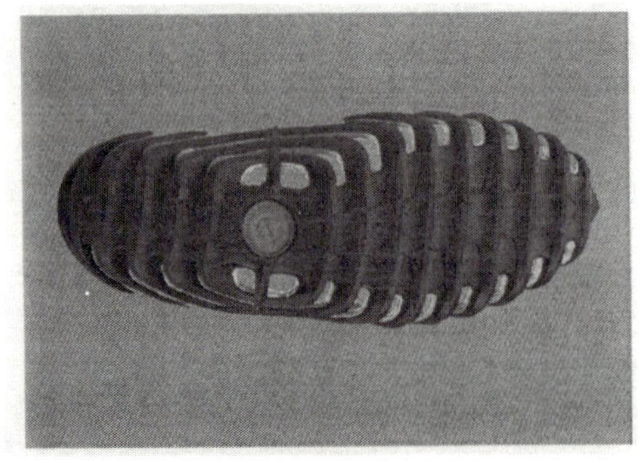
仰视图

在先设计附图

512

育　秧　盘

无效宣告请求审查决定（第14124号）

决　　定　　号　第14124号
决　　定　　日　2009年11月9日
发明创造名称　育秧盘
外观设计分类号　09-03
无效宣告请求人　王永贵
专　利　权　人　孙　澄
专　　利　　号　200730100027.9
申　　请　　日　2007年11月3日
授 权 公 告 日　2008年11月12日
合 议 组 组 长　钟　华
主　　审　　员　沙柏青
参　　审　　员　王　红
附　　　　　图　2页

法　律　依　据　专利法第23条
决　定　要　点

本专利与在先设计的差别属于局部细微的变化，没有对产品的整体视觉效果产生显著的影响，在二者整体造型、各部分形状和比例等均基本相同的情况下，一般消费者容易将二者混同、误认。因此，合议组认定，本专利与在先设计属于相近似的外观设计。

一、案由

本无效宣告请求案涉及国家知识产权局于2008年11月12日授权公告的，名称为“育秧盘”的外观设计专利（下称本专利），其专利号是200730100027.9，申请日是2007年11月3日，专利权人是孙澄。

针对上述专利权，王永贵（下称请求人）于2009年7月2日向国家知识产权局专利复审委员会提出无效宣告请求，认为本专利不符合专利法第23条的规定，并提交了以下附件：

附件1：无效宣告请求书，共4页；

附件2：CN2790150Y号实用新型专利证书复印件，共1页；

附件3：CN2790150Y号实用新型专利说明书及附图复印件，共7页；

附件4：浙江省玉环县欣业机械厂领款收据复印件，共1页；

附件5：ZL200730100027.9号外观设计专利著录项目及附图电子打印件，共3页；

附件6至附件8：ZL200730100027.9号外观设计专利图片与CN2790150Y号实用新型专利附图的对比，各1页。

请求人认为，附件2和附件3的公告日为2006年6月28日，在本专利申请日（2007年11月3日）之前，其公开的说明书附图中显示的内容与本专利属于同类产品，外观设计仅存在微小的差别，因此，本专利与附件2和附件3中公开的内容属于相近似的外观设计，本专利不符合专利法第23条的规定。附件4是浙江省玉环县欣业机械厂受联谊公司委托生产制造该专利产品的领款收据。

经形式审查合格，专利复审委员会依法受理了上述无效宣告请求，并于2009年7月24日将无效宣告请求书及相关文件的副本转送给专利权人，通知其在指定的期限内答复。

专利权人于2009年8月13日提交意见陈述书，认为200520005162.0号专利的技术要点是钵体是六棱体，本专利的设计要点是六棱体的壁棱角倒角，本专利具有一定的技术进步。同时二者在外观上也明显不同。请求维持本专利有效。

专利复审委员会于2009年9月8日向双方当事人发出无效宣告请求口头审理通知书，定于2009年10月20日进行口头审理，并随口头审理通知书将专利权人提交的意见陈述书副本转送给专利权人，通知其在口头审理时一并答复，若不参加口头审理，应当在收到上述文件之日起一个月之内答复。双方当事人均未对合议组成员提出回避请求。

口头审理如期举行，请求人及其代理人出席了口头审理，专利权人未出席。在口头审理过程中，请求人对证据充分的陈述了意见，认为本专利与在先设计基本相同，区别仅在于钵体的倒角，在零件加工时，肯定会磨边，所以角部位为单线或者双线都是没有差别的。在口头审理通知书指定期限内，专利权人未进行答复。

在上述审理的基础上，合议组认为本案事实清楚，可以依法作出审查决定。

二、决定的理由

1. 法律依据

基于请求人提出的无效宣告请求的理由和证据，合议组依据专利法第23条的规定对本案进行审理。

专利法第23条规定：“授予专利权的外观设计，应当同申请日以前在国内外出版物上公开发表过或者国内公开使用过的外观设计不相同和不相近似，并不得与他人在先取得的合法权利相冲突。”

2. 证据认定

请求人提交的附件3是CN2790150Y号实用新型专利说明书及附图复印件，经核实该证据的真实性可以确认。该实用新型专利名称为“六棱钵体育苗盘”，其授权公告日为2006年6月28日，早于本专利的申请日（2007年11月3日），属于本专利申请日之前公开的实用新型专利文献，可以作为评价本专利是否符合专利法第23条规定的证据。

3. 外观设计相同和相近似对比

附件3公开了一种六棱钵体育苗盘的外观设计（下称在先设计），与本专利的用途相同，属于相同类别的产品，具有可比性，故对二者的外观设计作如下对比：

本专利所示的是育秧盘，公开了主视图、右视图、仰视图和局部单个苗盒放大图，简要说明载明“本外观设计的产品为塑料制品，后视图与主视图相同，省略后视图；左视图与右视图相同，省略左视图；俯视图与仰视图相同，省略俯视图。”各视图显示，该育秧盘由多个形状大小均相同的六棱台钵体以矩阵状紧密排列组合在一个平面上，每个六棱台钵体底部有一个小圆形渗水孔（详见本专利附图）。

在先设计所示的是一款育苗盘，从其说明书附图中图 1 和图 2 可看出，该育苗盘是由多个形状大小均相同的六棱台钵体以矩阵状紧密排列组合在一个平面上，每个六棱台钵体底部有一个小圆形渗水孔（详见在先设计附图）。

将本专利与在先设计相比较可知，两者均由多个形状大小均相同的六棱台钵体以矩阵状紧密排列组合在一个平面上，每个六棱台钵体底部有一个小圆形渗水孔。二者的不同之处在于：本专利六棱体的壁棱角用双线表示，在先设计六棱体的壁棱角用单线表示。合议组认为：上述差别属于局部细微的变化，没有对产品的整体视觉效果产生显著的影响，在二者整体造型、各部分形状和比例等均基本相同的情况下，一般消费者容易将二者混同、误认。因此，合议组认定，本专利与在先设计属于相近似的外观设计。

综上所述，合议组认为，在本专利申请日以前已有与其相近似的外观设计在出版物上公开发表过，所以，本专利不符合专利法第 23 条的规定。

鉴于已经得出本专利不符合专利法第 23 条规定的结论，本决定对请求人提出的其他证据不再进行评述。

三、决定

宣告 200730100027.9 号外观设计专利权全部无效。

当事人对本决定不服的，可以根据专利法第 46 条第 2 款的规定，自收到本决定之日起三个月内向北京市第一中级人民法院起诉。根据该款的规定，一方当事人起诉后，另一方当事人应当作为第三人参加诉讼。

仰视图

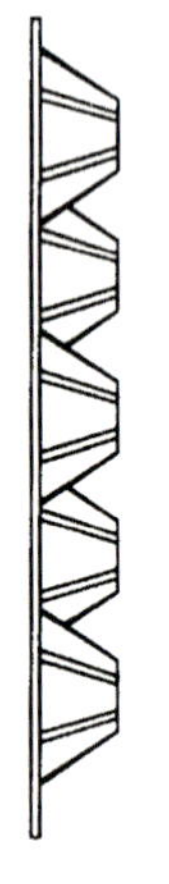

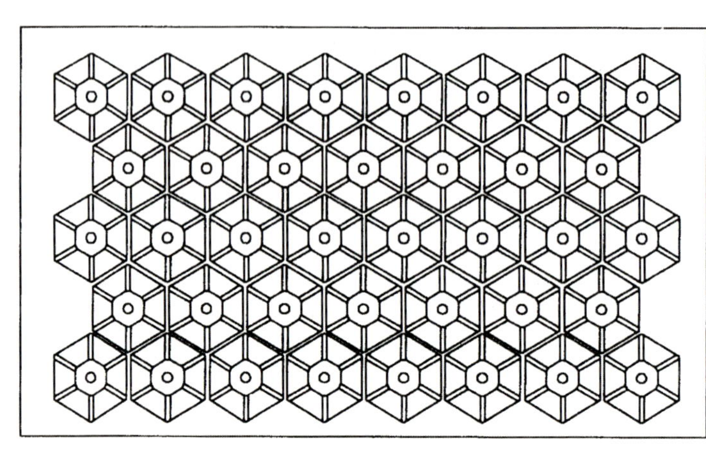

右视图　　主视图

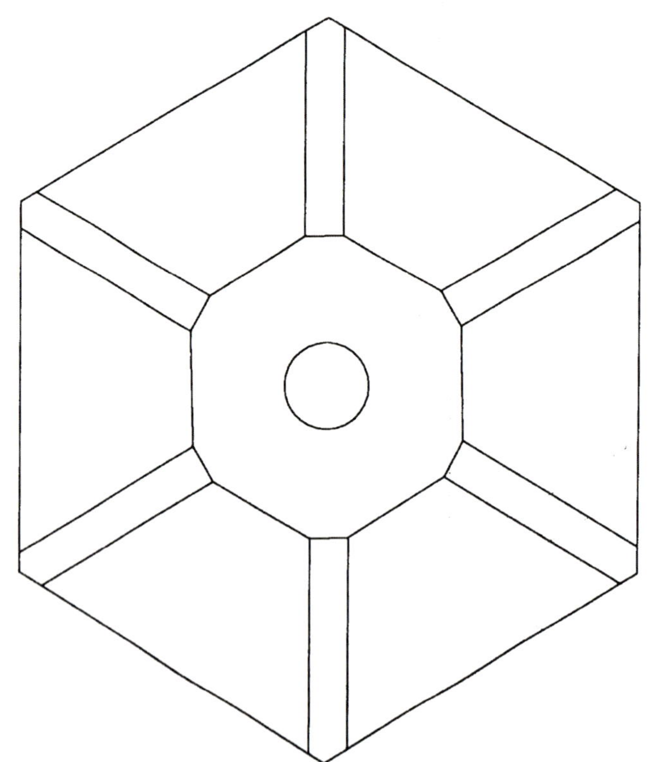

局部单个苗盒放大图

本专利附图

图 1

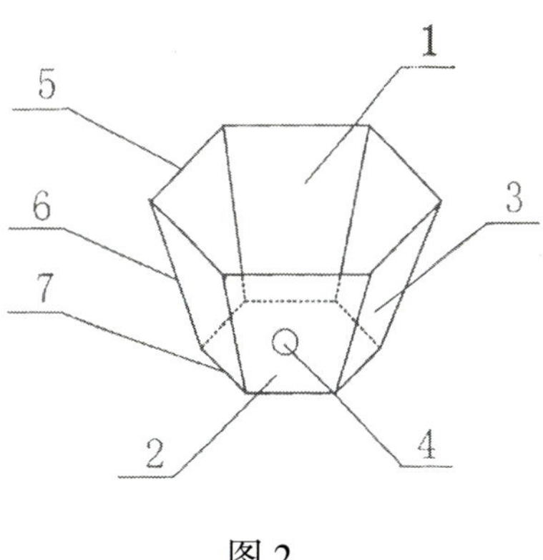

图 2

在先设计附图（续）

513

扫 地 机

无效宣告请求审查决定（第 14125 号）

决　定　号 第 14125 号
决　定　日 2009 年 11 月 12 日
发明创造名称 扫地机
外观设计分类号 15-05
无效宣告请求人 福州诺邦畅想环保科技有限公司
专 利 权 人 张瑞晨
专　利　号 01360590.9
申　请　日 2001 年 12 月 28 日
授权公告日 2002 年 7 月 3 日
合议组组长 刘敏飞
主　审　员 郭建强
参　审　员 王　博
附　　　图 1 页

法律依据 专利法第 23 条
决定要点

如果一般消费者经过对被比设计与在先设计的整体观察可以看出，二者的差别仅在于不容易观察的部位的设计变化，但该设计对于一般消费者并不能产生引人瞩目的视觉效果，则该差别对于产品的外观设计的整体视觉效果没有显著的影响，被比设计与在先设计相近似。

一、案由

本无效宣告请求涉及中华人民共和国国家知识产权局于 2002 年 7 月 3 日授权公告的、名称为“扫地机”的外观设计专利权（下称本专利），其专利号是 01360590.9，申请日是 2001 年 12 月 28 日，专利权人是张瑞晨。

针对上述专利权，福州诺邦畅想环保科技有限公司（下称请求人）于 2009 年 6 月 24 日向专利复审委员会提出无效宣告请求，认为本专利分别与附件 2 或附件 3 所示的外观设计相近似，不符合专利法第 23 条的规定，其提交的证据如下：

附件 1：本专利的国家知识产权局网站公告打印件，共 1 页；

附件 2：德国专利商标局（DPMA）官方网站上注册号为 49907509.9 的外观设计专利检索资料打印件，共 2 页，网址为：http://publikationen.dpma.de/DPMApublikationen/shw_dsn_bib.do?

id=155157；

附件3：世界知识产权组织（WIPO）官方网站上注册号为DM/050675的外观设计专利检索资料打印件，共2页，网址为：http：//www. wipo. int/ipdl/en/hague/key. jsp？KEY=DM/050675。

经形式审查合格，专利复审委员会依法受理了上述无效宣告请求，并于2009年6月24日向双方发出无效宣告请求受理通知书，同时将专利权无效宣告请求书及其附件清单中所列附件的副本转送给专利权人，并要求专利权人在指定的期限内陈述意见。

针对上述无效宣告请求受理通知书，专利权人于2009年7月8日提交了意见陈述书，认为本专利与请求人提交的证据不相同和相近似。

专利复审委员会依法成立合议组对本案进行审理。本案合议组于2009年9月9日向双方发出无效宣告请求口头审理通知书，定于2009年10月12日举行口头审理，并随同口头审理通知书将专利权人于2009年7月8日提交的意见陈述书转给请求人。

口头审理如期举行，双方当事人均参加了口头审理。

在口头审理中，（1）请求人明确无效宣告请求的理由和证据为：本专利分别与附件2或附件3公开的在先外观设计相近似，不符合专利法第23条的规定。（2）专利权人对附件1的真实性认可，但对附件2和附件3的真实性及其上标注的中文译文的准确性有异议。在合议组主持下，请求人和专利权人当庭登陆上述两份证据上所记载的网站地址，链接到与附件2和附件3相同内容的网页，并进行了核实。专利权人仍然坚持该网站地址是否真实可靠无法确定，但放弃自行核实的权利，要求合议组代为核实。关于附件2和附件3上标注的中文译文，合议组告知专利权人，由于专利权人没有在指定的期限内提供有异议部分的译文，所以根据审查指南的规定，合议组视为专利权人对该译文部分没有异议。专利权人表示同意。（3）双方就本专利与附件2和附件3公开的在先外观设计是否相近似充分发表了意见。其中，双方均认可附件3的图1.2、1.3、1.4与本专利的主视图、左视图、右视图、立体图、仰视图相同；关于本专利的俯视图，请求人认为可以从附件3的图1.2从左往右看出，而专利权人则认为无法比对；关于本专利的后视图，请求人认为一般消费者在使用时无法观察到，购买时不被关注，所以不是设计要点，而且后视图中的槽形结构用于吸垃圾，属于功能性结构，扫地机都应具有，而专利权人则认为该后视图与吸垃圾槽的形状均是设计要点。

至此，合议组认为本案事实已经清楚，可以作出审查决定。

二、决定的理由

1. 关于证据

请求人提交的附件3，虽然专利权人对其真实性有异议，但在合议组主持下，请求人和专利权人均当庭登陆了上述证据上所记载的网站地址，并链接到与附件3相同内容的网页，在此基础上，合议组经核实，上述网站为世界知识产权组织（WIPO）官方网站，网页所示内容与附件3内容一致，因此附件3真实有效，其内容为DM/50675号国际外观设计申请的公告文本。

关于附件3上标注的中文译文，只是涉及该外观设计的著录项目（如注册号、产品名称、分类号、公告日等），并不对该外观设计本身产生影响，专利权人虽然对译文准确性有异议，但并没有在指定的期限内提供有异议部分的译文，所以根据审查指南第四部分第八章第2.2.1节的规定，合议组视为专利权人对该译文没有异议，专利权人表示同意。在此基础上，合议组经审查，附件3的公开日期为2000年4月30日，在本专利的申请日之前，因此可以作为在先公开的外观设计用于评述本专利是否符合专利法第23条的规定。

2. 关于本专利是否符合专利法第23条的规定

专利法第23条规定，授予专利权的外观设计，应当同申请日以前在国内外出版物上公开发表过或者国内公开使用过的外观设计不相同和不相近似，并不得与他人在先取得的合法权利相冲突。

如果一般消费者经过对被比设计与在先设计的整体观察可以看出，二者的差别仅在于不容易观察的部位的设计变化，但该设计对于一般消费者并不能产生引人瞩目的视觉效果，则该差别对于产品的外观设计的整体视觉效果没有显著的影响，被比设计与在先设计相近似。

本案中，本专利公告文件中显示了扫地机的立体图、左视图、右视图、仰视图、俯视图、主视图和后视图，其中双方均认可附件 3 的图 1.2、1.3、1.4 所示扫地机的外观与本专利的主视图、左视图、右视图、立体图、仰视图所示扫地机的外观相同，对此合议组经审查予以确认。

关于本专利的俯视图，结合专利权人当庭的陈述，可知其描绘了由占主体的垃圾储藏壳、位于扫地机中部的圆形拖杆孔和位于垃圾储藏壳上的两个轮子构成的扫地机俯视图，附件 3 中虽然没有与之完全一致的视图，但依据一般消费者的认知能力，以附件 3 的图 1.1、1.2 所示的扫地机为基础从左往右看，可以看出本专利俯视图所描绘的上述内容，该视图所示的外观设计应视为被附件 3 所公开。

关于本专利的后视图，经观察可知其描绘了扫地机工作面上的外观设计，包括位于扫地机前端底面一侧上的长条形吸灰槽、位于扫地机后部的垃圾储藏壳的底面，以及位于该工作面上的四个轮子。专利权人认为该视图是本专利的设计要点。合议组经审查认为，虽然附件 3 中没有与之对应的视图，但是吸灰槽是用于吸垃圾，属于功能性的结构，扫地机都应具有，垃圾储藏壳和扫地机工作面上的轮子在附件 3 中都有显示；更应强调的是，该视图为扫地机工作面的视图，使用时与地面相贴合，一般消费者不容易观察到，在购买时也不会去关注，而是会更加关注其他面上的外观设计（比如主视图、左右视图等），因此该面上的外观设计对一般消费者不会产生引人瞩目的视觉效果，对扫地机的整体视觉效果也不具有显著的影响。综上所述，本专利的被比设计与附件 3 所示的在先设计相近似，不符合专利法第 23 条的规定。

根据上述的事实和理由，本案合议组依法作出以下决定。

三、决定

宣告 01360590.9 号外观设计专利权无效。

当事人对本决定不服的，可以根据专利法第 46 条第 2 款的规定，自收到本决定之日起三个月内向北京市第一中级人民法院起诉。根据该款的规定，一方当事人起诉后，另一方当事人应当作为第三人参加诉讼。

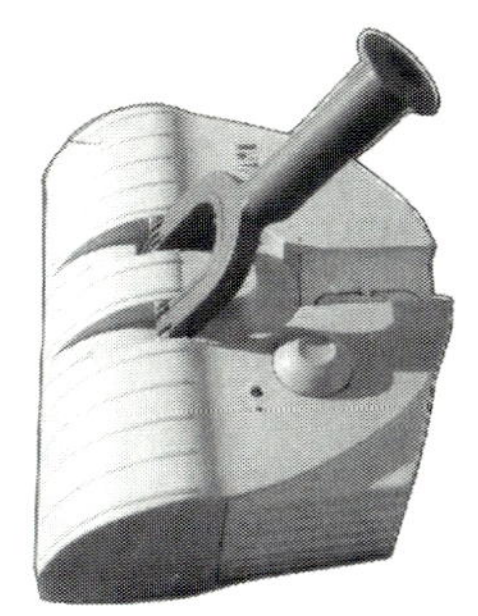

立体图

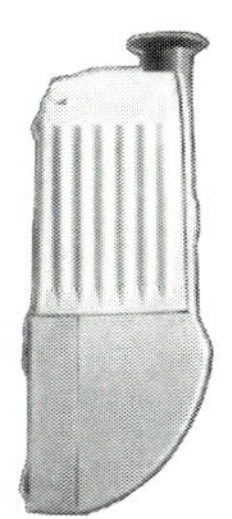

左视图

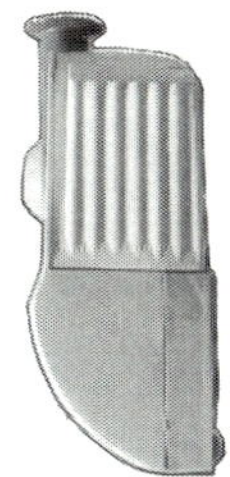

右视图

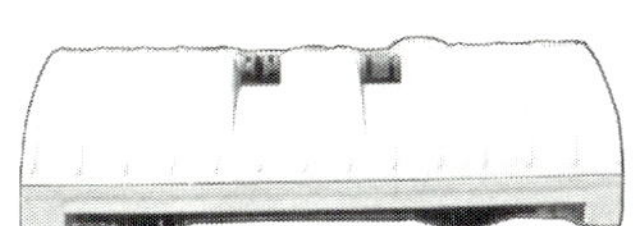

仰视图

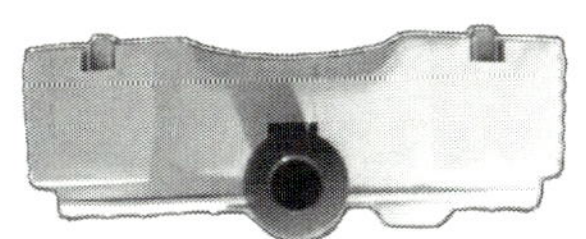

俯视图

主视图

后视图

本专利附图

1.1

1.2

1.3

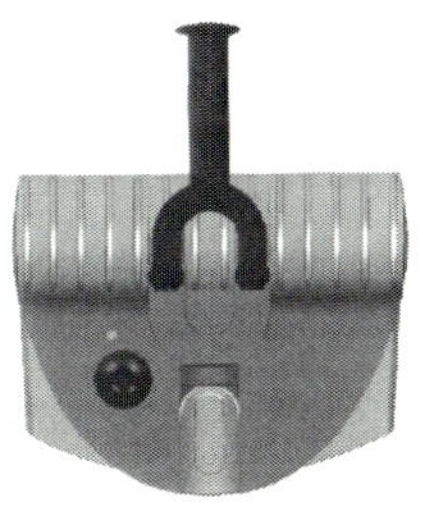

1.4

附件 3 附图

514

商务柬（J-161）

无效宣告请求审查决定（第14128号）

决　　定　　号　第14128号
决　　定　　日　2009年11月5日
发明创造名称　商务柬（J-161）
外观设计分类号　19-01
无效宣告请求人　义乌市金石纸品有限公司
专　利　权　人　徐伟忠
专　　利　　号　200730152501.2
申　　请　　日　2007年8月17日
授权公告日　2008年8月27日
合议组组长　王霞军
主　　审　　员　尹春霞
参　　审　　员　雷　婧

法律依据　专利法第23条
决定要点

请求人提交的附件2不能证明相关产品处于公众想得知就能得知的状态，因此附件2不能证明本专利在其申请日前已公开使用。

仅凭请求人提交的附件4~8尚不足以证明与本专利相同的产品在本专利申请日前在国内市场上公开销售的事实。

一、案由

本无效宣告请求涉及国家知识产权局于2008年8月27日授权公告的200730152501.2号外观设计专利，使用该外观设计的产品名称是"商务柬（J-161）"，其申请日是2007年8月17日，专利权人是徐伟忠。

针对上述外观设计专利权（下称本专利），义乌市金石纸品有限公司（下称请求人）于2009年7月10日向专利复审委员会提出无效宣告请求，其依据的事实和理由是：本专利不符合专利法第23条的规定，应予宣告无效。请求人同时提交了如下附件作为证据：

附件1：本专利著录项目及图片电子打印件，共3页；

附件2：（2007）浙杭钱证民字第9184号公证书复印件，共7页；

附件3："盛典161"请柬产品实物照片，共1页。

请求人认为：本专利与附件2所示外观设计相近似，且附件2中“盛典161”请柬产品的生产日早于本专利的申请日，本专利不符合专利法第23条的规定，应予宣告无效。

专利复审委员会经形式审查合格受理了该无效宣告请求，并于2009年7月10日将无效宣告请求书及其附件的副本转送专利权人，通知其在指定期限内陈述意见。

专利复审委员会于2009年8月10日收到请求人补充提交的意见陈述书及补充附件如下（编号续前）：

附件4：美术作品许可使用合同复印件及美术作品许可使用确认书复印件，共2页；

附件5：沈志军出具的情况说明复印件，共1页；

附件6：金石纸品公司浪漫请柬商行发货单复印件，共1页；

附件7：杭州现代百货文化采购供应站所保存的“盛典161”请柬产品实物复印件，共1页；

附件8：杭州现代百货文化采购供应站出具的情况说明复印件及营业执照复印件，共2页；

附件9：200730002507.1号外观设计专利著录项目及图片复印件，共1页。

请求人认为，在本专利申请日前，“盛典161”请柬产品的权利人沈志军与请求人已签订美术作品许可使用合同及许可使用确认书，且已销售给杭州现代百货文化采购供应站，因此与本专利相近似的“盛典161”请柬产品在本专利申请日前已公开销售。同时，附件9表明本专利的图案“邀”字字体早已在沈志军所享有的专利上使用。

专利复审委员会于2009年8月11日收到专利权人提交的意见陈述书。专利权人认为，请求人提交的附件2公证书证据保全申请人不符合要求，内容虚假，无法达成申请人的证明目的。专利权人申请专利复审委员会调取公证书卷宗及封存实物。专利权人同时提交如下反证：

反证1：浙江金华市中级人民法院受理案件及缴款通知书——2009浙金预知初字第144号复印件，共1页；

反证2：（2005）义行初字第143号浙江省义乌市人民法院行政判决书复印件，共10页；（2006）金中行终字第46号浙江省金华市中级人民法院行政判决书复印件，共6页。

专利复审委员会成立合议组对本案进行审理，并于2009年8月26日向双方当事人发出《无效宣告请求口头审理通知书》，定于2009年10月12日进行口头审理。

口头审理如期举行，双方均委托代理人出席口头审理，双方均对对方出庭人员的资格无异议，对合议组成员也无回避请求。在口头审理中，请求人提交了附件2~8的原件。请求人以附件2与附件3的结合说明在本专利申请日前，沈志军已经设计了“盛典161”产品并且在浙江省杭州市钱塘公证处进行封存，附件4及附件5证明沈志军与请求人之间有许可使用关系，附件6证明“盛典161”产品公开销售的事实，附件7与附件8证明销售关系真实存在，附件9证明本专利与在先权利相冲突。专利权人当庭核实附件2~8的原件，对原件与复印件的一致性无异议，但对其真实性均有异议。双方当事人当庭在浙江省杭州市钱塘公证处公证人员的见证下对封存的实物进行拆封，专利权人对实物照片与封存的照片的一致性无异议，但认为不能达到证明目的。合议组当庭告知请求人，由于其未提交与在先权利相冲突的法院生效判决，合议组对附件9将不予考虑。

专利复审委员会于2009年10月28日收到专利权人提交的意见陈述书，再次对请求人提交的证据进行评述。专利权人同时提交了浙江省金华市中级人民法院第70号、72号、76号民事判决书作为反证。

在上述审理的基础上，合议组经合议，认为本案事实清楚，依法作出本审查决定。

二、决定的理由

1. 法律依据

基于请求人提出无效宣告请求所依据的事实和理由，合议组对本专利是否符合专利法第 23 条的规定进行审查。

专利法第 23 条规定："授予专利权的外观设计，应当同申请日以前在国内外出版物上公开发表过或者国内公开使用过的外观设计不相同和不相近似，并不得与他人在先取得的合法权利相冲突。"

2. 证据认定

请求人提交的附件 2 是（2007）浙杭钱证民字第 9184 号公证书复印件，附件 3 是"盛典 161"请柬产品实物照片。请求人当庭提交了附件 2 的原件，并在浙江省杭州市钱塘公证处公证员的见证下拆封在公证处保存的纸箱实物。专利权人当庭核实附件 2 的原件，对原件与复印件的一致性无异议，但对公证书内容的真实性有异议，对纸箱实物与公证书内所附纸箱照片的一致性无异议，但认为纸箱的封条应是专用的纸张，而公证处保存的纸箱的封条纸不符合规定。合议组认为，请求人当庭提交了附件 2 的原件，可以认定附件 2 的真实性。虽然专利权人欲以反证 1 及反证 2 证明附件 2 内容虚假，但经合议组核实，反证 1 与反证 2 的内容与本案无关，专利权人无法证明其主张。此外，专利权人认为纸箱封条应使用专门的纸张，合议组认为，该封条盖有公证处印章，且有公证人员当庭证明其封存事实，故对其真实性予以确认。附件 2 内附证明公证过程的公证书一份，物品清单复印件一份，照片七张。从公证书记载的内容可知，沈志军于 2007 年 6 月 26 日携带照片上的物品到浙江省杭州市钱塘公证处进行证据保全，并将所有物品封存于纸箱。其中有一份名称为"盛典 161"的产品，与附件 3 及本专利相同，对此专利权人也予以认可。合议组认为，上述证据虽可以证明，在本专利申请日前，已有与本专利相同的产品设计制作出来并保存在公证处，但在公证处保存了相关产品并未处于公众想得知就能得知的状态，因此请求人提交的附件 2 及附件 3 不能证明本专利在其申请日前已公开使用。

请求人提交的附件 4 是美术作品许可使用合同复印件及美术作品许可使用确认书复印件，附件 5 是沈志军出具的情况说明复印件，附件 6 是金石纸品公司浪漫请柬商行发货单复印件，附件 7 是杭州现代百货文化采购供应站所保存的"盛典 161"请柬产品实物复印件，附件 8 是杭州现代百货文化采购供应站出具的情况说明复印件及营业执照复印件。请求人当庭提交了上述附件的原件，用以证明与本专利相同的产品"盛典 161"在本专利申请日前公开销售使用。专利权人对原件与复印件的一致性无异议，但除营业执照外，对其他附件的真实性均有异议。合议组认为，请求人提交的附件 4 是沈志军与义乌市金石织品有限公司签订的美术作品许可使用合同及美术作品许可使用确认书，附件 5 是沈志军出具的情况说明。由于沈志军为请求人的代理人，与本案有利害关系，且专利权人对附件 4 及附件 5 的真实性也有异议，因此附件 4 及附件 5 不足以证明所述事实。附件 6 是加盖"义乌市金石纸品有限公司"及"杭州现代百货文化采购站"公章的发货单。附件 6 来源于请求人自己，为打印形式发货单，证据形式较为随意，请求人虽然提交了附件 6 的原件，但没有相关佐证以证明附件 6 的真实性，尽管请求人提交了杭州现代百货文化采购供应站出具的情况说明（附件 8），但由于附件 8 在形式上属于证人证言性质，证人没有出庭接受质证，因此附件 6 和附件 8 相结合不足以证明其所述事实。综上，仅凭上述证据尚不足以证明与本专利相同的产品在本专利申请日前在国内市场上公开销售的事实。

请求人提交的附件 9 是 200730002507.1 号外观设计专利著录项目及图片复印件，用以证明本专利与在先权利相冲突。合议组已当庭告知请求人，由于其未提交生效的能够证明与在先权利相冲突的处理决定或判决，根据专利法实施细则第 65 条的规定，合议组对该无效宣告理由不予审理。

综上所述，请求人提交的所有证据不能支持其无效宣告请求的理由，因此不能证明本专利不符合专利法第 23 条的规定。

鉴于已经得出上述结论，合议组对专利权人提交的其他反证不予评述。

三、决定

维持 200730152501.2 号外观设计专利权有效。

当事人对本决定不服的，可以根据专利法第 46 条第 2 款的规定，自收到本决定之日起三个月内向北京市第一中级人民法院起诉。根据该款的规定，一方当事人起诉后，另一方当事人应当作为第三人参加诉讼。

515

请柬（JD-QJ-镂金09）

无效宣告请求审查决定（第14129号）

决　　定　　号　第14129号
决　　定　　日　2009年11月12日
发明创造名称　请柬（JD-QJ-镂金09）
外观设计分类号　19-01
无效宣告请求人　曹仙娟
专　利　权　人　徐伟忠
专　　利　　号　200730121749.2
申　　请　　日　2007年7月6日
授权公告日　2008年6月18日
合议组组长　王霞军
主　　审　　员　尹春霞
参　　审　　员　雷　婧

法律依据　专利法第23条
决定要点

请求人提交的附件2不能证明相关产品处于公众想得知就能得知的状态，因此附件2不能证明本专利在其申请日前已公开使用。

仅凭请求人提交的附件4~8尚不足以证明与本专利相同的产品在本专利申请日前在国内市场上公开销售的事实。

一、案由

本无效宣告请求涉及国家知识产权局于2008年6月18日授权公告的200730121749.2号外观设计专利，使用该外观设计的产品名称是“请柬（JD-QJ-镂金09）”，其申请日是2007年7月6日，专利权人是徐伟忠。

针对上述外观设计专利权（下称本专利），曹仙娟（下称请求人）于2009年7月10日向专利复审委员会提出无效宣告请求，其依据的事实和理由是：本专利不符合专利法第23条的规定，应予宣告无效。请求人同时提交了如下附件作为证据：

附件1：本专利著录项目及图片电子打印件，共5页；

附件2：（2006）杭上证民字第2186号公证书复印件，共7页；

附件3：“镂金12”请柬产品实物照片，共2页。

请求人认为：本专利与附件2中“镂金12”请柬的外观设计相近似，且该产品的生产日早于本专利的申请日，本专利不符合专利法第23条的规定，应予宣告无效。

专利复审委员会经形式审查合格受理了该无效宣告请求，并于2009年7月10日将无效宣告请求书及其附件的副本转送专利权人，通知其在指定期限内陈述意见。

专利复审委员会于2009年8月10日收到请求人补充提交的意见陈述书及补充附件如下（编号续前）：

附件4：美术作品许可使用合同复印件及美术作品许可使用确认书复印件，共2页；

附件5：沈志军出具的情况说明复印件，共1页；

附件6：金石纸品有限公司销售清单复印件，共1页；

附件7：杭州现代百货文化采购供应站所保存的“镂金12”请柬产品实物复印件，共1页；

附件8：杭州现代百货文化采购供应站出具的情况说明复印件及营业执照复印件，共2页；

附件9：200430100525.X号外观设计专利著录项目及图片复印件，共1页；

附件10：200530169923.1号外观设计专利著录项目及图片复印件，共1页。

请求人认为，在本专利申请日前，“镂金12”请柬产品的权利人沈志军与请求人已签订美术作品许可使用合同及许可使用确认书，且已销售给杭州现代百货文化采购供应站，因此与本专利相近似的“镂金12”请柬产品在本专利申请日前已公开销售。同时，附件9、附件10表明本专利的图案“邀”字字体或其图案早已在沈志军所享有的专利上使用。

专利复审委员会于2009年8月11日收到专利权人提交的意见陈述书。专利权人认为，请求人提交的附件2公证书证据保全申请人不符合要求，内容虚假，无法达成申请人的证明目的。专利权人申请专利复审委员会调取公证书卷宗及封存实物。专利权人同时提交如下反证：

反证1：浙江金华市中级人民法院受理案件及缴款通知书——2009浙金预知初字第146号复印件，共1页；

反证2：（2005）义行初字第143号浙江省义乌市人民法院行政判决书复印件，共10页；（2006）金中行终字第46号浙江省金华市中级人民法院行政判决书复印件，共6页。

专利复审委员会成立合议组对本案进行审理，并于2009年8月26日向双方当事人发出《无效宣告请求口头审理通知书》，定于2009年10月12日进行口头审理。

口头审理如期举行，双方均委托代理人出席口头审理，双方均对对方出庭人员的资格无异议，对合议组成员也无回避请求。在口头审理中，请求人提交了附件2~8的原件。请求人以附件2与附件3的结合说明在本专利申请日前，沈志军已经设计了“镂金12”产品并且在浙江省杭州市钱塘公证处进行封存，附件4及附件5证明沈志军与请求人之间有许可使用关系，附件6证明“镂金12”产品公开销售的事实，附件7与附件8证明销售关系真实存在，附件9、附件10证明本专利与在先权利相冲突。专利权人当庭核实附件2~8的原件，对原件与复印件的一致性无异议，但对其真实性均有异议。双方当事人当庭在浙江省杭州市钱塘公证处公证人员的见证下对封存的实物进行拆封，专利权人对实物照片与封存的照片的一致性无异议，但认为不能达到证明目的。合议组当庭告知请求人，由于其未提交与在先权利相冲突的法院生效判决，合议组对附件9、附件10将不予考虑。

专利复审委员会于2009年10月28日收到专利权人提交的意见陈述书，再次对请求人提交的证据进行评述。专利权人同时提交了浙江省金华市中级人民法院第70号、72号、76号民事判决书作为反证。

在上述审理的基础上，合议组经合议，认为本案事实清楚，依法作出本审查决定。

二、决定的理由

1. 法律依据

基于请求人提出无效宣告请求所依据的事实和理由，合议组对本专利是否符合专利法第23条的规定进行审查。

专利法第23条规定："授予专利权的外观设计，应当同申请日以前在国内外出版物上公开发表过或者国内公开使用过的外观设计不相同和不相近似，并不得与他人在先取得的合法权利相冲突。"

2. 证据认定

请求人提交的附件2是（2006）杭上证民字第2186号公证书复印件，附件3是"镂金12"请柬产品实物照片。请求人当庭提交了附件2的原件，并在浙江省杭州市钱塘公证处公证员的见证下拆封在公证处保存的纸箱实物。专利权人当庭核实附件2的原件，对原件与复印件的一致性无异议，但对公证书内容的真实性有异议，对纸箱实物与公证书内所附纸箱照片的一致性无异议，但认为纸箱的封条应是专用的纸张，而公证处保存的纸箱的封条纸不符合规定。合议组认为，请求人当庭提交了附件2的原件，可以认定附件2的真实性。虽然专利权人欲以反证1及反证2证明附件2内容虚假，但经合议组核实，反证1与反证2的内容与本案无关，专利权人无法证明其主张。此外，专利权人认为纸箱封条应使用专门的纸张，合议组认为，该封条盖有公证处的印章，且有公证人员当庭证明其封存事实，故对其真实性予以确认。附件2内附证明公证过程的公证书一份，物品清单复印件一份，照片九张。从公证书记载的内容可知，沈志军于2006年6月19日携带照片上的物品到浙江省杭州市钱塘公证处进行证据保全，并将所有物品封存于纸箱。其中有一份名称为"拾风D-102"（即"镂金12"）的产品，与附件3及本专利相同，对此专利权人也予以认可。合议组认为，上述证据虽然可以证明在本专利申请日前，已有与本专利相同的产品设计制作出来并保存在公证处，但在公证处保存了相关产品并未处于公众想得知就能得知的状态，因此请求人提交的附件2及附件3不能证明本专利在其申请日前已公开使用。

请求人提交的附件4是美术作品许可使用合同复印件及美术作品许可使用确认书复印件，附件5是沈志军出具的情况说明复印件，附件6是金石纸品公司浪漫请柬商行发货单复印件，附件7是杭州现代百货文化采购供应站所保存的"镂金12"请柬产品实物复印件，附件8是杭州现代百货文化采购供应站出具的情况说明复印件及营业执照复印件。请求人当庭提交了上述附件的原件，用以证明与本专利相同的产品"镂金12"在本专利申请日前公开销售使用。专利权人对原件与复印件的一致性无异议，但除营业执照外，对其他附件的真实性均有异议。合议组认为，请求人提交的附件4是沈志军与义乌市金石织品有限公司签订的美术作品许可使用合同及美术作品许可使用确认书，附件5是沈志军出具的情况说明。由于沈志军为请求人的代理人，与本案有利害关系，且专利权人对附件4及附件5的真实性也有异议，因此附件4及附件5不足以证明所述事实。附件6是加盖"义乌市金石纸品有限公司"及"杭州现代百货文化采购站"公章的发货单。附件6来源于请求人自己，为打印形式发货单，证据形式较为随意，请求人虽然提交了附件6的原件，但没有相关佐证以证明附件6的真实性，尽管请求人提交了杭州现代百货文化采购供应站出具的情况说明（附件8），但由于附件8在形式上属于证人证言性质，证人没有出庭接受质证，因此附件6和附件8相结合不足以证明其所述事实。综上，仅凭上述证据尚不足以证明与本专利相同的产品在本专利申请日前在国内市场上公开销售的事实。

请求人提交的附件9是200430100525.X号外观设计专利著录项目及图片复印件，附件10是200530169923.1号外观设计专利著录项目及图片复印件，用以证明本专利与在先权利相冲突。合议组已当庭告知请求人，由于其未提交生效的能够证明与在先权利相冲突的处理决定或判决，根据专利法实施细则第 65 条的规定，合议组对该无效宣告理由不予审理。

综上所述，请求人提交的所有证据不能支持其无效宣告请求的理由，因此不能证明本专利不符合专利法第 23 条的规定。

鉴于已经得出上述结论，合议组对专利权人提交的其他反证不予评述。

三、决定

维持 200730121749.2 号外观设计专利权有效。

当事人对本决定不服的，可以根据专利法第 46 条第 2 款的规定，自收到本决定之日起三个月内向北京市第一中级人民法院起诉。根据该款的规定，一方当事人起诉后，另一方当事人应当作为第三人参加诉讼。

请柬（JD-3003-1）

无效宣告请求审查决定（第 14130 号）

决　定　号　第 14130 号
决　定　日　2009 年 11 月 10 日
发明创造名称　请柬（JD-3003-1）
外观设计分类号　19-01
无效宣告请求人　义乌市金石纸品有限公司
专　利　权　人　徐伟忠
专　利　号　200730121756.2
申　请　日　2007 年 7 月 6 日
授权公告日　2008 年 6 月 18 日
合议组组长　王霞军
主　审　员　尹春霞
参　审　员　雷　婧

法　律　依　据　专利法第 23 条
决　定　要　点

请求人提交的附件 2 不能证明相关产品处于公众想得知就能得知的状态，因此附件 2 不能证明本专利在其申请日前已公开使用。

仅凭请求人提交的附件 4~8 尚不足以证明与本专利相同的产品在本专利申请日前在国内市场上公开销售的事实。

一、案由

本无效宣告请求涉及国家知识产权局于 2008 年 6 月 18 日授权公告的 200730121756.2 号外观设计专利，使用该外观设计的产品名称是“请柬（JD-3003-1）”，其申请日是 2007 年 7 月 6 日，专利权人是徐伟忠。

针对上述外观设计专利权（下称本专利），义乌市金石纸品有限公司（下称请求人）于 2009 年 7 月 10 日向专利复审委员会提出无效宣告请求，其依据的事实和理由是：本专利不符合专利法第 23 条的规定，应予宣告无效。请求人同时提交了如下附件作为证据：

附件 1：本专利著录项目及图片电子公开文本打印件，共 5 页；

附件 2：（2007）浙杭钱证民字第 9184 号公证书复印件，共 7 页；

附件 3：“海贝 3003-1”请柬产品实物照片，共 2 页。

请求人认为：本专利与附件2中“海贝3003-1”请柬的外观设计相近似，且该产品的生产日早于本专利的申请日，本专利不符合专利法第23条的规定，应予宣告无效。

专利复审委员会经形式审查合格受理了该无效宣告请求，并于2009年7月10日将无效宣告请求书及其附件的副本转送专利权人，通知其在指定期限内陈述意见。

专利复审委员会于2009年8月10日收到请求人补充提交的意见陈述书及补充附件如下（编号续前）：

附件4：美术作品许可使用合同复印件及美术作品许可使用确认书复印件，共2页；

附件5：沈志军出具的情况说明复印件，共1页；

附件6：金石纸品公司浪漫请柬商行发货单复印件，共1页；

附件7：杭州现代百货文化采购供应站所保存的“海贝3003-1”请柬产品实物复印件，共1页；

附件8：杭州现代百货文化采购供应站出具的情况说明复印件及营业执照复印件，共2页；

附件9：200630151409.X号外观设计专利著录项目及图片复印件，共1页；

附件10：200530011865.X号外观设计专利著录项目及图片复印件，共1页。

请求人认为，在本专利申请日前，“海贝3003-1”请柬产品的权利人沈志军与请求人已签订美术作品许可使用合同及许可使用确认书，且已销售给杭州现代百货文化采购供应站，因此与本专利相近似的“海贝3003-1”请柬产品在本专利申请日前已公开销售。同时，附件9、附件10表明本专利的图案“婚”字字体早已在沈志军所享有的专利上使用。

专利复审委员会于2009年8月11日收到专利权人提交的意见陈述书。专利权人认为，请求人提交的附件2公证书证据保全申请人不符合要求，内容虚假，无法达成申请人的证明目的。专利权人申请专利复审委员会调取公证书卷宗及封存实物。专利权人同时提交如下反证：

反证1：浙江金华市中级人民法院受理案件及缴款通知书——2009浙金预知初字第143号复印件，共1页；

反证2：（2005）义行初字第143号浙江省义乌市人民法院行政判决书复印件，共10页；（2006）金中行终字第46号浙江省金华市中级人民法院行政判决书复印件，共6页。

专利复审委员会成立合议组对本案进行审理，并于2009年8月26日向双方当事人发出《无效宣告请求口头审理通知书》，定于2009年10月12日进行口头审理。

口头审理如期举行，双方均委托代理人出席口头审理，双方均对对方出庭人员的资格无异议，对合议组成员也无回避请求。在口头审理中，请求人提交了附件2~8的原件。请求人以附件2与附件3的结合说明在本专利申请日前，沈志军已经设计了“海贝3003-1”产品并且在浙江省杭州市钱塘公证处进行封存，附件4及附件5证明沈志军与请求人之间有许可使用关系，附件6证明“海贝3003-1”产品公开销售的事实，附件7与附件8证明销售关系真实存在，附件9、附件10证明本专利与在先权利相冲突。专利权人当庭核实附件2~8的原件，对原件与复印件的一致性无异议，但对其真实性均有异议。双方当事人当庭在浙江省杭州市钱塘公证处公证人员的见证下对封存的实物进行拆封，专利权人对实物照片与封存的照片的一致性无异议，但认为不能达到证明目的。合议组当庭告知请求人，由于其未提交与在先权利相冲突的法院生效判决，合议组对附件9、附件10将不予审理。

专利复审委员会于2009年10月28日收到专利权人提交的意见陈述书，对请求人提交的证据再次进行评述，并提交了浙江省金华市中级人民法院第70号、72号、76号民事判决书作为反证。

在上述审理的基础上，合议组经合议，认为本案事实清楚，依法作出本审查决定。

二、决定的理由

1. 法律依据

基于请求人提出无效宣告请求所依据的事实和理由，合议组对本专利是否符合专利法第 23 条的规定进行审查。

专利法第 23 条规定："授予专利权的外观设计，应当同申请日以前在国内外出版物上公开发表过或者国内公开使用过的外观设计不相同和不相近似，并不得与他人在先取得的合法权利相冲突。"

2. 证据认定

请求人提交的附件 2 是（2007）浙杭钱证民字第 9184 号公证书复印件，附件 3 是"海贝 3003-1"请柬产品实物照片。请求人当庭提交了附件 2 的原件，并在浙江省杭州市钱塘公证处公证员的见证下拆封在公证处保存的纸箱实物。专利权人当庭核实附件 2 的原件，对原件与复印件的一致性无异议，但对公证书内容的真实性有异议，对纸箱实物与公证书内所附纸箱照片的一致性无异议，但认为纸箱的封条应是专用的纸张，而公证处保存的纸箱的封条纸不符合规定。合议组认为，请求人当庭提交了附件 2 的原件，可以认定附件 2 的真实性。虽然专利权人欲以反证 1 及反证 2 证明附件 2 内容虚假，但经合议组核实，反证 1 与反证 2 的内容与本案无关，专利权人无法证明其主张。此外，专利权人认为纸箱封条应使用专门的纸张，合议组认为，该封条盖有公证处印章，且有公证人员当庭证明其封存事实，故对其真实性予以确认。附件 2 内附证明公证过程的公证书一份，物品清单复印件一份，照片七张。从公证书记载的内容可知，沈志军于 2007 年 6 月 26 日携带照片上的物品到浙江省杭州市钱塘公证处进行证据保全，并将所有物品封存于纸箱。其中有一份名称为"海贝 3003-1"的产品，与附件 3 及本专利相同，对此专利权人也予以认可。合议组认为，上述证据虽然可以证明在本专利申请日前，已有与本专利相同的产品设计制作出来并保存在公证处，但在公证处保存的相关产品并未处于公众想得知就能得知的状态，因此请求人提交的附件 2 及附件 3 不能证明本专利在其申请日前已公开使用。

请求人提交的附件 4 是美术作品许可使用合同复印件及美术作品许可使用确认书复印件，附件 5 是沈志军出具的情况说明复印件，附件 6 是金石纸品公司浪漫请柬商行发货单复印件，附件 7 是杭州现代百货文化采购供应站所保存的"海贝 3003-1"请柬产品实物复印件，附件 8 是杭州现代百货文化采购供应站出具的情况说明复印件及营业执照复印件。请求人当庭提交了上述附件的原件，用以证明与本专利相同的产品"海贝 3003-1"在本专利申请日前公开销售使用。专利权人对原件与复印件的一致性无异议，但除营业执照外，对其他附件的真实性均有异议。合议组认为，请求人提交的附件 4 是沈志军与义乌市金石织品有限公司签订的美术作品许可使用合同及美术作品许可使用确认书，附件 5 是沈志军出具的情况说明。由于沈志军是请求人的代理人，与本案有利害关系，且专利权人对附件 4 及附件 5 的真实性也有异议，因此附件 4 及附件 5 不足以证明所述事实。附件 6 是加盖"义乌市金石纸品有限公司"及"杭州现代百货文化采购站"公章的发货单。附件 6 来源于请求人自己，为打印形式发货单，证据形式较为随意，请求人虽然提交了附件 6 的原件，但没有相关佐证以证明附件 6 的真实性，尽管请求人提交了杭州现代百货文化采购供应站出具的情况说明（附件 8），但由于附件 8 在形式上属于证人证言性质，证人没有出庭接受质证，因此附件 6 和附件 8 相结合不足以证明其所述事实。综上，仅凭上述证据尚不足以证明与本专利相同的产品在本专利申请日前在国内市场上公开销售的事实。

请求人提交的附件 9 是 200630151409. X 号外观设计专利著录项目及图片复印件，附件 10 是 200530011865. X 号外观设计专利著录项目及图片复印件，用以证明本专利与在先权利相冲突。合议组已当庭告知请求人，由于其未提交生效的能够证明与在先权利相冲突的处理决定或判决，根据专利法实施细则第 65 条的规定，合议组对该无效宣告理由不予审理。

综上所述，请求人提交的所有证据不能支持其无效宣告请求的理由，因此不能证明本专利不符合专利法第 23 条的规定。

鉴于已经得出上述结论，合议组对专利权人提交的其他反证不予评述。

三、决定

维持 200730121756. 2 号外观设计专利权有效。

当事人对本决定不服的，可以根据专利法第 46 条第 2 款的规定，自收到本决定之日起三个月内向北京市第一中级人民法院起诉。根据该款的规定，一方当事人起诉后，另一方当事人应当作为第三人参加诉讼。

请柬（SC-3004-27）

无效宣告请求审查决定（第14131号）

决　定　号　第14131号
决　定　日　2009年11月12日
发明创造名称　请柬（SC-3004-27）
外观设计分类号　19-01
无效宣告请求人　曹仙娟
专　利　权　人　徐伟忠
专　利　号　200730121752.4
申　请　日　2007年7月6日
授权公告日　2008年6月18日
合议组组长　王霞军
主　审　员　尹春霞
参　审　员　雷　婧

法律依据　专利法第23条
决定要点

请求人提交的附件2不能证明相关产品处于公众想得知就能得知的状态，因此附件2不能证明本专利在其申请日前已公开使用。

仅凭请求人提交的附件4~8尚不足以证明与本专利相同的产品在本专利申请日前在国内市场上公开销售的事实。

一、案由

本无效宣告请求涉及国家知识产权局于2008年6月18日授权公告的200730121752.4号外观设计专利，使用该外观设计的产品名称是"请柬（SC-3004-27）"，其申请日是2007年7月6日，专利权人是徐伟忠。

针对上述外观设计专利权（下称本专利），曹仙娟（下称请求人）于2009年7月10日向专利复审委员会提出无效宣告请求，其依据的事实和理由是：本专利不符合专利法第23条的规定，应予宣告无效。请求人同时提交了如下附件作为证据：

附件1：本专利著录项目及图片电子打印件，共5页；

附件2：（2007）浙杭钱证民字第9175号公证书复印件，共15页；

附件3："鑫宇XINYU-6803"请柬产品实物照片，共2页。

请求人认为：本专利与附件2中“鑫宇 XINYU-6803”请柬的外观设计相近似，且该产品的生产日早于本专利的申请日，本专利不符合专利法第23条的规定，应予宣告无效。

专利复审委员会经形式审查合格受理了该无效宣告请求，并于2009年7月10日将无效宣告请求书及其附件的副本转送专利权人，通知其在指定期限内陈述意见。

专利复审委员会于2009年8月10日收到请求人补充提交的意见陈述书及补充附件如下（编号续前）：

附件4：美术作品许可使用合同复印件及美术作品许可使用确认书复印件，共2页；

附件5：沈志军出具的情况说明复印件，共1页；

附件6：金石纸品公司浪漫请柬商行发货单复印件，共1页；

附件7：杭州现代百货文化采购供应站所保存的“鑫宇 XINYU-6803”请柬产品实物复印件，共1页；

附件8：杭州现代百货文化采购供应站出具的情况说明复印件及营业执照复印件，共2页；

附件9：200530011861.1号外观设计专利著录项目及图片复印件，共1页。

请求人认为，在本专利申请日前，“鑫宇 XINYU-6803”请柬产品的权利人沈志军与请求人已签订美术作品许可使用合同及许可使用确认书，且已销售给杭州现代百货文化采购供应站，因此与本专利相近似的“鑫宇 XINYU-6803”请柬产品在本专利申请日前已公开销售。同时，附件9表明本专利的图案“喜喜”字字体及其镂空设计早已在沈志军所享有的专利上使用。

专利复审委员会于2009年8月11日收到专利权人提交的意见陈述书。专利权人认为，请求人提交的附件2公证书证据保全申请人不符合要求，内容虚假，无法达成申请人的证明目的。专利权人申请专利复审委员会调取公证书卷宗及封存实物。专利权人同时提交如下反证：

反证1：浙江金华市中级人民法院受理案件及缴款通知书——2009浙金预知初字第145号复印件，共1页；

反证2：（2005）义行初字第143号浙江省义乌市人民法院行政判决书复印件，共10页；（2006）金中行终字第46号浙江省金华市中级人民法院行政判决书复印件，共6页。

专利复审委员会成立合议组对本案进行审理，并于2009年8月26日向双方当事人发出《无效宣告请求口头审理通知书》，定于2009年10月12日进行口头审理。

口头审理如期举行，双方均委托代理人出席口头审理，双方均对对方出庭人员的资格无异议，对合议组成员也无回避请求。在口头审理中，请求人提交了附件2~8的原件。请求人以附件2与附件3的结合说明在本专利申请日前，沈志军已经设计了“鑫宇 XINYU-6803”产品并且在浙江省杭州市钱塘公证处进行封存，附件4及附件5证明沈志军与请求人之间有许可使用关系，附件6证明“鑫宇 XINYU-6803”产品公开销售的事实，附件7与附件8证明销售关系真实存在，附件9、附件10证明本专利与在先权利相冲突。专利权人当庭核实附件2~8的原件，对原件与复印件的一致性无异议，但对其真实性均有异议。双方当事人当庭在浙江省杭州市钱塘公证处公证人员的见证下对封存的实物进行拆封，专利权人对实物照片与封存的照片的一致性无异议，但认为不能达到证明目的。合议组当庭告知请求人，由于其未提交与在先权利相冲突的法院生效判决，合议组对附件9将不予考虑。

专利复审委员会于2009年10月28日收到专利权人提交的意见陈述书，再次对请求人提交的证据进行评述。专利权人同时提交了浙江省金华市中级人民法院第70号、72号、76号民事判决书作为反证。

在上述审理的基础上，合议组经合议，认为本案事实清楚，依法作出本审查决定。

二、决定的理由

1. 法律依据

基于请求人提出无效宣告请求所依据的事实和理由，合议组对本专利是否符合专利法第 23 条的规定进行审查。

专利法第 23 条规定："授予专利权的外观设计，应当同申请日以前在国内外出版物上公开发表过或者国内公开使用过的外观设计不相同和不相近似，并不得与他人在先取得的合法权利相冲突。"

2. 证据认定

请求人提交的附件 2 是（2006）浙杭钱证民字第 9175 号公证书复印件，附件 3 是"鑫宇 XINYU-6803"请柬产品实物照片。请求人当庭提交了附件 2 的原件，并在浙江省杭州市钱塘公证处公证员的见证下拆封在公证处保存的纸箱实物。专利权人当庭核实附件 2 的原件，对原件与复印件的一致性无异议，但对公证书内容的真实性有异议，对纸箱实物与公证书内所附纸箱照片的一致性无异议，但认为纸箱的封条应是专用的纸张，而公证处保存的纸箱的封条纸不符合规定，此外，纸箱的封条上无封存时间。合议组认为，请求人当庭提交了附件 2 的原件，可以认定附件 2 的真实性。虽然专利权人欲以反证 1 及反证 2 证明附件 2 内容虚假，但经合议组核实，反证 1 与反证 2 的内容与本案无关，专利权人无法证明其主张。此外，专利权人认为纸箱封条应使用专门的纸张，合议组认为，该封条盖有公证处印章，且有公证人员当庭证明其封存事实，故对其真实性予以确认。对于纸箱封条上的封存时间问题，合议组认为，双方在浙江省杭州市钱塘公证处公证员的见证下拆封在公证处保存的纸箱实物，且经核实其内附的物品清单及请柬实物均与公证书记载的内容相一致，所以可以认定附件 2 的真实性。附件 2 内附证明公证过程的公证书一份，物品清单复印件一份，照片 33 张。从公证书记载的内容可知，沈志军于 2007 年 6 月 22 日携带照片上的物品到浙江省杭州市钱塘公证处进行证据保全，并将所有物品封存于纸箱。其中有一份名称为"鑫宇 XINYU-6803"的产品，与附件 3 及本专利相同，对此专利权人也予以认可。合议组认为，上述证据虽然可以证明在本专利申请日前，已有与本专利相同的产品设计制作出来并保存在公证处。但在公证处保存了相关产品并未处于公众想得知就能得知的状态，因此请求人提交的附件 2 及附件 3 不能证明本专利在其申请日前已公开使用。

请求人提交的附件 4 是美术作品许可使用合同复印件及美术作品许可使用确认书复印件，附件 5 是沈志军出具的情况说明复印件，附件 6 是金石纸品公司浪漫请柬商行发货单复印件，附件 7 是杭州现代百货文化采购供应站所保存的"鑫宇 XINYU-6803"请柬产品实物复印件，附件 8 是杭州现代百货文化采购供应站出具的情况说明复印件及营业执照复印件。请求人当庭提交了上述附件的原件，用以证明与本专利相同的产品"鑫宇 XINYU-6803"在本专利申请日前公开销售使用。专利权人对原件与复印件的一致性无异议，但除营业执照外，对其他附件的真实性均有异议。合议组认为，请求人提交的附件 4 是沈志军与义乌市金石织品有限公司签订的美术作品许可使用合同及美术作品许可使用确认书，附件 5 是沈志军出具的情况说明。由于沈志军为请求人的代理人，与本案有利害关系，且专利权人对附件 4 及附件 5 的真实性也有异议，因此附件 4 及附件 5 不足以证明所述事实。附件 6 是加盖"义乌市金石纸品有限公司"及"杭州现代百货文化采购站"公章的发货单。附件 6 来源于请求人自己，为打印形式发货单，证据形式较为随意，请求人虽然提交了附件 6 的原件，但没有相关佐证以证明附件 6 的真实性，尽管请求人提交了杭州现代百货文化采购供应站出具的情况说明（附件 8），但由于附件 8 在形式上属于证人证言性质，证人没有出庭接受质证，因此附件 6 和附件 8 相结合不足以证明其所述事实。综上，仅凭上述证据尚不足以证明与本专利相同的产品在本专利申请日前在国内市场上公开销售的事实。

请求人提交的附件 9 是 200530011861.1 号外观设计专利著录项目及图片复印件，用以证明本专利与在先权利相冲突。合议组已当庭告知请求人，由于其未提交生效的能够证明与在先权利相冲突的处理决定或判决，根据专利法实施细则第 65 条的规定，合议组对该无效宣告理由不予审理。

综上所述，请求人提交的所有证据不能支持其无效宣告请求的理由，因此不能证明本专利不符合专利法第 23 条的规定。

鉴于已经得出上述结论，合议组对专利权人提交的其他反证不予评述。

三、决定

维持 200730121752.4 号外观设计专利权有效。

当事人对本决定不服的，可以根据专利法第 46 条第 2 款的规定，自收到本决定之日起三个月内向北京市第一中级人民法院起诉。根据该款的规定，一方当事人起诉后，另一方当事人应当作为第三人参加诉讼。

商务柬（J-162）

无效宣告请求审查决定（第14132号）

决　　定　　号　第14132号
决　　定　　日　2009年11月10日
发明创造名称　商务柬（J-162）
外观设计分类号　19-01
无效宣告请求人　义乌市金石纸品有限公司
专　利　权　人　徐伟忠
专　　利　　号　200730152503.1
申　　请　　日　2007年8月17日
授 权 公 告 日　2008年8月27日
合 议 组 组 长　王霞军
主　　审　　员　尹春霞
参　　审　　员　雷　婧

法　律　依　据　专利法第23条
决　定　要　点

请求人提交的附件2不能证明相关产品处于公众想得知就能得知的状态，因此附件2不能证明本专利在其申请日前已公开使用。

仅凭请求人提交的附件4~8尚不足以证明与本专利相同的产品在本专利申请日前在国内市场上公开销售的事实。

一、案由

本无效宣告请求涉及国家知识产权局于2008年8月27日授权公告的200730152503.1号外观设计专利，使用该外观设计的产品名称是“商务柬（J-162）”，其申请日是2007年8月17日，专利权人是徐伟忠。

针对上述外观设计专利权（下称本专利），义乌市金石纸品有限公司（下称请求人）于2009年7月10日向专利复审委员会提出无效宣告请求，其依据的事实和理由是：本专利不符合专利法第23条的规定，应予宣告无效。请求人同时提交了如下附件作为证据：

附件1：本专利著录项目及图片电子公开文本的打印件，共3页；

附件2：（2007）浙杭钱证民字第9184号公证书复印件，共7页；

附件3：“盛典162”请柬产品实物照片，共1页。

请求人认为：本专利与附件2中“盛典162”请柬的外观设计相近似，且该产品的生产日早于本专利的申请日，本专利不符合专利法第23条的规定，应予宣告无效。

专利复审委员会经形式审查合格受理了该无效宣告请求，并于2009年7月10日将无效宣告请求书及其附件的副本转送专利权人，通知其在指定期限内陈述意见。

专利复审委员会于2009年8月10日收到请求人补充提交的意见陈述书及补充附件如下（编号续前）：

附件4：美术作品许可使用合同复印件及美术作品许可使用确认书复印件，共2页；

附件5：沈志军出具的情况说明复印件，共1页；

附件6：金石纸品公司浪漫请柬商行发货单复印件，共1页；

附件7：杭州现代百货文化采购供应站所保存的“盛典162”请柬产品实物复印件，共1页；

附件8：杭州现代百货文化采购供应站出具的情况说明复印件及营业执照复印件，共2页；

附件9：200630120026.6号外观设计专利著录项目及图片复印件，共1页。

请求人认为，在本专利申请日前，“盛典162”请柬产品的权利人沈志军与请求人已签订美术作品许可使用合同及许可使用确认书，且已销售给杭州现代百货文化采购供应站，因此与本专利相近似的“盛典162”请柬产品在本专利申请日前已公开销售。同时，附件9表明本专利的图案“请”字字体早已在沈志军所享有的专利上使用。

专利复审委员会于2009年8月11日收到专利权人提交的意见陈述书。专利权人认为，请求人提交的附件2公证书证据保全申请人不符合要求，内容虚假，无法达成申请人的证明目的。专利权人申请专利复审委员会调取公证书卷宗及封存实物。专利权人同时提交如下反证：

反证1：浙江金华市中级人民法院受理案件及缴款通知书——2009浙金预知初字第144号复印件，共1页；

反证2：（2005）义行初字第143号浙江省义乌市人民法院行政判决书复印件，共10页；（2006）金中行终字第46号浙江省金华市中级人民法院行政判决书复印件，共6页。

专利复审委员会成立合议组对本案进行审理，并于2009年8月26日向双方当事人发出《无效宣告请求口头审理通知书》，定于2009年10月12日进行口头审理。

口头审理如期举行，双方均委托代理人出席口头审理，双方均对对方出庭人员的资格无异议，对合议组成员也无回避请求。在口头审理中，请求人提交了附件2~8的原件。请求人以附件2与附件3的结合说明在本专利申请日前，沈志军已经设计了“盛典162”产品并且在浙江省杭州市钱塘公证处进行封存，附件4及附件5证明沈志军与请求人之间有许可使用关系，附件6证明“盛典162”产品公开销售的事实，附件7与附件8证明销售关系真实存在，附件9证明本专利与在先权利相冲突。专利权人当庭核实附件2~8的原件，对原件与复印件的一致性无异议，但对其真实性均有异议。双方当事人当庭在浙江省杭州市钱塘公证处公证人员的见证下对封存的实物进行拆封，专利权人对实物照片与封存的照片的一致性无异议，但认为不能达到证明目的。合议组当庭告知请求人，由于其未提交与在先权利相冲突的法院生效判决，合议组对附件9将不予审理。

专利复审委员会于2009年10月28日收到专利权人提交的意见陈述书，对请求人提交的证据再次进行评述。专利权人同时提交了浙江省金华市中级人民法院第70号、72号、76号民事判决书作为反证。

在上述审理的基础上，合议组经合议，认为本案事实清楚，依法作出本审查决定。

二、决定的理由

1. 法律依据

基于请求人提出无效宣告请求所依据的事实和理由，合议组对本专利是否符合专利法第 23 条的规定进行审查。

专利法第 23 条规定："授予专利权的外观设计，应当同申请日以前在国内外出版物上公开发表过或者国内公开使用过的外观设计不相同和不相近似，并不得与他人在先取得的合法权利相冲突。"

2. 证据认定

请求人提交的附件 2 是（2007）浙杭钱证民字第 9184 号公证书复印件，附件 3 是"盛典 162"请柬产品实物照片。请求人当庭提交了附件 2 的原件，并在浙江省杭州市钱塘公证处公证员的见证下拆封在公证处保存的纸箱实物。专利权人当庭核实附件 2 的原件，对原件与复印件的一致性无异议，但对公证书内容的真实性有异议，对纸箱实物与公证书内所附纸箱照片的一致性无异议，但认为纸箱的封条应是专用的纸张，而公证处保存的纸箱的封条纸不符合规定。合议组认为，请求人当庭提交了附件 2 的原件，可以认定附件 2 的真实性。虽然专利权人欲以反证 1 及反证 2 证明附件 2 内容虚假，但经合议组核实，反证 1 与反证 2 的内容与本案无关，专利权人无法证明其主张。此外，专利权人认为纸箱封条应使用专门的纸张，合议组认为，该封条盖有公证处印章，且有公证人员当庭证明其封存事实，故对其真实性予以确认。附件 2 内附证明公证过程的公证书一份，物品清单复印件一份，照片七张。从公证书记载的内容可知，沈志军于 2007 年 6 月 26 日携带照片上的物品到浙江省杭州市钱塘公证处进行证据保全，并将所有物品封存于纸箱。其中有一份名称为"盛典 162"的产品，与附件 3 及本专利相同，对此专利权人也予以认可。合议组认为，上述证据虽可以证明，在本专利申请日前，已有与本专利相同的产品设计制作出来并保存在公证处，但在公证处保存的相关产品并未处于公众想得知就能得知的状态，因此请求人提交的附件 2 及附件 3 不能证明本专利在其申请日前已公开使用。

请求人提交的附件 4 是美术作品许可使用合同复印件及美术作品许可使用确认书复印件，附件 5 是沈志军出具的情况说明复印件，附件 6 是金石纸品公司浪漫请柬商行发货单复印件，附件 7 是杭州现代百货文化采购供应站所保存的"盛典 162"请柬产品实物复印件，附件 8 是杭州现代百货文化采购供应站出具的情况说明复印件及营业执照复印件。请求人当庭提交了上述附件的原件，用以证明与本专利相同的产品"盛典 162"在本专利申请日前公开销售使用。专利权人对原件与复印件的一致性无异议，但除营业执照外，对其他附件的真实性均有异议。合议组认为，请求人提交的附件 4 是沈志军与义乌市金石织品有限公司签订的美术作品许可使用合同及美术作品许可使用确认书，附件 5 是沈志军出具的情况说明。由于沈志军为请求人的代理人，与本案有利害关系，且专利权人对附件 4 及附件 5 的真实性也有异议，因此附件 4 及附件 5 不足以证明所述事实。附件 6 是加盖"义乌市金石纸品有限公司"及"杭州现代百货文化采购站"公章的发货单。附件 6 来源于请求人自己，为打印形式发货单，证据形式较为随意，请求人虽然提交了附件 6 的原件，但没有相关佐证证明附件 6 的真实性，尽管请求人提交了杭州现代百货文化采购供应站出具的情况说明（附件 8），但由于附件 8 在形式上属于证人证言性质，证人没有出庭接受质证，因此附件 6 和附件 8 相结合不足以证明其所述事实。综上，仅凭上述证据尚不足以证明与本专利相同的产品在本专利申请日前在国内市场上公开销售的事实。

请求人提交的附件 9 是 200630120026.6 号外观设计专利著录项目及图片复印件，用以证明本专利与在先权利相冲突。合议组已当庭告知请求人，由于其未提交生效的能够证明与在先权利相冲突的处理决定或判决，根据专利法实施细则第 65 条的规定，合议组对该无效宣告理由不予审理。

综上所述，请求人提交的所有证据不能支持其无效宣告请求的理由，因此不能证明本专利不符合专利法第 23 条的规定。

鉴于已经得出上述结论，合议组对专利权人提交的其他反证不予评述。

三、决定

维持 200730152503.1 号外观设计专利权有效。

当事人对本决定不服的，可以根据专利法第 46 条第 2 款的规定，自收到本决定之日起三个月内向北京市第一中级人民法院起诉。根据该款的规定，一方当事人起诉后，另一方当事人应当作为第三人参加诉讼。

519

纸桶（环保型）

无效宣告请求审查决定（第14153号）

决　定　号　第14153号
决　定　日　2009年10月14日
发明创造名称　纸桶（环保型）
外观设计分类号　09-03
无效宣告请求人　广汉市三友制桶包装厂
专　利　权　人　陈雪兰
专　利　号　200630014820.2
申　请　日　2006年4月21日
授权公告日　2007年5月16日
合议组组长　钱亦俊
主　审　员　郑　直
参　审　员　党　星
附　　　图　1页

法　律　依　据　专利法第23条
决　定　要　点

通过整体观察、综合判断，如果本专利与在先设计的区别仅在于局部的细节变化，则该区别对产品的整体视觉效果不具有显著影响，本专利不符合专利法第23条的规定。

一、案由

本无效宣告请求涉及国家知识产权局于2007年5月16日授权公告的，申请日为2006年4月21日，名称为“纸桶（环保型）”的第200630014820.2号外观设计专利（下称本专利），专利权人为陈雪兰。

2009年2月11日，广汉市三友制桶包装厂（下称请求人）针对本专利权向专利复审委员会提出无效宣告请求，其理由是本专利不符合专利法第23条的规定。请求人提交了如下附件作为证据：

附件1：CN3450797，其授权公告日为2005年6月1日。

请求人在无效宣告请求书中指出：附件1的外观设计专利文本披露了一种整体形状为圆柱体的纸桶，主要包括桶盖、桶体以及在桶体上端与桶盖下端接触处与桶盖外径相同的圆圈，本专利的外观设计与附件1所示的外观设计相比，其区别为本专利在桶体上圆圈下左右两侧没有提手，但是这属于局部的区别，这些细微差别对纸桶外观设计产品的整体视觉效果不具有显著的影响，根据整体观察、综合判断的判断方式进行对比，两者是同类产品，采取了相近似的外观设计，因此本专利不符合专利法第23条的规定。

经形式审查合格以后，专利复审委员会受理了该无效宣告请求，并于2009年3月2日向双方当事人发出了无效宣告请求受理通知书，并将无效宣告请求书及附件清单中所列附件的副本转送给专利权人，并要求专利权人于指定期限内陈述意见。

专利权人于2009年4月14日提交了意见陈述书（此意见陈述书将随本决定转送给请求人），其中指出与附件1所示外观设计相比，本专利有提手，按一般消费者的惯常判断，纸桶上是不会有提手的，只有铁桶有提手，所以在一个纸桶上有左右两个提手是一个重大的区别，在整体视觉效果上，本专利与附件1有显著不同，因此二者不相同也不相近似。

合议组于2009年7月20日向双方当事人发出了合议组成员告知通知书，并告知双方当事人，根据专利法实施细则第38条的规定，如对合议组成员有回避请求的，应当于指定期限内提交书面的请求书，并说明理由。

双方当事人逾期均未提出回避请求。

在上述工作的基础上，合议组认为，本案事实清楚，可以依法作出审查决定。

二、决定的理由

基于请求人提出的无效宣告请求的理由及其提交的证据，合议组进行了审查。请求人认为，本专利不符合专利法第23条的规定。

专利法第23条规定："授予专利权的外观设计，应当同申请日以前在国内外出版物上公开发表过或者国内公开使用过的外观设计不相同和不相近似，并不得与他人在先取得的合法权利相冲突。"

请求人提交的附件1为中国外观设计专利文件，合议组经核实，认可其真实性，其授权公告日为2005年6月1日，属于专利法第23条规定的公开出版物，可以作为在先设计与本专利进行相同和相近似的比较（以下称附件1为在先设计）。

本专利是一种纸桶的外观设计，其整体为圆柱形，包括桶盖、桶体，在桶体上端与桶盖下端连接处均有一个与桶盖外径相同的圆圈，在桶体圆圈下左右两侧有提手（详见本专利附图）。

在先设计是一种圆柱形纸桶，包括桶盖、桶体，在桶体上端与桶盖下端连接处均有一个与桶盖外径相同的圆圈（详见在先设计附图）。

比较本专利与在先设计，二者均为一种圆柱形桶，均包括桶盖、桶体以及位于桶体、桶盖连接处的圆圈，其区别仅在于本专利在桶体圆圈下左右两侧有提手。专利权人认为，提手是铁桶才具有的，纸桶上有提手是重大区别。对此，合议组认为，一方面，铁桶与纸桶仅是材料上的简单替换，不属于外观设计保护的情形；另一方面，从提手的设计来看，相对于在先设计而言，本专利增加了提手，其变化相对于整体外观设计的圆柱状不够显著。根据整体观察、综合判断的原则，上述区别属于局部细微变化，对于纸桶的整体视觉效果不具有显著影响，从外观设计角度来看，本专利与在先设计相近似，不符合专利法第23条的规定。

三、决定

宣告200630014820.2号外观设计专利权全部无效。

当事人对本决定不服的，可以根据专利法第46条第2款的规定，自收到本决定之日起三个月内向北京市第一中级人民法院起诉。根据该款的规定，一方当事人起诉后，另一方当事人应当作为第三人参加诉讼。

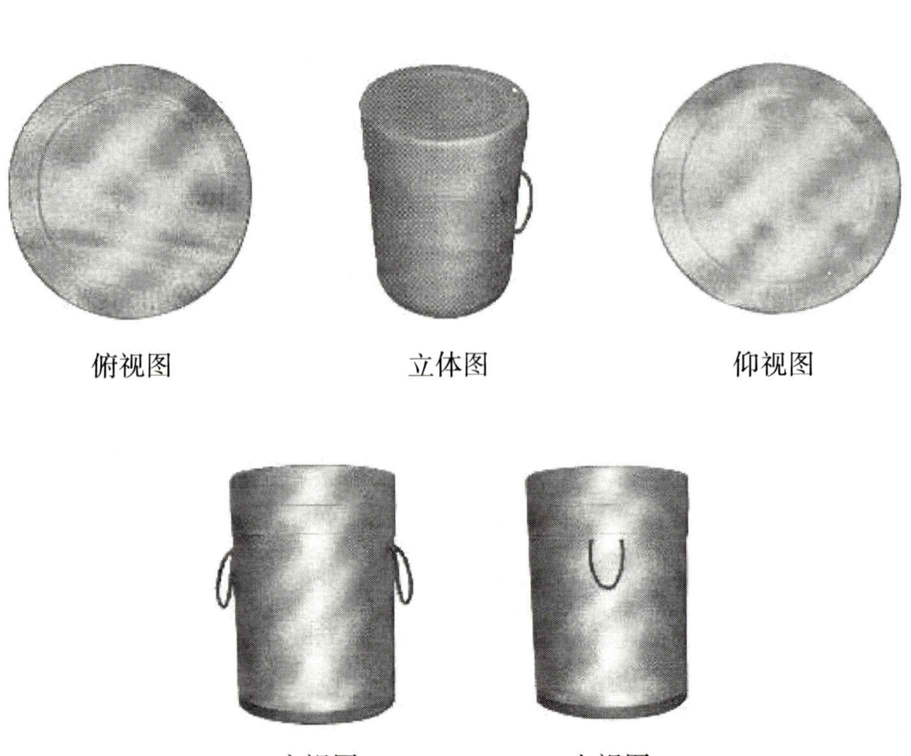

本专利附图

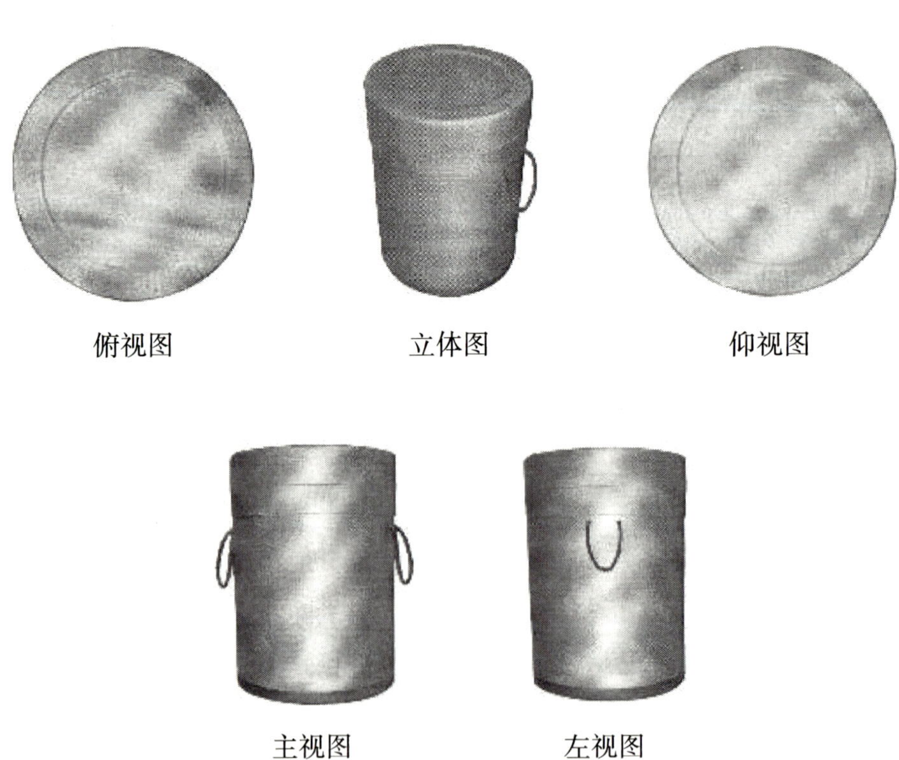

在先设计附图

520

眼镜片片材（6.5C×2.5C）

无效宣告请求审查决定（第14158号）

决　定　号　第14158号
决　定　日　2009年11月19日
发明创造名称　眼镜片片材（6.5C×2.5C）
国际分类号　16-06
无效宣告请求人　意视镜片有限公司
专　利　权　人　厦门虹泰光学有限公司
专　利　号　200530052978.4
申　请　日　2005年3月2日
授权公告日　2005年11月2日
合议组组长　陈海平
主　审　员　魏　屹
参　审　员　路剑锋
附　　　图　1页

法律依据　专利法第23条
决定要点

如果一般消费者经过对被比设计与在先设计的整体观察可以看出，二者的差别对于产品外观设计的整体视觉效果不具有显著的影响，则被比设计与在先设计相近似。

一、案由

本无效宣告请求涉及国家知识产权局于2005年11月2日授权公告的、名称为"眼镜片片材（6.5C×2.5C）"的外观设计专利（下称本专利），其申请日为2005年3月2日，专利号为200530052978.4，专利权人为厦门虹泰光学有限公司。

针对本专利权，意视镜片有限公司（下称请求人）于2007年4月10日向专利复审委员会提出了无效宣告请求，其理由是本专利不符合专利法第23条的规定，请求专利复审委员会宣告该专利全部无效。请求人提交如下证据：

证据1：HONG KONG Optical 2003 COMPLIMENTARY COPY的封面及第48、58页的复印件；

证据2：卢伟强律师出具的关于HONG KONG Optical 2003 COMPLIMENTARY COPY相关页的公证文书的复印件；

证据3：香港中华眼镜制造厂商会2002会刊封面、封底、第102页的复印件；

证据4：卢伟强律师出具的关于香港中华眼镜制造厂商会2002会刊相关页的公证文书的复印件；

证据5：香港中华眼镜制造厂商会2003会刊封面、封底、第96页的复印件；

证据6：卢伟强律师出具的关于香港中华眼镜制造厂商会2003会刊相关页的公证文书的复印件；

证据7：香港贸易发展局侯凌出具的证明文件的复印件；

证据8：卢伟强律师出具的关于香港贸易发展局侯凌出具的证明文件的公证文书的复印件；

证据9：香港中华眼镜制造厂商会潘惠玲出具的证明文件的复印件；

证据10：卢伟强律师出具的关于香港中华眼镜制造厂商会潘惠玲出具的证明文件的公证文书的复印件。

请求人认为：证据2、4、6分别可以证明证据1、3、5的真实性，证据7~10用来证明证据1、3、5是在本专利申请日之前公开的出版物，本专利与证据1、3、5相比，其形状、特征均相近似，属于相近似的外观设计产品，所以本专利不符合专利法第23条的规定。

经形式审查合格，专利复审委员会于2007年7月18日受理了上述无效宣告请求，同时将请求书及其证据的副本转送给专利权人。

专利权人未在指定期限内对上述无效宣告请求进行意见陈述。

合议组于2008年11月24日向双方当事人发出口头审理通知书，定于2008年12月25日举行口头审理。

口头审理如期举行，仅请求人一方出席口头审理，专利权人未出席。在口头审理过程中，请求人当庭出示了证据1~10的原件，经合议组核实，原件与复印件相符。请求人当庭明确无效理由为：本专利不符合专利法第23条的规定；并认为证据1、3、5中所涉及的相关图片与本专利相近似。

至此，本案合议组经合议后认为，本案事实清楚，可以依法作出审查决定。

二、决定的理由

根据国家知识产权局于2009年9月29日发布的《施行修改后的专利法的过渡办法》，本案适用于修改前的专利法。

1. 关于证据

证据5是香港中华眼镜制造厂商会2003会刊封面、封底、第96页的复印件，证据6是卢伟强律师出具的关于香港中华眼镜制造厂商会2003会刊相关页的公证文书的复印件，证据9是香港中华眼镜制造厂商会潘惠玲出具的证明文件的复印件；证据10是卢伟强律师出具的关于香港中华眼镜制造厂商会潘惠玲出具的证明文件的公证文书的复印件，请求人在口头审理过程中向合议组出示了证据5、6、9、10的原件，并当庭提交了香港中华眼镜制造厂商会2003会刊的原件，经合议组核实，上述复印件与原件相符。其中证据6和10是根据最高人民法院《关于民事诉讼证据的若干规定证据》第11条的规定分别对证据5和9履行的证明手续，可以证明证据5和9的真实性，合议组对证据5、6、9、10的真实性予以认可。证据9、10进一步证明了证据5是在本专利申请日前公开的出版物。由于香港中华眼镜制造厂商会2003会刊是在本专利申请日之前公开的出版物，因此其中第96页关于眼镜片的图片可以用于评价本专利相同和相近似性。

2. 关于专利法第23条

专利法第23条规定："授予专利权的外观设计，应当同申请日以前在国内外出版物上公开发表过或者国内公开使用过的外观设计不相同和不相近似，并不得与他人在先取得的合法权利相冲突。"

如果一般消费者经过对被比设计与在先设计的整体观察可以看出，二者的差别对于产品外观设计的整体视觉效果不具有显著的影响，则被比设计与在先设计相近似。

本专利涉及的是一种眼镜片片材，该眼镜片片材为曲面镜片，其俯视图大致为长方形，其主视图为圆弧形。

证据5第96页公开了一种眼镜片片材，该眼镜片片材为曲面镜片，以与本专利相同视图方向看过去，可以看出其俯视图大致为长方形，其主视图为圆弧形。

两者相比，不同之处仅在于，其主视图中所显示的圆弧形的曲率略有差异，通过整体观察，综合判断，可以看出这种镜片曲率上的略微差异对于一般消费者来说不会对整体视觉效果产生显著的影响，因此两者是相近似的，因此，本专利不符合专利法第23条的规定。

综上所述，本专利不符合专利法第23条的规定，合议组作出如下决定。

三、决定

宣告200530052978.4号外观设计专利权全部无效。

当事人对本决定不服的，可以根据专利法第46条第2款的规定，自收到本决定之日起三个月内向北京市第一中级人民法院起诉。根据该款的规定，一方当事人起诉后，另一方当事人应当作为第三人参加诉讼。

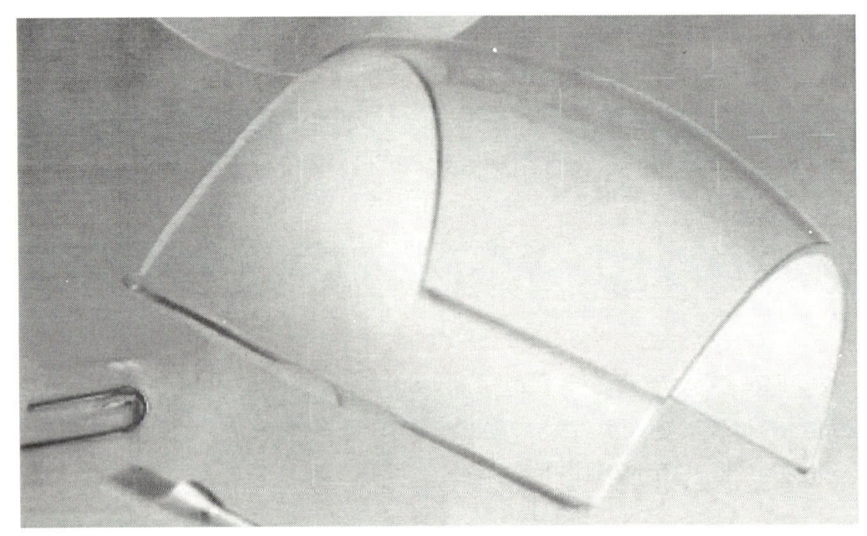

（证据 5 第 96 页关于眼镜片的图片）

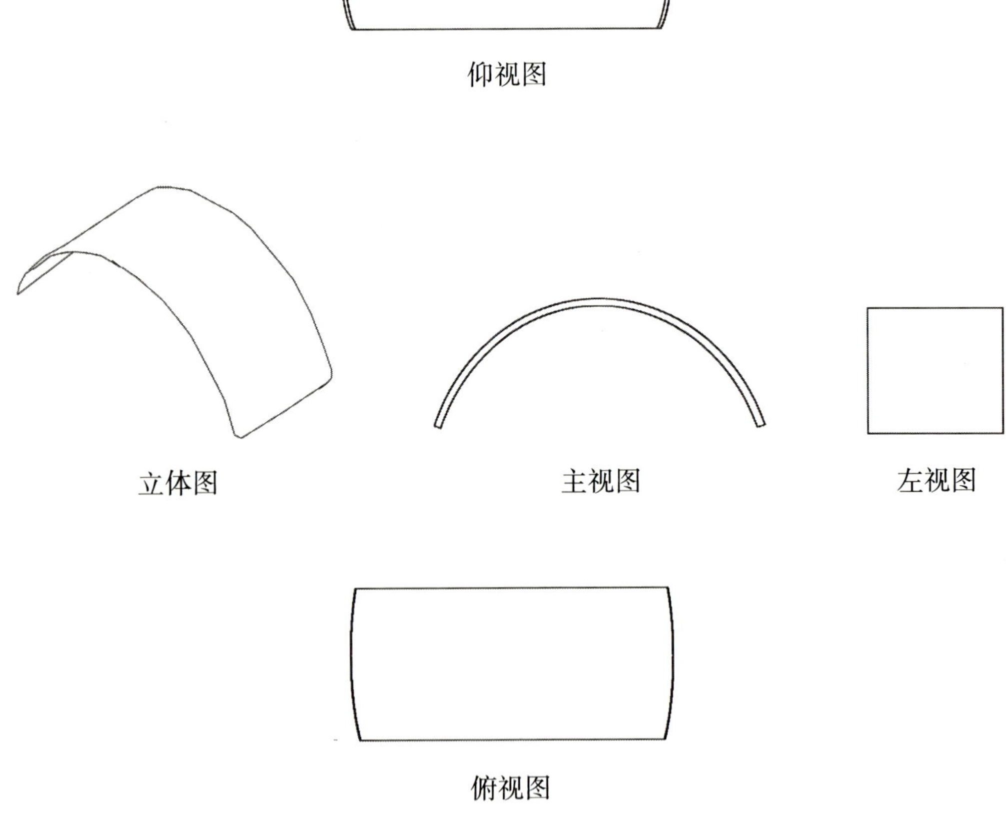

本专利附图

521

纸牌（泸州大贰）

无效宣告请求审查决定（第14173号）

决　　定　　号　第14173号
决　　定　　日　2009年11月5日
发明创造名称　纸牌（泸州大贰）
国 际 分 类 号　21-01
无效宣告请求人　张明财
专　利　权　人　王怀东
专　　利　　号　200530030052.5
申　　请　　日　2005年9月14日
授 权 公 告 日　2006年11月1日
合 议 组 组 长　钱亦俊
主　　审　　员　孙俊荣
参　　审　　员　尹　昕
附　　　　　图　1页

法　律　依　据　专利法第23条
决　定　要　点

如果申请日以前已有与本专利相近似的外观设计在出版物上公开发表过，则本专利不符合专利法第23条的规定。

一、案由

本无效宣告请求涉及国家知识产权局于2006年11月1日授权公告的、名称为"纸牌（泸州大贰）"的200530030052.5号外观设计专利，其申请日为2005年9月14日，专利权人为王怀东。

针对上述外观设计专利权（下称本专利），张明财（下称请求人）于2008年12月18日向专利复审委员会提出无效宣告请求，并提交了如下证据：

证据1：《仡佬之源》，政协务川仡佬族苗族自治县委员会宣教文史委编，2005年5月，封面页及折页、扉页、彩图1页、封底页及折页，复印件共4页；

证据2：贵州省务川仡佬族苗族自治县文物管理所、贵州省务川仡佬族苗族自治县文广局于2008年12月12日出具的证明，原件1页；

证据3：务川自治县人民政府文件，务府发［2007］1号，"务川自治县人民政府关于公布第一批县级非物质文化遗产名录的通知"，2007年1月12日印发，复印件共3页；

证据4："遵义市各县（区）非物质文化遗产名录"，加盖务川仡佬族苗族自治县文物管理所公章，复印件共3页；

证据5：务川仡佬族苗族自治县民族事务局于2008年12月11日出具的证明，原件1页。

请求人认为：证据1所显示的纸牌平面外观图形（展开后如证据2所示）与本专利所要求保护的产品外观设计内容相同；另外，证据3~5证明本专利所要求保护的这种称为"大贰牌"的纸牌在贵州省务川县及其周围地区民间早已长期流行，并已经被遵义市及务川县列为非物质文化遗产，因此本专利的外观设计与申请日以前的国内出版物上公开发表过和国内公开使用过的外观设计相同或相近似，不符合专利法第23条的规定。

经形式审查合格后，专利复审委员会依法受理了上述无效宣告请求，并于2009年1月22日向双方当事人发出《无效宣告请求受理通知书》，并将《专利权无效宣告请求书》及相关文件的副本转送给专利权人，通知其在指定的期限内答复。

针对上述无效宣告请求及转送的文件，专利复审委员会逾期未收到专利权人的答复意见。

2009年2月25日，本案合议组向双方当事人发出口头审理通知书，定于2009年3月23日进行口头审理。

2009年3月7日，专利复审委员会于2009年1月22日发给专利权人的《无效宣告请求受理通知书》及相关文件因本专利联系人迁移新址不明而被退回，专利复审委员会因此在2009年4月29日出版的《外观设计专利公报》第25~27卷上将上述文件进行了公告送达。

在此基础上，合议组于2009年7月22日再次发出口头审理通知书，定于2009年10月13日进行口头审理。

2009年7月27日，发给专利权人的上述口头审理通知书再次因联系人迁移新址不明而被退回，专利复审委员会因此在2009年9月2日出版的《外观设计专利公报》第25~35卷上将上述口头审理通知书进行了公告送达。

口头审理于2009年10月13日如期举行，请求人及其委托的代理人出席了口头审理，请求人对合议组成员的变更无异议，也无回避请求。专利权人未出席口头审理，合议组对本无效宣告请求依法进行缺席审理，对请求人提出的无效理由和事实进行了充分调查。在口头审理过程中确认的事实如下：（1）请求人出示了证据1的原件《仡佬之源》一书，经合议组核实，原件与复印件相符。（2）请求人认为，证据1《仡佬之源》一书于2005年5月出版，是公众可获得的出版物，可以从务川县档案局、务川县民事事务局、务川县文体广播局等处获得。（3）请求人认为证据1彩色图片第4页公开了与本专利外观设计相同的"务川大贰纸牌"，因此证据1证明本专利的外观设计已经出版物公开，本专利不符合专利法第23条的规定。（4）请求人认为证据2~5证明本专利纸牌已经列入遵义市及务川县非物质文化遗产名录，在贵州省务川县及其周围地区民间早已长期流行，因此本专利纸牌在本专利申请日之前已经公开使用，本专利不符合专利法第23条的规定。

请求人在口头审理调查结束后提交了意见陈述书，重申了在口头审理过程中的答辩意见。

2009年10月17日，专利权人提交了意见陈述书，认为：（1）证据1为政协务川县委员会编印的《仡佬之源》。然而，根据《辞海》的解释，出版物是指编印出图书、报刊等以供销售的，而《仡佬之源》不是供销售之用，因此《仡佬之源》仅属于"文史资料"，不属于专利法第23条中所指的"出版物"。（2）《仡佬之源》一书仅对务川大贰纸牌的历史渊源，制作工艺，图案设计，娱乐规则等方面作了较为详细的记载，并没有记载纸牌（大贰）的外观设计。（3）证据2是务川自治县文物管理所和务川自治县文广局的证明，该《证明》一方面不具备客观性，另一方面该证明只能证明纸牌（大贰）属一种非物质文化遗产，与本外观设计专利没有关系，不能证明在本专利申请日之前已经公开使用；证据3、4是务川自治县人民政府的文件和“非物质文化遗产名录”，同样与本外观设计专利没有关系，不能证明在本专利申请日之前已有相同或相近似的外观设计公开使用；证据5是务川自治县民族事务局的“证明”，该“证明”的内容一方面不属于务川自治县民族事务局的公共职能范围，另一方面与本外观设计专利没有关系。

至此，合议组认为本案事实已经清楚，可以作出审查决定。

二、决定的理由

1. 法律依据

请求人提出的无效宣告请求的理由是：本专利在其申请日之前已在出版物上公开发表过，并在国内公开使用过，不符合专利法第23条的规定。

专利法第23条规定：“授予专利权的外观设计，应当同申请日以前在国内外出版物上公开发表过或者国内公开使用过的外观设计不相同和不相近似，并不得与他人在先取得的合法权利相冲突。”

2. 证据的认定

请求人当庭提交的证据1的原件与复印件相符，基于下述理由，本案合议组对其真实性及适用性予以认可：（1）专利权人在2009年10月17日提交的意见陈述书中对证据1的真实性未提出异议；（2）专利权人认为，《仡佬之源》是内部文史资料，不能销售，不属于出版物。对此，合议组认为，根据审查指南第二部分第三章第2.1.3.1节关于出版物公开的规定，专利法意义上的出版物是指记载有技术或设计内容的独立存在的传播载体，并且应当表明或者有其他证据证明其公开发表或出版的时间。出版物不受地理位置、语言或者获得方式的限制，也不受年代的限制。出版物的出版发行量多少、是否有人阅读过、申请人是否知道是无关紧要的。出版物的印刷日视为公开日，有其他证据证明其公开日的除外。因此，专利法意义上的出版物并非如专利权人所述的仅限于供销售的图书、报刊。证据1《仡佬之源》是政协务川仡佬族苗族自治县委员会宣教文史委于2005年5月编辑出版的务川文史资料第十辑，是新闻出版管理部门准许印刷的出版物，其封底折页虽然记载“黔新出（2005）内资准字第99号”，但其内容无须保密，请求人指出任何人均可以从务川县档案局、务川县民事事务局、务川县文体广播局等处获得该书，经合议组核实，情况属实。因此，证据1在申请日前实际上处于公众想得知即可得知的状态，其属于专利法意义上的公开出版物。

综上，证据1公开于本专利的申请日（2005年9月14日）之前，因此可以作为评述本专利是否符合专利法第23条规定的证据。同时，其中公开的务川大贰纸牌的外观设计（下称在先设计）与本专利要求保护的大贰纸牌属于相同类别的产品，因此可以作为在先设计与本专利进行相同和相近似对比。

3. 外观设计相同和相近似的对比

本专利请求保护的外观设计由件1~20主视图和件1后视图组成，根据简要说明的记载，本专利请求保护色彩；使用该外观设计的产品为平面产品，有80张牌共四个相同单元，每个单元均由件1至件20组成，同时每张牌的后视图均相同。从图片观察，件1~20的底色为白色，字体为红色或黑色，件1后视图为黑色。件1~20分别设计了代表壹、叁、五、陆、玖、六、十、柒、一、二、捌、儿、伍、肆、三、贰、四、八、拾、七的图案，每张牌上共有上下对称的相同的两个图案，件1~6、件9、件11~15、件17~18的图案色彩为黑色，件7、件8、件10、件16、件19、件20的图案色彩为红色，件1的后视图色彩为黑色（详见本专利附图）。

在先设计公开了一组务川大贰纸牌的平面外观图形，该组纸牌共有20张（呈扇形排列，将其顺时针编号，依次为图1~20，参见证据1），根据一般消费者的认识能力，从图片内容可以得知每张纸牌上有上下对称的相同的两个图案。将本专利与在先设计进行比较，可以看出每张纸牌的形状相同，均为长方形，而且其正面图案和色彩均相同，具体而言，本专利件 1 与在先设计的图 1 相同，本专利件 2 与在先设计的图 3 相同，本专利件 3 与在先设计的图 15 相同，本专利件 4 与在先设计的图 6 相同，本专利件 5 与在先设计的图 9 相同，本专利件 6 与在先设计的图 16 相同，本专利件 7 与在先设计的图 20 相同，本专利件 8 与在先设计的图 7 相同，本专利件 9 与在先设计的图 11 相同，本专利件 10 与在先设计的图 12 相同，本专利件 11 与在先设计的图 14 相同，本专利件 12 与在先设计的图 18 相同，本专利件 13 与在先设计的图 8 相同，本专利件 14 与在先设计的图 19 相同，本专利件 15 与在先设计的图 5 相同，本专利件 16 与在先设计的图 4 相同，本专利件 17 与在先设计的图 13 相同，本专利件 18 与在先设计的图 2 相同，本专利件 19 与在先设计的图 10 相同，本专利件 20 与在先设计的图 17 相同。

由上述分析可知，本专利与在先设计中的纸牌的正面图案、色彩均完全相同，虽然在先设计并没有公开纸牌的背面，但对于用于娱乐的纸牌来说，其背面设计对产品整体视觉效果不会产生显著影响，根据整体观察、综合判断的原则，本专利与在先设计可以视为相近似的外观设计。

4. 结论

在本专利申请日以前已有与其相近似的外观设计在出版物上公开发表过，本专利不符合专利法第 23 条的规定。

鉴于上述在先设计与本专利相比较已经得出本专利不符合专利法所规定的授权条件的结论，本决定对于请求人提出的其他无效理由及证据不再作出评述。

基于以上事实和理由，作出如下决定。

三、决定

宣告 200530030052. 5 号外观设计专利权全部无效。

当事人对本决定不服的，可以根据专利法第 46 条第 2 款的规定，自收到本决定之日起三个月内向北京市第一中级人民法院起诉。根据该款的规定，一方当事人起诉后，另一方当事人应当作为第三人参加诉讼。

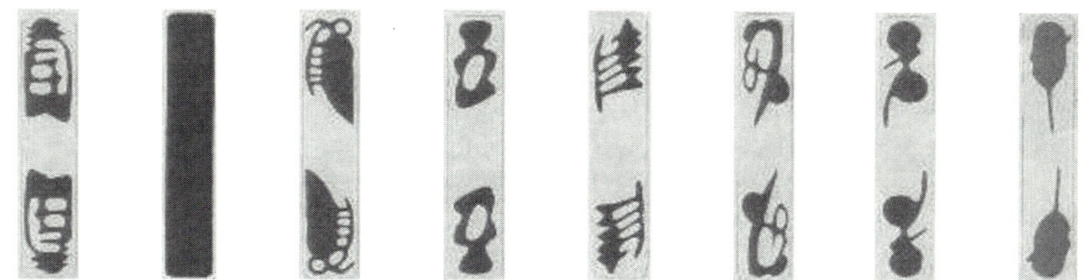

件 1 主视图 件 1 后视图 件 2 主视图 件 3 主视图 件 4 主视图 件 5 主视图 件 6 主视图 件 7 主视图

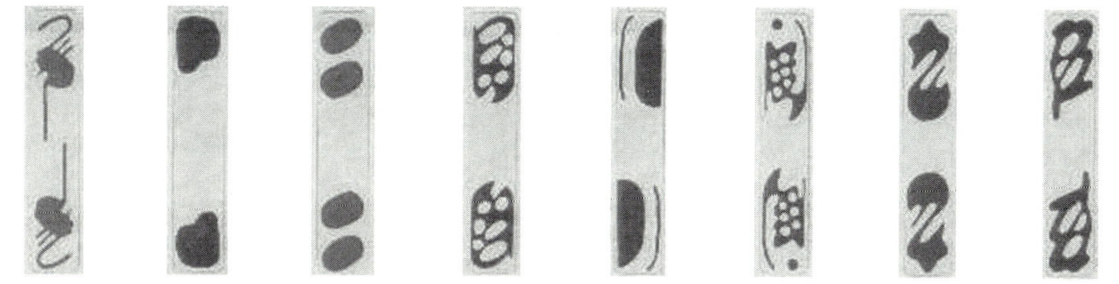

件 8 主视图 件 9 主视图 件 10 主视图 件 11 主视图 件 12 主视图 件 13 主视图 件 14 主视图 件 15 主视图

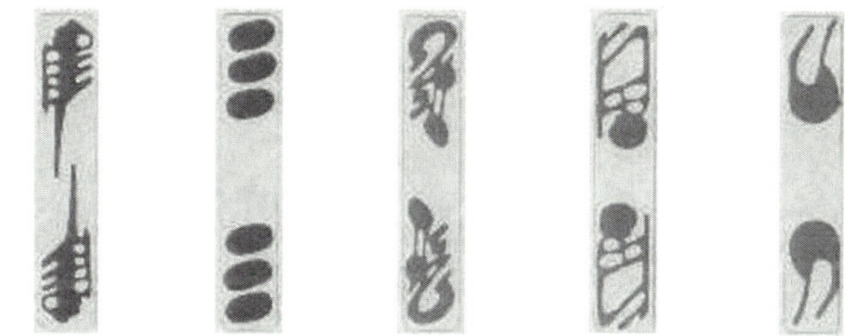

件 16 主视图 件 17 主视图 件 18 主视图 件 19 主视图 件 20 主视图

本专利附图

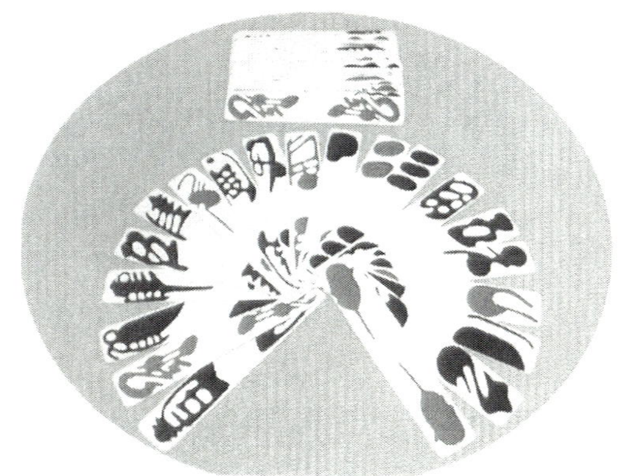

在先设计附图

522

组合书柜（青少年 E-1#）

无效宣告请求审查决定（第 14179 号）

决　　定　　号 第 14179 号
决　　定　　日 2009 年 11 月 13 日
发明创造名称 组合书柜（青少年 E-1#）
外观设计分类号 06-04
无效宣告请求人 成都市德易居家具厂
专　利　权　人 付咏梅
专　　利　　号 200730095051.8
申　　请　　日 2007 年 7 月 23 日
授 权 公 告 日 2009 年 1 月 28 日
合 议 组 组 长 郑　直
主　　审　　员 刘以成
参　　审　　员 马桂丽
附　　　　　图 3 页

法　律　依　据 专利法第 9 条、第 23 条，专利法实施细则第 13 条第 1 款
决　定　要　点

请求人提交的在先设计与本专利相比较差别明显，足以对其整体外观设计产生显著的视觉影响，因此本专利相对于在先设计属于不相同且不相近似的外观设计。

一、案由

本无效宣告请求涉及国家知识产权局于2009 年 1 月 28 日授权公告的200730095051.8 号外观设计专利，该外观设计的产品名称为“组合书柜（青少年 E-1#）”，申请日是 2007 年 7 月 23 日，专利权人是付咏梅。

针对上述专利权（下称本专利），成都市德易居家具厂（下称请求人）于 2009 年 7 月 2 日向专利复审委员会提出无效宣告请求，其依据的事实和理由是：本专利与在先申请并已授权的外观设计专利属于相近似的外观设计，通过具体对比可知本专利与在先设计的组合书柜整体形状近似，其区别在于：（1）本专利的组合书柜的玻璃门的书柜上方有弧形装饰带，在先设计的组合书柜没有弧形装饰带；（2）本专利的组合书柜玻璃门的书柜的下方、实门的书柜的上方有一横向连续的装饰带，每个组件柜子的装饰带中间有一椭圆图案，在先设计的组合书柜玻璃门的书柜的下方、实门的书柜的上方中间有一长方形的图案。但上述区别属于局部或细微的变化，不足以对二者相近似的整体形状形成的

整体视觉效果产生显著影响。因此，本专利不符合专利法第9条和专利法实施细则第13条第1款的规定，应予宣告无效。为此，请求人提交了如下附件作为证据：

附件1：200730028530.8号外观设计专利的公报复印件1页，其专利权人为巢小霞，申请日为2007年3月15日，授权公告日为2008年6月18日；

附件2：本专利的外观设计专利公报复印件1页。

经形式审查合格，专利复审委员会受理了该无效宣告请求，并于2009年7月3日向双方当事人发出无效宣告请求受理通知书，并将无效宣告请求书及其附件的副本转送给专利权人，要求其在指定期限内陈述意见。

2009年8月2日，请求人补充提交了如下附件（编号续前）：

附件3：0034165.9号外观设计专利的公报复印件1页，其授权公告日为2001年9月19日；

附件4：200730093059.0号外观设计专利的公报复印件1页，其专利权人为蒋维斌，申请日为2007年5月30日，授权公告日为2008年5月28日。

请求人认为：（1）附件3为本专利申请日前授权公告的外观设计，本专利与附件3的组合书柜整体形状近似，二者的区别在于：本专利的组合书柜的玻璃门的书柜上方有弧形装饰带，弧形装饰带上方有一圆形图案，附件3的组合书柜是多根横条装饰带；本专利的组合书柜玻璃门的书柜的下方、实门的书柜的上方有一横向连续的装饰带，每个组件柜子的装饰带中间有一椭圆图案，附件3的组合书柜玻璃门的书柜的下方、实门的上方是多根横条装饰带。但上述区别属于局部细微的变化，不足以对二者相近似的整体形状形成的整体视觉效果产生显著影响。因此，本专利不符合专利法第23条的规定。（2）附件4为本专利申请日前申请的外观设计，本专利与附件4的组合书柜整体形状近似，二者的区别在于：本专利的组合书柜的玻璃门的书柜上方有弧形装饰带，弧形装饰带上方有一圆形图案，附件4的组合书柜的装饰带是直线带弧线形。但上述区别属于局部细微的变化，不足以对二者相近似的整体形状形成的整体视觉效果产生显著影响。因此，本专利不符合专利法第9条和专利法实施细则第13条第1款的规定。

专利复审委员会于2009年9月24日向双方当事人发出了口头审理通知书，定于2009年10月23日对本案进行口头审理。

口头审理如期进行，双方当事人均出席了口头审理，双方当事人对对方当事人出席口头审理人员的身份和资格无异议，双方当事人对合议组成员无回避请求。在口头审理过程中，（1）合议组当庭将请求人2009年8月2日提交的意见陈述及其附件的副本转交给专利权人，专利权人表示对上述意见陈述进行口头答辩，并不再提交书面意见陈述；（2）专利权人认为附件1、3、4均是网络打印件，对其真实性有异议；（3）请求人认为本专利与附件1、4相近似，不符合专利法第9条以及专利法实施细则第13条第1款的规定，本专利与附件3相近似，不符合专利法第23条的规定，专利权人认为请求人提交的证据与本专利均不相同也不相近似，双方当事人各自坚持原有观点。

在双方当事人意见陈述及口头审理的基础上，合议组经合议，认为本案事实清楚，依法作出本审查决定。

二、决定的理由

1. 适用法律

基于请求人提出的无效宣告请求理由和证据，合议组对本专利是否符合专利法第23条、第9条和专利法实施细则第13条第1款的规定进行审查。

专利法第23条规定："授予专利权的外观设计，应当同申请日以前在国内外出版物上公开发表过或者国内公开使用过的外观设计不相同和不相近似，并不得与他人在先取得的合法权利相冲突。"

专利法第9条规定："两个以上的申请人分别就同样的发明创造申请专利的，专利权授予最先申请的人。"

专利法实施细则第13条第1款规定："同样的发明创造只能被授予一项专利。"

2. 证据认定

请求人提交的附件1（下称在先设计1）是国家知识产权局于2008年6月18日授权公告的、专利权人为巢小霞、申请日为2007年3月15日、申请号为200730028530.8、名称为"组合书柜（AM303）"的外观设计专利公报复印件，经合议组核实，该附件所示内容真实。该在先设计1的申请日早于本专利的申请日，与本专利用途相同属于同类产品，可适用专利法第9条及专利法实施细则第13条第1款与本专利进行相同或相近似的比较。

请求人提交的附件3（下称在先设计2）是国家知识产权局于2001年9月19日授权公告的、申请日为2000年12月23日、申请号为00347165.9、名称为"家具（书柜SL-890）"的外观设计专利公报复印件，经合议组核实，该附件所示内容真实。该在先设计2的公开日早于本专利的申请日，属于专利法第23条规定的出版物，且与本专利用途相同属于同类产品，可与本专利进行相同或相近似的比较。

请求人提交的附件4（下称在先设计3）是国家知识产权局于2008年5月28日授权公告的、专利权人为蒋维斌、申请日为2007年5月30日、申请号为200730093059.0、名称为"书柜（SG6051B）"的外观设计专利公报复印件，经合议组核实，该附件所示内容真实。该在先设计3的申请日早于本专利的申请日，与本专利用途相同属于同类产品，可适用专利法第9条及专利法实施细则第13条第1款与本专利进行相同或相近似的比较。

3. 相近似比较

本专利公报包括组合书柜的6面视图，如图所示，本专利组合书柜为五门组合设计，组合书柜的组件为上方带有长方形玻璃门的书柜，中部是一抽屉，下方是带有实门的书柜，上方书柜、中部抽屉和下方书柜形成组件，玻璃门的书柜上方有弧形装饰带，弧形装饰带上方有一圆形图案，抽屉上方有一条横向连续性装饰带，每组书柜装饰带的中间有一圆形图案，实门书柜的下方有一等号型装饰线条，上、下书柜的门把手为竖直设置，组合书柜的左右两侧具有立柱型装饰板（详见本专利附图）。

在先设计1公开了组合书柜的主视图、右视图、俯视图、立体图，其组件1、2、3各自的主视图、左、右视图、俯视图和立体图，如图所示，在先设计1的组合书柜为五开门组合设计，组合书柜的组件上方为带有长方形玻璃门的书柜，中部是一抽屉，下部为带有实门的书柜，上方书柜、中部抽屉和下方书柜形成组件，中部抽屉的把手为一横向长方形图案（详见在先设计1附图）。

在先设计2公开了组合书柜的主视图、右视图和立体图，如图所示，在先设计2的组合书柜为四开门组合设计，组合书柜的组件上方为带有长方形玻璃门的书柜，中部是一抽屉，下部为带有实门的书柜，上方书柜、中部抽屉和下方书柜形成组件，实门书柜的上方有多根横条构成的装饰带（详见在先设计2附图）。

在先设计3公开了组合书柜的主视图、左视图、俯视图、立体图，如图所示，在先设计3的组合书柜为三开门组合设计，组合书柜的组件上方为带有长方形玻璃门的书柜，下部为带有实门的书柜，上方书柜和下方书柜形成组件，玻璃门的上方有一直线中间连接朝下弧线的装饰带，弧线下方有一圆形图案，实门上有一直线中间连接朝上弧线的装饰带，弧线下方有一圆形图案，玻璃门的把手为竖直设计，实门的把手为横向设计，实门的下方有多根横向连续的装饰性线条（详见在先设计3附图）。

将本专利与在先设计1比较，二者的外观设计均是组合书柜，其主要不同点是：本专利组合书柜的玻璃门的书柜上方有弧形装饰带，弧形装饰带上方有一圆形图案，抽屉上方有一条横向连续性装饰带，装饰带的中间有一圆形图案，实门书柜的下方有一等号型装饰线条，组合书柜的左右两侧具有立柱形装饰板；在先设计 1 组合书柜中部抽屉的把手为一横向长方形图案，不具有本专利组合书柜的玻璃门、实门上的弧形装饰带、实门下部的等号型装饰线条以及左右两侧的立柱型装饰板。合议组认为，从整体视觉观察，虽然本专利与在先设计 1 均是组合书柜，但二者由玻璃门、抽屉和实门构成的结构的整体设计差别较大，上述设计在视觉上具有显著的影响，使一般消费者不容易误认、混同，因此二者应属于不相同也不相近似的外观设计。

将本专利与在先设计 2 比较，二者的外观设计均是组合书柜，其主要不同点是：本专利组合书柜为五开门，组合书柜的玻璃门的书柜上方有弧形装饰带，弧形装饰带上方有一圆形图案，抽屉上方有一条横向连续性装饰带，装饰带的中间有一圆形图案，实门书柜的下方有一等号形装饰线条，组合书柜的左右两侧具有立柱形装饰板；在先设计 2 组合书柜为四开门，组合书柜的实门书柜的上方有多根横条构成的装饰带，不具有本专利组合书柜的玻璃门、实门上的弧形装饰带、实门下部的等号形装饰线条以及左右两侧的立柱形装饰板。合议组认为，从整体视觉观察，虽然本专利与在先设计 2 均是组合书柜，但二者由玻璃门、抽屉和实门构成的结构的整体设计差别较大，上述设计在视觉上具有显著的影响，使一般消费者不容易误认、混同，因此二者应属于不相同也不相近似的外观设计。

将本专利与在先设计 3 比较，二者的外观设计均是组合书柜，其主要不同点是：本专利组合书柜为五开门，组合书柜的玻璃门的书柜上方有弧形装饰带，弧形装饰带上方有一圆形图案，抽屉上方有一条横向连续性装饰带，装饰带的中间有一圆形图案，实门书柜的下方有一等号型装饰线条，实门的把手为竖直设置，组合书柜的左右两侧具有立柱形装饰板；在先设计 2 组合书柜为三开门，组合书柜的玻璃门上方的装饰带形状不同，组合书柜不具有抽屉，下部具有弧形的装饰带设置在实门的上方，实门的把手在装饰带下方横向设置，实门的下部有多根横向连续的装饰性线条而非等号形装饰线条。合议组认为，从整体视觉观察，虽然本专利与在先设计 3 均是组合书柜，但二者的整体设计差别较大，上述在视觉上具有显著的影响，使一般消费者不容易误认、混同，因此二者应属于不相同也不相近似的外观设计。

合议组认为请求人提交的在先设计均不能证明在本专利申请日前已有与本专利形状相同或相近似的产品在国内出版物上公开发表，请求人的主张未能得到证据支持。请求人提及的附件 3（即在先设计 2）不能证明本专利的授予不符合专利法第 23 条的规定。同样的发明创造对于外观设计而言是指外观设计相同或相近似。鉴于本专利与在先设计 1 和在先设计 3 分别对比均属于不相同且不相近的外观设计，因此，本专利相对于在先设计 1 或在先设计 3 不属于同样的发明创造，即请求人提交的附件 1、4 不能证明本专利不符合专利法第 9 条和专利法实施细则第 13 条第 1 款的规定。

三、决定

维持 200730095051.8 号外观设计专利权有效。

当事人对本决定不服的，可以根据专利法第 46 条第 2 款的规定，自收到本决定之日起三个月内向北京市第一中级人民法院起诉。根据该款的规定，一方当事人起诉后，另一方当事人应当作为第三人参加诉讼。

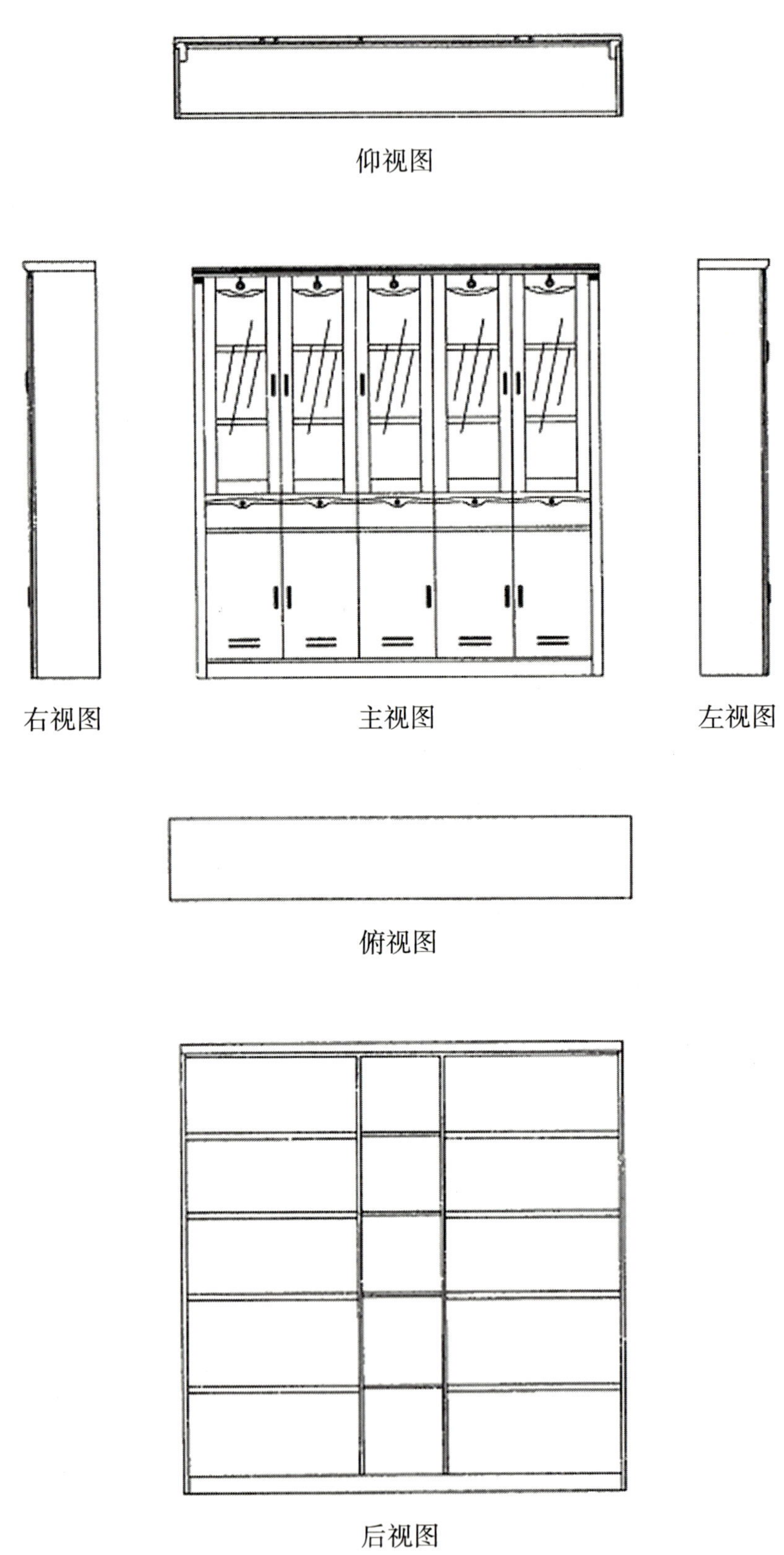

本专利附图

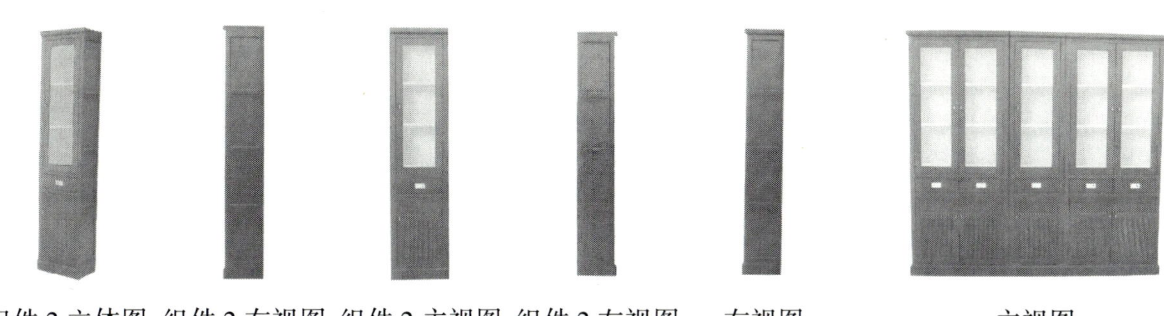

组件 2 立体图　组件 2 右视图　组件 2 主视图　组件 2 左视图　右视图　主视图

组件 2 俯视图　俯视图

组件 1 立体图　组件 1 右视图　组件 1 主视图　组件 1 左视图　立体图

立体图

组件 3 立体图　组件 3 右视图　组件 3 主视图　组件 3 左视图

组件 3 俯视图

在先设计 1 附图

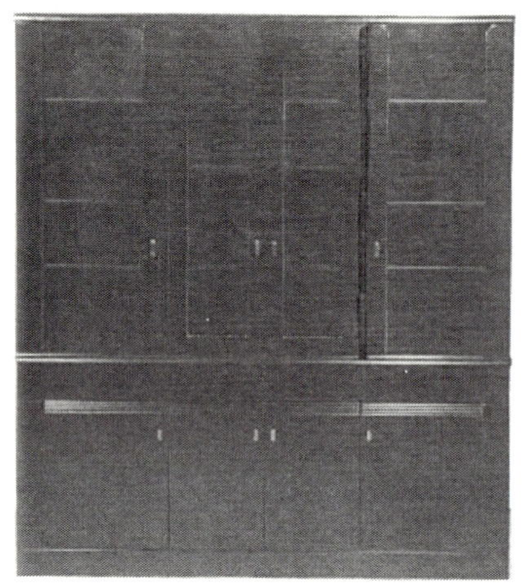

在先设计 2 附图

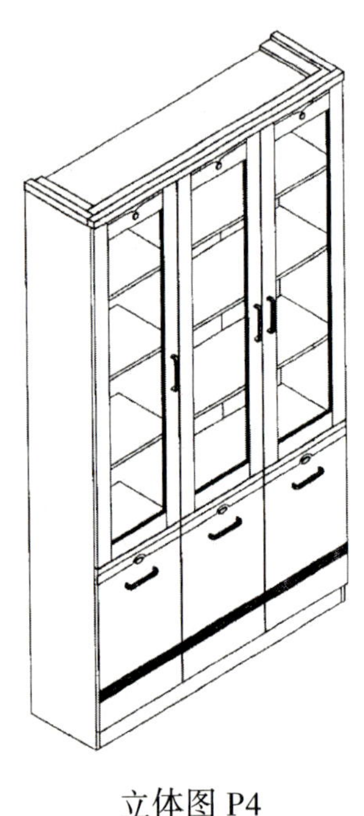

立体图 P4

主视图 P1

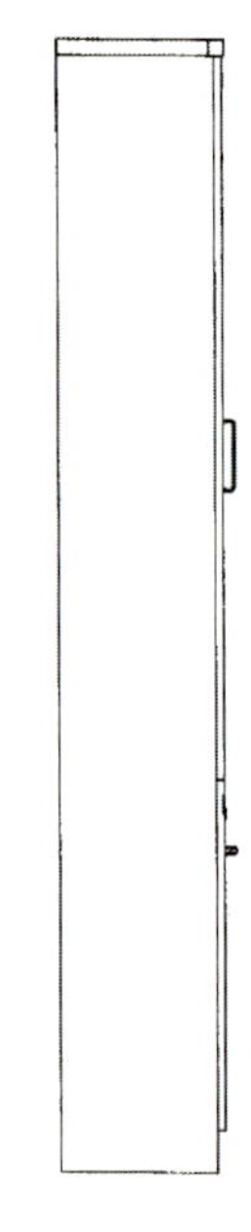

左视图 P2

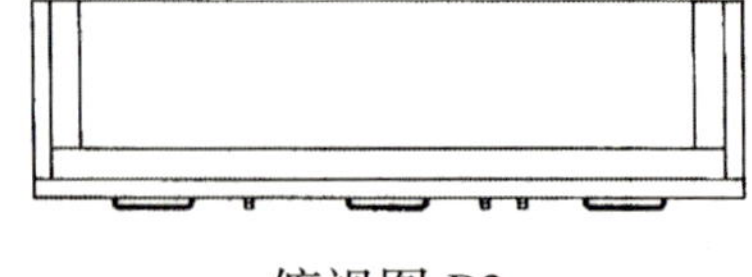

俯视图 P3

在先设计 3 附图

523

厨卫电器（新型多功能）

无效宣告请求审查决定（第14190号）

决　　定　　号　第14190号
决　　定　　日　2009年11月16日
发明创造名称　厨卫电器（新型多功能）
外观设计分类号　23-03
无效宣告请求人　佛山市南海卡洛斯集成电器有限公司
专　利　权　人　赵卫党
专　　利　　号　200630015520.6
申　　请　　日　2006年5月10日
授 权 公 告 日　2007年6月6日
合 议 组 组 长　钱亦俊
主　　审　　员　雷　婧
参　　审　　员　周　佳
附　　　　　图　1页

法　律　依　据　专利法第23条
决　定　要　点

证人证言未接受当庭质证，其内容的真实性无法确认；销售清单为企业的单张销售票据，随意性较大，没有其他原始证据证明不能确认其真实性；仅根据书面证人证言及销售清单中所写的“品名”不能确定销售清单与封存的产品外观设计具有对应关系。

本专利与在先设计在整体形状及局部设计上存在的差别足以对外观设计的整体视觉效果产生显著的影响，二者属于不相同且不相近似的外观设计。

一、案由

本无效宣告请求涉及的是国家知识产权局于2007年6月6日授权公告的、专利号为200630015520.6的外观设计专利，其产品名称为“厨卫电器（新型多功能）”，申请日为2006年5月10日，专利权人为赵卫党。

针对上述外观设计专利权（下称本专利），佛山市南海卡洛斯集成电器有限公司（下称请求人）于2008年4月14日向专利复审委员会提出无效宣告请求，其具体理由是：本专利与附件1和附件2中的外观设计相近似，导致本专利不具备专利性，不符合专利法第23条的规定。同时，请求人提交了如下附件作为证据：

附件 1：03361635.3 号中国外观设计专利公报的复印件，共 1 页；

附件 2：200430035462.4 号中国外观设计专利公报的复印件，共 1 页。

经形式审查合格，专利复审委员会依法受理了上述无效宣告请求，并于 2008 年 4 月 14 日将无效宣告请求书及相关文件的副本转送专利权人，通知其在指定的期限内答复。

专利复审委员会于 2008 年 5 月 15 日收到专利权人提交的意见陈述书，专利权人认为，通过整体观察、综合判断，附件 1 和附件 2 公开的外观设计与本专利不相同且不相近似，本专利权的授予符合专利法第 23 条的规定。

2008 年 5 月 13 日，请求人向专利复审委员会补充提交了意见陈述书及如下证据（编号续前）：

附件 3：广东省广州市公证处出具的公证书［（2008）穗证内经字第 44316 号］复印件 1 份，共 10 页；

附件 4：佛山市南海松岗天碧金属天花制造厂的个体工商户执照复印件，共 1 页；

附件 5：专利权人的身份证复印件，共 1 页。

请求人认为，根据附件 3~5 可知，专利权人在本专利的申请日以前已在国内生产销售了与本专利一致的产品；从附件 3 中的公证书可知，在 2006 年 5 月 9 日已有用户从专利权人处购买了与本专利一致的产品，且使用至今并未作过改动。因此，本专利在其申请日以前已经完全公开。

专利复审委员会成立合议组对本案进行审理，于 2008 年 6 月 12 日向双方当事人发出口头审理通知书，定于 2008 年 7 月 22 日进行口头审理，并将双方当事人提交的意见陈述书及所附附件分别转送对方当事人，告知其在指定期限内答复。

2008 年 7 月 17 日，专利复审委员会向双方当事人发出合议组成员告知通知书，通知其合议组成员的变更情况，并告知如有回避请求，应在指定期限内提交书面的请求书。

口头审理如期举行，双方当事人均委托代理人出席口头审理，双方对对方出庭人员的身份及资格均无异议，对合议组成员亦无回避请求。口头审理中，请求人当庭出示了附件 3 的原件并当庭拆封和演示其中封存的产品实物，声明放弃附件 2 作为本案的证据，明确附件 1 用以证明在先公开发表的理由、附件 3~5 用以证明在先公开使用的理由。专利权人未对附件 1、附件 4 和附件 5 的真实性提出异议，对封存的产品实物无异议，但对附件 3 中公证书内容的真实性、合法性和关联性有异议，认为公证书只是公证了取证过程，其中出具“声明”的证人未出庭作证，对其证言的真实性有异议；其销售清单中无客户签字，对其真实性亦有异议。

针对附件 3，专利权人当庭提交了意见陈述书及如下反证，并出示了反证的原件：

反证 1：《2006 年雄霸厨卫电器集成吊顶经销协议》复印件，共 4 页；

反证 2：雄霸事业部与嘉盛建材总汇签订的订货确认单复印件，共 2 页；

反证 3：交通银行佛山佛平支行对账单复印件，共 3 页；

反证 4：佛山市南海天碧金属天花制造厂出库单复印件，共 4 页；

反证 5：佛山市南海天碧金属天花制造厂送货单复印件，共 4 页；

反证 6：客户名称为“西安王翠元”的 2006 年客户收款发货记录复印件，共 1 页；

反证 7：佛山市南海天碧金属天花制造厂与西安雄霸集成吊顶专卖店签订的经销协议解除合同复印件，共 1 页。

合议组当庭将上述意见陈述书及反证转送请求人，并给予其一个月的书面答复期限。请求人对反证 1、反证 2 和反证 4~7 的真实性、合法性均有异议，对反证 3 的真实性无异议，但对其内容的关联性有异议。对于相同和相近似比较，请求人认为本专利与附件 1 公开的外观设计相近似，与附件 3 中所述封存的产品实物相同；专利权人认为本专利与附件 1 公开的外观设计不相同且不相近似，与附件

3 中所述封存的产品实物相近似。

2008 年 7 月 29 日，专利复审委员会收到专利权人提交的意见陈述书及如下附件（编号续前）：

反证 8：广东佛山市南海区松岗今悦宾馆住宿的支付证明单、发票及结账单复印件，共 2 页。

对于当庭转送请求人的专利权人的意见陈述书及反证，请求人未在指定期限内提交书面答复意见。

由于本专利涉及专利权的权属纠纷，该纠纷的当事人向国家知识产权局提出中止程序的请求，经审查符合规定，国家知识产权局于 2009 年 1 月 21 日发出中止程序审批通知书，告知本案的审理于 2008 年 7 月 3 日启动了中止程序。2009 年 10 月 14 日，国家知识产权局发出中止程序结束通知书，告知当事人本专利的中止程序已经结束。

2009 年 10 月 27 日，专利复审委员会向双方当事人发出无效宣告程序中止状态通知书，告知双方本专利的终止程序已经结束，专利复审委员会恢复本案的审理。

在上述审理的基础上，合议组认为本案事实清楚，可以依法作出审查决定。

二、决定的理由

1. 法律依据

基于请求人提出无效宣告请求的理由，合议组依据专利法第 23 条的规定进行审理。

专利法第 23 条规定："授予专利权的外观设计，应当同申请日以前在国内外出版物上公开发表过或者国内公开使用过的外观设计不相同和不相近似，并不得与他人在先取得的合法权利相冲突。"

2. 证据及事实的认定

请求人在口头审理时明确放弃附件 2 作为本案的证据，故本决定对其不再予以评述。

请求人提交的附件 3 是广东省广州市公证处出具的公证书［（2008）穗证内经字第 44316 号］复印件，附件 4 是佛山市南海松岗天碧金属天花制造厂的个体工商户执照复印件，附件 5 是专利权人的身份证复印件，请求人主张上述附件结合可以证明在本专利申请日前，专利权人已生产并销售了与本专利相近似的产品，且该产品已被有关人员购买和使用，同时请求人在口头审理时出示了附件 3 的原件，当庭拆封和演示了其中封存的产品实物。专利权人认可附件 3 公证书的原件与复印件一致，但对其内容的真实性、合法性和关联性均有异议，认为公证书只是公证了取证过程，其中出具"声明"的证人未出庭作证，其销售清单中也无客户签字；对公证处封存的产品实物无异议；对附件 4 和附件 5 的真实性未提出异议。公证书中记载，公证人员就有关人员对西安市某小区住户家里安装的雄霸厨卫电器的拆除等作出证据保全的公证并将拆除的电器封存，同时在公证书中附具与原件相符的该住户的声明和拆除电器的销售清单的复印件以及现场拍摄的相关照片。合议组认为，上述公证书由广东省广州市公证处出具，其复印件与原件一致，在无相反证据足以推翻的情形下，可以确认该证据的真实性。请求人主张公证书中的"声明"及销售清单可以证明，在本专利的申请日以前有关人员已购买并使用了公证处所封存的产品。对此，合议组认为，由于"声明"属于证人证言，出具该"声明"的证人未出席口头审理接受质证，其内容的真实性无法确认；销售清单为企业的单张销售票据，随意性较大，没有其他原始证据证明不能确认其真实性；口头审理时，双方当事人均认可封存的产品中未标明产品型号，仅根据书面证人证言及销售清单中所写的"品名"不能确定销售清单与封存的产品外观设计具有对应关系。综上所述，附件 3 与附件 4 和附件 5 的结合未能形成有效证据链证明专利权人在本专利申请日以前生产和销售了有关产品，请求人的主张不能成立。

请求人提交的附件 1 是 03361635.3 号中国外观设计专利公报的复印件，其所示专利的产品名称为"浴霸面板（G0302）"，申请日为 2003 年 8 月 26 日，授权公告日为 2004 年 4 月 7 日。专利权人未对其真实性提出异议。经核实，附件 1 与中国外观设计专利公报内容一致，合议组可以确认其真实性。附件 1 所示专利的公告日在本专利申请日（2006 年 5 月 10 日）以前，可以用于评述本专利是否符合专利法第 23 条的规定。

3. 本专利是否符合专利法第 23 条的规定

附件 1 中公开的外观设计产品为浴霸面板（下称在先设计），与本专利的用途相同，二者属于相同类别的产品，可以对二者进行相同和相近似的比较。

本专利整体呈长方形，正面中部有一长方形半透明灯罩，该灯罩两侧各有一边框呈纵向长条形的格栅，正面两端各有一圆形灯泡；背面有一长方形框架，中部有一近似圆柱形的部件，左右两侧为上述灯泡的托板（详见本专利附图）。

在先设计公开的产品整体呈正方形，正面中部有一边框呈纵向长方形的格栅，其中间两侧各有一边框呈正方形的格栅；产品四个角各有一圆形大孔，从其使用状态参考图观察，该四个圆形孔中安装有灯泡；产品左右两侧外边缘有梯形凸起（详见在先设计附图）。

将本专利与在先设计进行比较，二者正面均有圆形灯泡，二者的主要不同点有：整体形状不同，本专利整体呈长方形，而在先设计整体呈正方形；灯泡的数量不同，本专利为两个，而在先设计为四个；格栅的形状和位置不同，本专利的格栅较小且其边框呈长条形，位于正面中部灯罩的两侧，而在先设计的格栅较大且其边框分别呈长方形和正方形，排列呈十字状位于正面的中部；本专利正面中部有灯罩且包含产品背面的设计，而在先设计没有灯罩且未公开其背面的设计。对于本专利与在先设计的上述比较，合议组认为，本专利与在先设计在整体形状及局部设计上均有明显的差别，这些差别足以对外观设计的整体视觉效果产生显著的影响，因此，二者属于不相同且不相近似的外观设计。

综上所述，附件 1 不能证明与本专利相同或相近似的外观设计于申请日以前已在国内外出版物上公开发表过，因而，不能证明本专利不符合专利法第 23 条的规定。

鉴于已得出请求人的所有证据均不能支持其主张的结论，本决定对专利权人提交的反证不再予以评述。

三、决定

维持 200630015520. 6 号外观设计专利权有效。

当事人对本决定不服的，可以根据专利法第 46 条第 2 款的规定，自收到本决定之日起三个月内向北京市第一中级人民法院起诉，根据该款规定，一方当事人起诉后，另一方当事人作为第三人参加诉讼。

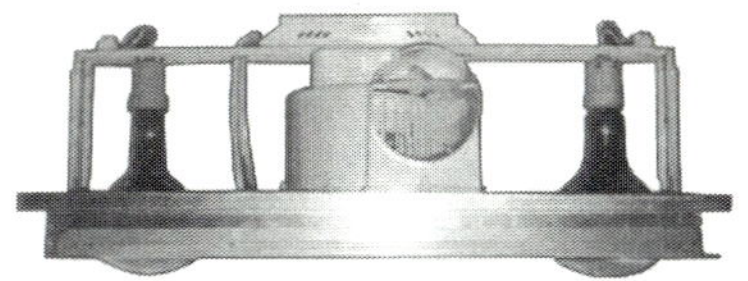

主视图

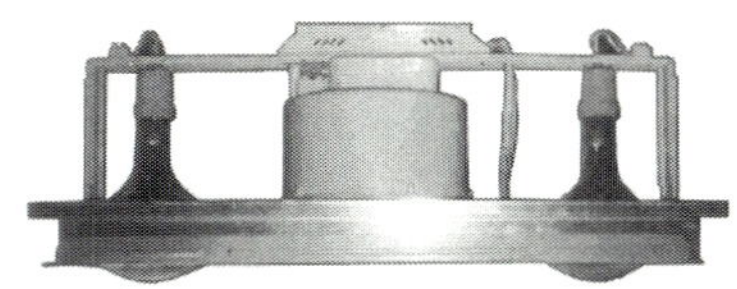

后视图

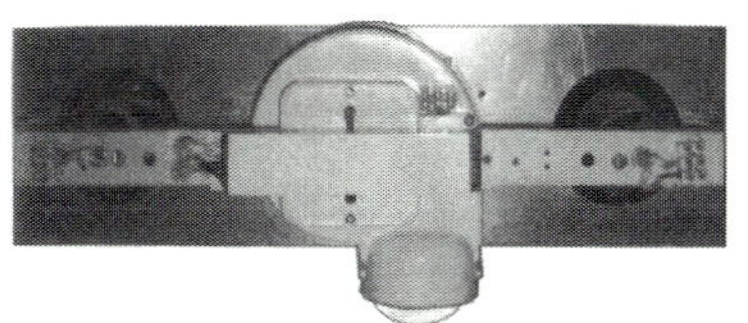

俯视图

仰视图

左视图

右视图

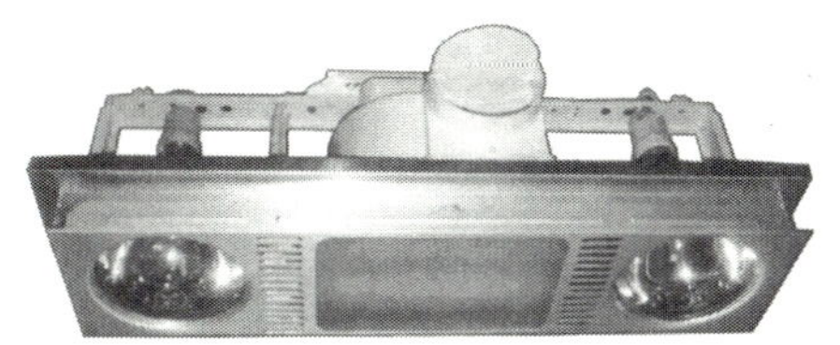

立体图

本专利附图

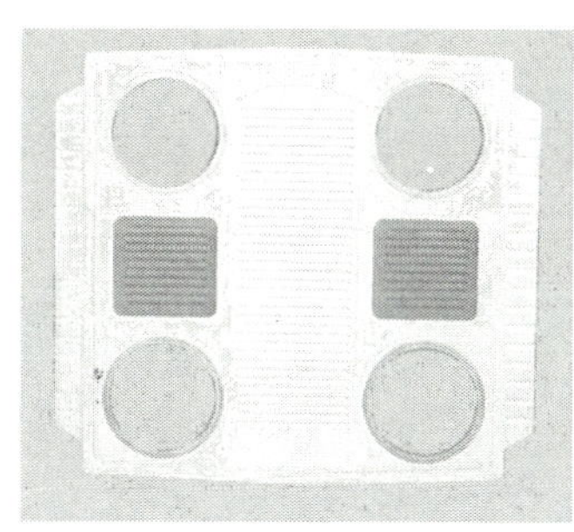

主视图

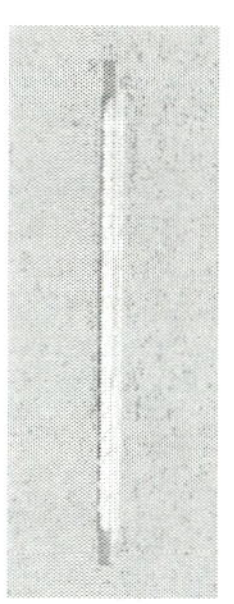

右视图

仰视图

使用状态参考图

在先设计附图

524

瓦罐锅（带油炸锅）

无效宣告请求审查决定（第 14191 号）

决 定 号 第 14191 号
决 定 日 2009 年 11 月 23 日
发明创造名称 瓦罐锅（带油炸锅）
外观设计分类号 07-02
无效宣告请求人 施军达
专 利 权 人 陈民英
专 利 号 200430006956. X
申 请 日 2004 年 3 月 30 日
授权公告日 2004 年 9 月 29 日
合议组组长 王霞军
主 审 员 李巍巍
参 审 员 沙柏青
附 图 2 页

法 律 依 据 专利法第 9 条
决 定 要 点

专利权人为香港居民，在无效宣告请求程序中未委托有专利代理资质的专利代理人进行意见陈述及参加口头审理。

就此类产品的整体设计而言，二者无论是整体形状还是主要部件组成部分的具体设计和布局等方面均是相同或者相近似的，二者的不同点均属于局部细微差别，不足以带来二者整体视觉效果的不相同或不相近似的视觉印象，其差别对整体视觉效果不足以产生显著影响，因此二者应属于相近似的外观设计，即二者属于同样的发明创造。

一、案由

本无效宣告请求涉及 2004 年 9 月 29 日国家知识产权局授权公告的 200430006956. X 号外观设计专利，其产品名称是“瓦罐锅（带油炸锅）”，申请日是 2004 年 3 月 30 日，专利权人是陈民英。

针对上述外观设计专利权（下称本专利），施军达（下称请求人）于 2009 年 1 月 17 日向专利复审委员会提出无效宣告请求，其理由是本专利不符合专利法第 23 条的规定，同时，请求人提交了如下证据附件：

证据 1 是 200330124854. 3 号外观设计专利电子公开文本，共 1 页。

请求人认为，（1）证据1授权公告日早于本专利申请日，可以作为评价本专利是否符合专利法第23条的规定的证据；（2）证据1为两用锅，与本专利属于同一类别的产品，两者分类号均为07-02；（3）本专利与证据1相比较，二者在整体和多处细节上均相同或极其相近似，二者虽存在局部细微的差异，但这种差异对产品的整体视觉效果不具有显著的影响，因此，不符合专利法第23条的规定，应当宣告本专利无效。

经形式审查合格，专利复审委员会受理了该无效宣告请求，并于2009年6月25日将无效宣告请求书和证据的副本转送给专利权人，要求其在指定期限内答复。并告知专利权人如逾期不答复，不影响专利复审委员会的审理。

2009年7月13日，专利复审委员会向双方当事人发出口头审理通知书，定于2009年9月8日进行口头审理，同时告知双方当事人，请求人针对上栏所述专利提出无效宣告请求时所依据的法律为专利法第23条，但请求人所提交的证据为申请日在先公开日在后的他人在先申请，因此该无效宣告理由不适用上栏所述专利。根据审查指南的有关规定：请求人提出的无效宣告理由明显与其提交的证据不相对应的，专利复审委员会可以告知其有关法律规定的含义，并允许其变更为相对应的无效宣告请求理由。基于请求人提交的证据和意见陈述，可允许请求人将无效宣告理由变更为专利法第9条。请求人应在指定的期限内选择是否变更无效宣告理由，如逾期不变更理由，不影响专利复审委员会依据专利法第23条继续审理。同日还向双方当事人发出合议组成员告知通知书，指出如对本案合议组人员有回避请求的，应于收到本通知之日起7天内提交书面请求书，逾期未答复，视为无回避请求。

在规定的期限内双方当事人均未对合议组成员提出回避请求。

2009年9月14日，专利权人向专利复审委员提交了专利权人的香港永久居民身份证复印件、委托书、证据清单及所附反证。

反证1是第12528号无效宣告请求审查决定复印件，共6页；

反证2是二用锅、瓦罐锅炉彩色照片，共7张。

专利权人认为：反证1证明无效宣告请求人的专利权不具有合法性，本案不应受理或应中止审理；反证2证明本专利与无效宣告请求人的产品外观设计不相同，具有明显区别。

口头审理如期举行，专利权人委托的律师以公民身份代理参加本案口头审理，经合议组核实，专利权人为香港永久居民，其委托的律师事务所无专利代理资质，根据审查指南第四部分第三章第3.6节，以及审查指南第一部分第一章第6.1.1节的规定：香港、澳门或者台湾地区的个人申请专利或者办理其他专利事务，应当委托专利代理机构办理。合议组告知专利权人代理人，鉴于其出庭身份不符合规定，不能参加本案口头审理，但准予旁听，同时合议组还告知专利权人于2009年8月14日向专利复审委员会提交的反证因未就本无效宣告请求的理由、事实具体说明其主张，根据审查指南第四部分第三章第4.3.2节的有关规定专利复审委员会对该反证不予审理。

请求人委托代理人参加本案口头审理，请求人对变更后的合议组成员没有回避请求。在口头审理中请求人将无效宣告请求理由由本专利不符合专利法第23条规定变更为本专利不符合专利法第9条规定，认为本专利与证据1相比较，二者是相近似的外观设计。应当宣告本专利无效。

2009年9月10日，专利复审委员会收到专利权人提交的意见陈述书及反证，专利权人仍未委托有专利代理资质的专利代理机构代为办理有关事宜。

2009年9月16日，专利复审委员会向专利权人发出无效宣告请求审查意见通知书，告知：（1）专利权人为香港公民，根据审查指南第一部分第一章第6.1.1节的规定：香港、澳门或者台湾地区的个人申请专利或者办理其他专利事务，应当委托专利代理机构办理。而专利权人在无效宣告请求程序中委托的代理人不符合上述有关规定，因此，应当在指定期限内进行补正。期满未补正的或补正后仍不合格的，专利复审委员会将不接受专利权人提交的相关文件，并依法作出审查决定。（2）根据审查指南第四部分第三章第4.1节的有关规定：请求人提出的无效宣告理由明显与其提交的证据不相对应的，专利复审委员会可以告知其有关法律规定的含义，并允许其变更为相对应的无效宣告请求理由。基于请求人提交的证据和意见陈述，可允许请求人将无效宣告理由变更为专利法第9条。在本案的口头审理时，请求人将无效宣告请求理由由本专利不符合专利法第23条的规定，变更为本专利不符合专利法第9条的规定。故请专利权人在指定的期限内针对请求人关于无效宣告请求理由的变更进行答复。期满未答复的，不影响专利复审委员会审理。

专利权人逾期未答复。

在以上审理的基础上，合议组经合议，认为本案事实清楚，依法作出本审查决定。

二、决定的理由

1. 法律依据

基于请求人提出的无效宣告请求的理由和提交的证据，本案合议组依据专利法第9条的规定对本案进行审理。

专利法第9条规定："两个以上的申请人分别就同样的发明创造申请专利的，专利权授予最先申请的人。"

2. 证据的认定

请求人提交的证据1是200330124854.3号外观设计电子公开文本打印件，经合议组核实，该专利的申请日为2003年12月14日，公开（公告）日为2004年11月24日，公开（公告）号为CN3406310，使用外观设计的产品名称为"两用锅"，专利权人为施军达，专利权人与本专利的专利权人不相同，该专利申请日早于本专利申请日2004年3月30日，针对本专利而言属于在先申请，适用专利法第9条的规定。

本专利产品名称为"瓦罐锅（带油炸锅）"的外观设计，证据1产品名称为"两用锅"的外观设计，两者产品用途相同，可以作为评价本专利是否符合专利法第9条规定的在先设计（下称在先设计）。

3. 本专利是否符合专利法第9条的规定

本专利包括主视图、后视图、左视图、右视图、俯视图、仰视图、立体图。从各视图观察可知，该两用锅的主体由两个圆柱体的锅体相连组成，大致呈"8"字形，其纵向两侧各有一个表面为曲面的凸耳锅把，锅体前部左侧为一"U"字形凸起，从上至下分别为扁椭圆形指示灯和圆形旋钮设计，右侧为大致呈水滴状凸起，从上至下分别为长形指示灯和圆形旋钮设计；锅体内有两个并列的内胆锅，左侧锅盖为带有凸沿的圆盘状，顶部为圆形环状透气孔设计，左侧锅盖为翻盖式锅盖与锅体相连，在锅盖与锅体后部形成大致呈鸡蛋状的凸起，右侧锅盖为透明状，顶部为圆柱形盖柄设计，右侧内胆锅锅沿有一对对称外凸的凸耳；锅体底面有四个柱形支脚，中部为一长形凹槽，凹槽左下方有一电线引出，锅体底面左右两侧各有一个外凸圆台，其上各有八个条形设计（详见本专利附图）。

在先设计包括主视图、后视图、左视图、右视图、俯视图、仰视图、立体图。从各视图观察可知，该两用锅的主体由两个圆柱体的锅体相连组成，大致呈"8"字形，其纵向两侧各有一个表面为曲面的凸耳锅把，锅体前部左侧为长方形凸起，其从上至下分别为圆形指示灯、图案和按下式按钮设计，右侧为大致呈水滴状凸起，其上至下分别为圆形指示灯和旋转钮设计；锅体内有两个并列的内胆锅，其中右侧内胆锅锅沿为一对对称分布的凸耳设计，两个内胆锅锅盖均为透明锅盖，盖柄均呈圆柱形；锅体底面有四个柱形支脚，中部为一长形凹槽，凹槽左下方有一电线引出，锅体底面左右两侧各有一个外凸圆台，其上各有八个条形设计（详见在先设计附图）。

将本专利与在先设计相比较，二者整体形状、各组件的形状、组件之间的位置关系及比例关系基本相同。二者不同点主要是：本专利左侧旋钮部位、左侧内胆锅锅盖及锅盖与锅体相连的设计与在先设计相应部位的设计略有不同，在综合考虑各种因素的情况下，合议组认为：此类产品的底部在使用状态时不被一般消费者关注，故其对整体视觉效果不具有显著影响；二者左侧控制按钮部位的设计就整体而言属于局部设计，在整体设计中所占比例很小，其变化不足以对整体视觉效果产生显著影响；本专利左侧锅盖顶部设计及该锅盖与锅体相连处的设计与在先设计存在着不同，但二者无论是整体形状还是主要部件组成部分的具体设计和布局等方面均是相同或者相近似的，其不同点均属于局部细微差别，不足以带来二者整体视觉效果的不相同或不相近似的视觉印象，对整体视觉效果也不足以产生显著影响，因此，二者上述的不同点均不足以对整体视觉效果产生显著影响，二者属于相近似的外观设计。

根据审查指南第四部分第七章第 1 节的规定，“同样的发明创造”对于外观设计而言，是指外观设计相同或者相近似。即二者属于同样的发明创造。

综上所述，在本专利申请日前已有相近似的发明创造申请专利并被授予外观设计专利权，所以，本专利不符合专利法第 9 条的规定。

鉴于专利权人为香港永久居民，且其在无效宣告请求程序中所委托的律师事务所无专利代理资质，也未在无效宣告请求审查通知书中所规定的期限之内进行意见陈述，根据审查指南第四部分第三章第 3. 6 节及第一部分第一章第 6. 1. 1 节的规定，合议组对专利权人在 2009 年 8 月 14 日、2009 年 9 月 10 日分别提交的意见陈述书及反证不予评述。

三、决定

宣告 200430006956. X 号外观设计专利权全部无效。

当事人对本决定不服的，可以根据专利法第 46 条第 2 款的规定，自收到本决定之日起三个月内向北京市第一中级人民法院起诉。根据该款的规定，一方当事人起诉后，另一方当事人作为第三人参加诉讼。

主视图

后视图

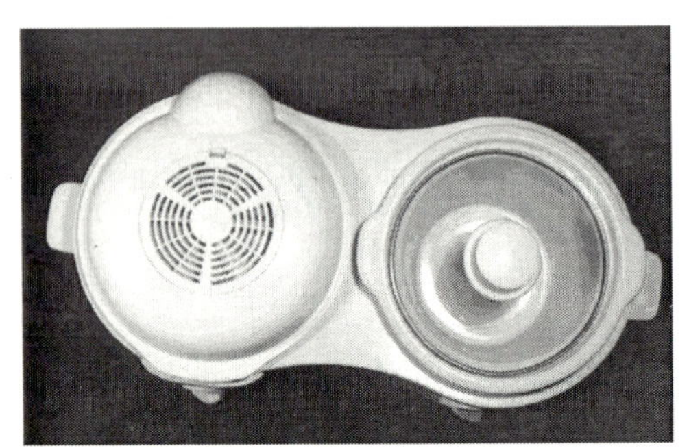
俯视图

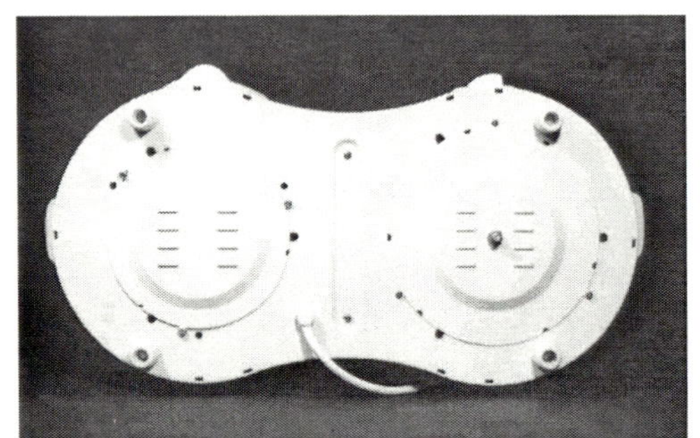
仰视图

右视图

左视图

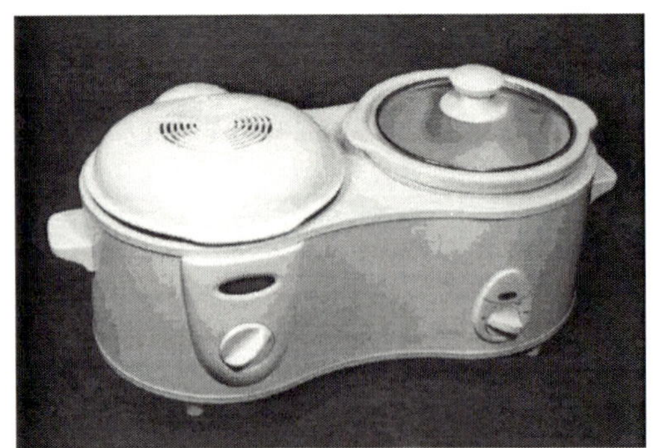
立体图

本专利附图

主视图

后视图

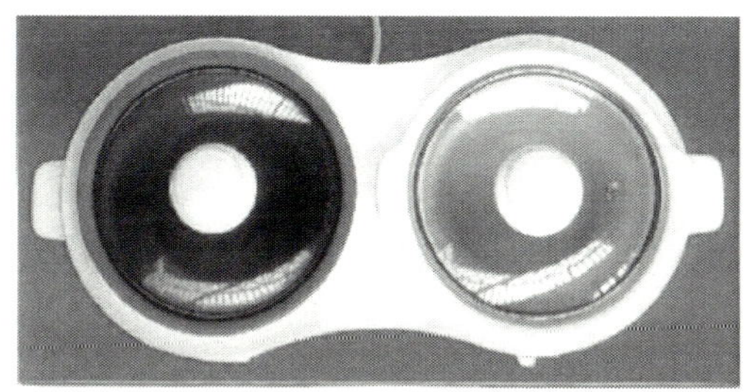

俯视图

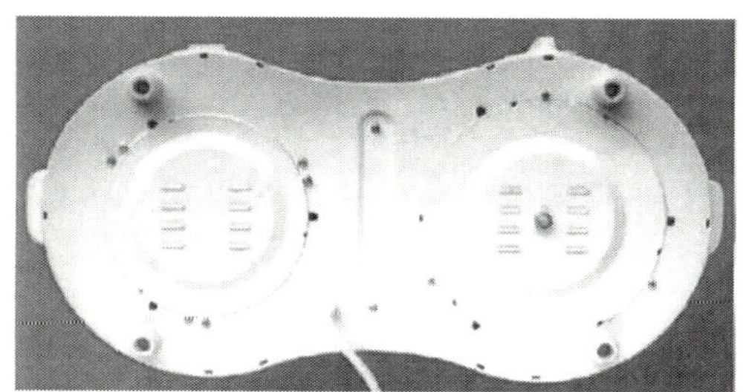

仰视图

左视图

右视图

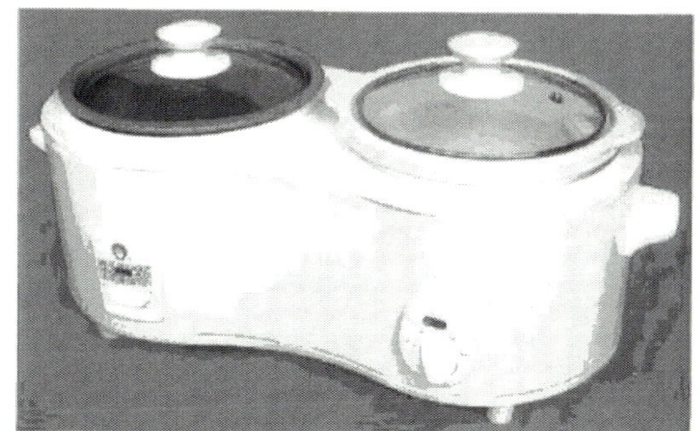

立体图

在先设计附图

525

耕整机（IZ-31 型）

无效宣告请求审查决定（第 14192 号）

决　定　号　第 14192 号
决　定　日　2009 年 10 月 29 日
发明创造名称　耕整机（IZ-31 型）
外观设计分类号　15-03
无效宣告请求人　广西万里顺机械制造有限公司
专　利　权　人　广西汽牛农业机械有限公司
专　利　号　200430118923.4
申　请　日　2004 年 12 月 10 日
授权公告日　2005 年 8 月 24 日
合议组组长　吴大章
主　审　员　王美芳
参　审　员　雷　婧
附　图　3 页

法律依据　专利法第 23 条
决定要点

本专利与在先设计 1、2、3 的整体形状、各组成部分的形状均存在显著差异，对一般消费者而言，这些差异对整体视觉效果具有显著的影响；在先设计 4 仅有一面正投影视图，且多处部位为示意性表达，无法与本专利进行比较。

一、案由

本无效宣告请求涉及国家知识产权局于 2005 年 8 月 24 日授权公告的 200430118923.4 号外观设计专利，使用该外观设计的产品名称是"耕整机（IZ-31 型）"，其申请日是 2004 年 12 月 10 日，原专利权人是覃远志，后于 2007 年 11 月 21 日变更为广西汽牛农业机械有限公司。

针对上述外观设计专利权（下称本专利），广西万里顺机械制造有限公司（下称请求人）于 2009 年 7 月 9 日向专利复审委员会提出无效宣告请求，其理由是本专利不符合专利法第 23 条的规定。请求人提交了如下附件：

附件 1：02327030.6 号中国外观设计专利的电子公开文本打印件共 2 页；

附件 2：01336982.2 号中国外观设计专利的电子公开文本打印件共 4 页；

附件 3：03342375.X 号中国外观设计专利的电子公开文本打印件共 7 页；

附件4：98208695.4号中国实用新型专利公报复印件共2页。

请求人认为：本专利有柴油机、轮子、旋耕器和把手，后面有耙。附件1显示的外观设计也有柴油机、轮子、旋耕器和把手，后面有耙；附件2显示的外观设计也有柴油机、轮子、旋耕器和把手，后面有耙，旋耕机前部多一个引导轮；附件3显示的外观设计也有柴油机、轮子、旋耕器和把手，旋耕机前部多一个引导轮。本专利与附件1、2、3显示的外观设计构图基本相同，属于相近似的外观设计。

专利复审委员会根据无效宣告请求审查程序的规定受理了该无效宣告请求，并于2009年7月9日将请求人的无效宣告请求文件转送专利权人，通知其在指定期限内陈述意见。

专利权人于2009年8月15日向专利复审委员会提交意见陈述书。专利权人认为：附件1显示产品的耕作装置在变速箱的后方，而本专利的耕作装置位于前方；附件2显示产品的耕作装置在变速箱两侧，没有驱动行走轮，变速箱前方有一个小轮子，这些特征与本专利的不同；附件3显示产品没有本专利所具有的木耙，变速箱前方装有一个小轮子，旋转耕作装置位于驱动行走轮和小轮子中间，这些特征与本专利不同；附件4显示产品没有本专利所具有的木耙、驱动行走轮，且耕作装置位于在变速箱两侧。本专利与各附件显示的外观形状特征没有冲突，应当维持本专利。

专利复审委员会成立合议组对本案进行审理，并于2009年8月25日向双方当事人发出口头审理通知书，定于2009年10月13日对本案进行口头审理。

2009年8月27日，专利复审委员会将上述专利权人提交的意见陈述书转送请求人，通知其在指定期限内陈述意见。

请求人于2009年9月12日向专利复审委员会提交意见陈述书。请求人坚持认为本专利不符合专利法第23条的规定。

口头审理如期举行，双方均委托代理人出席口头审理。专利权人对请求人所提交证据的真实性没有异议。双方详细分析了本专利和各附件显示外观设计的异同之处，并坚持各自主张。

在上述审理的基础上，合议组经合议，认为本案事实清楚，依法作出本审查决定。

二、决定的理由

1. 法律依据

基于请求人提出的无效宣告请求的理由，合议组依据专利法第23条的规定进行审查。

专利法第23条规定："授予专利权的外观设计，应当同申请日以前在国内外出版物上公开发表过或者国内公开使用过的外观设计不相同和不相近似，并不得与他人在先取得的合法权利相冲突。"

2. 证据认定

附件1为02327030.6号中国外观设计专利的电子公开文本打印件，使用该外观设计的产品名称是"多功能耕整机"；附件2为01336982.2号中国外观设计专利的电子公开文本打印件，使用该外观设计的产品名称是"小型旋耕机"；附件3为03342375.X号中国外观设计专利的电子公开文本打印件，使用该外观设计的产品名称是"动力耕耘机"；附件4为98208695.4号中国实用新型专利公报复印件，实用新型名称是"自走式自控微型旋耕机"。经合议组核实，上述附件所示内容真实。附件1所示专利的公告日是2002年12月25日，附件2所示专利的公告日是2002年1月23日，附件3所示专利的公告日是2003年11月19日，附件4所示专利的公告日是2000年5月10日，均早于本专利的申请日2004年12月10日，附件1至附件4属于在本专利申请日之前公开的公开出版物，均可以作为评价本专利是否符合专利法第23条规定的证据。

3. 外观设计对比

附件1公开了一款多功能耕整机的外观设计（下称在先设计1），附件2公开了一款小型旋耕机的外观设计（下称在先设计 2），附件 3 公开了一款动力耕耘机的外观设计（下称在先设计 3），附件 4 公开了一款自走式自控微型旋耕机的设计（下称在先设计 4），本专利是耕整机的外观设计，各在先设计产品与本专利产品的用途相同，属于相同类别的产品，故对本专利与各在先设计作如下对比：

本专利的图片包括主视图、后视图、左视图、右视图、俯视图和立体图，简要说明记载了"仰视图不易看到，省略仰视图"，其所示产品包括动力装置、水泵连接装置、驱动轮、旋耕器、把手和耙等装置。其中动力装置、水泵连接装置等位于主体的上部，行进轮、旋耕器等位于主体下部，旋耕器位于驱动轮的前方，旋耕器和驱动轮的上方均有挡泥板；八字形把手向主体后部上方延伸，耙则在两个驱动轮之间向后方延伸（详见本专利附图）。

附件 1 公开了在先设计 1 的主视图、后视图、左视图、右视图、俯视图和三幅使用状态参考图。其公开的产品由动力装置、行走轮、把手、产品前方下部的支脚及后部下方可置换的旋耕器、耙等部件组成，动力装置设置较低，旋耕器位于驱动轮后方，整体布局前后狭长。旋耕器只能与耙等其他耕作部件互为替换，不能同时安装（详见在先设计 1 附图）。

附件 2 公开了在先设计 2 的主视图、后视图、左视图、右视图、俯视图、仰视图和立体图。其公开的产品由动力装置、旋耕器、辅助行走轮、耙和把手等部件组成。旋耕器位于辅助行进轮后方，辅助行进轮向前突出于主体，传动机构在主体上部向后突出，使得主体在侧面较为倾斜（详见在先设计 2 附图）。

附件 3 公开了在先设计 3 的主视图、后视图、左视图、右视图、俯视图、仰视图和立体图。其公开的产品由动力装置、旋耕器、驱动轮、辅助行走轮和把手等部件组成。旋耕器位于驱动轮和辅助行走轮之间，驱动轮上方有倾斜的支架与扶手相连，支架的上端与动力装置的上沿平齐，主体在侧面较为倾斜（详见在先设计 3 附图）。

附件 4 仅公开了在先设计 4 的一幅正投影视图，且多处部位为示意性表达，显示了产品包括动力装置、旋耕器、把手等部件，旋耕器位于动力装置的下方，其前方还有一个轮，把手向主体的后部上方延伸（详见在先设计 4 附图）。

将本专利与在先设计 1~3 分别比较可以看出，均包括旋耕器、把手和动力机构，但同时具有以下明显差异：

（1）本专利与在先设计 1：二者的整体形状不同，从侧面看，本专利的主体部分较为方正，而在先设计 1 的主体部分则前后狭长；二者包括的部件不同，在先设计 1 没有本专利所具有挡泥板和水泵连接装置，比本专利多了驱动轮前方有"U"形支脚；本专利的旋耕器和耙同时安装于产品上，而在先设计 1 的旋耕器只能与耙等其他耕作部件互为替换，不能同时安装；二者的动力装置和旋耕器的具体形状均不相同。

（2）本专利与在先设计 2：二者的整体形状不同，从侧面看，本专利的主体部分较为方正，而在先设计 2 的主体侧面则较为倾斜；二者包括的部件不同，在先设计 2 没有本专利所具有的驱动轮、挡泥板和水泵连接装置，但比本专利多出一个辅助行进轮；二者的动力装置、旋耕器和耙的具体形状均不相同。

（3）本专利与在先设计 3：二者的整体形状不同，从侧面看，本专利的主体部分较为方正，而在先设计 3 的主体侧面较为倾斜；二者包括的部件不同，在先设计 3 没有本专利所具有的挡泥板、水泵连接装置和耙，但比本专利多出一个辅助行进轮和连接把手的支架；二者的动力装置、旋耕器和驱动轮的具体形状均不相同。

合议组认为：对一般消费者而言，本专利与在先设计 1、2、3 存在的上述明显差异对其整体视觉效果具有显著的影响，因此本专利与在先设计 1、2、3 均属于不相同且不相近似的外观设计。

在先设计 4 只有一面正投影视图，且多处部位为示意性表达，仅表达了各部件的位置，未清楚、完整地显示各部件的具体形状。合议组认为：无法将本专利与在先设计 4 进行比较，更无法得出本专利与在先设计 4 相同或者相近似的结论。

综上所述，请求人提交的所有证据均不能支持其无效宣告请求的理由。

三、决定

维持 200430118923.4 号外观设计专利权有效。

当事人对本决定不服的，可以根据专利法第 46 条第 2 款的规定，自收到本决定之日起三个月内向北京市第一中级人民法院起诉。根据该款的规定，一方当事人起诉后，另一方当事人应当作为第三人参加诉讼。

主视图

后视图

左视图

右视图

俯视图

立体图

本专利附图

后视图

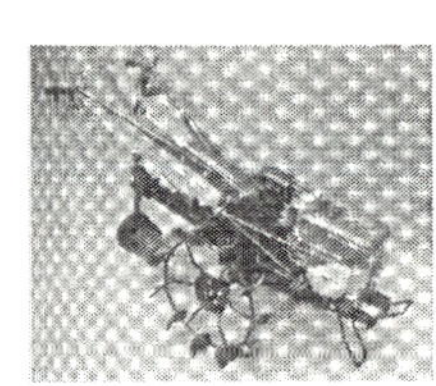

使用状态参考图 1

右视图

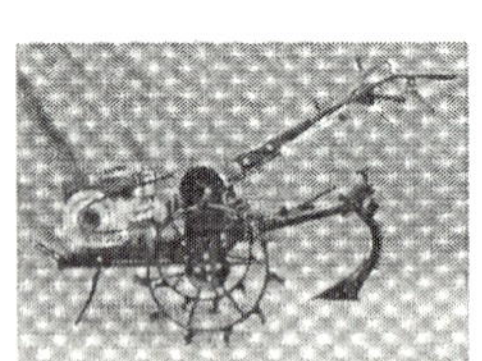

主视图

左视图

使用状态参考图 2

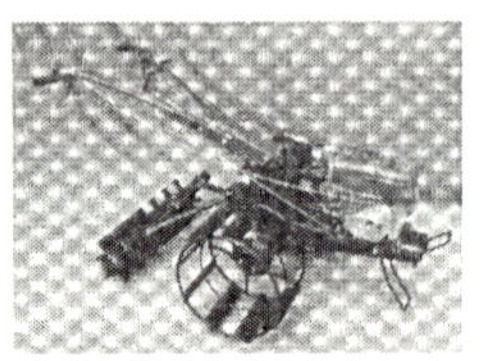

使用状态参考图 3

俯视图

在先设计 1 附图

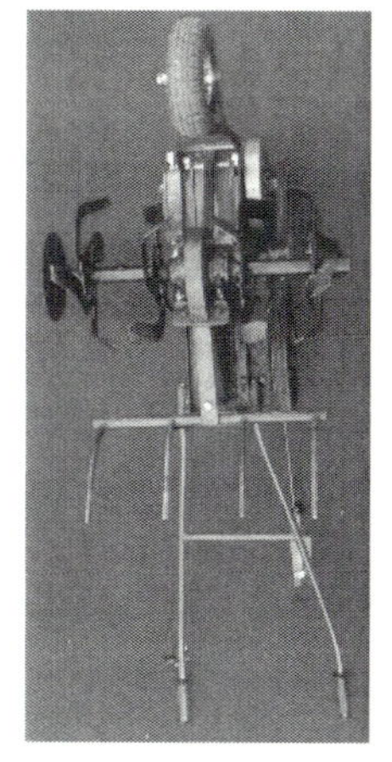

仰视图

后视图

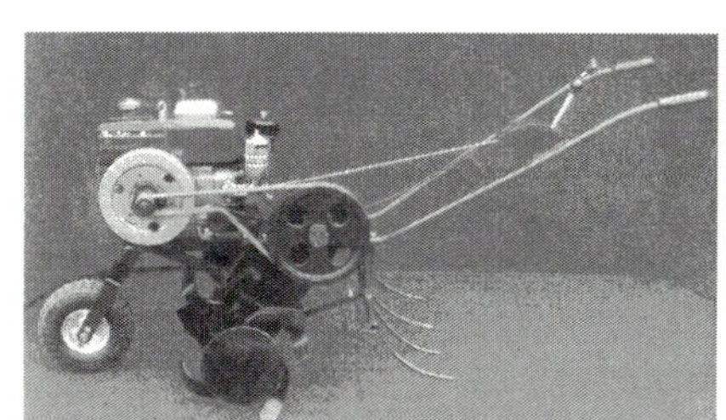

右视图

主视图

左视图

俯视图

立体图

在先设计 2 附图

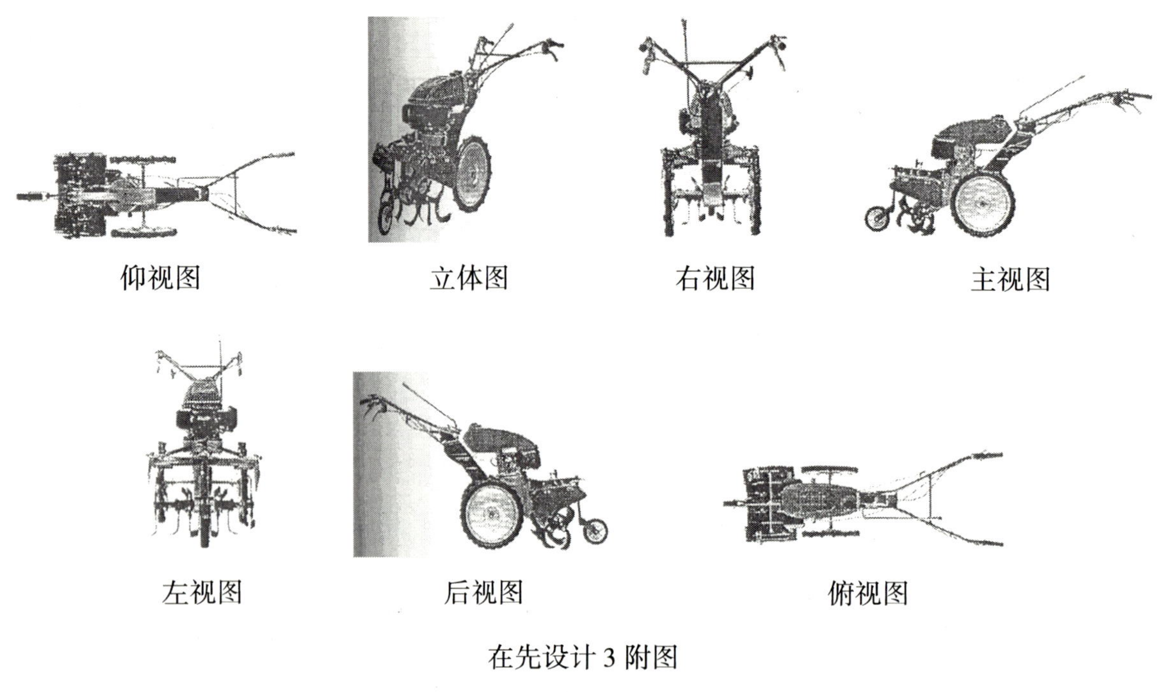

在先设计 3 附图

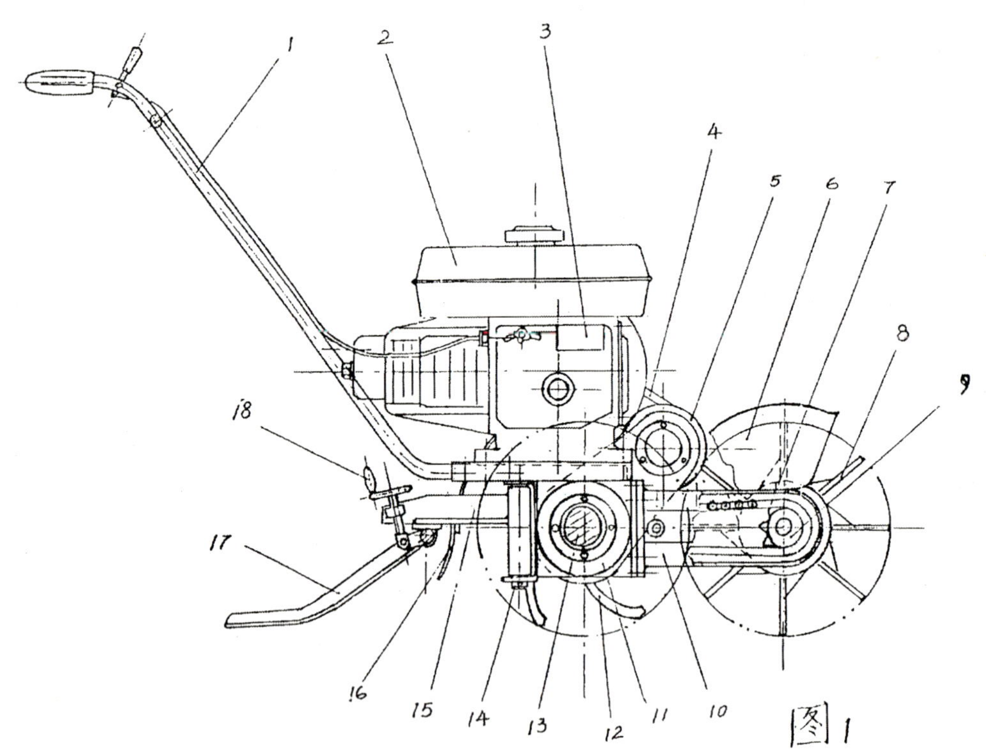

在先设计 4 附图

毛衣罗纹自动过梳器（2）

无效宣告请求审查决定（第14194号）

决　　定　　号　第14194号
决　　定　　日　2009年11月25日
发明创造名称　毛衣罗纹自动过梳器（2）
外观设计分类号　15-05
无效宣告请求人　谢越亮
专　利　权　人　罗武记
专　　利　　号　03323173.7
申　　请　　日　2003年4月25日
授权公告日　2003年12月24日
合议组组长　张雪飞
主　　审　　员　沙柏青
参　　审　　员　雷　婧
附　　　　　图　2页

法　律　依　据　专利法第23条
决　定　要　点

本专利与在先设计的差别属于局部细微的变化，没有对产品的整体视觉效果产生显著的影响，在二者整体造型、各部分形状和比例等均基本相同的情况下，一般消费者容易将二者混同、误认。因此，合议组认定，本专利与在先设计属于相近似的外观设计。

一、案由

本无效宣告请求案涉及国家知识产权局于2003年12月24日授权公告的，名称为“毛衣罗纹自动过梳器（2）”的外观设计专利（下称本专利），其专利号是03323173.7，申请日是2003年4月25日，专利权人是罗武记。

针对上述专利权，谢越亮（下称请求人）于2009年7月7日向国家知识产权局专利复审委员会提出无效宣告请求，认为本专利不符合专利法第23条和专利法实施细则第13条第1款的规定，并提交了以下附件：

附件1：本专利外观设计图片复印件，共6页；

附件2：ZL03323172.9号外观设计图片复印件，共6页；

附件3：ZL03323174.5号外观设计图片复印件，共6页；

附件4：ZL00322627.1号外观设计图片复印件，共6页；

附件5：ZL00322628.X号外观设计图片复印件，共6页。

请求人认为，附件2、附件3与本专利相同和相近似，属于同一申请人于同一日申请的同样的外观设计，本专利不符合专利法实施细则第13条第1款的规定；附件4、附件5的申请日和公告日均在本专利申请日（2003年4月25日）之前，其公开的外观设计与本专利均属于同类产品，外观设计仅存在细微的差别，因此，本专利不符合专利法第23条的规定。

经形式审查合格，专利复审委员会依法受理了上述无效宣告请求，并于2009年7月27日将无效宣告请求书及相关文件的副本转送给专利权人，通知其在指定的期限内答复。

请求人于2009年8月1日提交意见陈述书，并补充提交以下附件（编号续前）：

附件6：ZL01354376.8号外观设计电子公开文本打印件和图片复印件，共7页；

附件7：ZL01249349.X号实用新型专利说明书及附图复印件，共10页；

附件8：ZL00228578.9号实用新型专利说明书及附图复印件，共7页；

附件9：附件2所示ZL03323172.9号外观设计的电子公开文本打印件，共1页；

附件10：附件3所示ZL03323174.5号外观设计的电子公开文本打印件，共1页；

附件11：附件4所示ZL00322627.1号外观设计的电子公开文本打印件，共1页；

附件12：附件5所示ZL00322628.X号外观设计的电子公开文本打印件，共1页；

附件13：附件1所示本专利的电子公开文本打印件，共1页。

请求人认为，附件6、附件7、附件8的申请日和公告日均在本专利申请日之前，其公开的外观设计与本专利均属于同类产品，外观设计与本专利相近似，因此，本专利不符合专利法第23条的规定。

专利权人于2009年8月27日提交意见陈述书，认为附件2和附件3不能作为评价本专利是否符合专利法实施细则第13条第1款规定的证据，并且认为本专利与附件2~5均不相同且不相近似。

专利复审委员会于2009年9月8日向双方当事人发出无效宣告请求口头审理通知书，定于2009年10月22日进行口头审理，并随口头审理通知书将请求人补充提交的意见陈述书及相关文件的副本转送给专利权人，通知其在指定的期限内答复。

专利复审委员会于2009年10月13日将专利权人提交的意见陈述书及相关文件的副本转送给请求人，通知其在口头审理时一并答复，若不参加口头审理，应当在收到上述文件之日起一个月之内答复。

口头审理如期举行，双方当事人均委托代理人出席了口头审理。在口头审理过程中，双方对对方参加口头审理人员的身份和资格没有异议，对合议组成员没有回避请求。审理中双方对本案无效宣告请求理由和证据充分陈述了意见，均在坚持原有观点的基础上进一步详细阐述了自己的具体主张和理由。专利权人对请求人提交的证据的真实性均无异议。

在上述审理的基础上，合议组认为本案事实清楚，可以依法作出审查决定。

二、决定的理由

1. 法律依据

基于请求人提出的无效宣告请求的理由和证据，合议组首先依据专利法第23条的规定对本案进行审理。

专利法第23条规定："授予专利权的外观设计，应当同申请日以前在国内外出版物上公开发表过或者国内公开使用过的外观设计不相同和不相近似，并不得与他人在先取得的合法权利相冲突。"

2. 证据认定

请求人提交的附件 11 是 ZL00322627. 1 号外观设计专利的电子公开文本打印件，经核实该证据的真实性可以确认。该外观设计专利产品名称为“毛衣编织自动过梳器（1）”，其授权公告日为 2001 年 2 月 7 日，早于本专利的申请日（2003 年 4 月 25 日），属于本专利申请日之前公开的外观设计，可以作为评价本专利是否符合专利法第 23 条规定的证据。

3. 外观设计相同和相近似对比

附件 11 公开了一种毛衣编织自动过梳器的外观设计（下称在先设计），与本专利的用途相同，属于相同类别的产品，具有可比性，故对二者的外观设计作如下对比：

本专利所示的是毛衣罗纹自动过梳器，其图片包括主视图、后视图、左视图、右视图、俯视图和仰视图。本专利整体大致呈蝶形，由中间把手、毛刷、两侧机板、机板下方的顶针板、机板外侧的滑板构成，中间把手为“U”形，两侧机板相对于中间把手左右对称，机板前端切角过渡，机板下端有二级台阶，每个机板下方有两个顶针板，每个机板外侧有一长条状滑板，顶针板和滑板通过螺丝固定在机板上（详见本专利附图）。

在先设计所示的是毛衣编织自动过梳器，公开了主视图、后视图、左视图、右视图、俯视图和仰视图。本专利整体大致呈蝶形，由中间把手、毛刷、两侧机板、机板下方的顶针板、机板外侧的滑板构成，中间把手为“U”形，两侧机板相对于中间把手左右对称，机板前端切角过渡，机板下端有二级台阶，每个机板下方有两个顶针板，每个机板外侧有一长条状滑板，顶针板和滑板通过螺丝固定在机板上（详见在先设计附图）。

将本专利与在先设计相比较可知，二者的整体造型、各部分形状和比例等均基本相同。二者的不同之处主要在于：本专利的把手固定部位呈半圆形，在先设计的把手固定部位呈梯形；本专利两侧机板较薄，在先设计较厚。合议组认为：上述差别均属于局部细微的变化，没有对产品的整体视觉效果产生显著的影响，一般消费者容易将二者混同、误认。因此，合议组认定，本专利与在先设计属于相近似的外观设计。

综上所述，合议组认为，在本专利申请日以前已有与其相近似的外观设计在出版物上公开发表过，所以，本专利不符合专利法第 23 条的规定。

鉴于已经得出本专利不符合专利法第 23 条规定的结论，本决定对请求人提出的其他理由和证据不再进行评述。

三、决定

宣告 03323173. 7 号外观设计专利权全部无效。

当事人对本决定不服的，可以根据专利法第 46 条第 2 款的规定，自收到本决定之日起三个月内向北京市第一中级人民法院起诉。根据该款的规定，一方当事人起诉后，另一方当事人作为第三人参加诉讼。

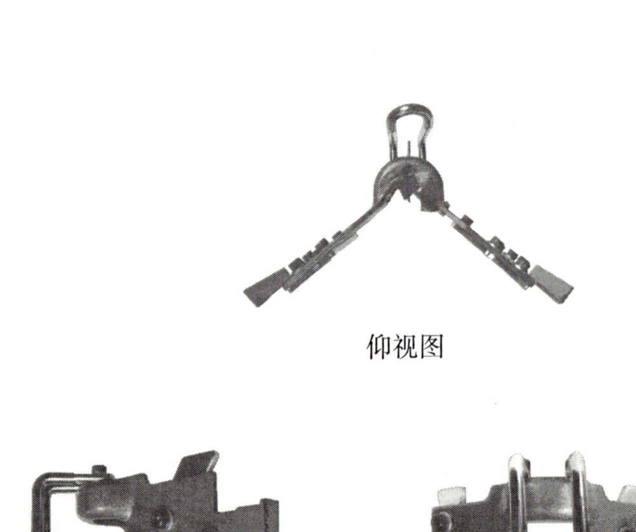

仰视图

左视图

右视图

主视图

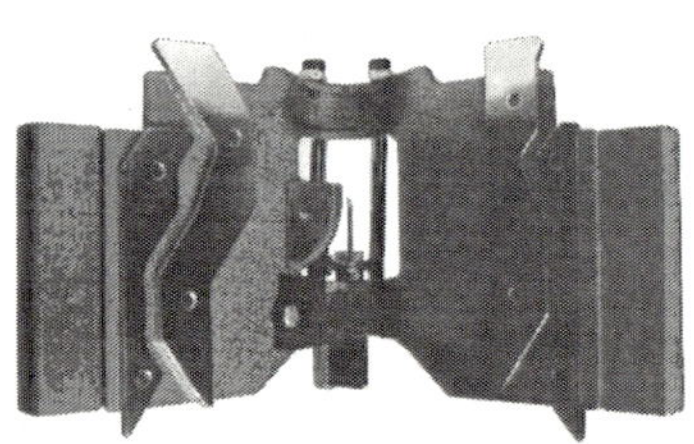

后视图

俯视图

本专利附图

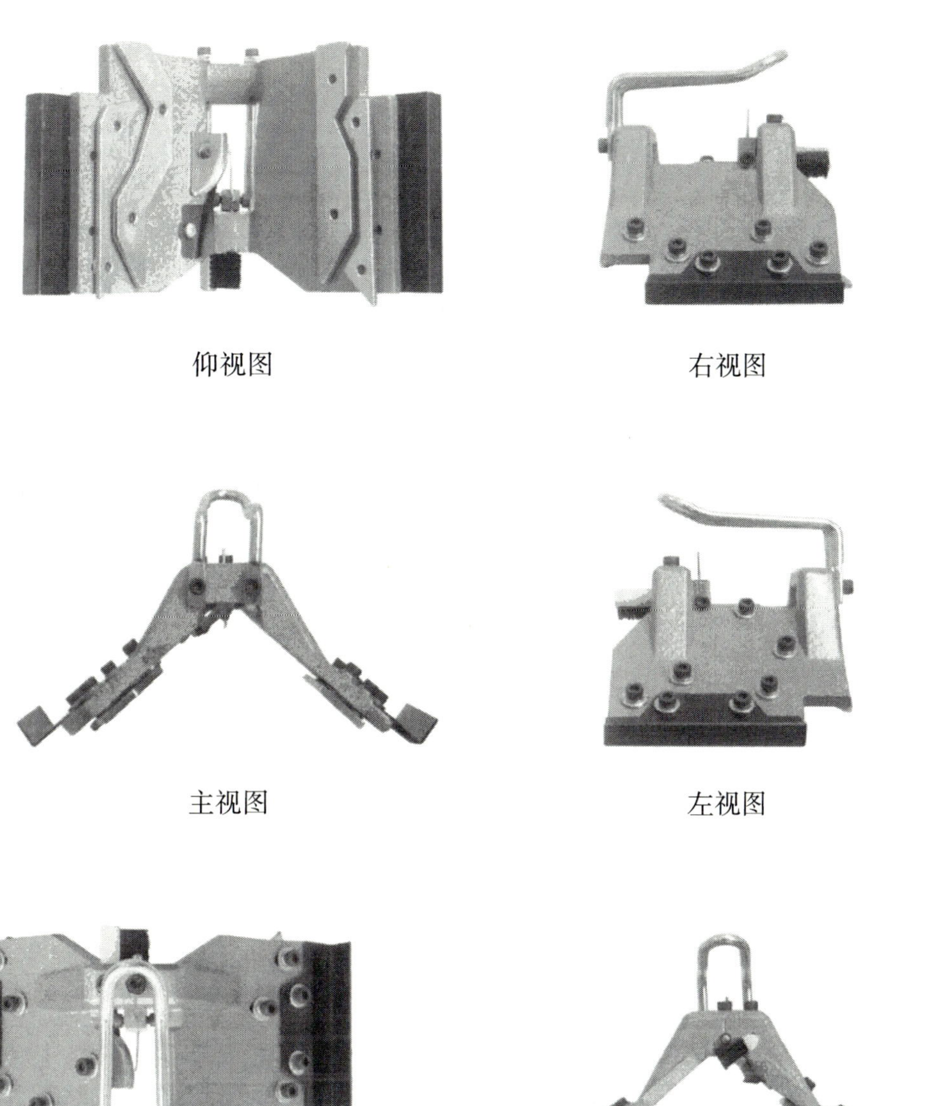

仰视图　　右视图

主视图　　左视图

俯视图　　后视图

在先设计附图

马蹄坐垫

无效宣告请求审查决定（第14195号）

决 定 号 第14195号
决 定 日 2009年11月20日
发明创造名称 马蹄坐垫
外观设计分类号 06-09
无效宣告请求人 上海舒健家纺制品有限公司
专 利 权 人 上海祥顺纺织饰品有限公司
专 利 号 01345062.X
申 请 日 2001年10月12日
授权公告日 2002年4月17日
合议组组长 吴赤兵
主 审 员 沙柏青
参 审 员 李巍巍
附 图 3页

法 律 依 据 专利法第23条
决 定 要 点

本专利外周轮廓为马蹄形，两个顶角处分别设有蝴蝶结系带，在先设计1至在先设计4的外周轮廓均呈正方形，没有蝴蝶结系带，在先设计5的的外周轮廓呈长方形，没有蝴蝶结系带。从形状上看，本专利与在先设计均存在明显的差别。合议组认为，所述形状上的差别对一般消费者而言能产生显著的视觉影响，本专利与在先设计为不相同并且不相近似的外观设计。

一、案由

本无效宣告请求案涉及国家知识产权局于2002年4月17日授权公告的、名称为“马蹄坐垫”的外观设计专利（下称本专利），其专利号是01345062.X，申请日是2001年10月12日，专利权人是上海祥顺纺织饰品有限公司。

针对上述专利权，上海舒健家纺制品有限公司（下称请求人）于2009年3月24日向国家知识产权局专利复审委员会提出无效宣告请求，认为本专利不符合专利法第23条的规定，并提交了如下附件作为对比文件：

附件1：CN97318103.6号外观设计专利电子公开文本打印件，共1页；

附件2：CN96312054.9号外观设计专利电子公开文本打印件，共1页；

附件3：CN95312709.5号外观设计专利电子公开文本打印件，共1页；

附件4：CN93308512.5号外观设计专利电子公开文本打印件，共2页；

附件5：94217221.3号实用新型专利说明书复印件，共1页；

附件6：本专利电子公开文本打印件，共1页。

请求人认为，附件1~5证明在本专利申请日之前已有与其相近似的外观设计公开发表。因此，本专利不符合专利法第23条的规定。

经形式审查合格，专利复审委员会依法受理了上述无效宣告请求，并于2009年4月8日将无效宣告请求书及相关文件的副本转送给专利权人，通知其在指定的期限内答复。

2009年4月21日，专利复审委员会收到请求人补充提交的意见陈述书，及如下附件作为补充证据（编号续前）：

附件7：上海市第二中级人民法院听证笔录及易初莲花宣传页复印件，共9页。

请求人认为，附件7证明本专利在1998年已经公开销售。因此，本专利不符合专利法第23条的规定。

2009年4月24日，请求人向专利复审委员会补充提交了意见陈述书，并提交了如下附件作为补充证据（编号续前）：

附件8：韩国第3019990002925号外观设计专利著录项目及图片复印件和翻译件，共2页。

请求人认为，附件8证明在本专利申请日之前已有相近似的外观设计公开发表。因此，本专利不符合专利法第23条的规定。

2009年5月8日，专利复审委员会收到专利权人提交的意见陈述书，专利权人认为本专利符合专利法第23条的规定。本专利与附件1~5所示外观设计中的任何一件进行单独对比，都存在明显的区别，因此本专利与附件1~5均不相同也不相近似。

2009年5月27日，专利复审委员会向双方当事人发出了合议组成员告知通知书，于2009年6月17日将请求人两次提交的意见陈述书及补充证据的副本转送给专利权人，将专利权人提交的意见陈述书及相关文件的副本转送给请求人，通知其在指定的期限内答复。

2009年7月15日，专利权人向专利复审委员会提交了意见陈述书，认为附件7和附件8均不能证明本专利不符合专利法第23条的规定。同时提交了反证：

反证1：专利权人1998年销售的祥顺坐垫产品图复印件，共1页。

专利复审委员会于2009年8月14日向双方当事人发出无效宣告请求口头审理通知书，定于2009年9月17日进行口头审理，并随口头审理通知书将专利权人于2009年7月15日提交的意见陈述书及相关文件的副本转送给请求人，通知其在口头审理时一并答复，若不参加口头审理，应当在收到上述文件之日起一个月之内答复。

口头审理如期举行，双方当事人均委托代理人出席了口头审理。双方当事人均未对合议组成员提出回避请求，双方对对方出庭人员的身份及资格均无异议。请求人认为附件1~5、附件8与本专利相近似，证明在先公开发表，附件7证明在先公开使用。专利权人对附件1~5的真实性没有异议，但认为附件1~5与本专利不相同且不相近似，认为附件7没有原件，附件8是域外证据，没有履行公证认证手续。

2009年10月12日，请求人提交撤回附件8的请求。

在上述审理的基础上，合议组认为本案事实清楚，可以依法作出审查决定。

二、决定的理由

1. 法律依据

基于请求人提出的无效宣告请求的理由和证据，合议组依据专利法第 23 条的规定对本案进行审理。

专利法第 23 条规定："授予专利权的外观设计，应当同申请日以前在国内外出版物上公开发表过或者国内公开使用过的外观设计不相同和不相近似，并不得与他人在先取得的合法权利相冲突。"

2. 证据认定

请求人提交的附件 1 是 CN97318103.6 号外观设计专利电子公开文本打印件（下称在先设计 1），经核实该证据的真实性可以确认。该外观设计专利产品名称为"勾针拉网花垫"，其公开（公告）日为 1998 年 11 月 11 日。

附件 2 是 CN96312054.9 号外观设计专利电子公开文本打印件（下称在先设计 2），经核实该证据的真实性可以确认。该外观设计专利产品名称为"坐垫（3）"，其公开（公告）日为 1997 年 7 月 23 日。

附件 3 是 CN95312709.5 号外观设计专利电子公开文本打印件（下称在先设计 3），经核实该证据的真实性可以确认。该外观设计专利产品名称为"靠垫（珠绣）"，其公开（公告）日为 1996 年 11 月 20 日。

附件 4 是 CN93308512.5 号外观设计专利电子公开文本打印件（下称在先设计 4），经核实该证据的真实性可以确认。该外观设计专利产品名称为"结合式靠垫"，其公开（公告）日为 1995 年 2 月 1 日。

附件 5 是 94217221.3 号实用新型专利说明书复印件（下称在先设计 5），经核实该证据的真实性可以确认。该外观设计专利产品名称为"玉石枕（垫）套"，其公开（公告）日为 1995 年 8 月 30 日。

在先设计 1 至在先设计 5 的公开（公告）日均早于本专利的申请日（2001 年 10 月 14 日），属于本专利申请日之前公开的外观设计，均可以作为评价本专利是否符合专利法第 23 条规定的证据。

附件 7 是上海市第二中级人民法院听证笔录及易初莲花宣传页复印件，请求人未提交原件。在上海市第二中级人民法院听证笔录中，未指明其涉案外观设计专利的申请号或公开（公告）号，因此，合议组认为不能确定本无效宣告请求所涉及的外观设计专利即是听证笔录中所指的外观设计专利。易初莲花宣传页仅提交了复印件，不能证明与原件一致，且该复印件清晰度较差，其左下部显示有若干堆放在一起的坐垫，这些坐垫相互遮挡，均未清晰完整的显示其外观设计。因此，合议组认为附件 7 不能作为评价本专利是否符合专利法第 23 条规定的证据。

鉴于请求人已经撤回附件 8 作为本无效宣告请求的证据，故合议组对附件 8 不予评述。

3. 外观设计相同和相近似对比

在先设计 1~5 公开的均是坐垫或靠垫的外观设计，与本专利的用途相同，属于相同类别的产品，具有可比性，故对二者的外观设计作如下对比：

本专利公开了产品的主视图、后视图、左视图、仰视图和俯视图，简要说明记载"本外观设计只要求保护形状，右视图与左视图形状对称，故省略右视图"。其所示坐垫外周轮廓为马蹄形，四周有花边，中间有呈正方形排列的四点凹进，俯视图两个顶角处分别设有蝴蝶结系带，坐垫表面带有郁金香花纹图样（详见本专利附图）。

在先设计 1 公开了产品的主视图和后视图，坐垫呈正方形，四周有镂空花边，主视图有五个圆形镂空花纹，每个圆中间有花型图案（详见在先设计 1 附图）。

在先设计 2 公开了产品的主视图和俯视图，坐垫呈正方形，俯视图显示坐垫表面由若干大小相同规则排列的小正方形组成（详见在先设计 2 附图）。

在先设计 3 公开了产品的主视图，呈正方形，四周有花边，正面有天使图案（详见在先设计 3 附图）。

在先设计 4 公开了产品的单拉链靠垫主视图、左视图、右视图、俯视图，双拉链靠垫右视图、俯视图，使用状态参考图 1、2、3，其中单拉链靠垫呈正方形，中间有呈正方形排列的四点凹进（详见在先设计 4 附图）。

在先设计 5 显示的产品呈长方形，四周有花边，中间有若干规则排列的圆形玉石（详见在先设计 5 附图）。

将本专利与在先设计 1~5 分别进行比较，形状均存在明显不同：本专利外周轮廓为马蹄形，四周有花边，中间有呈正方形排列的四点凹进，俯视图两个顶角处分别设有蝴蝶结系带。在先设计 1~4 的外周轮廓均呈正方形，没有蝴蝶结系带，在先设计 5 的外周轮廓呈长方形，没有蝴蝶结系带。从形状上看，均存在明显的差别。合议组认为，本专利与在先设计 1~5 在形状上的差别对一般消费者而言能产生显著的视觉影响，均为不相同并且不相近似的外观设计。

综上所述，由于请求人未能提供充分的证据支持其主张，因此，请求人提出的本专利不符合专利法第 23 条的无效宣告请求理由不成立。

鉴于已经得出请求人提出的本专利不符合专利法第 23 条的无效宣告请求理由不成立的结论，本决定对专利权人提交的反证证据不再进行评述。

三、决定

维持 01345062. X 号外观设计专利权有效。

当事人对本决定不服的，可以根据专利法第 46 条第 2 款的规定，自收到本决定之日起三个月内向北京市第一中级人民法院起诉。根据该款的规定，一方当事人起诉后，另一方当事人作为第三人参加诉讼。

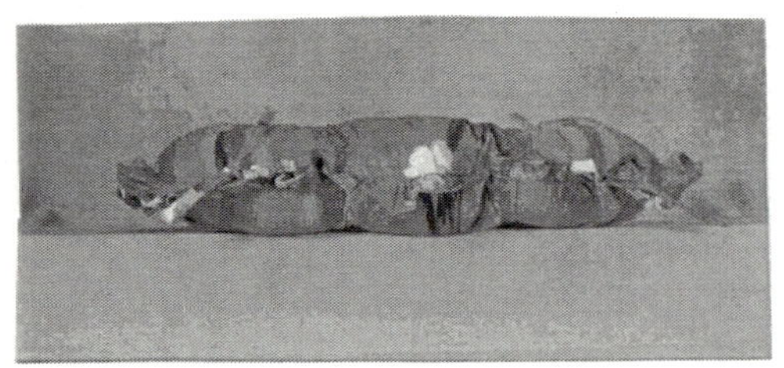

后视图

主视图

仰视图

俯视图

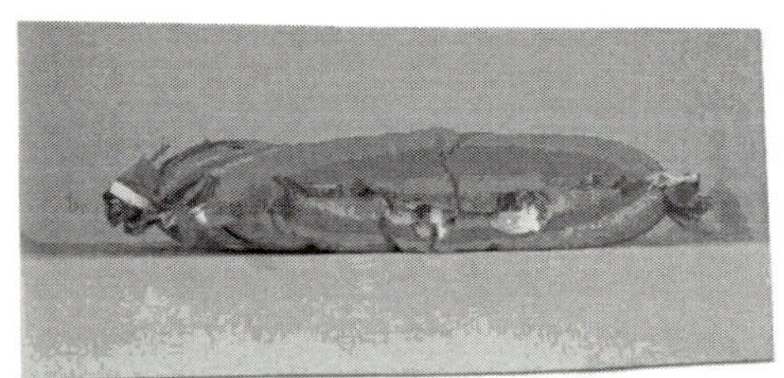

左视图

本专利附图

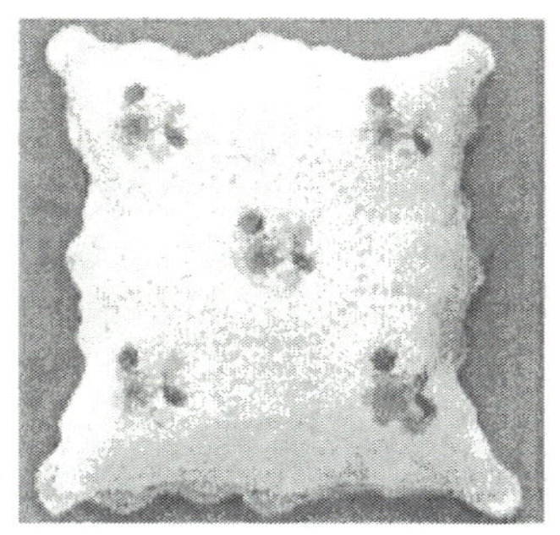

主视图

后视图

在先设计 1 附图

俯视图

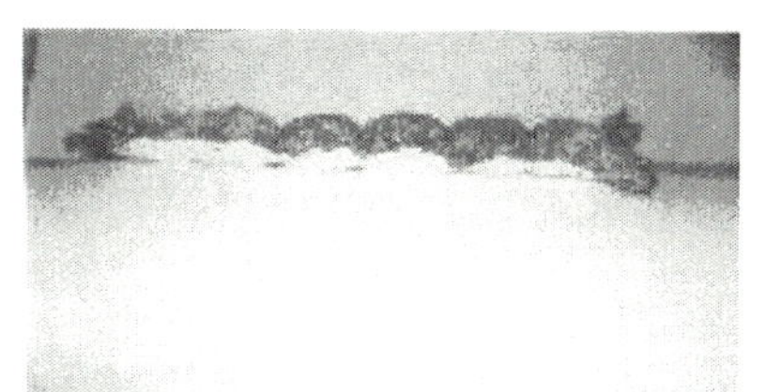

主视图

在先设计 2 附图

在先设计 3 附图

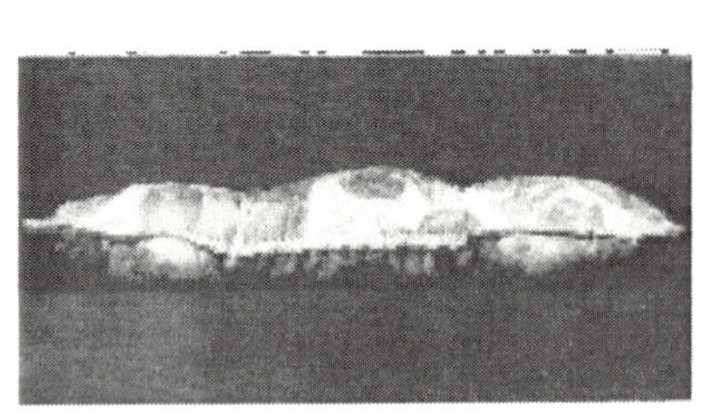

单拉链靠垫俯视图

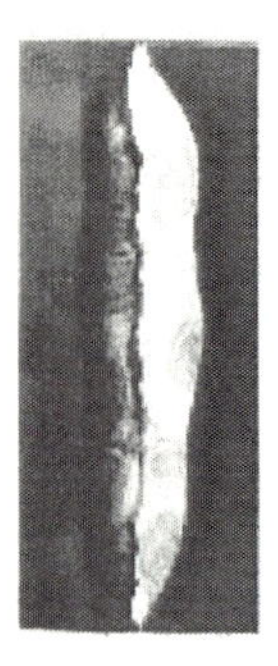

单拉链靠垫右视图

单拉链靠垫左视图

在先设计 4 附图

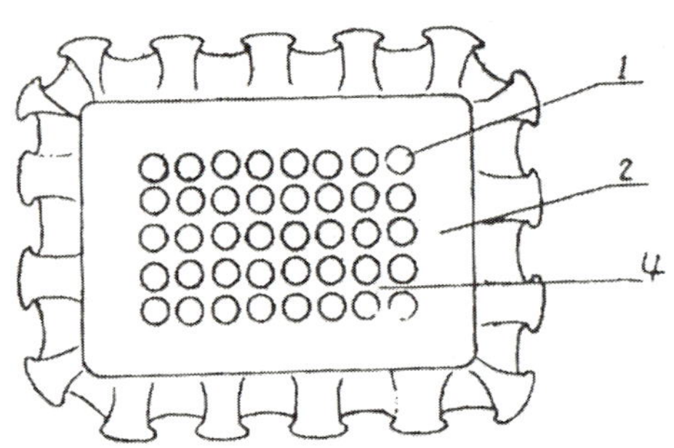

在先设计 5 附图

528

标贴（帝一酒）

无效宣告请求审查决定（第14196号）

决　　定　　号 第14196号
决　　定　　日 2009年11月19日
发明创造名称 标贴（帝一酒）
外观设计分类号 19-08
无效宣告请求人 苏应海
专　利　权　人 香港帝一酒业亚洲有限公司
专　　利　　号 200830002072.5
申　　请　　日 2008年1月21日
授 权 公 告 日 2009年6月17日
合 议 组 组 长 张雪飞
主　　审　　员 沙柏青
参　　审　　员 李巍巍
附　　　　　图 2页

法　律　依　据 专利法第23条
决　定　要　点

本专利与在先设计的差别在产品外观设计中所占的视觉比例较小，属于局部细微的变化，对整体视觉效果不具有显著的影响。因此，合议组认定，本专利与在先设计属于相近似的外观设计。

一、案由

本无效宣告请求案涉及国家知识产权局于2009年6月17日授权公告的，名称为“标贴（帝一酒）”的外观设计专利，其专利号是200830002072.5，申请日是2008年1月21日，专利权人是香港帝一酒业亚洲有限公司。

针对上述专利权（下称本专利），苏应海（下称请求人）于2009年8月31日向国家知识产权局专利复审委员会提出无效宣告请求，认为本专利不符合专利法第23条的规定，并提交了以下附件作为对比文件：

附件1：200430045785.1号外观设计专利电子公开文本打印件，共1页；

附件2：200630177686.8号外观设计专利电子公开文本打印件，共1页；

附件3：本专利与附件1、附件2的图形对比打印件，共1页。

请求人认为，本专利与附件1和附件2所示的外观设计属于同类别产品，外观设计极其相近似，容易使人在视觉上产生混淆，因此请求宣告本专利权无效。

经形式审查合格，专利复审委员会依法受理了上述无效宣告请求，并于2009年9月3日将无效宣告请求书及相关文件的副本转送给专利权人，通知其在指定的期限内答复。专利权人逾期未答复。

专利复审委员会于2009年10月19日向双方当事人发出合议组成员告知通知书，双方当事人在指定期限内均未对合议组成员提出回避请求。

在上述审理的基础上，合议组认为本案事实清楚，可以依法作出审查决定。

二、决定的理由

1. 法律依据

基于请求人提出的无效宣告请求的理由和证据，合议组依据专利法第23条的规定对本案进行审理。

专利法第23条规定："授予专利权的外观设计，应当同申请日以前在国内外出版物上公开发表过或者国内公开使用过的外观设计不相同和不相近似，并不得与他人在先取得的合法权利相冲突。"

2. 证据认定

请求人提交的附件1是200430045785.1号外观设计专利电子公开文本打印件，经核实该证据内容与其外观设计专利公报内容一致，其真实性可以确认。该外观设计专利产品名称为"酒包装盒"，其公开（公告）日为2005年2月23日，在本专利申请日（2008年1月21日）之前，可以作为评价本专利是否符合专利法第23条的证据。

3. 外观设计相同和相近似对比

附件1公开了一种酒包装盒的外观设计（下称在先设计），用于酒的包装和装饰标识作用；本专利公开了一种标贴的外观设计，用于酒的装饰标识作用。在先设计与本专利均对酒类产品起到装饰标识的作用，用途相近似，属于相近类别的产品，故对二者的外观设计作如下对比：

本专利所示的标贴大致呈长方体形，底边呈内凹的弧形。主视图中部有一双线长方形框，中间有"帝一"字样，"帝一"下方有一"酒"字印章，印章下方有两行文字；主视图的上方有一方形，方形中间有"禾花雀"标识；主视图的左边有一排文字，右边有八个圆形紧密排列，每个圆形中间有一个文字。简要说明记载"平面设计产品，省略其他视图"（详见本专利附图）。

在先设计主视图所示倒放的包装盒中间有一长方形，该长方形中部有一双线长方形框，中间有"帝一"字样，"帝一"下方有一"酒"字印章，印章下方有两行文字；长方形框的上方有"禾花雀"标识，左方有一排文字，右方有四个圆形紧密排列，每个圆形中间有一个文字，圆形旁边有四个文字。其他视图有细小的文字、图案排列。简要说明记载"后视图与主视图相同，省略后视图；仰视图与主视图相同，省略仰视图"（详见在先设计附图）。

将本专利与在先设计相比较可知，二者的不同之处主要在于：（1）本专利为标贴，只公开了主视图，在先设计为包装盒，公开了六面视图；（2）本专利正面右边有八个圆形紧密排列，在先设计右边有四个圆形和四个文字紧密排列；（3）本专利上部"禾花雀"标识外有一方形，在先设计没有。合议组认为：（1）在购买和使用时，酒包装盒的主视图通常是一般消费者的视觉瞩目部分，该部分的设计通常对整体视觉效果更具有显著的影响，本专利标贴和包装盒的区别也是由于本专利标贴仅仅采用了标贴类产品惯常为平面的设计导致的，因此，其他视图的差别对判断二者是否相同相近似没有显著的影响；（2）本专利与在先设计主视图的差别在产品外观设计中所占的视觉比例较小，其区别属于局部细微的变化，对整体视觉效果不具有显著的影响。因此，合议组认定，本专利与在先设计属于相近似的外观设计。

综上所述，合议组认为，在本专利申请日以前已有与其相近似的外观设计在出版物上公开发表过，所以，本专利不符合专利法第 23 条的规定。

鉴于已经得出本专利不符合专利法第 23 条规定的结论，合议组对请求人提出的其他证据不再进行评述。

三、决定

宣告 200830002072.5 号外观设计专利权全部无效。

当事人对本决定不服的，可以根据专利法第 46 条第 2 款的规定，自收到本决定之日起三个月内向北京市第一中级人民法院起诉。根据该款的规定，一方当事人起诉后，另一方当事人作为第三人参加诉讼。

主视图

本专利附图

主视图

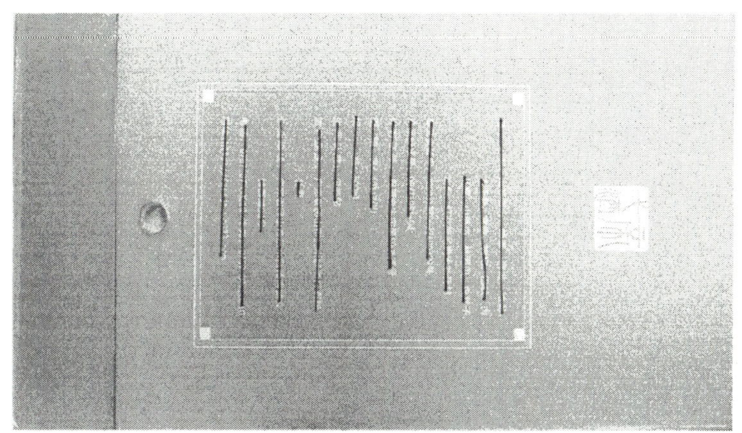

俯视图

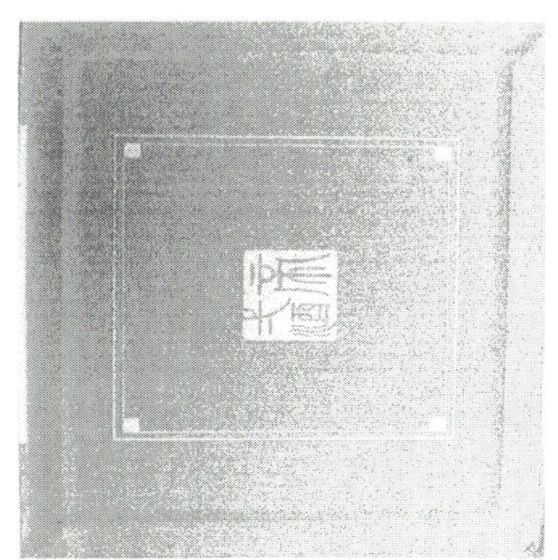

右视图

左视图

在先设计附图

529

包装盒（帝一酒）

无效宣告请求审查决定（第 14197 号）

决　定　号　第 14197 号
决　定　日　2009 年 11 月 19 日
发明创造名称　包装盒（帝一酒）
外观设计分类号　09-03
无效宣告请求人　苏应海
专　利　权　人　香港帝一酒业亚洲有限公司
专　利　号　200830002071.0
申　请　日　2008 年 1 月 21 日
授权公告日　2009 年 5 月 6 日
合议组组长　张雪飞
主　审　员　沙柏青
参　审　员　李巍巍
附　图　2 页

法律依据　专利法第 23 条
决定要点

本专利与在先设计的差别在产品外观设计中所占的视觉比例较小，属于局部细微的变化，对整体视觉效果不具有显著的影响。在二者整体造型、各部分形状及色彩等均基本相同的情况下，对于其整体而言，局部细微的变化不会对整体视觉效果产生显著的影响，一般消费者容易将二者混同、误认。因此，合议组认定，本专利与在先设计属于相近似的外观设计。

一、案由

本无效宣告请求案涉及国家知识产权局于 2009 年 5 月 6 日授权公告的，名称为“包装盒（帝一酒）”的外观设计专利，其专利号是 200830002071.0，申请日是 2008 年 1 月 21 日，专利权人是香港帝一酒业亚洲有限公司。

针对上述专利权（下称本专利），苏应海（下称请求人）于 2009 年 8 月 31 日向国家知识产权局专利复审委员会提出无效宣告请求，认为本专利不符合专利法第 23 条的规定，并提交了以下附件作为对比文件：

附件 1：200630177686.8 号外观设计专利电子公开文本打印件，共 1 页；

附件 2：200430045785.1 号外观设计专利电子公开文本打印件，共 1 页；

附件 3：本专利与附件 1、附件 2 的图形对比打印件，共 1 页。

请求人认为，本专利与附件 1 和附件 2 所示的外观设计属于同类别产品，外观设计极其相近似，容易使人在视觉上产生混淆，因此请求宣告本专利权无效。

经形式审查合格，专利复审委员会依法受理了上述无效宣告请求，并于 2009 年 9 月 3 日将无效宣告请求书及相关文件的副本转送给专利权人，通知其在指定的期限内答复。专利权人逾期未答复。

专利复审委员会于 2009 年 10 月 19 日向双方当事人发出合议组成员告知通知书，双方当事人在指定期限内均未对合议组成员提出回避请求。

在上述审理的基础上，合议组认为本案事实清楚，可以依法作出审查决定。

二、决定的理由

1. 法律依据

基于请求人提出的无效宣告请求的理由和证据，合议组依据专利法第 23 条的规定对本案进行审理。

专利法第 23 条规定："授予专利权的外观设计，应当同申请日以前在国内外出版物上公开发表过或者国内公开使用过的外观设计不相同和不相近似，并不得与他人在先取得的合法权利相冲突。"

2. 证据认定

请求人提交的附件 2 是 200430045785.1 号外观设计专利电子公开文本打印件，经核实该证据内容与其外观设计专利公报内容一致，其真实性可以确认。该外观设计专利产品名称为"酒包装盒"，其公开（公告）日为 2005 年 2 月 23 日，在本专利申请日（2008 年 1 月 21 日）之前，可以作为评价本专利是否符合专利法第 23 条的证据。

3. 外观设计相同和相近似对比

附件 2 公开了一种酒包装盒的外观设计（下称在先设计），与本专利的用途相同，属于相同类别的产品，具有可比性，故对二者的外观设计作如下对比：

本专利所示的包装盒形状大致呈长方体形，主体为红色。主视图中间有一黄色长方形，从顶部延伸至中下部；该黄色长方形中部有一双线红色长方形框，中间有黑色"帝一"字样，其下方有一红色"酒"字印章，印章下方有两行黑色文字；双线红色长方形框的上方有一"禾花雀"标识，左边有一排黑色文字，右边有八个内含文字的红色圆形紧密排列；黄色长方形下方有三行黄色文字。后视图除双线红色长方形框的上方为"帝壹"外，其他均与主视图相同。左视图中间有一方框，中间有若干行文字，方框上方有一近似正方形的印章图案。右视图除文字外与左视图基本相同。俯视图中间有一正方形方框，方框中间有一近似正方形的印章图案。仰视图有一条形码。简要说明记载"外观设计产品包含色彩"（详见本专利附图）。

在先设计所示倒放的包装盒形状大致呈长方体形，主体为红色。主视图中间有一黄色长方形，从顶部延伸至中下部；该黄色长方形中部有一双线红色长方形框，中间有黑色"帝一"字样，其下方有一红色"酒"字印章，印章下方有两行黑色文字；双线红色长方形框的上方有一"禾花雀"标识，左方有一排黑色文字，右方有四个内含文字的红色圆形和四个文字紧密排列。俯视图中间有一方框，中间有若干行文字，方框旁边有一近似正方形的印章图案。右视图中间有一正方形方框，方框中间有一近似正方形的印章图案。简要说明记载"后视图与主视图相同，省略后视图；仰视图与主视图相同，省略仰视图"（详见在先设计附图）。

将本专利与在先设计相比较可知，二者的形状、图案、色彩基本相近似，不同之处主要在于：（1）本专利正面黄色长方形下方有三行文字，右边有八个内含文字的红色圆形紧密排列，在先设计黄色长方形下方没有文字，右边有四个内含文字的红色圆形和四个文字紧密排列；（2）在先设计侧面中下部有一小圆形孔，本专利没有。合议组认为，二者的差别在产品外观设计中所占的视觉比例较小，其区别属于局部细微的变化，对整体视觉效果均不具有显著的影响。在二者整体造型、各部分形状及色彩等均基本相同的情况下，对于其整体而言，局部细微的变化不会对整体视觉效果产生显著的影响，一般消费者容易将二者混同、误认。因此，合议组认定，本专利与在先设计属于相近似的外观设计。

综上所述，合议组认为，在本专利申请日以前已有与其相近似的外观设计在出版物上公开发表过，所以，本专利不符合专利法第 23 条的规定。

鉴于已经得出本专利不符合专利法第 23 条规定的结论，合议组对请求人提出的其他证据不再进行评述。

三、决定

宣告 200830002071.0 号外观设计专利权全部无效。

当事人对本决定不服的，可以根据专利法第 46 条第 2 款的规定，自收到本决定之日起三个月内向北京市第一中级人民法院起诉。根据该款的规定，一方当事人起诉后，另一方当事人作为第三人参加诉讼。

主视图

后视图

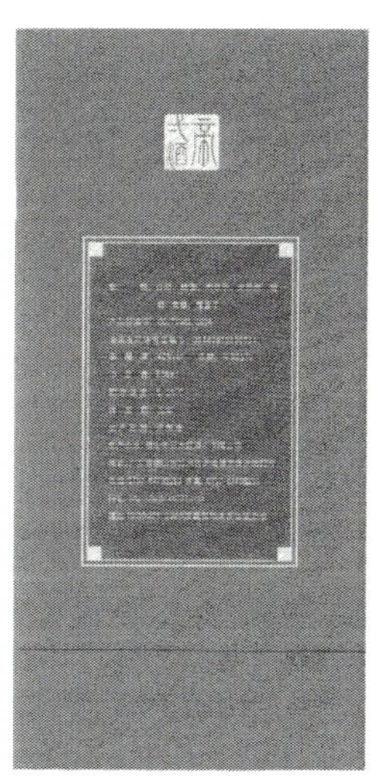
左视图

右视图

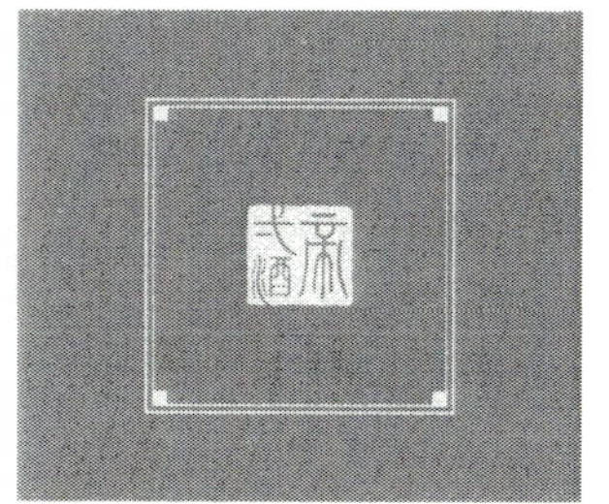
俯视图

仰视图

本专利附图

主视图

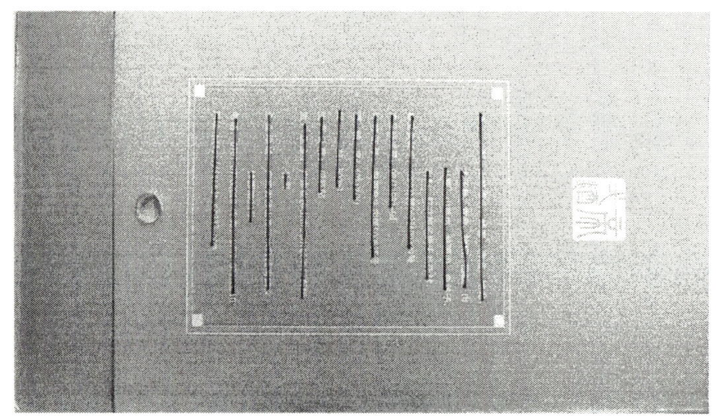

俯视图

右视图

左视图

在先设计附图

530

包装盒（蚊香用）

无效宣告请求审查决定（第14199号）

决　　定　　号　第14199号
决　　定　　日　2009年11月27日
发明创造名称　包装盒（蚊香用）
外观设计分类号　09-03
无效宣告请求人　厦门丽斯达进出口有限公司
专　利　权　人　骆建华
专　　利　　号　200330102800.7
申　　请　　日　2003年11月18日
授 权 公 告 日　2004年6月23日
合 议 组 组 长　何　炜
主　　审　　员　曹克浩
参　　审　　员　葛永奇
附　　　　　图　2页

法　律　依　据　专利法第23条
决　定　要　点

如果一般消费者经过对被比设计与在先设计的整体观察可以看出，二者的差别对于产品外观设计的整体视觉效果不具有显著的影响，从而对一般消费者产生相近性的视觉效果，则二者属于相近似的外观设计。

一、案由

本无效宣告请求案涉及国家知识产权局于2004年6月23日公告授予的、名称为“包装盒（蚊香用）”的200330102800.7号外观设计专利权（下称本专利），其申请日为2003年11月18日，专利权人为骆建华。

针对上述专利权，厦门丽斯达进出口有限公司（下称请求人）于2009年6月8日向专利复审委员会提出无效宣告请求，认为本专利不符合专利法第23条的规定，并提交了如下证据：

证据1：专利号为00328853.6的中国外观设计专利公报，该外观设计的名称为“包装盒（榄菊牌高级黑蚊香）”，授权公告号为CN3184824D，授权公告日为2001年5月2日，第127页复印件共1页；

证据2：中国外观设计专利公报第20卷第51号（总第858），封面、第906页和第915页，公告日为2004年12月22日，复印件共3页。

请求人认为：(1) 证据1中所列授权公告号为CN3184824D的外观设计（下称在先设计）主视图、左视图、俯视图、后视图均与本专利相同，故本专利不符合专利法第23条的规定；(2) 证据2显示在先设计的专利权因未缴纳专利年费而终止，本专利属于将已终止的专利权重复申请并恶意主张专利权的行为。

经形式审查合格后，专利复审委员会受理了上述请求，于2009年7月9日向双方当事人发出《无效宣告请求受理通知书》，并将《专利权无效宣告请求书》及其附件清单中所列文件的副本转送给专利权人，要求其在指定的期限内答复，同时成立合议组对本无效请求案进行审理。

专利权人没有针对专利复审委员会于2009年7月9日发出的《无效宣告请求受理通知书》作出答复。

2009年9月15日，本案合议组向双方当事人发出《无效宣告请求口头审理通知书》，定于2009年10月21日对本无效宣告请求案进行口头审理。

针对合议组发出的《无效宣告请求口头审理通知书》，请求人于2009年9月21日向专利复审委员会提交了口头审理通知书回执，表示因故不能参加口头审理。专利权人未提交口头审理通知书回执。

2009年10月21日，请求人和专利权人均没有参加口头审理，也没有针对《无效宣告请求口头审理通知书》作出书面答复。

至此，合议组认为本案事实已经清楚，可以作出审查决定。

二、决定的理由

1. 法律依据

基于请求人提出的无效理由，合议组依据专利法第23条对本案进行审理。

专利法第23条规定：授予专利权的外观设计，应当同申请日以前在国内外出版物上公开发表过或者国内公开使用过的外观设计不相同和不相近似，并不得与他人在先取得的合法权利相冲突。

2. 证据认定

由于证据2以及请求人依据证据2提出的无效宣告理由不属于专利法实施细则第64条第2款规定的无效宣告请求的理由，因此合议组对证据2以及依据证据2提出的无效宣告理由不予考虑。

鉴于专利权人没有对证据1提出过质疑，且经合议组核实，证据1所示专利号为00328853.6、授权公告号为CN3184824D、授权公告日为2001年5月2日的中国外观设计专利信息真实，其公开于本专利的申请日之前，证据1属于本专利申请日之前的公开出版物。因此，证据1所示授权公告号为CN3184824D的中国外观设计专利可作为在先设计用于评价本专利是否符合专利法第23条的规定。

3. 相同相近似判断

本专利和在先设计均为蚊香用包装盒的外观设计，二者用途相同，属于相同类别的产品，具有可比性。

本专利未要求保护色彩，省略了与俯视图对称的仰视图以及与左视图对称的右视图。本专利与在先设计均具有以下特征：(1) 整体为正方形扁状盒子；从主视图和后视图看均为正方形。主视图的右侧为占主视图约2/3面积的黄色背景，在黄色背景上具有蓝色的蚊香图案，左侧为占主视图约1/3面积的蓝色背景，蓝色背景上具有胶囊状标记。在主视图上部的蓝黄背景相接处具有由两条横线隔开的黄色文字，在主视图下部的蓝黄背景相接处有红白相间的圆形菊花图案。(2) 后视图全部为蓝色背景，其中左上方具有与主视图相类似的由两条横线隔开的黄色文字。后视图的中部直至底部区域具有白色的多行文字，后视图的右下方具有白色的条形扫描码。(3) 俯视图和左视图相同，具有依次为黄、蓝、黄色的条状背景，其中中间的蓝色背景上具有两行黄色的文字。

本专利与在先设计的区别在于：（1）本专利在主视图、后视图、俯视图、左视图中的文字均为英文，不包含中文，而在先设计在本专利上述视图的相应位置的文字为中文和英文；（2）本专利主视图中的胶囊状标记为红色背景，其中包含白色的“H. Y”字样，并同时出现在后视图中部文字的句首。而在先设计的主视图中的胶囊状标记为蓝色背景，其中包含白色的“新配方”字样；（3）相对于本专利，在先设计的主视图左下方具有椭圆形标志，内有“5 双盘装”字样，并且在主视图右上部位、后视图右上部位、俯视图的右上部位以及左视图的上部均有蚊子图案；（4）在先设计的后视图的条形扫描码上方具有菊花图案，而本专利后视图的菊花图案出现在右上方。

合议组认为：对于区别（1）和（2），由于本专利未要求保护色彩，合议组对色彩差异不予考虑；且文字的字音和字义不属于外观设计专利保护的内容，在比较两外观设计是否相近似时仅将文字作为图案要素予以考虑。上述文字的整体布局、相应部位文字的大小和粗细十分接近，虽然本专利主、后视图中为英文文字，在先设计的相应位置中为中英文混排的文字，但是上述区别相对于包装盒的整体形状和文字的整体排布方式属于局部细微的改变，不能引起一般消费者视觉上的注意，不能使两者在整体视觉效果上产生明显的差异。对于区别（3），由于在先设计的“5 双盘装”文字和蚊子图案占产品整体部分的面积很小，同样不会引起一般消费者的显著注意；对于区别（4），本专利后视图仅仅是改变了菊花图案的位置，并未改变其形状和图案，这种位置的改变相对于包装盒的整体形状与图案而言，也只是局部细微的改变，不能使两者在整体视觉效果上产生明显的差异。

根据上述对比，二者产品用途和功能完全相同，二者在立体形状、整体布局和结构设计上均是相同的，从而对一般消费者产生相近似的视觉效果，因此，合议组根据整体观察、综合判断的原则，认定在先设计构成与本专利相近似的外观设计。

综上所述，本专利与申请日之前公开发表的在先设计相近似，因此不符合专利法第 23 条的规定。

基于以上事实和理由，本案合议组作出如下审查决定。

三、决定

宣告 200330102800.7 号外观设计专利权无效。

当事人对本决定不服的，可以根据专利法第 46 条第 2 款的规定，自收到本决定之日起三个月内向北京市第一中级人民法院起诉。根据该款的规定，一方当事人起诉后，另一方当事人作为第三人参加诉讼。

主视图

后视图

立体参考图

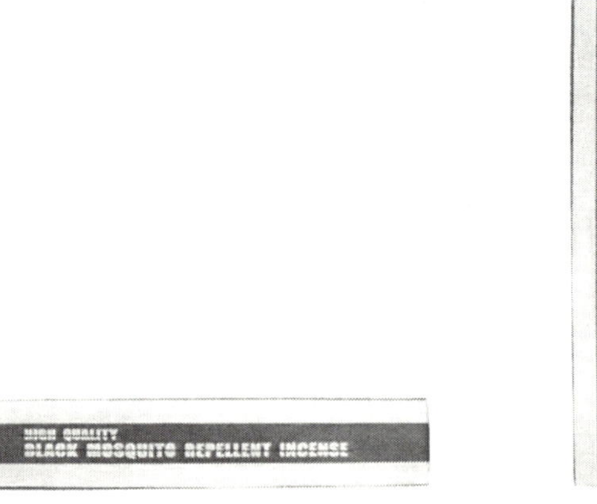

俯视图　　左视图

本专利附图

主视图

后视图

俯视图

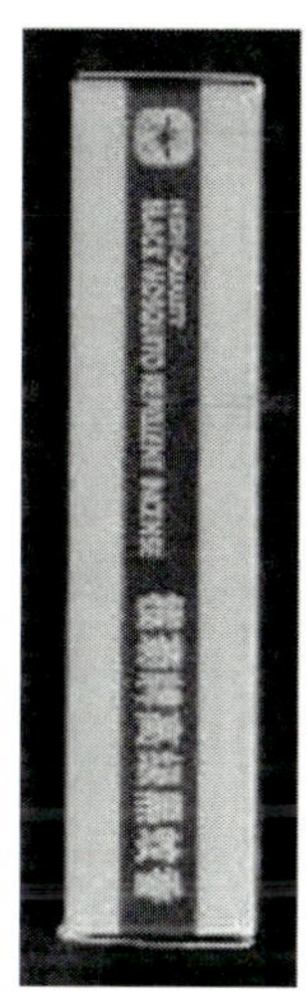

左视图

证据 1 附图

531

笔

无效宣告请求审查决定（第14201号）

决　定　号 第14201号
决　定　日 2009年11月30日
发明创造名称 笔
外观设计分类号 19-06
无效宣告请求人 张　昆
专　利　权　人 林　勇
专　利　号 200630159424.9
申　请　日 2006年11月29日
授权公告日 2007年11月28日
合议组组长 吴大章
主　审　员 张雪飞
参　审　员 沙柏青
附　　图 2页

法　律　依　据 专利法第23条
决　定　要　点

本专利和在先设计的不同点均属于局部细微差别和因本专利的常规简化设计而导致的差别，均对二者的整体视觉效果不具有显著的影响，因此二者应属于相近似的外观设计，本专利不符合专利法第23条的规定。

一、案由

本无效宣告请求涉及国家知识产权局于2007年11月28日授权公告的200630159424.9号外观设计专利，使用该外观设计的产品名称是“笔”，其申请日是2006年11月29日，专利权人是林勇。

针对上述外观设计专利权（下称本专利），张昆（下称请求人）于2009年7月16日向专利复审委员会提出无效宣告请求，其理由是本专利不符合专利法第23条的规定，并提交了如下证据附件：

证据1是授权公告日为2006年6月7日的200530111816.3号中国外观设计专利的公告文本复印件2页，其授权公告号为CN3534511D；

证据2是授权公告日为2006年9月13日的200530116093.6号中国外观设计专利的公告文本复印件3页，其授权公告号为CN3560864D。

请求人认为，证据1和证据2所示外观设计均与本专利相同或者相近似，应宣告本专利全部无效。

经形式审查合格，专利复审委员会受理了该无效宣告请求，并于2009年7月16日将请求人的无效宣告请求文件转送专利权人，通知其在指定期限内答复。

专利权人于2009年8月26日提交了意见陈述书，认为请求人对于相关设计的特征描述和对比逻辑错误，结论错误，证据1和证据2所示外观设计均与本专利存在多处明显区别，均不构成相同或者相近似的外观设计，本专利应予维持。

专利复审委员会于2009年9月25日向双方当事人发出口头审理通知书，定于2009年10月27日进行口头审理；同时将专利权人的意见陈述转送请求人，告知其可在口头审理中当庭陈述意见。

口头审理如期举行，双方当事人均委托代理人出席。在口头审理中，请求人坚持原有主张，并当庭提交了多份中国外观设计专利文献作为参考材料，以说明笔类产品的相关公知设计。专利权人认可证据1和证据2本身的真实性，对于相同和相近似性的判断仍坚持原有观点。

在上述审理的基础上，合议组经合议，认为本案事实清楚，依法作出本审查决定。

二、决定的理由

基于请求人提出的无效宣告请求的理由和证据，合议组依据专利法第23条的规定进行审理。

专利法第23条规定："授予专利权的外观设计，应当同申请日以前在国内外出版物上公开发表过或者国内公开使用过的外观设计不相同和不相近似，并不得与他人在先取得的合法权利相冲突。"

请求人提交的证据1是授权公告日为2006年6月7日的200530111816.3号中国外观设计专利的公告文本复印件，其授权公告号为CN3534511D；专利权人认可其真实性。经合议组核实，其内容真实，确系在本专利申请日以前公开的中国外观设计专利文献，可作为适用于专利法第23条所规定的证据。

该200530111816.3号中国外观设计专利文献公开了一款笔的外观设计（下称在先设计）。从图片上观察，在先设计主要由近似长圆柱形的笔身、近似圆锥形的笔头、近似长方形的条形笔夹和近似长圆柱形的软管等部分组成；其中笔身下半部沿纵向密布凹槽；软管一端连接在笔身末端，另一端连接有近似圆柱形的部件（详见在先设计附图）。

本专利同样是笔的外观设计，主要由近似长圆柱形的笔身、近似圆锥形的笔头、近似长方形的条形笔夹和近似长圆柱形的软管等部分组成；其中笔身上半部一侧沿纵向排列两个近似圆形的部件；软管一端连接在靠近笔身末端的一侧，另一端连接有近似圆柱形的部件（详见本专利附图）。

合议组认为：本专利和在先设计均为笔的外观设计，用途相同，属于相同类别的产品，具有可比性。

将本专利与在先设计相比较，其主要的不同点为：二者在笔身结合部的环槽设计、笔夹的具体形状设计、软管的连接部位及长短设计和笔身上的圆形部件及凹槽设计等方面有所不同。合议组认为：从整体视觉观察，虽然二者存在不同点，但除了本专利较在先设计在笔身下半部明显缺少纵向凹槽的设计差别外，其他不同点相对于笔的整体外观设计而言均属于局部的细微变化，均对二者的整体视觉效果不具有显著的影响；同时二者在笔身下半部纵向凹槽上的设计差别是基于本专利的常规简化设计而导致的，且属于本专利在该部位采用了笔类产品中传统的光滑笔身而产生的，因此对二者的整体视觉效果亦不具有显著的影响，从而合议组认定，二者应属于相近似的外观设计。

综上所述，在本专利申请日以前已有与其相近似的外观设计在出版物上公开发表过，本专利不符合专利法第23条的规定。

鉴于已得出上述结论，本决定对请求人提出的其他证据不再予以评述。

三、决定

宣告200630159424.9号外观设计专利权全部无效。

当事人对本决定不服的，可以根据专利法第46条第2款的规定，自收到本决定之日起三个月内向北京市第一中级人民法院起诉。根据该款的规定，一方当事人起诉后，另一方当事人作为第三人参加诉讼。

仰视图

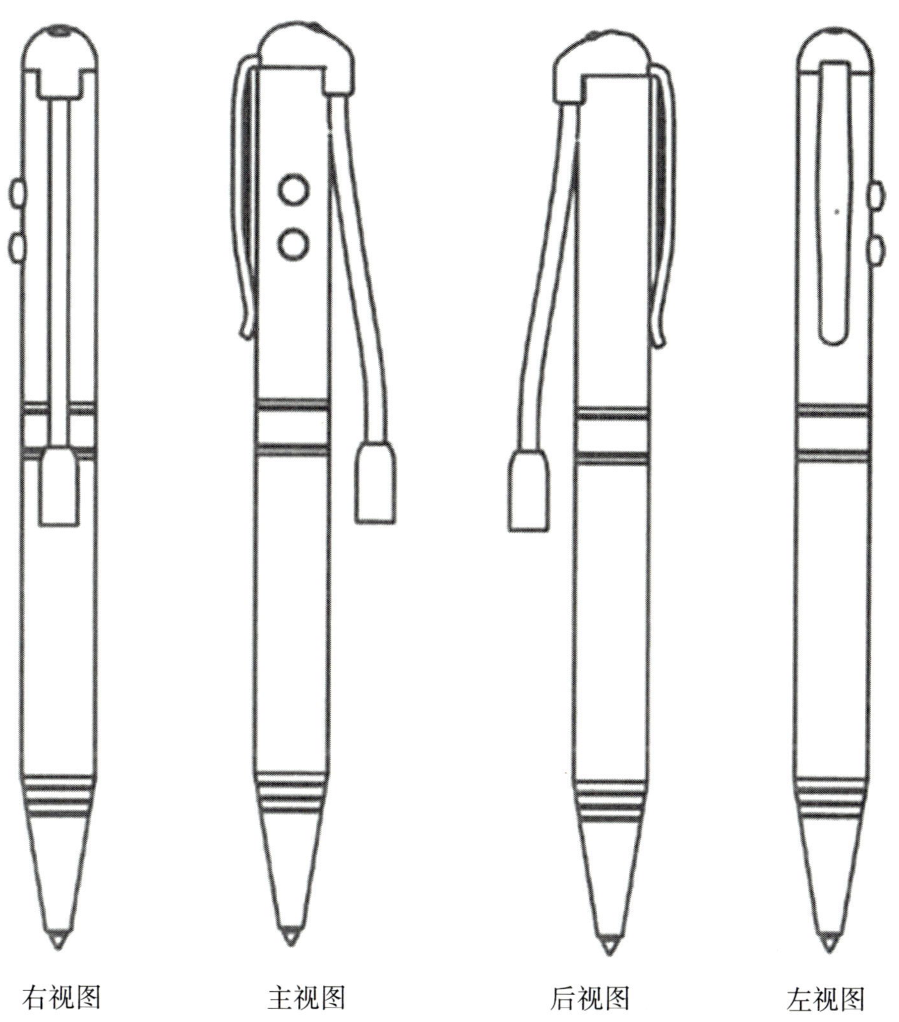

俯视图

本专利附图

仰视图

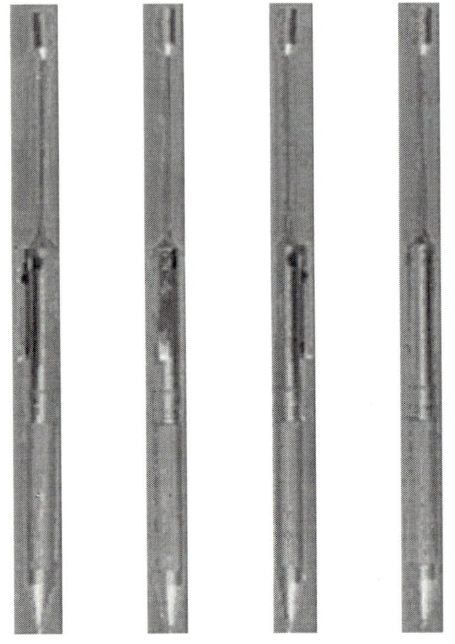

右视图　主视图　左视图　后视图

俯视图

立体图

使用状态参考图 1

使用状态参考图 2

使用状态参考图 3

使用状态参考图 4

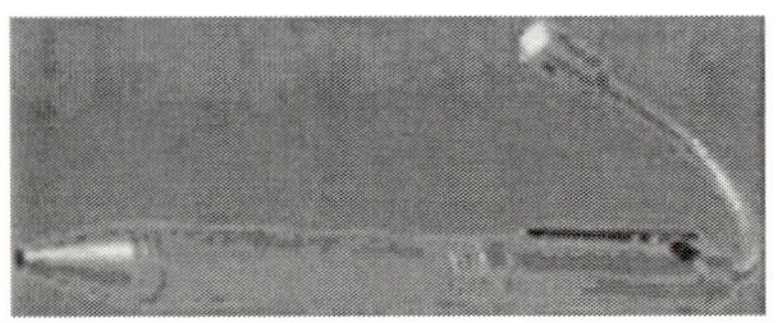

使用状态参考图 5

在先设计附图

532

风嘴（可调式）

无效宣告请求审查决定（第14202号）

决　定　号　第14202号
决　定　日　2009年12月1日
发明创造名称　风嘴（可调式）
外观设计分类号　23-04
无效宣告请求人　东莞市科达机电设备有限公司
专　利　权　人　伦　仔
专　利　号　200630057639.X
申　请　日　2006年4月10日
授权公告日　2007年2月14日
合议组组长　李巍巍
主　审　员　钟　华
参　审　员　王美芳
附　图　2页

法律依据　专利法第23条
决定要点

在先生效判决已经认定本专利与在其申请日前国内生产的被控侵权产品近似，则本专利不符合专利法第23条的规定。

一、案由

本无效宣告请求涉及国家知识产权局于2007年2月14日授权公告的名称为"风嘴（可调式）"的200630057639.X号外观设计专利（下称本专利），其申请日为2006年4月10日，专利权人为伦仔。

针对本专利，东莞市科达机电设备有限公司（下称请求人）于2009年5月18日向专利复审委员会提出无效宣告请求，其理由是在本专利申请日前，请求人已经将与本专利所保护的外观设计相近似的产品在国内大量销售和使用，该使用得到了专利权人的认可并经人民法院认定，同时本专利与请求人在先的著作权冲突，因此本专利不符合专利法第23条的规定。请求人同时提交如下附件作为证据：

附件1：国家知识产权局网站上下载的本专利电子公告文本1页；

附件2：作登字为19-2005-L0011号的版权登记证书复印件1页；

附件3：广东省东莞市中级人民法院（2007）东中法民三初字第93号民事判决书复印件13页；

附件 4：科瑞来产品宣传页复印件 7 页。

经形式审查合格，专利复审委员会依法受理了上述无效宣告请求，并于 2009 年 7 月 24 日将无效宣告请求书及相关文件的副本转给专利权人，要求其在指定的期限内答复。上述发送给专利权人的信件被退回，专利复审委员会随后对其公告送达，专利权人一直未进行答复。

2009 年 8 月 3 日，专利复审委员会向双方当事人发出口头审理通知书，定于 2009 年 9 月 16 日举行口头审理。上述发送给专利权人的口头审理通知书被退回。2009 年 8 月 19 日，专利复审委员会重新向双方当事人发出口头审理通知书，同时对专利权人公告送达，定于 2009 年 11 月 18 日进行口头审理。

2009 年 11 月 18 日口头审理如期举行，请求人委托了代理人参加本次口头审理。专利权人缺席本次口头审理。在口头审理中，合议组当庭告知请求人附件 2 和附件 4 在上一次无效宣告请求中审理过，依据专利法实施细则第 65 条第 2 款的规定，合议组对附件 2 和附件 4 不再予以审理。请求人当庭提交了附件 3 的原件，合议组当庭告知请求人鉴于附件 3 所述生效判决中并未认定本专利与在先权利相冲突，因此依据专利法实施细则第 65 条第 3 款的规定，对请求人提出的本专利与在先著作权相冲突的理由不予审理，请求人随即表示放弃该无效宣告理由。在此基础上，请求人就附件 3 证明与本专利相近似的外观设计在国内公开使用过进行了充分的意见陈述。

至此，合议组认为本案事实已经调查清楚，可以作出如下审查决定。

二、决定的理由

1. 法律依据

专利法第 23 条规定：“授予专利权的外观设计，应当同申请日以前在国内外出版物上公开发表过或者国内公开使用过的外观设计不相同和不相近似，并不得与他人在先取得的合法权利相冲突。”

2. 证据的认定

附件 3 为广东省东莞市中级人民法院（2007）东中法民三初字第 93 号民事判决书，请求人当庭提交了附件 3 的原件，经合议组核实原件与复印件一致，故附件 3 可以作为本案的定案依据。

3. 本专利是否符合专利法第 23 条的规定

附件 3 第 7 页“本院认为”部分认定：“……科达公司主张被控侵权产品一（详见被控侵权产品附图）系自 2002 年开始生产，伦仔（即本案专利权人）也确认其自 2002 年即开始为科达公司加工被控侵权产品，双方当事人的上述陈述亦与科达公司产品简介及工程安装实例图片集附图相印证，故可认定被控侵权产品一在本专利（即本案专利，详见本专利附图）申请日之前即已公开成为公知设计。科达公司依照公知设计生产被控侵权产品一，虽然与本专利外观相近似……”可见，在先生效判决已经认定本专利与在其申请日前国内生产的被控侵权产品近似，因此在没有相反证据足以推翻该认定结果的情况下，应认定本专利不符合专利法第 23 条的规定。

鉴于已经得出本专利不符合专利授权条件的结论，合议组对请求人的其他理由和证据不再予以评述。

三、决定

根据专利法第 23 条的规定，宣告 200630057639. X 号外观设计专利权全部无效。

根据专利法第 46 条第 2 款的规定，当事人对本决定不服的，自收到本决定之日起三个月内向北京市第一中级人民法院起诉，根据该款规定，一方当事人起诉后，另一方当事人作为第三人参加诉讼。

主视图

后视图

左视图

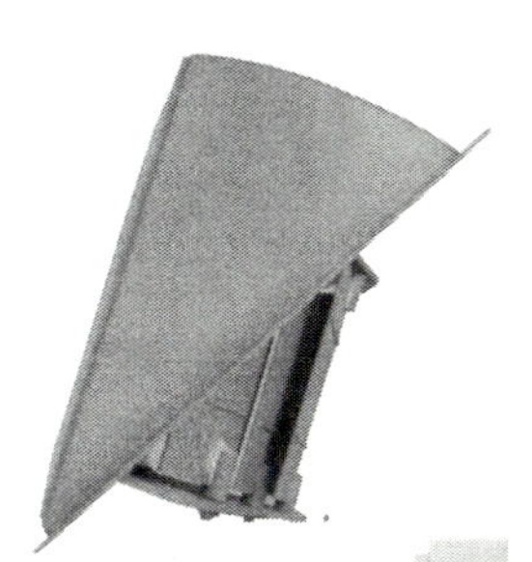

右视图

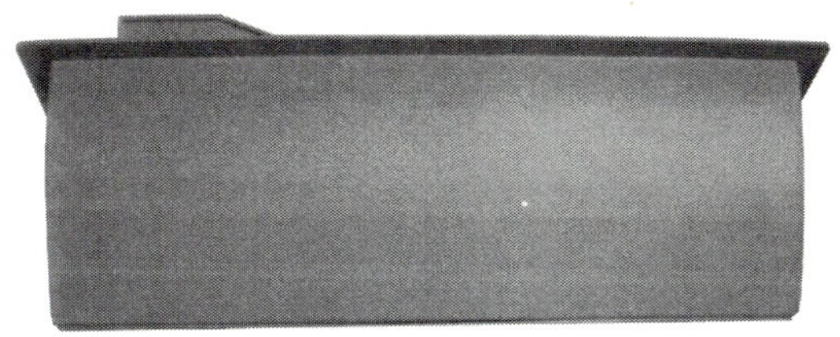

俯视图

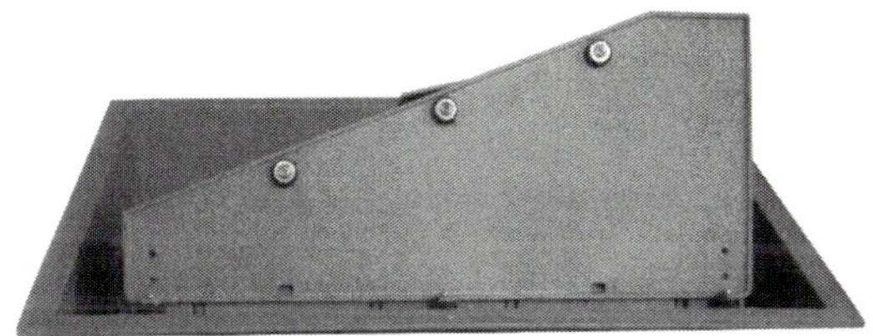

仰视图

立体图

本专利附图

主视图

后视图

左视图

右视图

俯视图

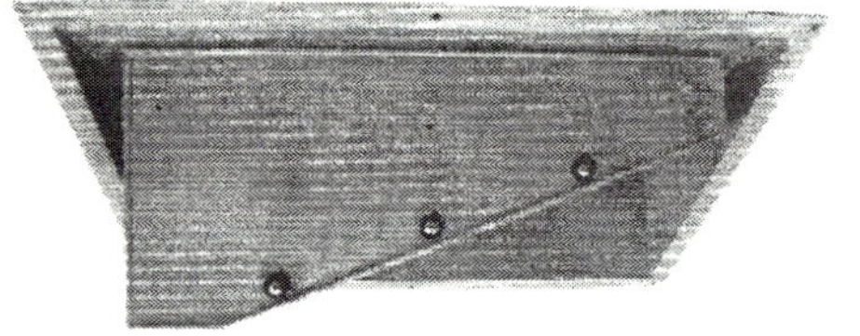

仰视图

立体图

被控侵权产品附图

533

电熨斗（7564）

无效宣告请求审查决定（第14203号）

决　　定　　号　第14203号
决　　定　　日　2009年12月1日
发明创造名称　电熨斗（7564）
外观设计分类号　07-05
无效宣告请求人　上海红心器具有限公司
专　利　权　人　厦门灿坤实业股份有限公司
专　　利　　号　03312063.3
申　　请　　日　2003年1月14日
授权公告日　2003年8月20日
合议组组长　张雪飞
主　　审　　员　尹春霞
参　　审　　员　王　红
附　　　　图　2页

法　律　依　据　专利法第23条
决　定　要　点

本专利与在先设计的差别对于其整体而言主要为局部细微变化，不足以对整体视觉效果产生显著影响。由于二者的整体造型、各组成部分在整体中的相对位置及形状基本相同，已形成了相近似的整体视觉印象，因此，二者属于相近似的外观设计，本专利不符合专利法第23条的规定。

一、案由

本无效宣告请求涉及国家知识产权局于2003年8月20日授权公告的03312063.3号外观设计专利，使用该外观设计的产品名称是“电熨斗（7564）”，其申请日是2003年1月14日，专利权人是厦门灿坤实业股份有限公司。

针对上述外观设计专利权（下称本专利），上海红心器具有限公司（下称请求人）于2009年7月13日向专利复审委员会提出无效宣告请求，其依据的事实和理由是：本专利不符合专利法第23条及专利法实施细则第13条第1款的规定，应予宣告无效。请求人同时提交了如下附件作为证据：

附件1：01359374.9号外观设计专利电子公告文本打印件，共1页；

附件2：00309749.8号外观设计专利电子公告文本打印件，共1页；

附件3：02306063.8号外观设计专利电子公告文本打印件，共1页；

附件4：00314146.2号外观设计专利电子公告文本打印件，共1页；

附件5：00309525.8号外观设计专利电子公告文本打印件，共1页；

附件6：03312065.X号外观设计专利电子公告文本打印件，共1页。

请求人认为：本专利与附件1~5均是电熨斗的外观设计，本专利与附件1~5的不同点仅在于把手尾部的形状略有不同，但属于局部细微差别，因此本专利不符合专利法第23条的规定，应予宣告无效；附件6是专利权人于同一天申请的电熨斗的外观设计，本专利与附件6不同点仅在于把手尾部的形状略有不同，但属于局部细微差别，因此本专利不符合专利法实施细则第13条第1款的规定，应予宣告无效。

专利复审委员会经形式审查合格后受理了该无效宣告请求，并于2009年7月13日将无效宣告请求受理通知书及请求人无效宣告请求文件的副本转送专利权人，通知其在指定期限内陈述意见，并告知专利权人如逾期不答复，不影响专利复审委员会的审理。

专利权人于2009年8月26日提交了意见陈述书。专利权人认为：本专利与附件1~6所示外观设计的形状、图案设计都存在着相当大的差异，视觉效果区别明显，不会使普通消费者产生误认和混淆，应维持本专利有效。

专利复审委员会于2009年10月9日向双方当事人发出无效宣告请求口头审理通知书，定于2009年11月16日进行口头审理。同时随口头审理通知书将专利权人的意见陈述转送请求人。

口头审理如期举行，双方当事人均委托代理人出庭。口头审理中，专利权人对附件1~6的真实性无异议，双方对本专利与附件1~6的相近似性进行了对比。请求人认为本专利与附件1~6仅在尾部形状略有不同；专利权人认为本专利与附件1~6在把手、机身的设计差别明显，特别是尾部造型有明显区别，因此本专利与上述外观设计既不相同也不相近似。

在双方当事人意见陈述及口头审理的基础上，合议组经合议，认为本案事实清楚，依法作出本审查决定。

二、决定的理由

1. 法律依据

基于请求人提出无效宣告请求所依据的事实和理由，合议组首先对本专利是否符合专利法第23条的规定进行审查。

专利法第23条规定："授予专利权的外观设计，应当同申请日以前在国内外出版物上公开发表过或者国内公开使用过的外观设计不相同和不相近似，并不得与他人在先取得的合法权利相冲突。"

2. 证据认定

请求人提交的附件1是01359374.9号外观设计专利电子公告文本打印件，授权公告日是2002年7月24日，早于本专利申请日（2003年1月14日），产品名称是"电熨斗（7852）"，经合议组核实，其内容属实，属于在本专利申请日前公开的出版物，可以作为评价本专利是否符合专利法第23条规定的证据。

3. 相同与相近似对比

附件1公开了一款"电熨斗"的设计（下称在先设计），本专利公开了一款"电熨斗"的外观设计，二者具有相同的用途，属于同一类别的产品，具有可比性，故对二者的外观设计作如下对比：

本专利包括主视图、后视图、左视图、右视图、俯视图与立体图，简要说明载明，省略其他视图。从整体观察，本专利由握把、机身及熨板组成。从整体观察，圆柱握把呈圆弧状，一端呈尖头，握把上靠近尖头处并列设置注水口及圆柱按钮，下方设置两个小凸起；机身整体大致呈扁立方体状，左端向内收呈尖头并与握把的尖头连接为一体，右端下方向上倾斜，机身上方、握把下方设置扁圆形调节钮，机身上半部、握把下半部均为半透明状；机身下部为熨板（详见本专利附图）。

在先设计包括主视图、左视图、右视图、俯视图、仰视图与立体图。从整体观察，在先设计由握把、机身及熨板组成。从整体观察，在先设计由握把、机身及熨板组成。从整体观察，圆柱握把呈圆弧状，一端呈尖头，握把上靠近尖头处并列设置注水口及圆柱按钮，下方为类似伞头状的凹陷形状；机身整体大致呈扁立方体状，左端向内收呈尖头并与握把的尖头连接为一体，右端下方向上倾斜，机身上方、握把下方设置扁圆形调节钮，机身上半部、握把下半部均为半透明状；机身下部为熨板（详见在先设计附图）。

将本专利与在先设计相比较，二者的相同点为：组成结构基本相同，均由握把、机身及熨板组成；各组成部分的形状及所占整体中的比例基本相同。两者的主要不同点为：握把尾部的圆弧程度略有不同，本专利握把尾部的圆弧程度略大，在先设计握把尾部的圆弧略呈直线；本专利注水口及圆柱按钮下方设置两个小凸起，在先设计此处为类似伞头状的凹陷形状；尾部设计略有不同；本专利机身上半透明部分延伸至尾端，在先设计此处距尾端有微小距离。合议组认为：根据整体观察，综合判断的原则，上述差别对于其整体而言为局部细微变化，不足以对整体视觉效果产生显著影响。此外，本专利未示出熨板底部设计，对此，合议组认为，熨板底部设计为视觉不易见的功能性设计，亦不足以对整体视觉效果产生显著影响。由于二者的整体造型、各组成部分在整体中的相对位置及形状基本相同，已形成了相近似的整体视觉印象，因此，二者属于相近似的外观设计，本专利不符合专利法第23条的规定。

鉴于已经得出本专利不符合专利法第23条的规定的结论，合议组对请求人提出的其他无效宣告理由及其他证据不再进行评述。

三、决定

宣告03312063.3号外观设计专利权全部无效。

当事人对本决定不服的，可以根据专利法第46条第2款的规定，自收到本决定之日起三个月内向北京市第一中级人民法院起诉。根据该款的规定，一方当事人起诉后，另一方当事人作为第三人参加诉讼。

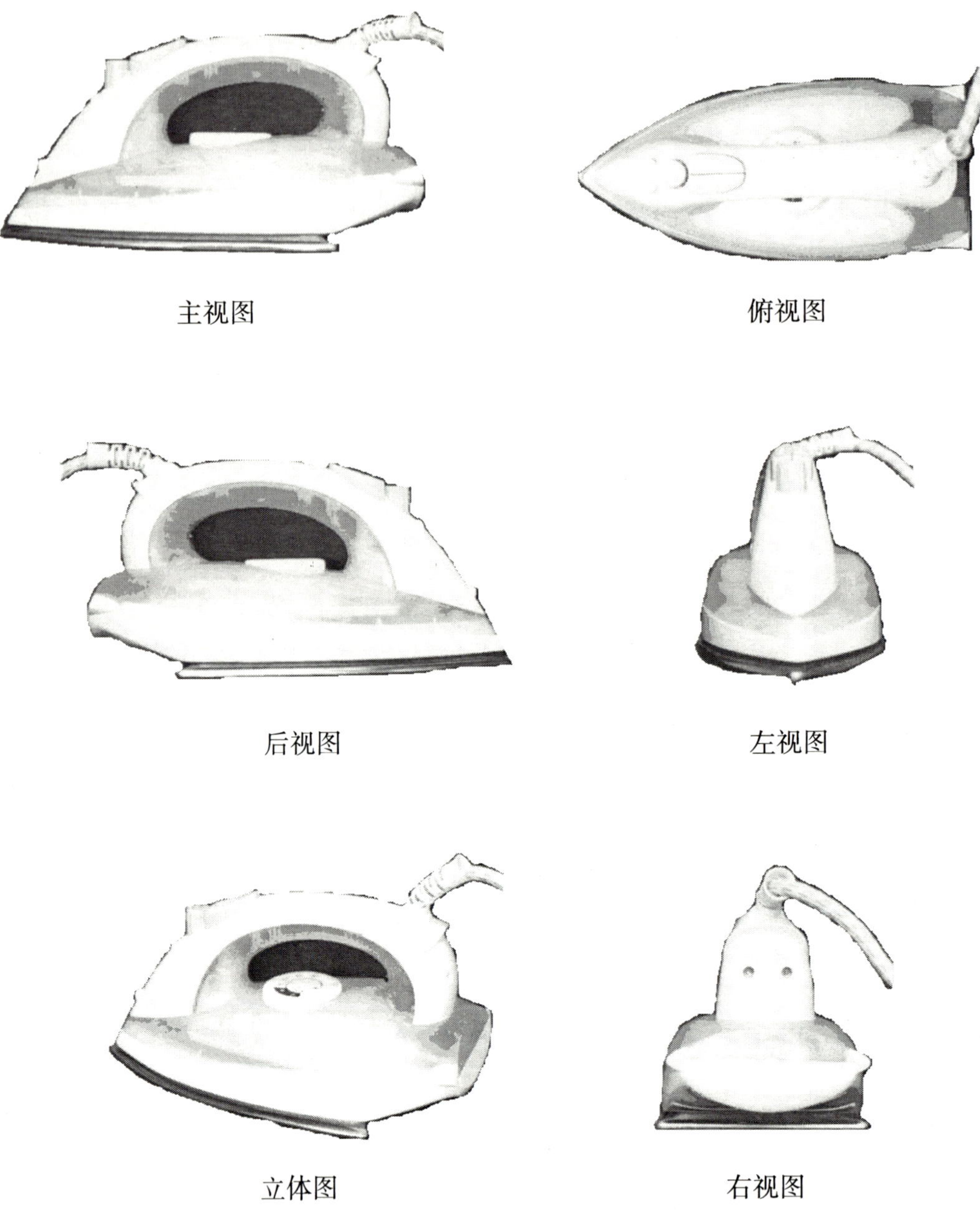

主视图 俯视图

后视图 左视图

立体图 右视图

本专利附图

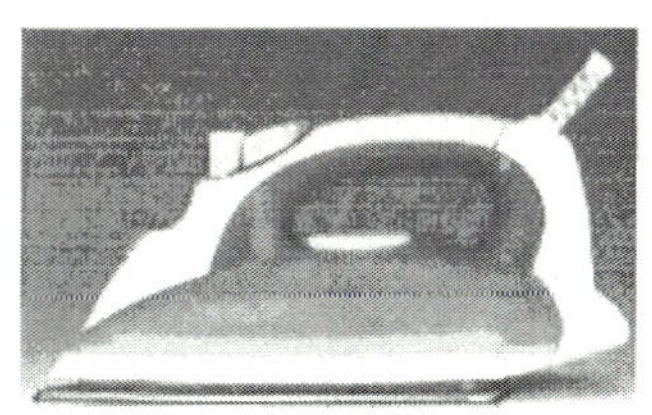

主视图

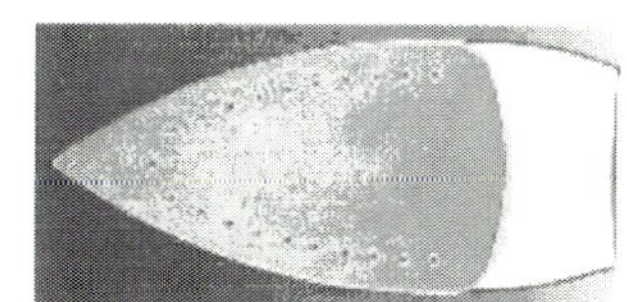

仰视图

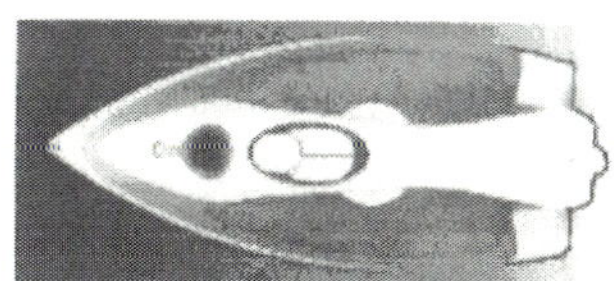

俯视图

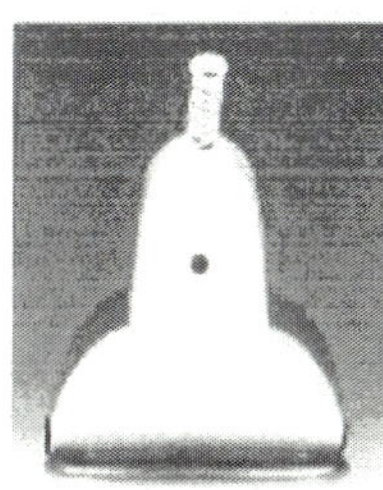

右视图

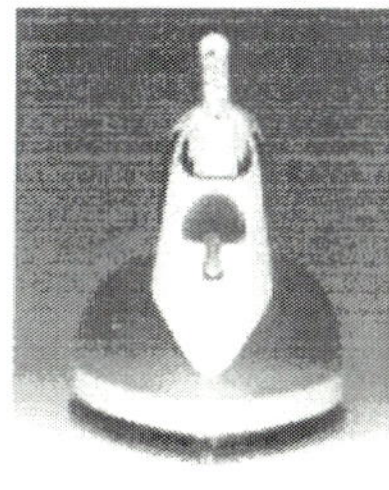

左视图

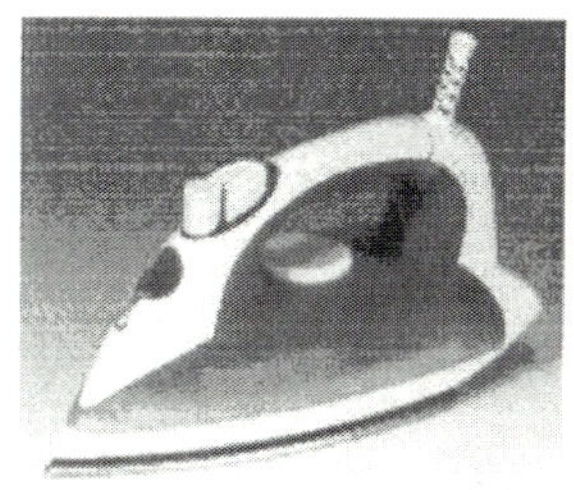

立体图

在先设计附图

534

办公椅椅脚（CP-643）

无效宣告请求审查决定（第14209号）

决　　定　　号　第14209号
决　　定　　日　2009年11月20日
发明创造名称　办公椅椅脚（CP-643）
外观设计分类号　06-06
无效宣告请求人　毛利强
专　利　权　人　杜亚伦
专　　利　　号　200630009721.5
申　　请　　日　2006年3月24日
授 权 公 告 日　2007年1月3日
合 议 组 组 长　王霞军
主　　审　　员　尹春霞
参　　审　　员　王　红
附　　　　　图　2页

法　律　依　据　专利法第23条
决　定　要　点

本专利与在先设计的差别相对于其整体而言或为使用状态下不易见的部位，或为局部细微差别，对于产品整体视觉效果不具有显著影响。因此本专利与在先设计属于相近似的外观设计。

一、案由

本无效宣告请求涉及国家知识产权局于2007年1月3日授权公告的200630009721.5号外观设计专利，使用该外观设计的产品名称是"办公椅椅脚（CP-643）"，其申请日是2006年3月24日，专利权人是杜亚伦。

针对上述外观设计专利权（下称本专利），毛利强（下称请求人）于2009年8月14日向专利复审委员会提出无效宣告请求，其依据的事实和理由是：本专利与在其申请日前出版物上公开发表的外观设计相近似，本专利不符合专利法第23条的规定，应予宣告无效。请求人同时提交了如下附件作为证据：

附件1：01348790.6号外观设计专利著录项目及图片复印件，共2页；

附件2：99342736.7号外观设计专利著录项目及图片复印件，共2页；

附件3：00330158.3号外观设计专利著录项目及图片复印件，共2页。

专利复审委员会经形式审查合格受理了该无效宣告请求，并于2009年9月3日将无效宣告请求书及其附件的副本转送专利权人，通知其在指定期限内陈述意见。

专利复审委员会成立合议组对本案进行审理，并于2009年10月9日向双方当事人发出《合议组成员告知通知书》，双方当事人在指定期限内均未对合议组成员提出回避请求。

专利权人于2009年10月12日提交意见陈述书，并提交如下附件作为反证：

反证1：94300410.1号外观设计专利著录项目及图片复印件，共1页；

反证2：01341251.5号外观设计专利著录项目及图片复印件，共1页；

反证3：03320709.7号外观设计专利著录项目及图片复印件，共1页；

反证4：200830145716.6号外观设计专利著录项目及图片复印件，共1页。

专利权人认为，如反证1~4所示，椅脚设计为五个条形支脚构成，支脚相隔角度相同，产品中小有圆形通孔是该类产品公认的惯常设计。从力学角度讲，只有这样的设计才符合椅子所要求的稳定性。因此，其余设计的变化便为主要设计要点，即图案要素的判断。对比本专利与附件1~3的外观设计可知，本专利与附件1~3既不相同，也不相近似，具有显著区别，应维持本专利有效。

在双方当事人意见陈述的基础上，合议组经合议，认为本案事实清楚，依法作出本审查决定。

二、决定的理由

1. 法律依据

基于请求人提出无效宣告请求所依据的事实和理由，合议组对本专利是否符合专利法第23条的规定进行审查。

专利法第23条规定："授予专利权的外观设计，应当同申请日以前在国内外出版物上公开发表过或者国内公开使用过的外观设计不相同和不相近似，并不得与他人在先取得的合法权利相冲突。"

2. 证据认定

请求人提交的附件1是01348790.6号外观设计专利电子公告文本打印件，授权公告日是2002年7月17日，早于本专利申请日（2006年3月24日），产品名称是"椅脚"，经合议组核实，其内容属实，属于在本专利申请日前公开的出版物，可以作为评价本专利是否符合专利法第23条规定的证据。

3. 相同相近似比较

附件1与本专利公开的都是椅脚的外观设计，二者用途相同，属于相同类别的产品，故将本专利与附件1所示的外观设计（下称在先设计）进行如下相同相近似对比。

本专利所示椅子底座呈五角星形，底座中心为圆形通孔，自底座中心向外延伸出5个略带弧度的支脚，各支脚在中部向内收，各支脚末端上表面有一段装饰性内凹槽（详见本专利附图）。

在先设计所示底座呈五角星形，底座中心为圆形通孔，自底座中心向外延伸出5个略带弧度的支脚，各支脚在中部向内收（详见在先设计附图）。

将本专利与在先设计相比，二者的整体形状基本相同，均是底座中心为通孔，自底座中小向外延伸出5个略带弧度的支脚，各支脚在中部均向内收。二者的主要不同点在于：本专利的通孔在底座下方向下延伸的略长；本专利支脚的弧度比在先设计支脚的弧度略大；本专利各支脚末端上表面有一段装饰性内凹槽，在先设计无此设计。合议组认为，二者的上述差别相对于其整体而言或为使用状态下不易见的部位，或为局部细微差别，对于产品整体视觉效果不具有显著影响。因此本专利与在先设计应属于相近似的外观设计。此外，专利权人认为，椅脚设计为五个条形支脚构成，支脚相隔角度相同，产品中小有圆形通孔是该类产品公认的惯常设计，因此其余部分的设计变化应更具有显著影响，并提交了反证1~4支持其观点。对此合议组认为，仅凭反证1~4不能说明椅脚设计为五个条形支脚构成，支脚相隔角度相同，产品中心有圆形通孔是椅脚类产品公认的惯常设计，且专利权人提交的反证中所示椅脚形状与本专利差别明显，其不能说明本专利具体形状的外观为惯常设计，因此合议组对专利权人的主张不予支持。

鉴于上述已得出本专利与在先设计相近似的结论，本决定对请求人提交的其他证据不作评述。

综上所述，在本专利申请日以前已有与其相近似的外观设计在出版物上公开发表过，本专利不符合专利法第23条的规定。

三、决定

宣告200630009721.5号外观设计专利权全部无效。

当事人对本决定不服的，可以根据专利法第46条第2款的规定，自收到本决定之日起三个月内向北京市第一中级人民法院起诉。根据该款的规定，一方当事人起诉后，另一方当事人作为第三人参加诉讼。

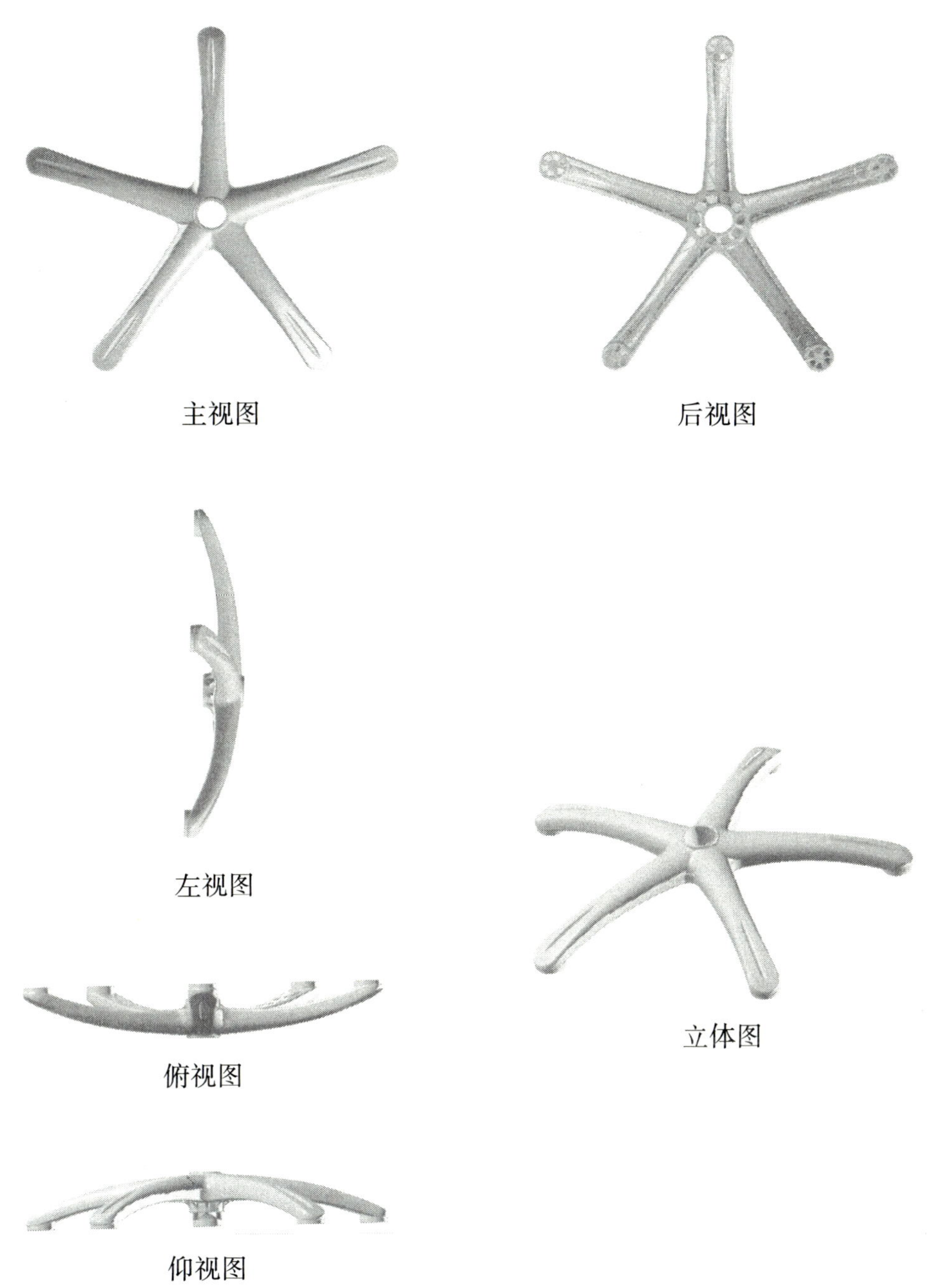

主视图　后视图

左视图　立体图

俯视图

仰视图

本专利附图

A-A 断面示意图

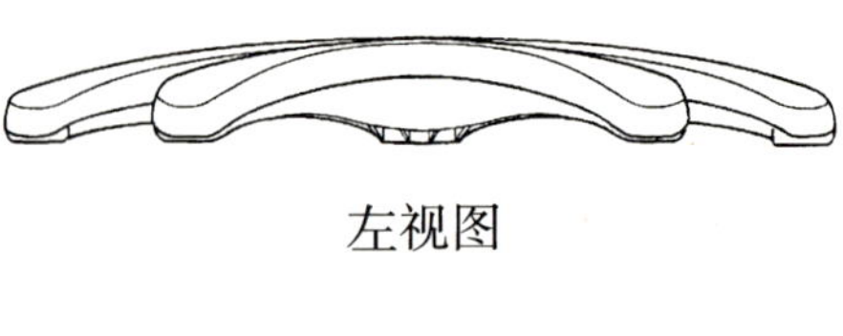

左视图

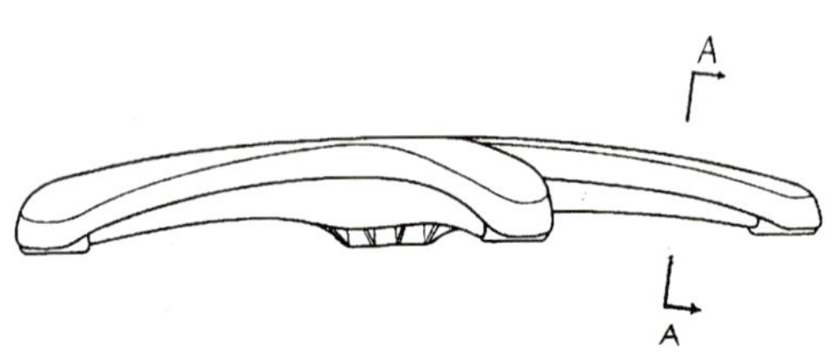

主视图

右视图

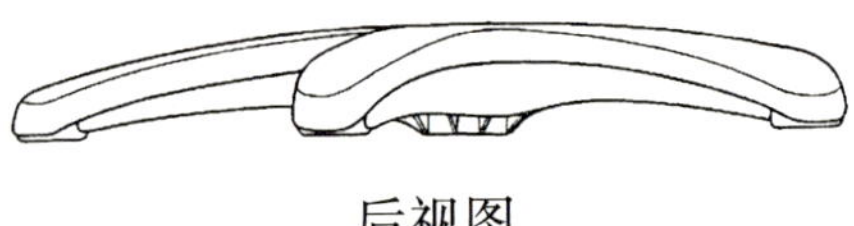

后视图

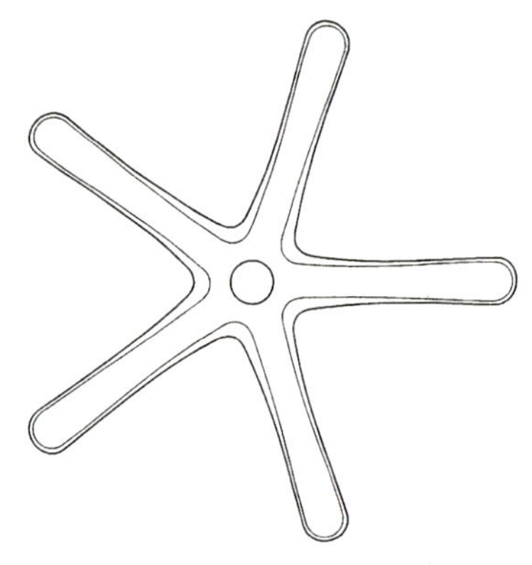

俯视图

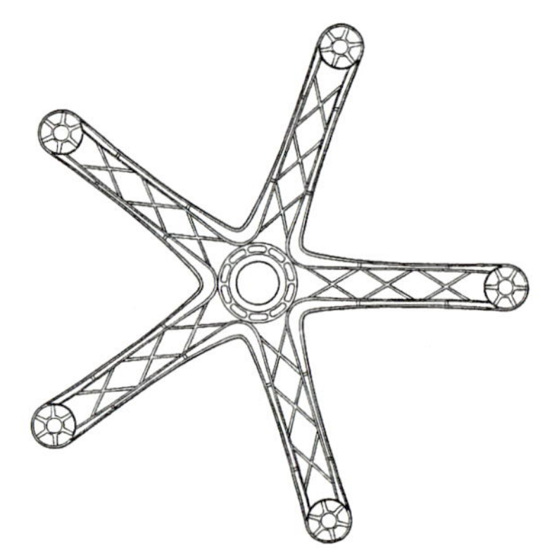

仰视图

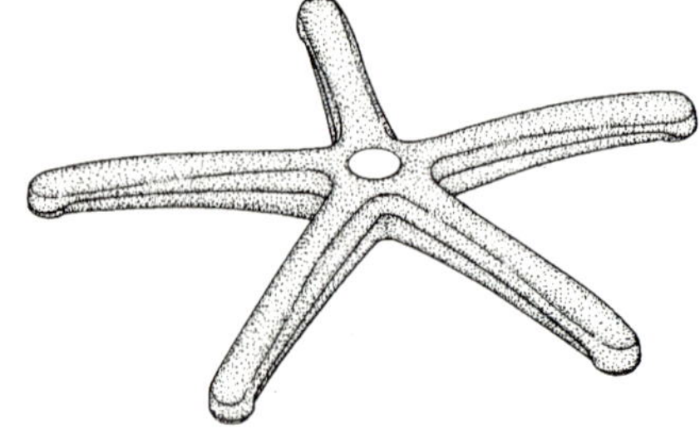

立体图

在先设计附图

535

拖　　鞋

无效宣告请求审查决定（第 14210 号）

决　　定　　号　第 14210 号
决　　定　　日　2009 年 11 月 23 日
发明创造名称　拖鞋
外观设计分类号　02-04
无效宣告请求人　鳄斯公司
专　利　权　人　福州荣利鞋业有限公司
专　　利　　号　200730138266.3
申　　请　　日　2007 年 2 月 7 日
授 权 公 告 日　2007 年 12 月 5 日
合 议 组 组 长　王霞军
主　　审　　员　尹春霞
参　　审　　员　王美芳
附　　　　　图　2 页

法　律　依　据　专利法实施细则第 2 条第 3 款，专利法第 23 条
决　定　要　点

本专利的视图为照片视图，因拍摄照片近大远小的原理导致部分视图间不是完全对应，但符合审查指南中关于视图提交规范的规定，可以适于工业应用，本专利符合专利法实施细则第 2 条第 3 款的规定。

本专利与在先设计的整体构成、各部分形状及在整体中所占比例均基本相同，其差别为局部细微变化，不会对整体视觉效果产生显著影响，二者应属于相近似的外观设计。

一、案由

本无效宣告请求涉及国家知识产权局于 2007 年 12 月 5 日授权公告的 200730138266.3 号外观设计专利，使用该外观设计的产品名称是“拖鞋”，其申请日是 2007 年 2 月 7 日，专利权人是福州荣利鞋业有限公司。

针对上述外观设计专利权（下称本专利），鳄斯公司（下称请求人）于 2009 年 7 月 20 日向专利复审委员会提出无效宣告请求，其依据的事实和理由是：本专利不符合专利法第 23 条及专利法实施细则第 2 条第 3 款的规定，应予宣告无效。请求人同时提交了如下附件作为证据：

附件 1：200430109579.2 号外观设计专利公报复印件，共 1 页；

附件2：本专利电子公开文本打印件，共2页。

请求人认为：本专利各视图之间存在矛盾，导致本专利的保护对象不能确定，任何人均无法按照本专利的视图制造出相应的产品，无法将其应用于产业，更谈不上批量生产，该设计不是适于工业应用的设计，因此本专利不符合专利法实施细则第2条第3款的规定。此外，本专利与附件1所示外观设计的用途相同，且附件1的公开日在本专利申请日之前，可以构成本专利的在先设计。二者在鞋子设计的整体形状，上表面的形状，小孔数量、排列等均相同，二者的不同之处对产品外观设计的整体视觉效果没有显著影响，二者属于相近似的外观设计，因此本专利不符合专利法第23条的规定。

专利复审委员会经形式审查合格受理了上述无效宣告请求，并于2009年8月14日将无效宣告请求书及其附件的副本转送专利权人，通知其在指定期限内陈述意见。

专利权人于2009年9月27日提交意见陈述书。专利权人认为：本专利的各视图是产品照片正常拍摄时，照相机镜头对应各部位的焦距不同而产生的效果，不会造成各视图间的矛盾，符合专利法实施细则第2条第3款的规定。此外，本专利与附件1所示外观设计在整体形状、脚大拇指处、脚底侧面及脚底正面、脚底底面的设计均不相同也不相近似，本专利符合专利法第23条的规定。

专利复审委员会依法成立合议组对本案进行审理，并于2009年10月9日向请求人及专利权人发出合议组成员告知通知书，请求人及专利权人在指定期限内均未对合议组成员提出回避请求。

在双方当事人意见陈述的基础上，合议组经合议，认为本案事实清楚，依法作出本审查决定。

二、决定的理由

1. 法律依据

基于请求人提出无效宣告请求所依据的事实和理由，合议组对本专利是否符合专利法实施细则第2条第3款及专利法第23条的规定进行审查。

专利法实施细则第2条第3款规定："专利法所称外观设计，是指对产品的形状、图案或者其结合以及色彩与形状、图案的结合所作出的富有美感并适于工业应用的新设计。"

专利法第23条规定："授予专利权的外观设计，应当同申请日以前在国内外出版物上公开发表过或者国内公开使用过的外观设计不相同和不相近似，并不得与他人在先取得的合法权利相冲突。"

2. 请求人认为本专利视图存在多处不对应的缺陷，如在本专利组件1的主视图、左视图、右视图中，对于鞋子后部的带子后边缘距离鞋子根部顶端的距离，左视图中最大，右视图其次，主视图中最小，此外本专利还存在多处诸如此类的缺陷，因此本领域普通设计人员根据本专利视图无法制造出相应的产品，该设计不是适于工业应用的设计，本专利不符合专利法实施细则第2条第3款的规定。对此，合议组认为：由于本专利提交的视图为照片视图，因拍摄照片近大远小的原理导致部分视图间不是完全对应，但符合审查指南中关于视图提交规范的规定，适于工业应用，因此请求人的主张不能成立，本专利符合专利法实施细则第2条第3款的规定（详见本专利附图）。

3. 证据认定

请求人提交的附件1是200430109579.2号外观设计专利公报复印件，其授权公告日是2006年5月3日，早于本专利申请日（2007年2月7日），产品名称是"鞋（1）"，经合议组核实，其内容属实，属于在本专利申请日前公开的出版物，可以作为评价本专利是否符合专利法第23条规定的证据。

4. 相同和相近似对比

附件1公开了"鞋"的外观设计（下称在先设计），本专利也为鞋的外观设计，二者具有相同的用途，属于同一类别的产品，具有可比性，故对二者的外观设计作如下对比：

本专利包括组件1及组件2的正投影六面视图及使用状态参考图，组件1是左脚鞋的设计，组件2是右脚鞋的设计。从组件2各视图观察，由鞋面、鞋底及鞋带组成。鞋面上分布若干个小孔，鞋面上部与鞋底连接处均匀分布若干孔，鞋面下部呈弧形；鞋带为长条形，两端与鞋面下方相连；鞋底上下表面分布有防滑凸起（详见本专利附图）。

在先设计包括鞋的正投影六面视图及立体图，由鞋面、鞋底及鞋带组成。鞋面上分布若干个小孔，鞋面下部呈弧形；鞋带为长条形，两端与鞋面下方相连；鞋底上部与鞋面连接处均匀分布若干孔，鞋底下面分布有防滑凸起（详见在先设计附图）。

将本专利与在先设计相比较，二者的相同点为，均由鞋面、鞋底及鞋带组成，鞋面上均分布若干小孔，鞋面下部呈弧形，鞋带均为长条形，两端与鞋面下方相连，鞋面、鞋底及鞋带在整体中所占比例基本相同。二者不同之处主要在于：本专利的鞋带表面及鞋底的上表面有图案，在先设计相应位置表面光滑；本专利鞋面上的各小孔呈五边形，在先设计鞋面上的各小孔呈圆形；本专利鞋面四周均有防滑凸起设计，在先设计此处表面光滑；二者鞋底的防滑凸起设计不同。对此合议组认为，在二者整体构成、各部分形状及在整体中所占比例等均基本相同的情况下，对于其整体而言，上述差别或为局部细微变化，或为在使用状态下不易见的部位的差异，不会对整体视觉效果产生显著影响，因此二者应属于相近似的外观设计。此外，专利权人认为，本专利在脚趾和脚跟位置设计上明显比人的正常脚趾和脚跟宽，显得肥圆，而在先设计是根据人正常脚的形状设计，另外，本专利的鞋面侧孔设计上在大拇指处为封闭、无孔的保护设计，因此本专利与在先设计不相同也不相近似。对此合议组认为，专利权人提出的上述差别属于局部细微差别，对整体视觉效果不具有显著影响，合议组对专利权人提出的主张不予支持。

综上所述，在本专利申请日以前已有与其相近似的外观设计在出版物上公开发表过，本专利不符合专利法第 23 条的规定。

三、决定

宣告 200730138266. 3 号外观设计专利权全部无效。

当事人对本决定不服的，可以根据专利法第 46 条第 2 款的规定，自收到本决定之日起三个月内向北京市第一中级人民法院起诉。根据该款的规定，一方当事人起诉后，另一方当事人作为第三人参加诉讼。

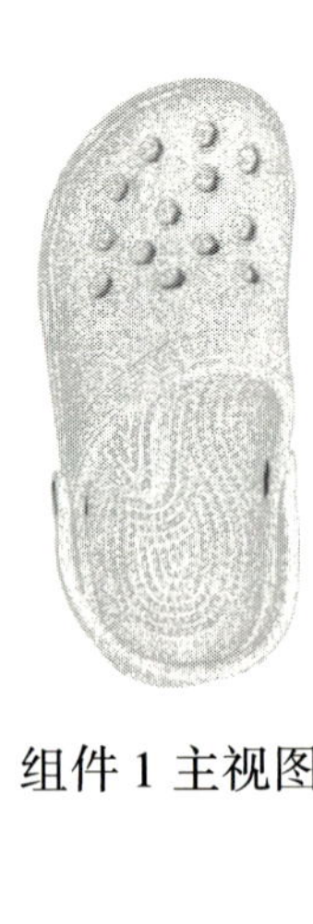
组件 1 主视图

组件 1 后视图

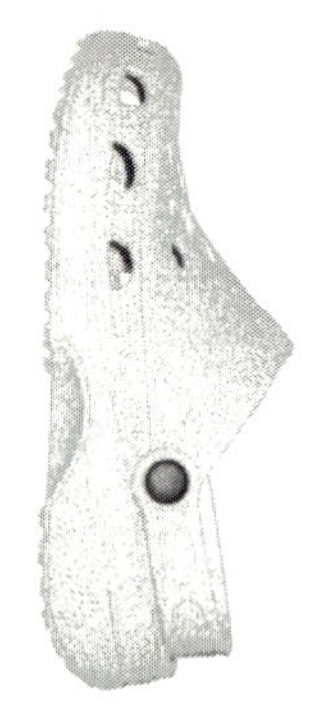
组件 1 左视图

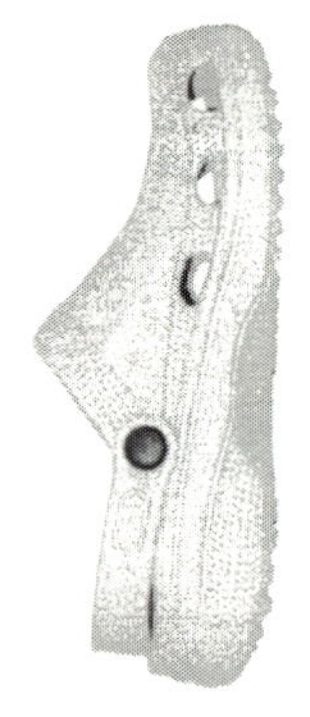
组件 1 右视图

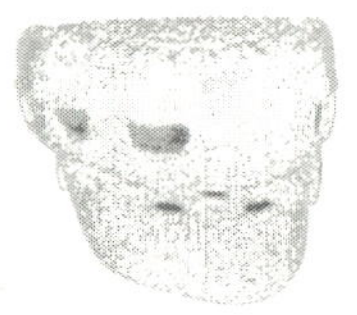
组件 1 俯视图

组件 1 仰视图

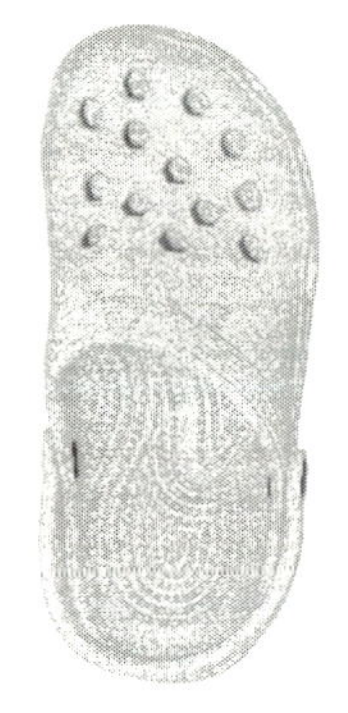
组件 2 主视图

组件 2 后视图

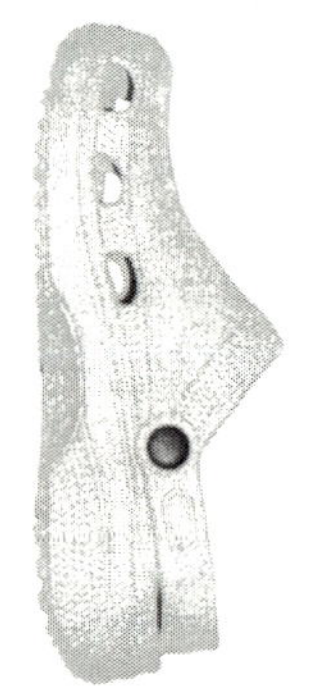
组件 2 左视图

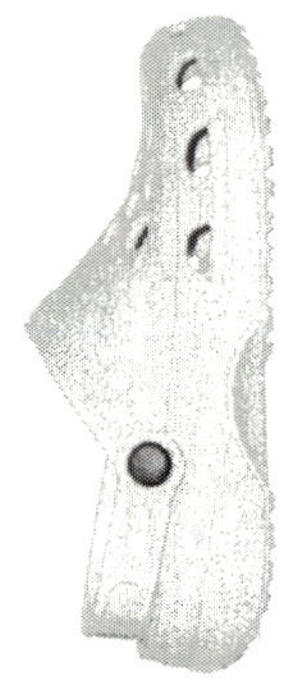
组件 2 右视图

组件 2 俯视图

组件 2 仰视图

使用状态参考图

本专利附图

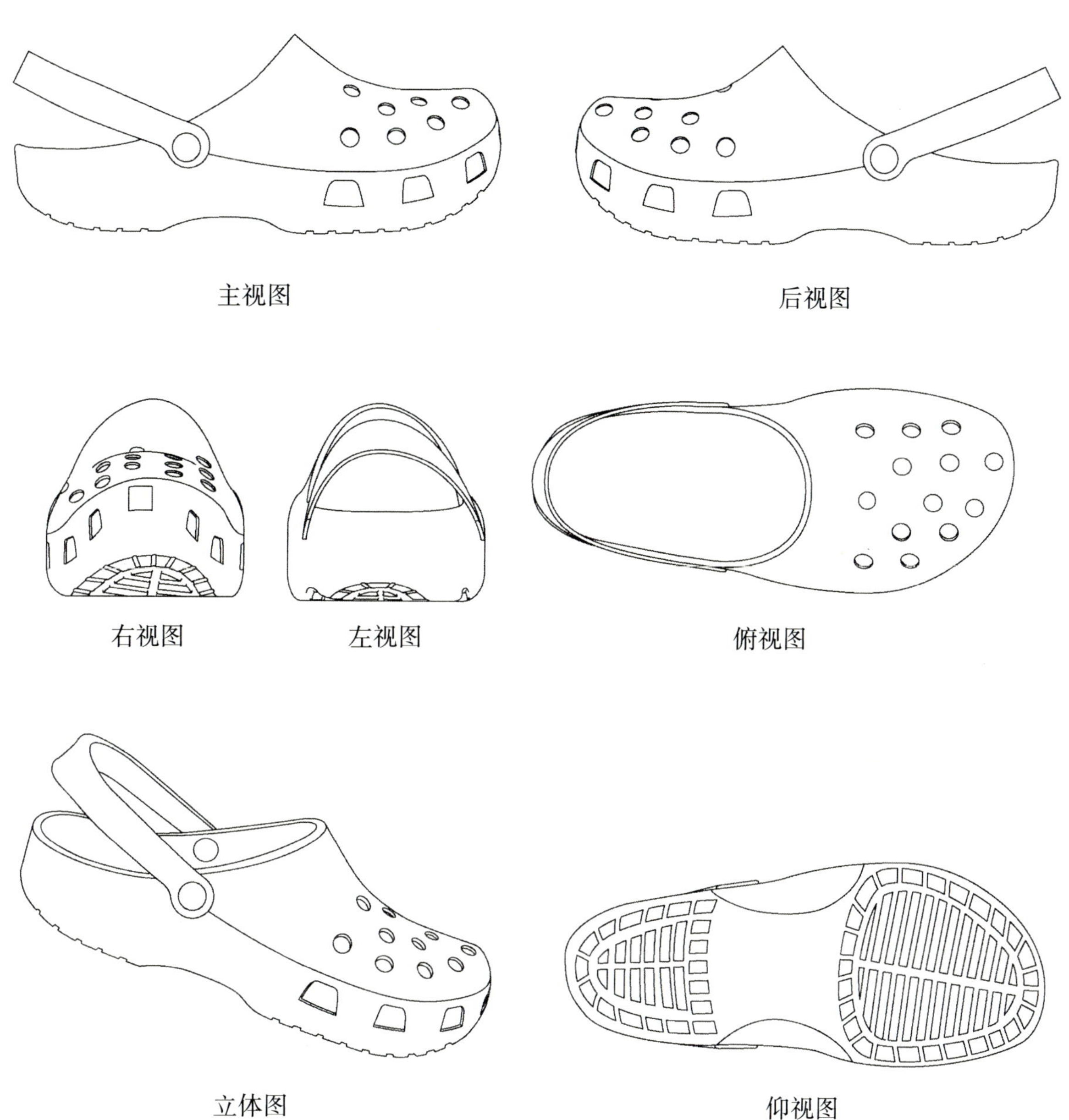

在先设计附图

楼宇对讲可视分机（AD-16FK）

无效宣告请求审查决定（第14211号）

决　定　号　第14211号
决　定　日　2009年11月24日
发明创造名称　楼宇对讲可视分机（AD-16FK）
外观设计分类号　14-03
无效宣告请求人　佛山市南海区信汇塑料厂
专　利　权　人　仇又文
专　利　号　200630051365.3
申　请　日　2006年1月20日
授权公告日　2006年11月29日
合议组组长　徐清平
主　审　员　尹春霞
参　审　员　李巍巍
附　图　1页

法律依据　专利法第23条
决定要点
本专利与在先设计除正面字母及图标的区别外，其余部分外观设计完全相同，本专利与在先设计属于相近似的外观设计。

一、案由

本无效宣告请求涉及国家知识产权局于2006年11月29日授权公告的200630051365.3号外观设计专利，使用该外观设计的产品名称是“楼宇对讲可视分机（AD-16FK）”，其申请日是2006年1月20日，专利权人是仇又文。

针对上述外观设计专利权（下称本专利），佛山市南海区信汇塑料厂（下称请求人）于2009年8月4日向专利复审委员会提出无效宣告请求，其依据的事实和理由是：本专利与在其申请日以前在国内外出版物上发表的外观设计相同和相近似，本专利不符合专利法第23条的规定，应予宣告无效。请求人同时提交了如下附件作为证据：

附件1：本专利外观设计专利证书及图片复印件，共3页；

附件2：《慧聪商情广告（门禁对讲及智能停车场分册）》2005.06.20期封面及第42页复印件，共2页；

附件3：《慧聪商情广告（门禁对讲及智能停车场分册）》2005.11.20期封面及第10页复印件，共2页；

附件4：02379106.3号外观设计专利电子公开文本打印件，共1页；

附件5：200430050929.2号外观设计专利电子公开文本打印件，共1页。

请求人认为：如附件2~4所示，本专利与在其申请日前公开的外观设计没有明显区别，几乎完全相同，属于现有设计，为公众所知的设计，本专利不符合专利法第23条的规定，应予宣告无效。

专利复审委员会经形式审查合格受理了该无效宣告请求，并于2009年8月27日将无效宣告请求书及其附件的副本转送专利权人，通知其在指定期限内陈述意见。专利权人逾期未提交意见陈述。

专利复审委员会依法成立合议组对本案进行审理，并于2009年9月27日向双方当事人发出口头审理通知书，定于2009年11月19日进行口头审理。

口头审理如期举行，请求人委托代理人出庭，专利权人未参加口头审理，合议组依法进行缺席审理。在口头审理中，请求人当庭提交附件2及附件3的原件，并对本专利与附件2~4所示外观设计进行了比较。

在上述审理的基础上，合议组经合议，认为本案事实清楚，依法作出本审查决定。

二、决定的理由

1. 法律依据

基于请求人提出无效宣告请求所依据的事实和理由，合议组对本专利是否符合专利法第23条的规定进行审查。

专利法第23条规定："授予专利权的外观设计，应当同申请日以前在国内外出版物上公开发表过或者国内公开使用过的外观设计不相同和不相近似，并不得与他人在先取得的合法权利相冲突。"

2. 证据认定

请求人提交的附件3是2005年11月20日出版的第78期《慧聪商情广告（门禁对讲及智能停车场分册）》杂志的封面及第10页复印件，并在口头审理中提交了该杂志的原件。经核实，《慧聪商情广告（门禁对讲及智能停车场分册）》杂志的原件完整，所提交的复印件与原件中的相应页一致。该杂志封面记载有：登记证号为京工商印广登字20050050号、分布单位为北京慧聪商情广告有限公司，合议组对附件3的真实性及公开性予以确认。根据其封面记载的"2005.11.20"，得知其公开时间为2005年11月20日，早于本专利申请日（2006年1月20日），因此附件3属于专利法第23条所规定的公开出版物，适用于本案。

3. 外观设计对比

附件3的第10页左上角公开了一款楼宇对讲可视门铃的外观设计（下称在先设计），与本专利的产品用途相同，因此属于相同类别的产品，可以进行相同相近似比较。故对二者的外观设计作如下对比：

本专利包括正投影六面视图，即主视图、后视图、左视图、右视图、俯视图、仰视图、立体图。如各视图所示，本专利由主体及话筒两部分组成。主体呈扁长方体状，正面面板略呈弧状向外凸起，左侧与话筒配合处中部内凹镂空，右侧上部为可视屏幕，下部右侧设置三个扁长条按钮，及两个小长方形框，下部左侧为内凹条；话筒设置在主体的左侧，下部有楔形凸起；后部为格栅孔、旋钮等设计（详见本专利附图）。

在先设计公开了楼宇对讲可视门铃的立体图。从该图可知，在先设计由主体及话筒两部分组成。主体呈扁长方体状，左侧与话筒配合处中部内凹镂空，右侧上部为可视屏幕，下部设置"HAIDI"五个字母，右侧设置三个扁长条按钮，及两个小长方形框，在三个扁长条按钮的左侧各有一小图标，下部左侧为内凹条；话筒设置在主体的左侧，下部有楔形凸起（详见在先设计附图）。

将本专利与在先设计相比较，虽然在先设计只公开了一幅立体图，但该立体图，已示出整体形状，且与本专利基本相同。对于楼宇对讲可视门铃这类产品而言，产品正面在使用时相对于不容易看到其他面更容易被关注，因此产品正面的设计变化，通常对整体视觉效果更具有显著的影响，在先设计未显示的其他面不易被关注，且本专利所对应的面无引人瞩目的设计，故不影响对二者进行整体观察，综合判断。将本专利与在先设计的正面相比较，二者除字母及图标的区别外，其余部分外观设计完全相同，且如前述二者整体形状基本相同，因此本专利与在先设计属于相近似的外观设计。

综上所述，在本专利申请日以前已有与其相近似的外观设计在出版物上公开发表过，本专利不符合专利法第 23 条的规定。

鉴于已经得出本专利不符合专利法第 23 条规定的结论，本决定对请求人提出的其他证据不再评述。

三、决定

宣告 200630051365. 3 号外观设计专利权全部无效。

当事人对本决定不服的，可以根据专利法第 46 条第 2 款的规定，自收到本决定之日起三个月内向北京市第一中级人民法院起诉。根据该款的规定，一方当事人起诉后，另一方当事人作为第三人参加诉讼。

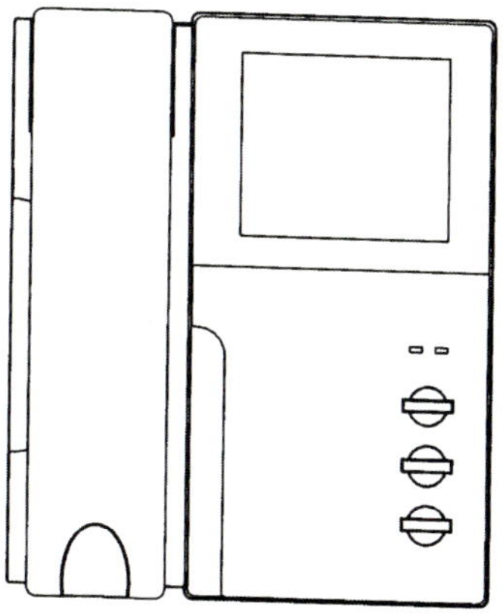

主视图

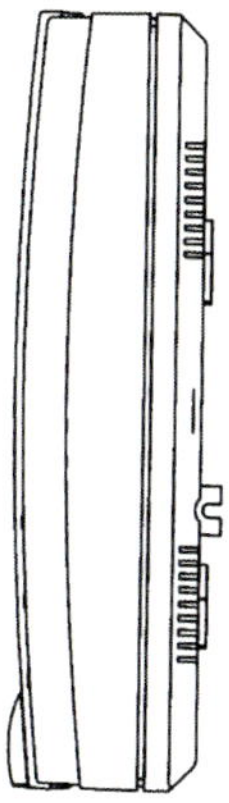

右视图

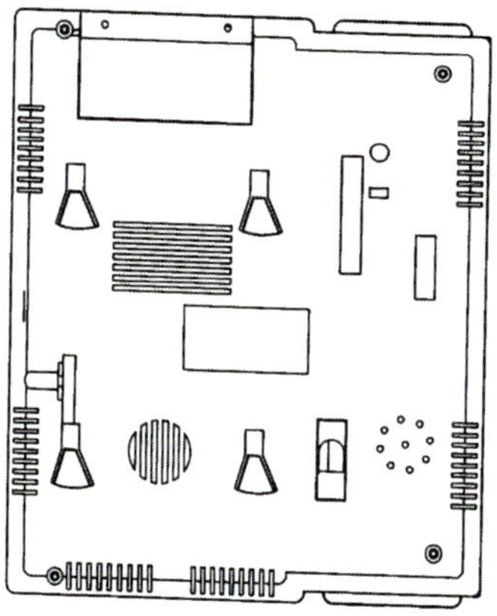

后视图

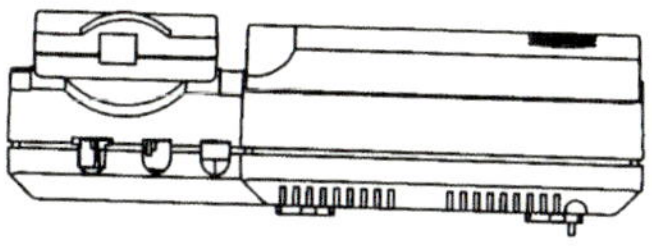

仰视图

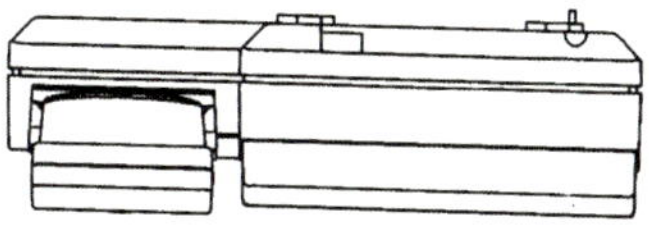

俯视图

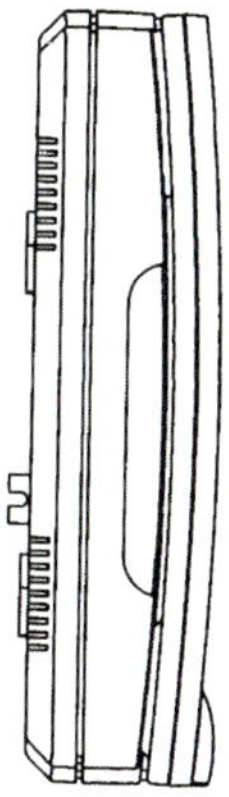

左视图

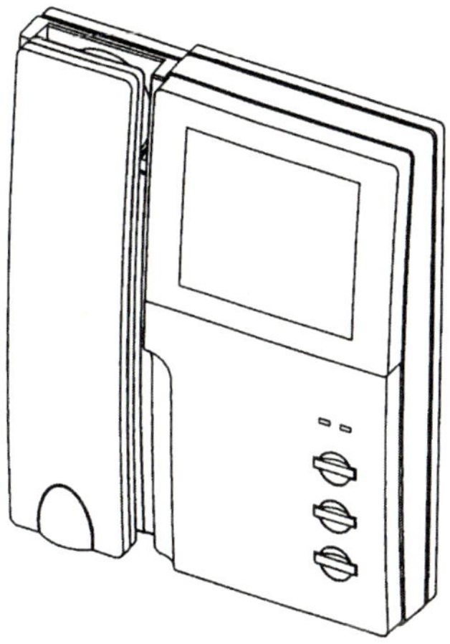

立体图

本专利附图

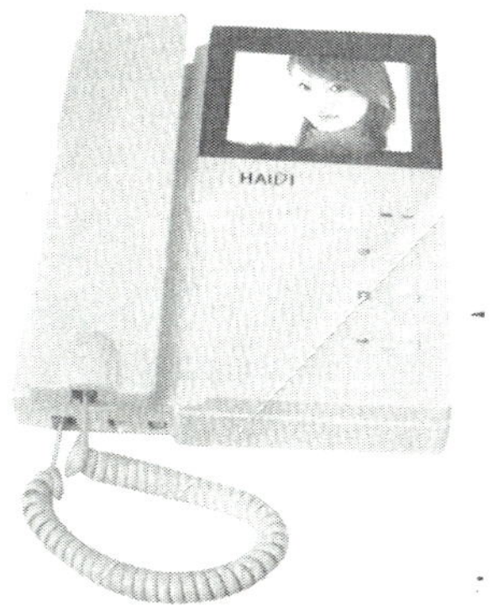

在先设计附图

537

包装瓶（DJW-F16）

无效宣告请求审查决定（第14227号）

决　　定　　号　第14227号
决　　定　　日　2009年12月3日
发明创造名称　包装瓶（DJW-F16）
外观设计分类号　09-01
无效宣告请求人　中山市华洁化工有限公司
专　利　权　人　韩坚定
专　　利　　号　200330116168.1
申　　请　　日　2003年10月30日
授权公告日　2004年8月4日
合议组组长　吴赤兵
主　　审　　员　王美芳
参　　审　　员　尹春霞
附　　　　　图　1页

法　律　依　据　专利法第23条
决　定　要　点

包装瓶的正面图案相对背面图案通常更易被一般消费者关注，对整体视觉效果更有显著影响。从整体观察，二者相似的正面图案和整体形状已形成相近似的整体视觉效果，应认定二者属于相近似的外观设计。

一、案由

本无效宣告请求涉及国家知识产权局于2004年8月4日授权公告的200330116168.1号外观设计专利，使用该外观设计的产品名称是“包装瓶（DJW-F16）”，其申请日是2003年10月30日，专利权人是韩坚定。

针对上述外观设计专利权（下称本专利），中山市华洁化工有限公司（下称请求人）于2009年6月30日向专利复审委员会提出无效宣告请求，其理由是本专利不符合专利法第23条的规定。请求人提交了如下附件：

附件1：2003年8月15日的《纺织服装市场资讯》复印件，共17页；

附件2：广州市永晴文化传播有限公司出具的证明复印件，共1页；

附件3：广州市工商行政管理局盖章确认的企业名称（企业集团）名称变更核准通知书、企业注册基本资料以及公司变更登记申请书的复印件，共 3 页；

附件 4：中国国际缝纫设备展览会会刊的部分复印件，共 7 页；

附件 5：2003 第四届青岛国际缝纫设备展览会等展会的会刊的部分复印件，共 11 页；

附件 6：注册登记信息查询相关资料复印件，共 2 页；

附件 7：2003 年 9 月 15 日的《纺织服装市场资讯》复印件，共 14 页。

请求人认为：在本专利申请日以前，专利权人将与本专利相同或者相近似的外观设计公布在中国的公开出版杂志上，并在国内公开使用过，因此本专利的授予违反了专利法第 23 条的规定。

专利复审委员会根据无效宣告请求审查程序的规定受理了该无效宣告请求，并于 2009 年 7 月 24 日将请求人的无效宣告请求书及其附件转送专利权人，通知其在指定期限内陈述意见。

专利复审委员会成立合议组对本案进行审理，于 2009 年 8 月 25 日向双方当事人发出口头审理通知书，定于 2009 年 10 月 14 日对本案进行口头审理。

2009 年 8 月 26 日，专利权人提交意见陈述书。专利权人认为：复审委员会对于本案的受理不符合审查指南规定的一事不再理原则；不认可附件 1、4、5、7 的真实性，附件 2、3、6 与本专利无任何关联性。

2009 年 9 月 28 日，专利复审委员会将专利权人提交的意见陈述书转送请求人，通知其在指定期限内陈述意见。请求人在指定期限内未答复。

口头审理如期举行，双方均委托代理人出席口头审理。专利权人坚持认为根据一事不再理原则，本案应不再审理。请求人坚持原无效宣告理由，并当庭提交了附件 1~5 和附件 7 的原件。专利权人对附件 1~5 和附件 7 的真实性有异议，认为附件 1 和附件 7 的发行单位不是附件 2 所列单位，并当庭提交反证，以证明附件 1、7 的期刊号、网站、杂志发行地等是虚假的，附件 1 和附件 7 是非法出版物。专利权人还认为：如果附件 1 和附件 7 为在香港印刷出版的杂志，应履行公证认证手续。专利权人还提交了证明香港单位可以随意印刷的证据。请求人称：附件 2 可以证明附件 1 和附件 7 的出处，杂志由香港公司印刷出版，杂志后面有订阅表，内地任何人通过永晴广告公司可以获得这个杂志；由于是香港印刷，所以在国内的查询系统查不到 ISSN 号。双方还对本专利与请求人提交的附件中显示的外观设计进行了比较。请求人认为：本专利与附件 1、5、7 显示的外观设计相同，与附件 4 显示的外观设计相近似。专利权人认为：圆柱形的罐体属于惯常设计，其他设计内容更有显著影响；本专利要求保护六面视图，圆柱形没有方向性，没有不易见面，而附件 1、4、5、7 仅显示与本专利的主视图相同或者相近似，其他面未完全展示，不能与本专利对比。

在上述审理的基础上，合议组经合议，认为本案事实清楚，依法作出本审查决定。

二、决定的理由

1. 法律依据

基于请求人提出的无效宣告请求的理由，合议组依据专利法第 23 条的规定对本案进行审查。

专利法第 23 条规定："授予专利权的外观设计，应当同申请日以前在国内外出版物上公开发表过或者国内公开使用过的外观设计不相同和不相近似，并不得与他人在先取得的合法权利相冲突。"

2. 关于一事不再理原则

专利权人认为：请求人对于本专利提出过无效宣告请求，对于以同样的理由和证据再次提出的本无效宣告请求，应不予受理和审查，复审委员会对于本案的受理违反审查指南第四部分第二章第 2.1 节规定的一事不再理原则。

合议组认为：对于请求人曾对本专利提出过的无效宣告请求，因请求人未答复口头审理通知书并且未参加口头审理，该请求被视为撤回而结案，复审委员会并未对其作出审查决定，因此，对本案的受理和审查并未违反审查指南规定的一事不再理原则。

3. 证据认定

请求人提交的附件 1 是 2003 年 8 月 15 日的《纺织服装市场资讯》封面、目录及部分内页的复印件，用于证明与本专利相近似的外观设计在申请日前公开发表；附件 2 是广州市永晴文化传播有限公司出具的证明复印件，用于证明广州市永晴文化传播有限公司负责将附件 1 涉及杂志向中国内地发行；附件 3 是广州市工商行政管理局盖章确认的企业名称（企业集团）名称变更核准通知书、企业注册基本资料以及公司变更登记申请书的复印件，用于证明广州市永晴广告传播有限公司即为更名前的广州市永晴文化传播有限公司。请求人于口头审理时当庭提交附件 1 的整本原件和附件 2、附件 3 的原件，经核实，复印件与原件一致。根据附件 1 封面记载的"2003 年 8 月 15 日"字样可得知其出版日期为 2003 年 8 月 15 日，早于本专利的申请日 2003 年 10 月 30 日。

专利权人对上述附件 1、2、3 的真实性和附件 1 的合法性提出异议及反证，对此，本合议组意见如下：

（1）专利权人认为附件 1 的发行单位不是附件 2 涉及单位。合议组认为：附件 1 目录页中所列出版发行单位确非附件 2 涉及单位，但该杂志中的订阅页表明内地订阅的银行汇款收款单位为广州市永晴广告传播有限公司（即附件 2 涉及单位更名前的名称），可以认定附件 2 所列单位为附件 1 在内地的发行单位。

（2）专利权人认为附件 1 目录页所列网站的所有人并非该目录页所列出版单位，为证明该网站是虚假的，专利权人当庭提交在工业和信息化部 ICP/IP 地址/域名信息备案管理系统的查询结果打印件，其中显示该网站主体的单位名称为广州市永晴广告传播有限公司。合议组认为，该证据进一步证实附件 2 所列单位为附件 1 在内地的发行单位，也证明了网站客观存在的事实。

（3）专利权人认为附件 1 显示的国际标准刊号是假的，国家图书馆和 ISSN 中心都查不到，并当庭提交在国家图书馆和 ISSN 中心的查询结果打印件。合议组认为：国家图书馆收录的一般为中国内地出版物的 ISSN 相关信息，附件 1 为中国香港印刷出版物，不能因其国际标准刊号未收录在国家图书馆查询系统中就认定该国际标准刊号是假的。

（4）专利权人认为附件 1 是非法出版物。专利权人在国家新闻出版署网和扫黄打非网上均未查到附件 1 是合法公开出版物的信息，而国家新闻出版署公布的 150 种非法出版物目录则显示：注册地址为"香港湾仔卢押道 20 号其康大厦 808 室"的单位出版的杂志为非法出版物，附件 1 目录页显示的香港地址恰恰是"香港湾仔卢押道 20 号其康大厦 8 楼 808 室"，专利权人提交了上述搜索结果打印件，以此证明附件 1 是非法出版物。合议组认为：专利权人在国家新闻出版署网和扫黄打非网上未查到附件 1 是合法公开出版物的信息，并不能证明附件 1 必然是非法出版物；根据国家新闻出版署公布的非法出版物目录，可以得知其中公布的部分非法出版物的注册地址是"香港湾仔卢押道 20 号其康大厦 808 室"，但不能得出凡标有该注册地址的出版物必定为非法出版物的结论，即不能以此证明附件 1 为非法出版物。

（5）专利权人认为，既然附件 1 是在香港印刷的，应履行公证认证的手续。合议组认为，根据附件 1 的订阅表、附件 2 和附件 3，可以认定该杂志由广州市永晴广告传播有限公司在我国内地公开发行，不属于应当公证认证的证据。

（6）专利权人认为，香港印刷单位可以随意印刷，并当庭提交了委托香港印刷单位印制的印刷品。合议组认为，专利权人提交的印刷品仅能证明在香港印刷没有难度，但不能证明附件 1 是在本专利申请日后印刷并出版的。

综上，专利权人针对附件 1、2、3 提出的主张均不能成立，不能否定附件 1 在本专利申请日前在中国内地公开发表的事实，附件 1 可以作为评价本专利是否符合专利法第 23 条规定的证据。

4. 外观设计对比

附件 1 公开了一款大洁王防锈过线润滑剂包装瓶的外观设计（下称在先设计），本专利也是包装瓶的外观设计，二者的用途相同，可以进行对比。本专利与在先设计对比如下：

本专利的图片包括主视图、后视图、左视图、右视图、俯视图、立体图和使用状态参考图。其所示产品整体呈圆柱形的，瓶体的上下边沿均略向外突出；图案分为前后两部分，正面由上至下分别为一行中文字、内部标有“DJW”的椭圆形图案、“大洁王”三个大字、“DJW-F16”、产品名称及一行小中文字，背面上部为“DJW-F16”和产品名称两行较大文字，向下则为数行说明性小字（详见本专利附图）。

附件 1 公开了在先设计的一个立体图。其所示产品整体呈圆柱形，瓶体的上下边沿均略向外突出。根据专利权人的陈述“圆柱形的罐体属于惯常设计，其他设计内容才更有显著影响”可知，专利权人也认可附件 1 公开的包装瓶是圆柱形的。产品正面图案由上至下分别为一行中文字、内部标有“DJW”的椭圆形图案、“大洁王”三个大字、“DJW-F16”、产品名称及一行小中文字（详见在先设计附图）。

专利权人认为：本专利要求保护六面视图，圆柱形没有方向性，没有不易见面，而附件 1 仅显示与本专利的主视图相同或者相近似，其他面未完全展示，不能与本专利对比。对此，合议组认为：是否为易见面是对比过程中要考虑的因素，而非确定是否能比较的因素。虽然附件 1 未显示在先设计的每一个面，但已显示了产品的整体形状和部分图案，可以与本专利进行对比。

将本专利与在先设计相比较，二者的整体形状均为圆柱形，且瓶盖与瓶体在整体所占比例相似；正面图案极为相似，由上至下均分别为一行中文字、内部标有“DJW”的椭圆形图案、“大洁王”三个大字、“DJW-F16”、产品名称及一行小中文字。合议组认为：包装瓶的正面图案相对背面图案通常更易被一般消费者关注，其正面图案一般设计得较为醒目，而背面图案则一般为说明性文字，并且摆放在商品货架的包装瓶一般均以正面朝向消费者。本专利的设计正是如此，因此其正面图案相对背面图案对整体视觉效果更有显著影响。从整体观察，二者相似的正面图案和整体形状已形成相近似的整体视觉效果，应认定二者属于相近似的外观设计。

综上所述，在本专利申请日以前已有与其相近似的外观设计在出版物上公开发表过，本专利不符合专利法第 23 条的规定。

鉴于已经得出本专利不符合专利法第 23 条规定的结论，合议组对请求人提出的其他理由和证据不再予以评述。

三、决定

宣告 200330116168.1 号外观设计专利权全部无效。

当事人对本决定不服的，可以根据专利法第 46 条第 2 款的规定，自收到本决定之日起三个月内向北京市第一中级人民法院起诉。根据该款的规定，一方当事人起诉后，另一方当事人作为第三人参加诉讼。

俯视图

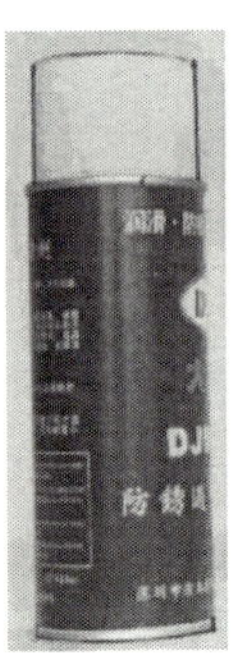

左视图

主视图

右视图

后视图

立体图

使用状态参考图

本专利附图

在先设计附图

包装瓶（DJW-831）

无效宣告请求审查决定（第 14228 号）

决　　定　　号　决定号第 14228 号
决　　定　　日　2009 年 12 月 3 日
发明创造名称　包装瓶（DJW-831）
外观设计分类号　09-01
无效宣告请求人　中山市华洁化工有限公司
专　利　权　人　韩坚定
专　　利　　号　200330116177.0
申　　请　　日　2003 年 10 月 30 日
授权公告日　2004 年 6 月 2 日
合议组组长　吴赤兵
主　　审　　员　王美芳
参　　审　　员　尹春霞
附　　　　图　2 页

法　律　依　据　专利法第 23 条
决　定　要　点

虽然本专利和在先设计的产品名称不同，但均用于盛装去污剂，用途相同，属于相同类别的产品。

包装瓶的正面图案相对背面图案通常更易被一般消费者关注，对整体视觉效果更有显著影响。从整体观察，二者相似的正面图案和整体形状已形成相近似的整体视觉效果，应认定二者属于相近似的外观设计。

一、案由

本无效宣告请求涉及国家知识产权局于 2004 年 6 月 2 日授权公告的 200330116177.0 号外观设计专利，使用该外观设计的产品名称是“包装瓶（DJW-831）”，其申请日是 2003 年 10 月 30 日，专利权人是韩坚定。

针对上述外观设计专利权（下称本专利），中山市华洁化工有限公司（下称请求人）于 2009 年 6 月 30 日向专利复审委员会提出无效宣告请求，其理由是本专利不符合专利法第 23 条、专利法第 9 条和专利法实施细则第 13 条第 1 款的规定。请求人提交了如下附件：

附件 1：2003 年 8 月 15 日的《纺织服装市场资讯》复印件，共 17 页；

附件2：广州市永晴文化传播有限公司出具的证明复印件，共1页；

附件3：广州市工商行政管理局盖章确认的企业名称（企业集团）名称变更核准通知书、企业注册基本资料以及公司变更登记申请书的复印件，共3页；

附件4：中国国际缝纫设备展览会会刊的部分复印件，共7页；

附件5：2003第四届青岛国际缝纫设备展览会等展会的会刊的部分复印件，共11页；

附件6：注册登记信息查询相关资料复印件，共2页；

附件7：01349017.6号中国外观设计专利的电子公开文本打印件，共1页；

附件8：01348779.5号中国外观设计专利的电子公开文本打印件，共1页。

请求人认为：附件1~8，证明与本专利相同或者相近似的外观设计在本专利申请日以前已公开发表或者在国内公开使用，因此本专利的授予不符合专利法第23条的规定；附件7为他人在先申请、在先公告的外观设计专利，本专利的授予不符合专利法第9条和专利法实施细则第13条第1款的规定；附件8为专利权人在先申请、在先公告的外观设计专利，本专利的授予不符合专利法实施细则第13条第1款的规定。

专利复审委员会根据无效宣告请求审查程序的规定受理了该无效宣告请求，并于2009年7月24日将请求人的无效宣告请求书及其附件转送专利权人，通知其在指定期限内陈述意见。

专利复审委员会成立合议组对本案进行审理，于2009年8月25日向双方当事人发出口头审理通知书，定于2009年10月14日对本案进行口头审理。

2009年8月26日，专利权人提交意见陈述书。专利权人认为：专利复审委员会对于本案的受理不符合审查指南规定的一事不再理原则；不认可附件1、4、5的真实性，附件2、3、4、6与本专利无任何关联性；附件8的分类号与本专利分类号不同，不属于同一类产品，不能进行相同和相近似的比较。

2009年9月28日，专利复审委员会将专利权人提交的意见陈述书转送请求人，通知其在指定期限内陈述意见。请求人在指定期限内未答复。

口头审理如期举行，双方均委托代理人出席口头审理。专利权人坚持认为根据一事不再理原则，本案应不再审理。请求人坚持原无效宣告理由，并当庭提交了附件1~5的原件。专利权人对附件1~5的真实性有异议并当庭提交反证，双方对此展开充分辩论。双方还对本专利与请求人提交的附件中显示的外观设计进行了比较。请求人认为：本专利与附件1、5、7、8显示的外观设计相同，与附件4显示的外观设计相近似。专利权人认为：附件1、4、5未完全展示在先设计，不能与本专利对比；附件8的分类号与本专利分类号不同，属于不同种类产品，没有可比性，即使进行对比，本专利与附件7、8有明显区别，不相同也不相近似。

在上述审理的基础上，合议组经合议，认为本案事实清楚，依法作出本审查决定。

二、决定的理由

1. 法律依据

基于请求人提出的无效宣告请求的理由，合议组依据专利法第23条的规定对本案进行审查。

专利法第23条规定："授予专利权的外观设计，应当同申请日以前在国内外出版物上公开发表过或者国内公开使用过的外观设计不相同和不相近似，并不得与他人在先取得的合法权利相冲突。"

2. 关于一事不再理原则

专利权人认为：请求人对于本专利提出过无效宣告请求，对于以同样的理由和证据再次提出的本无效宣告请求，应不予受理和审查，复审委员会对于本案的受理违反审查指南第四部分第二章第2.1节规定的一事不再理原则。

合议组认为：对于请求人曾对本专利提出过的无效宣告请求，因请求人未答复口头审理通知书并且未参加口头审理，该请求被视为撤回而结案，复审委员会并未对其作出审查决定，因此，对本案的受理和审查并未违反审查指南规定的一事不再理原则。

3. 证据认定

附件 8 是 01348779.5 号中国外观设计专利的电子公开文本打印件，使用该外观设计的产品名称是“去污剂包装盒（1）”。经合议组核实，该附件所示内容真实。该专利的公告日是 2002 年 5 月 15 日，早于本专利的申请日 2003 年 10 月 30 日，属于在本专利申请日之前公开的外观设计，可以作为评价本专利是否符合专利法第 23 条规定的证据。

4. 外观设计对比

附件 8 公开了一款名为包装盒的外观设计（下称在先设计），本专利是包装瓶的外观设计，虽然二者产品名称不同，但均用于盛装去污剂，用途相同，属于相同类别的产品，可以进行对比，故对本专利与在先设计对比如下：

本专利的图片包括主视图、后视图、左视图、右视图、俯视图、立体图和使用状态参考图。其所示产品整体呈圆柱形；图案分为正面和背面两部分——正面图案的下部有一块深色区域，其左右边缘竖直，上沿则呈“V”字形，该“V”字形边缘处于瓶体正面的中间，将正面分为上下两部分，“V”字形边缘上方由上至下分别为内部标有“DJW”的椭圆形图案、“大洁王”三个汉字、两行外文、产品名称及型号，“V”字形边缘下方（即深色区域中）则为数行小字；背面图案包括四幅使用示意图和数行说明性小字（详见本专利附图）。

附件 8 公开了在先设计的六面正投影视图和立体图。其所示产品整体呈圆柱形；图案分为正面和背面两部分——正面图案的下部有一块深色区域，其左右边缘竖直，上沿则呈“V”字形，该“V”字形边缘处于瓶体正面的中间，将正面分为上下两部分，“V”字形边缘上方由上至下分别为内部标有“DJW”的椭圆形图案、“大洁王”三个汉字、两行外文、产品名称及型号，“V”字形边缘下方（即深色区域中）则为数行小字；背面图案则为数行说明性小字（详见在先设计附图）。

将本专利与在先设计相比较，二者的整体形状均为圆柱形，且瓶盖与瓶体在整体所占比例相似；正面图案极为相似，下部均有一块形状极为相似的深色区域，深色区域的“V”字形上缘均处于瓶体正面中间，将正面分为上下两部分，上下两部分的图案也极为相似，例如上部均带有内部标有“DJW”的椭圆形图案、“大洁王”三个汉字、两行外文、产品名称及型号，下部均为数行小字。不同之处主要在于背面图案。合议组认为，包装瓶的正面图案相对背面图案通常更易被一般消费者关注，其正面图案一般设计得较为醒目，而背面图案则一般为说明性文字，并且摆放在商品货架的包装瓶一般均以正面朝向消费者。虽然本专利的背面比在先设计的多出几幅使用示意图，但二者极为相似的正面图案相对背面图案对整体视觉效果更有显著影响。从整体观察，二者极为相似的形状和正面图案已形成相近似的整体视觉效果，应认定二者属于相近似的外观设计。

综上所述，在本专利申请日以前已有与其相近似的外观设计在出版物上公开发表过，本专利不符合专利法第 23 条的规定。

鉴于已经得出本专利不符合专利法第 23 条规定的结论，合议组对请求人提出的其他理由和证据不再予以评述。

三、决定

宣告 200330116177.0 号外观设计专利权全部无效。

当事人对本决定不服的，可以根据专利法第 46 条第 2 款的规定，自收到本决定之日起三个月内向北京市第一中级人民法院起诉。根据该款的规定，一方当事人起诉后，另一方当事人作为第三人参加诉讼。

俯视图

左视图

主视图

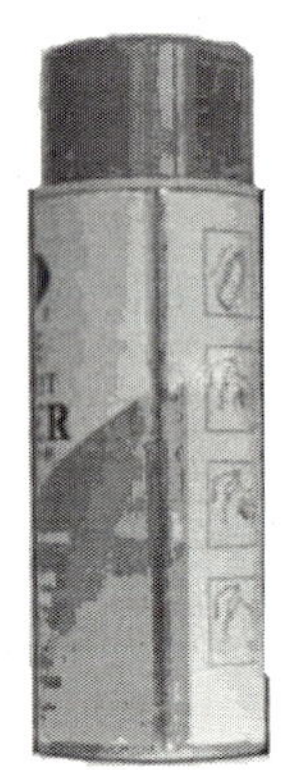

右视图

后视图

立体图

使用状态参考图

本专利附图

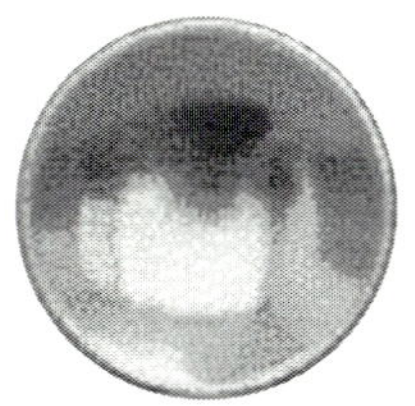

仰视图

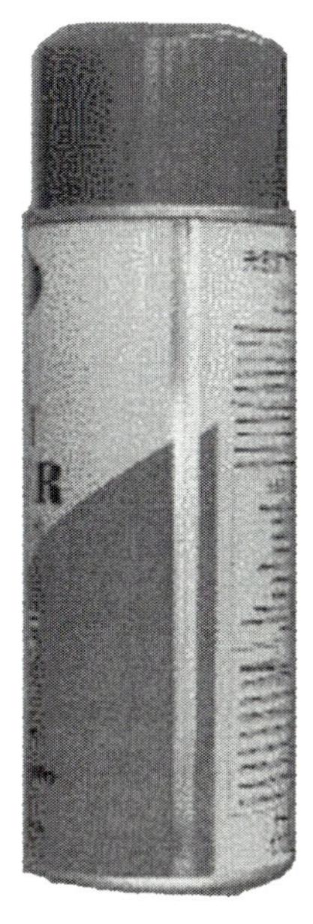

右视图

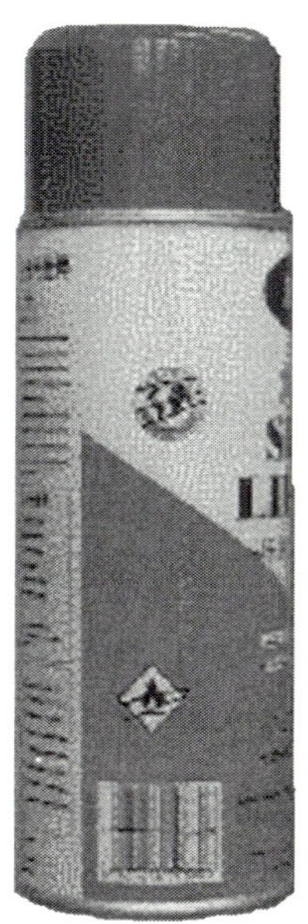

左视图

主视图

后视图

立体图

俯视图

在先设计附图

539

招牌（2）

无效宣告请求审查决定（第14241号）

决　定　号　第14241号
决　定　日　2009年12月8日
发明创造名称　招牌（2）
外观设计分类号　20-03
无效宣告请求人　柴　磊
专　利　权　人　大连乐世食品有限公司
专　利　号　200730013537.2
申　请　日　2007年12月10日
授权公告日　2008年12月24日
合议组组长　张雪飞
主　审　员　沙柏青
参　审　员　李巍巍
附　　　图　1页

法律依据　专利法第23条
决定要点

将本专利与在先设计相比较可知，二者的外观设计差别十分明显，对整体视觉效果产生了显著的影响，因此，合议组认定，本专利与在先设计属于不相同且不相近似的外观设计。

一、案由

本无效宣告请求案涉及国家知识产权局于2008年12月24日授权公告的，名称为“招牌（2）”的外观设计专利，其专利号是200730013537.2，申请日是2007年12月10日，专利权人是大连乐世食品有限公司。针对上述专利权（下称本专利），柴磊（下称请求人）于2009年8月5日向国家知识产权局专利复审委员会提出无效宣告请求，认为本专利不符合专利法第23条的规定，并提交了以下附件作为对比文件：

附件1：200530042279.1号外观设计专利著录项目及图片打印件，共1页。

请求人认为，本专利与附件1所示的外观设计属于同类别产品，外观设计相近似，本专利不符合专利法第23条的规定，因此请求宣告本专利权无效。

经形式审查合格，专利复审委员会依法受理了上述无效宣告请求，并于2009年8月20日将无效宣告请求书及相关文件的副本转送给专利权人，通知其在指定的期限内答复。专利权人逾期未答复。

专利复审委员会于2009年10月14日向双方当事人发出口头审理通知书，定于2009年12月1日进行口头审理。

口头审理如期举行，请求人委托代理人出席了口头审理，对合议组成员没有回避请求，专利权人一方未到庭。请求人坚持原有观点。

在上述审理的基础上，合议组认为本案事实清楚，可以依法作出审查决定。

二、决定的理由

1. 法律依据

基于请求人提出的无效宣告请求的理由和证据，合议组依据专利法第23条的规定对本案进行审理。专利法第23条规定："授予专利权的外观设计，应当同申请日以前在国内外出版物上公开发表过或者国内公开使用过的外观设计不相同和不相近似，并不得与他人在先取得的合法权利相冲突。"

2. 证据认定

请求人提交的附件1是200530042279.1号外观设计专利著录项目和图片打印件，经核实该证据内容与其外观设计专利公报内容一致，其真实性可以确认。该外观设计专利产品名称为"招牌（手抓饼）"，其公开（公告）日为2006年5月10日，在本专利申请日（2007年12月10日）之前，可以作为评价本专利是否符合专利法第23条的证据。

3. 外观设计相同和相近似对比

附件1公开了一种招牌的外观设计（下称在先设计），与本专利属于相同类别的产品，故对二者的外观设计作如下对比：

本专利所示的招牌呈长方形，主视图左右两端各有一长方形边框，中间有"乐世小厨"和"手抓饼"艺术字，"手抓饼"左侧有一卡通图案，艺术字右边有一斜置的手抓饼照片。简要说明记载"本外观设计为平面设计，设计要点仅涉及主视图，后视图无图案，故省略后视图"（详见本专利附图）。

在先设计呈长方形，主视图左侧有一斜置的手抓饼照片，其右边有"台湾TAIWAN"字样和"手抓饼"艺术字。简要说明记载"省略其他视图"（详见在先设计附图）。

将本专利与在先设计相比较可知，二者虽然都是长方形的招牌，但是产品的图案、构图方式和花样大小均不相近似，其差别十分明显，对产品外观设计的整体视觉效果产生了显著的影响；虽然本专利与在先设计都包含"手抓饼"艺术字，但是两种艺术字的字体完全不同，在相近似判断中，产品外表出现的包括产品名称在内的文字是一种图案，应当考虑其作为图案的装饰设计，而不应当考虑其作为文字的字意。因此，合议组认定，本专利与在先设计属于不相同且不相近似的外观设计。

综上所述，由于请求人未能提供充分的证据支持其主张，因此，请求人提出的本专利不符合专利法第23条规定的无效宣告请求理由不成立。

三、决定

维持200730013537.2号外观设计专利权有效。当事人对本决定不服的，可以根据专利法第46条第2款的规定，自收到本决定之日起三个月内向北京市第一中级人民法院起诉。根据该款的规定，一方当事人起诉后，另一方当事人作为第三人参加诉讼。

主视图

本专利附图

主视图

在先设计附图

540

银行智能通道槽

无效宣告请求审查决定（第14242号）

决　　定　　号 第14242号
决　　定　　日 2009年12月7日
发明创造名称 银行智能通道槽
外观设计分类号 14-02
无效宣告请求人 深圳市凯明杨科技有限公司
专　利　权　人 陈荣华
专　　利　　号 200630077243.1
申　　请　　日 2006年10月31日
授 权 公 告 日 2007年9月5日
合 议 组 组 长 张雪飞
主　　审　　员 沙柏青
参　　审　　员 李巍巍
附　　　　　图 1页

法　律　依　据 专利法第23条
决　定　要　点

本专利与在先设计所示产品正面左右两侧有无小缺口的差别和喇叭孔数量的差别均属于局部细微的变化，没有对产品的整体视觉效果产生显著的影响，在二者整体造型、各部分形状和比例等均基本相同的情况下，本专利与在先设计应属于相近似的外观设计。

一、案由

本无效宣告请求案涉及国家知识产权局于2007年9月5日授权公告的，名称为“银行智能通道槽”的外观设计专利（下称本专利），其专利号是200630077243.1，申请日是2006年10月31日，专利权人是陈荣华。针对上述专利权，深圳市凯明杨科技有限公司（下称请求人）于2009年6月26日向国家知识产权局专利复审委员会提出无效宣告请求，认为本专利不符合专利法第9条、专利法第23条和专利法实施细则第13条第1款的规定，并提交了以下附件：

附件1：ZL200630062360.0号外观设计专利电子公开文本打印件，共3页；

附件2：ZL01222072.8号实用新型专利说明书复印件，共5页；

附件3：《金融 & 科技》杂志2006年05月刊至10月刊相关页复印件，共17页；

附件4：《金融 & 科技》杂志2006年12月刊相关页复印件，共4页；

附件5：科羽公司宣传页复印件，共6页；

附件6：科羽公司网页产品宣传页打印件，共4页；

附件7：科羽公司营业执照复印件，共1页。

请求人认为，附件1与本专利的专利权人相同，其申请日在本专利申请日（2006年10月31日）之前，公开（公告）日在本专利的申请日之后，其公开的外观设计与本专利基本相同，因此，本专利不符合专利法第9条和专利法实施细则第13条第1款的规定；附件2和附件3用于证明在本专利申请日之前已有与其相近似的外观设计公开发表；附件4、附件5、附件6用于证明在本专利申请日之前已有与其相近似的外观设计公开销售，附件7用于说明科羽科技发展有限公司的法定代表人就是专利权人，因此，本专利不符合专利法第23条的规定。

经形式审查合格，专利复审委员会依法受理了上述无效宣告请求，并于2009年10月14日将无效宣告请求书及相关文件的副本转送给专利权人，通知其在指定的期限内答复。

专利权人逾期未进行答复。

专利复审委员会于2009年9月23日向双方当事人发出无效宣告请求口头审理通知书，定于2009年11月3日进行口头审理。

口头审理如期举行，请求人委托代理人出席了口头审理，其对合议组成员没有回避请求，专利权人一方未到庭。请求人当庭放弃本专利不符合专利法第9条的无效宣告请求理由，放弃附件3中的《金融 & 科技》杂志2006年10月刊相关页，提交了附件3、附件4、附件5的原件。请求人对本案无效宣告请求的理由和证据充分陈述了意见。

在上述审理的基础上，合议组认为本案事实清楚，可以依法作出审查决定。

二、决定的理由

1. 法律依据

基于请求人提出的无效宣告请求的理由和证据，合议组首先依据专利法第23条的规定对本案进行审理。专利法第23条规定："授予专利权的外观设计，应当同申请日以前在国内外出版物上公开发表过或者国内公开使用过的外观设计不相同和不相近似，并不得与他人在先取得的合法权利相冲突。"

2. 证据认定

请求人提交的附件2是ZL01222072.8号实用新型专利说明书复印件，经核实该证据的真实性可以确认。该实用新型专利的授权公告号为CN2506150Y，授权公告日为2002年8月21日，早于本专利的申请日（2006年10月31日），属于本专利申请日之前公开的专利文献，可以作为评价本专利是否符合专利法第23条规定的证据。

3. 外观设计相同和相近似对比

附件2的图片公开了一种多功能柜台交易传递盘的外观设计（下称在先设计），虽然与本专利的名称不同，但是都是用于银行柜台传递数据，因此用途相同，属于相同类别的产品，故对二者的外观设计作如下对比：

本专利所示的是银行智能通道槽，包含主视图、后视图、俯视图、仰视图、右视图和立体图，简要说明中记载：左视图与右视图对称，省略左视图。从各视图观察本专利，大致呈前大后小的凹槽形，正面近似长方形，左右两侧中间部位各有一个小缺口，凹槽底部有一长方形键盘，凹槽的上斜面有两个圆形喇叭孔（详见本专利附图）。

在先设计所示的是多功能柜台交易传递盘，大致呈前大后小的凹槽形，正面为右下角不完整的长方形，凹槽底部有一长方形键盘，凹槽的上斜面有一个圆形喇叭孔（详见在先设计附图）。

将本专利与在先设计相比较可知，两者的相同之处在于：产品整体的形状、各组成部分的形状和比例均基本相同。二者的不同之处在于：本专利正面的左右两侧中间各有一个小缺口，在先设计没有；本专利凹槽的上斜面有两个喇叭孔，在先设计只有一个；本专利正面为完整的长方形，在先设计的右下角不完整。合议组认为：正面左右两侧有无小缺口的差别和喇叭孔数量的差别均属于局部细微的变化，没有对产品的整体视觉效果产生显著的影响，在二者整体造型、各部分形状和比例等均基本相同的情况下，一般消费者容易将二者混同、误认；在先设计右下角缺少一部分是绘制视图时为方便表达产品内部形状绘制的剖视图，不影响整体相同相近似的判断。因此，合议组认定，本专利与在先设计应属于相近似的外观设计。

综上所述，合议组认为，在本专利申请日以前已有与其相近似的外观设计在出版物上公开发表过，所以，本专利权不符合专利法第 23 条的规定。

鉴于已经得出本专利不符合专利法第 23 条规定的结论，本决定对请求人提出的其他理由和证据不再进行评述。

三、决定

宣告 200630077243.1 号外观设计专利权全部无效。当事人对本决定不服的，可以根据专利法第 46 条第 2 款的规定，自收到本决定之日起三个月内向北京市第一中级人民法院起诉。根据该款的规定，一方当事人起诉后，另一方当事人作为第三人参加诉讼。

主视图

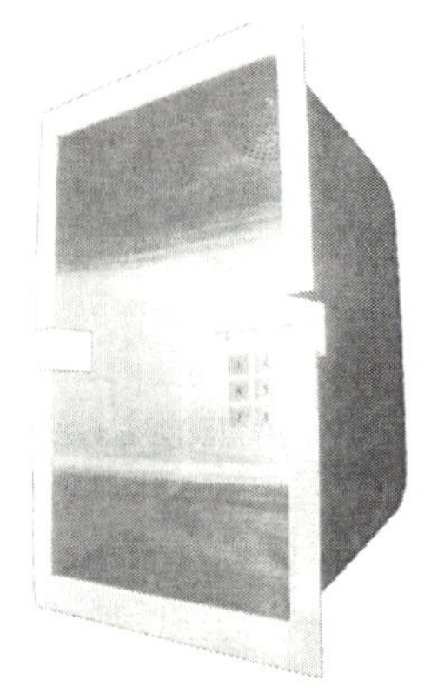

立体图

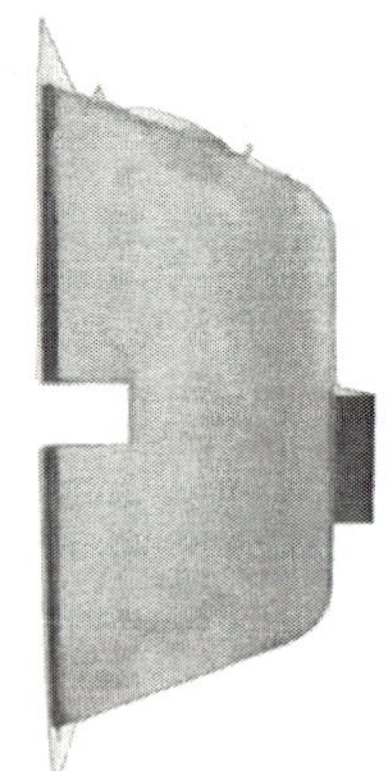

右视图

后视图

俯视图

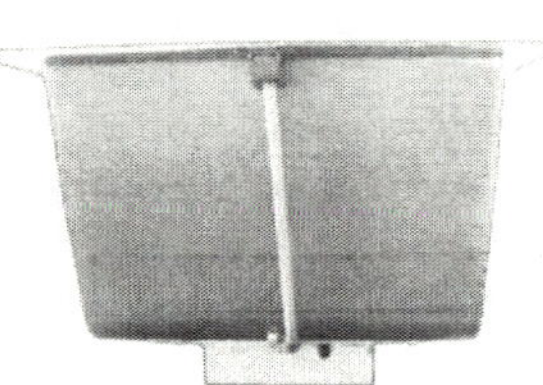

仰视图

本专利附图

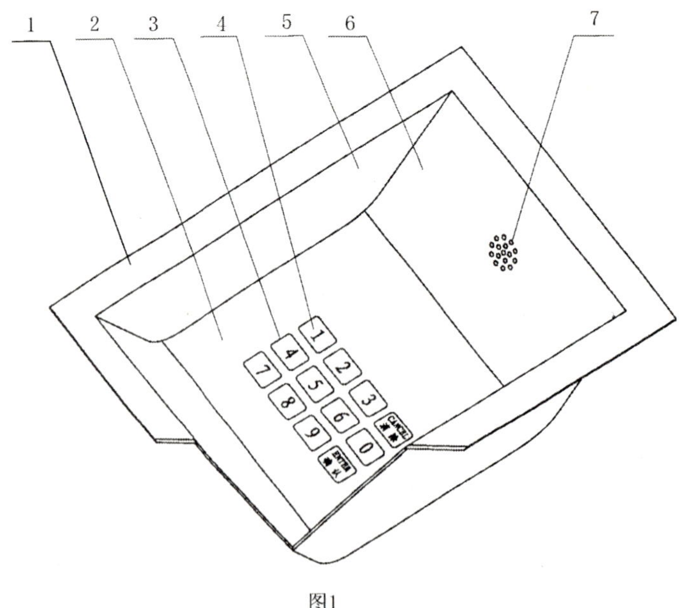

图1

在先设计附图

541

鞋底（059）

无效宣告请求审查决定（第14260号）

决　　定　　号 第14260号
决　　定　　日 2009年12月8日
发明创造名称 鞋底（059）
外观设计分类号 02-04
无效宣告请求人 伊科斯克有限公司
专　利　权　人 郑国宏
专　　利　　号 200630142365.4
申　　请　　日 2006年8月24日
授权公告日 2007年6月13日
合议组组长 吴大章
主　　审　　员 王美芳
参　　审　　员 尹春霞
附　　　　　图 1页

法　律　依　据 专利法第23条
决　定　要　点

从整体观察，本专利与在先设计的左右两侧鱼鳍形装饰条的形状、分布以及鞋头和后跟部位的突起极为相似，已形成相近似的整体视觉效果，应认定二者属于相近似的外观设计。

一、案由

本无效宣告请求涉及国家知识产权局于2007年6月13日授权公告的200630142365.4号外观设计专利，使用该外观设计的产品名称是"鞋底（059）"，其申请日是2006年8月24日，专利权人是郑国宏。

针对上述外观设计专利权（下称本专利），伊科斯克有限公司（下称请求人）于2009年7月1日向专利复审委员会提出无效宣告请求，其理由是本专利不符合专利法第23条和专利法实施细则第2条第3款的规定。请求人提交了如下附件：

附件1：000007737-0001号欧共体内部市场协调局注册外观设计的电子公开文本打印件及其中文译文，共3页；

附件2：2005年3月《FOCUS Denmark》杂志的部分复印件、在丹麦的公证认证文件复印件以及中文译文，共8页；

附件3：本专利的电子公开文本打印件，共1页。

请求人认为：本专利与2003年5月13日公开的000007737-0001号欧共体内部市场协调局注册外观设计相同，与2005年3月出版的《FOCUS Denmark》杂志上公开的一款靴子的鞋底外观设计相近似，本专利的授予不符合专利法第23条的规定；本专利的左视图和右视图的比例与其他视图明显不一致，俯视图和仰视图的投影关系明显不对应，使得外观设计的照片不能完整、准确地表示产品，导致本专利要求保护的对象不确定，不符合专利法实施细则第2条第3款的规定，请求宣告本专利无效。

专利复审委员会根据无效宣告请求审查程序的规定受理了该无效宣告请求，并于2009年7月24日将请求人的无效宣告请求书及其附件转送专利权人，通知其在指定期限内陈述意见。

专利权人在指定期限内未答复。

专利复审委员会成立合议组对本案进行审理，于2009年8月25日向双方当事人发出口头审理通知书，定于2009年10月12日对本案进行口头审理。

口头审理如期举行，仅有请求人一方委托代理人出庭，专利权人未出席口头审理，合议组依法进行缺席审理。请求人当庭提交了附件2的原件，放弃了本专利不符合专利法实施细则第2条第3款的规定的理由，并对本专利和在先设计进行了相近似比较。

在上述审理的基础上，合议组经合议，认为本案事实清楚，依法作出本审查决定。

二、决定的理由

1. 法律依据

基于请求人提出的无效宣告请求的理由，合议组依据专利法第23条的规定对本案进行审查。

专利法第23条规定："授予专利权的外观设计，应当同申请日以前在国内外出版物上公开发表过或者国内公开使用过的外观设计不相同和不相近似，并不得与他人在先取得的合法权利相冲突。"

2. 证据认定

附件1是000007737-0001号欧共体内部市场协调局注册外观设计的电子公开文本打印件及其中文译文，该注册外观设计涉及的产品是"鞋的鞋底"。经合议组核实，该附件所示内容真实。上述注册外观设计的公告日是2003年5月13日，早于本专利的申请日2006年8月24日，属于在本专利申请日之前公开的外观设计，可以作为评价本专利是否符合专利法第23条规定的证据。

3. 外观设计对比

附件1公开了一款名为鞋底的外观设计（下称在先设计），本专利也是鞋底的外观设计，属于相同类别的产品，可以进行对比，故对本专利与在先设计对比如下：

本专利的图片包括主视图、左视图、右视图、俯视图、仰视图、立体图和使用状态参考图。其所示鞋底为平底；在鞋头部位有一个半椭圆形突起；后部有一个向上可以包裹脚后跟的弧形突起，从该弧形突起开始，鞋底的左右两侧均布向上翘起的状似鱼鳍的装饰条，各装饰条的连接处均带有内凹层，各装饰条的长度自前向后逐渐变化，在脚跗面处最长，靠近鞋头部位最短（详见本专利附图）。

附件1公开了在先设计的两个立体图和鞋底底面的正投影图。其所示鞋底为平底；在鞋头部位有一个半椭圆形突起；后部有一个向上可以包裹脚后跟的弧形突起，从该弧形突起开始，鞋底的左右两侧均布向上翘起的状似鱼鳍的装饰条，各装饰条的连接处均带有内凹层，各装饰条的长度自前向后逐渐变化，在脚跗面处最长，靠近鞋头部位最短；鞋底的底面带有两组同心椭圆图案（详见在先设计附图）。

将本专利与在先设计相比较，合议组认为：二者的左右两侧鱼鳍形装饰条的形状、分布以及鞋头和后跟部位的突起极为相似，已形成相近似的整体视觉效果，应认定二者属于相近似的外观设计。

综上所述，在本专利申请日以前已有与其相近似的外观设计公开发表过，本专利不符合专利法第23条的规定。

鉴于已经得出本专利不符合专利法第23条规定的结论，合议组对请求人提出的其他证据不再予以评述。

三、决定

宣告200630142365.4号外观设计专利权全部无效。

当事人对本决定不服的，可以根据专利法第46条第2款的规定，自收到本决定之日起三个月内向北京市第一中级人民法院起诉。根据该款的规定，一方当事人起诉后，另一方当事人作为第三人参加诉讼。

仰视图

左视图

主视图

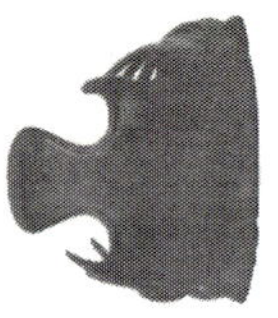

右视图

俯视图

立体图

使用状态参考图

本专利附图

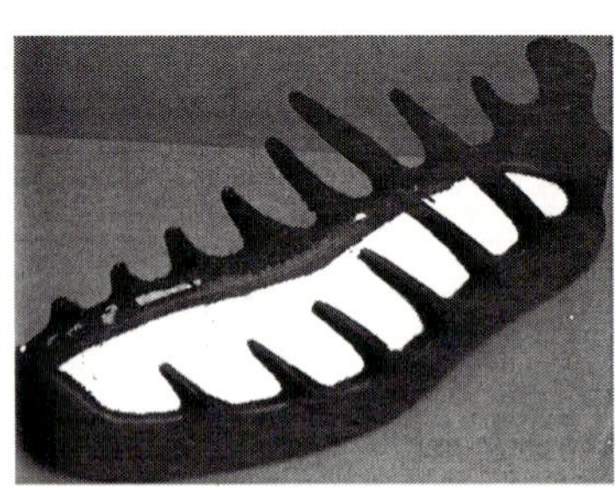

在先设计附图

食品包装袋

无效宣告请求审查决定（第14261号）

决　　定　　号 第14261号
决　　定　　日 2009年12月8日
发明创造名称 食品包装袋
外观设计分类号 09-05
无效宣告请求人 河南省正龙食品有限公司
专　利　权　人 陈朝晖
申　　请　　号 00333252.7
申　　请　　日 2000年10月16日
授 权 公 告 日 2001年5月2日
合 议 组 组 长 徐清平
主　　审　　员 尹春霞
参　　审　　员 王美芳
附　　　　　图 1页

法　律　依　据 专利法第23条，专利法实施细则第2条第3款
决　定　要　点

请求人提交的附件1所示注册商标的核准注册日在本专利申请日之后，不属于专利法第23条规定的在先取得的合法权利。

一、案由

本无效宣告请求涉及的是2001年5月2日国家知识产权局授权公告的00333252.7号外观设计专利权，其名称是“食品包装袋”，申请日是2000年10月16日，专利权人是陈朝晖。

针对上述外观设计专利权（下称本专利），河南省正龙食品有限公司（下称请求人）于2009年8月4日向专利复审委员会提出无效宣告请求，其理由是本专利不符合专利法第23条的规定。同时，请求人提交了如下附件作为证据：

附件1：第1506193号商标注册证复印件及注册商标转让证明复印件，共2页；

附件2：（2008）郑民三初字第46号民事判决书复印件，共19页；

附件3：（2008）豫法民三终字第37号民事判决书复印件，共14页；

附件4：商标驰字【2006】第112号关于认定“白象”商标为驰名商标的批复复印件，共1页；

附件5：河南省著名商标证书复印件，共1页；

附件6：河南知名商标证书复印件，共1页；

附件7：本专利电子公开文本打印件，共3页。

请求人认为：本专利的申请日是2000年10月16日，其构成图案的主要组成部分“白家”二字的图案，与请求人在先公开的“白象”商标图案极其近似，应宣告无效。并且上述在先公开的事实也被河南省郑州市中级人民法院（2008）郑民三初字第46号一审判决、河南省高级人民法院（2008）豫法民三终字第37号终审判决所确认，因此本专利不符合专利法第23条的规定。

经形式审查合格，专利复审委员会依法受理了上述无效宣告请求，并于2009年8月4日将无效宣告请求书及相关文件的副本转送专利权人，通知其在指定的期限内答复。专利权人逾期未答复。

请求人于2009年9月2日补充提交意见陈述。请求人认为，通常情况下，产品外包装的左上角常常是产品的商标标示区，会引起消费者更多的注意。本专利恰恰在这一相对敏感的区域，使用了“白家”的商标标识，与请求人的在先设计的“白象”注册商标对比，二者图案极其近似。因此本专利构图的重要部分，与请求人在先取得的合法权利相冲突，应宣告无效。请求人同时提交如下附件作为证据（编号续前）：

附件8：国家工商局商标局第755期初步审定商标公告首页、第617页复印件，共2页。

请求人于2009年9月3日补充提交意见陈述。请求人增加无效宣告请求的理由，认为本专利的后视图是食品包装袋的惯常设计，不具有美感，因此不符合专利法实施细则第2条第3款的规定，应宣告无效。

专利复审委员会成立合议组对本案进行审理，并于2009年10月9日向双方当事人发出无效宣告请求口头审理通知书，定于2009年11月18日对本案进行口头审理。

口头审理如期举行，双方均委托代理人出席口头审理。在口头审理中，请求人当庭提交附件2~4、附件6、附件8的原件，并表示放弃附件5作为证据。请求人以附件1和附件8的结合证明在先公开发表的事实，请求人以附件1结合附件2、附件3认为本专利能够引起消费者注意的商标标识部分与在先公开的商标相近似；以附件1~4、附件6的结合证明与在先权利相冲突的事实，请求人根据附件2、附件3认为法院已经认定“白家”侵犯了“白象”的商标权，并以商标申请日1997年12月14日作为在先取得的时间；同时请求人认为本专利设计普通，不具有美感，不符合专利法实施细则第2条第3款的规定。专利权人对附件1~4、附件6、附件8的真实性均无异议。对于公开发表，专利权人认为在先商标与本专利的用途、分类都不同，没有可比性，且对比设计是文字图案，与本专利不相同也不相近似；对于与在先权利相冲突，专利权人认为应以商标的注册日（2001年1月14日）作为在先权利的时间界限，该商标注册日在本专利申请日之后；对于本专利是否具有美感，专利权人认为美感因人而异，请求人的主张不成立。

在上述审理的基础上，合议组经合议，认为本案事实清楚，依法作出本审查决定。

二、决定的理由

1. 法律依据

基于请求人提出无效宣告请求所依据的事实和理由，合议组对本专利是否符合专利法第23条及专利法实施细则第2条第3款的规定进行审查。

专利法第23条规定：“授予专利权的外观设计，应当同申请日以前在国内外出版物上公开发表过或者国内公开使用过的外观设计不相同和不相近似，并不得与他人在先取得的合法权利相冲突。”

专利法实施细则第2条第3款规定：“专利法所称外观设计，是指对产品的形状、图案或者其结合以及色彩与形状、图案的结合所作出的富有美感并适于工业应用的新设计。”

2. 关于专利法第 23 条

请求人提交的附件 1 是第 1506193 号商标注册证复印件及注册商标转让证明复印件，附件 2 是（2008）郑民三初字第 46 号民事判决书复印件，附件 3 是（2008）豫法民三终字第 37 号民事判决书复印件，附件 8 是国家工商局商标局第 755 期初步审定公告首页、第 617 页复印件，请求人当庭提交了附件 2、附件 3、附件 8 的原件，专利权人对附件 2、附件 3、附件 8 的真实性无异议，合议组对其真实性予以确认。请求人未提交附件 1 的原件。但专利权人对附件 1 的真实性无异议，合议组对其真实性予以确认。

请求人以附件 1~3、附件 8 的结合证明本专利与在先公开发表的外观设计相近似。合议组认为，虽然附件 1 与附件 8 公告日在本专利的申请日之前，且请求人提交了附件 2 与附件 3 证明“白家”注册商标与“白象”注册商标相近似，但附件 1 与附件 8 公开的仅是商标图案，本专利为包装袋的外观设计，有关商标图案在其整体设计中仅为局部内容（详见本专利附图），因此仅凭附件 1、附件 8 所示商标图案不能认定其与本专利外观设计相近似，请求人的主张不能成立。

请求人提交的附件 4 是商标驰字【2006】第 112 号关于认定“白象”商标为驰名商标的批复复印件，附件 6 是河南知名商标证书复印件，请求人当庭提交了附件 4、附件 6 的原件，专利权人对附件 4、附件 6 的真实性无异议，合议组对其真实性予以确认。

请求人以附件 1~4、附件 6、附件 8 的结合证明本专利与在先权利相冲突。合议组认为，虽然请求人提交了附件 2 与附件 3 证明“白家”注册商标与“白象”注册商标相近似，但上述附件中第 1506193 号注册商标的核准注册日为 2001 年 1 月 14 日，在本专利申请日之后，在判断该商标是否为在先取得的合法权利时，应以其核准注册日而非申请日作为判断基准，因此，附件 1 所述商标不属于专利法第 23 条规定的在先权利，请求人据此证明本专利与他人在先取得的合法权利相冲突的主张不能成立。

3. 关于专利法实施细则第 2 条第 3 款的规定

请求人认为本专利后视图是两个方框，形式单一，设计普通，为惯常设计，不具有美感，不符合专利法实施细则第 2 条第 3 款的规定。合议组认为，仅凭设计内容简单或为惯常设计并不足以否定一项外观设计具备美感。请求人据此提出本专利不符合专利法实施细则第 2 条第 3 款规定的富有美感的主张不能成立。

综上所述，请求人提交的所有证据均不能支持其无效宣告请求的理由，其提出的本专利权不符合专利法第 23 条及专利法实施细则第 2 条第 3 款的规定的理由不成立。

三、决定

维持第 00333252.7 号外观设计专利权有效。

当事人对本决定不服的，可以根据专利法第 46 条第 2 款的规定，自收到本决定之日起三个月内向北京市第一中级人民法院起诉。根据该款的规定，一方当事人起诉后，另一方当事人作为第三人参加诉讼。

主视图

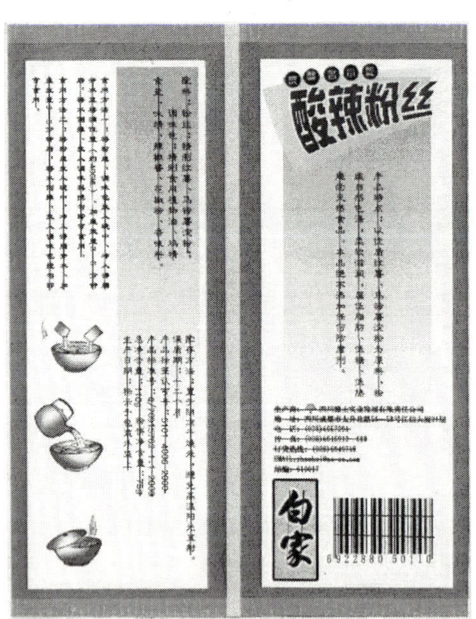

后视图

本专利附图

543

取暖炉（LH200）

无效宣告请求审查决定（第 14285 号）

决　定　号　第 14285 号
决　定　日　2009 年 12 月 10 日
发明创造名称　取暖炉（LH200）
外观设计分类号　23-03
无效宣告请求人　常州市威尔莱炉业有限公司
专　利　权　人　任建华、杨经武
专　利　号　200730310475.1
申　请　日　2007 年 9 月 13 日
授 权 公 告 日　2008 年 10 月 1 日
合 议 组 组 长　张雪飞
主　审　员　沙柏青
参　审　员　李巍巍
附　图　2 页

法 律 依 据　专利法第 23 条
决 定 要 点

四棱锥体和三棱锥体均是常见的几何形状，并且取暖炉每一个侧面的形状基本相同，本专利与在先设计是四棱锥体还是三棱锥体的区别对于该类产品的整体视觉效果没有产生显著的影响。因此，合议组认定，本专利与在先设计属于相近似的外观设计。

一、案由

本无效宣告请求案涉及国家知识产权局于 2008 年 10 月 1 日授权公告的，名称为“取暖炉（LH200）”的外观设计专利（下称本专利），其专利号是 200730310475.1，申请日是 2007 年 9 月 13 日，专利权人是任建华、杨经武。针对上述专利权，常州市威尔莱炉业有限公司（下称请求人）于 2009 年 8 月 28 日向国家知识产权局专利复审委员会提出无效宣告请求，认为本专利不符合专利法第 23 条的规定，并提交了以下附件：

附件 1：本专利电子公开文本打印件，共 6 页；

附件 2：欧共体外观设计 000760095-0001 公报打印件及翻译件，共 9 页。

请求人认为，附件 2 的公开日在本专利的申请日之前，其上所示外观设计与本专利类别相同，外观设计相近似，可以证明在本专利申请日之前已有与其相近似的外观设计公开发表，因此本专利不符合专利法第 23 条的规定。

经形式审查合格，专利复审委员会依法受理了上述无效宣告请求，并于 2009 年 8 月 28 日将无效宣告请求书及相关文件的副本转送给专利权人，通知其在指定的期限内答复。

专利权人逾期未答复。

请求人于 2009 年 9 月 7 日向专利复审委员会补充提交了欧共体外观设计 000760095-0001 公报的中文译文，表示该证据的中文译文以此次提交的为准。

专利复审委员会于 2009 年 10 月 14 日向双方当事人发出无效宣告请求口头审理通知书，定于 2009 年 11 月 25 日进行口头审理，同时将请求人的意见陈述书转送专利权人。

口头审理如期举行，双方当事人均委托代理人出席了口头审理，双方均对对方出庭人员身份及资格没有异议，均对合议组成员没有回避请求。请求人对本案无效宣告请求的理由和证据充分陈述了意见，专利权人对附件 2 的真实性及翻译件与原文的一致性没有质疑，认为本专利与在先设计不相同且不相近似。

在上述审理的基础上，合议组认为本案事实清楚，可以依法作出审查决定。

二、决定的理由

1. 法律依据

基于请求人提出的无效宣告请求的理由和证据，合议组依据专利法第 23 条的规定对本案进行审理。专利法第 23 条规定："授予专利权的外观设计，应当同申请日以前在国内外出版物上公开发表过或者国内公开使用过的外观设计不相同和不相近似，并不得与他人在先取得的合法权利相冲突。"

2. 证据认定

请求人提交的附件 2 是欧共体外观设计 000760095-0001 公报打印件及翻译件，专利权人对其真实性和译文准确性无异议。经合议组核实该证据的真实性可以确认。其公开日为 2007 年 7 月 31 日，早于本专利的申请日（2007 年 9 月 13 日），属于本专利申请日之前公开的出版物，可以作为评价本专利是否符合专利法第 23 条规定的证据。

3. 外观设计　相同和相近似对比

附件 2 公开了一种加热炉的外观设计（下称在先设计），其与本专利用途相同，属于相同类别的产品，故对二者的外观设计作如下对比：

本专利所示的是取暖炉，包含主视图、后视图、右视图、俯视图和立体图，简要说明中记载：（1）本专利左视图与右视图对称，省略左视图；（2）本产品仰视图不常见，省略仰视图。从各视图观察本专利，整体呈平截式四棱锥体，侧面为拉长的梯形，由四根竖立的支柱支撑；取暖炉下半部为基体部，每两根支柱之间设有平面板；取暖炉上半部为加热区域，每两根支柱间设有梯形状烤架，烤架的外框架之间设有若干水平横杆，加热区域内设有圆柱状加热体，自取暖炉基体部延伸到上端的顶盖；顶端部设有顶盖，顶盖为平截式四棱锥体，侧面为扁的梯形（详见本专利附图）。

在先设计所示的也是加热炉，整体呈平截式三棱锥体，侧面为拉长的梯形，由三根竖立的支柱支撑；取暖炉下半部为基体部，每两根支柱之间设有平面板；取暖炉上半部为加热区域，每两根支柱间设有梯形状烤架，烤架的外框架之间设有若干水平横杆，加热区域内设有圆柱状加热体，自取暖炉基体部延伸到上端的顶盖；顶端部设有顶盖，顶盖为平截式三棱锥体，侧面为扁的梯形（详见在先设计附图）。

将本专利与在先设计相比较可知，二者的各组成部分的形状和比例均基本相同。二者的不同之处主要在于：本专利整体呈四棱锥体，其顶盖也是四棱锥体；在先设计整体呈三棱锥体，其顶盖也是三棱锥体。合议组认为：虽然本专利与在先设计的整体形状有区别，但是四棱锥体和三棱锥体均是常见的几何形状，并且取暖炉每一个侧面的形状基本相同，故二者是四棱锥体还是三棱锥体的区别对于该类产品的整体视觉效果没有产生显著的影响。因此，合议组认定，本专利与在先设计属于相近似的外观设计。

综上所述，合议组认为，在本专利申请日以前已有与其相近似的外观设计在出版物上公开发表过，本专利权不符合专利法第 23 条的规定。

三、决定

宣告 200730310475.1 号外观设计专利权全部无效。当事人对本决定不服的，可以根据专利法第 46 条第 2 款的规定，自收到本决定之日起三个月内向北京市第一中级人民法院起诉。根据该款的规定，一方当事人起诉后，另一方当事人作为第三人参加诉讼。

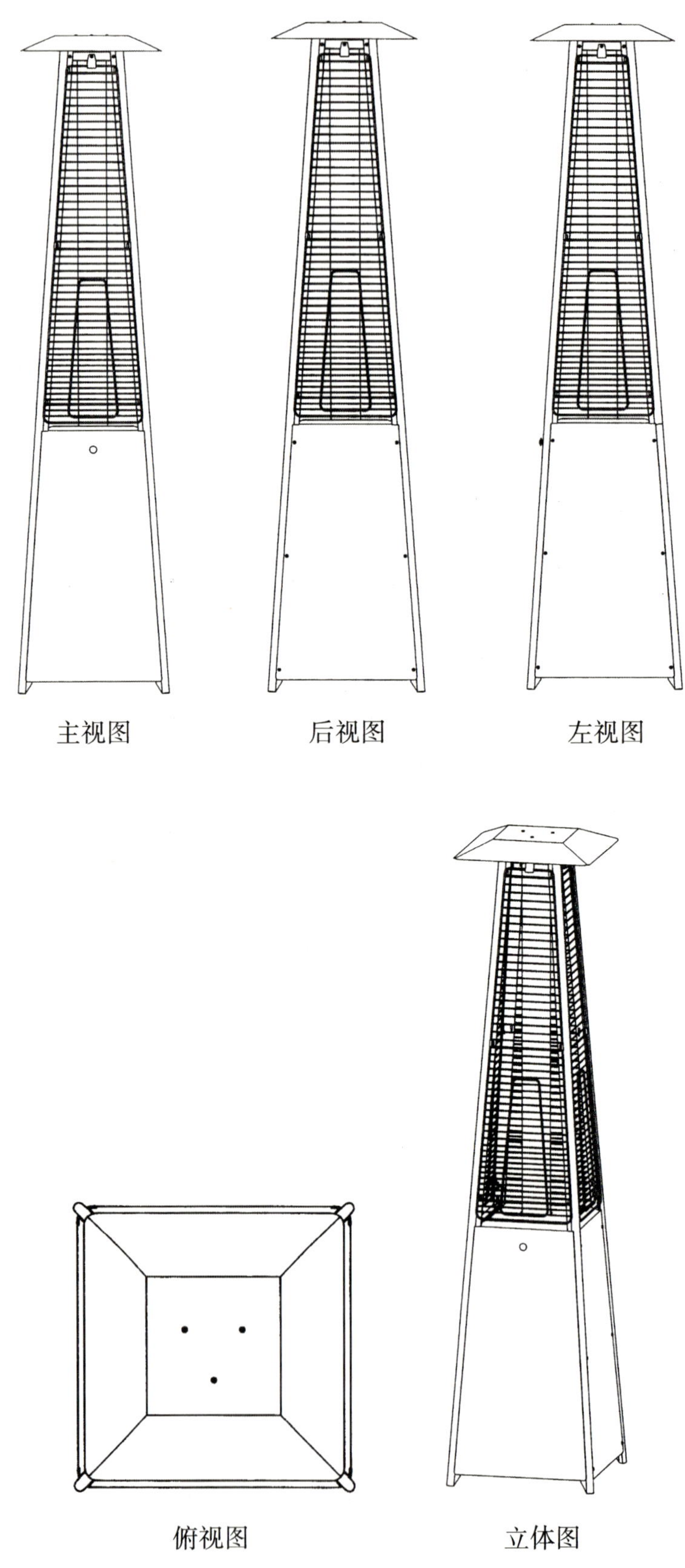

本专利附图

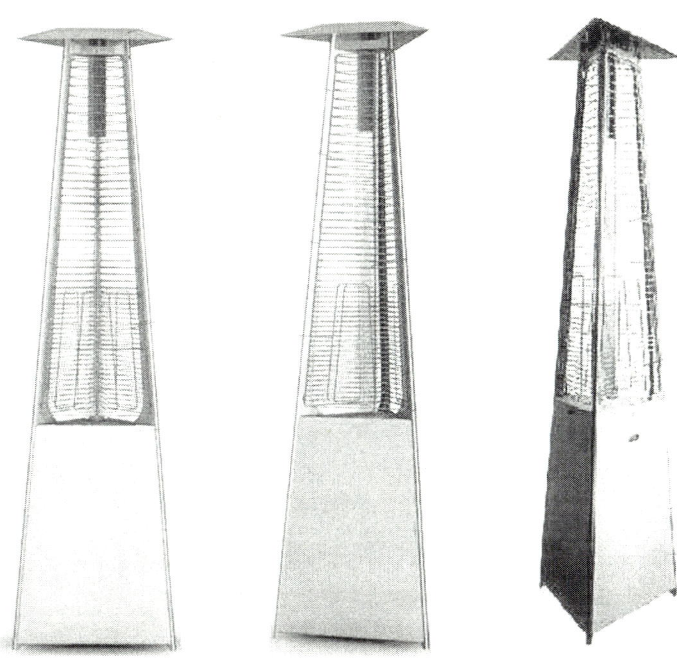

在先设计附图

544

床头（青少年 E-2）

无效宣告请求审查决定（第 14298 号）

决　定　号　第 14298 号
决　定　日　2009 年 12 月 11 日
发明创造名称　床头（青少年 E-2）
外观设计分类号　06-06
无效宣告请求人　成都市德易居家具厂
专　利　权　人　付咏梅
专　利　号　200730095068.3
申　请　日　2007 年 7 月 24 日
授权公告日　2008 年 7 月 23 日
合议组组长　徐清平
主　审　员　党　星
参　审　员　郑　直
附　　图　3 页

法律依据　专利法第 9 条、第 23 条，专利法实施细则第 13 条第 1 款
决定要点

请求人提交的在先设计与本专利相比较差别明显，足以对其整体视觉效果产生显著影响，因此本专利相对于在先设计属于不相同且不相近似的外观设计。

一、案由

本无效宣告请求涉及国家知识产权局于 2008 年 7 月 23 日授权公告的 200730095068.3 号外观设计专利，该外观设计的产品名称为“床头（青少年 E-2）”，申请日是 2007 年 7 月 24 日，专利权人是付咏梅。

针对上述专利权（下称本专利），成都市德易居家具厂（下称请求人）于 2009 年 7 月 2 日向专利复审委员会提出无效宣告请求，理由是本专利不符合专利法第 23 条的规定，并提交如下附件作为证据：

附件 1：第 200630100675.X 号外观设计专利公报复印件 1 页，其授权公告日为 2007 年 6 月 27 日；

附件 2：本专利的外观设计专利公报复印件 1 页。

请求人在无效宣告请求书中认为：本专利与附件 1 属于相近似的外观设计，且附件 1 的外观设计

授权公告日早于本专利的申请日。通过具体对比可知本专利与附件1的床头整体形状近似，其区别在于：（1）本专利的床头有一从左上方到右下方的弧形装饰带，左上方弧形上方有三个等距的圆形图案，附件1是有一从左至右的弧形装饰带与一从右至左的弧形装饰带相交，从右至左的弧形装饰带的下方有三个沿弧形排列的圆形图案；（2）本专利的床头的圆形图案大小相等，附件1床头的圆形图案大小不等。请求人认为上述区别属于局部或细微的变化，不足以对二者相近似的整体形状形成的整体视觉效果产生显著影响。因此，本专利与附件1相近似，不符合专利法第23条的规定，应予宣告无效。

经形式审查合格，专利复审委员会受理了该无效宣告请求，并于2009年7月3日向双方当事人发出无效宣告请求受理通知书，并将无效宣告请求书及其附件的副本转送给专利权人，要求其在指定期限内陈述意见，专利权人逾期未答复。

2009年8月2日，请求人补充提交了如下附件（编号续前）：

附件3：第200730093045.9号外观设计专利公报网络打印件1页，其专利权人为蒋维斌，申请日为2007年5月30日，授权公告日为2008年5月28日。

请求人认为：附件3为本专利申请日前申请的外观设计，本专利与附件3的床头整体形状近似，二者的区别在于：（1）本专利的床头有一从左上方到右下方的弧形装饰带，左上方弧形上方有三个等距的圆形图案，附件3是左有四分之一的圆弧装饰带，一从左至右的弧形装饰带与该四分之一的圆弧装饰带相交，左至右的弧形装饰带上有两个间隔的圆形图案；（2）本专利的床头的圆形图案大小相等，附件3床头的圆形图案大小不等。请求人认为上述区别属于局部细微的变化，不足以对二者相近似的整体形状形成的整体视觉效果产生显著影响。因此，本专利与附件3相近似，不符合专利法第9条和专利法实施细则第13条第1款的规定。

专利复审委员会于2009年9月11日将请求人2009年8月2日提交的意见陈述书及其附件的副本转送给专利权人，并于2009年9月24日向双方当事人发出了口头审理通知书，定于2009年10月22日对本案进行口头审理。

口头审理如期进行，双方当事人均出席了口头审理，双方当事人对对方当事人出席口头审理人员的身份和资格无异议，双方当事人对合议组成员无回避请求。在口头审理过程中，（1）专利权人认为附件1、3均是网络打印件，对其真实性以及公开时间有异议；（2）对于本专利和附件1的对比，请求人认为两者床头上弧形线条的方向不同，装饰物的位置不同，槽的位置也不同，但从整体观察，两者相近似；（3）对于本专利和附件1的对比，专利权人认为两者床头形状不同，其上的弧形线条、圆形装饰物、中部横向线条均不相同；（4）对于本专利和附件3的对比，请求人认为两者仅是装饰物数量不同，在整体设计上相近似；（5）对于本专利和附件3的对比，专利权人认为二者不相同也不相近似。

专利权人于2009年10月26日针对无效宣告请求受理通知书提交了意见陈述书，但未提出口头审理过程中所陈述意见以外的新的意见。

在双方当事人意见陈述及口头审理的基础上，合议组经合议，认为本案事实清楚，依法作出本审查决定。

二、决定的理由

1. 法律依据

基于请求人提出的无效宣告请求理由和证据，合议组对本专利是否符合专利法第23条、专利法第23条和专利法实施细则第13条第1款的规定进行审查。

专利法第23条规定："授予专利权的外观设计，应当同申请日以前在国内外出版物上公开发表过

或者国内公开使用过的外观设计不相同和不相近似，并不得与他人在先取得的合法权利相冲突。”

专利法第9条规定：“两个以上的申请人分别就同样的发明创造申请专利的，专利权授予最先申请的人。”

专利法实施细则第13条第1款规定：“同样的发明创造只能被授予一项专利。”

2. 证据认定

请求人提交的附件1是国家知识产权局于2007年6月27日授权公告的、专利号为200630100675.X、名称为“床头（2）”的外观设计专利公报复印件，经合议组核实，该附件1（下称在先设计1）所示内容真实。该在先设计1的授权公告日早于本专利的申请日，属于专利法第23条规定的出版物。

请求人提交的附件3是国家知识产权局于2008年5月28日授权公告的、专利权人为蒋维斌、申请日为2007年5月30日、专利号为200730093045.9、名称为“床头（CT6031）”的外观设计专利公报网络打印件，经合议组核实，该附件3（下称在先设计2）所示内容真实。该在先设计2的申请日早于本专利的申请日，与本专利专利权人不同，可适用专利法第9条的规定作为本案证据，也可适用专利法实施细则第13条第1款的规定作为本案证据。

3. 相近似比较

在先设计1、在先设计2所示产品与本专利用途相同，属于相同类别产品，可与本专利进行是否相同或相近似的比较。

本专利公报包括床头的六面视图和使用状态参考图。如图所示，本专利床头分为上下两个部分，上部为使用时露在床品以上的部分，上部有一条自上部左端至上部右下角的向下弯曲的弧形装饰线条，弧形线条左半部分上方有三个大小相等的圆形装饰物，弧形线条右上方有一稍大的椭圆形装饰物，该椭圆装饰物内有一条贯穿的水平线条，弧形线条左下方有一从左至右的水平装饰线条，该水平装饰线条起始于床头左端，至床头中间截至；床头下部有两条床脚；床头后方有竖着的工字型支架板；从侧面看，床头呈弧面板状（详见本专利附图）。

在先设计1包括床头的主视图、俯视图、右视图和立体图。如图所示，在先设计1床头分为上下两个部分，上部为使用时露在床品以上的部分，上部左上角有一展翅形的折线，折线下方由左至右排列着三个由大到小的圆形装饰物；床头下部为一矩形结构，无床脚设计；床头后方有一板式支架；从侧面看，床头呈弧面板状（详见在先设计1附图）。

在先设计2包括床头的主视图、俯视图、左视图和立体图。如图所示，在先设计2床头分为上下两个部分，上部为使用时露在床品以上的部分，上部左下角有一个以左下角端点为圆心的四分之一圆弧装饰线条，从该四分之一圆弧右边缘引出一条经过床头上部中央、结束于床头上部右下端的平滑的弧形线条，床头上部中央位置由左至右排列有两个从小到大的圆形装饰物，上述两个圆形装饰物均被所述弧形线条从中间穿过，床头左上角边缘有三条水平线连接至另一圆形装饰物；床头下部有两条竖板床脚；床头后方有一板式支架；从侧面看，床头呈弧面板状（详见在先设计2附图）。

将本专利与在先设计1比较，二者的外观设计均是床头，整体形状均为弧面板状，其主要不同点是：床头上部装饰线条的数量、线型和相对位置均不同，装饰物的数量、相对位置和排列关系也不同。合议组认为，从整体视觉观察，虽然本专利与在先设计1均是常见的弧面板状床头，但二者床头上部的图案设计元素及排列关系均存在显著差别，所述差别相对于二者所示常见的弧面板形状对整体视觉效果更具有显著的影响，因此二者属于不相同也不相近似的外观设计。

将本专利与在先设计2比较，二者的外观设计均是床头，整体形状均为弧面板状，其主要不同点是：床头上部装饰线条的数量、线型和相对位置均不同，装饰物的形状、数量、相对位置和排列关系也不同。合议组认为，从整体视觉观察，虽然本专利与在先设计2均是弧面板状床头，但二者床头上部的图案设计元素及排列关系均存在显著差别，所述差别相对于二者所示常见的弧面板形状对整体视觉效果更具有显著的影响，因此二者属于不相同也不相近似的外观设计。

综上，合议组认为：（1）请求人提交的在先设计 1 与本专利不相同也不相近似，请求人据其证明本专利不符合专利法第 23 条规定的无效宣告理由不能成立；（2）同样的发明创造对于外观设计而言是指外观设计相同或相近似，鉴于本专利与在先设计 2 属于不相同且不相近似的外观设计，因此，本专利相对于在先设计 2 不属于同样的发明创造，即以在先设计 2 证明本专利不符合专利法第 9 条和专利法实施细则第 13 条第 1 款规定的无效宣告理由不能成立。

三、决定

维持 200730095068.3 号外观设计专利权有效。

当事人对本决定不服的，可以根据专利法第 46 条第 2 款的规定，自收到本决定之日起三个月内向北京市第一中级人民法院起诉。根据该款的规定，一方当事人起诉后，另一方当事人作为第三人参加诉讼。

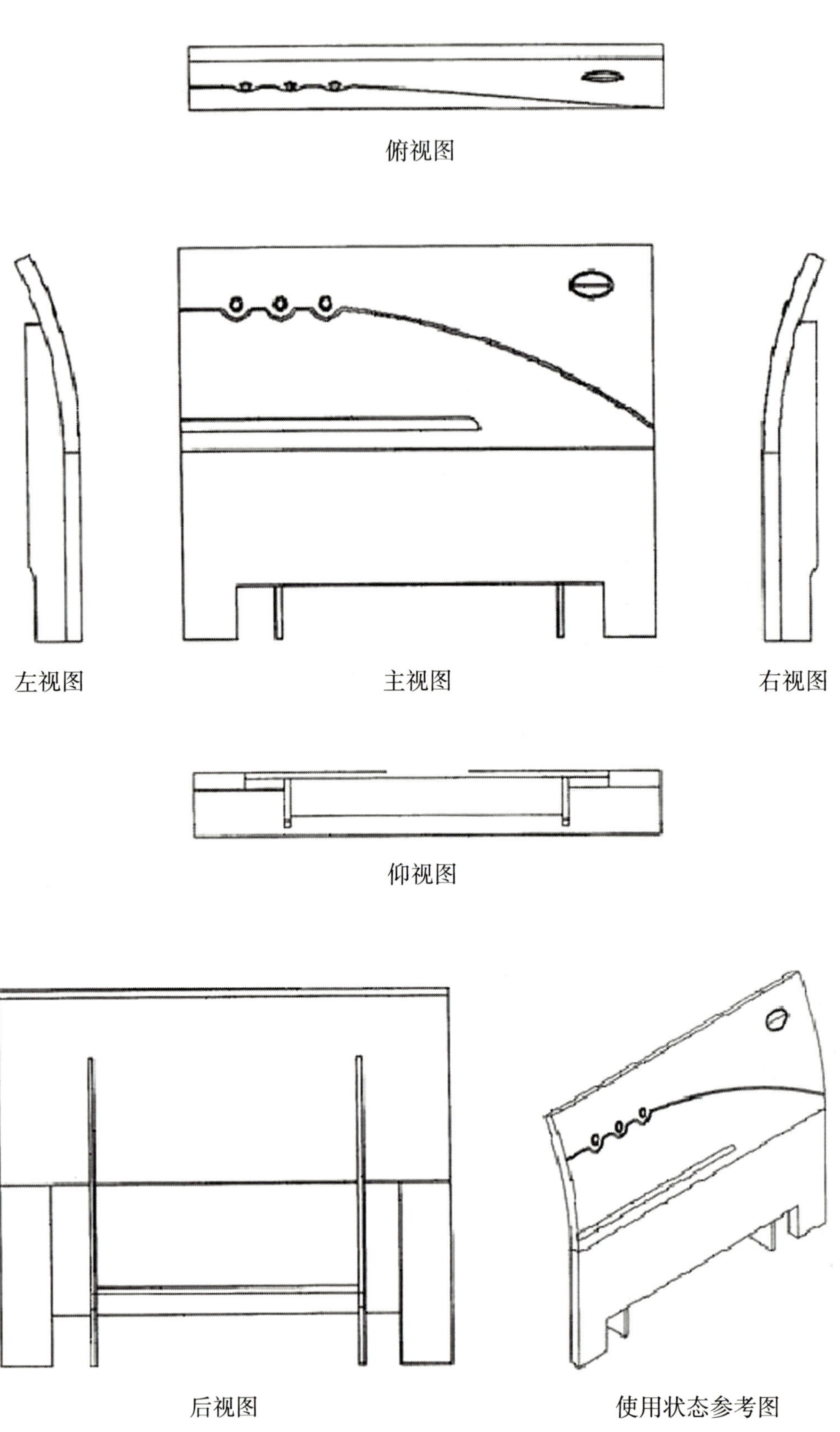

俯视图

左视图　　主视图　　右视图

仰视图

后视图　　使用状态参考图

本专利附图

俯视图

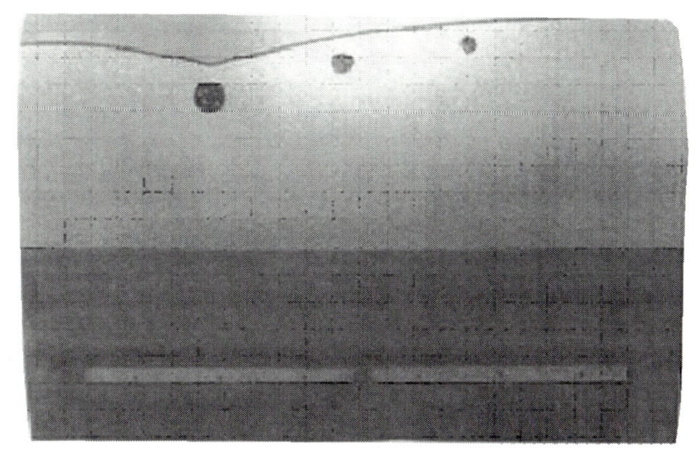

主视图

右视图

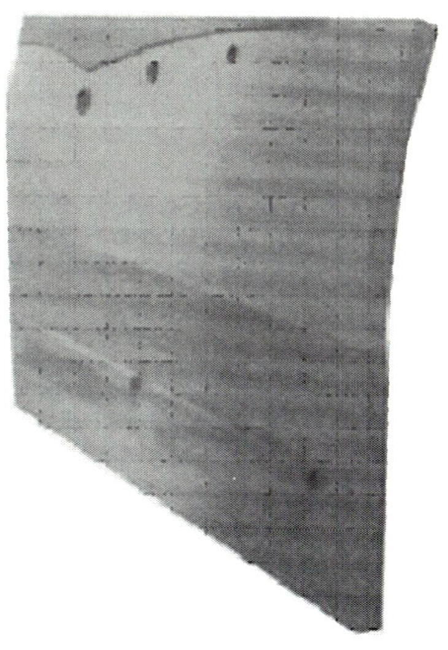

立体图

在先设计 1 附图

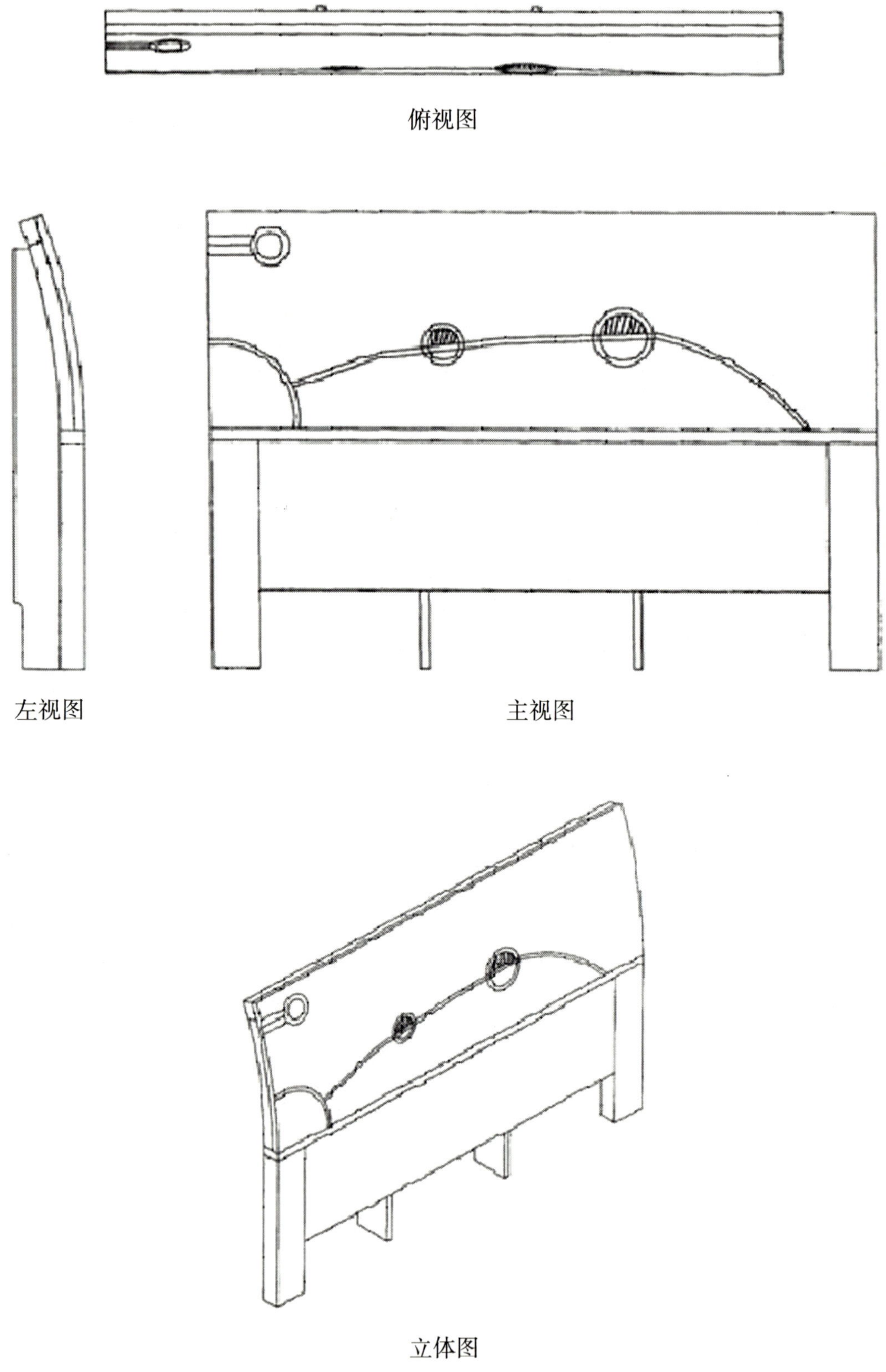

在先设计2附图

545

床头（E-5#）

无效宣告请求审查决定（第14299号）

决　　定　　号　第14299号
决　　定　　日　2009年12月11日
发明创造名称　床头（E-5#）
外观设计分类号　06-06
无效宣告请求人　成都市德易居家具厂
专　利　权　人　付咏梅
专　　利　　号　200730095043.3
申　　请　　日　2007年7月23日
授权公告日　2008年11月12日
合议组组长　徐清平
主　　审　　员　党　星
参　　审　　员　郑　直
附　　　　　图　4页

法律依据　专利法第23条
决定要点

请求人提交的在先设计与本专利相比较差别明显，足以对整体视觉效果产生显著影响，因此本专利相对于在先设计属于不相同且不相近似的外观设计。

一、案由

本无效宣告请求涉及国家知识产权局于2008年11月12日授权公告的200730095043.3号外观设计专利，该外观设计的产品名称为"床头（E-5#）"，申请日是2007年7月23日，专利权人是付咏梅。

针对上述专利权（下称本专利），成都市德易居家具厂（下称请求人）于2009年7月2日向专利复审委员会提出无效宣告请求，理由是本专利不符合专利法第23条的规定，并提交如下附件作为证据：

附件1：第200330113451.9号外观设计专利公报复印件1页，其授权公告日为2004年7月14日；

附件2：本专利的外观设计专利公报复印件1页。

请求人在无效宣告请求书中认为：本专利与附件1属于相近似的外观设计，且附件1的外观设计授权公告日早于本专利的申请日。通过具体对比可知本专利与附件1的床头整体形状近似，其区别在于：本专利的床头上方是弧形，而附件1是直的。但上述区别属于局部或细微的变化，不足以对二者相近似的整体形状形成的整体视觉效果产生显著影响。因此，本专利与附件1相近似，不符合专利法第23条的规定，应予宣告无效。

经形式审查合格，专利复审委员会受理了该无效宣告请求，并于2009年7月3日向双方当事人发出无效宣告请求受理通知书，并将无效宣告请求书及其附件的副本转送给专利权人，要求其在指定期限内陈述意见，专利权人逾期未答复。

2009年8月2日，请求人补充提交了如下附件（编号续前）：

附件3：第200630020041.3号外观设计专利的网络打印件1页，其授权公告日为2006年12月20日。

请求人认为：附件3为本专利申请日前授权公告的外观设计，本专利与附件3的床头整体形状近似，二者的区别在于：本专利的床头上方是弧形，而附件3是直的。但上述区别属于局部细微的变化，不足以对二者相近似的整体形状形成的整体视觉效果产生显著影响。因此，本专利与附件3相近似，不符合专利法第23条的规定。

专利复审委员会于2009年9月11日将请求人于2009年8月2日提交的意见陈述书及其附件的副本转送给专利权人，并于2009年9月24日向双方当事人发出了口头审理通知书，定于2009年10月22日对本案进行口头审理。

口头审理如期进行，双方当事人均出席了口头审理，双方当事人对对方当事人出席口头审理人员的身份和资格无异议，双方当事人对合议组成员无回避请求。在口头审理过程中，（1）专利权人认为附件1、3均是网络打印件，对其真实性以及公开时间有异议。（2）对于本专利和附件1的对比，请求人认为本专利与附件1在组合形状上相近似，矩形框架中间都具有横的装饰线，弧形下面在先设计具有三个圆形装饰图案，本专利也具有装饰图案，尽管具有的图案不同，但二者从主视图上看相近似。（3）对于本专利和附件1的对比，专利权人认为：从主视图看，本专利床头上方具有三个弯的弧形，下方具有突出的曲线造型，具有S形与倒三角相结合的纹路，下方具有三条横线，附件1的中间部分完全不同，其左右两边具有明显的装饰线条，本专利呈弧形，而附件1呈直线型。床头上具有明显差别，床头左右上方具有清晰的线条。（4）对于本专利和附件3的对比，请求人认为本专利与附件3在形状上尽管有差异，但属于相近似的外观设计。（5）对于本专利和附件3的对比，专利权人认为二者在形状上具有明显差别，本专利从左视图上看是弧形的，而附件3是直线形的，附件3的床头是长方形的结构，而本专利上部较宽。

专利权人于2009年10月26日针对无效宣告请求受理通知书提交了意见陈述书，但未提出口头审理所陈述意见以外的新的意见。

在双方当事人意见陈述及口头审理的基础上，合议组经合议，认为本案事实清楚，依法作出本审查决定。

二、决定的理由

1. 法律依据

基于请求人提出的无效宣告请求理由和证据，合议组对本专利是否符合专利法第23条的规定进行审查。

专利法第23条规定："授予专利权的外观设计，应当同申请日以前在国内外出版物上公开发表过或者国内公开使用过的外观设计不相同和不相近似，并不得与他人在先取得的合法权利相冲突。"

2. 证据认定

请求人提交的附件 1 是国家知识产权局于 2004 年 7 月 14 日授权公告的、专利号为 200330113451.9、名称为“床头（MZ3829）”的外观设计专利公报复印件，经合议组核实，该附件 1（下称在先设计 1）所示内容真实。该在先设计 1 的授权公告日早于本专利的申请日，属于专利法第 23 条规定的出版物。

请求人提交的附件 3 是国家知识产权局于 2006 年 12 月 20 日授权公告的、专利号为 200630020041.3、名称为“双人床床头板（7）”的外观设计专利的网络打印件，经合议组核实，该附件 3（下称在先设计 2）所示内容真实。该在先设计 2 的授权公告日早于本专利的申请日，属于专利法第 23 条规定的出版物。

3. 相近似比较

在先设计 1、在先设计 2 所示产品与本专利用途相同，属于相同类别产品，可与本专利进行是否相同或相近似的比较。

本专利公报包括床头的六面视图。如图所示，本专利床头分为上下两个部分，上部为弧形顶与矩形身结合的结构，上部中上位置有一倒三角形装饰物、装饰物两侧设计有波浪形线条和圆点缠绕的图案，上部下方设计有若干水平线条，上述装饰物、图案和线条分布在一个与上部形状相同、但面积略小的装饰框中；下部为一矩形结构，其宽度小于上部。从侧面看，本专利床头为厚度均匀的弧面板状（详见本专利附图）。

在先设计 1 包括床头的主视图、左视图、俯视图、立体图。如图所示，在先设计 1 床头分为上下两个部分，上部为弧形顶与矩形身结合的结构，上部中上位置有水平分布的三个圆形装饰物，上部两侧各设计有一组竖直线条构成的矩形；下部为一矩形结构，其宽度小于上部，下部的上半部分与床头上部重叠，该重叠部分设计有若干水平线条，下部底端有伸出的四条竖板形成的床脚。从侧面看，在先设计 1 床头上部呈竖直板状，下部厚度大于上部（详见在先设计 1 附图）。

在先设计 2 包括床头的六面视图和使用状态参考图。如图所示，在先设计 2 床头分为上下两个部分，上部为弧形顶与矩形身结合的结构，上部中上位置有一椭圆形装饰物，装饰物下方有一与上部形状相似、但面积略小的装饰框，上部两侧设计有贯通式的竖直线条装饰带；下部为一矩形结构，其宽度与上部相同。从侧面看，在先设计 2 床头呈竖直板状，下部厚度略小于上部。（详见在先设计 2 附图）

将本专利与在先设计 1 比较，二者的外观设计均是床头，其主要不同点是：本专利床头的上部中上位置有一倒三角形装饰物、装饰物两侧设计有波浪形线条和圆点缠绕的图案，上述装饰物和图案分布在一个与上部形状相同但面积略小的装饰框中；本专利床头的侧面厚度均匀且为弧面板状。在先设计 1 床头上部中上位置有水平分布的三个圆形装饰物，而非本专利的一个倒三角形装饰物，同时也不具有装饰物两侧的波浪形线条和圆点缠绕的图案以及装饰物和图案外的装饰框，同时床头的侧面厚度不均且上部呈竖直板状，而非本专利的厚度均匀且为弧面板状。合议组认为，从整体视觉观察，虽然本专利与在先设计 1 均是床头，但二者所示弧面板和竖直板在形状上具有显著差别，且正面图案的设计差别较大，上述差别对整体视觉效果具有显著的影响，因此二者属于不相同也不相近似的外观设计。

将本专利与在先设计 2 比较，二者的外观设计均是床头，其主要不同点是：本专利床头的上部中上位置有一倒三角形装饰物、装饰物两侧设计有波浪形线条和圆点缠绕的图案，上部下方设计有若干水平线条，上述装饰物、图案和线条位于一个与上部形状相同、但面积略小的装饰框中；床头的侧面厚度均匀且曲度平滑。在先设计 2 床头上部中上位置有一个椭圆形装饰物，而非本专利的一个倒三角形装饰物，也不具有装饰物两侧的波浪形线条和圆点缠绕的图案、以及下方的若干水平线条，床头上部两侧有本专利床头所没有的贯通式的竖直线条装饰带，同时床头的侧面厚度不均且呈竖直板状，而非本专利的厚度均匀的弧面板状。合议组认为，从整体视觉观察，虽然本专利与在先设计 2 均是床头，但二者所示弧面板和竖直板在形状上具有显著差别，且正面图案的设计差别较大，上述差别对整体视觉效果具有显著的影响，因此二者属于不相同也不相近似的外观设计。

综上，合议组认为请求人提交的在先设计均不能证明在本专利申请日前已有与本专利外观相同或相近似的外观设计在国内外出版物上公开发表，请求人据其证明本专利不符合专利法第 23 条规定的无效宣告理由不能成立。

三、决定

维持 200730095043. 3 号外观设计专利权有效。

当事人对本决定不服的，可以根据专利法第 46 条第 2 款的规定，自收到本决定之日起三个月内向北京市第一中级人民法院起诉。根据该款的规定，一方当事人起诉后，另一方当事人作为第三人参加诉讼。

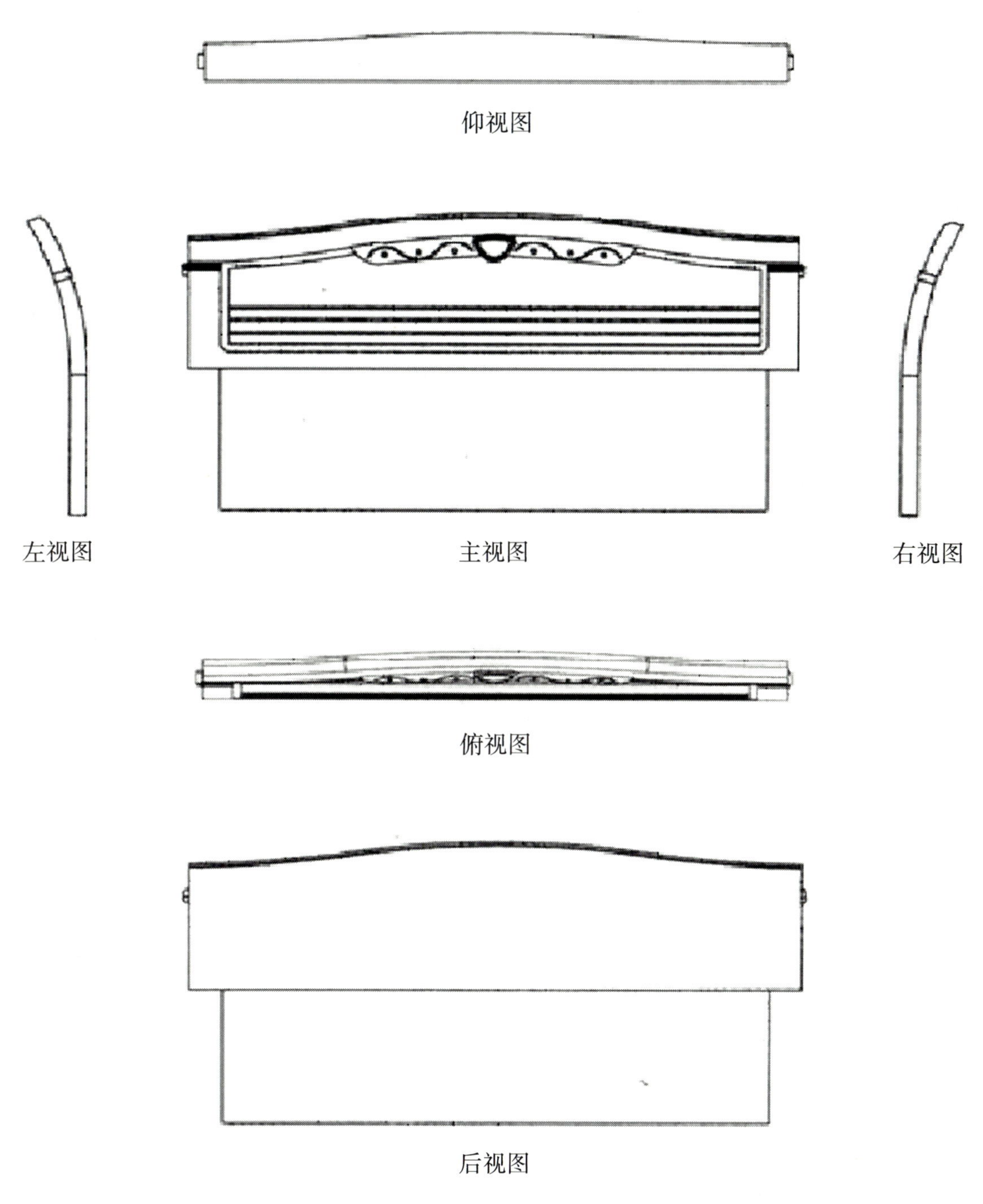

仰视图

左视图　主视图　右视图

俯视图

后视图

本专利附图

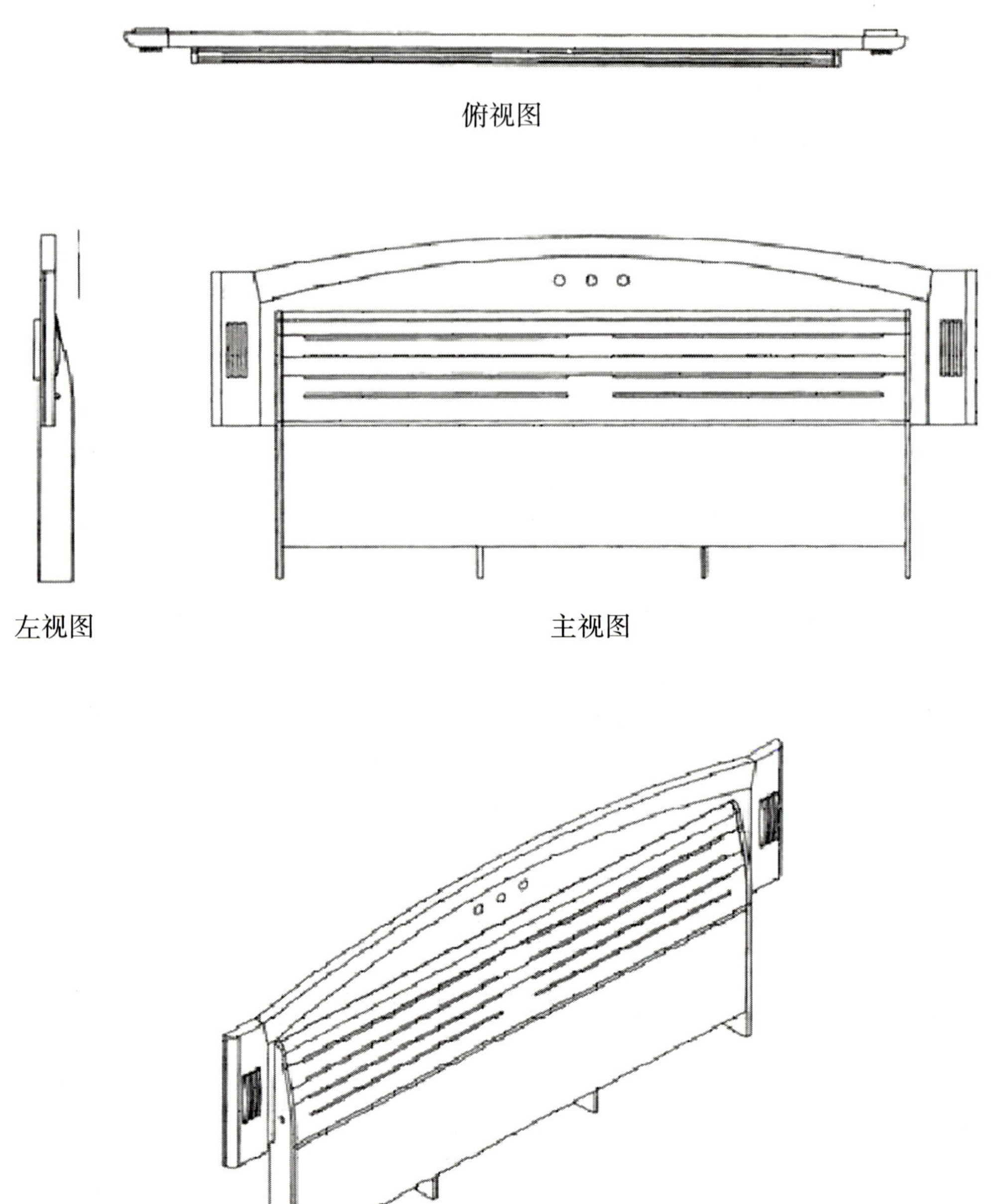

立体图

在先设计 1 附图

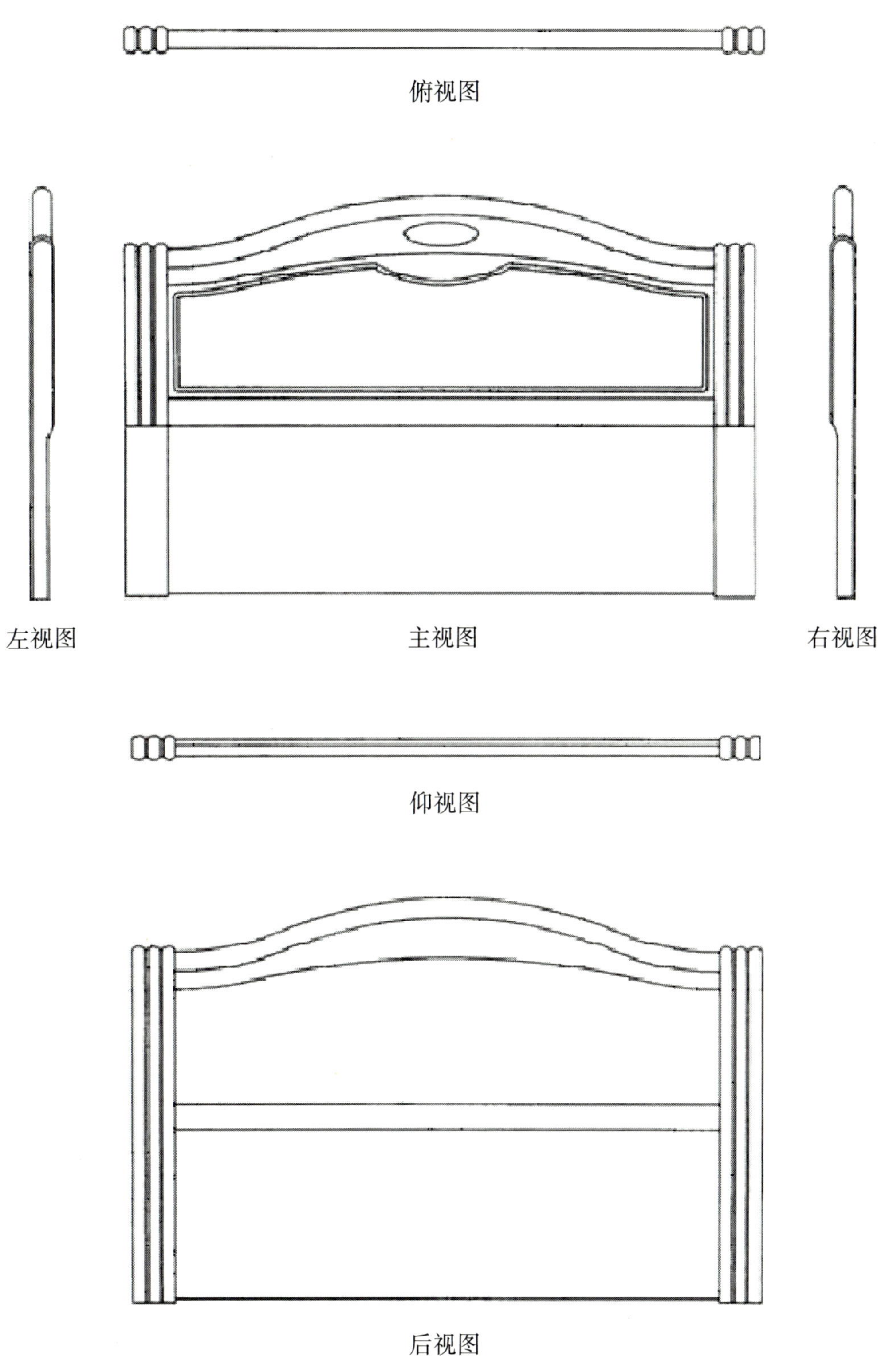

在先设计 2 附图

使用状态参考图

在先设计 2 附图（续）

546

床（E系列1#）

无效宣告请求审查决定（第14300号）

决　　定　　号　第14300号
决　　定　　日　2009年12月11日
发明创造名称　床（E系列1#）
外观设计分类号　06-02
无效宣告请求人　成都市德易居家具厂
专　利　权　人　付咏梅
专　　利　　号　200730095028.9
申　　请　　日　2007年7月23日
授权公告日　2008年6月25日
合议组组长　徐清平
主　　审　　员　党　星
参　　审　　员　郑　直
附　　　　图　2页

法律依据　专利法第9条，专利法实施细则第13条第1款
决定要点

请求人提交的在先设计与本专利相比较差别明显，足以对其整体视觉效果产生显著影响，因此本专利相对于在先设计属于不相同且不相近似的外观设计。

一、案由

本无效宣告请求涉及国家知识产权局于2008年6月25日授权公告的200730095028.9号外观设计专利，该外观设计的产品名称为“床（E系列1#）”，申请日是2007年7月23日，专利权人是付咏梅。

针对上述专利权（下称本专利），成都市德易居家具厂（下称请求人）于2009年7月2日向专利复审委员会提出无效宣告请求，理由是：本专利与在先申请并已授权的外观设计专利属于相近似的外观设计，通过具体对比可知本专利与在先设计的床整体形状近似，其区别在于：（1）本专利的床头两侧有一向外的弧形装饰，在先设计的床头两侧无一向外的弧形装饰；（2）本专利的床身带有不同长方形的隔断，在先设计的床身是长方形中空，无隔断；（3）本专利的床头下方也有一条从左到右的弧形装饰带，带的中央有一椭圆形图案。请求人认为，上述区别属于局部或细微的变化，不足以对二者相近似的整体形状形成的整体视觉效果产生显著影响。因此，本专利与在先设计相近似，不符

合专利法第 9 条和专利法实施细则第 13 条第 1 款的规定，应予宣告无效。请求人提交如下附件作为证据：

附件 1：第 200730052046. 9 号外观设计专利公报复印件 1 页，其专利权人为谢锦鹏，申请日为 2007 年 3 月 30 日，授权公告日为 2008 年 3 月 26 日；

附件 2：本专利的外观设计专利公报复印件 1 页；

附件 3：请求人所声称的本专利的外观设计专利证书上的著录项目和外观设计图片共 2 页。

经形式审查合格，专利复审委员会受理了该无效宣告请求，并于 2009 年 7 月 3 日向双方当事人发出无效宣告请求受理通知书，并将无效宣告请求书及其附件的副本转送给专利权人，要求其在指定期限内陈述意见，专利权人逾期未答复。

专利复审委员会于 2009 年 9 月 24 日向双方当事人发出了口头审理通知书，定于 2009 年 10 月 22 日对本案进行口头审理。

口头审理如期进行，双方当事人均出席了口头审理，双方当事人对对方当事人出席口头审理人员的身份和资格无异议，双方当事人对合议组成员无回避请求。在口头审理过程中，（1）请求人指出附件 3 所示的外观设计为专利权人的专利证书上所示的外观设计，而附件 2 所示的外观设计为本专利的外观设计授权公告文本上公告的外观设计，由于附件 3 与附件 2 所示的外观设计不同，故放弃附件 3 作为证据使用；（2）专利权人对附件 1 的真实性和公开时间无异议；（3）请求人认为本专利与在先设计存在三个区别：第一，背板设计不同，第二，本专利床体下面具有一个抽屉，第三，本专利背板后面具有加强筋，但床头的形状设计为所属领域的惯常设计，从整体观察二者相近似；（4）专利权人认为：本专利床头上具有网状图案的装饰线条，而在先设计图案清晰，从左视图看，本专利床头后面有长方形支架、床体具有抽屉的设计，而在先设计没有，本专利床尾分为左右两部分，附件 1 与之完全不近似，故附件 1 与本专利既不相同也不相近似。

在双方当事人意见陈述及口头审理的基础上，合议组经合议，认为本案事实清楚，依法作出本审查决定。

二、决定的理由

1. 法律依据

基于请求人提出的无效宣告请求理由和证据，合议组对本专利是否符合专利法第 9 条以及专利法实施细则第 13 条第 1 款的规定进行审查。

专利法第 9 条规定：“两个以上的申请人分别就同样的发明创造申请专利的，专利权授予最先申请的人。”

专利法实施细则第 13 条第 1 款规定：“同样的发明创造只能被授予一项专利。”

2. 证据认定

请求人提交的附件 1 是国家知识产权局于 2008 年 3 月 26 日授权公告的、专利权人为谢锦鹏、申请日为 2007 年 3 月 30 日、申请号为 200730052046. 9、名称为“床（E6A108）”的外观设计专利公报复印件，经合议组核实，该附件 1（下称在先设计）所示内容真实。该在先设计的申请日早于本专利的申请日，与本专利专利权人不同，可适用专利法第 9 条的规定作为本案证据，也可适用专利法实施细则第 13 条第 1 款的规定作为本案证据。

鉴于请求人已放弃附件 3 作为证据使用，合议组对附件 3 不作评述。

3. 相近似比较

在先设计所示产品与本专利用途相同，属于相同类别产品，可与本专利进行是否相同或相近似的比较。

本专利公报包括床的六面视图和使用状态参考图。如图所示，本专利的床包括床头、床体和床尾三个部分，床头呈弧面板状，其正面和反面整体分布有由不规则线条构成的网状图案，床头后方有矩形支架；床体由四根矩形支撑板组成，下方有抽屉；床尾有横向弧形线条和竖向线条设计（详见本专利附图）。

在先设计包括床的6面视图和立体图。如图所示，在先设计的床包括床头、床体和床尾三个部分，床头具有边框，床头正面中上位置有一圆形装饰物，装饰物两侧设计有弧形线条下倾至床头边框，床头的侧面曲度平滑；床体为两根矩形支撑横梁；床尾具有边框，床尾居中位置有一近似圆形图案，两侧有两条竖直线条连接上下边框（详见在先设计附图）。

将本专利与在先设计比较，二者的外观设计均是床，从一般消费者的角度观察，其主要不同点是：床头的侧面形状不同，床头正面图案设计不同，床尾图案设计不同，床体形状设计不同。合议组认为，从整体视觉观察，虽然本专利与在先设计均是床，但二者床头、床体、床尾的形状或图案设计均存在显著差别，上述差别对整体视觉效果具有显著的影响，因此二者属于不相同也不相近似的外观设计。

综上，鉴于本专利与在先设计进行对比属于不相同且不相近似的外观设计，因此，本专利与在先设计不属于同样的发明创造，即请求人提交的附件1不能证明本专利不符合专利法第9条或专利法实施细则第13条第1款的规定。

三、决定

维持200730095028.9号外观设计专利权有效。

当事人对本决定不服的，可以根据专利法第46条第2款的规定，自收到本决定之日起三个月内向北京市第一中级人民法院起诉。根据该款的规定，一方当事人起诉后，另一方当事人作为第三人参加诉讼。

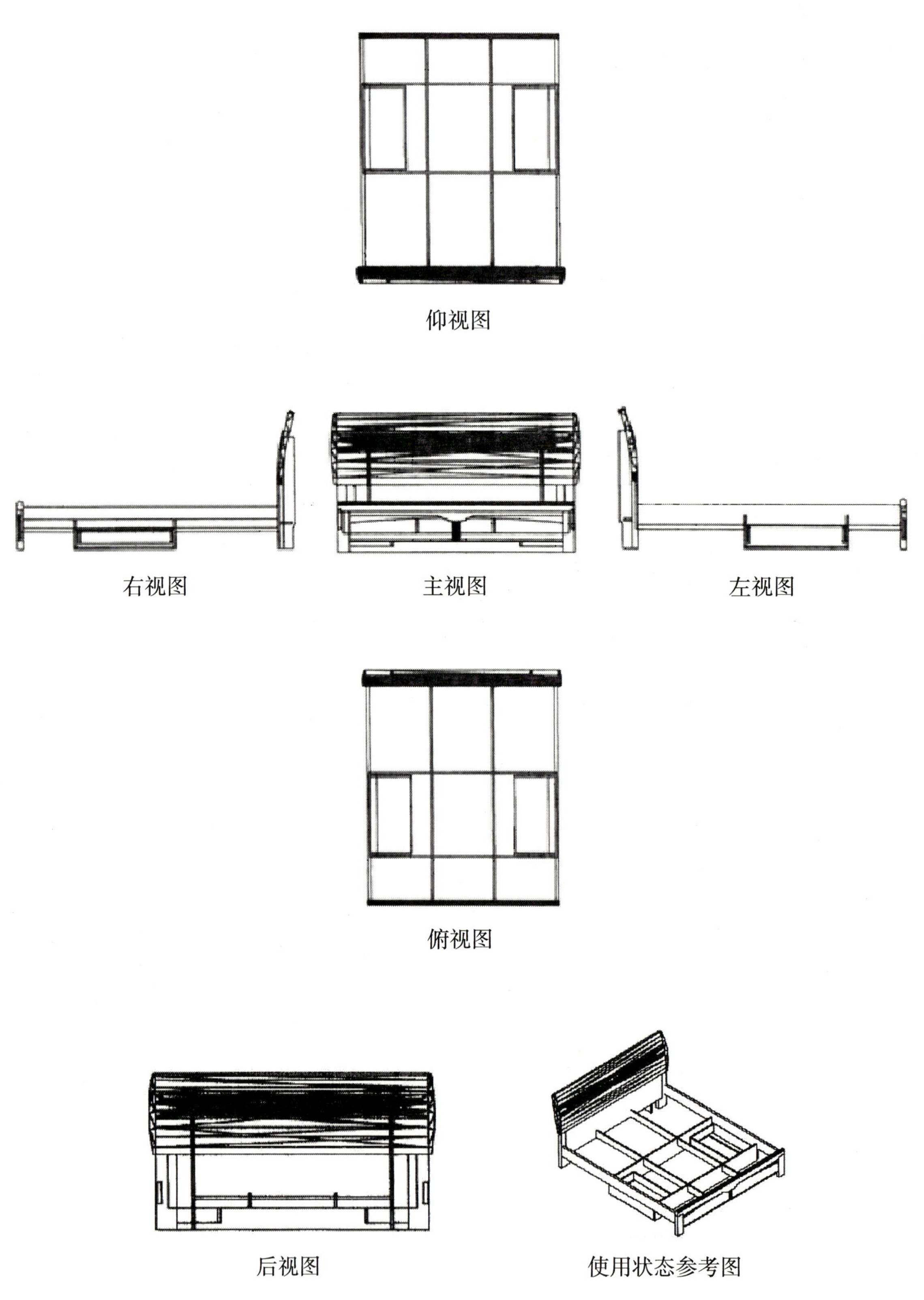

本专利附图

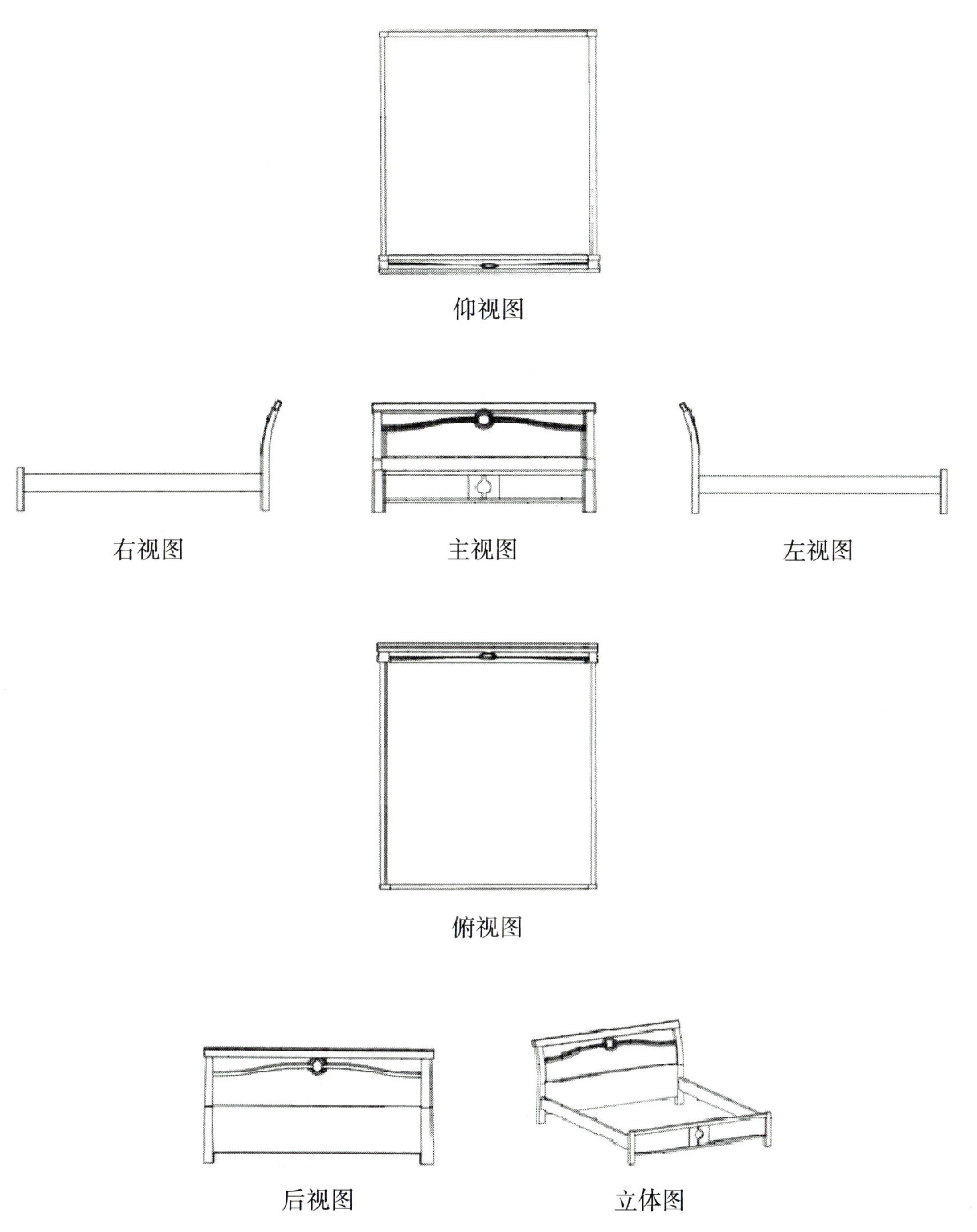

在先设计附图

547

摩托车保险杠

无效宣告请求审查决定（第14316号）

决　　定　　号　第14316号
决　　定　　日　2009年12月17日
发明创造名称　摩托车保险杠
外观设计分类号　12－16
无效宣告请求人　重庆美焕机械制造有限公司
专　利　权　人　柳永忠，毕　新
专　　利　　号　200630011638.1
申　　请　　日　2006年5月10日
授 权 公 告 日　2007年2月21日
合 议 组 组 长　张雪飞
主　　审　　员　尹春霞
参　　审　　员　王美芳
附　　　　　图　4页

法　律　依　据　专利法第23条
决　定　要　点

本专利与在先设计1~3的差别均处于一般消费者容易关注的部位，对整体视觉效果产生显著的影响，因此本专利与在先设计1至在先设计3属于不相同且不相近似的外观设计。

一、案由

本无效宣告请求涉及国家知识产权局于2007年2月21日授权公告的200630011638.1号外观设计专利，使用该外观设计的产品名称是“摩托车保险杠”，其申请日是2006年5月10日，专利权人是柳永忠、毕新。

针对上述外观设计专利权（下称本专利），重庆美焕机械制造有限公司（下称请求人）于2009年7月24日向专利复审委员会提出无效宣告请求，其依据的事实和理由是：本专利不符合专利法第23条的规定，应予宣告无效。请求人同时提交了如下附件作为证据：

附件1：本专利电子公开文本打印件，共1页；

附件2：02360340.2号外观设计专利的电子公开文本打印件，共1页；

附件3：01300729.7号外观设计专利的电子公开文本打印件，共1页；

附件4：200330113316.4号外观设计专利的电子公开文本打印件，共1页。

请求人认为，本专利与附件1~3的不同设计，仅是局部、细微的差别，根据整体观察、综合判断的原则，本专利与附件1~3所示外观设计相近似，应予宣告无效。

专利复审委员会经形式审查合格受理了该无效宣告请求，并于2009年8月14日将无效宣告请求受理通知书及其附件的副本转送专利权人，通知其在指定期限内陈述意见，并告知专利权人如逾期不答复，不影响专利复审委员会的审理。

专利权人于2009年9月28日提交意见陈述书。专利权人将本专利与附件2~4分别作了详细比较，认为本专利外观设计的形状与附件2~4外观设计形状完全不同，具有很大区别，本专利与附件2~4不相同，也不相近似。

因双方当事人有系列案件将至专利复审委员会参加口头审理，为方便当事人，经双方当事人同意，专利复审委员会定于2009年10月21日在第十一口头审理厅对本案进行口头审理。

2009年10月21日，口头审理如期举行，双方当事人均委托代理人出庭。口头审理中，专利权人对附件2~4的真实性无异议，但认为附件2~3是摩托车护架，不是保险杠，不能起到保险杠的作用，不能与本专利对比。口头审理当庭，合议组将专利权人于2009年9月28日提交的意见陈述书转与请求人。双方就本专利与附件1~3的相近似性充分发表了意见。

在上述审理的基础上，合议组经合议，认为本案事实清楚，依法作出本审查决定。

二、决定的理由

1. 法律依据

基于请求人提出无效宣告请求所依据的事实和理由，合议组对本专利是否符合专利法第23条的规定进行审查。

专利法第23条规定："授予专利权的外观设计，应当同申请日以前在国内外出版物上公开发表过或者国内公开使用过的外观设计不相同和不相近似，并不得与他人在先取得的合法权利相冲突。"

2. 证据认定

请求人提交的附件1是本专利电子公开文本打印件，经核实其内容属实，作为本案的对比对象。

请求人提交的附件2是02360340.2号外观设计专利的电子公开文本打印件，授权公告日是2003年3月19日，早于本专利申请日（2006年5月10日），产品名称是"摩托车护架（金属）"，经合议组核实，其内容属实，属于在本专利申请日前公开的出版物，可以作为评价本专利是否符合专利法第23条规定的证据。

请求人提交的附件3是01300729.7号外观设计专利的电子公开文本打印件，授权公告日是2001年9月19日，早于本专利申请日（2006年5月10日），产品名称是"摩托车护架"，经合议组核实，其内容属实，属于在本专利申请日前公开的出版物，可以作为评价本专利是否符合专利法第23条规定的证据。

请求人提交的附件4是200330113316.4号外观设计专利的电子公开文本打印件，授权公告日是2004年8月4日，早于本专利申请日（2006年5月10日），产品名称是"摩托车保险杠（LF150-A）"，经合议组核实，其内容属实，属于在本专利申请日前公开的出版物，可以作为评价本专利是否符合专利法第23条规定的证据。

3. 外观设计对比

本专利是摩托车保险杠的设计，附件2及附件3均公开了摩托车护架的设计（下称在先设计1、在先设计2），本专利与在先设计1及在先设计2均用于摩托车，且在安装时均处于摩托车上相同的位置，均不同程度地起到保护作用，本专利与在先设计1及在先设计2属于相同用途的产品，具有可比性。附件4是摩托车保险杠的设计（下称在先设计3），本专利与在先设计3用途相同，属于相同类别的产品，具有可比性。

本专利公开了主视图、后视图、左视图、俯视图、仰视图、立体图，简要说明载明“右视图与左视图对称，省略右视图”。从主视图观察，本专利由若干圆柱形管组成三个横向排列的长方形，三个长方形的上边平齐，中间的长方形长边比两端长方形的长边略长，使得中间长方形的下端突出于主体，各长方形的竖边均向上延伸出一小段，左右两侧的竖边向下延伸出一小段，各圆柱形管的末端为圆球帽；从俯、仰视图观察，左右两端的长方形横边呈弧状向前凸起（详见本专利附图）。

在先设计 1 公开了主视图、后视图、左视图、俯视图、仰视图、立体图。从主视图观察，由圆柱形管组成三个横向排列的长方形，左侧长方形左边的两个角、右侧长方形右边的两个角、中间长方形下边的两个角均为圆弧形，中间的长方形长边比两端长方形的长边略长；从俯视图观察，两端的长方形向后凹（详见在先设计 1 附图）。

在先设计 2 公开了主视图、后视图、左视图、右视图、俯视图、仰视图、立体图。从主视图观察，由若干圆柱形管组成三个横向排列的长方形，中间的长方形长边比两端长方形的长边略长，且下部横边呈弧状，左右两侧竖边均向上延伸出一小段；从俯视图观察，两端的长方形向后凹（详见在先设计 2 附图）。

在先设计 3 公开了主视图、后视图、左视图、右视图、俯视图、仰视图、立体图。从主视图观察，由若干圆柱形管组成三个横向排列的长方形，中间的长方形长边比两端长方形的长边略长，左右两侧的竖边向下延伸出一小段，末端为圆球帽；从俯视图观察，两端的长方形向后凹（详见在先设计 3 附图）。

将本专利与在先设计 1 相比较，二者的相同点为：均由若干圆柱形管组成三个横向排列的长方形，中间的长方形下端突出于主体。二者的主要不同点为：本专利的三个长方形呈规则的长方形，且各长边均向上延伸出一小段，而在先设计 1 的左侧长方形左边的两个角、右侧长方形右边的两个角、中间长方形下边的两个角均为圆弧形，中间的长方形长边比两端长方形的长边略长，且各边无向外延伸；从俯视图观察，本专利左右两端的长方形横边呈弧状向前凸起，在先设计 1 两端的长方形向后凹。合议组认为：根据整体观察，综合判断的原则，二者的上述差别明显，且均处于视觉容易见到的部位，对整体视觉效果产生显著的影响，因此本专利与在先设计 1 属于不相同且不相近似的外观设计。

将本专利与在先设计 2 相比较，二者的相同点为：均由若干圆柱形管组成三个横向排列的长方形，中间的长方形下端突出于主体。二者的主要不同点为：本专利的三个长方形呈规则的长方形，且各长边均向上延伸出一小段，而在先设计 2 除两端的长边向上延伸外，各边无向外延伸；从俯视图观察，本专利左右两端的长方形横边呈弧状向前凸起，在先设计 2 两端的长方形向后凹。合议组认为：根据整体观察，综合判断的原则，二者的上述差别明显，且均处于视觉容易见到的部位，对整体视觉效果产生显著的影响，因此本专利与在先设计 2 属于不相同且不相近似的外观设计。

将本专利与在先设计 3 相比较，二者的相同点为：均由若干圆柱形管组成三个横向排列的长方形，中间的长方形下端突出于主体。二者的主要不同点为：本专利的三个长方形呈规则的长方形，且各长边均向上延伸出一小段，而在先设计 3 除两端的长边向下延伸外，各边无向外延伸；从俯视图观察，本专利左右两端的长方形横边呈弧状向前凸起，在先设计 3 两端的长方形向后凹。合议组认为：根据整体观察，综合判断的原则，二者的上述差别明显，且均处于视觉容易见到的部位，对整体视觉效果产生显著的影响，因此本专利与在先设计 3 属于不相同且不相近似的外观设计。

综上所述，本专利与在先设计 1~3 均不相同且不相近似，请求人提交的证据不能支持其无效宣告请求的理由。

三、决定

维持 200630011638.1 号外观设计专利权有效。

当事人对本决定不服的，可以根据专利法第 46 条第 2 款的规定，自收到本决定之日起三个月内向北京市第一中级人民法院起诉。根据该款的规定，一方当事人起诉后，另一方当事人作为第三人参加诉讼。

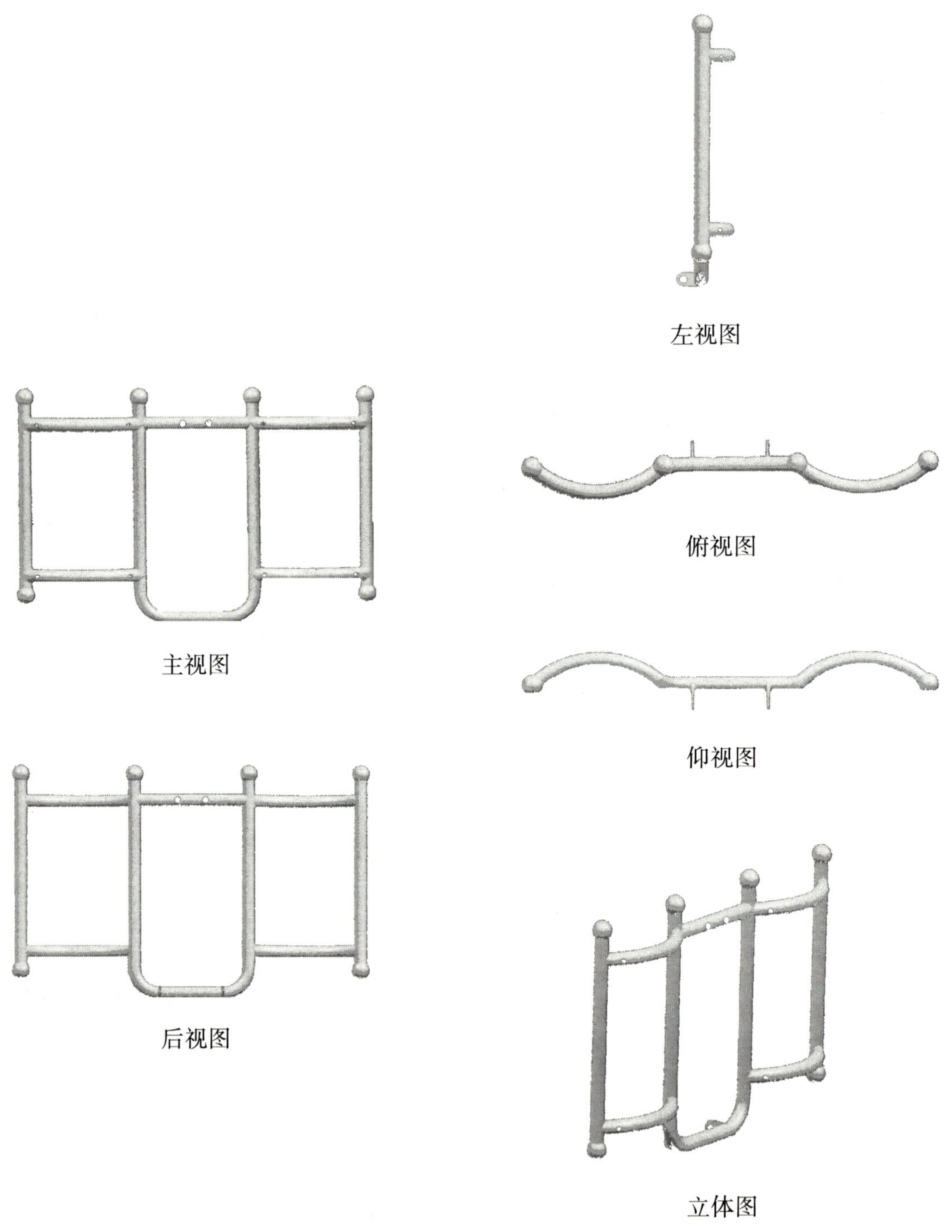

本专利附图

主视图

俯视图

后视图

仰视图

左视图

立体图

在先设计 1 附图

右视图

主视图

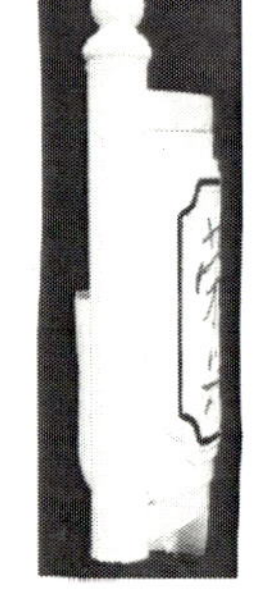

右视图

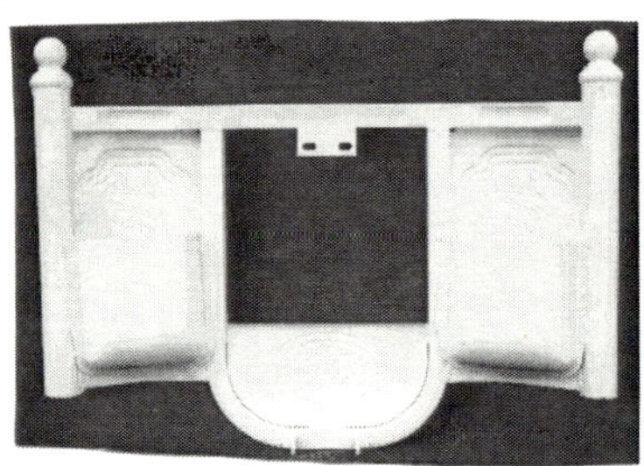

左视图

后视图

俯视图

立体图

在先设计 2 附图

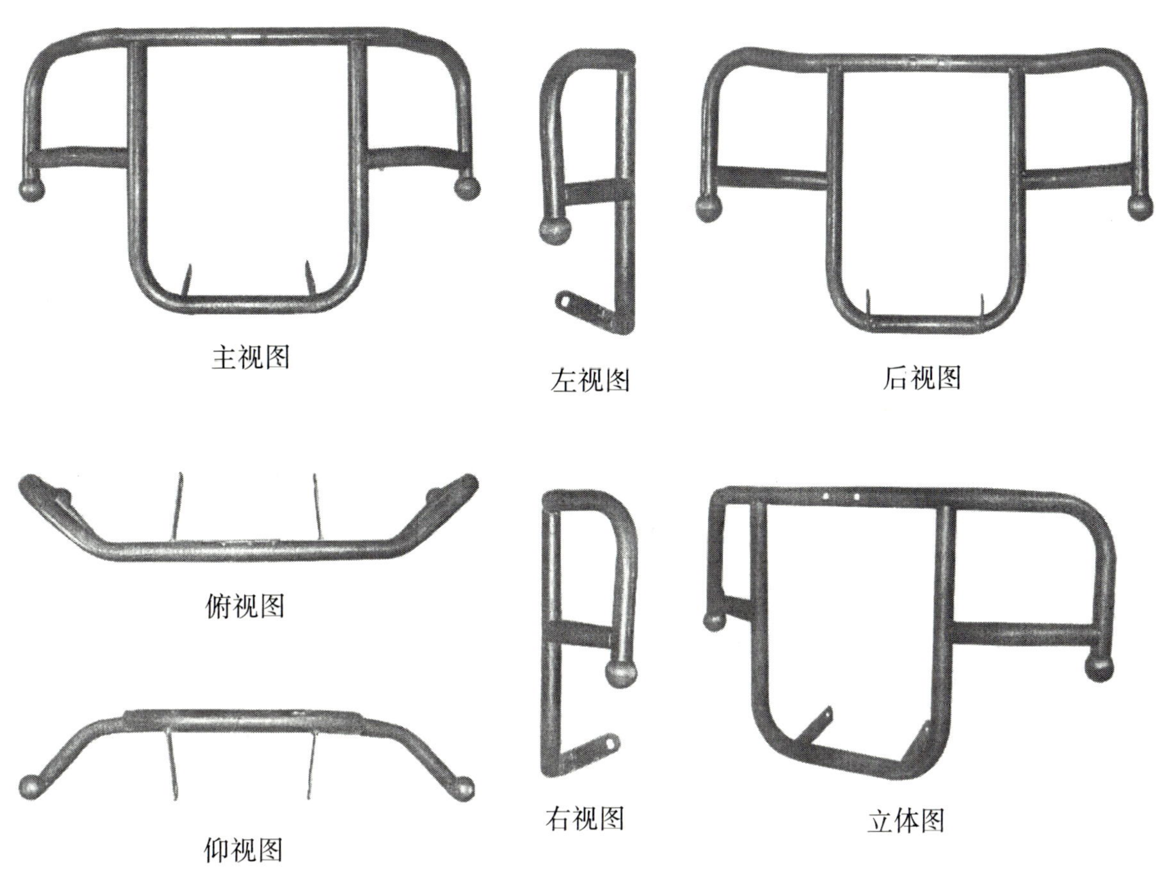

在先设计 3 附图

548

滑道卡件

无效宣告请求审查决定（第 14317 号）

决　　定　　号　第 14317 号
决　　定　　日　2009 年 12 月 21 日
发明创造名称　滑道卡件
外观设计分类号　08-08
无效宣告请求人　唐山市路南佳盟物资商行
专　利　权　人　马志国
专　　利　　号　01318669.8
申　　请　　日　2001 年 6 月 12 日
授 权 公 告 日　2002 年 2 月 27 日
合 议 组 组 长　吴大章
主　　审　　员　尹春霞
参　　审　　员　王　红
附　　　　　图　1 页

法　律　依　据　专利法第 23 条
决　定　要　点

本专利与在先设计的差别对整体视觉效果产生显著的影响，因此本专利与在先设计属于不相同且不相近似的外观设计。

一、案由

本无效宣告请求涉及国家知识产权局于 2002 年 2 月 27 日授权公告的 01318669.8 号外观设计专利，使用该外观设计的产品名称是“滑道卡件”，其申请日是 2001 年 6 月 12 日，专利权人是马志国。

针对上述外观设计专利权（下称本专利），唐山市路南佳盟物资商行（下称请求人）于 2009 年 8 月 19 日向专利复审委员会提出无效宣告请求，其理由是：本专利与其申请日前在出版物上公开发表过的外观设计相近似，故本专利不符合专利法第 23 条的规定。同时，请求人提交了如下附件作为证据：

附件 1：90225543.6 号实用新型专利说明书复印件，共 3 页；

附件 2：90225550.9 号实用新型专利说明书复印件，共 3 页；

附件 3：00255462.3 号实用新型专利说明书复印件，共 3 页。

请求人认为，本专利与附件 1~3 所示外观设计产品相同，形状相近似，故本专利不符合专利法

第 23 条的规定，应予宣告无效。

经形式审查合格，专利复审委员会依法受理了上述无效宣告请求，并于 2009 年 8 月 19 日将无效宣告请求书及相关文件的副本转送专利权人，通知其在指定的期限内答复。

专利权人于 2009 年 9 月 17 日提交意见陈述书。专利权人认为，附件 1~3 均为实用新型专利，其所公开的卡件只公开了一幅或两幅结构示意图，而无法从六面正投影视图中来判断其外观，难以与本专利进行整体比对。此外，本专利与附件 1~3 的主视图进行对比，其差别明显，应维持本专利有效。

专利复审委员会成立合议组对本案进行审理，并于 2009 年 10 月 22 日向双方当事人发出无效宣告请求口头审理通知书，定于 2009 年 12 月 7 日对本案进行口头审理。

口头审理如期举行，双方当事人均委托代理人出庭。口头审理中，请求人放弃附件 3 作为本案的证据，同时说明附件 1 与附件 2 所示的产品形状完全相同。请求人认为本专利的形状上小下大，近似马蹄形，下部敞开，左右对称，而附件 1 与附件 2 所示产品的外观也是上小下大，近似马蹄形，下部敞开，左右对称，因此本专利与附件 1 及附件 2 相近似。专利权人对附件 1 及附件 2 的真实性无异议，但认为本专利与附件 1 及附件 2 所示外观设计既不相同也不相近似。

在双方当事人意见陈述及口头审理的基础上，合议组经合议，认为本案事实清楚，依法作出本审查决定。

二、决定的理由

1. 法律依据

基于请求人提出无效宣告请求所依据的事实和理由，合议组对本专利是否符合专利法第 23 条的规定进行审查。

专利法第 23 条规定：“授予专利权的外观设计，应当同申请日以前在国内外出版物上公开发表过或者国内公开使用过的外观设计不相同和不相近似，并不得与他人在先取得的合法权利相冲突。”

2. 证据的认定

请求人提交的附件 1 是 90225543. 6 号实用新型专利说明书复印件，附件 2 是 90225550. 9 号实用新型专利说明书复印件，专利权人对附件 1 及附件 2 的真实性无异议。经合议组核实，附件 1 及附件 2 的内容真实，附件 1 的公告日为 1992 年 1 月 29 日，附件 2 的公告日为 1992 年 2 月 26 日，均早于本专利的申请日（2001 年 6 月 12 日），属于在本专利申请日前公开的出版物，可以作为评价本专利是否符合专利法第 23 条规定的证据。

请求人在口头审理中声明放弃附件 3 作为本案的证据，合议组对附件 3 不予评述。

3. 外观设计相同和相近似的比较

附件 1 中说明书附图的图 2（5）公开了一款塑料滑道的外观设计（下称在先设计），本专利是滑道卡件的外观设计，二者均是固定滑道用的卡件，用途相同，属于相同类别的产品，可以与本专利进行相同或相近似比较。

本专利包括主视图、左视图、俯视图、仰视图，简要说明载明：后视图与主视图相同，省略后视图，左视图与右视图对称，省略右视图。从主视图观察，本专利左右对称，下部开口，右半部分近似数字“3”的形状，上半部比下半部长，上半部中段呈直线，与左半部分呈弧线连接；其他视图均为长方形（详见本专利附图）。

在先设计公开了滑道卡件的主视图与俯视图。从主视图观察，在先设计左右对称，下部开口，右半部分近似数字“5”去掉上部横的形状，上半部比下半部长，与左半部分呈直线连接；俯视图为长方形（详见在先设计附图）。

将本专利与在先设计相比较，二者的相同点为，从主视图观察，均为左右对称，下部开口，上半部比下半部长，上半部有一段呈直线；从其他视图观察，均为长方形。二者的主要不同点为：本专利右半部分近似数字“3”的形状，上半部中段呈直线，与左半部分呈弧线连接，在先设计右半部分近似数字“5”去掉上部横的形状，上半部分整体呈直线，与左半部分呈直线连接；本专利下半部分两端距中心线的距离较在先设计下半部分两端距中心线的距离短。合议组认为：本专利与在先设计除主视图之外的其他视图均为长方形，因此主视图的设计变化对整体视觉效果更具有显著影响，二者在主视图的设计差别明显，对整体视觉效果产生显著的影响，因此本专利与在先设计属于不相同且不相近似的外观设计。

由于请求人与专利权人均认可附件 1 与附件 2 所示产品外观完全一致，因此合议组对本专利与附件 2 所示外观设计不再进行相同与相近似比较。

综上所述，本专利与在先设计不相同且不相近似，请求人提交的证据不能支持其无效宣告请求的理由。

三、决定

维持 01318669. 8 号外观设计专利权有效。

当事人对本决定不服的，可以根据专利法第 46 条第 2 款的规定，自收到本决定之日起三个月内向北京市第一中级人民法院起诉，根据该款规定，一方当事人起诉后，另一方当事人作为第三人参加诉讼

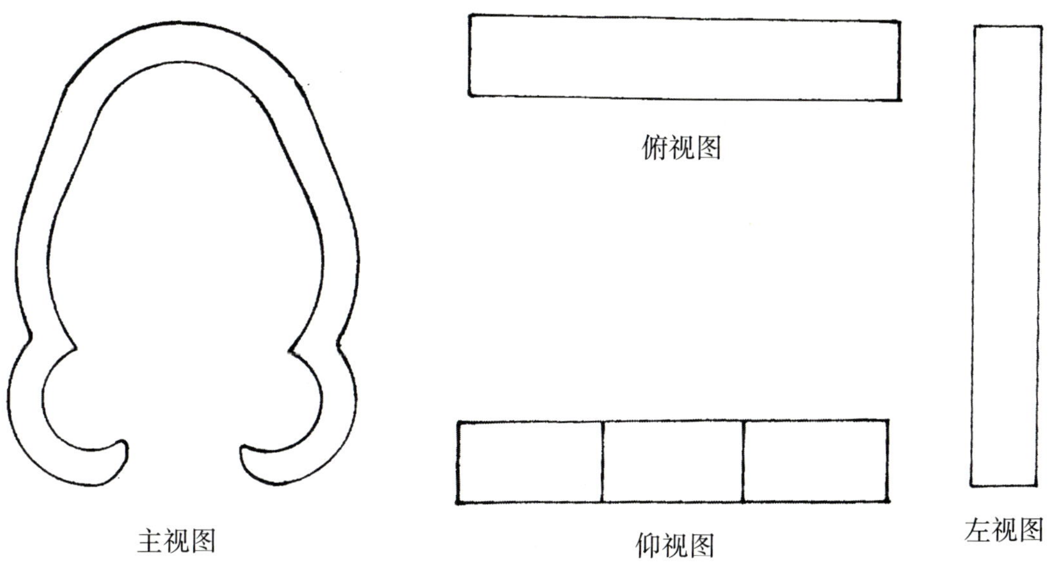

本专利附图

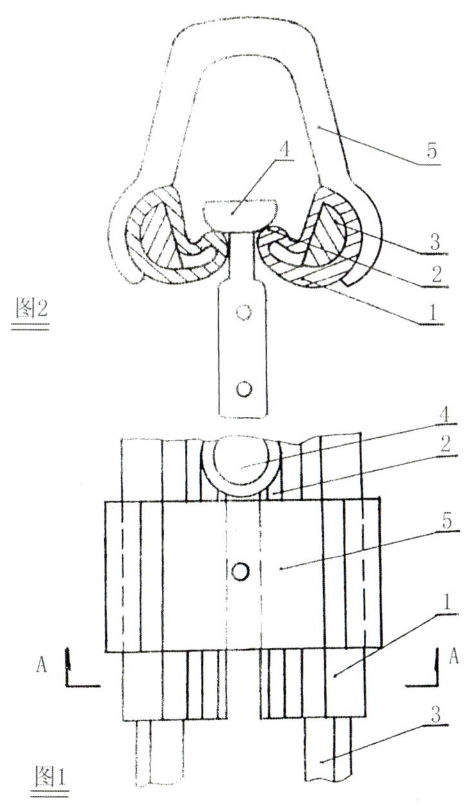

在先设计附图

549

冷冻展示柜

无效宣告请求审查决定（第 14318 号）

决　定　号　第 14318 号
决　定　日　2009 年 12 月 21 日
发明创造名称　冷冻展示柜
外观设计分类号　20-02
无效宣告请求人　滨州市鑫萌制冷设备有限公司
专　利　权　人　刘俊岭
专　利　号　200530135040.9
申　请　日　2005 年 11 月 9 日
授权公告日　2006 年 8 月 2 日
合议组组长　吴大章
主　审　员　尹春霞
参　审　员　王　红

法律依据　专利法第 23 条
决定要点

请求人提交的所有证据不足以证明与本专利相近似的产品在本专利申请日前在国内市场上公开销售的事实。

一、案由

本无效宣告请求涉及国家知识产权局于 2006 年 8 月 2 日授权公告的 200530135040.9 号外观设计专利，使用该外观设计的产品名称是“冷冻展示柜”，其申请日是 2005 年 11 月 9 日，专利权人是刘俊岭。

针对上述外观设计专利权（下称本专利），滨州市鑫萌制冷设备有限公司（下称请求人）于 2009 年 8 月 20 日向专利复审委员会提出无效宣告请求，其依据的事实和理由是：本专利不符合专利法第 23 条的规定，应予宣告无效。请求人同时提交了如下附件作为证据：

附件 1：青岛冰冰电器有限公司出具的证明复印件、保鲜柜照片复印件、第 00481868 号发票复印件，共 3 页；

附件 2：胶州市宾贤恒温设备厂的保鲜柜照片复印件，共 2 页；

附件 3：（2009）冀石燕证民字第 1158 号公证书复印件，共 2 页；（2009）冀石燕证民字第 1157 号公证书复印件，共 2 页；（2009）冀石燕证民字第 1193 号公证书复印件，共 7 页；

附件4：本专利证书及图片电子复印件，共3页。

请求人认为：本专利与附件1～3所公开的外观设计相近似，因此本专利不符合专利法第23条的规定，应予宣告无效。

专利复审委员会经形式审查合格受理了该无效宣告请求，并于2009年8月20日将无效宣告请求书及其附件的副本转送专利权人，通知其在指定期限内陈述意见。

请求人于2009年9月17日补充提交意见陈述书及附件如下（编号续前）：

附件5：（2009）青市中证经字第001153号公证书复印件，共6页；

附件6：（2009）博兴证民字第286号公证书复印件，共7页。

请求人认为，附件5与附件6均可以证明与本专利相近似的产品在本专利申请日前已经公开使用，本专利不符合专利法第23条的规定，应予宣告无效。

肥城市暴雪制冷设备科技开发有限公司（下称暴雪公司）于2009年9月24日针对专利复审委员会于2009年8月20日转送的无效宣告请求书及其附件提交意见陈述书。暴雪公司认为，本专利符合专利法第23条的规定，完全在申请日以前没有被公众所知，同时请求人提交的附件1～3均不能作为证据使用，不能证明其产品设计在先，应维持本专利有效。暴雪公司同时提交如下附件作为反证：

反证1：国家知识产权局专利检索咨询中心出具的外观设计检索报告复印件，共13页；

反证2：青岛冰冰电器有限公司出具的证明复印件，共2页。

专利复审委员会成立合议组对本案进行审理，并于2009年10月22日向双方当事人发出《无效宣告请求口头审理通知书》，定于2009年12月2日进行口头审理，同时随口头审理通知书将请求人的补充意见陈述及证据转送专利权人。

专利复审委员会于2009年10月28日发出转送文件通知书，将暴雪公司于2009年9月24日提交的意见陈述书及附件转送请求人。

口头审理如期举行，双方均委托代理人出席口头审理，专利权人出席口头审理。在口头审理中，请求人提交了附件1、附件3、附件5、附件6的原件，说明上述附件分别证明在先公开使用，并声明放弃附件2作为本案的证据。请求人认为上述附件所述产品的使用日期均早于本专利的申请日，且产品的外观设计与本专利均相似。专利权人对上述附件的原件与复印件的一致性予以认可，但对其真实性均有异议。口头审理当庭，专利权人针对请求人的补充意见陈述及附件提交了暴雪公司的意见陈述，并提交了相关反证如下（编号续前）：

反证3：司法鉴定意见书复印件，共9页；

反证4：知识产权司法鉴定协议书复印件，共2页；

反证5：青岛冰冰电器有限公司出具的证明复印件，共1页。请求人认为暴雪公司不是本案专利权人，对其提交的两份意见陈述均不予认可，同时当庭提交证据证明专利权人提交的反证不真实，专利权人说明此两份意见陈述视同本人的意见。

专利复审委员会于2009年12月18日收到请求人提交的意见陈述。请求人认为专利权人的代理人于2009年9月24日及口头审理当庭提交的意见陈述，其意见陈述人均是暴雪公司，而暴雪公司非本案当事人，因此对此两份意见陈述不应予接受。

在上述审理的基础上，合议组经合议，认为本案事实清楚，依法作出本审查决定。

二、决定的理由

1. 法律依据

基于请求人提出无效宣告请求所依据的事实和理由，合议组对本专利是否符合专利法第23条的规定进行审查。

专利法第 23 条规定："授予专利权的外观设计，应当同申请日以前在国内外出版物上公开发表过或者国内公开使用过的外观设计不相同和不相近似，并不得与他人在先取得的合法权利相冲突。"

2. 证据和事实认定

请求人欲以附件 1 证明青岛冰冰电器有限公司生产的保鲜柜在本专利申请日前已经公开销售。附件 1 是青岛冰冰电器有限公司出具的证明复印件、保鲜柜照片复印件、第 00481868 号发票复印件。请求人当庭提交了附件 1 青岛冰冰电器有限公司出具的证明的原件、保鲜柜照片的原件、加盖青岛冰冰电器有限公司财务专用章的第 00481868 号发票复印件，并说明发票所示产品规格型号是 BD538，与照片上产品的型号一致。专利权人当庭核实附件 1 的原件，对原件与复印件的一致性无异议，但对其真实性有异议，同时结合反证 2 说明附件 1 不是真实的。合议组认为，第 00481868 号发票只是加盖了青岛冰冰电器有限公司财务专用章的复印件，从形式上仍然是复印件，且专利权人对其真实性也不予认可，在无其他佐证证明的情况下，其真实性不能确认。对于青岛冰冰电器有限公司出具的证明及照片，合议组认为，照片的证据形式较为随意，不能认定照片上的产品与证明上所述产品的一一对应关系，尽管请求人提交了青岛冰冰电器有限公司出具的证明，但由于证明在形式上属于证人证言性质，证人没有出庭接受质证，在没有其他佐证证明的情况下，该证明的真实性不能确认。同时专利权人结合反证 2 对附件 1 证明的真实性并不认可。因此，合议组对附件 1 不予采信。综上，附件 1 不足以证明与本专利相近似的产品在本专利申请日前在国内市场上公开销售的事实。

请求人声明放弃附件 2 作为本案的证据，合议组对附件 2 不予评述。

请求人欲以附件 3 证明在本专利申请日前有与本专利相似的产品公开销售的事实。附件 3 是（2009）冀石燕证民字第 1158 号公证书复印件（下称第 1158 号公证书），（2009）冀石燕证民字第 1157 号公证书复印件（下称第 1157 号公证书）；（2009）冀石燕证民字第 1193 号公证书复印件（下称第 1193 号公证书）。从其内容来看，第 1158 号公证书内附收据复印件 1 页，公证书正文 1 页，收据说明 2005 年 1 月 17 日销售一台型号为"ZL-B"的盘菜柜给乐膳王麻辣烫，并加盖滨州市鑫萌制冷设备有限公司驻石办事处的公章，公证书正文说明收据的复印件与原件相符，所盖印鉴属实；第 1157 号公证书内附石家庄桥东乐膳王麻辣烫出具的证明复印件 1 页，公证书正文 1 页，乐膳王麻辣烫出具的证明说明 2005 年 1 月 17 日从滨州市鑫萌制冷设备有限公司驻石办事处购买一台型号为"ZL-B"的盘菜柜，并加盖石家庄桥东乐膳王麻辣烫的公章，公证书正文说明证明的复印件与原件相符，所盖印鉴属实；第 1193 号公证书内附公证书正文 2 页，现场工作记录 1 页，照片 8 张，公证书正文说明公证书于 2009 年 5 月 18 日随本案请求人的法定代表人到石家庄桥东乐膳麻辣烫处对其店内一盘菜柜进行拍照。请求人当庭提交了附件 3 的原件。专利权人认可原件与复印件一致，但对其内容的真实性有异议。合议组认为，请求人当庭提交了附件 3 的原件，可以认定附件 3 的真实性。就其内容来看，第 1158 号公证书内的收据来源于请求人，且证据形式较为随意，在没有其他佐证证明的情况下，其收据的真实性不能确认；第 1157 号公证书内的证明在形式上属于证人证言性质，证人没有出庭接受质证，因此其真实性也不能确认；第 1193 号公证书只是说明了公证人员于 2009 年 5 月 18 日到乐膳王麻辣烫现场对其一款盘菜柜拍摄照片，但并未说明其购买时间，虽然第 1157 号公证书内乐膳王麻辣烫说明该盘菜柜于 2005 年 1 月 17 日购买，但是在第 1157 号公证书内附的证明的真实性不能确认的情况下，其购买时间也不能确认，且在其拍摄的照片上也未显示该产品的出厂时间。综上，附件 3 不足以证明与本专利相近似的产品在本专利申请日前在国内市场上公开销售的事实。

请求人提交的附件 4 是本专利证书及图片电子复印件，作为本案的对比对象。

请求人欲以附件 5 证明与本专利相近似的产品在本专利申请日前已生产出来。附件 5 是（2009）青市中证经字第 001153 号公证书复印件（下称第 001153 号公证书）。内附公证书正文 1 页，现场工作记录 1 页，照片 7 张，公证书正文说明公证处于 2009 年 9 月 9 日随本案请求人的委托代理人到青岛市四方区重庆南路 39 号良友集团仓库对仓库内一款保鲜柜进行拍照。请求人当庭提交了附件 5 的原件。专利权人认可原件与复印件一致，但对其内容的真实性有异议。合议组认为，请求人当庭提交了附件 5 的原件，可以认定附件 5 的真实性。就其内容来看，公证书说明公证处于 2009 年 9 月 9 日随本案请求人的委托代理人到青岛市四方区重庆南路 39 号良友集团仓库对仓库内一款保鲜柜进行拍照，并附该产品照片 7 张，在第 7 张照片上显示有该保鲜柜的相关信息，其中日期一栏显示日期是 2005 年 8 月 14 日。合议组认为，该日期栏为手写，其形式较随意，专利权人对其真实性也不认可，在没有其他佐证证明的情况下，其真实性不能确认。因此附件 5 不足以证明与本专利相近似的产品在本专利申请日前在国内市场上公开销售的事实。

请求人欲以附件 6 证明与本专利相近似的产品在本专利申请日前已生产出来。附件 6 是（2009）博兴证民字第 286 号公证书复印件，（下称第 286 号公证书）。内附公证书正文 1 页，现场工作记录 1 页，照片 13 张，公证书正文说明公证处于 2009 年 8 月 27 日随本案请求人的法定代表人到博兴县锦秋街道湾头村董永酒家对一款配菜柜进行拍照。请求人当庭提交了附件 6 的原件。专利权人认可原件与复印件一致，但对其内容的真实性有异议。合议组认为，请求人当庭提交了附件 6 的原件，可以认定附件 6 的真实性。就其内容来看，公证书说明公证处于 2009 年 8 月 27 日随本案请求人的法定代表人到博兴县锦秋街道湾头村董永酒家对一款配菜柜进行拍照，并附该产品照片 13 张，在第 9 张照片上显示有该配菜柜的相关信息，其中“日期”一栏模糊不清。合议组认为，该日期栏为手写，其形式较随意，且无法辨别其填写的日期，专利权人对其真实性也不认可，在没有其他佐证证明的情况下，其真实性不能确认。因此附件 6 不足以证明与本专利相近似的产品在本专利申请日前在国内市场上公开销售的事实。

由于请求人当庭提交的附件已超出举证期限，因此合议组对其不予评述。

综上所述，请求人提交的所有证据不能支持其无效宣告请求的理由，因此不能证明本专利不符合专利法第 23 条的规定。

鉴于已经得出上述结论，合议组对专利权人提交的其他反证不予评述。

三、决定

维持 200530135040.9 号外观设计专利权有效。

当事人对本决定不服的，可以根据专利法第 46 条第 2 款的规定，自收到本决定之日起三个月内向北京市第一中级人民法院起诉。根据该款的规定，一方当事人起诉后，另一方当事人作为第三人参加诉讼。

550

机械变速器

无效宣告请求审查决定（第14320号）

决　　定　　号　第14320号
决　　定　　日　2009年12月21日
发明创造名称　机械变速器
外观设计分类号　15-99
无效宣告请求人　浙江午马减速机有限公司
专　利　权　人　莫蒂夫公司
专　　利　　号　200530116399.1
申　　请　　日　2005年8月8日
授权公告日　2006年8月30日
合议组组长　钟　华
主　　审　　员　王美芳
参　　审　　员　雷　婧
附　　　　图　1页

法　律　依　据　专利法第23条
决　定　要　点

从整体观察，本专利与在先设计的调速盖的细部设计区别属于局部细微差异，对整体视觉效果不具有显著影响；虽然本专利比在先设计多出底部支架，但从整体观察，该支架不足以对产品的整体视觉效果产生显著的影响。因此，应认定二者属于相近似的外观设计。

一、案由

本无效宣告请求涉及国家知识产权局于2006年8月30日授权公告的200530116399.1号外观设计专利，使用该外观设计的产品名称是"机械变速器"，其申请日是2005年8月8日，专利权人是莫蒂夫公司。

针对上述外观设计专利权（下称本专利），浙江午马减速机有限公司（下称请求人）于2009年7月22日向专利复审委员会提出无效宣告请求，其理由是本专利不符合专利法第23条的规定。请求人提交了如下附件：

附件1：95320519.3号中国外观设计专利公报复印件共1页；

附件2：02315104.8号中国外观设计专利公报复印件共1页；

附件3：02315103.X号中国外观设计专利公报复印件共1页。

请求人认为：附件1中在先公开的外观设计与本专利均为变速器的外观设计，用途相同，具有可比性。二者均采用相同的主箱体形状设计，输出轴的位置和连接法兰、调速盖以及调节手轮的大小、比例和位置关系也完全一致，导致二者产生相同的视觉效果。不同点为本专利的底部安有安装架，但安装架属于该类产品的非主体的常规附属性配件，附件2和附件3就是上述常规附属性配件设计的先例，而且于在先设计的后视图中也能发现安装架的连接安装孔，因此上述差别对产品的整体视觉效果并无影响，二者属于相近似的外观设计。

专利复审委员会根据无效宣告请求审查程序的规定受理了该无效宣告请求，并于2009年8月14日将请求人的上述无效宣告请求书及其附件转送专利权人，通知其在指定期限内陈述意见。

2009年8月17日，请求人补充提交了如下附件作为证据（编号续前）：

附件4：2000年第4期《机械工程师》相关页复印件共7页；

附件5：2001年第12期《机电国际市场》相关页复印件共4页。

请求人认为：附件4和附件5相关页上公开的外观设计均与本专利十分相近似，仅在一些细节部分有微小差别，均采用相同的主箱体形状设计，输出轴的位置和调速盖以及调节手轮的大小、比例和位置关系也完全一致，导致本专利与已公开外观设计的视觉效果相同。

专利复审委员会成立合议组对本案进行审理，于2009年9月3日向双方当事人发出口头审理通知书，定于2009年10月21日对本案进行口头审理，并于2009年9月8日将请求人于2009年8月17日补充提交的无效宣告请求文件转送专利权人，通知其在指定期限内陈述意见。

2009年9月25日，专利权人提交意见陈述书，对请求人提出的上述无效宣告的理由和证据进行答复。专利权人认为：本专利与附件1显示的在先设计既不相同也不相近似；附件2和附件3显示的外观设计与本案无关；附件4和附件5中的图片均只公开了在先设计的一个立体图，与本专利既不相同也不相近似。同时，专利权人还提交了如下附件作为反证：

反证1：北京市第二中级人民法院（2009）二中民初字第13436号受理案件通知书复印件，共1页；

反证2：浙江省温州市中信公证处出具的（2008）浙温证内字第22705号公证书复印件，共32页；

反证3：北京市求是公证处出具的（2009）京求是内民证字第01697号公证书复印件，共9页。

口头审理如期举行，双方均委托代理人出席口头审理。请求人坚持原无效宣告理由，当庭提交附件4和附件5的原件，并指出以附件1、附件4的第5页以及附件5的第3页和第4页显示的设计作为对比设计，附件2、附件3和附件4中其他四页中显示的设计证明本专利的底座是惯常设计。专利权人当庭核实了附件4和附件5的原件，确认原件与复印件一致，对各附件的真实性没有异议。由于专利复审委员会尚未收到专利权人提交的上述意见陈述书和反证，专利权人当庭提交了上述反证的复印件，合议组将其转交给请求人，请求人认为专利权人提交的反证与本案没有关联。双方进行了相近似对比，请求人坚持认为各附件显示的在先设计与本专利相近似，专利权人认为：本专利与附件1显示的在先设计既不相同也不相近似，附件4和附件5相关图片显示的外观设计只有一张图，不能与本专利对比，即使对比也不相同不相近似，附件2和附件3的结合以及附件4的其他四页用于证明底座是惯常设计不符合外观设计应一一对比的相关规定，且没有证据证明底座是惯常设计。

2009年10月28日，专利复审委员会将专利权人提交的上述意见陈述书及其附件转送请求人，通知其在指定期限内陈述意见。请求人在指定期限内未答复。

在上述审理的基础上，合议组经合议，认为本案事实清楚，依法作出本审查决定。

二、决定的理由

1. 法律依据

基于请求人提出的无效宣告请求的理由，合议组依据专利法第 23 条的规定进行审查。

专利法第 23 条规定：“授予专利权的外观设计，应当同申请日以前在国内外出版物上公开发表过或者国内公开使用过的外观设计不相同和不相近似，并不得与他人在先取得的合法权利相冲突。”

2. 证据认定

请求人提交的附件 1 为 95320519. 3 号中国外观设计专利公报复印件，使用该外观设计的产品名称是“无极变速机”，经合议组核实，该附件所示内容真实。该专利的公告日是 1996 年 12 月 4 日，早于本专利的申请日 2005 年 8 月 8 日，属于在本专利申请日之前公开的外观设计，可以作为评价本专利是否符合专利法第 23 条规定的证据。

3. 外观设计对比

附件 1 公开了一款无极变速机的外观设计（下称在先设计），本专利是机械变速器的外观设计，二者的用途相同，可以进行相近似对比，故对本专利与在先设计对比如下：

本专利的图片包括主视图、左视图、右视图、俯视图、仰视图和立体图，其所示产品由箱体、调速盖、调节手轮和底部支架组成。箱体呈扁圆柱形，其圆周面上设有均匀分布的平行散热筋，箱体的一侧带有输出轴和法兰，箱体和连接法兰的侧面均带有加强筋，箱体侧面的加强筋包括外圈的两个环及不规则分布其间的数个三角形，法兰侧面除带有与箱体侧面相同的加强筋外，还带有从中心部位向四周辐射分布的条形加强筋；调速盖位于箱体上方，整体呈长方体形，侧面与调节手轮相连；调节手轮手握部分包括一个圆滑的圆柱体和其上面的侧面凹凸的扁圆盖；底部支架呈“工”字形（详见本专利附图）。

附件 1 公开了在先设计的六面正投影视图，其所示产品由箱体、调速盖和调节手轮组成。箱体呈扁圆柱形，其圆周面上设有均匀分布的平行散热筋，箱体的一侧带有输出轴和法兰，箱体和连接法兰的侧面均带有加强筋，箱体侧面的加强筋包括外圈的两个环及不规则分布其间的数个三角形，法兰侧面除带有与箱体侧面相同的加强筋外，还带有从中心部位向四周辐射分布的条形加强筋；调速盖位于箱体上方，整体呈长方体形，侧面与调节手轮相连；调节手轮手握部分包括一个圆滑的圆柱体和其上面的侧面凹凸的扁圆盖（详见在先设计附图）。

将本专利与在先设计相比较，二者的整体形状、各部分的具体形状及箱体和法兰侧面的加强筋图案均极为相似。不同之处主要在于：二者的调速盖的细部设计有区别，本专利带有底部支架，而在先设计没有。合议组认为：从整体观察，调速盖的细部设计区别属于局部细微差异，对整体视觉效果不具有显著影响；虽然本专利比在先设计多出底部支架，但从整体观察，该支架不足以对产品的整体视觉效果产生显著的影响。因此，应认定二者属于相近似的外观设计。

综上所述，在本专利申请日以前已有与其相近似的外观设计在出版物上公开发表过，本专利不符合专利法第 23 条的规定。

专利权人提交的反证 1 是北京市第二中级人民法院（2009）二中民初字第 13436 号受理案件通知书复印件，证明北京市第二中级人民法院受理了莫蒂夫公司起诉北京北方环珠减速机有限公司和浙江午马减速机有限公司的案件；反证 2 是浙江省温州市中信公证处出具的（2008）浙温证内字第 22705 号公证书复印件，公证了公众购买浙江午马减速机有限公司的产品的过程及相关证据，用于证明请求人有被控侵权的行为；反证 3 是北京市求是公证处出具的（2009）京求是内民证字第 01697 号公证书复印件，用于证明专利权人和请求人曾经有过合作，现在产生了分歧。合议组认为：上述反证均不能否定在本专利申请日以前已有与其相近似的外观设计在出版物上公开发表过的事实。

鉴于已经得出本专利不符合专利法第 23 条规定的结论，合议组对请求人提出的其他证据不再予以评述。

三、决定

宣告 200530116399.1 号外观设计专利权全部无效。

当事人对本决定不服的，可以根据专利法第 46 条第 2 款的规定，自收到本决定之日起三个月内向北京市第一中级人民法院起诉。根据该款的规定，一方当事人起诉后，另一方当事人作为第三人参加诉讼。

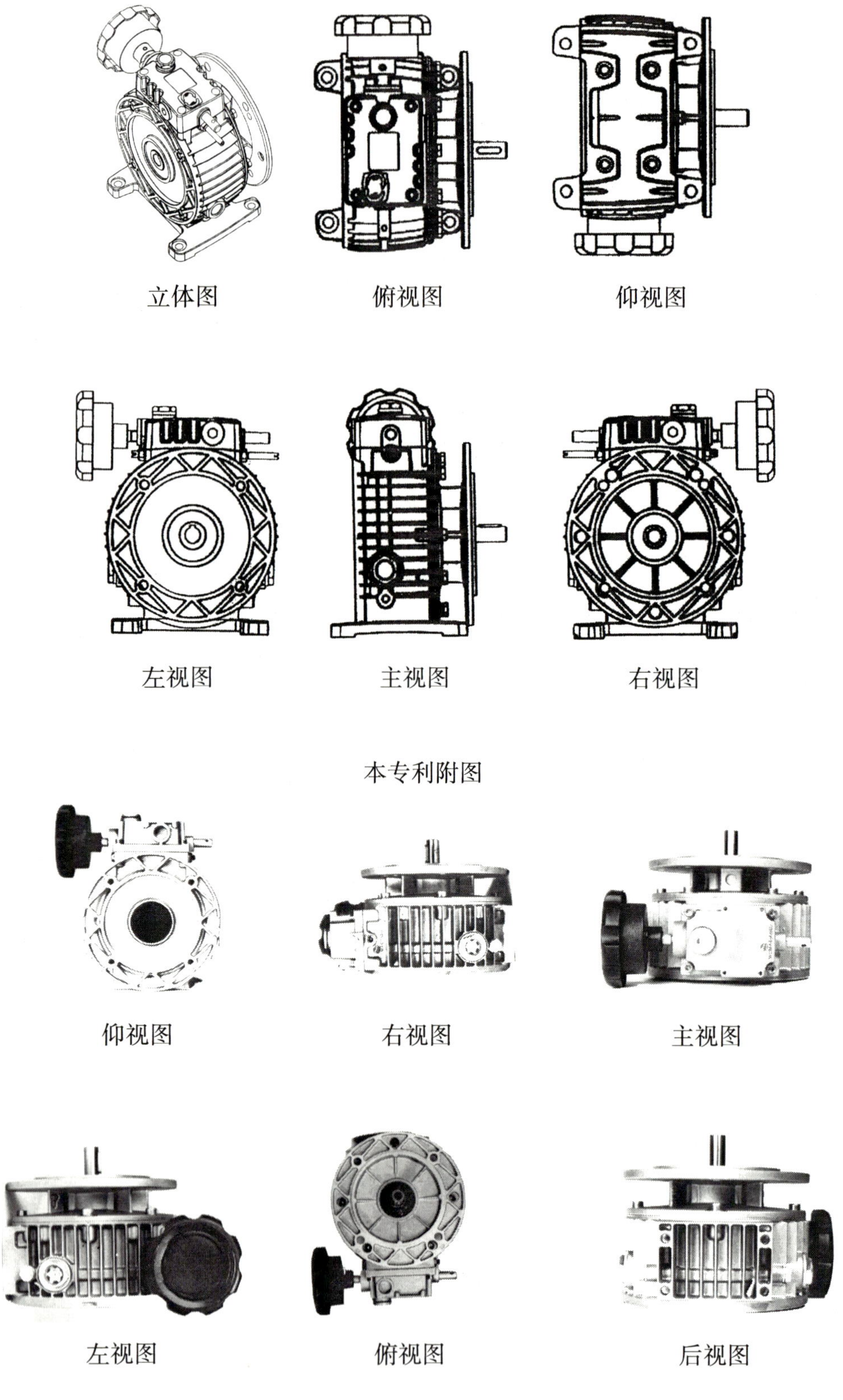

立体图　俯视图　仰视图

左视图　主视图　右视图

本专利附图

仰视图　右视图　主视图

左视图　俯视图　后视图

在先设计附图

551

蜗　轮　箱

无效宣告请求审查决定（第 14321 号）

决　　定　　号 第 14321 号
决　　定　　日 2009 年 12 月 21 日
发明创造名称 蜗轮箱
外观设计分类号 15-99
无效宣告请求人 浙江午马减速机有限公司
专　利　权　人 莫蒂夫公司
专　　利　　号 03358349.8
申　　请　　日 2003 年 9 月 4 日
授权公告日 2004 年 4 月 21 日
合议组组长 钟　华
主　　审　　员 王美芳
参　　审　　员 雷　婧
附　　　　图 3 页

法　律　依　据 专利法第 23 条
决　定　要　点

本专利与在先设计相比存在明显差异，对产品的整体视觉效果具有显著的影响，因此，本专利与在先设计属于不相同且不相近似的外观设计。

仅根据公开了在先设计局部的立体图，不能得出本专利与在先设计相近似的结论。

一、案由

本无效宣告请求涉及国家知识产权局于 2004 年 4 月 21 日授权公告的 03358349.8 号外观设计专利，使用该外观设计的产品名称是“蜗轮箱”，其申请日是 2003 年 9 月 4 日，专利权人是莫蒂夫公司。

针对上述外观设计专利权（下称本专利），浙江午马减速机有限公司（下称请求人）于 2009 年 7 月 22 日向专利复审委员会提出无效宣告请求，其理由是本专利不符合专利法第 23 条的规定。请求人提交了如下附件：

附件 1：94311011.4 号中国外观设计专利公报复印件共 1 页；

附件 2：94311010.6 号中国外观设计专利公报复印件共 1 页。

请求人认为：附件 1 和附件 2 中在先公开的外观设计与本专利用途相同，具有可比性。本专利与在先设计均采用接近于平行六面体的的主箱体形状设计，输入、输出轴的位置相同，长方形的凹陷和端盖的大小、比例和位置关系也完全一致，导致整体形状产生了相同的视觉效果。不同点为本专利的主箱体一侧没有输入连接法兰、散热筋的形状及分布的具体位置有差异、凹槽的形状有差异。输入法兰属于该类产品中非主体的常规附属性配件，相对于整体箱体的外观设计未产生明显不同的视觉效果；散热筋的形状及分布具体位置有差异和凹槽的形状差异属于细节的变化，不会产生明显不同的视觉效果，本专利与附件 1 和附件 2 显示的外观设计属于相近似的外观设计。

专利复审委员会根据无效宣告请求审查程序的规定受理了该无效宣告请求，并于 2009 年 8 月 14 日将请求人的无效宣告请求书及其附件转送专利权人，通知其在指定期限内陈述意见。

2009 年 8 月 17 日，请求人补充提交了如下附件作为证据（编号续前）：

附件 3：2000 年第 4 期《机械工程师》相关页复印件共 6 页；

附件 4：2001 年第 12 期《机电国际市场》相关页复印件共 4 页；

附件 5：MOTOVARIO S. P. A 的意大利外观设计注册申请文件复印件及相关著录项目的中文译文。

请求人认为：附件 3 和附件 4 相关页上公开的外观设计和附件 5 显示的注册外观设计均与本专利十分相近似，仅在一些细节部分有微小差别，均采用接近于平行六面体的的主箱体形状设计，输入、输出轴的位置相同，长方形的凹陷和端盖的大小、比例和位置关系也完全一致，导致本专利与已公开外观设计的视觉效果相同。

专利复审委员会成立合议组对本案进行审理，于 2009 年 9 月 3 日向双方当事人发出口头审理通知书，定于 2009 年 10 月 21 日对本案进行口头审理。并于 2009 年 9 月 8 日将请求人补充提交的无效宣告请求文件转送专利权人，通知其在指定期限内陈述意见。

2009 年 9 月 25 日，专利权人提交意见陈述书，对请求人提出的上述无效宣告的理由和证据进行答复。专利权人认为：本专利与附件 1 和附件 2 显示的在先设计既不相同也不相近似；附件 4 和附件 5 中的图片均只公开了在先设计的一个立体图，与本专利既不相同也不相近似；附件 5 为外文，缺少中文译文，也没有对该证据的来源和真实性作任何说明，对该附件不予认可。同时，专利权人还提交了如下附件作为反证：

反证 1：北京市第二中级人民法院作出的（2009）二中民初字第 13436 号受理案件通知书复印件，共 1 页；

反证 2：浙江省温州市中信公证处出具的（2008）浙温证内字第 22705 号公证书复印件，共 32 页；

反证 3：北京市求是公证处出具的（2009）京求是内民证字第 01698 号公证书复印件，共 18 页；

反证 4：浙江午马减速机有限公司的宣传册复印件，共 6 页；

反证 5：北京市求是公证处出具的（2009）京求是内民证字第 01697 号公证书复印件，共 9 页；

反证 6：莫蒂夫公司与浙江午马减速机有限公司间的授权书及其中文译文复印件，共 2 页；

反证 7：网页打印件，共 11 页；

反证 8：网页打印件，共 24 页；

反证 9：200630080759. 1 号中国外观设计专利公报复印件，共 1 页。

口头审理如期举行，双方均委托代理人出席口头审理。请求人坚持原无效宣告理由，当庭提交附件 3 和附件 4 的原件。专利权人当庭核实了附件 3 和附件 4 的原件，确认原件与复印件一致，对附件 1~4 的真实性没有异议，对附件 5 的真实性有异议。由于专利复审委员会尚未收到专利权人提交的上述意见陈述书和反证，专利权人当庭提交了上述反证的复印件，合议组将其转交给请求人，请求人认为专利权人提交的反证与本案没有关联。双方进行了相近似对比，请求人坚持认为各附件显示的在先设计与本专利相近似，专利权人认为：本专利与附件 1 和附件 2 显示的在先设计既不相同也不相近似，附件 3 和附件 4 相关图片显示的外观设计只有一张图，不能与本专利对比，即使对比也不相同不相近似。

2009 年 10 月 28 日，专利复审委员会将专利权人提交的上述意见陈述书及其附件转送请求人，通知其在指定期限内陈述意见。请求人在指定期限内未答复。

在上述审理的基础上，合议组经合议，认为本案事实清楚，依法作出本审查决定。

二、决定的理由

1. 法律依据

基于请求人提出的无效宣告请求的理由，合议组依据专利法第 23 条的规定进行审查。

专利法第 23 条规定："授予专利权的外观设计，应当同申请日以前在国内外出版物上公开发表过或者国内公开使用过的外观设计不相同和不相近似，并不得与他人在先取得的合法权利相冲突。"

2. 证据认定

附件 1 和附件 2 分别是 94311011. 4 和 94311010. 6 号中国外观设计专利公报复印件，使用外观设计的产品名称分别是"减速箱（二）"和"减速箱（一）"，经合议组核实，上述附件所示内容真实。两个专利的公告日分别是 1995 年 11 月 29 日和 1995 年 8 月 30 日，早于本专利的申请日 2003 年 9 月 4 日，属于在本专利申请日之前公开的外观设计，可以作为评价本专利是否符合专利法第 23 条规定的证据。

附件 3 是 2000 年第 4 期《机械工程师》相关页复印件，请求人于口头审理时当庭提交其整本原件，经核实，该复印件与原件一致，专利权人对该附件的真实性无异议。目录页记载的出版时间为"2000 年 4 月 15 日"，早于本专利的申请日 2003 年 9 月 4 日，附件 3 可以作为评价本专利是否符合专利法第 23 条规定的证据。

附件 4 是 2001 年第 12 期《机电国际市场》相关页复印件，请求人于口头审理时当庭提交其整本原件，经核实，该复印件与原件一致，专利权人对该附件的真实性无异议。根据封面记载的"2001 12"及目录页记载的"2001 年 第 12 期"等字样可得知其出版日期不晚于 2001 年 12 月 31 日，早于本专利的申请日 2003 年 9 月 4 日，附件 4 可以作为评价本专利是否符合专利法第 23 条规定的证据。

附件 5 是 MOTOVARIO S. P. A 的意大利外观设计注册申请文件复印件及相关著录项目译文，该附件未显示该注册外观设计的公告日，合议组无法确定该外观设计在本专利申请日前已公开出版，附件 5 不能作为评价本专利是否符合专利法第 23 条规定的证据。

3. 外观设计对比

附件 1 和附件 2 各自公开了一款减速箱的外观设计（以下分别称在先设计 1 和在先设计 2），本专利是蜗轮箱的外观设计，其用途相同，可以进行外观设计相近似比对，故分别对本专利与在先设计 1 和在先设计 2 作如下对比：

本专利的图片包括六面正投影视图和立体图。其所示产品整体呈扁长方体形；箱体正面和背面的四角边缘突出于主体，围合出长方形的凹陷区域，凹陷区域的上方均带有散热筋，正面的散热筋呈扇形分布；正面凹陷处带有圆形端盖，端盖四周环布花瓣状的凹凸结构，数个连接孔均布其间；背面的凹陷处带有圆形轴承端盖，端盖上有四个突出的螺钉孔；箱体四个侧面中部均带有弧形凹陷，呈马鞍形，各面凹陷处均带有对称分布的弧形短筋；箱体的一侧带有圆形的法兰连接基座（详见本专利附图）。

附件 1 公开了在先设计 1 的主视图、后视图、左视图、右视图、俯视图和立体图，简要说明载明"省略仰视图"。其公开的产品整体呈扁长方体形；箱体正面和背面的四角边缘出突出于主体，围合出长方形的凹陷区域，凹陷区域的上方均带有横条形散热筋；正面和背面凹陷处均带有圆形端盖，端盖上带有由数个环布的相连伞形凹凸图案，连接孔位于伞形图案中；箱体三个侧面的中部均略下陷，形成低于两端的平面，并带有横向平行排列的长筋；箱体的一侧带有法兰盘（详见在先设计 1 附图）。

将本专利与在先设计 1 进行比较可以看出，两者虽整体均呈扁长方体形、正面和背面均凹陷并带有端盖等，但同时具有以下明显差异：

二者的正面圆形端盖上的凹凸图案不同，本专利的呈花瓣形，且凹凸差较大，而在先设计 1 的呈伞形，且凹凸差较小；本专利背面的凹陷处是带有四个突出螺钉孔的圆形轴承端盖，在先设计 1 的背面则带有与正面形状相同的圆形端盖；二者的三个侧面的凹陷形状不同，本专利的呈明显下陷的马鞍形，在先设计 1 的则为略向下陷的平面；二者各面散热筋的形状和排列均存在明显区别。

合议组认为：从整体观察，对一般消费者而言，本专利与在先设计 1 存在的上述明显差异对其整体视觉效果具有显著的影响，因此本专利与在先设计 1 属于不相同且不相近似的外观设计。

附件 2 公开了在先设计 2 的主视图、后视图、左视图、右视图、俯视图和立体图，简要说明载明"省略仰视图"。其公开的产品整体呈扁长方体形；箱体正面和背面的四边突出于主体，围合出长方形的凹陷区域，凹陷区域的上方均带有横条形散热筋；正面凹陷处带有端盖，端盖整体呈带有四个大缺口的圆形；背面的凹陷处带有圆形轴承端盖，并分布有数条横筋；箱体三个侧面的中部均带有纵向平行排列的长筋；箱体的一侧带有法兰盘（详见在先设计 2 附图）。

将本专利与在先设计 2 进行比较可以看出，两者虽整体均呈扁长方体形、正面和背面均凹陷并带有端盖等，但同时具有以下明显差异：

二者的正面端盖形状不同，本专利的呈完整的圆形，而在先设计 2 的带有四个大缺口；二者的三个侧面形状不同，本专利的呈明显下陷的马鞍形，在先设计 2 则无明显凹陷面；二者各面散热筋的形状和排列均存在明显区别。

合议组认为：从整体观察，对一般消费者而言，本专利与在先设计 2 存在的上述明显差异对其整体视觉效果具有显著的影响，因此本专利与在先设计 2 属于不相同且不相近似的外观设计。

请求人在口头审理时指出以附件 3 中四幅图和附件 4 中两幅图显示的六个外观设计作为在先设计，六个在先设计均为减速机的外观设计，与本专利涉及的产品用途相同，可以进行外观设计相近似比对。但是，请求人指出的六幅图均为立体图，最多显示了在先设计的三个面，仅显示了各在先设计的局部，而本专利则是涉及产品六个面的外观设计，仅根据各在先设计的立体图，不能得出本专利与各在先设计相近似的结论（详见在先设计 3~8 附图）。

综上所述，请求人提交的所有证据均不能支持其无效宣告请求的理由。合议组对专利权人提交的反证不再予以评述。

三、决定

维持 03358349.8 号外观设计专利权有效。

当事人对本决定不服的，可以根据专利法第 46 条第 2 款的规定，自收到本决定之日起三个月内向北京市第一中级人民法院起诉。根据该款的规定，一方当事人起诉后，另一方当事人作为第三人参加诉讼。

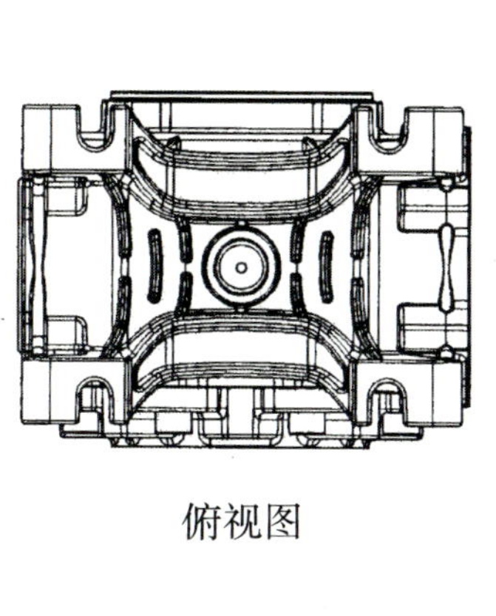
俯视图

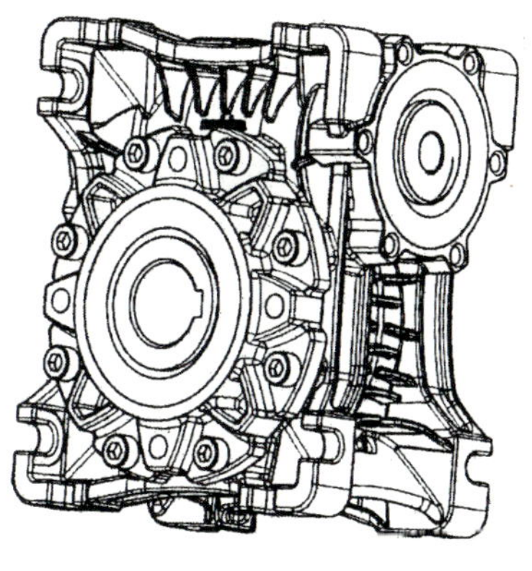
立体图

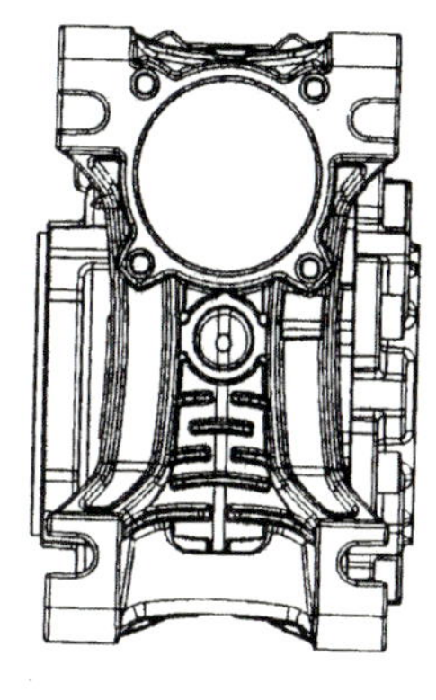
左视图

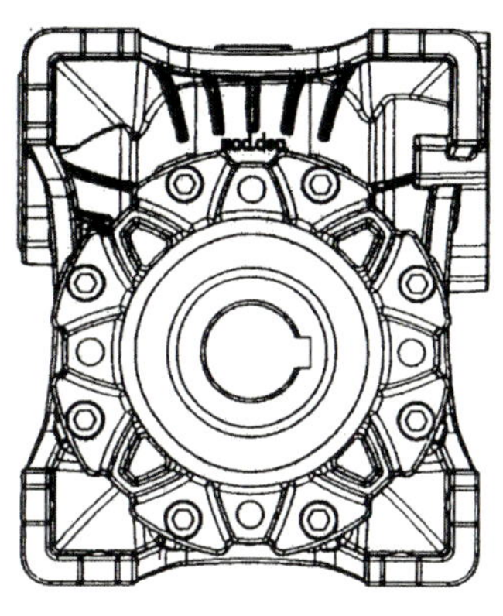
主视图

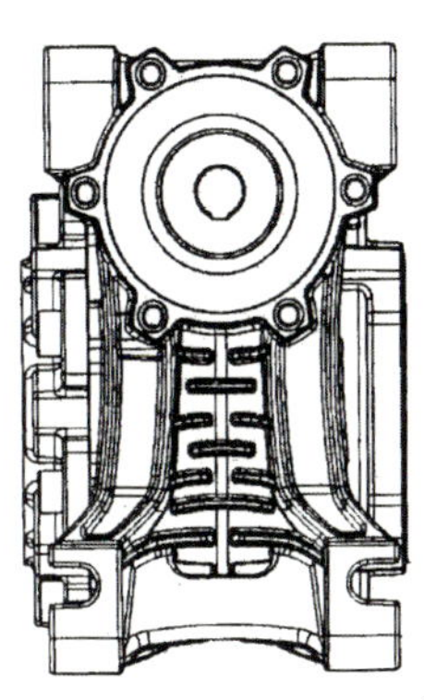
右视图

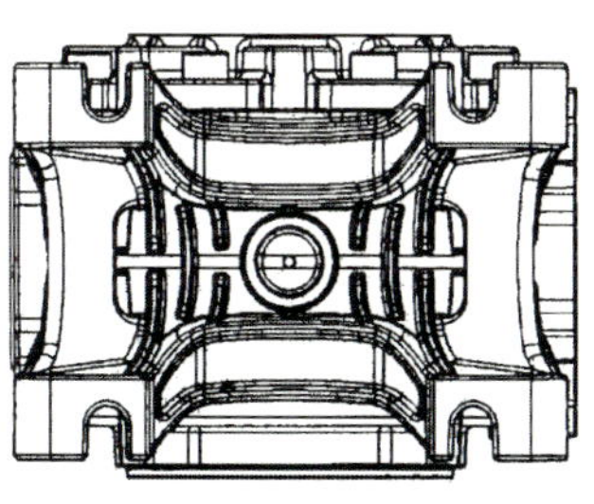
仰视图

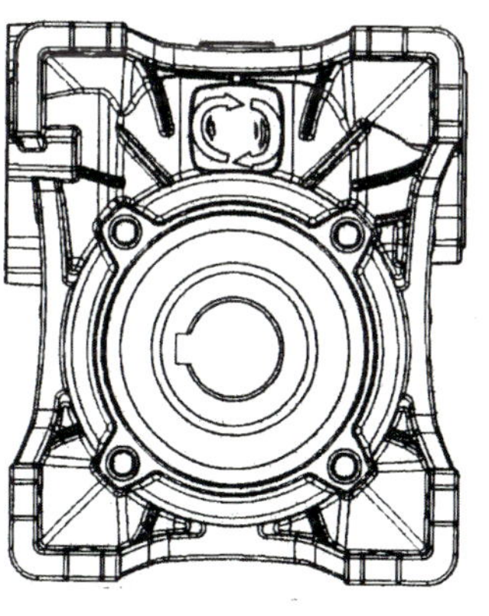
后视图

本专利附图

右视图

主视图

左视图

后视图

俯视图

立体图

在先设计 1 附图

右视图

主视图

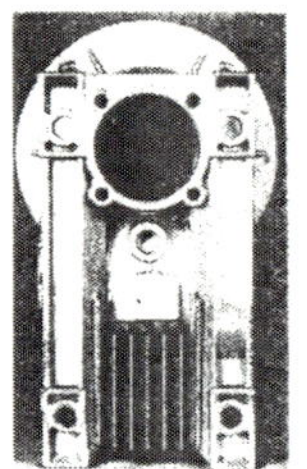

左视图

立体图

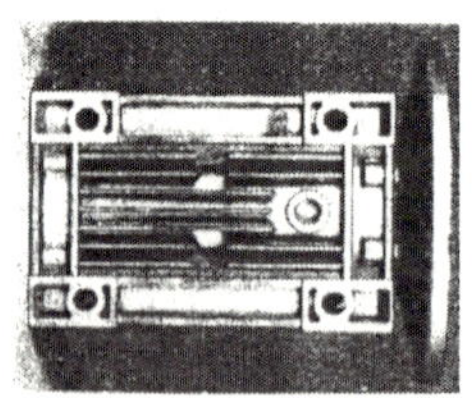

俯视图

后视图

在先设计 2 附图

在先设计 3 附图

在先设计 4 附图

在先设计 5 附图

在先设计 6 附图

在先设计 7 附图

在先设计 8 附图

552

米袋（2）

无效宣告请求审查决定（第14322号）

决　　定　　号 第14322号
决　　定　　日 2009年12月11日
发明创造名称 米袋（2）
外观设计分类号 09-05
无效宣告请求人 卢木炎
专　利　权　人 谢国海
专　　利　　号 200530079362.6
申　　请　　日 2005年11月23日
授权公告日 2006年9月27日
合议组组长 吴大章
主　　审　　员 王美芳
参　　审　　员 沙柏青
附　　　　　图 1页

法　律　依　据 专利法第23条
决　定　要　点

包装袋的正面图案相对背面图案通常更易被一般消费者关注，对整体视觉效果更有显著影响；从整体观察，本专利与在先设计的不同之处属于局部细微变化，其相同和相似之处，特别是“雪花粘”三个红色大字和“人与耕牛在夕阳下耕作稻田”的图案，使二者的正面形成相近似的整体视觉印象，应认定二者属于相近似的外观设计。

一、案由

本无效宣告请求涉及国家知识产权局于2006年9月27日授权公告的200530079362.6号外观设计专利，使用该外观设计的产品名称是“米袋（2）”，其申请日是2005年11月23日，专利权人是谢国海。

针对上述外观设计专利权（下称本专利），卢木炎（下称请求人）于2009年7月10日向专利复审委员会提出无效宣告请求，其理由是本专利不符合专利法第23条的规定。请求人提交了如下附件：

附件1：声称为平阳县信得凹印制版厂2003年公开出版的几款包装袋图案的图片打印件，共1页；

附件2：平阳县中天制版有限公司出具的证明书，共1页；

附件3：平阳县泉源彩印塑包有限公司出具的证明书，共1页；

附件4：平阳县泉源彩印塑包有限公司的企业法人营业执照复印件，共1页；

附件5：平阳县泉源彩印塑包有限公司盖章的送货凭证复印件，共1页；

附件6：高要市活道镇家乐粮食加工厂的企业法人营业执照复印件，共1页；

附件7：编号为00795644、00795643、12765924和12765925的广东省商品销售统一发票打印件，共2页。

请求人认为：平阳县信得凹印制版厂在2003年公开出版与本专利中间图案相同的米袋图案；平阳县中天制版有限公司于2004年5月8日向请求人所办高要市活道镇家乐粮食加工厂提供雪花粘大米包装袋制板图案，平阳县泉源彩印塑包有限公司为高要市活道镇家乐粮食加工厂印制雪花粘大米包装袋，高要市活道镇家乐粮食加工厂于2004年6月21日、2004年9月10日、2004年11月27日和2004年11月28日将雪花粘大米分别销售给星湖俱乐部、佳美学校和城区信社，该雪花粘大米包装袋与本专利相似。本专利的授予不符合专利法第23条的规定，应宣告本专利无效。

专利复审委员会根据无效宣告请求审查程序的规定受理了该无效宣告请求，并于2009年8月14日将请求人的无效宣告请求文件转送专利权人，通知其在指定期限内陈述意见。

专利权人在指定期限内未答复。

专利复审委员会于2009年9月3日向双方当事人发出口头审理通知书，定于2009年10月27日对本案进行口头审理。

口头审理如期举行，仅有请求人一方出庭，专利权人未出席口头审理，合议组依法进行缺席审理。请求人当庭提交了附件5和附件7的原件，坚持原无效宣告理由，并坚持认为附件1、附件2和附件3显示的外观设计与本专利相近似。

在上述审理的基础上，合议组经合议，认为本案事实清楚，依法作出本审查决定。

二、决定的理由

1. 法律依据

基于请求人提出的无效宣告请求的理由，合议组依据专利法第23条的规定对本案进行审查。

专利法第23条规定："授予专利权的外观设计，应当同申请日以前在国内外出版物上公开发表过或者国内公开使用过的外观设计不相同和不相近似，并不得与他人在先取得的合法权利相冲突。"

2. 证据认定

请求人提交的附件2是平阳县中天制版有限公司出具的证明书，用于证明平阳县中天制版有限公司于2004年5月8日向请求人所办高要市活道镇家乐粮食加工厂提供雪花粘大米包装袋制板图案；附件3是平阳县泉源彩印塑包有限公司出具的证明书，附件5是平阳县泉源彩印塑包有限公司盖章的送货凭证复印件，用于证明平阳县泉源彩印塑包有限公司为高要市活道镇家乐粮食加工厂印制雪花粘大米包装袋；附件7是编号为00795644、00795643、12765924和12765925的广东省商品销售统一发票打印件，用于证明高要市活道镇家乐粮食加工厂于2004年6月21日、2004年9月10日、2004年11月27日和2004年11月28日将雪花粘大米分别销售给星湖俱乐部、佳美学校和城区信社。经合议组核实，附件5和附件7均与请求人提交的原件一致。在专利权人对上述各附件未提出异议的情况下，合议组对其真实性予以确认。

根据附件2、附件3和附件5可以确定：本专利申请日前，平阳县中天制版有限公司为高要市活道镇家乐粮食加工厂提供"雪花粘"包装袋制板图案，平阳县泉源彩印塑包有限公司则为其印制了图案相同"雪花粘"包装袋。附件5标明收货单位为"高要市活道镇家乐粮食加工厂"，收货单位及经手人栏签字人则为"练文兰"，据此可以确定"练文兰"为高要市活道镇家乐粮食加工厂的人员；附件7中编号为00795644和00795643的两张发票虽未标明开票单位名称，但开票人和收款人栏均由

“练文兰”签字，可以确定该两张发票涉及的销售方为高要市活道镇家乐粮食加工厂。上述附件 7 中两张发票“品名规格”栏均标有“雪花粘”三字，与附件 2、3、5 中标明的包装袋名称相同，并且发票显示的销售时间分别为 2004 年 6 月 21 日和 2004 年 9 月 10 日，与附件 5 显示的平阳县泉源彩印塑包有限公司给高要市活道镇家乐粮食加工厂送包装袋的时间 2004 年 5 月 1 日相距很近，可以认定该两张发票涉及的“雪花粘”大米包装袋即为附件 2 和附件 3 显示的包装袋。综上，可以根据附件 2、3、5、7 认定：在本专利申请日前，高要市活道镇家乐粮食加工厂分别委托平阳县中天制版有限公司和平阳县泉源彩印塑包有限公司提供图案和印制附件 3 显示的包装袋，并随同雪花粘大米销售，上述附件可以作为评价本专利是否符合专利法第 23 条规定的证据。

3. 外观设计对比

附件 3 显示了一款包装袋的外观设计（下称在先设计），本专利也是包装袋的外观设计，二者的用途相同，可以进行对比。本专利与在先设计对比如下：

本专利的图片包括主视图和后视图，简要说明载明：“请求保护的外观设计包含有色彩。”其所示产品整体呈长方形，背景色为白色；正面中间偏右处有一个“人与耕牛在夕阳下耕作稻田”的图案，该图案整体略呈竖长方形，其中天空和水面呈橘红色和黄色，中间稻田呈绿色，下部稻田呈黄色；该图案上方有“雪花粘”三个红色大字，左侧有两列文字；包装袋的上端带有红黑两色卷轴样图案，下端则有一个墨绿色长方形条块，其中印有两行白色文字（详见本专利附图）。

附件 3 显示了在先设计的正面。其所示产品整体呈长方形；正面中间有一个以白色为底色的长方形区域，该区域外为绿色；白色区域内有一个“人与耕牛在夕阳下耕作稻田”的图案，该图案整体略呈竖长方形，其中天空和水面呈橘红色和黄色，中间稻田呈绿色，下部稻田呈黄色；该图案上方有“雪花粘”三个红色大字，左右两侧各有一列文字；“雪花粘”三字上方带有红黑两色缎带样图案，白色区域下端则有一个红色长方形条块，其中印有两行白色文字（详见在先设计附图）。

将本专利与在先设计相比较，二者存在的主要相同和相似之处为：整体形状相似，均为竖长方形；图案均自上而下布局；正面主要图案的底色均为白色；均带有字型相似的“雪花粘”三个红色大字、相同的“人与耕牛在夕阳下耕作稻田”图案、两列字数、间距和色彩极为相似的纵向文字和印有两行白字的长方形条块。二者存在的不同之处为：本专利的背面印有“福”字，附件 2 则未显示在先设计的背面；本专利的整体背景色为白色，而在先设计的正面图案主要部分的底色为白色，外圈则为绿色；本专利上部图案为卷轴形，在先设计的则为缎带形；本专利下部长方形条块为墨绿色，在先设计的则为红色。合议组认为：虽然附件 2 未显示在先设计的背面，但包装袋的正面图案相对背面图案通常更易被一般消费者关注，对整体视觉效果更有显著影响；从整体观察，上述不同之处仅属于局部细微变化，二者的相同和相似之处，特别是“雪花粘”三个红色大字和“人与耕牛在夕阳下耕作稻田”的图案，使二者的正面形成相近似的整体视觉效果，应认定二者属于相近似的外观设计。

综上所述，在本专利申请日以前已有与其相近似的外观设计在国内公开使用过，本专利不符合专利法第 23 条的规定。

鉴于已经得出本专利不符合专利法第 23 条规定的结论，合议组对请求人提出的其他理由和证据不再予以评述。

三、决定

宣告 200530079362.6 号外观设计专利权全部无效。

当事人对本决定不服的，可以根据专利法第 46 条第 2 款的规定，自收到本决定之日起三个月内向北京市第一中级人民法院起诉。根据该款的规定，一方当事人起诉后，另一方当事人作为第三人参加诉讼。

主视图

后视图

本专利附图

在先设计附图

553

道路灯灯头（和平鸽）

无效宣告请求审查决定（第14324号）

决　定　号　第14324号
决　定　日　2009年12月16日
发明创造名称　道路灯灯头（和平鸽）
国际分类号　26-03
无效宣告请求人　陈炫炫
专　利　权　人　宁波燎原工业股份有限公司
专　利　号　200430114896.3
申　请　日　2004年12月16日
授权公告日　2005年7月27日
合议组组长　李　隽
主　审　员　解　静
参　审　员　王　婧
附　图　2页

法律依据　专利法第23条
决定要点
如果在先设计与被比设计的差别明显，且该差别对于产品的整体视觉效果具有显著影响，则根据整体观察、综合判断的原则，在先设计与被比设计不相同也不相近似。

一、案由

本无效宣告请求涉及国家知识产权局于2005年7月27日授权公告的200430114896.3号外观设计专利，使用该外观设计的产品名称为“道路灯灯头（和平鸽）”，申请日为2004年12月16日，专利权人原为宁波燎原灯具股份有限公司，后因法人名称变更而变更为宁波燎原工业股份有限公司。

针对上述外观设计专利权（下称本专利），陈炫炫（下称请求人）于2008年12月30日向国家知识产权局专利复审委员会提出无效宣告请求，其无效宣告理由为：本专利不符合专利法第23条的规定。

请求人在提出无效请求的同时提交了如下证据：

证据1：专利号为200330106797.6、申请日为2003年10月10日、授权公告日为2004年4月14日、名称为“高压钠灯路灯（HYDD-31）”的外观设计专利。

请求人认为：被请求无效的专利涉及一种路灯，其整体近似收拢翅膀的“和平鸽”，灯头部位突出的部分与“和平鸽”的头部相似，最前端略微下钩的部位与老鹰的嘴部相似。灯体两侧对称分布着类似于“和平鸽”收缩的双翼的突出部位。灯具的背部有一条类似于“和平鸽”脊梁的突出线。证据1公开了一种路灯，其整体设计近似收拢翅膀的鸽子，灯头部位与被请求无效的专利存在细微的差别，而且与被请求无效的专利中的产品属于相同的产品，路灯的构造和设计也相同。在整体观察，综合判断的原则下，可以得出两者整体视觉效果极其相似的结论。因此，本专利不符合专利法第23条的规定。

经形式审查合格，专利复审委员会受理了上述无效宣告请求，并于2009年1月22日向双方当事人发出了无效宣告请求受理通知书，并将请求人的无效宣告请求书及附件副本转送给专利权人，要求其在指定期限内答复。

专利权人在指定期限内未答复。

专利复审委员会依法成立合议组对上述无效宣告请求进行审查，并于2009年6月19日分别向双方当事人发出口头审理通知书，定于2009年7月13日对本案进行口头审理。

口头审理如期举行，专利权人和请求人均出席了口头审理。在口头审理过程中，合议组就本案的无效宣告请求的理由和证据进行调查，并充分听取了当事人的意见，在口头审理中：

（1）专利权人和请求人对对方出庭人员的身份无异议，对合议组成员未提出回避请求；

（2）请求人明确其无效宣告请求理由是本专利相对于证据1不符合专利法第23条的规定。专利权人对证据1的真实性、公开日期没有异议；

（3）双方当事人对本专利与证据1是否相近似充分发表了意见。

至此，合议组认为本案事实已经清楚，可以依法作出审查决定。

二、决定的理由

1. 证据的认定

请求人提交的证据1是专利号为200330106797.6、名称为“高压钠灯路灯（HYDD-31）”的外观设计专利授权公告复印件，专利权人对其真实性无异议，经核实，合议组对其真实性予以认可。该外观设计专利的授权公告日为2004年4月14日，早于本专利的申请日，因而该外观设计可作为评价本专利是否符合专利法第23条规定的在先设计（下称在先设计）。

2. 关于专利法第23条

专利法第23条规定：“授予专利权的外观设计，应当同申请日以前在国内外出版物上公开发表过或者国内公开使用过的外观设计不相同和不相近似，并不得与他人在先取得的合法权利相冲突。”

本专利与在先设计都是路灯的外观设计，其产品用途完全相同，因此两者属于同一类别的产品外观设计，根据审查指南第四部分第五章第6节的规定，可以进行外观设计相近似的比较。

本专利包括主视图、俯视图、仰视图、左视图、右视图、立体图，省略后视图，从主视图、俯视图和立体图可以看出，该道路灯灯头的整体形状类似于一只收拢翅膀的鸽子，主要包括一个呈流线形、类似于鸽子脊背和头部的部分，以及一对呈流线形、左右对称、类似于收拢的鸽子翅膀的部分，从右视图和主视图可以看出，其头部前端略微下钩、类似于鸽嘴（详见本专利附图）。

在先设计包括主视图、俯视图、仰视图、左视图、右视图、立体图，省略后视图，从立体图、主视图、左视图和右视图可以看出，该路灯主要包括一个向上突起的背部以及一对左右对称、向下收拢的两翼，其背部具有两条突出的脊线，两翼类似于叶子状（详见在先设计附图）。

将本专利与在先设计相比可知，两者的相同点在于，均为具有背部和两翼的路灯灯头，其不同点在于：（1）本专利的背部呈流线形、类似于鸽子脊背，没有突出的脊线，在先设计的背部有两条突出的脊线，也与鸽子脊背不相类似；（2）本专利具有一对类似于收拢的鸽子翅膀的两翼；而在先设计的两翼类似于两片叶子，其并未完全收拢，导致在先设计的尾部形状与本专利的尾部区别明显；(3) 本专利的整体形状类似于一只收拢翅膀的鸽子，而在先设计与鸽子形状不相类似。对此，合议组认为，鸽子状象形是本专利的设计要点，在先设计与本专利在整体外形上差别较大，上述差别对于路灯产品的整体视觉效果具有显著影响，给一般消费者留下了二者不相近似的视觉印象。因此，根据整体观察、综合判断的原则，本专利与在先设计不相同也不相近似。

综上所述，请求人提交的证据不能证明本专利不符合专利法第 23 条的规定。

三、决定

维持 200430114896.3 号外观设计专利权有效。

当事人对本决定不服的，可以根据专利法第 46 条第 2 款的规定，自收到本决定之日起三个月内向北京市第一中级人民法院起诉。根据该款的规定，一方当事人起诉后，另一方当事人作为第三人参加诉讼。

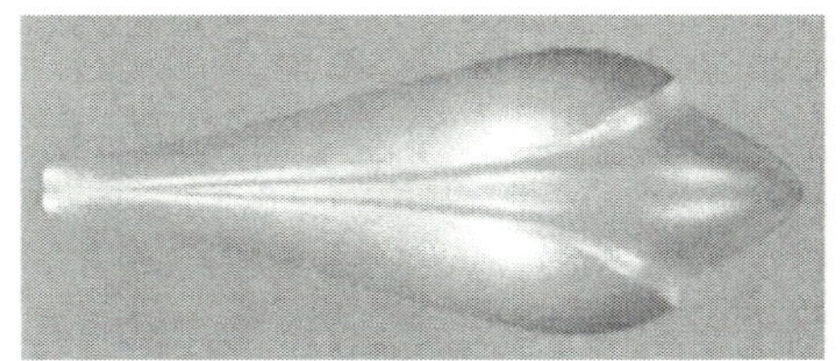

俯视图 P1

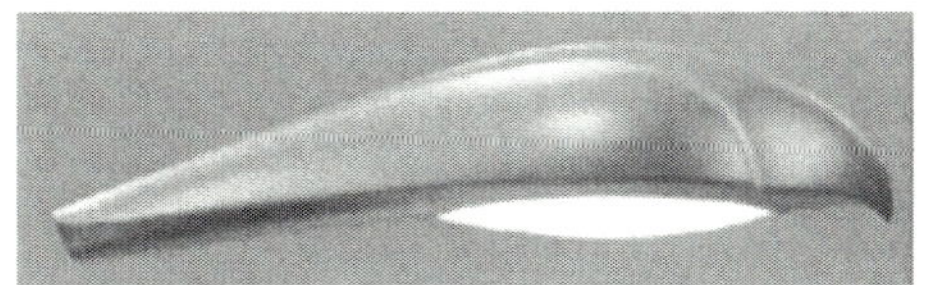

主视图 P1

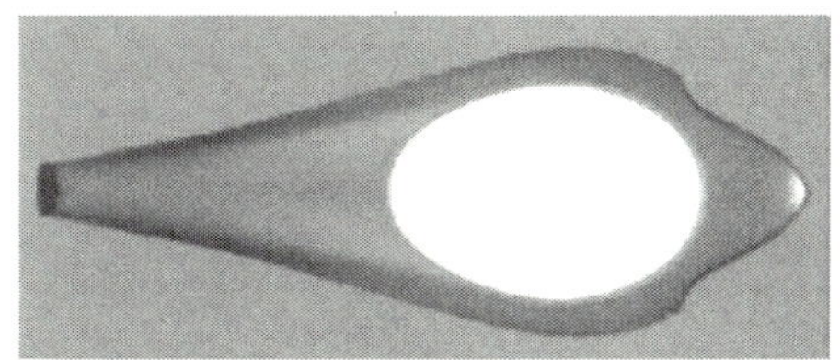

仰视图 P1

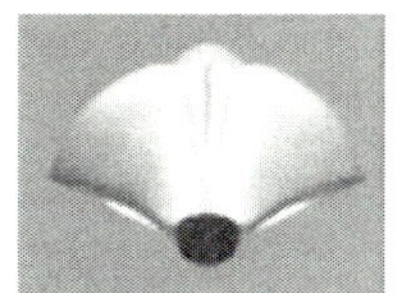

左视图 P1

右视图 P1

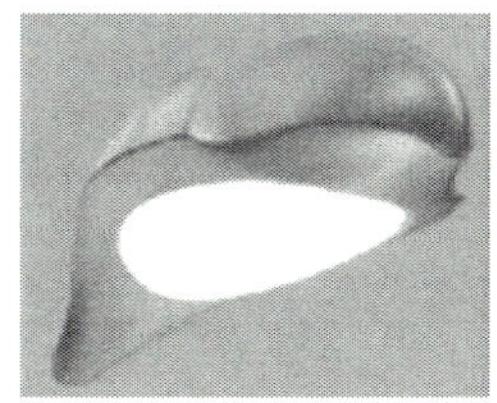

立体图 P1

本专利附图

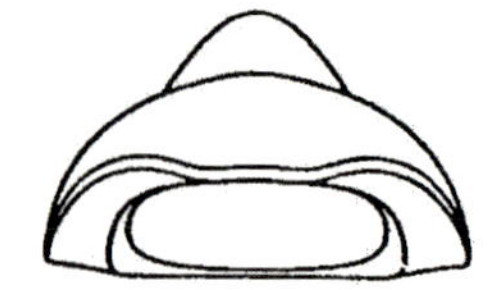
左视图

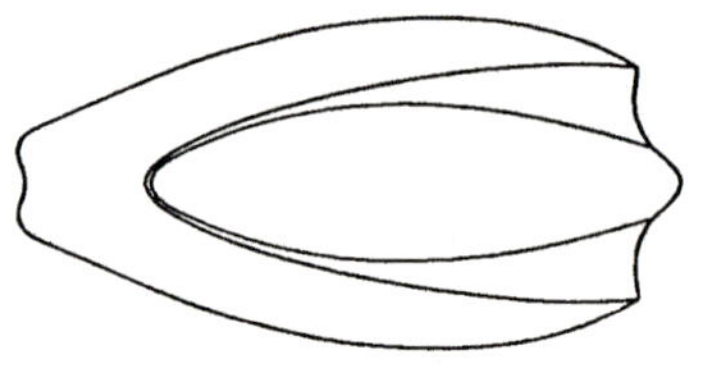
俯视图

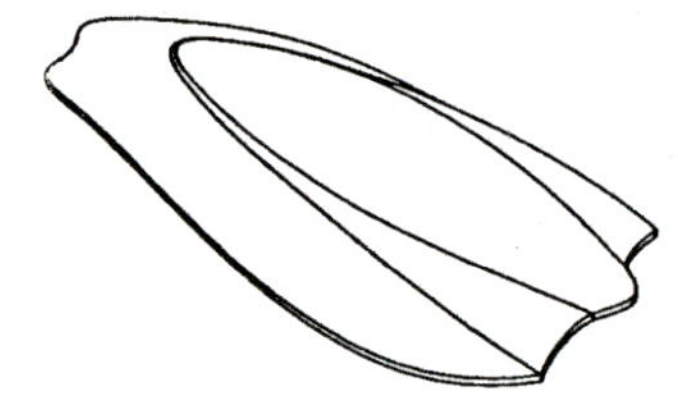
主视图

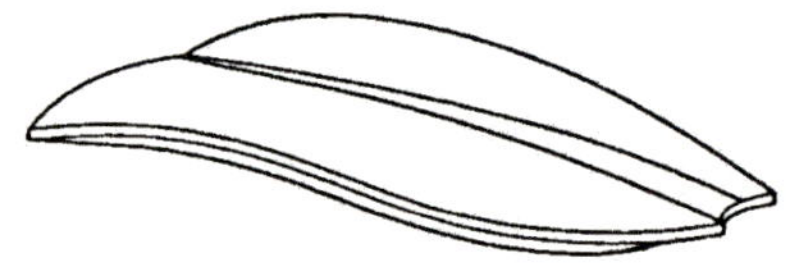
立体图

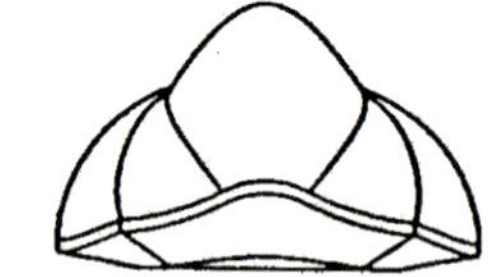
右视图

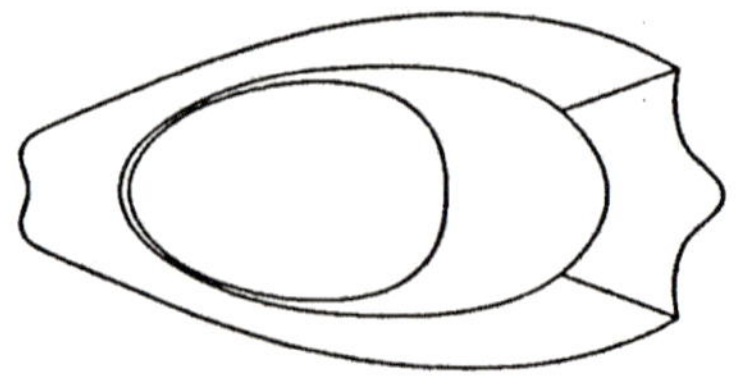
仰视图

在先设计附图

554

路灯（竹节状）

无效宣告请求审查决定（第14325号）

决 定 号 第14325号
决 定 日 2009年12月16日
发明创造名称 路灯（竹节状）
国 际 分 类 号 26-03
无效宣告请求人 陈炫炫
专 利 权 人 宁波燎原工业股份有限公司
专 利 号 200530003340.1
申 请 日 2005年3月8日
授 权 公 告 日 2005年10月26日
合 议 组 组 长 李 隽
主 审 员 解 静
参 审 员 王 婧
附 图 2页

法 律 依 据 专利法第9条
决 定 要 点

专利法第9条所述的"同样的发明创造"，对于外观设计而言，是指外观设计相同或者相近似。

如果在先申请的外观设计与本专利的差别明显，且该差别对于产品的整体视觉效果具有显著影响，则该在先申请与本专利不相同也不相近似，因而不属于"同样的发明创造"。

一、案由

本无效宣告请求涉及国家知识产权局于2005年10月26日授权公告的200530003340.1号外观设计专利，使用该外观设计的产品名称为"路灯（竹节状）"，申请日为2005年3月8日，专利权人为宁波燎原工业股份有限公司。

针对上述外观设计专利权（下称本专利），陈炫炫（下称请求人）于2008年12月30日向国家知识产权局专利复审委员会提出无效宣告请求，其无效宣告理由为：本专利不符合专利法第23条的规定。

请求人在提出无效请求的同时提交了如下证据：

证据1：专利号为200430069387.3、申请日为2004年8月20日、授权公告日为2005年5月18日、名称为"路灯头"的外观设计专利。

请求人认为：被请求无效的专利涉及一种路灯，其设计包括灯罩部分和竹节状的后部相结合的路灯灯具。证据1中公开了一种路灯，与被请求无效的专利中的产品属于相同的产品。而且，路灯的构造和设计也相同。在整体观察、综合判断的原则下，可以得出证据1所显示的产品的设计与被请求无效专利中保护的产品的设计在整体视觉效果属于极其相同的外观设计。因此，被请求无效专利和证据1中公开的专利极易导致一般消费者的误认和混同，不符合专利法第23条的规定。

经形式审查合格，专利复审委员会受理了上述无效宣告请求，并于2009年1月22日将请求人的无效宣告请求书及附件副本转送给专利权人，要求其在指定期限内答复。

专利权人在指定期限内未答复。

专利复审委员会依法成立合议组对上述无效宣告请求进行审查，并于2009年6月19日分别向双方当事人发出口头审理通知书，定于2009年7月13日对本案进行口头审理。

2009年7月13日，口头审理如期举行，专利权人和请求人均出席了口头审理。双方当事人对对方出庭人员资格无异议，对合议组成员无回避请求。在口头审理过程中，请求人明确其无效宣告请求理由是本专利相对于证据1不符合专利法第23条的规定，专利权人辩称，本专利的申请日为2005年3月8日，证据1的公开日为2005年5月18日，在本专利的申请日之后、公开日之前，不应适用专利法第23条。合议组根据审查指南的相关规定，当庭向双方当事人释明专利法第23条与专利法第9条的法律含义。请求人遂将无效宣告请求的理由变更为本专利相对于证据1不符合专利法第9条的规定，双方当事人对此表示认可。请求人认为，证据1后面的尾部也是一节一节，中间为椭圆，整体形状与本专利差不多。专利权人认为，本专利的头部是非常尖的形状，证据1的头部实际不是尖的，从正前方看是圆的、斜向上翘，尾部是螺纹状，整体上是海螺灯的形状，所以与本专利不相同也不相近似。

至此，合议组认为本案事实已经清楚，可以依法作出审查决定。

二、决定的理由

1. 关于证据

请求人提交的证据1是专利号为200430069387.3、名称为“路灯头”的外观设计专利授权公告复印件，专利权人对其真实性无异议，经核实，合议组对其真实性予以认可。该外观设计专利的授权公告日为2005年5月18日，而本专利的申请日为2005年3月8日、授权公告日为2005年10月26日，因而证据1的公开日在本专利的申请日之前、公开日之后，且二者均为涉及路灯灯头的外观设计，因此，证据1可以适用专利法第9条的规定与本专利进行相同相近似的对比。

2. 关于专利法第9条

专利法第9条规定：“两个以上的申请人分别就同样的发明创造申请专利的，专利权授予最先申请的人。”

审查指南第四部分第八章规定，专利法第9条所述的“同样的发明创造”，对于外观设计而言，是指外观设计相同或者相近似。

本专利所示的名称为“路灯（竹节状）”的外观设计包括主视图、俯视图、仰视图、左视图、右视图，省略后视图，从主视图可以看出，其包括呈竹笋笋尖状的流线型圆锥体灯头，以及逐渐变细的竹节状灯尾（详见本专利附图）。

证据1所示的名称为“路灯头”的外观设计包括主视图、俯视图、仰视图、左视图、右视图、立体图，省略后视图，从立体图和主视图可以看出，其包括呈甲壳虫壳状的灯头，以及呈半个海螺状的具有螺纹的灯尾（详见证据1附图）。

由上可知，两者的相同点在于，均为具有一个头部和尾部的路灯灯头，其不同点在于：（1）本专利的灯头呈流线型圆锥体状、中心对称、类似于竹笋笋尖的形状，而证据 1 的灯头则类似于甲壳虫壳，其并非中心对称的；（2）本专利的灯尾是逐渐变细的竹节状的，而证据 1 的灯尾则是半个海螺状的。由此可见，证据 1 的路灯头的整体外形与本专利差别较大，该差别对于路灯产品的整体视觉效果具有显著影响，给一般消费者留下了二者既不相同也不相近似的视觉印象。因此，本专利与证据 1 不相同也不相近似。

综上所述，由于本专利与证据 1 不属于相同或者相近似的外观设计，因而不属于专利法第 9 条所述的“同样的发明创造”，故请求人提交的证据不能证明本专利不符合专利法第 9 条的规定。

三、决定

维持 200530003340.1 号外观设计专利权有效。

当事人对本决定不服的，可以根据专利法第 46 条第 2 款的规定，自收到本决定之日起三个月内向北京市第一中级人民法院起诉。根据该款的规定，一方当事人起诉后，另一方当事人作为第三人参加诉讼。

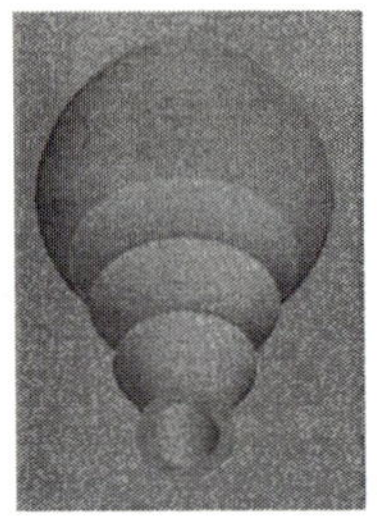

左视图 P2

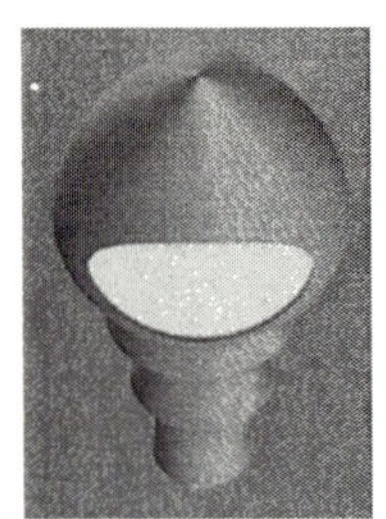

右视图 P3

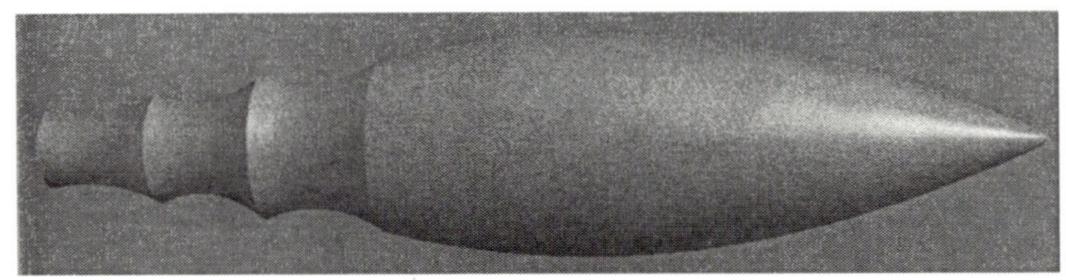

俯视图 P1

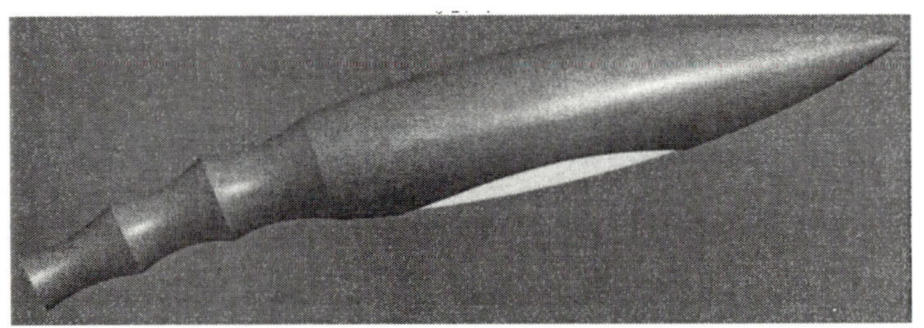

主视图 P1

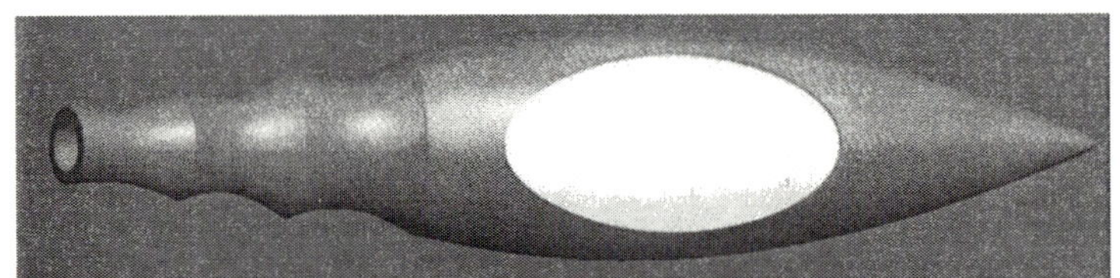

仰视图 P2

本专利附图

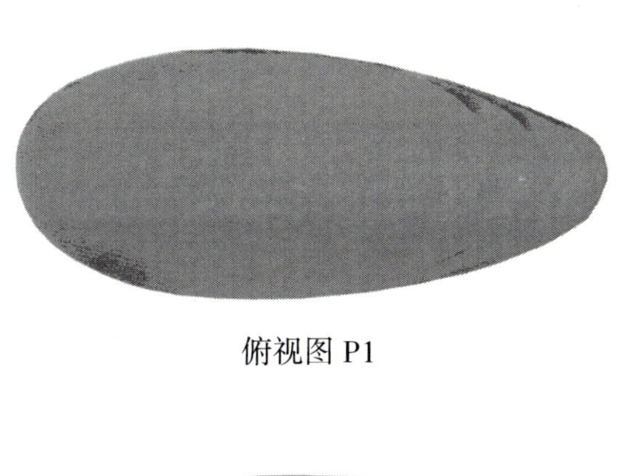
俯视图 P1

立体图

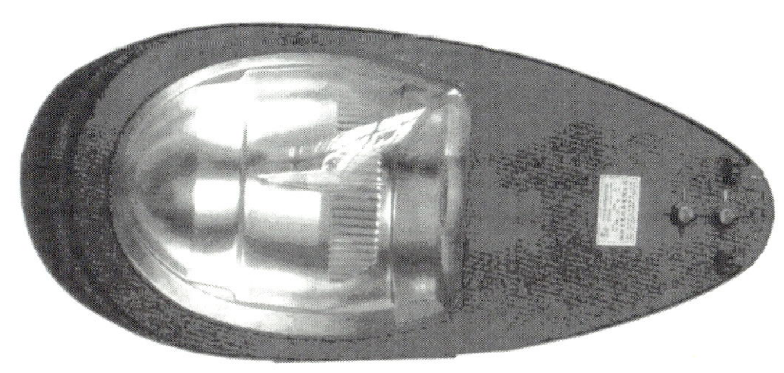
仰视图

右视图

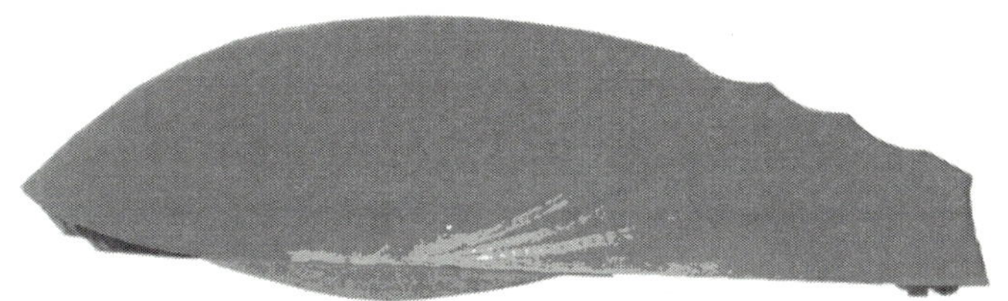
主视图

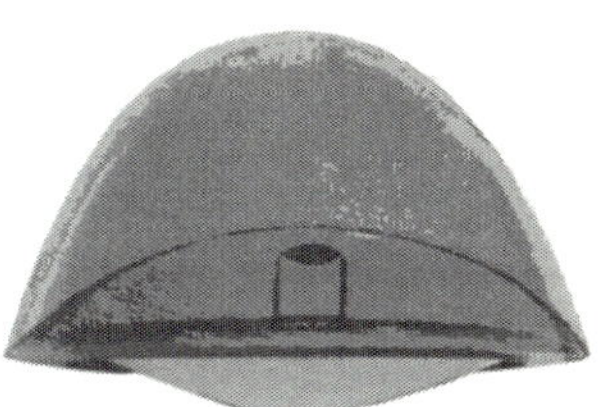
左视图

在先设计附图

555

双光源灯具（1）

无效宣告请求审查决定（第14327号）

决　　定　　号　第14327号
决　　定　　日　2009年12月7日
发明创造名称　双光源灯具（1）
外观设计分类号　26-03
无效宣告请求人　陈炫炫，扬州市龙马照明工程有限公司
专　利　权　人　宁波燎原工业股份有限公司
专　　利　　号　03353785.2
申　　请　　日　2003年7月4日
授 权 公 告 日　2003年12月24日
合 议 组 组 长　朱明雅
主　　审　　员　齐宏涛
参　　审　　员　曹铭书
附　　　　　图　3页

法　律　依　据　专利法第23条
决　定　要　点

尽管明显差别位于路灯顶部，但对于路灯产品的一般消费者来说，该明显差别可以观察到，且仍可吸引其注意力，从而对整体视觉效果产生显著影响。

一、案由

本无效宣告请求涉及中华人民共和国国家知识产权局于2003年12月24日授权公告的、名称为“双光源灯具（1）”的外观设计专利权（下称本专利），其专利号是03353785.2，申请日是2003年7月4日，授权时专利权人名称为宁波燎原灯具股份有限公司，后于2006年10月11日变更为宁波燎原工业股份有限公司。

针对本专利权，陈炫炫（下称第一请求人）于2008年12月30日向专利复审委员会提出无效宣告请求，认为本专利不符合专利法第23条的规定，请求人同时提交了如下附件作为证据：

附件1：国家知识产权局网站上公布的授权公告日为2003年2月19日，专利号为02315629.5的外观设计专利著录项目和图片，打印件共1页。

第一请求人认为：本专利涉及一种路灯，整体呈不规则长方形，头部呈椭圆形，尾部呈弧线形内曲，灯具头部较尾部宽。附件1也公开了一种路灯，与本专利中的产品属于相同的产品。而且，路灯

的构造和设计也相同。在整体观察、综合判断的原则下，两者在整体视觉效果属于极其相同的外观设计。因此，本专利不符合专利法第23条的规定，请求宣告其无效。

经形式审查合格，专利复审委员会依法受理了上述无效宣告请求，并于2009年1月20日向第一请求人和专利权人发出无效宣告请求受理通知书，同时将专利权无效宣告请求书及其附件清单中所列附件的副本转送给专利权人，并要求专利权人在指定的期限内陈述意见。

针对本专利权，扬州市龙马照明工程有限公司（下称第二请求人）于2009年2月20日向专利复审委员会提出无效宣告请求，认为本专利不符合专利法第23条和专利法实施细则第13条第1款的规定，第二请求人同时提交了如下附件作为证据：

证据1：国家知识产权局网站上公布的授权公告日为1998年10月28日，专利号为97310819.3的外观设计专利著录项目和图片，打印件共1页；

证据2：国家知识产权局网站上公布的授权公告日为2004年4月21日，名称为“双光源灯具（2）”，专利权人为宁波燎原灯具股份有限公司，其申请日为2003年7月4日，专利号为03353784.4的外观设计专利著录项目和图片，打印件共1页。

第二请求人认为，证据1的公告授权日为1998年10月28日，早于本专利的申请日之前，两者所示的左视图、右视图、仰视图和俯视图的整体轮廓相近似，仰视图所反映的产品对于路上行人的视觉效果来看的产品外形也是极为近似的，主视图和后视图所反映的区别也仅仅在局部，而且这个区别无论是所处的位置还是对整体视觉的影响都是不为一般消费者所注意的，两者属于相近似的专利，本专利不符合专利法第23条的规定。证据2的申请日为2003年7月4日，与本专利相同，将两者相比，可以清楚的发现除俯视图和左视图有细微差别外，其他视图是完全相同的，对于一般消费者而言是极为相近似的，两者为同样的发明创造，本专利的授权也不符合专利法实施细则第13条第1款的规定。综上，请求宣告本专利无效。

经形式审查合格，专利复审委员会依法受理了上述无效宣告请求，并于2009年3月18日向第二请求人和专利权人发出无效宣告请求受理通知书，同时将专利权无效宣告请求书及其附件清单中所列附件的副本转送给专利权人，并要求专利权人在指定的期限内陈述意见。

专利复审委员会依法成立合议组，对上述两案进行合并审理。合议组于2009年6月19日向各方当事人发出无效宣告请求口头审理通知书，定于2009年7月13日举行口头审理。

口头审理如期举行，各方当事人均派出代理人参加了口头审理。

在口头审理中：

（1）专利权人当庭表示将放弃证据2所述的专利权，并将于庭后提交书面声明。在此基础上，第二请求人放弃证据2作为证据及专利法实施细则第13条第1款的无效理由。

（2）第一请求人明确其无效宣告理由为，本专利相对于附件1不符合专利法第23条的规定。第二请求人明确其无效宣告理由为，本专利相对于证据1不符合专利法第23条的规定。专利权人对附件1、证据1的真实性和公开日期均没有异议。

（3）各方当事人分别就本专利与附件1、证据1是否相近似充分发表了意见，并表示没有其他意见需要补充。

2009年7月27日专利权人向专利复审委员会提交了意见陈述，主张其已经于2009年7月22日向国家知识产权局提出放弃证据2专利权的声明。同时，专利权人还提交了上述声明的复印件。2009年7月28日专利权人再次向专利复审委员会提交了意见陈述，其内容与上次相同。经合议组核实，国家知识产权局已收到上述声明，经审查后准予其放弃，并于2009年9月23日予以公告。

至此，合议组认为本案事实已经清楚，可以作出审查决定。

二、决定的理由

1. 关于专利法实施细则第 13 条第 1 款

由于证据 2 的专利权已被放弃，而第二请求人明确表示，在此情形下放弃证据 2 作为证据及专利法实施细则第 13 条第 1 款的无效理由，因此合议组对该无效理由及证据 2 不再予以审查。

2. 证据的认定

证据 1 和附件 1 分别为国家知识产权局网站上公布的专利号为 97310819. 3 和 02315629. 5 外观设计专利的著录项目和图片的打印件，专利权人对其真实性没有异议，合议组经核实后对其真实性予以确认。同时，由于上述两项外观设计专利的公告日均早于本专利申请日，因此可作为评价本专利是否符合专利法第 23 条规定的在先设计。

3. 本专利是否符合专利法第 23 条的规定

本专利产品为一路灯，包括主视图、后视图、左视图、右视图、俯视图、仰视图和立体图。从各视图观察，该路灯主体横截面大致为矩形，自中部至尾部宽度逐渐变窄。路灯顶部沿其边缘有切削状凹陷，该凹陷在顶部中间偏后位置以光滑曲线闭合。路灯底部中前部有一尾部为光滑曲线的长条形凹槽，凹槽边缘的高度亦低于底部平面，凹槽中为光源，光源向下突出凹槽边缘，与尾部底面基本持平，光源头部有一档罩，中间有一横档，横档两侧光源面积大体相当。路灯一侧面还有连接顶部和底部的两个连接条（见本专利附图）。

附件 1 产品为一路灯灯具，包括主视图、俯视图、仰视图、左视图和右视图，省略后视图。从各视图观察，该路灯灯具头部为椭圆形，中部宽度最大，自中部至尾部宽度逐渐变窄。路灯灯具顶部为中间突出的圆滑弧面，顶部与底部交界处为深色线条。路灯灯具底部基本为水平面，该水平底面中前部有一近似椭圆形的凹槽，凹槽中为光源，光源向下突出底面。路灯头部和尾部还分别有两处缺口（见附件 1 附图）。

证据 1 产品为一照明装置，包括主视图、仰视图、俯视图、左视图、右视图和后视图。从各视图观察，该照明装置横截面大体为矩形，尾部为近似梯形。该照明装置顶部中后部向上突起，该突起与各边缘之间的斜面均为平面。该照明装置底部中前部基本为水平面，该水平面部分有一矩形的凹槽，凹槽表面为一矩形透明盖，内为一近似椭圆形的灯泡，底部后部为向上倾斜平面（见证据 1 附图）。

将本专利与附件 1 相比，两者的差别主要体现在：（1）本专利整体上线条复杂、棱角分明，而附件 1 整体上线条简单、圆润光滑；（2）本专利顶部沿其边缘有切削状凹陷，而附件 1 顶部为一个中间突出的圆滑弧面；（3）本专利底部凹槽边缘高度低于底部平面，光源突出该凹槽边缘，但仍与尾部底面基本持平，而附件 1 的底部基本为水平面，光源向下突出底面；（4）本专利的光源被横档一分为二，而附件 1 的光源为一整体。

将本专利与证据 1 相比，两者的差别主要体现在：（1）本专利整体形状较之证据 1 更为狭长；（2）本专利顶部沿其边缘有切削状凹陷，而证据 1 顶部为一突起，该突起与各边缘之间的斜面均为平面；（3）本专利底部凹槽呈尾部为光滑曲线的细长条形，而证据 1 的底部凹槽为一矩形；（4）本专利的光源被横档一分为二，而证据 1 的矩形透明盖为一整体，且其中灯泡从外部可见。

由上述对比可知，无论是证据 1 还是附件 1，其整体形状和主要组成部分的具体设计均与本专利明显不同，其差异足以对整体外观设计产生显著的视觉影响，因此本专利与附件 1 或证据 1 相比均属于不相同也不相近似的外观设计。

第二请求人在口头审理中主张：路灯的一般消费者应为行人，在此基础上，本专利与证据 1 的细微差别不具有显著的影响。对此，合议组认为：首先，即便认为路灯类产品的一般消费者为行人，但本专利与证据 1 的差别有四点，除第二点主要位于产品顶部外，其余三点均处于行人能够容易观察到的路灯底部等部位，不考虑第二点差别的情况下，两者仍属不相近似的外观设计；其次，第二点差别虽然主要位于路灯顶部，但位于路灯侧下方位置的行人施加一般注意力亦可观察到其明显不同，因此，其区别点仍对整体视觉效果具有显著影响。综上，第二请求人的主张缺少事实及法律依据，合议组不予支持。

根据上述事实和理由，作出如下决定。

三、决定

维持 03353785. 2 号外观设计专利权有效。

当事人对本决定不服的，可以根据专利法第 46 条第 2 款的规定，自收到本决定之日起三个月内向北京市第一中级人民法院起诉。根据该款的规定，一方当事人起诉后，另一方当事人作为第三人参加诉讼。

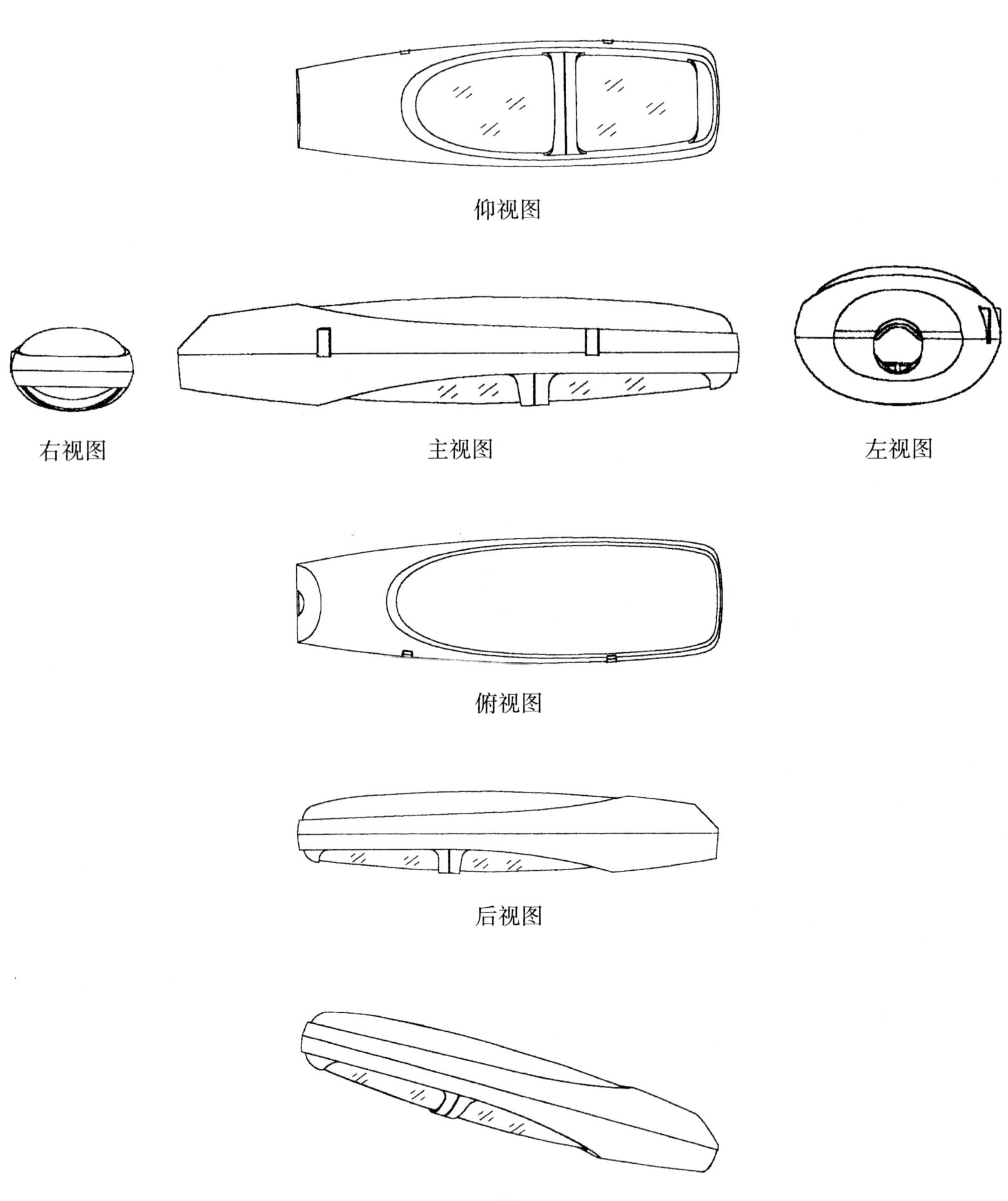

本专利附图

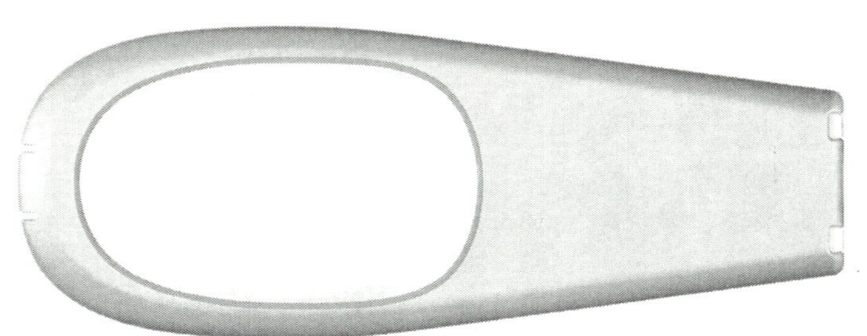

仰视图

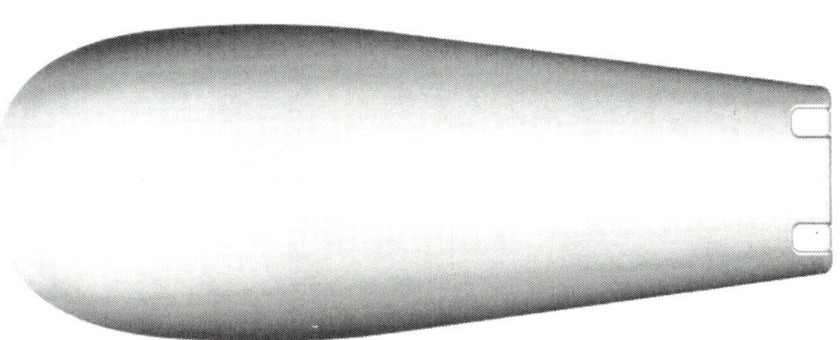

俯视图

主视图

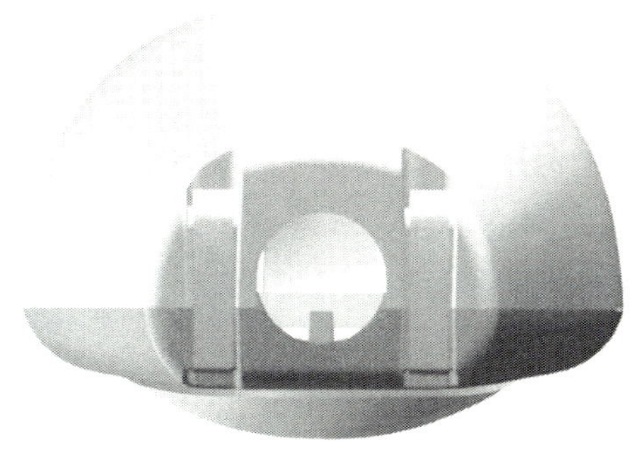

右视图

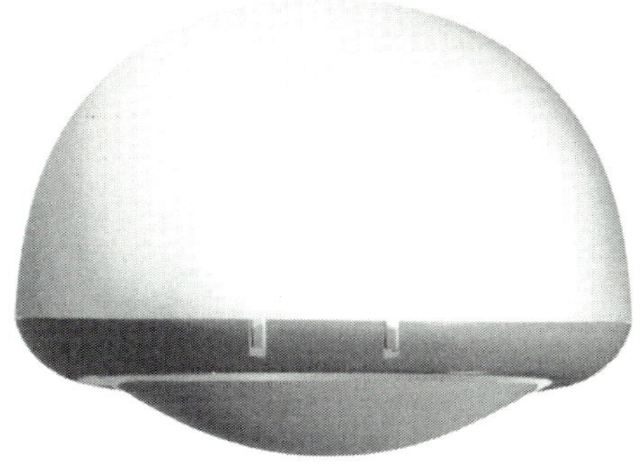

左视图

附件 1 附图

俯视图

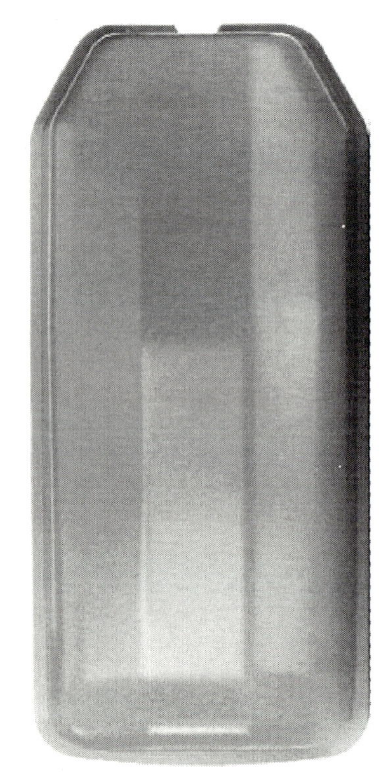

仰视图

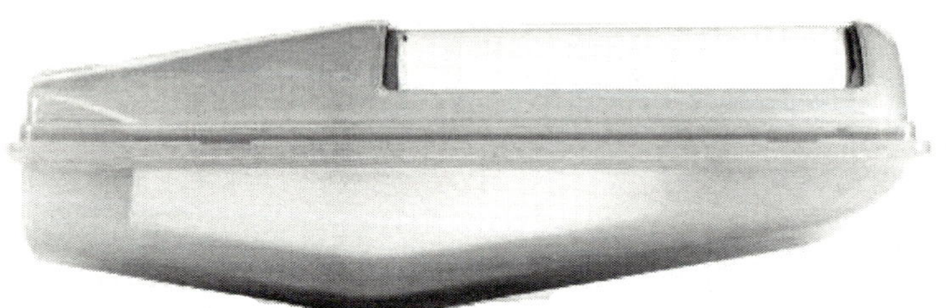

右视图

后视图

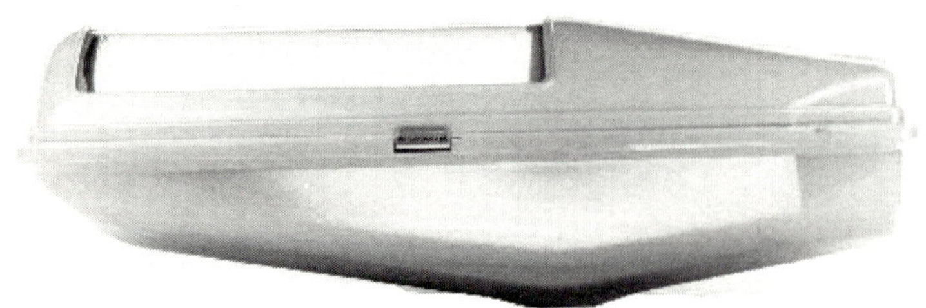

左视图

主视图

证据 1 附图

556

衣柜（E-7#）

无效宣告请求审查决定（第14339号）

决　　定　　号　第14339号
决　　定　　日　2009年12月21日
发明创造名称　衣柜（E-7#）
外观设计分类号　06-04
无效宣告请求人　成都市德易居家具厂
专　利　权　人　付咏梅
专　　利　　号　200730095038.2
申　　请　　日　2007年7月23日
授 权 公 告 日　2008年6月25日
合 议 组 组 长　李巍巍
主　　审　　员　高　亮
参　　审　　员　张　霞
附　　　　　图　2页

法　律　依　据　专利法第9条，专利法实施细则第13条第1款
决　定　要　点

请求人提交的在先设计与本专利相比较差别明显，足以对其整体外观设计产生显著的视觉影响，因此本专利相对于在先设计属于不相同且不相近似的外观设计。

一、案由

本无效宣告请求涉及国家知识产权局于2008年6月25日授权公告的200730095038.2号外观设计专利（下称本专利），该外观设计的产品名称为“衣柜（E-7#）”，申请日是2007年7月23日，专利权人是付咏梅。

针对上述专利权，成都市德易居家具厂（下称请求人）于2009年7月2日向专利复审委员会提出无效宣告请求，理由是本专利不符合专利法第9条、专利法实施细则第13条第1款的规定，并提交如下附件作为证据：

附件1：第200730093070.7号外观设计专利公报复印件1页，其申请日为2007年5月31日，授权公告日为2008年3月12日，专利权人是廖甫江；

附件2：本专利的外观设计专利公报复印件1页。

请求人在无效宣告请求书中认为：本专利与附件1属于相近似的外观设计，附件1的外观设计申

请早于本专利的申请日，授权公告日在本专利申请日之后。通过具体对比可知本专利与附件 1 的衣柜整体形状近似，其区别在于：（1）本专利的衣柜有一近似长方形的装饰带，附件 1 没有；（2）本专利衣柜的弧形装饰带中间上方有一椭圆图形，附件 1 的弧形装饰带中间有一椭圆图形。请求人认为上述区别属于局部或细微的变化，不足以对二者相近似的整体形状形成的整体视觉效果产生显著影响。因此，本专利与附件 1 相近似，不符合专利法第 9 条、专利法实施细则第 13 条第 1 款的规定，应予宣告无效。

经形式审查合格，专利复审委员会受理了该无效宣告请求，并于 2009 年 7 月 3 日向双方当事人发出无效宣告请求受理通知书，并将无效宣告请求书及其附件的副本转送给专利权人，要求其在指定期限内陈述意见。

专利权人逾期未答复。

2009 年 8 月 2 日，请求人补充提交了意见陈述书和如下附件（编号续前）：

附件 3：第 200730094484.1 号外观设计专利公报网络打印件 1 页，其专利权人为张友全，申请日为 2007 年 6 月 29 日，授权公告日为 2008 年 10 月 29 日。

在意见陈述书中，请求人认为：附件 3 的外观设计申请日早于本专利的申请日，授权公告日在本专利申请日之后，本专利与附件 3 的衣柜整体形状近似，二者的区别在于：本专利的衣柜有一近似长方形的装饰带，附件 3 没有。请求人认为上述区别属于局部细微的变化，不足以对二者相近似的整体形状形成的整体视觉效果产生显著影响。因此，本专利与附件 3 相近似，不符合专利法第 9 条、专利法实施细则第 13 条第 1 款的规定。

专利复审委员会于 2009 年 9 月 21 日将请求人 2009 年 8 月 2 日提交的意见陈述书及其附件的副本转送给专利权人，并于 2009 年 9 月 24 日向双方当事人发出了口头审理通知书，定于 2009 年 10 月 22 日对本案进行口头审理。

口头审理如期进行，双方当事人均出席了口头审理，双方当事人对对方当事人出席口头审理人员的身份和资格无异议，双方当事人对合议组成员无回避请求。在口头审理过程中，（1）请求人放弃附件 1，明确无效宣告理由为本专利与附件 3 相近似，不符合专利法第 9 条以及实施细则第 13 条的规定；（2）专利权人认为附件 3 是网络打印件，对其真实性以及公开时间有异议；（3）对于本专利和附件 3 的对比，请求人认为它们门板上是否有一近似长方形的装饰带存在不同，但从整体观察，本专利和附件 3 相近似；（3）对于本专利和附件 3 的对比，专利权人认为本专利为 3 门设计而附件 3 为 5 门设计，本专利上部、下部和左右两段的装饰线构成一个封闭设计而附件 3 无此设计，本专利左右装饰线条有向外凸出的装饰圆点而附件 3 无此设计。

专利权人于 2009 年 10 月 26 日提交了意见陈述书，但未提出口头审理时意见陈述之外的新理由。

在双方当事人意见陈述及口头审理的基础上，合议组经合议，认为本案事实清楚，依法作出本审查决定。

二、决定的理由

1. 适用法律

基于请求人提出的无效宣告请求理由和证据，合议组依专利法第 9 条和专利法实施细则第 13 条第 1 款的规定进行审查。

专利法第 9 条规定："两个以上的申请人分别就同样的发明创造申请专利的，专利权授予最先申请的人。"

专利法实施细则第 13 条第 1 款规定："同样的发明创造只能被授予一项专利。"

同样的发明创造对于外观设计而言是指外观设计相同或相近似。

2. 证据认定

由于请求人在口头审理时放弃附件 1，因此合议组不再对附件 1 进行审理。

请求人提交的附件 3 是国家知识产权局于 2008 年 10 月 29 日授权公告的、专利权人为张友全、专利号为 200730094484. 1、申请日为 2007 年 6 月 29 日、名称为“衣柜（82705）”的外观设计专利公报复印件，经合议组核实，该附件 3（下称在先设计）所示内容真实。该在先设计 1 的申请日早于本专利的申请日，与本专利专利权人不同，属于他人在本专利申请日前申请，在本专利申请日之后授权公告的外观设计专利，可适用专利法第 9 条的规定作为本案证据，也可适用专利法实施细则第 13 条第 1 款的规定作为本案证据。

在先设计所示产品与本专利用途相同，属于相同类别产品，可与本专利进行是否相同或相近似的比较。

3. 相近似比较

本专利公报包括衣柜的 6 面视图和使用状态参考图。如图所示，本专利为 3 门设计，衣柜顶部有横沿，横沿下方有横向装饰线，中门上部有弧线装饰线，弧线中部上方有近似半圆图案，中门下部有从左到右贯穿的直线装饰线，左右两门板上有半矩形装饰线，与中门上部的弧线、中门下部的直线构成封闭的装饰线，左右门板上的装饰线有向外凸出的圆形装饰点（详见本专利附图）。

在先设计包括衣柜的主视图、俯视图、左视图和立体图。如图所示，衣柜有 5 扇开门，衣柜顶部有横沿，横沿下方有横向装饰线，衣柜上部有弧线装饰线，中间开门弧线向下且其上方有近似圆形图案，两边门上的装饰线为向上弧形（详见在先设计附图）。

将本专利与在先设计比较，二者的外观设计均是衣柜，其主要不同点是：本专利为 3 门衣柜而在先设计为 5 门衣柜，本专利衣柜上部的弧线装饰线与左右两门板上的半矩形装饰线、中门下部的直线装饰线构成一个无缝图案而在先设计无此设计。合议组认为，从整体视觉观察，虽然本专利与在先设计均是衣柜，但二者开门数量设计和门板上装饰线设计均存在显著差别，上述差别对整体视觉效果具有显著的影响，因此二者属于不相同也不相近似的外观设计。

综上，合议组认为：鉴于本专利与在先设计 1 进行对比属于不相同且不相近似的外观设计，因此，本专利相对于在先设计 1 不属于同样的发明创造，即以在先设计 1 证明本专利不符合专利法第 9 条和专利法实施细则第 13 条第 1 款规定的无效宣告理由不能成立。

三、决定

维持 200730095038. 2 号外观设计专利权有效。

当事人对本决定不服的，可以根据专利法第 46 条第 2 款的规定，自收到本决定之日起三个月内向北京市第一中级人民法院起诉。根据该款的规定，一方当事人起诉后，另一方当事人作为第三人参加诉讼。

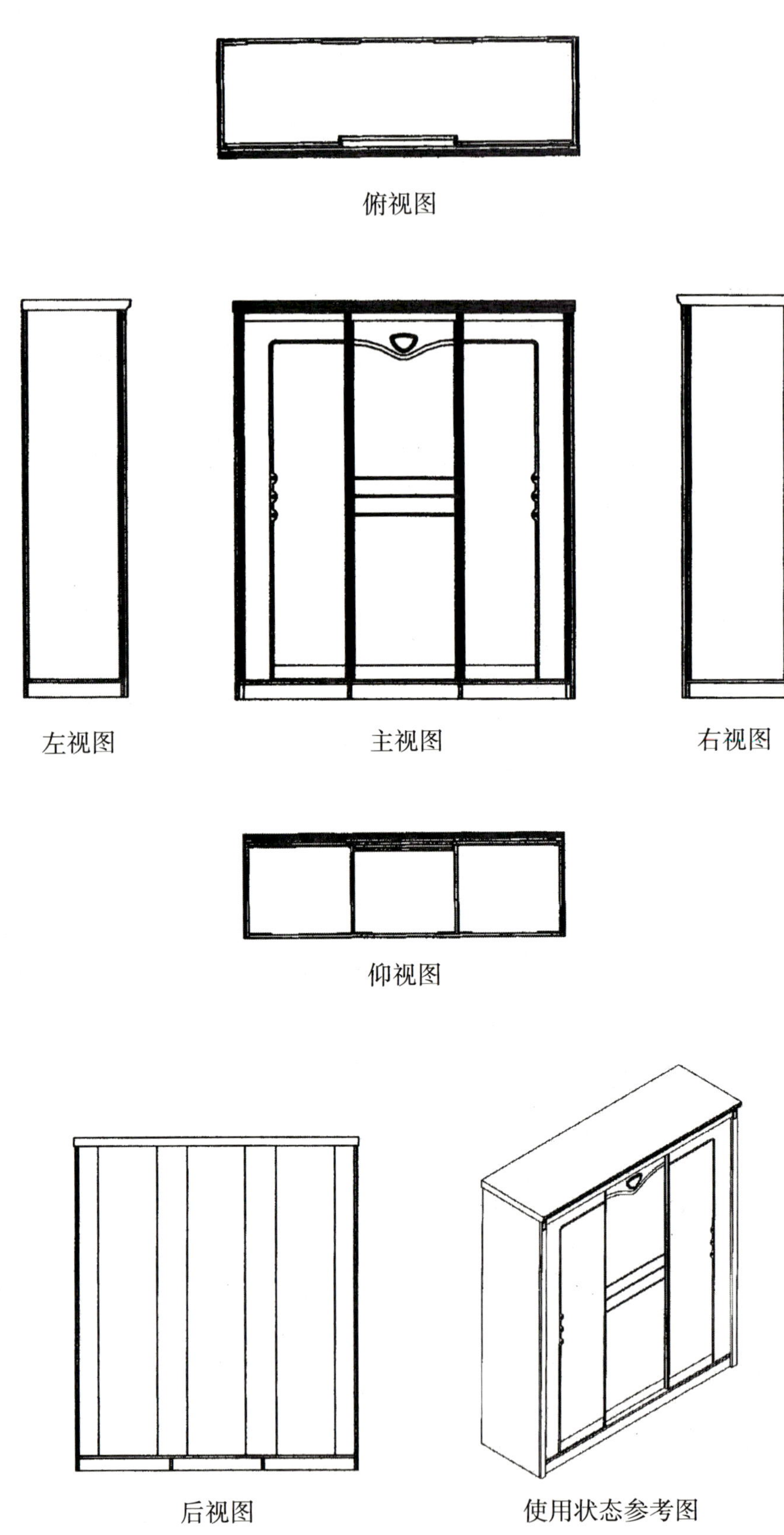

本专利附图

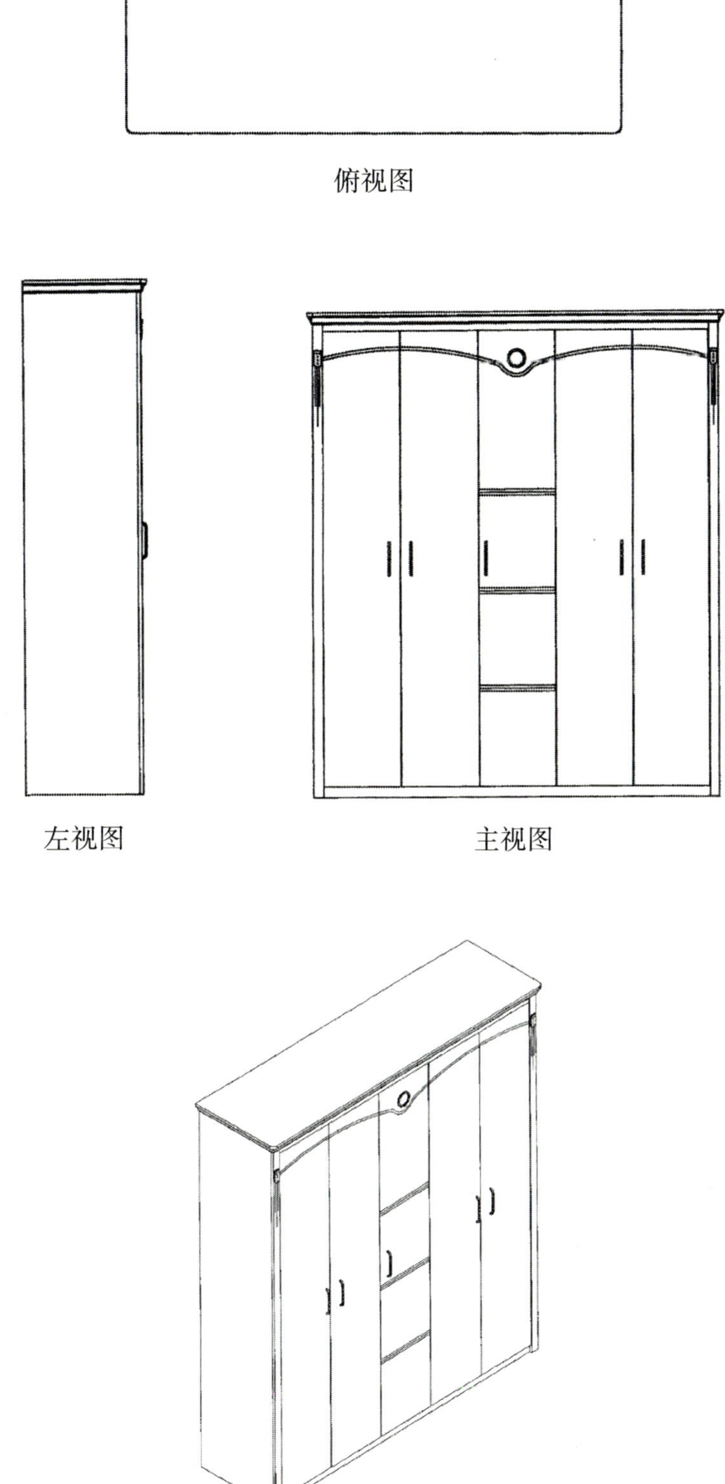

立体图

在先设计 1 附图

557

衣柜（E-5#）

无效宣告请求审查决定（第14340号）

决　　定　　号　第14340号
决　　定　　日　2009年12月21日
发明创造名称　衣柜（E-5#）
外观设计分类号　06-04
无效宣告请求人　成都市德易居家具厂
专　利　权　人　付咏梅
专　　利　　号　200730095042.9
申　　请　　日　2007年7月23日
授 权 公 告 日　2008年6月25日
合 议 组 组 长　李巍巍
主　　审　　员　高　亮
参　　审　　员　张　霞
附　　　　　图　4页

法　律　依　据　专利法第9条、第23条，专利法实施细则第13条第1款
决　定　要　点

请求人提交的在先设计与本专利相比较差别明显，足以对其整体外观设计产生显著的视觉影响，因此本专利相对于在先设计均属于不相同且不相近似的外观设计。

一、案由

本无效宣告请求涉及国家知识产权局于2008年6月25日授权公告的200730095042.9号外观设计专利（下称本专利），该外观设计的产品名称为“衣柜（E-5#）”，申请日是2007年7月23日，专利权人是付咏梅。

针对上述专利权，成都市德易居家具厂（下称请求人）于2009年7月2日向专利复审委员会提出无效宣告请求，理由是本专利不符合专利法第23条的规定，并提交如下附件作为证据：

附件1：第200430097421.8号外观设计专利公报复印件1页，其申请日为2004年11月4日，授权公告日为2005年6月29日；

附件2：本专利的外观设计专利公报复印件1页。

请求人在无效宣告请求书中认为：本专利与附件1属于相近似的外观设计，附件1为本专利申请日前公开的外观设计。通过具体对比可知本专利与附件1的衣柜整体形状近似，其区别在于：（1）

本专利的衣柜左右两扇门上有“门”形装饰条，附件1没有；（2）本专利的衣柜中间门的下方有两个抽屉，附件1的中间门的下方有三个抽屉。请求人认为上述区别属于局部或细微的变化，不足以对二者相近似的整体形状形成的整体视觉效果产生显著影响。因此，本专利与附件1相近似，不符合专利法第23条的规定，应予宣告无效。

经形式审查合格，专利复审委员会受理了该无效宣告请求，并于2009年7月3日向双方当事人发出无效宣告请求受理通知书，并将无效宣告请求书及其附件的副本转送给专利权人，要求其在指定期限内陈述意见。

专利权人逾期未答复。

2009年8月2日，请求人补充提交了意见陈述书和如下附件（编号续前）：

附件3：第200730094745.X号外观设计专利公报网络打印件1页，其专利权人为王用勋，申请日为2007年7月10日，授权公告日为2008年6月18日。

附件4：第200630072504.0号外观设计专利公报网络打印件1页，其专利权人为谢国庆，申请日为2006年9月5日，授权公告日为2007年8月15日。

在意见陈述书中，请求人认为：附件3的外观设计申请日早于本专利的申请日，授权公告日在本专利申请日之后，本专利与附件3的衣柜整体形状近似，二者的区别在于：（1）本专利的衣柜左右两扇门上有“门”形装饰条，附件3没有；（2）本专利的衣柜中间门的下方有两个抽屉，附件3中间门的下方有三个抽屉。请求人认为上述区别属于局部细微的变化，不足以对二者相近似的整体形状形成的整体视觉效果产生显著影响。因此，本专利与附件3相近似，不符合专利法第9条、专利法实施细则第13条第1款的规定。附件4的外观设计申请日早于本专利的申请日，授权公告日在本专利申请日之后，本专利与附件4的衣柜整体形状近似，二者的区别在于：（1）本专利的衣柜左右两扇门上有“门”形装饰条，附件4没有；（2）本专利的衣柜中间门的下方有两个抽屉，附件4中间门的下方有三个抽屉。请求人认为上述区别属于局部细微的变化，不足以对二者相近似的整体形状形成的整体视觉效果产生显著影响。因此，本专利与附件4相近似，不符合专利法第9条、专利法实施细则第13条第1款的规定。

专利复审委员会于2009年9月21日将请求人2009年8月2日提交的意见陈述书及其附件的副本转送给专利权人，并于2009年9月24日向双方当事人发出了口头审理通知书，定于2009年10月22日对本案进行口头审理。

口头审理如期进行，双方当事人均出席了口头审理，双方当事人对对方当事人出席口头审理人员的身份和资格无异议，双方当事人对合议组成员无回避请求。在口头审理过程中，（1）专利权人认为附件1、3、4均是网络打印件，对其真实性以及公开时间有异议；（2）对于本专利和附件1、3、4的对比，请求人认为它们左右门上的装饰条不同、中间门下方的抽屉数目不同，但从整体观察，本专利和附件1、3、4相近似；（3）对于本专利和附件1的对比，专利权人认为顶部设计不同、左右面板装饰线不同、下部抽屉数目不同、四周的装饰条不同；（4）对于本专利和附件3的对比，专利权人认为顶部设计不同、左右面板装饰线不同、下部抽屉数目不同、左右两边的装饰条不同；（5）对于本专利和附件4的对比，专利权人认为顶部设计不同、附件4左右的立柱与本专利不同、本专利左右面板装饰条与附件4不同、下部抽屉数目不同。

专利权人于2009年10月26日提交了意见陈述书，但未提出口头审理时意见陈述之外的新理由。

在双方当事人意见陈述及口头审理的基础上，合议组经合议，认为本案事实清楚，依法作出本审查决定。

二、决定的理由

1. 适用法律

基于请求人提出的无效宣告请求理由和证据，合议组依专利法第 23 条、专利法第 9 条和专利法实施细则第 13 条第 1 款的规定进行审查。

专利法第 23 条规定：“授予专利权的外观设计，应当同申请日以前在国内外出版物上公开发表过或者国内公开使用过的外观设计不相同和不相近似，并不得与他人在先取得的合法权利相冲突。”

专利法第 9 条规定：“两个以上的申请人分别就同样的发明创造申请专利的，专利权授予最先申请的人。”

专利法实施细则第 13 条第 1 款规定：“同样的发明创造只能被授予一项专利。”

同样的发明创造对于外观设计而言是指外观设计相同或相近似。

2. 证据认定

请求人提交的附件 1 是国家知识产权局于 2005 年 6 月 29 日日授权公告的、专利号为 200430097421.8、名称为“衣柜（1A07）”的外观设计专利公报网络打印件，经合议组核实，该附件 1（下称在先设计 1）内容真实。该在先设计 1 的授权公告日早于本专利的申请日，适用于专利法第 23 条的规定作为本案证据。

请求人提交的附件 3 是国家知识产权局于 2008 年 6 月 18 日授权公告的、专利权人为王用勋、专利号为 200730094745.X、申请日为 2007 年 7 月 10 日、名称为“衣柜（KD80080）”的外观设计专利公报复印件，经合议组核实，该附件 3（下称在先设计 2）内容真实。该在先设计 2 的申请日早于本专利的申请日，与本专利专利权人不同，属于他人在本专利申请日前申请，在本专利申请日之后授权公告的外观设计专利，可适用专利法第 9 条的规定作为本案证据，也可适用专利法实施细则第 13 条第 1 款的规定作为本案证据。

请求人提交的附件 4 是国家知识产权局于 2007 年 8 月 15 日授权公告的、专利权人为谢国庆、专利号为 200630072504.0、申请日为 2006 年 9 月 5 日、名称为“衣柜（6633#）”的外观设计专利公报复印件，经合议组核实，该附件 4（下称在先设计 3）所示内容真实。该在先设计 3 的申请日早于本专利的申请日，与本专利专利权人不同，属于他人在本专利申请日前申请，在本专利申请日之后授权公告的外观设计专利，可适用专利法第 9 条的规定作为本案证据，也可适用专利法实施细则第 13 条第 1 款的规定作为本案证据。

在先设计 1、在先设计 2 和在先设计 3 所示产品与本专利均为衣柜，用途相同，属于相同类别产品，可与本专利进行是否相同或相近似的比较。

3. 相近似比较

本专利公报包括衣柜的 6 面视图和使用状态参考图。如图所示，本专利衣柜为长方体，衣柜上方为拱形装饰框，拱形装饰框内有弧形、圆点和近似半圆形图案组成的装饰图案，衣柜为五开门，左右两扇门上有半矩形装饰条，中间门上有两个小圆形，中间门下方有两个抽屉，与上面的两个小圆形相呼应（详见本专利附图）。

在先设计 1 包括衣柜的主视图、俯视图、左视图和立体图。从主视图看，衣柜为长方体，衣柜顶部为分段褶皱装饰框，褶皱下面为弧线，中间具有带状线、椭圆，椭圆内部有相交线，衣柜为五开门，中间门的下方有三个抽屉，衣柜左右两边具有矩形装饰条（详见在先设计 1 附图）。

在先设计 2 包括衣柜的主视图、俯视图、左视图和立体图。从主视图看，衣柜为长方体，衣柜顶部装饰线分三段：中部为弧线，两边为直线，弧线内有弧形和圆形构成的装饰图案，衣柜为五开门，中间门的下方有三个抽屉，衣柜左右两边具有柱状装饰条，柱状装饰条中间有分割线（详见在先设计 2 附图）。

在先设计 3 包括衣柜的 6 面视图和立体图。从主视图看，衣柜为长方体，衣柜顶部装饰线分三段：中部为弧线，两边为直线，弧线内有弧形和椭圆形构成的近似三角形的图案，衣柜为五开门，中间门的下方有三个抽屉，衣柜左右两边具有柱状装饰条，柱状装饰条中间有垂直线（详见在先设计 3 附图）。

将本专利与在先设计 1 比较，其主要不同点是：衣柜顶部的装饰框线条不同、装饰框内部图形不同，衣柜左右门板上装饰线不同，衣柜左右两侧装饰条不同，中间门下方抽屉数量不同。合议组认为，从整体视觉观察，虽然本专利与在先设计 1 均是五门衣柜，但二者顶部装饰框弧线及内部设计元素存在显著差别，左右门板上装饰线也有显著差别，上述差别对整体视觉效果具有显著的影响，因此二者属于不相同也不相近似的外观设计。

将本专利与在先设计 2 比较，其主要不同点是：衣柜顶部的装饰框线条不同、装饰框内部图形不同，衣柜左右门板上装饰线不同，衣柜左右两侧装饰柱不同，中间门下方抽屉数量不同。合议组认为，从整体视觉观察，虽然本专利与在先设计 2 均是五门衣柜，但二者顶部装饰框弧线及内部设计元素存在显著差别，左右门板上装饰线也有显著差别，上述差别对整体视觉效果具有显著的影响，因此二者属于不相同也不相近似的外观设计。

将本专利与在先设计 3 比较，其主要不同点是：衣柜顶部的装饰框线条不同、装饰框内部图形不同，衣柜左右门板上装饰线不同，衣柜左右两侧装饰柱不同，中间门下方抽屉数量不同。合议组认为，从整体视觉观察，虽然本专利与在先设计 3 均是五门衣柜，但二者顶部装饰框弧线及内部设计元素存在显著差别，左右门板上装饰线也有显著差别，上述差别对整体视觉效果具有显著的影响，因此二者属于不相同也不相近似的外观设计。

综上，合议组认为：（1）请求人提交的在先设计 1 与本专利不相同也不相近似，请求人据其证明本专利不符合专利法第 23 条规定的无效宣告理由不能成立；（2）鉴于本专利与在先设计 2、3 进行对比属于不相同且不相近似的外观设计，因此，本专利相对于在先设计 2、3 不属于同样的发明创造，即以在先设计 2 或 3 证明本专利不符合专利法第 9 条和专利法实施细则第 13 条第 1 款规定的无效宣告理由不能成立。

三、决定

维持 200730095042.9 号外观设计专利权有效。

当事人对本决定不服的，可以根据专利法第 46 条第 2 款的规定，自收到本决定之日起三个月内向北京市第一中级人民法院起诉。根据该款的规定，一方当事人起诉后，另一方当事人作为第三人参加诉讼。

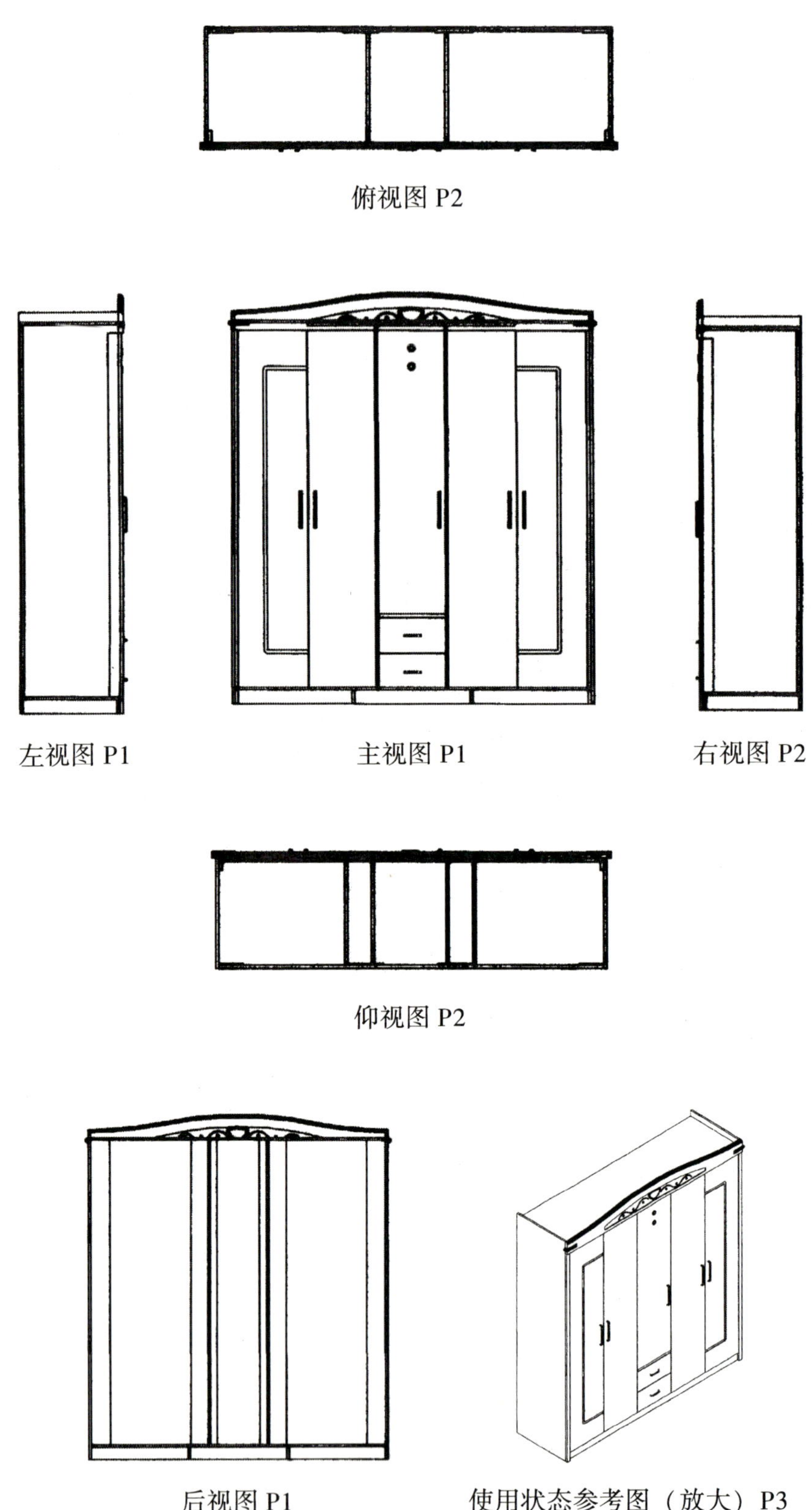

俯视图 P2

左视图 P1　主视图 P1　右视图 P2

仰视图 P2

后视图 P1　使用状态参考图（放大）P3

本专利附图

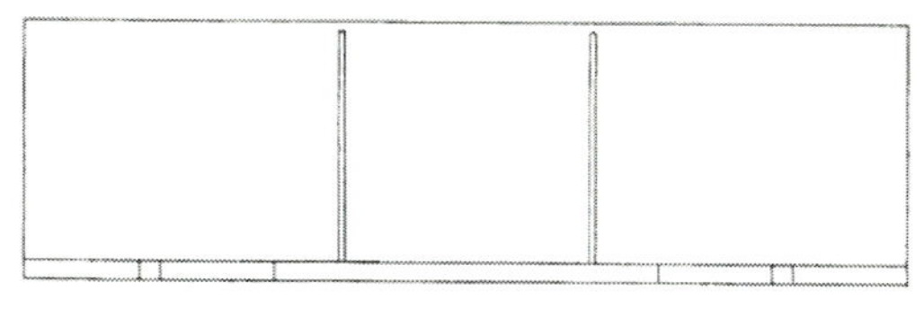

俯视图 P2

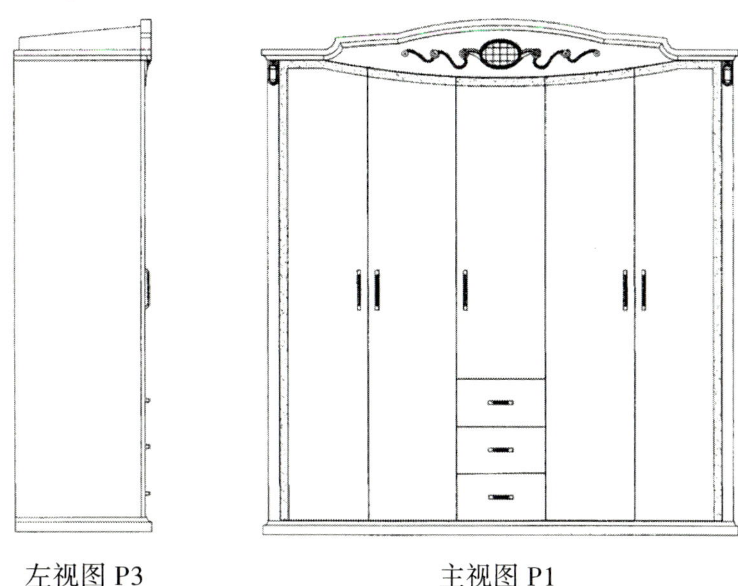

左视图 P3　　主视图 P1

立体图 P4

在先设计 1 附图

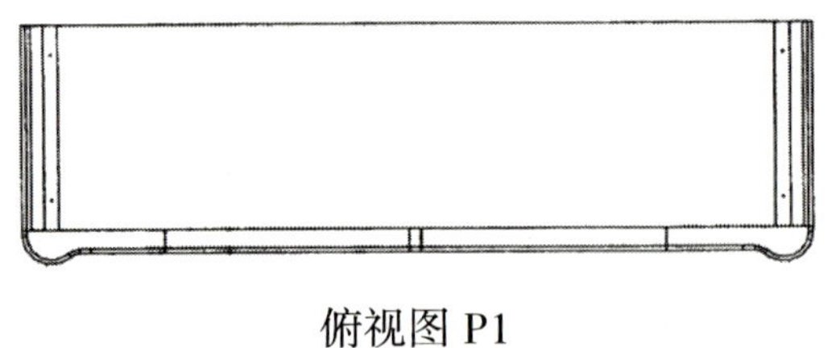

俯视图 P1

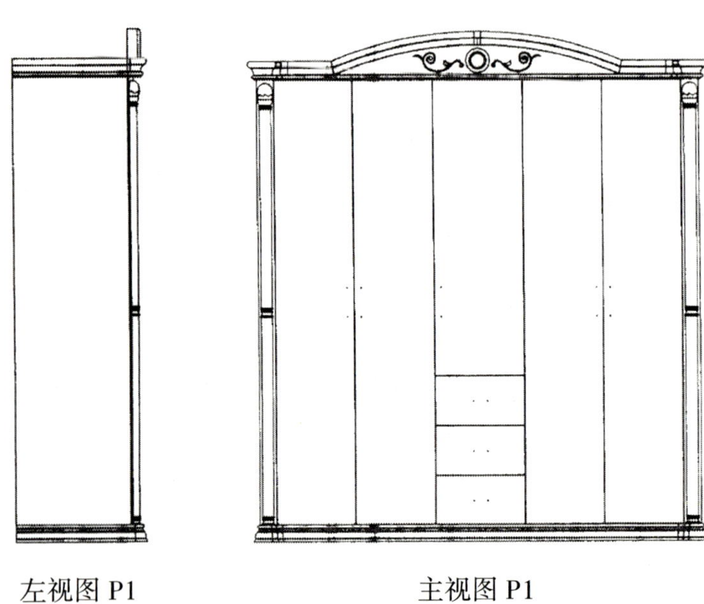

左视图 P1　　　　　　主视图 P1

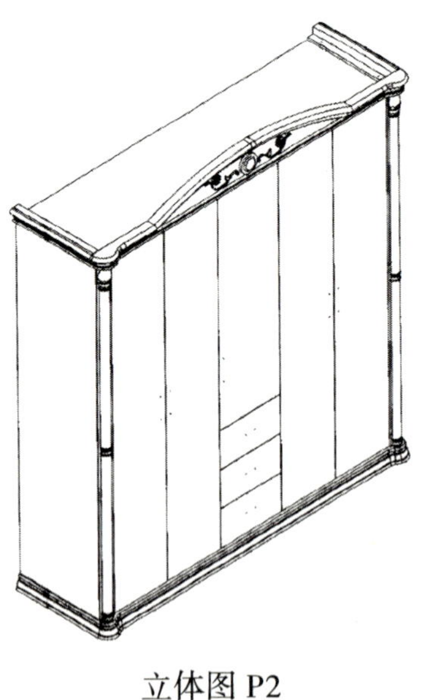

立体图 P2

在先设计 2 附图

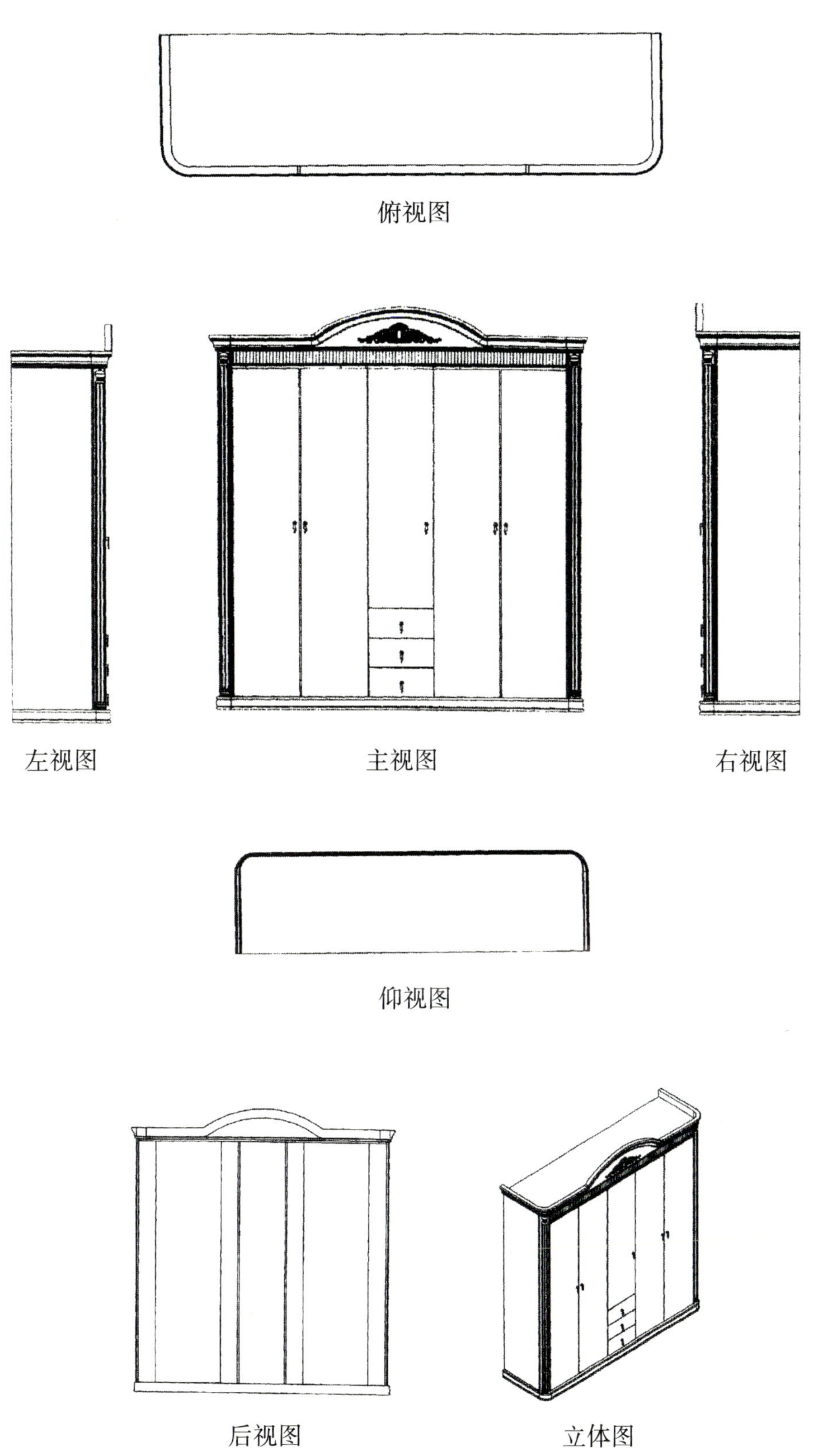

在先设计 3 附图

558

衣柜（青少年 E-1#）

无效宣告请求审查决定（第 14341 号）

决　　定　　号　第 14341 号
决　　定　　日　2009 年 12 月 21 日
发明创造名称　衣柜（青少年 E-1#）
外观设计分类号　06-04
无效宣告请求人　成都市德易居家具厂
专　利　权　人　付咏梅
专　　利　　号　200730095052.2
申　　请　　日　2007 年 7 月 23 日
授 权 公 告 日　2008 年 6 月 25 日
合 议 组 组 长　李巍巍
主　　审　　员　高　亮
参　　审　　员　张　霞
附　　　　　图　3 页

法　律　依　据　专利法第 9 条、第 23 条，专利法实施细则第 13 条第 1 款
决　定　要　点

请求人提交的在先设计与本专利分别相比较均差别明显，足以对其整体外观设计产生显著的视觉影响，因此本专利相对于在先设计均属于不相同且不相近似的外观设计。

一、案由

本无效宣告请求涉及国家知识产权局于 2008 年 6 月 25 日授权公告的 200730095052.2 号外观设计专利（下称本专利），该外观设计的产品名称为“衣柜（青少年 E-1#）”，申请日是 2007 年 7 月 23 日，专利权人是付咏梅。

针对上述专利权，成都市德易居家具厂（下称请求人）于 2009 年 7 月 2 日向专利复审委员会提出无效宣告请求，理由是本专利不符合专利法第 9 条、专利法实施细则第 13 条的规定，并提交如下附件作为证据：

附件 1：第 200730094367.5 号中国外观设计专利公报复印件 1 页，其申请日为 2007 年 6 月 27 日，专利权人为张友全，授权公告日为 2008 年 5 月 7 日；

附件 2：本专利的外观设计专利公报复印件 1 页。

请求人在无效宣告请求书中认为：本专利与附件 1 属于相近似的外观设计，且附件 1 的外观设计

申请日早于本专利的申请日。通过具体对比可知本专利与附件1的衣柜整体形状近似，其区别在于：(1) 本专利的衣柜从右到左的装饰带，与左侧不连贯，在附件1是从右到左连贯的装饰带；(2) 本专利的衣柜上方的装饰带不是完整的直线，附件1的上方装饰带是直线。请求人认为上述区别属于局部或细微的变化，不足以对二者相近似的整体形状形成的整体视觉效果产生显著影响。因此，本专利与附件1相近似，不符合专利法第9条、专利法实施细则第13条的规定，应予宣告无效。

经形式审查合格，专利复审委员会受理了该无效宣告请求，并于2009年7月3日向双方当事人发出无效宣告请求受理通知书，并将无效宣告请求书及其附件的副本转送给专利权人，要求其在指定期限内陈述意见。

专利权人逾期未答复。

2009年8月2日，请求人补充提交了意见陈述书及如下附件（编号续前）：

附件3：第200630030364.0号中国外观设计专利公报网络打印件1页，申请日为2006年9月26日，授权公告日为2007年7月11日。

在意见陈述书中，请求人认为：附件3为本专利申请日前公开的外观设计，本专利与附件3的衣柜整体形状近似，二者的区别在于：本专利的衣柜从右到左的装饰带，在柜的上下均有，附件3的装饰带在柜子的上方有两根，下方只在中间门有。请求人认为上述区别属于局部细微的变化，不足以对二者相近似的整体形状形成的整体视觉效果产生显著影响。因此，本专利与附件3相近似，不符合专利法第23条的规定。

专利复审委员会于2009年9月21日将请求人2009年8月2日提交的意见陈述书及其附件的副本转送给专利权人，并于2009年9月24日向双方当事人发出了口头审理通知书，定于2009年10月22日对本案进行口头审理。

口头审理如期进行，双方当事人均出席了口头审理，双方当事人对对方当事人出席口头审理人员的身份和资格无异议，双方当事人对合议组成员无回避请求。在口头审理过程中，(1) 专利权人认为附件1、3均是网络打印件，对其真实性以及公开时间有异议；(2) 对于本专利和附件1的对比，请求人认为两者装饰带连贯性不同、直线的完整性不同，但从整体观察，两者相近似；(3) 对于本专利和附件1的对比，专利权人认为本专利具有变化丰富的线条，两者中间竖直线与横向装饰线的交点不同，本专利的顶部有横沿设计；(4) 对于本专利和附件3的对比，请求人认为附件3下部的线条，无论是抽屉设计还是其他，都属于一种图案设计；(5) 对于本专利和附件3的对比，专利权人认为附件3线条简洁而本专利丰富，附件3上部是圆环与十字的设计而本专利是字母的变形设计，附件3下部的装饰线、抽屉与本专利不同。

专利权人于2009年10月26日提交了意见陈述书，但未提出口头审理时意见陈述之外的新理由。

在双方当事人意见陈述及口头审理的基础上，合议组经合议，认为本案事实清楚，依法作出本审查决定。

二、决定的理由

1. 适用法律

基于请求人提出的无效宣告请求理由和证据，合议组依专利法第23条、专利法第9条和专利法实施细则第13条第1款的规定进行审查。

专利法第23条规定："授予专利权的外观设计，应当同申请日以前在国内外出版物上公开发表过或者国内公开使用过的外观设计不相同和不相近似，并不得与他人在先取得的合法权利相冲突。"

专利法第9条规定："两个以上的申请人分别就同样的发明创造申请专利的，专利权授予最先申请的人。"

专利法实施细则第 13 条第 1 款规定：“同样的发明创造只能被授予一项专利。”

同样的发明创造对于外观设计而言是指外观设计相同或相近似。

2. 证据认定

请求人提交的附件 1 是国家知识产权局于 2008 年 5 月 7 日授权公告的、专利权人为张友全、专利号为 200730094367.5、申请日为 2007 年 6 月 27 日、名称为“衣柜（82601）”的外观设计专利公报复印件，经合议组核实，该附件 1（下称在先设计 1）内容真实。该在先设计 1 申请日早于本专利的申请日，与本专利专利权人不同，属于他人在本专利申请日前申请，在本专利申请日之后授权公告的外观设计专利，可适用专利法第 9 条的规定作为本案证据，也可适用专利法实施细则第 13 条第 1 款的规定作为本案证据。

请求人提交的附件 3 是国家知识产权局于 2007 年 7 月 11 日授权公告的、专利号为 200630030364.0、名称为“衣柜（228）”的外观设计专利公报网络打印件，经合议组核实，该附件 3（下称在先设计 2）内容真实。该在先设计 2 的授权公告日早于本专利的申请日，属于专利法第 23 条规定的出版物。

在先设计 1、在先设计 2 所示产品与本专利用途相同，属于相同类别产品，可与本专利进行是否相同或相近似的比较。

3. 相近似比较

本专利公报包括衣柜的 6 面视图和使用状态参考图。如图所示，本专利呈长方体，左侧有两扇开门，右侧有一扇开门，衣柜顶部有横沿设计，横沿略微突出，衣柜上部有波浪线和变形字母组成的装饰带，下部有从右到左且与左侧不连贯的直线装饰带（详见本专利附图）。

在先设计 1 包括衣柜的主视图、俯视图、左视图和立体图。如图所示，在先设计 1 的衣柜呈长方体，左侧有两扇开门，右侧有一扇开门，中间门中间处有一条竖直装饰线，衣柜上下部各有一条从右到左贯穿的直线装饰带，竖直装饰线和水平装饰线的交点为圆形（详见在先设计 1 附图）。

在先设计 2 包括衣柜的主视图、俯视图、左视图和立体图。如图所示，在先设计 2 的衣柜呈长方体，左侧有两扇开门，右侧有一扇开门，衣柜顶部有横沿设计，横沿略微突出，衣柜上部有两根从右到左的装饰带，上方的装饰带较长，左侧连接一个圆环与十字组成的图案，靠下方的装饰带较短、较粗，中间门下部有两个抽屉，抽屉上方有一直线带弧线的装饰带，弧线上有圆形图案（详见在先设计 2 附图）。

将本专利与在先设计 1 比较，其主要不同点是：衣柜上部的装饰带形状、长度不同，衣柜下部的装饰带长度不同，中间竖直装饰线与水平装饰线的交点不同，衣柜顶部有无横沿的设计不同。合议组认为，从整体视觉观察，虽然本专利与在先设计 1 均是三门衣柜，但二者水平装饰线的形状和长度以及衣柜上部有无横沿的设计均存在显著差别，上述差别对整体视觉效果具有显著的影响，因此二者属于不相同也不相近似的外观设计。

将本专利与在先设计 2 比较，其主要不同点是：衣柜上部的装饰带形状、数量不同，在先设计 2 没有本专利中间竖直装饰线和衣柜下部水平装饰线，本专利没有在先设计 2 下部的抽屉设计。合议组认为，从整体视觉观察，虽然本专利与在先设计 2 均是三门衣柜，但二者在水平、竖直装饰线数量、形状以及下部有无抽屉设计均存在显著差别，上述差别对整体视觉效果具有显著的影响，因此二者属于不相同也不相近似的外观设计。

综上，合议组认为：(1) 本专利与在先设计 1 进行对比属于不相同且不相近似的外观设计，因此，本专利相对于在先设计 1 不属于同样的发明创造，即以在先设计 1 证明本专利不符合专利法第 9 条和专利法实施细则第 13 条第 1 款规定的无效宣告理由不能成立。(2) 请求人提交的在先设计 2 与本专利不相同也不相近似，请求人据其证明本专利不符合专利法第 23 条规定的无效宣告理由不能成立。

三、决定

维持 200730095052.2 号外观设计专利权有效。

当事人对本决定不服的，可以根据专利法第 46 条第 2 款的规定，自收到本决定之日起三个月内向北京市第一中级人民法院起诉。根据该款的规定，一方当事人起诉后，另一方当事人作为第三人参加诉讼。

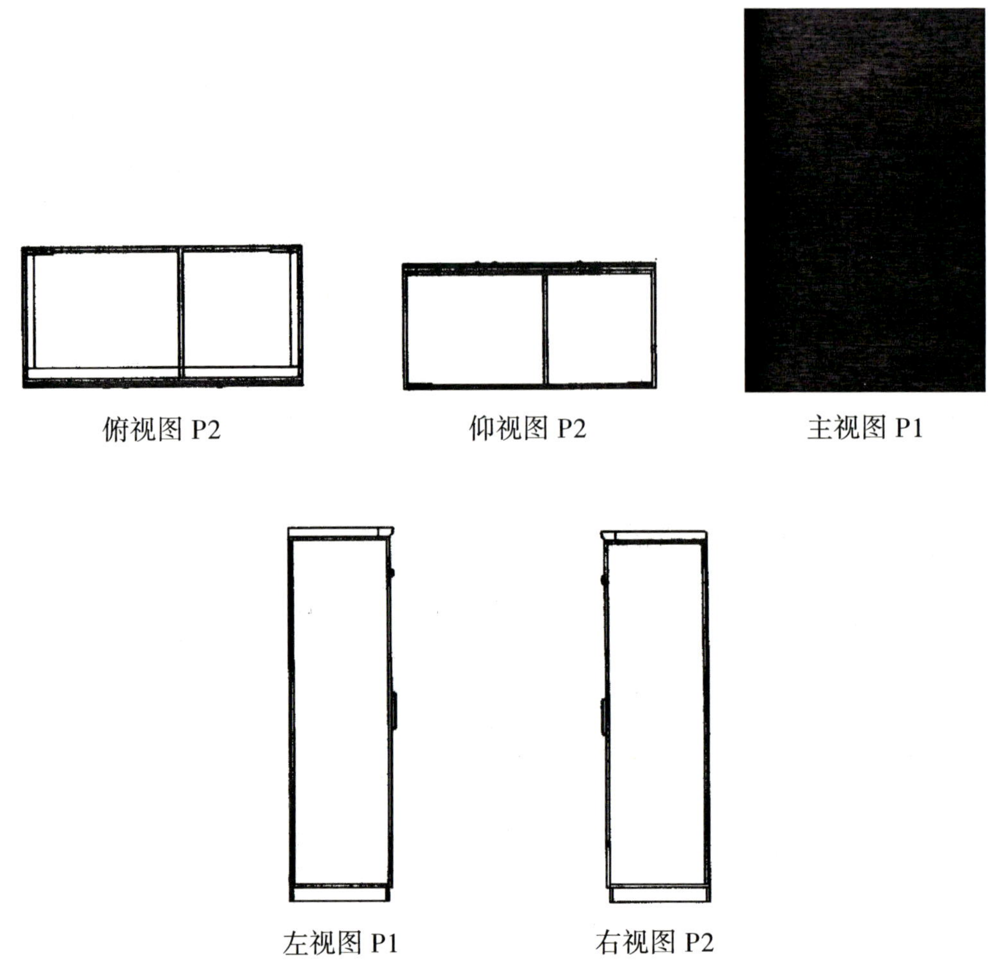

俯视图 P2　　仰视图 P2　　主视图 P1

左视图 P1　　右视图 P2

本专利附图

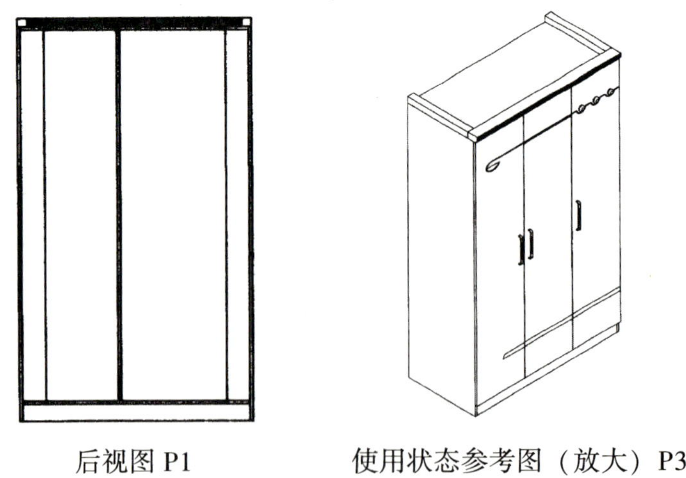

后视图 P1　　使用状态参考图（放大）P3

本专利附图（续）

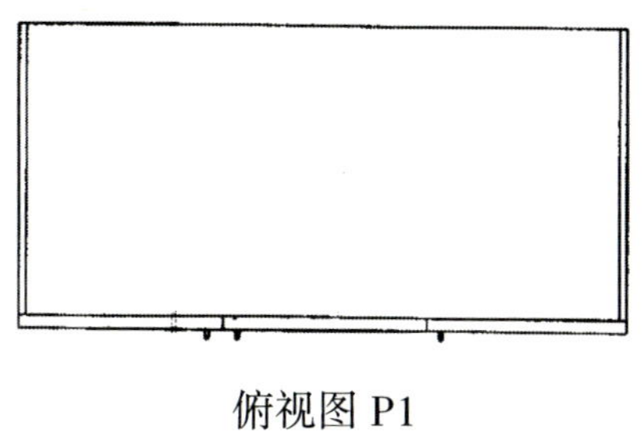

俯视图 P1

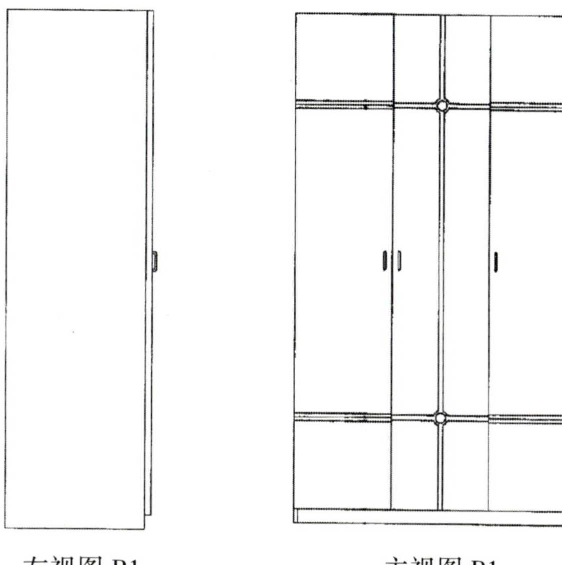

左视图 P1　　主视图 P1

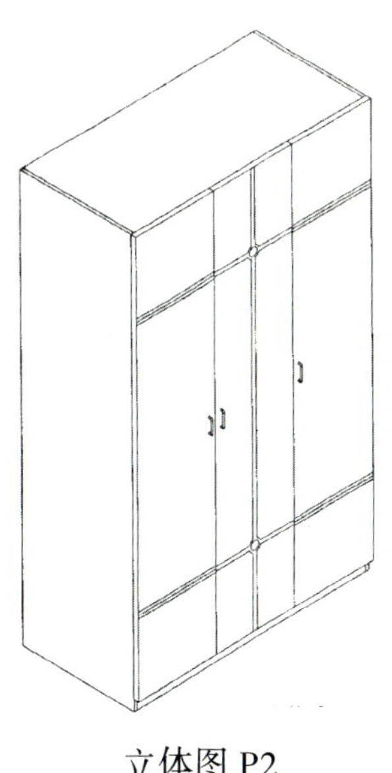

立体图 P2

在先设计 1 附图

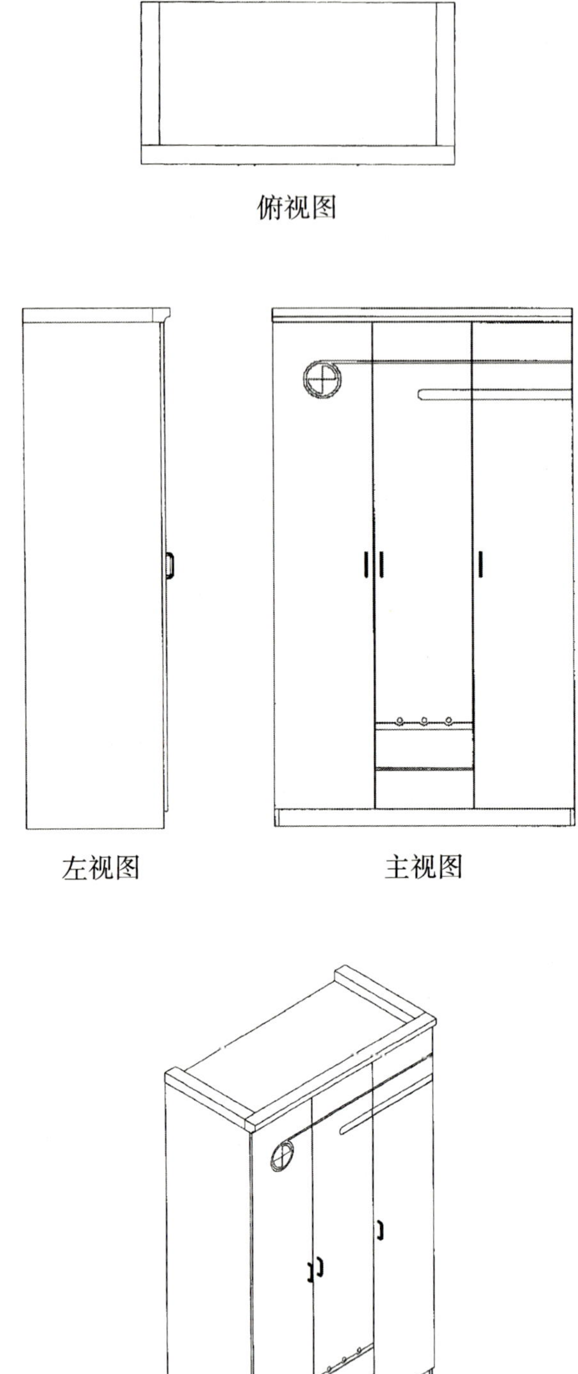

在先设计 2 附图

559

洗手盆（ZJ-S）

无效宣告请求审查决定（第 14345 号）

决　　定　　号　第 14345 号
决　　定　　日　2009 年 12 月 21 日
发明创造名称　洗手盆（ZJ-S）
外观设计分类号　23-02
无效宣告请求人　潮州市枫溪区正皇卫浴陶瓷厂
专　利　权　人　苏惠庆
专　　利　　号　200630076683.5
申　　请　　日　2006 年 10 月 24 日
授 权 公 告 日　2007 年 9 月 5 日
合 议 组 组 长　徐清平
主　　审　　员　瑜　佳
参　　审　　员　雷连虹
附　　　　　图　共 2 页

法　律　依　据　专利法第 23 条
决　定　要　点

本专利与在先设计相比整体形状相近似，其不同点对二者整体形状所形成的视觉效果不具有显著影响，二者属于相近似的外观设计。

一、案由

本无效宣告请求涉及国家知识产权局于 2007 年 9 月 5 日授权公告的，专利号为 200630076683.5、名称为“洗手盆（ZJ-S）”的外观设计专利，其申请日是 2006 年 10 月 24 日，专利权人为苏惠庆。

针对上述外观设计专利权（下称本专利），潮州市枫溪区正皇卫浴陶瓷厂（下称请求人）于 2008 年 12 月 19 日向国家知识产权局专利复审委员会提出无效宣告请求，其无效宣告请求理由为本专利不符合专利法第 23 条、专利法实施细则第 2 条第 3 款的规定。请求人提交了如下附件作为证据：

附件 1：专利号为 01300443.3 的中国外观设计专利公告文本复印件，授权公告日为 2001 年 9 月 26 日；

附件 2：专利号为 01324477.9 的中国外观设计专利公告文本复印件，授权公告日为 2001 年 12 月 5 日。

请求人所提出的具体无效宣告理由为：（1）被比外观设计专利有 4 幅图形，与在先外观设计专利的附件 1 比较：①洗手盆与浴室柜是用途相近的同一种类产品；②被比外观设计专利的主视图和立体图与附件 1 的俯视图图形相同，被比外观设计专利的仰视图与附件 1 的主视图、后视图相同，被比外观设计专利的右视图与附件 1 的右视图图形相同。(2) 被比外观设计专利有 4 幅图形，与在先设计外观专利的附件 2 比较：①洗手盆与洗面盆是用途相同的同一种类产品；②被比外观设计专利的主视图、立体图和仰视图与附件 2 的外观专利图形相同。

经形式审查合格，专利复审委员会依法受理了上述无效宣告请求，并于 2009 年 1 月 20 日向双方当事人发出无效宣告请求受理通知书，同时将请求人于 2008 年 12 月 19 日提交的无效宣告请求书及其附件清单中所列附件副本转给专利权人，要求在指定期限内答复。

专利权人逾期未作答复。

专利复审委员会依法成立合议组对本无效宣告请求进行了审理。合议组于 2009 年 6 月 22 日向双方当事人发出合议组成员告知通知书。双方当事人在指定的期限内未答复。

经审查，合议组认为本案事实清楚，依法作出本无效宣告请求审查决定。

二、决定的理由

1. 法律依据

根据请求人提出的无效宣告请求的理由和提交的证据，本案合议组依据专利法第 23 条的规定对本案进行审理。

专利法第 23 条规定："授予专利权的外观设计，应当同申请日以前在国内外出版物上公开发表过或者国内公开使用过的外观设计不相同和不相近似，并不得与他人在先取得的合法权利相冲突。"

2. 证据认定

请求人提交的附件 2 是授权公告日为 2001 年 12 月 5 日的 01324477.9 号中国外观设计专利公告文本复印件，名称为"洗面盆（玻璃、英皇 028 型）"，主分类号为 23-02。专利权人对附件 1 的真实性未提出异议，经合议组核实，附件 2 所示内容属实，因此合议组对附件 2 的真实性予以确认。附件 2 公告日早于本专利申请日，因此附件 2（下称在先设计）可以作为本专利的在先设计以和本专利进行对比。

3. 关于专利法第 23 条

本专利的授权公告文本共有 4 幅视图，即主视图、右视图、仰视图、立体图。所示洗手盆具有一个长方形的台面，其中间部分嵌套设有一椭圆形水池，水池的底部设有一圆形排水孔，该椭圆形水池的较长的轴平行于长方形台面较长的边，台面较长的两边其中一侧以与椭圆形水池的弧度一致地向外凸出，另一侧与椭圆形水池之间具有一圆形小孔，椭圆形水池上部靠近该圆形小孔处设有一圆形溢水孔，从右视图可见，在该椭圆形水池的凸面外侧沿溢水孔至水池底部有一略凸出的溢水管路（详见本专利附图）。

在先设计具有 5 幅视图，即主视图、俯视图、左视图、后视图、立体图，从俯视图及立体图可见，在先设计的洗面盆具有一个长方形的台面，其中间部分嵌套设有一椭圆形水池，水池的底部设有一圆形排水孔，该椭圆形水池的较长的轴平行于长方形台面较长的边，台面较长的两边其中一侧以与椭圆形水池的弧度一致地向外凸出，另一侧与椭圆形水池之间具有一圆形小孔，椭圆形水池上部靠近该圆形小孔处设有一圆形溢水孔（详见在先设计附图）。

合议组认为：本专利与在先设计均是用于盥洗的盆，两者用途相同，属于相同种类的产品。将本专利与在先设计进行比较：两者的外形一致，均具有一个长方形的台面，其中间部分均嵌套设有一椭圆形水池，水池的底部均设有一圆形排水孔，该椭圆形水池的较长的轴均平行于长方形台面较长的边，台面较长的两边其中一侧均以与椭圆形水池弧度一致地向外凸出，另一侧与椭圆形水池之间具有一圆形小孔，椭圆形水池上部靠近该圆形小孔处设有一圆形溢水孔。区别在于本专利在该椭圆形水池的凸面外侧沿溢水孔至水池底部有一略凸出的溢水管路。合议组认为，上述区别的变化极小，由此所形成的外观设计视觉效果也是细微变化，并且由于该洗手盆安装后在使用状态下相应部位不易见，其对二者整体形状所形成的相近似视觉效果不具有显著影响，因此应认定本专利与在先设计相近似。

综上所述，合议组认为：在本专利申请日前已在国内出版物上公开发表了与本专利相近似的外观设计，因此，本专利不符合专利法第 23 条的规定。

由于请求人提出的本专利不符合专利法第 23 条规定的无效宣告请求理由成立，合议组对请求人提交的其他证据及无效宣告请求理由不再予以评述。

三、决定

宣告 200630076683. 5 号外观设计专利权全部无效。

当事人对本决定不服的，可以根据专利法第 46 条第 2 款的规定，自收到本决定之日起三个月内向北京市第一中级人民法院起诉。根据该款的规定，一方当事人起诉后，另一方当事人作为第三人参加诉讼。

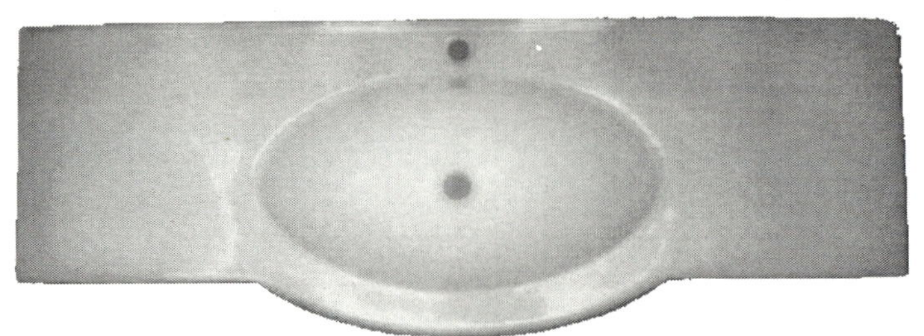
主视图

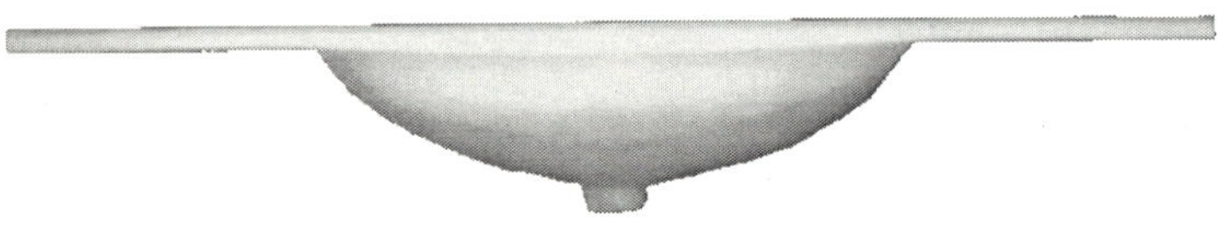
仰视图

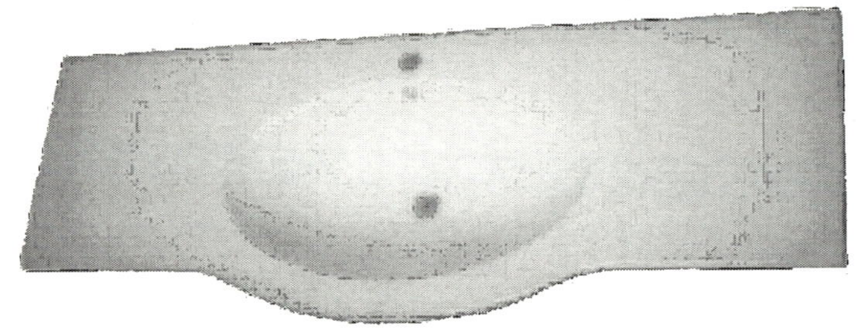
立体图

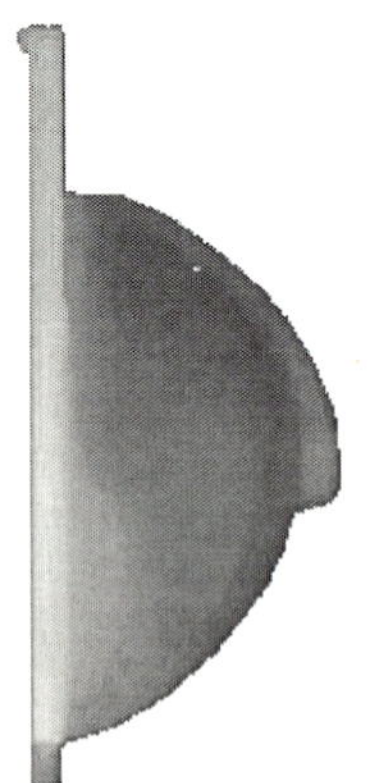
右视图

本专利附图

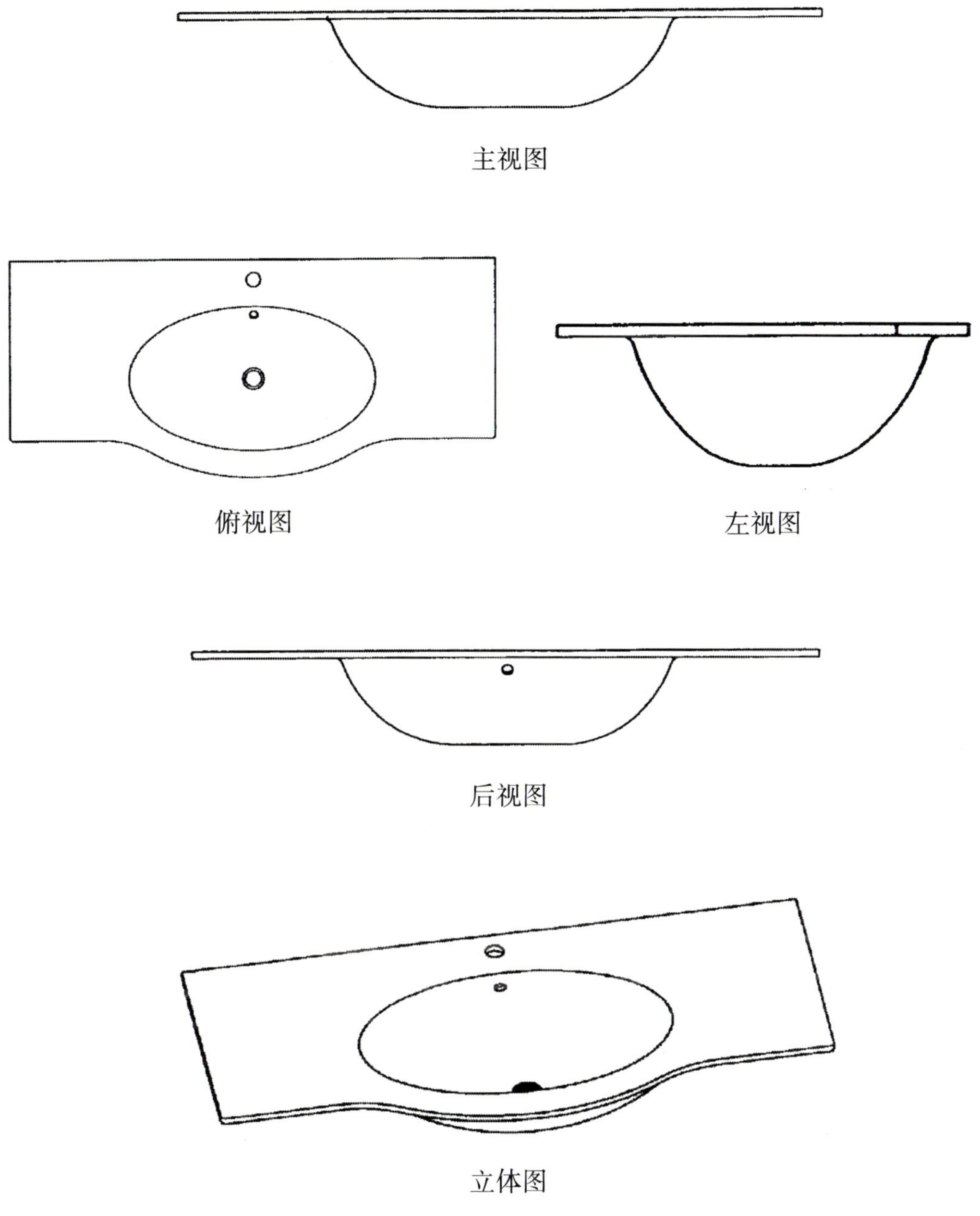

在先设计附图

型材（FW9002）

无效宣告请求审查决定（第14346号）

决　　定　　号　第14346号
决　　定　　日　2009年12月11日
发明创造名称　型材（FW9002）
外观设计分类号　25-01
无效宣告请求人　广东大明铝合金型材有限公司
专　利　权　人　苏州罗普斯金铝业股份有限公司
专　　利　　号　200530046026.1
申　　请　　日　2005年12月7日
授权公告日　2006年11月15日
合议组组长　张汉国
主　　审　　员　瑜　佳
参　　审　　员　邢欣欣
附　　　　　图　共7页

法　律　依　据　专利法第23条
决　定　要　点

如果本专利与在先设计之间存在的差别足以使一般消费者对产品的整体视觉效果产生显著的影响，则两者不相近似。

一、案由

本无效宣告请求案涉及国家知识产权局于2006年11月15日授权公告的、名称为“型材（FW9002）”的第200530046026.1号外观设计专利（下称本专利），其申请日为2005年12月7日，专利权人是苏州罗普斯金铝业股份有限公司。

针对上述专利权，广东大明铝合金型材有限公司（下称请求人）于2009年2月24日向专利复审委员会提出无效宣告请求，其理由是：在本专利申请日之前已有与之相同的外观设计在国内出版物上公开发表过，所以本专利不符合专利法第23条的规定。为支持其主张，请求人提交了以下附件作为证据：

附件1：第ZL02327975.3号中国外观设计授权公报复印件，授权公告日为2003年1月8日，共1页；

附件2：第ZL02354601.8号中国外观设计授权公报复印件，授权公告日为2003年2月19日，共

1 页；

附件 3：第 ZL02362803.0 号中国外观设计授权公报复印件，授权公告日为 2003 年 8 月 20 日，共 1 页。

请求人指出：附件 1、附件 2、附件 3 的公开出版日期均早于本专利申请日，虽然附件 1、附件 2、附件 3 与本专利外观设计有一些细微差别，但从整体看，这种差别在视觉效果上不构成显著差别，一般消费者难以区分，因此可以认为附件 1、附件 2、附件 3 与本专利属于近似的外观设计，所以本专利不符合专利法第 9 条、第 23 条以及专利法实施细则第 13 条第 1 款的规定，应当被宣告专利权无效。

经形式审查合格后，专利复审委员会受理了该无效宣告请求案，并于 2009 年 2 月 24 日向双方当事人发出无效宣告请求受理通知书，同时将专利权无效宣告请求书及其所附附件的副本转送给专利权人，要求其在指定期限内答复。专利复审委员会依法成立合议组对本案进行审查。

专利权人于 2009 年 3 月 19 日寄交了针对上述无效宣告请求的意见陈述书，专利权人在意见陈述书中指出：附件 1、附件 2、附件 3 与本专利存在多处不同点，一般消费者能够轻易的将本专利与附件 1~3 予以区分，本专利符合专利法规定的授予专利权的要求，请求维持本专利有效。

请求人于 2009 年 3 月 21 日再次寄交意见陈述书，同时提交如下证据：

附件 4：第 ZL02317609.1 号中国外观设计授权公报复印件，授权公告日为 2002 年 10 月 23 日，共 1 页；

附件 5：第 ZL03316854.7 号中国外观设计授权公报复印件，授权公告日为 2003 年 12 月 3 日，共 1 页；

附件 6：第 ZL03342602.3 号中国外观设计授权公报复印件，授权公告日为 2004 年 6 月 9 日，共 1 页。

请求人指出：附件 4~6 的公开出版日期在本专利申请日之前，本专利外观设计分别与附件 4~6 所公开的外观设计在整体视觉效果上没有明显的差异，属于近似的外观设计，所以本专利不符合专利法第 9 条、第 23 条以及专利法实施细则第 13 条第 1 款的规定，应当被宣告专利权无效。

专利复审委员会依法成立合议组对本案进行审理。2009 年 4 月 15 日，合议组向双方当事人发出无效宣告请求口头审理通知书，告知双方当事人专利复审委员会定于 2009 年 6 月 1 日对本无效宣告请求案进行口头审理。同时，本案合议组分别向双方当事人发出转送文件通知书，将请求人于 2009 年 3 月 21 日寄交的意见陈述书和附件的副本转送给专利权人，将专利权人于 2009 年 3 月 19 日寄交的意见陈述书转送给请求人。

请求人于 2009 年 5 月 19 日寄交了针对专利权人于 2009 年 3 月 19 日寄交的意见陈述书的意见陈述书，请求人在意见陈述书中指出：虽然本专利外观设计与附件 1、附件 2、附件 3 存在区别，但是根据整体观察、综合判断原则，它们之间的差异不足以构成视觉上的明显区别，属于相近似的外观设计，本专利外观设计不符合专利法第 9 条、第 23 条以及专利法实施细则第 13 条第 1 款的规定，应当被宣告专利权无效。

2009 年 6 月 1 日，口头审理如期举行。双方当事人均参加了口头审理。在口头审理中，双方当事人对合议组成员无回避请求，对对方当事人出庭人员身份无异议。请求人当庭放弃专利法第 9 条及专利法实施细则第 13 条第 1 款的无效理由。专利权人对附件 1~6 的真实性无异议。合议组将请求人于 2009 年 5 月 19 日寄交的意见陈述书当庭转交给专利权人，专利权人明确表示不需要在口头审理结束后再提交意见陈述书。请求人明确无效理由为：本专利外观设计相对于附件 1~6 中的任一外观设计不符合专利法第 23 条的规定。请求人明确表示以附件 5 作为最接近的对比文件。双方就附件 1~6 中所示的型材的外观形状特征与本专利是否相同或相近似都具体充分陈述了意见。

至此，合议组认为本案事实已经清楚，可以依法作出审查决定。

二、决定的理由

1. 关于证据

附件 1 为第 ZL02327975.3 号中国外观设计授权公报，授权公告日为 2003 年 1 月 8 日；附件 2 为第 ZL02354601.8 号中国外观设计授权公报，授权公告日为 2003 年 2 月 19 日；附件 3 为第 ZL02362803.0 号中国外观设计授权公报，授权公告日为 2003 年 8 月 20 日；附件 4 为第 ZL02317609.1 号中国外观设计授权公报，授权公告日为 2002 年 10 月 23 日；附件 5 为第 ZL03316854.7 号中国外观设计授权公报，授权公告日为 2003 年 12 月 3 日；附件 6 为第 ZL03342602.3 号中国外观设计授权公报，授权公告日为 2004 年 6 月 9 日。专利权人对这 6 份附件真实性均无异议。上述中国外观设计专利的公告日均在本专利申请日之前，因此，附件 1~6 上记载的型材的外观设计均可作为本专利的在先设计，与本专利分别进行相近似性比较。

2. 关于专利法第 23 条

专利法第 23 条规定："授予专利权的外观设计，应当同申请日以前在国内外出版物上公开发表过或者国内公开使用过的外观设计不相同和不相近似，并不得与他人在先取得的合法权利相冲突。"

本专利是一种型材，本专利外观设计由主视图、俯视图、仰视图、左视图和右视图共 5 幅视图组成，后视图与主视图对称，故省略。其中主视图反映的是该型材的横截面，其横截面形状为：从左到右共有二级台阶，二级台阶的左侧均略高于右侧，每一级台阶上均有一滑轨，两滑轨的上端向右延伸折弯，呈镰刀状，在两滑轨的正下方均是螺丝安装孔，该横截面的左侧壁高于滑轨，上端有一向右的折弯，折弯下有一毛条夹持槽，毛条夹持槽上端向右突出，从左侧壁延伸出两块水平横板，横板中央由一短竖板分隔为两个近似矩形的框，横截面的右侧壁略高于右侧台阶，二级台阶中间的短竖板上端有一向内的毛条夹持槽；横截面左右侧壁下端向内弯折（详见本专利附图）。

附件 5 公开了一种型材（下称在先设计 1），在先设计 1 由主视图、后视图、左视图、右视图、俯视图、仰视图共 6 幅视图组成，请求人明确附件 5 所使用的视图为反映该型材横截面的主视图，其横截面形状为：从左到右共有二级水平台阶，每一级台阶上均有一滑轨，两滑轨的上端向右延伸折弯，呈镰刀状，在两滑轨的正下方均是螺丝安装孔，该横截面的左侧壁略高于滑轨，左侧壁上端有一毛条夹持槽，从左侧壁延伸出两块水平横板，横板中央由一短竖板分隔为两个近似矩形的框，右侧壁与第二台阶基本平齐，右侧台阶靠近右侧壁的地方有一凹槽，二级台阶中间的短竖板上端有一向外的毛条夹持槽，横截面左右侧壁的下端向内弯折（详见在先设计 1 附图）。

附件 6 公开了一种型材（下称在先设计 2），在先设计 2 由主视图、左视图、右视图、俯视图和仰视图共 5 幅视图组成，其中主视图反映的是该型材的横截面，其横截面形状为：从左到右共有二级台阶，二级台阶的左侧均略高于右侧，每一级台阶上均有一滑轨，两滑轨的上端向右延伸折弯，呈镰刀状，在左侧滑轨的正下方是螺丝安装孔，右侧滑轨下方的螺丝孔略偏右，该横截面的左侧壁略高于滑轨，靠近上端有一向右的突起，左侧壁中部为二块横板向右延伸，中央由一短竖板分隔为两个近似矩形的框，右侧壁略高于右侧台阶，左右侧壁下端向内弯折（详见在先设计 2 附图）。

附件 4 公开了一种型材（下称在先设计 3），在先设计 3 由 6 幅视图组成，其横截面形状为：从左到右共有二级台阶，二级台阶的左侧均略高于右侧，每一级台阶上均有一滑轨，两滑轨的上端呈伞状，在两滑轨的正下方均是螺丝安装孔，其中左侧滑轨下的螺丝安装孔在底部横板对应位置也有一螺丝安装孔，该横截面的左侧壁略高于滑轨，上端有一向右的折弯，折弯下有一毛条夹持槽，左侧壁中部为二块横板向右延伸，中央由一短竖板分隔为两个近似矩形的框，右侧壁略高于与右侧台阶，右侧壁上端有一向左的折弯，二级台阶中间的短竖板上端有一向外的毛条夹持槽，左右侧壁下端向内弯折（详见在先设计 3 附图）。

附件 1 公开了一种型材（下称在先设计 4），在先设计 4 由主视图、后视图、左视图、右视图、俯视图、仰视图共 6 幅视图组成，其中主视图反映的是该型材的横截面，其横截面形状为：从左到右共有二级台阶，二级台阶的左侧均略高于右侧，每一级台阶上均有一滑轨，两滑轨的上端呈圆球状，在两滑轨的正下方均是螺丝安装孔，该横截面的左侧壁高于滑轨，上端有一向右的折弯，折弯下有一毛条夹持槽，左侧壁中部为二块横板向右延伸，中央由一短竖板分隔为两个近似矩形的框，右侧壁略高于右侧台阶，右侧壁上端有一向左的折弯，二级台阶中间的短竖板上端有一向外的毛条夹持槽，左右侧壁下端向内弯折（详见在先设计 4 附图）。

附件 2 公开了一种型材（下称在先设计 5），在先设计 5 由主视图、左视图、右视图、俯视图、仰视图共 5 幅视图组成，其中主视图反映的是该型材的横截面，为了便于比较，将主视图的镜像作为其横截面，该横截面形状为：从左到右共有二级台阶，二级台阶的左侧均略高于右侧，每一级台阶上均有一滑轨，两滑轨的上端呈伞状，在左侧滑轨的正下方是螺丝安装孔，在底部横板对应位置也有一螺丝安装孔，右侧滑轨下方没有螺丝安装孔，但在底部横板对应位置有一螺丝安装孔，该横截面的左侧壁高于滑轨，上部有一毛条夹持槽，左侧壁中部为二块横板向右延伸，中央由一短竖板分隔为两个近似矩形的框，右侧壁略高于右侧台阶，二级台阶中间的短竖板上端有一向内的毛条夹持槽，左右侧壁下端各有向内的短横状突起（详见在先设计 4 附图）。

附件 3 公开了一种型材（下称在先设计 6），在先设计 6 由主视图、左视图、右视图、俯视图、仰视图共 5 幅视图组成，其中主视图反映的是该型材的横截面，为了便于比较，将主视图顺时针旋转 90°，其横截面形状为：从左到右共有二级水平台阶，每一级台阶上均有一滑轨，两滑轨的上端呈伞状，在两滑轨的正下方均是螺丝安装孔，该横截面的左侧壁略高于滑轨，左侧壁上端呈小圆球状，左侧壁中部为二块横板向右延伸，中央中间有一短竖板，右侧壁与第二台阶平齐，二级台阶中间的短竖板上端左侧有一毛条夹持槽，左右侧壁下端向内弯折（详见在先设计 6 附图）。

合议组认为：对于型材类产品而言，其横截面的形状更为一般消费者所关注，也决定了其余各视图的形状，因此横截面视图对产品的整体视觉效果更具有显著的影响。

将本专利与在先设计 1 相比较可知，本专利外观设计与在先设计 1 在型材横截面上存在诸多差异：本专利的左侧壁高出左侧滑轨比例较大，左侧壁上端向右折弯，在先设计 1 的左侧壁高出左侧滑轨比例较小，上端没有折弯；本专利的毛条夹持槽上端向右延伸较长，在先设计 1 没有类似的结构；本专利的中间短竖板上的毛条夹持槽是向内凹，在先设计 1 相应位置的毛条夹持槽是向外突出的；本专利的左右两个腔体左侧均高于右侧，呈梯形，在先设计 1 的左右两个腔体呈矩形，腔体左右两侧高度一致；本专利的右侧壁是向上延伸的竖板，高于右侧的第二台阶，在先设计 1 的右侧壁设置为一个凹槽，右侧壁上端与右侧台阶平齐；本专利的底板自左向右倾斜，在先设计 1 的底板是水平的。对于型材类产品的一般消费者而言，这些差异足以导致两个型材产品形状的不同，并对型材产品的整体视觉效果产生显著的影响，因此，二者属于不相同且不相近似的外观设计。

将本专利与在先设计 2 相比较可知，本专利外观设计与在先设计 2 在型材横截面上存在诸多差异：本专利的左侧壁高出左侧滑轨比例较大，左侧壁上端向右折弯，在先设计 2 的左侧壁高出左侧滑轨比例较小，左侧壁上端没有折弯；本专利的左侧壁上设置有毛条夹持槽，并且毛条夹持槽上端向右突出，在先设计 2 没有毛条夹持槽的结构，只有一个向右突出的结构；本专利的中间短竖板上设置有向内凹的毛条夹持槽，在先设计 2 没有类似的结构；本专利的底板自左向右倾斜，在先设计 1 的底板是水平的。对于型材类产品的一般消费者而言，这些差异足以导致两个型材产品形状的不同，并对型材产品的整体视觉效果产生显著的影响，因此，二者属于不相同且不相近似的外观设计。

将本专利与在先设计3相比较可知，本专利外观设计与在先设计3在型材横截面上存在诸多差异：本专利的左侧壁高出左侧滑轨比例较大，在先设计3的左侧壁高出左侧滑轨比例较小；本专利的左侧壁上的毛条夹持槽上端向右突出，在先设计3左侧壁的毛条夹持槽上端没有类似的结构；本专利的中间短竖板上设置有向内凹的毛条夹持槽，在先设计3相应位置的毛条夹持槽是向外突出的；本专利的滑轨为倒置的镰刀状，在先设计3的滑轨为伞状；本专利的左右两侧腔体内各有一个螺丝安装孔，在先设计3的左侧腔体内在底板对应位置多一个螺丝安装孔；本专利的底板自左向右倾斜，在先设计1的底板是水平的。对于型材类产品的一般消费者而言，这些差异足以导致两个型材产品形状的不同，并对型材产品的整体视觉效果产生显著的影响，因此，二者属于不相同且不相近似的外观设计。

将本专利与在先设计4相比较可知，本专利外观设计与在先设计4在型材横截面上存在诸多差异：本专利的左侧壁上的毛条夹持槽上端向右突出，在先设计4左侧壁的毛条夹持槽上端没有类似的结构；本专利的中间短竖板上设置有向内凹的毛条夹持槽，在先设计4相应位置的毛条夹持槽是向外突出的；本专利的滑轨为倒置的镰刀状，在先设计4的滑轨为圆球状。对于型材类产品的一般消费者而言，这些差异足以导致两个型材产品形状的不同，并对型材产品的整体视觉效果产生显著的影响，因此，二者属于不相同且不相近似的外观设计。

将本专利与在先设计5相比较可知，本专利外观设计与在先设计5在型材横截面上存在诸多差异：本专利的左侧壁高出左侧滑轨比例较大，左侧壁上端向右折弯，在先设计5的左侧壁高出左侧滑轨比例较小，左侧壁上端没有折弯；本专利的左侧壁上的毛条夹持槽上端向右突出，在先设计5左侧壁的毛条夹持槽上端没有类似的结构；本专利的滑轨为倒置的镰刀状，在先设计5的滑轨为伞状；本专利的左右两侧腔体内滑轨下方各有一个螺丝安装孔，在先设计5的左侧腔体内在底板对应位置多一个螺丝安装孔、右侧腔体内滑轨下方没有螺丝安装孔，而是在底板对应位置有螺丝安装孔。对于型材类产品的一般消费者而言，这些差异足以导致两个型材产品形状的不同，并对型材产品的整体视觉效果产生显著的影响，因此，二者属于不相同且不相近似的外观设计。

将本专利与在先设计6相比较可知，本专利外观设计与在先设计6在型材横截面上存在诸多差异：本专利的左侧壁高出左侧滑轨比例较大，左侧壁上端向右折弯，在先设计6的左侧壁高出左侧滑轨比例较小，左侧壁上端呈小圆球状；本专利的左侧壁上设置有毛条夹持槽，并且毛条夹持槽上端向右突出，在先设计6没有毛条夹持槽的结构；本专利的滑轨为倒置的镰刀状，在先设计6的滑轨为伞状；本专利的中间短竖板上设置有向内凹的毛条夹持槽，毛条夹持槽收口较小，在先设计6的中间短竖板与毛条夹持槽相离较远，毛条夹持槽没有收口；本专利的右侧滑轨左右横板斜率一致，在先设计6的右侧滑轨右横板斜率大于左横板；本专利的右侧壁是向上延伸的竖板，高于右侧的台阶，在先设计6没有这样的设计，右侧壁上端与第二台阶平齐；本专利的底板自左向右倾斜，在先设计6的底板是水平的。对于型材类产品的一般消费者而言，这些差异足以导致两个型材产品形状的不同，并对型材产品的整体视觉效果产生显著的影响，因此，二者属于不相同且不相近似的外观设计。

综上所述，请求人提交的证据均不足以支持其无效宣告请求的理由，不能证明本专利不符合专利法第23条的规定。

三、决定

维持第200530046026.1号外观设计专利权有效。

当事人对本决定不服的，可以根据专利法第46条第2款的规定，自收到本决定之日起三个月内向北京市第一中级人民法院起诉。根据该款的规定，一方当事人起诉后，另一方当事人作为第三人参加诉讼。

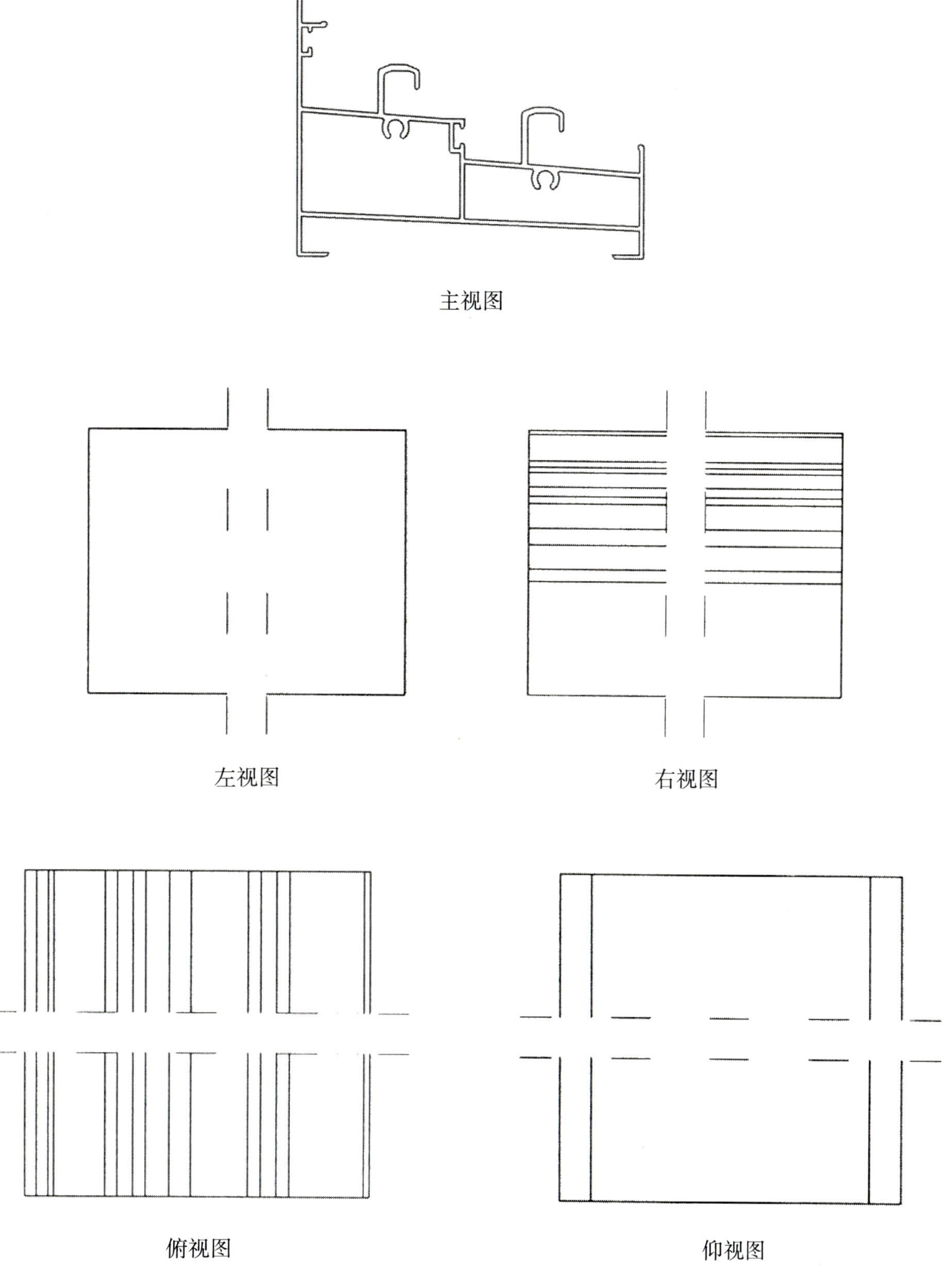

本专利附图

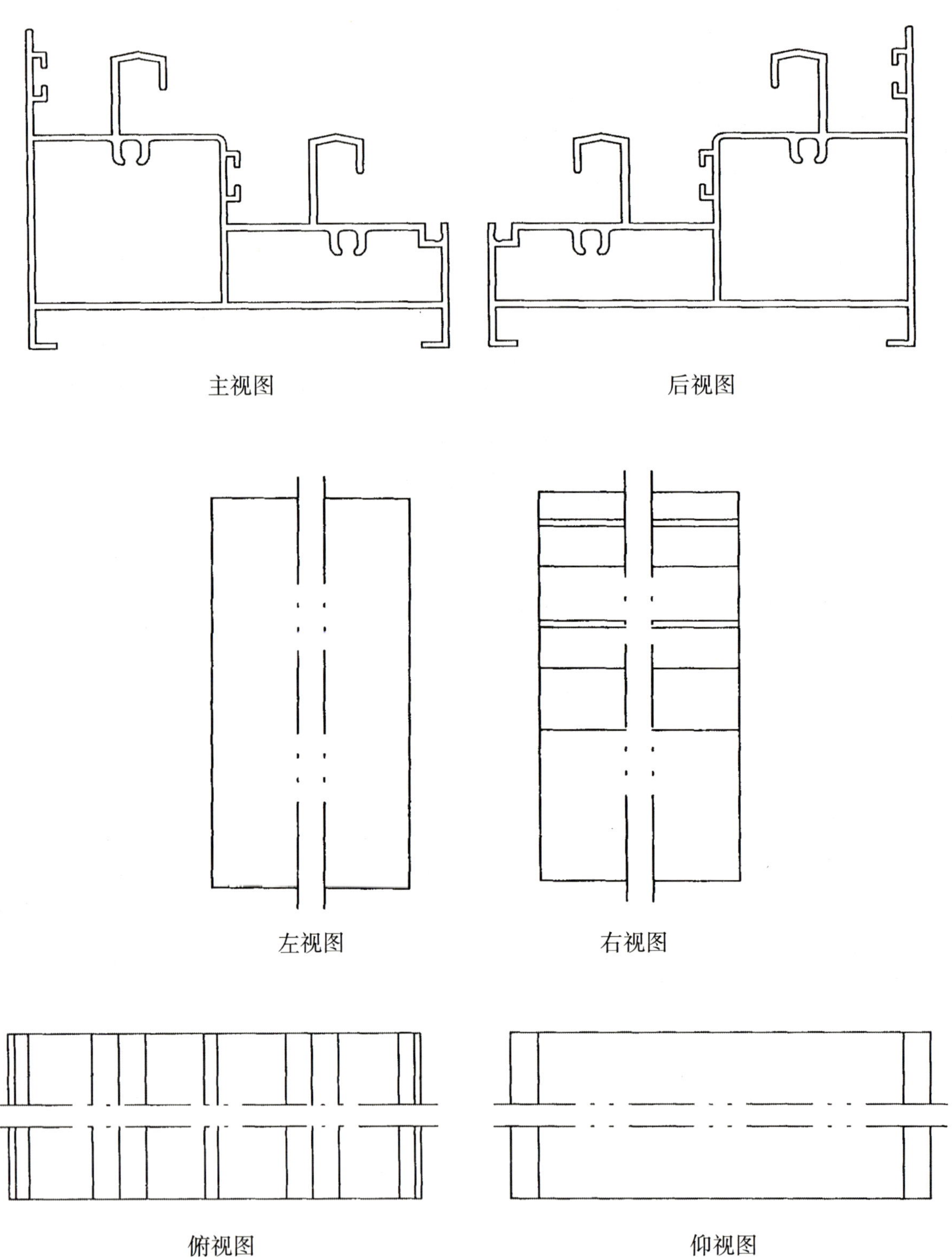

在先设计 1

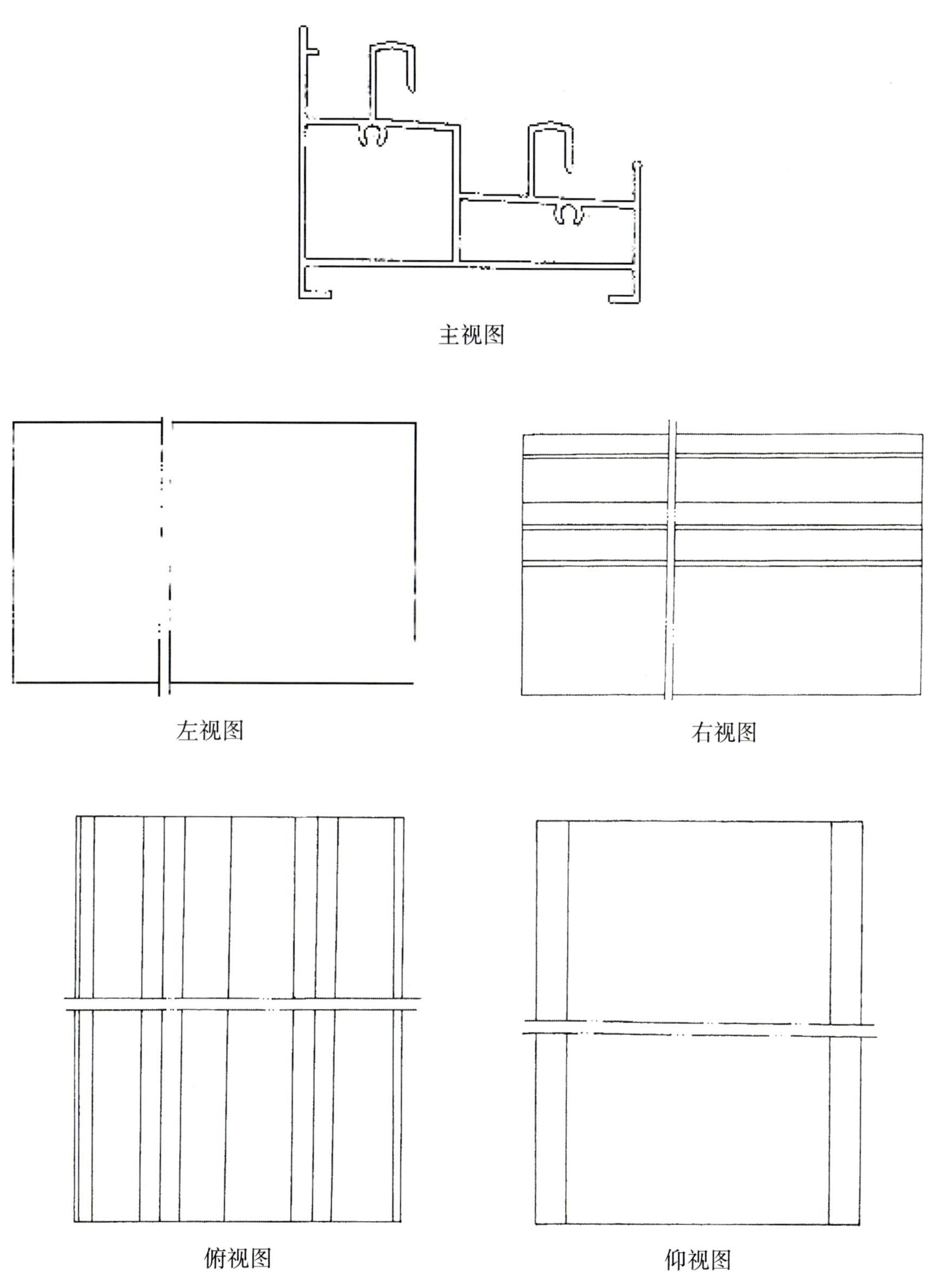

在先设计 2

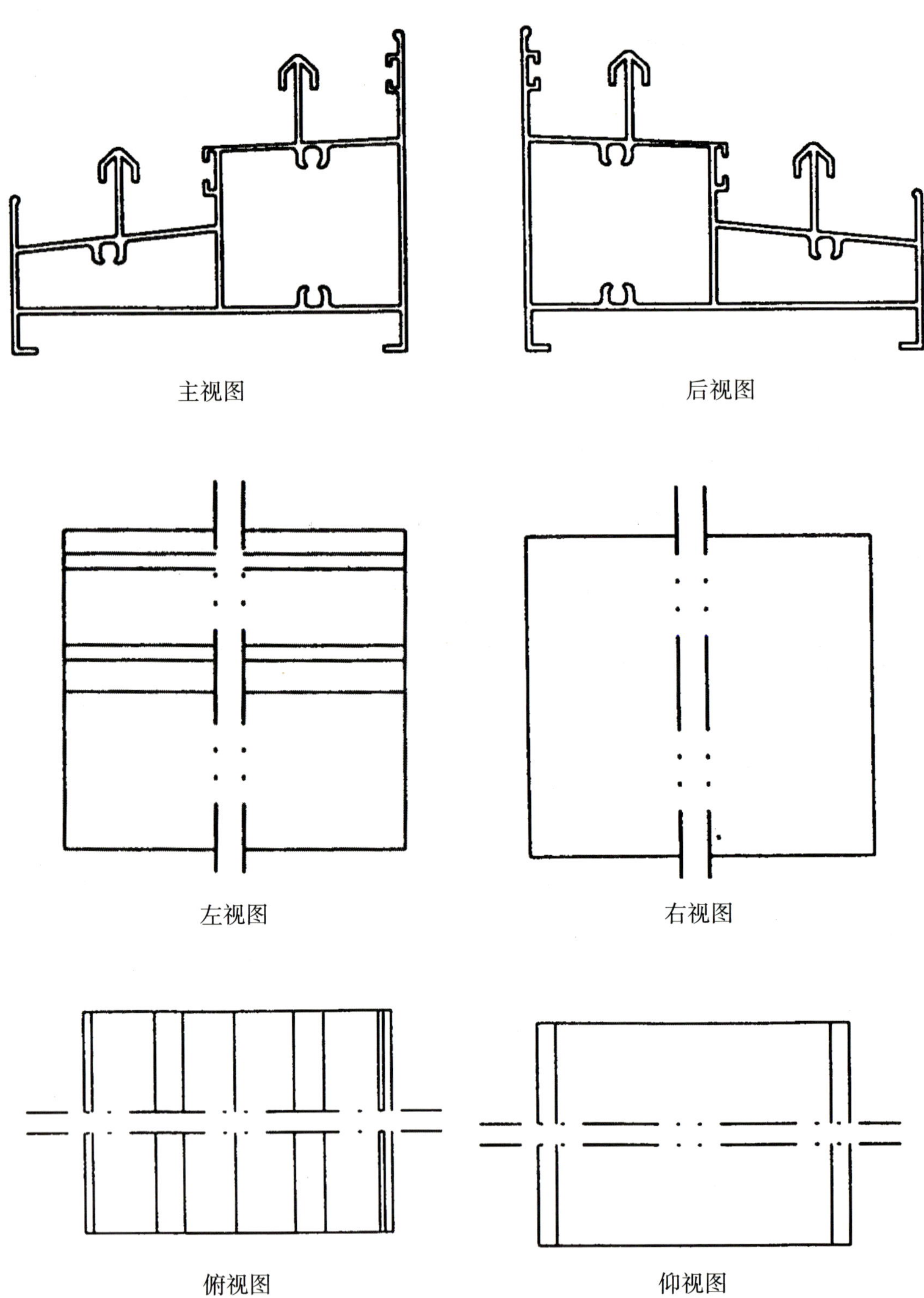

在先设计 3

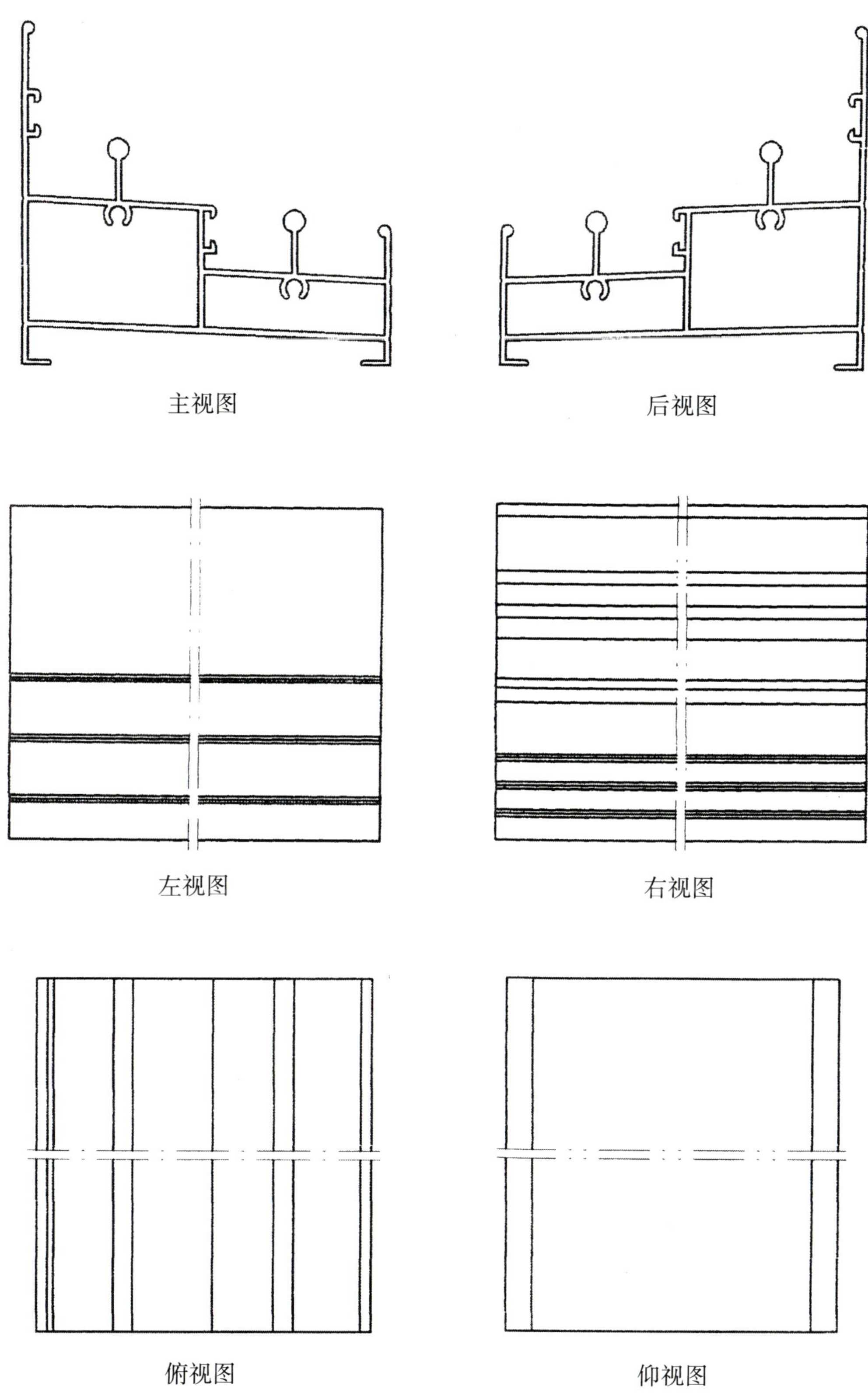
主视图
后视图
左视图
右视图
俯视图
仰视图

在先设计 4

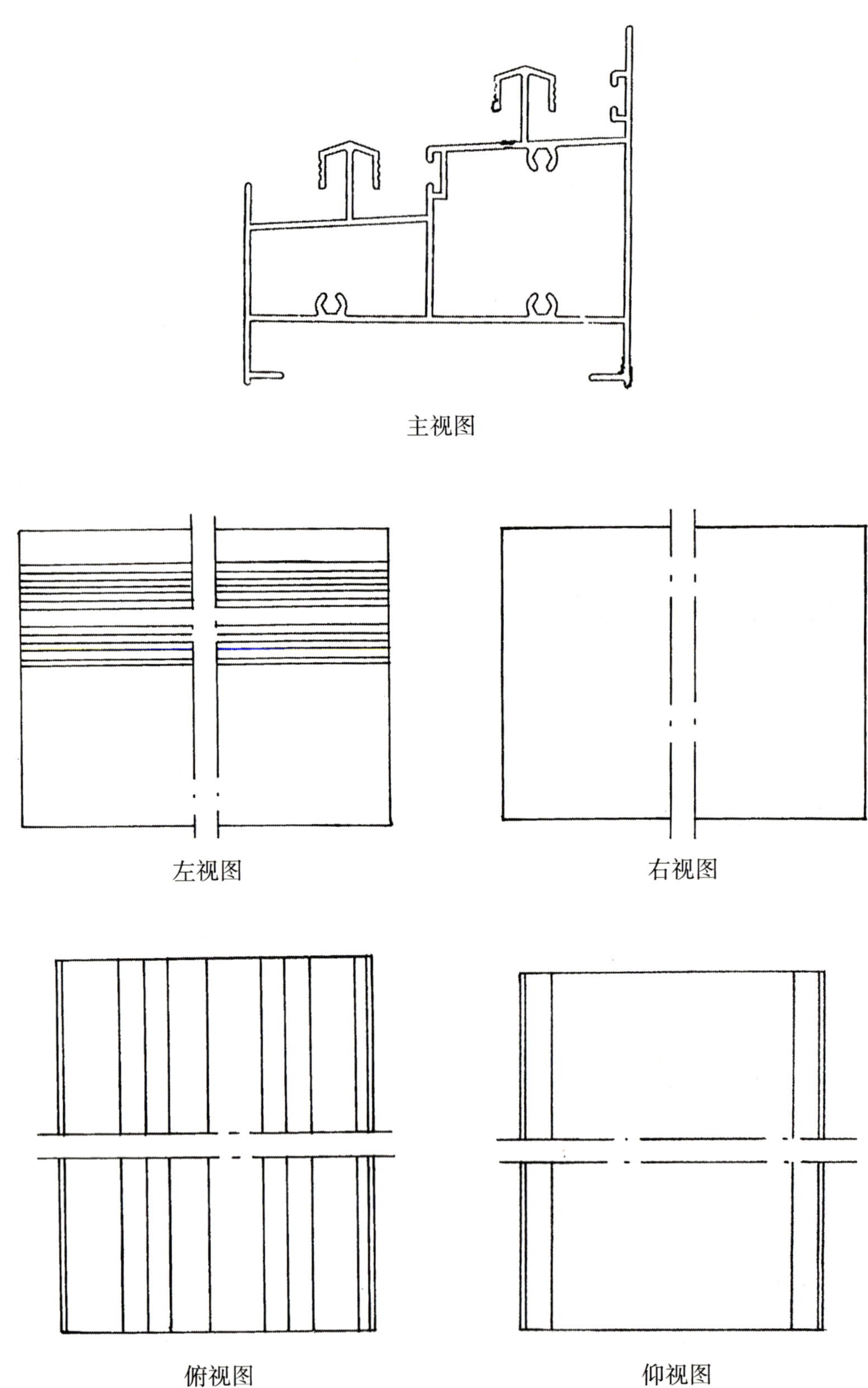

在先设计 5

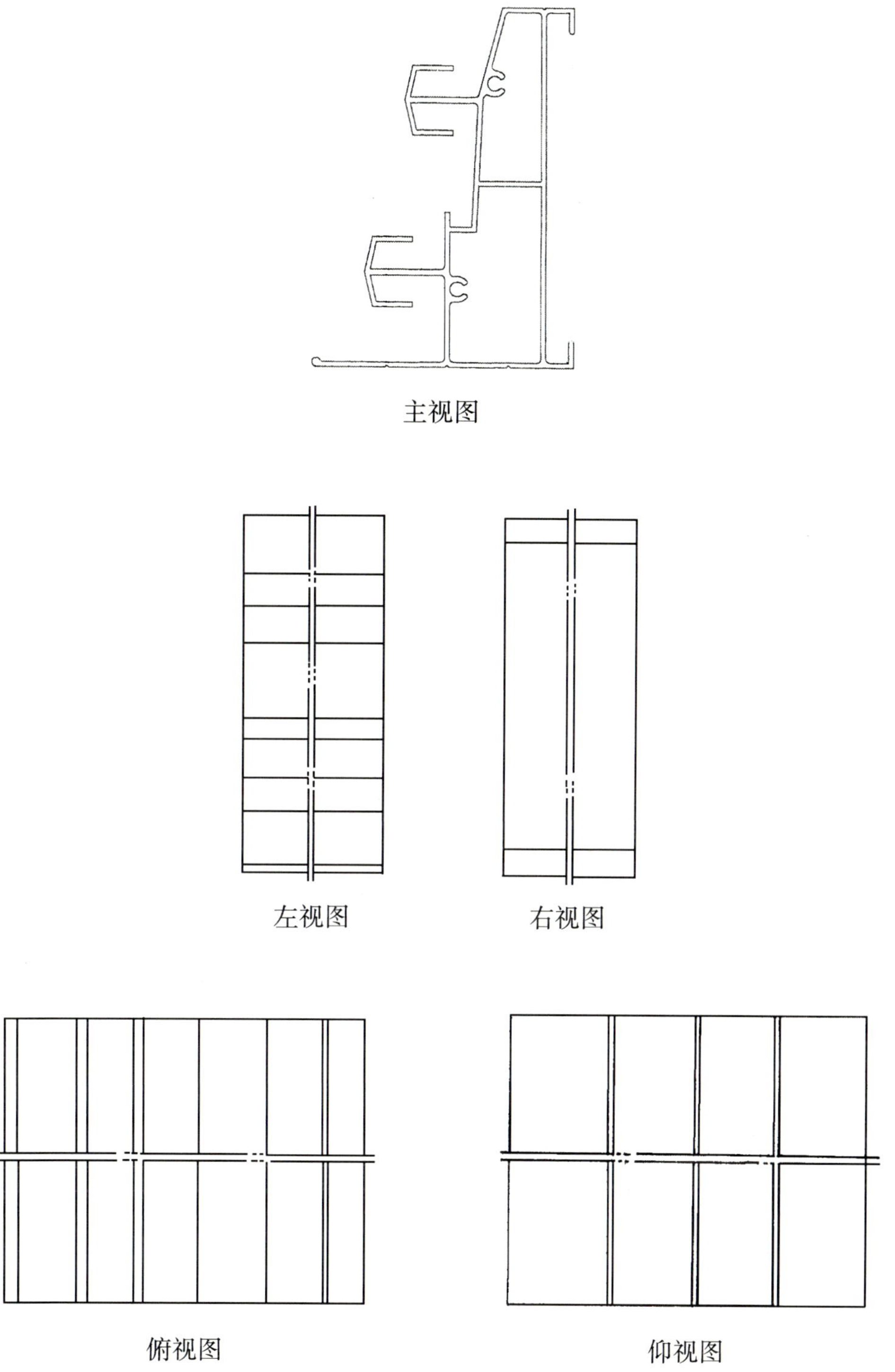

在先设计 6

对比文件附图

561

标贴（乔家）

无效宣告请求审查决定（第14351号）

决　　定　　号　第14351号
决　　定　　日　2009年12月9日
发明创造名称　标贴（乔家）
外观设计分类号　19-08
无效宣告请求人　祁县乔家大院旅游资源开发有限公司
专　利　权　人　王　宏
专　　利　　号　200730003516.2
申　　请　　日　2007年2月9日
授权公告日　2008年1月16日
合议组组长　徐清平
主　　审　　员　邢文飞
参　　审　　员　乔东峰
附　　　　　图　2页

法　律　依　据　专利法第23条
决　定　要　点

请求人提交的中国邮政明信片已在本专利申请日之前于国内公开使用，其图案与本专利正面主要图案相近似，其差别为局部细微差别，对于产品整体视觉效果不具有显著影响，因此本专利与该明信片属于相近似的外观设计。

一、案由

本无效宣告请求涉及国家知识产权局于2008年1月16日授权公告的、名称为“标贴（乔家）”的外观设计专利（下称本专利），其申请日为2007年2月9日，专利号为200730003516.2，专利权人为王宏。

针对上述专利权，祁县乔家大院旅游资源开发有限公司（下称请求人）于2009年6月17日向专利复审委员会提出了无效宣告请求，其理由是本专利不符合专利法第23条的规定。请求人提交的作为证据使用的附件如下：

附件1：印制有“山西祁县民俗博物馆”等字样的中国邮政明信片一张。

请求人认为：本次请求无效宣告的外观设计专利提供的证据为明信片，在该附件1明信片的正面右下角标注：“晋中市邮政局函件广告分局发布2006（0406）-0006”，在明信片的背面左下角标注

“国家邮政局发行（2003）”，因此附件 1 的发行和发布日期都早于本专利的申请日 2007 年 2 月 9 日。附件 1 明信片的正面设计的主要内容是乔家大院的照片，而本专利的分类号为 19-08，属于其他印刷品类别。将本专利与附件 1 的图片所示的乔家大院的五院主院仔细比较可知，两个院落中的房屋及屋檐下的红灯笼的结构、形状、颜色、数量完全相同，仅在该照片的中间增加了“喬家”两个汉字，另外在该照片的中上部占据了一个商标图案，这两个细微差别并不是建筑物本身的差别，而是在该建筑物的照片上用制图工具粘贴上的标识，所以这些细微差别对图片的整体视觉效果不具有显著的影响，本专利与申请日之前已在中国邮政明信片公开使用过的外观设计相近似，因此本外观设计专利不符合专利法第 23 条的规定。

经形式审查合格，专利复审委员会受理了上述无效宣告请求，并于 2009 年 6 月 22 日发出无效宣告请求受理通知书，并将该无效宣告请求书及其附件的副本转送给专利权人。

专利权人在规定的期限内未作答复。

专利复审委员会依法成立合议组对本案进行审理，本案合议组于 2009 年 8 月 20 日向双方当事人发出口头审理通知书，定于 2009 年 9 月 15 日举行口头审理。

请求人在 2009 年 9 月 3 日提交了无效宣告请求口头审理通知书回执，表示不能参加口头审理。

专利权人在指定的期限内没有提交无效宣告请求口头审理通知书回执，并且也没有出席口头审理。

在上述审理的基础上，合议组经合议认为本案事实已经清楚，可以依法作出本无效宣告请求审查决定。

二、决定的理由

1. 法律依据

根据请求人提出的无效宣告请求的范围、理由和证据，本案合议组依据专利法第 23 条的规定对本案进行审理。

专利法第 23 条规定：“授予专利权的外观设计，应当同申请日以前在国内外出版物上公开发表过或者国内公开使用过的外观设计不相同和不相近似，并不得与他人在先取得的合法权利相冲突。”

2. 关于证据

请求人提交的附件 1 是一份中国邮政明信片，合议组经核实，认可其真实性，其正面右下角载有“晋中市邮政局函件广告分局发布 2006（0406）-0006”，根据上述的记载可知，推定该明信片是于 2006 年发行的，早于本专利的申请日 2007 年 2 月 9 日，因此合议组认为附件 1 所示中国邮政明信片已在 2006 年即本专利申请日前于国内公开使用，可适用专利法第 23 条的规定作为本案证据。

3. 关于专利法第 23 条

本专利外观设计仅包括一幅主视图，本外观设计简要说明记载：“其他视图无特征，故省略”。如主视图所示，本专利所示标贴类似正方形，其正面是一幅乔家大院的标志性建筑的正面照片，在照片的中间偏下有两列竖向排列的大字“山西”、“喬家”，在上述两个字的正上方有一个圆形的图案。另在该标贴上有一些较小文字（详见本专利附图）。

附件 1（下称在先设计）一张是旅游景点门票形成的中国邮政明信片，该明信片的正面是一副乔家大院的标志性建筑的宣传图片，在该明信片的中间上部有横向排列的大字“山西祁县民俗博物馆”，该排字的有下方有两横排字“江澤民”、“一九九四年二月三日”，该明信片的左下角有四个横排字“喬家大院”，该明信片的中间最下部有三排的字体“国家级文物保护单位“国家 AAAA 级旅游景区”《乔家大院》拍摄基地”（详见在先设计附图）。

将本专利与在先设计进行比较可知，二者所示标贴和景点门票明信片均是平面印刷品，均主要有装饰、标识作用，用途相近，属于相近类别的产品，二者形状相似，且二者主要图案均是由乔家大院的照片组成。其主要的不同点为：（1）本专利外观设计在图片的中间偏下有两个竖向排列的大字“喬家”，而在先设计是在该明信片的左下角有四个横排字“喬家大院”；（2）本专利在上述“喬家”两字的正上方有一个圆形的图案，而在先设计没有；（3）在先设计明信片的中间上部有横向排列的大字“山西祁县民俗博物馆”，该排字的有下方有两横排字“江澤民”、“一九九四年二月三日”，该明信片的左下角有四个横排字“喬家大院”，该明信片的中间最下部有三排的字体“国家级文物包含单位国家AAAA级旅游景区《乔家大院》拍摄基地”，而本专利没有。合议组认为：相对其整体设计而言，二者的主体图片内容基本相同，均是由乔家大院的照片组成，其拍摄角度、取景范围基本相同，在此基础上作常见的文字排列，所述文字内容字义不予考虑，其排列差异对整体视觉效果不具有显著影响。因此，本专利与在先设计属于相近似的外观设计。

综上所述，在本专利申请日前，已有与其相近似的外观设计在国内公开使用过，故本专利不符合专利法第23条的规定。

三、决定

宣告200730003516.2号外观设计专利权全部无效。

当事人对本决定不服的，可以根据专利法第46条第2款的规定，自收到本决定之日起三个月内向北京市第一中级人民法院起诉。根据该款的规定，一方当事人起诉后，另一方当事人应当作为第三人参加诉讼。

通过ISO9001国际质量体系认证企业
山西省著名商标
山西
喬家
老陈醋
净含量:2.5L
山西清徐金华醋业有限公司
山西乔家醋业有限公司
联合出品

主视图

本专利附图

中国邮政明信片

Postcard

The People's Republic of China

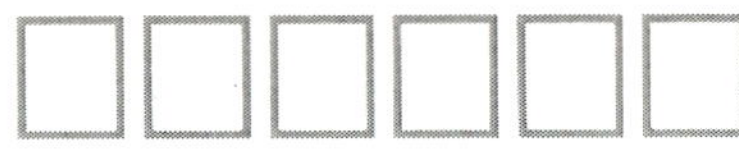

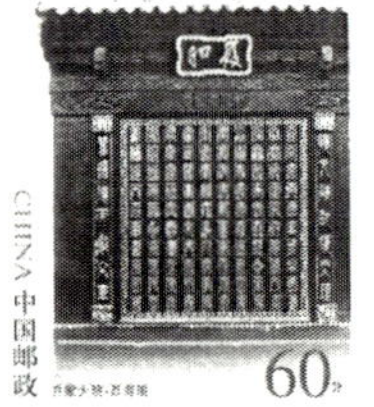

山西省十佳旅游景点的祁县民俗博物馆——乔家大院，位于国家历史文化名城祁县境内的乔家堡村，北距太原约51公里，南距全国十大集镇之一、全省公路交通枢纽东观镇2公里，东距大运一级公路200米。景点包括乔家大院、乔家花园两部分。

乔家大院始建于清代乾隆年间，是全国著名的商业金融资本家乔致庸的宅第。该院为全封闭城堡式建筑群，内分6个大院，20个小院，313间房屋，占地面积9140多平方米，外观气势宏伟，内观富丽堂皇，素有"皇家看故宫，民宅看乔家"之说。1986年以后，这所宅院被辟为祁县民俗博物馆，展出清末民初山西中部的民俗内容，展品丰富，国宝珍品众多：有犀牛望月镜、九龙屏风等。《乔家大院》、《大红灯笼高高挂》、《昌晋源票号》等30余部影视剧也在此拍摄。

景点内的周易八卦园，占地2000余平方米，陈列分易史厅、易象厅、易俗厅，全面展示了中华周易这一神秘文化的内涵与实质。民俗表演包括民间社火表演、民间工艺展示、九曲黄河阵等具有浓郁民俗特色旅游项目，游客可观可游可参与。

在先设计附图

展示柜（GN600TNV）

无效宣告请求审查决定（第 14355 号）

决　　定　　号 第 14355 号
决　　定　　日 2009 年 12 月 23 日
发明创造名称 展示柜（GN600TNV）
外观设计分类号 20-02
无效宣告请求人 孙雅申
专　利　权　人 方正亚洲有限公司，玛丽亚·阿德莱德·卡萨尼
专　　利　　号 200630145466.7
申　　请　　日 2006 年 11 月 24 日
授 权 公 告 日 2007 年 10 月 3 日
合 议 组 组 长 吴大章
主　　审　　员 张　琳
参　　审　　员 张　巍

法　律　依　据 专利法第 23 条
决　定　要　点

生产制造是否导致相关设计被使用公开取决于该行为是否导致相关设计处于公众中任何一个人想得知即可得知的状态；根据商业习惯，通常企业的生产活动属于企业内部的行为，企业外部的人员一般并不能随意了解到企业内部的生产活动状况，故在无证据证明相关生产过程是公开的情况下，不能仅以企业生产制造了某产品即认定该产品已被公众所知。

一、案由

本无效宣告请求涉及国家知识产权局于 2007 年 10 月 3 日授权公告的、名称为“展示柜（GN600TNV）”的第 200630145466.7 号外观设计专利（下称本专利），其申请日为 2006 年 11 月 24 日，专利权人为方正亚洲有限公司，共同专利权人为帕迪尼·马尔科、玛丽亚·阿德莱德·卡萨尼，后变更为专利权人为方正亚洲有限公司，共同专利权人为玛丽亚·阿德莱德·卡萨尼。

针对上述外观设计专利权，孙雅申（下称请求人）于 2008 年 10 月 17 日向专利复审委员会提出无效宣告请求，并随无效宣告请求书提交了如下附件（附件总计 93 页）作为证据：

附件 1：请求人声称为莱州市宏泰电器有限公司在国内生产、销售本专利产品的相关文件复印件，共 16 页，其中包括如下文件：

附件 1-1：莱州市宏泰电器有限公司的合同复印件（附件总编号第 1~5 页），共 5 页；

附件 1-2：订单号为“0682/2005-FORCAR”的订单复印件及其中文译文复印件（附件总编号第 6~9 页），共 4 页；

附件 1-3：参号为“06/EA5805369”的发货清单“原件”和“副本”复印件及其中文译文复印件（附件总编号第 10~11 页、第 38~39 页），共 4 页；

附件 1-4：进仓通知单复印件（附件总编号第 12~14 页），共 3 页；

附件 1-5：理货单复印件（附件总编号第 15 页），共 1 页；

附件 1-6：贷记通知书复印件（附件总编号第 16 页），共 1 页，载明日期为 2005 年 12 月 23 日。

附件 2：请求人声称为意大利佛卡责任有限公司提供的声明及其相关文件复印件，共 31 页，其中包括如下文件：

附件 2-1：经公证认证的佛卡责任有限公司出具的声明复印件及其中文译文复印件（附件总编号第 17~22 页），共 6 页；

附件 2-2：经公证认证的利米尼市工商部出具的关于佛卡责任有限公司的普通科注册证明复印件及其中文译文复印件（附件总编号第 23~29 页），共 7 页；

附件 2-3：经公证认证的利米尼市公证员江安东尼奥·彭尼诺出具的关于摄于佛卡责任有限公司内照片的证明复印件及其中文译文，以及上述证明所附照片 1 页复印件（附件总编号第 30~33 页），共 4 页；

附件 2-4：发票号码为“0564/2005”的发票复印件及其中文译文复印件（附件总编号第 34~37 页），共 4 页；

附件 2-5：报关单复印件及其中文译文复印件（附件总编号第 40~44 页），共 5 页；

附件 2-6：提单复印件及其中文译文复印件（附件总编号第 45~46 页），共 2 页；

附件 2-7：经公证认证的利米尼市公证员江安东尼奥·彭尼诺出具的复印件与原件相符证明的复印件及其中文译文复印件（附件总编号第 47~49 页），共 3 页。

附件 3：CE 标准符合性证明书（出证日期：2004 年 6 月 30 日，型号：SNACK400，GN600TN/TNG. Z0. 6，SNACK400TN，SNACK400DTN，SNACK400BT）的中文和英文复印件（附件总编号第 50~51 页），共 2 页；四川湾区康莱士检测有限公司合同（合同登记编号：SBS-CE-04052802，制订日期：2004 年 5 月 28 日）及相关文件（包括该公司的企业法人营业执照、外商投资企业税务登记证、中华人民共和国组织机构代码证）复印件，以及与该公司相关的外商投资企业基本情况（设立）和年检情况打印件（附件总编号第 52~62 页），共 11 页。

附件 4：请求人声称的本专利产品在展销会展出的证明文件，共 27 页，其中包括如下文件：

附件 4-1：订单号为“0570/2006-广东展览会”的订单及其中文译文复印件（附件总编号第 63~64页），共 2 页；

附件 4-2：结算凭证及其中文译文复印件（附件总编号第 65~66 页），共 2 页，载明日期为 2006 年 11 月 10 日；

附件 4-3：电报及其中文译文复印件（附件总编号第 67~68 页），共 2 页，载明日期为 2006 年 11 月 13 日；

附件 4-4：提货单复印件（附件总编号第 69 页），共 1 页，载明发货日期为 2006 年 4 月 26 日；

附件 4-5：订单号为“0032/2006-RWA 北京展览会”的订单及其中文译文复印件（附件总编号第 70-71 页），共 2 页，载明日期为 2006 年 1 月 23 日；

附件 4-6：电报及其中文译文复印件（附件总编号第 72~73 页），共 2 页，载明日期为 2006 年 2 月 22 日；

附件 4-7：结算凭证及其中文译文复印件（附件总编号第 74~75 页），共 2 页，载明日期为 2006 年 2 月 21 日；

附件 4-8：提货单复印件（附件总编号第 76 页），共 1 页，载明发货日期为 2006 年 3 月 23 日；

附件 4-9：订单号为“0092/2005 RWA-上海展览会”的订单及其中文译文复印件（附件总编号第 77-78 页），共 2 页，载明日期为 2005 年 3 月 12 日；

附件 4-10：信函及其中文译文复印件（附件总编号第 79~80 页），共 2 页，载明日期为 2005 年 4 月 1 日；

附件 4-11：提货单复印件（附件总编号第 81 页），共 1 页，载明发货日期为 2005 年 4 月 3 日；

附件 4-12：订单号为“0092#”的外贸出口订单复印件（附件总编号第 82 页），共 1 页；

附件 4-13：贷记通知书复印件（附件总编号第 83 页），共 1 页，载明日期为 2005 年 4 月 5 日；

附件 4-14：（2008）莱州证民字第 3 号公证书（包含照片 1 页）复印件（附件总编号第 84~89 页），共 6 页，公证日期为 2008 年 1 月 4 日。

附件 5：两位证人的证言（附件总编号第 90~93 页），共 4 页。

请求人认为：在本专利申请日前，莱州宏泰电器有限公司已经自主设计、生产并在国内公开销售了本专利产品；其中，附件 1 证明本专利产品在申请日以前在国内公开使用；附件 2 所有文件均经过公证认证，证明本专利产品在申请日前已经在国内公开生产，即已经公开使用了；附件 3 证明本专利产品在申请日前在国内公开生产，并委托相关机构对本专利产品进行“标准符合性”的认证；附件 4 证明本专利产品在申请日前已经在国内公开制造并销售，以及被展出，属于使用公开的方式；附件 5 证明本专利产品在申请日前已经在国内公开设计、生产和销售。将本专利与莱州宏泰电器有限公司生产地产品对比，两者外观设计完全相同，两者属于相同（至少是相近似的）外观设计，并且两者属于同类产品。因此，本专利不符合专利法第 23 条中应当同申请日以前在国内公开使用过的外观设计不相同和不相近似的规定。

经形式审查合格后，专利复审委员会受理了该无效宣告请求，并于 2008 年 12 月 4 日向双方当事人发出无效宣告请求受理通知书，并随上述无效宣告请求受理通知书将请求人提交的无效宣告请求书及其附件清单中所列附件副本转送专利权人，要求其在指定期限内对该无效宣告请求陈述意见。

在此基础上，专利复审委员会依法成立合议组，对本案进行审查。合议组于 2009 年 1 月 4 日向双方当事人发出口头审理通知书，定于 2009 年 2 月 24 日对本案进行口头审理。

专利权人在指定期限内未对无效宣告请求受理通知书答复。

口头审理如期举行，双方当事人均出席了口头审理。在口头审理中，双方当事人对合议组成员无回避请求，双方当事人对对方出庭人员身份无异议。请求人当庭提交了如下文件：附件 3 中附件总编号第 50 页的原件，附件 2 中附件总编号为 18、19、22、26~30、32、33、36、37、39、43、44、46、48、49 页的原件，附件 4 中附件总编号第 84~89 页的原件，盖有莱州市宏泰电器有限公司红章的附件 1 中附件总编号第 1~5、8、9、11、12~16 页的复印件，盖有莱州市宏泰电器有限公司红章的附件 4 中附件总编号第 64、66、68、69、71、73、75、75 页的复印件；请求人放弃使用附件 4 中附件总编号第 63-69 页。专利权人对附件 1、2 的真实性不予认可，对附件 3 的真实性没有异议，但不认为附件 3 构成专利法意义上的公开，对附件 4 中除对附件 4-14 公证书本身的真实性没有异议外，对其余附件和公证书内容的真实性有异议，对附件 5 证人证言内容的真实性有异议，对出庭证人的身份没有异议。请求人明确的无效理由是：使用附件 1、2、4 证明本专利产品在申请日前在国内公开生产和公开销售，附件 3 证明本专利产品在申请日前在国内公开生产，附件 5 证明本专利产品在申请日前在国内公开设计、生产和销售，故本专利不符合专利法第 23 条的规定。关于相近似判断，请求人明确以附件 2-3 中所附照片与本专利进行对比，并认为附件 2-3 中公开的在先设计与本专利相近似，区别仅在于本专利后面是带风扇的，其他一致。

至此，合议组认为本案事实已经清楚，可以依法作出无效宣告请求审查决定。

二、决定的理由

1. 法律依据

基于请求人提出无效宣告请求所依据的理由和证据，合议组对本专利是否符合专利法第 23 条的规定进行审查。

专利法第 23 条规定，授予专利权的外观设计，应当同申请日以前在国内外出版物上公开发表过或者国内公开使用过的外观设计不相同和不相近似，并不得与他人在先取得的合法权利相冲突。

2. 证据和事实认定

请求人提交的附件 1 是声称为莱州市宏泰电器有限公司在国内生产、销售本专利产品的相关文件，请求人当庭提交了盖有莱州市宏泰电器有限公司红章的附件 1 中附件总编号第 1~5、8、9、11、12~16 页的复印件，其余附件页仍为复印件。专利权人对附件 1 证据的真实性有异议。

请求人提交的附件 2 是为意大利佛卡责任有限公司提供的声明及其相关文件，请求人当庭提交了附件 2 中附件总编号为 18、19、22、26~30、32、33、36、37、39、43、44、46、48、49 页的原件，其余附件页仍为复印件。专利权人对附件 2 证据的真实性有异议。

对此，合议组认为：附件 1 中无论是否盖有莱州市宏泰电器有限公司红章的附件，其均为复印件，专利权人对其真实性有异议，故无法确认附件 1 的真实性；从证据内容来看，附件 1 和附件 2 中莱州市宏泰电器有限公司的相关产品经一家香港公司——方正亚洲有限公司，被销售至意大利佛卡公司，即便上述事件确实是已经发生的，这种出口行为也不构成在中国范围内的使用公开，因此附件 1 和附件 2 均不能证明与本专利相同的外观设计产品在国内已经公开使用。

请求人提交了附件 3 中附件总编号第 50 页的原件，其余附件页为复印件，专利权人对附件 3 的真实性无异议，但不认为附件 3 构成专利法意义上的公开。

对此，合议组认为：鉴于专利权人对附件 3 的真实性予以认可，合议组对该组证据予以采纳。根据附件 3 中莱州市宏泰电器有限公司与四川湾区康莱士检测有限公司签订的合同第 8 条的规定，“乙方对甲方产品的任何技术资料有保守商业机密的责任，同时甲乙双方未经对方同意，不得与第三方讨论或泄漏本合同任何内容”，因此尽管莱州市宏泰电器有限公司在 2004 年 5 月 28 日（早于本专利的申请日 2006 年 11 月 24 日）即委托四川湾区康莱士检测有限公司代为办理冰柜（GN600TNV）产品的 CE 认证事宜，但是后者显然对其通过检测过程而获知的该产品的信息赋有保密义务，并且未经莱州市宏泰电器有限公司的同意也不能向其他第三方泄漏该合同的内容，不能据此认为展示柜（GN600TNV）产品就此已经处于任何人想要得知即可得知的状态，附件 3 涉及的对该产品的检测不构成专利法意义上的使用公开。

请求人提交了附件 4 中附件总编号第 84~89 页公证书的原件，盖有莱州市宏泰电器有限公司红章的附件 4 中附件总编号第 64、66、68、69、71、73、75、75 页的复印件，并且放弃使用附件 4 中附件总编号第 63~69 页，其余附件页为复印件。专利权人对附件 4 中除对附件 4-14 公证书本身的真实性没有异议外，对其余附件和公证书内容的真实性有异议。

请求人提交的附件 5 是由管秋生与 Marco Pardini 出具的证言复印件，两位证人均出庭接受质证。专利权人对出庭证人的身份没有异议，但对上述证言的真实性均不予认可，并指出 Marco Pardini 曾是本专利的共同专利权人，与本案具有利害关系。

对此，合议组认为：附件 4 中除附件 4-14 公证书外的其余证据均为复印件，其真实性无法确认，不能证明展示柜（GN600TNV）产品在国内公开销售，其中也无证据直接证明该产品确实参加了国内的相关展会及当时展出的产品的外观状况；专利权人对（2008）莱州政民字第3号公证书的真实性予以认可，合议组对其亦予以采信，但该公证书是证据保全公证，仅可以证明公证当日青岛益达设备有限公司存放的部分不锈钢展示柜的外观状况，公证书并未对其中莱州市宏泰电器有限公司委托代理人冯仕文的相关陈述进行核实，对其陈述事实的真实性也不具有证明力。第一证人管秋生出庭接受质证，当庭表示其是莱州市宏泰电器有限公司的技术部部长，知道方正亚洲有限公司曾参加过展会，对于相关产品的销售过程表示不清楚，证明产品在2004年前生产和2005年3月方正亚洲公司从莱州市宏泰电器有限公司购买产品参加展览的事实；第二证人Marco Pardini出庭接受质证，对于本专利是否在申请日前公开，仅表示方正亚洲有限公司曾从其所在公司购买产品以参加在国内举行的各种产品展销会，以及2005年10月之前益达公司生产该产品后转让给莱州市宏泰电器有限公司。两证人的证言均缺乏相关参展证据的佐证，并且在相关产品的生产、销售的时间上相互矛盾，与附件4也无直接和确定的联系，合议组认为其证言不能成为认定事实的依据。综上，附件4和附件5均不能证明展示柜（GN600TNV）产品在本专利的申请日前曾在国内公开销售尤其是展出过。

请求人认为附件1~4均可以证明展示柜（GN600TNV）产品在本专利的申请日前已在国内公开生产，从而构成使用公开。

对此，合议组认为：首先附件1、4的真实性无法确认；其次生产制造同使用、销售等行为一样均是有可能构成相关设计被使用公开的方式，但其中“公开”的认定取决于上述行为是否导致相关设计处于公众中任何一个人想得知即可得知的状态，而请求人提交的证据并没有对生产制造是否公开予以证明。根据商业习惯，通常企业的生产活动属于企业内部的行为，企业外部的人员一般并不能随意了解到企业内部的生产活动状况，故在无证据证明相关生产过程是公开的情况下，不能仅以企业生产制造了某产品即认定该产品已被公众所知。本案中请求人未就展示柜（GN600TNV）产品的生产和制造过程是否处于公开状态提供证据，故合议组对其主张不予支持。

综上所述，请求人提交的证据均不能支持请求人关于本专利不符合专利法第23条中应当同申请日以前在国内公开使用过的外观计不相同和不相近似的规定的主张。

根据以上事实和理由，合议组作出如下无效宣告请求审查决定。

三、决定

维持第200630145466.7号外观设计专利权有效。

当事人对本决定不服的，可以根据专利法第46条第2款的规定，自收到本决定之日起三个月内向北京市第一中级人民法院起诉。根据该款的规定，一方当事人起诉后，另一方当事人作为第三人参加诉讼。